KB202833

肇論

조론

불교철학의 자기 넘어섬과 실현

肇論

조론

― 불교철학의 자기 넘어섬과 실현

성사 승조 지음

자운준식 존자 주해

후학 학담 평석

푼다리카

발간사

1. 승조성사의 『조론』과 나의 인연

나는 출가 초기 10여 년의 세월 화두일념(話頭一念)의 참구 밖에 곁을 두지 않는 전통 선객(禪客)으로서의 삶을 살았다. 그 사이 많은 삶의 역정을 겪었지만 화두참구는 당시 실낱같은 나의 육신의 목숨줄을 지켜가기 위해 붙들어야 할 구명정의 삿대와 같은 것이었다. 이십대 말 어느 날 해인사 선원(海印寺 禪院)에서 같이 정진하던 도반이 물었다.

"무엇이 선(禪)인가."

나는 답했다. "삶 전체다."

그 도반이 말했다. "아니다. 선은 중생의 한이다."

그 당시 화두일념을 붙들고 이 화두 아니면 죽음 속의 목숨을 뒤집을 참 살길이 없다는 절박감 속에 있던 나에게 선(禪)은 중생의 한이고 절망이라는 표현이 나의 현실에 적합한 말이었다. 현실에서의 무력감 절망 한이 더욱 치열한 도꾼의 열망으로 나타났으며, 출가 9개월째 1971년 9월 세속 나이 스물 무렵 동숭동 교정에서의 공적영지(空寂靈知)의 체험은, 신령한 앎〔靈知〕을 화두와 일체화시켜서 화두일념을 들어 확철대오를 추구하는 선병(禪病)을 심화시켰다.

모든 법이 공한 곳에서 화두 일념만 드러남[1]에, 만상이 공한

---

1) 동숭동 교정에서 당시 강연에 초빙된 조계종단 변재제일 광덕선사(光德禪師)가 강연 도중 '기이하고 기이하다. 온갖 중생이 여래의 지혜 덕상을 갖추었건만 망상과 집착으로 인해 알지 못한다'는 『화엄경』의 한 구절을 들어 보인 때 홀연히 만상이 공한 곳에 화두 일념만 현전하게 됨.

곳과 만상이 공한 곳에서 드러나는 한 생각을 일합상(一合相)으로 붙들어 쥐고 보다 큰 깨침을 구하는 선병(禪病) 속에서 출가 이후 십년을 헤어나지 못하였다. 그러면서 나는 신령한 앎을 붙들어 쥐고, 누워 잠자지 않고 앉아 지내는 등 선수행의 외적 위의(威儀)를 나투며 지냈다.

그러다 1980년 여름 해인사 선원(海印寺禪院)에서 정진 중, 새벽 아침 공양을 들기 전 불전(佛前)에 예참하면서 중국남북조 시기 대성사 남악혜사선사(南嶽慧思禪師)의 『법화경안락행의(法華經安樂行義)』를 열람하였다. 거기서 선사가 인용한 『법화경』「안락행품」의 한 구절에 부딪혀 나는 십여 년 선병의 올가미에서 홀연히 놓여났다.

『법화경』의 말씀은 다음과 같다.

"온갖 모든 법은 공하여 있는 바가 없으니 늘 머묾도 없고 또한 일어나고 사라짐도 없다.〔一切諸法 空無所有 無有常住 亦無起滅〕"

나는 이때의 심경을 홍류동 계곡길을 홀로 거닐다 다음 같이 노래했다.

한번 법화경의 묘안락을 보고서
한 물건의 무거운 짐 단박 버렸네
홍류동의 물은 본래 비롯함이 없는데
가야산 높고 높아 하늘 이어 푸르네
一見法華妙安樂　頓捨一物重荷擔
紅流洞水本無始　伽倻山高連天碧

이 체험 이후 선(禪)과 일〔事〕, 화두 참구와 일상이 둘로 나뉘지 않는 수행의 지평이 열렸다. 그 뒤 선원의 겨울 안거 일주일 용맹정진 중 녹음테잎에서 흘러나오는 초기 경전의 십이처설(十二處說)의 언구를 접하고, 아함(阿含)에서 화엄(華嚴) 조사선(祖師禪)의 모든 법문까지 붇다의 법이 일미진실(一味眞實)의 법임에 확신을 갖게 되었다. 그런 확신처에서 세속나이 스물 무렵 학창시절, 출가 9개월만의 공적영지(空寂靈知)의 체험을 다음 게송으로 정리하였다.

> 홀연히 본래 갖추었다는 말을 듣고
> 만상이 다 공한 곳에 바로 들어갔네
> 앎과 아는 바 공한 곳에 공함 또한 공하니
> 신령한 앎 어둡지 않아 밝고 밝아 환하네
> 忽聞人語本具足　　卽入萬象皆空處
> 能所俱空空亦空　　靈知不昧昭昭明

신령한 앎에 앎 없음이 공적처(空寂處)이고 앎 없음에 앎 없음도 없음이 신령히 아는 곳[靈知處]이며 근본지(根本智)가 방편지[權智]를 거두는 곳이다. 근세 경허선사(鏡虛禪師)의 제자 혜월선사(慧月禪師)는 경전의 지식이 거의 없는 선사이지만 이 공적의 영지[空寂靈知]와 영지의 공적[靈知空寂], 공적영지 등지(空寂靈知等持)의 세 귀절[三句]과 금강경의 몇몇 언구로써 평생 납자를 제접하였다. 그 뒤 나는 1984년에서 85년으로 넘어가는 한해 겨울, 세속 나이 삼십대 초중반 해인사 선원에서 같이 지냈던 일륜선사(日輪禪師)가 주지로 있던 무등산 규봉암(無等山 圭峰庵) 토굴에서 안거하며 낮에는 혜사선사 『남악대승지관(南嶽大乘止觀)』을 번역하고 밤에는 장좌불와(長坐不臥)로 좌선하며 한철을 정진하였다.

좌선이 두 달을 지나 보름달이 환한 때, 주지 일륜화상이 외출하고 없던 규봉암 마루에 앉아, 달빛 속에서 먼 월출산(月出山)의 산마루를 바라보며 홀연히 격석화(擊石火) 섬전광(閃電光)의 체험을 겪으며 다음 두 수 게송을 짓고 며칠 뒤 산을 내려왔다.

서석산 규봉의 아란야에서
우뚝 단정히 앉아 한해 겨울을 지냈네
뿌리 없는 뜰의 잣나무 티끌세계 두루했는데
무등산은 옛과 같이 월출을 마주하네

瑞石圭峰阿蘭若　　兀然端坐過嚴冬
無根庭栢遍河沙　　無等依舊對月出

암자에 주인 없어 나그네 홀로 앉았는데
산새도 잠에 취해 달만 뜰에 가득했네
한 덩이 번갯불이 내 몸을 쪼겠는데
뜰 앞의 잣나무는 옛 그대로 푸르도다

庵中無主客獨坐　　山鳥醉眠月滿庭
一段閃光劈我身　　庭前栢樹依然青

무등산의 체험 이후 나는 매월당(梅月堂: 金時習) 설잠선사(雪岑禪師)의 입적도량 부여 무량사(無量寺)에서 1985년 여름 안거를 지내며, 영명연수선사(永明延壽禪師)의 『종경록(宗鏡錄)』을 번역본이 없었던 때 절반쯤 열람한 뒤 광주(光州)에 돌아왔다.
　광주에 돌아와 처음 청년 대중에게 강의하고자 펼쳐 든 불전이 승조법사의 『조론(肇論)』이었다. 그러나 그 당시 나의 조론 강설은 내가 갖춘 한문의 소양으로 감당하기에 무리한 선택이었다.

『조론』은 중국남북조 당시 불교철학의 용어가 일반화되기 전 구마라지바의 역장에 참여한 승조법사가 저술한 대승의 아비다르마이다. 승조성사는 이 논을 통해 노자(老子) 장자(莊子) 논어(論語)의 이야기를 과감히 끌어들여 불교를 중국사회에 지배철학으로 우뚝 세우며, 중국 제가(諸家)의 사상 속에서 불교철학의 우월적 권위를 확립하였다.

구마라지바 대법사의 『반야경』 번역과 승조성사의 『조론』의 저술은, 기성철학의 용어로 불교를 이해하고 기술했던 격의불교(格義佛敎)를 넘어, 불교가 사회대중 속에 토착화되어 가는 새로운 불교시대를 반영한다. 불교는 이제 남북조(南北朝)로 분열된 지역 중심의 국가 권력 체계로부터 국가권력을 통합하는 사상적 도구가 되고, 광대한 중국 땅에서 민중을 소통시키고 통합하는 신앙이 되고 사상이 되었다. 그리하여 도가(道家)와 유가(儒家)로 크게 양분된 기성사상계에서 외래철학인 불교가 중국 사회 보편철학으로 자리잡게 된다.

지역 중심 왕권의 분열된 사회에서 불교철학의 보편화와 다양한 경전의 번역과 주석은, 분열된 중국사회를 수당(隋唐) 통일 왕조시대에로 나아가게 할 사상적 토대를 마련하게 된다. 그 저변에 승조(僧肇)의 『조론(肇論)』이 있고, 그 토대 위에 세워진 남악(南嶽) 천태(天台)의 이론 실천을 아우르는 교관(敎觀)의 금자탑이 중국사회를 통일시대로 진입시킨다. 그리하여 동아시아 국제사회는 불교철학을 기반으로 하나의 소통된 사상을 공유한 사회로 전변된다.

이러한 조론의 동아시아 국제사회에서의 사상적 영향력에 대한 나의 기본인식이, 80년대 한국사회 이론투쟁의 격전장이었던 광주에서의 첫 강설을 『조론』으로 출발하게 하였지만 30대 학담에게는 조론 강설은 무리한 선택이었다.

『조론』은 승조성사 세속 나이 서른이 되기 전의 저술이지만, 불교의 대의와 구경의 종지를 통달한 저술로 불교철학의 존재론 인식론 실천론을 하나로 꿰뚫는 역작이다. 당대 이미 번역된 불교 경전의 인용 뿐 아니라, 도가 유가 등 불교 밖의 문헌 등을 널리 인용하고 있으며 군더더기 없이 압축된 문장의 깊이나 완성도에 있어, 스승 구마라지바 법사까지도 극찬했던 저술이다.

당시 학문적 수련이 없이 십년이 넘게 선원생활만 하던 나의 한문 실력으로는 매우 버거운 작업이었으며 기존 번역이 없던 상태에서 나는 『조론』 강설을 「물불천론(物不遷論)」까지 진행하고 중도에 그만두었다.

그 후 얼마쯤 뒤 송찬우 선생의 조론 번역이 발간되었다. 송찬우 선생은 보문(普門)이라는 법명을 썼던 승려 출신으로 나의 절 집 도반이었다. 내가 70년대 중후반 군복무를 마치고 망월사(望月寺) 선원에서 공부할 때 한철을 같이 지낸 일이 있고, 그가 세속 생활고에 시달릴 때에도 나와 많은 대화를 나누었으며, 한문에 천재성을 가졌던 그로부터 나는 한문 문헌에 대한 많은 격발을 받았다. 특히 승조성사의 조론에 대한 그의 비상한 관심에 많은 영향을 받았으며 남악혜사선사(南嶽慧思禪師)의 『대승지관(大乘止觀)』을 중국 근대고승 제한 고허법사(諦閑古虛法師)의 술기(述記)2)로 무등산 규봉암(圭峰庵)에서 읽게 된 것도 그의 권유에 의해서이다.

그는 나와 세속 나이가 갑장인 사람으로 나이 환갑을 넘기고 얼마 안 되어 세상을 하직하였다.

---

2) 『대승지관술기』: 중국 근대고승 제한법사(諦閑法師)의 남악대승지관(南嶽 大乘止觀) 강설을 제한법사의 재가제자 관종(觀宗)이 기록한 저술.

30대 후반 강원도 산사로 내가 떠나기 전 연기(緣起)와 공(空)에 대해 연기가 곧 공이고[緣起卽空] 공이 곧 연기이다[空卽緣起]고 이야기하는 그에게 연기의 뜻[緣起義]을, 아는 마음[心]과 경계[境]에 가져와 무념(無念)을 체달하는 곳에, 교(敎)가 선(禪)이 되는 길이 있다는 이야기를 해 준 바 있다.

송찬우 선생은 한문학계 최고의 난문으로 알려진 『조론』 번역에 관한 한 한국 사회 최초 우리말 번역의 공로를 세웠다. 그의 『조론』 번역은 중국 명말(明末) 감산덕청선사(憨山德淸禪師)의 주에 의거한 번역이다. 감산선사 또한 중국 명대(明代) 말엽 조론 판각 작업 중 조론의 교정작업을 하다 뒷간에서 똥 덩이 떨어지는 것을 보고 '물불천의 뜻[物不遷義]'을 깨달았다고 말한다.

학담 또한 광주 『조론』 강의를 그만두고 무등산 남녘 기슭 화순 선정암(禪定庵)에서 지내던 중, 암자 뒤 바위 위에 앉아, 다시 한 생각을 돌이켜 가만히 법을 살피다, 바람에 우수수 지는 가을 낙엽을 보고, 물불천의 뜻에 계합한 바 있어 크게 환희한 기억이 지금도 새롭다.

학담은 그 뒤에도 『조론』 열람을 마치지 못한 아쉬운 마음에 감산의 주(注)에 의거해 조론을 읽고, 50대에 중국집필 여행을 하면서 조론 원문을 완역하였다. 감산의 주로 조론을 접한 뒤 세속 나이 일흔이 넘어, 송대 천태선문(天台禪門)의 조사 자운준식존자(慈雲遵式尊子)의 조론주와 자운 주의 과목에 대한 선종 능담효월선사(泐潭曉月禪師)의 교정기록을 발견하였다.

2021년 대선을 앞둔 한 해 사회 정치의 소용돌이를 겪으며 『조론 자운준식 주』를 완역하고, 그에 대한 학담의 평석을 함께 하여 탈고한 뒤, 몇 달의 긴 교정 윤문 기간을 거쳐 2023년 초 '불교철학의 자기 넘어섬과 실현'이라는 부제를 붙여 『조론』을 발간하게 되었다.

칠십대가 되어서야 『조론』의 우리말 번역과 자운주에 대한 평석을 묶어 『조론』을 발간하며, 삼십대 말 선정암 암자 바위 위에서의 심경을 다음 한 게송으로 회고한다.

무등산 기슭 한 작은 초암에서
바위 위에 앉아 홀연히 잎 지는 가을을 보았네
지는 잎은 지지 않고 때는 옮기지 않으니
오는 해 따뜻한 바람에 새 가지가 돋으리

無等山麓一草庵　　石上忽見葉落秋
葉葉不落時不遷　　明年薰風新條生

2. 『조론』과 송대 천태의 중흥운동

천태가에서 승조는 자종의 조사처럼 존중되고 있으며, 우리 불교 원효성사 또한 자기 저술 속에 『조론』의 말씀을 직접 인용하고 있다. 필자가 원효성사의 『대승기신론소(大乘起信論疏)』와 『대혜도경종요(大慧度經宗要)』를 번역하며 유가 도가의 글을 이끌어 반야와 여래장의 대의를 나타내는 원효의 글에 큰 감동을 받았는데 그런 문법의 모본이 승조의 『조론』임을 뒤늦게 알았다.

『금강경』은 동아시아에서 선종의 종파주의(宗派主義) 법통주의(法統主義)와 연결되어서 크게 부각된 경전이다. 그것은 선종6조 대감혜능선사(大鑑慧能禪師)의 오도가 『금강경』과 연결되고, 하택신회선사(荷澤神會禪師)의 육대전의설(六代傳衣說)이, 달마 이후 혜능선사(慧能禪師)까지 법의 전승이 『금강경』의 전승으로 이루어졌다고 기술함에 기인한다.

육대전의설로 표현된 달마남종(達摩南宗) 법의 전승은 사실상 금강사자기(金剛師資記)인 것이니 신수선사(神秀禪師) 중심의 달마북종(達摩北宗)의 법의 전승이 『능가사자기(楞伽師資記)』로 기술된 것과 대조된다.

그러나 선종에서 법통주의와 무관하게 중국불교에서 『금강경』의 유포는, 구마라지바의 『금강경』 번역과, 그 역장에 참여해서 구마라지바의 강설을 기록해 남긴 승조의 주[金剛經 僧肇注]가 그 토대가 된다. 그리고 승조의 주를 토대로 한문불교 최초로 금강경 주석서를 쓴 천태선사의 금강경소[金剛經 天台疏]가 해석의 마루가 된다.

달마선종 법통주의의 영향 속에서 거의 900년간 중국에서 자취를 감추었다 송대에 이르러 일본 천태가의 고승들에 의해 금강경 승조주(僧肇注)와 천태소(天台疏)가 다시 중국에 들어온 것은[3] 결코 우연의 일이 아닐 것이다. 이 무렵 일본 천태가의 고승 적조(寂照)에 의해 남악혜사선사의 『대승지관(大乘止觀)』이 중국에 들어오고 새로 들어온 대승지관에 서문을 써서, 남악대승지관이 혜사선사 친작임을 밝힌 분이 우리가 『조론』 해석의 조종으로 삼고 있는 자운준식존자이다.

중국 송대 자운 준식존자에 의한 『조론』 주석과 『남악대승지관』의 발간은 천태선문 중흥운동과 관계된다. 천태 자종의 전등 기록인 『불조통기(佛祖統紀)』에 따르면 천태선문은 전지교관(傳持教觀)의 기치로 선 없는 교[無禪之教]와 교 없는 선[無教之禪]

---

3) 금강경 승조주(僧肇注): 일본 비예산 천태의 제3조 자각대사 원인(慈覺大師 圓仁)이 일본에서 중국에 가져옴.
   금강경 천태소(天台疏): 비예산 천태 제6조 지증대사 원진(智證大師 圓珍)이 중국에 가져옴.

의 폐해를 동시에 부정하고 출발한다. 그러나 당조에 들어서 육대전의설을 표방한 달마선문이 국가불교를 주도함으로써 원래 선종을 표방했던 천태선문에서 9조 형계담연선사(荊溪湛然禪師)까지만 '선사(禪師)'라는 칭호를 쓰고 그 이후 선종(禪宗) 선사(禪師)라는 칭호는 오직 달마선문의 조사에게만 쓰이게 되었다.

송대 천태선문(天台禪門)에서 사명지례(四明知禮) 자운준식(慈雲遵式) 두 거장의 출현과 그들에 의한 저작 작업은 천태선문 중흥운동을 알리는 시대불교 변화의 모습이자 교(敎) 없는 암증선(暗證禪)에 대한 선종 내부 비판운동의 한 모습이다. 사명과 자운은, 모두 고려선사(高麗禪師)로 중국에 들어와 천태정맥조사가 된 보운의통존자(寶雲義通尊者)4)의 제자이다. 달마선문에서 육조혜능이후 7조 8조의 이름으로 선문의 선사를 부르지 않듯, 천태문에서는 17조 사명지례 이후 18조 19조의 이름을 쓰지 않는다. 자운준식존자는 정맥조사 사명지례와 더불어 보운의통존자 문하 양대 준족의 동문제자이다. 『불조통기』에 보면 자운준식 문하에도 사명지례에 못지않은 문하 제자들이 배출되고 있다. 사실상 고려선사 의통의 문하에서 사명과 자운 두 준족이 출현하여 천태문의 전지교관(傳持敎觀) 정혜일체(定慧一體)의 수행가풍이 크게 현창된 것이다.

사명지례는 고려선사 보운의통을 이은 천태17조 정맥조사로 당시 일부 주관관념주의의 폐풍에 떨어진 법상종(法相宗)과 말폐 선종(禪宗)의 관행(觀行)의 치우침을 깨뜨려, 연기중도의 정관〔中道正觀〕을 세우는 데 심혈을 기울였다. 사명지례가 천명한 연기중도의 정관을 산가정전(山家正傳)의 관행이라 말하고 주관관념에 치

---

4) 보운 의통: 보운존자(寶雲尊者) 의통(義通)은 속성이 윤씨로 고려선사인데, 중국에 들어가 법안종(法眼宗) 천태덕소 선사의 인가를 받고 다시 천태문의 조사 나계희적 존자의 제자가 되었다.

우친 관행은 산외(山外)라 일컬어졌다. 자운준식과 사명지례 당대, 지례존자가 쓴 『십불이문지요초(十不二門指要鈔)』의 글을 읽고 크게 감동한 설두중현선사(雪竇重顯禪師)가 설두산을 나와, 지례의 연경원(延慶院)을 방문하여 크게 경하했다는 기록[出山來訪]이 남아 있다.

중도정관의 관행을 세우는 데 실천적 관심을 기울였던 사명지례의 일화 가운데 제자의 이름을 한번 불러 단박 깨치게 한 본여(本如)법사의 이야기는 송대 이후 편집된 선종사서 등 여러 곳에 언하대오(言下大悟)의 구체적 실례로 소개되어 왔다. 『불조통기』 「본여법사전」은 다음 같이 말한다.

법사 본여(本如)는 사명 구장사람[四明句章人]이다. 수행의 업을 본군 국녕(國寧)에서 받았는데 처음 법지(法智, 知禮)존자를 의지해 천명 대중 가운데 어린 사람으로 빼어나다는 소리가 있었다. 글 잘한 이[詞翰]를 본받아서 본받을 법이 있으면 세상에 사랑받음이 되었으므로 경의 바른 뜻[經正義]을 일찍이 청해 물었다. 법지존자가 말했다.
'나를 위해 지사(知事)가 되어 삼 년이 되면 너에게 말해주겠다.'
이미 삼 년이 되어 일을 마치자 다시 경의 바른 뜻을 물었다.
법지존자가 소리를 질러 '악' 한 번 외치고 다시 불러 말했다.
'본여(本如)야.'
툭 트여 깨침이 있어 이로 인해 노래하였다.

곳곳에서 돌아가는 길을 만나니
낱낱이 다 고향에 돌아가네
본래 이루어져 드러난 일인데
어찌 꼭 사유해 헤아림을 기다리리

處處逢歸路　頭頭復故鄉

本來成見事　何必待思量

법지존자가 인정하여 말했다.

'앞으로 만약 너를 위해 말한다면 어찌 오늘이 있겠는가.(오늘 일 밖에 앞으로 말해 줄 일이 없을 것이다).'

상부(祥符) 4년 자운(慈雲, 遵式)이 영산(靈山)으로 옮겼다. 몸소 법지의 회상에 가서 이어갈 수 있도록 함을 구했다. 법지존자가 말했다.

'대중 가운데서 스스로 가려주시오.'

자운존자가 살펴보다 본여에 이르자 곧 말했다.

'이 사람이 이을 수 있습니다.'5)

본여법사의 깨달음에 대해서는 선종문헌 『인천보감(人天寶鑑)』에서도 다음 같이 말한다.

신조 여법사(神照如法師)가 법지존자(法智尊者)에게 물었다.

"어떤 것이 경의 왕〔經王〕입니까."

존자가 말했다.

"네가 나를 위해 3년 곳간 책임자 일〔庫事〕을 맡아 해주면 너에게 말해주겠다."

본여가 그 명을 공경히 받들었다.

삼 년이 지나자 본여가 다시 '지금 말해주십시오'라고 청했다.

존자가 크게 '본여야' 한 소리 부르자, 홀연히 깨닫고 이렇게 노래했다.

---

5) 法師本如 四明句章人 受業本郡國寧 初依法智 於千衆中有少俊聲 史典詞翰有
法則 爲世所愛 嘗請益經正義 法智曰 爲我作知事三年却向汝道 暨事畢復以爲
請 法智厲聲一喝 復呼云本如 師豁然有悟 爲之頌曰
處處逢歸路 頭頭復故鄉 本來成現事 何必待思量
法智肯之曰 向來若爲汝說 豈有今日 祥符四年 慈雲遷靈山 親往法智會下 求可
爲繼 法智曰 當於衆中自擇之 慈雲閱視至師卽云 斯人可也

곳곳에서 돌아가는 길을 만나니
낱낱이 다 고향에 돌아가네.
본래 이루어져 드러난 일인데
어찌 꼭 사유해 헤아림을 기다릴 건가.

處處逢歸路　頭頭復故鄕
本來成見事　何必待思量6)

그에 비해 보운의통의 동문제자 자운준식과 그 문하 제자들은
국가불교의 규정 속에서 전불심인(傳佛心印)의 정통 밖으로 밀려
난 천태문의 선교겸수의 가풍을 현창하며, 천태선사의 저술과 천
태가의 전적〔天台典籍〕을 대장경 판각에 포함시키는 입장운동(入
藏運動)에 심혈을 기울였다.

자운준식존자와 그 문하의 노력으로 천태삼대부로 일컬어지는
『법화경현의〔法華玄義〕』『법화문구(法華文句)』『마하지관(摩訶
止觀)』이 입장(入藏)되었다. 자운준식과 그 문하 제자들의 천태전
적 입장운동을 단적으로 보여 주는 제자 사오(思悟)사미의 『불조
통기』의 기록과, 전지교관의 수행가풍을 나타내는 자운준식 문하
의 제자 자림법사와 대혜종고선사(大慧宗杲禪師)의 만남을 보여주
는 『불조통기』의 기록을 살펴보면 다음과 같다.

○ 자수자림법사(慈受子琳法師)〔『불조통기』 권11〕

법사 자림(子琳)은 나라에서 자수(慈受)라고 이름을 내렸다.
어려서 자각(慈覺 : 永堪法師)에게 배워, 깊이 원돈의 뜻〔圓旨〕을

6) 神照如法師問法智尊者曰 如何是經王 尊者曰汝爲我主三年庫事 却向汝道 如
敬承其命 三年畢如再請曰 今當說矣 尊者大喚本如一聲 忽然契悟 頌曰 處處
逢歸路 頭頭是故鄕 本來成見事 何必待思量 (敎行錄)

깨달았다.

다시 불지유선사(佛智裕禪師)를 뵙고 심요(心要)를 더욱 깊이 연마하였다.

그때 천축(天竺)에서 자복태후가 공덕을 짓도록 청해 법사는 칙지를 받고 그 산에 머물렀다. 28년 동안 강설하던 가운데 오직 큰 뜻만을 들어 보였다.

참선하는 무리[禪侶]들로서 가풍을 듣고 오는 이들은 모두 그 변재에 탄복하였다.

대혜종고선사(大慧宗杲禪師)가 지나가다 서로 아주 깊은 말[劇談]을 나누다 새벽이 되는 줄 몰랐다.

대혜가 스님께 말했다.

"세상 사람들은 노사에게 교(敎)만 있는 줄 알지만 경산은 도리어 노사께 선(禪)이 있다고 인정합니다."

그리고 법사의 진영에 이렇게 글을 지었다.

선다라니 삼매를 깨쳐 얻으니
온갖 법에 큰 자재함 얻게 되었네.
혀끝에서 바다 물결 뒤쳐내나니
으뜸가는 진리의 뜻에 어겨 등짐 없도다.

悟得旋陀羅尼三昧　於一切法得大自在
舌端之上海波翻　　第一義諦無違背

효종 건도(乾道) 원년 봄 법사를 황제가 모셔 도를 물었다. 황제가 말했다.

"짐이 경을 읽고자 하니 무엇으로 요점을 삼아야 합니까."

법사가 말했다.

"금강경과 원각경이 가장 요점이 되는 말씀입니다."

"참선은 어떠합니까."

법사가 말했다.

"선은 반드시 스스로 깨쳐야 합니다."

"무엇으로 그 공을 삼습니까."

법사가 말한다.

"몸과 마음을 맑고 고요히 해 오래되면 스스로 계합하게 됩니다."

위와 같이 말하니 뒤에 황제가 당시 도 있는 수행자들에 대해 불러 물음에, 법사는 상천축의 혜광법사가 황제를 마주하도록 하였다. 그러자 황제가 기쁘게 받아들였다.

하루는 문인들에게 말했다.

"나는 수좌(首座)가 되어 열여덟 해 날마다 연경(蓮經) 한 부를 외우고 매번 선정에 들어 꿈에서 보현(普賢)을 뵈었는데 주지한 뒤부터 다시 꿈에서 보지 못했다.

'대중을 이끌다가 자기는 손해 보았다'는 그 말이 진실한 줄 믿어 알게 되었다."

드디어 초당(草堂)에 자취를 숨기고 반년이 지나자 홀연히 게(偈)를 쓰고, 발을 모아 앉아 돌아갔다〔跌坐而化〕.

열흘이 지나도록 관을 멈추어 두었는데, 당시는 눈이 이어 내린 추위인데도 몸은 평시처럼 따뜻하였다.7)

----

7) 法師子琳 賜號慈受 幼學於慈覺深悟圓旨 復謁佛智裕禪師重研心要 時天竺以
   慈福太后請爲功德 師被旨住山 二十八年 講演之際唯提大義 禪侶聞風而來者
   咸服其辯 大慧杲禪師 過之相與劇談 不覺達旦
   謂師曰 時人秖知老師有教 徑山卻許老師有禪 爲題其眞云
   悟得旋陀羅尼三昧 於一切法得大自在 舌端之上海波翻 第一義諦無違背
   孝宗乾道元年春 召師問道 上曰 朕欲讀經 以何爲要 師曰 金剛圓覺最爲要道
   曰參禪如何 師曰 禪須自悟 上曰 何以爲功 師曰 澄寂身心久當自契 上說 後
   因召問當世有道之士 師以上竺慧光對 上欣納之
   一日謂門人曰 吾爲首座十八年 日課蓮經一部 每於禪定 夢寐得見普賢 住持以

○ 『대혜어록』에 보면, 대혜선사는 자림법사가 깨친 선다라니 삼
   매를 다음 같이 노래했다.

   법화의 선다라니 사마디는
   말과 침묵에 원래 걸림 없어라
   옷을 풀어헤치고 짚신 신고
   길거리에 마구 내달려가서
   그때 사람들의 웃음거리 되네
   어디에 머물러 그치는가 물으니
   나는 알지 못한다 말하여 주네
   앞에 나아가 따져 말해 헤아리니
   안타깝다 저 칠통의 답답함이여

   旋陀羅尼三昧　語默元無罣礙
   攬衣著履走街　剛被時人笑怪
   問伊住止何處　向道我儂弗會
   進前擬議思量　咄哉漆桶不快

○ 천축사오법사(天竺思悟法師) 〔『불조통기』 권11〕

   사오법사(思悟法師)는 전당 사람이다. 자운존자의 강설을 모신 지
   가장 오래되었으므로 살피는 도〔觀道〕를 깊이 통달하였다. 다라니법
   〔呪法〕을 잘 지니어 물을 뿌려 사람의 병을 낫게 하였으니 구하는
   이들이 저자와 같았다. 늘 일과로 다라니를 외울 때 몸과 모시는 불
   상에서 모두 사리가 나왔다.

   ─────────────────────

   來無復夢見 信知領徒損己 其言有實 遂屛跡草堂經半載 忽書偈趺坐而化 停龕
   踰旬時當連雪 而身常溫煖(此下遺失令祥一人)

천성(天聖) 3년 자운(慈雲)이 지자대사의 가르침〔智者教卷〕을 대장경에 넣으려고 하였는데 문목 왕공(文穆 王公 : 王欽)이 조정에 알리려 하자 사오가 말했다.

"이는 보통 일이 아니요 어린 저도 돕겠습니다."

그리고는 천수대비상(千手大悲像)을 그리고, 일과로 다라니를 외워 다짐해 이렇게 말했다.

"일이 과연 이루어지면 몸을 불태워 갚겠습니다."

왕공의 죽음을 맞이하자 사오법사는 다라니 외움을 더욱 부지런히 하였다.

다음 해 뜻을 얻자 사오법사는 매우 기뻐해 장작을 다락처럼 쌓고 스승 자운(慈雲)에게 아뢰어 불씨를 구했다.

자운이 화로〔鑪〕가운데서 붉은 숯을 들어 그에게 주자, 손을 끌어 받아서 끝내 어려운 빛깔이 없이 곧 장작더미에 넣었다. 불이 꺼진 뒤에 가사로 몸을 덮으니 단엄함이 살아 있는 것 같았다.

자운이 향나무를 더해 다라니와 원을 행하며〔行呪願〕불사르니 몸이 불꽃을 따라 변화해 다섯 빛 사리가 그 수를 논할 수 없었다.

삼년 뒤에도 사리를 구하는 이들이 오히려 얻을 수 있었다.

자운법사가 이를 기리기 위해 돌에 새겨 말했다.

사오는 나의 문도인데
법을 짊어지고 몸을 버렸네.
그 불꽃 타오를수록
그 즐거움은 더했도다.
불이 다 타 꺼지려 하는데
가부해 앉음처럼 단정했고
뼈를 뒤에 부수니

둥근 구슬처럼 환히 빛났네.
참으로 옛날에는 있었겠지만
오늘날에는 곧 없는 일이니
꽃다운 나이 서른 살
참되도다 큰 장부여.[8]

悟也吾徒　荷法捐軀
其焰赫赫　其樂愉愉
逮火將滅　儼如加趺
逮骨後碎　粲如圓珠
信古應有　今也則無
芳年三十　眞哉丈夫

3. 불교개론으로서 『조론』

필자는 승조성사의 『조론』을 자운준식존자의 주와 더불어 읽으
며 이 『조론』이 승조성사 스스로의 깨침〔自證〕에 기반해 저술한
논장으로 오늘날로 보면 불교개론에 해당하는 저작임을 알게 되었
다. 그것은 이 『조론』이 불교철학의 세계관과 실천론의 줄기를
바로 보여 주는 정리정론(正理正論)의 저술이기 때문이다. 동아시

---

8) 侍者思悟 錢唐人 侍慈雲講最久 故能深達觀道 善持咒法 加水以愈人疾 求者如
市 當課誦時 身及奉像俱出舍利 天聖三年 慈雲欲以智者教卷求入藏 文穆王公
將之朝 悟曰 此非常事也 小子將助之矣 乃繪千手大悲像 課咒以誓曰 事果遂
當焚軀爲報 會公薨 悟誦咒益精 明年得旨 師喜甚 積薪爲樓 白慈雲求火種
雲於罏中擧紅炭與之引手以承 了無難色 卽入薪樓 火息之後 袈裟覆體儼如其生
慈雲乃加香木 行咒願以焚之 隨焰而化 五色舍利無論其數 三歲之後求者尙獲
慈雲爲讚以刻石曰
悟也吾徒 荷法捐軀 其焰赫赫 其樂愉愉 逮火將滅 儼如加趺 逮骨後碎 粲如圓
珠 信古應有 今也則無 芳年三十 眞哉丈夫

아 사회에 처음 불교철학이 뿌리내리던 시기 용어 이해의 혼란을 바로잡는데 이 조론이 큰 기여를 하였다.

이 『조론』은 불교의 대의를 바로 보여 주는 동아시아 최초의 저술이자 오늘날 시대고의 해결에도 유효한 저술이다. 그것은 오늘 이곳 온갖 갈등과 다툼으로 뒤범벅이 되고 분단사회로 규정되는 시대고의 장벽 앞에 『조론』이 곧 소통과 통합의 길을 열 수 있기 때문이다. 또한 인류가 산출한 무수한 철학의 존재론 인식론 실천론을 이 조론이 망라해서 넘어서고 있기 때문이다.

불교철학의 세계관은 연기론(緣起論)이라는 용어에 요약된다. 붇다의 가르침에 의하면 만유(萬有)는 절대 신성이나, 스스로 있는 하나인 자〔Tad Ekam: The one〕가 만든 것이 아니고, 온갖 것을 포괄하는 크나큰 것〔大物〕, 모든 있음이 끊어진 절대허무, 영겁을 이어가는 시간의 신〔時〕이 만든 것이 아니다.

지금 있는 모든 것은 스스로 안에 존재를 내는 요인〔內因〕을 갖고 있는 것이 아니고 스스로 밖에 자신을 내는 외적 요인〔外因〕을 가지고 있지 않다.

모든 것은 안의 요인과 밖의 조건이 서로 의지하여 일어난 것이라 연을 통해 일어난〔緣起〕 만유는, 있되 공하고〔有而空〕 공도 공하므로〔空亦空〕 온갖 있음은 있음 아닌 있음으로 있는 것이다. 그러므로 만유의 연으로 일어나 있음〔緣起有〕은 사유와 말로 한정할 수 없는 연기의 진실 곧 법계〔不思議法界〕이다.

승조성사 당대의 용어로 보면 연이 모임〔緣會〕 성품이 공함〔性空〕 법성(法性) 실상(實相)은 한뜻〔一義〕일 뿐이다. 법에 대한 용어의 차별은 중생 집착의 다름에 상응하는 것이지, 용어에 따른 존재 자체의 고유한 영역이 있지 않다.

이를 조론 자체의 표현으로 보면 인연이 모여〔緣會〕 이루어지는 사물은 자기 성품이 공하고[性空], 있되 공한 존재의 진실은 있음을 떠나고 없음을 떠난 실상(實相)이다. 이를 화엄교(華嚴教)의 표현으로 하면 '원인과 결과의 연기가 곧 진리인 진실한 법계[因果緣起 理實法界]'인 것이다.

화엄교의 법계(法界)는 천태의 표현대로라면 중도실상(中道實相)이니 『마하지관』은 말한다.

"두렷이 단박 깨치는 지관[圓頓止觀]은 처음 실상을 생각하여 경계에 나아가면 곧 중도라 진실 아님이 없다. 생각함을 법계에 묶고[繫緣法界] 생각을 법계에 하나되게 하니[一念法界] 한 빛깔 한 냄새도 중도 아님이 없다[一色一香無非中道]. 자기 세계와 붇다의 세계 중생계도 또한 그러하여 다섯 쌓임[陰] 열두 들임[入]이 다 한결같음[如]이라, 괴로움 버릴 것이 없고 무명과 번뇌가 곧 보디라 끊을 집제가 없다.

치우침과 삿됨이 다 중도의 바름[邊邪皆中]이라 닦을 도(道)가 없고, 나고 죽음이 곧 니르바나[生死卽涅槃]라 얻을 멸제가 없다. 괴로움과 괴로움 모아냄이 없으므로 세간이 없고, 닦는 도와 얻을 니르바나가 없으므로 세간 벗어남이 없다. 그러니 온전히 하나인 실상[純一實相]이라 실상 밖에 다시 다른 법이 없는 것이다."9)

살펴보면 초기불교에서 연기(緣起)라는 말의 뜻을 그릇 이해하여, 인(因)과 연(緣)으로 일어난 존재[我]는 공하지만, 존재를 이루는 여러 법은 공하지 않다는 주장이 붇다 니르바나 이후 일어나게 되었다. 이러한 부파불교 아비다르마논사들의 집착[法執]을 깨

---

9) 圓頓者 初緣實相造境卽中無不眞實 繫緣法界一念法界 一色一香無非中道 己界及佛界衆生界亦然 陰入皆如無苦可捨 無明塵勞卽是菩提無集可斷 邊邪皆中正無道可修 生死卽涅槃無滅可證 無苦無集故無世間 無道無滅故無出世間 純一實相 實相外更無別法

기 위해, 초기 마하야나의 논사들은 공(空)과 반야(般若)로 연기의 진실을 다시 밝힌 것이다.

그에 비해 유식불교(唯識佛教)의 논사들은 법의 집착을 깨기 위해 세운 공(空)을 다시 집착하므로 공도 공하여, 존재와 법이 있음이 아니고 없음이 아닌 진실을 보이려 한다. 그래서 앎〔識, vijñāna〕을 세워 온갖 법을 앎인 법의 모습〔法相〕으로 다시 밝힌다.

또 유식의 앎〔識, vijñāna〕이 주관 관념화되면 『승만경』 『능가경』 등 여래장 계열 경전의 주석가와 논사들은 여래장(如來藏, tathāgatagarbha)을 세워 연기의 뜻을 다시 밝힌다. 곧 여래장계열의 논사들은 앎〔識〕의 보편적 토대〔根本識〕인 알라야의 앎〔Ālaya-vijñāna, 주체 객체의 상호연기의 세계〕이 진여인 알라야임을 밝히고, 앎이 주체 객체의 토대 위에서 나되 남이 없는〔生而無生〕 연기의 뜻〔緣起義〕을 밝힌다. 화엄교(華嚴教)는 다시 마음과 물질로 주어지는 온갖 사법이 진리인 사법이므로 사법과 사법이 걸림 없는 법계〔事事無碍法界〕를 밝힌다.

이렇게 보면 경전과 논장 따라 달라진 용어의 차별은 중생의 망집을 다스리기 위한 차별이라 모든 언구는, 연기중도의 실상〔中道實相〕과 사유하고 말할 수 없는 법계〔不思議法界〕의 한뜻〔一義〕에 돌아가기 위한 차별의 뜻일 뿐이다.

승조성사는 초기 전역(傳譯) 시대에 이미 이런 뜻에 깊이 착안하여 『조론』의 기본 내용이 집필된 뒤, 앞에 「종본장(宗本章)」을 붙여, 연이 모임〔緣會〕 · 성품이 공함〔性空〕 · 법의 성품〔法性〕 · 실상(實相) · 본래 없음〔本無〕이 한뜻임을 천명하였다.

다만 연회 · 성공 · 법성 등은 존재론적으로 연기의 진실을 밝히고 있다면, 반야에 앎 없음〔般若無知〕 니르바나에 이름 없음〔涅槃無名〕은 인식론 실천론적으로 연기의 진실을 밝히고 있다.

승조성사 『조론』 자체의 표현대로라면 「물이 옮기지 않음을 보이는 논[物不遷論]」은 연기되는 세간법의 진실이, 흘러 옮기되 옮김이 없음[遷而不遷]을 밝히니 이는 속제(俗諦)를 들어 속제가 진제(眞諦)인 속제임을 보이고 있다.

그에 비해 「참이 아니라 공함을 보이는 논[不眞空論]」은 세간법의 있음이 참이 아니라[不眞] 공함[空]을 보이되, 공이 또한 참으로 공함이 아님[不眞空]을 보여, 진제가 속제인 진제임을 말하고 있다.

존재론적인 법의 해명은 있음[有]과 없음[無]의 두 범주로 해명된다. 있음[有]을 실로 있음[有]이라고 하여서, 없음[無]이 없음[無]이 된다. 그러므로 세간법의 있음이 있음이 아니고, 세간법의 변화와 나고 사라짐[生滅]이 나고 사라짐이 아닌 줄 알면, 물(物)이 옮기되 옮김 아님을 알고 진제의 공함이 참으로 공함이 아닌 줄 알게 되어 세간법의 연기를 진제인 세간법으로 되살려 쓸 수 있다.

세간법은 연기이므로 공하되, 공하므로 새롭게 연기하는 것이다. 비록 세속제와 진제의 표현을 쓰고 있지만 참[眞]과 세속[俗]의 두 이름은, 한 존재 안에 진리의 영역과 세간의 영역이 분리됨을 뜻하지 않는다.

세간법의 있음이 있되 공한 줄 알아야 사물의 진실을 볼 수 있다는 뜻으로 진제(眞諦)를 말하고, 공하되 공도 공한 줄 알아야 세속법 그대로의 법의 진실을 알 수 있다는 뜻으로 속제(俗諦)를 말한다.

우리 불교 원효성사(元曉聖師)의 표현대로라면 연기법은 '법이 있음이 아님을 밝히고 법이 없음이 아님을 나타내는 것[明法非有顯法非無]'이다. '연기이므로 존재와 앎이 있음이 아니고, 연기이므로 없음이 아니다'라는 말은 존재에서 제일 원인을 찾고, 인식운동에서도 '관념이 먼저냐 물질이 먼저냐'를 따지는 서양철학의 전통 속에서는 쉽게 이해되지 않는다.

헤겔(Hegel)이 비록 존재가 존재가 아니고 비존재가 비존재가 아니라는 변증법적 이해를 통해, 존재가 과정인 존재임을 밝히고 있지만 이러한 과정으로서 존재운동 또한 절대정신의 자기운동에 포괄된다. 이러한 입장은 결국 인간 관념의 절대화라 할 수 있고 인격신의 우주 창조를 말하는 기독교적 신의 철학적 변용이라 할 수 있다. 인도철학의 전통으로 보면 만 가지 있는 것을 브라흐만이라는 하나인 자[Tad ekam]의 자기 전변이라 말하는 신학적 전변설(轉變說, parinama)에 매우 유사한 관점이라 말할 수 있다.

전변설에 반대하는 고대 인도의 적취론자(積聚論者)들은 만유를 전변하는 하나인 자[The one]는 원래 존재하지 않고 존재는 더 이상 나뉠 수 없는 원자적 요인이 쌓여서 이루어진다고 한다. 자이나교 같은 발전된 다원론자들은 원자적 요소가 시간[時] 공간[空] 푸드갈라(pudgala)같은 보편적 형식과 결합하여 존재가 구성된다고 한다.

붓다의 연기론에서는 스스로 있는 하나인 자[一者]도 없고 더 이상 나뉠 수 없는 원자적 요소도 없다. 이를 인식 생산과정에서 살펴보면 주관 객관이 하나인 자의 자기전변이라면 어떻게 주체는 대상을 나 아닌 다른 것으로 알 수 있는가? 만약 적취설처럼 주체에 고유한 영적 실체가 있고 대상에 고유한 사물의 실체가 있다면, 어찌 주체는 대상을 자기화된 대상으로 받아들일 수 있는가?

전변설의 인식론적 관점은, 헤겔이 대상이란 절대정신의 자기외화(外化)라 말하고, 인식운동을 자기외화로서의 대상을 다시 정신에 통합한다 함과 유사하다.

브라마나의 전변론자들은 '개아[atman]가 브라흐만(brahman)과 하나됨[梵我—如]'을 해탈(mokṣa)이라 하고 그 하나됨을 '내가 곧 브라흐만이다[aham brahma smi]'라는 말로 표현한다.

칸트(Kant)는 주체가 대상을 인식할 때 대상 자체 그것 자체[物自體: Ding an sich]는 주체가 인식할 수 없다고 말한다. 우리가 아는 것은 저 대상이 알려주는 여러 징표들을, 포괄적 관념의 형식을 통해 알뿐이다. 참으로 그럴까? 우리가 뜰에 한 송이 꽃을 볼 때, 꽃이라고 아는 지금 감각 너머에, 꽃 자체가 따로 존재한 것인가. 그렇지 않다. 지금 보고 있고 알고 있는 꽃 너머에 사물 자체가 따로 있지 않다. 감각 안에 사물이 갇혀 있는 것이 아니지만 감각 너머에 사물 자체가 따로 있지 않다. 지금 저 사물의 전체적인 모습[外境] 또한 인연으로 있는 어떤 것이다. 그 아는 바 사물[所緣]이 감각의 외적 조건[所緣緣]의 토대를 이룬다. 나의 뜻뿌리[意根]도 스스로 있는 인식의 내적 뿌리가 아니다. 뜻뿌리도 실로 있음이 아니고 실로 없음이 아니다. 그 뜻뿌리[意根]의 밖의 대상을 향한 보고자함[能緣見分]이 감각의 내적 조건[親因緣]이 되어, 보여지는 바[所緣相分]를 안고 구체적인 감각[眼識: 識自證分]을 이루어낸다. 지금 볼 수 있는 감각[眼識]을 지속시키고 향상케 하는 눈[眼]은, 봄[見]의 내적 육체적 조건이자, 봄[見]을 늘려 오르게 하는 조건[增上緣]이 된다. 다시 마나스(manas)라 이름 지어진 앎의 뿌리[意根]는 앎의 내적 토대[Ālaya의 見分]이자 하나의 감각에서 다음 감각을 끊어지지 않게 이어 주는 조건[等無間緣]의 근거가 된다.10)

---

10) 네 가지 연[四緣]과 앎의 네 가름[識四分]: 연기법의 인식 생산 과정에서 어떤 것이라는 결과[果]는 내적 요인[親因緣], 외적 조건[所緣緣], 도와 늘리는 조건[增上緣], 끊어지지 않게 하는 조건[等無間緣] 이 네 조건이 모여

지금 한 송이 꽃을 보고 저 꽃을 장미꽃이라 인식하는 앎의 결과는 위 네 조건[四緣]이 어울려 나므로 그 앎에 앎이 없다. 그러나 네 조건 또한 있되 공하므로 네 조건이 어울려 눈의 앎[眼識]이라는 결과를 내지만, 실로 있는 네 조건이 모여 앎을 이룬다 하면 옳지 않으니 원인[因]도 공하고 조건[緣]도 공하고 결과[果]도 공하다.

그러나 원인 조건 결과가 공하므로, 새로운 원인 조건 결과가 남이 없이 나는 것[無生而生]이다. 그러므로 지금 알 때 앎[識]에서 실로 앎[能知]과 아는 바[所知]를 취하면, 사물의 있되 공한 진실을 등지고 주체의 행위는 나의 감각과 지각에 닫혀져 삶의 자유[解脫, mokṣa]를 실현하지 못한다.

승조성사가 인용한 『반야경』의 표현에 따르면 "앎에 아는 바가 있으면 알지 못하는 바가 있지만, 앎에 아는 바가 없으면 알지 못하는 바가 없는 것이다."

불교철학에서는 이처럼 존재 인식 실천이 하나의 고리를 이룬다. 존재의 있음에서 실로 있음과 실로 없음을 떠나지 못하면 지금 앎활동에서 앎[知]과 앎 없음[無知]을 넘어서지 못한다. 생각[念]에서 생각 떠나고 모습[相]에서 모습을 떠나되, 생각 없음과

결과를 이루지만 이 모든 조건은 있되 공한 조건이다. 그러므로 원인·조건·결과는 모두 공한 것이라 합하되 합함이 없고 흩어지되 흩어짐이 없다.
다시 이를 앎[識]을 통해 다시 살펴보면, 앎[六識]은 십팔계설(十八界說)에서 주관[六根] 객관[六境]에서 일어나 앎은 주관 객관이 아니지만 주관 객관을 떠나지 않는다. 이러한 앎의 모습을 유식논사 호법(護法)은 앎의 네 가지 가름으로 설명하니 곧 앎[識自體分]은 주체의 알려 하는 가름[識見分] 대상의 알려지는 모습의 가름[識相分]이 어울려 앎 자체의 가름[識自體分]을 이룬다. 이렇듯 앎은 앎이되 앎이 아니므로 스스로를 부정하고 다음의 앎을 이룰 수 있어야만 앎인 것이니 앎 자체를 부정하는 가름을 앎을 증명하는 가름[識證自證分]이라 한다. 네 가름은 있음도 아니고 없음도 아니다.

모습 없음을 집착하면, 세간법이 참이 아니라 공한 줄 알지만, 공(空)이 참으로 공함이 아니기〔不眞空〕 때문에 일어나는 존재의 남 없는 남〔無生而生〕을 새롭게 주체화할 수 없다.

천태선사의 표현대로라면 공을 체달하여 그침〔體眞止〕이, 방편으로 연을 따르는 참된 휴식〔方便隨緣止〕을 거둘 수 없으며 공을 살핌〔空觀〕이 거짓 있음 살핌〔假觀〕을 거둘 수 없다.

생각〔念〕에서 생각 떠나고 생각 없음〔無念〕에서 생각 없음을 떠나며 중도에서 중도의 이름과 자취를 떠날 때, 근본지와 방편지를 함께 거둘 수 있으며 모습을 떠나되 모습 없음마저 떠나야 삶의 역동성을 버리지 않는 참된 평화〔息二邊分別止〕를 누릴 수 있다.

또한 지혜에서 있음과 없음을 얻지 않을 때, 붙잡아 취함 없는 큰 자비〔無緣慈悲〕를 이루어, 저 역사와 대중 속에서 진정한 자기 주체를 실현할 수 있다.

곧 생각과 생각 없음〔念·無念〕 나와 나없음〔我·無我〕을 모두 벗어날 때, 역사운동 속에서 항상함〔常〕과 덧없음〔無常〕을 넘어서, 건짐 없이 세간을 건지는 대자비원력(大慈悲願力)을 실현할 수 있다. 달리 말하면 생각과 생각 없음을 모두 벗어날 때 선(禪)의 생각 없음〔無念〕이 바로 지식생산 정보생산의 다함없는 터전이 될 수 있다.

그러나 반야라는 지혜의 자취, 니르바나라는 이름〔名〕을 벗어나지 못하면, 연기중도의 실상 그대로의 삶의 자유를 구현하지 못하게 되고, 있음과 없음을 벗어나 연기의 진실을 실현하지 못하면, 나〔我〕에 나 없는〔無我〕 참된 자아의 역사적 실현을 이루지 못한다.

이처럼 보디와 니르바나에 머물고 취할 니르바나의 이름〔名〕이 있다면, 억압된 문명 속에서 환상을 돌이켜 보디를 구현하고〔菩提廻向〕, 고통 받는 중생 속에서 해탈을 구현하는 불교철학의 역사적인 자기실현〔衆生廻向〕은 이루어질 수 없다.

4. 격의불교(格義佛敎)를 넘어

승조성사는 불교의 불교 됨의 틀을 넘어서고 극복함으로써 불교철학을 남북조시기 중국사회에 참으로 실현한 분이다. 중국불교에서 초기 역경가와 구마라지바 이전 그 당시의 논사들은 불교철학의 세계관과 실천관을 바로 이해하여 대중에 해명할 수 없었으므로 기성철학 개념의 틀을 빌어 불교언어를 번역하고 풀이하였다.

니르바나를 무위(無爲)라 옮기거나 법신(法身)을 허무적멸지신(虛無寂滅之身)으로 번역함이 그 대표적인 보기일 것이다. 승조성사는 불교철학의 철저한 이해와 체달을 통해 불교언어의 틀을 넘어서 기성철학의 개념을 빌어 쓰되, 불교의 세계관과 실천성을 스스로 견지하여 대중과 공유하고 불교를 시대 속에 실현한다.

곧 불교라는 언어의 틀을 벗어나 도가(道家) 유가(儒家) 중국사회 기성철학의 언어를 빌어 불교를 펴면서도 자기철학의 원칙을 역사화 한다. 승조성사는 연기이므로 공하고 공하므로 연기한다는 자기철학의 원칙에 철저함으로써 자기철학의 원칙을 지키되 자기철학의 형식적 틀을 넘어선다. 이는 우리불교 원효성사가 유가 도가의 언어와 가르침을 이끌어 연기중도의 큰 뜻을 역사 속에 실현함과 같다.

유가 도가를 이끌어 보이되 그 철학의 치우침에 떨어지지 않고 불교와 불교 대자비의 실천성을 역사 속에 펼친 승조 원효 두 성사의 가르침을 인용해 보기로 하자.

먼저 승조성사가 세운 언교를 살펴보자.

"니르바나의 도 됨이란 고요하여 쓸쓸하고 텅 비고 드넓어서 모습과 말을 얻을 수 없어 미묘하여 모습 없으니 마음 있음〔有心〕으로 알 수 없다.

뭇 있음〔群有〕을 뛰어넘어 깊고 깊으며, 큰 허공과 같아 길이 오래니, 이를 따라도 그 발자취를 얻지 못하고, 이를 맞이해도 그 머리를 보지 못한다.

여섯 길〔六趣〕이 그 남〔生〕을 거둘 수 없고, 힘으로 짊어져도〔力負〕 그 몸〔體〕을 교화할 수 없으며, 아득하고 멀어 보고 들을 수 없어 있는 듯하고〔若存〕 가는 듯하여〔若往〕, 다섯 눈〔五目〕으로 그 얼굴을 보지 못하고 두 들음〔二聽〕으로 그 울림을 듣지 못한다.

아득하고 그윽하니 누가 보고 누가 알 것인가? 두루하여 있지 않는 곳이 없어서 홀로 있음과 없음 밖〔有無之表〕에 벗어났다.

夫涅槃之爲道也 寂寥虛曠 不可以形名得 微妙無相 不可以有心知 超群有以幽昇 量太虛而永久 隨之弗得其蹤 迎之罔眺其首 六趣不能攝 其生 力負無以化其體 眇莽惚恍若存若往 五目莫覩其容 二聽不聞其響 窈窈冥冥誰見誰曉 彌倫靡所不在 而獨曳於有無之表

그러하니 이를 말하면 그 참됨〔眞〕을 잃고 이를 알면 그 어리석음〔愚〕에 돌아가며 이를 있다고 하면 그 성품〔性〕에 어긋나고 이를 없다고 하면 그 몸〔軀〕을 다친다.

이런 까닭에 샤카무니께서는 마가다에서 방문을 닫았고, 비말라키르티는 바이샬리에서 입을 막았다. 수부티는 말 없음을 드날려 도를 나타냈고, 샤크라하늘왕과 브라흐마하늘왕은 들음을 끊고 꽃을 비 내렸다.

이는 다 진리가 신묘하게 이끎이다. 그러므로 입〔口〕은 이 때문에, 닫아 말 없었던 것〔緘黙〕이다. 그러니 어찌 말없음이라 할 것인가? 말하되 말할 수 없음인 것이다.

然則言之者失其眞 知之者返其愚 有之者乖其性 無之者傷其軀 所以釋迦掩室於摩竭 淨名杜口於毘耶 須菩提唱無說以顯道 釋梵乃絶聽

而雨花 斯皆理爲神御 故口爲之緘默 豈曰無辯 辯所不能言也

다음 원효성사가 세운 언교를 살펴보자. 원효의 『대혜도경종요
(大慧度經宗要)』는 말한다.

첫째 경의 큰 뜻을 말함〔第一述大意者〕이란 다음과 같다.

프라즈냐(prajñā)가 지극한 길〔至道〕이 되는 것은,
길도 없고 길 아님도 없으며 이름〔至〕도 없고 이르지 않음〔不至〕
도 없는 것이다.
쓸쓸히 비어 고요하지 않은 바 없고, 툭 트여 쓸어 다하지 않는
바 없으니, 이로써 참모습은 모습이 없으므로 모습되지 않음이 없
고, 참된 비춤은 밝음이 없으므로 밝음이 되지 않음이 없는 줄 알
수 있다.
밝음이 없으므로 밝히지 않음이 없는 것이니, 누가 어리석음의 어
두움을 없애버리고 지혜의 밝음을 얻을 것인가?
참모습은 모습이 없으므로 모습 되지 않은 바 없는 것이니
어찌 거짓이름〔假名〕을 무너뜨리고 참모습〔實相〕을 말하겠는가?
이것이 곧 거짓이름의 허망한 모습〔假名妄相〕이, 참된 성품〔眞性〕
아님이 없어서 네 가지 걸림 없는 변재〔四辨〕로도 그 모습 말할 수
없는 것이니, 실상의 프라즈냐는 그윽하되 그윽함마저 그윽한 것이
다.
또한 중생의 탐욕의 물듦과 어리석음의 어두움이 모두 지혜의 밝
음이지만 다섯 가지 눈〔五眼〕으로도 그 비춤을 보지 못하니, 살펴
비추는 프라즈냐〔觀照般若〕는 비춤을 덜지만 그 덜어냄마저 더는
것이다.

夫波若爲至道也　無道非道無至不至

蕭焉無所不寂泰然無所不蕩
是知實相無相故無所不相
眞照無明故無不爲明
無明無不明者 誰滅癡闇而得慧明
無相無非相者 豈壞假名而說實相
斯則假名妄相無非眞性 而四辨不能說其相
實相般若玄之又玄之也 貪染癡闇皆是慧明
而五眼不能見其照 觀照波若損之又損之也

이제 이 경은 프라즈냐로서 실천의 마루〔宗〕를 삼아서,
말함이 없고 보임이 없으며, 들음이 없고 얻음이 없으니
이 수트라가 모든 허튼 따짐〔戲論〕을 끊은 바른 말씀〔格言〕이다.
프라즈냐는 보이는 바 없으므로 보이지 않는 바 없고,
얻는 바 없으므로 얻지 않는 바가 없다.
여섯 파라미타의 만 가지 행이 여기에서 두렷이 가득해지고
다섯 가지 진리의 눈, 만 가지 덕〔五眼萬德〕은 이를 좇아 나니,
보디사트바를 이루어내는 요긴한 공덕의 곳간〔要藏〕이며
모든 붇다들의 참된 어머니〔眞母〕이다.
이런 까닭에 위없는 법의 왕〔無上法王〕은 이 경을 말하려 함에
프라즈냐를 존중하여 몸소 스스로 자리를 펴셨으니,
하늘은 네 가지 꽃비 내려 공양하고
땅은 여섯 가지의 변화를 움직여내서 놀라 기뻐하며,
시방의 마하사트바들은 맨 가에 있으면서 멀리 찾아오고,
욕계와 색계〔欲色二界〕의 여러 하늘의 무리들은,
높은 빛을 내리어 멀리서 이르렀다.
울며 법을 구하는 사다프라루디타(Sadāprarudita, 常啼) 보디사
트바는 진리를 구하기 위해

일곱 해를 서서 뼛속이 부서짐을 돌아보지 않았으며,
강가아강 모래 수 하늘 대중은 한 자리에서
법문을 듣고서 곧 보디의 언약을 얻게 되었다.

今是經者波若爲宗
無說無示無聞無得 絶諸戲論之格言也
無所示故無所不示 無所得故無所不得
六度萬行於之圓滿 五眼萬德從是生
成菩薩之要藏也 諸佛之眞母也
所以無上法王將說是經 尊重波若親自敷坐
天雨四華以供養 地動六變而警喜
十方大士 最在邊而遠來 二界諸天 下高光而遲至
常啼七歲立之 不顧骨髓之摧 河天一座 聞之便得菩提之記

옛 중국의 때에는 요와 순의 덕이 천하를 덮고,
주공(周公)과 공자(孔子)의 도가 여러 신선의 도를 뛰어넘었지만,
오히려 여러 하늘이 가르침을 베풀면, 하늘의 법칙을 감히 거스르지 못하였다.

그러나 이제 우리 법왕(法王)께서 가르친 프라즈냐의 참된 전적은,
모든 하늘이 받들고 우러러 믿어서 감히 붇다의 가르침을 어기지 못한다.

이로써 미루어 보면 요와 순, 주공과 공자의 도덕이 붇다의 도에 이르기 아득하니, 어찌 날을 같이 해 논할 수 있겠는가?

그러므로 네 구절〔四句〕만이라도 믿어 받으면 그 복이 허공보다 넓어서, 강가아강의 모래 같이 많은 몸과 목숨을 버려 베풀어도 견줄 수 없으나,

한 생각이라도 비방하는 마음을 일으키면

그 죄가 다섯 거스름의 죄[五逆]보다 무거워서

천 칼파 동안 사이 없는 지옥[無間]에 떨어져도 오히려 갚지 못할 것이다.

　　　　至如唐虞之蓋天下　周孔之冠群仙
　　　　而猶諸天設敎不敢逆於天則
　　　　今我法王波若眞典　諸天奉而仰信不敢違於佛敎
　　　　以此而推　去彼遠矣　豈可同日而論乎哉
　　　　爾乃信受四句福廣虛空　捨恒沙之身命所不能
　　　　況起謗一念罪重五逆　墮千劫之無間　猶不能償者也

5. 선종(禪宗)에서 승조성사의 인식

중국불교에서는 당조(唐朝)에 들어 달마를 비조로 한 종파로서의 선종(禪宗)이 발흥하였다. 그로부터 붇다의 마음도장 곧 불심인(佛心印)의 전승이 오직 선종에만 고유한 것으로 보는 달마선종 법통주의(達摩禪宗 法統主義) 시각이 많은 수행자들에게 널리 퍼졌다. 나중 명대에 이르러 호계회칙(虎谿懷則)의 『천태가 붇다의 마음 도장 전함을 기록한 글[天台傳佛心印記]』이 저술되고 그에 대한 명대 유계전등(幽溪傳燈)의 『천태전불심인기주』가 저술됨으로써 '붇다의 마음 도장[佛心印]'은 종파로서의 선종의 법통에 갇히지 않음을 표방하게 되었다.

승조성사의 종본의(宗本義) 장에는 수행 유파에 따라 달리 기술된 법의 이름이 한뜻[一義]의 다른 이름[異名]임을 밝혀, 후대 종파불교의 폐해를 예견해, 법의 약[法藥]을 미리 시설한 듯하다.

그러면 선종 자체에서 편집되고 고려 진각혜심선사(眞覺慧諶禪師)와 그 제자들이 집대성한 『선문염송집(禪門拈頌集)』에서 승조성사는 어떻게 기술되고 있는가?

초기선종에서 쌍림 부대사(雙林 傅大師) 보지공선사(寶誌公禪師) 등은 달마선사와 거의 동시대로 기술되고 있고, 천태선사의 스승 남악혜사선사(南嶽慧思禪師)는 2조로 추앙되는 혜가선사(慧可禪師)와 동시대의 선사이다. 그분들은 달마문하의 법맥에 포함되지 않지만 선종(禪宗) 나가서 불심종의 전승에 큰 공덕이 있는 분들로서 추앙된다.

『선문염송집』 편집자들은 그분들을 염송집 말미에 응화현성(應化賢聖)으로 분류하여 말세 선류들의 귀감이 되게 하고 있다. 승조성사 또한 응화현성에 이름이 올려 있으니 응화현성으로 이 사바에 출현한 성사들의 이름은 다음과 같다.

보지공선사(寶志公禪師), 화엄초조 두순선사(杜順禪師), 쌍림부대사(雙林傅大士), 남악혜사선사(南嶽慧思禪師), 천태지자선사(天台智者禪師), 도생법사(道生法師), 승조법사(僧肇法師), 한산(寒山), 습득(拾得), 풍간선사(豊干禪師), 무착(無着), 포대(布袋), 보화(普化)선사이다.

또한 선종선사들에 의해 조론의 법문 등이 선종의 공안 법문(公案法門)으로 제시되고 있으니 『선문염송집』에 수록된 승조(僧肇) 도생(道生) 양 성사의 법문을 살펴보면 다음과 같다.

○ 도생법사의 법문 〔선문염송 1424칙〕

도생법사가 말했다.
"허공을 두드리니 울림을 짓고 나무를 치니 소리가 없다."
　鼓空作響　擊木無聲

운문언선사가 주장자로 허공을 두드리며 말했다.

"아야야"
또 판대기를 두드리며 말했다.
"소리가 나는가?"
어떤 승려가 말했다.
"소리가 납니다."
선사가 말했다.
"이 속된 녀석아!"
또 판대기를 두드리며 말했다.
"무엇을 소리라 할 것인가."

황룡심(黃龍心)선사가 대중에 보여〔示衆〕 말했다.

허공을 두드려 울림을 지으니
누가 소리 아는 자인가
나무를 쳐도 소리 없는데
부질없이 귀를 기울이는구나

鼓空作響　誰是知音
擊木無聲　徒勞側耳

눈앞의 법이 아니니 갖가지 마음을 내지 말라.
　일어나고 사라짐이 서로 알지 못하여 그 가운데 등지거나 마주
함이 없다.
　코끼리왕 가는 곳에 이리 토끼 자취 끊어지고
　물의 달이 앞에 나타나니 바람과 구름이 스스로 다르다.
不是目前法　莫生種種心　起滅不相知　箇中無背面
象王行處　狐兔絶蹤　　水月現前　風雲自異

이 속에 이르러 하늘땅을 거둘 수 없고 우주의 이름을 알지 못한다.
천 성인이 바람 아래 서 있는데, 누가 머리맡에서 말하랴.
여러 대중이여, 반드시 앞의 살림살이[活計]일 것이니
지은 바와 베풀어 하는 것과 앎[知]과 알지 못함[不知]을 한때
에 쓸어버리고 지팡이 짚고 산으로 돌아가, 긴 휘파람 한소리에
안개 깊어짐만 같지 못하리라.

到這裏 乾坤收不得 宇宙不知名 千聖立下風 誰敢當頭道
諸仁者 應是從前活計 所作施爲會與不會
一時掃却 不如策杖歸山去 長嘯一聲煙霧深

곤산원(崑山元) 선사가 당에 올라[上堂] 이 이야기를 들어 이렇
게 보였다.
주장자를 집어 승상을 한번 쳐내리고 말했다.
"나무를 치니 소리 없음이 아니다."
또 주장자로 허공을 한번 때리고 말했다.
"허공을 두드리니 울림을 짓는 것이 아니다."
여러 대중이여, 만약 빛깔 소리의 이야기라고 알면[作聲色話會]
저의 가르침 밖에 따로 전함[教外別傳]을 등지는 것이고, 다시 몽둥
이와 악 외침으로 헤아리면[捧喝商量] 바로 손가락을 집착해 달이
라고 함[執指爲月]이다. 두 길의 뒤얽힘[兩路葛藤]을 여러분에게
한때에 집어냈으니 이 속에 도리어 눈으로 구름을 보는 선객[目視
雲漢底禪客]이 있는가.
나와서 이 소식을 드러내도 거리낌이 없으리라.
잠자코 있다[良久] 말했다.

범을 쏘아도 참됨을 만나지 못하면

천균의 화살을 무디게 함이로다.

射虎不逢眞 鈍致千鈞弩

주장자를 던져 내리고 곧 방장에 돌아갔다.11)

○ 승조법사의 법문

• 움직임과 고요함〔선문염송 1425칙〕

승조법사가 말했다.

나고 죽음이 번갈아 사라지고 추위 더위가 바뀌어 옮긴다. 물(物)이 흘러 움직임이 있다〔有物流動〕고 함은 사람의 늘 그런 뜻이나, 나는 곧 그렇지 않다고 말한다. 왜인가.

『방광경(放光經)』에 말했다.

"법은 가고 옴이 없고 움직여 구름이 없다."

---

11) 生法師云 敲空作響 擊木無聲
雲門偃 以拄杖空中敲云 阿那耶
又敲板頭云 作聲麼 僧云作聲 門云者 俗漢 又敲板頭云 喚什麼作聲
黃龍心示衆云 敲空作響 誰是知音
擊木無聲 徒勞側耳
不是目前法 莫生種種心 起滅不相知 箇中無皆面
象王行處 狐免絶蹤 水月現前 風雲自異
到這裏 乾坤收不得 宇宙不知名 千聖立下風 誰敢當頭道
諸仁者 應是從前活計 所作施爲會與不會 一時掃却 不如策杖歸山去 長嘯一聲
煙霧深
崑山元上堂擧此話 拈拄杖擊繩牀一下云 不是擊木無聲
又以拄杖向空中 打一下 乃云 不是敲空作響
諸仁者 若作聲色話會 辜他敎外別傳 更以捧喝商量 正是執指爲月 兩路葛藤 與
你一時拈却 這裏 還有目視雲漢底禪客麼
無妨出來露箇消息 良久云 射虎不逢眞 鈍致千鈞弩 抛下拄杖 便歸方丈

움직이지 않는 지음을 찾는데 어찌 움직임을 풀고 고요함을 찾을 것인가. 반드시 고요함은 모든 움직임에서 구해야 하므로 비록 움직이나 늘 고요하며, 움직임을 풀지 않고 고요함을 구하므로 비록 고요하나 움직임을 떠나지 않는다.

그렇다면 움직임과 고요함〔動靜〕이 처음부터 다르지 않는데 미혹한 이들이 같지 않다고 하는 것이다.

심문분선사(心聞賁禪師)가 노래했다.

아리땁게 말없는데 분칠한 얼굴 눈물 마르니
물가 울타리 아래 맑은 추위를 겁낸다
남쪽 가지 다투어 먼저 피우려할 것 없으니
남은 겨울 남겨 기다렸다 눈을 띠고 보려하네12)

婷妁無言粉淚乾　水邊籬下怯清寒
南枝未用爭先發　留待殘冬帶雪看

한 그루 매화가 싹트기 전에는 싹트지 않은대로 아름답고 눈 속 매화가 훈풍에 활짝 피면 핀 그대로 아름다움을 이리 노래한 것인가.

영원청선사(靈源淸禪師)가 이 이야기를 들어〔擧此話〕 말했다.
조법사가 '나는 곧 그렇지 않다'고 말한다 하니 이는 무슨 마음의 행인가. 오늘 아침 가리켜 깨뜨림을 만나고서 바야흐로 몸 숨길 곳 없음〔無處藏身〕을 알았다. 왜인가.

---

12) 僧肇法師云 夫生死交謝 寒暑迭遷 有物流動 人之常情 豫則謂之不然 何者
放光云 法無去來 無動轉者 尋夫不動之作 豈釋動以求靜 必求靜於諸動 必求靜於
諸動故 雖動而常靜 不釋動以求靜故 雖靜而不離動 然則動靜未始異 而惑者不同
心聞賁頌 婷妁無言粉淚乾 水邊籬下怯清寒
南枝未用爭先發 留待殘冬帶雪看

푸른 임금 피하려다 붉은 황제 만났으니
바람과 빛 스며들어 뼈와 털끝마저 시리다
避得靑君逢赤帝　風光潛透骨毛寒

나고 사라지는 움직임을 떠나 고요함을 구하면 그 고요함이 삶의 굴레가 되는 것임을 이리 보인 것인가.

『전등록(傳燈錄)』에 말했다.
어떤 이가 승려에게 물었다.
"대덕께서 조론을 강설한다고 들었는데 그렇습니까?"
승려가 말했다.
"겨우겨우 하고 있습니다."
어떤 이가 말했다.
"조법사에게 물이 옮기지 않는다는 뜻〔物不遷義〕이 있다는데 그렇습니까?"
승려가 말했다. "그렇소."
그 사람이 찻잔을 땅바닥에 깨뜨려 부숴버리고 말했다.
"이것은 옮김이요〔遷〕? 옮기지 않음이요〔不遷〕?"
그 승려가 대꾸하지 못했다.13)

- 참된 공〔眞空〕 〔선문염송1426칙〕

조법사가 말했다.

---

13) 靈源淸擧此話云 肇法師却道 子則謂之不然 是何心行 今朝旣遭點破
方知無處藏身 何也
避得靑君逢赤帝 風光潛透骨毛寒
傳燈錄云 或問僧 承聞大德 講得肇論是否 僧云不敢 或曰肇法師有物不遷義是
否 僧云是 或人遂以茶盞 就地撲破曰 這箇是遷不遷 僧無對

공(空)을 공이라 할 수 있으면〔可空〕 참된 공이 아니요, 물질〔色〕을 물질이라 할 수 있으면〔可色〕 참된 물질이 아니다.

참 물질은 꼴이 없고〔無形〕 참된 공은 이름이 없다〔無名〕.

이름 없음이 이름의 아버지요, 물질 없음이 물질의 어머니라, 만법의 근원이 되고 하늘 땅의 큰 조상〔大祖〕이 된다.

보녕용선사(保寧勇禪師)가 이 이야기를 들어〔擧此話〕 말했다.

조법사가 아주 힘을 다해 말했으나 아직 반도 이르지 못했다.

왜인가?

만약 마등의 문하라면 눈에 가득 빛을 내겠지만 조사문하라면 꿈에도 보지 못했다.

또 말해보라, 조사문하에 따로 무슨 긴 곳이 있는가.

그러고는 말했다. 지혜로운 사람 앞에 들어 보이지 말고 지혜 없는 사람 앞에 말하지 말라.14)

6. 승조성사의 저술과 임종게

대만에서 민국 69년(2007)에 발간된 이세걸의 『한위 양진 남북조불교사(漢魏兩晉南北朝佛教史)』에 의하면 『조론』에 포함된 다섯 논〔五論: 종본론, 물불천론, 부진공론, 반야무지론, 열반무명

---

14) 肇法師云 空可空非眞空 色可色非眞色 眞色無形 眞空無名 無名名之父 無色色之母 爲萬法之根源 作天地之大祖

保寧勇擧此話云 肇法師 大殺盡力道 未道得一半 何故 若於摩騰門下 滿目生光 祖師門下 未夢見在 且道祖師門下 別有什麽長處 乃云 有智人前莫擧 無智人前莫說

〔지혜로운 이는 말하기 전에 이미 사물의 진실에 서 있으니 말이 무슨 쓸모 있으며 어리석은 이는 말에 말의 모습을 취하니 말한들 어찌 사물의 진실에 들어갈 것인가.〕

론] 밖에 승조의 저술로 다음 여러 문헌이 포함되어 있다.

1. 유마경주와 서〔維摩經注序〕
2. 여래 장육의 몸이 곧 참됨을 논함〔丈六卽眞論〕
3. 장아함경서(長阿含經序)

이 글들 밖에 당연히 송대 일본에서 돌아온 금강경주(金剛經注)와 위의 '유마경주서'를 유마경주와 서문으로 읽으면 유마경 승조주가 포함될 것이다. 다시 중국불교에서는 오래도록 『보장론(寶藏論)』이 승조의 저술로 알려져 왔으며 『보장론』의 많은 연구가 선종 선사들의 문헌에 인용되고 있다. 영명연수 선사의 『종경록』, 운문문언 선사 동산양개 선사의 어록이 대표적인 예이다. 그 다음 특기할 것은 『보장론』의 저술과 관련된 이야기로 다음 같은 설화가 전해지고 있다.

곧 요진 황제의 벼슬자리 제안을 거부한 승조가 황제의 미움을 받아 형장에서 죽음을 맞이하게 되었는데 이레 형집행의 말미를 얻어, 마지막 저술한 책이 『보장론』이라는 것이다. 최근 일본학계를 중심으로 『보장론』이 승조의 친작이 아니라는 설이 거의 기정사실화되고 있다.

그러나 승조 저술의 진위 여부를 떠나 중국에서 이미 영명연수(永明延壽) 대혜종고(大慧宗杲) 같은 대조사에 의해 승조의 저작으로 인증되고 그 연구가 『조론』의 대의와 종지에 부합된다면, 우리는 위대한 과거 역사적 저술로 『보장론』을 받아들여야 할 것이다.

『보장론』의 대의를 간략히 살펴보면 논은 세 품으로 되어 있다.

첫째품은 「공함과 있음을 널리 비추는 품〔廣照空有品〕」이니, 『조론』으로 보면 「물불천론」과 「부진공론」을 종합해서 속제와 진제가 둘 아님〔眞俗不二〕을 비추는 품이다. 곧 연기되는 세간법은 연기이므로 공하여 속제는 진제인 속제이고, 진제는 속제의 진제이므로, 속제는 있되 공하고 진제는 공하되 참으로 공하지 않음〔不眞空〕이 반야의 살피는 바 됨을 밝힌 것이다.

둘째품은 「펼쳐 나눔과 숨어 고요함의 바탕이 깨끗함을 보인 품〔離微體淨品〕」이다. 여기서 이(離)는 펼쳐 나눔의 뜻이니 만상이 공하되 있어〔空而有〕 만유로 펼침이고 미(微)는 숨어 고요함이니 만상이 있되 공하여〔有而空〕 드러남이 곧 숨음이 됨을 말한다. 그러므로 아는 마음은 앎이 없이 알고, 밖의 경계는 있되 공하여 의지할 바 없으니 마음과 경계는 그 바탕이 둘이 아니다.

이와 같이 살피면 경계를 알되 앎이 없는 근본지와 앎이 없이 아는 방편지는 그 바탕에 둘이 없으니 이것은 「반야무지론」의 대의이다.

셋째, 「본바탕이 비어 현묘한 품〔本際虛玄品〕」은 아는 마음과 경계가 공하되 공도 공함을 보임이니, 이 가운데 앎과 알지 못함이 모두 끊어짐이 반야의 인행〔般若因行〕이라면 모습과 모습 없음이 모두 끊어진 니르바나는 과덕〔涅槃果德〕이다.

이를 살피는 마음〔能觀心〕과 살피는 바 진리〔所觀理〕로 보면 반야가 비춤 없이 비추는 지혜라면 모습과 모습 없음이 모두 없는 니르바나는 비추는 바 진리이고 과덕이다.

그러므로 니르바나에 니르바나의 이름〔名〕이 있다면 반야의 앎에 아는 공(功)이 사라지지 않음이니 『보장론』에서 '본바탕의 비어 현묘한 품'은 『조론』에서 「니르바나에 이름 없다는 논〔涅槃無名論〕」의 다른 표현인 것이다.

이렇게 보면 『보장론』은 『조론』의 대의를 다른 표현으로 보인 논이니 진위 논쟁 자체가 부질없는 논쟁이라 할 것이다. 송대 중국에 들어온 『남악대승지관(南嶽大乘止觀)』의 진위 여부에 대해 자운준식존자가 그 서문을 써서 진위논쟁을 불식시키듯 지금 우리도 종지의 옳고 그름을 가지고 『보장론』의 사상사적 의의를 살펴야 할 것이다.

승조성사의 생애에 관한 공식 기록이라 할 수 있는 『양고승전(梁高僧傳)』은 그 끝에 진 의희(晋義熙) 십 년에 승조법사가 장안(長安)에서 서른 하나〔三十一〕에 돌아갔다고 기술하고 있으니, 승조성사는 아주 젊은 나이에 요절한 것은 분명하다.

공식 기록에 정치권력과의 갈등 관계 속에서 죽음을 맞이했다는 것은 확인할 수 없다. 다만 이십대에 이미 『조론』을 저술한 그의 탁월성과 천재성으로 말미암아 질투하는 이들이 많았다는 것은 승전에 기록되어 있다. 『양고승전』은 다음 같이 기술한다.

'그때 이름 빛남을 다투는 무리들이 그의 일찍 통달함을 미워하지 않음이 없었다. 그래서 어떤 이는 천리를 달려 서울에 들어와 대들어 말했다. 승조는 이미 재능과 사유가 깊고 그윽하고, 또 보여 말하기를 잘하였으며 앞의 기틀을 받되 날카로움을 눌러 일찍이 흘러 넘치거나 막히지 않았다.

그때 서울의 오랜 유가학자〔宿儒〕와 서울 밖의 영재들〔英彦〕의 날카로운 말재간을 누르고 기운을 누르며 꺾지 않음이 없었다. 뒤에 쿠마라지바 법사가 고장(姑臧)에 이르니 승조가 멀리서 그를 좇았다. 쿠마라지바가 탄식하며 칭찬함이 그지없었다.'

필자가 50대에 중국으로의 집필 여행 당시 「열반무명론(涅槃無名論)」을 번역하면서 느낀 소회는 다음과 같다.

'승조성사의 「열반무명론」의 저술은, 스승 쿠마라지바 법사가 입적하고,「진왕이 쓴 열반에 대한 글」을 읽고 난 뒤이다. 비록 승조께서 진왕에 올리는 글〔上秦王表文〕을 써서 요진 황제의 지혜와 덕을 크게 찬양하고 있지만 승조의 「열반무명론」은 사실상 요진 황제의 견해에 대한 일정한 비판이다. 곧 승조성사는 도(道)와 열반(涅槃)의 이름 없음으로 요진 황제의 견해를 크게 찬양하고 있다. 하지만 요진황제의 이름 없음의 뜻은, 이름 없음이 만유의 이름됨의 어머니〔名之母〕가 되고, 모습 없으므로 모습되지 않음이 없다〔無相而無不相〕는 반야의 가르침에 글의 뜻이 미치지 못하고 있으니 승조법사는 그 뜻을 둘러서 말하고 있다.

그렇다면 승조의 「열반무명론」을 읽은 요진 황제가, 승조의 존재가 자신의 권력기반 강화에 큰 도움이 되지 않으리라 판단하고 승조의 천재성을 꺾을 정치적 음모를 꾸미지 않았을까.'

번역 당시 나는 위와 같은 느낌을 받았다.

그렇다면 결국 겨우 서른하나의 나이에 불교 역사 불후의 저작을 남기고 세상을 하직한 승조성사에 대한 추모의 마음이, 『보장론』과 연관된 정치적 음모와 같은 설화가 중국불교에 가능토록 했을 것이다.

큰 마하사트바 대성사(大聖師)의 권력에 의한 죽음의 대표적인 예로, 인도에서 사자존자(師子尊者)의 죽음을 들 수 있다. 사자존자의 죽음에 얽힌 설화와 승조 임종의 설화가 거의 비슷한 내용으로 전승되며 사자존자의 임종게와 거의 같은 내용인 승조성사의 임종게가 기록으로 남겨져 왔다.

먼저 사자존자의 죽음에 관한 『선문염송집(禪門拈頌集)』의 내용을 살펴보고, 다음 승조성사에 관한 『오등회원(五燈會元)』의 기록을 살펴보자.

사자존자에게 카시미르국왕이 칼을 빼어들고 물었다.
"대사께서는 다섯 쌓임〔五蘊〕이 공함을 얻었소?"

대꾸해 말했다. "이미 얻었습니다."

왕이 말했다. "이미 쌓임이 공함[蘊空]을 얻었으면 나고 죽음을 벗어났소?"

대꾸했다. "이미 벗어났습니다."

왕이 말했다. "대사께 머리를 빌 수 있겠소?"

대꾸해 말했다. "몸은 내 것이 아닌데 어찌 하물며 머리이겠습니까?"

곧 머리를 베니 흰 젖 같은 피가 한길 남짓 높이로 솟아올랐다.

왕의 팔이 저절로 떨어졌다.

육왕심(育王諶)선사가 노래했다.

다섯 쌓임이 모두 공하고
한칼이 더욱 시원스럽다
헤아리며 머뭇거리면
얼음 녹듯 기와 풀리듯 하리라
백 천의 온갖 모든 사마디가
두렷이 녹아 걸림 없고
온갖 신통이 자재하도다
사자존자는 까닭 없고 까닭 없으며
카시미르왕은 참음이 아주 없었다

五蘊俱空 一劍尤快
擬議躊躇 氷消瓦解
百千三昧 圓融無礙
神通自在
師子尊者 無端無端
罽賓國王 回耐回耐

드디어 악 한번 외치고 말했다.

서른 해 뒤에 누군가 들어 보이리라.

개암붕(介庵朋)선사가 노래했다.

들어 보이기 전 먼저 알았으니
그대는 동으로 나는 또 서쪽이네
붉은 놀은 하늘의 푸르름 뚫고 떨어지고
환한 해는 수메루산을 휘도네15)

未擧便先知　君東我亦西
紅霞穿碧落　白日繞須彌

승조성사의 죽음에 대해서는 『오등회원』에 이렇게 기록되어 있다.

진왕의 난을 만나 형벌에 나아갈 때 이렇게 게를 설했다.

사대에 원래 주인이 없고
다섯 쌓임이 본래 공하네
머리를 가져다 흰 칼날에 대니
마치 봄바람을 자르는 것 같네

四大原無主　　五陰本來空
將頭臨白刃　　猶似斬春風

여기에 대해 현사선사(玄沙禪師)가 말했다.

---

15) 師子尊者 因罽賓國王仗劍 問曰師得蘊空否 對曰已得 王曰旣得蘊空 離生死
不 對曰已離 王曰就師乞頭得不 對曰身非我有 豈況頭耶 王便斬之 白乳高丈
餘 王臂自落

　育王諡頌 五蘊俱空 一劍尤快 擬議躊躇 氷消瓦解 百千三昧 圓融無礙 神通自
在 師子尊者 無端無端 罽賓國王 回耐回耐

　遂喝一喝云 三十年後 有人擧在

　介庵朋頌 未擧便先知 君東我亦西 紅霞穿碧落 白日繞須彌

어줍잖은 승조법사가 죽음에 다다라 잠꼬대한 것 같다.

서른하나의 젊은 나이에 세상 인연을 버린 승조성사에 대한 추모의 마음을 학담도 한 노래로 보이리라.

다섯 쌓임 본래 공해 사라짐에 사라짐 없으니
올 때 입이 없어 본래 오는 조짐이 없네
비록 그러나 기를 응해 나고 사라짐 보이시니
끝없는 맑은 바람 허공을 지나가네
五蘊本空滅無滅　來時無口本無朕
雖然應機示生滅　無限淸風過太虛

몸이 죽어서 불 태워지니 이 무슨 물건인가
사라져 다해 재가 된 곳에 한 싹이 돋아나네
다시 오신 뒤의 몸이 이 청구의 땅에
혜공 성사16)의 몸으로 나오시고
일본에서 돌아온 금강반야경의 주가
참된 법의 가풍 온 세상에 나타내네

死了燒了是何物　滅盡灰處生一苗
再來後身靑丘出　還來經注顯眞風

---

16) 혜공(惠空): 혜공이 원효(元曉)와 냇가에 노닐다 물고기를 잡아먹고 뒤를 보면서 혜공이 원효의 똥을 보고 '내 고기다, 내 고기다〔吾魚〕'고 말했다고 한다. 그곳에 절이 들어서서 지금 포항 오어사(吾魚寺)가 그곳이다. 어느 때 혜공이 조론(肇論) 읽는 이를 보고서 '예전에 내가 쓴 책이다'라고 하였다.

肇조 論론

– 불교철학의 자기 넘어섬과 실현 –

차례

🏵 부진공론(不真空論) 제2

🏵 반야무지론(般若無知論) 제3

1장 반야무지론

🌸 열반무명론(涅槃無名論) 제4

부록

조론 주석을 여는 가름

肇

論

1. 자운존자 조론 주해 서문

고소요봉 아란야의 사문 준식이 서술함

姑蘇堯峯蘭若沙門　遵式　述

○ 대저 펼쳐진 만 가지 모습은 한 법이 도장 찍음이니 마음[心]을 말한다. 마음이란 고요하고 깊고 그윽하며, 툭 트여 고요히 융통하여 사라짐이 없고 남이 없어, 세 때가 바꿀 수 없고 크지 않고 작지 않아 시방으로 그 꼴을 헤아리지 못한다.

두렷이 밝고 홀로 빛나 방위가 없고, 청정하여 참으로 항상하게 있는 것이다.

비록 신령하고 신령하게 마주함을 끊었으나 연을 따라 빛깔 모습이 천으로 차별되고 맑고 맑게 말을 없앴으나[湛湛亡言] 널리 응하는 소리가 만 가지로 울린다.

그러므로 물질과 마음의 만 가지 사물[色心萬物]이 각기 그 마땅함을 얻는 것[各得其宜]이 다 이를 얻어서이고 성현의 만 가지 행이 각기 이르름이 있는 것[各有所至]이 다 여기 이르러서이다.

중생은 이를 미혹하여 윤회를 쉬지 못하고, 성인은 이를 깨쳐 두렷이 고요하고 묘하게 항상한 것이다. 이러므로 한마음[一心]이 아니면 만 가지 법[萬法]이 있지 않으나 법은 마음이 아니고[法非心也], 만 가지 법이 아니면 한마음이 나타나지 않지만 마음은 법이 아닌 줄[心非法也] 알아야 한다.1)

---

1) 夫森羅萬象 一法印之 所謂心也 心也者 寂然幽邃 廓爾沖融 無滅無生 三際莫之能易 非大非小 十方不測其形 圓明獨耀而無方 清淨眞常而有在 雖靈靈絶待 隨緣之色相千差 湛湛亡言 普應之音聲萬籟 故色心萬物各得其宜 蓋得此也 聖賢萬行各有所至 蓋至此也 衆生迷此而輪轉不息 聖人證此而圓寂妙常 是知非

○ 그러므로 여래께서 나오시어 중생을 가엾이 여겨, 꼴을 드리워[垂形] 몸의 구름[身雲]으로 중생의 부름을 따르시나[順感], 가없는 바탕[無邊體]은 늘고 줆을 떠나고, 두렷한 소리[圓音]는 중생 바람을 따라[隨願] 널리 두루하나, 진리는 이름과 말을 끊었다.

꼴이 없되 꼴이 됨은 맑은 못에 떨어지는 달 같고, 말없이 말함은 깊은 골이 소리를 전함과 같다. 사슴 동산에서부터 사라나무 숲까지 한 큰 인연의 일[一大之因緣事]을 마치자, 인도 다섯 나라와 중국의 세 때[三時] 가운데 상법의 가르침[像敎]이 흘러 통하고, 성현들이 바뀌어 일어나며, 옛과 지금에 익힘을 전해 동진(東晉)의 때에, 크신 법사[大法師]가 계셨으니 이름이 승조(僧肇)이셨다.

진나라[秦國]에 태어나니 이름이 다른 곳까지 떨쳤다. 어려서 바깥 경[外經]을 익혔고 뒤에 우리 샤카무니의 가르침을 깨달아, 쿠차국 쿠마라지바(Kumārajīva) 삼장께 의심을 밝혔다. 오래 소요원(逍遙園) 쿠마라지바의 번역장에 지내며, 뜻을 세워[立義] 다섯 글[五章]로 논하여 여래의 한 교화를 도왔다.

살펴보니 넓은 지혜가 빼어나고 묘한 지혜[妙解]가 가르침의 종지[敎宗]를 사무쳐, 그윽한 뜻은 밝고 밝으며 깊은 지혜는 진리의 구역[理域]을 사무쳤다.2)

一心而萬法不存 法非心也 非萬法而一心不顯 心非法也

[마음[心]: 여기서 마음은 망경계[妄境]에 따라 나는 마음이 아니라, 온갖 법을 거두는 마음 아닌 마음, 여래장의 마음[如來藏心]을 말한다.]

2) 故如來出現 憫物垂形 身雲順感 以無邊體離增減 圓音隨願而周普 理絶名言 無形而形 若澄潭之落月 無說而說 譬幽谷之傳聲 鹿苑鶴林一大之因緣事畢 五天震旦三時之像敎流通 聖賢迭興 古今傳習 東晉之世有大法師諱僧肇 生當秦國 名振異方 少習外經 後悟釋敎 決疑於龜茲羅什 久居於逍遙譯場立義 論之五章 佐如來之一化 觀夫宏才落落 妙解徹於敎宗 玄旨昭昭 深智窮於理域

○ 그렇듯 인연(因緣)은 나고 사라지며 사법[事]에는 천으로 차별됨이 있으나 실상(實相)은 본래 모습 없고 진리는 한맛[一味]에 같이한다. 다만 근본의 지혜[根本智]와 뒤에 얻는 지혜[後得智]가 각기 비추어[根後各照], 진제 속제 두 진리가 융통하지 못하니[二諦不融], 어찌 물결과 물이 다르지 않고 금과 금반지가 다르지 않음을 알겠는가.

그래서 여러 이름을 벌림으로써 다름을 나타내고, 한뜻을 세워 회통하여 '함께하지 않는 깊은 종지[不共之深宗]'를 세워 마하야나의 지극한 뜻[大乘之極致]을 나타낸다.3)

○ 그러면 속제는 진제와 다른 속제가 없어, 진제 그대로의 속제는 옮기지 않고[卽眞之俗諦不遷], 진제는 속제와 다른 진제가 없어, 속제 그대로의 참된 공이 드러나게 된다[卽俗之眞空露現]. 진제 속제가 둘이 아니고[眞俗不二] 사법과 진리 둘이 융통하니[事理雙融], 프라즈냐가 참됨에 계합하지 않음이 없고 방편이 세속 거치지 않음이 없어, 세속에 들어 참된 근원이 늘 드러나고, 방편의 마음[權心]이 반드시 진실의 마음[實心]을 갖추게 된다.

참됨에 계합한 세속의 일은 옮기지 않고, 진실의 지혜는 반드시 방편의 지혜를 돕는다. 방편과 진실의 마음이 같이 움직이면 중도의 살핌이 두렷이 융통해[中觀圓融], 진제와 속제의 경계가 때를 같이하여[眞俗之境同時] 하나인 진리가 엉겨 고요하여[一諦凝寂] 뜻이 없어지고 앎이 사라진다[情亡解泯]. 진리와 살핌이 하나로 섞여 녹아[諦觀渾融] 바탕에 되돌이키고 근원에 돌아가면, 억지로 이름하여 도를 증득함[證道]이라 한다.

논의 깊은 뜻이 실마리 삼음이 이와 같다.4)

---

3) 然因緣生滅 事有千差 實相本無 理同一味 但以根後各照 二諦不融 寧知波水
   無苔 金鐶不別 所以列多名而標異 立一義以會通 建不共之深宗 顯大乘之極致
4) 然則俗無異眞之俗 卽眞之俗諦不遷 眞無異俗之眞 卽俗之眞空露現 眞俗不二

○ 그러나 옛과 지금에 논을 풀이한 주소들이 많으나 뜻을 취해 종지를 구해, 각기 보는 바를 따라 종지를 미루어 가르침을 정하지만 일찍이 한 집[一家]이라도, 배우는 이들로 하여금 글에 미혹하여 종지의 길[宗途]이 뜻을 잃게 함[失旨]은 없었다.5)

○ 준식(遵式)은 어려서 스승을 좇아 가르침을 받아 자기를 비우고 종지를 구하였다. 뒤에 『화엄대경(華嚴大經)』 익혀 배움을 인해, 늘 청량대사(淸凉大師)가 다섯 가르침[五敎]을 갈라 풀이해[判釋五敎] 다 열어냄을 보았으나, 옛 스승 본받음을 취해[取法古師], 방편과 실상의 뜻[權實之旨]이 돌아감이 있었으며 행과 앎의 문[行解之門]에 향해 나갈 수 있었다.

그러나 이 『조론』에 사람이 없어지므로 곧 따짐이 있게 되어, 깊은 종지로 하여금 참으로 많이 바른 자취[轍] 어지럽도록 하였음을 늘 한탄하였다. 지금은 곧 깊이 살피고 고요히 사유해 세 번 다시 어리석음을 다해, 다만 유통하려는 마음[流通之心]을 부끄러워하며 못나게 지음[鄙作]을 문득 펼친 것일 뿐이다.

희녕 갑인(熙寧甲寅) 중춘(仲春) 13일
남봉 서암(南峯西庵)에서 서문을 쓴다.

참됨과 응함이 평등하신 붇다와
법의 성품 가없는 지혜의 문과

事理雙融 非般若無以契眞 非漚和無以涉俗 入俗而眞源常顯 權心必具於實心
契眞而俗事匪移 實智必資於權智 權實之心雙運 中觀圓融 眞俗之境同時 一諦
凝寂 情亡解泯 諦觀渾融 復本還源 强名證道 論之深旨綸緒如斯

5) 然古今解釋注疏頗多 取意求文 各隨所見 推宗定敎 曾無一家 遂令學者迷文
宗途失旨
〔조론에 관한 여러 주석가의 기본 대의가 승조성사의 종지에 어긋나지 않음
을 말함.〕

진실대로 닦아 행하시는 모든 현성들께
머리 숙여 공경히 절하옵나니
이 제자에게 그윽한 도움 주시어
논의 깊은 뜻 풀이하게 하옵소서6)

稽首眞應等正覺　法性無邊智慧門
如實修行諸聖賢　願賜冥資釋玄義

---

6) 遵式幼從師授　虛己求宗　後因習學華嚴大經　常覩淸涼判釋　盡開五敎　取法古
師　權實之旨有歸　行解之門可向　常恨此論人亡則難　致使深宗固多亂轍　今則精
硏覃思　三復竭愚　但愧流通之心　輒伸鄙作耳　熙寧甲寅仲春十有三日　南峯西庵
序云
稽首眞應等正覺　法性無邊智慧門　如實修行諸聖賢　願賜冥資釋玄義
〔옛 스승 본받음: 청량국사가 비록 화엄교를 의거해 화엄종의 법통을 이은
조사이지만 천태선문 형계담연선사(荊溪湛然禪師)를 스승으로 3년 동안 교
관(敎觀)을 받아, 그의 종지가 한마음의 세 살핌〔一心三觀〕의 뜻에 부합함
을 말함.〕

자운존자의 『조론 주해』서문에 붙이는 글

⑴ 『조론』은 중국불교 교판사상이나 종파불교적 관점에서 삼론(三論) 반야(般若) 계열의 저술로 분류될 수 있다. 그에 비해 중국불교에서 조론 주석의 맨 뒤 저술이라 할 수 있는 감산 덕청선사(憨山德淸禪師)의 『조론 약주(肇論略注)』는 선종(禪宗) 입장에서의 주석이다. 그러나 감산 선사는 오래도록 선가(禪家)를 지배해왔던 교외별전(敎外別傳)의 관점이 아니라 가르침과 뜻, 선(禪)과 교(敎)의 하나됨의 입장에서 암증선(暗證禪)을 비판하고, 화두언어의 신비화를 반대하며 선사로서 새롭게 경전 주석불교의 가풍을 세웠던 선사이다.

자운준식(慈雲遵式)은 송대 천태가의 조사로 송대 천태중흥운동의 중심에 서 있던 조사이다. 자운존자는 고려선사(高麗禪師)로 중국에 들어가 천태선문의 정맥 조사가 된 보운 의통존자(寶雲義通尊者)의 제자이다. 동학인 사명지례존자(四明知禮尊者)가 보운을 이어 천태선문 17조 정맥조사가 되었지만, 자운존자는 당시 천태 전적(典籍) 입장(入藏)운동의 중심에 서서, 『마하지관』등 천태저술을 장경(藏經)에 입장토록 하였다.

또 이때는 천태가에서 산가(山家)·산외(山外)의 논쟁이 일어나 당조 선종의 발흥 이래 전불심인(傳佛心印)의 정통 밖으로 밀려난 천태가에서, 연기중도의 뜻에 맞는 선적 종지인 천태선문 또한 불심인의 정통이라는 주장들〔天台傳佛心印〕이 나올 때였다.

그 무렵 대혜종고 선사가 18년의 적거 생활을 마치고 돌아온 곳이 보운의통존자의 유골이 모셔져 있던 아육왕사(阿育王寺)였다. 대혜종고 만년에 설한 보설(普說)등에 천태 법문이 많이 등장하고 『불조통기』에 대혜종고와 천태 수행자들과의 많은 문답 교류가 기록된 것도 이와 무관하지 않을 것이다. 대혜종고가 선다라니 법문으로 크게 인가한 천태가의 수행자 자림법사는 자운준식의 2세 제자이다. 그리고 금(金)나라의 북송(北宋) 정벌 이후 한족 지식인과 수행자들이 중국 남방 지역에 몰려있던 남송(南宋) 시기 금강경(金剛經)의 승조주와 천태소, 남악대승지관(南嶽大乘止觀)이 일본에서 비예산 천태고승들에 의해 중국으로 돌아왔다. 천태선사의 스승 남악혜사선사(南嶽慧思禪師)의 『대승지관(大乘止觀)』이 중국 땅에 다시 안착하는 데 결정적 공을 세운 분이 자운준식 존자이다.

자운준식의 이 조론 주해는 송대 일본에서의 금강경 승조주(僧肇注)의 복귀와 무관하지 않을 것이다. 또 당조 이래 불심인의 정통을 자처한 선종(禪宗)의 종지가 남북조시 승조의 저술에 오롯이 제창되고 있음을 보고 조론의 주해를 통해 당시 선종의 일반화된 병폐인 암증선(暗證禪)의 비판운동을 한 것이 아닌가 생각한다.

『조론』의 「반야무지론(般若無知論)」 「열반무명론(涅槃無名論)」에는 선종이 종지로 삼고 있는 무념의 뜻〔無念義〕이 온전히 천명되고 있으며, 오늘날에도 일부 선사들이 제기하고 있는 오매일여(寤寐一如) 돈오돈수(頓悟頓修) 해오증오(解悟證悟)의 문제들이 『조론』의 「반야무지론」 「열반무명론」에 해명되고 있다. 선(禪)과 교(敎)를 함께 아우르는 바른 안목이 없으면 『조론』의 그 언교가 선종의 그 종지를 나타내고 있음을 알지 못한다. 자운준식 존자의 높은 안목의 풀이가 중국 종파불교에서 천년을 지배해 왔던 선종의 종지가 남북조시 성사 승조의 말씀 가운데 온전히 천명되고 있음을 밝혀주고 있다. 오늘날에도 눈앞에 어른대는 관념의 그림자를 붙들고 마하야나의 큰길을 가지 못하는 일부 선류들에게도 『조론 자운준식주』가 밝고 밝은 이정표가 되어줄 것이다.

② 자운 준식 존자는 천태가의 조사이다. 그런데 이 조론주에서 채택한 교판은 화엄교의 오시교판(五時敎判)이다. 천태교판은 여

래 일대의 교설을 교화의 형식을 잡아 네 교판[化儀四敎]을 세우고 그 내용을 잡아 네 교판[化法四敎]을 세운다. 화법사교의 교판의 토대가 된 이론적 입장은 연기가 곧 공[緣起卽空]이고 거짓 있음[卽假]이고 중도[卽中]라는 관점이다. 이는 중론송(中論頌) 삼제게(三諦偈)의 뜻을 받은 것이다.

곧 세간법의 있음이 연기한 것이므로 공하고, 있음이 공하므로 공도 공해 거짓 있음의 연기가 없지 않아 인연법의 실상은 중도라는 것이다. 자운 존자가 조론의 큰틀을 해석할 때는 「물불천론(物不遷論)」은 인연법이 곧 공함으로 풀이하고, 「부진공론(不眞空論)」은 세간법이 참이 아니라 공하므로[不眞空] 그 공함도 공함으로 풀이한다. 또 「반야무지론(般若無知論)」에서 앎에 앎 없음을 비추는 것은 근본지(根本智)라 하고 앎 없음에 앎 없음도 없음을 비추는 것을 방편지(方便智)라 하여 진실지와 방편지의 바탕이 둘이 아니라한다. 이는 중론송의 인연으로 있음[緣起有]이 곧 거짓 있음[假有]이라 속제의 있되 있지 않음과 진제의 없되 없지 않음이 끝내 '있음과 없음이 둘이 아닌 중도(中道)의 뜻'에 돌아가니, 조론 전체 대의를 총괄하는 것은 천태 중도론에 의거한다.

그러나 조론 언구를 풀이하는데 가르침의 뜻[敎義]과 법의 모습[法相]을 분별하는 데는 화엄교의 오시교판(五時敎判)을 통해서 풀이하니 그것은 왜일까.

천태교판(天台敎判)은 경전 언어에 교화하는 방법론의 차이가 있고 진리를 개현하는 데 중생망집의 방향에 따라 가르침의 차별이 있어도, 돌아가는 바 진리의 땅에 차별이 없음을 강조한다. 그에 비해 화엄교판(華嚴敎判)은 시대에 따라 달라진 중생 사유의 흐름을 따라, 중생 집착을 치유하는 가르침 또한 그에 상응하여 뜻의 깊이와 거두는 치유의 방법론이 달라짐에 착안하여 가르침의 차별성을 부각한 교판이다.

그래서 화엄교판은 연기된 존재의 집착[我執]을 벗어났으나 아직 존재를 이루는 법에 대한 집착[法執]이 다하지 않은 가르침의 수레를 작은 실천의 수레 곧 히나야나(Hinayāna, 小乘)라 한다. 작은 실천의 수레를 비판하고 출현한 보디사트바야나[菩薩乘]에는 시교(始敎)와 종교(終敎)의 두 가르침을 말한다. 마하야나의 비롯하는 가르침[大乘始敎]에 모습을 깨뜨리는 가르침[破相敎]과 공에 머묾 없이 법의 모습을 세우는 가르침[法相敎]을 말하고, 마하야나의 마치는 가르침[大乘終敎]으로 모습 깨뜨림과 모습 세움이 중도임을 말하는 『능가경』 『승만경』 『기신론』 등을 분류한다.

　다시 그 위에 아는 지혜와 아는 바 진리의 모습을 바로 뛰어넘어 실상에 들어가는 '단박 깨우치는 가르침[頓敎]'을 설정하고, 다시 그 위에 부사의법계(不思議法界) 그대로의 두렷한 가르침[圓敎]을 세운다.

　그러면 온갖 가르침의 언어적 차별의 방편이 모두 중도실상에 복귀하기 위한 차별 아닌 차별임을 말하는 천태가의 조사로서, 자운준식이 화엄교판을 이끌어 조론을 해석하는 뜻은 무엇일까?

　『조론』은 화엄교판으로 보면 반야공에 해당하는 교설이라 마하야나의 비롯하는 가르침[大乘始敎]으로 모습 깨뜨리는 교설[破相敎說]이다. 그리고 조론 집필 당시는 시대적으로 이제 겨우 『비말라키르티수트라』나 『대품반야』가 번역된 시기다. 그래서 아직 불교철학의 술어가 대중화 되지 않고 불교 경전의 풀이에 도가(道家) 유가(儒家)의 경전 언어가 불교경전의 언어와 같이 쓰이던 시대였다.

　이런 시대 상황 속에서 저술된 『조론』이, 혜안을 갖춘 종사의 눈[宗眼]으로 보면, 초기 전역시대에 이미 '마하야나의 마치는 가르침[大乘終敎]'인 여래장의 뜻[如來藏義]을 다 말하고 있고, 단박 깨침[頓悟]의 종지인 선종의 종지와 일승원교(一乘圓敎)를 다 말하고 있는 것이다. 『조론』이 보이고 있는 이러한 가르침의 융통성을 나타내려면, 교상(教相)의 차별상을 말하고 그 차별된 교설의 뜻이 이미 『조론』 안에 다 나타나고 있음을 보여야 하니, 화엄교판(華嚴教判)을 이끌어 『조론』을 해석했으리라 본다.

그래서 본 조론 주해의 종주인 자운존자(慈雲尊者)는 『조론』의 가르침이 돈교(頓教) 원교(圓教)를 겸한 '마하야나의 마치는 가르침[大乘終教]'이라고 판석하고 있다. 또 화엄조사 청량(清涼)의 오교판을 이끌어 들이되, 중국 천태 9조 형계담연선사의 제자인 청량의 뜻이 천태 중도론에 어긋나지 않음을 말하고 있다.

화엄교의 입장에서도 붇다께서는 보리나무 밑 성도의 때, 부사의법계(不思議法界)와 하나 된 사마디에 들어 말 없으시다가, 삼승을 뒤로 물려[退說三乘] 사슴동산에서 처음 입을 열어 법바퀴를 굴리셨다[初轉法輪]. 이는 부사의법계의 근본법륜(根本法輪)에서 지말법륜(枝末法輪)을 일으키고 다시 세 수레의 지말법륜을 거두어 법화열반의 일승 법문(一乘法門)에 돌아간 것이라 할 수 있다.

이렇게 보면 화엄의 오교판과 법화에서 회삼귀일(會三歸一)의 뜻이 서로 다르지 않게 된다. 청량국사는 비록 화엄종의 조사로 현수법장(賢首法藏)의 법을 이은 것으로 되어있지만 청량이 현수법사를 직접 모시고 가르침을 받은 적은 없다.

『80권 화엄경』의 소를 쓰기 전 청량은 천태선문의 대조사로서 천태삼대부의 저술에 주석을 써서 천태기주(天台記主)로 추앙되는 천태 9조 형계담연선사(荊溪湛然禪師)에게서 3년을 직접 모시고 천태교관을 공부하였다. 청량의 80화엄의 주석은, 형계선사로부터 교관을 전수받고 중국 당대 모든 불교 교관의 이론 실천역량을 집결해서 저술한 것이다.

그러므로 자운준식도 화엄 오교교판을 채용하되 청량의 화엄교가 천태중도교관을 계승하여 방편과 진실이 하나 됨에 돌아가며 중도의 바른 앎이 중도의 정행〔中道正行〕에 귀결됨을 말하고 있다. 자운의 서문에서 다음 귀절이 그 뜻을 보이고 있다할 것이다.

'준식은 어려서 스승을 좇아 가르침을 받아 자기를 비우고 종지를 구하였다. 뒤에 화엄대경 익혀 배움을 인해 늘 청량대사가 다섯 가르침〔五敎〕을 갈라 풀이하여 다 열어냄을 보았으나 옛 스승 본받음을 취해 방편과 실상의 뜻〔權實義〕이 돌아감이 있었으며 행과 앎의 문〔行解門〕에 향해 나아감이 있었다.'

윗글에서 '옛 스승 본받음'이란 청량대사가 스승 형계담연선사 (荊溪湛然禪師)를 통해 천태선사의 중도교관 계승하고 있음을 말하고 있다.

③ 붇다의 연기법에서 온갖 법은 마음과 물질의 두 법〔色心〕으로 분류된다. 이는 온갖 법이란 지금 주체의 앎과 알려지는 바 사물의 모습으로 주어짐을 말한다. 진리는 주어진 것의 자기진실 밖에 그 무엇도 아니다. 연(緣)이 모여〔緣會〕 연으로 일어난〔緣起〕 존재는 스스로 있는 그 무엇도 아니고, 자기 있음 밖에 타자가 일으킨 것도 아니다.

연이 모여〔緣會〕 연으로 일어난〔緣起〕 온갖 법은, 연기이므로 스스로의 성품이 공한 것〔性空〕이고, 공하되 그 공은 있음이 공함이라 공도 공한 것〔空亦空〕이니, 공하기 때문에 법은 남이 없이 나고〔無生而生〕 사라짐 없이 사라진다〔無滅而滅〕.

인연으로 나고 사라짐 밖에, 나지 않고 사라지지 않음이 따로 있지 않으니 이런 뜻을 『반야경』은 '물질이 헤아릴 수 없으므로 반야가 헤아릴 수 없다〔色無量故 般若無量〕'고 말한다. 연기법에서 아는 마음〔心: 能緣〕은 아는 바 법(法: 所緣)을 떠나 따로 있지 않다. 마음일 때 마음은 경계인 마음이고 경계일 때 경계는 마음인 경계이다. 경계가 마음인 경계이므로 이 한마음이 아니면 만 가지 법이 있지 않다. 그러나 마음은 다시 경계인 마음이므로 만 가지 법이 아니면 한마음이 나타나지 않지만 마음은 법이 아니다.

온갖 법인 마음이, 한마음〔一心〕의 인연으로 나고 사라짐이라면 〔因緣生滅〕, 나고 사라짐이 곧 남이 없고 사라짐 없음이다. 그러므 로 한마음의 나고 사라짐〔心生滅〕과 나고 사라짐 없는 마음의 진 여〔心眞如〕는 두 법이 아니고, 연이 모여 일어난 법〔緣會〕과 성품 이 공함〔性空〕, 법의 성품〔法性〕과 실상(實相)은 두 법이 아니다.

또 인연으로 나고 사라짐에 나고 사라짐이 없고, 인연으로 있음 〔因緣有〕이 공해, 본래 있음이 아니므로 연이 모임〔緣會〕과 본래 없음〔本無〕도 두 법이 아니다. 대승의 마치는 가르침〔大乘終敎〕의 주요 경전이 아직 중국에 번역되기 전에 승조성사는 연이 모여 연 으로 일어난 존재의 진실을 통달했으므로 '연이 모임〔緣會〕·성품이 공함〔性空〕·법의 성품〔法性〕·실상(實相)·본래 없음〔本無〕이 한뜻 〔一義〕'이라고 말한다.

그러므로 자운준식은 승조의 『조론』에 '저 아는 바 경계가 마 음이고 마음의 나고 사라짐이 진여인 여래장의 마음임'을 아직 말 하지 않았지만 여래장인 한마음〔一心〕을 들어 『조론』의 서문을 시작한 것이다.

연이 모여 일어난 존재의 모습 밖에, 존재의 진실이 따로 없으므 로 연으로 나는 세간법을 『중론』은 세속제(世俗諦)라 한다. 그러 나 세속제의 있음을 실로 있음이라 하면, 법의 진실을 보지 못하니 세속제의 있되 공함을 진제(眞諦)라 한다. 세속제의 있되 있음 아 님〔有而非有〕을 진제 곧 으뜸가는 뜻의 진리〔第一義諦〕라 하고, 진 제의 없되 없음 아님〔無而非無〕을 속제라 하니, 이는 하나의 존재 속에 진제 속제가 두 영역으로 나뉘어 있음을 말한 것이 아니다.

중생이 속제의 있음을 집착하므로 진제를 세우고 진제의 없음을 실로 없음으로 집착하므로 속제를 세운 것이니, 진제 속제는 '실로 있는 진리의 경계로서 두 진리가 아니라〔非理境二諦〕' 집착을 깨기 위한 언교의 두 진리〔言敎二諦〕인 것이다.

이 뜻을 『중론송(中論頌)』은 다음과 같이 말한다.

모든 붇다는 두 진리에 의해
중생을 위해 법을 말한다.
하나는 세속의 진리이고
둘은 으뜸가는 뜻의 진리이다.

諸佛依二諦　爲衆生說法
一以世俗諦　二第一義諦

만약 사람이 두 진리에 대해
분별하여 알지 못한다면
깊고 깊은 붇다의 법에 대해
진실한 뜻을 알지 못한다.

若人不能知　分別於二諦
則於深佛法　不知眞實義

만약 세속제를 의지하지 않으면
으뜸가는 뜻의 진리를 얻지 못하고
으뜸가는 뜻의 진리를 얻지 못하면
곧 니르바나를 얻지 못한다.

若不依俗諦　不得第一義
不得第一義　則不得涅槃

『조론』에서 「물불천론」은 물(物)이라는 속제가 곧 진제를 떠나지 않아 물이 옮기되 옮기지 않음〔物遷而不遷〕으로 밝히고 있다. 다시 「부진공론」은 속제의 있음이 참이 아니라 공하고〔不眞空〕 진제의 공함 또한 참으로 공함이 아님〔不眞空〕을 밝혀 진제와 속제가 융통함〔眞俗融通〕을 말하고 있다.

이를 다시 앎〔能知〕과 아는 바〔所知〕의 관계로 살펴보자.

연기론에서 주체가 대상을 앎〔知: 能緣心〕은 늘 아는 바〔所緣〕를 안고 일어나는 앎이라 그 앎이 공하므로, 연기적인 앎에는 앎이 없다. 앎에 앎이 없음을 비추어야 앎의 바탕을 비추게 되고 앎이 앎이 아니므로 앎 없음에 앎 없음도 없음을 비추어야, 세속제를 봄이 없이 보는 방편의 지혜를 세울 수 있다.

앎이 곧 앎 없음이라 앎 없음에 앎 없음도 없으므로, 근본지혜와 방편의 지혜는 두 바탕이 없으며〔權實智 無二體〕 앎에 앎이 없되 앎 없음에 앎 없음도 없을 때 '반야지혜의 바탕과 씀이 둘 아닌 뜻〔體用不二之義〕'이 드러난다.

『조론』의 「반야무지론」은 바로 진제 속제가 둘 없는 연기의 실상이, 인식활동 속에서 구현됨을 나타낸다. 반야는 초기불교 사제법(四諦法)에서 니르바나를 구현하는 바른 행 곧 도제(道諦)에 속하고, 니르바나는 도제에 의해 이루어지는 멸제(滅諦)에 속한다. 곧 사제의 인과설로 보면, 반야의 인행(因行)이 아니면 니르바나의 과덕(果德)이 이루어질 수 없다.

그러나 앎은 아는 바를 떠나 없으므로 여기 아는 지혜가 있고 저기 깨친 바 진리가 있는 것이 아니고, 원인과 결과는 서로 말미암으므로 지금 반야의 원인이 있어 뒤에 니르바나의 과덕이 오는 것이 아니다. 반야지혜는 진리인 지혜이므로 반야의 앎에 앎 없을 때 깨친 바 진리의 모습에 모습 없으며, 반야와 진리에 앎과 아는 바의 모습이 사라짐을 니르바나라 거짓이름을 한 것이다.

그러므로 니르바나에는 실로 이름 할 것이 없고 머물러야 할 니

르바나의 모습이 없어, 니르바나는 온전히 해탈의 행[解脫行]으로
주어지며 그 해탈의 행도 다시 적멸한 것[解脫寂滅]이다.

이런 뜻을 자운 존자는 이렇게 말한다.

'참됨에 계합한 세속의 일[俗事]은 옮기지 않고, 진실의 지혜[實
智]는 반드시 방편의 지혜[權智]를 돕는다. 방편과 진실의 마음이
같이 움직이면 중도의 살핌이 두렷이 융통해[中觀圓融], 진제와 속
제의 경계가 때를 같이하니[眞俗之境同時] 하나인 진리가 엉겨 고
요하여[一諦凝寂] 뜻이 없어지고 앎이 사라진다[情亡解泯].

진리[諦]와 살핌[觀]이 하나로 섞여 융통해[諦觀渾融] 바탕에 되
돌이키고 근원에 돌아가면, 억지로 이름하여 도를 증득함[證道]이
라 한다.

논의 깊은 뜻[深旨]이 실마리 삼음이 이와 같다.'7)

④ 승조성사는 공식 기록상 서른 하나의 나이에 입적하기 전 이
십대에 구마라지바 법사의 번역장에서 반야경 강설을 듣고 반야와
니르바나의 종지를 사무쳐 깨닫고 이 세간의 땅에 이 아비다르마
의 언교를 세우신 것이다.

승조성사는 가르침을 통해 가르침의 뜻을 넘어섬으로써 스스로
반야와 니르바나에 나아가신 분이고, 이 세간의 뭇 삶들을 위해
반야의 앎 없음[無知]과 니르바나의 말 없음[無言]을 다시 넘어섬
으로써 이 『조론(肇論)』의 언교를 세워 내시어, 붇다의 대자비를
역사 속에 실현하신 분이다.

이 뜻을 자운존자는 다음 같이 말한다.

'살펴보니 (승조성사의) 넓은 지혜가 빼어나고 묘한 지혜[妙解]가

---

7) 契眞而俗事匪移 實智必資於權智 權實之心雙運 中觀圓融 眞俗之境同時 一諦
凝寂 情亡解泯 諦觀渾融 復本還源 强名證道 論之深旨綸緖如斯

가르침의 종지를 사무쳐, 그윽한 뜻은 밝고 밝으며 깊은 지혜[深智]는 진리의 구역[理域]을 사무쳤다.'8)

이렇게 보면 승조는 나고 죽음이 없는 진리의 땅에서 이 고난의 땅에 응화의 몸[應化身]을 나투신 분이라 할 것이니 『선문염송집(禪門拈頌集)』이 승조성사를 응화현성(應化賢聖)으로 이름을 올린 것이 승조의 세간출현이 여래 구세원력의 구현임을 나타낸 것이라 할 것이다.

우리불교에서도 일연선사(一然禪師)의 『삼국유사(三國遺事)』에, 승조의 후신이 혜공(惠空)성인의 모습으로 다시 이 청구의 땅에 오셨다 기술한 것도 같은 뜻이라 할 것이다.

그러나 오고감이 없는 진리의 땅에서 옴이 없이 오시는 현성의 모습을 어찌 실체적인 모습으로 청구의 땅에 다시 오셨다고 말할 것인가.

니르바나에 이름 없음을 체달하되, 다시 니르바나에도 머묾 없이 여래 구세원력(救世願力)을 실현하는 곳에, 승조 세간 시현(示現)의 몸을 봄이 없이 보는 것이리라.

8) 觀夫宏才落落 妙解微於敎宗 玄旨昭昭 深智窮於理域

2. 승조의 전기〔僧肇傳〕

평석 승조 전기 앞에 붙이는 글

　승조법사를 둘러싸고 많은 설화들이 전해져 오고 있지만 『고승전(高僧傳)』에 수록된 전기가 가장 객관적으로 공인되어 전해진 생애의 기록이라 할 수 있다. 이 기록을 보면 승조법사는 출가 전 나이 젊어서 책 베껴 쓰는 문필의 업〔傭書〕으로 생계를 유지하면서 많은 문헌을 접했으며 붇다의 가르침을 만나기 전 노장(老莊)의 글에 깊이 심취되었음을 알 수 있다.

　그러다 당시 번역된 『비말라키르티 수트라〔維摩經〕』를 접하고 비로소 돌아갈 곳을 알았다고 했다. 그 당시 승조께서 처음 의지했던 『노자(老子)』와 『장자(莊子)』로 대표되는 도가(道家)의 문헌들은, 주로 사회 기득권에서 소외되거나 그 질서에서 능동적으로 이탈한 지식인들이 저술하고 의지했던 문헌이었다.

　승조법사가 노장의 문헌의 아름다움을 인정하나 참된 의지처가 되지 못했다고 함은 『비말라키르티 수트라』의 둘 아닌 법문〔不二法門〕이 참된 의지처가 됨을 말한다. 곧 세속과 도(道), 주체의 행위와 진리, 세간 역사에의 참여와 초월의 길이 둘이 아닌 해탈의 법문〔不二法門〕에 승조께서 깊이 공감하였음을 뜻한다.

　우리불교 원효(元曉)·의상(義湘) 양 성사(聖師)가 출가 초기 고구려에서 백제로 망명 온 보덕국사(普德國師)로부터 방등경(方等經)인 『비말라키르티 수트라』를 전수받고 마하야나 보디사트바의 실천행에 나아갔음과 유사하다.

　승조 당시 불교가 중국사회에 처음 뿌리내리던 시대상황을 살펴보자. 중국불교의 기본 특성을 필자는 기성 저작 가운데서 다음 몇 가지 내용으로 정리한 바 있다.

곧 중국불교는 산스크리트경전의 한문으로의 번역을 통해 출발한 불교〔飜譯佛敎〕로서, 번역된 경전 중심의 종파불교, 종파중심의 교상판석(敎相判釋), 국가불교(國家佛敎)가 주요한 특성이 된다. 이 특성들은 서로 유기적인 연관을 가진다. 승조성사가 출가해서 번역장에서 구마라지바 법사를 만나 이 『조론』을 저술할 무렵은 바로 필자가 지적한 중국불교의 특징적인 모습들이 함께 태동하고 형성될 시기였다.

당시 이미 아함부의 주요경전과 율장(律藏) 등이 번역되고 『대품반야』 『중론』이 번역되었으며 『비말라키르티수트라』가 번역되었다. 또 『조론』의 내용 가운데서도 지법령(支法領)이 많은 경을 인도에서 가져 왔다고 하였으며, 대승선사(大乘禪師)[1] 붇다바드라(Buddha-bhadra, 覺賢)가 들어와 선정(禪定)의 법을 전수하였다고 하고 있다. 뒤에 붇다바드라는 여산 혜원에게 의탁해 살며 60권 화엄〔六十華嚴〕을 역출하였다. 그 밖에 삼장법사가 들어와 율장을 옮기고 비바사론(毘婆沙論)의 법사가 여러 아비다르마를 번역하였다고 하고 있다.

승조 당시까지 중국불교 초기 개척에 공로를 세운 역경가들의 경전번역과 당대 집필된 주요 불교 관계 저술을 살피면 다음과 같다.

축법호(竺法護)는 서진 시대의 대역경가로서 돈황에서 출가하였는데 당시 중국에는 방등경 등 대승의 깊은 경전이 없어 서역에

---

1) 대승선사(大乘禪師): 오늘날 한국불교의 많은 선류(禪流)들은 선종의 종지와 간화(看話)·묵조(默照) 등 선의 방법론을 혼동하고 있으며, 지관구행(止觀俱行)의 선적 종지를 임제·조동 등 종파 법통주의와 혼동하고 있다. 필자는 말폐화한 선종을 극복하기 위해 승조께서 『조론』에서 말한 대승선사(大乘禪師), 대승선(大乘禪, 大乘止觀)을 그 비판적 대안으로 제시한다.

들어가 36종의 언어를 배우고 돌아와, 돈황에서 『장아함경』 등 여러 경을 번역하여 그를 돈황의 보디사트바, 천축의 보디사트바라 일컬었다.

그가 번역한 경으로는 『광찬반야(光讚般若)』『유마(維摩)』『정법화(正法華)』『무량수(無量壽)』『십지경(十地經)』『반열반(般涅槃)』『보적(寶積)』『대집경(大集經)』 등 150부가 있다. 그가 이미 그 시기에 화엄·법화·열반·보적 등 주요 대승경 번역에 큰 공로를 세웠으니 초기 중국불교 개척에 으뜸가는 분이라 할 수 있다.

도안법사(道安法師)는 대승 반야 계열의 경전에 서문을 쓰고 다시 아가마 경에 서문을 썼으니 그의 저작을 살피면 다음과 같다.

안반경주서(安般經注序) 요본생사경서(了本生死經序)
도행반야경서(道行般若經序) 마하반야바라밀경초서(摩訶般若波羅蜜經抄序)
증일아함경서(增一阿含經序) 도지경서(道地經序) 법구경서(法句經序)
14권 비파사론서(毘婆沙論序) 비구대계서(比丘大戒序)

다음 여산 혜원법사(廬山 慧遠法師)는 도안법사의 제자로 백련사(白蓮社)라는 정토결사를 한 고승이다. 그의 주요 저작은 다음과 같다.

아비담심서(阿毘曇心序) 사문불경왕자론(沙門不敬王者論)
법성론(法性論) 묘법연화경서(妙法蓮華經序) 반야경문론서(般若經文論序)
대지도론요략(大智度論要略) 염불삼매시집서(念佛三昧詩集序)

도생(道生) 승조(僧肇) 법사와 구마라지바 법사 문하 동학2)인

---
2) 구마라지바 문하의 동학: 도생(道生)·승조(僧肇)·승예(僧叡)·도융(道融),

승예법사(僧叡法師)의 중론 서문[中論序]에 의하면, 구마라지바 법사 때 이미 구마라지바에 의해 『금강경』 『소품반야경』 『대품반야경』 『대지도론』 『중론』 『십이문론』 『백론』이 완역되었으며, 『정법화경』이 『묘법연화경』으로 재번역 되고 『유마경』이 번역되어 승조의 『유마경주(維摩經注)』와 『금강경주(金剛經注)』가 저작되었다.

기성 도가(道家) 유가(儒家) 등 제가(諸家) 전적들의 대중적 영향력이 온존되어 있는 풍토 위에, 그 당시에는 역경을 통해 새로 유입되고 유포된 불교의 새로운 가르침의 개념들이 기성철학의 개념들과 혼재되어 쓰여지고 있었다. 중국사회의 이러한 사상적 지형 속에서 승조 또한 여러 문헌을 저작했으니 지금까지 알려진 승조법사의 저술목록을 살펴보면 다음과 같다.

1. 부진공론(不眞空論)
2. 백론서(百論序)
3. 열반무명론(涅槃無名論)
4. 반야무지론(般若無知論)
5. 유마경서(維摩經序)
6. 장육의 몸이 바로 참됨을 말하는 논[丈六卽眞論]
7. 장아함경서(長阿含經序)
8. 물불천론(物不遷論)

위의 여러 문헌 가운데 뒷사람들에 의해 『조론(肇論)』의 이름으로 편집된 문헌은 다음과 같다.

1. 종본의(宗本義)
2. 물불천론(物不遷論)

이 네 분을 구마라지바의 문하 네 밝은 이[四哲]라 일컫는다.

3. 부진공론(不眞空論)
4. 반야무지론(般若無知論) 부유유민서(附劉遺民書)
5. 열반무명론(涅槃無名論) 부진왕표문(附秦王表文)

승조전의 기록으로 보거나 내용 구성으로 보아 『조론』은 구마
라지바 법사가 계실 때 반야경 강설을 듣고 그 대의를 「반야무지
론」으로 정리한 뒤 스승의 인정을 받고, 나중 반야의 살피는 바
경계〔所觀境〕인 진제 속제의 뜻을 「물불천론」「부진공론」으로
정리해 붙인 것으로 볼 수 있다.

구마라지바 법사가 세상을 하직한 뒤 「열반무명론」을 저술하고
이 네 론〔四論〕이 완성된 뒤 서론의 성격으로 종본의(宗本義)를
저술해 붙인 것으로 생각된다.

이와 같이 승조가 구마라지바 문하에서 번역장에 함께하여 강설
을 듣고 저술할 무렵은, 대승선사(大乘禪師) 붇다바드라(Buddha
-bhadra, 覺賢)가 구마라지바 회상에 같이 머물다 여산혜원의 회
상에 의탁했던 시절이었다. 또 승조와 동학의 벗인 도생(道生)이
구마라지바의 문하에 있다가 승조의 「반야무지론(般若無知論)」을
지니고 여산으로 혜원법사를 찾아간 시기이다.

초기 전역(傳譯)시대 불교철학의 술어가 제대로 이해되지 않은
상태에서 기성 도가 유가의 개념과 혼동되어 쓰일 무렵, 『조론』
에도 본래 없음〔本無〕·법성(法性)·실상(實相)·성품이 공함〔性空〕·연
이 모임〔緣會〕 등의 뜻을, 연기 중도의 관점에서 한뜻〔一義〕으로
회통하는 승조의 치열한 노력이 드러난다.

이 시절은 기성 한족문화와 새로 유입된 북방민족 사이 문명 혼
융이 일어나고, 지배권력이 여러 나라로 분열되어 있던 당시 중국
사회는 불교 경전이 유입되고 번역되면서 불교가 기성철학과 충돌
하며 서로 수렴하던 때였다. 정치권력의 힘이 주도했던 불교 경전

의 번역과 불교의 유포에는 당시 남북으로 크게 분열된 여러 왕권의 국가통합의 요구와, 불교 경전의 번역과 해석 유포의 시대적 요구가 서로 결합되어, 왕권과 불교는 서로를 통해 자기 필요조건을 채워가고 있었다.

국가권력의 힘과 막대한 재정적 지원이 없이 이루어질 수 없었던 경전의 번역과 저술, 해석 작업은 중국불교의 국가불교적 성격을 형성하게 된다. 도안법사(道安法師)의 제자 여산 혜원(慧遠)이 비록 「사문은 왕에게 경배하지 않는다는 논[沙門不敬王者論]」을 지었지만, 중국 남방지역에서도 왕권의 지원과 관장이 없는 경전의 번역과 유통이 가능할 수 없었다.

왕권 강화를 위해 인도 역경가를 초빙했던 단적인 예가 쿠차국의 삼장 구마라지바 법사를 영입하기 위한 전진(前秦)과 후진(後秦) 양(梁)나라 사이의 전쟁이다.

곧 중국불교의 가장 위대한 역경가 구마라지바 법사를 모셔 오는데, 나라 간 전쟁까지 불사하게 되었으니 구마라지바 법사가 장안에 오기까지 권력과의 관계를 살피면 다음과 같다.

구마라지바 법사가 중국에 오기 전 가장 불교신앙에 열심이었던 왕은 전진왕(前秦王) 부견(符堅)이었다. 부견은 불교사상을 통해 국가권력을 강화하고 확장하기 위해 고구려 등 해외에도 불상을 보내는 등 전도사업을 벌였으며 남방지역에 전쟁을 벌였다.

부견은 관중(關中) 지방에서 세력을 공고히 한 뒤, 건원 18년 여광(呂光)을 보내 쿠차국을 치도록 하였다. 여광은 부견의 명으로 쿠차국을 토벌하고 구마라지바 법사를 대동하여 관중에 돌아왔는데 그때 이미 부견은 요장(姚萇)에게 살해되고 전진이라는 국가가 사라졌다. 이에 여광은 양주(涼州)를 쳐서 그곳에 후량국(後涼國)을 세웠다. 그래서 구마라지바 법사도 양주에 머물렀다.

후진(後秦)의 다음 왕 요흥(姚興)은 홍시 3년 후량을 치고 구마라지바 법사를 모시고 장안에 돌아왔다. 요흥은 구마라지바 법사를 국사(國師)의 예로 모시고 왕실에서 꾸민 서명각(西明閣)과 소요원(逍遙園)에 수천 명의 당대 지성을 모아 불전 번역과 강설에 종사하게 하였다.

당시 번역을 『개원석교록(開元釋敎錄)』은 74부 384권이라 기록하고 있으니 불경 전역사(傳譯史) 최대의 공적을, 이 시대 요흥의 지원으로 구마라지바 법사가 이룬 것이다.

주요번역 경전을 들면 구마라지바가 번역한 경은 『금강경』『소품반야경』『대품반야경』『묘법연화경』『아미타경』『사익경』『유마경』이며, 선(禪)에 관한 경으로는 『좌선삼매경』『선비요법경』『선문요해』 등이 있고, 비나야로는 『십송율(十頌律)』『십송비구계본』이 있고, 아비다르마로는 『중론』『백론』『십이문론』『대지도론』『성실론』이 있다. 이 가운데 『중론(中論)』『백론(百論)』『십이문론(十二門論)』이 도생 등에 의해 남방에 전해져서 삼론종(三論宗) 개창의 뿌리가 된다.

또 중국 천태의 초조라 할 수 있는 혜문선사(慧文禪師)가 『중론』삼제게(三諦偈)에서 크게 깨치고 그 선관이 남악 천태로 이어져 『대지도론』과 『중론』에 의해 천태의 관행과 교판이 이루어졌으니 천태선문(天台禪門)의 개창에도 구마라지바 법사의 번역이 그 사상 실천적 토대가 되었다 말할 수 있다.

이런 동아시아 사회의 국가불교 성격은 고려에서 국사(國師) 왕사(王師) 제도, 일본에서 국가대사의 임명, 종파의 국가 승인 제도로까지 이어진다. 그 단초가 이미 초기 전역시대에 이루어지고 있고 광대한 중국 땅 제한된 지역에서 특정 경전의 번역과 유포는 다시 그 경전 중심의 종파불교(宗派佛敎)와 교판(敎判)의 뿌리가 된다.

이처럼 중국불교가 국가불교의 성격과 종파불교의 성격을 띠게 된 저변에는, 불전 번역을 매개로 진행된 산스크리트라는 인도 유럽어 문명체계의 중국 유입, 산스크리트문명과 한자문명의 융합과 교류라는 문명사의 큰 변화의 흐름이 깔려 있다.

중국 남북조시기 불교의 유입과 경전의 한문 번역은 단순히 한 언어체계로부터 다른 언어로 텍스트를 옮기는데 그치는 것이 아니라 기성 정치질서의 새로운 변화, 민중의 의식 구조와 생활전반에 이르는 변화를 수반하는 것이었다. 이는 곧 중국사회 기존 한자문명(漢字文明)과 인도 유럽어 문명체계의 융합이 불러일으킨 신문명시대의 도래를 의미하는 것이었다.

남북조시기 불교유입은 분열된 중국의 정치사회를 재편하여 수당(隋唐) 통일 왕조시대를 출현시킨다. 수당불학시대(隋唐佛學時代)라 일컬어지는 큰 역사의 변화를 거친 뒤에도 다시 불교와 전통철학이 만나 새로운 문화의 흐름을 조성한 것은 이른바 송명대(宋明代) 성리학(性理學) 양명학(陽明學)으로 대변되는 신유학(新儒學)의 출현이다.

송대 성리학의 출현에는 외래사상인 불교가 중국사회에 보편화되고 일반화됨을 떠나서 설명할 수 없다. 송대 금(金)나라의 북송 침입 이후, 대거 남방으로 유입된 한족 지식인들은, 한족의 배타적 민족주의 이념이라 할 수 있는 화이(華夷)의 세계관에 입각해 불교철학의 개념과 용어를 빌려 전통철학의 해석 작업에 몰두하게 되니 이것이 이른바 송학(宋學)이라 일컬어지는 성리학(性理學)의 출현이다.

그 뒤 명대에 이르러 절대주의적 송학의 성리(性理)를 비판하고 양지(良知)의 이름으로 인간주체의 자발적 의식의 각성을 강조한 유학 사조가 등장하니 곧 양명학(陽明學)이다. 이처럼 성리학의 중화주의적 배타적 성향을 살피지 못한 조선시대 기성 유학자들이 조선에서 청(淸)과의 전쟁〔병자호란〕 이래 성리학의 화이의 세계관에 더욱 편승하여 동아시아 국제질서의 새로운 변화는 도외시한 채 모화(慕華)의 사대에 치중한 것은 과거 역사의 부끄러운 면이라 할 수 있다.

금(金)의 북송침입 이후 남송에 몰려든 중국 지식인들이 반외래사상의 열정으로 성리학을 들고 나오고 성리학의 비판적 대안으로 양명학을 말했지만 성리학 양명학은 불교철학을 떠나 설명할 수 없다.

필자의 소견으로는 남북조시 중국인들이 처음 전통철학의 개념의 틀(格義)로 불교용어를 이해했듯이 송대 성리학은 그릇 이해된 불교철학의 개념으로 기성철학을 해석한 것이다. 그에 비해 양명의 심학(心學)은 성리학의 절대주의적인 성리(性理)를 비판했지만 주관주의한 선종(禪宗)의 편향을 안고 있다고 할 수 있다.

중국사로 보면 그 후 외래문명의 유입으로 기성 중국사회가 큰 변화를 맞이한 것은 근대서구 제국주의의 침입 이후 서구과학 기술문명의 유입과 자본주의 사회주의 제도와 이념을 통한 중국사회의 새로운 변화라 할 수 있다.

지금까지 큰 흐름에서 외래문명과 교류를 통한 중국사회의 큰 변화의 물결을 살펴보았는데 외래문명과의 만남을 통한 중국사회 문명사적 변화의 서막은 불교의 중국유입이다. 그리고 그 문명사 전환의 소용돌이 한복판에 대역경가 구마라지바 법사의 역경작업이 있고 승조성사와 『조론(肇論)』이 있다.

양고승전 승조전기[梁 高僧傳, 僧肇傳]

석 승조는 경조(京兆) 사람이다. 집이 가난하여 책 베껴 쓰는 품팔이[傭書]로 업을 삼았다. 드디어 책을 잘 고쳐 베낌으로 인해 경전과 사서[經史]를 두루 보고, 묘지의 전적[墳籍]까지 갖추어 다했다. 그윽하고 미묘함을 사랑하고 좋아하여 매번 장자와 노자[莊老]로 중심의 요점을 삼았는데 일찍이 노자의 덕장[老子德章]을 읽으며 탄식했다.

"아름답기는 아름답다. 그러나 신그러움과 그윽함[神冥]을 함께 잇는 방도를 기약함에는 오히려 아직 좋음을 다하지 못했다."

뒤에 옛[舊] 『비말라키르티수트라[維摩經]』를 보고서는 기뻐서 이마에 받아 지니고 펼쳐 찾으며 깊이 맛보며 말했다.

"비로소 돌아갈 곳을 알았다."

이로 인해 세속의 집을 나와[出家] 배워서 방등경(方等經)을 잘 알았으며 겸해 삼장(三藏)을 통하여 나이 차서는[冠年] 이름이 서울 근처에 떨쳤다.

그때 이름 빛남을 다투는 무리들이 그의 일찍 통달함을 미워하지 않음이 없었다. 그래서 어떤 이는 천리를 달려 서울에 들어와 대들어 말했다. 승조는 이미 재능과 사유가 깊고 그윽하고, 또 보여 말하기[談說]를 잘하였으며 앞의 기틀을 받되 날카로움을 눌러 일찍이 흘러넘치거나 막히지 않았다.[3]

---

3) 釋僧肇 京兆人 家貧以傭書爲業 遂因繕寫 乃歷觀經史備盡墳籍 愛好玄微 每以莊老爲心要 嘗讀老子德章 乃歎曰 美則美矣 然期神冥累之方 猶未盡善也 後見舊維摩經 歡喜頂受披尋翫味 乃言 始知所歸矣 因此出家 學善方等兼通三藏及在冠年而名振關輔 時競譽之徒莫不猜其早達 或千里趨負入關抗辯 肇旣才思幽玄又善談說 承機挫銳曾不流滯

그때 서울의 오랜 유가학자[宿儒]와 서울 밖의 영재들[英彦]의 날카로운 말재간을 누르고 기운을 누르며 꺾지 않음이 없었다. 뒤에 쿠마라지바 법사가 고장(姑臧)에 이르니 승조가 멀리서 그를 좇았다. 쿠마라지바가 탄식하며 칭찬함이 그지없었다.

쿠마라지바가 장안(長安)에 가니 승조 또한 따라 돌아왔다.

요흥이 승조[肇]와 승예(僧叡) 등에게, 소요원(逍遙園)에 들어와 경론을 살펴 교정하도록 명하였다. 승조는 성인께 가기 오래고 멀어지며, 글의 뜻이 많이 뒤섞이어 앞과 뒤의 아는 것과 때에 어긋나 그릇됨이 있음으로, 쿠마라지바를 뵙고 물어서 받아 깨친 바가 많았다.

『대품반야경』이 번역되어 나온 뒤에, 승조가 곧 「반야무지론(般若無智論)」 이천여 말을 지어 마치고 쿠마라지바께 바쳤다. 쿠마라지바가 읽어보고 좋다고 칭찬하며 승조에게 말했다.

"내가 지혜는 너에게 사양하지 않겠지만 글은 서로 몸을 굽혀 모셔야겠다[吾解不謝子 辭當相挹]."

그때 여산(廬山)의 숨은 선비 유유민(劉遺民)이 승조의 이 논을 보고 탄식해 말했다.

"뜻하지 않게 승복[方袍]에다 다시 평복[平叔]이 있게 되었다."

이로 인해 혜원 공(慧遠公)에게 바쳤다.

혜원이 자리를 어루만지며 탄식해 말했다.

"일찍이 있지 않았다."

같이 펼쳐 찾아 깊이 읽어 맛보고서는 다시 가고 옴을 두었다.4)

---

4) 時京兆宿儒及關外英彦 莫不挹其鋒辯負氣摧衄 後羅什至姑臧 肇自遠從之 什嗟賞無極 及什適長安 肇亦隨返 姚興命肇與僧叡等入逍遙園助詳定經論 肇以去聖久遠文義多雜 先舊所解時有乖謬 及見什諮稟所悟更多 因出大品之後 肇便著波若無知論凡二千餘言 竟以呈什 什讀之稱善 乃謂肇曰 吾解不謝子 辭當相挹 時廬山隱士劉遺民見肇此論 乃歎曰 不意方袍復有平叔 因以呈遠公 遠乃

유민(遺民)이 승조법사에게 편지를 보내 말했다.

"요즈음 아름다운 이름을 듣고서는 멀리서 그리운 뜻을 품고 기다렸습니다. 해는 아직 추위가 아주 심한 때는 아니지만 몸은 어떠신지요? 소식이 서로 떨어지고 가로막혀 가슴에 품은 그리운 속마음만 더욱 늘어납니다.

제자는 풀 우거진 시골에서 깊이 병들어 늘 앓고 지냅니다. 그곳 대중이 편안하고 화평하길 바라오니 외국에서 오신 법사께서도 편안하신지요?

지난해 늦여름에야 스님의 「반야에 앎이 없다는 논(般若無智論)」을 보았습니다. 재능과 운치가 맑고 빼어나, 뜻은 깊고 이치에 맞아 성인의 글에 미루어 나감에 글이 아름답고 뜻에 돌아감이 있었습니다. 펼쳐 맛보기를 은근히 함에 손을 놓을 수 없었습니다.

이는 참으로 '방등의 깊은 못[方等之淵]'에 마음을 씻고, '끊어져 그윽한 진리의 집[絶冥之肆]'에서 마음을 깨침[悟懷]이라 말할 것입니다. 정교함을 사무쳐 다해 틈이 없었습니다. 다만 어두운 이가 알지 못해 의심하는 바가 있습니다. 지금 갑자기 조목을 만드니 다음과 같습니다. 바라오니 조용한 틈에 거칠게나마 풀이해 주십시오."5)

승조법사가 편지로 이렇게 답했다.

撫机歎曰 未常有也 因共披尋翫味更存往復

5) 遺民乃致書肇曰 頃食徽問有懷遙仰 歲末寒嚴體中何如 音寄壅隔增用恛蘊 弟子沈痾草澤常有弊瘁 願彼大衆康和外國法師休悆不 去年夏末見上人波若無知論 才運淸俊旨中沈允 推步聖文婉然有歸 披味懇懃不能釋手 眞可謂浴心方等之淵 悟懷絶冥之肆 窮盡精巧無所聞然 但闇者難曉猶有餘疑 今輒條之如左 願從容之暇粗爲釋之

"얼굴 뵙지 못한 지 옛날이라, 생각으로 그리다 지쳤습니다. 앞의 글과 물음을 받고, 펼쳐 찾고 되돌아가며 다시 읽으니 기쁨이 마치 잠깐 마주한 듯합니다. 맑은 기풍과 절도 있는 삶이신데 요즘 늘 어떠신지요?

빈도(貧道)는 힘들고 병들어 아름답지 못합니다. 이곳 대중은 별고 없으시고 쿠마라지바 법사[什師]께서도 편안하시고 빼어나십니다. 진왕(秦王)은 도의 성품이 스스로 그러하사 타고난 기틀로 세속에 힘쓰시어 삼보로 성과 참호를 삼으시고[城塹三寶], 도 넓힘으로 일삼으십니다. 다른 경전과 빼어난 스님들로 하여금 멀리서 이르도록 함으로 말미암아 영축산의 바람[靈鷲之風]이 이 땅에 모아지게 되었습니다. 영공[支法領]께서 멀리 몸을 일으키신 것은 천년의 나루터이시고 다리이시니 인도에서 방등의 새 경전[方等新經] 이백여 부를 얻어 돌아오셨습니다.6)

쿠마라지바 법사께서는 대사(大寺)에서 새로 온 여러 경들을 번역해 내셨습니다. 그리하여 법의 곳간[法藏]은 깊고 넓어 날로 다른 들음이 있습니다. 붇다바드라(Buddhabhadra, 覺賢) 선사(禪師)께서는 와관사(瓦官寺)에서 선정의 도를 가르쳐 익히시며 문도 수백 명이 밤낮으로 게을리 하지 않고 화목하고 엄숙하여 스스로 기쁘고 즐거움을 이루었습니다.

삼장법사(三藏法師)는 중사(中寺)에서 율장의 바탕과 가지를 정밀히 번역해 내, 마치 세존께서 처음 비나야 제정함[初制]을 보는 듯했습니다. 비바사론의 법사는 석양사(石羊寺)에서 '사리푸트라의 아비다르마'를 번역해 냈는데 비록 산스크리트본이 아직 번역이 다 안 된 때 그 사이 가운데 일로 말을 냄[發言]이 새롭고

6) 肇答書曰 不面在昔佇想用勞 得前疏幷問 披尋反覆欣若暫對 涼風戒節頃常何如 貧道勞疾每不佳 卽此大衆尋常什師休勝 秦主道性自然天機邁俗 城塹三寶弘道是務 由使異典勝僧自遠而至 靈鷲之風萃乎茲土 領公遠擧 乃是千載之津梁 於西域還得方等新經二百餘部

기이했습니다.

빈도(貧道)는 한 생에 분수 넘치게 아름다운 운수에 들어가 이런 넘치는 교화를 만났으니, 스스로 샤카무니의 제타바나 정사의 모임[泥洹之集] 보지 못함을 한탄할 뿐입니다. 그러니 나머지 다시 무엇을 한탄하겠습니까? 다만 도에 빼어난 수행자와 더불어 이 법의 모임에 같이 하지 못함을 한탄할 뿐입니다. 일컬어 읊조림이 깊으니 애오라지 다시 아름다울 것입니다. 보내오신 물음이 아름답고 간절하여 장자(莊子)의 영 사람[郢人]처럼 좋은 답을 내기는 어렵습니다.

빈도는 생각이 미묘함에 관계하지 못하고 중국말에도 서툽니다. 또 지극한 뜻[至趣]은 말이 없어 말하면 뜻에 어긋납니다. 이런저런 말이 그치지 않는다면 마침내 어떤 것을 말하겠습니까? 애오라지 미친 말[狂言]로 보내오신 뜻에 답을 보인 것입니다."[7]

승조는 뒤에 또 「부진공론(不眞空論)」과 「물불천론(物不遷論)」 등을 짓고 아울러 『비말라키르티수트라[維摩經]』를 주석하고 여러 경의 서문을 지어 모두 세간에 전해졌다.

그리고 쿠마라지바 법사가 돌아간 뒤에 길이 가심을 따라 슬퍼하여, 발돋움해 생각함이 더욱 세차져 「열반무명론(涅槃無名論)」을 지었다. 그 글에 말했다.

"경은 남음 있는 니르바나[有餘涅槃]와 남음 없는 니르바나[無餘涅槃]를 말하는데, 니르바나란 여기 말로 함이 없음[無爲]인데

---

7) 什師於大寺出新至諸經 法藏淵曠日有異聞 禪師於瓦官寺教習禪道 門徒數百日夜匪懈 邑邑肅肅致自欣樂 三藏法師於中寺 出律部本末精悉若覩初制 毘婆沙法師於石羊寺出舍利弗毘曇 梵本雖未及譯時 問中事發言新奇 貧道一生猥參嘉運遇茲盛化 自恨不覩釋迦泥洹之集 餘復何恨 但恨不得與道勝君子同斯法集耳 稱詠旣深聊復委及 然來問婉切難爲郢人 貧道思不關微兼拙於華語 且至趣無言 言則乖旨 云云不已竟何所辯 聊以狂言示誨來旨也

또한 사라짐에 건넘[滅度]이라 이름한다. 함이 없음이란 '비어 없어서 고요해 함이 있음을 묘하게 끊음[虛無寂寞 妙絶於有爲]'에서 취한 것이고, 사라짐에 건넘이란 '큰 걱정거리를 길이 없애 네 흐름을 벗어나 건넘[大患永滅 超度四流]'을 말한 것이다. 이는 대개 '거울의 모습이 돌아가는 곳[鏡像之所歸]'이고, '말로 일컬음을 끊은 깊은 집[絶稱之幽宅]'이다. 그런데도 남음 있고 남음 없다[有餘無餘]고 말한 것은 대개 나온 곳[出處]의 다른 이름이고, 사물에 응하는 거짓이름[應物之假名]이다.8)

내가 일찍이 시험 삼아 말했다.

니르바나의 도 됨이란 고요하여 쓸쓸하고 텅 비고 드넓어서, 모습과 말을 얻을 수 없어 미묘하여 모습 없으니 마음 있음[有心]으로 알 수 없다. 뭇 있음[群有]을 뛰어넘어 깊고 깊으며, 큰 허공[太虛]과 같아 길이 오래니, 이를 따라도 그 발자취를 얻지 못하고, 이를 맞이해도 그 머리를 보지 못한다.

여섯 길[六趣]이 그 남[生]을 거둘 수 없고, 힘으로 짊어져도[力負] 그 몸[體]을 교화할 수 없으며, 아득하고 멀어 보고 들을 수 없어, 있는 듯하고[若存] 가는 듯하여[若往], 다섯 눈[五目]으로 그 얼굴을 보지 못하고, 두 들음[二聽]으로 그 울림을 듣지 못한다.

아득하고 그윽하니 누가 보고 누가 알 것인가? 두루하여 있지 않은 곳이 없어서 홀로 있음과 없음 밖[有無之表]에 벗어났다.

그러하니 이를 말하면 그 참됨을 잃고 이를 알면 그 어리석음에 돌아가며, 이를 있다고 하면 그 성품[性]에 어긋나고 이를 없다고

8) 肇後又著不眞空論物不遷論等 幷注維摩 及製諸經論序 並傳於世 及什之亡後追悼永往翹思彌厲 乃著涅槃無名論 其辭曰 經稱有餘無餘涅槃 涅槃秦言無爲 亦名滅度 無爲者取乎虛無寂寞妙絶於有爲 滅度者言乎大患永滅超度四流 斯蓋鏡像之所歸 絶稱之幽宅也 而曰有餘無餘者 蓋是出處之異號 應物之假名

하면 그 몸[軀]을 다친다.

이런 까닭에 샤카무니께서는 마가다에서 방문을 닫았고 비말라키르티는 바이샬리에서 입을 막았다. 수부티는 말 없음[無說]을 드날려 도를 나타냈고, 샤크라하늘왕과 브라흐마하늘왕은 들음을 끊고[絶聽] 꽃을 비 내렸다.

이는 다 진리가 신묘하게 이끎이다. 그러므로 입[口]은 이 때문에 닫아, 말 없었던 것[緘默]이다. 그러니 어찌 말 없음이라 할 것인가? 말하되 말할 수 없음인 것[辯所不能言]이다.9)

『수트라』는 말한다.

'참된 해탈[眞解脫]이란 말의 수[言數]를 떠나고, 고요히 사라짐은 길이 편안하여 마침이 없고 비롯함이 없으며. 어둡지 않고 밝지 않으며 춥지 않고 덥지 않으며, 맑아 허공과 같아서[湛若虛空] 이름도 없고 증득함도 없다[無名無證].'

『논(論)』은 말한다.

"니르바나는 있음이 아니고 또한 다시 없음이 아니니 말길이 끊어지고[言語路絶] 마음 가는 곳이 사라졌다[心行處滅]."

경론의 지음을 찾아보면 어찌 헛된 꾸밈이겠는가? 참으로 그 있지 않은 까닭이 있으니 그러므로 얻을 수 없이 있다. 그 없지 않은 까닭이 있으니 그러므로 얻을 수 없이 없을 따름이다.

왜인가? 이것의 바탕을 사무쳐, 있음의 경계[本之有境]라 해도

---

9) 余嘗試言之 夫涅槃之爲道也 寂寥虛曠 不可以形名得 微妙無相 不可以有心知
超群有以幽昇 量太虛而永久 隨之弗得其蹤 迎之罔眺其首 六趣不能攝其生 力
負無以化其體 眇漭惚怳若存若往 五目莫覩其容 二聽不聞其響 窈窈冥冥誰見
誰曉 彌倫靡所不在 而獨曳於有無之表
然則言之者失其眞 知之者返其愚 有之者乖其性 無之者傷其軀 所以釋迦掩室於
摩竭 淨名杜口於毘耶 須菩提唱無說以顯道 釋梵乃絶聽而雨花
斯皆理爲神御 故口爲之緘默 豈曰無辯 辯所不能言也

다섯 쌓임은 길이 사라졌고, 이를 미루어, 없음의 고을이라 해도〔推之無鄕〕깊은 신령함은 다하지 않은 것이다. 깊은 신령함〔幽靈〕이 다하지 않으면, 하나를 안고 고요할 것〔抱一湛然〕이고, 다섯 쌓임이 길이 사라지면 만 가지 쌓여짐이 모두 없어지고 만 가지 쌓여짐이 모두 없어지므로 도와 통해 같아진다〔與道通同〕. 하나를 안고 고요하므로 신그럽되 공(功)이 없고, 신그럽되 공이 없으므로 도와 통해 같아진다.10)

그러므로 비어 바뀌지 않고 비어 바뀌지 않으면〔沖而不改〕있음〔有〕이라 할 수 없고 지극한 공이 늘 있으니〔至功常在〕없음〔無〕이라 할 수 없다. 그렇다면 있음과 없음이 안에서 끊어지니〔有無絶於內〕일컬어 말하면 밖에 물들게 된다〔稱謂淪於外〕.

이는 보고 들음이 미치지 못하는 바이고 네 가지 공〔四空〕이 어두워 알지 못하는 곳이다. 고요함이여 들으려야 들을 수 없고 조용함이여 편안하도다. 아홉 흐름〔九流〕이 여기에 어울려 돌아오고〔交歸〕뭇 성인〔衆聖〕이 여기에서 그윽이 모이도다〔冥會〕.

이것이 볼려야 볼 수 없고 들으려야 들을 수 없는 경계〔希夷之境〕이고 크게 까마득한 고을〔太玄之鄕〕이다. 그런데도 그 영역을 있음과 없음으로 이름 지을 수 있겠는가? 신묘한 도라고 말해도 또한 아득히 멀지 않겠는가?

그 뒤에 '열 가지 말함〔十演〕'과 '아홉 꺾음〔九折〕'은 무릇 몇 천의 말과 글이 많아서 싣지 않는다."11)

---

10) 經曰 眞解脫者離於言數 寂滅永安無終無始 不晦不明不寒不暑 湛若虛空無名無證
   論曰 涅槃非有亦復非無 言語路絶心行處滅
   尋夫經論之作也 豈虛構哉 果有其所以不有 故不可得而有 有其所以不無 故不可得而無耳 何者 本之有境則五陰永滅 推之無鄕則幽靈不竭 幽靈不竭則抱一湛然 五陰永滅則萬累都捐 萬累都捐 故與道通同 抱一湛然 故神而無功 神而無功 故至功常在 與道通同
11) 故沖而不改 沖而不改 不可爲有 至功常在 不可爲無 然則有無絶於內 稱謂淪

논이 이루어진 뒤에 요흥(姚興) 왕에게 글을 올려〔上表〕 말했
다.

승조는 이렇게 들었습니다〔肇聞〕.

하늘은 하나를 얻어서 맑고, 땅은 하나를 얻어 편안하며, 임금은
하나를 얻어 천하를 다스립니다.

엎드려 바랍니다. 폐하께서는 어질고 밝으시사 우러러 밝히시고,
도를 신그럽게 아시어, 묘하게 도의 중심에 맞으시사〔妙契環中〕
이치에 밝지 않음이 없으십니다. 그러므로 만 가지 기틀에 잘 응
하심이 장자에서 빼어난 푸줏간 장인이 뼈 사이에 칼 놀려〔遊刃〕
살을 발라내듯 날을 다해 마치도록 도를 넓히십니다.

이는 창생이 임금께서 글을 내려 규범 지어줌〔垂文作範〕을 의지
한 것이니, 이 때문에 나라의 구역 가운데 있는 네 큼〔四大〕 가운
데 왕(王)도 그 하나인 것입니다.

니르바나의 도〔涅槃之道〕는 대개 세 진리의 수레 탄 이들이 돌
아가는 바〔三乘之所歸〕이고 방등의 깊은 집〔方等之淵府〕이라 아득
히 보고 들음에 볼려야 볼 수 없고 들으려야 들을 수 없이 보고
들음의 구역을 끊어서, 비고 그윽함을 깊이 이루어, 뭇 앎 있는 무
리〔群情〕가 헤아릴 수 있는 바가 아닙니다.12)

승조는 못난 몸으로 나라의 은혜를 넘치게 입어, 배움의 터〔學
肆〕에 한가히 머물 수 있게 되어 쿠마라지바의 문하에 부쳐 산 지

於外 視聽之所不曁 四空之所昏昧 恬兮而夷 泊焉而泰 九流於是乎交歸 衆聖
於此乎冥會 斯乃希夷之境 太玄之鄉而欲以有無題牓其方域而語神道者 不亦邈
哉 其後十演九折 凡數千言 文多不載
12) 論成之後上表於姚興曰 肇聞天得一以清 地得一以寧 君王得一以治天下 伏惟
陛下叡哲欽明道與神會 妙契環中理無不曉 故能遊刃萬機 弘道終日 依被蒼生
垂文作範 所以域中有四大王居一焉 涅槃之道 蓋是三乘之所歸 方等之淵府 眇
茫希夷 絶視聽之域 幽致虛玄 非群情之所測

여남은 해입니다. 비록 뭇 경의 빼어난 길과 뜻이 하나가 아니지만 니르바나의 한뜻〔涅槃一義〕 늘 듣고 익힘을 앞세웠습니다.

다만 승조는 재주와 앎이 어둡고 짧아 비록 자주 가르쳐 깨우침을 입었으나 오히려 아득함을 품었으며 말라 비틂과 어리석음이 다하지 않았습니다. 또한 앎이 있는 듯하나 높이 빼어난 이의 먼저 외침〔高勝先唱〕을 거치지 못해 스스로 맺어 정하지 못했습니다.

불행히도 구마라지바공께서 돌아가시자 찾아가 물을 곳이 없게 되었으니 이것이 길이 한스럽습니다.

그러나 폐하께서는 거룩한 덕이 외롭지 않아 홀로 구마라지바공과 더불어 신묘하게 맞으사, 눈이 부딪치자 도가 있어〔目擊道存〕 그 마음을 결단하셨습니다. 그러므로 저 그윽한 바람을 떨치시고 끝세상 세속〔末俗〕을 열어주셨습니다.13)

하루는 안성후(安成侯)인 숭(崇)이 함이 없음의 종지의 끝〔無爲宗極〕 묻는 것에 답하심을 만나게 되었습니다. 그러고는 '니르바나에 이름 없다는 뜻'을 자못 겪게 되어서 지금 「니르바나가 이름 없다는 논〔涅槃無名論〕」을 지었사오니 열 펼쳐 말함〔十演〕과 아홉 꺾음〔九折〕이 있습니다.

논은 뭇 경을 널리 뽑아 증명함을 의지해 비유를 이루었습니다. 우러러 폐하의 이름 없음의 뜻〔無名之致〕을 말한 것이니 어찌 신그러운 마음〔神心〕을 열어 이르러서, 멀리 맞음〔遠當〕에 사무침이라 하겠습니까? 애오라지 현묘한 문〔玄門〕에 따지고 헤아려, 깨우침에 돌아가 배우는 무리일 뿐입니다.

---

13) 肇以微軀猥蒙國恩 得閑居學肆 在什公門下十有餘年 雖衆經殊趣勝致非一 涅槃一義常爲聽習先 但肇才識闇短 雖屢蒙誨喻 猶懷莫漠 爲竭愚不已 亦如似有解 然未經高勝先唱 不敢自決 不幸什公去世 諮參無所 以爲永恨 而陛下聖德不孤 獨與什公神契目擊道存 決其方寸 故能振彼玄風以啓末俗

만약 적게나마 거룩한 뜻〔聖旨〕에 들어갔다면 기록하도록 분부하소서. 만약 차이가 있다면 엎드려 뜻 주심을 받들 것이오니 은근히 답하는 뜻을 일으켜주시면 갖추어 기리어 말함을 더하겠나이다.

그러자 곧 베껴 쓰는 무리들 여러 사람들에게 칙령을 내리니 그때의 무겁게 여겨짐이 이와 같았다.

진(晉) 의희(義熙) 십년 장안(長安)에서 돌아가니 나이〔春秋〕서른 하나였다.14)

---

14) 一日遇蒙答安成侯嵩問無爲宗極 頗步涅槃無名之義 今輒作涅槃無名論 有十演九折 博採衆經託證成喩 以仰述陛下無名之致 豈曰開詣神心窮究遠當 聊以擬議玄門班喩學徒耳
若少參聖旨 願勅存記 如其有差 伏承旨授 興答旨慇懃 備加贊述
卽勅令繕寫班諸子姪 其爲時所重如此
晉義熙十年卒於長安 春秋三十有一矣

조론 주해

1장 자운준식존자 조론소 대의

평석 조론소 대의 앞에 붙이는 글

○ 이 단락은 『조론(肇論)』이 여래 삼장의 가르침〔三藏敎〕에서 어느 가르침에 속하며 이 『조론』이 쓰여지게 된 실천적인 의미가 무엇인가를 밝히고 있다. 아울러 이 조론의 종지와 맞물려 아비다르마 구성의 기본 구조를 보이고 있다.

이 조론은 수트라·다르마·비나야의 세 피타카〔經律論 三藏〕 가운데 아비다르마 피타카(abhidharma-pitaka: 論藏)에 속한다. 여래의 수트라의 가르침에 아비다르마의 방편을 세운 것은 무엇 때문인가.

수트라의 가르침을 듣고 바로 알아들으면 아비다르마를 세울 것이 없다. 그러나 여래 니르바나 뒤 바른 논의를 세워 말해주어야만 빨리 알아듣거나, 논의해주길 좋아하는 중생을 위해, 논해 말함으로 법을 해명하는 아비다르마가 세워졌다.

그 가운데 존재를 존재이게 하는 '법에 대한 논의〔對法: abhi-dharma〕'를 설해 법에 대한 이해를 통해 존재의 집착〔我執〕을 깨뜨리는 아비다르마는 히나야나(hinayāna)의 아비다르마이다. 그에 비해, 아집을 깨는 인연법을 보다 자세하게 구체적으로 설파하는 가르침은 히나야나 가운데 프라데카붇다야나〔緣覺乘〕의 아비다르마일 것이다. 다시 연기의 진실은 존재의 집착 뿐아니라 법에 대한 집착〔法執〕까지 깨뜨려야 함을 강조해 말하면 보디사트바야나〔菩薩乘〕의 아비다르마이다. 더 나아가 슈라바카 프라데카붇다 보디사트바의 세 수레의 가르침이 끝내 하나인 중도실상에 돌아가기 위함이라, 세 수레가 하나인 붇다의 수레〔一佛乘〕에 돌아감을 밝히는 아비다르마는 에카야나의 아비다르마이다.

이 『조론』의 아비다르마는 마하야나(mahayāna)이자 에카야나(ekayāna : 一乘)의 아비다르마이다. 또 『조론』은 경전언구를 따라 논의해서 풀이하는 석론(釋論)이 아니고, 뜻을 세워〔立義〕 연기중도의 실상과, 반야와 니르바나의 바른 인행과 과덕을 밝히는 종론(宗論)이다.

○ 네 론〔四論〕과 종본의(宗本義)의 기본 구조를 살펴보자.

승조전에서 말하고 있듯이 『조론』은 뒤에 편집된 차서로 쓰인 것이 아니라 구마라지바 법사가 계실 때 「반야무지론」을 써서 바친 뒤 「부진공론」 「물불천론」을 지어 붙이고 나중 구마라지바 법사가 돌아가시자 애도하는 뜻으로 「열반무명론」을 지었다. 그리고 종본의(宗本義)를 앞에 붙여 전체를 이끄는 글로 삼았다.

그러므로 『조론』은 처음 시작이 실상의 진리〔所觀境〕를 밝히는 지혜〔能觀智〕이자, 해탈(mokṣa)과 니르바나(nirvāṇa) 과덕(果德)의 바른 원인이 되는 지혜 곧 앎 없는 반야〔無知般若〕를 잡아, 반야경의 종지를 밝힌 논이라 할 수 있다.

진리는 지혜인 진리이고 지혜는 진리인 지혜이다. 그러므로 반야가 반야이기 위해서는 연이 모여〔緣會〕 연기(緣起)로 있는 세간법의 있되 공함과, 세속제인 물(物)이 연을 따라 옮기되 옮기지 않음〔遷而不遷〕을 말해야 한다. 또 이처럼 연으로 일어난 법이 참이 아니라 공한 줄 알고〔不眞空〕 그 공이 실로 공함이 아닌 줄〔不眞空〕

알아야 법의 진실[實相]이 드러난다. 그러므로 반야가 살피는 바 [所觀境] 진제 속제를 반야무지론 다음에 밝히기 위해 「물불천론 (物不遷論)」과 「부진공론(不眞空論)」을 쓴 것이다.

「물불천론」은 물이 옮기되 옮기지 않음[物遷而不遷]을 보여 속 제가 진제인 속제임을 밝혔고, 「부진공론」은 속제의 있음이 참이 아니라 공하고[不眞空], 진제의 공함이 참으로 공한 것이 아니라 [不眞空] 공하되 공하지 않음[空而不空]을 보여, 진제가 속제인 진제임을 밝혔다.

진제 속제로 표시된 연기의 실상은 여래의 붇다의 눈[佛眼]을 통해 밝혀진 세간법의 진실이니, 진제 속제의 실상에 부합된 지혜 가 붇다의 눈[佛眼]이며, 과덕(果德)인 해탈과 니르바나의 바른 원인[正因]이다. 그러므로 반야는 니르바나 과덕의 땅에서 일어나 니르바나에 이르는 니르바나인 반야이고, 니르바나는 반야의 지혜 와 행이 이루는 바 반야인 니르바나이다. 니르바나에 얻을 바 니 르바나의 이름과 모습이 있다면, 모습에 모습 없고 움직임에 움직 임 없는 세간법의 진실 그대로의 해탈의 공덕이 될 수 없다.

사물을 보는 앎에 앎이 있으면 이 앎은 세간법의 모습에 가려진 앎이지, 있되 공한 연기의 진실을 비추는 앎이 아니다. 그러나 앎 에 다만 앎 없으면 사물의 있되 공한 진제(眞諦)를 비추지만, 진 제의 공함을 떠나지 않고 속제의 모습 아닌 모습을 살피는 방편의 지혜[方便智]를 갖추지 못한다.

지금 사물을 비추는 앎에 앎 없되, 앎 없음에 앎 없음도 없어야 진실의 지혜〔實智〕가 방편의 지혜〔權智〕를 갖춤이고, 세간의 실상에 부합된 지혜이자 해탈 니르바나의 바른 원인인 지혜이다. 곧 앎에 앎 없되 앎 없음에 앎 없음도 없어야, 비추되 고요하고〔照而寂〕 고요하되 비추어〔寂而照〕 실상의 지혜가 방편 갖추는 지혜이며, 반야의 인행(因行)이 온전히 해탈의 과덕(果德)으로서 지혜인 것이다.

이것이 승조성사가 「반야무지론」을 짓고 「물불천론」「부진공론」을 지은 뒤 마지막 「열반무명론」을 지은 뜻이다.

그런데 여래의 니르바나 곧 실상의 온전한 실현인 니르바나가 지금 저 여래와 큰 보디사트바 마하사트바의 이미 드러난 공덕의 모습〔現果〕이라면, 인연으로 있는 물(物)의 있되 공한 모습은 앞으로 이루어질 공덕의 모습〔當果〕이자 사물과 중생의 본래 그러한 모습〔本然〕이다.

본래 없음〔本無〕은 앎 없는 지혜가 비추는 바 지혜인 진리의 모습에 모습 없어, 생각과 모습이 모두 끊어짐〔想相俱絶〕의 다른 표현이다. 그러므로 승조성사는 연이 모임〔緣會〕과 성품이 공함〔性空〕과 실상(實相), 본래 없음〔本無〕이 한뜻〔一義〕이라고 말했으며 자운존자는 이 『조론』이 '마하야나의 마치는 가르침〔大乘終敎〕'으로서 단박 깨우치는 가르침〔頓敎〕과 일승의 두렷한 가르침〔圓敎〕을 겸했다고 말한 것이다.

자운준식존자 조론소 대의

이 논을 풀이하려는데 간략히 네 문을 연다.
제1. 가르침이 일어난 인연〔敎起因緣〕
제2. 피타카의 가르침에 거두어짐〔藏敎所攝〕
제3. 종지의 나아감에 모음과 나눔〔宗趣總別〕
〔제4. 글을 따라 뜻을 풀이함〔隨文釋義〕〕1)

제1. 가르침이 일어난 인연〔敎起因緣〕

지금은 처음이다. 대저 성현이 논함을 세우는〔立論〕 데는 반드시 말미암은 바가 있으니 지금은 가르침을 일으킨 인연을 밝힌다. 간략히 두 문으로 분별하니, 첫째 모든 논〔諸論〕을 통하여 밝히고, 둘째 이 글〔斯文〕을 따로 드러낸다.

1. 모든 논을 통하여 밝힘〔通明諸論〕

모든 논을 통하여 밝히면 논에는 두 가지가 있으니, 첫째 마루가 되는 뜻을 보이는 논〔宗論〕이고, 둘째 글 따라 풀이하는 논〔釋論〕이다.

풀이하는 논〔釋論〕은 글 따라 뜻을 풀이함이니, 다른 인연이 없고 다만 본뜻의 깊고 현묘함〔本義深玄〕을 말미암아 일으켜낸 것이다.2)

---

1) 將釋此論 略啓四門 一敎起因緣 二藏敎所攝 三宗趣總別 四隨文釋義
　〔대의의 단락에는 제3까지 싣는다. 제4 글 따라 뜻 풀이함〔隨文釋義〕은 종본의(宗本義)부터 네 논의 원문을 풀이한 것임.〕
2) △今初 夫聖賢立論 必有所由 今明起敎因緣 略以二門分別 一通明諸論 二別

마루가 되는 뜻을 보이는 논[宗論]이란 다음과 같다.

붇다의 법 큰 바다[佛法大海]는 깊고 넓어 헤아리기 어렵다. 그리고 방편과 진실의 여러 문[權實多門]은 그 이치가 한뜻이 아니다. 붇다의 두렷한 말씀 단박 말해줌[圓音頓說]을 다른 무리들이 각기 알아들으면 반드시 논해 가르칠 것이 없다. 다만 세존께서 니르바나하신 뒤 중생이 좋아함에 맞는 것이 평등하지 않아(경에 맞거나 논에 맞거나 실다운 가르침을 좋아하거나 방편의 가르침을 좋아함), 받아 아는 인연이 달라(붇다께 인연이 있으면 경에 맞고 보디사트바에 인연이 있으면 논에 맞음) 비록 뭇 수트라가 있지만 바로 알아들어 깨우칠 수 없었다.

이 때문에 여러 종지로 논을 세워[立論] 각기 기틀이 마땅함을 입게 되어 논함을 따라 종지[宗]를 알고, 종지를 따라 나아감[趣]을 얻도록 하였다. 그러므로 히나야나의 아비다르마[小乘論]와 세 수레의 아비다르마[三乘論], 에카야나의 아비다르마[一乘論]의 일어남이 있게 되었다.3)

2. 이 글을 따로 나타냄[別顯斯文]

둘째, 이 글을 따로 나타냄[別顯斯文]이란 다음 같다.

거듭 둘이 있다. 처음 모아 밝힘[總明]이고, 다음 따로 나타냄[別顯]이다.

顯斯文 通明諸論者 論有二種 一曰宗論 二曰釋論 釋論則隨文釋義 無別因緣 但由本義深玄 則爲發起
3) 宗論者 佛法大海深廣難量 權實多門理非一致 圓音頓說異類各開 則不須論 但以世尊滅後衆生宜樂不等 (宜經宜論樂實樂權)受解緣殊 (與佛有緣則宜經 與菩薩有緣則宜論)雖有羣經而弗能領悟 是以諸宗立論 各被機宜 爲令隨論知宗 隨宗得趣 故有小乘論三乘論一乘論興

1) 모아 밝힘〔總明〕

모아 밝힘〔總明〕이란 다음과 같다. 만약 붇다께서 세상에 나타나신 본뜻〔佛出現〕을 찾아보면 본래 '한 일의 인연〔一事因緣〕'을 위하심이나 다만 뿌리와 그릇의 다름을 말미암아, 보고 들음에 다름이 있게 된 것이다.

비록 세 수레〔三乘〕로 교화하시나, 마쳐 다함에는 오직 한 수레인 것〔一乘〕이다. 이 뜻을 알지 못하여 여러 교화의 문에 걸리므로 물줄기를 찾아 근원을 말하게 해, 붇다의 본뜻〔佛本意〕을 얻도록 하려고 이 논이 일어난 것이다.4)

2) 따로 나타냄〔別顯〕

따로 나타냄〔別顯〕에 다시 둘이 있으니, 첫째 깨뜨림〔破〕이요 둘째 세움〔立〕이다.

깨뜨림이란 방편 깨뜨림〔破權〕을 말하고 세움이란 진실 세움〔立實〕을 말한다. 깨뜨리고 세움의 뜻은 네 논〔四論〕이니 곧 네 문〔四門〕이 된다.

첫째 속제(俗諦)이니 항상함과 덧없음의 뒤바뀜〔常無常倒〕을 깨뜨려, 움직임과 고요함이 서로 같음〔動靜相卽〕을 세우기 때문이다.

둘째 진제(眞諦)이니 있음과 없음의 두 견해〔有無二見〕를 깨뜨려, 진제와 속제의 진리가 하나임〔眞俗理一〕을 세우기 때문이다.

셋째 반야(般若)이니 비춤과 씀의 있고 없음〔照用有無〕을 깨뜨려, 방편과 진실이 바탕 같이함〔權實同體〕을 세우기 때문이다.

넷째 니르바나〔涅槃〕이니 참됨에 미혹하여 응함에 집착함〔迷眞執

---

4) 二別顯斯文 復二 初總明 二別顯 總明者 若原佛出現 本爲一事因緣 但由根器
著殊 見聞有異 雖以三乘敎化 究竟唯爲一乘 不了斯旨 多滯化門 爲令尋派討
源 得佛本意 故此論興

應〕을 깨뜨려, 참됨과 응함이 둘 아님〔眞應不二〕을 세우기 때문이다.

이렇게 깨뜨리고 세움을 말미암아 곧 진제와 속제가 서로 융통하고〔眞俗互融〕 방편과 진실이 서로 비치며〔權實交暎〕, 진리와 지혜가 그윽이 합하고〔理智冥合〕, 마음과 경계가 사라져 없어짐〔心境泯亡〕을 나타낸다.

그러므로 한뜻〔一義〕을 세워 종지로 삼아, 마쳐 다한 깊은 뜻〔究竟深旨〕을 다했으니 가운데 사이에 비록 여러 생각함〔多緣〕이 있으나 큰 뜻〔大意〕을 지나지 않는다.5)

제2. 피타카의 가르침에 거두어짐〔藏敎所攝〕

피타카의 가르침〔藏敎〕에 거두어짐이란 다음과 같다.

이 논은 세 피타카〔三藏〕 가운데 아비다르마피타카〔論藏〕에 거두어진다. 슈라바카·프라데카붇다의 피타카〔聲聞緣覺藏〕와 보디사트바의 피타카〔菩薩藏〕, 두 피타카〔二藏〕 가운데서는 보디사트바의 피타카에 거두어진다. 방편과 진실의 가르침 가운데서는 진실의 가르침〔實敎〕에 거두어진다.

그러나 방편과 진실의 뜻과 이치에는 또한 여러 길이 있다. 또 현수대사〔賢首大師〕를 의지해서 뜻으로 가르침을 나누면 가르침의 종류에는 다음 다섯이 있다.

① 히나야나의 가르침〔小乘敎〕

② 마하야나의 첫 가르침〔大乘始敎〕으로 또한 부분의 가르침〔分

---

5) 二別顯復有二 一破 二立 破謂破權 立謂立實 破立之意 四論卽爲四門 一俗諦 破常無常二倒 立動靜相卽故 二眞諦 破有無二見 立眞俗理一故 三般若 破照用有無 立權實同體故 四涅槃 破迷眞執應 立眞應不二故 由斯破立 卽顯眞俗 互融 權實交暎 理智冥合 心境泯亡 故立一義爲宗 以盡究竟深旨 中間雖有多 緣 不過大意

敎]이라 함

③ 마하야나 마침의 가르침[大乘終敎]으로 또한 진실의 가르침
[實敎]이라 함

④ 마하야나의 단박 행하는 가르침[大乘頓敎]

⑤ 하나인 수레의 두렷한 가르침[一乘圓敎]이다.6)

이 다섯은 서로 바라보아 앞과 앞은 다 방편이고 뒤와 뒤는 모
두 진실이다. 만약 본 가르침의 자기 종지[本敎自宗]에 의거하면
각기 자기의 진실과 남의 방편을 허락한다. 지금 방편과 진실을
마하야나의 처음과 마침에 나아가 나누면, 앞 둘은 모두 방편이니
아직 마쳐 다하지 않음[未究竟]을 말하기 때문이다.

뒤의 셋은 모두 진실이니 한마음을 통하여 말하기[通詮一心] 때
문이다.

이 방편과 진실 가운데 나아가면 '마하야나 첫 가르침[大乘始
敎]'에는 법의 모습 세워 보임[法相: 唯識]과 모습 깨뜨림[破相:
般若空]의 두 종이 있다.7)

지금 마하야나 마침의 진실[終實]로 이에 마주하면 간략히 다음
열 뜻[十義]을 펼 수 있으니 이 논의 글이 마하야나 마침의 가르
침[大乘終敎]에 거두어짐을 알 수 있다.

---

6) △二藏敎所攝者 三藏之中阿毗達磨藏攝 二藏之中菩薩藏攝 權實敎中實敎所攝
然權實之義理亦多途 且依賢首大師 以義判敎 敎類有五 一小乘敎 二大乘始敎
亦名分敎 三大乘終敎 亦名實敎 四大乘頓敎 五一乘圓敎

7) 此五相望 前前皆權 後後竝實 若據本敎自宗 各許自實他權 今言權實 就始終
分之 前二竝權 詮未究竟故 後三俱實 通詮一心故 就此權實之中 始敎有法相
破相二宗
[화엄교판에서 유식의 식(識)은 앎을 중심으로 법의 모습[法相]을 세우지만
유식의 식도 자성 없음[識無自性]을 말하므로 세움 가운데 깨뜨림이 있고
반야의 공(空)도 있음을 깨뜨리지만 공하기 때문에 만법이 세워질 수 있음
을 보이니 공 또한 깨뜨림 가운데 세움이 있다.]

⑴ 법의 모습 세워 보이는 가르침[法相]에서는 세 수레가 달리 정
해짐을 세운다. 진실의 가르침[實敎]에서는 하나인 수레[一乘]
에 셋이 없음을 세운다.

[아래 논은 말한다: 진실로 참됨의 하나에는 차별이 없다. 또 말한
다: 으뜸가는 큰 도[第一大道]에는 둘의 바름이 있지 않다.]

⑵ 법의 모습 세워 보이는 가르침에서는 다섯 성품이 다름[五性差
別]을 말한다.

[세 수레의 성품과 성품 없음, 정해지지 않은 성품]

진실의 가르침은 한 성품에 가지런히 평등함[一性齊平]을 말한다.

[아래에 말했다. 아홉 흐름[九流]이 여기에 어울려 돌아가고, 뭇 성
인이 여기에 그윽이 하나 된다.]8)

⑶ 법의 모습 세워 보이는 가르침에서는 진제 속제 두 진리가 다름
[眞俗二諦條然]을 세운다. [세속제는 있음이고 진제는 없음이다.]

진실의 가르침은 진제와 속제가 서로 같음[眞俗互卽]을 말한다.

[아래 글은 말한다: 참됨은 일찍이 있지 않음[未嘗有]을 말하고 거짓은
일찍이 없지 않음[未嘗無]을 말한다. 두 말은 처음부터 하나 아님[未始
一]을 말하나 두 이치는 처음부터 다름 아님[未始殊]을 말한다.]9)

⑷ 법의 모습 세워 보이는 가르침에서는 근본의 지혜와 뒤에 얻는

---

8) 今以終實對之 略敍十義 卽知此論文義終敎所攝 一法相立三乘定異 實敎立一
乘無三 (下論云 誠眞一之無差 又云第一大道無有兩正) 二法相說五性差別
(三乘幷無性及不定性)實敎談一性齊平 (下云九流於是乎交歸 衆聖於是乎冥會)
[법상종에서도 집착의 모습[遍計相]에 자성 없고, 인연의 모습[依他相]에도
자성 없으며 두렷이 이룬 모습[圓成相]에도 자성 없으니 세 성품이 서로
바라보아 중도인 뜻[三性對望中道]을 보임. 그러므로 다섯 성품의 차별[五
性各別]을 보인 것도 방편으로 보여 이끌기 위한 가르침인 것임.]

9) 三法相立二諦條然(俗有眞無) 實敎乃眞俗互卽(下云言眞未嘗有 言僞未嘗無
二言未始一 二理未始殊)
[법상교에서도 인연으로 있는 모습이 자성 없으므로 속제와 진제가 서로 융
통한 뜻이 있음.]

지혜가 각기 비춤[根後各照]을 말한다.

[근본지는 진제를 증득하고 후득지는 세속제를 통달한다.]

진실의 가르침은 두 비춤이 서로 필요로 함[二照相須]을 말한다.

[아래에 말했다. 공을 살피되[觀空] 증득하지 않고 있음에 머물되[處有] 물들지 않는다.]

(5) 법의 모습 세워 보임에서는 나고 머물고 달라지고 사라지는 네 모습의 앞과 뒤를 말한다.

[남은 지나감[過去]에 속하고, 머묾과 달라짐은 드러나 있음[現在]에 속하고 사라짐은 아직 오지 않음[未來]에 속한다.]

진실한 가르침은 남과 사라짐이 때 같이함[生滅同時]을 나타낸다.

[아래에 말했다. 온갖 중생이 다 사라져 고요한 모습이다.]10)

(6) 법의 모습 세워 보이는 가르침에서는 진리[理]와 지혜[智]에 다름이 있음을 말한다.

[함이 있는 지혜[有爲智]로 함이 없는 진리[無爲理]를 증득한다.]

진실한 가르침에서는 아는 지혜와 아는 바 진리가 녹아 하나 된다[能所混融].

[아래에 말했다. 여기와 저기가 고요히 사라지고 물과 내가 그윽이 하나 되어[物我冥一], 고요히 자취 없음에 니르바나라 한다.]

(7) 법의 모습 세워 보이는 가르침에서는 진여는 고요히 엉김[眞如凝然]이라 말하고, 진실한 가르침에서는 연을 따르는 묘한 씀[隨緣妙用]을 나타낸다.

[아래에 말했다. 진실한 바탕 움직이지 않고 모든 법의 세우는 곳이 된다.

---

10) 四法相說根後各照 (根本智證眞後得智達俗) 實敎談二照相須 (下云 觀空而不證 處有而不染) 五法相說四相前後(生屬過去 住異屬現在 滅屬未來) 實敎顯生滅同時 (下云一切衆生卽寂滅相)

[법상종에서도 때는 마음과 물질이 아니되 마음과 물질 떠나지 않고 세워지는 법이라 모두 자성 없으니 세 때가 다 있되 공함.]

또 말했다 법신은 모습이 없지만 사물에 응해 꼴이 된다[應物而形].]11)

(8) 모습 깨뜨리는 가르침[破相]에서는 참 지혜로 공함을 깨친다[眞智了空]고 말하나, 진실한 가르침에서는 신령한 앎의 본래 고요함[靈知本寂]을 밝힌다.

[아래에 말했다. 날이 다하도록 알되 일찍이 알지 않는다. 또 말했다. 지혜에는 깊음을 사무친 살핌이 있으나 앎이 없다.]12)

(9) 모습 깨뜨리는 가르침[破相敎]에서는 모든 법의 성품 없음[諸法無性]을 말한다.[성품 없음이 진여이다.]

진실한 가르침은 본 성품이 참으로 항상함[本性眞常]을 말한다.

[아래에 말했다. 니르바나의 도됨은 크기가 허공과 같아 길이 오래다. 또 말했다. 고요히 사라져 길이 편안하여 비롯함이 없고 마침이 없어 맑기가 허공 같다.]

(10) 모습 깨뜨리는 가르침에서는 붇다의 덕 또한 공하다[佛德亦空]고 말한다.[온갖 것 아는 지혜 또한 청정하다.]

진실한 가르침은 여래께서 덕 갖춤[如來具德]을 밝힌다.

[아래에 말했다. 진리는 계합하지 못함이 없으므로 만 가지 덕이 여기에서 넓은 것이다. 또 말했다. 붇다는 허공 같아 옴이 없고 감이 없어서 연에 응해 나타나지만 방위와 곳이 없다.]

---

11) 六法相說理智有異 (以有爲智證無爲理)實敎明能所混融 (下云此彼寂滅 物我冥一 怕爾無朕 乃曰涅槃) 七法相說眞如凝然 實敎顯遂緣妙用 (下云 不動眞際 爲諸法立處 又云 法身無象 應物而形)

[법상교에서 세운 원성실성의 자성 없음을 말하고 의타기성의 자성 없음을 말하니 법상교 또한 모습 없는 진여와 모습이 융통함을 보임.]

12) 八破相說眞智了空 實敎明靈知本寂 (下云 終日知而未嘗知 又云 智有窮幽之鑒 而無知焉等)

[반야교에서도 인연이 공이고 공이 거짓이름이고 중도이므로 삼제가 원융함을 말하고 생각에 생각 없음을 말하니 이 생각 없음이 곧 신령한 앎의 본래 고요함이다.]

이로써 마주해 밝히면 방편과 진실이 환할 것이다. 널리 뜻의 문[義門]이 있으나 번거로움이 걱정되어 펴지 않는다.13)

지금 이 논의 뜻은 마하야나의 마침인 진실한 가르침[終實]에 거두어진다. 진리에 미혹함이 없지만 그 사이 어쩌다 방편의 뜻 설함이 있으나 뜻은 모아 돌아감[會歸]에 있다.

〔아래에 말했다. 프라즈냐의 비어 그윽함은 대개 세 수레의 종지의 지극함[三乘之宗極]이니 참으로 참된 하나됨은 차별이 없다.〕

그래서 방편의 문에 닿지 않으니 어찌 마하야나의 마친 진실의 가르침[終實]이라고만 하겠는가? 또한 '법의 성품을 단박 밝힘[頓明法性]'이라 할 것이다.

〔아래에 말했다. 이를 말하게 되면 그 참됨 등을 잃을 것이다. 또 말했다. 샤카무니께선 마가다에서 방문을 닫고 비말라키르티는 바이샬리에서 입을 닫았다.〕

또한 곧장 참된 항상함[眞常]을 나타내고, 곧 단박 깨침을 겸해 거둔다[卽兼頓攝]. 다만 법계 성품바다의 연기[法界性海緣起]가 걸림 없어, 주인과 손님이 다함없는 뜻[主件無盡之義]을 밝히지 않아 두렷한 가르침[圓敎]에 거두어지지 않으나, 만약 깊음으로 낮음 거두고[以深該淺] 바탕으로 끝까지 거둠[以本攝末]이라면 두렷한 가르침[圓敎] 또한 이를 거두는 것이다. 그러므로 진실한 가르침[實敎]에 거두어짐이라 말하는 것이다.14)

---

13) 九破相說諸法無性 (無性爲眞如)實敎說本性眞常 (下云 涅槃之爲道也 量太虛而永久 又云 寂滅永安 無始無終 湛若虛空)十破相說佛德亦空 (一切智智亦清淨)實敎明如來具德(下云 理無不契 故萬德斯弘 又云 佛如虛空 無去無來 應緣而現 無有方所)以斯對辨 權實昭然 廣有義門 恐煩不敘
〔반야에서 공은 공하되 공하지 않음이니 깨뜨림이 곧 붇다의 덕 세움이 된다.〕
14) 今此論義終實所收 於理無惑 其間或說權義 意在會歸 (下云般若虛玄者 蓋是三乘之宗極也 誠眞一之無差)不接權門 豈名終實 又亦頓明法性 (下云 言之者失其眞等 又云 釋迦掩室於摩竭 淨名杜口於毗耶)直顯眞常 卽兼頓攝 但不明法界性海

제3. 종지의 나아감〔宗趣〕에 모음과 나눔〔宗趣總別〕

셋째, 종지의 나아감에 모음과 나눔이란 다음과 같다

말함이 우러르는 것을 마루〔宗〕라 하고, 마루가 돌아가는 곳을 나아감〔趣〕이라 한다. 또한 모음과 나눔이 있으니 모음이란 오직 마음의 한뜻〔唯心一義〕으로 종지를 삼고, 진제와 속제가 둘이 아니고, 진리와 지혜가 하나로 섞여 녹음〔眞俗不二 理智混融〕으로 나아감〔趣〕을 삼는다.

나눔〔別〕에는 네 문이 있다.

1. 진제와 속제가 서로 같음〔眞俗相卽〕으로 종지를 삼고, 으뜸가는 뜻의 진리〔第一義諦〕로 나아감을 삼음.
2. 방편과 진실이 서로 갖춤〔權實互具〕으로 종지로 삼고, 두 씀에 앎 없음〔二用無知〕으로 나아감을 삼음
3. 둘이 아닌 진리와 지혜〔不二理智〕로써 종지를 삼고, 진리와 지혜가 둘이 아님〔理智不二〕으로 나아감을 삼음.
4. 가르침과 뜻을 말해 나타냄〔敎義詮顯〕으로 종지를 삼고, 앎을 끊고 닦아 증득함〔絶解修證〕으로 나아감을 삼음이다.

이 종과 나아감으로 말미암아 이 네 논이 앞이 얕고 뒤가 깊으며, 따로 나눔〔別〕이 모음〔總〕 지나지 않음을 곧 알 수 있다.15)

緣起無礙主伴無盡之義 非圓敎收 若以深該淺 以本攝末 圓亦收此 故曰實敎所攝 〔화엄의 사법과 사법이 걸림 없는 법계의 교설은 진리와 사법이 걸림 없으므로〔理事無碍故〕 사법과 사법이 걸림 없는 것〔事事無碍〕이다. 그러므로 대승의 마침의 교설 또한 일승원교를 거두는 것이다.〕

15) △三宗趣總別者 能詮所尙曰宗 宗之所歸曰趣 亦有總別 總以唯心一義爲宗 眞俗不二理智混融爲趣 別有四門 一眞俗相卽爲宗 第一義諦爲趣 二權實互具 爲宗 二用無知爲趣 三以不二理智爲宗 理智不二爲趣 四敎義詮顯爲宗 絶解修證爲趣 由斯宗趣 卽知四論前淺後深 別不過總
〔살피는 바 경계의 뜻이 먼저가 되고, 경계와 지혜가 하나 됨이 뒤가 되며, 경계와 지혜가 하나 되어 앎 없음〔無知〕과 이름 없음〔無名〕이 끝이 되므로 네 론〔四論〕에서 앞이 얕고 뒤가 깊다 함.〕

2장 본문 주해

제4. 글을 따라 뜻을 풀이함〔隨文釋義〕

넷째, 글을 따라 뜻을 풀이함이다.

글에 셋이 있으니, 처음은 제목을 모아 나타냄이고, 둘째는 지은 이의 이름을 보임이며, 셋째는 본문의 다섯 글〔本文五章〕을 바로 풀이함이다.

크게 나누면 둘이니, 처음 하나는 뜻을 세워 종을 나타냄〔立義 標宗〕이고, 뒤의 넷은 종을 의지해 논을 지음〔依宗造論〕이다.16)

I. 제목을 모아 나타냄〔總標題目〕

조론(肇論)

'조(肇)'는 사람의 이름이고, '논(論)'은 이 법이다. 사람〔人〕으로 법(法)을 거느리고, 법(法)으로 사람〔人〕을 좇으니 승조(僧肇)의 논이기 때문이다. '논(論)'이란 모든 논에 통하니, 조(肇)라는 이름 이 이 글을 가리키는 것이라 다름으로 통함을 가리키기 때문이다.

무릇 제목을 세움에는 여러 가지가 있으나 홑의 사람, 홑의 법, 홑의 비유를 말하고, 이 셋이 겹치면 사람의 법〔人法〕, 법의 비유〔法喩〕, 사람의 비유〔人喩〕이니 모두 갖추기도 한다. 지금은 홑의 사람〔單人〕이다.

'논(論)'이란 현수대사(賢首大師)가 이렇게 말했다.

'법칙 삼을 만한 글과 말〔可軌文言〕을 세워 분명하게 하고, 깊고

---

16) △第四隨文釋義 文三 初總標題目 二作者示名 三正釋本文五章 大分爲二 初
　　一立義標宗 後四依宗造論

깊은 법의 모습 그 도리[甚深法相道理]를 가려 말하며, 뜻 분명히 가림[決判義]에 의지하니, 이를 논(論)이라 이름한다.'

또 다음 같이 말한다.

'논(論)이란 법의 말을 모아 논함[集法議論]'이니 짐짓 손님과 주인을 세워[假立賓主], 가고 되돌아오며 따져 불러 풀이하여 '바른 이치를 논해 알게 함이다[論量正理].'

그러므로 논을 짓는 것은 두 가지 같지 않음이 있으니, 마루의 주장을 논함[宗論]과 뜻을 풀이해 논함[釋論]이다.17)

지금은 종론[宗論]이니, 종론에도 둘이 있다. 첫째는 수트라를 마루로 삼아[宗經] 글의 뜻을 논함이니 『대승에서 백 가지 법으로 앎의 문을 밝히는 논[大乘百法明門論]』과 같음이고, 둘째는 수트라와 아비다르마로써 스스로의 주장[自宗]을 이루어 세움이니 『대승기신론(大乘起信論)』과 같음이다.18)

지금의 논은 이 둘을 다 갖추었다. 종본(宗本)의 한 글은 곧 스스로 이루어 세운 것[自所成立]이고, 다음 아래 네 논[四論]은 각기 수트라와 아비다르마로 마루를 삼은 것이다. 그러므로 이 글들은 의거하는 바가 있고 뜻에는 마루 삼는 바가 있으니 종론(宗論)에 거두어진다.

---

17) △第四隨文釋義 文三 初總標題目
　　肇卽人名 論乃是法 以人統法 將法從人 肇之論故 論通諸論 肇揀當文 以別揀通故 凡立題有多種 謂單人單法單喩 此三複之謂人法法喩人喩 或具足者 今卽單人也 論者賢首云 建立決了可軌文言 判說甚深法相道理 依決判義名之爲論 又云論者 集法議論也 謂假立賓主 往復徵析 論量正理 故造論者 有二不同 一宗論 二釋論

18) 今卽宗論 宗論復有二 一宗經論文義 如大乘百法明門論 二以經論成立自宗 如大乘起信論
　　[유식불교의 백법론은 초기불교 아함경의 오온·십이처·십팔계설과 해심밀경(解深密經)의 심식설(心識說)에 의거하므로 수트라에 의거하는 논이라 한다.]
　　[『대승기신론』의 주장이 의지하는 경은 『능가경(楞伽經)』이고 논(論)은 『구경일승보성론(究竟一乘寶性論)』 등이다.]

그러나 이 모으는 제목[總題]을 자세히 살피면, 세운 것은 논주(論主)가 아니다.

또 여기 중국과 인도, 유교와 샤카의 가르침 두 종지[儒釋二宗]에 지은이가 이름을 스스로 세워 제목 삼은 것을 듣지 못했다. 또 지금 아래 다섯 글의 흐름을 살펴보면 차례대로 지은 것이 아니고 이미 갖춰 지었으나 그 실마리와 줄기가 없지 않아서 구역 안에 흘러 통해서 사람마다 다 보배를 얻게 되었을 것이다.

비록 낱낱이 법으로써 제목을 나타냈으나[以法標目], 논주의 글[論主之文]을 모아 미루어, 사람의 이름으로 제목하여[人名題之] 모은 것이다.19)

II. 지은이의 이름을 보임[作者示名]

후진 장안 석 승조 지음[後秦 長安 釋僧肇作]

후진(後秦)은 나라 이름이다. 요제(姚帝)의 때 두 번째 주인은 이름이 홍(興)이었으니 홍시(弘始)의 해 가운데 다스림을 행했다. 바로 동진(東晉) 안제(安帝) 의희(義熙)에 속했다. 때를 같이해 논주가 진(秦)에서 태어났다.

장안(長安)은 성(城)의 이름이니 곧 옛날의 옹주(雍州)이다. 『고승전』에 "석 승조는 경조(京兆) 사람이다."고 하였으니 행한 업[行業]은 본전(本傳)과 같다.

---

19) 今論具斯二焉 宗本一章卽自所成立 次下四論各以經論爲宗 故斯文有所據 義有所宗 宗論攝也 然此總題細詳所立非論主也 且此方西域儒釋二宗 未聞作者以名自立爲目 又今觀下五章文勢 非如次而作 作之旣備 綸緒不無 域內流通 人皆寶得 雖一一以法標目 總推論主之文 故以人名題之爲總
[모으는 제목: 네 론[四論]의 제목은 논주가 세웠으나 '조론'이라는 전체 제목은 뒤에 이 아비다르마를 묶어내는 사람들이 세운 것이다.]

이를 의거해 이름을 보이고 합해 뜻의 제목 다음에 두었다. 옛날
에는 이미 모으는 제목〔總題〕을 세우면 제목 아래 이름을 보였으
니 여기서도 또한 어김이 없다.20)

Ⅲ. 바로 본문을 풀이함에 다섯 글〔正釋本文五章〕

크게 나누면 둘이 되니, 처음 뜻을 세워 종을 나타냄〔立義標宗〕
이고, 뒤의 넷은 종을 의지해 논을 지음〔依宗造論〕이다.21)
(조론 전체 체계는 다음과 같다.)

1. 뜻을 세워 종을 나타냄: 종본의(宗本義)
2. 종의 의지해 논을 지음〔依宗造論〕
　　　　　　　물불천론(物不遷論)
　　　　　　　부진공론(不眞空論)
　　　　　　　반야무지론(般若無知論)
　　　　　　　열반무명론(涅槃無名論)

---

20) △二作者示名
後秦國號也 當姚帝第二主諱興 弘始年中行化 正屬東晉安帝義熙 同時論主生於
秦 長安城名 卽古之雍州 僧傳曰 釋僧肇京兆人 行業如本傳 據此示名合在義
題之次 古者旣立總題 題下示名 此亦無違
21) 三正釋本文五章 大分爲二 初一立義標宗 後四依宗造論

종본의(宗本義)

1. 뜻을 세워 종을 나타냄[立義標宗]
   1) 처음 종본(宗本)의 뜻과 제목을 나타냄[初標義題]
   2) 바로 뜻을 세움[立義]
   • 학담평석

1. 뜻을 세워 종을 나타냄〔立義標宗〕

1) 처음 종본(宗本)의 뜻과 제목을 나타냄〔初標義題〕

가르침이 높이는 것을 실천의 마루〔宗〕라 하고, 말이 의지하는 바를 바탕〔本〕이라 한다. 그것은 마치 뿌리가 나무의 바탕 되는 것과 같고, 물 솟는 곳〔源〕이 물의 바탕됨과 같다. 지금 뜻〔義〕으로써 의지하는 바탕을 삼으니 곧 받드는 종(宗)이다.

마루〔宗〕가 곧 바탕〔本〕이고 뜻〔義〕이란 맞음〔宜〕이다. 의지할 수 있고 마루 삼을 수 있는 가르침〔能依能宗之敎〕이, 반드시 의지하는 바 되고, 마루 삼는 바인 뜻〔所宗義〕과 맞아 합하기 때문에 뜻〔義〕이 곧 실천의 마루 바탕〔宗本〕이다.

어떤 이는 묻는다.

"무엇으로 종의 바탕〔宗本〕 삼는지 모르겠습니다."

답한다.

"이 글에서 나타낸 바 한뜻〔一義〕을 말하니 마루〔宗〕 삼는 바이고 의지하는 바 바탕이다. 아래 다섯 이름〔五名〕과 네 논〔四論〕이 마루 삼을 수 있고 의지할 수 있는 가르침〔能依敎〕이다. 그러므로 이름과 가르침〔名敎〕은 뜻〔義〕을 종지 삼고 바탕 삼는 것을 알아야 하니, 뜻〔義〕이 이름과 가르침〔名敎〕의 마루와 바탕〔宗本〕이 되는 것이다."22)

---

22) 初文分二 初標義題
　　○宗本義
　　敎之所尙曰宗 言之所依曰本 其猶根爲樹本 源爲水本 今以義爲所依之本 卽爲所尙之宗 宗卽是本 義者宜也 以能依能宗之敎 必與所依所宗義意符合 故義卽宗本也 或問曰 未知以何爲宗本耶 答曰 謂此章所顯一義 乃是所宗所依之本 下五名及四論 是能宗能依之敎 故知名敎宗本於義 義爲名敎之宗本矣
　　〔경전이 나타내는 이름이 비록 다르나 이름이 돌아가는 바 뜻은 하나이니 이 뜻이 마루가 되고 바탕이 된다.〕

2) 바로 뜻을 세움[立義]

글은 둘이니, 첫째 뜻의 바탕[義本]을 모아 세움[總立]이고, 둘째 뜻의 문[義門]을 따로 엶[別開]이다.

그렇듯 종본(宗本)의 한편 글은 글에 모음과 따로 함이 있어, 모음을 열어 따로 함을 이룬다. 곧 네 논[四論]이 같지 않아 따로 함을 거두어 모음에 돌아가니 한뜻[一義]을 같이 나타낸다.

(1) 뜻의 바탕을 모아 세움[總立義本]

지금 처음에 셋을 나누니, 이름을 벌림[列名], 뜻을 세움[立義], 미루어 풀이함[推釋]이다.

> 論 본래 없음[本無], 실상(實相), 법성(法性), 성품이 공함[性空], 연이 모임[緣會]은 한뜻[一義]일 뿐이다.

① 이름을 벌림[列名]

지금 처음 이름을 벌림 가운데 다섯 이름[五名]이니, 소(疏)는 다섯 단[五段]을 나누어 이를 풀이한다. 지금 이름을 풀이하려면 반드시 논이 말해 나타냄[論詮表]을 의지해야 한다. 또 다섯 가운데 앞의 넷은 진리를 말함[詮理]이고 연이 모임[緣會]은 사법을 말함[詮事]인데 사법(事法)은 천으로 다르나 연이 모임[緣會]에 모아짐을 말한다. 진리[理]에는 깊고 얕음이 있으니 네 이름[四名]으로 이를 거느린다.

지금은 진리와 사법이 둘이 아닌[理事不二] 한뜻의 종[一義之宗]을 밝히려 한다. 먼저 진리와 사법이 하나가 아닌[理事不一] 다섯

[네 논의 가르침이 마루 삼고 의지하는 바가 곧 한뜻이다.]

가지 이름과 글자[五種名字]를 풀이한다.23)

어떤 이는 말한다.

논주는 어떤 법의 바탕[法體]에 의하여 이 종지의 뜻[宗義]을 세우는가?

답한다.

이 종지의 뜻[宗義]에 의거하면 반드시 한마음의 법[一心法]을 의지해 세워야 하니 다섯 이름 가운데 위의 셋은 마음의 바탕[心體]을 말하고 아래 둘은 마음의 씀[心用]을 말하니 '한마음의 바탕과 씀이 때 같이함[一心體用同時]'을 말미암기 때문에 '다섯 이름의 뜻이 하나임[五名義一]'을 얻는다.24)

만약 그렇다면 논의 글[論文]은 왜 한마음[一心]을 보이지 않았는가?

보이지 않은 뜻은 둘이 있다.

첫째는 마음 법은 오직 깨친 지혜[唯證智]가 이를 수 있고, 말의 가르침[言敎]이 미칠 수 없기 때문이다. 지금은 다만 뜻으로 나타낼 뿐 말로써 보일 수 없으니 샤카무니께서 마가다에서 방문을 닫고[釋迦掩室] 비말라키르티가 말없이 잠자코 있음[淨名默然]과 같다. 가르침 밖에 따로 전하고[敎外別傳], 말을 없애고 뜻을 얻음[亡詮得旨]이 다 이 뜻이다.25)

---

23) △次正立義 文二 一總立義本 二別開義門 然宗本一篇 文有總別 開總成別 則四論不同 攝別歸總 同顯一義
今初分三 一列名 二立義 三推釋 今初列名中五名 疏分五段釋之 今欲釋名 須 論詮表 且五中前四詮理 緣會詮事 謂事有千著 總於緣會 理有深淺 四名統之 今欲明理事不二 義之宗 先釋理事不一五種名字

24) 或曰 論主依何法體立此宗義 答據斯宗義 必依一心法立 謂五名中上三詮心體 下二詮心用 由一心體用同時故 得五名義一
[다섯 이름이 마음의 바탕과 씀을 나타내나 씀은 바탕이 공해 씀이고 바탕은 씀[用]의 인연이 공함을 바탕이라 하니 씀과 바탕은 때를 같이 한다[體用同時].]

둘째는 진리와 사법, 바탕과 씀〔理事體用〕은 세 수레의 가르침에서는 서로 융통함을 말하지 못하고 마하야나의 지극한 말〔大乘極談〕이라야 바야흐로 둘 아님〔不二〕을 밝힌다.

지금 이 논의 뜻은 방편을 모아 진실에 들어가려 하기 때문에〔會權入實故〕 특별히 다섯 이름을 흩어 벌려서〔五名散列〕 한뜻을 녹여 이루기〔融成一義〕 때문이다.

그래서 먼저 한마음의 법〔一心法〕을 나타내지 않으니 이는 『비말라키르티수트라』의 회상에서 바이샬리의 방 가운데 오천 마하사트바가 둘 아닌 문〔不二門〕을 먼저 말하고, 그런 뒤에 둘 아닌 문〔不二門〕에 들어간 것과 같다.

이 두 뜻으로 말미암아 곧 이 논이 『기신론(起信論)』과는 크게 같고, 작은 다름이 없지 않음을 알게 된다. 참으로 방편을 모아 진실에 돌아감〔會權歸實〕을 말미암아, 대승의 비롯하는 가르침을 좇아 마침에 들어가지만〔從始入終〕, 곧장 마음 성품에 나아가는 것〔直造心性〕과는 낮고 못함의 기틀이 다르므로, 가르침 세움이 같지 않은 것〔立教不同〕이다.26)

---

25) 若然者 論文何以不示一心耶 不示之意有二 一謂心法唯證智可到 非言教所及故 今但以義顯 不以言示 此如釋迦掩室 淨名默然 教外別傳 亡詮得旨 皆斯意也
〔말에 집착을 깨기 위해 가르침 밖에 따로 전함〔教外別傳〕을 세웠으나 가르침 안의 참으로 전함〔教內眞傳〕이 곧 뜻이고 종지이다.〕

26) 二謂理事體用 三乘教部不說相融 大乘極談方明不二 今此論意欲會權入實故 特散列五名 融成一義故 不先標一心法也 此如毗耶室中五千大士各各先說二法然後入不二門 由斯二意 卽知此論大同起信 不無小異 良由會權歸實 從始入終 與直造心性者 優劣機異 故立教不同也
〔말로 둘 아님을 보임이 문(門)에 이름이고, 말에서 말을 떠남이 둘 아닌 문에 들어섬〔入門〕이다.〕
〔여러 방편의 가르침에서는 다섯 이름이 한뜻에 돌아감을 보이므로 진여와 나고 사라짐이 둘이 없는 한마음〔一心〕의 이름을 세우지 않고, 다섯 이름〔五名〕을 펼쳐 그 뜻이 하나임을 보임.〕

본래 없음

本無

　이 이름에는 두 풀이가 있다. 첫째 본(本)은 본래를 말하고, 없음은 이 고요함이니, 하나인 참 마음의 바탕〔一眞心體〕에 삼세가 고요한 것을 말한다. 아래에 말했다. "미루어 없도록 한 것이 아니므로 본래 없다고 말한다."

　둘째 본(本)은 본바탕〔本源〕을 말하고 없음은 사라져 끊어짐〔泯絶〕이니 만 물결이 근원에 돌아가 이름과 모습이 여기에 사라짐을 말한다.

　그러나 위의 두 풀이에서 앞은 곧 본래 스스로 없음〔本自是無〕이고 다음은 없어짐을 말미암아 바탕을 나타낸 것〔由無顯本〕이다. 이는 오직 네 번째 논〔열반무명론〕의 말함이 여기와 저기에 이르러 함없음〔無爲〕과 사라짐에 건넘〔滅度〕 두 니르바나의 뜻을 밝힘이니 중생과 붇다가 평등하여〔生佛平等〕, 진리와 지혜의 모습이 사라져야〔理智相泯〕 바야흐로 본래 없음〔本無〕에 계합한다.27)

실상

實相

　실(實)은 진실을 말하고 상(相)은 모습이다. 진실은 곧 모습 그대로이지만 모습 없음〔卽相乃無相〕이다.

　여기에도 또한 두 풀이가 있다. 첫째, 참 마음은 본래 모든 모습을 끊으니 모습 끊은 참됨〔絶相之眞〕이므로 실상이라 일컫는다. 아

---

27) 此名有二釋 一本謂本來 無卽是寂 謂一眞心體三際湛然 下云 非推之使無 故曰本無 二本謂本源 無卽泯絶 謂萬派歸源 名相斯泯 然上二釋 先則本自是無 次乃由無顯本 唯第四論詮至於此彼明無爲滅度二涅槃義 生佛平等 理智相泯 方契本無
〔니르바나의 본바탕은 앎과 아는 바 모습이 본래 없으나 지혜와 진리가 하나되어 지혜와 진리의 모습이 사라져야 니르바나의 본래 없음에 계합함.〕

래에서 '실상은 스스로 없다[實相自無]'고 말했다.

둘째, 만 가지 법은 모습이 고요하니[萬法相寂] 곧 진실의 모습[眞實相]이다.

그러나 이 두 풀이에서 앞은 곧장 법의 바탕[法體]에 나아가 모습을 논함이고, 뒤는 모든 법[諸法]에 자세히 나아가, 진실을 미루어 말한 것이다. 진실은 바탕과 모습이 본래 참됨을 말미암아 모든 법이 다 진실함[諸法皆實]을 얻는다. 또 법 그대로 진실 봄[卽法見實]을 말미암아 바야흐로 법과 법이 온전히 참됨임[法法全眞]을 안다.

아래 「물불천론(物不遷論)」과 「부진공론(不眞空論)」, 「반야무지론(般若無知論)」의 세 론에 통하니 말로 보인 바를 잡으면[約所詮] 다 이 이름에 가지런하다. 경계를 잡으면[約境] 진제와 속제 둘을 모두 녹여 실상을 나타내고, 지혜를 잡으면[約智] 방편과 진실 둘을 모두 녹여 실상을 나타낸다.

행하는 사람이 여기에서 '할 수 있음과 하는 바의 자취[能所之迹]'를 아직 없애지 못함이 있는 것 같으므로, 니르바나에 이르러야 바야흐로 본래 없음[本無]이다.

만약 네 논[四論]을 잡아보면 문(門)됨이 같지 않으니 곧 오직 반야만이 여기에 이를 수 있다. 방편과 진실 두 지혜가 실상에서 같이 나와, 법성의 바탕[法性之體]인 바탕 성품이 늘 고요하므로[體性常寂] 반야에 앎 없음[般若無知]이라 말한다.28)

---

28) 實謂眞實 相卽相狀 眞實卽相乃無相也 此亦二釋 一眞心本絶諸相 絶相之眞 故稱實相 下云 實相自無 二萬法相寂 卽眞實相 然此二釋 前直就法體論相 後委就諸法推實 實由體相本眞 故得諸法皆實 又由卽法見實 方知法法全眞 下物不遷 不眞空 般若無知 三論通 約所詮 皆齊此名 約境則雙融眞俗顯實相 約智雙融權實顯實相 行人於此似有能所之迹未亡 故至涅槃方本無矣 若約四論爲門不同 則唯般若可至於此 以權實二智 同出於實相 法性之體 體性常寂 故曰般若無知

[네 론[四論]으로 보면 실상의 실천적인 구현의 뜻을 지닌 문(門)은 반야무

법성

法性

법(法)은 법칙을 맡아 지님[軌則任持]이고, 성품[性]은 하나로
녹아 통해 바뀌지 않음[融通不改]이다. 참되고 항상한 법의 바탕
[眞常法體]은 고요하고 고요해 텅 비고 깊어, 세 때가 바꾸지 못한
다[三際不易]. 중생으로 하여금 알도록 하므로 법(法)이라는 이름
을 받고, 비록 만물에 녹아 통하지만 나뉨 없음[無分]을 잃지 않으
므로 성품[性]의 이름을 받는다.

『화엄경(華嚴經)』게에 말했다.

법의 성품 온갖 곳에 두루해
얻을 수 있는 모습 또한 없도다

法性徧在一切處　亦無形相而可得

아래에 말했다. '법의 성품도 이와 같다.'
현수대사(賢首大師)의 『기신론소(起信論疏)』는 다음 같이 말한다.

"법성이란 참된 바탕의 널리 두루한 뜻을 밝히니 온갖 법의 성품
됨에 통한다. 곧 진여(眞如)가 물듦과 깨끗함에 두루하고 뜻[情]과
뜻 아님[非情]에 통함을 나타냄이다. 이것은 곧 법은 연을 따른 만
법[隨緣萬法]이고 성품은 진여가 변하지 않음[眞如不變]을 잡은
것이나 이 또한 지금 풀이한 바를 따른 것이다.

다만 법이라는 한 글자로써 곧장 참된 법칙 지님의 뜻[眞軌持義]
에 나아가 풀이한 것은 아니니 만약 연 따름[隨緣]을 써서 법의
성품[法性] 풀이하면 미혹함이 아주 심하다."29)

___

지론이다. 곧 지혜 없는 진리의 실상이 없고 실상 없는 지혜가 없어서 지혜
인 진리의 모습 없음이 실상이 되고 본래 없음이 되기 때문이다.]
29) 法謂軌則任持 性乃融通不改 眞常法體寂寥沖深 三際不易 令物可解 故受法
名 雖融通於萬物 而不失於無分 故受性名 華嚴偈云 法性徧在一切處 亦無形
相而可得 下云 法性如是 若賢首起信疏云

성품이 공함

性空

　성품(性)은 모든 법이 연을 좇아 나고 사라지는 성품(從緣生滅之
性)이고, 공함(空)이란 거짓이라 실다움이 없음을 말한다. 이 또한
두 풀이가 있다. 첫째는 네 성품(四性: 自·他·自他·無因)으로 만법을
미루어 살피면 나(自)도 아니고 남(他)도 아니며 같이함(共)도 아
니고 원인 없음(無因)도 아니라 도무지 하나의 실다움이 없다.
　아래 논은 '성품이 늘 스스로 공하기 때문이다'고 말한다.
　둘째, 모든 법의 성품과 모습(諸法性相)이니 뜻(情)에는 있는 듯
하나 진리(理)에는 실로 없다. 마치 밤에 새끼줄을 보고 뱀이라고
무서워했는데 뱀의 성품과 뱀의 모습이 원래 없는 것이다. 중생이
만약 '두루 헤아린 뜻(徧計情)'을 떠나고, 법이 '남을 의지해 실다
운 성품 없음(依他無實性)'을 알면 「부진공론(不眞空論)」은 진제
(眞諦)를 문으로 삼는다 하니 이 이름에 바로 가지런해진다. 만약
드러나는 바 '으뜸가는 뜻의 진리(第一義諦)'를 잡아 보면 곧 말함
그대로(卽詮) 실상에 이른다.30)

　法性者明眞體普徧之義 通與一切法爲性 卽顯眞如徧於染淨 通情非情 此則法是
　隨緣萬法 性約眞如不變 斯亦順今所釋 但不以法之一字 直就眞軌持義釋 若用
　隨緣以釋法性者 迷之太甚
　〔연 따름으로 법의 성품 풀이함: 온갖 사법이 인연을 따라 이루어지나 진여
　인 법의 성품은 변하지 않음인데 법의 성품이 연을 따른다 하면 미혹이 됨
　을 보임. 곧 인연 따르는 사법에 진여가 있지도 않지만 사법을 떠나지도 않
　음을 알아야 법성(法性)과 연회(緣會)가 한뜻임을 아는 것이다. 진여가 변
　해 만법이 된다고 하면 이는 전변설의 전변(轉變)이지 연기법의 진여가 변
　하지 않되 연 따름(隨緣)이 아니다.〕
30)　性是諸法從緣生滅之性 空謂假而無實 此亦二釋 一以四性推檢萬法 不自不他
　　不共不無因 都無一實 下論云 性常自空故 二諸法性相 於情似有 於理實無 如
　　夜見繩懼是蛇 蛇性蛇相元不有 衆生若離徧計情 了法依他無實性 不眞空論眞
　　諦爲門 正齊此名 若約所顯第一義諦 卽詮至實相
　　〔여기서 성품(性)은 진제의 성품이 아니라 인연으로 있는 사법의 성품이니
　　사법의 성품이 공한 줄(性空) 알아야 진제의 문이 된다. 곧 부진공론의 문

연이 모임은

緣會

떨어져 돕는 것[疎助者]은 연[緣: pratītya]이고 가까이 일으키는 것[親起者]은 인(因: hetu)이다. 만남[會]은 합함이고 모임이다. 붇다의 가르침에서 인연(因緣)에 대한 여러 주장을 거느려 논하면 모든 법이 생겨나 일어나는 까닭을 사무쳐 다해 곧장 '바깥길의 원인 없음[無因]'과 '삿된 원인[邪因]'을 깨뜨리므로 진실의 가르침은 곧 한마음[一心]을 가리켜 근원을 삼는 것이다.

법의 모습 세우는 종[相宗]은 다 씨앗[種: 제8아라야식의 종자]을 좇아 있게 됨을 밝히니 다만 속제에 나아가 말해 나타낸 것이다. 그러므로 뭇 연이 합해 모임[衆緣合會]을 말하므로 물질과 마음의 모든 법[色心諸法]이 또렷한 것이다. 아래 「물불천론(物不遷論)」은 속제(俗諦)를 문(門)으로 삼으니 오직 이 이름에 가지런한 것이다.

이미 속제의 문 가운데서는 모든 법의 생겨나 일어나는 근원을 사무치지 못하므로 다만 연이 만남[緣會]의 이름으로 만법을 모아 거두는 것이니 아래에 '온갖 모든 법은 연이 모여 난다[緣會而生]'고 말한다. 『대지도론』은 "모든 법은 연을 따라 난다[諸法從緣生]." 등을 말한다.31)

따라 사법이 참이 아니라 공한 줄 알고 진제가 참으로 공하지 않은 줄 알면, 사법을 말함 그대로 사법의 있음과 진제의 없음을 모두 떠난 실상이 된다.]
31) 疎助者爲緣 親起者爲因 會謂合也聚也 統論佛敎多宗因緣 窮盡諸法生起之由 直破外道無因邪因 故實敎明指的一心爲源 相宗皆明從種而有 今但就俗諦詮顯 故說衆緣合會 色心諸法宛然 下物不遷論 俗諦爲門 唯齊此名 旣俗諦門中不窮 諸法生起之源 故但以緣會之名總該萬法 下云 一切諸法緣會而生 大論云諸法 從緣生等
[원인 조건 결과가 모두 공하되 없지 않은 원인 조건 결과가 되어야 연기론의 원인과 조건의 뜻을 이루어 삿된 원인[邪因]과 원인 없음[無因]을 떠날 수 있다.]
[종자[種]: 육근 육경 육식의 모든 법은 지금 있음이 사라지면 다만 허무가 되는 것이 아니라 앞의 있음을 토대로 새로운 있음이 연기하니 사라지되

어떤 이는 말한다.

이는 이미 모든 법이 일어나는 까닭[興由]을 밝히지 못하니 어찌 이치를 다한 논이 되겠는가?

답한다.

만약 다섯 이름이 하나가 아님[五名非一]을 잡아, 연이 모임[緣會]으로 뜻을 말하면 실로 이치를 다한 이름이 아닐 것이다. 지금은 한뜻임[一義]을 말미암음으로 연이 모인 모든 법[緣會諸法]은 본래 없음[本無] 실상(實相)으로 원인을 삼는 것이다. 허망함은 참됨을 잡아 이루어지니[妄攬眞成] 온전히 참됨이 망녕됨을 세운다[全眞立妄]. 그래서 아래서는 연이 모임[緣會]을 돌이켜 미루어, 곧장 본래 없음[本無]을 나타낸다.

그러므로 한마음의 진리[一心眞理]가 만법의 가까이 일으키는 원인임[親起之因]을 알아야 한다. 이 때문에 경은 말한다.

"여래장(如來藏)이 착함과 착하지 않음의 씨앗[善不善因]이니 온갖 윤회의 길에 태어남과 나아가 나고 사라짐을 변해 일으켜 지을 수 있다."32)

『화엄경』은 말한다.

마음은 교묘한 화가와 같아
갖가지 다섯 쌓임을 짓는다

心如巧畫師　造種種五陰

실로 사라짐 없이 뒤의 있음으로 이어지는 존재의 생명력을 유식(唯識)은 종자라 한다.]

32) 或曰 此旣不明諸法興由 寧爲盡理之論 答曰 若約五名非一 緣會詮義 實非盡理之名 今由一義故 緣會諸法以本無實相爲因 妄攬眞成 全眞立妄 故下反推緣會直顯本無 故知一心眞理是萬法親起之因 故經云 如來藏是善不善因 能變興造一切趣生 乃至若生若滅

[연이 모임과 실상, 본래 없음이 한뜻이므로 연을 따라 남과 변하지 않는 진여가 둘이 아니게 되고 연으로 나되 실로 남 없음의 뜻을 이룬다.]

어떤 이는 "물든 법은 무명으로 원인을 삼는다."고 말하고 '법의 모습 세움을 보이는 종〔法相〕'에서는 "업의 씨앗이 가까이서 낸다〔親生〕."고 말하니 모두 바로 지금의 연의 뜻〔緣義〕이다.

청량(清凉)의 『화엄소(華嚴疏)』는 말했다.

"삼계가 나의 마음 말미암은 줄 알지 못해서, 어리석음을 좇아 애착이 있어, 흘러 굴러 끝이 없다〔流轉無極〕."

그러므로 지금 마하야나를 바로 따르면 가르침의 이치를 어기지 않는다.33)

어떤 이는 말한다.

"논 가운데서는 왜 오직 이 다섯 이름만을 세워 늘고 줆이 없는가?"

답한다.

만약 이름과 가르침을 잡아 보이면 실로 번거롭게 많으나, 이치를 사무치고 성품을 다하면〔窮理盡性〕 이 다섯 이름을 지나지 않는다.

지금 간략히 두 진리〔二諦〕34)의 성품과 모습으로 묶어 보이면 세운 바에 지나치거나 모자람의 잃음이 없을 것이다.

곧 연이 모임〔緣會〕과 성품이 공함〔性空〕은 속제(俗諦)의 성품과 모습을 밝힌다.

법의 성품〔法性〕과 실상(實相)은 진제(眞諦)의 성품과 모습을 밝

---

33) 華嚴云 心如巧畫師 造種種五陰 或說染法以無明爲因 及法相說業種親生 竝
是今之緣義 清凉疏云 以不知三界由乎我心 從癡有愛 流轉無極 故今正順大乘
不違敎理
34) 두 진리〔二諦〕: 진제(眞諦, aramārtha-satya)와 속제(俗諦, saṃvṛti-s
atya)를 말한다. 제(諦)는 진실하여 허망하지 않은 진리〔眞實不虛之理〕를
말한다. 진제(眞諦)는 승의제(勝義諦) 또는 제일의제(第一義諦)라고도 하
니, 곧 출세간의 진리이다. 속제(俗諦)는 세속제(世俗諦) 또는 세제(世諦)
라고도 하니, 세간의 진리이다. 그러나 두 진리의 이름은 중생 망집을 따
라 세워진 것이니 세속제가 있되 공함이 진제이고 진제가 공하되 공하지
않은 줄 알면 세속제이다. 곧 인연으로 일어나 있는 세간 사법의 모습이
세속제이고, 세속제가 있되 공함이 진제가 된다.

힌다.

본래 없음[本無]의 한 이름은 진제와 속제 성품과 모습[眞俗性相]을 함께 없앤다[俱泯].35)

여기에는 세 겹의 네 구절[三重四句]이 있다.

1. 먼저 속제의 네 구절[俗諦四句]을 밝히면 다음과 같다.
 1) 세속의 모습[俗相]이란 연이 모임[緣會]을 말한다.
 2) 세속의 성품[俗性]은 성품이 공함[性空]을 말한다.
 3) 세속의 성품과 세속의 모습을 함께 둠[俗性俗相俱存]이니 위 두 이름을 합한 것을 말한다.
 4) 세속의 성품과 세속의 모습을 함께 없앰[俗性俗相俱泯]이니 본래 없음[本無]을 말한다.

2. 다음은 진제의 네 구절[眞諦四句]을 밝힘이다.
 1) 참 성품[眞性]이란 법의 성품[法性]을 말한다.
 2) 참 모습[眞相]이란 실상(實相)을 말한다.
 3) 참 성품 참 모습을 함께 둠[眞性眞相俱存]이니 위의 두 이름을 합한 것이다.
 4) 참 성품과 참 모습을 함께 없앰[眞性眞相俱泯]이니 본래 없음[本無]을 말한다.

3. 뒤에 진제와 속제를 마주해 네 구절을 밝힘이다.
 1) 세속의 성품과 모습이니 연이 모임 그 성품의 공함[緣會性空]을 말한다.
 2) 참됨의 성품과 모습[眞性相]이니 법의 성품의 실상[法性實相]을 말한다.

---

35) 或曰 論中何以唯立此之五名 而無增減 答若約名教實乃繁多 窮理盡性不過此
 五 今略以二諦性相束之 卽所立無過減之失 緣會性空明俗諦性相 法性實相明
 眞諦性相 本無一名眞俗性相俱泯

3) 참됨과 세속의 성품과 모습을 함께 둠〔眞俗性相俱存〕이니 아
   래 네 이름〔下四名〕에 통함을 말한다.
4) 참됨과 세속, 성품과 모습을 함께 없앰〔眞俗性相俱泯〕이니
   본래 없음〔本無〕을 말한다.

이 세 겹 네 구절〔三重四句〕을 갖추면 가르침과 진리가 원만해진
다〔敎理圓滿〕.

또 믿음과 앎, 행과 증득함〔信解行證〕의 낱낱이 다 넷을 갖출 것
이니 하나를 빠뜨리면 모두 진실이 아니다. 그러므로 이름을 세워
이치를 다함에 다섯을 지나지 않는 것이다.

위에서 이름 벌림을 풀이해〔釋列名〕 마쳤다.36)

② 뜻을 세움〔立義〕

한뜻일 뿐이다.

一義耳

바르게 뜻을 세움〔正立義〕이다. 위에서 벌린 것은 비록 다섯 이
름이 있으나 말하는 뜻은 하나이다. 한뜻이라 말한 바에도 또한 여
러 풀이가 있다.

또 다섯 이름〔五名〕 가운데 나아가 풀이하는 것에도 위의 셋〔本
無, 實相, 法性〕은 마음 바탕〔心體〕을 말하고 아래 둘〔性空, 緣會〕
은 마음의 씀〔心用〕을 말한다. 이미 한마음의 바탕과 씀〔一心體用〕

---

36) 此有三重四句 先明俗諦四句 一俗相謂緣會 二俗性謂性空 三俗性俗相俱存
　謂合上二名 四俗性俗相俱泯 謂本無
　次明眞諦四句 一眞性謂法性 二眞相謂實相 三眞性眞相俱存 謂合上二名 四眞
　性眞相俱泯 謂本無
　後眞俗對明四句 一俗性相謂緣會性空 二眞性相謂法性實相 三眞俗性相俱存謂
　通下四名 四眞俗性相俱泯 謂本無
　具此三重四句 敎理圓滿 又信解行證——皆當具四 闕一則立非眞實 是故立名盡
　理 不過於五矣 上釋列名竟

이므로 뜻이 하나인 것이다.

또 위의 네 이름은 진리를 말하고〔詮理〕 다섯째 이름은 사법을 말하나〔詮事〕 진리 밖에 사법이 없어 온전히 변하지 않고 연을 따르며, 사법 밖에 진리가 없으므로 비록 연을 따르나 변하지 않는 것이라 진리와 사법이 둘이 아니므로〔理事不二故〕 뜻이 하나이다.

만약 아래 네 논〔四論〕을 의거하여 한뜻〔一義〕을 풀이하면 곧 세 문〔三門〕이 있다.37)

1. 경계를 잡음〔約境〕이다. 곧 「물이 옮기지 않음을 말하는 논〔物不遷論〕」 이는 연의 모임인 속제의 경계〔緣會俗諦境〕이고, 「참이 아니라 공함을 말한 논〔不眞空論〕」 이는 성품이 공한 진제의 경계〔性空眞諦境〕이다.

참됨과 세속이 둘이 아님〔眞俗不二〕이란 본래 없음〔本無〕, 실상(實相), 법의 성품〔法性〕, 으뜸가는 뜻의 진리 경계〔第一義諦境〕를 드러내므로 한뜻〔一義〕이라 한다.

2. 지혜를 잡음〔約智〕이다. 곧 「반야에 앎이 없음을 말하는 논〔般若無知論〕」이니 방편의 지혜는 있음〔有〕을 거치므로 연이 모이는 지혜〔緣會智〕이고 진실의 지혜는 공을 살피는 성품이 공한 지혜〔性空智〕이다.

방편과 진실이 둘이 아님이란, 곧 본래 없음과 실상〔本無實相〕 법의 성품〔法性〕이 중도인 지혜〔中道智〕이므로 한뜻〔一義〕이라 한다.38)

---

37) △二立義
正立義也 上所列雖有五名 詮義是一 所言一義亦有多釋 且就五名中釋者 上三詮心體 下二詮心用 已是一心體用故義一也 又上四名詮理 第五名詮事 理外無事 全不變以隨緣 事外無理 雖能緣緣而不變 理事不二故義一也 若據下四論釋一義者 卽有三門

38) 一約境 卽物不遷論 是緣會俗諦境 不眞空論 是性空眞諦境 眞俗不二 以顯本無實相法性第一義諦境 故曰一義 二約智 卽般若無知論 權智涉有緣會智 實智觀空性空智 權實不二 則本無實相法性中道智 故曰一義

3. 증득함을 잡음[約證]이다. 곧 「니르바나에 이름 없음을 말하는 논[涅槃無名論]」이니 응해 교화하는 몸[應化之身]은 진리와 사법, 경계와 지혜의 모습[理事境智相]을 없애지 않기 때문에, 연의 모임과 성품이 공함[緣會性空]이다.

진실의 바탕[眞實之體]은 할 수 있음과 하여지는 바[能所], 진리와 지혜[理智]를 두지 않기 때문에, 법의 성품[法性] 실상(實相) 본래 없음[本無]이다.

둠과 없앰이 걸림 없고[存泯無礙] 참됨과 응함이 둘이 아니므로[眞應不二] 한뜻[一義]이라 한다.

이 가르침의 뜻이 기틀을 입히면 곧 세 수레로 하여금 '하나인 붇다의 수레[一佛乘]'에 돌아가게 하고 다섯 성품[五性]이 같이 '한 붇다의 성품[一佛性]'에 모인다.

그러면 행(行)은 곧 '자비와 지혜가 서로 이끌고[悲智相導]', 실천의 인행[因]은 '공함과 있음을 같이 닦으며[空有雙修]', 마음[心]은 '고요함과 비춤이 때를 같이 하고[寂照同時]', 살핌[觀]은 '진리와 사법에 비춤을 가지런히 한다[理事齊照].'39)

그러므로 다음 같이 말한다.
"시방세계 가운데 오직 하나인 붇다의 수레의 법만이 있다[十方世界中 唯有一乘法]."

그러므로 한뜻의 종지[一義之宗]를 세워, 여래께서 세간에 나오신 한 큰 일의 인연[一大事因緣]을 밝힌 것이니 이 때문에 『비말라키르티』는 둘 아님[不二]을 마루로 삼고, 『법화경』은 에카야나[ekayāna, 一乘]로 바탕 삼으며 『능엄경』은 '늘 머무는 한마음

---

39) 三約證 卽涅槃無名論 應化之身 不泯理事境智相故 緣會性空也 眞實之體不存能所理智故 法性實相本無矣 存泯無礙 眞應不二 故曰一義 以斯敎義被機 則令三乘同歸一佛乘 五性同會一佛性 行則悲智相導 因則空有雙修 心則寂照同時 觀則理事齊照

〔常住一心〕'을 밝히며 『대승의 파리니르바나수트라』는 '중생의 한 성품〔羣生一性〕'을 밝힌다.

그러므로 한뜻이라 말한 종지〔一義之旨〕를 알아야 마하야나의 끝을 다한 종지〔終極之宗〕를 거느려 거둘 수 있는 것이다.

그러나 이 또한 다섯 이름에 마주하기 때문에 한뜻〔一義〕이라 부른 것이다. 이름이 이미 녹아 섞이므로 뜻 또한 하나가 없어서 하나가 되고 다섯이 될 수 있으나 하나도 아니고 다섯도 아니어야 바야흐로 그윽하고 미묘함〔玄微〕을 다할 수 있다.

그러므로 경은 "하나이되 또한 하나가 아니니 모든 수를 깨뜨리기 때문이다."고 말한다.

이 위에서 뜻을 모아〔總義〕 통해 네 논의 종지의 바탕〔四論宗本〕을 삼았다.40)

③ 미루어 풀이함〔推釋〕

> 論 왜 그런가?
>
> 온갖 모든 법은 연이 모여서 난다〔緣會而生〕. 연이 모여 생기니 곧 아직 나지 않으면〔未生〕, 있음이 없는 것〔無有〕이고 연이 흩어지면 곧 사라진다〔緣離則滅〕.
>
> 만약 그것이 참으로 있으면 있는 것은 사라짐이 없다.
>
> 이로써 미루어 보므로 비록 지금 드러나 있지만, 있되 성품이 늘 스스로 공한 줄〔有而性常自空〕 알아야 한다. 성품이 늘 스스로 공하므로 이를 성품이 공함〔性空〕이라 한다.

---

40) 故曰十方世界中唯有一乘法 故立一義之宗 以究如來出世大事 所以淨名宗於
不二 法華本於一乘 楞嚴究常住一心 涅槃明羣生一性 故知一義之旨 足以統大
乘終極之宗矣 然此亦由對五名 故號一義 名既混融 義亦無一 能一能五 非一
非五 方盡玄微 故經亦云 一亦不爲一 爲破諸數故 此上總義通爲四論宗本矣

법의 성품〔法性〕이 이와 같으니〔如是〕 그러므로 실상(實相)
이라 한다. 실상은 스스로 없는 것이지 이를 미루어 없게 한
것이 아니다. 그러므로 본래 없음〔本無〕이라 이름한다.

㈎ 먼저 미루어 봄〔先推〕

왜 그런가?

何則

미루어 봄이다. 이미 다섯 이름〔五名〕이 있는데 어찌 한뜻〔一義〕
을 이루는가? 41)

㈏ 풀이함을 이룸〔釋成〕

㈀ 일을 가리켜 연이 모임을 풀이함〔指事釋緣會〕

㉠ 말하는 바 일을 가리킴〔指所詮事〕

온갖 모든 법은

一切諸法

속제(俗諦)의 사법이니 세간과 세간 벗어남〔世, 出世〕을 거두므
로 온갖 법이라 하고 각기 물질과 마음〔色心〕, 의보와 정보〔依正〕
가 있으므로 모든 법〔諸法〕이라 한다. 곧 연이 모임〔緣會〕이라는
이름 아래 말한 바 사법이다. 그러나 앞의 이름을 벌림은 바탕〔本〕
좇음을 잡아 끝〔末〕을 일으킴이니 곧 '머묾 없는 바탕을 좇아〔從無
住本〕 온갖 법을 세움〔立一切法〕'이라 법이 본래 이와 같음이다.

지금 이 풀이해 이룸은 '끝 미룸을 잡아〔約推末〕' 바탕을 드러냄
〔顯本〕이니 가르침과 진리가 이와 같다. 그러므로 아래 네 논이 진

---

41) △三推釋二. 先推
　　推也. 旣有五名 何成一義

리 말함은 다만 가르침을 의지해 말하니 앞과 앞은 얕고 뒤와 뒤
는 깊다.

이는 지금 미루어 풀이함의 뜻을 지나지 않으니 수행하는 사람으
로 하여금 낮음이 깊게 하고, 끝 그대로 바탕에 계합토록〔契本〕 한
다. 그러므로 풀이해 이룸은 특히 앞의 벌림 가운데의 차례를 돌이
킴이다.42)

ⓒ 말하는 이름을 풀이함〔釋能詮名〕

연이 모여서 난다.

緣會而生

연이 모인다는 이름〔緣會名〕을 풀이하여 일의 뜻〔事之意〕을 말한
다. 물든 연〔染緣〕이 모이면 여섯 범부의 의보〔依: 의지해 사는 세
계〕와 정보〔正: 삶의 주체〕가 일어나고, 맑은 연〔淨緣〕이 모이면
네 성인의 의보와 정보〔四聖依正〕가 나타난다. 그러므로 열 법계
〔十界〕의 의보와 정보는 반드시 물들고 깨끗한 연이 모여 나는 것
이므로 속제의 사법〔俗諦事法〕을 말하려면 위 연이 모인다는 이름
〔緣會之名〕을 지나지 않는 것이다.43)

---

42) △二釋成一義二 初指事釋緣會二 一指所詮事
　　俗諦事法也 謂該世間出世間 故云一切 各有色心依正 故云諸法 卽緣會名下所詮
　　事法也 然前列名約從本以起末 則從無住本立一切法 法本如是 今此釋成約推末
　　以顯本 敎理如斯 故下四論詮理 但依敎道前前則淺 後後則深 不過今推釋之意
　　欲使行人自淺之深 卽末契本 是故釋成特反前列中之次也
　　〔앞의 다섯 이름 벌림은 본래 없음에서 연이 모임의 차례지만, 지금 풀이함
　　은 연이 모임에서 본래 없음의 차례이다.〕
43) △二釋能詮名
　　釋緣會名詮事之意 染緣會則六凡依正興 淨緣會則四聖依正現 故十界依正必由
　　染淨緣會而生 故欲詮俗諦事法 不過上緣會之名矣
　　〔열 법계의 의보와 정보: 지옥·아귀·축생·인간·수라·천상이 여섯 범부의 법
　　계이고, 슈라바카·프라데카붇다·보디사트바·붇다가 네 성인의 법계이다.〕

(ㄴ) 진리를 나타내고 한뜻을 밝힘〔顯理明一義〕

　(ㄱ) 성품이 공한 이치를 나타냄〔顯性空理〕

　　① 그 성품을 미루어 사무침[推窮其性]

　　❶ 앞 때가 공함을 미루어봄[推前際空]

연이 모여 생기니 곧 아직 나지 않으면 있음이 없는 것이고

緣會而生則未生無有

　위 구절은 앞을 받음이고 아래 구절은 바로 미루어 봄이다. 생겨
남은 일어남이다. 곧 모든 법의 앞 때〔諸法前際〕를 살피면 연이 아
직 일어나지 않을 때〔緣未起時〕는 법의 성품과 모습이 없다. 그러
므로 나지 않으면 있음〔有〕이 없다 한 것이니 드러나 있음〔現有〕
이 바로 연으로 남〔緣生〕에 속함을 알 수 있는 것이다.44)

　　❷ 뒤 때가 공함을 미루어봄[推後際空]

　　　• 바로 미루어 봄[正推]

연이 흩어지면 곧 사라진다.

緣離則滅

　사라짐은 사라져 다함을 말한다. 또 모든 법의 뒤 때〔諸法後際〕
를 살피면, 연이 만약 떠나 흩어지면〔緣若離散〕 성품과 모습이 모
두 다 사라진다. 그러므로 연이 흩어져 다함을 가지고 연의 모임
〔緣會〕이 참됨이 아님〔非眞〕을 아는 것이다.45)

　　　• 놓아서 미루어봄[縱推]

---

44)　△二顯理明一義四 一顯性空理分二 一推窮其性 又分三 一推前際空
　　上句牒前 下句正推 生者起也 謂觀諸法前際 緣未起時 無有法之性相 故曰未生
　　無有 足知現有定屬緣生也
45)　△二推後際空文二 初正推也
　　滅謂滅盡 又觀諸法後際 緣若離散 性相皆滅 故將緣散之盡 以了緣會非眞

만약 그것이 참으로 있으면 있는 것은 사라짐이 없다.

如其眞有有則無滅

먼저 놓고 뒤에 미루어 봄이다. 만약 그것이란 저와 같음이다.
만약 저 연이 모인 일〔緣會之事〕이 진실로 있다면 곧 뒷 때가 사
라짐이 없다. 지금 이미 사라짐이 있으면 참됨 아닌 줄 반드시
안다.46)

❸ 드러나 있음의 공함을 바로 미루어 봄[正推現空]

이로써 미루어 보므로 비록 지금 드러나 있지만[現有], 있되 성품
이 늘 스스로 공한 줄[性常自空] 알아야 한다.

以此而推 故知雖今現有 有而性常自空

이(以)는 씀이다. 두 때가 있지 않음을 써서 이를 미루면 바야흐
로 지금 드러나 있는 만 가지 있음〔萬有〕의 자기 성품이, 다른 것
을 의지하므로〔依他故〕 공한 줄 알게 된다. 그러므로 『중론(中論)』
은 말한다.

　인연으로 나는 바 법을
　나는 곧 공하다 말한다.

　因緣所生法　我說卽是空

위 구절은 「물불천론(物不遷論)」에 속하고 아래 구절은 「부진
공론(不眞空論)」에 속한다. 다른 것을 의지한다〔依他〕고 말함에
둘이 있다. 하나는 진리의 다른 것〔眞理之他: 진여의 성품〕이고,
둘째는 뭇 연의 다른 것〔衆緣之他〕이니, 물결이 물을 의지하고 또
거듭 바람을 의지함과 같다. 지금은 뒤의 뜻을 취해 연이 모임〔緣

---

46) △二縱推
　先縱後推 如其者若彼也 若彼緣會之事眞實有者 則後際無滅 今旣有滅 定了非
　眞也

會]을 나타내므로 모든 법의 자기 성품이 공한 것[自性空]이다.47)

② 성품이 공함을 맺어 나타냄[結顯性空]

성품이 늘 스스로 공하므로 이를 성품이 공함[性空]이라 한다

性常自空 故謂之性空

맺어 이룸[結成]이니 사법 그대로 성품이 공한 이치를 나타내기 때문이다. 그러나 이 성품이 공함[性空]은 법에 어리석은 가르침[愚法教]이니, 이를 중생이 공함[生空]이라 한다. 대승의 비롯하는 가르침[始敎]에서는 이를 두 가지 공[二空, 나와 법의 두 공]이라 하나 그래도 아직 사법 그대로임을 나타내지 못한다. 지금은 곧 연이 모임[緣會] 그대로 성품이 공한 이치가 나타나므로[性空理現] 방편의 작은 가르침과는 달리한다.48)

㉠ 법성의 진리를 나타냄[顯法性理]

---

47) △三正推現空

　以用也 用二際不有以推之 方了現今萬有自性依他故空 故中論云 因緣所生法 我說卽是空 上句屬物不遷論 下句屬不眞空論 言依他有二 一依眞理之他 二依衆緣之他 如波依水 又復依風 今取後義 顯緣會故 諸法自性空也

　〔진리 의지함을 취하면 이는 법성(法性)의 뜻을 이루고, 다른 것 의지해서 나므로 실로 있지 않은 뜻[依他無自性]을 취해야 지금 드러나 있는 것의 성품이 공한 뜻[性空義]을 이룬다.〕

48) △二結顯性空

　結成也 卽事顯性空理故 然此性空 愚法教謂之生空 始教謂之二空 猶未能卽事而顯 今卽緣會而性空理現 故異權小也

　〔인연으로 나는 존재가 공함을 생공(生空) 또는 아공(我空)이라 하니 이 뜻만으로는 법에 어리석은 가르침이 된다. 존재를 이루는 여러 법마저 공함을 법공(法空)이라 한다. 두 가지 공이라 해도 사법 그대로의 진실을 보이지 못하고 두 가지 공함까지 공해야[空亦空] 사법 그대로 성품이 공한 이치가 나타난다.〕

　〔지금 연이 모임이 실상과 한뜻[一義]이라고 한 이곳에서는 성품이 공한 뜻이 곧 실상이 된다.〕

법의 성품이 이와 같으니

法性如是

이는 곧 연의 모임 그 성품이 공함〔緣會性空〕에 나아가 참된 법의 성품〔眞法性〕을 나타냄이다. 이와 같음은 위 연이 모인 모든 법의 성품이 공함을 말미암아, '본성품이 늘 고요함〔本性常寂〕'을 가리킨 것이니 법의 성품이 바로 이와 같음〔如是〕인 것이다.

또 같음〔如〕이란 참되고 항상하여 바뀌지 않음이고 옳음〔是〕이란 허물을 떠나고 그름을 끊음이다. 법의 성품이 이와 같은 뜻이 있으니 말의 뜻이 사법의 본래 참됨〔事本眞〕을 통달하게 하므로 법의 성품이 이와 같다〔如是〕고 말한다. 그러니 이는 '사물에 닿아 진리에 계합함〔觸事契理〕'인데 기틀을 잡아보면 둘이 있다.

만약 사법의 성품이 공함을 통달하여 바야흐로 법의 성품을 알면〔方了法性〕 곧 방편의 근기가 진실에 들어감이니 점차로 옴〔漸來〕에 속한다.

만약 사법에서 곧장 법의 성품을 보면〔直見法性〕 오직 '마하야나 마치는 가르침〔終敎〕의 근기가 단박 들어감〔頓入〕'에 속하니 『기신론』은 "온갖 법이 다 참되기 때문이고 다 같음에 함께하기 때문이다."고 말한다.49)

© 실상의 진리를 나타냄〔顯實相理〕

그러므로 실상이라 한다.

---

49) △二顯法性理
此卽就緣會性空顯眞法性也 如是者指上緣會諸法 由性空故本性常寂 法性是如是矣 又如謂眞常不改 是爲離過絶非 法性有如是之義 意令達事本眞 故云法性如是 然此觸事契理 約機有二 若由達事法性空方了法性 卽是權機入實屬漸來也 若於事直見法性 唯終敎機屬頓入也 起信云 以一切法悉皆眞故 皆同如故
〔성품이 공함이란 드러나 있는 있음이 곧 공하여 본 성품이 늘 고요한 것이니 없음 또한 없음이 아니라 있음과 없음에 매이지 않아서 사법에 닿아 곧 진리에 계합한다.〕

故曰實相

앞은 곧 사법 그대로 참 성품[眞性]을 나타내고, 여기서는 사법 그대로 참모습[實相]을 나타낸다. 연이 모임의 성품이 공한[緣會性空] 바탕이 곧 참 성품[眞性]일 뿐만 아니라, 또한 연이 모임[緣會]의 모습 없는 바탕[無相本]을 알면 실상인 것이니 이는 '사법 그대로 실상의 진리[實相理]를 봄'이다.

아래에 말하기를 "모든 법의 실상[諸法實相] 이를 프라즈냐라 한다."고 하였고, 『법화경』은 "살림살이와 산업[治生産業]이 다 실상과 서로 어긋나 등지지 않는다."고 하였다.

그러므로 지금 곧장 '연이 모임의 성품이 공함[緣會性空]'에서 실상의 이름을 세워서 실상이라 말한 것이다. 그렇듯 법의 성품과 실상은 이름이 둘이나 나옴을 같이한 것[二名同出]이니 참성품이 모습이 없기[無相] 때문이고 실상은 성품이 고요하기[性寂] 때문이다.50)

㉣ 본래 없는 이치를 나타냄[顯本無理]

실상은 스스로 없는 것이지 이를 미루어 없게 한 것이 아니다. 그러므로 본래 없음[本無]이라 이름한다.

實相自無 非推之使無 故名本無

이는 사법 그대로 본래 없는 이치[本無理]를 나타낸 것이니 실상

---

50) △三顯實相理

前則卽事顯眞性 此則卽事顯眞相 非唯緣會性空本卽眞性 亦了緣會無相本卽實相 此乃卽事見實相理也 下云 諸法實相謂之般若 法華云 治生産業皆與實相不相違背 故今直於緣會性空立實相名 乃云故曰實相 然法性實相二名同出 以眞性無相故 實相性寂故

〔있음의 성품이 공하므로 성품이 공하되 공도 공함이 법의 성품이고, 모습에 모습 없음을 실상이라 하니 실상은 모습[相]과 모습 없음[無相]을 떠난 것이다.〕

은 있음의 앞과 뒤 말함이 본래 없으니 뜻 또한 때를 같이한다. 앞은 다만 사법을 모아 진리에 돌아감[會事歸理]으로써 실상을 나타내고, 지금은 실상의 진리가, 사법을 미루어 없음 보는 것을 말미암지 않고, 본래 스스로 없음[本來自無]을 밝히므로 본래 없다[本無]고 말한 것이다.

앞은 곧 돌아갈 진리가 있어 '사법은 반드시 진리에 돌아감[事必會理]'이라, 뜻이 대승의 마치는 가르침[終敎]에 맞는다. 지금은 진리가 본래 스스로 고요하여 '사법과 진리 둘이 같이 없어짐[事理雙亡]'을 나타냈으니 이는 '단박 깨치는 가르침의 뜻[頓敎義]'이다.

이미 낮음에서 깊음으로 가, 여기에 이르러 깊고 깊음인 것이다. 그러므로 이 본래 없음[本無]으로 특별히 실상을 거두어 풀이한 것이다.51)

또 법의 성품은 참성품[眞性]을 나타내고 실상은 참모습[眞相]을 나타내며, 본래 없음[本無]은 참된 바탕[本體]을 나타내니 본래 성품과 모습을 끊음[本絕性相]이다. 이 셋은 진리를 나타냄에 깊고 얕음이 없지 않다.

또 위의 다섯 이름은 연이 모임[緣會]을 통달하면 곧 '두루 헤아림[徧計]'을 떠나고, 성품이 공함[性空]을 미루어 '남 의지함[依他]'을 알고, 법의 성품[法性]과 실상(實相) 본래 없음[本無]을 나타내면 '두렷이 이룸[圓成]'을 증득함이다. 규산(圭山: 宗密)은 이렇게 말했다.

"연을 좇아 있으므로 남 의지함[依他]에 성품 없으니 곧 두렷이 이룸이기 때문이다."

---

51) △四顯本無理
此卽事顯本無理也 實相本無說有前後 義亦同時 前但會事歸理以顯實相 今明實相之理 非由推事見無 本來自無 故曰本無也 前則有理可歸 事必會理 義當終敎 今顯理本自寂 事理雙亡 是頓敎義 旣從淺之深 至此之深深 故此本無特躡實相而釋

그러므로 한뜻[一義]이다. 위는 미루어 풀이한 글을 가려 말한
것이다.

논주가 다만 사법을 알면 진리 나타낸다 함[會事顯理]을 이미 보아
서, 한뜻[一義] 풀이한 것이니 나머지 하나의 뜻은 다 뜻으로 구할 수
있을 것이다. 모두 앞의 말과 같다. 뜻을 모아 풀이함[釋總義]을 마친
다.52)

(2) 뜻의 문을 따로 엶[別開義門]

뜻의 문을 따로 엶에 다음의 셋이 있다.

1. 경계를 잡아 있음과 없음을 모두 깨뜨려 한뜻을 나타냄[約境雙
   破有無 顯一義]
2. 지혜를 잡아 방편과 진실을 모두 녹여 한뜻을 나타냄[約智雙融
   權實 顯一義]
3. 증득을 잡아 진리와 사법을 모두 없애 한뜻을 나타냄[約證雙泯
   理事 顯一義]

이 세 마디는 다 모음 가운데서 열어낸 것이라 온전히 모음으로
나눔을 이룬 것이니 곧 아래 네 논[四論]이 마루로 삼는 바가 된
것이다. 곧 「물불천(物不遷)」「부진공(不眞空)」의 두 논이 '경계
를 종지로 삼는 한뜻[宗境一義]'이고, 「반야무지론(般若無智論)」

---

52) 又法性顯眞性 實相顯眞相 本無顯眞體 本絶性相 此三顯理不無深淺 又上五
名達緣會 則離徧計 推性空則了依他 顯法性實相本無 則證圓成 圭山云 從緣
有故依他無性 卽圓成故 故一義也 上辨推釋之文 已見論主但會事顯理以釋一
義 餘一之義皆可意求 並如前說 釋總義竟
[유식은 존재를 세 성품으로 보이니 두루 헤아려 집착된 성품[遍計所執
性], 남 의지해 나는 성품[依他起性], 두렷이 이룬 성품[圓成實性]인데 세
성품이 서로 바라보아 자성이 없고 각기 성품이 없으니 헤아림을 떠나 남
의지해 나는 성품이 공한 줄 알면, 남 의지함을 떠나지 않고 두렷이 이룬
성품을 안다.]

이 '지혜를 종지로 삼는 한뜻이며〔宗智一義〕'이며, 「열반무명론(涅槃無名論)」은 '증득을 종지로 삼는 한뜻〔宗證一義〕'이다. 53)

① 경계를 잡아 있음과 없음을 모두 깨뜨려 한뜻을 나타냄
　〔約境雙破有無顯一義〕

論 있음이 아니고 없음이 아니라고 말한 것은 있다는 견해〔有見〕그 늘 있음의 견해〔常見〕의 있음과 같지 않고, 삿된 견해〔邪見〕그 끊어져 없다는 견해〔斷見〕의 없음과 같지 않을 뿐이다.

만약 있음으로써 있음을 삼으면 곧 없음으로써 없음을 삼음이다.

있음이 이미 있음이 아니면〔有卽不有〕곧 없음이 없다〔無無也〕.

㈎ 받음을 빌어서 물음〔假牒問〕

있음이 아니고 없음이 아니라고 말한 것은
言不有不無者

저렇게 말한 것을 받음이다. 어떤 이는 말한다. 만약 연이 모인 모든 법〔緣會諸法〕의 성품이 늘 스스로 공함〔性常自空〕으로 한뜻을 이룬다고 말하면 왜 붇다의 가르침은 다 '있지 않고 없지 않은 두 뜻'을 말하는가. 그러므로 지금 이를 받음이다.

이는 다만 앞의 풀이 가운데 다음처럼 말한 것 곧 "온갖 모든 법은 연이 모여 난다."하고 나아가 "성품이 늘 스스로 공하므로 이를 성품이 공함이다."한 글이니 받음을 빌어 물은 것이다.

진제는 있지 않고〔眞諦不有〕속제는 없지 않음〔俗諦不無〕을 열어

---

53) △二別開義門三 一約境雙破有無顯一義 二約智雙融權實顯一義 三約證雙泯理事顯一義 此三節皆總中開出 乃全總以成別 卽爲下四論之所宗 謂物不遷不眞空二論 宗境一義 般若無知論宗智一義 涅槃無名論宗證一義

서 아래 앞의 두 논[二論]이 종지로 삼는 문을 삼아, 진제와 속제가 둘이 아닌 중도의 진리[眞俗不二中道理]를 나타내, 두 논이 말한 바[二論所詮]를 삼음이다.

그러므로 지금 있지 않음은 위의 성품이 공함[性空] 그대로이고, 없지 않음은 위의 연이 모임[緣會] 그대로이다. 아래 중도를 나타내는 것은 곧 위의 한뜻[一義]이다.

묻는 자는 다만 앞의 이름이 다름을 의거해서 아래 논주가 위를 잡아서 한뜻 세우므로 비록 따로 함[別]을 열지만 모음[總] 잃지 않음을 향한 것이다. 이 뜻은 이미 앞을 떠나지 않으므로 물음을 빈다고 한 것이다.54)

(나) 진제 속제의 진리를 가림[辨諦理]

(ㄱ) 두 진리를 밝힘[明二諦]

㉠ 가르침의 뜻[教意]을 내서 물음을 풀이함[出教意以釋問]

있다는 견해 그 '늘 있음의 견해[常見]'의 있음과 같지 않고, 삿된 견해 그 '끊어져 없다는 견해[斷見]'의 없음과 같지 않을 뿐이다.

不如有見 常見之有 邪見 斷見之無耳

같지 않다[不如]는 두 글자는 두 구절에 이어 쓰이니 깨뜨릴 수 있는 말[能破之詞]로서 곧 위의 두 아니라는 글자[不字]이다. 견해[見]는 망녕된 앎이 곧 깨뜨릴 바 집착임을 말하니 위의 있고 없음[有無]이다. 집착하는 바가 비록 많으나 둘을 벗어나지 않으니

---

54) 今初 文二 一假牒問

牒彼所言也 或曰 若言緣會諸法性常自空以成一義 何以佛教皆說不有不無二義耶 故今牒之 此但躡前釋成中云 一切諸法緣會而生 乃至性常自空故謂之性空之文 假躡爲問 以開眞諦不有俗諦不無 爲下前二論所宗之門 顯眞俗不二中道理 爲二論所詮

故今不有卽上性空 不無卽上緣會 下顯中道 卽上一義 問者但據前名異 向下論主約上一義而立 故雖開別而不失總 此義旣不離前 故曰假問

'항상하다는 견해〔常見〕'는 있음〔有〕에 막히고, '끊어짐이라는 견해〔斷見〕'는 없음〔無〕에 막힌다.

또 범부의 사람은 연으로 남〔緣生〕이 본래 공함을 통달하지 못하고 모든 법이 있음을 보아 늘 머무는 모습〔常住相〕을 헤아린다. 그러므로 붇다의 가르침은 진제(眞諦)의 있지 않음〔不有〕으로 이를 다스린다. 이에 있다는 견해〔有見〕 그 항상하다는 견해〔常見〕의 있음과 같지 않다고 말한다.

또 히나야나〔小乘〕와 바깥길〔外道〕이 사법 그대로 참됨에 계합하지〔卽事契眞〕 못하고 많이들 비어 없어 고요히 말없음〔虛無寂默〕을 숭상하여 몸과 지혜를 걱정거리로 여겨 싫어하므로 붇다의 가르침은 속제(俗諦)의 없지 않음〔不無〕으로 이를 다스린다. 그러므로 삿된 견해 그 끊어져 없다는 견해〔斷見〕의 없음과는 같지 않다고 말할 뿐이다.

이로써 붇다의 가르침에서 진제로 있지 않음〔非有〕을 말하고 속제로 없지 않음〔非無〕을 말하는 것이 항상함의 견해〔常見〕와 끊어짐의 견해〔斷見〕 깨뜨리기 위함임을 알아야 한다. 붇다의 바른 견해는 끊어짐과 항상함의 두 집착이 아니기 때문에 같지 않음 등을 말한 것이다. 그러므로 지금 먼저 가르침의 뜻을 보이는 것은 다만 곧장 그른 두 견해〔非二見〕 때문일 뿐이다.55)

ⓛ 놓아줌과 뺏음을 세워 앞을 모음〔立縱奪以會前〕

---

55) △二辨諦理 文二 初明二諦 文二 一出教意以釋問
不如二字兩句連用 卽能破之詞 是上二不字也 見謂妄解卽所破之執 上有無也
所執雖多不出於二 一常見滯有 二斷見滯無 且凡夫人 未達緣生本空 見有諸法
計常住相 故佛敎以眞諦不有治之 故曰不如有見常見之有也 又小乘及外道 未
能卽事契眞 多尙虛無寂默厭患身智 故佛敎以俗諦不無治之 故曰不如邪見斷見
之無耳 是知佛敎眞諦說不有 俗諦談不無 爲破斷常二執 以佛正見不似斷常二
執故 曰不如等 故今先爲出其敎意 但爲直非二見耳

만약 있음으로써 있음을 삼으면 곧 없음으로써 없음을 삼음이다.

若以有爲有 則以無爲無

　　이는 앞을 놓아줌이니 옳다 함이다. 앞의 풀이 가운데 만약 연이 모임[緣會]으로 있다[有] 하면, 성품이 공함[性空]으로 없다[無] 함이니, 있고 없음의 두 견해[有無二見]를 이루어 붇다의 가르침 [佛敎]을 어기는 것이다.56)

있음이 이미 있음이 아니면 곧 없음이 없다.

有旣不有 則無無也

　　이는 위의 뜻 놓음을 뺏어 앞의 뜻풀이함을 모은 것이다. 이미 연이 모여서 있음[緣會之有]을 밝혔으니, 이는 곧 성품이 공하므로 있지 않음[不有]이고 곧 연이 모임이므로 없지 않음[不無]이다. 그러면 곧 두 이름이 한뜻[二名一義]이라 바야흐로 붇다의 가르침인 두 진리[二諦]가 '있음도 아니고 없음도 아닌 문'에 맞는다. 거듭 없음이 없지 않다[不無]고 하니 이는 진제 속제 두 진리[眞俗二諦]가 '있음과 없음이 서로 같음[有無相卽]' 보일 수 있음을 잡은 것이다. 그러므로 있지 않고 없지 않음이 한뜻이니 『인왕경(仁王 經)』은 말한다.

　　"진리[諦]에는 늘 스스로 둘이나 앎[解]에는 늘 스스로 하나이다."57)

---

56) △二立縱奪以會前
　　此縱前也 爲是也 前釋中若以緣會是有 亦以性空是無 成有無二見 乃違佛敎也
57) 此奪上縱意會釋前義也 旣已也 前釋中已明緣會之有 卽性空故不有 則知性空
　　之無 卽緣會故不無 則二名一義 方符佛敎二諦不有不無之門 重言無者不無也
　　此約能示二諦有無相卽 故不有不無是一義也 下文方會歸所示一實之義爲一義
　　仁王云 於諦常自二 於解常自一
　　[있다는 견해를 깨기 위해 진제를 세우고, 없다는 견해를 깨기 위해 속제를
　　세운 것이니 이 뜻이 세운 진리는 둘이나 그 지혜의 앎은 스스로 하나인
　　것이다.]

144 · 조론

(ㄴ) 한뜻으로 모음〔會一義〕

㉠ 두 진리를 모아 한뜻을 나타냄〔會二諦顯一義〕

> 🈟 대저 있음과 없음을 두지 않고 법 살피는 것〔觀法〕을, 법의 실상〔法實相〕을 아는 것이라 말할 수 있다.
> 이를 비록 있음을 살피되 취하는 모습이 없다고 하니, 그렇다면 법의 모습은 모습 없는 모습〔無相之相〕이고 성인의 마음은 머물되 머무는 바 없음〔住無所住〕이다.

① 바로 가림과 비춤을 나타냄[正顯遮照]

대저 있음과 없음을 두지 않고 법 살피는 것[觀法]을, 법의 실상[法實相]을 아는 것이라 말할 수 있다.

夫不存有無以觀法者 可謂識法實相矣

위는 진속 두 진리〔眞俗二諦〕를 잡아, 있지 않고 없지 않음을 문(門)으로 삼음이나 오히려 문 가운데 실로 무슨 뜻 보이는지 아직 드러나지 않았다. 지금은 앞의 진제 속제를 모아 함께 돌아가 '중도의 으뜸가는 뜻의 진리〔中道第一義諦〕'를 나타낸다. 곧 앞의 연이 모임〔緣會〕과 성품이 공함〔性空〕이 둘이 아니라 곧 법의 성품〔法性〕과 실상(實相)의 진리가 나타남〔理顯〕이다.

대개 진리의 경계〔諦境〕는 네 구절로 논함을 넘지 않는다.

1. 참됨이므로 있지 않음〔不有〕이니 늘려 더함의 비방〔增益謗: 有의 허물〕을 떠남이다.
2. 세속이므로 없지 않음〔不無〕이니 덜어 줄임의 비방〔損減謗: 無의 허물〕을 떠남이다.
3. 둘을 같이 비추므로〔雙照故〕 있기도 하고 없기도 함〔亦有亦無〕이니 허튼 따짐의 비방〔戲論謗: 非有非無의 허물〕을 떠남이다.
4. 둘을 같이 막으므로〔雙遮故〕 있음도 아니고 없음도 아니니〔非

有非無), 서로 어긋남의 비방〔相違謗: 亦有亦無의 허물〕을 떠남이다.58)

하나인 둘의 두 구절〔一二兩句〕이 이미 앞의 글과 같으나 지금은 다만 앞을 모아 뒤를 밝히니 두 구절이다. '둘을 모두 막고 둘을 모두 비추어 때를 같이하는 뜻〔雙遮雙照 同時之義〕'이 중도(中道)를 나타낼 뿐이다.

두지 않는다고 말한 것은 머물러 집착하는 바가 없음이다. 글 가운데 없다〔無〕는 글자와 아래 단에 있다〔有〕는 글자는, 서로 취함을 없애 줄임〔影略互取〕이니 앞의 있지 않고 없지 않음을 말미암기 때문에 '있음과 없음에 머물러 집착하지 않음'이다.

그러므로 '있음과 없음을 두지 않는다〔不存有無〕'고 말해야 하니 곧 둘을 모두 막음〔雙遮〕이다. 법을 살피는 것은 있음과 없음의 법을 모두 비춤〔雙照有無法〕이니 아래의 풀이해 이룸이라 말할 수 있다. 이미 '막음 그대로의 비춤〔卽遮之照〕'을 쓰기 때문에 바로 막을 때에 중도실상의 법〔中道實相法〕을 밝게 알 수 있다.59)

이를 비록 있음을 살피되 취하는 모습이 없다고 하니

---

58) △二會一義二 初會二諦顯一義中二 一正顯遮照
上約二諦以不有不無爲門 猶未顯門中實示何義 今此會前眞俗同歸 顯中道第一義
諦 卽前緣會性空不二 則法性實相理顯 夫諦境不過以四句論之
一眞故不有 離增益謗 二俗故不無 離損減謗 三雙照故亦有亦無 離戲論謗 四雙
遮故非有非無 離相違謗

59) 一二兩句已如前文 今但會前明後二句 雙遮雙照同時之義 以顯中道耳 言不存
者無所住著也 文中無字與下段有字 影略互取 由前不有不無故 不住著於有無
故云不存有無 卽雙遮也 以觀法者雙照有無法也 可謂下釋成也 旣用卽遮之照
故 當正遮之時 而能了別中道實相法也
〔네 구절은 있음, 없음, 있기도 하고 없기도 함, 있음도 아니고 없음도 아님
이니, 네 구절을 모두 떠나야 네 구절의 허물을 떠난다. 곧 있음이 아님〔非
有〕, 없음이 아님〔非無〕, 있음도 아니고 없음도 아님이 아님〔非非有非無〕,
있기도 하고 없기도 함이 아님〔非亦有亦無〕이 되어야 네 비방 떠남이다.〕

是謂雖觀有 而無所取相

이 글 아래 또한 합해 말한 것은 '법의 실상에 계합함'이라 말할
수 있다. 지금은 없애 간략히 함[影略]이니 여기서 말한 것은 위의
말을 받은 것이다. 비록 있음과 없음을 살펴 모두 비추지만[雙照]
취하는 모습이 없으니 모두 막음[雙遮]이다. 다만 위의 글을 돌이
켜서 '막음과 비춤이 서로 갖추게 하니[遮照互具]' 중도실상(中道實
相)이 여기에서 드러난다. 그러므로 연이 모임[緣會]과 '성품이 공
함[性空]'이 뜻이 하나 되면, '법의 성품인 실상[法性實相]' 나타냄
을 알아야 한다.60)

② 막음과 비춤을 말해 이룸[述成遮照]

그렇다면 법의 모습은 모습 없는 모습이고

然則法相爲無相之相

앞은 경계와 살핌을 합해서 밝힘[境觀合辨]이고 지금은 각기 따
로 말해 이룸이다. 먼저 경계를 잡아 말해 이룸이니 법의 모습[法
相]이란 '세 진리의 경계[三諦境: 空假中 三諦]'를 통하여 받음이
이것이다. 모습 없음[無相]이란 진제와 속제의 모습을 모두 가려
막음[雙遮]이고 모습[相]이란 진제와 속제의 모습을 모두 비춤[雙
照]이다. 이는 경계에서 '막음과 비춤이 때를 같이하여야[遮照同
時]' 으뜸가는 뜻의 진리[第一義諦]를 이룸이다.61)

성인의 마음은 머물되 머무는 바 없음이다.

---

60) 此文下亦合云者可謂契法實相矣 今影略也 是謂者承上之詞 雖觀有無雙照也
而無所取相雙遮也 但反上文 令遮照互具 中道實相顯於此矣 故知緣會性空義
一 顯法性實相也
61) △二述成遮照
前則境觀合辨 今則各別述成 先約境述成 言法相者 通牒三諦境爲是也 無相者
雙遮眞俗相也 之相者雙照眞俗相也 此則於境乃遮照同時 成第一義諦

聖人之心 爲住無所住矣

다음은 살핌〔觀〕을 잡아 말해 이룸이다. 성인의 마음이라 말한 것은 '한마음의 세 살핌〔一心三觀〕'을 통하여 나타냄이니 이 살핌을 얻은 이가 성인이다. 또한 이 때문에 머무는 것은 둘을 모두 비춤〔雙照〕이고, 머무는 바 없음은 둘을 모두 막음〔雙遮〕이다.

머물 진제와 속제가 없으므로 이 마음의 살핌은 비춤과 막음이 때를 같이해〔照遮同時〕 중도의 살핌〔中道觀〕을 이루니 이것이 중도의 경계와 살핌〔中道境觀〕이다. 곧 위에서는 억지로 이름하여 실상(實相) 법의 성품〔法性〕이라 한 것이다. 이로써 진리〔諦〕는 살핌〔觀〕이 아니면 녹아 통함〔融通〕을 나타내지 못하고, 살핌〔觀〕은 진리〔諦〕가 아니면 바뀌어 빛날 수〔迭耀〕 없는 것이다. 그러니 비록 녹아 통하는 경계〔融通之境〕를 바로 밝힌다 해도, 반드시 녹아 통한 마음〔融通之心〕을 잡아야 한다. 다음 방편반야〔漚和般若〕는 이를 말미암아 나는 것이다.62)

ⓛ 세 수레를 모아 하나인 수레를 나타냄〔會三乘顯一乘三〕

論 세 법으로 성품이 공함〔性空〕을 평등히 살피면 도를 얻는데, 성품이 공함이란 모든 법의 실상〔諸法實相〕을 말한다.

법의 실상을 보므로 바른 살핌〔正觀〕이라 하니 만약 그와 다른 것은 곧 삿된 살핌〔邪觀〕이다.

---

62) 次約觀述成也 言聖人之心通標一心三觀 得此觀者卽聖人矣 爲亦是也 住者雙照也 無所住者雙遮也 無眞俗可住故 此乃心觀照遮同時成中道觀 此中道境觀 卽上強名之爲實相法性也 是知諦非觀而不顯融通 觀非諦而不能迭耀 雖正辨融通之境 須約融通之心 次漚和般若由此而生
〔경계는 살핌이 아니면 드러나지 않고 살핌은 경계인 살핌인데 세 경계〔三諦〕가 원융하므로 살핌 또한 한마음의 세 살핌〔一心三觀〕이 된다.〕
〔바뀌어 빛남: 살피는 바 진리가 진제 속제임에 따라 비추는 지혜가 공관이 되고 가관이 되고, 둘을 모두 막아 살피면 중도관이 됨을 말함.〕

> 설사 두 작은 수레라도 이 도리를 보지 못하면 곧 뒤바뀌어 넘어짐이다. 이는 세 수레가 법을 살핌에 다름이 없으나, 다만 마음에 크고 작음이 있는 것이 다를 뿐이다.

① 사람과 법을 모아 나타냄[總標人法]

세 법으로 성품이 공함을 평등히 살피면 도를 얻는데

三法等觀性空 而得道也

세 수레는 보디사트바, 프라데카붇다, 슈라바카이니 이 세 근기는 평등하지 않다. 부분의 가르침[分敎]은 있음에 정해졌고, 실다운 가르침[實敎]은 없음에 정해졌으며, 평등함[等]은 가지런함[齊]을 말한다.

살피는 것은 살펴 비춤이다. 성품이 공함[性空]은 속제 그대로의 진리[卽俗之眞理]이다. 도를 얻음이란 중도의 진리를 증득함[證中道理]이다. 그러나 방편의 가르침은 세 사람이 각기 본래의 수레[本乘]에 있어, 다만 진제와 속제가 멂[眞俗迢然]을 보니 진리와 사법이 맞서 서고[理事抗立] 가르침과 진리[敎理]가 이미 방편이라 사람 또한 다름이 있다.

이미 대승의 비롯하는 가르침[大乘之始]이 되면 비롯함은 반드시 마침이 있으므로 세 수레는 진실에 들어간다[三乘入實]. 그러면 곧 반드시 진제 속제가 서로 융통하여 한 진리로 차별 없음을 살피게 된다. 그러므로 마쳐 다한 니르바나의 늘 고요히 사라진 모습[常寂滅相]을 말하니, 오직 하나인 진리 수레의 법[唯一乘法]에 둘이 없고 셋이 없음이다.[63]

---

63) △二會三乘顯一乘三 初總標人法
三乘者菩薩緣覺聲聞也 此三機不等 分敎定有 實敎定無 等謂齊也 觀者鑒照也 性空者指前卽俗之眞理也 得道者證中道理也 然權敎三人在本乘 但見眞俗迢然 理事抗立 敎理旣權 人亦有異 旣爲大乘之始 始必有終 故三乘入實 則必觀眞

지금 성품이 공함을 평등히 살핀다는 것, 이는 세 수레의 사람이 속제 그대로의 진제를 함께 살핌을 밝힌 것이다. 그러므로 성품이 공함을 평등히 살펴, 진제 속제가 둘이 아닌 중도[眞俗不二中道]의 '으뜸가는 뜻의 진리[第一義諦理]'를 증득함이라 말한다. 그러므로 도를 얻음이라 한다.

『화엄경청량소[淸凉疏]』는 말한다.

"대승의 비롯하는 가르침[始敎]은 진속 두 진리가 멀어서 같지 않고, 마치는 가르침[終敎]은 곧 으뜸가는 진리가 진제 속제 두 진리의 평등함을 거두어 통한다. 참으로 방편의 가르침 세 수레의 사람[三乘人]이 만약 하나인 뜻[一義]의 가르침을 믿어 안다면 곧 '한마음의 세 살핌[一心三觀]'을 함께 써서 '한 경계인 세 진리[一境三諦]'를 비추어 실상에 들어가 다름이 없게 되므로 평등히 살핌[等觀]이라 한다."64)

자기 바탕[本]을 잡으면 이는 방편을 받아 옴[稟權而來]이라 오히려 세 수레라는 일컬음[三乘之稱]을 띤다. 그러므로 현수대사[賢首]는 말한다.

"어떤 때 삼계 밖의 근기를 거두어 벗어나게 하여 세간 벗어난 이익[出世益]을 얻도록 하니 먼저 세 수레[三乘]로 이익 얻도록 하고 뒤에 방편으로 하나인 수레[一乘]를 얻게 하는 것은, 세 수레의 가르침에 같이하는 일승[同敎一乘]에 거두어져 속하니, 또한 '세 사람을 돌이켜 일승에 들어감[迴三人入一]'이라 한다."

이는 『법화경』의 말씀과 같으니 이로 말미암아 증득해 알면 바로

俗互融一理無差 故說究竟涅槃常寂滅相 唯一乘法無二無三
64) 今言等觀性空者 此明三乘人同觀卽俗之眞 故曰等觀性空 證眞俗不二中道第
一義諦理 故曰而得道也 淸凉疏云 始敎乃眞俗二諦迢然不同 終敎則第一義諦
該通眞俗等 良以權敎三乘之人 若信解一義之敎 則同用一心三觀 照一境三諦
入實則無異 故曰等觀

방편을 모아 실상에 드는 뜻[會權入實之義]을 나타내므로, 세 수레를 평등히 살핌[三乘等觀]이라 말한다.

만약 곧장 나아가는 근기[直進之機]를 잡아보면 바로 세 진리[三諦]가 녹아 통함을 살피니 반드시 앞의 가르침을 받을 필요가 없다. 지금은 특별히 방편을 나타내 반드시 실상에 들어가기 때문이라 실상 밖에 방편이 없으므로[實外無權] 세 수레를 들어서 평등히 살핌을 말한다. 아래 「열반론(涅槃論)」은 많이 『법화경』을 이끌어서 '셋을 깨뜨려 하나에 돌아가니[破三歸一]' 그 뜻이 이와 같음을 분명히 알게 된다.

깨칠 성품이 없다[無性]는 이찬티카(icchantika)[65]도 오히려 한 성품[一性]에 같이 돌아갈 수 있다 하는데 하물며 세 수레의 성현[三乘聖賢]이겠는가?[66]

② 살피는 바를 풀이해 이룸[釋成所觀]

❶ 바로 풀이함[正釋]

성품이 공함이란 모든 법의 실상[諸法實相]을 말한다.

性空者 謂諸法實相也

먼저 위를 받음이다. 참됨은 세속과 다르지 않으므로 모든 법[諸法]이라 말한 것이다. 세속 그대로의 참됨[卽俗之眞]이 '으뜸가는

---

65) 이찬티카(icchantika): 선근을 끊어 붇다 이룰 성품이 없다고 말해지는 중생. 유식론은 보디의 성품 없는 중생[無性有情]이라 한다.
66) 約本是稟權而來 猶帶三乘之稱 故賢首云 或攝界外機 令得出出世益者 先以三乘令得益 後乃方便得一乘者 屬同敎攝 亦名迴三人入一
此如法華說 由此證知正顯會權入實之義 故說三乘等觀也 若約直進之機 便觀三諦融通 不必須稟前敎 今爲特顯權須入實 實外無權 故擧三乘而說等觀也 下涅槃論多引法華 破三歸一 定知其旨如此 無性闡提 尙許同歸一性 況三乘聖賢耶
〔삼승의 가르침에 같이하는 일승[同敎一乘]이 세 수레의 방편으로 일승에 들어감이라면 화엄의 일승은 세 수레의 가르침과 달리하는 일승[別敎一乘]이니 이는 화엄 일승을 근본법륜으로 삼는 화엄종의 교판이다.〕

뜻의 진리'이므로 실상이라 한다. 『법화경』 또한 '모든 법의 고요한 모습은 말로 펼 수 없다〔諸法寂滅相 不可以言宣〕'고 하였다.67)

❷ 삿됨과 바름을 가림[辨邪正]

법의 실상을 보므로 바른 살핌[正觀]이라 하니 만약 그와 다른 것은 곧 삿된 살핌[邪觀]이다.

見法實相 故云正觀 若其異者 便爲邪觀

이는 이 가르침을 잡아 삿됨과 바름을 가림이니 만약 진제와 속제의 다름을 보면 곧 삿된 살핌이다.

『비말라키르티〔淨名〕』는 말했다.

'스스로 몸의 실상〔身實相〕을 살핌과 같이, 분다〔佛〕를 살핌도 또한 그렇다. 나아가 참된 바탕〔眞際〕과 같고 법의 성품〔法性〕과 평등하다고 하면 바른 살핌이라 이름한다.'

다르게 살피면 분다를 봄〔見佛〕이 아니다. 지금 조금 그 글을 고쳤으나 저 뜻을 바로 쓴 것이다.68)

③ 거듭 통해서 따짐을 막음[重通妨難二]

❶ 따짐을 받아 놓아 깨뜨림[牒難縱破]

설사 두 작은 수레라도 이 도리를 보지 못하면 곧 뒤바뀌어 넘어짐이다.

設二乘不見此理 則顚倒也

막아 말한다. 만약 세 수레가 방편에 있음〔三乘在權〕에 의거하면

---

67) △二釋成所觀二 初正釋
先牒上也 眞不異俗 故云諸法也 卽俗之眞是第一義諦 故云實相 法華亦云 諸法寂滅相不可以言宣
68) △二辨邪正
此約當教辨邪正 若見眞俗有異便爲邪觀 淨名云 如自觀身實相觀佛亦然 乃至云同眞際 等法性乃名正觀 以他觀者非見佛也 今小改其文 正用彼義

대승과 소승이 아주 떨어진다. 어찌 지금 '으뜸가는 뜻의 진리〔第
一義諦之理〕' 평등히 살핌이라 말하겠는가? 이는 방편에 있으면서
실상에 들어가려는 바람〔在權望入實〕에 대한 따짐이다. 그러므로
지금 먼저 놓아 깨뜨림이다. 설사 두 작은 수레〔二乘〕가 실상에 이
르더라도 '세 진리가 녹아 통한 도리〔三諦融通之理〕'를 보지 못하면
방편에 있으면서 고요함에 막힘〔在權滯寂〕과 다름이 없다. 그러므
로 뒤바뀌어 넘어짐이라 말한다.69)

❷ 방편과 진실을 마주해 가림〔權實對辨〕

이는 세 수레가 법을 살핌에 다름이 없으나, 다만 마음에 크고 작
음이 있는 것이 다를 뿐이다.

是以三乘觀法無異 但心有大小爲差耳

세 수레가 실상에 들면〔三乘入實〕, 세 진리가 녹아 통한 법〔三諦
融通之法〕에 다름없음을 같이 살피나, 다만 방편에 있으며〔在權〕
마음으로 마하야나와 히나야나의 작은 수레 그리워함을 잡으므로
나뉘어 차별된다. 『법화경』은 다음 같이 말한다.

'만약 우리들이 대승 즐거워하는 마음이 있으면 붇다께서는 곧 우
리를 위해 마하야나의 법〔大乘法〕 등을 설하신다.'70)

아래 논은 이렇게 말한다.

'프라즈냐의 비어 현묘함〔般若虛玄〕은 대개 세 수레 종지의 지극
함이고 참으로 참된 하나의 차별 없음〔眞一無差〕이다.'

---

69) △三重通妨難二 一牒難縱破
　妨云 若據三乘在權 大小殊隔 何謂於今等觀第一義諦之理耶 此將在權望入實爲
　難也 故今先且縱破 設若二乘到實 不見三諦融通之理 則與在權滯寂無異 故云
　顚倒也
70) △二權實對辨
　三乘入實同觀三諦融通之法無異 但約在權心慕大小 故分差別也 法華云 若我等
　有樂大之心 佛則爲我說大乘法等

이미 참된 하나의 차별 없음이라 말했으니 어찌 크고 작은 마음을 말하겠는가? 지금 다만 마음에 크고 작음이 있음을 말한 것 이는 진실의 가르침[實敎]이 세 수레를 이끌어 나아가게 하는 것으로 저 옛날에 스스로 자기의 신령함[己靈]을 눌러 억지로 크고 작음 나누는 것을 꾸짖을 뿐이다.

바로 『법화』와 『비말라키르티』에서 깨뜨리는 바와 같으니, 옛사람의 아는 바로는 다 이렇게 말하게 된다.

'세 수레가 성품이 공함을 평등히 살피면 각기 도의 과덕을 얻는다.'

또 자비와 지혜의 갖춤과 갖추지 않음으로, 평등히 살피는 사람의 크고 작은 마음의 다름을 말해, 글을 버리고[遣文] 거침에 통하면[麤通] 종지를 아주 잃는 것이다.

그러면 가르침과 진리[敎理]로 하여금 많이 방편의 종지[權宗]에 합하게 하는 것이니, '다섯 이름이 한뜻인 종지[五名一義之宗]'는 어디에 있겠는가?

옛사람은 말했다.

'깊음으로 낮음을 삼으면 법을 비방하는 허물이 있게 되니 삼가지 않을 수 있겠는가?'71)

② 지혜가 방편과 진실 모두 녹임을 잡아, 하나인 뜻을 나타냄
　　〔約智雙融權實 顯一義〕

> **論** 우파야(upāya)반야란 큰 지혜를 일컬음이다.
> 모든 법의 실상 이를 반야라 하니 드러내 증득하지 않을[不

---

71) 下論曰般若虛玄者 蓋三乘之宗極也 誠眞一之無差 旣曰眞一無差 豈詮大小之
心 今言但心有大小者 此乃實敎引進三乘 呵彼昔日自抑己靈 强分大小耳 正如
法華淨名所破也 昔人所解 皆云三乘等觀性空各得道果 又以悲智具不具 說等
觀之人大小心殊 遣文麤通 於宗甚失 遂令敎理多合權宗 則五名一義之宗何在
古者云 以深爲淺有謗法之愆得不愼乎

形證〕수 있음은 방편의 공〔漚和功〕이다.

중생에게 나아가 교화하면 이를 방편(方便)이라 하고 티끌의 번뇌에 물들지 않음은 반야의 힘〔般若力〕이다.

그러면 곧 반야의 문〔般若之門〕은 공(空)을 살피고 우파야의 문은 있음〔有〕을 거친다.

있음을 거치되 처음부터 텅 빔에 헤매지 않으므로 늘 있음에 머물되 물들지 않으며, 있음〔有〕을 싫어하여 공(空)을 살피지 않는다. 그러므로 공을 살피되 공을 증득하지 않는다〔觀空而不證〕.

이것을 한 생각의 힘〔一念之力〕이 방편의 지혜〔權慧〕를 갖춤이다 라고 한다.

잘 생각하면 또렷이 알 수 있을 것이다.

㈎ 물음을 받아 간략히 풀이함〔牒問略釋〕

우파야반야란 큰 지혜를 일컬음이다.

漚和般若者 大慧之稱也

먼저 밖을 빌어 물음이니 만약 한뜻〔一義〕이 마루와 바탕〔宗本〕이 된다고 말한다면, 곧 경계와 지혜〔境智〕가 다 하나인데, '왜 지혜에 방편과 반야〔方便般若〕 방편과 진실〔權實〕의 둘이 있다 하는가?' 그러므로 지금 받아 이를 풀이하는 것이다.

'우파야(upāya, 漚和)'라 말한 것은 산스크리트이니 원강법사〔元康師〕에 따르면 다음과 같다.

'여기 말로 옮기면 방편(方便)이니 곧 수단이 되는 지혜〔權慧〕이다. 프라즈냐(prajñā) 또한 산스크리트이니 바로 옮기면 지혜이다. 만약 인행을 잡으면 혜(慧)라 옮겨지니 가려 뽑음〔揀擇〕으로 뜻을 삼고 과덕을 잡아 옮기면 지(智)라 하니 분명히 끊음〔決斷〕으로 뜻을 삼는다.

지금은 원인과 결과를 합한 것이니 곧 원인과 결과의 사람이 통하여 갖추는 진실의 지혜이다. 때로 프라즈냐를 통하여 지혜라 옮기고, 지(智)의 진실과 혜(慧)의 방편으로 나누나 지금은 취하지 않는다. 이미 우파야가 있으면 방편의 지혜를 가리키기 때문이다.'

아래는 '방편의 지혜 갖춤[權慧具]'을 말하고 있다. 또 이 두 지혜는 근본지(根本智)와 뒤에 얻는 지혜[後得智], 진리 그대로의 지혜[如理智]와 헤아림대로의 지혜[如量智]라고 이름 한다. 때로 참됨이라 하고 세속이라 하니 다 방편과 진실의 다른 이름이다. 나머지는 본론에 이르러 제목 풀이 가운데서 가려 보이겠다.72)

다음 풀이해 말한다. 큰 지혜[大慧]라 일컬음은 방편과 진실이 서로 갖춤[權實互具]이 되고 자비와 지혜 둘을 온전히 함[悲智兩全]이며, 진리와 사법 둘을 모두 살핌[雙觀理事]이 되어야 바야흐로 큰 지혜라 말한다. 큰 지혜라는 한뜻[大慧一義]이 방편의 지혜를 갖추니 곧 중도의 살핌[中道觀]이다. 참으로 방편과 진실이 둘이 아니므로 큰 지혜라 일컬으니 진실은 곧 진리를 사무침[窮理]이고 방편은 사법을 통달함[達事]이다.

비추는 바[所照]가 이미 사법과 진리를 함께 녹이니[事理渾融] 비출 수 있음[能照] 또한 방편과 진실이 서로 하나된다[權實相卽]. 그러므로 또한 앞의 한뜻[一義] 나타냄을 지나지 않는다. 또 본래 없음[本無], 실상(實相), 법의 성품[法性]의 진리 위에서, 방편과 진실[權實], 비춤과 씀[照用]을 일으키니 진실은 곧 진리를 도로 비춤[還照於理]이고 방편은 연이 모여 나는 사법을 통달함[達緣會

72) △二約智雙融權實顯一義三 一牒問略釋
先假外問云 若云一義爲宗本者 則境智皆一 何以智有漚和般若權實之二耶 故今牒釋之也 言漚和是梵音 准康師云 此翻方便 卽權慧也 般若亦梵音 正翻曰智 或約因翻慧 以揀擇爲義 約果翻智 以決斷爲義 今取因果合之 卽因果人通具之實智也 或般若通翻智慧 以智實慧權分之 今亦不取 已有漚和目權慧故 下云權慧具矣 又此二智 亦名根本後得如理如量 或眞或俗 皆權實之異名 餘至本論釋題中辨

事]이다.

방편과 진실이 둘이 아니면 중도인 하나인 뜻[中道一義]에 계합
한다. 그러므로 앞의 다섯 이름이 한뜻임[五名一義]을 떠나지 않
은 줄 알아야 한다. 지금은 지혜 엶을 잡아 다른 뜻[別義]을 삼으
니, 아래 셋째 「반야무지론(般若無智論)」의 종지의 바탕을 세움
이다.73)

(나) 돌이켜 뒤집어 널리 풀이함[返覆廣釋]

(ㄱ) 서로 갖춤을 밝혀 큰 지혜를 풀이함[明互具釋大慧]

모든 법의 실상 이를 반야라 하니 드러내 증득하지 않을[不形證]
수 있음은 우파야의 공[漚和功]이다.

諸法實相 謂之般若 能不形證 漚和功也

이 아래는 가릴 수 있음을 잡아 보임이니 먼저 반야 가운데 방편
갖춤을 밝힌다. 속제 그대로 진제를 비춤이니 반야의 진실한 지혜
이다. 그러므로 이를 반야라 하는데 꼴[形]이란 드러냄이다. 이 지
혜 가운데 방편의 공[方便功]을 갖추어, 만나 교화하는 마음[接化
之心]을 버리지 않는다. 그러므로 진리를 드러내 증득하지 않으니
[不現證於理], 『비말라키르티』는 말한다.

"방편 없는 지혜는 묶임이고 방편 있는 지혜가 해탈이다."74)

---

73) 次釋云 大慧之稱者權實互具 悲智兩全 雙觀理事 方曰大慧 大慧一義 具漚和
般若 卽中道觀 良以權實不二 故稱大慧 實則窮理 權則達事 所照旣事理渾融
能照亦權實相卽 故亦不過顯前之一義耳 又本無實相法性理上 起權實照用 實
則還照於理 權則達緣會事 權實不二 乃契中道一義 故知不離前五名一義 今約
智開爲別義 立下第三般若無知論之宗本也
[지혜를 잡아 비추되 고요함과 고요하되 비춤을 말하면 반야에 앎 없는 바
탕을 들어 방편과 진실을 말함이다. 또 반야의 실천적인 뜻을 잡아 열면 반
야의 지혜가, 살피는 바 진속의 두 진리[眞俗二諦]와 니르바나의 과덕[涅槃
果德]을 거둔다.]
74) △二返覆廣釋有三 一明互具釋大慧

중생에게 나가 교화하면 이를 방편(方便)이라 하고 티끌의 번뇌에 물들지 않음은 반야의 힘[般若力]이다.

適化衆生 謂之漚和 不染塵累 般若力也

　다음 방편 가운데 반야 갖춤을 밝히니 '적(適)'은 나감이고 '티끌' 은 물듦으로 뜻을 삼는다.

　성인은 거짓 있음을 내[出假] 중생을 이끄니 곧 방편의 수단을 씀이다. 그러므로 이를 방편이라고 말한다. 이 방편 가운데 반야의 힘이 갖추어져 늘 진실에 계합한다[常契眞實].75) 그러므로 함과 하여지는 바[能所] 부름과 응함의 모습[感應之相]에 물들지 않는다. 『비말라키르티』는 말한다.

　"방편 없는 지혜는 묶임이고 방편 있는 지혜가 해탈이다."

　이 위는 방편과 진실이 서로 돕고[權實互資] 자비와 지혜 둘을 함께 움직여야[悲智雙運] 바야흐로 큰 지혜라 함이다. 곧 방편과 진실이 둘이 아님[不二]을 일컬음이니 이를 얻으면 '세 살핌이 늘 융통할 뿐[三觀常融]'이다.76)

ⓛ 두 문을 잡아 따로 두 이름을 풀이함[約二門別釋二名]

此下約所辨能 先明般若中具漚和 卽俗照眞 般若實智也 故云謂之般若 形者現也 此智慧中具方便之功 不棄接化之心 故不現證於理 淨名云 無方便慧縛 有方便慧解
〔진리를 증득하고 공(空)을 증득해 버리면, 공(空)을 떠나지 않고 있음[有]을 거치는 방편이 나올 수 없다.〕

75) 次明漚和中具般若也 適者出也 塵以坔汚爲義 聖人出假導物卽方便權用 故云謂之漚和 此漚和中具般若之力 常契眞實
〔방편은 늘 진실에 계합: 사물의 진실에 부합하지 않는 권모술수가 방편이 아니고 진실의 쓰임이 되는 수단의 지혜를 방편이라 함.〕

76) 故不染能所感應之相 淨名云 無方便慧縛 有方便慧解 此上權實互資 悲智雙運 方曰大慧 卽不二之稱 得之者三觀常融耳
〔세 살핌이 융통: 모든 있음이 공할 뿐 아니라 공하므로 갖가지 있음이 차별된 줄 알아야 중도의 지혜가 되어 세 지혜가 융통함을 말한다.〕

그러면 곧 반야의 문은 공(空)을 살피고 우파야의 문은 있음[有]을
거친다.

然則般若之門觀空 漚和之門涉有

　위 글의 힘을 받으므로 '그러면'이라 말한다. 만약 두 지혜를 잡
으면 문 됨[爲門]이 같지 않다. 진실의 지혜는 오직 진리를 비추므
로 성품이 공함[性空]을 살피고, 방편의 지혜는 다만 세속에 들므
로 있음을 거친다[涉有] 하나, 다 문(門)이라 함은 열고 통함으로
뜻을 삼은 것이다. 열면 두 문이 반드시 다르고 통하면 두 씀이 서
로 관계한다. 진실은 둘 아님[不二]을 말미암아 둘[二]이므로 위에
서 그 통함[通]을 밝혔고 지금은 그 엶[開]을 밝힌다. 그러므로 문
(門)이라 이름한다.77)

(ㄷ) 돌이켜 뒤집어 다시 하나인 뜻을 풀이해 이룸[返覆釋成一義]

있음을 거치되 처음부터 텅 빔[虛]에 헤매지 않으므로 늘 있음에
머물되 물들지 않으며

涉有未始迷虛 故常處有而不染

　먼저 방편의 문[權門]을 잡아 하나인 뜻[一義]을 풀이한다. 이
구절은 뜻을 의거해 편함을 좇는 것이다. 합해서 "텅 빔에 헤매지
않고 있음을 거친다."고 말하니 지금은 글의 편함을 취한 것이고
또 위 방편의 문의 있음 거침[涉有]을 이은 것이다.
　지금은 아래 단을 바라고 또 뜻을 따라 이를 풀이하니 곧 진실
그대로의 방편[卽實之權]이라 방편이 진실과 다르지 않음[權不異
實]을 말한다. 성인이 이를 얻는다.

---

77) △二約二門別釋二名
　承上文勢 故云然則 若約二智 爲門不同 實智唯照理故觀性空 權智但入俗故曰
　涉有 而皆云門者 以開通爲義 開則二門定異 通則二用相關 實由不二而二 故
　上辨其通 今明其開 故各曰門也

그러므로 있음에 머물되 일찍이 물들 수 있는 모습이 있지 않으니, 옛사람이 '있음을 거치되 한 길이 청정하다〔涉有而一道淸淨〕'고 말한 바이다.78)

있음[有]을 싫어하여 공(空)을 살피지 않는다. 그러므로 공을 살피되 공을 증득하지 않는다.

不厭有而觀空 故觀空而不證

다음은 진실의 문〔實門〕을 잡아 하나인 뜻〔一義〕을 풀이함이니 곧 방편 그대로의 진실〔卽權之實〕이 진실이되 방편과 다르지 않음〔實不異權〕을 말하니 성인이 이를 얻는다. 그러므로 비록 깊이 공한 도리〔空理〕를 살피지만 있음을 버리고 공을 증득하지 않으니 옛사람이 "공(空)을 살피지만 만행(萬行)이 물 끓듯 솟구친다."고 말한 것이다.

이 위는 살피는 지혜의 방편과 진실이 둘이되 둘 아니고〔二而不二〕 둘 아니되 둘임〔不二而二〕을 밝혀, 중도의 살핌〔中道觀〕을 이루어 도로 본래 없음〔本無〕 실상(實相) 법의 성품〔法性〕에 계합한 것이다. 그러니 곧 '빛이 도로 스스로 비춤〔光還自照〕'이다.

그러므로 『기신론(起信論)』 가운데서는 "지금 진여문을 의지해 사마타(samatha)를 닦고, 나고 사라짐의 문을 의지해 비파사나(vipaśyana)를 닦으면 두 문이 둘이 아니라〔二門不二〕 사마타와 비파사나 둘이 융통한다〔止觀雙融〕."했으니 곧 이 뜻이다.79)

---

78) △三返覆釋成一義
　先約權門釋一義 此句據義從便 合云不迷虛而涉有 今取文便也 又連上權門涉有也 今望下段且順義釋之 謂卽實之權而權不異實 聖人得之 故能居處於有 而未嘗有相可染 古所謂涉有而一道淸淨也
79) 次約實門釋一義 謂卽權之實而實不異權 聖人得之 故雖深觀空理 未始棄有而證空 古所謂觀空而萬行沸騰 此上明觀智權實 二而不二 不二而二 成中道觀 還契本無實相法性之理 卽光還自照也 故起信中 今依眞如門修止 生滅門修觀 二門不二 止觀雙融 卽此義也

㈐ 마음 살핌을 맺어 이룸〔結成心觀〕

이것을 한 생각의 힘[一念之力]이 방편의 지혜를 갖춤이다 라고
한다.

是謂一念之力權慧具矣

　한 생각의 힘〔一念之力〕이 방편의 지혜 갖춤이라 함에서 '한 생
각'이란 진실의 가르침을 행하는 사람의 한 생각 살피는 마음〔一念
觀心〕이다. 방편과 진실은 서로 갖추는 것〔權實互具〕이 수레의 두
바퀴〔車二輪〕 같고, 새의 두 날개〔鳥二翼〕와 같아, 한 씀〔一用〕에
같이해 서로 빠뜨릴 수 없는 것이다.

　그러므로 지금 위아래 두 구절을 맺으니 한 생각〔一念〕은 곧 반야
(prajñā)이고 방편〔權慧〕은 곧 우파야(upāya, 漚和)이다.80)

잘 생각하면 또렷이 알 수 있을 것이다.

好思 歷然可解

　마음 살핌으로 하나인 뜻〔一義之旨〕을 이루도록 권함이다. 생각
하면 알 수 있음이란 앎을 말미암아 행을 내면〔由解發行〕 곧 반야
가 앞에 나타남〔般若現前〕이다.81)

③ 진리와 사법 모두 사라짐 증득함을 잡아, 하나인 뜻을 나타냄
　〔約證雙泯理事 顯一義〕

앞에서는 비록 진제 속제의 진리가 하나이고 방편과 진실의 지혜

　〔한 생각이 생각하되 생각 없으면〔念而無念〕 사마타(śamatha)이고, 생각
　없이 생각하면〔無念而念〕 비파사나(vipaśyanā)이니, 사마타와 비파사나는
　늘 같이 행한다〔止觀俱行〕.〕
80)　△三結成心觀
　一念之力權慧具矣 一念者實敎行人一念觀心 權實互具 如車二輪 如鳥二翼 同
　一用而不可互闕 故今上下兩句結之 一念卽般若權慧卽漚和也
81)　勸成心觀一義之旨 思之可解 由解發行則般若現前矣

가 융통함을 나타냈으나 이는 다만 경계와 지혜의 자취가 없어지지 않고〔境智之迹未亡〕 '할 수 있음과 하여지는 바의 모습이 오히려 있음〔能所之相尚在〕'이나 지금은 성인과 범부의 바탕이 하나이고 '경계와 지혜가 다 한결같음〔境智皆如〕'임을 나타낸다.

그러니 하나인 한결같음〔一如〕에 둘의 같음〔二如〕이 없어야 바야흐로 지극한 계합〔至契〕이 된다. 이로써 앞은 앎으로 깨침〔解悟〕이고 지금은 증득해 깨침〔證悟〕 밝힘인 줄 알아야 한다.

앞의 다섯 이름 가운데서 보면 다음 같다. 사법 그대로 본래 없는 도리〔本無之理〕에 계합하여 본래 없음〔本無〕에 이르면 '사법과 진리 둘이 모두 끊어지고〔事理雙絶〕' '이름과 뜻 둘이 없어진다〔名義兩亡〕.' 그러면 마음 근원의 마쳐 다함〔心源之究竟〕을 증득했다 말한다.[82)

論 니르바나의 마쳐 다한 진리라는 것은 곧장 맺음이 다할 뿐이니 곧 나고 사라짐이 길이 사라지므로 다함이라 말할 뿐이다.

다시 다른 하나의 다한 곳〔一盡處〕이 있지 않을 뿐이다.

(가) 중국어와 범어로 나타내 물음을 받음〔標華梵以牒問〕

니르바나의 마쳐 다한 진리라는 것은

泥洹盡諦者

밖의 물음 받는 것을 밟이다. 막아 말한다. 만약 세 진리가 녹아

---

82) △三約證雙泯理事顯一義 前雖顯眞俗理一 權實智融 但境智之迹未亡 能所之相尚在 今顯聖凡體一 境智皆如 一如無二如 方爲至契也 是知前是解悟 今明證悟 於前五名中 卽事契本無之理 至本無則事理雙絶 名義兩亡 乃曰證心源之究竟矣
〔도 깨침에 깨침의 자취가 있으면 해오(解悟)이고 깨침과 깨칠 도의 자취가 모두 사라지는 것을 증오(證悟)라 한다.〕

통한 것〔三諦融通〕이라면 곧 진리와 사법이 둘이 없고〔理事無二〕 방편과 진실의 지혜가 하나인 것〔權實智一〕이라 참됨과 세속이 섞여 녹은 것〔眞俗渾融〕이다. 그런데 왜 가르침 가운데서는 다 수행하는 사람으로 하여금 망녕됨을 끊고 참됨을 증득하며, 사법을 버리고 진리에 돌아가 업의 과보를 없애 다해야〔滅盡業果〕 바야흐로 니르바나를 얻는다 하는가?

그러므로 지금 이를 받은 것이다. '니원'이라는 말은 산스크리트인데 니르바나(nirvāṇa)라는 소리가 조금 구른 것이다. 본론의 풀이를 모으면 '다한 진리〔盡諦〕'란 중국 소리인데 곧 아래 논주가 옮겨 '사라짐에 건넘〔滅度〕'의 뜻으로 삼았다.

이는 큰 걱정거리를 없애 네 흐름〔四流〕 건넘을 말하기 때문이다. 이는 곧 망녕된 원인과 망녕된 과보가 다함이니 사제(四諦) 가운데 또한 세 번째 사라짐의 진리〔滅諦〕이다. 그러므로 『법화경』은 말한다. "모든 괴로움을 없애 다함을 세 번째 진리〔第三諦: 滅諦〕라 한다."

만약 앞의 하나인 뜻〔一義〕을 알면 '온갖 연이 모인 법〔緣會法〕'에서 곧장 '본 성품의 비어 없음〔本性虛無〕'을 나타내, '원인 결과의 모습이 다하고〔因果相盡〕' '경계와 지혜가 모두 없어지면〔境智雙亡〕' 바야흐로 마쳐 다한 하나인 뜻〔究竟一義〕에 계합하니 이것이 아래 열반무명론(涅槃無名論)이 종지로 삼는 바이다.83)

---

83) 一標華梵以牒問
假牒外問也 妙云 若三諦融通 則理事無二 權實智一 則眞俗渾融 何以敎中皆令行人 斷妄證眞 棄事歸理 滅盡業果 方得泥洹耶 故今牒之 言泥洹是梵語 涅槃之音小轉 至本論會釋 盡諦是秦音 卽下論主 翻爲滅度之義 謂滅大患度四流故 則妄因妄果盡也 亦卽第三滅諦 故法華云 滅盡諸苦名第三諦 若會前一義者 於一切緣會法 直顯本性虛無 因果相盡 境智雙亡 方契究竟一義 此爲下第四 涅槃無名論所宗矣

(나) 다한 진리에 나아가 풀이해 이룸〔就盡諦以釋成〕

곧장 맺음이 다할 뿐이니 곧 나고 사라짐이 길이 사라짐이므로 다함이라 말할 뿐이다.

直結盡而已 則生死永滅 故謂盡耳

이는 먼저 방편과 진실 두 가르침〔二敎〕의 사라져 다한 뜻〔滅盡之義〕을 통하여 밝힘이다. 곧장이란 다만이나 뜻은 어찌 다만을 말한다.

맺음〔結〕이란 매어 묶음의 뜻이니 곧 미혹과 업〔惑業〕이다. 나고 죽음은 곧 괴로움〔苦〕이다. 삼계의 바퀴 구름〔輪轉, saṃsāra〕은 미혹과 업·괴로움〔惑·業·苦〕 이 셋을 넘지 않는다. 이는 다음을 말한다.[84]

온갖 중생은 본래 참되고 한결같은 묘한 성품을 갖추고 있지만, 진여의 법이 하나임〔眞如法一〕을 진실대로 알지 못함을 말미암아, 깨치지 못한 마음〔不覺心〕이 움직인다. 그리하여 망녕된 생각〔妄念〕이 어지러워져, 억지로 할 수 있음과 하여지는 바를 나누고〔強分能所〕 나와 법에 집착이 나면〔我法執生〕 무명(無明, āvidya)이라 한다.

이미 하나인 실상〔一實〕을 미혹하므로 미혹이라 일컬으니, 미혹이 이미 심해지면 세 업〔三業〕이 불타듯 일어나 '착함〔善〕과 착하지 않음〔不善〕 움직이지 않은 업〔善惡不動〕' 세 원인을 지으니 이를 업(業, karma)이라 한다. 이 업으로 말미암아 삼계의 나고 죽음 그 '덩이의 나뉨이 있는 나고 죽음〔分段生死〕'을 놓아 벗어나지

---

84) △二就盡諦以釋成
　　此先通明權實二敎滅盡之義 直者但也 意云豈但也 結者繫縛義 卽惑業也 生死
　　卽是苦也 三界輪轉不過此三
　　〔미혹과 업, 괴로움〔惑·業·苦〕: 괴로움은 결과이니 고제(苦諦)이다. 미혹이 근본 무명이 되어 망녕된 업을 일으키니 집제(集諦)이다.〕

못하고, '변해 바뀌는 나고 죽음〔變易生死〕' 벗어나지 못하니 다 미혹과 업〔惑業〕을 인해 이 매여 묶임을 부른 것이다. 그러므로 미혹과 업〔因〕을 가리켜 맺음〔結: 果〕이라 이름한 것이다.

아래 논은 '맺음이 무거운 미혹〔重惑〕이다'라고 하니 이로써 미혹과 업을 통하여 맺음이란〔結〕이라 함을 알아야 한다. 네 진리〔四諦〕가운데서는 미혹과 업이란 곧 '괴로움 모아냄의 진리인 원인〔集諦因〕'이고 '나고 죽음은 괴로움의 진리인 결과〔苦諦果〕'이다.85)

지금 맺음이 다해 길이 사라졌다고 말한 것은 만약 세 수레의 사람〔三乘人〕이라면 처음 스승의 가르침 들어 끼침〔聞熏〕을 인해, '마음의 씀 가운데 지혜의 수〔心所中慧數〕'로 도를 봄〔見道〕과 도닦음〔修道〕 가운데서, 정진 등 다섯 진리의 뿌리〔五根〕를 낸다〔發根〕. 그리하여 뒤에 샘이 없는 지혜의 힘으로 삼계의 번뇌를 끊고 곧장 배움 없는 지위〔無學位〕 가운데 이르러, 미혹과 업이 모두 다 하고 나고 죽음이 길이 사라진다.

그러면, 남음 없는 니르바나〔無餘涅槃〕를 증득하여, 바야흐로 마쳐 다함이 된다. 그러므로 맺음이 다해 길이 사라지니 '니르바나의 다한 진리'라 말한다.86)

---

85) 謂一切衆生本具眞常妙性 由不如實知眞如法一不覺心動 妄念紛然 强分能所 我法執生 名曰無明 旣迷一實 故稱爲惑 迷惑旣甚 三業熾然 造善惡不動三因 名之爲業 由此業故不能出於三界生死 縱脫分段 未免變易 皆因惑業招此繫縛 故指惑業名之爲結 下論云結是重惑 是知通以惑業爲結也 四諦之中卽集諦因 生死是苦諦果
  〔업은 착함과 착하지 않은 업, 착함도 아니고 악함도 아닌 업으로 나누니 '착함도 아니고 악함도 아닌 업'을 '움직이지 않는 업'이라 한다.〕
  〔분단생사는 이 몸의 나고 죽음에 갇힌 미혹이고, 몸을 벗어나 변화에 자재하나 나고 사라짐 없는 실상을 알지 못함을 변역생사라 한다.〕
86) 今言結盡永滅者 若三乘人始因師敎聞熏 心所中慧數 於見修道中發根 後無漏智力斷三界煩惱 直至無學位中 惑業都盡 生死永滅 證無餘涅槃 方爲究竟 故結盡永滅 乃曰泥洹盡諦
  〔다섯 진리의 뿌리〔五根〕: 서른일곱 도 돕는 행〔三十七助道〕 가운데 믿음

만약 진실의 가르침〔實敎〕을 행하는 사람이라면, 처음 '중생의 본래 깨침〔本覺〕이 안에서 끼침〔本覺內熏〕'과 '스승의 가르침이 밖에서 끼침〔師敎外熏〕'을 인해, 미혹과 업의 마음〔惑業心〕 가운데서 새로 깨침의 지혜〔始覺智〕가 일어나게 된다. 그리하여 앞의 '한마음의 세 살핌 큰 지혜의 힘〔一心三觀大慧之力〕'을 갖추어 '한 경계인 세 진리〔一境三諦〕'를 살피게 되어 미혹과 업 나고 죽음이 다 연이 모임〔緣會〕이라 거짓 있음이며, 미혹과 업이 성품 없음〔無性〕을 깨치게 된다.

그러면 이를 크나큰 보디〔maha-bodhi〕라 이름하고, 나고 죽음의 성품이 고요함〔生死性寂〕을 크나큰 니르바나〔maha-nirvāṇa〕라 한다. 이는 곧 맺음이 끊어지되 끊어짐 없음이므로 맺음이 다함〔結盡〕이라 하고, 나고 죽음이 곧 사라지되 사라짐 없음을 길이 사라짐〔永滅〕이라 말한다.

이로써 두 가르침이 미혹과 업 괴로움의 셋〔惑業苦三〕이 다함을 모두 통하여 바야흐로 다한 진리〔盡諦〕라 함을 알아야한다.

그러므로 지금의 글은 말한다.

"어찌 다만 맺음이 다함만을 다함이라 할 것인가. 다시 반드시 나고 죽음〔生死〕이 또한 다해야 한다. 그러므로 이를 '니르바나의 다한 진리〔泥洹盡諦〕'라 이름할 뿐이다."[87]

〔信〕, 정진(精進), 생각〔念〕, 선정〔定〕, 지혜〔慧〕의 다섯 진리의 뿌리를 말함.〕

〔끊고 다한 것을 보아 맺음을 끊고 사라짐 증득하는 것을 남음 없는 니르바나라 하고, 나고 죽음이 본래 없음을 증득하는 것을 크나큰 니르바나라 한다.〕

87) 若實敎行人 始因衆生本覺內熏 師敎外熏 惑業心中 乃有始覺智興 具前一心三觀大慧之力 能鑒一境三諦 乃悟惑業生死皆緣會假有 惑業無性 名大菩提 生死性寂號大涅槃 此則於結乃斷而無斷 故云結盡 生死則滅而無滅 故云永滅 是知兩敎通以盡惑業苦三 方名盡諦 故今文云 豈但結盡名盡 更須生死亦盡 故謂之泥洹盡諦耳

㈐ 하나인 실상이 세 수레와 다름을 나타냄〔顯一實異三乘〕

다시 다른 하나의 다한 곳이 있지 않을 뿐이다.

無復別有一盡處耳

앞은 비록 방편과 진실의 지혜 행하는 사람이, 다 망녕된 원인과 괴로움의 결과가 사라져 다함으로 니르바나를 삼음을 밝혔지만, 오히려 방편과 진실의 끊어 증득함〔權實斷證〕을 가려 알지 못함이니 무엇으로 다름을 삼겠는가?

그러므로 지금 다시 따로 망녕됨과 괴로움에 다할 곳〔妄苦可盡之處〕이 없음으로 니르바나를 삼는다 한 것이다. 이는 곧 진실의 가르침을 행하는 사람〔實敎行人〕이 다만 마음 성품이 늘 고요함〔心性常寂〕을 깨치면 원래 얻을 망녕된 원인〔妄因〕과 괴로움의 결과〔苦果〕의 모습이 없음이니 무엇으로 사라져 다한 곳을 삼을 것인가?

이것이 곧 망녕됨을 바로 알면〔了妄〕, 사라짐이라 이름하여〔名滅〕 실로 없앨 모습이 없는 것이다. 이미 없앨 망녕됨이 없으니 또한 증득할 참됨이 없는 것이라 바야흐로 참된 사라짐〔眞滅〕이 되는 것이다. 그러니 어찌 세 수레의 행하는 사람이, 실로 끊고 실로 증득하여서 따로 진여의 세계〔別有眞如界〕가 있어, 망녕됨이 다한 곳〔妄盡之處〕을 삼는 것과 같겠는가?88)

그러므로 『원각경(圓覺經)』은 말한다.

"망녕됨을 알면 곧 떠남이라 방편을 짓지 않는다."

또 말한다.

---

88) △三顯一實異三乘

無復別有一盡處耳

前雖明權實行人 皆以妄因苦果滅盡 以爲泥洹 猶未辨權實斷證 何以爲異耶 故今云無復別有妄苦可盡之處以爲泥洹也 謂實敎行人 但悟心性常寂 元無妄因苦果之相可得 以何爲滅盡之處 斯則了妄名滅 實無可滅之相 旣無妄可滅 亦無眞可證 方爲眞滅 豈同三乘行人實斷實證 別有眞如界 以爲妄盡之處

"허공 꽃〔空華〕인 줄 알면 곧 바퀴구름이 없다."

『슈랑가마수트라(Śūraṃgama-sutra, 首楞嚴經)』는 또한 말한다.

"나고 사라지며 가고 옴이 본래 여래장의 묘한 진여의 성품〔如來藏妙眞如性〕인 줄 아주 알지 못하므로 그 가운데서 그 가고 옴과 미혹과 깨침, 나고 죽음을 구하는 것이다."

얻을 것 없음을 밝게 알면 이것이 곧 마하야나의 가르침〔大乘教部〕에서 마쳐 다함 말한 것〔究竟所說〕이 모두 이것을 넘지 않는다.

그러므로 지금 이를 밝혀서 아래 네 번째 「열반무명론(涅槃無名論)」의 종지의 바탕을 세운다.

위에서 종지의 바탕되는 뜻 풀이함〔釋宗本義〕을 마친다.[89]

---

89) 故圓覺云 知妄卽離不作方便 又云 知是空華卽無輪轉 楞嚴亦云 殊不能知生滅去來本如來藏妙眞如性 而於其中求其去來迷悟生死 了不可得 是則大乘教部究竟所說立不過此 故今明之 立下第四論之宗本義 上釋宗本義竟
〔네 번째 논의 니르바나의 이름 없음〔涅槃無名〕이란 본 성품이 본래 니르바나 되어 있음을 알면 다시 얻을 니르바나가 없음을 보이니 이는 곧 망녕됨을 끊고 얻을 참됨이 없음을 말한다.〕

종본의(宗本義)에 붙이는 글

① 종지와 가르침

천태선사(天台禪師)가 『법화현의』에서 오중현의(五重玄義: 名, 體, 宗, 用, 敎)로, 경이 말하는 진리의 실상과 실천의 큰 줄기를 밝혔는데 그 가운데 체(體)가 실상이라면, 종(宗)은 경전의 가르침이 제시하는 실천의 마루를 말한다.

이런 뜻에서 보면 이 네 론[四論]의 가르침[敎]은 그 종지가 반야(般若)가 될 것이다. 승조성사가 이 논을 저술할 때 시대대중의 요구는, 경전마다 달리 번역되고 기성철학의 개념과 혼동되고 있었던 여러 법[諸法]의 이름과 가르침[名敎]의 표현들에 대한 문제의식이었을 것이다. 곧 승조성사의 입장에서 말이 서로 다르지만 나타내는 바 뜻이 다르지 않음을 대중에게 보이는 것이 시대 대중의 요구에 부응하는 실천적 과제였을 것이다.

그래서 승조성사는 네 론의 대의를 말하기 앞서 종본의(宗本義)를 통해 먼저 법을 밝히는 언어적 표현들이 표현의 상이성에도 불구하고 뜻이 하나[義一]임을 보이고 있다. 처음 외래어에서 번역된 불교 경전을 접한 시대 대중은 달리 번역된 술어 사이에서 많은 혼란을 겪었을 것이다. 그리고 그 표현들은 나중 화엄교의 교판(敎判)대로라면 소승교(小乘敎) 대승시교(大乘始敎) 대승종교(大乘終敎) 돈교(頓敎) 원교(圓敎)에 모두 걸쳐 있는 표현들이다.

붇다의 가르침에서 법을 나타내는 어떤 언어표현은 그 언어에 고유한 자기영역을 갖는 것이 아니라 중생의 사유와 집착에 따라 세워진 언교(言敎)이다. 그러므로 가르침의 언어는 진실에의 복귀를 통해 늘 지양되어야 하고 다시 시대와 대중의 요구에 따라 늘 새롭게 풀이되고 세워져야 한다. 곧 가르침의 언어는 법의 진실을 향해 늘 지양되어야 하고 새롭게 시대고 앞에 실현되어야 한다.

저 당조(唐朝) 남양혜충 선사(南陽慧忠禪師)가 붇다의 연기론에 부합되지 않은 비연기론적 삿된 견해를 가진 선류(禪流)에게 '그와 같은 견해에 빠져 어찌 바른 언교를 세울 수 있겠는가'라고 꾸중한 것이 이 뜻이다.

언교를 지양할 줄 모르는 자는 언어의 굴레와 함정에 빠져 진실에 나아가지 못하는 자이다. 그러나 새로운 상황 속에서 언교를 실현할 줄 모르는 자는 말 없음의 허무에 빠져 말 아닌 참된 말〔眞言〕로 역사의 새로운 변화에 대응할 줄 모르는 자이다. 언어를 지양함으로써 진실에 나아가 진실지(眞實智)를 발휘하며, 언어를 실현함으로써 방편지(方便智)에 나아가는 자가, 반야의 앎 없되 앎 없음도 없는〔無知無無知〕 큰 지혜를 쓰는 자이다.

② 가르침의 다른 이름과 하나인 뜻

승조성사는 가르침의 이름이 다르더라도 그 뜻이 하나임을 밝히는데 '마하야나의 마치는 가르침〔大乘終敎〕'에 나오는 본래 없음〔本無〕 실상(實相) 법의 성품〔法性〕을 먼저 들고, 나중 세간법이 인연이 모여 나고 사라짐을 들어서〔緣會〕 그 나고 사라지는 성품이 공함〔性空〕을 말한다. 곧 진리와 사법〔理事〕, 진제와 속제〔眞俗〕, 반야의 살피는 지혜〔能觀智〕와 살피는 바 진리의 성품과 모습〔所觀眞理性相〕을, 모두 부정하고 모두 긍정하는〔雙遮雙照〕 언어, 곧 진리 기술의 맨 꼭대기 언어〔終敎〕를 들어서, 연기(緣起, 緣會)라는 진리 기술의 맨 처음의 언어와 다르지 않음을 밝히고 있다.

이를 뒤의 네 론을 들어 말해보자. 「반야무지론」에서 지혜는 언제나 진리인 지혜이고 아는 바 진리는 아는 지혜인 진리이다.

인행(因行)인 지혜는 니르바나의 과덕(果德)에 돌아가고, 다시 지혜는 니르바나 과덕의 땅〔涅槃果地〕에서 남이 없이 나는 지혜만이 반야의 이름을 얻는다.

지금 반야의 앎에 앎 없고〔於知無知〕 앎 없음에 앎 없음도 없을 때〔於無知無無知〕, 진리의 모습과 모습 없음〔相無相〕, 니르바나의 이름과 이름 없음〔名無名〕을, 함께 살리고 함께 없앤다.

③ 붇다의 삶의 실천적 기록인 가르침의 말씀

이러한 가르침의 전개 방식을 붇다께서 맨 처음 말씀한 연기(pratītyasamutpāda, 緣起)라는 말에서 다시 시작해보자.

붇다께서는, 마가다의 보디나무〔菩提樹, Bodhirṛkṣa〕 아래서 성도 하신 뒤, 맨 처음 가르침을 누구에게 먼저 말할까 사유 관찰 하신다. 육 년 고행하는 동안 고행〔苦行主義〕과 신비선정〔修定主義〕의 심화 발전으로 위없는 도에 이를 수 있다고 가르친, 옛 스승들〔六師〕을 살펴보니 그들은 이미 세상을 떠났다.

그 다음 부왕 슏도다나왕이 아들 고타마의 수행을 돌보기 위해 보낸 다섯 시자〔뒤에 五比丘〕를 살펴보았다. 그들은 고행하는 고타마를 모시다, 고타마가 고행을 포기하고 유미죽을 드시고 보디나무 아래 나아가 십이연기(十二緣起)를 사유하시는 모습을 보고, 고행의 지조를 포기한 타락한 수행자라 비방하며 고타마를 떠나 카시(kaśi)의 사슴동산〔鹿野園〕에 머물고 있었다.

성도하신 뒤 위없는 보디의 완성자가 되신 고타마는, 살인적인 더위를 뚫고 걸어서 그들을 찾아간다. 여래(如來) 붇다가 되신 고타마를 향해 그들이 '고타마시여, 그대 얼굴은 예전과 달리 환히 빛나십니다.'라고 말하자 그 고행주의자들에게 여래는 말씀하신다.

'여래를 그대들은 예전 이름 고타마로 부르지 말라. 나는 여래(如

來, tathāgata)이며 삶의 참된 승리자[jina], 위없는 스승[無上師: anuttara], 저 언덕에 잘 건너 가신 자[善逝, sugata]이다.'

붇다께서는 이처럼 자신을 고타마라는 옛 이름으로 부르는 다섯 수행자에게 '여래(如來), 위대한 승리자[jina]'라 부르게 하시고, 고행만이 유일한 해탈의 길이라 말하는 그들에게 쾌락과 고행 두 극단[兩邊]의 길이, 바른 삶의 길[中道]이 아니며 해탈의 길이 아님을 설파하신다.

범부의 쾌락을 추구하는 삶은 주어진 현실을 반성이 없이 취하는 삶이다. 그에 비해 고행주의는 모든 고통의 원인을 몸에 두고 몸을 부정하고 버림으로써 해탈에 나아가려 한다.

그러나 몸을 탐착하거나 몸을 버리는 양 극단은 몸의 있음이 있음 아닌 몸의 진실에 부합되지 않을 뿐 아니라 해탈의 도가 아니다. 주어진 현실의 있음[有]을 취하거나 버림[取捨]이 모두 진실에 부합되지 않으므로, 취하고 버리는 삶은 인간을 온갖 존재[有]에서 자유로운 해탈(解脫, mokṣa)에 이끌지 못한다.

그렇다면 개아와 사물을 전변하는 절대 신성[brahma: 彼一者]의 품에 돌아가는 것이 해탈인가. 나를 버리고 절대 신성에 돌아간다면 지금 볼 줄 알고 들을 줄 알며 행위하는 나의 자유의지는 무엇으로 설명할 것인가. 만유를 전변하는 신성의 존재가 지금 사유하고 말하며 홀로 걸어가고 있는 나의 존재의 해탈을 어떻게 담보할 것인가.

다시 타자와의 소통과 관계를 떠나 개아 안의 영적 신비[神我]를 세워, 선정을 통해 영적 능력을 확대 심화시키는 것 속에 삶의 자유와 존재의 진실이 해명될 수 있는가.

모든 개체가 그 개체 안에 고유한 자기 내면의 영적 실체를 보존하고 있다면 각기 다른 실체들은 어떻게 소통하고 대화할 수 있단 말인가.

내가 눈으로 사물의 빛깔을 보고〔眼見色〕귀로 소리를 들을 수 있다〔耳聞聲〕는 것은, 보고 듣는 나와 보이고 들리는 사물 사이에 각기 자기 영역 만의 닫힌 존재의 장이 따로 있음을 말하는 것이 아니다.

내가 내가 아니라 해도 내가 저 사물을 볼 수 없고, 저 사물이 사물 아니라 해도 저 사물을 내가 알 수 없다. 다시 사물을 보는 나와 보여지는 사물이, 스스로 있는 나이고 스스로 있는 사물이라 해도 여기 있는 내가 저기 있는 사물을 볼 수 없다.

붇다 당시 부라흐만이라는 오직 하나인 것〔The one〕이 만유를 전변했다 말하는〔轉變說〕기성 주류 철학은, 온갖 개별 존재가 하나인 자의 전변이므로 개아가 저 하나인 자에 돌아가 '나와 부라흐만이 하나될 때〔梵我一如〕해탈한다.' 말한다.

절대 신성의 전변을 반대하는 새로운 사문들은, 원자적 요소의 결합과 쌓임에 의해서 존재가 구성된다 말한다〔積聚說〕. 그 가운데 니간타나타푸트라 같은 발전된 적취론자들은 물질적 요인과 정신적 영적 요인〔jiva〕을 같이 말하고, 어떤 요인들을 묶어내는 포괄적인 형식〔Ajiva〕을 거기 덧붙여 존재 구성을 설명한다. 시간〔時〕공간〔空〕같은 요인들이 다양한 경험의 소재들이 담긴 장소 또는 포괄적인 형식이 된다.

붇다는 이 철학적 조류가 지배하던 시대에 출세하시어, 처음 부라흐만이라는 신성이 만유를 전변한다고 주장하는 이들의 가르침의 성전인 베다(Vēda)를 배우고, 그들을 따라 명상하며 세속주의적 궁중의 생활을 하신다.

고오타마가 성(城)을 넘어 집을 나오시고〔出家〕화려한 궁중의 옷을 버리고 가난한 고행자의 누더기 옷을 갈아입으신 것은 세속적인 쾌락의 삶을 버림이다. 그리고 세속적 쾌락의 삶에 정당성을 부여해주던 절대 신성이라는 또 하나 마야(maya: 幻)의 성(城)을 깨뜨림이다. 성을 넘어 집을 나와〔逾城出家〕고행자의 떨어진 옷을 입은 고오타마는, 이제 여러 고행주의적 스승을 따라 고행주의자의 길을 걷고 영적 신비주의자의 선정을 닦는다. 이 생활이 우루벨라 고행자의 숲에 들어간 뒤 6년 고행의 삶이었다.

④ 열두 연기〔十二緣起〕의 사유관찰

수행자 고타마가 극심한 고행에서 쓰러져 있다가 수자타 아가씨의 유미죽 공양을 얻어 드시고 보디나무아래 나아가신 것은 무엇을 나타낼까. 당대 철학인 전변설과 적취설, 세속주의적 쾌락과 고행, 초월주의적 명상과 내면주의적 신비 선정을 모두 버리고, 주어진 것을 반성하는 새로운 삶의 길에 나아가심이며, 연기 중도(緣起中道)의 바른 선정으로 해탈에 나아가심이다.

이때를 경전은 고행을 버리고 보디나무 아래 걸어가 열두 연기〔十二緣起〕를 사유 관찰하시어 위없는 보디의 길에 나아가심으로 표현한다. 열두 연기〔十二緣起〕에서 처음 무명(無明)과 행(行)은 삶의 진실을 왜곡하는 집착과 망상의 움직임이다. 그 다음 앎〔識〕마음·물질〔名色〕여섯 들임〔六入〕닿음〔觸〕받음〔受〕은90) 지금 세계와 교섭하고 관계하는 중생의 삶 현실이며, 뒤의 애착〔愛〕취함〔取〕있음〔有〕남〔生〕늙고 죽음〔老死〕은 본래 열려진 연기의 진실이 무명으로 질곡의 존재〔有〕를 이루고, 나고 죽음의 윤회의 굴레에 갇힘〔生·老死〕을 말한다.

---

90) 앎〔識〕마음·물질〔名色〕여섯 들임〔六入〕닿음〔觸〕받음〔受〕: 여기서 앎〔識〕은 주체와 객체를 의지해 앎이 일어남이니 유식불교에서 제8알라야의 앎이고, 마음과 물질〔名色〕은 마음은 물질의 마음이고 물질은 마음에 알려진 물질임을 나타내니 여기서 마음은 여섯 앎〔六識〕이다. 닿음〔觸〕은 육근(六根: 주체) 육경(六境: 대상) 육식(六識: 주객이 어울려 생겨나는 행위)이 함께 만남이고, 받아들임〔受〕은 근(根: 주체)·경(境: 대상)·식(識: 활동)이 만나 대상에 대한 감수작용이 일어남이다.

붇다의 연기법에서는 고통이 발생하는 곳이 해탈이 실현되는 곳이며 무명(無明, āvidya)과 망상(妄想)이 보디(bodhi)의 단초가 되고 번뇌의 자기 전환이 보디의 자기모습이 된다. 문제가 있는 곳에 문제에 대한 자기 물음을 통해 문제해결이 있는 것이니 고통은 고통 안에 자기 뿌리도 없고〔非自作〕고통을 내는 실체로서 외적 요인도 없으니〔非他作〕, 고통은 다만 내면적 요인으로 난 것도 아니고 외적 조건에서 난 것도 아니다. 또 삶의 괴로움은 주체적 요인과 외적 여건의 기계적 결합도 아니며〔非自他作〕원인이 없는 것도 아니다〔非無因作〕.

십이연기설로 보면 무명(無明)으로 인해 연기의 진실을 바로 보지 못해〔非如實知〕일으키는, 애착〔愛〕과 취함〔取〕으로 존재의 있음〔有〕은 닫힌 질곡의 있음〔有〕이 되고, 나고 죽음〔生死〕은 중생이 벗어날 수 없는 삶의 굴레〔saṃsāra〕가 된다.

그러나 지혜의 눈으로 있음이 있음 아닌 줄 사무쳐보면 나고 죽음은 바로 살아 움직이는 해탈의 활동이 된다. 곧 나고 죽음의 꼭 그러함〔必然〕은, 지혜를 통해 그러하되 그러함이 아닌〔然而不然: 그러하되 그렇지 않음〕자유 속의 그러함〔不然而然: 그렇지 않되 그러함〕이 된다. 자유 속의 그러함이란 나고 죽음이 실로 나고 죽음이 없는 곳에서 남이 없이 나고 죽음 없이 죽는 해탈의 활동〔解脫行〕이 됨이다.

붇다께서 십이연기를 살피시다 새벽에 떠오르는 샛별을 보시고 위없는 보디의 도를 이루셨다함은 바로 중생의 삶을 왜곡시키는 '무명이 본래 온 곳이 없음〔無明本無所從〕'을 바로 깨치신 것이다. 중생의 무명이 본래 온 곳이 없음을 깨치면 보디는 새로 얻는 것이 아니라〔非新得〕중생의 본래적인 자기 진실이 되는 것이다.

그러므로 산스크리트에서 번역된 『아가마수트라〔阿含經〕』에서도 '십이연기가 곧 진여(眞如)이다'라 말하고 있고 마하야나〔大乘〕

의 『파리니르바나수트라』는 '십이연기가 곧 불성이다'고 말한다.

5 처음 법바퀴 굴림[初轉法輪]과 상가(saṇgha)의 출현

카시의 사슴동산에서 다섯 수행자에게 '고행과 쾌락 두 극단의 삶의 길을 떠나 중도의 바른 삶의 길을 가라'고 가르치신 여래의 설법을 듣고 다섯 수행자 가운데 카운디냐가 여래의 가르침의 소리를 알아 듣고[聲聞] 다음 같이 외친다.

'여래시여, 저는 알았습니다. 저는 건넜습니다.'

위대한 스승의 가르침의 소리를 듣고 그 가르침의 진실을 깨쳐 스스로의 해탈을 외칠 때가 붇다의 보디가 역사적으로 검증되는 때이며, 여래의 가르침이 역사 속에 실현되는 모습이다.

바로 이 때를 경전은 이 세간 역사 속에 붇다(Buddha)와 다르마(dharma) 상가(saṇgha)의 삼보(三寶)가 구체적으로 출현하게 된 때라 말한다.

붇다가 가르치신 연기적인 삶의 진실은 붇다가 오시든 오시지 않든 이 법계에 늘 머물러 있다[法界常住]. 그러나 붇다가 보디를 실현하고 연기의 진실을 세간 언어로 표현하시어 중생이 그 법을 듣고 여래 해탈의 도에 함께할 때, 붇다와 다르마 상가는 구체적인 역사의 모습으로 비로소 이 세간에 있게 되는 것이다.

사슴동산에서 다섯 수행자에게 붇다께서 사제의 법[四諦法]을 설하시어 카운디냐가 깨치고 다섯 수행자가 붇다께 귀의함으로써 이 세간에는 비로소 위없는 보디의 완성자 붇다(buddha, 佛)와 붇다의 언어적 가르침인 사제의 법[dharma, 四諦法]과 붇다의 가르침을 따르는 상가(saṇgha, 僧) 이 삼보(三寶)가 출현한 것이다.

곧 삼보의 진실의 모습은 나고 사라짐이 아니지만 언어적 가르침을 듣고 중생이 믿음을 일으킴으로써 모습의 삼보가 출현한 것이다.

6 삼보 출현에 관한 마하야나의 가르침

이 삼보 출현의 소식을 말하는 마하야나 수트라〔大乘經〕의 가르침을 살펴보자.

○ 법화경

붇다께서는 처음 보디나무 아래서 성도하신 뒤 세 이레〔三七日〕 동안 잠자코 입을 열지 않으셨다. 그러다 하늘왕들이 설법하시길 권해 청함〔勸請〕을 듣고 옛 붇다들께서 방편의 문〔方便門〕을 열어 설법하심을 따라, 샤카무니붇다 또한 입을 열어 법 설하심을 법화경(法華經)은 다음 같이 기술한다.

내가 처음 깨달음의 도량에 앉아
나무를 바라보고 또한 거닐면서
세 이레 동안 이와 같은 일 사유했네

　我始坐道場　　觀樹亦經行
　於三七日中　　思惟如是事

내가 얻은 큰 지혜 미묘하여 으뜸인데
어리석은 중생은 모든 근기 무디어서
즐거움에 집착하고 어리석어 눈먼 이라
이와 같은 모든 무리 어떻게 건네줄까

　我所得智慧　　微妙最第一
　衆生諸根鈍　　著樂癡所盲
　如斯之等類　　云何而可度

그때 모든 부라흐마하늘왕과
여러 하늘 샤크라인드라와

이 세간 보살피는 네 하늘왕과
나아가 큰 자재하늘의 왕과
그 밖의 여러 하늘신의 무리들과
그 붙이들 백천만의 큰 무리들이
공경히 두 손 모아 절하면서
내가 법바퀴 굴리기를 청하므로
나는 곧 스스로 이렇게 사유했네

爾時諸梵王　　及諸天帝釋
護世四天王　　及大自在天
幷餘諸天衆　　眷屬百千萬
恭敬合掌禮　　請我轉法輪
我卽自思惟

내가 다만 붇다의 수레만을 찬탄하면
중생은 고통바다 빠져 있으니
이 법을 믿을 수 없으리라
법을 깨뜨려 믿지 않으므로
세 악한 길에 떨어지리니
나는 차라리 법을 설하지 않고
빨리 니르바나에 들어가리

그러다 지난 세상 붇다들께서
행하신 방편의 힘 찾아 생각하고서
나도 지금 얻은 도를 또한 반드시
세 수레의 법으로 설해야 하리
이러한 사유를 지었을 때에
시방의 붇다들께서 다 나타나시어
거룩한 음성으로 나를 위로해 말씀했네

若但讚佛乘　　衆生沒在苦
不能信是法　　破法不信故
墜於三惡道　　我寧不說法
疾入於涅槃　　尋念過去佛
所行方便力　　我今所得道
亦應說三乘　　作是思惟時
十方佛皆現　　梵音慰喻我

잘 생각하시었소, 샤카무니
으뜸가는 세간의 길잡이시여
이 위없는 법을 얻고서
온갖 모든 붇다를 따라
방편의 힘을 쓰시게 되었네
우리들도 또한 다 가장 묘한
으뜸가는 한 수레의 법을 얻었지만
모든 중생의 무리 위하여
세 수레를 분별해 말했도다
적은 지혜는 작은 법을 좋아해
스스로 붇다됨을 믿지 않네
그러므로 중생 위한 방편으로
모든 과덕 분별해 설하나니
비록 다시 세 수레를 설하지만
다만 보디사트바 가르치기 위함이네

善哉釋迦文　　第一之導師
得是無上法　　隨諸一切佛
而用方便力　　我等亦皆得
最妙第一法　　爲諸衆生類

分別說三乘　　少智樂小法
不自信作佛　　是故以方便
分別說諸果　　雖復說三乘
但爲敎菩薩

사리푸트라여, 반드시 알아야한다.
나는 거룩하신 사자왕의
깊고 맑은 미묘한 음성 듣고
기뻐 '나무 붇다'라 말하였네
거듭 다시 이와 같이 생각하되
내가 흐리고 악한 세간에 와
모든 붇다께서 말씀하신 법
나도 또한 따라 행하리라

舍利弗當知　　我聞聖師子
深淨微妙音　　喜稱南無佛
復作如是念　　我出濁惡世
如諸佛所說　　我亦隨順行

이와 같은 일 사유하고 나서
곧 바라나시에 나아갔네
모든 법의 적멸한 모습
말로 펴 보일 수 없어라

중생 위한 방편의 힘 때문에
다섯 비구 위해 말해주었으니
이를 법바퀴 굴림이라 하네
곧 니르바나라는 소리 있게 되었고
나아가 아라한과 다르마, 상가

차별된 이름이 있게 되었네

오래고 먼 칼파로부터 오면서
니르바나의 법 찬탄해 보여야
나고 죽음의 고통 길이 다하리니
나는 늘 이와 같이 설하노라

思惟是事已　　卽趣波羅奈
諸法寂滅相　　不可以言宣

以方便力故　　爲五比丘說
是名轉法輪　　便有涅槃音
及以阿羅漢　　法僧差別名

從久遠劫來　　讚示涅槃法
生死苦永盡　　我常如是說

위 『법화경』의 게송에서 샤카무니께서 지난 세상 붇다를 따라
입을 열어 가르침을 펴고 다시 과거 모든 붇다께서 샤카무니붇다를
찬탄한 것은 무엇을 나타냄일까.

그것은 이 보디의 법이 다만 샤카무니 붇다만의 법이 아니고 시
방법계 온갖 존재의 진실이고 삼세 모든 붇다의 법임을, 과거 붇다
의 출현과 찬탄이라는 서사로 보인 것이다.

○ 비말라키르티 수트라〔淨名經〕

이처럼 샤카무니붇다께서 성도 후 바라나시에 나아가 다섯 비구
〔五比丘〕에게 설법함을 통해, 붇다 다르마 상가의 삼보가 역사 속
에 출현하게 되었으니, 위 『법화경』의 기술을 다시 『비말라키르
티수트라』는 다음 같이 말한다.

처음 보디나무 아래서 힘써 마라 항복 받으시고

단 이슬의 니르바나 얻으시사 보디의 도 이루시니
이미 마음과 뜻 없고 느낌과 지어감이 없으사
모든 바깥 길을 다 꺾어 누르셨네

대천세계에 법바퀴를 세 번 굴리시니
그 법바퀴는 본래 늘 청정하도다
하늘과 사람 도를 얻어 이를 증명하니
삼보가 여기에서 세간에 출현하였네

始在佛樹力降魔　　得甘露滅覺道成
已無心意無受行　　而悉摧伏諸外道
三轉法輪於大千　　其輪本來常淸淨
天人得道此爲證　　三寶於是現世間

이 게송은 이 법이 과거 모든 붇다의 법일 뿐 아니라 지금 세상 미망의 중생이 받아들이면 깨치는 법이고 고통 속에 있는 중생 자신의 법임을 말하고 있다. 곧 배우는 자 중생이 듣고 깨쳐 스스로 해탈함으로써 여래의 보디를 중생이 역사 속에 검증하는 것이다. 그러므로 비말라키르티 수트라의 이 게송은 이 세간에 깨친 분 붇다(Buddha)가 출현하여 붇다가 가르치신 다르마(dharma)가 있게 되고 다르마의 법을 받아들여 깨달음을 지향하는 상가집단〔saṇgha〕이 출현한 소식을 말하고 있는 것이다.

이 게송을 통해 우리는 가르치는 자의 법이 배우는 자의 법이며, 배우는 자도 법의 바다에 들어감으로써 그 스스로 세간에 법을 가르치는 자 될 수 있음을 말하고 있다.

여래는 이처럼 배움과 가르침이 다르마(dharma) 안에서 하나 되는 배움과 가르침의 길을 보이고 계시니, 우리는 여래를 세간을 잘 아시는 이〔世間解, Lokavit〕, 위없는 스승〔無上師, Anuttara〕이라 부르는 것이다.

곧 여래야말로 배움과 가르침이 하나 되는 참 배움과 참 가르침의 길을 보인 분이며, 인류역사 최초 계급과 신분, 인종과 남녀의 차별이 없는 대중교육을 열어내신 분이다.

그러므로 『비말라키르티수트라』는 다음 같이 여래를 찬탄한다.

이 묘한 법으로 중생을 건네주시니
한번 받아 물러서지 않으면 늘 고요하리라
늙고 죽는 병 죽음을 건네시는 큰 의왕이시니
여래의 법의 바다 가없는 덕에 절해야 하네

헐뜯음과 기림에 움직이지 않음은 수메루산 같고
착함과 착하지 않음에 평등히 자비하시사
마음의 행 평등함이 허공과 같으시니
누가 사람의 보배 듣고 받들지 않으리

以斯妙法濟群生　　一受不退常寂然
度老病死大醫王　　當禮法海德無邊
毀譽不動如須彌　　於善不善等以慈
心行平等如虛空　　孰聞人寶不敬承

⑦ 사제법이 보인 연기의 뜻과 실상

사제법(四諦法)은 괴로움과 해탈의 인과를 밝힌 법이다. 곧 사제법은 중생의 괴로움〔苦果〕이, 집착의 원인〔集因〕으로 인해 생기고, 해탈과 니르바나의 결과〔滅諦: 果〕가, 중도의 바른 행〔道諦: 因〕으로 성취된다는 간명한 인과법을 설하고 있다. 그렇다면 카운디냐는 어떻게 사제법이라는 여래의 가르침에 바른 믿음을 내, 소리 듣는〔聲聞〕 그 자리에서 지혜의 흐름에 들어가게 되었을까.

사제의 교설에 의하면 인간 해탈과 고통은 초월적인 외적 요인이

나 내재적 요인이 일으키는 것이 아니다. 사제설에 의하면 고통과 소외의 조건이 해탈의 조건이고 고통의 현장이 해탈의 현장이다.

괴로움이 생활 속 안팎의 원인이 일으킨 것이라면 고통은 원래 있는 것이 아니다. 끊고 지양해야 할 삶의 질곡이 원래 있는 것이 아니므로 고통과 소외를 지양하는 해탈의 실천도 실로 닦아감이 아니고[非修] 해탈 니르바나도 실로 얻음이 아니다[非證].

그러므로 괴로움의 발생과 소멸의 인과를 설하는 사제의 가르침에서, 고통이 본래 공함[本空]과 닦음에 닦음 없는 뜻[無修之義]과 니르바나의 얻음 없는 얻음의 뜻[無得義]이 세워진다.

카운디냐는 바로 이처럼 고통의 발생과 소멸이라는 연기의 뜻을 밝히는 사제의 가르침[四諦敎] 설하는 여래의 음성을 듣고[聲聞], 바로 고통이 본래 공하고 니르바나의 공덕이 공하지 않은 뜻[涅槃不空義]을 바로 깨달아 '저는 이미 알았고 이미 건넜다'고 말한 것이다.

이렇게 이해하면 고통이 안과 밖의 연이 모여[緣會] 난다는 가르침이, 어찌 고통의 성품이 공함[性空]과 다를 것이며 고통의 있음이 공하므로 그 공함도 공한 법의 성품[法性]의 뜻과 다를 것인가.

이처럼 연기의 뜻[緣起義]은 모든 법이 연으로 일어나므로 실로 있음이 아니고 실로 없음이 아닌 실상의 뜻[實相義]을 보이고 있는 것이다. 그러므로 연기의 뜻[緣起義]이 어찌 고통이 공하되 공덕이 공하지 않은 실상(實相)의 뜻과 다르며, 아는 지혜의 앎에 앎이 없고[般若無知] 아는 바 진리의 모습에 모습 없어[眞理無相] 니르바나에 이름 없는 뜻[涅槃無名]과 다를 것인가.

연기의 뜻[緣起義]을 이와 같이 바르게 사유하면[正思惟] 고통 발생이 연기라는 말이 곧 성품이 공함[性空]·법의 성품[法性]·실상(實相)·니르바나의 본래 없음[本無]과 다름없는 한뜻[一義]일 뿐이다.

8 비구들이여, 전법(傳法)의 길을 떠나라

고통 발생과 해탈의 성취가, 연이 모여[緣會] 연으로 일어남[緣起]을 가르치는 여래의 맨 처음 사제의 교설[四諦敎說]을 통해 이 사바세계의 역사현장에 삼보가 출현하였다. 여래는 다섯 비구의 귀의로 상가가 구성되자 바로 비구상가에 밥 비는 법[乞食法]을 제정하시고, 다섯 비구에게 법을 가르치시는데 세 사람이 밥을 빌면 두 사람에게 가르치시고, 두 사람이 밥을 빌면 세 사람에게 법을 가르치셨다.

그러다 어느 날 여래는 비구들에게 말씀하신다.

'자 비구들이여, 길을 떠나라. 두 사람이 한 길로 가지 말고 길을 떠나 여래의 법을 전하라. 나도 이제 길을 떠나 우루벨라 숲으로 가련다.'

9 상가의 출현

○ 부라마나(Brahmaṇa) 집단의 교화

그리하여 여래는 스스로 우루벨라 숲으로 가시어 불을 섬기며 하늘에 제사하던 우루벨라 카아샤파 세 형제를 제도하여 그들 무리 천여 명을 출가비구가 되게 한다. 불을 섬기며 브라흐마 신을 숭배하던 천여 명의 부라마나들을 삼보께 귀의시켜 비구가 되게 하신 뒤, 가야산 산상에서 그 비구들에게 다음 같이 가르치신다.

'비구들이여, 세간이 불타고 있다. 안의 여섯 아는 뿌리가 불타고 밖의 여섯 경계가 불타며 가운데 여섯 앎이 불타고 있다.'

여래의 가야산 산상 설법(山上說法)으로 알려진 이 가르침 곧 불[火]의 가르침을 이끌어, 영국 시인 엘리어트(T. S. Eliot)는 2차세계대전의 폐허 위에서 인간의 탐욕과 집단적 광란의 불길로

타버린 인간 현실의 참혹상을 노래한 바 있다.

○ 슈라마나(śramaṇa) 집단의 교화

여래의 부라마나 집단의 교화가 이루어질 무렵 다섯 비구 가운
데 한 사람인 아슈바짓트(Aśvajit, 馬勝)는 전법(傳法)의 길을 떠
나 라하자그리하 성에 들어가 가사를 걸치고 바루를 지닌 채, 고
요히 성안 거리를 거닐고 있었다.

그곳에는 슈라마나[沙門]의 집단인 산쟈야의 제자들이 머물고
있었다. 산쟈야의 제자무리 250명의 가장 머리가 된 제자는 사리
푸트라(Śāriputra)였고 그 벗이 목갈라야나(Maudgalyāyana)였
다. 사리푸트라가 거리에서 고요히 거닐고 있던 아슈바지트의 단
정한 모습을 보고 그에게 물었다

'그대의 스승은 누구이며 스승의 가르침은 무엇이오.'

아슈바지트가 게송으로 답했다.

모든 법은 연을 좇아 생겨나고
모든 법은 연을 좇아 사라지네
우리 붇다 크신 슈라마나께서는
늘 이와 같이 말씀하시네

諸法從緣生　諸法從緣滅
我佛大沙門　常作如是說

아슈바짓의 이 게송을 듣고 사리푸트라는 소리 듣는 그 자리에
서 곧 바로 깨닫고 붇다께 귀의하였다. 산쟈야의 교단에 돌아와
벗 목갈라야나에게 이 게송을 들려주자 목갈라야나는 게송을 두세
번 되새겨 읊조리고 나서 깨달았다.

그리하여 산쟈야 교단의 이백오십 슈라마나 집단의 대중이 사리
푸트라를 따라 붇다의 상가에 귀의하여 비구가 되었다.

붇다 세존께서 부라마나의 수행자 천 명을 우루벨라숲에서 교화
하시고 산자야교단의 슈라마나 수행자들이 붇다께 귀의하자 처음
다섯 비구가 귀의한 지 얼마 되지 않아 슈라바스티 『금강경(金剛
經)』회상에서 거론되고 있는 천이백 오십 상가 대중이 여래의 상
가에 갖춰졌다.

⑩ 연기 교설과 세 수레 실천법〔三乘法〕

○ 연이 모여 생겨나고〔緣會而生〕

이제 사리푸트라가 듣고 바로 깨친 게송의 뜻을 살펴보자.

'연을 좇아 모든 법이 나고 사라진다'는 말은 『조론』에서 연이
모임〔緣會〕과 다른 뜻이 아니다. 존재는 연이 모여 연으로 일어난
다〔緣起〕. 존재는 초월적 신성의 전변이거나 원자적 요소들의 쌓
여짐으로 있는 것이 아니니 그 연이 모여 일어난 존재의 있음은
그 성품이 공하다〔性空〕. 그러나 주체적 요인〔因〕과 여건〔緣〕이
만나 결과〔果〕로서 새로운 존재가 이루어질 때 실체적 요인과 여
건이 만나 새로운 존재를 일으킨다고 하면, 존재(ātman)를 일으
키는 법(dharma)의 집착〔法執〕이 다하지 않음이다.

그러므로 이는 연기이므로 성품이 공한 뜻〔性空義〕을 이루지 못
한다. 존재도 공하고〔我空〕 존재를 이루는 법도 공해야〔法空〕 여
래의 법에서 연기이므로 성품이 공한 뜻〔性空義〕이 이루어진다.
존재의 집착〔我執〕과 존재를 이루는 법의 집착〔法執〕이 다해야 존
재의 한결같은 진실〔眞如〕이 드러나고 성품의 공함〔性空〕이 실현
되고 법의 참 성품이〔法性〕 드러나는 것이다.

법의 성품〔法性〕이란, 법이 인연으로 나기 때문에 법의 있음이
곧 공하므로 그 공함 또한 공함이 법의 성품이다. 나고 사라지는
세간법이 공해 세간법이 진여(眞如)이고 진여의 공함은 다만 공하

지 않아 나고 사라지는 온갖 세간법이 진여에서 건립된다.

이처럼 나고 사라지는 세간법의 있음 아닌 있음과 진여의 없음 아닌 없음이 둘 아님을 온갖 법의 실상(實相)이라 하니 이 진실의 모습에는 아는 바 온갖 법의 모습[相]과 모습 없음[無相], 아는 마음[能緣心]의 앎[知]과 앎 없음[無知]의 모든 자취가 없다.

그러므로 연기의 진실이 온전히 구현된 여래의 니르바나에는 얻고 취할 이름과 모습이 없다[涅槃無相無名].

이렇게 보면 여래 최초 설법[初轉法輪]에서 '인연으로 모든 법이 나고 사라진다[因緣生滅]'는 이 뜻과 마하야나의 비롯하는 가르침[大乘始敎]에서 성품이 공함[性空]과, 마치는 가르침[終敎]에서 법의 성품[法性], 실상(實相)과, 단박 깨치는 가르침[頓敎]에서 니르바나에 이름과 모습[名相]이 본래 없음[本無]은 오직 한뜻[一義]일 뿐이다.

○ 연기의 뜻을 『법화경』의 일승과 삼승의 가르침으로 살핌

이를 일승의 가르침[一乘敎]인 법화(法華)의 가르침으로 살펴보자. 『법화경』「방편품」의 게송은 이렇게 노래한다.

이 법이 법 자리에 머물러
세간의 모습이 늘 머물러 있네
붇다는 도량에서 이미 아셨지만
크신 인도자 방편으로 설하셨네

是法住法位　世間相常住
於道場知已　導師方便說

이 게송에서 '이 법[是法]'이란 연이 모여[緣會] 나고 사라지는 세간법이다. 나고 사라지는 세간의 이 모습이, 세간의 모습 그대로 나지 않고 사라지지 않음을 '세간의 모습이 늘 머문다[世間相常住]'

고 말한 것이다.

이 세간의 크신 인도자[大導師]이자 큰 의왕[大醫王]이신 붇다 세존께서는 이미 마가다의 보디 도량[菩提場]에서 온전히 이 법을 깨치셨지만, 중생의 집착을 따라, 어느 때는 세간법이 인연을 따라 나고 인연을 따라 사라진다[緣生緣滅] 말하고, 어떤 때는 인연따라 나기 때문에[因緣生故] 남에 남이 없다[於生無生]고 말씀하신다. 또한 다시 남에 남이 없으므로 남 없음이 다만 남 없음이 아니라, 남이 없으므로 남이 없이 난다[無生而生]고 가르친다. 그러므로 끝내 남도 아니고[不生] 나지 않음도 아니라[不不生]고 가르친다.

남[生]과 나지 않음[不生]의 관계로 보인 이 뜻을 『중론송(中論頌)』은 있음[有]과 공함[空]의 뜻으로 이렇게 말한다.

인연으로 나는 바 법을
나는 곧 공하다 말한다
또한 이것이 거짓이름이며
또한 중도의 뜻이라 이름한다

因緣所生法　我說卽是空
亦爲是假名　亦名中道義

이를 『조론』의 표현에 대입하면 온갖 세간법은 연이 모여[緣會] 연으로 일어나고[緣起], 연으로 일어나므로 존재의 자기 성품은 공하다[性空]. 이때 존재의 성품이 공하므로 그 공은 실로 공함이 아니라 거짓이름[假名]의 공(空)이고, 존재의 있음[有] 또한 거짓 있음[假有]이다. 존재의 있음과 없음이 모두 거짓이름[假名]이므로, 실로 있음과 실로 없음이 아닌 중도[非有非無中道]가 존재의 진실[實相]이다.

중국 천태선문(天台禪門) 초조 북제 혜문선사(北齊慧文禪師)가 이 『중론』 삼제게(三諦偈)에서 활연대오하여 이 삼제게가 천태교판(敎判)과 관행(觀行)의 뿌리가 된다.

연기가 바로 중도의 뜻〔中道義〕이라 한 중론송 삼제게(三諦偈)
의 말과, 승조성사가 연회(緣會), 성공(性空), 법성(法性), 실상
(實相), 본무(本無)가 한뜻이라 한 『조론』의 말이 다르지 않다.

○ 『법화경』에서 세 수레와 하나인 붇다의 수레

다시 『법화경』은, 이 중도인 한 가르침이 중생의 근기 따라 달라
지는 모습을 슈라바카(śrāvaka, 聲聞), 프라데카붇다(pratyeka-bu
ddha, 緣覺) 보디사트바(bodhisattva, 菩薩)의 세 수레〔三乘〕와,
하나인 붇다의 수레〔一佛乘〕의 뜻으로 이렇게 말한다.

나에게 방편의 힘이 있어
세 수레 법을 열어 보였으나
온갖 모든 세존께서는
다 하나인 수레의 도를 설하시네
지금 이 여기 모든 대중은
다 의심과 미혹 버려야 하니
모든 붇다의 말씀에 다름이 없어
오직 하나라 두 수레가 없네

我有方便力　開示三乘法
一切諸世尊　皆說一乘道
今此諸大衆　皆應除疑惑
諸佛語無異　唯一無二乘

『법화경』과 『조론』의 말씀이 모두 여러 가르침의 서로 다른
말이, 모두 하나인 붇다의 수레〔buddha-yāna, 佛乘〕에서 방편으
로 보인 가르침의 말이고, 중도실상의 땅에 앉아 진리의 땅에 이

끌기 위한 가르침의 차별임을 보이고 있다.

『법화경』의 가르침을 다시 살펴보자.

시방 셀 수 없는 붇다의 땅 가운데
오직 하나인 붇다의 수레 법이 있어서
두 수레가 없고 또한 셋이 없는데
붇다의 방편의 말씀은 내놓네

다만 거짓이름의 글자로 설해
갖가지 집착의 중생을 이끌려고
붇다의 지혜 설하시기 때문이네

十方佛土中　唯有一乘法
無二亦無三　除佛方便說
但以假名字　引導於衆生
說佛智慧故

이 게송의 뜻은 어떻게 받아들여야 할까. 여래께서 때로 인연의
법[因緣法]을 설하고 때로 성품이 공함[性空]을 설하더라도 이 언
어에 상응하는 법이 따로 있는 것이 아니다. 이는 그 중생의 집착
에 상응하는 방편의 가르침이라 그 언어를 통해 이끌어 들이는 것
은 여래의 크나큰 지혜에 상응한 중도의 진실한 진리의 세계[中道
實相]이다. 그러므로 그 언어를 통해 언어를 넘어서면 방편(方便)
에서 방편을 지양하는 것이다.

○ 『법화경』에서 방편 짓지 않음[不作方便]의 뜻

이런 뜻에서 다시 『법화경』은 하나인 붇다의 수레[一佛乘]에서
세 수레[三乘]의 방편을 세우되 방편이 없는 뜻을 이렇게 말한다.

지금 나는 기뻐 두려움 없이

모든 보디사트바들 가운데서
바로 방편을 곧장 버리고
다만 위없는 도를 설하였네

보디사트바가 이 법을 들으면
의심의 그물 다 이미 사라지고
천이백 아라한의 상가 대중도
모두 다 붇다를 이루게 되리라

今我喜無畏　於諸菩薩中
正直捨方便　但說無上道

菩薩聞是法　疑網皆已除
千二百羅漢　悉亦當作佛

위없는 보디의 법을 설하시는 분 붇다께서는 하나인 붇다의 수
레〔一佛乘〕에서 세 수레의 방편〔三乘〕을 세우되 바로 방편을 짓지
않고 다만 위없는 도〔無上道〕를 설하신다. 그렇듯 법을 듣는 자
중생 또한 세 수레의 법에서 그 언어를 통해 그 언어를 지양하면
그가 방편 안에서 방편을 넘어서는 자이다.

비록 경전이 연의 모임〔緣會〕으로 법이 일어남〔緣起〕을 말하고
성품이 공함〔性空〕을 말하더라도, 그 뜻이 중도 실상의 뜻〔實相
義〕이며 니르바나에 이름 없음〔無名〕의 뜻인 줄 알면, 그가 여래
방편의 수레를 타되 곧장 방편을 넘어 한번 뛰어 여래의 땅에 들
어가는 자〔一超直入如來地〕이다.

이처럼 갖가지 방편을 짓되 바로 곧장 방편을 버리고〔正直捨方
便〕, 세 수레를 분별해 말씀하되〔分別說三〕 세 수레를 모아 하나
인 붇다의 수레에 돌아가게 하는〔會三歸一〕 교화의 뜻을, 『법화
경』 「신해품(信解品)」은 다음같이 모아 말한다.

모든 붇다께서는 법에
가장 자재함을 얻으시고
모든 중생들의 갖가지
하고자함과 즐겨함과
그들의 뜻과 힘 아시고
맡아 지닐 수 있음을 따라
헤아릴 수 없는 비유로
그들 위해 법 설하시네

諸佛於法　得最自在
知諸衆生　種種欲樂
及其志力　隨所堪任
以無量喩　而爲說法

모든 중생 오랜 생 착한 뿌리
익음과 아직 익지 않음을 알아
갖가지로 살피고 헤아려서
분별하여 다 아시고서
하나인 붇다의 수레 큰 도에서
알맞음 따라 세 수레를 설하시네

隨諸衆生　宿世善根
又知成熟　未成熟者
種種籌量　分別知已
於一乘道　隨宜說三

11　『화엄경』의 가르침

○ 법계 진리의 몸과 닦아 이룸

이제 『화엄경(華嚴經)』의 가르침을 통해서 실로 법 설함이 없고 오고 감이 없는 여래 법신(法身)과, 다함없는 설법의 언어적 실천을 일으킨 여래의 화신(化身)이 둘 없는 뜻을 다시 살펴보자.

붇다 연기론의 세계관으로 보면 한 가는 티끌의 연기〔微塵緣起〕가 곧 저 가없는 법계 허공계〔無邊法界 虛空界〕의 연기(緣起)와 둘이 아니다.

그렇다면 수행자 고타마의 사바세계 육신의 몸이 카필라에서 태어나되 실로 온 바가 없고, 쿠시나가라에서 파리니르바나에 드셨어도 실로 간 바가 없음을 알면 여래의 법신〔如來法身〕이 나지 않고 사라지지 않음을 안 것이다.

또한 고타마가 탐욕의 왕궁을 벗어나 출가하여 육 년 고행하시다 고행을 버리고 보디나무 아래 앉아, 십이연기(十二緣起)를 사유 관찰하시다 위없는 보디를 이루셨으나 본래 번뇌가 없는 자리에서 보면 보디를 새로 얻음도 없고, 닦음을 쌓아 보디를 이룸도 아니다.

그러나 번뇌가 본래 없지 않은 데서 보면 지금 이 사바세계에서 새로 보디 이룸이란 바로 보디사트바가 헤아릴 수 없는 칼파 동안 닦아 행함이 두렷해져, 새로 본래 갖춘 법계 진리와 하나됨이니 여기 사유 관찰하는 자 고타마가 있고 저기 깨친 바 법계의 진리가 있는 것이 아니다.

이렇게 보면 지금 보디나무 밑 수행자 고타마의 몸이, 법신(法身)이고 법계의 몸(法界身)이며, 늘 머무는 붇다의 몸(常住佛身)이고 헤아릴 수 없는 공덕의 곳간(無量功德藏)이다.

깨친 뒤 이 몸은 몸이 몸 아니되〔身非身〕 몸 아님도 아닌 것〔非非身〕이니 몸 없음에서 드러난 이 몸이 바로 다함없는 공덕의 땅에서 세간 구원을 위해 나타낸 몸이 되는 것이다.

○ 화엄에서 법신(法身)과 응화(應化)의 몸이 둘 아님

이런 뜻을 『화엄경』은 다음같이 하늘 신들의 찬탄의 노래로 보
인다.

붇다의 몸 모든 큰 모임에 널리 두루해
법계에 가득하여 마쳐 다함이 없네
고요하여 성품 없어 취할 수 없으나
세간을 건져주시려 출현하셨네

佛身普遍諸大會　充滿法界無窮盡
寂滅無性不可取　爲救世間而出現

헤아릴 수 없는 칼파의 바다 방편을 닦아
널리 시방 모든 국토 깨끗이 하셨으나
법계는 한결같아 늘 움직이지 않으니
고요한 공덕의 하늘이 깨친 바이네

無量劫海修方便　普淨十方諸國土
法界如如常不動　寂靜德天之所悟

여래의 세간 나오심 매우 만나기 어려워
헤아릴 수 없는 칼파의 때 한번 만나네
중생으로 하여금 믿어 알게 하시니
이것이 자재한 하늘이 얻은 바이네

如來出世甚難値　無量劫海時一遇
能令衆生生信解　此自在天之所得

내가 이제 옛날 행하신 바 생각하니
가없는 붇다 받들어 섬겨 공양하심은
본래 믿음의 마음 청정한 업과 같으니

붇다의 위신의 힘으로 지금 다 보도다

我念如來昔所行　承事供養無邊佛
如本信心淸淨業　以佛威神今悉見

또 사유할 수 없고 말할 수 없는 법계〔不思議法界〕진리 그대로
의 지혜에서, 중생 근기 따라 갖가지 방편 나툼을 『화엄경』은 다
음같이 기술한다.

여래의 법신은 매우 넓고도 커서
시방에 끝과 가를 얻을 수 없네
온갖 방편은 한정하고 헤아릴 수 없으나
묘한 빛 밝은 하늘신의 지혜가 들어갈 수 있네

如來法身甚廣大　十方邊際不可得
一切方便無限量　妙光明天智能入

고요한 법 가운데 크나큰 여래의 신통은
널리 중생 마음에 응해 두루하지 않음이 없네
중생에게 있는 의혹을 모두 끊게 하시니
이것이 밝은 빛의 왕이 얻은 바이네

寂滅法中大神通　普應群心靡不周
所有疑惑皆令斷　此光明王之所得

⑫ 『화엄경』 등 대승경을 통해 삼보 출현의 뜻을 다시 살핌

○ 연기의 진실을 보는 자가 붇다를 본다

이제 다시 고타마붇다의 첫 법바퀴 굴림을 통해서 사바세계에
붇다, 다르마, 상가가 출현했다 한 뜻을 마하야나의 가르침으로 다

시 살펴보자. 연기법에서 붇다〔佛〕와 다르마〔法〕와 상가〔僧〕는 서로 다른 것이 아니다.

붇다(buddha)란 인연으로 있는 온갖 법의 진실을 깨달아 큰 지혜와 자비를 성취한 분을 붇다〔佛〕라 하고, 여래가 깨친 법이 공동체의 언어로 문자화된 것이 여래의 수트라〔法〕이며, 여래의 다르마를 따라 행하는 대중의 사회적 제도화가 상가〔僧〕이기 때문이다.

그러므로 『아가마수트라(阿含經)』에서도 여래는 병들어 죽어가면서 '붇다를 뵙고 이 생을 마치겠다'고 하는 박카리 비구에게 여래는 '박카리여, 연기(緣起)를 보는 자가 붇다를 보고, 붇다를 보는 자가 연기의 법을 본다〔見緣起〕'고 가르친다.

『조론』에서 승조성사는 연이 모여 연으로 일어나기〔緣會緣起〕때문에 성품이 공하여〔性空〕, 공도 공한 법의 성품〔法性〕과 연기(緣起)는 한뜻이라 말한다. 그런 뜻이 『화엄경』에서는 '인연으로 나므로 남이 없음〔無生〕을 보는 자가, 늘 눈앞에 드러나 계시는 여래를 보는 자이다'고 가르친다. 경은 말한다.

온갖 법은 생겨나지 않고
온갖 법은 사라지지 않네
만약 이와 같이 알 수 있으면
모든 붇다 늘 앞에 드러나리

一切法不生　一切法不滅
若能如是解　諸佛常現前

온갖 법의 자기 성품이
있는 바 없음을 밝게 알아
이와 같이 법의 성품 안다면
곧 노사나 붇다를 뵙게 되리라

了知一切法　　自性無所有
如是解法性　　則見盧舍那

온갖 모든 여래께서는
뭇 모습을 멀리 떠났네
만약 이 법을 알 수 있으면
세간의 크신 인도자 볼 수 있네

一切諸如來　　遠離於衆相
若能知是法　　乃見世導師

『화엄경』은 이처럼 수행자 고타마가 위없는 깨달음을 성취하신 보디나무의 자리를 도량으로 삼아, 여래의 보디가 진리인 지혜임을 잡아, 화엄회상(華嚴會上) 법의 모임을 구성한다.

여래의 지혜는 진리인 지혜이고 여래의 법은 지혜인 진리이다. 그러므로 여래의 진리인 지혜는 지혜의 빛이 시방 법계를 널리 비추는 '바이로차나 붇다(Vairocana buddha, 光明遍照佛)'로 기술된다. 『화엄경』에서 붇다 다르마 상가는 이 사바세계 인간역사의 특수한 장에 제한되지 않고 공간적으로 우주법계에 펼쳐진 대화구조 이야기마당을 구성하며, 그 이야기마당은 헤아릴 수 없는 먼 칼파의 시간적 연속성을 지니고 연출된다.

화엄회상에서 붇다는 다만 말 없이 사마디에 계시는데 시방법계 셀 수 없는 보디사트바, 하늘신 허공신들이 여래를 찬탄하고 법의 진실을 노래한다.

그러면서 여기 사바세계 인간 세상 어린이[善財童子]가 발심하여 여러 선지식의 가르침을 따라 다시 여래 깨달음의 세계에 들어가고, 그 깨달음은 마침내 다시 온전히 세간구원의 행[普賢行願]으로 발현됨을 노래한다.

○ 늘 머물러 계시는 붇다의 몸〔常住佛身〕

이 화엄회상 말함 없이 법을 말하고 듣는 설법마당의 광경은 샤카무니붇다의 생애로 보면, 최초 성도 후 입을 열어 설법하기 전 말 없이 잠자코 머물러 법을 설하지 않았다고 하는 세 이레〔三七日〕를 반영한다.

그에 비해 『법화경』과 『열반경』은 쿠시나가라에서 파리니르바나(parinirvāṇa)에 들기 전 만년의 상황을 반영한다.

인간세상 육신의 몸으로 세간을 걸어 다니며 밥을 빌고 법을 설했던 붇다 세존을 이 몸의 눈〔肉眼〕으로 바라보았던 많은 대중은, 샤카무니붇다의 이 거룩한 몸이 사라지지 않을 것을 열망하였을 것이다. 그러나 여래의 몸은 연기의 진실 그대로의 몸이다. 샤카무니의 이 몸이 이 세간에 올 때 실로 온 바가 없고 갈 때 실로 간 바가 없음을 살피는 자는, 여래의 몸〔如來身〕이 늘 이곳에 머물러 함께함을 보는 자이다.

그러므로 『법화경』은 '오래고 먼 칼파에 이미 진실히 이루어진 붇다〔久遠實成本佛〕'를 말하고, 『열반경』은 '늘 머무시는 붇다의 몸〔常住佛身〕'을 가르친다.

이때 늘 머묾〔常住〕은 끊어짐과 항상함에 갇힌 비연기론적 늘 머묾이 아니라, 덧없음〔無常〕과 항상함〔常〕이 모두 없는 참된 항상함〔眞常〕의 몸인 것이다.

천태선사는 『법화경』을 해석하며 자취의 붇다를 보이는 문〔迹門〕과 바탕의 붇다를 보이는 문〔本門〕으로 나누어 풀이했는데 자취의 붇다란 '한 큰일의 인연〔一大事因緣〕'으로 출세하여 이 역사 속에 붇다의 지견〔佛知見〕을 열어 보이신 샤카무니 붇다 바로 그분이다.

그러면 바탕의 붇다〔本佛〕는 어떻게 보아야 할까? 자취의 붇다이신 샤카무니가 이 세상에 태어나시고 출가하여 성도하고 설법하시며 니르바나를 보이신 팔상성도(八相成道)의 인연이 공하되, 그 공함도 공한 것을 알아야 본불(本佛)의 뜻을 알 수 있을 것이다.

여래가 세상에 오시고 니르바나를 보이신 것은, 오고 감이 없는 본래 붇다[本佛]의 자비의 몸이 나타내 보이심이다. 이렇게 보면 과거 인행 시(因行時) 보디사트바의 자취나, 여래의 지혜의 세계를 열어 보이는 크신 보디사트바의 행 또한 본불의 자비 시현의 몸이 된다.

『아가마수트라』에서 산길을 걷다 숲에 누워있는 '큰 코끼리'를 보고 그 '코끼리 발자취의 뿌리'가 무엇인가 물은 붇다의 가르침 [象跡喩經]이 있다. 코끼리의 발자국을 보고 발자국의 뿌리가 숲에 누워있는 저 코끼리의 큰 몸통이라 말한 비구에게 여래는 '그렇지 않다'고 말씀하신다.

이 코끼리 발자취의 비유로 붇다께서는 자취로 오신 샤카무니 붇다[迹佛] 스스로, 이 몸이 아니되 이 몸을 떠나지 않는 본 붇다 [本佛]의 뜻을 말씀하신 것이다.

『조론』에서 연이 모임[緣會]과 실상(實相)이 한뜻[一義]이라 함을 바로 알아듣지 못하고 어찌 저 『아가마수트라』가 보인 코끼리 발자취 비유[象跡喩]의 뜻을 알 수 있겠는가.

이제 마지막 『법화경』「여래수량품(如來壽量品)」의 한 게송을 인용해 「코끼리 발자취의 비유로 보인 경[象跡喩經]」의 뜻과 『법화경』「여래수량품」의 뜻이 다르지 않음을 살펴보자.

모든 좋은 공덕을 닦아서
부드럽고 곧음이 있으면
곧 내 몸이 여기 있어
법 설함을 보게 되리라
때로 이러한 대중이 있어

붇다 목숨 헤아릴 수 없다 말해 주어도
오래되어야 붇다 뵐 수 있다고 하면
붇다 만나기 어렵다 말하여 주네

諸有修功德　柔和質直者
則皆見我身　在此而說法

或時爲此衆　說佛壽無量
久乃見佛者　爲說佛難値

나의 지혜의 힘 이와 같아서
지혜의 빛 비춤 헤아릴 수 없고
목숨은 셀 수 없는 칼파라
오래 업을 닦아 얻은 바이네

그대들 지혜 있는 이들은
여기에 의심을 내지 말고서
반드시 의심 끊어 길이 다하게 하라
붇다의 말씀은 진실해 헛되지 않나니

我智力如是　慧光照無量
壽命無數劫　久修業所得

汝等有智者　勿於此生疑
當斷令永盡　佛語實不虛

[13] 다섯 때의 교판[五時敎判]과 한뜻인 가르침

지금까지 우리는 『조론』에서 연이 모임[緣會]과 실상(實相), 본래 없음[本無]이 한뜻[一義]이라는 말을 살피고, 아함(阿含)에서 반야(般若) 화엄(華嚴) 법화(法華)의 가르침이 한 붇다의 수레[一佛乘]에 돌아감을 살펴보았다.

그러나 여기에 다시 마지막 한 물음을 던질 수밖에 없다. 곧 중국 불교의 일반화된 교판에서 경전이 다섯 때[五時]에 차제로 설해졌다고 함과, 이 교설이 한뜻[一義]이라 함을 어떻게 융회할 것인가.

그리고 『화엄경』이 '여래가 입 열지 않고 설했다'함과 성도 후 '사슴동산에서 최초로 사제(四諦)의 법을 설했다'함을 어떻게 하나로 이해할 수 있는가.

보통 그릇 이해되고 있는 교판사상에서 아가마를 12년에 설했고 방등경을 8년 설했으며[阿含十二方等八], 21년 동안에 반야를 설했으며[二十一載談般若] 법화·열반을 같이 8년에 설했다[法華涅槃 共八年]고 하는데, 아가마수트라에서는 아가마의 가르침이 다만 12년에 설한 것이 아니라고 말한다.

곧 여래께서는 쿠시나가라 마지막 파리니르바나의 밤에 여래를 찾아온 백이십 세의 수밧드라 부라마나를 아난다가 제지하자, 이렇게 말씀한다.

'아난다야, 너는 여래의 마지막 제자를 막지 말라.'

그리고는 수밧드라 부라마나의 물음에 친절히 답하시어, 수밧드라가 깨달아 아라한이 되게 하셨고 붇다 상가의 한 수를 채우게 하셨다.

그렇다면 아가마[阿含]도 사슴동산에서 쿠시나가라 니르바나의 밤까지 설하셨고 반야(般若) 또한 그러하니, 천태선사는 『금강경소』에서 '반야 또한 성도의 새벽부터 니르바나의 밤까지 설하셨다'고 경을 이끌어 말하고 있다.

그러므로 하나인 붇다의 수레에서 세 수레를 분별하고, 세 수레를 모아 하나인 수레에 돌아감은 법화경을 설할 때에만 있는 것이 아니라, 진리의 땅[實際理地]에서 언어적 실천을 일으키는 매 때마다 있는 것이다.

화엄법계(華嚴法界) 보디의 처소[菩提場會]에서 여래는 말없이 사마디에 계셨지만 말 없지 않았고, 사슴동산에서부터 『파리니르바나 수트라』를 설할 때까지 말을 일으켜 법을 설했지만, 실로 한 글자도 설함이 없었다. 그러므로 설함 없음과 설함이 둘이 없는 이 뜻을 알아야 여래 설법의 참뜻을 아는 자라 할 것이며, 여래께 실로 설함이 없음[無說]을 아는 자가, 참으로 많이 들음[多聞]을 성취한 자라 할 것이다.

그리고 때[時]가 때 아니되 때 아님도 아님[非時非非時]을 알 때 경을 설한 다섯 때[五時]의 분별이, 정해진 시간의 차별이 아니라 현전하는 한 생각[現前一念] 매 때마다 있는 차별 아닌 차별임을 알 수 있는 것이다.

14 대혜종고선사의 법어

간화선(看話禪)의 대종장 송대 대혜종고선사(大慧宗杲禪師)의 다음 이야기를 들어보자.

○ 당에 올라[上堂] 『비말라키르티수트라』를 들어 이렇게 말했다.

세 번 법바퀴 대천세계에 굴리니
그 법바퀴 본래 늘 청정하도다
하늘과 사람 도를 얻어 증명하니
삼보가 여기에서 세간에 출현했네

三轉法輪於大千　其輪本來常淸淨
天人得道此爲證　三寶於是現世間

주장자를 집어 세우고 세 번 내리치고 말했다.
법바퀴를 이미 세 번 굴려 마치니 어떤 것이 삼보가 세간에 출현한 소식인가.

잠자코 있다[良久] 말했다.
우리 왕의 곳간 안에는 이와 같은 칼[如是刀]이 없다

또 주장자를 한번 세우고 내렸다.91)

○ 또 당에 올라[上堂] 향을 집어 다 타자 자리에 나아가 말했다.

몸은 모습 없음 가운데를 좇아 받아 나니
마치 허깨비가 모든 형상을 냄과 같네
허깨비 사람 마음의 앎 본래 없으며
죄와 복은 다 공하여 머무는 바 없네
身從無相中受生　猶如幻出諸形像
幻人心識本來無　罪福皆空無所住

위로부터 모든 성인 머문 바 없음 좇아 중생을 성취하지 않음이
없어서
머무는 바 없는 곳에서 신을 내려[降神] 열 달 태에 머묾 나타
내 보이고
머무는 바 없는 곳에서 태어나심 나타내 보이시며
머무는 바 없는 곳에서 일곱 걸음 감을 나타내 보이고
머무는 바 없는 곳에서 왕궁에 거처하심 나타내 보이고
머무는 바 없는 곳에서 집을 나옴 나타내 보이시고
마무는 바 없는 곳에서 고행 지으심 나타내 보이며
머무는 바 없는 곳에서 보디나무 밑 바른 깨침 이룸을 나타내
보이고
머무는 바 없는 곳에서 마라 군대 항복받음 나타내 보이며

---

91) 上堂 三轉法輪於大千 其輪本來常淸淨 天人得道此爲證 三寶於是現世間 拈
拄杖卓三下云 法輪已三轉竟 作麼生是三寶現世間底消息 良久云 我王庫內無
如是刀 又卓一下

머무는 바 없는 곳에서 도량에 앉아 법바퀴 굴려 중생 건짐 나타내 보이시며

머무는 바 없는 곳에서 모든 보디사트바에게 위없는 보디언약주심을 나타내 보이시고

머무는 바 없는 곳에서 붇다의 일 마치고 파리니르바나에 드심 나타내 보이셨다.

대중이여, 위의 여러 성인이 이미 이와 같이 나타내 보이시고 오늘 산승이 이와 같이 설법하여, 오늘 대중이 같이 '사유하고 말할 수 없는 해탈의 바다[不思議解脫海]'에 같이 머물기를 간절히 엎드려 바란다.92)

학담 또한 몇 수 게송으로 수트라의 가르침을 받아 승조성사의 뜻을 현창하리라.

연이 모여 연으로 일어남이 성품이 공함이고
성품 공함 또한 공함을 법성이라 이름하네
법의 성품은 모든 법 가운데 널리 두루하여서
있음이 아니고 없음이 아니니 실상이라 이름하네

---

92) 上堂 拈香罷乃就座云
身從無相中受生 猶如幻出諸形像 幻人心識本來無 罪福皆空無所住
從上諸聖 莫不皆從無所住處成就衆生 於無所住處示現降神處胎十月 於無所住
處示現誕生 於無所住處示現行七步 於無所住處示現處王宮 於無所住處示現出
家 於無所住處示現行苦行 於無所住處示現坐菩提樹下成等正覺 於無所住處示
現降伏魔軍 於無所住處示現坐道場轉法輪度有情 於無所住處示現授諸菩薩阿
耨多羅三藐三菩提記 於無所住處作佛事已示現入般涅槃
召大衆云 從上諸聖旣如是示現 今日臣僧宗杲 亦如是說法 只將如是之法 (恭爲
徽宗聖文仁德顯孝皇帝顯肅皇后 用嚴仙駕 伏願 不守自性普現塵中 堅密身同
彼上人住不思議解脫海 下座)
〔대혜법어 가운데 황제를 축원하는 아래 구절은 번역하지 않았다.〕

緣會緣起卽性空　性空亦空名法性
法性普遍諸法中　非有非無名實相

앎에 앎 없으면 진실을 비추고
앎 없되 알면 방편을 비추네
진리 사법 모두 비추면 한뜻이 드러나고
방편 진실 모두 없애면 비추되 고요하네

於知無知照眞實　無知而知照方便
雙照理事一義顯　權實雙泯照而寂

연이 모임과 본래 없음이 곧 한뜻이니
아는 바 모습과 생각 모두 끊어져
취할 이름과 모습이 없네
반야에 앎이 없고 진리에 모습 없음이여
불꽃 일듯 움직여 쓰되 늘 고요하도다

緣會本無卽一義　相想俱絶無名相
般若無知理無相　熾然動用常寂然

생각 생각 하나인 수레에서 세 수레 분별하고
때때로 셋을 모아 하나에 같이 돌아가네
깨뜨림과 세움 둘이 없고 고요함과 비춤 같이하니
저 언덕에 감과 이 언덕에 옴이 둘이 없어서
모든 공덕 세간 중생에 널리 회향하도다

念念於一分別三　時時會三同歸一
破立不二寂照同　往還無二普回向

2. 종을 의지해 논을 지음〔依宗造論〕

둘째, 종(宗)을 의지해 논(論)을 지음이다.

논에는 네 글이 있다. 옛 풀이에는 많이들 나누어 네 과목을 삼 았으니 곧 속제와 진제〔俗諦眞諦〕, 인행을 밝힘〔明因〕과 과덕 나 타냄〔顯果〕을 말한다. 네 논은 같지 않으니 글을 따르면 그럴 수 있다.

그러나 도리에서는 그렇지 않다. 앞의 둘로 하여금 참됨과 세속 이 같지 않게 하면〔眞俗不卽〕 뒤의 둘은 원인과 결과가 융통하지 않게 된다〔因果不融〕.

그러면 또 참됨과 세속의 두 진리〔眞俗二諦〕는 인행의 사람〔因 人〕이 아는 바가 아니게 되고, 방편과 진실의 지혜는 과덕의 사람 〔果人〕이 쓰는 바가 아니게 된다. 그러므로 네 논은 때 같이함〔四 論同時〕을 알아야 하니 말에 앞과 뒤가 있으면 이 종지를 닦지 않 음〔此宗不修〕일 뿐이다.93)

이 종을 닦으면 두 지혜가 움직임을 가지런히 하고〔二智齊運〕 두 경계가 살핌을 같이한다〔二境同觀〕. 비록 경계와 지혜의 뜻이 다르 나 반드시 두 바탕이 없어 범부를 좇아 성인에 이르도록 한 길〔一 道〕인 것이 이와 같아야 바야흐로 한뜻〔一義〕이라 말한다.

옛사람으로 어떤 이는 앞의 두 논은 참됨과 세속 두 진리를 밝히 는 가르침〔明二諦敎〕인데 참됨과 세속이 둘 아님〔眞俗不二〕으로 중도의 진리를 나타낸다고 한다.

다음 세 번째 논은 행을 잡아 보임〔約行〕이고, 뒤의 네 번째 논 은 과덕을 밝힘〔明果〕이라 한다.

---

93) △大文第二 依宗造論 論有四章 古釋多分爲四科 謂俗諦眞諦明因顯果 四論 不同 順文可爾 於理則未然 遂令前二則眞俗不卽 後二則因果不融 又眞俗二諦 非因人所知 權實二智 非果人所用 故知四論同時 說有前後 此宗不修則已

이 풀이는 매우 맞으나 다시 반드시 이 네 뜻〔此四義〕이 원인에
서 결과까지 통한 줄〔通因及果〕 알아야 한다.
지금은 또 종본을 따라 나누어 세 마디로 삼는다.

1. 앞의 「물불천론(物不遷論)」과 「부진공론(不眞空論)」 두 논
   은 진제와 속제가 둘 아님〔眞俗不二〕을 밝혀, 경계가 하나임
   〔境一〕을 나타낸다.

2. 세 번째 「반야무지론(般若無知論)」은 바탕과 씀이 둘 아님
   〔體用不二〕을 밝혀, 지혜가 하나임〔智一〕을 나타낸다.

3. 네 번째 「열반무명론(涅槃無名論)」은 진리와 지혜가 둘 아님
   〔理智不二〕을 밝혀, 증득함이 하나임〔證一〕을 나타낸다.

지금은 위 세 마디〔三節〕의 처음이니 둘로 나눈다.
처음 「물불천론(物不遷論)」은 속제를 세우고, 둘째 「부진공론
(不眞空論)」은 세속 그대로 곧 참됨임〔卽眞〕을 나타낸다.94)

---

94) 修則二智齊運 二境同觀 雖境智義殊 定無二體 從凡至聖 一道如此 方曰一義
古者或謂 前二論明二諦敎眞俗不二顯理 第三 約行 第四明果 此釋甚當 更須
知此四義通因及果 今旦順宗本分爲三節 初前二論明眞俗不二顯境一 次第三論
明體用不二顯智一 後第四論明理智不二顯證一
今初分二 初物不遷論立俗諦 二不眞空論顯卽眞
〔진리와 지혜가 둘 아님: 진리는 지혜인 진리이고 지혜는 진리인 지혜라 니
르바나의 이름 없음이 지혜와 진리 둘을 같이 비추고〔雙照智理〕 둘을 같이
막음〔雙遮智理〕을 말함.〕

물불천론(物不遷論) 제1

자운존자 여는 글

지금 처음은 둘을 나누니, 처음 '물이 옮기지 않음을 논함'으로 속제를 세우고, 둘째 '참이 아니라 공함을 논함'으로 곧 참됨을 나타낸다.

지금은 처음 이 논을 먼저 둔 까닭은 속제의 사법[俗諦事法]을 밝힘이니, 붇다의 가르침에서 진리를 나타냄[顯理]은 반드시 사법 그대로여야 함[卽事]을 말한다.

만약 사법 밖에 진리를 구하면 속제 밖에서 참됨을 밝힘[俗外明眞]이라, 비록 치우친 삿됨을 떠난다 해도 또한 방편의 작은 법[權小]에 돌아간다. 그러므로 지금 먼저 사법을 밝히고 뒤에 '참이 아니라 공하다는[不眞空]' 논으로 진리를 나타내기 때문이다.

또 범부의 사람은 속제의 성품과 모습[俗諦性相]을 통달하지 못하고, 나고 사라짐, 있음과 없음을 보아, 변해 바뀜[變易]이 그치지 않는다고 말한다. 지금은 모두 이를 그르다[非之] 한다. 그러므로 먼저 이 논을 세운 것은 곧 앞의 연이 모임[緣會]의 이름과 뜻을 바로 미룸이니 이는 화엄교에서 네 법계[華嚴四法界] 연 것과 크게 같다.

먼저 '의지하는 바 바탕의 일을 밝힘[先明所依體事]'이다. 이 가운데 글이 둘이니, 처음은 제목이고 다음은 논함이다.1)

---

1) 今初 所以先有此論者 明俗諦事法也 謂佛敎顯理必須卽事 若事外求理 俗外明眞 縱離邊邪 亦歸權小 故今先明事法 後不眞空論顯理故 又凡人不達俗諦性相 見生滅有無 乃謂變易不停 今竝非之 故先立此論 卽正推前緣會名義也 大同華嚴開四法界
先明所依體事 此中文二 初題目
〔화엄의 네 법계[華嚴四法界〕: 화엄교(華嚴敎)에서 법의 영역을 첫째 인연으로 있는 사법계(事法界), 둘째 인연의 사법계가 곧 진여인 이법계(理法界), 셋째 사법계와 이법계가 서로 걸림 없는 이사무애법계(理事無礙法界), 넷째 사법과 사법이 서로 걸림 없는 법계(事事無碍法界), 이 네 법계를 보이는데 먼저 인연으로 있는 사법계를 세워서 보임과 같다.〕

제1. 물불천론(物不遷論)의 제목 풀이

'물이 옮기지 않음을 논함[物不遷論]'에서 '물(物)'이란 사법(事法)이다.

세간은 세 과목[三科: 蘊·處·界]2)를 떠나지 않고 세간 벗어남은 두 과덕[二果]3)을 지나지 않는다.

다만 이름과 모습[名相]이 있으면 모두 물(物)이라 일컬으니 비록 옛과 지금의 때의 가름을 말하더라도 때에 다른 바탕이 없고, 모습을 의지해 이름을 세움[仗相立名]이라 다만 이름과 모습을 알면 거두지 않는 바가 없다.

'옮기지 않음[不遷]'이라 말한 것에서 옮김[遷]은 움직임이니 곧 변해 바뀜의 뜻이다.

지금 속제의 문 가운데 간략히 세 뜻이 있으므로 만물은 옮겨 바뀔 수 없다.

1. 물의 성품을 밝힘[明物性]
2. 물의 모습을 밝힘[明物相]
3. 물의 때를 밝힘[明物時]4)

---

2) 세 과목[三科]: 인연 따라 일어난 세간 법을 가르는 세 가지 법을 말한다. ① 다섯 쌓임[pañca-skandha, 五蘊]: 물질[色, rūpa] 느낌[vedanā, 受] 모습 취함[想, samjñā] 지어감[行, samskāra] 앎[識, vijñāna], ② 열두 곳[十二處]: 앎을 일으키는 여섯 아는 뿌리[六根]와 아는 바 여섯 경계[六境]를 열두 곳이라 함 ③ 열여덟 법의 영역[十八界]: 여섯 아는 뿌리[六根], 여섯 앎[六識], 여섯 경계[六境]를 모두 모아 열여덟 법의 영역이라 함.

3) 세간 벗어남의 두 과덕[出世二果]: 보디(bodhi, 覺)와 니르바나(nirvāṇa, 涅槃)가 세간 벗어남의 두 과덕이 됨.

4) ○物不遷論第一
物者事法也 世間不離三科 出世不過二果 但有名相並稱爲物 縱說古今時分 時無別體 仗相立名 但于名相無所收 言不遷者 遷者動也 即變易義 今俗諦門中略有三義 故萬物不能遷易 一明物性 二明物相 三明物時
[물의 성품과 모습: 여기서 성품은 진여의 뜻이 아니라 사물에서 나면서부

불이 뜨겁고 바람이 움직이며 물이 젖고 땅이 굳음 등은 연의 성품[緣性]이 바뀔 수 없음[不可易]이다.

하늘이 높고 땅이 낮으며, 산이 높고 물이 맑으며, 성인이 깨끗하고 범부가 물듦 등은 연의 모습[緣相]이 바뀔 수 없음[不可易]이다.

옛과 지금, 아침과 저녁, 찰나의 앞과 뒤는 대개 때[時]가 바뀔 수 없음[不可易]이다.

또 이 성품과 모습과 때[性·相·時]는 서로 말미암는 뜻[相由義]과 서로 이루는 뜻[相成義]이 있으니 곧 중론에서 '인연으로 나는 법'이라고 말한 것이다. 이는 곧바로 대승의 비롯하는 가르침[始敎]에 속한다.

법의 모습 세우는 종[法相宗]에서 펼친 바 '백 법의 이름과 수[百法名數]'가 각기 바탕과 성품이 있고, 나아가 진여와 니르바나[眞如涅槃] 또한 진리의 과덕[理果]으로서 중생을 깨끗이 하는 것이다[淨物].

그러므로 속제의 한 문[俗諦一門]이 법을 거둠 또한 다하지 않음이 없는 것이다. 그러므로 '물이 옮기지 않는다[物不遷]'고 말하여 움직임 가운데 고요함이 있고[動中有靜] 고요함이 움직임을 거리끼지 않음[靜不妨動]을 바로 밝히니, 잘 뜻을 얻어 참된 항상함[眞常]에 넘치지 않게 하라.5)

어떤 이는 말한다.

터 일정한 지속성을 지닌 성질을 말한다.]
5) 火熱風動水濕地堅等 卽緣性不可易 天尊地卑山高水澄聖淨凡染等 卽緣相不可易 古今朝暮刹那前後 蓋時不可易 又此性相時 有相由義相成義 卽中論云因緣所生法也 此則正屬始敎 法相宗所陳百法名數 各有體性 乃至眞如涅槃亦理果淨物 故知俗諦一門攝法亦無不盡 故曰物不遷 正明動中有靜 靜不妨動 宜善得旨 勿濫眞常
[참된 항상함: 덧없음[無常]과 죽어 있는 항상함[死常]을 넘어서야 참된 항상함을 이루니 옮겨 움직이되 옮기지 않음을 알아서 이 참된 항상함의 뜻에 넘치지 않도록 해야 함.]

"범부의 한 생각〔凡夫一念〕이 돌이켜 성인을 이룰 때 어찌 옮기지 않음이라 말하는가?"

답한다.

"다만 옮기지 않음으로 말미암아〔祗由不遷〕굴릴 수 있으니 왜인가?

물들고 깨끗한 모습을 각기 두기 때문이고, 참됨과 망녕됨의 두 성품을 각기 세우기 때문이며, 망녕되어 물들 때〔妄染時〕는 참되어 깨끗한 때〔眞淨時〕가 아니기 때문이다. 성품과 모습 때의 가름〔性相時分〕이 각기 본래 지위에 머묾〔各住本位〕을 말미암아, 범부를 좇아 성인에 들 수 있는 것이다.

논함〔論〕이란 말로 미루어 따짐을 말한다.

차례의 맨 먼저에 있으므로 첫째〔第一〕라 말한 것이다.

물(物)이 곧 옮기지 않음〔物卽不遷〕이라 함은 업 지님의 풀이〔持業釋〕6)이고, 물(物)이 옮기지 않음을 논함〔物不遷之論〕이라 하면 주인을 의지한 풀이〔依主釋〕이다.7)

---

6) 지업석(持業釋), 의주석(依主釋): 산스끄리트의 복합사를 풀이하는 여섯 풀이 가운데 두 법. ① 주인 의지한 풀이〔依主釋〕: 왕신(王臣)을 왕의 신하라 풀이함. ② 서로 어긋나는 풀이〔相違釋〕: 왕신을 왕과 신하라 풀이함. ③ 업 지님의 풀이〔持業釋〕: 고산(高山)을 높은 산이라 함. ④ 수 띰의 풀이〔帶數釋〕: 시방(十方)을 열 방위라 함. ⑤ 재물 있음의 풀이〔有財釋〕: 장신(長身)을 키 큰 사람이라 함. ⑥ 가까움의 풀이〔隣近釋〕: 하반(河畔)을 물가라 풀이함.

7) 或曰 凡夫一念轉成聖時 何以曰不遷耶 答曰 祗由不遷故能轉也 何也 染淨二相 各存故 眞妄二性各立故 妄染時非眞淨時故 由性相時分各住本位故 能從凡入聖矣 論謂言議推詰 次在最先 故曰第一 物卽不遷 持業釋 物不遷之論 依主釋
〔옮기지 않음: 물의 연기적 성취가 이루어지면 그 성취는 그 지위에 머물러 옮기지 않으니 이는 머무는 바 없이 머묾이다. 그러므로 젊은이는 젊은이라 젊은이가 옮겨 늙은이가 되는 것이 아니다.〕
〔범부는 범부가 아니나 범부 아님도 아니니 범부일 때 범부의 물든 모습과 성품을 돌이켜야 범부가 성인을 이룰 수 있다.〕

제2. 물이 옮기지 않음을 논함〔物不遷論〕

논하는 글에 둘〔文二〕이니, 처음 뜻을 엶〔初序意〕이고 둘째는 바로 논함〔正論〕이다.

Ⅰ. 뜻을 엶〔序意〕

1. 물(物)을 나타내 사람의 뜻을 보임〔標物示人情〕

> 論 대저 나고 죽음이 엇갈려 사라지고 추위와 더위가 번갈아 옮겨, 어떤 물이 흘러 움직인다고 하는 것〔有物流動〕은 사람들의 늘 그런 뜻이다.

대저 나고 죽음이 엇갈려 사라지고
夫生死交謝

남〔生〕이란 일어남〔起〕이고 죽음〔死〕이란 그침〔止〕이다. 이 둘은 또한 나고 사라짐〔生滅〕이라 말하니 때로 난 뒤 사라지기 전을 말한다. 이를 열면 나고 머물며 달라지고 사라짐〔生住異滅〕이라 말한다. 대개 물(物)의 성품과 모습〔物之性相〕을 말하니, 연이 모이면〔緣會〕곧 일어남이고 연이 떠나면〔緣離〕곧 그침이다. 그러므로 속제의 나고 죽음이, 만물이 서로 엇갈림〔萬物交互〕을 모을 수 있음을 알아야한다. 물러감〔謝〕이란 감이다. 남〔生〕이 반드시 죽음에 엇갈림을 남이라 하고, 죽음〔死〕이 반드시 남에 엇갈림을 죽음이라 한다. 그러므로 날 때에 죽음이 있고 죽을 때 바로 남이 있어야 바야흐로 엇갈림이라 말한다. 사람들의 뜻은 이 도리를 알지 못해 남〔生〕을 볼 때 죽어서 감〔死往〕이라 하고, 죽음〔死〕을 볼 때 살아 있다 간다〔生往〕고 말한다.[8]

추위와 더위가 번갈아 옮겨

寒暑迭遷

여기는 추위와 더위로써 물의 때〔物之時〕를 말한다. 찬 기운이 지극함을 추위라 하고 따뜻한 기운이 지극함을 더위라 한다. 지금 추위 더위라는 것은 찬 기운 따뜻한 기운이 나서 지극함인데 네 때를 나누기도 하니 봄은 나고 여름은 기르며, 가을은 시들고 겨울은 떨어진다.

그러므로 네 때를 말하지 않고 추위 더위를 말하는 것은 대개 네 때가 음양(陰陽)을 벗어나지 않기 때문이다. 음양의 지극함〔陰陽之極〕이 추위 더위이므로 추위 더위로써 위의 나고 죽음에 마주하는 구절을 삼은 것이다. 그러므로 『역(易)』은 말한다.

'한번 춥고 한번 더움, 이것을 번갈아 옮김〔迭遷〕이라 말한다.'

  一寒一暑 是謂迭遷

또 위의 나고 죽음이 이미 네 모습을 머금으니 추위 더위 또한 네 때를 머금게 할 수 있다. 그러므로 만물의 때는 추위 더위로 모음을 넘지 않는다. 어떤 때 삼세(三世) 십세(十世)로 잡아 보이기도 하고, 어떤 때 마음의 생각으로 찰나(刹那, kṣaṇa)를 잡아 보이기도 하여, 느리고 빠름이 정해져 있지 않을 뿐이다. 번갈음이란 서로 바뀜이고 옮김은 움직여감이다.

더위에서 추위로 번갈아 바뀜을 춥다고 하고 추위에서 더위로 번갈아 바뀜을 덥다고 한다. 이미 번갈을 수 있으므로 곧 각기 있음을 아나〔即知各存〕 사람들이 알지 못하고 더울 때는 추위가 옮겼

---

8) △二論 文二 初序意 二正論 初文四 初標物示人情
　　生者起也 死者止也 此二亦云生滅或於生後滅前 開之曰生住異滅 蓋言物之性相
　　緣會則起 緣離則止 故知俗諦生死能總萬物交互也 謝往也 生必交互於死曰生
　　死必交互於生曰死 故當生時死在 當死時生存 方曰交互也 人情不曉此理 見生
　　時曰死往 見死時曰生往也

다[寒遷] 말하고, 추울 때는 더위가 갔다[暑去] 말한다.9)

어떤 물이

有物

　곧 위의 나고 죽고 추위 더위로 모으는 바, 만 가지 있는 사물이
다.10)

흘러 움직인다고 하는 것은

流動

　물[水]의 움직임을 흐름[流]이라 하니 곧 위의 엇갈려 사라지고
번갈아 옮김이다.11)

사람들의 늘 그런 뜻이다.

人之常情

　사람의 뜻은 움직임을 집착해[人情執動] 늘 스스로 이와 같다고
한다. 이는 위의 다스릴 바 집착을 밝힘이다. 이 아래는 또한 '끊
어진다는 견해의 바깥 길[斷見外道]'이 '인과를 빼내 없앰[撥無因
果]'을 깨뜨리기 때문이다.12)

---

9)　此以寒暑言物之時 以陰極曰寒 陽極曰暑 今寒暑者蓋言陰陽之生極也 或分四
　　時 則春生夏長秋衰冬落 今不言四時而云寒暑者 蓋四時不出陰陽 陰陽之極曰
　　寒暑 故以寒暑對上生死爲句
　　故易云 一寒一暑是謂迭遷 又上生死旣含四相 令寒暑亦含四時 故言萬物之時
　　不過寒暑爲總 或約三世十世 或約心念刹那 延促不定耳 迭者遞互 遷謂動去也
　　以寒遞互於暑曰寒 以暑遞互於寒曰暑 旣能遞互 卽知各存 人不曉之 當暑時曰
　　寒遷 當寒時謂暑去
10)　卽上生死寒暑所總萬有之物
11)　水動曰流 卽上交謝迭遷
12)　人情執動常自如此 此上明所治之執 此下亦破斷見外道撥無因果故

216 ・ 조론

2. 이치에 의거해 자기 견해를 폄〔據理申己解〕

> 論 나는 곧 이를 그렇지 않다〔不然〕고 말한다.
>
> 왜인가. 방광경(放光經)에서 말하되, '법은 가고 옴이 없고 움직여 구름이 없다'고 한 것이니 대저 '움직이지 않는다'고 한 뜻을 찾아보면 어찌 움직임을 풀어서 고요함을 구하겠는가.
>
> 반드시 모든 움직임에서 고요함을 구하는 것이다.
>
> 반드시 모든 움직임에서 고요함을 구하므로 '비록 움직이되 늘 고요한 것〔雖動常靜〕'이다.
>
> 움직임을 풀지 않고 고요함을 구하므로 '비록 고요하되 움직임을 떠나지 않는다〔雖靜不離動〕.'

1) 이치에 의거해 뜻을 미루어 봄〔據理推意〕

나는 곧 이를 그렇지 않다고 말한다.

余則謂之不然

말한다 함은 평가해 논하는 말이다. 논주는 만물의 성품과 모습의 도리가 '엇갈리되 사라지지 않고〔交而不謝〕 바뀌되 옮기지 않는다〔迭而不遷〕'고 말하는 것이다.13)

왜인가?

何者

위아래 '그렇다'고 말한 뜻을 스스로 불러 따지는 것이 '왜인가〔何〕'이다.14)

---

13) △二據理申己解三 一據理推意
　　謂者評論之詞 論主自所謂萬物性相道理 交而不謝 迭而不遷
14) 自徵上下然之意者何也

2) 경을 이끌어 받음을 말함〔引經標牒〕

방광경에서 말하되

放光云

  방광은 여덟 가름 반야경〔八部般若〕15)의 한 수이다.16)

'법은

法

  법이란 법칙 지님〔軌持〕으로 뜻을 삼으니 참됨과 허망함, 물듦과
깨끗함, 물질과 마음, 의보와 정보가 각기 법칙을 갖추어 머물러
지니니〔具軌則住持〕 모두 통해 이 이름을 얻는다. 곧 위의 물(物)
이다.17)

가고 옴이 없고 움직여 구름이 없다'고

無去來無動轉

  곧 옮기지 않음〔不遷〕이다. 남이 남에 머물므로〔生住生故〕 옴이
없고〔無來〕, 죽음이 죽음에 머물므로〔死住死故〕 감이 없음〔無去〕을
말한다. 가운데 사이 추위와 더위, 어린이와 어른이 각기 머무른
다. 그러므로 흘러 움직임〔流動〕과 굴러 변함〔轉變〕이 없다. 가고
옴이란 때를 잡아 보임〔約時〕이고 굴러 움직임은 성품과 모습을
잡아 보임인데〔約性相〕 연으로 나는〔緣生〕 성품과 모습이 삼세에

---

15) 팔부반야경(八部般若經): 대품반야(大品般若), 소품반야(小品般若), 방광반
   야(放光般若), 광찬반야(光讚般若), 금강반야(金剛般若), 승천왕반야(勝天王
   般若), 문수문반야(文殊問般若)
16) △二引經標牒
   八部般若之一數
17) 軌持爲義 眞妄染淨色心依正 各具軌則住持 通得此名 卽上物也
   〔물은 마음의 대상인 사물만을 말함이 아니라 마음·물질, 의보·정보를 모두
   거두는 뜻이니 연으로 나는 사법이다.〕

각기 머물므로[三世各住] 옮기지 않음이라 말한다.

만약 반야부의 종지라면 많이 '모습을 쓸어 없애고 공을 나타내
[蕩相顯空: 破相].' 물질과 마음, 도의 씨앗인 지혜[道種智]까지라
도 다 청정하다 말한다. 지금은 글을 빌어 나타내 믿음을 증명하는
것이라 저 뜻을 취하지 않으니 아래에서 스스로 미루어 풀이하면
볼 수 있을 것이다.18)

한 것이니

者

'한 것'이란 경을 받음[牒經]이다.19)

3) 바른 도리를 미루어 풀이함[推釋正理]

대저 움직이지 않는다고 한 뜻을 찾아보면

尋夫不動之作

미루어 사무침을 '찾음'이라 말하고 '대저'란 말의 힘을 돕는 말
[語辭]이다.

'움직이지 않음'이란 경에서 "가고 오며 움직여 구름이 없다"고 말
한 것이고, '미루어 구함'이란 찾아 살핌이니 경 가운데 모든 법에
서 움직이지 않는다는 것을 미루어 구함[推求不動者]이다.20)

---

18) 即不遷也 謂生住生生故無來 死住死故無去 中間寒暑 少壯各住 故無流動轉變
矣 或去來約時 轉動約性相 緣生性相三世各住 故曰不遷 若般若宗多蕩相顯空
色心至乎種智皆曰清淨 今借文標爲證信 不取彼意 下自推釋可見
[삼세가 각기 머묾: 삼세가 각기 머묾이란 실로 머묾이 아니라 머묾 없이
머묾이다. 그러니 과거는 연기적 성취로서 과거의 머무는 모습이 없지 않고
현재는 현재의 머무는 모습이 없지 않다.]

19) 牒經也

20) △三推釋正理
推窮曰尋 夫即語詞 不動者 經云無去來動轉作者 推求也尋究 經中於諸法推求
不動者也

어찌 움직임을 풀어서 고요함을 구하겠는가.

豈釋動以求靜

먼저 그릇된 이해를 깨뜨려 풀어버림이다.21)

반드시 모든 움직임에서 고요함을 구하는 것이다.

必求靜於諸動

이는 바른 뜻을 나타냄이니 경 가운데서 반드시 고요함을 미루는데 뭇 움직임을 향해야 하므로, 움직임 가운데서 성품과 모습이 각기 머묾[性相各住]을 통달하도록 한 것이다.22)

반드시 모든 움직임에서 고요함을 구하므로, 비록 움직이되 늘 고요한 것이다.

必求靜於諸動 故雖動而常靜

위의 구절은 앞을 받은 것이고 아래 구절은 스스로의 뜻[自意]을 풀이해 이룬 것이다. 경 가운데서 이미 움직임에서 고요함을 구하므로 나는 '나고 죽음이 엇갈려 사라지고 추위 더위가 번갈아 바뀜'에서 늘 고요함을 본다. 이 때문에 이를 그렇지 않다[不然]고 말한 것이다.23)

움직임을 풀지 않고 고요함을 구하므로 비록 고요하되 움직임을 떠나지 않는다.

不釋動以求靜 故雖靜而不離動

---

21) 先破錯解釋捨也
22) 此顯正意 經中定當推靜向於羣動 故令動中達性相各住
〔여기 흐르는 물은 여기의 성품과 모습이 있고 저기 흐르는 물은 저기의 성품과 모습이 있으나 여기저기의 모습이 있되 공하다.〕
23) 上句牒前 下句釋成自意 經中旣求靜於動 故我於生死交謝 寒暑迭遷而見常靜 所以謂之不然也

위의 구절은 앞을 받은 것이고 아래 구절은 경의 뜻을 풀이해 이른 것이다. '비록 고요하지만〔雖靜者〕'이란 법에 가고 오며 움직여 구름 없는 것이, 옮겨 사라짐〔遷謝〕을 떠나지 않고 나타나므로, 움직임을 떠나지 않는다〔不離動〕고 말한다. 곧 보는 바가 움직임 그대로 고요함이므로, 경에서 고요함 그대로 움직인다〔卽靜而動〕함과 더불어 서로 맞는 것이다.[24]

3. 뜻과 앎이 서로 어긋남을 밝힘〔明情解相違〕

> 論 그렇다면 움직임과 고요함이 비로소 달라짐이 아닌데 미혹한 자는 같지 않다고 한다. 때문에 참말〔眞言〕로 하여금 다투어 가림〔競辨〕에 막히게 한다. 종지의 바른길〔宗途〕이 다름을 좋아하여 굽음이 되고 이 때문에 '고요함과 시끄러움의 지극함〔靜躁之極〕'은 쉽게 말하지 못한다.
>
> 왜인가. 대저 참됨을 말하면 세속을 거스르고〔逆俗〕 세속을 따르면 참됨을 어긴다〔違眞〕. 참됨을 어기므로 성품〔性〕에 미혹하여 돌이키지 못하고 세속〔俗〕을 거스르므로 말이 싱거워 맛이 없다.
>
> 이런 까닭에 가운데 사람〔中人〕이 있음과 없음을 가리지 못하게 하고 아래 수행자〔下士〕는 손바닥을 만지며 돌아보지 않는다. 가깝지만 알 수 없는 것은 오직 물(物)의 성품이로다.

1) 앎과 미혹을 모아 나타냄〔總標解惑〕

그렇다면

---

24) 亦先牒前 下句釋成經旨 雖靜者 法無去來動轉 不離遷謝而顯 故曰不離動 則
    所見卽動而靜 與經卽靜而動相符

然則

위의 이어주는 말을 받은 것이니 경의 뜻을 미루기 때문이다.25)

움직임과 고요함이 비로소 달라짐이 아닌데

動靜未始異

경으로 스스로의 뜻을 증명함이다. 곧 연의 법[緣法]으로 나고 사라지는 성품과 모습이 늘 고요함을 같이 가려 보인다. 그러므로 움직임과 고요함이 다르지 않은 것이다.26)

미혹한 자는 같지 않다고 한다.

而惑者不同

미혹한 자는 날 때 죽음을 보지 못하니, 남이 고요하고 죽음이 움직임 등이라고 집착하므로 움직임과 고요함이 같지 않다[動靜不同]고 한다.27)

때문에 참말[眞言]로 하여금 다투어 가림[競辨]에 막히게 한다.

緣使眞言滯於競辨

참말[眞言]이란 진실에 맞는 말[稱實之言]이고 다투어 가림[競辨]이란 다투는 말[諍言]이다. 미혹한 자는 다름과 다르지 않음[異與不異]을 집착하여 진실에 맞는 말에 서로 어긋나므로 다툼의 말[諍言]이 있다. 그러니 참말[眞言]로 하여금 막혀 걸림을 이루게

---

25) △三明情解相違 文四 初總標解惑
　　承上連續之詞 因推經旨故
26) 以經證於自意 則同辨緣法生滅性相常靜 故動靜不異
　　〔나서 머묾을 고요하다 집착하고 죽어서 감을 움직인다고 집착함이다.〕
27) 惑者生時不見死 乃執生靜而死動等 故動靜不同
　　〔미혹한 자가 나서 머묾은 고요하다 하고, 살아 있다 죽음으로 가는 것을 움직인다고 함.〕

한다.28)

종지의 바른길이

宗途

　길〔途〕이란 실천의 길〔道〕이니 움직임과 고요함이 다르지 않은 길로서, 배우는 이들이 마루로 삼는 바〔所宗〕이기 때문이다.29)

다름을 좋아하여 굽음이 되고

屈於好異

　굽음은 누름이니 미혹한 자는 다름을 좋아하여 억지로 말하므로 바른길로 하여금 삿된 앎〔邪解〕의 구부려 누름이 되게 한다.30)

2) 진리는 말하기 어려움을 보임〔示理難言〕

이 때문에 '고요함과 시끄러움의 지극함[靜躁之極]'은 쉽게 말하지 못한다.

所以靜躁之極 未易言也

　시끄러움〔躁〕은 움직임이다. 물(物)의 움직임과 고요함의 이치는, 둘 아님〔不二〕에 지극하게 되는데, 미혹한 자가 둘을 집착해 억지로 다투므로〔强諍故〕쉽게 말할 수 없는 것이다.31)

3) 그 뜻을 미루어 풀이함〔推釋其意〕

---

28) 眞言者稱實之言也　競辨者諍言也　惑者執異與不異　稱實之言相違　故有諍言
　　使眞言成滯礙也
29) 途者道也　動靜不異之道　爲學者之所宗故
30) 屈抑也　惑者好異而强說　故使宗途爲邪解之屈抑
31) △二示理難言
　　躁動也　物之動靜理極於不二　惑者執二而强諍故　不可率易而言

왜인가?

何者

　어렵다는 말의 뜻을 미룸이다.32)

대저 참됨을 말하면 세속을 거스르고[逆俗] 세속을 따르면 참됨을
어긴다[違眞].

夫談眞則逆俗 順俗則違眞

　진실에 맞는[稱實] 말은 세속을 거스르고[逆俗], 세속을 따르는
[順俗] 견해는 진실의 도리[實理]에 어긋나므로, 쉽게 말하지 못하
는 것이다.33)

참됨을 어기므로 성품에 미혹하여 돌이키지 못하고

違眞故迷性而莫返

　참됨에 어긋나는 허물을 보임이다. 이 사람의 뜻[情]은 사물의
도리[物理]에 길이 미혹하니 이를 따르면 깨달음에 돌이킬 수[返
悟] 없다.34)

세속을 거스르므로 말이 싱거워 맛이 없다.

逆俗故言淡而無味

　세속을 거스르는 허물 보임이다. 싱거움은 맛없음[無味]이다. 참
됨을 말하여 세속을 거스르면 세속의 견해가 밝지 못하니 가려 캘
뜻[義]과 맛[味]이 없다. 그러므로 말이 싱겁다 한 것이니 『도경
(道經)』은 말한다.

---

32) △三推釋其意.
　　推難言之意
33) 稱實言則逆世俗 順俗見則違實理 故未易言也
34) 出違眞過也 人情長迷於物理 順之則不能返悟也

"음악과 먹을거리〔樂與餌〕에는 지나가는 나그네가 멈추지만, 도
(道)가 입을 나오면 싱거워 맛이 없다."35)

4) 앞을 받아 뒤를 일으킴〔躡前起後〕

이런 까닭에

緣使

아는 사람〔解人〕이 움직임과 고요함의 도리가 같음을 말하면, 미
혹한 이〔惑者〕는 움직임과 고요함에 다름이 있다 집착하니 가운데
사람〔中人〕이 미혹하는 까닭이 된다〔惑緣〕.36)

가운데 사람이 있음과 없음을 가리지 못하게 하고

中人未分於存亡

가운데 근기는 위를 말할 수도 있고 또한 아래를 말할 수도 있
다. 그러므로 앎과 미혹의 삿됨과 바름을 가리지 못하여, 있음〔存〕
과 같으면 없음〔亡〕과 다르게 되며, 다시 있음〔存〕과 다르면 없음
〔亡〕과 같게 된다. 아래〔下〕란 바로 이 기틀에 입히는 사람을 논함
이다. 위의 수행자〔上士〕는 이미 움직임과 고요함이 다르지 않음
〔動靜不異〕을 알기 때문이다.37)

아래 수행자는 손바닥을 만지며 돌아보지 않는다.

下士撫掌而弗顧

---

35) 出逆俗過也 淡卽無味 談眞逆俗 俗見不曉 無義味可采 故云言淡 道經云 樂
　　與餌過客止 道之出口淡乎無味
36) △四躡前起後
　　解人說動靜理同 惑者執動靜有異 乃爲中人之惑緣也
37) 中根可語上 亦可以語下 故未能分辨解惑邪正 爲當存同亡異 爲復存異亡同
　　下論正被此機 上士已知動靜不異故

곧 앞의 미혹한 사람이다. 굳게 집착해 돌이키지 않고 바른 진리
돌아보지 않음이다. 손바닥 만짐은 크게 웃는 모습〔大笑之貌〕이니
『도경(道經)』은 말한다. '넉넉히 도 됨을 웃지 않을 수 없는 것이
다〔不笑不足以爲道〕.'

　이 위의 두 구절 말은 『도덕경(道德經)』에 나오니 글을 조금 고
쳤을 뿐이다.38)

가깝지만 알 수 없는 것은

近而不可知者

　물(物)의 이치가 사람에 가깝지만 움직임과 고요함을 집착하는
자가 알 수 있는 바가 아니다. 아래에 말한다.39)

오직 물(物)의 성품이로다.

其唯物性乎

　오직〔唯〕은 홀로이다. 홀로 만물에는 연으로 나는 성품〔緣生之
性〕이 있어, 움직임 가운데 늘 고요하고 고요함이 움직임을 거리끼
지 않으니 이 도리는 가장 가깝지만 사람들이 알지 못한다.

　이것은 곧 앞의 세 뜻〔三義〕 가운데 성품의 한 문〔性一門〕을 잡
아 보임 것이다. 『화엄대소(華嚴大疏)』는 옮기지 않음〔不遷〕에 세
뜻이 있음을 말했다.

　1. 의지할 수 있음의 옮기지 않음〔能依不遷〕
　2. 의지함과 의지하는 바의 옮기지 않음〔依所依不遷〕
　3. 오직 의지하는 바의 옮기지 않음〔唯所依不遷〕이다.

　곧 옮기지 않음의 세 뜻은 『열반론』에서 참 성품이 연을 따르되

---

38) 卽前惑者也 堅執不回弗顧正理 撫掌者大笑之貌也 道經日不笑不足以爲道矣
　　此上二句語 出道德經 文小改耳
39) 物理近於人 而不可以執動靜者所知者 下云

〔眞性隨緣〕 늘 머물러 변치 않는 뜻〔常住不變義〕을 밝힘이다.40)

4. 논을 세운 뜻을 나타냄〔顯立論之意〕

> 論 그러하니 스스로 그만두지 못하여 애오라지 다시 마음을 움직임과 고요함의 끝〔動靜之際〕에 부친 것이다. 어찌 반드시 그렇다고 말할 것인가. 시험삼아 논해 말한다.

그러하니

然

위의 일으키는 말을 받은 것이다.

이치는 지극하여 말하기 어려우므로 입을 막고 잠자코 있어야 하나〔杜口默然〕, 가운데 사람〔中人〕이 물의 성품이 이와 같음〔物性如此〕을 알지 못하기 때문에 아래에 말한다.41)

스스로 그만두지 못하여 애오라지 다시 마음을 움직임과 고요함의 끝〔動靜之際〕에 부친 것이다.

---

40) 唯獨也 獨有萬物緣生之性 動中常靜 靜不妨動 此理最近而人不知 此卽前三義中是約性一門 華嚴大疏 談不遷有三義 一能依不遷 卽今約性相義 二依所依不遷 三唯所依不遷 卽涅槃論明眞性隨緣常住不變義
〔의지함과 의지하는 바가 옮기지 않음은 곧 연을 따름〔隨緣〕과 의지하는 바 진여(眞如)의 변치 않음이 둘이 아님을 말한다. 의지함은 물(物)이고 의지하는 바는 진여의 성품〔性〕이니 성품에서 보면 물은 참성품이 연을 따르되 변하지 않음〔隨緣不變〕이고 물(物)을 잡아 보면 물의 옮김은 진여의 성품이 연 따름이니 옮기되 옮기지 않음〔遷而不遷〕이자, 옮기지 않되 옮김〔不遷而遷〕이다. 그러므로 물이 옮기지 않음을 '물의 모습은 옮기나 성품은 옮기지 않는다〔相遷而性不遷〕'고 보아서는 안 되고, 물이 옮기되 옮기지 않음〔物遷而不遷〕이 물의 성품인 것이다.〕
41) △四顯立論之意
躡上生起之詞 理極難言 故當杜口默然 爲中人不知物性如此 故下云

不能自已 聊復寄心於動靜之際.

　애오라지〔聊〕란 줄임이고, 제(際)란 가와 끝이다. 움직임은 고요
함으로 끝을 삼으므로 움직임 그대로 고요함을 보고〔卽動以見靜〕,
고요함은 움직임으로 끝을 삼으므로 고요함 그대로 움직임을 본다
〔卽靜以見動〕. 간략히 아는 마음〔解心〕에 붙임이 이와 같으므로 이
렇게 말한 것이다.42)

어찌 반드시 그렇다고 말할 것인가. 시험삼아 논해 말한다.

豈曰必然 試論之曰

　반드시〔必〕란 결정된 것이다. 시험삼아란 '또'이다. 어찌 결정되
어 그렇다고 할 것인가? 또 이 아는 마음〔解心〕으로 평해 논할
뿐이다.43)

---

42) 聊略也 際邊畔也 動以靜爲際 故卽動以見靜 靜以動爲際 故卽靜以見動 略寄
　　解心如此 故乃言之也
43) 必者決定也 試且也 豈謂決定如然 且以此解心評論之耳

II. 바로 논함〔正論〕

글에 셋이 있으니,

1. 옮기지 않음을 바로 나타냄〔正顯不遷〕
2. 가르침의 뜻을 모아 풀이함〔會釋敎意〕
3. 인과로 이익을 맺음〔因果結益〕이다.

만물의 항상함〔常〕과 덧없음〔無常〕의 이치에는 본래 둘이 없다. 비록 연으로 나고 연으로 사라져 찰나에 바뀌어 사라지나, 남과 사라짐이 지위를 각기 하며〔生滅各位〕, 모임과 흩어짐이 때를 달리한다〔聚散異時〕. 세간 사람들의 뜻은 자세히 살피지 못하니, 잠깐 있음을 보면 머묾〔住〕을 집착하고, 홀연히 사라짐을 보면 옮김〔遷〕을 집착한다.

이 둘은 끊어짐과 항상함〔斷常〕에 스스로 묶임일 뿐이다. 그러나 머묾에 집착하는 것〔執住〕은 쉽게 깨치나 옮김에 걸리는 것〔滯遷〕은 돌이키기 어렵다. 옮김에 집착함〔執遷〕을 말미암아, 세속 진리의 문〔俗諦門〕 가운데 나고 사라짐의 성품과 모습〔生滅性相〕이 각기 스스로의 지위 얻어〔各得自位〕, 착함과 악함, 원인과 결과, 비롯함과 마침〔善惡因果始終〕이 차별되지 않음〔不差〕을 알지 못한다.

그러므로 옮기지 않음의 바른 이치〔不遷正理〕를 먼저 나타내고, 다음 항상함과 덧없음의 두 가르침〔常無常二敎〕이 뜻 같이함〔同致〕을 모아 풀이하고, 뒤에 원인과 결과로써 맺어 이익을 알도록 한다. 이 논의 뜻이 이 셋을 지나지 않으므로 지금은 옛의 여섯 과목〔六科〕을 바꾸어 다만 세 단락으로 나눈다.44)

---

44) △二正論 文三 初正顯不遷 次會釋敎意 三因果結益 然萬物常與無常理本不
二 雖緣生緣滅 刹那代謝 而生滅各位 聚散異時 世之人情弗能諦審 覩暫有則

1. 옮기지 않음을 바로 나타냄〔正顯不遷〕

1) 가르침을 이끌어 종지를 정함〔初引教定宗〕

> **論** 『도행반야경〔道行〕』에 말한다.
> "모든 법은 바탕에 좇아온 바가 없고 가되 또한 이르는 바가 없다."
> 『중관론〔中觀〕』에 말한다.
> "방위를 살피면 저가 가는 것〔彼去〕을 알지만 가는 자〔去者〕는 방위에 이르지 않는다."
> 이는 다 움직임 그대로 고요함을 구함이니 이로써 물이 옮기지 않음〔物不遷〕이 분명한 것을 알 수 있다.

(1) 처음, 경론을 이끎〔初引經論〕

『도행반야경』에 말한다.

道行云

도행은 소품(小品)의 한 수이다.45)

모든 법은

諸法

모든 법은 물(物)이다. 곧 물질〔色, rūpa〕, 느낌〔受, vedanā〕, 모습 취함〔想, saṃjñā〕, 지어감〔行, saṃskāra〕, 앎〔識, vijñāna〕이니 다섯 쌓임〔五蘊〕이라 하고, 여섯 아는 뿌리〔六根〕 여섯 경

執住 見忽滅則執遷 此二皆自縛於斷常耳 然而執住則易覺 滯遷則難回 由執遷
故 不知俗諦門中生滅性相 各得自位 善惡因果始終不差 故先顯不遷正理 次會
釋常 無常二敎同致 後以因果結令知益 此論之意不過此三 故今易古之六科 但
分三段耳
45) 今初 文三 初引教定宗 文二 初引經論
　　小品一數也

계〔六境〕는 열두 곳〔十二處, 열두 들임十二入〕이라 하고, 다시 여섯 앎〔六識〕을 더하면 곧 열여덟 법의 영역〔十八界〕이니 세간법은 이 세 과목〔三科〕을 넘지 않는다.

또 간략히 말해서 물질·마음〔色心〕을 벗어나지 않는다고 말해 모음을 삼는다. 또 보디(bodhi)와 니르바나(nirvāṇa)는 세간 벗어난 법이다. 지금 모두 이를 거두므로 모든 법〔諸法〕이라 한다. 46)

바탕에 좇아온 바가 없고 가되 또한 이르는 바가 없다.

本無所從來 去亦無所至

옮기지 않음이다. 바탕〔本〕이란 오는 것이 일어나는 곳〔來之所起處〕이다. 이름〔至〕이란 가는 것이 이르는 곳〔去之所到處〕이다. 모든 법의 성품과 모습〔性相〕 때의 가름〔時分〕이 각기 본래 지위에 머묾으로 말미암아 일찍이 바탕을 좇아옴이 있지 않고, 가서 저곳에 이름이 있지 않다.

이는 본래 범부 가운데서 좇아와서 성인의 곳에 가서 이름을 보지 않는다고 말한 것이다. 또 본래 나고 죽음의 번뇌〔生死煩惱〕 가운데를 좇아와서, 보디(bodhi) 니르바나(nirvāṇa)의 곳〔菩提涅槃處〕에 이름을 보지 않는다고 말함이다.

왜인가? 성인과 범부, 물듦과 깨끗함은 각기 서로 이르지 않기〔不相到〕 때문이고 세간과 세간 벗어난 법〔世出世法〕이 각기 본래 지위에 머물기〔各住本位〕 때문이니 나머지는 보기로 알 수 있을

46) 物也 卽色受想行識曰五蘊 六根六境曰十二處 更加六識卽十八界 世間法不過 此之三科 又略而言不出色心爲總 又菩提涅槃是出世法 今竝該之 故云諸法
〔열두 곳과 열두 들임: 여섯 아는 뿌리〔六根〕와 여섯 경계〔六境〕가 여섯 앎〔六識〕 냄을 잡아서 주체와 객체를 열두 곳〔十二處〕이라 하고, 주체와 객체가 여섯 앎을 거두어들임을 잡아 열두 들임〔十二入〕이라 하니, 곳과 들임은 앎〔識〕이 나고 사라짐을 통해 이름을 서로 교환한다.〕
〔보디와 니르바나: 세간 벗어난 해탈의 과덕이지만 보디, 니르바나는 오온 십이처 십팔계의 실상이다.〕

것이다.

『화엄경』은 또한 말한다.

"각각 서로 알지 못하니
모든 법이 또한 이와 같도다."

　各各不相知　諸法亦如是

만약 '반야의 본부 수트라[般若本部]'를 의거하면 많이 '모습 없음의
참 종지[無相眞宗]'를 밝혀 곧장 만법이 본래 공해 오가는 모습 없음
을 나타낸다. 지금은 글을 빌어 종지를 나타냄에 뜻을 쓰는 것은 곧
다르다[用意則別]. 아래 종지 정함 가운데서 볼 수 있을 것이다.47)

『중관론』에 말한다.

中觀

곧 『중관론(中觀論)』이니 지금 이를 이끌어 경의 뜻을 풀이해 이
룬다.48)

'방위를 살피면 저가 가는 것을 알지만

云觀方知彼去

---

47) 不遷也 本者來之所起處 至者去之所到處 由諸法性相時分 各住本位 未嘗有
從本而來去至彼所 所謂本不見從凡中而來 去至聖所 又亦不見本從生死煩惱中
來 至菩提涅槃處故 何也 聖凡染淨各不相到故 世出世法各住本位故 餘可例知
華嚴亦云 各各不相知 諸法亦如是 若據般若本部 多明無相眞宗 直顯萬法本空
無來去相 今借文標宗 用意則別 下定宗中可見
〔본래 오고 감이 없다고 함은 모습 없음의 종지를 잡는 것이고, 조론에서 여
기 이것이 저기 저곳으로 옮겨간다고 할 때 여기 이것은 이것에 머물고 저기
저것은 저것에 머물러 이것이 저것으로 옮겨가지 않음으로 뜻을 쓴 것이다.〕
48) 卽中觀論 今引之釋成經意
〔중관론: 가는 자[去者]와 감[去]과 곳[處]은 서로 의지하여 서로 이루어지
므로 가는 자가 간다고 말하지 못하고 가는 자가 어떤 곳에 이른다고 말하
지 못한다.〕

살핌은 곧 봄이다. 방위는 열 방위에 통한다. 또 동방을 들어 이
를 보기로 한다. 저란 저 사람을 가리킨 것이다. 내가 동방을 살펴
면 저 한 사람이 여기를 좇아 저기에 감을 아는 것이다.49)

가는 자는 방위에 이르지 않는다.'
去者不至方

　자(者)는 사람이다. 동쪽에 가는 사람이 앞으로 걸으면 앞에 있
고 뒤로 걸으면 뒤에 있으므로 여기를 좇아 저쪽[彼方]에 이르는
모습을 보지 않으므로 '가되 또한 이르는 곳이 없다'고 말한다.

　도리어 동방을 좇아 이쪽[此方]에 옴을 알아도 또한 걸음걸음이
각기 머물므로[步步各住] 바탕에 좇아온 바가 없다[本無所從來]고
말한다. 동방이 이미 그러하니 나머지 아홉 또한 그러하다. 사람이
이미 움직임 그대로 고요하니 이로써 보기를 삼으면 모든 법은 옮
기되 옮기지 않는다[遷而不遷]. 그러므로『중관론』을 이끌어 『도
행반야경』의 귀절을 풀이해 이루어, 옮기지 않는 종지[不遷宗旨]
를 세운다.50)

(2) 종지를 정함[定宗旨]

이는 다 움직임 그대로 고요함을 구함이니 이로써 '물이 옮기지 않
음[物不遷]'이 분명한 것을 알 수 있다.
斯皆即動而求靜 以知物不遷明矣

　사(斯)는 이것이다. 다[皆]는 같음이다. 이 위의 경론이 '움직임

---

49) 觀則見也 方通十方 且擧東方例之 彼者汎指彼人也 我觀東方 知彼一人從此而去
50) 者卽人也 去東之人前步在前後步在後 故不見從此至彼方之相 故曰去亦無所
　　至 反知從東方來此方 亦步步各住 故曰本無所從來 東方旣爾 餘九亦然 人旣
　　卽動而靜 以例諸法遷而不遷 故引中觀釋成道行 以立不遷宗旨也
　　〔주체와 주체의 행위와 곳은 서로 의지해 이루므로 실로 여기 있는 것이 저
　　기에 이름이 아니다. 〕

그대로 고요함을 미룸[卽動而推靜]'에 같이 하므로 이를 써서 '연으로 나는 물의 이치[緣生物理]'를 증명해 아니, 성품과 모습이 옮기지 않는 뜻[性相不遷義]이 이미 분명한 것이다.

세 앎[三量]으로 이를 펼치는 것인데 '성인의 가르침으로 바른 앎 세움[聖敎量]'을 잡은 것이다.51)

2) 미혹 깨뜨려 진리 나타냄[破惑顯理]

(1) 앎과 미혹 마주해 가림[解惑對辨]

論 대저 사람들이 움직인다고 말하는 것은 옛것[昔物]이 지금에 이르지 않음이다.

그러므로 움직여서 고요하지 않다[動而非靜]고 말한다.

내가 고요하다고 말한 것은 또한 옛것이 지금에 이르지 않음이다. 그러므로 고요하여 움직이지 않는다[靜而非動]고 말한다.

움직여서 고요하지 않다는 것은 그것이 오지 않기 때문이고 고요하여 움직이지 않는다는 것은 그것이 가지 않기 때문이다.

그렇다면 가는 것은 일찍이 달라지지 않으나 보는 바는 일찍이 같지 않다.

이를 거스르면 막힘[塞]이라 말하고 이를 따르면 통함[通]이라 말한 것이다.

참으로 그 도(道)를 얻으면 거듭 어찌 막힐 것인가.

---

51) △次定宗旨
　　斯此也 皆同也 此上經論同卽動而推靜 用此證知緣生物理 性相不遷義已明矣 三量之申此 約聖敎量
　　[세 앎[三量]: 바른 판단의 기준이 되는 세 앎이니 선정 지혜로 깨치는 것처럼 바로 드러내 앎[現量], 바른 이해의 추론으로 견주어 앎[比量], 성인의 가르침에 비추어 앎[聖敎量]이 세 앎이다.]

① 경계는 같고 견해는 다름〔境同見異〕

대저 사람들이 움직인다고 말하는 것은

夫人之所謂動者

　위에서 물(物)이 있으면 흘러 움직인다〔流動〕고 함이 사람들의
늘 그런 뜻〔人之常情〕이라 함을 받은 것이다.52)

옛것이 지금에 이르지 않음이다.

以昔物不至今

　만약 죽음이 남에 엇바뀜이라면 곧 남은 옛것이 되고 죽음은 지
금의 것이다. 그러므로 남〔生〕은 지금에 이르지 않는 것이다.53)

그러므로 움직여서 고요하지 않다고 말한다.

故曰動而非靜

　미혹한 이는 죽을 때 남 없음을 보아, 나서는 곧 이미 사라진다
고 하므로 움직임을 집착해 고요함이 아니라〔執動而非靜〕고 말한
다.54)

내가 고요하다고 말한 것은

我之所謂靜者

　위에서 나는 곧 그렇지 않다〔余則謂不然〕고 함을 받은 것이다.55)

---

52) △二破惑顯理 文二 初解惑對辨 又二 初境同見異
　　牒上有物流動人之常情
53) 如以死交互於生 則生爲昔物 死爲今物 故生不至今也
　　〔삶은 삶에 머물러 살아 있는 것이 움직여 지금의 죽음에 이른 것이 아니다.〕
54) 惑者見死時無生 謂生已謝故 執動而非靜
　　〔미혹한 이가 죽을 때는 남이 움직여서, 지금에 이르지 않으므로 움직인다
　　고 말함이다.〕
55) 牒上余則謂不然也

또한 옛것이 지금에 이르지 않음이다.(위와 같다) 그러므로 고요하여 움직이지 않는다[非動]고 말한다.

亦以昔物不至今 故曰靜而非動

　논주가 아는 것은 "남[生]은 옛것이 옛에 있는 것이고 죽음은 지금 것이 지금에 있음이다."

　그러므로 옛이 지금에 이르지 않으니 고요하여 움직이지 않음[靜而非動]이라 한다. 남이 죽음에 엇갈리고 추위 더위도 같이 엇갈림을 위의 보기로 알 수 있다.56)

움직여서 고요하지 않다는 것은 그것이 오지 않기 때문이고

動而非靜 以其不來

　미혹한 자가 움직임을 집착한 것은 옛이 지금에 오지 않음을 보기 때문이다.57)

고요하여 움직이지 않는다는 것은 그것이 가지 않기 때문이다.

靜而非動 以其不去

　논주는 고요함을 보고서는 이미 옛것이 옛에 머물러[昔物住昔] 가지 않는다고 알았다. 이것이 곧 앞의 머리글 가운데 앎과 미혹[解惑]일 뿐이다.58)

　② 거스르고 따름으로 꾸짖음을 맺음[逆順結責]

---

56) 論主所解生爲昔物在昔 死爲今物在今 故昔不至今曰靜而非動也 以生交死及
　寒暑等 例上可知
　〔옛은 옛에 머물고 지금 죽음은 지금에 머물므로 움직이지 않음이라 한다.〕
57) 惑者執動爲見昔不來今故
　〔미혹한 자는 젊음이 사라져서 그대로 늙음에 옮겨오지 않으므로 움직여서
　고요하지 않다고 말한다. 그러므로 젊음이 가고 늙음이 왔다고 말한다.〕
58) 論主見靜 已知昔物住昔而不去 此卽前序中解惑耳

그렇다면 가는 것은 일찍이 달라지지 않으나

然則所造未嘗異

　조(造)는 감이다. 같이 옛것이 지금에 이르지 않음을 보니 곧 이르는 경계가 달라지지 않음이다.59)

보는 바는　일찍이 같지 않다.

所見未嘗同

　앎과 미혹의 보는 바가 고요함과 움직임으로 같지 않다.60)

이를 거스르면 막힘[塞]이라 말하고 이를 따르면 통함[通]이라 말한 것이다.

逆之所謂塞 順之所謂通

　진리를 거스려 움직임을 집착하면[執動] 막혀 걸리는 사람이라 말하는 바이다.
　진리를 따라 고요함을 보면[見靜] 통해 아는 자라 말하는 바이다. 옛사람[古人]은 많이들 논주가 거스르고 따르며, 통하고 막힘 말함을 잡아 이런 도리가 없다고 헤아린다.61)

참으로 그 도(道)를 얻으면 거듭 어찌 막힐 것인가.

苟得其道 復何滯哉

---

59)　△二逆順結責
　　造詣也 同見昔物不至今 則所詣之境不異
60)　解惑所見靜動不同
　　[미혹한 자는 옛이 그대로 지금에 이르지 않고 움직여 가는 것을 보아 미혹을 이루고, 아는 자는 옛과 지금이 각기 머물러 고요해 가지 않는 것을 보아 앎을 이룬다.]
61)　逆理執動 所謂塞滯之人 順理見靜 所謂通解之者 古人多約論主 說逆順通塞 量無此理
　　[옛사람 가운데서도 논주의 이 논의 전개 방식에 동의하지 않는 이가 많았다.]

참으로란 만약이다. 도(道)는 물의 이치〔物理〕이다. 만약 물의
이치가 움직이되 고요하지 않음이 없음〔無動而非靜〕을 얻으면 어
찌 움직임이 미혹하여 걸리게 할 수〔可惑滯〕 있겠는가?62)

(2) 미혹을 보내 진리를 나타냄〔遣惑顯理〕

> 論 슬프다, 대저 사람의 뜻이 미혹됨이 오래인 것이니 눈으로
> 참됨〔眞〕을 마주하고도 깨치지 못하도다. 이미 옛것이 오지 않
> 음을 알지만 그런데도 지금 것이 갈 수 있다고 말한다.
> 지난 것이 이미 오지 않았는데 지금 것이 어찌 가겠는가.
> 왜 그런가. 지난 것을 옛에서 구하니 옛에 일찍이 없지 않고
> 옛것을 지금에서 구함을 꾸짖으니 지금에 일찍이 있지 않다.
> 지금〔今〕에 일찍이 있지 않으니 물이 오지 않음〔物不來〕을
> 분명케 한다.
> 지남〔向〕에 일찍이 없지 않다. 그러므로 물이 가지 않음〔物不
> 去〕을 알아야 한다.
> 뒤집어 지금을 구하면 지금 또한 가지 않는다.

① 미혹과 집착을 한탄함〔嗟迷執〕

슬프다, 대저 사람의 뜻이 미혹됨이 오래인 것이니
傷夫人情之惑久矣

 사람이 뜻의 집착에 미혹됨을 입어 지금껏 깨닫지 못했으므로 아
파하는 것이다.63)

---

62) 苟若也 道物理也 若得物理無動而非靜 豈有動之可惑滯也
63) △二遣惑顯理五 初嗟迷執
　人被情執所惑 從來不覺 故可傷之

눈으로 참됨을 마주하고도 깨치지 못하도다.

目對眞而莫覺

　참됨이란 옛것이 지금에 이르지 않음인데 비록 보고서도 움직임을 집착하므로 눈으로 마주하고도 깨닫지 못하는 것이다.64)

② 미혹의 뜻을 말함〔陳迷情〕

이미 옛것이 오지 않음을 알지만

既知往物而不來

　앞의 옛것이 지금에 이르지 않음을 받은 것이니 지나감은 옛이다.65)

그런데도 지금 것이 갈 수 있다고 말한다.

而謂今物而可往

　곧 앞의 움직여서 고요하지 않다 함〔動而非靜〕을 집착함이다. 왕(往)은 감이다.

　이미 옛것이 지금에 이르지 않음을 움직임이라 집착하여, 반드시 지금 것이 또한 옮겨 갈 수 있다고 말하게 되니 이는 뜻의 미혹함〔情惑〕이다.66)

③ 바른 도리를 나타냄〔顯正理〕

㈎ 나타냄〔標〕

---

64) 眞者卽昔物不至今也 雖見而執動 故目對而莫覺也
　〔젊음이 가 버리고 늙음이 왔다고 집착함이 움직임을 집착함이다.〕
65) △二陳迷情
　牒前昔物不至今 往昔也
66) 卽前執動而非靜也 往去也 旣執昔物不至今爲動 必當謂今物亦可遷往矣 此乃
　情惑也

지난 것이 이미 오지 않았는데 지금 것이 어찌 가겠는가.

往物既不來 今物何所往

　간다는 것은 미혹한 이는 비록 옛것이 오지 않은 줄 알지만, 지금 것이 가지 않는 줄 알지 못한다. 만약 지금 것이 지금에 있어 가지 않은 줄 알면, 또한 옛것이 옛에 있어 가지 않은 줄 아니 곧 옮기지 않음[不遷]이 나타난다.

　곧 옛은 옛에 머물고[古住古] 지금은 지금에 머물러[今住今] 옛과 지금이 서로 가고 오지 않는다[不相往來].67)

(나) 미루어 봄[推]

왜 그런가.

何則

　위의 두 구절을 물음이다.68)

(다) 풀이함[釋]

　(ㄱ) 윗 구절을 풀이함[釋上句]

지난 것을 옛에서 구하니 옛에 일찍이 없지 않고

求向物於向 於向未嘗無

　지난 것[向]은 옛이다. 옛것을 옛 때에 구하니 옛 때는 정해진 있음이라 옛은 옛 지위[昔位]에 머묾을 알아야 한다.69)

---

67) △三顯正理 文四 一標
　　去也 惑者雖知昔物不來 而不知今物不去 若知今物在今而不去 亦了昔物在昔而不去 卽不遷顯矣 則古住古而今住今 今古各不相往來
　　[옛에 머물고 지금에 머문다고 한 것은 물의 참 성품이 아니라 물의 연기한 자기 성품과 모습[物性相]이 옛과 지금에 머묾을 말하지만 여기서 머묾이란 머묾 없이 머묾[無住而住]이다.]
68) △二推
　　徵上二句

옛것을 지금에서 구함을 꾸짖으니 지금에 일찍이 있지 않다.

責向物於今 於今未嘗有

　옛것을 지금 때에 찾음을 미루어 꾸짖으니 지금 때에서는 옛을
보지 못한다.70)

지금에 일찍이 있지 않으니 물(物)이 오지 않음을 분명케 한다.

於今未嘗有 以明物不來

　옛것이 지금에 이르지 않음을 밝게 알 수 있다.71)

지남[向]에 일찍이 없지 않다. 그러므로 물이 가지 않음[物不去]
을 알아야 한다.

於向未嘗無 故知物不去

　옛 때[昔時]에 옛[昔]을 보기 때문에 옮겨 가지 않음을 알아야
한다. 무엇 때문에 이를 미혹하는가? 그런데도 움직여서 고요하지
않다[非靜]고 말하는가? 이 위는 옛이 오고 감이 없는 뜻[古無來
去義]을 풀이해 이룸이다.72)

(ㄴ) 아래 구절을 풀이함[釋下句]

뒤집어 지금을 구하면 지금[今] 또한 가지 않는다.

覆而求今 今亦不往

　감[去]이니 돌이켜 뒤집어 다시 지금 것을 미루어 보면 곧 지금
것은 지금에 있어 가지 않는다. 가지 않을 뿐만 아니라 옛에서[於

---

69) △三釋 文二 初釋上句
　　向昔也 求昔物於昔時 昔時定有 故知昔住昔位
70) 推責昔物於今時 今時不見昔
71) 明知昔物不至今也
72) 昔時見昔故知不遷去 何以惑之 而謂動而非靜耶 此上釋成古無來去義

古〕옛것[昔]또한 '아직 오지 않음[未來]'에 향하지 않음을 알게
된다. 그러므로 움직이지 않는 것이다.

이 위는 '지금에 옴이 없다'고 말한 뜻을 풀이해 이룸이다. 다만
위의 글은 지난날을 지금이라 하고 오늘날을 지남, 옴을 감이라 하
고 감을 옴이라 변한 것이니 읽으면 볼 수 있다.

마치 사람에게 늙고 젊음이 있어 젊음이 옛날에 머물다 늙음이
지금에 머물면, 사람들이 많이들 이를 미혹하여 늙은 나이가 되면
시들고 낡아, 세월의 왕성함을 보지 못한다고 해 젊음의 일[少事]
이 다해 이미 옮겨 갔다고 말함과 같다. 그래서 젊은 나이에 살갗
이 기름져 빛남을 아주 생각하지 않는다. 그러므로 젊음이 옛날에
있음을 알아야 한다.

어찌 지금에서 이를 구하는가? 이미 스스로 미혹해 넘어짐인데
하물며 구해도 얻지 못함이겠는가? 그래서 옮겨감[遷去]이라 말하
니 아주 미혹됨을 알아야 한다. 물의 이치[物理]를 통달한 자는,
지금과 옛이 각기 머물러[今古各住] 털끝이라도 바뀔 수 없음을
알아야 한다.73)

㈑ 맺어 이룸[結成]

> 論 이것을 옛것[昔物]은 스스로 옛에 있어 지금을 좇아 옛에 이
> 름이 아니고, 지금 것[今物]은 스스로 지금에 있어 옛을 좇아

---

73) △次釋下句
去也 反覆更推今物 即知今物在今而不去 非唯不去 於古昔亦知不向於未來 故
非動矣 此上釋成今無來云義 但變上文以向曰今 今曰向 來曰去 去曰來 讀之
可見 如人有老少 少住昔而老住今 人多惑之 當老年衰朽不見王盛 乃謂少事已
遷去 殊不思當少之年膚腠潤澤 故知在昔矣 何於今而求之 已自迷倒 況求之不
得 乃謂遷去 故知甚惑 達物理者了今古各住 無毫髮可易
〔옛과 지금이 실로 머묾이 없지만 머물지 않음도 없음을 말함.〕

지금에 이름이 아님이라 말한다.
　그러므로 공자〔仲尼〕는 말한다.
　'안회〔回〕야, 새로 엇갈리는 팔이 옛이 아님〔非故〕을 보아라.'
　이와 같다면 '물이 서로 가고 오지 않음〔物不相往來〕'이 분명한 것이다
　이미 가고 옴의 작은 조짐〔微朕〕이 없는데 무슨 물건이 있어 움직일 것인가?

이것을 옛것은 스스로 옛에 있어 지금을 좇아 옛에 이름이 아니고 지금 것은 스스로 지금에 있어 옛을 좇아 지금에 이름이 아님이라 말한다.

是謂昔物自在昔 不從今以至昔 今物自在今 不從昔以至今

　볼 수 있을 것이다.74)

　④ 유가의 글을 이끎〔引儒文〕

㈎ 바로 이끎〔正引〕

그러므로 공자[仲尼]는 말한다. '안회[回]야, 새로 엇갈리는 팔이 옛이 아님[非故]을 보아라.'

故仲尼曰 回也見新交臂非故

　글은 장자(莊子) 외편(外篇) 전자방(田子方) 장에 나오니 이렇게 말했다.
　공자(孔子)가 안회(顔回)에게 말했다.
　"내가 몸이 다하도록 너와 한 팔을 엇갈려 스치지만 이를 잃으니 슬프지 않을 수 있는가?"

---

74)　△四結成
　　可見

곽상(郭象)의 주(注)에 말했다.

"대저 변화는 붙잡아 둘 수 없다. 그러므로 비록 팔을 잡아 서로 지키지만 멈추게 할 수 없다."

문강법사〔康師〕의 소(疏)는 말했다.

"곽상의 주는 맞지 않다. 팔을 엇갈리는 사이 이미 앞사람〔前人〕 잃은 것을 말하되, 팔을 엇갈려 손을 잡음에 멈추게 할 수 없음을 말하지 않기 때문이다."

지금 문강법사(文康法師)의 풀이를 취하면 팔이 엇갈림 이는 두 팔이 서로 어울림과 같은데 다만 이 적은 무렵에 이미 새로움을 보아 옛을 잃은 것〔見新失於故〕이다.

만약 논(論) 가운데라면 다음 글이 이를 가리켜 새로움과 옛이 각기 머무는 뜻을 밝히지만 아직 중니(仲尼)의 본 뜻이 어떤 줄은 알지 못한다. 공자가 만약 옮기지 않음〔不遷〕을 말했다면 어찌 꼭 그 일을 슬퍼할 것인가? 만약 나와 네가 몸을 다하도록 같이 팔 엇갈릴 무렵〔交臂之頃〕을 말했다면 그러면 곧 곽상의 주〔郭注〕가 말한 바 변화를 멈추게 할 수 없다함〔變化不能令停〕 또한 깊이 뜻을 얻은 것〔得旨〕이다.

지금 논 가운데 글에서는 조금 고친 것이니 다만 유가와 불가의 서로 맞는 뜻〔儒釋相符之義〕만을 취한다면 저것과 저것을 말한 것이 아니다. 새로움을 본다고 말한 것은 앞 그대로 지금 것〔今物〕이 스스로 지금에 있음〔在今〕이고, 옛이 아니라 함은 앞 그대로 옛것〔昔物〕이 스스로 옛에 있음〔在昔〕이다. 디만 잠깐 무렵이란 것은 지금과 옛이 오히려 각기 한때〔一世〕에 머무는데, 하물며 날과 달, 해와 칼파〔日月年劫〕이겠는가?75)

---

75) △四引儒文二 初正引
　　文出莊子外篇田子方章 云孔子謂顔回曰 吾終身與汝交一臂而失之 可不哀歟 郭
　　注云 夫變化不可執而留也 故雖執臂相守 而不能令停 康師疏曰 郭注不當 謂
　　交臂之頃已失前人 非謂交臂執手不能令停

(나) 맺어 이룸[結成]

이와 같다면 물이 서로 가고 오지 않음[物不相往來]이 분명한 것이다.

如此則物不相往來明矣

　위 중니(仲尼)의 말한 바를 받은 것이니 새로움과 옛이 각기 머물러 물이 오고감이 없는 뜻[物無來往義]이 이미 분명한 것이다.76)

⑤ 뜻을 꾸짖음[責情]

이미 가고 옴의 작은 조짐[微朕]이 없는데 무슨 물건이 있어 움직일 것인가?

既無往返之微朕 有何物而可動乎

　가고 돌아옴은 가고 옴이다. 가는 조짐[微朕]은 작은 자취이다. 모든 법의 성품과 모습, 때의 가름을 미루어 가고 오는 자취를 구하면 털끝도 얻을 것이 없다. 그런데도 알지 못해 미혹한 자가 '어떤 것이 있어 움직여 고요하지 않음[動而非靜]'이라 말할 수 있겠는가. 깨뜨리는 제목으로부터 실마리에 들어 여기에 이르도록 '움직임에 집착하는 견해[執動之見]' 깨뜨림을 이미 마쳤다.77)

　今取康師釋交臂 此如兩臂相交 秪此少頃之時 已見新失於故 若以論中次文指此 以明新故各住之義 而未知仲尼本意若何 孔子若語不遷 何必哀傷其事 若謂吾汝終身同交臂之頃 爾則郭注所謂變化不能令停 亦甚得旨也
　今論中文有小改 但取儒釋相符之義 非謂彼彼也 言見新者 即前今物自在今 非故者 即前昔物自在昔 秪少頃時 今昔尙各住一世 況日月年劫耶
　[변화하는 사물의 세계는 찰나가 지나면 이미 옛이라 옛을 지금에 가져올 수 없어서 삶은 늘 새로움으로 나아가는 것이니 변화를 멈추어 둘 수 없음으로 보면(옛과 지금이 각기 머물러 옮겨 가지 않음으로 보면) 곽상의 풀이[郭注]가 뜻 얻지 못함이 아니다.]

76)　△二結成
　牒上仲尼所說 則新故各住 物無來往義已明矣

3) 일을 들어 맺어 나타냄[擧事結顯]

論 그렇다면 빠르고 사나운 바람[旋嵐]이 불어 큰 멧부리를 무너뜨려도 늘 고요하고, 강과 내가 다투어 쏟아져도 흐르지 않으며, 아지랑이[野馬]가 나부껴 쳐도 움직이지 않는다.

해와 달이 하늘을 거쳐 가도 두루하는 것이 아니니, 다시 어찌 괴이할 것인가

그렇다면 빠르고 사나운 바람[旋嵐]이 불어 큰 멧부리를 무너뜨려도 늘 고요하고

然則旋嵐偃嶽而常靜

스스로 글을 엶이다. 밑으로는 만물이 옮기지 않음을 다 나타내므로 지금 받아서 이를 맺는다. 선람(旋嵐)이란 또한 비람(毗藍)이라 하니, 소리로 옮김이다. 『화엄음의(華嚴音義)』에 말했다.

"산스크리트로는 벨람바(velamba)이니 여기 말로 '흩어서 이르는 것'이다. 이 바람이 이른 곳에는 흩어져 무너지지 않음이 없다. 또 옮기면 더디지 않음이고 뜻으로 옮기면 빠르고 사나운 바람이다."

언(偃)은 쉼이고, 악(嶽)은 높은 멧부리이다. 높은 멧부리를 눕혀 쉬게 함이란 바람이 흩어 무너뜨림이다. 문강법사[康師]가 말했다.

"언이란 눕혀 넘어뜨림이니 또한 무너뜨림의 뜻을 취한다."

빠르고 사나운 바람을 들어 뭇 멧부리를 넘어뜨려서 깨뜨리지 않은 바 없음을 보이나 바람은 끝내 산이 아니고 산은 끝내 바람이 아니니 이미 서로 같지 않으면[不相是] 또한 서로 이르지 않는다

---

77) △五責情

往返者去來也 微朕者小迹也 推諸法性相時分 求去來之迹 無毫末可得 未知惑者有何物而可曰動而非靜乎 自破題入序至此 破執動之見已訖

〔不相到〕. 그래서 늘 고요하다〔常靜〕 말한 것이다. 그러므로 바람과 산의 성품과 모습〔風山性相〕이 각기 머무는 바가 있어 비록 휘날려 쳐 빠르고 사나워도 늘 고요한 것이다.

아래 세 구절도 보기로 알라.78)

강과 내가 다투어 쏟아져도 흐르지 않으며

江河競注而不流

물이 비록 바삐 다투어도 앞 물결 뒤 물결이 서로 이르지 않는다. 그러므로 흐르지 않는다. 또 마쳐 다하도록 젖는 성질〔濕性〕을 바꾸지 않으므로 흘러 움직이지 않는 것이다.79)

아지랑이[野馬]가 나부껴 쳐도 움직이지 않는다.

野馬飄鼓而不動

『장자』에 야마(野馬)를 말하니 곽상(郭象)의 주는 '뛰노는 기운〔遊氣〕'이라 말했다. 석 달 따뜻한 달과 날의 기운이 드세어져 뛰노는 기운이 나부껴 침을 보아도, 숨 들이쉬듯 앞과 뒤가 지위를 각기하므로 움직이는 바가 없다.80)

해와 달이 하늘을 거쳐 가도 두루하는 것이 아니니

日月歷天而不周

---

78) △三擧事結顯
　自開章已下盡顯萬物不遷 故今牒而結之 旋嵐者亦云毗藍 華嚴音義云 正梵語云吠藍婆 此云散所至 卽風名 此風所至無不散壞 又翻云不遲 義翻爲迅猛風 偃息也 嶽山也 偃息山嶽卽風之散壞也 康云 偃者仆倒 亦取壞義 擧迅猛之風 偃息羣嶽無所不壞而風畢竟非山 山畢竟非風 旣不相是 亦不相到 故曰常靜 故知風山性相各有所住 雖飄鼓迅猛而常靜矣 下三句例知
79) 水雖奔競 前波後波各不相到故不流 又畢竟不能易於濕性 故不流動也
80) 莊子云野馬也 郭注云遊氣 以三陽之月日氣鬱盛 則見遊氣飄鼓 歘歘然而前後各位 故無所動

'역(歷)'은 거침이다. 하늘 바퀴[天輪]가 좌로 돌고 해와 달이 우로 돌아도 때의 가름[時分]이 각기 머문다. 그러므로 하늘 바퀴를 거치어도 두루하는 모습 있음을 보지 않는 것이다.81)

다시 어찌 괴이할 것인가.

復何怪哉

괴(怪)란 기이함이다. 움직임 그대로 고요함이라 넷이 다 옮기지 않으니 어찌 괴이하게 여길 움직이는 모습이 있겠는가?82)

2. 가르침의 뜻을 모아 풀이함[會釋敎意]

붇다의 가르침에서 속제(俗諦)는 두 문이 있으니 첫째 항상함의 문[常門]을 세우는 뜻이요. 둘째 덧없음의 문[無常門]으로 미루어 깨뜨리는 뜻이다. 항상함의 문은 끊어짐[斷]을 깨뜨리고 덧없음의 문은 항상함[常]을 깨뜨린다. 이 두 가르침은 같이 나와서 달리 펼치니[同出而異陳] 비록 가르침은 같이 서지 않지만 집착은 반드시 모두 없애고[執須竝除] 이치는 반드시 같이 만난다[理須同會].

앞에 논주는 움직임 그대로 고요함을 말해[卽動以說靜], 고요함이 움직임과 다르지 않게 하였다. 곧 두 가르침으로 하여금 서로 같게 하여 둘이 아닌 이치[不二理]를 나타내니 수행자가 이 뜻을 알지 못할까 걱정함이다.

이에 바깥 손님을 빌어 붇다의 덧없음의 가르침의 뜻[無常敎義]을 이끌어 물으니, 뜻하는 바는 움직임과 고요함이 둘 아닌 뜻[動靜不二之旨]으로 하여금, 붇다의 가르침의 항상함과 덧없음이 둘 아닌 진리[常無常不二之理]와 다름없게 함이다.83)

---

81) 歷涉也 天輪左轉 日月右旋 時分各住 故歷涉天輪 不見有周帀之相
82) 怪者異也 卽動而靜 四皆不遷 何有動相可怪異也

1) 가르침을 이끌어 꾸짖어 따짐〔引教詰難〕

論 슬프다, 성인에게 이런 말씀이 있다.

"사람의 목숨 빨리 가는 것이 시냇물 보다 빠르다."

그러므로 슈라바카〔聲聞〕는 항상하지 않음을 깨달아 도를 이루고, 프라데카붇다〔緣覺〕는 연을 깨쳐〔覺緣〕 떠나서 참됨이 되는 이다.

참으로 만 가지로 움직이나 변화하지 않으니〔萬動而非化〕 어찌 변화를 찾아 도에 오르겠는가?

(1) 사람과 법 둘을 같이 나타냄〔人法雙標〕

① 가르침과 진리를 잡아 따짐을 세움〔約教理立難〕

슬프다.

噫

다쳐 평온하지 못한 소리이니 가르침과 진리가 서로 어긋나기〔教理相違〕 때문이다.84)

성인에게

聖人

거룩함〔聖〕은 통함이다. 공자(孔子)가 애공(哀公)을 마주해 말했다.

---

83) △次會釋教意者 佛教俗諦有二門 一常門安立義 二無常門推破義 常門破斷 無常門破常 此二教同出而異陳 雖教不立立 而執須立除 理須同會前論主卽動 以說靜 使靜不異動 則令二教相卽顯不二理 恐行者不曉斯旨 乃假外賓 引佛無常教義質之 意令動靜不二之旨 與佛教常無常不二之理無殊矣

84) 文二 初引教詰難二 初人法雙標二 一約教理立難
傷不平之聲 教理相違故

"성인이란 지혜가 큰 도에 통하고〔智通乎大道〕 응해 변함이 다하지 않는〔應變而不窮〕 분이다."

지금 이곳 샤카무니의 종지〔釋宗〕는 다 붇다〔佛〕를 가리켜 성인이라 하는데, 응한 자취와 사람의 도리〔應迹人倫〕에 나아가, 진리와 사법 사무쳐 통달하여〔窮達理事〕 통하지 않은 바 없으므로 성인이라 하니, 붇다의 덕은 사유할 수 없다〔佛德難思〕. 또 '바르고 두루 깨달아 아는 뜻〔正徧知義〕'에 나아가 이를 풀이함일 뿐이다.85)

이런 말씀이 있다. "사람의 목숨 빨리 가는 것이 시냇물 보다 빠르다."

有言曰 人命逝速 速於川流

글은 『열반경』을 이끌었다. 경은 "사람 목숨 멈추지 않는 것이 산의 물을 지난다."고 하였으니 지금 말을 조금 바꾸었다. 목숨〔命〕이라 말한 것은 '마음에 바로 서로 응하지 않은 지어감의 법〔心不相應行〕'86) 가운데 한 법으로 목숨 뿌리〔命根〕라 하니 제8 알라야의 앎〔Ālaya-vijñāna〕의 바탕〔第八識體〕이다. 이는 남〔生〕을 받아 과보를 모으는 주인〔總報主〕이니 옴〔來〕은 맨 먼저이고 감〔去〕은 맨 뒤이다.

이 앎의 바탕 위에 이어 지님〔連持〕이 있어, 한 과보의 몸과 마음의 공〔一報色心之功〕에 속한다고 헤아리므로 목숨 뿌리〔命根〕라

---

85) 聖通也 孔子對哀公曰 聖人者智通乎大道 應變而不窮也 今此方釋宗 皆指佛 爲聖人 蓋就應迹人倫 窮達理事 無所不通 故曰聖人 佛德難思 且就正徧知義 釋之耳

86) 마음에 응하지 않는 지어감의 법〔心不相應行法〕: 다섯 쌓임에서 지어감의 법〔行〕은 마음에 응하는 법〔心相應行〕과 마음에 응하지 않는 법〔心不相應行〕이 있다. 마음에 바로 응하지 않는 법은 마음이 아니고 물질이 아니나〔非心非色〕 마음 물질〔心色〕을 떠나지 않는 법으로, 시간〔時〕 공간〔空〕 언어〔言〕의 법이 포함된다. 이 법은 유식(唯識)의 오위법(五位法)에서 분위유식(分位唯識: 부분적인 지위에서 마음인 법)으로 분류된다.

한다. 잠깐 났다 잠깐 사라져 멈추지 않는 것이 냇물처럼 빨리 흐르니 이는 곧 덧없음의 가르침[無常敎]을 말하고 덧없음의 이치[無常理]를 보인 것이다.[87]

② 행과 과덕을 잡아 정해 따짐[約行果定難]

그러므로 슈라바카[聲聞]는 항상하지 않음[非常]을 깨달아 도를 이루고

是以聲聞 悟非常以成道

따지는 이는 비록 가르침의 진리가 있더라도 반드시 믿을 수 있는 것이 아님을 걱정하므로, 행과 과덕이 이루어져 섬으로써 가르침의 진리를 결정하는 것이다.

슈라바카(śrāvaka)란 소리의 가르침을 듣고[聞聲敎] 도를 증득하는 사람이니, 도를 이룸이란 치우친 참 성품[偏眞性]을 증득함이다. 성인이 덧없음의 가르침을 설하면 슈라바카는 듣고 고집멸도 네 진리[苦集滅道 四諦]를 깨달아, 바로 드러나 있는 덧없음[現在無常]으로 번뇌의 장애를 깨트리고, 나라는 집착의 마음[我

---

87) 文引 涅槃經云 人命不停過於山水 今小易其語 言命者 不相應行中一法曰命根 卽第八賴耶識體 是受生總報主 來爲最先 去爲最後 此識體上有連持 計屬一報色心之功曰命根 乍生乍滅不停 如川水疾流 此則說無常敎 詮無常理也 有言曰 人命逝速 速於川流

文引 涅槃經云 人命不停過於山水 今小易其語 言命者 不相應行中一法曰命根 卽第八賴耶識體 是受生總報主 來爲最先 去爲最後 此識體上有連持 計屬一報色心之功曰命根 乍生乍滅不停 如川水疾流 此則說無常敎 詮無常理也

[목숨뿌리가 제8알라야 앎의 바탕: 제8식의 아는 가름[見分]이 뜻뿌리[意根]이고 그 뜻뿌리가 의지해 여섯 앎[六識]을 내는 제8식의 모습의 가름[第八識相分]이 몸[身]과 세계[六境]이다. 주체의 뜻뿌리[意]와 몸[身]이 목숨[命]을 이루어 경계[六境]를 마주해 앎 활동[六識]을 일으키므로 목숨[命]이 알라야식(Ālaya-vijñāna)의 바탕이 된다함.]

[이 몸[身]도 찰나 찰나 나고 사라지며 한 기한[一期] 나뉜 덩이[分段]를 이루므로 실로 있음이 아니고 없음이 아니다.]

執心〕을 없애며 '내가 공한 진리〔我空眞理〕'를 깨달으므로 여덟 무
리 성인〔八輩聖人〕이 되는데 모두 통하여 슈라바카(śrāvaka, 聲
聞)라 부른다.88)

프라데카붇다〔緣覺〕는 연을 깨쳐〔覺緣〕 떠나서 참됨이 되는 이다.

緣覺覺緣 離(平)以即眞

    산스크리트 프라데카붇다(pratyeka-buddha)는 여기 말로 홀로
깨침〔獨覺〕이고 연을 깨침〔緣覺〕이라 말하니 홀로 깨침이란 사람
이 스스로 깨침이고 연을 깨침이란 가르침을 받은 것이다. 지금은
연 깨침〔緣覺〕을 취한 것이니 연(緣)이란 깨친 바 경계〔所覺境〕
로 곧 삼세의 열두 인연〔三世十二因緣〕이다. 깨침은 깨쳐 알 수 있
는 지혜〔能了智〕이니 곧 '중생이 공함을 살핌〔生空觀〕'이다.

    곧 덧없음의 가르침〔無常教〕을 들으므로 삼세 만법(三世萬法)이
연이 모여〔緣聚〕 잠깐 있음이라, 연이 떠나면〔緣離〕 본래 공함〔本
空〕을 깨치므로 곧 참됨이 된다〔即眞〕고 말한다. 비록 근기가 슈라
바카보다 빼어나지만 집착의 장애〔執障〕를 깨뜨려, '내가 공한 치
우친 참됨의 진리〔我空偏眞理〕'를 깨침에는 다르지 않다.89)

(2) 앞의 바로 따짐을 받음〔牒前正難〕

---

88) △二約行果定難
    難者恐雖有教理未必可信 故以行果成立教理決定也 聲聞者聞聲教證道之人也
    成道者證偏眞性也 聖人說無常教 聲聞聞之悟苦集滅道 現在無常破煩惱障 滅
    我執心 證我空眞理 故八輩聖人通號聲聞
    〔여덟 무리 성인〔八輩聖人〕: 스로타판나(srotāpanna: 入流) 사크리다가민
    (sakṛdāgāmin: 一來) 아나가민(anāgāmin: 不來) 아라한(arhat: 應供)
    의 네 향함〔四向〕과 네 과덕〔四果〕을 합해 여덟 무리 성인이라 한다.〕
89) 梵語辟支迦羅 此云獨覺 亦云緣覺獨覺人自悟 緣覺者稟教 今取緣覺也 緣是
    所覺境 即三世十二因緣 覺是能了智 即生空觀 由聞無常教故 覺三世萬法緣聚
    暫有 緣離本空 故云即眞 雖根利勝於聲聞 破執障證我空偏眞理不別

참으로 만 가지로 움직이나 변화하지 않으니(앞을 받음이다) 어찌 변화를 찾아 도에 오르겠는가?

苟萬動而非化 豈尋化以階道

　변화하지 않음〔非化〕은 옮기지 않음〔不遷〕이다. 도에 오름이란 차제로 도를 증득하기 때문이다. 또 만물은 옮기지 않는데, 덧없음의 가르침과 이치〔無常教理〕가 헛되이 베풂이라면, 어찌 두 작은 수레〔二乘〕가 변화의 가르침과 진리를 찾아 차제로 성인의 도를 얻겠는가? 두 실천의 수레가 이미 도를 얻었다면 바야흐로 두 실천의 수레〔二乘〕도 헛되지 않음을 알 것이다. 그렇지만 논주가 말한 바 '옮기지 않는다는 가르침과 이치〔不遷教理〕'에 믿음을 얻지 못할까 걱정함이다.90)

2) 진리에 나아가 풀이해 통함〔就理釋通〕

(1) 덧없음의 가르침과 이치가 그윽하고 깊음을 찬탄함

　〔歎無常教理幽深〕

> **論** 성인의 말씀을 되짚어 찾으니 미묘하고 그윽이 깊어서 헤아

---

90)　△二牒前正難

非化者不遷也 階道者次第證道故 且萬物不遷 無常教理則虛設 豈有二乘尋此變化教理 次第得聖道耶 二乘既得道 方知無常教理非虛 將恐論主所說不遷教理未可取信

〔물은 옮기되 옮기지 않는다. 가르침의 문에서 옮기지 않음과 덧없음의 문은 모두 집착을 마주해 세운 가르침이다. 물이 옮기지 않음은 다만 항상함〔但常〕이 아니다. 그러므로 항상함의 집착을 깨기 위해 덧없음의 가르침을 세우면 덧없음의 가르침은 헛되이 베풂이 아니다. 곧 덧없음〔無常〕이 항상함의 견해〔常見〕를 깨기 위함인 줄 알면 덧없음의 가르침〔無常教〕이 물이 옮기지 않음〔物不遷〕과 다르지 않음을 알게 되니 변화를 찾아 도에 오르게 된다.〕

리기 어렵다.

움직임인 듯하나 고요하고 감과 같으나 머묾이니, 신그러운 지혜로 아는 것이요 일로써 구하기 어렵다.

성인의 말씀을 되짚어 찾으니

覆尋聖言

세 번 생각함을 되짚음이라 하니 성인의 말씀을 찾음이란 곧 앞의 덧없음의 가르침〔無常教〕이다.91)

미묘하고 그윽이 깊어서 헤아리기 어렵다.

微隱難測

속제의 둘 아닌 이치〔俗諦不二理〕가 헤아릴 수 없음을 찬탄한 것이다. 미묘함이란 미묘한 사법(事法)을 말하니 항상함과 덧없음의 정해진 모습〔常無常定相〕으로 사유하고 말할 수 없음이다.

숨어 그윽함〔隱〕은 은밀하여 둘이 아닌 뜻〔不二之義〕을 말함이니, 숨어 비밀함이 가르침 아래〔教下〕 있으므로 말의 가르침〔言教〕으로 헤아리기 어려운 것이다.92)

움직임인 듯하나 고요하고 감[去]과 같으나 머묾[留]이니

若動而靜 似去而留

위를 의거하여 가르침으로 보인 일〔教詮事〕을 말함이니 곧 움직

---

91) △二就理釋通二 初歎無常教理幽深
　　三思曰覆 尋聖言卽前無常教也
92) 歎俗諦不二理難測也 微謂微妙事法 不可以常無常定相 思議 隱謂隱密不二之
　　義 潛密在於教下 故難可以言教測度
　　〔속제의 둘 아닌 이치: 속제의 참된 항상함은 연을 따르되 변하지 않음이고
　　속제의 참된 덧없음은 변하지 않되 연을 따름이니, 속제의 항상함과 덧없음
　　에 두 법이 없으니 이것이 둘이 아닌 이치이다.〕

여 감을 말함 같으나 물의 이치[物理]에 있으면 곧 움직이되 늘 고요함[動而常靜]이고 가되 늘 머묾[去而常留]이라 이것이 성인의 둘이 아닌 본뜻[不二之本旨]이다. 위의 구절은 가르침 세움[立敎]을 밝히고, 아래 구절은 말로 보인 일[詮事]을 밝히므로 거듭된 구절이 있다.93)

신그러운 지혜로 아는 것이요 일로써 구하기 어렵다.

可以神會 難以事求

　신그러운 앎[神解]으로 반드시 계합해 알고, 일의 모습[事相]으로는 참으로 미루어 구하기 어렵다.94)

(2) 항상함과 덧없음의 그윽하고 깊은 가르침과 진리를 밝힘 〔明常無常幽深敎理〕

　① 가르침이 다르고 뜻이 같음을 밝힘[明敎異意同]

　　(가) 본 가르침에 나아가 다르고 같음을 나타냄[就本敎顯異同]

　　　(ㄱ) 집착이 달라 가르침이 다름을 밝힘[明執殊敎異]

> 論 그러므로 감[去]을 말해도 반드시 감이 아니라 사람들의 항상하다는 생각[常想] 막아주려는 것이다.
> 　머묾[住]을 말해도 반드시 머묾이 아니고 사람들이 간다[往]고 말함을 풀어줄 뿐이다
> 　어찌 감에 버릴 것이 있고 머묾에 머물 것이 있다 말하겠는가?

---

93) 據上說敎詮事 則似云動去在物理 則動而常靜 去而常留 乃聖人不二之本旨 上句明立敎 下句明詮事 故有重句也
94) 神解必可契會 事相固難推求

ⓐ 처음 다름을 밝힘[初明異]

그러므로 감을 말해도 반드시 감이 아니라 사람들의 항상하다는
생각[常想] 막아주려는 것이다.

是以言去不必去 閑人之常想

　한(閑)은 막음[防]이다. 사람의 마음이 항상하다는 견해[常見]
를 일으키니, 성인의 가르침은 모든 법의 덧없음[無常]을 설해
이를 막아준 것이라, 정해진 덧없음[定無常]을 말한 것이 아니
다.95)

머묾[住]을 말해도 반드시 머묾이 아니고 사람들이 간다[往]고 말
함을 풀어줄 뿐이다.

稱住不必住 釋人之所謂往耳

　석(釋)은 푼다[解]는 것이다. 사람들이 덧없이 옮겨 감[無常遷
往]을 집착하므로 성인의 가르침은 만물의 늘 머묾[萬物常住]과
인과가 정해짐[因果決定]으로 이를 푼다. 그리하여 집착한 바를 버
리게 하니 정해진 항상함[定常]을 말한 것이 아니다.96)

　ⓑ 둘째, 다름을 꾸중함[責異]

어찌 감에 버릴 것이 있고 머묾에 머물 것이 있다 말하겠는가?

豈曰去而可遣 住而可留耶

　가(可)는 정해짐이다. 가고 머묾의 두 가르침[去住二敎]이 끊어
짐과 항상함의 두 집착[斷常二執]을 깨뜨리기 위함이라. 두 집착을
만약 없애면 가르침을 정해서 세우지 않는다. 그러므로 가르침이

---

95)　△二明常無常幽深敎理文三　初明敎異意同二　一就本敎顯異同三　初明執殊敎
　　異二　初明異
　　閑防也　人心起常見　聖敎說諸法無常以防禦之　非謂定無常
96)　釋觧也　人執無常遷往　聖敎說萬物常住因果決定以觧之　令捨所執　非謂定常

비록 다르나 뜻이 같이 돌아감〔同歸〕을 알아야 한다.97)

(ㄴ) 가르침이 다르나 뜻이 같음을 증명해 이룸〔證成敎異意同〕

> 🔲 그러므로 『성구경(成具經)』은 말한다. "보디사트바가 항상함
> 을 헤아리는 가운데 있으면 항상하지 않다는 가르침〔非常之敎〕
> 을 연설한다."
> 　마하야나의 논은 "모든 법은 움직이지 않아서 가고 오는 곳이
> 없다."고 하니 이는 모두 이끌어 이르게 하는 뭇 방편의 법〔導
> 達羣方〕이다.
> 　두 말이나 하나로 모음〔一會〕이니 어찌 글이 다르다고 그 뜻
> 을 어긋나게 한다고 말하겠는가?

그러므로 『성구경』은 말한다.

故成具云

　『성구경(成具經)』은 『밝은 빛의 지혜로 뜻을 정한 경〔光明定意
經〕』이다.98)

보디사트바가

菩薩

　산스크리트인데 갖춰 말하면 보디사트바(bodhisattva)이다. 여기
말로 깨친 중생〔覺有情〕이라 한다. 세 뜻으로 이를 풀이하니 『금강
경소(金剛經〈天台〉疏)』와 같다.99)

---

97) △二責異
　　可定也 去住二敎爲破斷常二執 二執若除 敎不定立 故知敎雖異而意同歸也
98) △二證成敎異意同
　　成具光明定意經也
99) 梵語 具云菩提薩埵 此云覺有情 三義釋之 如金剛疏

항상함을 헤아리는 가운데 있으면 항상하지 않다는 가르침[非常之
教]을 연설한다.

處計常之中 而演非常之教

　위에서 "감을 말해도 반드시 감이 아니라 사람의 항상하다는 생
각[常想]을 막는다."고 말한 것을 증명함이다.[100]

마하야나의 논은 "모든 법은 움직이지 않아서 가고 오는 곳이 없
다."고 하니

摩訶衍論云 諸法不動 無去來處

　위에서 "머묾[住]을 말한 것이 반드시 머묾이 아니라 사람들이
간다[往]고 말한 것을 푸는 것이다."고 말함을 증명함이다.
　이 위는 가르침이 다름[教異]을 증명함이고 아래는 뜻이 같음[意
同]을 나타냄이다.[101]

이는 모두 이끌어 이르게 하는 뭇 방편의 법이다.

斯皆導達羣方

　뭇[羣者]이란 하나가 아님이요, 방편의 법[方法]이란 경론의 법
문이 하나가 아닌 것이니 다 집착하는 뜻[執情]을 이끌어 이르게
하기 위함이다.[102]

두 말이나

兩言

　항상함의 문[常門]으로 머묾[住]을 말하고, 덧없음의 문[無常門]

〔스스로 깨침[自覺]과 남을 깨치게 함[覺他]과 깨침과 행이 원만함[覺行圓
滿]이 깨침의 세 뜻이다.〕
100) 證上言去不必去閑人之常想
101) 證上稱住不必住釋人之所謂往 此上證教異 下顯意同
102) 群者不一也 方法也 經論法門不一 皆爲導達執情故

으로 감[去]을 말함이다.103)

하나로 모음이니

一會

항상함과 덧없음 이치[常無常理]는 하나로써 이를 모으니, 왜인 가. 만법이란 비록 나고 사라져 멈추지 않으나, 나고 사라짐은 각기의 지위[各位]라 비록 본래 지위[本位]를 잃지 않지만 일어나고 사라짐이 어찌 항상할 것인가?

이미 움직임과 고요함이 다르지 않다면 곧 진리는 본래 스스로 하나이다[理本自一]. 대개 속제의 둘이 아닌 뜻[不二之旨]은 비록 기틀을 따라 각기 벌리지만 이치에는 다른 뜻이 없다[理無殊致]. 이것이 곧 성인의 깊은 뜻은 미묘하고 그윽하여 헤아리기 어려움 이다.104)

어찌 글이 다르다고 그 뜻을 어긋나게 한다고 말하겠는가?

豈曰文殊而乖其致哉

항상함과 덧없음의 가르침이 다르다고 둘이 아닌 이치[不二之理] 에 다름이 있다고 말하겠는가?

그러므로 '물이 옮기지 않는다는 말[物不遷之談]'은 성인의 속 제의 가르침의 뜻[俗諦敎意]을 넉넉히 다할 수 있음을 알아야 한다.105)

---

103) 常門說住 無常門說去
104) 常無常理一以會之 何也 且萬法雖生滅不停 而生滅各位 雖不失本位 而起滅何常 既動靜不殊 則理本自一 蓋俗諦不二之旨 縱隨機各陳 理無殊致 卽聖人之深旨微隱難測也
〔본래 지위를 잃지 않음: 나고 사라짐에서 남은 나는 지위고 사라짐은 사라지는 지위나 그 지위가 머묾 없는 지위라 그 지위는 꼭 정해진 지위가 아니다.〕
105) 不可以常無常敎異 而謂不二之理有殊 故知物不遷之談 足以盡聖人俗諦敎意也

(ㄷ) 둘 아님을 말해 이룸〔述成不二〕

> 🔲 그러므로 항상함〔常〕을 말해도 머묾〔住〕이 아니고 감〔去〕을 말해도 옮겨감〔遷〕이 아니다.
> 옮기지 않으므로 비록 가지만 늘 고요하고, 머물지 않으므로 비록 고요하되 늘 간다.
> 비록 고요하되 늘 가므로 가되 옮기지 않으며〔往而不遷〕, 비록 가되 늘 고요하므로, 고요하되 머물지 않는다〔靜而不留〕.

그러므로 항상함〔常〕을 말해도 머묾〔住〕이 아니고 감을 말해도 옮겨감이 아니다.

是以言常而不住 稱去而不遷

항상함〔常〕을 말하고 감〔去〕을 일컬어도 이 두 말은 두 집착을 마주하기 위함이니 항상함은 곧 머물지 않음이고 감은 곧 옮기지 않음이다. 이는 움직임과 고요함의 이치가 하나인 것〔動靜理一〕이다.106)

옮기지 않으므로(위를 받음이다) 비록 가지만 늘 고요하고

不遷故 雖往而常靜

움직임 그대로 고요함을 봄이다. 마치 나고 죽음 가운데 남을 보지만 죽음에 이르지 않고, 나고 죽음이 각기 머묾과 같다. 모든 법의 보기도 또한 그러하다.107)

머물지 않으므로 비록 고요하되 늘 간다

---

106) △三述成不二
言常稱去 是兩言爲對二執 常卽不住 去卽不遷 是動靜理一也
107) 卽動以見靜也 如於生死中見生不到死 生死各住 例諸法亦然

不住故 雖靜而常往

　고요함 그대로 움직임을 봄이다. 비록 죽고 남이 각기 머물되 나고 죽음은 그치지 않는다. 이 아래 두 구절은 다만 뒤집어엎어 글이 다름이라 말의 뜻은 같다.108)

비록 고요하되 늘 가므로
雖靜而常往故

　위의 고요함 그대로 움직임〔卽靜而動〕을 받음이다.109)

가되 옮기지 않으며
往而不遷

　움직이되 늘 고요함〔動而常靜〕을 나타낸 것이다.110)

비록 가되 늘 고요하므로, 고요하되 머물지 않는다.
雖往而常靜故 靜而不留矣

　다만 위를 돌이켜 이를 따름이다. 앞은 고요함으로 머리를 삼으니 고요함이 곧 움직임이고 움직임이 고요함이다. 지금은 움직임으로 머리를 삼으니 움직임이 곧 고요함이고 고요함이 움직임이라, 두 말〔兩言〕이 하나로 만남〔一會〕을 나타낸 것이다.111)

㈏ 밖의 가르침〔外敎〕에 부쳐 다르고 같음을 나타냄〔寄外敎顯異同〕

　㈀ 이곳 유가와 도가의 가르침〔儒道〕을 들어 움직임을 말해 고요함을

---

108) 卽靜以見動 雖死生各住 而生死不停 此下二句 但翻覆文異 語意是同
109) 牒上卽靜而動
110) 以顯動而常靜
111) 但反上准之 前是以靜爲首 靜卽動 動卽靜 今是以動爲首 動卽靜 靜卽動 以顯兩言一會矣

나타냄〔擧此方儒道 說動以顯靜〕

論 그러니 곧 장생(莊生)은 이 때문에 '산을 감춘다' 하고, 중니
(仲尼)는 이 때문에 '냇가에서 탄식했다.' 이는 다 가는 것은 머
물러두기 어려움을 느꼈기 때문이니 어찌 지금을 밀치고〔排今〕
갈 수 있음〔可往〕을 말하겠는가?

그러니 곧

然則

　위의 움직임과 고요함이 둘이 아닌 종지〔動靜不二宗〕를 받음이
다.112)

장생(莊生)은 이 때문에 '산을 감춘다' 하고

莊生之所以藏山

　『장자』 내편(莊子內篇) 대종사장(太宗師章)에 말했다.

　"대저 골짜기에 배를 감추고〔藏舟〕, 산을 못에 감추고서〔藏山〕
굳세다고 말한다. 그러나 한밤에 힘이 있는 사람이 짊어지고 달리
면 어두운 이는 알지 못한다."

　곽상의 주〔郭注〕는 말한다.

　"힘없는 힘은 변화보다 큰 것이 없다." 지금 저 뜻을 취한다. 산
은 짙게 우거져 그것이 마르지 않게 만약 저 못에 감춘다 해도, 변
화가 몰래 바꾸니 어찌 멈추어 굳세게 할 수 있는가? 어두운 이가
알지 못할 뿐이다.113)

---

112) △二寄外教顯異同 文二 初擧此方儒道 說動以顯靜
　　牒上動靜不二宗也
113) 莊子內篇太宗師章云 夫藏舟於壑 藏山於澤 謂之固矣 然而夜半有力者 負
　　之而走 昧者不知也 郭注云 無力之力 莫大於變化 今取彼意 山有鬱茂 欲其不
　　凋 若藏之於陂澤者 變化暗易 豈能令停固 昧者不知耳

중니는 이 때문에 냇가에서 탄식했다.

仲尼之所以臨川

『논어』에 말했다.

"공자가 냇가 위에서 말했다. 가는 것이 이와 같구나. 낮과 밤으로 그치지 않네.〔子在川上曰 逝者如斯夫 不捨晝夜〕"

지금 또한 이 뜻을 빈 것이다. 중니(仲尼)는 사람의 일이 빨리 변하므로, 배움에 나아가 덕 세움〔進學立德〕을 권했다. 이 두 성인은 붇다의 가르침에서 덧없음을 말해 항상하다함 깨뜨림〔說無常破常〕과 크게는 같다. 그렇지만 그 가르침의 뜻은 하나를 버리고 하나를 취하게 함이니 어찌 흘러감에서 바로 항상함을 통달하게 함이겠는가?114)

이는 다 가는 것은 머물러두기 어려움을 느꼈기 때문이니 어찌 지금을 밀치고 갈 수 있음을 말하겠는가?

斯皆感往者之難留 豈曰排今而可往

배(排)는 밀침이고 가(可)는 정함이다. 장자와 공자의 두 가르침〔莊孔二敎〕은 옮겨가는 일〔遷往之事〕이 머물러 둘 수 없음을 느껴 탄식함이라 하나로 움직임을 본 것이다. 논주의 보는 것이 어찌 지금 것을 밀쳐 확정하게 옮겨 감이 있음을 말했겠는가? 움직임 가운데 그대로 고요함을 본 것〔卽動中見靜〕이다.

이미 위의 '가되 옮겨가지 않는 뜻〔往而不遷之意〕'을 나타냈다.115)

---

114) 論語云 子在川上曰 逝者如斯夫 不捨晝夜 今亦借意 仲尼以人事速變 勸進學立德 此二聖人 大同佛敎說無常破常 而其敎意必使捨一取一 豈令卽當而達常耶

〔논어의 뜻은 머묾을 깨기 위해 덧없음을 보임이나 붇다의 뜻은 나고 사라짐을 온전히 진여인 나고 사라짐으로 정립한다. 그러나 논어의 뜻도 그 덧없음을 지둔선사처럼 항상함과 둘이 아닌 덧없음으로 보면 공자의 뜻도 진여인 덧없음과 다르지 않다.〕

115) 排推也 可定也 莊孔二敎皆感歎遷往之事 難以停留 乃一向見動 論主所見

(ㄴ) 서쪽 땅 이웃사람이 항상함을 말해 덧없음 나타냄을 들어 보임
〔舉西土隣人說常以顯無常〕

論 그러므로 성인의 마음〔聖人心〕을 살피는 것은 보통 사람이 보고 얻은 것과는 같지 않다.

왜 그런가?

사람은 곧 어린이와 어른이 몸을 같이한다〔同體〕고 하고 백 살이 한바탕〔一質〕이라 하며 부질없이 해가 간 줄 알지만 꼴도 따라 변한 줄 깨닫지 못한다.

그러므로 브라마나가 젊어서 집을 나와 흰머리로 돌아오니 이웃 사람이 이를 보고 말했다. "옛사람이 오히려 그대로 있구나."

브라마나가 말했다. "나는 오히려 옛사람이라 하지만 옛사람이 아니오."

이웃 사람들이 다 놀라, "그 말이 아니다."고 하였다.

앞에서 "배를 산에 감추고 산을 못에 감추니 힘 있는 자〔有力者〕가 짊어지고 달려가도 어두운 이는 알지 못한다."고 말한 것, 그것이 이를 말함이로다.

㉠ 바른 뜻을 나타냄〔標正意〕

그러므로 성인의 마음을 살피는 것은 보통 사람이 보고 얻은 것과는 같지 않다.

是以觀聖人心者 不同人之所見得也

앞의 움직임과 고요함이 둘이 아닌 이치〔動靜不二之理〕로 본다 성인〔佛聖人〕이, 가르침 베푼 마음을 살피면 반드시 이와 같아야한다는 것이니 곧 사람의 뜻〔人情〕이 보는 바로, 그 뜻 얻었다 할 수

者 豈謂推排今物定有遷往耶 卽動中見靜 已顯上往而不遷之意也

없는 것이다.116)

ⓒ 항상하다는 집착을 미룸〔推常執〕

왜 그런가?

何者

　위의 사람의 뜻이 보는 바를 미룸이다. 아래는 풀이한다.117)

사람은 곧 어린이와 어른이 몸을 같이한다고 하고

人則謂少壯同體

　어림〔少〕은 어린 나이이니 서른이 되면 어른이라 한다. 몸을 같이
함이란 무릇 사람들은 어린이와 어른이 같이 한 몸이라 말한다.118)

백 살이 한바탕이라 하며

百齡一質

　영(齡)은 나이이니 백년 세상에 있어도 또한 한 몸의 바탕〔一軀
質〕이라 한다.119)

부질없이 해가 간 줄 알지만 꼴도 따라 변한 줄 깨닫지 못한다.

徒知年往 不覺形隨

　도(徒)는 헛됨이다. 헛되이 어린이가 있고 어른이 있어 해마다 옮
겨간 줄 알면서〔遷往〕 꼴이 해를 따라 변해〔形隨年變〕 시들고 왕성

---

116) △二擧西土隣人說常以顯無常 文四 一標正意
　　以前動靜不二之理 而觀察佛聖人設敎之心 必當如是者 則不可以人情所見 而得
　　其意
117) △二推常執
　　推上人情所見 下釋
118) 少則幼年 三十曰壯年 同體者 凡人謂少壯同是一身
119) 齡年也 百年處世亦一軀質

하여 몸이 달라짐을 깨닫지 못한다. 깨닫지 못하므로 같은 몸의 한 바탕임을 집착하니 이것이 항상함에 막힌 뜻〔滯常之情〕이다.120)

ⓒ 저 글을 이끎〔引彼文〕

그러므로 브라마나가 젊어서 집을 나와

是以梵志出家

범지(梵志)란 갖추어 말하면 브라마나(brāhmaṇa)이다. 여기 말로 맑고 깨끗하여 고요함이라 말하니 곧 깨끗함이다. 인도에서 '하늘을 섬기는 브라마나'를 여기서는 '뜻을 깨끗이 함〔淨志〕'이라 하고 또한 '행을 깨끗이 함〔淨行〕'이라 한다.

집을 나옴〔出家〕이란 그는 하늘을 섬겨〔事天〕 하늘에 옮겨가는 법〔修遷之法〕 닦으려 열다섯〔十五〕에 산에 들어가 풀과 열매로 옷과 먹을거리를 삼고, 서른〔三十〕이 되면 집에 돌아와 아내를 맞아들이고 자식을 낳는다. 그리하여 가족을 만들어 후세를 잇고, 쉰〔五十〕에 이르러 다시 산에 들어 길이 돌아오지 않는다. 그러므로 집을 나옴〔出家〕이라 말한다.121)

흰머리로 돌아오니

白首而歸

어떤 브라마나가 서른까지 돌아오지 않으니 사람들이 다 죽었다고 했는데, 흰머리의 나이에 돌아왔다.122)

---

120) 徒虛也 虛知有少有壯年年遷往 而不覺形隨年變衰盛體殊 由不覺故而執同體一質 此是滯常之情
121) △三引彼文
　　梵者具云梵摩 此云淸潔寂靜 卽淨也 西土事天婆羅門 此稱爲淨志 亦云淨行 出家者卽彼事天修遷之法 十五入山 以艸果爲衣食 至三十歸家納妻生子 令種族繼世 至五十再入山永不歸 故曰出家
122) 有一梵志 三十不歸 人皆曰死 白首之年而歸

이웃 사람이 이를 보고 말했다. "옛사람이 오히려 그대로 있구나."

隣人見之曰 昔人尚存乎

　인(隣)은 가까움이다. 다섯 집을 가까움이라 한다. 가까이 살며 알았던 사람을 옛사람이라 하니 브라마나가 서른까지 돌아오지 않자 죽었다고 하다가 지금 오히려 있다 한다. 이는 이웃 사람이 항상함을 집착한 것〔執常〕이다.123)

브라마나가 말했다. "나는 오히려 옛사람이라 하지만 옛사람이 아니오."

梵志曰吾猶昔人非昔人也

　유(猶)는 오히려이다. 위 구절은 이웃 사람이 나를 가리켜 오히려 옛사람이라고 함을 받음이다. 아래 구절은 이를 말해 어린이라고 함이니 옛사람이 이미 사라지고 나는 이미 늙었으므로 옛사람이 아니다. 이는 브라마나가 덧없음에 막힌 것〔滯無常〕이다.124)

이웃 사람들이 다 놀라 "그 말이 아니다."고 하였다.

隣人皆愕然 非其言也

　악(愕)은 놀람이다. 이웃 사람들이 굳게 집착하여 "옛사람이 아니오"라고 말함을 듣고 크게 놀라 그 말을 믿지 않으므로 "그 말이 아니다."고 하였다. 이는 위에서 이끈 것이다.

　비록 브라마나는 덧없음을 집착하고〔執無常〕 이웃 사람은 항상함을 집착하지만〔執常〕 오직 이웃 사람의 항상하다는 견해〔常見〕에 부쳐 덧없음을 나타낸다. 그러므로 아래 맺어 말한다.125)

---

123) 隣近也 五家曰隣 隣居識者曰昔人 梵志三十不歸 謂死矣 今尚存 此乃隣人執常也
124) 猶尚也 上句牒隣人指吾尚爲昔人 下句語之曰少年 昔人已謝 我今年老 故非昔人 此乃梵志滯無常也
125) 愕驚也 隣人堅執 聞說非昔人也 故驚愕不信其言 故曰非其言也 此上所引

ⓔ 덧없음을 나타냄〔顯無常〕

앞에서 "배를 산에 감추고 산을 못에 감추니 힘있는 자가 짊어지고 달려가도 어두운 이는 알지 못한다."고 말한 것

所謂有力者負之而趨 昧者不覺

　이는 장자(莊子)의 글을 빌어 맺어 물리침이다.

　이웃사람이 비록 옛사람이 오히려 있음〔昔人尙存〕을 집착하지만 장자가 말한 바 덧없음〔無常〕을 알지 못한다. 덧없음이란 곧 '배를 산에 감추고 산을 못에 감추어도 힘 있는 자가 짊어지고 달리면 새롭고 새로워 머물지 않고〔新新不住〕 생각 생각 멈추지 않는 것이다〔念念不停〕.'

　대개 이웃사람으로 어두운 이는, 이 덧없음의 이치를 깨닫지 못한다. 그렇다면 이웃사람은 항상함〔常〕을 집착하여 오직 옛을 보고, 브라마나는 덧없음〔無常〕을 집착하여 오직 지금을 본다.

　만약 지금과 옛이 각기 머문다면 항상함이 곧 덧없음이니〔常卽無常〕 이 두 견해를 합해야 바야흐로 바른 이치〔正理〕이다. 지금 다만 이웃사람의 항상함 집착함에 부쳐 덧없음을 맺어 나타내니 곧 앞에서 "고요하되 머물지 않는다〔靜而弗留〕."고 말함이다.126)

그것이 이를 말함이로다.

其斯之謂歟

雖梵志執無常 隣人執常 唯寄隣人常見以顯無常 故下結云

126) △四顯無常

此借莊子文結斥也 隣人雖執昔人尙存 而不知莊子所謂無常有力者負之而走 新新不住 念念不停 蓋隣人昧者不覺此無常之理 然則隣人執常唯見昔 梵志執無常唯見今 若以今昔各住 常卽無常 合此二見方爲正理 今但寄隣人執常 結顯無常 卽前云靜而弗留矣

〔지금과 옛이 각기 머묾: 지금은 지금에 옛은 옛에, 머무는 바 없이〔無所住〕 각기 머묾〔各住〕으로 보아야 덧없음과 항상함 이 둘이 없게 됨.〕

그것[其]이 이 말[是]이니, 사(斯)란 이[此]이다. 곧 장자가 '어두운 자가 알지 못한다.'고 말함이고, 지금 이웃사람이 항상함 가운데[常中] 덧없음이 있다는 것[有無常]을 알지 못함이 바로 이 말이다. 여(歟)란 돕는 말이다.127)

② 가르침의 방편[教權]과 뜻의 진실[意實]을 나타냄

앞에 비록 가르침이 달라도 뜻이 같음을 밝혀도 그 같고 다름의 뜻[同異之旨]을 알지 못할까 걱정하여 지금 이를 보여 방편과 진실을 통달하게 한다. 글에 다섯이다[文五].

㈎ 가르침과 뜻[教義] 둘을 같이 나타냄[雙標教意]

> **論** 그러므로 여래는 뭇 삶들의 뜻이 막힘으로 인해 곧 방편의 말[方言]로 미혹을 가린다.
> 둘이 아닌 참마음[莫二之眞心]을 타고서, 하나 아닌 다른 가르침[不一之殊教]을 뱉어내니 어긋나되 다를 수 없는 것은 오직 성인의 말씀[聖言]이로다.

그러므로 여래는

是以如來

이는 응하는 몸[應身]의 여래이니 속제(俗諦)의 항상함과 덧없음의 가르침[常無常教]을 말하기 때문이다.128)

---

127) 其是也 斯此也 謂則言也 莊子云昧者不知 今隣人不知常中有無常 正是此言也 歟語助耳
128) △二顯教權意實 前雖明教異意同 恐未知其同異之旨 故今示之 令達權實也 文五 初雙標教意
是應身如來 說俗諦常無常教故

뭇 삶들의 뜻이

因羣情

　뭇[群]이란 하나가 아님이니 곧 끊어짐과 항상함의 두 집착 때문
이다.129)

막힘으로 인해

之所滯

　있음과 없음의 두 경계[有無二境]에 막힘이니, 이 위에서 다스리
는 바 병[所治之病]으로 가르침을 일으키는 원인[起敎之因]을 삼
음이다.130)

곧 방편의 말로 미혹을 가린다.

則方言以辨惑

　성인은 항상함과 덧없음의 방편의 말[方便之言]을 세워 그 미혹
의 뜻을 가려 물리치니 다스릴 수 있는 약[能治之藥]이다.131)

둘이 아닌 참마음을 타고서

乘莫二之眞心

　항상함과 덧없음의 이치가 둘 아님 비추는 것을 참마음[眞心]이
라 한다. 이 마음을 타고 움직여 가르침을 베풀기 때문이다.132)

하나 아닌 다른 가르침을 뱉어내니

吐不一之殊敎

---

129) 群者不一 卽斷常二執故
130) 滯有無二境 此上所治之病 以爲起敎之因
131) 聖人立常無常方便之言 辨柝其惑情 卽能治之藥
132) 照常無常理不二者曰眞心 乘運此心而設敎故

뱉음은 말함이니 두 집착[二執]을 마주해 두 가르침[二敎]을 말하는 것이다.133)

어긋나되 다를 수 없는 것은, 오직 성인의 말씀이로다.

乖而不可異者 其唯聖言乎

오직 붇다의 가르침에만, 이 말이 다르되 뜻 같음[言異而意同]이 있는 것이다.134)

(나) 방편과 진실 둘을 같이 밝힘[雙明權實]

> **論** 그러므로 참됨[眞]을 말해서 옮겨가지 않는다[不遷]는 말이 있고 세속[俗]을 이끌어, 흘러 움직인다[流動]는 말이 있으니 비록 다시 천 길로 소리를 달리해도[千途異唱], 같은 뜻에 모아 돌아간다[會歸同致].

그러므로 참됨을 말해서

故譚眞

움직임 가운데 고요함 말하는 것[動中說靜]을 참됨을 말함[談眞]이라 한다.135)

옮겨가지 않는다는 말이 있고

有不遷之稱

---

133) 吐說也 對二執說二敎也
　　〔항상함과 덧없음의 두 집착을 마주해 덧없음의 가르침과 항상함의 가르침이 두 가르침을 말함.〕
134) 唯獨佛敎有此言異而意同
135) △二雙明權實
　　動中說靜曰談眞

덧없음 집착하는 것을 깨뜨림〔破執無常者〕이니 인과를 빼내 없애
는 무리들〔撥喪因果之流〕이다.136)

세속을 이끌어
導俗

세속의 견해는 많이들 나는 일〔生事〕을 붙들어 지키므로, 고요함
가운데 움직임을 말해〔靜中說動〕 이끌어 맞이한다.137)

흘러 움직인다는 말이 있으니
有流動之說

덧없음은 찰나에도 멈추지 않고 옛과 지금이 바뀌어 없어진다.
위는 가르침의 방편〔教權〕을 나타내고 아래는 뜻의 진실〔意實〕을
밝혔다.138)

비록 다시 천 길로 소리를 달리해도 같은 뜻[同致]에 모아 돌아간다.
雖復千途異唱 會歸同致矣

천이란 그 여러 수를 말한다. 도(途)는 길이다. 비록 집착을 인
해 가르침을 베풀어 말함에 여러 길이 있지만 만약 돌아가는 진리
〔所歸之理〕에 계합하면, 반드시 움직임 가운데서 고요함을 볼 것
〔動中見靜〕이고 고요한 곳에서 움직임을 볼 것〔靜處見動〕이다.

그러므로 같은 뜻〔同致〕이라 하니 곧 가르침은 방편〔教權〕이나
뜻은 진실〔意實〕임을 아는 것이다.139)

---

136) 破執無常者 撥喪因果之流也
137) 俗見多保守生事 故靜中說動以導接之
138) 無常刹那不停 古今代謝 上顯教權 下明意實
139) 千者言其多數 途道也 雖因執設教說有多途 若契會所歸之理 必須動中見靜
　　 靜處見動 故曰同致 則知教權而意實也

㈐ 가르침에 집착하는 뜻을 꾸짖음[責執敎之情]

> 🔲 글을 따짐이란 옮기지 않는다[不遷] 함을 들으면 곧 옛것이
> 지금에 이르지 않는다 말하고, 흘러 움직인다[流動] 함을 들으
> 면 지금 것이 옛에 이를 수 있다 말한다.
>   이미 옛과 지금이라 말했는데 옮기려하는 것은 무엇인가?

글을 따짐이란
而徵文者
  집착을 따짐이니 앞의 글을 집착해 물어 따지는 것이다.140)

옮기지 않는다 함[不遷]을 들으면 곧 '옛것이 지금에 이르지 않는
다' 말하고
聞不遷則謂昔物不至今
  앞의 경계가 같고 견해가 다름[境同見異] 가운데, 옛이 지금에
  이르지 않는다 하면 논주는 고요하여 움직이지 않음[靜而非動]
  을 말하나, 따져 묻는 이는 이를 듣고 이것이 고요함[是靜]이라
  한다.141)

흘러 움직인다[流動] 함을 들으면 지금 것이 옛에 이를 수 있다
말한다.
聆流動者而謂今物可至昔
  영(聆)은 들음이다. 위의 '사람 목숨이 빨리 움직인다'고 함을 들

---

140) △三責執敎之情
    徵執也 前執文詰難之者
141) 前境同見異中以昔不至今 論主曰靜而非動 難者聞之 乃謂是靜也
    〔논주의 뜻은 옛이 옛에 머물고 지금이 지금에 머물러, 옛과 지금이 옮기되
    고요해 움직이지 않음이고 따지는 이는 움직임 없이 고요함이라 한다.〕

으면 지금 것이 갈 수 있음을 움직임[動]이라 말하지만, 이 또한 앞의 글의 움직여 고요하지 않음의 뜻[動而非靜之情]을 떠나지 못한 것이다. 따지는 이가 이미 둘이 아닌 뜻[不二之旨]을 통달하지 못함이다. 그러므로 '옛에서 물(物)이 지금에 이르지 않아 고요함[靜]을 보는데' 지금 것이 옛에 이르러 움직일 것인가? 모두 뜻의 헤아림[情計]이 된다. 그러므로 앞에서 꾸짖어 다음처럼 말한 것이다.

'간 것이 이미 오지 않았는데 지금 것이 어느 곳으로 갔는가?' 뜻이 이미 아직 깨뜨려지지 않았는데, 오히려 움직임과 고요함의 두 가르침[動靜二敎]을 집착해 따짐을 내는 것이다. 아래는 '움직임 집착하는 견해[執動之見]'를 꾸짖는 것이다.142)

이미 옛과 지금이라 말했는데 옮기려하는 것은 무엇인가?

既曰古今 而欲遷之者何也

이미 '옛은 옛에 머물고[古則住古] 지금은 곧 지금에 머문다[今則住今]'고 말했는데, 집착해 미혹한 이들이 지금을 옮겨 옛을 삼으려하는 것은 뜻이 무엇인가?143)

㈐ 덧없음의 견해를 보냄[遣無常之見]

앞의 따짐을 말하니 덧없음[無常]의 가르침과 진리, 실천행과 과덕[敎理行果]을 집착해 따짐이니 위에서 이미 두 교리의 같음을

---

142) 聆聞也 聞上人命逝速之動 乃謂今物可去曰動 此亦不離前文動而非靜之情耳 難者旣未達不二之旨 故於昔物不至今見靜 乃以今物可至昔爲動 竝爲情計 故前責曰往物旣不來 今物何所往 情旣未破 尙執動靜二敎生難 下責執動之見云
〔지금 것이 옛에 이를 수 있다 함: 옛것이 지금에 왔다고 생각하면, 이는 지금 것이 옛에 이를 수 있다 함이 되어 움직임을 집착하는 견해[執動之見]가 되는 것이다. 논주의 뜻은 지금이 지금에 머물고 옛이 옛에 머물러 움직이되 늘 고요함[動而常靜]이 된다.〕
143) 旣曰古則住古 今則住今 而執惑之者 欲遷今爲古者 意之何也

나타냈으므로 지금 저 치우친 집착[偏執]을 보낸다.

論 그러므로 간다고 말해도 반드시 감[往]이 아니니, 옛과 지금이 늘 있어서 움직이지 않기[不動] 때문이다.
　간다[往] 말해도 반드시 감이 아니니[不必往], 지금을 좇아 옛에 이르지 않음을 말함이라 그것이 지금에 오지 않기 때문이다. 오지 않으므로 옛과 지금에 달려가지 않으며 움직이지 않으므로 각 성품[各性]이 한때[一世]에 머물러 있다.

그러므로 간다고 말해도(덧없음의 가르침을 받은 것이다) 반드시 감이 아니니, (집착을 보내면) 옛과 지금이 늘 있어서 움직이지 않기 때문이다.

是以言往(牒無常敎) 不必往(遺執也) 古今常存以其不動

　옛과 지금이 각기 한때[一世]에 있어 움직이지 않는다. 그러므로 어찌 덧없음을 듣는다고 정해진 감[定往]을 말하겠는가? 때로 옛에 간다[往昔]고 지어 풀이한다 해도, 뜻은 항상함의 가르침에 집착하는 것[執常敎之者]을 보내려 함이다. 다만 지금은 바로 움직임 집착해 따지는 것[執動設難之者]을 깨뜨리므로 따르지 않는다.144)

간다 말해도(덧없음의 가르침을 받은 것이다) 반드시 감이 아니니, (집착을 보내면) 지금을 좇아 옛에 이르지 않음을 말함이라 그것이 지금에 오지 않기 때문이다.

---

144) △四遺無常之見 謂前難者 執無常敎理行果詰難 上旣顯二敎理同 故今遺彼
　偏執也
　古今各存一世而不動故 豈聞無常便謂定往 或作往昔釋之 意欲遺執常敎之者 但
　今正破執動設難之者 故不從也

稱去(亦牒無常敎也) 不必去 (遣執也) 謂不從今至古 以其不來

　앞은 집착을 보내어 옛과 지금이 각기 있음〔古今各存〕을 알게 함
이고, 여기는 집착을 보내 지금이 옛에 가지 않고〔今不去古〕 옛이
지금에 오지 않음〔古不來今〕을 통달케 함이다. 모두 덧없음의 가르
침〔無常敎〕 가운데 나아가 이 항상함의 도리〔常理〕를 말한 것이다.
　앞의 '움직임 그대로 고요함 구하는 것〔卽動求靜〕'과 더불어 가르
침과 진리가 서로 비추기〔敎理相照〕 때문이다.145)

오지 않으므로 옛과 지금에 달려가지 않으며

不來故 不馳騁於古今

　달려감이란 가고 옴이 쉬지 않는 것이다.146)

움직이지 않으므로 각 성품이 한때〔一世〕에 머물러 있다.

不動故 各性住於一世

　옛은 옛에 머물고 지금은 지금에 머물므로 각기 한때〔一世〕인 것
이다.147)

㈙ 둘 아님을 맺어 이룸〔結成不二〕

> 論 그렇다면 여러 경전〔群籍〕이 글을 달리하고 백 집〔百家〕이
> 말을 달리해도, 참으로 그 모으는 뜻을 얻으면, 어찌 글 달리함
> 〔殊文〕이 미혹되게 할 수 있겠는가?

---

145) 前之遣執 令知古今各存 此之遣執 令達今不去古 古不來今 竝就無常敎中
　　說此常理 與前卽動求靜 敎理相照故
146) 馳騁者去來不息也
147) 古住古 今住今故 各一世也
　　〔옛과 지금이 자기 자리를 떠나지 않고 각기 머묾없이 머물므로 옛이 지금
　　에 움직여 이르지 않음.〕

그렇다면

然則

　위의 가르침의 방편[教權]에 다름이 있어도, 뜻의 진실[意實]은 같다함을 받은 것이다.148)

여러 경전이 글을 달리하고

羣籍殊文

　여러 경전들이 항상함[常]과 덧없음[無常]을 말함이다.149)

백 집[百家]이 말을 달리해도

百家異說

　여러 논들[諸論]이 감[去]을 말하고 머묾[住]을 말함이다.150)

참으로 그 모으는 뜻[會]을 얻으면 어찌 글 달리함[殊文]이 미혹되게 할 수 있겠는가?

苟得其會 豈殊文之能惑哉

　만약 항상함과 덧없음이 둘 아닌 뜻[常無常不二之旨]에 계합해 안다면, 글 달리함이 어찌 미혹되게 할 수 있겠는가?151)

③ 종지와 가르침의 뜻을 거듭해, 다시 옮기지 않음[不遷]을 나타냄 [重宗敎意. 復顯不遷]

---

148) △五結成不二
　牒上教權有異 意實爲同
149) 諸經說常無常
150) 諸論說去說住
151) 若契會常無常不二之旨 則殊文豈能爲惑也

論 그러므로 사람들이 머문다〔住〕고 말하면 나는 그것이 간다 〔去〕고 말한다.

사람들이 간다〔去〕고 말하면 나는 곧 그것이 머묾〔住〕이라 말한다.

그러면 감과 머묾이 비록 다르나 그 뜻은 하나〔致一〕이다.

그러므로 경은 말한다. "바른말은 반대 같으니 누가 믿을 수 있는 자인가?"

이 말도 까닭이 있는 것이다.

글은 넷이다.

㈎ 종지와 가르침으로 뜻을 나타냄〔宗教顯意〕

그러므로

是以

위의 붇다의 가르침〔佛教〕이 근기를 마주해 다름이 있으나 진리의 뜻〔理意〕이 같음을 받음이다.152)

사람들이 머문다고 말하면 나는 그것이 간다고 말한다.

人之所謂住 我則言其去

지금 사람이 항상함을 집착하면〔執常〕 논주는 말한다. '덧없음〔無常〕으로 이 종지를 삼아, 덧없음〔無常〕으로 가르침을 세운다〔立教〕.'153)

사람들이 간다고 말하면 나는 곧 그것이 머묾이라 말한다.

---

152) △三重宗教意復顯不遷 文四 初宗教顯意
牒上佛教對機有異理意是同
153) 今人執常論主語之 以無常此宗 無常立教

人之所謂去 我則言其住

지금 사람이 덧없음을 집착하면[執無常] 논주는 말한다. '항상함
[常]으로 이 종지를 삼아, 항상함[常]으로 가르침을 세운다.'154)

그러면 감과 머묾이 비록 다르나 그 뜻은 하나이다.

然則去住雖殊 其致一也

앞 구절은 곧 항상함 가운데서 덧없음을 말하고 뒤 구절은 덧없
음 가운데 항상함을 말한다. 그러므로 온전한 움직임에서 고요함을
보고[全動見靜], 온전한 고요함에서 움직임을 보므로[全靜見動] 뜻
을 같이함이다. 다만 뒤의 종지가 이와 같을 뿐 아니라 앞의 '움직
임 가운데 고요함을 구하는 본뜻[動中求靜本意]'도 이와 같다.155)

(나) 경을 이끌어 그윽하고 깊음을 증명함[引證幽深]

그러므로 경은 말한다. "바른말은 반대 같으니 누가 믿을 수 있는
자인가?"

故經云 正言似反 誰當信者

바른 이치의 말[正理之言]은 항상함과 덧없음을 말하면 서로 반
대함[相反]이 있는 듯하니, 둘이 아닌 도리[不二之理]를 아직 통달
하지 못한 이는 의심해 믿지 못하는 것이다. 믿을 수 있는 자[者]
는 경을 받은 것이니 옛 소[古疏]에 말했다. 이 글은 『보요경(普曜
經)』에 나온다.156)

---

154) 人執無常論主語之 以常此宗常立教
155) 前句卽常中說無常 後句無常中說常 故知全動見靜全靜見動故同致也 非但
　　後宗如此 前動中求靜本意如斯
156) △二引證幽深
　　正理之言說常無常似有相反 未達不二之理者 疑而不信者 者是牒經 古疏云 此
　　文出普曜經

이 말도 까닭이 있는 것이다.

斯言有由矣

　이 말이란 믿지 못한다는 말이니 진리가 둘 아님〔理不二〕으로 말
미암아, 둘을 말하므로〔言二〕 통달하지 못한 자는 많이들 믿지 못
한다.157)

㈐ 미루어 움직임과 고요함을 풀이함〔推釋動靜〕

　論 왜 그런가. 사람들은 옛〔古〕을 지금〔今〕에서 구하고서 그것
이 머물지 않는다〔不住〕고 말한다.
　나는 곧 지금을 옛에서 구하여 그것이 가지 않음〔不去〕을 안다.
　지금이 만약 옛에 이른다면 옛은 지금에 있어야 할 것이다.
　옛이 만약 지금에 이른다면　지금은 옛에 있어야 할 것이다.
　지금에 옛이 없다면 오지 않음을 알고 옛에 지금이 없다면
가지 않음을 안다
　만약 옛이 지금에 이르지 않는다면 지금 또한 옛에 이르지
않는 것이다. 일이 각기 성품에 머무르니〔事各性住〕 한때〔一世〕
에 어떤 것이 가고 올 수 있겠는가?

왜 그런가(위의 하나를 이룬다는 뜻을 증험함이다). 사람들은 옛[古]을
지금[今]에서 구하고서 그것이 머물지 않는다고 말한다.

何者(微上致一之義) **人則求古於今 謂其不住**

　보통 사람들은 지금 때에 옛것을 보지 못하면 옮겨 머물지 않음
〔遷而不住〕을 집착한다.158)

---

157) 斯言者不信之言也 因由理不二而言二 故不達者多不信矣
158) △三推釋動靜
　　凡人今時不見古物 執古物遷而不住
　　〔지금 늙음에서 젊음을 보지 못하면 젊음이 지금으로 옮겨 머물지 않음을

나는 곧 지금을 옛에서 구하여 그것이 가지 않음[不去]을 안다.

吾則求今於古 知其不去

　　논주는 옛 때에서 지금 것을 보지 않고, 지금 것이 지금에 있어 가지 않음을 안다.159)

지금이 만약 옛에 이른다면 옛은 지금에 있어야 할 것이다. 옛이 만약 지금에 이른다면 지금은 옛에 있어야 할 것이다.

今若至古 古應有今 古若至今 今應有古

　　반대로 풀이함이다.160)

지금에 옛이 없다면 오지 않음을 알고

今而無古 以知不來

　　옛은 옛에 머물러[古住古] 오지 않는다.161)

옛에 지금이 없다면 가지 않음을 안다.

古而無今 以知不去

　　지금은 지금에 머물러[今住今] 가지 않으니[不去] 이는 위를 따라 풀이함이다.162)

만약 옛이 지금에 이르지 않는다면 지금 또한 옛에 이르지 않는 것이다. 일이 각기 성품에 머무르니 한때[一世]에 어떤 것이 가고 올 수 있겠는가?

　　집착한다.]
159) 論主古時不見今物 知今物在今而不去
160) 反釋
161) 古住古而不來
162) 今住今而不去 此上順釋也

若古不至今 今亦不至古 事各性住 於一世有何物而可去來

　일이란 지금의 일은 지금에 있고〔今時事在今〕 옛 때의 일은 옛에 있다〔古時事在古〕.163)

㈘ 옮기지 않음을 맺어 보임〔結示不遷〕

> 論 그렇다면 네 때의 모습〔四象〕이 바람처럼 달리고, 하늘 보는 옥구슬의 기구〔璿璣〕에 별자리가 번개처럼 말린다 해도, 털 끝의 작음에서라도 뜻을 얻으면 비록 빠르지만 구르지 않음이다〔雖速而不轉〕.

그렇다면

然則

　위의 움직임과 고요함이 둘이 아님을 받음164)

네 때의 모습[四象]이 바람처럼 달리고

四象風馳

　봄 여름 가을 겨울을 네 모습이라 하니 네 때의 옮겨 변해 빨리 달림이 바람과 같음이다.165)

하늘 보는 옥구슬의 기구에 별자리가 번개처럼 말린다 해도

璿璣電卷

　『상서(尙書)』에 말했다.

---

163) 事者 今時事在今 古時事在古
164) △四結示不遷
　　牒上動靜不二
165) 春夏秋冬曰四象 四時遷變馳疾如風

하늘 살피는 기구에 있는 옥의 저울[璿璣玉衡]은 일곱 별[七政]을 가지런하게 하니 선(璇)은 옥의 이름이다. 도는 부분[璣衡]은 다 왕(王)이니 바로 하늘 살피는 기구[天文之器]이다. 형[衡]은 위에서 가로지르고 기(機)는 아래에서 움직이니 모두 옥(玉)으로 꾸몄다. 그러므로 하늘 살피는 기구의 옥의 저울[璿璣玉衡]이라 한다. 일곱 별[七政]은 해와 달[日月]과 화·수·목·금·토 다섯 별[火水木金土五星]을 말하니 기구 아래서 돌아 구른다.

왕(王)은 옥의 저울 마디 구멍[寸穴]을 내려 보아 천문(天文)의 변동을 알게 된다. 정사(政事)를 살피는 것도 지금 저 뜻을 빌어 오직 하늘 살피는 기구[璿璣]의 굴러 움직임을 취한 것이다. 번갯불이 빠름과 같으므로 번개가 말림[電卷]이라 한다.

옛날에는 많이들 선기(璇璣)를 북두의 두 이름[北斗之二名]이라 말했는데 그 말의 그릇됨이 걱정된다.166)

털끝의 작음에서라도 뜻을 얻으면 비록 빠르지만 구르지 않음이다.
得意毫微 雖速而不轉

털의 작음은 털끝의 아주 작음이다. 만약 한 털끝에서라도 성품과 모습, 때의 가름[性相時分]이 각기 본 지위에 머묾[各住本位]을 통달하면, 곧 만물에서도 다 옮기지 않음을 말하리라. 만약 네 때의 모습과 하늘 보는 기구의 빠름이 바람 번개가 멈추지 않은 것 같음을 보아도, 지위 지위가 각기 머문다면[位位各住] 움직임 그대로 고요함[卽動而靜]이다. 위는 바깥사람이 논주가 움직임 가운데 고요함 말하는 것[動中說靜]을 알지 못하므로, 덧없음의 가르침과

---

166) 尙書云 在璿璣玉衡以齊七政 璿卽玉名 璣衡皆王者 正天文之器 衡則橫於上 璣則動於下 竝以王爲飾 故曰璿璣玉衡 七政謂日月五星 璿璣下轉 王者端視於玉衡寸穴 則知其天文變動 以審政事 今借彼意 唯取璿璣轉動 若閃電之疾速故曰電卷 古多謂璿璣是北斗之二名者 恐非其說
〔하늘 살피는 옥의 기구[璿璣玉衡]: 하늘을 살피는 혼천의(渾天儀)를 말한다.〕

이치, 행과 과덕〔無常教理行果〕에 집착하여 따짐을 이룸이다.

이미 방편과 진실의 같음과 다름을 밝혀 둘이 아닌 뜻〔不二之旨〕
을 아니, 붇다의 가르침과 다르지 않다. 지금은 움직임 그대로 고
요함을 나타내, 수행하는 사람이 앞의 '옮기지 않는 뜻〔不遷之旨〕'
이, 반드시 '속제의 마루로 삼는 바〔俗諦所宗〕'임을 다시 비추도록
맺어 이룬다.

어떤 이가 묻는다 하자.

만약 그렇다면 두 작은 수레의 도의 과덕〔二乘道果〕에서 무엇이
옳고 그른가?

답한다.

방편이면 옳음이 되고 진실이면 그름이 된다. 지금 이 논은 방편
을 없애 진실을 세우는 가르침〔廢權立實〕이라 두 작은 수레의 도
의 과덕은 바로 깨트릴 바이니 곧 저는 덧없음의 가르침〔無常教〕
에 치우쳐 막히기 때문이다.

만약 움직임과 고요함이 둘이 아닌 도리〔動靜不二之理〕를 통달하
면 저절로 공함과 있음을 같이 비추어〔空有雙照〕 방편을 버리고
진실에 돌아가〔捨權歸實〕 모두 중도에 계합한다〔竝契中道〕.

그러므로 앞에서 이끈 두 작은 수레의 행과 과덕〔二乘行果〕은 따짐
이 되어 이치가 끝까지 이루어지지 않음〔理不極成〕을 알아야 한다.

위에서 가르침과 뜻 모아 풀이함〔會釋教義〕 밝히는 것을 마친
다.167)

---

167) 毫微者毛端至小也 若於一毛端達性相時分各住本位 則萬物皆曰不遷 雖見
四象璇璣速 若風電之不停 而位位各住卽動而靜矣 上因外人不知論主動中說靜
故執無常教理行果致難 已明權實同異 會不二之旨 不殊於佛教 今卽動顯靜 結
成令行人再照前不遷之旨 定爲俗諦所宗
或曰若然者 二乘道果執是非耶
答權則爲是實則爲非 今此論廢權立實之教 二乘道果正當所破 謂彼偏滯無常教
故 若達動靜不二之理 自然空有雙照 捨權歸實竝契中道 故知前引二乘行果爲

3. 원인과 결과로 이익을 맺음[因果結益]

큰 글[大文]의 세 번째는 원인과 결과로 이익을 맺음이다.

성인의 가르침 세움[立敎]은 반드시 이익되는 바가 있다. 움직임 그대로 고요함을 나타내 이미 속제 진리의 실다움[俗諦理實]이 이와 같음을 알았다. 지금 인과를 들어 보이는 것은 원인이 옛에 머묾을 말미암아 과덕 또한 지금에 머묾을 깨치게 한다.

그러므로 붇다의 가르침은 원인이 이루어져 결과가 정해지는 것[因成果定]은 만 칼파에 벗어날 수 없음[萬劫難逃]을 설하니, 어찌 만법의 덧없음[萬法無常]이 원인 결과에서 벗어날 수 있음[能逃因果]을 말하겠는가? 옮기지 않음의 이익[不遷之益]이 여기에 있는 것이다.

글은 둘이니, 처음 과덕에 나아가 원인을 미룸[就果推因]이다. 글은 여섯이니, 처음 바로 밝힘이다.168)

1) 결과에 나아가 원인을 미룸[就果推因]

> 論 그러므로 여래는 공(功)이 만세에 흘러도 늘 있고, 도(道)는 백 칼파를 통하여도 더욱 오래 굳세다.

難 理不極成 上明會釋敎意竟

〔작은 수레에서 덧없음의 가르침은 항상하다는 집착을 깨기 위함이니 덧없음이 중도를 열기 위한 방편인 줄 알면 옳으나 진실이라 하면 그르다. 곧 방편의 가르침을 통해 항상함과 덧없음을 모두 넘어서면 중도실상에 돌아갈 수 있다.〕

168) △大文第三因果結益者 聖人立敎必有所益 旣卽動以顯靜 已知俗諦理實如是 今擧因果者 令悟由因住古 果亦住今 故佛敎說因成果定萬劫難逃 豈謂萬法無常能逃因果 不遷之益其在玆焉 文二 初就果推因 文六 初正明

〔여래가 덧없음의 가르침을 보인 것은, 인과가 실로 없지 않음[因果實非無]을 설해 인과가 실로 있지 않음[因果實非有]을 보임이다.〕

산을 이루는 것[成山]도 또한 첫 삼태기[始簣]에서 빌어 나아가고, 길을 감[修途]에는 첫걸음[初步]을 의지해 이르러 가니, 결과는 원인의 공업(功業)이 썩어 없어지지 않기 때문이다.
공업(功業)이 사라지지 않으므로 닦음의 씨앗은 비록 옛에 있어도 변화하지 않고 변화하지 않으므로 옮기지 않는다. 옮기지 않으므로 곧 맑음이 또렷한 것이다.

(1) 바로 밝힘[正明]

그러므로 여래는

是以如來

붇다에 나아가 과덕을 들어 보임[就佛擧果]이다. 그러나 여래에게는 두 몸이 있으니 온전한 지혜가 진리에 돌아가면[全智歸理] 참된 몸[眞身]이라 하고 온전한 진리가 지혜 일으킴[全理起智]을 응하는 몸[應身]이라 한다. 『법상종(法相宗)』은 붇다께 두 몸이 있다고 말하니 '법신인 갚음의 몸[法報身]'과 '변화로 있는 갚음의 몸[化報身]'이다.

그 가운데 스스로의 갚음의 몸[自報]과 남의 갚음의 몸[他報]이 있는데 지금은 남의 갚음과 변화의 몸을 합해 응하는 몸[應身]을 삼고, 스스로의 갚음과 법의 몸[法身]을 합해 참 몸[眞身]을 삼는다.

참 몸은 고요하여 본래 인행으로 이룸[因致]이 아니다. 비록 바른 원인 깨침[了因]을 빌어 나타나는 바[所顯]이나, 반드시 내는 원인[生因]이 내는 바가 아니다[非生因所生]. 속제문(俗諦門) 가운데서 아직 이 뜻을 밝히지 못해 지금 바로 응하는 몸의 여래[應身如來]에 나아가, 과덕으로써 인행을 미루어 본 것[以果推因]이다.

응하는 과덕의 몸의 모습[應果身相]은 지위 앞과 지위 위에 보는

바가 여러 가지라 넓은 것은 여러 가르침에서 가린 바와 같다. 또
이는 특히 여래의 과덕 위에 나아가, 인행의 옮기지 않음[因不遷]
을 미룬 것이니 이 논의 종지가 '하나인 수레[一乘]'에 있어 두 수
레도 없고[無二] 세 수레도 없음[無三]을 나타내기 때문이다.169)

공이

功

업(業)이니 응하는 과보가 지난 인행[往因]임을 밝힘이다. 공
(功)이란 열 믿음[十信]의 첫 마음으로부터 가운데 사이 마흔 하
나의 지위[中間四十一位]에서 닦는 바 열 파라미타 만 가지 행의
인행[萬行之因]을 말하니 모두 함께 공업(功業)이라 한다.170)

만세에 흘러도

流萬世

물의 움직임[水動]을 흐름이라 한다. 만세라 말한 것에서 만(萬)

---

169) 就佛擧果也 然如來有二身 全智歸理曰眞身 全理起智曰應身 法相宗說佛有
二身謂 法報化報 中有自報他報 今他報合化爲應身 自報合法爲眞身 眞身寂滅
本非因致 縱假了因所顯 定非生因所生俗諦門中未明此義 今正就應身如來 以
果推因也 應果身相 地前地上所見多種 廣如諸教所辨 又此特就如來果上 推因
不遷者 以顯此論宗在一乘無二無三故
〔스스로의 갚음의 몸이 스스로 받아쓰는 몸[自受用身]이고, 남의 갚음의 몸
이 남이 받아쓰는 몸[他受用身]인데, 스스로 받아씀이 해탈인 지혜라면 남
이 받아쓰는 몸은 지혜인 해탈이라할 것이다.〕
〔작은 수레의 인행을 쌓고 모아 여래의 과덕에 옮겨간 것이 아니라 여래의
과덕인 인행이 그대로 여래의 과덕이 됨.〕
〔불성의 바른 원인 깨치는 지혜를 인해 과덕을 이루는 것이니〔了因所顯〕 과
덕내는 원인이 실로 과덕을 내는 것이 아니다〔非生因所生〕.〕
170) 業也 明應果往因 曰功始自十信初心中間四十一位 所修十波羅蜜萬行之因
俱名功業也
〔마흔 하나의 지위의 행: 십신(十信) 십주(十住) 십행(十行) 십회향(十廻
向)의 마흔 지위를 거쳐 십지(十地)의 첫 지위에 이르기까지의 행을 말함.〕

이란 많은 수를 들어 보인 것이다. 세(世)란 때의 가름이다. 산스
크리트에 칼파(kalpa)란 여기 말로 때의 가름〔時分〕이다. 『기신
론』에서 믿는 마음〔信心〕을 밝히는데 오히려 열 천 칼파를 거침
인데 하물며 머묾의 지위〔住位〕에 들어간 뒤로 세 아상키야(asaṃ
khya: 셀 수 없는 수의 칼파)를 거침이겠는가? 그 가운데 닦는
공업을 지금 만세라 말하는 것이니 대개 먼 원인〔遠因〕이 옮겨 흐
름을 가리키는데 과덕에 이름〔至果〕에 이미 많은 칼파를 거쳤기
때문이다.171)

늘 있고

而常存

과덕 위에서 옛 인행〔昔因〕이 옛에 있음을 알므로 늘 있음〔常存〕
이라 한다.172)

도는

道

『설문(說文)』에 말했다.

행하는 바〔所行〕를 도(道)라 하니 또 다니는 길〔道路〕이다. 다
다니는 사람이 밟을 수 있는 뜻을 취했다. 수행하는 사람이 지혜로
진리에 이르러 짓는 바가 다 참됨〔所作皆眞〕을 도 닦음〔修道〕이라
하면 이는 곧 바른 행 닦음〔修正行〕을 도라 한 것이니 도는 곧 인
행〔因〕이다.173)

---

171) 水動曰流 言萬世者萬擧多數 世者時分也 梵云劫波 此云時分 起信論 明信
心 尙經十千劫 況入住已來歷三阿僧祇 其中所修功業 今言萬世者 蓋指遠因遷
流 至果已經多劫故也
172) 果上知昔因在昔故曰常存
173) 說文曰 所行之謂道又道路也 皆取可履踐義 行人以智詣理所作皆眞 曰修道
此則以修正行曰道 道卽因也

백 칼파를 통하여도 더욱 오래 굳세다.

通百劫而彌固

　미(彌)는 오래이다. 옛날 도를 행하면 흘러 통해 과덕에 이르나 비록 여러 칼파를 지나도 옛날에 있음을 반드시 안다. 그러므로 더욱 오래 굳세다〔彌固〕고 한다.174)

(2) 비유를 이끎〔引喩〕

산을 이루는 것도 또한 처음 삼태기에서 비롯해 빌어 나아가고

成山 假就於始簣

　『논어(論語)』에 말했다.

　"비유하면 산을 위해서는 비록 한 삼태기라도 덮어야 나를 밀어 가는 것이다."

　빈다는 것은 의지함이다. 삼태기란 흙주머니이니 곧 흙을 담는 그릇이다. 이미 삼태기로 비롯하는 흙덩이를 의지해 산을 이루니 곧 삼태기의 흙이 머묾이다. 처음〔初〕은 사라지지 않음을 비유하니, 옛날〔昔日〕의 공업이 늘 있음이다.175)

길을 감에는 첫걸음[初步]을 의지해 이르러 가니

修途 託至於初步

　『도경(道經)』은 말했다. "천리의 감도 첫걸음에서 비롯한다〔始於初步〕."

---

174) 彌久也 昔日行道流通至果 雖經多劫定知在昔 故曰彌固
　〔닦음 있는 닦음은 끝내 보디 이루지 못하고 닦음이 온전히 성품인 닦음이 될 때 닦음이 여래 과덕이 된다.〕
175) △二引喩
　論語云 譬如爲山雖覆一簣進吾往也 假者籍也 簣者土籠卽取土之具 旣籍始簣之土疊之成山 卽簣土住 初而不滅以喩 昔日功業常存也

지금 길을 간다고 말한 것은 긴 길이다. 탁(託)은 의지함이다.
천리 길을 가고자 하면 첫걸음을 의지해서 천리에 이름이다. 이
미 첫걸음이 처음에 있음을 알아, 사라지지 않음으로 비유함은
옛날의 도의 행이 더욱 굳셈이다. 이는 산을 이룸과 길을 감으로
과덕 나타남[果顯]을 비유하고, 삼태기의 흙과 첫걸음으로 인행
이 있음[因存]을 밝힘이다. 이미 이룬 과덕[旣果]이 인행의 부름
[因招]에 의지하니 곧 과덕 이룸과 인행이 있음[果成因在]이 분
명한 것이다.176)

(3) 맺어 이룸[結成]

결과는 원인의 공업(功業)이 썩어 없어지지 않기 때문이다.

果以功業不可朽故也

　결과가 결정됨이다. 모양의 결과가 그러함을 비유하여[喩況之果
然] 같이 옴[如來]을 분명히 아는 것이다. 옛날의 공업[昔日功業]
은 옛에 있어[在昔] 썩어 사라지지 않으니 곧 인행이 옮기지 않음
[因不遷]이다.177)

공업이 사라지지 않으므로 닦음의 씨앗은 비록 옛에 있어도 변화

---

176) 道經曰千里之行始於初步　今云修途者長路也　託依也　欲行千里之途　始託於
　　初步至千里已　則知初步在初而不滅以喩　昔日道行彌固矣　此以成山修途喩果顯
　　蕢土初步明因存　旣果籍因招　則果成因在定矣
　　〔한 삼태기 흙을 떠나 큰 산이 없지만 삼태기 흙이 옮겨가 큰 산이 된 것이
　　아니다. 이는 곧 원인이 결과에 그대로 오지도 않지만 원인이 사라지고 결
　　과가 생겨나지 않는 연기의 뜻이다.〕
177) △三結成
　　果決定也　以喩況之果然決知如來　昔日功業在昔不朽則因不遷矣
　　〔산에 오르는 첫걸음을 떠나 끝걸음이 없다. 첫걸음은 첫걸음에 머무나 끝
　　걸음이 끝에 이를 때, 첫걸음은 끝걸음과 같이 해 끝의 원인이 되므로, 같
　　이 옴이 분명하다 한 것이다.〕

하지 않고

功業不可朽 故雖在昔而不化

　변화하지 않는 것은 썩어 사라지지 않음이다.178)

변화하지 않으므로 옮기지 않는다.

不化故不遷

　옮기지 않는다는 것은 지금의 과보의 때〔果時〕에 오지 않음이다.179)

옮기지 않으므로 곧 맑음이 또렷한 것이다.

不遷故則湛然明矣

　물이 맑은 것을 담(湛)이라 하는데 지금은 '인행의 지위가 움직이지 않음〔因位不動〕'을 나타낸 것이다. 그러므로 맑음이 또렷하다〔湛然明矣〕고 한 것이니 뜻이 이미 드러났다.180)

(4) 증명을 이끎〔引證〕

論 그러므로 경은 말한다. "세 재앙〔三災〕이 가득한다 해도 수행의 업〔行業〕은 맑고 깨끗하다."
　믿을 만하다, 그 말씀이여.
　왜 그런가?
　결과가 원인과 함께하지 않지만〔果不俱因〕 원인을 인해서 결과〔因因而果〕이기 때문이다. 원인을 인한 결과라 원인은 옛에서 사라지지 않으며, 결과가 원인과 함께하지 않으므로 원인이 지

---

178) 不化者不朽滅也
179) 不遷者不來今之果時也
180) 水澄曰湛今顯因位不動 故曰湛然明矣者 義已現也
　〔인과가 분명하되 인과의 자취가 없으므로 맑아 밝은 것이다.〕

> 금에 오지 않는다〔因不來今〕. 사라지지 않고 오지 않으면〔不滅
> 不來〕 옮기지 않는 뜻〔不遷之致〕이 분명한 것이다.
> 그렇다면 다시 어찌 가고 머묾〔去留〕에 미혹하여, 움직이고
> 고요함 사이〔動靜之間〕에 머뭇거릴 것인가?

그러므로 경은 말한다. "세 재앙이 가득한다 해도 수행의 업은 맑
고 깨끗하다."

故經云 三災彌綸而行業湛然

 세 재앙〔三災〕은 물과 불 바람〔水火風〕의 재앙이다. 미륜(彌綸)
이란 가득하고 두루함이다. 무너지는 칼파〔壞劫〕의 때에 불이 첫째
선정의 하늘〔初禪〕에 이르고 물이 둘째 선정의 하늘〔二禪〕에 이르
며 바람이 셋째 선정의 하늘〔三禪〕에 이른다. 그리하여 셋째 선정
의 하늘〔三禪天〕 밑으로는 무너져 흩어지지 않음이 없다.
 오직 수행하는 사람의 도의 행 그 공업〔道行功業〕은 맑고 깨끗하
여 움직이지 않는다〔湛然不動〕.181)

믿을 만하다, 그 말씀이여.

信其言也

 붇다의 말씀은 믿을 만하기 때문이다.182)

(5) 물어 풀이함〔徵釋〕

왜 그런가?

---

181) △四引證
  三災者水火風也 彌綸者充徧也 劫壞時火至初禪 水至二禪 風至三禪 三禪已下
  無不壞散 唯行人道行功業 湛然不動
  〔넷째 선정의 하늘에는 세 재앙〔三災〕이 이르지 못한다.〕
182) 佛語可信故

何者

　물음이다. 결과 위에서 원인을 보지 못하는데 어떻게 그것이 변화하지 않고 옮기지 않음을 아는가? 아래에 풀이한다.183)

결과가 원인과 함께하지 않지만

果不俱因

　구(俱)는 함께이다. 과덕은 지금에 있고 원인은 옛에 있으므로 때를 같이하지 않기〔不同時〕 때문이다.184)

원인을 인해서 결과이기 때문이다.

因因而果

　위의 원인은 아래 원인을 말미암으므로 이 인행이 비록 옛 원인이나 지금의 결과는 결과〔果〕가 원인에 의해 이루어지기〔籍因成〕 때문이다.185)

원인[因]을 인한 결과[果]라 원인은 옛에서 사라지지 않으며

因因而果 因不昔滅

　이미 원인을 의지해 결과를 이루므로 결과의 때에 반드시 원인이 사라질 수 없음을 알기 때문이다. 그러므로 위에서 비록 옛에 있지만 변화하지 않는다 말한 것이다.186)

결과가 원인과 함께하지 않으므로 원인이 지금에 오지 않는다.

---

183) △五徵釋

　　徵也 果上不見因 何以知其不化不遷耶 下釋

184) 俱同也 果在今而因在昔故不同時

185) 上因卽因由下因 是因行雖昔因 今果而果籍因成故

186) 旣籍因成果 果時定知因不可滅故 故上曰雖在昔而不化也

果不俱因 因不來今

　원인과 결과가 이미 때를 같이하지 않으니 반드시 원인이 옛에 머물러 지금 결과의 때에 오지 않음을 안다.

　그러므로 위에서 '변화하지 않으므로 옮기지 않는다[不化故不遷]'고 말한 것이다.187)

사라지지 않고 오지 않으면[不滅不來] 옮기지 않는 뜻[不遷之致]이 분명한 것이다.

不滅不來 則不遷之致明矣

　결과를 원인에서 구해, 이미 원인 가운데 공업(功業)의 도행이 사라져 가지 않고[不滅去], 원인이 결과에 옮겨 오지 않음[不遷來]을 알았다. 그러면 곧 원인이 옛에 있는 이치[在昔之理]가 밝은 것이다.188)

⑹ 맺어 꾸중함[結責]

그렇다면 다시 어찌 가고 머묾[去留]에 미혹하여, 움직이고 고요함 사이[動靜之間]에 머뭇거릴 것인가?

復何惑於去留 踟躕於動靜之間者哉

　가고 머묾은 곧 움직이고 고요함이다.

　머뭇거림은 나아가거나 물러섬을 앞에 하지 못한다는 말인데, 사물의 이치[物理]는 움직임과 고요함이 둘이 아닌 사이[不二之間]이다. 어찌 의혹하여 나아가지[進趣] 못하는가? 그러므로 지금 꾸짖는 것이다.189)

---

187) 因果旣不同時定知因 住昔而不來今之果時故 上曰不化故不遷也
　〔원인이 원인의 지위에 머묾없이 머물러 원인이 변해 결과가 되지 않으므로 변화하지 않는다고 한다.〕
188) 以果求因已知因中功業道行不滅去不遷來 則在昔之理明矣

2) 일을 들어 맺어 드러냄〔擧事結顯〕

이 맺음은 둘에 통하나, 하나로 맺음〔一結〕이다. 글에서는 둘〔當文二〕이나, 하나에 맺어 논한 것이다〔結一論〕.

> 論 그렇다면 하늘 땅이 뒤집혀도 고요하지 않다〔不靜〕고 말할 수 없으며 큰물 흐름이 하늘에 넘실대도 움직인다〔其動〕고 말할 수 없다.
> 참으로 물(物) 그대로임〔卽物〕에 신그러운 지혜로 계합해 알면 이것이 멀지 않음을 알 수 있다.

그렇다면

然則

위에서 미룬 바 원인과 결과 지금과 옛의 일에, 움직임과 고요함이 둘 아님〔動靜不二〕을 받으므로190)

하늘 땅이 뒤집혀도 고요하지 않다고 말할 수 없으며

乾坤倒覆 無謂不靜

『역(易)』에 말했다. 하늘은 높고 땅은 낮게 하늘 땅이 정해졌다.
하늘이 위에서 덮고 땅이 아래서 싣는데, 지금 뒤집힘을 말한 것이니 설사 만약 하늘이 싣고 땅이 덮는다 해도 하늘이 높고 땅이 낮음〔天尊地卑〕은 음양의 본 지위〔陰陽本位〕를 잃지 않는다. 그러

---

189) △六結責
　去留者卽動靜也 踟躇者進退不前之言 物理在乎動靜不二之間 何以疑惑而不進
　趣耶 故今責之
190) △二擧事結顯 此結通二 一結 當文二 結一論
　承上所推因果今昔之事動靜不二故
　〔둘은 원인과 결과이니, 원인과 결과가 움직이되 고요함에 맺음을 말한다.〕

므로 고요하지 않음이 없는 것이다.191)

큰 물 흐름이 하늘에 넘실대도 움직인다고 말할 수 없다.

洪流滔天 無謂其動

　큰 흐름은 큰물이다. 하늘에 넘실댐은 넘쳐 흐름이다. 『상서(尚書)』에 "넘치는 큰물이 바야흐로 갈라진다."고 하였으니 모든 물결이 각기 스스로의 지위에 머물기〔各住自位〕 때문에 움직이는 바가 없다〔無所動〕.192)

참으로 물(物) 그대로임〔即物〕에 신그러운 지혜로 계합해 알면 이것이 멀지 않음을 알 수 있다.

苟能契神於即物 斯不遠而可知矣

　만약 마음으로 계합해 신묘하게 알아 곧 물 그대로 진리를 알면〔即物會理〕 둘이 아닌 이치〔不二之理〕가 멀지 않으니 가운데 근기의 사람이면 여기에서 있고 없음〔存亡〕을 알 수 있을 것이다.193)

---

191) 易云天尊地卑乾坤定矣　天上覆而地下載今言倒覆者　設若天載而地覆　則乾坤尊卑不失陰陽本位　故無不靜
192) 洪流者大水也　滔天者瀰漫也　尚書云滔滔洪水方割　以諸波各住自位　故無所動
193) 若能心契神解即物會理　則不二之理不遠　中根之人　可於此而知存亡矣

물불천론(物不遷論) 뒤에 붙이는 글

① 물(物)의 뜻과 옮기지 않음[不遷]의 뜻

물불천론(物不遷論)에 대해서는 논주(論主)가 세운 말의 전제가, 제대로 이해되지 않음으로써 많은 논란이 있어왔다. 명말(明末)의 선사 가운데도 감산선사(憨山禪師)는 '나는 조론을 읽다 깨쳤다'고 말함에 비해 운서선사(雲棲禪師)는 조론에서 논주의 뜻 전개에 물음표를 던지고 있다. 논주의 언어 사용과 자운존자(慈雲尊者)가 논의 뜻풀이하는 방식을 살피지 않으면, 논주의 뜻과 붇다의 가르침에 틈이 생기지 않을 수 없다.

물(物)은 어떤 꼴과 모습을 지닌 어떤 것에서 나온 말이다. 곧 인연에 의하여 있으므로 있되 공한 법[事法]이 물(物)이다. 우리가 꽃을 보고 꽃이라고 하고 산과 물을 보고 산과 물이라고 하는 저 사물을 떠나서 물(物)은 없다. 그러나 우리가 물을 물이라 할 때 저 물은 이미 마음[心]인 물이고 마음은 물(物)인 마음인 것이다.

도가(道家)에서 눈에 보이는 낱낱 사물은 그것이 아니되 그것 아님도 아닌 어떤 크나큰 것[大物]이, 그것을 그것 되게 하는 어떤 것이다. 어떤 것은 그것이라 이름하는 주체의 이름 지음[名]에 마주하지만 그것을 그것 되게 하는 크나큰 것[大物]에 나아가기 위해서는 이름[名]에 이름할 수 있음[可名]이 없어야 하니 그것을 그것이라 해서는 안 된다.

연기론에서도 보이고 들리는 어떤 것은, 주체의 이름 짓는 사유와 마주해 마음인 물로 주어진다. 눈에 보이는 꽃은 분명 저 사물을 바라보고 꽃을 꽃이라 이름[名]하는 주체의 실천[業, 識]과 더불어 있다. 꽃은 꽃이라 이름 지어진 자기만의 영역에 갇혀 있지 않다. 꽃[色境]은 바람결에 흔들리며 자기만의 고유한 향냄새를 풍기며 저기 있다.

그러나 꽃은 꽃이라 이름할 때, 꽃은 주체가 보고 아는 꽃[所見]이며 주체의 감각[眼識] 자체로 주어지는 꽃이다. 지금 저 꽃[Ālaya識의 相分]은 감각[眼識] 너머 스스로 있는 어떤 것이 아니지만 주체의 감각 안에 닫혀있지 않다.

한 송이 꽃도 위에서 볼 때 다르고, 가까이 볼 때 다르며 멀리 볼 때 다르다. 꽃은 감각 안에 갇혀 있지 않고 감각 너머 스스로 있는 어떤 것도 아니다. 주체의 앎[識]도 여기 있는 아는 자[根]가, 저기 사물[物, 境]을 가서 붙잡아 아는 것이 아니다. 주체의 앎도 아는 바 꽃[所緣相分]을 통해 꽃이라는 감각[眼識]과 지각[意識]을 이루고 있다.

연기법에서 앎[識]은 여기 주관 속에 있는 것도 아니고 객관 속에 있는 것도 아니지만 주관 객관을 떠나지도 않는다. 아는 자, 아는 바, 앎 활동이 모두 있되 공하므로 아는 자, 아는 바가 어울려 앎을 일으키고, 앎[識] 자체는 주체화된 세계의 모습[識相分]과 세계를 지향하는 주체의 관심[識見分]이 하나됨[識自體分]으로 드러난다. 그러므로 인연으로 있는 앎[보는 가름과 보여지는 모습의 가름이 서로 의지해 있는 앎]에서 지금 알고 보는 것을 실로 아는 것이라 하면, 앎에 앎 없고[於知無知] 앎 없음에 앎 없음도 없는 앎의 진실을 등지고, 아는 자 주체의 앎은 꽃이라는 아는 바에 갇혀 물들게 된다. 물(物)은 물이라 할 때 이미 마음[心]이 머금고 있는 마음인 물(物)이지만, 마음 또한 물을 물이라 할 때 이미 물(物)을 안고 나는 물인 마음이다.

연기법에서 물(物)은 마음[心]을 떠나지 않는 물이며 마음은 물을 떠나지 않는 마음이니 초기교설에서 다섯 쌓임[五蘊] 열두 곳[十二處] 열여덟 법의 영역[十八界]이 다 마음[心]과 물(物)의 상호연기를 밝히는 교설이다.

그러므로 『조론』에서 물(物)은 다만 밖의 사물을 말하는 것이 아니라 연기해 나는〔因緣所生〕마음과 물질〔色心二法, nāma-rūpa〕의 모든 법〔諸法, sarva-dharma〕을 거두어 말함인 줄 알아야 한다.

연기하는 모든 법은 연기하므로 나고 사라진다〔生滅〕. 나고 사라지므로 모든 법은 변해 움직이고 변해 움직이므로 있되 공하다. 곧 모든 법은 연기하여 나는 것〔生〕이므로 남에 남이 없다〔無生〕. 그런데 『조론』에서 자주 반복되고 있는 바 과거는 과거에 머물고 현재는 현재에 머물며 불은 뜨거움을 바꿀 수 없고 물은 물의 젖는 성질을 바꿀 수 없다는 것은 무엇일까.

이는 연기적 존재의 생성 곧 원인〔因〕과 조건〔緣〕의 연기적 결합으로 새로운 결과〔果〕의 성취가 있을 때, 그 원인과 조건이 자기모습 자기성질을 무너뜨리지 않음을 나타낸다. 콩과 팥이 자기 성질을 바꾸지 않으므로 콩과 팥은 땅과 물을 만나 콩은 콩싹을 내고 팥은 팥싹을 낸다. 그러나 팥과 콩이 있되 공하기 때문에, 팥이 사라지고 팥싹이 나고 콩이 사라지고 콩싹이 나는 것이다.

결과〔果〕로서 새로운 존재가 날 때 존재를 내는 원인〔因〕과 조건〔緣〕이, 있다 해도 옳지 않고, 없다 해도 옳지 않다. 콩은 콩 싹에 그대로 오지도 않고〔不來〕 콩이 그대로 아주 사라져 없어지지도 않는다〔不滅〕.

과거의 것이 그대로 현재에 옮겨 오지 않음을 보이기 위해, 논주는 과거는 과거에 머물고 현재는 현재에 머물러 오고 가지 않는다고 말한다. 그런데 여기서 머문다〔住〕고 함은 머묾 없이 머묾〔無住而住〕을 말하는 것이지 과거에 실로 머물 과거의 모습이 있다 함이 아니다. 과거 현재는 머물되 머물지 않으므로 과거를 토대로 현재가 나오는 것이라 과거가 현재에 오는 것도 아니고 과거가 사라지고 현재가 있는 것도 아니다〔不來不滅〕.

그러므로 삼세(三世)로 주어지는 온갖 것은 그 연기적 성취가 있되 공하고, 공하되 있다.

인연으로 나고 사라지며〔因緣生滅〕 옮겨 움직이되〔遷而流動〕 나고 사라짐이 공해 남이 없고 사라짐 없어, 온전히 진여(眞如)인 나고 사라짐이라 옮기되 옮기지 않는다〔遷而不遷〕. 그러므로 이 뜻은 나고 사라지는 모습의 법은 옮기나, 모습 없는 성품은 옮기지 않는다는 뜻이 아니다〔非相遷而性不遷〕.

연기적인 법의 남이 남이 아니고〔生而非生〕 사라짐이 사라짐이 아니기 때문에〔滅而非滅〕 옮기는 사법 그대로 옮기지 않음이다. 범부와 성인도 마찬가지다. 범부의 번뇌가 공하여 끊을 것이 아니지만 범부가 범부의 모습을 쥐고 무명을 일으키면, 범부는 범부에 머문다. 그러나 범부가 범부 아닌 줄 알아 지혜로 번뇌를 사무치면 범부가 성인의 지혜를 이룸 없이 이루게 된다〔無成而成〕.

이 뜻을 자운존자는 '범부와 성인이 옮기지 않음을 말미암아 범부를 성인으로 굴릴 수 있다'고 한다. 범부가 성인이 된다함은 범부가 옮겨 성인이 된다함이 아니다. 범부는 범부가 아니라 범부를 범부이게 하는 인연이 범부를 범부이게 하는 것이다. 그러므로 범부는 범부가 아니되 범부 아닌 것도 아니다.

범부가 옮겨 성인되는 것이 아니지만 범부를 범부이게 하는 원인과 조건이 바뀌면, 범부는 바뀌어 다시 지혜와 공덕 갖춘 성인이라 한다.

범부는 범부의 지위에 머물고 성인은 성인의 지위에 머물지만 그 머묾은 머묾없는 머묾이므로 범부의 무명과 번뇌를 돌이켜 본다 세존의 보디 니르바나를 이룰 수 있다.

연기법에서 어떤 것은 어떤 것이 아니지만 그것 아님도 아니다. 그것이 아니되 그것은 그것 아님도 아니므로 어떤 것은 과정으로 주어지고 활동으로 주어진다. 존재는 과정으로 주어지나 존재가 존재 아니므로 과정 또한 과정 아닌 과정이다.

초기교설의 가르침으로 보면 나〔我〕에 나 없으므로〔無我故〕 나는 덧없음〔無常〕이지만, 덧없음에 실로 나고 사라짐이 없다. 그러므로 존재의 움직임에서 항상함〔常〕과 덧없음〔無常〕을 함께 넘어서야 움직이되 고요한 참된 항상함〔眞常〕을 알고 덧없음의 가르침을 세운 방편의 뜻을 아는 것이니 이것이 대승 파리니르바나수트라〔大般涅槃經〕의 가르침이다.

곧 끊어짐〔斷〕과 항상함〔常〕을 모두 벗어나야, 연기법의 덧없음을 아는 것이니 연기법의 덧없음은 움직임과 고요함이 둘이 없는 것이다. 이러한 연기법의 과정성을 통해 사물의 변화와 때와 철〔時節〕이 옮기되 옮김 없음을 살펴보자.

② 죽고 삶의 문제로 옮겨가지 않음의 뜻을 살핌

사람들은 죽고 삶을 말할 때 죽음은 '살아 있다 죽음으로 간다' 말하고, 태어남은 '죽어서 다시 삶에로 간다' 말한다. 그러나 지금 살아 있음을 보면 살아 있음은 인연의 힘이 모여 삶이라 하므로 그 있음이 실로 있음이 아니다. 실로 있는 것이 어찌 사라져 없어지고 실로 죽은 것이 어찌 다시 살아나겠는가. 있음이 있음이 아니므로 없어짐이 또한 없어짐이 아니다.

지금 산 것에서 바로 산 그대로 죽음을 보면 참으로 살아 있음을 아는 것이고, 지금 죽은 것에서 죽음 그대로 죽음 없음을 보면 죽음의 진실을 보는 것이다.

어찌 구름 없던 고개 위에서 홀연히 구름이 나고, 지금 분명히 하늘에 떠 있는 달이 물결 가운데 떨어져 비치는가.

있음이 있음 아니고 없음이 없음 아님을 보아야 할 것이다. 이를 옛 선사는 다음 같이 말한다.

없던 구름 고개 위에서 생겨나고
있는 달은 물결 가운데 떨어지네

無雲生嶺上　有月落波心

　그렇다면 이제 살아 있음이 죽음이 되고 죽음이 다시 삶이 되어, 죽고 삶, 나고 사라짐이 서로 엇갈림 가운데 어떻게 참된 삶의 길을 볼 것인가. 옛 선사가 말했다.
　'산 자를 죽여야 산 자를 보고 죽은 자를 살려야 죽은 자를 본다.'
　대혜종고선사(大慧宗杲禪師)는 죽은 자의 송장을 싣고 장사 치르는 행렬을 보고 이렇게 노래했다.

　산 밑에 보리 익고 누에 이미 끊기니
　한 줄의 죽은 사람 산 사람을 보내네.
　산 사람의 몸은 마치 무쇠 금강 같으나
　이제 다시 붉게 달은 화로에 들어가네.
　山下麥黃蠶已斷　一隊死人送活漢
　活人身似鐵金剛　卽今再入紅鑪鍛

　이처럼 죽은 자의 죽음을 바로 보면 죽음 속에 삶이 있다고 한 여러 조사의 가르침이, 어찌 존재가 연이 모여〔緣會〕 연으로 일어나 있다〔緣起〕는 붇다의 근본교설을 떠나 있을 것인가.
　여래 세존께서는 열 가지 비파사나의 생각〔十念〕194)을 가르치면서 참으로 '붇다와 다르마와 상가의 법'을 살피려는 자, 이 몸의 덧없음을 살피고〔念身非常〕, 움직임 속에서 휴식을 살피며〔念休息〕, 죽음을 살피라〔念死〕고, 말씀하신다.
　이제 이 뜻을 우리 눈에 보이는 구체적인 사물의 모습을 통해

---

194) 열 가지 생각〔十念〕: 붇다를 생각함〔念佛〕, 다르마를 생각함〔念法〕, 상가를 생각함〔念僧〕, 계를 생각함〔念戒〕, 보시를 생각함〔念施〕, 하늘을 생각함〔念天〕, 휴식을 생각함〔念休息〕, 나고 드는 숨을 생각함〔念安般〕, 몸의 덧없음을 생각함〔念身無常〕, 죽음을 생각함〔念死〕

살펴보자. 저 하늘에 떠 있는 구름이 코끼리 모습을 짓다가 다시 구름이 소의 모습을 띠면 우리는 그것을 보고 코끼리 구름이 사라지고 소 구름이 생겨났다 말하거나, 코끼리 구름이 소 구름이 되었다고 말한다. 그러나 저 하늘에는 코끼리가 사라지고 소가 생겨난 것이 아니고 대기의 변화만이 있어서 코끼리가 사라지되 간 곳이 없고 소가 생기되 온 곳이 없다.

대기의 모습과 성질은 바뀌지 않되 그 연의 모습[緣相]과 성질[緣性]도 날씨 바람의 조건으로 서로 의지해 달라지니, 연의 모습과 성질도 서로 말미암아 있고 서로 이루는 뜻이다[相由義, 相成義].

땅과 물 불 바람[地水火風]의 물질을 구성하는 네 큰 요인[四大]을 들어 살펴보자. 불의 뜨겁고 위로 오르는 모습과 성질은 바뀌지 않되, 불의 뜨거움은 물 땅 바람과 서로 말미암으므로, 불의 따뜻함이 대지의 씨앗을 싹트게 하기도 하고 씨앗을 썩게도 하며 대지를 불태우기도 한다.

물 불의 기운은 그 연기적 성취가 있는 동안 그 모습이 바뀌지 않되 그 연의 모습도 온 곳이 없고 간 곳이 없다.

물(物)은 옮겨간다. 지금 대지에 뿌린 씨앗이 싹이 되더라도 그 싹은 씨앗이 싹으로 옮겨간 것이 아니다. 물은 옮기되 여기 것이 저리로 옮겨간 것이 아니며, 더 나아가 물(物)은 진여(眞如)인 물(物)이라, 물에 오고 감이 없고 머묾 없으니[無去無來無住] 물은 옮기되 옮기지 않는다[物遷而不遷].

③ 나옹선사의 삼전어(三轉語)로 물불천의 뜻[物不遷義]을 다시 살핌

연기의 뜻을 옛 선사의 몇 가지 이야기를 통해 살펴보자.

나는 삼십대 좌선 여가에 고려 나옹혜근선사(懶翁慧勤禪師)의 어록을 읽은 바 있다. 그 가운데 나옹선사가 제시한 세 돌이키는

말[三轉語]의 공안이 있다.

나옹선사는 이렇게 세 공안(公案)을 묻는다.

- 산은 왜 메부리 가에 그치는가
  山何嶽邊止

- 물은 왜 이르러 웅덩이를 이루는가
  水何到成渠

- 밥은 왜 흰 쌀로 짓는가
  飯何白米造

나는 처음 이 공안을 접하고 보통사람들이 너무 당연히 받아들이는 것에 물음을 제기하는 나옹선사의 공안 앞에서 '이 물음이 무엇을 묻는가'라는 공안의 법로(法路)를 알지 못해 아득하였다.

나는 나중 승조성사의 「물불천론」을 읽고 이 공안의 물음이 물불천의 뜻[物不遷義]을 물음과 다르지 않다는 믿음을 갖게 되어 이 공안의 물음을 내 스스로 다음 같이 번안하였다.

저 높은 멧부리는 낮은 산이 솟아 멧부리가 된 것인가.

저 낮은 물웅덩이에 어찌 물이 흘러내려 웅덩이를 이루었는가.

밥은 왜 모래로 짓지 않고 흰 쌀로 짓는가.

이 나옹선사의 물음의 뜻은 무엇인가? 우리 중생은 매일 밥과 빵을 먹고 살면서, 중생은 '왜 먹어야 하는가'를 묻지 않고, 매순간 숨 쉬면서 '왜 숨 쉬어야 하는가'를 묻지 않는다.

너무 자명하므로 스스로 묻지 않는데 나옹선사는 중생에게 자명하게 받아들이는 것을 스스로 묻게 하고 있는 것이다. 고려말 중국 원(元)에 들어가 임제종의 법통을 받아온 선사로 한국불교는 태고(太古) 나옹(懶翁) 백운(白雲) 세 선사를 든다. 나옹선사는 임제종 평산처림선사(平山處林禪師)의 법을 받아왔고, 태고와 백운은 같이 임제종 석옥청공선사(石屋淸珙禪師)의 법을 받아왔으니 한 스승의 동문제자이다.

그러나 나옹과 백운은 인도에서 들어와 당시 고려에 머물던 서천 지공선사(指空禪師)를 스승으로 모셨으나, 태고화상이 지공선사를 만났다는 기록이 어디에도 없으니 태고는 지공선사를 사실상 회피한 것이라 볼 수 있다.

필자가 나중 세속 나이 50대에 백운경한선사의 어록을 번역하였는데 백운선사는 직접 훈도 받은 스승으로 석옥청공과 서천지공선사를 들고 있다.

그리고 백운선사는 동학(同學)인 태고선사에 대해서는 권승(權僧)으로서 태고화상의 당시 권력과 유착된 삶을 여러 곳에서 비판하고 있으며, 나옹에 대해서는 나옹의 세 구절〔三句〕과 삼전어(三轉語)에 착어를 붙일 만큼 공경의 마음을 보이고 있다.

○ 백운경한선사(白雲景閑禪師)의 삼전어에 붙이는 말

『백운어록(白雲語錄)』에 다음과 같이 나옹선사의 법어에 대한 착어가 나온다.

• 나옹화상의 세 구절〔三句〕을 풀이함

문에 드는 구절〔入門句〕은, 향할 때 왼편에 떨어지지 않고 오른편에도 떨어지지 않고 정면으로 들어감이다.

入門句 向時 不落左不落右 正面而入

문에 닥친 구절〔當門句〕은, 받들 때 경계의 기틀과 지혜가 서로 응해 그윽하고 그윽한 곳에 깊이 들어감이다.

當門句 奉時 機智相應 深入重玄

 문 속의 구절〔門裏句〕은, 공(功)에 함께할 때 주인 가운데 주인을 얻어 오랜 해에 문을 나서지 않음이다.
 門裏句 共功時 當證主中主 長年不出戶

 •세 돌이키는 말〔三轉語〕을 풀이함

 산은 왜 멧부리 가에 그쳤는가.
 위없는 법의 왕이 가장 높고 빼어나
 뭇 봉우리의 기세가 멧부리 가에 그치는 것과 같다.
 山何岳邊止
 無上法王最高勝 如羣峰勢岳邊止

 물은 왜 이르러 개울을 이루는가.
 두렷한 깨침의 깨끗한 성품이 부류를 따라 응해,
 숨어 흐르는 바다가 이르러 개울을 이룸과 같다.
 水何到成渠
 圓覺淨性隨類應 如潛流海到成渠

 밥은 왜 흰 쌀로 짓는가.
 마음의 성품이 물듦 없이 본래 두렷이 이루어져,
 흰밥을 원래 쌀로 짓는 것과 같다.
 飯何白米造
 心性無染本圓成 如白飯元來米造

 또한 노래로 보인다.

 법왕의 법의 명령 가장 높고 빼어나

천 봉우리 그 기세가 멧부리 가에 그침 같네
거룩하신 임금의 덕과 은택 바다 같아
가만히 흘러 바다 지나 개울 이루었네
지금 세상이 복희 황제 그 위에 이르러서
그 밥이 북구로주 흰쌀밥보다 빼어나네.

法王法令最高勝　如千峯勢岳邊止
聖君德澤如大海　潛流過海到成渠
當今世到羲皇上　飯勝俱盧白米造

나옹선사의 세 구절〔三句〕에 대해 학담 또한 자기 검증을 위해 다음 같이 말해 본다.

첫째 귀절은 이쪽저쪽에 떨어지지 않아야 중도의 바른 행으로 진리의 문에 이를 수 있음을 나타낸다.

둘째 귀절은 반야에 앎 없음을 체달해야 지혜와 진리가 하나 되어, 길가는 일 가운데 니르바나의 공덕이 현전함을 말한다.

셋째 귀절은 지혜와 진리에 모습이 끊어져 니르바나에 이름 없음을 체달해야, 가고 가는 삶에서 지음 있는 공〔有爲功〕을 넘어서서 지음 없이〔無作〕 참된 자기 주체 실현할 수 있음을 말한다.

승조성사의 물이 옮기지 않음〔物不遷〕은 인연으로 있는 세간법의 움직임을 들어 움직임에 옮겨 움직임 없음을 보이고 있으며 반야에 앎 없음으로 생각 생각에 생각 없음을 체달하면 생각 생각이 니르바나의 행임을 보이고 있다.

그에 비해 백운선사(白雲禪師)의 나옹선사 삼전어에 대한 착어는 연기로 있는 낱낱 법이, 온갖 법에 두루한 진여 법성(眞如法性)임을 잡아, 낱낱 사법의 행에서 진리와 사법이 원융함을 깨달으면, 낱낱 행에서 해탈의 행이 현전함을 보이고 있다할 것이다.

범부승 학담 또한 나옹, 백운 선사의 삼전어(三轉語)에 한 착어로 두 조사의 뜻에 함께하리라.

산은 왜 높은 멧부리 가에 그쳤는가

서로 의지해 멧부리이고 산이나
티끌 티끌은 본래 두렷이 통했네
위 없는 법의 왕 가운데서
연에 맡겨 각기 맑은 바람이네

山何岳邊止
相依嶽與山　塵塵本圓通
無上法王中　任緣各淸風

물은 어찌 이르러 웅덩이를 이루었는가

진여인 성품이 공한 물은
흐르지 않지만 흐름 따르네
바다를 이루고 또 웅덩이 이루니
수메루산에 물결 이랑 일으키네

水何到成渠
眞如性空水　不流而隨流
成海又成渠　須彌起波浪

밥은 왜 쌀로 짓는가

법의 맛은 본래 스스로 그러해
맛의 씨앗 끝내 잃지 않도다
흰쌀은 향기로운 밥을 이루니

공양하면 기와 힘을 채우리

飯何白米造
法味本自然　味種終無失
白米成香飯　受供充氣力

지금까지 백운선사의 법어를 통해 나옹 백운의 뜻이 승조성사의 물불천의 뜻과 둘이 아님을 살펴보았다. 이제 다시 승조성사가 물불천론(物不遷論)에서 인용한 공자(孔子)와 장자(莊子)의 말을 살펴보자.

④ 공자(孔子)와 장자(莊子)의 말로 물불천의 뜻을 살핌

승조성사는 물불천의 뜻[物不遷義]을 밝히는데 불교가 중국에 들어오기 전 기성철학의 스승들인 장자(莊子)와 공자(孔子)를 이끌어, 사물이 움직여 가되 감이 없음을 두 바깥의 성인의 말로 보인다.

○ 장자는 말한다.
대저 골짜기에 배를 감추고[藏舟] 산을 못에 감추고서[藏山] 군세다고 한다. 그러나 한밤에 힘 있는 사람[有力者]이 짊어지고 달리면, 어두운 이는 알지 못한다.
夫藏舟於壑 藏山於澤 謂之固矣
然而夜半有力者 負之而走 昧者不知也

이 비유는 마치 『아가마 수트라[阿含經]』에서 붇다께서 이 세상에 가장 힘센 것은 덧없음인데 설사 덧없음을 피하기 위해 저 수메루산의 뱃속에 숨어도 덧없음을 피할 수 없다고 한 것과 같다.
세상 변화를 싫어하는 이가 그 변화를 피하기 위해 저 배를 큰 골짜기에 감추고 큰 산을 못에 감추고 안전하다 말해도 못과 골짜기 보다 수십 배 크고 힘 있는 자가 짊어지고 달리면 배와 산에

있는 자는 그런 줄도 모르니 참으로 안전하지 않은 것이다.

참으로 저 변화의 힘을 넘어서려면 덧없는 변화가 변화 아님을 알아야 변화 안에서 고요함을 얻는 것이니 장자가 '천하를 천하에 감춘다〔藏天下於天下〕'함도 그런 뜻이다.

○ 공자(孔子)는 어느 날 위수 강가에 앉아 탄식했다.

가는 것이 이와 같구나. 낮과 밤으로 그치지 않네.
逝者如斯夫 不舍晝夜

공자(孔子)의 이 말은 공자가 위영공(衛靈公)의 부인 남자(南子)와 방에 들어가 한참을 둘이서만 대화하는 것을 듣고 자로(子路) 같은 충직한 제자까지 비방하므로 공자가 위수 강가에서 강물을 보고 탄식한 말이다.

보통 평범한 사람이 이런 말을 했으면, 세간 사람이 이런 말 저런 말을 해도 저 강물이 흐르듯 흘러간다는 뜻으로 해석할 수 있을 것이다.

그렇게만 말했다면 공자를 어찌 성인이라 할 것인가. 지욱선사(智旭禪師)는 논어를 주석〔論語點睛〕하면서 '가는 것이 이와 같다〔逝者如斯夫〕' 함은 온갖 법이 연기이므로 항상하지 않음〔不常〕의 뜻으로 풀이하고 '낮과 밤으로 그치지 않음〔不舍晝夜〕'을 연기이므로 공하되, 공도 공해 다함없는 연기〔無盡緣起〕가 그치지 않음〔不斷〕으로 풀이했다.

지욱선사는 다음 같이 말한다.

공자가 흐르는 물을 보고 탄식하니 이는 경계를 탄식함〔嘆境〕이나 곧 살핌을 탄식함〔卽嘆觀也〕이다. 대개 하늘 땅의 만 가지 것에 어느 하나가 가지 않는 것인가. 다만 어리석은 사람은 여기에 끊어짐〔斷〕을 헤아리고 항상함〔常〕을 헤아린다.

지금 이미 간다고 말한 것은 곧 항상하지 않음〔非常〕이다. 또다시 이와 같이 '낮밤으로 그치지 않는다'고 하니 곧 끊어지지 않음〔非斷〕이다. 끊어짐이 아니고 항상함이 아님은 연으로 남을 바로 살핌〔緣生正觀〕이다.

이끌어서 펼치면 가고 감이 있고, 가되 가지 않음이 있으며, 가지 않되 감이 있고, 감이 아니고 가지 않음도 아님이 있다.

천하의 지극한 성인〔至聖〕이 아니면 누가 이를 알 것인가.

引而申之 有逝逝 有逝不逝 有不逝逝
有不逝不逝 非天下之至聖 孰此知之

승조성사는 왜 이 말을 물불천의 뜻을 풀이하는데 가져왔는가.

여기 이 물의 덩어리가 저기 저곳으로 흘러가는가. 그렇다면 물은 흘러 다시 흐르지 않아야할 것이다. 여기 이 물도 연기적 활동상이고 저기 저 물도 연기적 활동상이다. 여기 이 물과 저기 저 물은 같음도 아니고 다름도 아니며 끊어짐도 아니고 항상함도 아니다. 어제의 나와 지금의 나도 같음도 아니고 다름도 아니며 어제의 나도 머묾 없이 어제에 머물며 지금의 나도 머묾 없이 지금에 머문다.

어제의 내가 오늘의 나에게 온 것이 아니고 어제를 떠나 지금이 있는 것도 아니다. 그렇다면 붇다의 가르침에서 모든 지어감이 덧없다〔諸行無常〕는 가르침이, 범부가 일으킨 '법이 항상하다는 뒤바뀜〔常顚倒〕'을 깨기 위한 가르침인 줄 알아야, 우리는 항상함〔常〕과 덧없음〔無常〕을 넘어선 참된 항상함〔眞常〕과 참된 덧없음〔眞無常〕의 뜻을 알 수 있을 것이다.

○ 대혜선사(大慧禪師)의 자주 옮기는 역의 도[易之道]에 대한 풀이

불교의 선사(禪師)로서 공자(孔子)의 가르침을 이끌어 불교 경전에 연결 지어 풀이한 예를 또 살펴보자.

승조성사의 '물이 옮기지 않는다〔物不遷〕'는 말은 공자가 말한 바 '역의 도는 자주 옮긴다〔易之道也屢遷〕'고 한 뜻과 서로 반대되는 말로 이해될 수 있을 것이다. 그러나 말이 다르다고 그 돌아가는 뜻이 다른가 살펴보자. 이제 승조성사의 '물이 옮기지 않는다〔物不遷〕'고 함과 공자(孔子)의 '역의 도는 자주 옮긴다〔易之道也屢遷〕'고 한 두 말은 어떻게 녹아 하나가 될 것인가.

두 말은 '자주 옮긴다' 함과 '옮기지 않는다' 함이 서로 그 말이 반대로 어긋난다. 그러나 성인으로 추앙받는 공자의 도가 다만 흘러 옮김이고, 승조성사의 뜻이 어찌 다만 옮기지 않음일 것인가.

공자의 가르침에서 봄 여름 가을 겨울 하늘의 기운〔天氣〕의 변화와 길흉화복 인간세상〔人世〕의 변화는, 움직이되 움직임 없는 한기〔一氣〕의 움직임이다. 그러므로 자주 옮기는 길흉화복의 움직임에 따르면 인간은 한 기〔一氣〕의 고요함에 돌아갈 수 없다. 그러므로 공자는 역의 도가 자주 옮김〔易之道也屢遷〕인 줄 알면, 자주 바뀌고 옮겨 움직이는 망경계를 돌이켜 본래 항상함에 돌아가 고요한 도에 하나될 수〔返常合道〕 있음을 가르치는 것이다.

그에 비해 승조께서 '물이 옮기지 않는다'함은 세간 사법이 인연 따라 옮기고 옮기되, 인연이 공한 진제(眞諦)에는 실로 옮김 없음을 가르쳐, 나고 사라지는 세간 법의 변화 가운데서 옮기되 옮기지 않고, 옮기지 않되 옮기는 해탈의 크나큰 씀〔解脫大用〕을 구현토록 함이다.

그러므로 대혜종고선사(大慧宗杲禪師)는 당시 유학자 유언충(劉彦沖)이 '역의 도가 자주 옮긴다'는 공자의 뜻이 『금강경』의 '응당 머무는 바 없이 그 마음을 낸다함〔應無所住 而生其心〕'과 같은 뜻이라 한 그의 그릇된 이해를 비판하여 그의 어록 『서장(書狀)』편에서 다음 같이 통렬히 꾸짖는다.

언충이 공자께서 '역의 도는 자주 옮긴다'고 일컬음을 이끌어 븓다의 경전 가운데 '머무는 바 없이 그 마음을 낸다[應無所住 而生其心]'와 어울려 하나되게 하여, 한 꿰미를 삼고 또 역의 '고요하여 움직이지 않음[寂然不動]'을 이끌어 흙 나무와 다름없다 하니 더욱 웃을 일이다.

저에게는 이렇게 말하겠다.

'사이 없는 지옥 업[無間地獄業]을 부르지 않고자 하거든, 여래의 바른 법바퀴[如來正法輪]를 비방하지 마라.'

그러므로 경은 말씀한다.

'반드시 빛깔에 머물러 마음을 내지 말고 소리 냄새 맛 닿음 법에 머물러 마음을 내지 말라.'

반드시 머무는 바 없이 함은 이 마음이 실체가 없음[無實體]을 말함이고 그 마음을 내라함은 이 마음이 참됨을 떠나 선 곳이 아니라, 선 곳이 참됨을 말한 것이다.

공자가 역의 도[易之道也]는 자주 옮긴다[屢遷]고 함은 이를 말함이 아니다. 루(屢)는 자주함이요, 천(遷)은 바뀜이니 길하고 흉하며 뉘우치고 아낌은 움직임에서 나니, 자주 옮김의 뜻은 항상함에 돌아가 도에 하나됨[返常合道]이다. 그러니 어떻게 마땅히 머무는 바 없이 그 마음을 내라함과 합해 한 덩이를 이룰 것인가. 언충(彦冲)이 다만 붇다의 뜻만 알지 못할 뿐 아니라 또한 공자의 뜻도 알지 못한 것이다. 그 사람은 공자의 가르침에 나오고 들어감을, 동산에 노님 같이하며 또 우리 붇다의 가르침에도 깊이 방속에 들었으니, 산승이 이와 같이 막아 드러냄이 옳은 것인가 그렇지 못한 것인가.

이 때문에 규봉선사(圭峰禪師)는 다음 같이 말했다.

'원형이정(元亨利貞)은 하늘의 덕[乾德]이니 한 기[一氣]에서 비롯하고 상락아정(常樂我淨)은 붇다의 덕이라 한마음[一心]에 바탕한다. 한 기를 오롯이 해야 고요한 부드러움을 이루고 한마음을 닦

아야 도를 이룬다.'

元亨利貞　乾之德　始於一氣　常樂我淨　佛之德也
本乎一心　專一氣而致柔　修一心而成道

이 늙은이의 이와 같은 어울려 하나되게 함이라야 비로소 유가와 샤카의 가르침 이 두 가르침에 치우쳐 메마르게 함이 없게 되어 남은 한이 없을 것이다.

언충이 '응당 머무는 바 없이 그 마음을 낸다'함과 '역의 도가 자주 옮김'의 큰 뜻을 같이 하나로 꿰임은 서로 허락하지 못한다. 만약 언충의 어긋나 밀침을 의지하면, 머물지 못하고 떠도는 공자와 샤카무니께 짚신을 사드려야 할 것이다. 왜인가.

한 사람은 자주 옮기고〔屢遷〕 한 사람은 머무는 바 없기〔無所住〕 때문이다. 읽음이 여기 이를 것을 생각하니, 반드시 뒤로 넘어질 일이다.

⑤ 여러 선사들의 법어로 물불천의 뜻〔物不遷義〕을 다시 살핌

승조성사 물불천의 뜻을 이끌어 선(禪)의 종지를 설한 옛 선사들의 법어를 다시 살펴보자.

○ 백운경한선사(白雲景閑禪師)

앞에서 이미 나옹선사와 백운선사의 법문을 살펴보았지만, 다시 백운선사의 뜻을 선사의 법어를 통해 자세히 살펴보자. 백운경한선사는 변화하는 사물의 모습을 들어 법의 진실을 다음 같이 밝혀 보인다.

• 이것은 음양에 속하지 않나니〔不屬陰陽〕

섣달 그믐날 밤 당에 올라〔上堂〕 말했다.

올해 오늘 밤이 다하면

새해 새날이 오리.
추위가 한 밤을 따라가니
봄이 오경을 따라 돌아오네.

今年今夜盡　明年明日來
寒隨一夜去　春逐五更廻

그러므로 승조〔肇公〕께서는 이렇게 말했소.
'나고 죽음이 바뀌어 없어지고 추위와 더위가 번갈아 옮기며 물
이 흘러 움직임이 있다함은 사람들의 보통 갖는 생각이지만 나는
곧 그렇지 않다고 말한다.'
다만 저 봄은 실로 돌아오지 않고 추위도 가지 않으니 가고 옴
이 없는 법을 여러 사람들은 또 어떻다 하오.
갑자기 주장자를 들고 말씀하셨다. 이것은 음과 양에 속하지 않
으니 어찌 조화에 걸리겠소. 해와 달도 비추지 못하고 더위와 추
위도 침범하지 못하여 변해 달라짐이 없고 오고 감이 없어서 위로
는 하늘에 통하고 아래로는 황천에 사무쳐, 활짝 벗어나 끝이 없
고 털끝만큼도 떨어지지 않았소.
여러 사람들이 이 속을 향하여 밝게 얻으면 한 티끌 가운데서
보왕(寶王)의 나라를 나투고, 가는 티끌 안에 앉아 크나큰 법바퀴
〔大法輪〕를 굴려, 곧 늘 밝은 빛이 앞에 나타남을 보아 각기 천
길 긴 칼을 우뚝 세우게 될 것이오.
만약 알지 못하면 장안 길 위의 땅 고르는 일을 어떻게 마칠 기
약이 있겠소.
또 그렇기는 곧 그러하지만 한 해가 다하는 밤, 다시 아직 돌아
오지 않는 사람〔未歸人〕이 있음을 누가 알겠소.
'악〔喝〕' 한 소리 외치고 곧 자리에서 내려왔다.195)

---

195) 除夜上堂 今年今夜盡 明年明日來 寒隨一夜去 春逐五更廻 所以肇公云 生

• 철이 이르러 봄이 됨에〔節屆春則〕

당에 올라〔上堂〕 대중을 불러 말했다.

붇다와 조사의 묘한 이치는 다만 눈앞에 있소〔佛祖妙理 祗在目前〕.

철이 이르러 봄이 됨에 산꽃은 비단처럼 피어나고, 개울물은 쪽 빛보다 짙푸르며 버들 빛은 황금처럼 부드럽소. 배꽃은 흰 눈의 빛으로 향기로우며, 벗을 불러 노란 꾀꼬리는 지저귀고, 둥지 찾아 자줏빛 제비는 날며, 맑은 바람은 흰 달에 떨치고 흰 달은 맑은 바람을 비추오.

사람 사람마다 나타나 이루어져 있고 물건 물건마다 온전히 드러나 있는데〔物物全彰〕 다시 무엇 때문에 소리를 듣고 도를 깨침〔聞聲悟道〕과, 빛깔을 보고 마음 밝힘〔見色明心〕을 말하는 것이오.

이는 단 복숭아와 오얏을 버리고 산을 돌아다니며 신 매실을 따는 것과 아주 같소.

주장자를 세우고 곧 자리에서 내려왔다.196)

• 철이 이르러 여름이 됨에〔節屆朱明〕

당에 올라〔上堂〕 말했다.

'철이 이르러 여름이 됨에 산 꽃은 열매 맺어 구슬 드리운 것 같

死交謝 寒暑迭遷 有物流動 人之常情 予則謂之不然 只如春不迴寒不去 無去來法 諸人又作麼生

驀拈拄杖云 這箇不屬陰陽 寧拘造化 日月 不能照 寒暑不能侵 無變異無來去 上通霄漢 下澈黃泉 迥無邊際 不隔絲毫

諸人若向這裏明得 於一塵中 現寶王刹 坐微塵內 轉大法輪 便見常光現前 各各 壁立千仞 若也不會 長安路上輥地 有甚了期

又然則然矣 誰知年盡夜 更有未歸人 喝一喝 便下座

196) 上堂召大衆云 佛祖妙理 祗在目前 節屆春則 山花開似錦 澗水碧於藍 柳色 黃金嫩 梨花白雪香 喚友黃鸎囀 尋巢紫鷰飛 淸風拂白月 白月照淸風

頭頭現成 物物全彰 更說什麼 聞聲悟道 見色明心 大似抛却甘桃李 循山摘醋梅

卓拄杖 便下座

고, 바윗가 나무는 그늘 이루어 푸른 장막 펼친 것 같으며, 노니는 벌과 나비 다투어 날고 제비새끼 노란 꾀꼬리와 서로 재잘거리오.

바로 이것이 현사 노인(玄沙老人: 師備禪師)이 말한 바 깊이 실상(實相)을 말하고 잘 반야(般若)를 설하는 시절이며, 밭 가는 이 푸른 싹을 옮겨 심고 노란 보리 베는 시절이오.

이와 같은 태평한 사업은 눈 있는 자는 모두 보고 귀 있으면 모두 듣소.

또 말해 보시오. 붇다의 법은 어느 곳에 있는가〔佛法在什麼處〕.

잠자코 있다〔良久〕 말했다.

얼마나 분명한가〔多小分明〕.

이렇게 말하고 곧 자리에서 내려왔다.197)

• 철이 이르러 가을이 됨에〔節屆秋則〕

당에 올라〔上堂〕 말했다.

'철이 이르러 가을이 됨에 장마비는 하늘 땅에 개고, 싱그럽고 서늘함이 들판에 드니, 꾀꼬리 노랫소리 이미 늙었고 매미는 앞다투어 울음 우오.

가을바람 쓸쓸히 불고 가을 경치 쓸쓸히 벌리어, 흰 연꽃은 찬 연못에 이미 지고 붉은 여뀌 옛 언덕에 한창 피며, 울타리가 노란 국화는 황금빛 열어내고 물가 모래의 흰 이슬이 구슬을 드리우오.

바윗가 계수나무 향 내음을 날리고 나뭇잎이 서리에 취하니, 요임금의 해〔堯年〕와 같아 벼농사는 더욱 풍성해지고 순임금의 날

---

197) 上堂云 節屆朱明 山花結子似垂珠 巖樹成陰張翠幄 遊蜂與胡蝶爭飛 鶯子
共黃鶯相語
正是玄沙老人道 深談實相 善說般若底時節也 亦乃田父移靑苗 刈黃麥底時節也
如是大平事業 有眼者皆見 有耳皆聞
且道 佛法在什麼處 良久云 多小分明 便下座

〔舜日〕과 같아 시골 늙은이 태평을 노래 부르오.

여러 선덕들이여. 태평한 사업의 이미 그러함이 이와 같은데〔旣然如是〕 산승이 무엇 하러 반드시 거듭 게를 설하겠소.'

이렇게 말하고 자리에서 내려왔다.198)

○ 감산덕청선사(憨山德淸禪師)의 물불천(物不遷)의 뜻 풀이

명대(明代) 조론 주석가의 한 분인 감산덕청선사는 「물불천론(物不遷論)」을 주석하면서, 논의 마지막을 다음 말로 마무리하고 있다.

내가 어려서 조론(肇論)을 읽고 '물이 옮기지 않는 뜻〔物不遷義〕'에 아득해져 돌아가 쉴 곳이 없었다.

매번 매섭고 사나운 바람 등〔旋嵐等〕의 네 귀절에 의심을 이루었다. 뒤에 깨우친 곳〔悟處〕이 있어, 곧 승조공(僧肇公)이 깊이 실상(實相)을 깨친 분이라는 것을 믿어 알았다.

그러다가 청량(淸凉)의 『화엄경대소(華嚴經大疏)』를 읽다 「문명품(問明品)」에 이르렀는데 '비유하면 강 가운데 물이 세차게 흘러 다투어간다.'는 구절에, 청량대사가 조공의 옮기지 않음〔不遷〕의 게를 이끌어 경의 말씀을 증명하였다.

이는 대개 그 보는 바가 묘하게 붇다의 뜻에 계합하였음을 미루어 본 것이다.

내가 일찍이 벗과 더불어 이를 말했는데 그 벗은 이를 아주 옳다 하지 않고 도리어 조공을 한 견해 바깥길〔外道〕로 삼아, 널리 가르침의 뜻을 이끌어 이를 반박하였다.

선종(禪宗)의 법의 문〔法門〕 가운데 장로이신 저 운서(雲棲)선사

---

198) 上堂云 節屆秋則 積雨霽於天地 新凉入於郊墟 鶯歌已老 蟬嘒爭先 秋風蕭索 秋景蕭條 白蓮已謝於寒塘 紅蓼正開於古岸 籬邊黃菊披金 汀沙白露垂珠 巖桂飄香 木葉醉霜 堯年而禾稼豊登 舜日而野老謳歌 諸禪德 大平事業 旣然如是 山僧何須重說偈言 下座

나 자백(紫柏)선사 같은 여러 큰 스님들도 힘써 이를 다투어서 마침내 그 말을 돌이키지 않았다.

내가 정법안장(正法眼藏)을 읽었는데 불감화상(佛鑑和尙)이 대중에 다음 같이 조주선사(趙州禪師)의 법문을 들어 보였다.

어떤 승려가 조주선사(趙州禪師)에게 물었다.
"어떤 것이 옮기지 않는 뜻[不遷義]입니까?"
조주선사가 두 손으로 물 흐르는 형세를 지어 보였다.
그 승려가 깨우침이 있었다.

또 어떤 승려가 법안선사(法眼禪師)에게 물었다.
"모습을 취하지 않고[不取於相] 한결같아 움직이지 않는다[如如不動] 하니 어떻게 모습을 취하지 않고 움직여 가지 않음을 봅니까?"
법안선사가 말했다.
"해가 동에서 솟아 밤에 서쪽으로 떨어진다[日出東方 夜落西]."
그 승려가 또한 깨우침이 있었다.

만약 여기에서 보아 얻으면 '사납고 매서운 바람이 휘몰아쳐 산을 무너뜨려도 본래 늘 고요하고[旋嵐偃嶽 本來常靜], 강물이 다투어 쏟아져도 원래 스스로 흐르지 않는다[江河競注 元自不流]'고 말함을 바야흐로 알게 될 것이다.

만약 그렇지 못하면 다시 혀를 놀려 하늘을 좌로 돌리고 땅을 우로 돌리며 옛에 가고 지금에 와 몇 번을 거치더라도, 쇠가마귀[金烏] 해가 날고, 옥토끼[玉兎] 달이 달림이, 겨우 바다문턱 벗어나자 또 푸른 산 뒤에 떨어짐을 면치 못할 것이다.

강과 내의 물결은 아득하고 아득하며,
긴 물결은 느리고 아득히 멀어,
곧장 큰 바다에 들어가 밤낮으로 흐른다.

江河波渺渺 淮濟浪悠悠 直入滄溟晝夜流

드디어 소리를 높여 말했다.

"여러 선덕들이여, 한결같아 움직이지 않음을 도리어 보았는가."

諸禪德還見 如如不動麼

그러면 조주(趙州) 법안(法眼)은 다 선문(禪門)의 큰 장로이시니 붇다의 마음도장[佛心印]을 여러 선덕들에게 전해줄 것이다.

불감선사(佛鑑禪師)가 이를 미루어 대중에 보여, 옮기지 않은 뜻 [不遷義]을 드날려 보인 것이 환한 해가 하늘에 빛난 것과 같다.

이는 가르침의 뜻과 문자를 지키는 수행자가, 낭떠러지 바라봄과 같지 않으니 이런 이들은 조공(肇公)을 바깥길의 견해[外道見]로 삼는 것이로다.

이를 써서 배우는 이들에게 보이니, 물이 옮기지 않은 뜻[物不遷 義]은 말 밖[言外]에서 스스로 믿어야 한다.

⑥ 화엄경의 가르침으로 살핌

지금까지 우리는 공한 원인[因]과 조건[緣]이 서로 어울려, 법 (法: 果)이 나므로 법은 나되 남이 없고[生而無生] 옮기되 옮김 없음[遷而不遷]을 여러 조사들의 법어를 통해 살펴보았다.

이 뜻을 화엄대경(華嚴大經)은 어떻게 가르치고 있는가를 살펴보자.

『화엄경(華嚴經)』은 다음같이 말한다.

어진 이가 이 뜻을 물으니
어리석은 이들 깨우치려 함이네
내가 그 성품 답해 주리니
어진 이는 자세히 듣도록 하라

모든 법 지어 씀이 없으며

또한 바탕 성품이 없네
그러므로 저 온갖 것은
각각 서로 알지 못하네

仁今問是義　爲曉悟群蒙
我如其性答　惟仁應諦聽

諸法無作用　亦無有體性
是故彼一切　各各不相知

냇물 가운데 흐르는 물이
넘쳐 흘러 다투어 달려가도
각각 서로 알지 못함 같나니
모든 법의 성품 또한 이와 같네

또한 저 크나큰 불무더기
세찬 불길 때 같이해 타올라도
각각 서로 알지 못하듯
모든 법도 또한 이와 같도다.

譬如河中水　湍流競奔逝
各各不相知　諸法亦如是

亦如大火聚　猛焰同時發
各各不相知　諸法亦如是

또 저 긴 바람이 일어나
사물을 만나 모두 회오리쳐도
각각 서로 알지 못함 같나니
모든 법도 또한 다시 이와 같도다

또한 뭇 땅의 여러 영역이

펼쳐 굴러 의지해 머물지만
각각 서로 알지 못하듯
모든 법도 또한 이와 같도다

又如長風起　遇物咸鼓扇
各各不相知　諸法亦如是
又如衆地界　展轉因依住
各各不相知　諸法亦如是

눈과 귀 코와 혀 그리고 몸
마음의 뜻 모든 아는 뿌리가
이로써 늘 흘러 구르지만
또한 굴릴 수 있는 자는 없도다

법의 성품 본래 남이 없지만
남이 있음을 나타내 보이네
이 가운데는 나타낼 수 있음도 없고
또한 나타내 보인 바 사물도 없네

眼耳鼻舌身　心意諸情根
以此常流轉　而無能轉者
法性本無生　示現而有生
是中無能現　亦無所現物

눈과 귀 코와 혀 그리고 몸
마음의 뜻 모든 아는 뿌리들
온갖 것은 공해 성품 없으나
망녕된 마음이 분별하여 있도다
眼耳鼻舌身　心意諸情根

一切空無性　妄心分別有

진리대로 자세히 살펴본다면
온갖 것은 다 성품 없도다
법의 눈은 사유하고 말할 수 없어
이 견해는 뒤바뀌어 넘어짐 아니네

실답다든 실답지 않다고 하든
망녕되든 망녕되지 않다 하든
세간이든 세간 벗어남이든
다만 거짓 세운 말로 말함이 있네

如理而觀察　一切皆無性
法眼不思議　此見非顚倒

若實若不實　若妄若非妄
世間出世間　但有假言說

세간의 말로 논하는 것은
온갖 것이 바로 분별이로다
그러니 일찍이 한 법도 법의 성품에
들어가지 않음이 없도다

따라 생각함과 생각하는 바의 힘으로
갖가지 법이 다 생겨나와서
빨리 사라져 잠깐도 멈추지 않으니
생각 생각 모두 다 이와 같도다

世間所言論　一切是分別
未曾有一法　得入於法性
能緣所緣力　種種法出生

速滅不暫停　念念悉如是

　여러 조사들의 법어와 화엄대경(華嚴大經)의 가르침을 받들어 학담도 한 노래로 승조성사의 물불천(物不遷)의 가르침에 함께하리라.

　모든 법은 연으로 일어나 본래 공하나
　성품이 공하므로 법은 불꽃처럼 일어나네
　변하지 않음과 연 따름에 두 뜻이 없으니
　어지러이 나고 사라짐 가운데 늘 고요하도다

諸法緣起本來空　性空諸法熾然起
不變隨緣緣無二義　紛紛生滅中常寂

　큰바람 높은 산을 쳐 넘어져 무너지나
　바람은 불어옴이 없고 멧부리 무너지지 않아서
　세찬 바람 높은 산 서로 알지 않으니
　합하지 않고 흩어지지 않아 늘 안락하네

旋嵐高嶽擊偃倒　風無拂來嶽不壞
旋嵐高嶽相不知　不合不散恒安樂

　강과 내의 흐르는 물 다투어 내달려
　방울방울 서로 합하나 서로 알지 못하네
　물이 맑아 고요함이여 달이 저절로 밝고
　봄바람 불어옴이여 꽃 그림자 환하도다

江河流水競奔走　滴滴相合不相知
水湛寂兮月自明　春風來兮花影爛

부진공론(不真空論) 제2

두 번째 「참이 아니라 공함을 논함〔不眞空論〕」은 '인연법이 곧 참됨 그대로임〔卽眞〕'을 나타내는 것이다. 앞에 속제(俗諦)를 밝히고 지금 참됨 그대로임〔卽眞〕을 가려 밝힌 것은 진제(眞諦)를 나타낸다. 그러므로 물불천론(物不遷論) 다음에 이 논이 온 것이다.

그래서 대승의 마치는 진실의 가르침〔終實之敎〕에서는 참됨을 말하면〔談眞〕 반드시 먼저 속제를 세우고, 세속을 말하면〔言俗〕 반드시 참됨을 의지해 말한다. 곧 공함과 있음의 둘로 진리를 펴는 것은 곧 참됨과 세속을 하나로 꿰뚫어〔眞俗一貫〕, 두 진리〔二諦: 眞俗〕 세 진리〔三諦: 空假中〕를 합하기도 하고 열기도 함이다.

가르침에는 여러 문이 있어도, 진리에는 다른 뜻이 없어서〔理無殊致〕, 앞〔物不遷〕은 참됨 그대로의 세속〔卽眞之俗〕이고, 지금〔不眞空〕은 세속 그대로의 참됨〔卽俗之眞〕을 밝혀, 진제 속제가 둘이 아님〔眞俗不二〕으로 '으뜸가는 뜻의 진리〔第一義諦〕'를 나타내니 '반야가 비추는 바 경계〔所照之境〕'이고 '증득한 바 경계〔所證之境〕'이다.

그러므로 이 한 논은 앞〔물불천론〕을 바라보면 곧 진제 속제가 서로 융통함〔眞俗互融〕으로 마주함을 삼고, 뒤〔반야무지론〕를 바라보면 곧 경계와 지혜〔境智〕, 함과 하여지는 바〔能所〕로 마주함을 삼는다. 그러므로 (물불천론) 다음에 온 것이다.1)

---

1) △第二不眞空論 顯卽眞者 前明俗諦 今辨卽眞 顯眞諦 故有此論來 然終實之敎 談眞必先立俗 言俗必藉於眞說 則空有兩陳理 則眞俗一貫二諦三諦 或合或開 敎有多門理無殊致 前是卽眞之俗 今明卽俗之眞 眞俗不二顯第一義諦 爲般若所 照所證之境 故此一論望前 則眞俗互融爲對 望後 則境智能所爲對 故次來也
  〔연기이므로 공함〔緣起卽空〕은 세간법이 참이 아니라 공하다고 함이고 공하므로 연기한다〔空卽緣起〕고 함은 공이 참으로 공함이 아니라 함〔不眞空〕이다. 부진공론은 물불천론을 바라보면 진속이제의 중도를 밝히고, 반야무지론을 바라보면 경계와 지혜로 마주함을 삼으니 지혜로 살피는 바 진속의 두 진리 가운데 진제이다. 그러므로 진제인 속제로서 물불천론 다음에 이

또 범부의 사람은 다만 만 가지 법이 연으로 나고, 나서 다시 사라지는 것만 알고, 남이 참으로 남이 아니고〔生非眞生〕사라짐이 반드시 사라짐이 아니라〔滅非定滅〕나고 사라짐이 연을 말미암음인 줄〔生滅由緣〕알지 못한다.

다시 연(緣)이 참됨〔眞〕을 좇아 일어나, 실로 연으로 좇은 만물〔從緣萬物〕이, 한 법이라도 참된 공〔眞空〕아님이 없음〔無一法而非眞空〕을 알지 못한다.

이를 알지 못하는 이는 억지로 있음과 없음을 집착하니 이 집착을 깨뜨리기 위하므로 이 논을 세운 것이다.

앞의 다섯 이름〔五名〕가운데 이 진제문〔此眞諦門〕은 성품이 공함〔性空〕으로 연이 모임〔緣會〕을 미루어 안다. 그러므로 사법 그대로 법의 성품〔法性〕의 진리를 나타내, 이미 본래 없음〔本無〕에 이르렀다. 그러므로 두 논〔二論〕은 때를 같이하여 진제와 속제가 둘이 아니라 곧 으뜸가는 뜻의 진리〔第一義諦〕임을 알아야 한다.

그러므로 한뜻〔一義〕이라 하나 다만 경계와 지혜를 오히려 두면〔但境智猶存〕'니르바나의 두렷이 고요한 한뜻〔涅槃圓寂之一義〕'에 미치지 못한다. 이를 풀이하는데 둘을 나누니 처음 제목이다.2)

속제인 진제로서 부진공론이 온 것이다.〕

2) 又凡人祗知萬物緣生 生而復滅 而不了生非眞生滅非定滅 生滅由緣 緣從眞起 良由從緣萬物無一法 而非眞空 不知此者 强執有無爲破此執 故立此論 於前五名中 此眞諦門 以性空推緣會 故卽事顯法性眞理 已至於本無 故知二論同時眞俗不二 卽第一義諦 故曰一義也 但境智猶存 未及涅槃圓寂之一義 釋此分二 初題目

〔온갖 법은 그 성품이 공하여 모두 연이 모여난다〔緣會而生〕. 그래서 이 진제문은 성품이 공함으로 연이 모임을 미루어 안다고 한 것이다. 연이 모인 온갖 법이 법성의 진리라 그 있음이 본래 없음이고 으뜸가는 뜻의 진리이다. 그러나 반야의 살피는 지혜와 살피는 바 진리가 하나 되면, 앎 없는 반야에 모두 얻을 진리의 모습이 없다. 그러므로, 반야의 앎 없음〔般若無知〕다음에 니르바나에 이름 없음〔涅槃無名〕을 말한 것이다.〕

제1. 부진공론의 제목 풀이

참이 아니라 공함을 논함[不眞空論]

참됨이 아니라 함[不眞]은 진실이 아님[非實]이다. 연으로 나기 때문에[緣生故] 물의 성품[物性]은 실로 있음이 아니고[非實有], 연으로 일어나기 때문에[緣起故] 물의 성품[物性]은 실로 없음이 아니다[非實無].

이로써 성품이 있음이 아니고 없음이 아님[性非有無]을 미루어 안다. 그러므로 참됨이 아니라[不眞] 한다.

공하다고 말한 것[言空者]은, 사물의 모습이 참됨이 아님을 말미암아, 성품이 본래 비어 고요함[性本虛寂]을 나타내기 때문이다.

이것이 곧 아니라는 글자[不字]는 깨뜨릴 수 있는 지혜[能破智]이고 참이라는 글자[眞字]는 깨뜨리는 바 집착인 것[所破執]이다. 이에 '세속법 그대로 있음과 없음을 모두 깨뜨린다[卽俗雙破有無].'

공이라는 글자[空字]는 나타내는 바 '중도인 으뜸가는 뜻의 진리[中道第一義諦]'이다.

그러므로 『중론(中論)』은 말한다.

"인연으로 나는 바 법을,
나는 곧 공하다고 말한다.
또한 거짓이름이라고 하고
또한 중도의 뜻이라 한다."

因緣所生法　我說卽是空
亦名爲假名　亦名中道義

여기서 '인연으로 나는 법을 나는 공하다고 말한다'함은 실로 있음이 아님[不實有]이다.

'또한 거짓이름이라고 이름한다'하니 이는 반드시 없음[定無]이 아님이다.

'또한 중도의 뜻이라 이름한다'하니 이는 (있음과 없음이 모두) 비어 고요함[空寂]이다.3)

또 연으로 남[緣生]을 알지 못하는 자는 있음을 집착하고 없음을 집착하며, 어떤 이는 다른 견해를 일으켜 지극한 이치[至理]에 미혹한다. 지금 '참됨이 아니라 함[不眞]'으로써, 두 집착을 모두 깨뜨려[雙破二執], 사법 그대로 진리에 계합하도록 하면 진리는 본래 스스로 고요하므로 참됨이 아니라 공함[不眞空]이라 한다.

또 앞의 '물이 옮기지 않음[物不遷]'은 속제를 세우니, 연으로 난 법[緣法] 그대로 반드시 없음이 아니다. 지금은 '참됨 그대로 모든 법이 실답게 있지 않음[卽眞諸法不實有]'을 나타냈다. 두 논은 때를 같이해 중도의 진리[中道理]를 나타내니, 진리는 본래 고요하여 '진제와 속제를 모두 없애므로[眞俗雙亡故]' 공함이라 한다.

또 「물이 옮기지 않음을 논함[物不遷論]」은 있음과 없음을 같이 비추니[雙照有無] 지위가 각기 머물기 때문이다. '참됨이 아니라[不眞]'는 두 글자는 있음과 없음을 모두 막으니[雙遮有無] 연이 정해지지 않기 때문이다. 공하다는 한 글자[空之一字]는 둘 또한 모두 아님[兩亦雙非]이니 중도에 계합하기 때문이다. 참됨이 아닌 공[不眞之空]은 나타낼 수 있음[能顯]이자 나타내는 바[所顯]이기 때문이고, 참됨이 아닌 공의 논[不眞空論]은 말로 보임[能詮]이자 말로 보이는 바[所詮]이기 때문이다.

이는 다 주인을 의지한 풀이[依主釋]이다.4)

---

3) ○不眞空論第二

不眞者非實也 緣生故物性非實有 緣起故物性非實無以此 而推性非有無 故曰不
眞也 言空者寂也 由事相不眞 以顯性本虛寂故 此則不字是能破智眞字是所破
執 乃卽俗雙破有無也 空字是所顯中道第一義諦也 故中論云 因緣所生法 我說
卽是空 不實有也 亦名爲假名 不定無也 亦名中道義空寂也

제2. 바로 논함〔論〕

글 가운데 둘이니 처음 세우는 뜻을 폄〔敍立意〕에 셋〔三〕이다.

처음 진리가 깊어 깨치기 어려움을 밝힘〔明理深難悟〕에 넷〔四〕을 나눈다.

처음 종을 나타내고〔標宗〕 묘함을 나타낸다〔顯妙〕.

I.세우는 뜻을 폄〔敍立意〕

1. 진리가 깊어 깨치기 어려움을 밝힘〔明理深難悟〕

1) 종지를 나타내고 묘함을 나타냄〔標宗顯妙〕

> 圖 대저 지극히 비어 남이 없는 것〔至虛無生者〕은, 대개 이는 반야(般若)가 그윽이 살피는 묘한 길〔妙趣〕이고, 모든 있는 것들의 종지의 지극함〔宗極〕이다. 스스로 성인의 밝고 아주 통달한 지혜가 아니라면 어찌 있음과 없음 사이에서 신묘함에 계합할 수 있겠는가?

대저 지극히 비어

夫至虛

---

4) 又不了緣生者 執有執無 或起異見 迷於至理 今以不眞雙破二執 令卽事契理理本自寂 故曰不眞空 又前物不遷立俗 卽緣法不定無 今明卽眞顯諸法不實有 二論同時 顯中道理 理本寂滅眞俗雙亡故曰空 又物不遷論雙照有無位各住 故不眞二字雙遮有無緣不定 故空之一字兩亦雙非契中道故 不眞之空能顯所顯故 不眞空之論能詮所詮故 皆依主釋

〔참이 아니라 공이라 함은 법이 실로 있음이 아닌 것이고, 있음이 곧 참이 아니라 공하므로 없음 또한 없음이 아니니 중도의 뜻이다. 곧 이 논의 참됨이 아니라 함〔不眞〕에 있음과 없음을 깨뜨려 중도를 나타내는 뜻이 같이 있다.〕

지극함〔至極〕은 비어 고요함이다. 진리가 본래 비어 고요함이 '참으로 지극함의 빔〔眞極之虛〕'이다. 그러므로 지극히 빔〔至虛〕이라 하니 곧 '중도의 으뜸가는 뜻의 진리〔中道第一義諦理〕'이다.

또 비었다〔虛〕는 한 말은 큰 허공에 통하고〔通太虛〕 나아가 실다움〔實〕을 마주해 기다리는 빔〔虛〕이다. 지금 진리는 마주해 기다림을 끊어〔眞理絶待〕, 끊어져 사라짐〔斷滅: 斷空〕을 떠나므로 지극히 빔〔至虛〕이라 한다.

또 지(至)는 이름〔到〕이니 사물의 이치〔物理〕를 미루어 사무쳐 다해, 고요히 사라짐〔寂滅〕에 끝까지 이른다. 그러므로 지극히 빔〔至虛〕이라 한다.

모든 가르침이 이를 가리켜 참된 바탕〔眞際〕을 삼아, 실제(實際) 본원(本源) 등이라 하니 다 끝〔極〕에 이르기 때문이다.5)

남이 없는

無生

앞 때를 좇아 나지 않고 뒷 때를 향해 사라지지 않으며 가운데 사이 또한 머묾이 없기〔無住〕 때문이다. 『비말라키르티』는 말한다.

"본래 스스로 나지 않고 지금 또한 사라짐이 없으니, 고요히 사라짐의 뜻〔寂滅義〕이다."

또 있음을 좇아 남이 아니고〔不從有生〕, 없음을 좇아 남이 아니며〔不從無生〕, 있음이기도 하고 없음이기도 함 그대로 남도 아니고〔不卽有無生〕, 있음과 없음 떠나서 남도 아니다〔不離有無生〕.

이처럼 네 구절을 떠나고 백 가지 그름을 끊어〔離四句絶百非〕 이치가 본래 이와 같으므로 '남이 없음〔無生〕'이라 한다.6)

---

5) △二論 文中二 初叙立意有三 初明理深難悟分四 初標宗諦妙
至極也虛寂也 理本虛寂乃眞極之虛故曰至虛 卽中道第一義諦理也 且虛之一言
汎通太虛及待實之虛 今眞理絶待離斷滅故曰至虛 又至者到也 推窮物理 極到
於寂滅故曰至虛故 諸教指此爲眞際曰實際曰本源等 皆以到於極故也

것은

者

　위의 마루로 삼는 바 진리를 받은 것이다.7)

대개 이는 반야가 그윽이 살피는 묘한 길[玄鑒之妙趣]이고

蓋是般若玄鑒之妙趣

　'대개 이는'이란 가리켜 버티는 말이다. 반야는 여기 말로 옮기면 지혜이다. 살핌은 비춤이고 취(趣)는 향함이니 지극히 비어 남이 없음[至虛無生]은 반야가 비추어 살펴 나아가는 곳이다.

　반야는 비출 수 있음이고 나아갈 수 있음이며, '지극히 비어 남이 없음[至虛無生]'은 살피는 바[所鑒]이고 나아가는 곳[所趣]이다. 반야의 살핌은 살피되 살핌 없으므로[鑒而無鑒] 그윽함이라 한다. 진리 살핌[鑒理]이 나아가는 바[所趣]인데 나아가되 나아감이 없으므로[趣而無趣] 묘한 길[妙趣]이라 한다.

　이는 「부진공론」과 뒤의 논[般若無知論]이, 진리와 지혜의 마주함이 됨[理智爲對]을 나타낸다.8)

모든 있는 것들의 종지의 지극함이다.

---

6) 不從前際生 不向後際滅 中間亦無住故 淨名云 本自不生 今亦無滅 是寂滅義 又不從有生 不從無生 不卽有無生 不離有無生 離四句絶百非 理本如此故曰 無生
7) 牒上所宗之理也
8) 蓋是者指拄之辭也 般若此翻智慧也 鑒照也趣向也 至虛無生是般若照鑒趣向之 處 般若爲能鑒能趣至虛無生 爲所鑒所趣 般若能鑒 鑒而無鑒故曰玄 鑒理爲所 趣 趣而無趣故曰妙趣 此標不眞空論與後論理智爲對也
　〔참이 아니라 공함이 진제를 말하고 뒤의 반야무지론이 지혜를 말하므로, 두 논이 진리와 지혜의 마주함이 됨. 곧 진리인 반야의 지혜가 살피되 살핌이 없고 반야인 진제의 진리가 모습 없어 반야가 나아가되 나아감이 없으므로 남이 없고 그 모습 없는 진리는 반야가 살펴 나아가는 바 묘한 길 〔妙趣〕이다.〕

有物之宗極者也

　만 가지 있는 것〔萬有〕이 종지 삼을 수 있음〔能宗〕이고, 지극히 비어 남이 없음〔至虛無生〕은 종지 삼는 바〔所宗〕이니 실천의 마루〔宗〕가 끝에 이르기〔宗之至極〕 때문이다.

　진리가 연 따름〔眞理隨緣〕을 말미암아 만유(萬有)가 있으므로 이는 세속 그대로의 참됨〔卽俗之眞〕과 참됨이 세속 떠나지 않음〔眞不離俗〕을 나타내, 이 논이 앞의 논〔物不遷論〕과 더불어 진리와 사법의 마주함이 됨〔理事爲對〕을 나타낸다.

　이 위 진리와 지혜와 사법〔理智事〕의 셋에서는 지혜가 비출 수 있음〔能照〕이고 사법 그대로 진리에 계합함〔卽事契理〕이 비추는 바〔所照〕 된다. 한 논의 큰 뜻〔一論大意〕이 이를 지나지 않는다.9)

2) 지혜를 잡아 깊음을 찬탄함〔約智歎深〕

(1) 지혜의 공능을 거슬러 폄〔逆敍智能〕

스스로 성인의 밝고 아주 통달한 지혜가 아니라면, 어찌 있음과 없음 사이에서 신묘함에 계합할 수 있겠는가?

自非聖明特達 何能契神於有無之間哉

　'스스로 ~이 아니라면 어찌할 수 있겠는가'란 다 뒤집는 말이다.

　성인의 밝고 아주 통달한 지혜는 반야(般若)이니 이는 성인의 신령하고 밝음에, 빼어나고 통달한 비춤과 씀〔照用〕이 있기 때문이다. 신묘함은 헤아리지 않음이니 헤아릴 수 없는 묘한 진리〔不測之妙理〕에 계합함이란 곧 만물의 있음과 없음 사이 그대로이니 스스

---

9)　萬有爲能宗 至虛無生爲所宗 宗之至極故 由眞理隨緣有萬物 故此標卽俗之眞 眞不離俗 顯此論與前論理事爲對也 此上理智事三 智爲能照 卽事契理爲所照 一論大意不過於此
　　〔진리와 지혜 사법 셋은 떠나지 않으니 지혜가 비출 수 있음〔能照〕이고, 사법과 진리의 둘 아님〔事理不二〕이 비추는 바〔所照〕가 된다.〕

로 반야가 아니라면 어찌 이렇게 할 수 있음이 있겠는가? 이는 곧
지극한 빔[至虛]은 오직 지혜로 증득하고 뜻의 헤아림이 미치는
바가 아니니 사법 그대로 진리에 계합함[卽事契理]은 반드시 지혜
[智] 빌어야 함을 나타낸다.10)

(2) 지혜의 씀을 따라 밝힘[順明智用]

> **論** 이러므로 지극한 사람은 다함없음[無窮]에 신묘한 마음을
> 통하였으니 사무쳐 비춤[窮]이 막히게 할 수 없는 바이며, 보
> 고 들음[視聽]에 귀와 눈을 끝까지 기울이되[極耳目] 빛깔과
> 소리가 누를 수 없는 것이다.
> "어찌 그것이 만물 그대로의 스스로 빔[自虛]이 아니겠는가?"
> 그러므로 물(物)이 그 신묘한 밝음[神明]을 허물되게 할 수 없
> 는 것이다.
> 이 때문에 성인(聖人)은 참마음을 타고[乘眞心] 진리를 따르
> 니 곧 막혀서 통하지 못함이 없다.
> 한 기[一氣]를 보아 변화를 살피므로 만나는 것이 따라 맞게
> 된다.
> 막혀서 통하지 못함이 없으므로 섞여 얽힘이 순일함을 이루
> 며 만나는 것에 따라 맞으므로[所遇而順適] 사물에 닿아[觸物]
> 하나인 것이다.

① 지혜의 바탕 비춤과 씀을 밝힘[明智體照用]

---

10) △二約智歎深二 初逆敍智能
    自非何能者皆倒語也 聖明特達者卽般若 是聖人之靈明有挺特通達之照用故 神
    者不測也 契不測之妙理 卽於萬物有無之間 自非般若 何有此能 此顯至虛唯智
    所證 非情所及 卽事契理 須假於智

이러므로

是以

　위에서 진리는 지혜를 말미암아 깨달음〔理由智悟〕을 받은 것이다.11)

지극한 사람은

至人

　증득함의 끝을 지극한 과덕〔至果〕이라 하니 지위의 끝을 채움〔滿
位極〕이다. 자취 사람〔迹人〕의 무리로 보이면 오직 붇다〔佛〕를 일
컫는다. 지금은 과덕의 사람〔果人〕에 부쳐 지혜를 말하므로 지극한
사람을 나타내니 다만 사법 그대로 진리에 계합할 수 있으면 다
지극한 사람의 지혜의 씀을 얻는 것이다. 그러니 높이 성인에게 있
다고 미루어 자기의 신령함〔己靈〕을 스스로 저버릴 수 없다.12)

다함없음[無窮]에 신묘한 마음을 통하였으니 사무쳐 비춤[窮]이
막히게 할 수 없는 바이며

通神心於無窮 窮所不能滯

　통함이란 막힘이 없는 것이다. 신묘한 마음〔神心〕은 세 앎〔三解〕
가운데 곧 신령하게 비추는 마음〔靈照之心〕이다. 사무쳐 다함〔窮〕
이란 미루어 비춤〔推照〕인데 비추되 비춤 없으므로〔照而無照故〕
다함없음〔無窮〕이라 한다.
　아래 논(論)은 말한다. "지혜는 깊음을 다한 살핌이 있으니 앎
없음〔無知〕이다."

---

11) △二順明智用 文二. 初明智體照用
　　承上理由智悟故
12) 證極曰至果滿位極示迹人倫唯佛稱之　今寄果人說智故標至人　但能卽事契眞
　　皆得至人之智用 不可高推在聖自負己靈
　　〔저가 장부면 나도 장부이고 지극한 성인에게 있으면 곧 자기의 신령함이니
　　어찌 성인에게만 신령함이 있다고 미루어 저버릴 것인가.〕

또 지극한 사람의 헤아릴 수 없이 신령하게 비추는 마음〔靈照之心〕은 통달함이 비춤 없음〔無照〕에 있어, 비춤에 닥쳐〔當照〕비춤에 막히지 않으므로 사무쳐 비춰 다함〔窮〕이 막히게 할 수 없다고 한 것이다.

이 위는 지혜의 바탕을 밝히고, 아래는 비춤과 씀〔照用〕을 나타낸 것이다.13)

보고 들음에 귀와 눈을 끝까지 기울이되, 빛깔과 소리가 누를 수 없는 것이다.

極耳目於視聽 聲色所不能制者

귀를 끝까지 함〔極耳〕이 소리를 들음에 있고, 눈을 끝까지 함〔極目〕이 빛깔 봄에 있지만, 소리와 빛깔이 하나라도 귀와 눈을 눌러 걸리게 할 수 없는 것은 왜인가? 아래 풀이에 말했다.14)

"어찌 그것이 만물 그대로의 스스로 빔〔自虛〕이 아니겠는가?" 그러므로 물(物)이 그 신묘한 밝음을 허물되게 할 수 없는 것이다.

豈不以其即萬物之自虛 故物不能累其神明者也

허물됨〔累〕이란 매어 묶음이다. 만물이 본래 비었으므로〔萬物本虛故〕신령한 지혜로 비추면, 한 물건도 지혜의 씀에 묶임〔累縛〕

---

13) 通者無擁也 神心者三解中即靈照心也 窮者推照 照而無照故曰無窮 下論云智有窮幽之鑒而無知焉 且至人不測靈照之心 通達在於無照 當照而不滯於照故曰窮所不能滯 此上明智體下顯照用

〔세 앎〔三解〕: 법수의 뜻을 명확히 살필 수 없으나 들음〔聞〕 사유함〔思〕 닦음〔修〕의 세 지혜에서 살펴 비춤을 닦아, 현량(現量)으로 앎을 말하는 듯하다.〕

〔비추되 고요함〔照而寂〕이 다함없음에 통함이다. 곧 비추되 비출 바 없음에 사무쳐, 고요함과 비춤이 때를 같이 해야〔寂照同時〕다함없음에 통하는 것이다.〕

14) 極耳在於聽聲 極目在於視色 而聲色無一可以制礙於耳目者何也 下釋云

될 수 없다. 그러므로 소리와 빛깔이 눌러 걸리게 할 수 없다. 이
는 바탕 그대로의 씀[卽體之用]이 사법 그대로의 진리[卽事之理]
를 비춤이다. 그러므로 참이 아니라 공하다[不眞空]고 한다.15)

② 비추어 쓰는 공능을 풀이함[釋照用之能]

이 때문에 성인은

是以聖人

　위에 성인의 지혜는 사법 그대로 진리에 계합한다[卽事契理]는
것을 받음이다.16)

참마음을 타고 진리를 따르니 곧 막혀서 통하지 못함이 없다.

乘眞心而理順 則無滯而不通

　참 마음을 탄다는 것은 비춤이 없는 참 지혜[無照之眞智]를 움직
여, 남이 없는 진리[無生之眞理]에 계합하면 진리와 지혜가 서로 맞
으므로[理智相符故], "진리를 따르면 진리 밖에 사법이 없다."고 함
을 말한다. 그러므로 지혜는 미혹에 막혀 통하지 못하는 곳이 없는
것이다.

　이는 위의 신묘한 마음을 다함없음에 통한다[通神心於無窮]는 뜻
을 풀이한 것이다.17)

---

15) 累者繫縛也 萬物本虛故 靈智照了無一物可以累縛於智用 故聲色不能制礙也
此乃卽體之用 照卽事之理 故曰不眞空也
〔바탕 그대로의 씀은 비추되 비춤 없음이니 저 진리인 사법을 비춤 없이 비
추면 보는 바에 볼 바 없고 듣는 바에 들을 바 없으니 빛깔과 소리가 지혜
의 씀에 묶임 될 수 없는 것이다.〕
16) △二釋照用之能
牒上聖智卽事契理也
17) 乘眞心者運無照之眞智 契無生之眞理 理智相符故曰理順理外無事 故智無惑
滯不通之處 此釋上通神心於無窮義

한 기[一氣]를 보아 변화를 살피므로 만나는 것이 따라 맞게 된다.

審一氣以觀化 故所遇而順適

심(審)이란 자세히 살핌이다. 한 기[一氣]란 도가의 책[道書]에 나오는 말인데 '비어 없는 도〔虛無之道〕'를 한 기[一氣]라 한다. 지금 그 말을 빌어 '지극히 빈 중도〔至虛中道〕'를 가리켜 한 기를 삼는다. 변화를 살핌이란 만물이 연을 좇아 홀연히 있음〔從緣而忽有〕을 비추는 것이다.

맞음〔適〕이란 나아가 이름〔造詣〕이니, 성인의 지혜가 지극히 빔〔至虛〕을 알아 사물을 살핌이라 곧 만나는 일이 다 진리를 따름〔皆順於理〕이다. 위의 보고 들음〔視聽〕에 귀와 눈을 끝까지 한다는 것을 풀이함이니 곧 만물이 스스로 빔〔萬物之自虛〕이다.[18)]

막혀서 통하지 못함이 없으므로 섞여 얽힘이 순일함을 이루며

無滯而不通 故能混雜致淳

진리와 지혜의 뜻〔理智義〕이 섞여 얽혀도 순일함을, 뒤집어 풀이하면, 다 어울려 같은 뜻 이루어 세움〔皆和同義致立〕이다. 진리와 지혜가 서로 따르므로 지혜는 비어 비춤이 없고〔智虛無照〕 진리는 비어 남이 없다〔理虛無生〕. 그러므로 얽혀 섞여도 빔에 하나 되어〔同虛〕 '둘이 아닌 맑게 어울린 진리〔不二淳和之理〕'를 세울 수 있다. 이는 위의 '진리와 지혜가 마주해 바탕 같이함 나타냄〔理智對顯體同〕'을 풀이해 이루기 때문이다.[19)]

---

18) 審者諦察也 一氣者語出道書 以虛無之道曰一氣 今借語指至虛中道爲一氣也 觀化者照萬物從緣而忽有也 適者造詣也 聖智了至虛而觀事 則所遇之事皆順於理也 釋上極耳目於視聽 卽萬物之自虛也

〔사법이 스스로 빈 줄 알면 귀와 눈으로 듣고 보고 알되, 보고 알 것이 없음이 진리를 따름이고 귀와 눈을 끝까지 함이다.〕

19) 覆釋理智義混雜淳者 皆和同義致立也 理智相順故 智虛無照 理虛無生 故能混雜同虛 立不二淳和之理 此釋成上理智對顯體同故也

〔지혜 밖에 진리가 없고 지혜인 진리에 모습 없으므로, 막혀서 통하지 못함

만나는 것에 따라 맞으므로 곧 사물에 닿아[觸物] 하나인 것이다.

所遇而順適 故則觸物而一

 위의 '진리와 사법의 뜻이, 닿아 마주함[理事義觸對]'을 뒤집어 풀이함이다. 사법은 다 진리를 따르니 곧 무릇 닿아 마주하는 사물이 다 한 진리에 같이하는 것[皆同一理]이다.

 이는 진리와 사법이 마주해 둘이 아님 나타냄[顯不二]을 풀이해 이루기 때문이다.20)

3) 사법이 참되지 않음을 맺음[結事不眞]

> **論** 이와 같으면 곧 만 가지 모습[萬象]이 비록 다르나 스스로 달라질 수 없으며, 스스로 달라질 수 없으므로 모습이 참으로 있는 모습[眞象]이 아님을 알 수 있다.
>
> 모습은 참으로 있는 모습[眞象]이 아니다. 그러므로 비록 모습이되[雖象] 모습이 아니다[非象].
>
> 그렇게 되면 물과 내가 뿌리를 같이하고[物我同根] 그러함과 그렇지 않음이 한 기[是非一氣]이며, 숨어 미묘하고 그윽이 아득하여 모습 볼 수 없어, 거의 뭇 뜻[群情]이 헤아려 다할 수 있는 바가 아니다.

이와 같으면 곧

如此則

 위의 진리와 사법이 둘이 아닌 뜻[不二之義]을 받은 것이다.21)

이 없고 뒤얽힘이 없는 것이다.]

20) 覆釋上理事義觸對也 事皆順理則凡觸對物皆同一理 此釋成理事對顯不二故
 〔온갖 사법이 비어 공함이 한 진리이므로 닿는 사물마다 곧 진리이다.〕

21) △三結事不眞
 牒上理事不二之義

만 가지 모습[萬象]이 비록 다르나 스스로 달라질 수 없으며

萬象雖殊 而不能自異

사법 그대로 진리를 나타냄이다.

사법이 비록 만 가지로 다르나 다 진리를 말미암아 다르니 '진리를 떠난 밖의 사법〔離理之外事〕'이 스스로 다를 수 없기 때문이다. 이는 마치 물 밖에 물결이 없어 물결이 스스로 달라질 수 없는 것과 같다.22)

스스로 달라질 수 없으므로 모습이 참으로 있는 모습[眞象]이 아님을 알 수 있다.

不能自異 故知象非眞象

만상이 진실이 없으니〔無眞實〕온전한 진리가 연 따름〔全理隨緣〕을 말미암아 있기 때문이다.23)

모습[象]은 참으로 있는 모습[眞象]이 아니다. 그러므로 비록 모습이되 모습이 아니다.

象非眞象 故則雖象而非象

사법이 참되지 않아 진리가 온전히 나타남이므로〔理全現故〕비록 모습이되 모습이 아니니 살펴 말한다. "마치 물결의 모습이 비어〔如波相虛〕물의 바탕〔水體〕이 드러나 나타나도록 함과 같다."

그러므로 제목에 "참이 아니라 공하여〔不眞空〕진리와 사법이 둘 아니다〔理事不二〕."고 말하니 이는 바로 이 논(論)의 본뜻이다.24)

---

22) 卽事顯理也 事雖萬殊皆由理異離理之外事 不能自異也 如水外無波波不能自異
〔온갖 차별된 사법이 있되 공하고, 있되 공하여 만가지 차별이 있으므로 만가지 다름이 진리를 말미암아 다르다 함.〕
23) 萬象無眞實 由全理隨緣而有故
24) 事不眞而理全現故 雖象而非象 觀云如波相虛 令水體露現 故題云不眞空理事不二 是當論之本義

4) 앞의 주장과 뒤를 말함〔述前主後〕

그렇게 되면 물과 내가 뿌리를 같이하고[物我同根]

然則物我同根

물(物)은 사물의 진리〔理〕이고 나〔我〕는 지혜이다. 진리와 지혜
가 바탕이 같으므로 뿌리를 같이한다〔同根〕 말하니 위의 진리와
지혜가 마주함〔理智對〕을 맺는다.25)

그러함과 그렇지 않음이 한 기[是非一氣]이며

是非一氣

그러함〔是〕과 그렇지 않음〔非〕이란 있고 없는 사법〔有無事法〕이
다. 사법은 다 진리에 돌아가므로 한 기〔一氣〕라 한다. 이 위의
두 구절은 앞〔前〕을 말하니 지극히 비어 남이 없음〔至虛無生〕이
반야의 그윽한 살핌〔般若之玄鑒〕임을 나타내고, 또 있는 물의 종
지의 끝이 됨〔有物之宗極〕을 나타낸다. 아래는 난 뒤〔生後〕를 밝
힌다.26)

숨어 미묘하고 그윽이 아득하여 모습 볼 수 없어, 거의 뭇 뜻[羣
情]이 헤아려 다할 수 있는 바가 아니다.

潛微幽隱 殆非羣情之所盡

진리가 사물 안에 있어〔理在事內〕 그윽함이라 하고 사유하고 말
할 수 없음을 미묘함이라 하며, 꼴이 없고〔無形〕 모습 없음〔無相〕

---

25) △四述前主後
　物理也我智也 理智體同故 曰同根 結上理智對
26) 是非者有無事法也 事皆歸理故曰一氣 此上二句述前也 顯至虛無生爲般若之
　玄鑒 又爲有物之宗極 下明生後
　〔사물은 모습 없음을 종지의 끝으로 하고, 나는 지극히 빈 반야로 그윽한
　살핌을 삼아서 진리와 지혜에 얻을 모습이 없으므로 나와 사물은 뿌리를
　같이 함이다.〕

을 깊음〔幽〕이라 하고 뜻의 앎이 미치지 못함을 숨어 아득함〔隱〕
이라 한다. 태(殆)란 '또'이다. 곧 말 그대로 이는 진리가 숨어 미
묘함을 밝히고 또 중생의 뜻의 견해〔羣生情見〕로 다할 수 없음을
밝힌다.27)

2. 견해 달리해 종지에 미혹함을 폄〔敍異見迷宗〕

1) 일어나는 까닭을 나타냄〔標興由〕

> 論 그러므로 요즈음 그러한 말로 따짐들〔談論〕과 헛된 종지들
> 〔虛宗〕에 이르면 매번 같지 않음이 있게 된다.
> 　대저 같지 않음으로, 같은 중도의 뜻에 나아가려 하나〔適同〕
> 어떤 것이 같아질 수 있겠는가?
> 　그러므로 뭇 따지는 주장들〔衆論〕이 다투어 일어나, 성품이
> 같지 않게 된 것〔性莫同〕이다.

그러므로 요즈음 그러한 말로 따짐들[談論]과
故頃爾談論

　진리는 뜻으로 다할 수 있는 것이 아니기 때문이다. 요즈음은 향
해 오면서이다. 말해 따지는 자〔談論者〕는 모든 종지에 주장 세우
는〔立論〕 자를 가리킴이다.28)

---

27) 理在事內曰潛 不可思議曰微 無形無相曰幽 情解不及曰隱 殆者且也 卽語詞
　　此明眞理潛微 且非羣生情見可盡
　　〔사물이 나면 스스로 남이 아니라 오직 온전한 진리로 말미암아 있음이라
　　모습이되 모습 볼 수 없고 뜻에 마주하되 뜻으로 헤아릴 수 없다.〕
28) △二敍異見迷宗 文二 初標興由
　　由理非情盡故也 頃爾者向來也 談論者指諸宗立論之者也

헛된 종지들[虛宗]에 이르면 매번 같지 않음이 있게 된다.

至於虛宗 每有不同

　이 헛된 종지에 각기 같지 않은 주장들이 있다.29)

대저 같지 않음으로 같은 중도의 뜻에 나아가려 하나 어떤 것이 같아질 수 있겠는가?

夫以不同而適同 有何物而可同哉

　이는 곧 모든 주장들을 모아 물리치는 것〔總斥諸宗〕이다. 같지 않은 견해로 다 같은 진리〔同理〕에 나아가려 함이니 진리는 본래 다름없으나 무엇으로 같게 할 수 있는가. 그러므로 다만 다른 견해〔異見〕를 없애면 반드시 같음을 구할 것이 없으니 아래 꾸짖어 말한다.30)

그러므로 뭇 따지는 주장들[衆論]이 다투어 일어나 성품이 같지 않게 된 것이다.

故衆論競作 而性莫同焉

　뭇 주장〔衆論〕이 다투어 일어남을 말미암아 드디어 성품의 뜻이 여러 갈래가 되게 하여 같을 수 없게 된 것이니 '여러 갈래 길〔多歧〕에서 양(羊)을 잃었다'고 말한 것이다.31)

2) 깨뜨리고 세움을 폄〔伸破立〕

---

29) 於此虛宗各有不同之論
30) 此則總斥諸宗也 以不同之見 而皆欲造適於同理 理本無異將何可同 故但除異見不必求同下責云
　〔하나인 진실에 대해 여러 견해를 내어 같음을 보지 못한 것이니 견해를 물리치면 따로 같음을 구할 것이 없다.〕
31) 由衆論競作 遂令性義多途莫能同焉 所謂多歧則亡羊矣

論 왜 그런가?

마음 없음〔心無〕이란 만물(萬物)에 마음이 없음이나 만물은 일찍이 없지 않다.

이는 정신의 고요함〔神靜〕에는 얻음이 있지만 물의 빔〔物虛〕에는 잃음이 있다.

물질 그대로라 함〔卽色者〕은 물질이 스스로 물질이 아님〔色不自色〕을 밝혔다. 그러므로 비록 물질이지만 물질이 아니다.

대저 물질이라 말한 것은 다만 물질에 맞닥뜨려〔當色〕 곧 그대로 물질이다. 그러니 어찌 물질의 물질됨을 기다린〔待色色〕 뒤에 물질이겠는가?

이는 곧장 물질이 스스로 물질 아님을 말하지만 아직 물질이 물질 아님〔色之非色〕을 깨달아 앎이 아니다.

(1) 미루어 봄〔推〕

왜 그런가?

何則

위에서 왜 뭇 주장들이 다투어 일어나 성품이 같아지지 못한다고 하는가를 미룸이다.32)

(2) 풀이함〔釋〕

① 마음 없음의 뜻을 깨뜨림〔破心無義〕

(가) 헤아림을 펌〔敍計〕

마음 없음이란

---

32) △二伸破立文二初推
　　推上何謂衆論競作性莫同耶

心無者

　문강법사의 소〔康疏〕에 말했다.

　"진조(晉朝) 지민탁(支愍度)의 마음 없다는 뜻〔心無義〕을 깨뜨림이다. 펴려고 깨뜨리므로 먼저 나타낸다.33)

만물에 마음이 없음이나 만물은 일찍이 없지 않다.

無心於萬物　萬物未嘗無.

　저가 말한 것은 "다만 만물에 마음의 집착이 없으므로 사물에 나아가 진리에 계합한다고 이름한다"고 하지만 만물이 없다고 말한 것이 아니다.34)

㈏ 바로 깨뜨림〔正破〕

이는 정신의 고요함[神靜]에는 얻음이 있지만 물의 빔[物虛]에는 잃음이 있다.

此得在於神靜　失在於物虛

　또 마음이 신묘하여 맑고 고요함을 얻지만 만물의 본래 빔〔萬物本虛〕을 통달하지 못한 것이라, 경계를 두면 마음이 있게 되니〔存境有心〕 마음이 어찌 맑고 고요하겠는가?

　이는 한 집〔一家〕의 다른 견해이다. 주(注)에 말했다. "지민탁(支愍度)의 마음 없다는 뜻〔心無義〕을 깨뜨림이다."35)

---

33) △二釋 文三 初破心無義 文二 初敍計
　康疏云 破晉朝支愍度心無義 欲敍而破故先標也
34) 彼謂 但無心執於萬物 故名卽事契理 非謂萬物是無
　〔이 주장은 만물의 있는 모습에 마음 없으면 사물 그대로 진리에 계합한다고 말하나 모습 떠나 마음 없으니 모습에 모습 없음〔於相無相〕을 요달해야 비로소 마음 없음〔心無〕이 됨을 말한다.〕
35) △二正破
　且得心神澄靜 未達萬物本虛 存境有心 心豈澄靜 此是一家異見 注云 破支愍度 心無義也

② 물질 그대로 현묘함에 노니는 뜻을 깨뜨림[破卽色]

㉮ 헤아림을 폄[敍計]

물질 그대로라 함은

即色者

아래 주에 말했다.

"지도림(支道林)의 곧 물질 그대로인 뜻[卽色義]을 깨뜨림이니 문강법사의 소[康疏]에 다음처럼 말했다.

진조 지도림은 '물질 그대로 현묘함에 노니는 뜻[卽色遊玄義]'을 세움에 이를 먼저 나타낸다."36)

물질이 스스로 물질이 아님을 밝혔다. 그러므로 비록 물질이지만 물질이 아니다.

明色不自色 故雖色而非色也

이 말은 도림 법사의 '묘한 살핌의 글을 모음[集妙觀章]'에 나오니 이렇게 말한다.

"밝힘이란 저기서 밝힌 것을 가리킴이다. 물질이 스스로 물질이 아니라 한 것은 저가 물질법을 밝힘은 '반드시 연을 기다려 이룸[須待緣成]'이라 스스로 있는 물질[自有之色]이 아니다. 비록 연으로 이룬 물질[緣成之色]이 있으나 물질이 실로 있지 않으므로 공하다. 그러므로 비록 물질이지만 물질이 아님을 말하며 저가 붇다의 가르침에서 물질 말함을 밝히려 하므로 공 그대로이자 사법 그대로임[卽空卽事]으로 진리를 나타낸다."37)

---

36) △二破卽色義三 初敍計
　　下注云 破支道林卽色義 康疏云 晉朝支道林立 卽色遊玄義此先標也
37) 此語出林法師集妙觀章云也 明者指彼所明也 色不自色者 彼明色法須待緣成
　　不是自有之色 雖有緣成之色 色非實有故空 故云雖色而非色 彼欲明佛教說色
　　卽空卽事顯理也
　　[사법은 연으로 남이라 공한 것이다. 그러나 연 또한 공한 것이니 연의 실

(나) 앎이 다름을 밝힘[明解異]

대저 물질이라 말한 것은

夫言色者

　저가 물질이라 말한 것을 받음이다.38)

다만 물질에 맞닥뜨려 곧 그대로 물질이다.

但當色卽色

　연의 물질[緣色]이나 과보의 물질[果色]이 다 이 물질인 것이다.39)

그러니 어찌 물질의 물질됨을 기다린 뒤에 물질이겠는가?

豈待色色而後爲色哉

　어찌 연의 물질[緣色]이 합해 모여[緣色合會], 과보의 물질[果色] 이룸을 기다린 뒤에, 바야흐로 물질됨이겠는가?40)

(다) 깨뜨림을 바로 맺음[正結破]

　로 있음[緣實有]마저 넘어서야 물질이 물질 아닌 연기의 뜻[緣起義]을 이룬다. 그러니 물질이 물질 아님을 말하며, 공 그대로[卽空]이자 사법 그대로[卽事]라 함[卽空卽事]은 '또한 공하기도 하고 또한 있기도 함[亦空亦有]'의 허물에 떨어짐이다.]

38)　△二明解異
　　牒彼言色也

39)　緣色果色皆是色也
　　[볍씨와 물과 땅이 어울려 벼 싹이 나왔으나 벼 싹의 연(緣)인 씨와 물과 땅은 공한 물질이다. 곧 과보의 물질은 연의 물질로 인함이나 연의 물질도 연이므로 공함.]

40)　豈待緣色合會成果色 然後方爲色耶
　　[과보의 물질을 이룬 연의 물질도 공한 물질이라, 연의 모임이 실로 모임 아님을 알지 못한다. 모임이 있으면 흩어짐이 있으니 물질은 연이 흩어져야[緣散] 공이 아니라, 물질이 곧 물질 아닌 것이다.]

이는 곧장 물질이 스스로 물질 아님을 말하지만, 아직 물질이 물질 아님을 깨달아 앎이 아니다.

此直語色不自色　未領色之非色也

　직(直)은 다만이다. 이 법사는 다만 과보의 물질이 스스로 물질 아님을 말해 과보 물질의 공함을 통달했지만 아직 연의 물질 또한 공함〔緣色亦空〕을 알지 못했다.

　주(注)에 "도림의 물질 그대로 현묘함에 노님의 뜻〔卽色遊玄義〕을 깨뜨림이다."고 하였다.41)

③ 본래 없음의 뜻을 깨뜨림〔破本無義〕

> **論** 본래 없음〔本無〕을 말하는 자는 뜻으로 없음을 받듦〔尙於無〕이 많아 사물을 접촉하여 말할 때마다 없음〔無〕에 이끌린다.
>
> 　그러므로 있지 않다 하면 있음이 곧 없다〔有卽無〕하고, 없지 않다 하면 없음이 곧 없다〔無卽無〕한다.
>
> 　글을 세운 본뜻〔本旨〕을 찾아보면 바로 있지 않다고 한 것은 '참으로 있음〔眞有〕이 아니라'고 함이고, 없지 않다고 한 것은 '참으로 없음〔眞無〕이 아닐 뿐'이다.
>
> 　어찌 꼭 저 있지 않음이 이 있음〔有〕마저 없다 함이고 없지 않음이 저 없음〔無〕마저 없다 함이겠는가? 이는 바로 없음을 좋아하는 말이니 어찌 사법의 진실〔事實〕을 따라 통함이라 하겠으며 물 그대로의 뜻〔卽物之情〕이겠는가?

---

41) △三正結破

　直但也 此師但說果色不自色達果色空 未領解緣色亦空也 注云 破道林卽色遊玄義也〔과보의 물질만 있되 공함이 아니라 원인과 조건의 물질도 공함을 깨치지 못함. 원인과 조건도 공한 줄 알아야 연이 모이되 모임 없고 흩어지되 흩어짐 없음을 알게 됨.〕

㈎ 뜻의 헤아림을 폄[敍情計]

본래 없음을 말하는 자는

本無者

아래 주[下注]에 말했다

"축법태(竺法汰)의 본래 없음의 뜻[本無義]을 깨뜨리는 것이지만 또한 진조(晉朝)의 사람이 먼저 이 뜻을 나타냈다."[42]

뜻으로 없음을 받듦이 많아 사물을 접촉하여 말할 때마다 없음에 이끌린다[賓無].

情尚於無多 觸言以賓無

상(尙)은 좋아함이다. 빈은 굴복함이다. 이 법사의 뜻의 견해는 치우쳐 비어 없음[空無]을 많이 좋아하여 붇다의 가르침을 만나 마주하면 그윽함을 말하나[談玄] 오직 없음에 돌아가는데[歸無] 끌리고 눌리어, 없음으로[以無] 맞음을 삼는다[爲當]. 이는 이 논주가 저의 뜻의 견해를 편 것이니 아래 저의 보는 바가 나온다.[43]

그러므로 있지 않다 하면 있음이 곧 없다 하고, 없지 않다 하면 없음이 곧 없다 한다.

故非有有即無 非無無即無

저 견해가 치우치고 그릇됨으로 말미암아 가르침을 들으면 있음이 아니라 함에 있음이 없다라고 말한다. 이런 까닭에 '있음이 아니다'라고 말한다. 다시 가르침을 들으면 '없음이 아니다'라고 함에 '없음이 없다'라고 말한다. 이런 까닭에 없음도 아니라고 하니 이는 한결같

---

42) △三破本無義四 初敍情計
　　下注云破竺法汰本無義亦晉朝人先標也
43) 尙好也賓伏也 此師情見偏尙空無多 觸對佛敎談玄 唯賓伏歸無以無爲當 此是
　　論主敍彼情見也 下出所見云

이 없음에 돌아감〔歸無〕이다.44)

(나) 바른 뜻을 보임〔示正義〕

글을 세운 본뜻[本旨]을 찾아보면

尋夫立文之本旨者

　논주는 모든 가르침을 찾아, '있음이 아니고 없음이 아니다'라는
글 본뜻〔文本旨〕을 세웠으나 아는 것이 같지 않다. 이〔此〕라는 글
자는 본뜻을 받은 것이다. 아래 뜻을 보여 말한다.45)

바로 '있지 않다'고 한 것은 참으로 있음[眞有]이 아니라고 함이고

直以非有非眞有

　다만 있지 않다고 말한 것은 만물이 연으로 나서〔緣生〕 실로 있
지 않기〔實非有〕 때문이다.46)

'없지 않다'고 한 것은 참으로 없음[眞無]이 아닐 뿐이다.

非無非眞無耳

　없음이 아니라〔非無〕고 말한 것은, 연의 모습〔緣相〕을 무너뜨리
지 않음이니, 실로 없음이 아니기〔非實無〕 때문이다.47)

---

44) 由彼見解偏錯 故聞敎云 非有乃謂無於有 故所以云非有 聞敎云 非無乃謂無
於無 故所以云非無 此則一向歸無也
　〔있음도 아니고 없음도 아니라고 하여 없음에 돌아감은, '있음도 아니고 없
음도 아님〔非有非無〕'을 하나의 모습으로 취하는 견해이니 연기의 뜻이 아
니다. 연기의 뜻은 있음이 실로 있음이 아니고 없음이 실로 없음이 아니라
고 함이다.〕

45) △二示正義
　論主究諸敎立非有非無之文本旨 所解不如 此者字牒本旨也 下出意示之云

46) 但以言非有者萬物緣生非實有故

47) 言非無者不壞緣相非實無故

350 · 조론

㈐ 다른 견해를 꾸짖음〔責異見〕

어찌 꼭 저 있지 않음이 이 있음마저 없다 함이고, 없지 않음이 저 없음마저 없다 함이겠는가?

何必非有無此有 非無無彼無

'어찌 꼭〔何必〕'은 꾸짖는 말이다. 이와 저는 다만 가리켜 버티는 말이라 저와 이를 정해 나누어 말한 것이 아니니 이가 어찌 꼭 '있지 않음을 들음〔聞非有〕'이 있음을 없다고 말함이고, '없지 않음을 들음〔聞非無〕'이 없음마저 없다고 말함이겠는가?48)

㈑ 그릇된 헤아림을 물리침〔斥謬計〕

이는 바로 없음을 좋아하는 말이니 어찌 사법의 진실[事實]을 따라 통함이라고 하겠으며

此直好無之譚 豈謂順通事實

이 법사는 다만 없음에 돌아가는 담론〔歸無之譚論〕을 좋아해 높이는 것이라 어찌 있음이 아니고 없음이 아닌 언교〔非有非無之言教〕를 따라 통해, 사법 그대로〔卽事〕 중도의 진실한 진리〔中道實理〕에 계합하겠는가? 아래는 물리쳐 말한다.49)

물 그대로의 뜻[卽物之情]이겠는가?

卽物之情哉

있음을 버리고 없음에 집착하는 것이 다 뭇 삶들의 뜻의 집착〔情執〕일 따름이다.

---

48) △三責異見
何必者責詞也 此彼者但指拄之言 非謂分定彼此 何必聞非有謂無於有 聞非無謂無於無

49) △四斥謬計
此師但是好尙歸無之譚論 豈是順通非有非無之言教 卽事契於中道實理 下斥云

주(注)에 말한다.

"축법태(竺法汰)의 본래 없음의 뜻〔本無義〕을 깨뜨림이다. 이 위는 간략히 세 집의 다른 견해〔三家異見〕를 밝혔다. 각기 한 실마리를 집착하므로 지극한 종지〔至宗〕로 하여금, 같고 다름없는 가운데 불타듯 다름〔異〕을 이루게 한다.

지금은 진리에 미혹한 다름을 바르게 하려고, 논의 일어남이 있으나 또한 다름을 인해 같음을 세울 뿐, 진리의 같고 다름없음〔理無同異〕이 어찌 말에 있을 것인가? 그러므로 위에서 '어떤 것이 같을 수 있겠는가'라고 말했다.50)

3. 뜻을 말해 겸손함을 펌〔述意謙陳〕

> 🔲 대개 물(物)이라는 말로써 물(物)을 물(物)이라 하면, 물이라고 한 것〔所物〕에 물이라 할 것〔可物〕이 있게 된다. 물이라는 말로 물 아님〔非物〕을 물이라 하면, 비록 물(物)이라 하지만 물이 아니다〔非物〕.
>
> 이러므로 물은 이름 그대로 실다움을 이뤄내지 못하고 이름은 물 그대로 참됨을 밟지 못한다.
>
> 그러면 곧 진제(眞諦)는 홀로 고요하여 이름과 가르침〔名敎〕밖이니, 어찌 글과 말이 가려 보일 수 있다고 하겠는가?
>
> 그렇지만 입 닫고 말 없을 수 없어서, 애오라지 다시 말을 두어서라도 이를 헤아려 시험 삼아 이를 논해 말하는 것이다.

---

50) 捨有著無皆羣物之情執耳 注云 破竺法汰本無義也 此上略明三家異見 各執一端故 使至宗無同異中熾然成異 今爲正理惑異 故有論興 亦因異立同耳 理無同異何在言也 故上云 有何物而可同哉

1) 이름과 물이 서로 이르지 않음을 폄〔敍名物不相到〕

대개 물이라는 말로써 물을 물이라 하면 물이라고 한 것[所物]에 물이라 할 것[可物]이 있게 된다.

夫以物物於物 則所物而可物

　이(以)는 씀〔用〕이다. 물을 물이라 함은 물의 이름〔物名〕이다. 물이라 한 것〔所物〕은 마주하는 물의 모습이다. 이름을 써서 마주하는 모습이란, 있는 바 물〔所有之物〕이 반드시 이름할 것이 있음〔必可名之〕이다.51)

물이라는 말로 물 아님[非物]을 물이라 하면, 비록 물이라 하지만 물이 아니다.

以物物非物 故雖物而非物

　물이라는 이름〔物之名〕으로 물 없음〔無物〕에 향하면, 비록 물의 이름이 있지만 반드시 물의 바탕이 없으니 다음 말과 같다.
　"토끼 뿔이 이름이 있으나 바탕이 없다."
　아래는 서로 이르지 않음〔不相到〕을 밝혔다.52)

이러므로 물은 이름 그대로 실다움을 이뤄내지 못하고

是以物不即名而就實

　위의 물이라 한 것〔所物〕에서 물이라 함〔可物〕을 풀이하여, 바탕이 이름에 이르지 않음을 나타내니, 곧〔即〕이란 이것이다.
　실다움을 이룬다는 것〔就實〕은 실다움을 얻은 이름이다. 물이 이름이 아니므로〔物不是名〕 물(物) 위에서 이름의 진실〔名之實〕을 얻지 못한다.

---

51)　△三述意謙陳三 初敍名物不相到
　以用也 物物者物之名也 於物者對物之相也 用名對相所有之物必可名之也
52)　以物之名向於無物 雖有物名定無物體如云 冤角有名無體 下明不相到

『시경(詩經)』에 말했다.

"사람이 헛되이 웃을 줄 앎을 보나
놀리는 것은 이름을 알지 못하네."
　　見人空解笑　弄物不知名

대개 물(物) 위에 이름 없으니 마치 어린아이가 물건을 얻어도 이름을 알지 못하는 것과 같다. 이는 '물이 이름에 이르지 않음[物不到名]'을 나타낸다.[53]

이름은 물 그대로 참됨을 밟지 못한다.
名不即物而履眞

참됨을 밟는다는 것은 사물의 진실한 바탕에 이름[到物實體]이다. 이름이 물이 아니므로 이름은 물의 참된 바탕[物之眞體]에 이를 수 없다. 마치 사람이 불[火]을 말해도 입을 뜨겁게 하지 않는 것과 같으니 대개 이름 위에 실다운 바탕이 없어서이다. 이는 이름이 물에 이르지 않음[名不到物]을 나타낸다.[54]

2) 지극한 진리에 말과 사유 끊어짐을 나타냄[顯至理絶言思]

그러면 곧 진제(眞諦)는 홀로 고요하여, 이름과 가르침[名教] 밖이니

---

53) 釋上所物而可物顯體不到名卽者是也 就實者得實名也 物不是名故物上不得名之實 詩云 見人空解笑 弄物不知名 蓋物上無名如嬰兒得物而不能知名 此顯物不到名
　　[주체의 사물에 대한 이름 부름은 주체가 사물을 주체화하여 어떤 것을 어떤 것이라 이름한 것이니 물은 이름의 외적 조건인 것이지 사물[物]이 이름[名]에 가서 이르름[到]이 아님.]

54) 履眞者到物實體也 名不是物故名不能到物之眞體 如人言火不熱於口 蓋名上無體也 此顯名不到物

354 · 조론

然則眞諦獨靜 於名敎之外

　세간의 이름과 사물이, 말할 수 있고 볼 수 있어도 오히려 서로 이르지 않는데 하물며 진제(眞諦)의 말과 사유로 미칠 수 없는 바〔非言思所及〕와, 홀로 이름과 가르침 밖으로 벗어남〔獨出於名敎之外〕이 어찌 말로 따짐을 받아들이겠는가? 그러므로 아래에 말한다.55)

어찌 글과 말이 가려 보일 수 있다고 하겠는가?

豈曰文言之能辨哉

　이 두 단은 논주가, 여러 주장의 다른 말들〔諸宗異說〕이 아직 바른 뜻으로 진리에 계합함이 어떠한지 알지 못한다고 이미 물리쳤기 때문이다. 그러므로 지금 널리 세간의 이름과 모습〔世間名相〕도 오히려 서로 이르지 못함을 펼치는데, 하물며 세간 벗어난 깊은 진리〔出世深理〕가 모습 없고 이름 없어 말로 미칠 수 없음이겠는가?

　아래 말로 보임에 부친 것은, 다만 사람들이 바름을 알고〔解正〕 삿됨을 알도록 한 것〔知邪〕이지, 빈 종지〔虛宗〕를 말과 앎으로 이를 수 있음을 말한 것이 아니다.56)

3) 헤아려 말하는 뜻을 낮추어 폄〔謙陳擬述意〕

그렇지만 입 닫고 말 없을 수 없어서

然不能杜默

---

55)　△二顯至理絕言思

　　世之名物可言可見 尚不相到 況乎眞諦非言思所及 獨出於名敎之外 豈容言議故 下云

56)　此二段之爲論主旣排諸宗異說 未知正義理合如何 故今汎敘世間名相尚不相到 況出世深理無相無名非言可及 下寄之於言詮者 但欲令人解正知邪 非謂虛宗言解可到

'그렇지만'은 위의 이치를 받은 것이다. 비록 말할 수 없지만 세간이 많이 다름(異)에 미혹되므로 입 닫고 침묵하여 말로 따짐을 끊을 수 없는 것이다.57)

애오라지 다시 말을 두어서라도 이를 헤아려, 시험 삼아 이를 논해 말하는 것이다.

聊復厝言以擬之 試論之曰

　거듭이란 앞을 겹쳐 논을 세우므로 말을 두어 이룸이다. 헤아림 (擬)이란 또렷이 끊지 못한 말이니 대개 낮춰 애오라지 그 말을 이루어, 헤아려 말해서 시험 삼아 또 이를 논한 것이다.58)

---

57) △三謙陳擬述意
　　然者牒上理 雖不可言而世多惑異故 不能杜默絶言論也
58) 復者重前立論故厝致也 擬者未決之詞 蓋謙云聊致其言 擬議試且論之

II. 바로 논을 세움〔正立論〕

바로 논을 세움이니 옛 과목은 여섯이고, 지금은 세 단이다.

1. 모든 법〔諸法〕을 통하여 논해, 곧 참됨임〔卽眞〕을 바로 드러냄
2. 물질과 마음〔色心〕이 인연임을 따로 가리켜, 미루어 풀이함
3. 이름과 진실〔名實〕을 미루어 사무쳐〔推窮〕, 미혹의 뜻을 맺어 꾸짖음

그러나 대저 진리는 연을 따라 모든 사법을 이루지만, 범부는 알지 못하고 사법을 집착해 참됨에 미혹하고〔執事迷眞〕 때로 다른 견해를 낸다.

그러므로 지금 먼저 참됨 그대로임을 나타내 모든 법을 모아 거느려 논하니〔統論諸法〕 무엇을 인해 곧 진리 그대로인가〔因何卽理〕를 아직 알지 못하기 때문이다.

다음 인연을 잡아 따로 물질과 마음을 가리켜〔別指色心〕 미루어 풀이한다. 물질과 마음이 이미 만법을 모으니 만법은 인연을 지나지 않아서, 인연이므로 공하고〔因緣故空〕 공하므로 곧 진실인 것이다〔空故卽實〕.

만약 인연이 본래 공하다고 말한다면, 왜 이름〔名〕으로 바탕을 부를 수〔召體〕 있는가. 바탕 위에 이름을 세우기 때문에 뒤에 이름과 바탕〔名體〕을 미루어 다할 수 있다. 집착을 말미암아 뜻〔情〕을 내니, 집착의 바탕에는 이름과 바탕이 없는 것이다.

무엇 때문에 이 인연법의 세 과목〔三科〕이 있는가?

뒤는 곧 두루 헤아림〔徧計: 妄〕을 떠남이고 가운데는 곧 남 의지함〔依他: 緣起〕을 앎이고, 처음은 곧 두렷이 이루어짐〔圓成: 眞〕을 증득함이다.

글[文]은 비록 깊음을 좇아 낮음으로 감이지만, 뜻[義]은 바로 앞[前]의 두루 헤아림이, 이름과 바탕의 인연[名體因緣] 통달하지 못함 말미암은 것임을 뒤[後]에서 풀이하여, 모든 법의 진실을 아는 것[了諸法眞實]이다.

지금 처음에 셋이니 먼저 가르침을 이끌어 종지를 나타낸다[引敎標宗].59)

1. 모든 법을 통하여 논해, 곧 참됨임을 바로 드러냄 〔通論諸法 直顯卽眞〕

1) 가르침을 이끌어 종지를 나타냄〔引敎標宗〕

---

59) △二正立論古科爲六 今爲三段 一通論諸法直顯卽眞 二別指色心因緣推釋 三推窮名實結責迷情 然夫眞理隨緣成諸事法 凡夫不了執事迷眞 或生異見故 今先顯卽眞 統論諸法 未知因何卽理故

次約因緣別指色心推釋 色心旣總萬法 萬法不過因緣 因緣故空 空故卽實

若謂因緣本空 何以名能召體 體上立名故 後推窮名體 由執故生情 執本無名體 何有故此三科 後則離徧計 中則了依他 初則證圓成

文雖從深之淺 義則以後釋 前良由不達名體因緣焉 了諸法眞實 今初 三 初引敎標宗

〔이름[名]으로 바탕[體]을 부름: 이름이 사물의 바탕이 아니지만 사물의 바탕에서 이름이 세워져 이름이 바탕을 떠나지 않으므로 이름으로 그 바탕을 미루어 사무칠 수 있다.〕

〔인연법의 세 과목[三科]: 인연법의 세 과목은 다섯 쌓임[五蘊], 열두 들임[十二入], 열여덟 영역[十八界]이니 세 과목은 물질과 마음의 모든 법[色心諸法]이 인연으로 남을 보여 첫째 집착의 허망함을 알아 떠나게 하고, 둘째 인연으로 나서 있되 공한 줄 알게 하고, 셋째 인연을 떠나지 않고 인연 그대로 두렷이 이루어짐을 알게 한다.〕

〔물의 바탕이 본래 실로 있음이 아니므로 저 물을 물이라 이름 지을 수 없다. 이름 또한 물로 인해 이름 지어진 것이므로 실다운 바탕이 없으니 이름의 바탕은 집착으로 인해 있는 것이다.〕

論 마하야나(mahayana)의 논은 '모든 법은 또한 모습 있음도 아니고 또한 모습 없음도 아니다.'라고 말한다.

『중론』이 "모든 법은 있음이 아니고 없음이 아니다."라고 말하니 으뜸가는 참된 진리〔第一眞諦〕이다.

마하야나의 논은

摩訶衍論

마하(maha)란 큼을 말하고, 야나(yāna)란 수레를 말한다.60)

'모든 법은

云諸法

속제의 사법〔俗諦事法〕이 하나가 아니므로 모든〔諸〕이라 한다.61)

또한 모습 있음[有相]도 아니고 또한 모습 없음[無相]도 아니다.'라고 말한다.

亦非有相 亦非無相

또한이란 거듭 또라는 말이니 오직 지극히 빔〔至虛〕의 진리〔至虛之理〕만 '있음이 아니고 없음이 아닐 뿐 아니라 속제의 모든 법도 또한 있음과 없음이 아니기 때문'이다.

또 위에서 말했다. "모든 법은 곧 있고 없는 법인데, 있되 있음이 아니므로〔有而非有故〕 또한 있음이 아니라 하고, 없되 없음이 아니므로〔無而非無故〕 또한 없음이 아니다 라고 한다."

그러나 참으로 있고 없음이 아닌 것은 두 뜻이 있다. 첫째 모습

---

60) 摩訶云大 衍者云乘
61) 俗諦事法不一故云諸

없고 이름이 없으므로[無狀無名] 있음이 아니고, 바탕과 씀이 참으로 항상하므로[體用眞常故] 없음이 아니다.

둘째 항상함의 견해[常見]로 취할 수 없으므로 있음이 아니고, 끊어짐의 견해[斷見]로 구할 수 없으므로 없음이 아니다. 지금 속제(俗諦)의 모든 법이 있고 없음이 아닌 것은, 연을 의지해[仗緣] 나기 때문에 실로 있음이 아니고, 연의 모습[緣相]을 무너뜨리지 않으므로[연의 모습이 있음 아닌 있음이므로] 실로 없음이 아니다.

만약 연으로 나서[緣生] 실로 있음이 아님을 알면, 곧 참됨의 바탕에 이름과 모습 없음을 안다. 그러므로 항상함의 견해[常見]로 구할 수 없다. 만약 연의 모습[緣相]이 실로 없음 아님을 통달하면 곧 참됨의 바탕[眞體]이 묘한 씀[妙用] 갖춤을 보게 된다. 그러므로 끊어짐의 견해[斷見]로 취할 수 없다.

지금은 속제의 있고 없음이 실답지 않음을 바로 밝히고 다음 『중론(中論)』을 이끌어 곧 참됨을 나타낸다.62)

『중론』이 "모든 법은 있음이 아니고 없음이 아니다."라고 말하니

中論云 諸法不有不無者

위에서 '속제의 모든 법이 있음과 없음이 모두 아니므로 곧 진제이다'고 함을 받은 것이다.63)

---

62) 亦者重又之語 非唯至虛之理非有非無 俗諦諸法亦非有無故 又上云 諸法即有無法也 有而非有故云 亦非有無而非無 故云亦非無也 然眞非有無者有二義 一無狀無名故非有體用眞常故非無

二不可以常見而取故 非有 亦不可以斷見而求故 非無 今俗諦諸法亦不有無者 仗緣而生故 非實有 不壞緣相故非實無 若了緣生非實有 即知眞本無名狀 故不可以常見求 若達緣相非實無即見眞體具妙用 故不可以斷見取 今此正明俗諦有無不實 次引中論以顯即眞

[범부의 항상함의 집착과 치우친 수행자의 덧없음의 집착 모두 벗어난 것이 참된 항상함이다.]

63) 牒上俗諦諸法 雙非有無故即眞諦者

으뜸가는 참된 진리이다.

第一眞諦也

이는 진제와 속제가 둘이 아님〔眞俗不二〕을 밝혀, 중도의 묘한 진리〔中道妙理〕가 모든 마주해 기다림을 끊고〔絶諸對待〕 수의 헤아림에 떨어지지 않음〔不墮數量〕을 나타낸다. 그러므로 '으뜸간다'고 한다.

『법고경(法鼓經)』은 말한다.

"하나가 또한 하나가 아니니, 모든 수(數)를 깨뜨리기 때문이다."

그러나 법상종(法相宗)은 많이 속제는 함이 있음〔有爲〕이라, 있음과 없음〔有無〕, 나고 사라짐〔生滅〕에 지나지 않음을 밝히고, 진제는 함이 없음〔無爲〕에 속해 있고 없음이 아니고, 나지 않고 사라지지 않는다고 한다. 그러니 '세속 그대로의 참됨〔卽俗是眞〕'이 마주함을 끊어 으뜸됨〔絶待第一〕을 아직 밝히지 않았다.64)

지금 이 논이 종지의 바름을 삼는 것은 방편을 모아 실상에 들어감〔會權入實〕이다. 그러므로 먼저 속제를 미루어 말하고 뒤에 진제 속제가 둘 아님〔眞俗不二〕을 나타낸다. 또 진제이므로 있지 않고〔不有〕 속제이므로 없지 않으며〔不無〕 으뜸가는 뜻의 진리〔第一義諦〕는 있음과 없음이 모두 아니다.

또 속제의 모든 법은 세 구절을 갖추니 있음〔有〕, 없음〔無〕, 있기도 하고 없기도 함〔亦有無〕이다. 진제는 넷째 구절 '있음 아니고 없음이 아님'에 맞으며, 진제와 속제가 서로 같음〔眞俗相卽〕은 네

---

64) 此明眞俗不二 顯中道妙理絶諸對待不墮數量 故云第一 法鼓經云一亦不爲一 爲破諸數故 然相宗多明俗諦是有爲 則不過有無生滅 眞諦屬無爲 則非有無不生滅 未了卽俗是眞絶待第一
〔이는 화엄교판의 입장에서 유식이 마하야나 마침의 뜻〔大乘終敎義〕을 보이지 못했다고 한 것이나, 법상종에서도 법의 모습〔法相〕 세우는 것은, 공의 집착〔空執〕을 깨기 위함이므로 함이 있는 법의 모습도 있음 아닌 있음이고 식(識)의 이름으로 세워진 법의 모습〔法相〕도 모두 자기성품이 없는 것〔識無自性〕이다.〕

구절이 때를 같이함〔四句同時〕이니 참으로 세속을 마주한 참됨〔對俗之眞〕으로 어찌 수의 헤아림〔數量〕을 넘을 것인가?

만약 둘 아님〔不二〕을 통달하면 길이 마주해 기다림〔對待〕을 끊으므로 으뜸간다고 한다.

이 논(論)이 말한 것이 이를 지나지 않으므로 나타내 뜻의 종지〔義宗〕로 삼는다.65)

2) 종의 뜻〔宗義〕을 미루어 풀이함〔推釋宗義〕

(1) 속제 그대로의 참됨을 밝힘〔明卽俗之眞〕

> 論 찾아보자. "있음이 아니고 없음이 아니다"고 한 것이 어찌 만물을 씻은 듯이 없앤다고 말함이고, 보고 들음을 닫아 막아〔杜塞視聽〕 고요하고 쓸쓸히 비어 툭 트이게〔寂寥虛豁〕 한 뒤에야 진제이겠는가?
>
> 참으로 물(物) 그대로임에 따라 통하므로 물(物)이 이를 거스르지 않고 '곧 거짓임 그대로 참됨'이므로 성품이 이를 바꾸지 않는다.
>
> 성품〔性〕이 이를 바꾸지 않으므로 비록 없지만 있고, 물(物)이 성품을 거스르지 않으므로 비록 있지만 없다. 비록 있지만 없으니 있음이 아니라고〔非有〕 말하고, 비록 없지만 있으니 없

---

65) 今此論所宗正爲會權入實 所以先推俗諦 後顯眞俗不二 又眞故不有 俗故不無 第一義諦 雙非有無 又俗諦諸法具三句 一有 二無 二亦有無 眞諦當第四句非有無 眞俗相卽則四句同時 良以對俗之眞 豈越數量 若達不二永絶對待 故云第一 此論所詮不過於此 故標爲義宗
〔세속을 마주한 참됨은 이미 마주함이 있으므로 수의 헤아림을 넘지 못하고, 인연을 떠나지 않고 참됨을 알아 진속이제가 둘 아님을 통달해야 수의 헤아림을 넘음.〕

> 음이 아니라〔非無〕고 말한다.

① 돌이켜 뒤집어 글을 미루어 풀이함〔反覆推釋〕

(가) 앞을 받음〔牒前〕

찾아보자.

尋夫

위의 마하야나의 언교로 바른 판단〔正量〕을 삼아, '모든 법의 인
연의 도리〔諸法因緣道理〕'를 깊이 살펴 사무치므로 찾는다고 한 것
이다.66)

"있음이 아니고 없음이 아니다"고 한 것이

不有不無者

바로 마하야나의 논을 받은 것이다.67)

(나) 돌이켜 미룸〔反推〕

어찌 '만물을 씻은 듯이 없앤다'고 말함이고

豈謂滌除萬物

'어찌 말함일 것인가'란 돌이켜 꾸짖는 말이다. '만물을 씻은 듯이
없앤다〔滌除萬物〕'는 것은 '물들고 깨끗한 이름과 모습의 경계〔染淨
名相之境〕'를 없앰이다.68)

---

66) △次推釋宗義二 初明卽俗之眞文三 初反覆推釋 文三 初牒前
　　以上衍論言敎爲量 硏窮諸法因緣道理 故云尋夫
67) 正牒衍論也
68) △二反推
　　豈謂者反責之辭 滌除萬物者 泯染淨名相之境也

보고 들음을 닫아 막아

杜塞視聽

　보고 들음을 닫아 막음이란, 귀와 눈으로 살펴 비추는 마음〔耳目
鑑照之心〕을 끊음이다.69)

고요하고 쓸쓸히 비어 툭 트이게 한 뒤에야 진제(眞諦)이겠는가?

寂寥虛豁 然後爲眞諦者乎

　고요함이란 소리 없음〔無聲〕이고 쓸쓸함이란 빛깔 없음〔無色〕이
니 위의 경계 없앰〔泯境〕을 받은 것이다. 크게 비어 툭 트여 앎이
없고〔無知〕 씀이 없는 것〔無用〕은 위의 마음 없앰〔泯心〕을 받은
것이다. 어찌 물들고 깨끗한 마음과 경계의 모든 법을 없애고야,
뒤의 '있음이 아니고 없음이 아님'이 되겠는가? 진제의 뜻〔眞諦義〕
은 이와 같음이 아니다.70)

(다) 따라 풀이함〔順釋〕

참으로 '물(物) 그대로임'에 따라 통하므로 물(物)이 이를 거스르지
않고

誠以卽物順通 故物莫之逆

　'참으로〔誠〕'란 진실함이다. 논의 진실한 뜻은 곧 만물 그대로 따
라 통함〔卽萬物順通〕이니 '있음이 아니고 없음이 아님'은 인연의 도
리〔因緣之理〕라 물(物)은 이 도리를 거스를 수 없는 것이다. 이는
속제의 '있음이 아니고 없음이 아님'을 미루어 아는 것이다.71)

---

69) 杜塞視聽者 絶耳目鑑照之心也
70) 寂兮無聲寥兮無色牒上泯境也 太虛豁爾無知無用牒上泯心也 豈謂泯絶染淨心
　　境諸法 後爲不有不無 眞諦之義非如此也
71) △三順釋
　　誠實也 論之實意卽萬物順通 不有不無因緣之理 物不能逆於理也 此推俗諦不有
　　不無

'곧 거짓임 그대로[卽僞] 참됨'이므로 성품[性]이 이를 바꾸지 않는다.

卽僞卽眞 故性莫之易

거짓[僞]은 거짓 있음[假有]이고 참됨[眞]은 실다움[實]이다. 속제는 인연이므로 거짓 있음이고 진제의 본성품[眞諦本性]은 스스로 실답다. 인연이 있지 않고 없지 않음을 알면, 곧 참 성품이 있고 없음이 아니므로 세속 바꿈[易俗]을 기다려서 참됨이 아니다. 이는 세속 그대로의 참됨[卽俗之眞]을 미루어 본 것이니 진제는 있음이 아니고 없음이 아니다.72)

성품이 이[거짓]를 바꾸지 않으므로 비록 없지만 있고

性莫之易 故雖無而有

비록 참된 공[眞空]이 늘 고요하지만 허깨비의 있음[幻有]이 또렷하고73)

물이 성품을 거스르지 않으므로 비록 있지만 없다.

物莫之逆 故雖有而無

비록 허깨비의 있음[幻有]이 줄지었지만[森然], 참된 공[眞空]은 숨지 않는다[不隱].74)

비록 있지만 없으니, 있음이 아니라고 말하고

雖有而無 所謂非有

허깨비의 있음이 참된 공이라 참 성품은 맑고 고요하다[眞性湛

---

72) 僞假也 眞實也 俗諦因緣故假 眞諦本性自實 了因緣不有不無 卽眞性不有無故 不待易俗爲眞 此推卽俗之眞 眞諦不有不無也
73) 雖眞空常寂而幻有宛然
74) 雖幻有森然而眞空不隱

寂]. 그러므로 하나에 같이해 있음이 아니다.75)

비록 없지만 있으니, 없음이 아니라고 말한다.

雖無而有 所謂非無

　참된 공은 있음에 걸리지 않으니 참 성품은 늘 머문다[眞性常
住]. 그러므로 하나에 같이해 없음이 아니다. 이는 위의 세속 그대
로의 참됨[卽俗之眞]을 밝힘이니 '있음이 아니고 없음이 아닌 뜻
[不有不無之義]'이 이미 드러났다.76)

② 세속에 나아가 맺어 나타냄[就俗結顯]

> 🔲 이와 같다면 물 없음[無物]이 아니나 물[物]은 참으로 있는
> 물[眞物]이 아니다.
> 　물은 참으로 있는 물이 아니므로 어디에 물이라 할 것이 있겠
> 는가?
> 　그러므로 경은 말한다. "물질의 성품이 공한 것[色之性空]이지
> 물질을 없애고 공함이 아니다."
> 　이로써 성인이 만물에 나아감을 밝힘이란 만물이 스스로 비었
> 음[萬物之自虛]에 나아감이다.
> 　어찌 눌러 나눔을 기다려 통합을 구하겠는가?
> 　그러므로 『비말라키르티수트라』에는 "보디사트바의 아파 누
> 움이 참되지 않다"는 말이 있다. 『햇빛의 밝음을 넘는 사마디를
> 보인 경[超日明三昧經]』에는 있음은 곧 빔 그대로[卽虛]라는 말
> 이 있다.
> 　그렇다면 삼장(三藏)은 글을 달리하나, 이를 모아 거느리면

---

75) 幻有卽眞空 眞性湛寂 故同一非有
76) 眞空不礙有 眞性常住 故同一非無 此上明卽俗之眞 不有不無之義已顯

하나이다.

이와 같다면(위의 미루는 바를 따름) 물 없음[無物]이 아니나
如此則(隨上所推)非無物也
　연의 모습[緣相]을 무너뜨리지 않으므로 위에서 또한 없음이 아
니다고 말했다.77)

물은 참으로 있는 물이 아니다.
物非眞物
　연으로 나서[緣生] 참됨이 아니므로, 위에서 또한 있음이 아니라
고 말했다.78)

물은 참으로 있는 물이 아니므로, 어디에 물이라 할 것[可物]이
있겠는가?
物非眞物 故於何而可物
　다만 속제가 참됨이 아님을 말미암아 만물을 살피면 물은 어디에
있을 것인가? 그러므로 앞의 마하야나(mahayāna)의 논은, 곧
'모든 법의 있음이 아니고 없음이 아님'으로 '진제의 도리[眞諦之
理]'를 나타낸 것이다.79)

③ 경을 이끌어 증명해 이룸[引經證成]

그러므로 경은 말한다. "물질의 성품이 공한 것[色之性空]이지 물
질을 없애고 공함이 아니다."

---

77) △二就俗結顯
　　不壞緣相故 上云亦非無也
78) 緣生非眞故 上云亦非有也
79) 但由俗諦非眞 以觀萬物物何可有 故前衍論 卽諸法不有不無 以顯眞諦之理也

故經云 色之性空 非色敗空

　진역(秦譯) 『비말라키르티수트라』는 말한다.

　"기쁘게 보는 보디사트바[喜見菩薩]가 말했다. '물질[色]과 물질의 공[色空]이 둘인가?' 물질의 성품[色之性]이 공하니 물질을 없애고 공이 아니라, 물질의 성품이 스스로 공하다."

　지금 이끌어 증명해 이룬다. 패(敗)란 없앰이다. 물질의 성품은 연으로 남[緣生]이라 공하여 있음이 아니다. 물질이 사라짐을 기다려 공을 봄이 아니므로 없음이 아니다.

　아래는 스스로 경의 뜻을 풀이한다.[80]

이로써 성인이 만물에 나아감을 밝힘이란

以明夫聖人之於物也

　'이(以)'는 씀이다. '밝힘'이란 믿음을 증명함이다. '감[之]'은 향함이다. 위의 경의 뜻을 써서 성인이 만물에 마주해 나가는 지혜를 증명해 아니, 향해 나감이란 어떤가? 아래에 말했다.[81]

만물이 스스로 비었음에 나아감이다.

即萬物之自虛

　연으로 나서[緣生] 본래 스스로 비어 있음[本自虛]을 알므로 또한 있음이 아니니, 위 물질의 성품이 공함[色之性空]을 풀이한 것이다.[82]

어찌 눌러 나눔을 기다려 통함을 구하겠는가?

---

80) △三引經證成
　秦譯淨名云 喜見菩薩曰 色色空爲二 色之性空 非色滅空 色性自空 今引以證成也 敗者滅也 色性緣生故 空非有也 非待色滅見空 故無也 下自釋經意云
81) 以用也 明證信也 之向也 用上經義證知 聖人向對萬物之智也 向之如何 下云
82) 了緣生本自虛 故亦非有也 釋上色之性空

豈待宰割以求通哉

'재(宰)'는 다스리고 누름이다. 다 꺾어 누름을 취해 뜻을 삼은
것이다. '할(割)'은 나눔이고 끊음이니 다 없앰의 뜻이다.

다른 종[他宗]이 말한 것은 많이들 '견주어 살핌[比觀]'으로 미혹
누름[伏惑]과, 드러내 살핌[現觀]으로 미혹 끊음[斷惑]을 많이 쓴
다. 그러므로 미혹의 망녕됨을 누르고 끊어, 바야흐로 참됨을 증득
한다고 한다. 지금 진실의 가르침[實敎]은 바로 물에 나아가 진리
를 나타냄[即物顯理]에 어찌 이와 같음을 기다릴 것인가? 이미 물
(物)을 없애고 참됨을 보지 않으므로 또한 없음이 아니다.

위의 물질을 없애고 공이 아니라 함[非色敗空]을 풀이한 것이
다.83)

그러므로 『비말라키르티수트라』에는 "보디사트바의 아파 누움이
참되지 않다"는 말이 있다.

是以寢疾 有不眞之譚

아파 누움이란 비말라키르티가 바이샬리에서 병을 보여 한 평상
에 홀로 누움이다.

「병 문안하는 품[問疾品]」은 말한다. "중생의 병은 참되지 않고
실로 있음이 아니다." 보디사트바가 병으로 '참됨이 아니고 실로
있음이 아님'을 보이는 것은 참으로 중생의 공한 병[空病] 때문이
니 어찌 진실한 큰 자비이고, 보여 나타냄이 어찌 진실이겠는
가?84)

---

83) 宰者治也制也 皆取折伏爲義 割截也斷也 皆去除義 他宗所說 多用比觀伏惑
   現觀斷惑 故宰伏割感妄 方曰證眞 今實敎 即物顯理 豈待如此也 旣非除物
   見眞 故亦非無也 釋上非色敗空
84) 寢疾者淨名示疾 於毗耶離城 獨寢一牀 問疾品云 衆生病非眞非實有 菩薩病
   示非眞非實 良以衆生緣空病 豈眞實大悲 示現豈眞實哉
   〔중생과 중생의 병이 허깨비이고, 허깨비 병을 낫기 위한 보디사트바의 자

『햇빛의 밝음을 넘는 사마디를 보인 경[超日明三昧經]』에는 있음
은 곧 빔 그대로[即虛]라는 말이 있다.

超日 有即虛之稱

　『햇빛의 밝음을 넘는 사마디를 보인 경[超日明三昧經]』은 말한다.
"목숨을 붙들어가는 네 큰 요인[四大]이 빔[虛]이 아니다. 일컬
음[稱]은 말이다. 또한 곧 네 요인[四大] 그대로 비었음을 본다는
말이 있다."
　위의 세 경이 같이 속제가 실로 있고 없음이 아님[俗諦非實有無]
을 증명한다.85)

그렇다면 삼장(三藏)은 글을 달리하나 이를 모아 거느리면 하나
이다.

然則三藏殊文 統之者一也

　위에서 이끈 뜻을 맺음이니 수트라(sūtra: 經) 비나야(vinaya:
律) 아비다르마(abhidharma: 論)를 트리피타카(tri-pitaka: 三
藏)라 한다. 위에서 비록 간략히 두 경의 세 글을 이끌어 연의 성
품[緣性]이 실로 있음이 아니라[非實有] 실다움이 없음을 밝혔지
만, 곧 세 피타카의 글을 다해도 무릇 연의 성품이 다 이 도리에
같이함을 말한다. 대개 있음이 아니고 없음이 아닌 도리로써 삼장
(三藏)의 글을 모아 거느려 하나[一]를 삼기 때문이다.86)

비이라, 보디사트바의 중생 건지는 자비도 허깨비 같은 자비[如幻慈悲]인
것이다.]
85) 超日明三昧經云 不保命四大虛 稱者言也 亦有即四大而見虛之言 已上三經同
證 俗諦非實有無
〔사대(四大)가 아주 비어 없음이 아니라 사대의 있음 그대로 빔[虛]을 본다
고 하니, 있음이 아니고 없음이 아닌 중도의 뜻이다.]
86) 結上引意也 經律論曰三藏 上雖略引二經三文 以明緣性非實有無實 則盡三藏
之文凡言緣性皆同此理 蓋以不有不無之理 統三藏之文爲一故也

(2) 진제와 속제가 둘이 아님을 밝힘〔明眞俗不二〕

論 그러므로 『방광반야경(放光般若經)』은 말한다. "으뜸가는 진제〔第一眞諦〕는 이루어짐이 없고 얻음이 없다."

세속제(世俗諦)이므로 곧 이루어짐이 있고 얻음이 있다.

대저 얻음이 있다는 것은 곧 얻음 없음〔無得〕의 거짓이름〔僞號〕이다.

얻음 없음〔無得〕은 곧 얻음 있음〔有得〕의 참 이름〔眞名〕이다. 참 이름이므로 비록 참됨이지만 있지 않고 거짓이름이므로 비록 거짓이지만 없지 않다.

그러므로 참됨을 말하면 일찍이 있지 않고 거짓을 말하면 일찍이 없지 않다.

두 말이 처음부터 하나가 아니지만 두 이치는 처음부터 다르지 않다.

그러므로 『대품반야경』에 말했다.

"진제 속제에 다름이 있다고 하는가? '다름이 없다'고 답했다."

이 경에서 곧장 가려 보임은 진제는 있지 않음〔非有〕을 밝히고, 속제는 없지 않음〔非無〕을 밝힘이니 어찌 진제 속제의 둘〔諦二〕이 하나인 물(物)에 둘이겠는가?

① 경을 이끌어 다름을 나타냄〔引經標異〕

그러므로 『방광반야경』은 말한다.

"으뜸가는 진제는 이루어짐이 없고 얻음이 없다"

故放光云 第一眞諦無成無得

이는 『방광반야경』을 이끌어, 위 가운데 논이 밝힌 '으뜸가는 뜻의 진리〔第一義諦〕'를 풀이함이니 참됨과 세속이 마주해 기다림을 끊음〔眞俗絶待〕으로 으뜸을 삼는다.

지금 『방광경』을 이끌어 으뜸가는 진제로써 세속을 마주하니〔第
一眞諦對俗〕, 논하는 이가 참으로 말을 말미암은 것은 곧 두 진리
로써 문 삼음〔二諦爲門〕을 지나지 않으니 으뜸가는 진제는 말로
미치는 바가 아니기 때문이다.

앞에 『중론(中論)』에서도 비록 '으뜸가는 뜻의 진리'를 말하고 있
지만 '다만 속제 그대로임에 나아가 참됨을 밝혀〔但就卽俗明眞〕'으
뜸가는 뜻의 진리를 나타내기 때문이다.87)

지금 거듭 경을 이끌어 보인 것은 둘이 아닌 깊은 뜻〔不二之深
旨〕을 미루어 보이려고 한 것이니 이룸 없음〔無成〕이란 보디(bod
hi)를 이룸이고, 얻음 없음〔無得〕이란 니르바나(nirvāṇa)를 얻음
이다. 진리와 지혜의 두 과덕〔理智二果〕은 진제가 세우지 않기 때
문이니, 이는 곧 '진제가 있지 않음〔眞諦不有〕'이다.88)

세속제(世俗諦)이므로 곧 이루어짐이 있고 얻음이 있다.

世俗諦故　便有成有得

바른 깨침을 이루고 참된 항상함을 증득함은 속제 가운데서는 보
디와 니르바나 두 과덕〔二果〕이 또렷하니 '속제가 없지 않음〔俗諦
不無〕'이다.89)

---

87) △二明眞俗不二 文三 初引經標異
　　此引放光釋上中 論所明第一義諦 眞俗絶待以爲第一　今引放光經以第一眞諦對
　　俗 而論者良由說 則不過二諦爲門 第一眞諦非言所及故 前中論雖云第一眞諦
　　但就卽俗明眞 以顯第一眞諦故
　　〔진제는 말할 수 없는데 잘 말로써 보임이란 진속의 두 진리로 문 삼아 진
　　제가 속제 그대로 참됨임을 보이는 것이다.〕
88) 今重引經標欲推不二之深旨 無成者成菩提也 無得者得涅槃也 理智二果眞諦
　　不立故 此卽眞諦不有也
　　〔진제에는 진리와 지혜의 이름, 인행과 과덕의 이름이 공하기 때문에 세우
　　지 않는다함.〕
89) 成正覺證眞常 俗諦之中二果顯然 俗諦不無也
　　〔속제에는 실천의 인과가 없지 않고 진제에는 실천의 인과가 있지 않다.〕

② 둘 아님을 풀이해 이룸〔釋成不二〕

대저 얻음이 있다는 것은 곧 얻음 없음[無得]의 거짓이름[僞號]이다.

夫有得 卽是無得之僞號

　얻음 있다는 뜻은 이룸이 있음〔有成〕을 겸하니 속제는 얻음 있음
을 말하고, 진제는 얻음 없음을 말한다. 속제는 스스로의 바탕이
없어〔無自體〕 온전히 참됨이 세속을 세우므로〔全眞立俗〕, 얻음이
있는 것은 참됨 가운데 거짓이름〔眞中之假號〕이니 물〔水〕 그대로
의 물결〔波〕이라 물결이 거짓임과 같다.90)

얻음 없음[無得]은 곧 얻음 있음[有得]의 참 이름[眞名]이다.

無得 卽是有得之眞名

　진제는 얻음 없음을 말하니 이는 곧 세속 그대로의 참됨〔卽俗之
眞〕이다. 진리는 스스로 진실하므로〔眞理自實故〕 얻음 없음은 세속
그대로의 참됨의 이름〔卽俗之眞名〕이다. 곧 물결〔波〕 그대로의 물
〔水〕이 물의 참됨임과 같다.91)

참 이름[眞名]이므로 비록 참됨이지만 있지 않고, 거짓이름[僞號]
이므로 비록 거짓이지만 없지 않다.

眞名故 雖眞而非有 僞號故 雖僞而非無

　참은 반드시 있지 않고〔不有〕 세속은 반드시 없지 않다〔不無〕.92)

그러므로 참됨을 말하면 일찍이 있지 않고, 거짓을 말하면 일찍이

---

90)　△二釋成不二
　　有得意兼有成 俗諦言有得 眞諦談無得 俗無自體 全眞立俗 故有得是眞中之假
　　號 如卽水之波波假也
　　〔인과가 되되 공하므로 얻음 있음은 얻음 없음의 거짓이름이다.〕
91)　眞諦言無得 是卽俗之眞 眞理自實故 無得是卽俗之眞名 如卽波之水水眞
92)　眞定不有俗定不無

없지 않다.

是以言眞未嘗有 言僞未嘗無

　위의 세속을 마주한 참됨을 말하므로, 앞의 논은 '모든 법은 있음
이 아니고 없음이 아니다'라고 말한다.93)

두 말이 처음부터 하나가 아니지만

二言未始一

　말〔言說〕에 있으면 문(門)이 같지 않으므로 본래 하나가 아니
다.94)

두 이치는 처음부터 다르지 않다.

二理未始殊

　진제와 속제가 둘 아님〔眞俗不二〕을 증득하니 본래 스스로 다르
지 않다. 둘이 아닌 진리는 곧 으뜸가는 참된 진리〔第一眞諦〕라 억
지로 이름한다. 이 때문에 속제 그대로의 참됨은 모든 마주해 기다
림〔對待〕을 끊으므로 으뜸이라 이름 한다.95)

　③ 둘 아님을 이끌어 증명함〔引證不二〕

그러므로 『대품반야경』에 말했다.
"진제 속제에 다름이 있다고 하는가? '다름이 없다'고 답했다."

故經云(大品般若經)眞諦俗諦謂有異耶　答曰無異也

---

93) 述上對俗之眞 故前論云諸法不有不無也
　　〔있되 있지 않은 거짓 있음〔假有〕은 없지 않고, 없되 없지 않은 참된 있음
　　〔眞有〕은 있지 않다.〕
94) 在言說爲門不同 故本不一
95) 眞俗不二證之 則木自不殊也 不二之理 卽强名第一眞諦也 所以卽俗之眞絶諸
　　對待 故名第一也

문을 의거하여[據門] 다름을 물으니 진리를 잡아[約理] 다르지 않다고 답했다. 이는 위의 두 이치[二理]가 처음부터 다르지 않음을 증명한 것이다.96)

이 경에서 곧장 가려 보임은 진제는 있지 않음을 밝히고 속제는 없지 않음을 밝힘이니

此經直辨 眞諦以明非有 俗諦以明非無

이 경의 말의 뜻은 둘에 통할 수 있다. 하나는 앞 『방광경(放光經)』을 가리키고 또 위의 『대품경』이 '다른가'라고 물음[問異]을 가리킨 것이다.97)

어찌 진제 속제의 둘[諦二]이, 하나인 물(物)에 둘이겠는가?

豈以諦二而二於物哉

물(物)은 곧 진리이다. 진리의 문[諦門]이 비록 둘이지만 진리[理]는 둘일 수 없다. 그러므로 경은 다름없다고 답한 것이다.98)

3) 바른 이치를 말해 이룸[述成正理]

論 그렇다면 만물(萬物)은 참으로 그 있지 않은 까닭이 있고 그 없지 않은 까닭이 있다.

속제의 있음[有]은 그 있지 않은 까닭이 있으므로 비록 있지

---

96) △三引證不二
　　據門間異 約理答不異 此證上二理未始殊
97) 此經之言意可通二 一則指前放光 又可指上大品問異也
98) 物則理也 諦門雖二 理不可二也 故經答曰無異也
　　[물(物)의 하나인 진실에 어찌 진제 속제의 두 진리가 있겠는가. 진제와 속제는 망집을 상대해 세워진 언교의 두 진리[言敎二諦]이고 하나인 진실에 드는 두 문[二門]이다.]

만 있지 않고[雖有而非有], 진제의 없음[無]은 그 없지 않은 까
닭이 있으므로 비록 없지만 없지 않다[雖無而非無].

비록 없지만 없지 않으니 없다는 것은 '끊어져 비어 없음[絶
虛]'이 아니고, 비록 있지만 있음이 아니니 있는 것은 참으로
있음[眞有]이 아니다.

만약 있음이 곧 참[卽眞]이 아니라면 없음은 자취를 쓸어버
리는 것[夷跡]이 아니다.

그렇다면 있음과 없음은 말은 다르지만 그 뜻은 하나[其致一]
이다.

(1) 말해 이룸[述成]

그렇다면(위를 받는 말) 만물(속제의 사법)은 참으로 그 있지 않은 까
닭이 있고

然則(承上之辭) 萬物(俗諦事法)果有其所以不有

'과(果)'는 분명함이다. 만법이 연의 성품의 결과임[緣性果]을 미
루어 헤아리면, 참으로 있지 않은 뜻[不有之義]이 있다.[99]

그 없지 않은 까닭이 있다.

有其所以不無

연의 성품[緣性] 또한 결과[果]이니 반드시 없지 않은 이치[不無
之理]가 있다.[100]

---

[99] △三述成正理四 初述成
　　果決也 推萬法緣性果決有不有之義
[100] 緣性又亦果 決有不無之理
　　[연의 성품이 실로 있다면 과로서 만물은 원자적 요인의 산물이므로 실로
　　있음이 아니나, 연의 성품 또한 다른 조건의 결과이므로 연(緣)의 성품이
　　공하므로 물(物)은 실로 없음이 아니다.]

속제의 있음은 그 있지 않은 까닭이 있으므로 비록 있지만 있지 않고

有其所以不有 故雖有而非有

  허깨비의 있음〔幻有〕은 실로 있음이 아니고〔非實有〕101)

진제의 없음은 그 없지 않은 까닭이 있으므로 비록 없지만 없지 않다.

有其所以不無 故雖無而非無

  성품이 공함〔性空〕은 실로 없음이 아니다〔非實無〕.102)

비록 없지만 없지 않으니, 없다는 것은 끊어져 비어 없음[絶虛]이 아니고

雖無而非無 無者不絶虛

  성품이 공한 없음은 끊어져 없는 큰 허공의 없음〔太虛無〕이 아니다.103)

비록 있지만 있음이 아니니, 있는 것은 참으로 있음[眞有]이 아니다.

雖有而非有 有者非眞有

  연이 모여 있는 것〔緣會之有〕은 참으로 늘 있음〔眞常有〕을 말하지 않는다.104)

만약 있음이 곧 참이 아니라면 없음은 자취를 쓸어버리는 것[夷跡]이 아니다.

若有不即眞 無不夷跡

---

101) 幻有非實有
102) 性空非實無
103) 性空之無非斷絶太虛無也
104) 緣會之有非謂眞常有也

'이(夷)'란 평평히 없앰이다. '자취'란 발자취를 말하니 있음은 늘 있음이 아니다. 그러므로 있지 않다. 없음은 자취를 없앰이 아니다. 그러므로 없지 않다.105)

그렇다면 있음과 없음은 말은 다르지만 그 뜻[其致]은 하나이다.
然則有無稱異 其致一也

　연의 성품[緣性]이 있고 없음을 말하면 다름과 같으나 있음이 곧 있음이 아니므로 없음도 없어 곧 없지 않다. 그러므로 '있음과 없음이 둘이 아닌 이치[有無不二之理]'가 있어 다르지 않다. 다르지 않는 이치[不殊之理]가 곧 '으뜸가는 뜻의 진리[第一義諦]'이다. 그러므로 참으로 공하지 않다[不眞空]고 한다.106)

(2) 증명을 이끎[引證]

> ▨ 그러므로 '보배 쌓은 장자의 어린이[寶積童子]'가 찬탄했다. "설법은 있음이 아니고 없음이 아닌데 인연 때문에 모든 법은 납니다."
> 『영락경(瓔珞經)』은 말한다. "법바퀴 굴림은 또한 굴림 있음도 아니고 또한 굴림 없음도 아니다."
> 이를 구르되 구르는 바 없다[轉無所轉]고 말한다.
> 이는 바로 뭇 경의 그윽한 말이다.

그러므로 '보배 쌓은 장자의 어린이'가 찬탄했다. "설법은 있음이

---

105) 夷者平除也 跡謂蹤迹有不常有 故不有 無不除迹 故不無
106) 說緣性有無 則似異 有卽不有 故無無卽不無 故有有無不二之理 不殊 不殊 之理卽第一義諦故曰不眞空
　〔속제를 주인으로 하면 참이 아니라 공하다고 할 수 있고 진제를 주인으로 하면 참으로 공하지 않다고 할 수 있다.〕

아니고 없음이 아닌데 인연 때문에 모든 법은 납니다."

故童子歎曰 說法不有亦不無 以因緣故諸法生

『비말라키르티 수트라』에서 '보배 쌓은 장자의 어린이〔寶積童子〕'가 붇다를 찬탄했다.

"잘 말씀하셨습니다. 모든 법은 인연 때문에 생겨나므로 성품은 있지도 않고 없지도 않습니다."

이는 곧 연이 모임〔緣會〕을 미루어 성품이 공함〔性空〕을 나타낸 것이다."107)

『영락경』은 말한다. "법바퀴 굴림은 또한 굴림 있음도 아니고 또한 굴림 없음도 아니다."

瓔珞經云 轉法輪者 亦非有轉 亦非無轉

저 경은 말한다.

"모든 법은 허공과 같으므로 또한 굴림 있음도 없고 굴림 없음도 없으니 수레바퀴는 씀이 있으면 이를 굴린다."

이는 곧 움직이되 움직여 구름을 꺾음〔摧輾〕이니 성인의 법문도 씀이 있으면 이를 설한다. 미혹을 깨뜨리고 티끌을 벗어나기 때문에 법바퀴 굴림〔轉法輪〕이라 말한 것은 말을 받음〔牒〕이다. 설하는 자와 받는 자〔說者受者〕, 가운데 사이 이름과 구절〔名句〕 글과 뜻〔文義〕은 다 여래의 큰 자비의 마음을 좇아 중생의 착한 뿌리의 연〔善根緣〕 위에서 일어나, 연의 성품은 다 공하다〔緣性皆空〕. 그러므로 실로 있고 없음이 아니다.108)

---

107) △二引證
　　　淨名經寶積童子歎佛 善說 諸法由因緣生故性非有無也 此則推緣會顯性空也
108) 彼經云 諸法如空故亦無有轉亦無無轉 車輪有用轉之 則運動摧輾 聖人法門
　　　有用說之 則破惑出塵故曰轉法輪者 牒也 說者受者及中間名句文義 皆從如來
　　　大悲心 及衆生善根 緣上而起 緣性皆空 故非實有無也
　　　〔여래의 설법은 중생의 번뇌 때문에 있고 착한 뿌리를 의지해 일어나지만

이를 구르되 구르는 바 없다고 말한다.

是謂轉無所轉

　맺음이다. 속제에서는 구름[轉]을 말하나 속제 그대로의 참됨은 곧 구르는 바 없다.109)

이는 바로 뭇 경의 그윽한 말[微言]이다.

此乃衆經之微言也

　이는 곧 참됨의 뜻이니 뭇 경의 말씀이 미묘한 것이다. 미묘하므로 있고 없음으로 얻을 수 없다.110)

(3) 미루어 풀이함[推釋]

> **論** 왜 물이 없다[物無]고 말하는가. 그러면 곧 끊어져 없다는 삿된 견해[邪見]가 미혹이 아닐 것이다.
>
> 　물이 있다[物有]고 말하는가. 그러면 곧 늘 있다는 견해[常見]가 얻음이 될 것이다.
>
> 　'물이 없음이 아니므로[物非無故]' 없다는 삿된 견해가 미혹이 되고, '물이 있음이 아니므로[物非有故]' 늘 있다는 견해가 얻음이 아니다.
>
> 　그러면 곧 '있음이 아니고 없음이 아니다'라는 것이 미더운 진제의 말이다.

왜(미루어 봄이다) 물이 없다[物無]고 말하는가. 그러면 곧 끊어져 없다는 삿된 견해[邪見]가 미혹이 아닐 것이다.

　중생번뇌도 공하므로 연의 성품이 공하다.]
109) 結也 俗諦云轉 卽俗之眞 則無所轉
110) 此卽眞之義 乃爲衆經言之微妙也 微妙故不可以有無得矣

何者(推也)謂物無耶 則邪見非惑

이는 먼저 없다고 말함을 거스름이다. 삿된 견해란 바른 이치 밖[正理之外]에 견해를 일으켜 끊어져 없음[斷滅]에 치우쳐 막힘이다.

'물(物)이 만약 반드시 없다'고 하면 삿된 견해로, 없음을 집착하는 것이 곧 미혹이 아닐 것이다.111)

물이 있다[物有]고 말하는가. 그러면 곧 늘 있다는 견해[常見]가 얻음이 될 것이다.

謂物有耶 則常見爲得

있다고 말함을 거스름이다. 늘 있다는 견해[常見]는 모든 법이 늘 머문다고 집착하여 견해를 일으켜 실로 있음[實有]에 치우쳐 막힘이다. 물이 만약 반드시 있다고 하면 늘 있다는 견해[常見]로 있음을 집착함이 바른 이치[正理]를 얻음이 될 것이다. 아래는, 있고 없음이 아님[非有無]을 따라 나타냄이다.112)

물이 없음이 아니므로[物非無故] 없다는 삿된 견해[邪見]가 미혹이 되고, 물이 있음이 아니므로[物非有故] 늘 있다는 견해[常見]가 얻음이 아니다.

以物非無故 邪見爲惑 以物非有故 常見不得

만물이 연의 성품[緣性]을 말미암아 반드시 있고 없음이 아니니 두 견해로 아는 바가 아니다. 그러므로 있음과 없음을 집착하는 것은 바른길[正道]을 미혹하는 것이다.113)

---

111) △三推釋
此先逆說無也 邪見者正理之外起見偏滯斷滅 物若定無邪見執無則非爲迷惑
112) 逆說有也 常見者執諸法常住 起見偏滯實有 物若定有常見執有 乃得正理
下順顯非有無
113) 由萬物緣性 定非有無非二見所了 故執有無者 迷惑正道也

⑷ 맺어 이룸

그러면 곧 '있음이 아니고 없음이 아니다'라는 것이 미더운 진제의
말[眞諦之談]이다.

然則非有非無者 信眞諦之談也

이미 진실의 진리를 말했으므로 있고 없음으로 말할 수 없으니,
'있음이 아니고 없음이 아니다'라고 말하면 이를 말의 미묘함[言之
微妙]이라 한다.114)

2. 따로 물질과 마음의 인연을 열어 미루어 풀이함
   〔別開色心因緣推釋〕

그러나 옛날의 과목의 글[科文]은 많이들 '앞은 경계[境]를 잡아
보이고, 여기는 마음[心]을 잡아 보인다'고 말한다. 그러면 곧 글
의 뜻으로 하여금 국한되게 함이지만 어찌 앞의 모든 법[諸法]이
라는 말이 마음[心]을 거두지 못함이겠는가. 그러면 이 가운데서는
물(物)이 인연을 좇되 (다만 마음이라) 경계[境]에 통하지 않게
되리라.115)

지금 모으고 나누어 이를 가른 것은 다만 앞의 모든 법을 연
것이 물질과 마음[色心] 지나지 않기 때문이다. 그러므로 도행경
(道行經)을 이끌어 마음[心] 가운데 살핌[觀]을 나타내고 물(物)

---

114) △四結成
　　旣談眞實諦理 故不可以有無所議 乃曰非有非無 是謂言之微妙也
115) △二別開色心因緣推釋 然古之科文 多謂前約境 此約心 則令文義成局 豈
　　前諸法之言 而不該於心 此中物從因緣而不通於境
　　〔연기법에서는 마음을 들면 경계를 거두고 경계를 들면 마음을 거두어야 함
　　을 말한다. 그러므로 모든 법이라 하면 곧 마음[心]을 거두고 물(物) 또한
　　경계에 통하고 마음에 통한다.〕

을 나타내되 거듭 다 인연으로써 한다. 이 때문에 그 이치를 풀이해 이루니 앞은 곧 글을 모아 뜻이 높은 것이다. 여기는 글을 나누어[文別] 뜻이 가늘지만[意細] 그 큰 뜻은 앞 단과 다르지 않을 뿐이다.

또한 셋을 나누니 처음 가르침을 이끌어 거듭 나타낸다.116)

1) 가르침을 이끌어 거듭 나타냄[引敎重標]

論 그러므로 『도행경(道行經)』은 말한다.
"마음은 또한 있음이 아니고 또한 없음이 아니다."
『중관(中觀)』은 말한다.
"물은 인연을 좇으므로 있지 않고, 연으로 일어나므로 없지 않다."

그러므로 『도행경』은 말한다. "마음은
故道行云 心
속제의 연으로 난 마음[緣生之心]이니 범부와 성인을 통하여 다 신령히 비추기 때문이다.117)

또한 있음이 아니고 또한 없음이 아니다."
亦不有亦不無
거듭 또 말한다.

---

116) 今以總別分之者 但開前諸法不過色心 故引道行 標心中觀 標物 復以因緣
所以釋成其理 前則文總義高 此則文別義細 然其大旨不殊前段耳 亦分三 初引
敎重標
〔모든 법[諸法]으로 마음을 나타내고 물을 나타내되, 마음과 물[心物]은 인연으로 있는 것이다.〕
117) 俗諦緣生之心 通凡聖皆靈照故

또한 다만 '으뜸가는 뜻의 진리〔第一義諦〕'만 있음이 아니고 없음
이 아닌 것이 아니라 '속제의 연으로 난 마음〔俗諦緣生之心〕'도 또
한 있고 없음이 아니기 때문이고 또 있되 있음 아니고 없되 없음
아니기 때문에 '또한〔亦〕'이라 말한 것이다.

그러나 대저 참마음〔眞心〕은 본래 있고 없음이 아니지만, 인연
(因緣)으로 미루어 풀이할 수 없으니 지금 밝히는 바가 아니다. 지
금은 바로 속제를 밝히니 성인과 범부의 연으로 나는 마음〔緣生之
心〕일 뿐이다.

성인의 마음이란 연을 따라〔隨緣〕 있으므로 있지 않다. 느끼어 부
르면 늘 응하므로〔感而常應故〕 없지 않다. 범부의 마음〔凡心〕이란
경계를 인해〔因境〕 있기 때문에 있지 않고〔非有〕 경계를 마주하면
〔對境〕 곧 일어나므로 없지 않다〔非無〕.

이로써 속제인 성인과 범부의 두 마음은 다 연을 말미암기 때문
에 실로 있고 없음이 아닌 줄 알아야 한다. 곧 진제문(眞諦門) 가
운데서 성인과 범부를 나타내면, 있고 없는 마음이 모두 끊어졌다
〔有無之心俱絶〕. 또 속제 그대로의 참됨이란 곧 성인과 범부가 있
지 않고 참됨 그대로의 속제이므로 성인과 범부가 없지 않다.

참됨과 세속이 둘이 아니면 곧 으뜸가는 뜻의 진리〔第一義諦〕를
나타내니 있음과 없음 둘을 모두 끊는다〔雙絶有無〕.118)

『중관』은 말한다. "물(物)은 인연을 좇으므로 있지 않고 연으로

---

118) 重又曰 亦非但第一義諦非有無 俗諦緣生之心亦不有無故 又有而不有無而
不無 故云亦也 然夫眞心本非有無 不可以因緣推釋 非今所明 今正明俗諦 聖
凡緣生之心耳 聖心者隨緣而有故不有 感而常應故不無 凡心者因境而有故不有
對境則起故不無
是知俗諦聖凡二心 皆由緣故非實有無 卽顯眞諦門中聖凡 有無之心俱絶 又卽俗
而眞則聖凡不有 卽眞而俗故聖凡不無 眞俗不二 卽顯第一義諦 雙絶有無也
〔연기의 진실이 으뜸가는 뜻의 진리이므로 으뜸가는 진제가 있음이 아니고 없
음이 아니라면 곧 연기하는 세속법의 진실이 있음이 아니고 없음이 아니다.〕

일어나므로[緣起故] 없지 않다.”

中觀云 物從因緣故不有 緣起故不無

논을 이끌어서 인연을 미루어, 있고 없음이 아님을 나타내는 까
닭은 인연의 뜻[因緣之義]은 붇다의 가르침 모든 종지[佛敎咸宗]
이기 때문이다.

다만 일을 따라 미루어 구하면 인연을 떠나서는 이루어짐[成]이 있
지 않은 것이다. 다만 가까이 일으키는 것[親起者]을 인(因, hetu)
이라 하고, 도와서 내는 것[助生者]을 연(緣, pratyaya)이라 하니,
씨앗이 인(因)이 되고, 물 흙 사람과 때[水土人時]는 연(緣)이 되는
것과 같다.

그러므로 벼 싹이 나락을 이룰 수 있다. 성인은 큰 자비와 큰 원
[大悲大願]으로 인(因)을 삼고 중생의 착한 뿌리[衆生善根]로 연
(緣)을 삼으므로 응해 교화하는 마음[應化心]이 나고, 중생은 무명
(無明)으로 인(因)을 삼고 경계(境界)로 연(緣)을 삼으므로 취해
집착하는 마음[取著心]이 난다.

만약 본래 깨침[本覺]으로 인(因)을 삼고 스승의 가르침[師敎]으
로 연(緣)을 삼으면, 밝게 깨친 마음[了悟心]이 나게 된다. 그러므
로 속제 가운데 범부와 성인의 미혹과 깨침, 마음이든 경계이든 다
연을 말미암아[由緣] 있으므로 참으로 있음이 아니고[不眞有], 연
으로 일어나기 때문에 반드시 없음이 아니다[不定無]. 이 연의 성
품[緣性]을 통달하여 또렷하면 곧 참됨이다. 진제와 속제가 이미
녹으면[眞俗旣融] 한 진리가 여기에서 나타난다. 그러므로 지금 말
하는 물(物)은 마음과 경계[心及境]에 통한다.119)

---

119) 引論 推因緣以標不有無之 所以然 因緣之義佛敎咸宗 但隨事推求 離因緣
    而成未之有也 但親起者曰因 助生者爲緣 如穀子爲因 水土人時爲緣 故得禾苗
    成穗 聖人以大悲大願爲因 衆生善根爲緣 故有應化心生 衆生以無明爲因 境界
    爲緣故 有取著心生
    若本覺爲因 師敎爲緣 則有了悟心生 故俗諦中凡聖迷悟 若心若境 皆由緣有 故

2) 다시 종의 뜻을 미루어 생각함[再推宗義]

(1) 뜻을 펴는 데 앞을 받음[敍意牒前]

> 論 이러한 도리를 찾아보면 곧 그것이 그러할 것이다.
>
> 　그러한 까닭이란 있음[有]이 만약 참으로 있음[眞有]이라면, 있음은 스스로 늘 있음[自常有]이니 어찌 연(緣)을 기다린 뒤에야 있겠는가?
>
> 　비유하여 저것이 참으로 없음[眞無]이라면, 없음은 스스로 늘 없음[自常無]인데 어찌 연(緣)을 기다린 뒤에야 없겠는가?
>
> 　만약 있음이 스스로 있을 수 없고 연을 기다려서 뒤에 있는 것이라면, 곧 있음이 참으로 있는 것이 아님을 알게 된다.
>
> 　있음이 참으로 있는 것이 아니라면 비록 있지만 이를 있다[有]고 말할 수 없다.
>
> 　없지 않다는 것[不無者]은 대저 없음이라면 곧 맑아 움직이지 않음을 없다[無]고 말할 수 있다.
>
> 　만물이 만약 없다면 일어나지 않아야 할 것이고, 일어난다면 없음이 아니다.
>
> 　인연으로 일어남[緣起]을 밝히기 때문에 없지 않음인 것[不無]이다.

이러한 도리를 찾아보면 곧 그것이 그러할 것이다.

尋理即其然矣

　모든 법이 인연 말미암은 줄 깊이 찾으므로, 있지 않고 없지 않

不眞有　緣起故不定無　達此緣性了然卽眞　眞俗旣融一理斯顯故　今言物通心及境也

[지금 말하는 물은 다만 마음의 대상인 물이 아니라, 물일 때 마음인 물이자 마음일 때 물인 마음이니 물(物)은 마음[心]과 경계[境]에 모두 통한다.]

은 도리〔不有不無道理〕가 곧 이와 같아야 한다.120)

(2) 까닭을 미루어 풀이함〔推釋所以〕

① 있지 않음을 미루어 풀이함〔推釋不有〕

그러한 까닭이란 (무엇일까?)

所以然者

　위의 도리 찾음의 까닭을 받음이다.121)

있음이 만약 참으로 있음[眞有]이라면 있음은 스스로 늘 있음[自常有]이니, 어찌 연을 기다린[待緣] 뒤에야 있겠는가?

夫有若眞有　有自常有　豈待緣而後有哉

　마음과 경계〔心境〕가 만약 실답다면 반드시 늘 있는데 어찌 연이 모임〔緣會〕을 기다려서 있겠는가?122)

비유하여 저것이 참으로 없음[眞無]이라면 없음은 스스로 늘 없음[自常無]인데 어찌 연을 기다린[待緣] 뒤에야 없겠는가?

譬彼眞無　無自常無　豈待緣而後無

　참으로 없음에 둘이 있으니 하나는 큰 허공이 끊어져 없어 실로 반드시 늘 없음〔實定常無〕이고, 둘은 참마음이 비어 고요해〔眞心虛寂〕 마쳐 다해 엉김〔究竟凝然〕이다. 이 두 없음은 비록 연을 의지해〔藉緣〕 드러나지만, 연을 빌어〔假緣〕 이루어지지 않는다. 지금 이 실로 없음〔實無〕을 이끌어 이 연으로 있음〔緣有〕이, 실로 있지

---

120)　△二再推宗義五　初敘意牒前
　　究尋諸法由因緣故　不有不無道理　即當如此
121)　△二推釋所以二　一推釋不有　文中各先逆後順　今初也
　　牒上尋理之所以也
122)　心境若實決定常有何待緣會而有

않음[不實有]을 비유한다.

　이 위는 법으로 비유하여[法喩] 거슬러 말하고, 아래는 있지 않음[不有]을 따라 밝힌다.123)

만약 있음이 스스로 있을 수 없고 연을 기다려서 뒤에 있는 것이라면, 곧 있음[有]이 참으로 있는 것이 아님[非眞有]을 알게 된다.

若有不能自有 待緣而後有者 故知有非眞有

　연을 빌어 기다린다면 반드시 실로 있음이 아닌 뜻[非實有義]을 매우 잘 볼 수 있다.124)

있음이 참으로 있는 것이 아니라면 비록 있지만 이를 있다고 말할 수 없다.

有非眞有 雖有不可謂之有矣

　마음과 경계가 있되 있지 않은 뜻[心境有而不有]을 맺으므로 위에서 물(物)은 인연을 좇으므로 있지 않다고 말했다.125)

　② 없지 않음을 미루어 풀이함[推釋不無]

없지 않다는 것은

不無者

　위에서 연으로 일어나므로 없지 않다는 것[緣起故不無]을 받음이다.126)

---

123) 眞無有二 一太虛斷滅實定常無 二眞心虛寂究竟凝然 此二無 雖藉緣顯不假
　　緣成 今引此實無以喩緣有之不實有也 此上法喩逆說 下順明不有
124) 假待於緣 定非實有義甚可見
125) 結心境有而不有之義故上曰物從因緣故不有
126) △二推釋不無
　　牒上緣起故不無

대저 없음이라면 곧 맑아 움직이지 않음을 없다고 할 수 있다.

夫無則湛然不動 可謂之無

맑다는 것은 물이 맑아 멈춘 모습이다. 움직임이란 바뀌어 구르
는 뜻이다. 마음[心]과 경계[境]가 반드시 없다면 맑게 엉겨 다시
바뀌어 구르지 않음이 마치 큰 허공과 같아 길이 옮겨 바뀌지 않
아야, 이를 없다고 할 수 있다.127)

만물이 만약 없다면 일어나지 않아야 할 것이고

萬物若無 則不應起

만물은 마음과 경계[心境]이다. 응(應)은 마땅함이다. 만약 반드
시 없다면 연을 좇아 일어나지 않을 것이다. 이 위는 거슬러 미룸
[逆推]이고 아래는 따라서 나타냄[順顯]이다.128)

일어난다면 없음이 아니다.

起則非無

마음[心]은 거스르는 연으로 성냄[瞋]을 일으키고 따르는 연으로
탐냄[貪]을 일으키며 미혹하는 연으로 어리석음[癡]을 일으킨다.
나아가 착한 벗의 연으로 착함을 일으키고 악한 벗의 연으로 악을
일으켜 마음 없음이 아니다.

경계[境]는 각각 '연의 어울려 합함[緣和合]'을 좇아 있으므로 경
계 없음이 아니다. 또 마음과 경계는 서로 연이 되어 일어나므로
[心境互爲緣起故] 없음이 아니다.129)

---

127) 湛然者水澄停貌也 動者改轉義 心境 若定無則澄湛凝然 更不改轉其猶太虛
永無移易可以謂之無也
128) 萬物者心境也 應當也 若決定無者不當從緣而起也 此上逆推向下順顯
129) 心則違緣起瞋 順緣起貪 迷緣起癡 乃至善友緣則起善 惡友緣則起惡 非無
心也 境則各各從緣和合 而有故非無境 又心境互爲緣起故非無
　　[마음은 경계를 아는 바의 조건[所緣緣]으로 하여 경계인 마음으로 일어나

인연으로 일어남을 밝히기 때문에 없지 않음인 것이다.

以明緣起 故不無也

　없되 없지 않은 뜻[無而不無義]을 맺는다. 그러므로 위에서 연으로 일어나므로 없지 않다[不無]고 말한 것이다.130)

⑶ 대론을 이끌어 증명함[引大論證]

> 🔲 그러므로 마하야나의 논은 말한다.
> 　온갖 모든 법은 온갖 인연이므로 있어야 한다.
> 　온갖 모든 법은 온갖 인연이므로 있지 않아야 한다.
> 　온갖 없는 법은 온갖 인연이므로 있어야 한다.
> 　온갖 있는 법은 온갖 인연이므로 있지 않아야 한다.

그러므로 마하야나(mahayāna)의 논은 말한다.

故摩訶衍論云

　이 아래에 네 구절이 있으니 앞의 두 구절은 연으로 나기 때문에 있으나[緣生故有] 연의 거짓이므로 없음[緣假故無]을 밝힌다.

　뒤의 두 구절은 곧 없음 그대로 없지 않음[即無顯不無]을 밝히고, 곧 있음 그대로 있지 않음[即有明不有]을 밝힌다. 증명을 이끄는데 앞의 글은 큰 뜻이 이와 같다.131)

온갖 모든 법은 온갖 인연이므로 있어야 한다.

一切諸法 一切因緣 故應有

　고, 경계는 마음을 아는 조건으로 하여 마음인 경계로 드러난다.]
130) 結無而不無義 故上云緣起故不無也
131) △三引大論證
　　此下有四句 前二句明緣生故有 緣假故無 後二句即無顯不無 即有明不有引證
　　前文大意如此

연을 좇아〔從緣〕 나고, 연이 모여〔緣會〕 있어야 하는 것이니 곧 거짓으로 있음〔假有〕이다.132)

온갖 모든 법은 온갖 인연이므로 있지 않아야 한다.
一切諸法 一切因緣 故不應有

　이미 연으로 말미암아 있으므로 실로 있음이 아니니 곧 비어 없음이다. 이 위의 두 구절은 인연법을 미루어 구하니 허깨비의 있음〔幻有〕이라 비어 없음〔空無〕이다.133)

온갖 없는 법은 온갖 인연이므로 있어야 한다.
一切無法 一切因緣 故應有

　연의 거짓으로 없음〔緣假之無〕은 성품과 모습을 무너뜨리지 않아서〔不壞性相〕 늘 있다〔常有〕. 그러므로 앞에 "연기이므로 없지 않음 등을 밝힌다."고 말했다. 여기는 다음 구절 없음〔無〕을 말함에 나아가 없지 않음〔不無〕을 밝힌 것이다.134)

온갖 있는 법은 온갖 인연이므로 있지 않아야 한다.
一切有法 一切因緣 故不應有

　연으로 나서 있음〔緣生之有〕은 본래 실로 있지 않다〔本非實有〕. 그러므로 앞에 "비록 있지만 있다고 말할 수 없음 등"을 말했다. 여기는 곧 첫 구절 있음〔有〕 말함에 나아가, 있지 않음〔不有〕을 밝힌 것이다.135)

---

132) 從緣而生 緣會應有 卽假有也
133) 旣由緣有故不實有 卽空無也 此上二句推求因緣法 幻有空無也
134) 緣假之無 不壞性相常有 故前云 以明緣起故不無等 此卽就次句言無 以明不無也
　〔없음이 연의 거짓으로 없음이라면 없음이 없음이 아니라, 연의 거짓으로 있게 되면 늘 있음이 되므로.〕

(4) 돌이켜 뒤집어 풀이해 이룸[反覆釋成]

> **論** 이 있음과 없음의 말[有無之言]을 찾아 살피면, 어찌 곧장 반대로 논할 뿐이겠는가?
>
> 만약 있어야 한다면[應有] 곧 이는 있음이니 없다고 말하지 않아야 한다.
>
> 만약 없어야 한다면[應無] 곧 이는 없음이니 있다고 말하지 않아야 한다.
>
> 있음[有]을 말하면 이는 있음을 빌어서[假有] 없지 않음[非無]을 밝힘이고, (없음[無]을 말하면) 없음을 빌어[借無] 있지 않음[非有]을 말한 것이다.
>
> 이 일은 하나인데 둘을 말하니 그 글에는 같지 않은 듯함[似不同]이 있으나, 참으로 그 같은 바[所同]를 알면, 곧 달라 같지 않음[異而不同]이 없다.

이 있음과 없음의 말을 찾아 살피면 어찌 곧장 반대로 논할 뿐이 겠는가?

尋此有無之言 豈直反論而已哉

대론(大論)에서 다만 있음을 가지고 없음을 보내고 없음을 가지고 있음을 보냄이, 다만 두 치우침을 깨뜨릴 뿐[秖破二邊] 따로 도리가 있는 것이 아니라 말할까 걱정하므로, 특별히 이를 풀이해 말한 것이다.

이 있음과 없음의 말 찾는다고 한 것은 앞에서 첫 구절은 있음[有]을 말하고 끝 구절[末句]은 없음[無]을 말하며, 둘째 구절에서 없음을 말하고 셋째 구절에서 있음을 말한 것이다. 지금 미루어 찾는 것은 다만 그 말해 논함을 돌이켜 있음과 없음이 서로 깨뜨리

---

135) 緣生之有本非實有 故前云 雖有不可謂之有等 此卽就初句言有 以明不有

게 함〔有無互破〕을 말하지 않는다.136)

만약 있어야 한다면 곧 이는 있음이니

若應有 即是有

　대론은 다만 첫째 구절의 있어야함을 말했다.137)

없다고 말하지 않아야 한다.

不應言無

　말하지 않아야 한다는 것은, 네 번째 구절 있지 않아야 한다〔不
應有〕는 것이다.138)

만약 없어야 한다면 곧 이는 없음이니

若應無 即是無

　대론은 다만 둘째 구절의 있지 않아야 함〔不應有〕을 말한다.139)

있다고 말하지 않아야 한다.

不應言有

　셋째 구절 있어야 한다고 말하지 않아야 한다는 것 이는 위〔있어

---

136) △四反覆釋成
　恐謂大論但將有遣無 將無遣有 秖破二邊 非別有理 故特釋之言 尋此有無之言
　者 前初句說有末句說無 第二句說無 第三說有 今推尋之非謂 但欲反其議論有
　無互破而已
　〔있음과 없음의 말이 다만 서로 치우침을 깨뜨릴 뿐 아니라, 연의 거짓으로
　있음이 곧 없되 있음이고 연의 거짓으로 없음이 곧 있되 없음이라 서로 깨뜨
　리는 있음과 없음을 들어 있음과 없음이 함께하는 중도의 뜻을 드러내므로.〕
137) 大論秖說第一句應有
138) 不當說第四句不應有也
　〔네 번째 구절 없음을 빌어 있지 않아야 함을 보인 것이다.〕
139) 大論秖說第二句不應有

야 함]를 거슬러 말함[逆說]이고 아래[있지 않아야 함]를 따라 밝힘
[順明]이다.140)

있음을 말하면 이는 있음을 빌어서[假有] 없지 않음[非無]을 밝힘이고
言有是爲假有 以明非無
　　셋째 구절 있음을 말하는 것은 이는 거짓 지음[假作]이라 이 말
은 둘째 구절 가운데의 없음[無]이 끊어진 없음[斷無]이 아님을
밝히려 하기 때문이다.141)

(없음을 말하면) 없음을 빌어[借無] 있지 않음[非有]을 말한 것이다.
借無以辨非有
　　넷째 구절 없음을 빈다[借無]는 말은 첫 구절 가운데 있음이 실로
있음이 아님[有非實有]을 보여 말한 것이다. 그러므로 인연인 마음
과 경계[因緣心境]의 있음이 실로 있음이 아니고[有非實有], 없음이
끊어진 없음이 아닌 줄[無非斷無] 알아야 한다. 대론[大論]은 이 때
문에 네 구절을 세운 것이다.142)

(5) 깊은 뜻을 모아 맺음[總結玄旨]

이 일은 하나인데
此事一
　　온갖 사법은 네 구절이 둘 아님[四句不二]이라, 한뜻[一義]으로
이를 꿰뚫으면 다 중도(中道)이다.143)

───────────────

140) 不當說第三句應有此上逆說下順明
141) 第三句言有是假作 此說欲以明第二句中 無非斷無故
142) 第四句借無之言以辨 初句中有 非實有 故知因緣心境 有非實有 無非斷無
　　　大論故立四句也
143) △五總結玄旨

둘을 말하니 그 글에는 같지 않은 듯함[似不同]이 있으나

稱二其文有似不同

네 구절이 다르나 뜻은 다르지 않으므로 같지 않은 듯함이라 말
한 것이다.144)

참으로 그 같은 바[所同]를 알면, 곧 달라 같지 않음[異而不同]이
없다.

苟領其所同 則無異而不同

만약 만법이 다 연의 성품[緣性]과 같은 줄 알면 곧 아주 달라 한
진리에 같이 돌아가지 않음[殊異而不同歸一理]이 있지 않다. 『중론』
은 말한다.

"인연으로 나는 법을,
나는 곧 공하다 말한다.
또한 이를 거짓이름 이라 말하고,
또한 중도의 뜻이라 한다."

因緣所生法　我說卽是空
亦謂是假名　亦名中道義

이는 곧 공(空)과 거짓 있음[假]과 중도[中]의 셋이 인연(因緣)
을 떠나 문(門)을 삼지 않는다. 그러므로 달라 같지 않음[異而不
同]이 없는 것이다.145)

一切事法以四句不二 一義貫之皆中道也
144) 四句異而意不異 故云似不同
145) 若知萬法皆同緣性 則無有殊異而不同歸一理也 中論云 因緣所生法 我說卽
是空 亦謂是假名 亦名中道義 則空假中 三不離因緣爲門 故無異而不同也
〔연기가 공의 뜻이며 곧 거짓이름이라 같이 중도의 진리에 돌아가나 공과
거짓이름과 중도의 셋은 모두 연기의 뜻을 밝힘이다.〕

3) 다시 바른 도리를 말함〔復述正理〕

> **論** 그렇다면 만법은 참으로 그 있지 않은 까닭이 있으므로 있다
> 〔有〕고 할 수 없고, 있음은 그 없지 않은 까닭이 있으므로 없다
> 〔無〕고 할 수 없다.
>   왜 그런가? 그것이 있다 하려 하니 있음〔有〕은 참으로 생겨
> 남〔眞生〕이 아니요 그것이 없다 하려 하니 일과 모습〔事象〕이
> 이미 꼴이 된다〔卽形〕.
>   모습과 꼴〔象形〕이면 곧 없음이 아니나, 참이 아니라 실로 있
> 음 아니다.
>   그렇다면 '참이 아니라 공한 뜻〔不眞空義〕'이 여기에서 드러난다.

(1) 바로 말함〔正述〕

그렇다면

然則

  위의 미루어 본 바 종의 뜻〔宗義〕 그 도리를 받음〔承上所推宗義
道理〕이다.146)

만법은 참으로 그 있지 않은 까닭이 있으므로 있다[有]고 할 수 없고
萬法果有其所以不有 不可得而有

  참으로 인연으로 말미암아 있어서 실로 있지 않다. 있다고 하려
하면 반드시 없으니 이 (있다는) 이치는 반드시 얻을 수 없다.147)

---

146) △三復述正理三初正述
    承上所推宗義道理
147) 果然由因緣有而不實有 欲謂之有必無 此理定不可得

있음은 그 없지 않다 할 까닭이 있으므로 없다[無]고 할 수 없다.

有其所以不無不可得而無

다만 위를 뒤집은 것이다. 연기의 성품과 모습[緣起性相]은 이를 없다 하려 하면 (없다는) 이치를 또한 얻을 수 없다. 이 가운데 는 다만 인연을 밝히므로 있음과 없음이 아님[不有無]은 참됨 그 대로의 뜻일 뿐[卽眞之義]으로 이미 앞단에 있다. 앞글의 뜻에 견 주면 많이 이와 같다. 그러므로 앞은 곧 뜻이 높고 여기는 곧 뜻이 가늘 뿐임을 알아야 한다.148)

(2) 미루어 풀이함[推釋]

왜 그런가?

何則

위의 있고 없음 얻을 수 없음[不可得而有無]을 미루어 봄이다.149)

그것이 있다 하려 하니 있음은 참으로 생겨남이 아니요[非眞生],

欲言其有 有非眞生

인연을 의지하므로 참이 아니다.150)

그것이 없다 하려 하니, 일과 모습[事象]이 이미 꼴이 된다.

欲言其無 事象旣形

이미 꼴이 됨[旣形者]은 이미 드러남이다. 연으로 일어나면 곧 마음과 경계의 일과 모습[心境事象]이 이미 드러난다.151)

---

148) 但翻上也 緣起性相 欲謂之無 理亦不可得 此中但明因緣故 不有無 卽眞之 義已 在前段 比校前文意多如此 故知前則意高 此則意細耳
149) △二推釋
推上不可得而有無
150) 仗因緣故非眞也

모습과 꼴[象形]이면 곧 없음이 아니나

象形不卽無

　없음이 없음 아니나152)

참이 아니라 실로 있음 아니다.

非眞非實有

　있음이 있음 아니다.153)

(3) 맺어 이룸[結成]

그렇다면 참이 아니라 공한 뜻[不眞空義]이 여기에서 드러난다.

然則不眞空義 顯於玆矣

　위를 말미암아 이를 미루어 보면 인연의 성품과 모습[因緣性相]이
실로 있고 없음이 아니니, '있음과 없음 둘이 함께 고요한 뜻[有無
雙寂之義]'이 여기에서 드러난다. 그러므로 제목을 '참이 아니라 공
함[不眞空]'이라 한 것이다.

　그렇듯 연의 법[緣法]이 있고 없음이 아니면, 곧 성품이 공한 뜻
[性空義]을 나타내고, 만약 있음과 없음이 모두 고요하여 곧 '으뜸
가는 뜻의 진리[第一義諦]'를 드러내면, 법성 실상의 뜻[法性實相之
義]이다.

　다만 경계와 지혜가 아직 없어지지 않았으므로[境智未亡故] 본래
없음의 뜻[本無之義]에 미치지 못한다.154)

---

151) 旣形者已現也 緣起則心境事象已現也
152) 無而不無
153) 有而不有
154) △三結成
　　由上推之則因緣性相不實有無 有無雙寂之義顯於此也 故題曰不眞空 然緣法不
　　有無 卽顯性空義 若有無雙寂卽顯第一義諦 乃法性實相之義 但境智未亡 故未
　　及本無之義

3. 이름과 진실을 미루어 사무침〔推窮名實〕

미혹의 뜻을 맺어 꾸짖는 것은 이 글로 앞을 바라보는 것이니 곧 뒤의 뒤에서 앞을 풀이함이다. 앞〔前〕은 앞의 인연〔前因緣〕이 곧 참됨인 뜻〔卽眞義〕을 알지 못하므로 이름을 집착하고 모습을 집착하여 '두루 헤아리는 뜻〔徧計情〕'이 짙다. 그러므로 번뇌의 맺음〔結〕을 미루어 사무쳐, 탐욕과 번뇌〔欲使〕를 꾸짖으면 곧 이름 그대로의 바탕〔體〕이다.

'연이 공함〔緣空〕'을 통달하면, 바야흐로 참된 공〔眞空〕에 계합함이라 글은 비록 깊음을 좇아 얕음에 이르나, 거짓이름을 미루어 봄이란 얕음으로부터 깊음에 이르러, 뒤의 풀이〔後釋〕로써 앞의 글을 이루도록 하려는 것이다.

글에 셋이니 처음 경을 이끌어 뜻을 나타낸다.155)

1) 경을 이끌어 뜻을 나타냄〔引經標義〕

> 🔲 그러므로 『방광경(放光經)』은 말한다. "모든 법은 거짓이름〔假號〕이라 참으로 있는 것이 아니다."
>
> 비유하면 허깨비 변화의 사람〔幻化人〕과 같으니 허깨비 변화의 사람이 없지 않으나 허깨비 변화의 사람은 참사람〔眞人〕이 아니다.

---

155) △三推窮名實 結責迷情者 此文望前則後後釋於前 前爲不了前因緣卽眞義 故 執名著相徧計情濃故 今推窮結責欲使卽名體 以達緣空方契眞空 文雖從深 至淺 欲令自淺之深 以後釋成前文也 文三 初引經標義
〔물이 옮겨가지 않음〔物不遷〕을 말한 것은 옮김에 집착한 중생의 망정(妄情)에 뿌리를 둔 것이고, 이 논에서 참이 아니라 공함〔不眞空〕을 말한 것은 연이 공함〔緣空〕을 통해, 참으로 공하지 않아 공하되 공하지 않은 참된 공〔眞空〕에 계합하도록 하기 위함을 말한다.〕

그러므로 『방광경』은 말한다. "모든 법은 거짓이름이라 참으로 있
는 것이 아니다."

故放光云 諸法假號不眞

　속제의 모든 법〔俗諦諸法〕은 뜻의 견해에 머묾으로 말미암아,
이름이 있고 바탕이 있으나 뜻은 본래 허망하다〔情本虛妄〕. 그러
므로 이름을 거짓 세운 것이라 바탕은 진실이 아니니 이름과 바탕
〔名之與體〕에서 뜻은 있고 이치는 없다〔情有理無〕. 아래 비유를
든다.156)

비유하면 허깨비 변화의 사람과 같으니

譬如幻化人

　허깨비란 실답지 않으니 수건이나 풀을 맺어 토끼〔兎〕나 말〔馬〕
을 삼고, 사물에 의지하여 술법을 빌어 실다움에서 헛됨을 일으키
면 대개 눈과 귀를 미혹하는 것이다. 변화하는 것이란 없다가 홀연
히 있는 것이다.
　사람이란 허깨비로 된 사람〔幻人〕이다. 허깨비의 술법으로 남자
와 여자를 변화로 이루면 이름과 모습이 또렷하니, 허망한 뜻으로
법을 집착하면 이름과 바탕 있음을 보는 것이다. 허깨비 술법〔幻
術〕은 망녕된 뜻〔妄情〕을 비유하고, 변화한 사람의 이름과 모습〔化
人名相〕은 모든 법의 이름과 바탕〔諸法名體〕을 비유한다.157)

---

156) 俗諦諸法由住情見故 有名有體 情本虛妄 故名號假立 體不眞實 名之與體
　　情有理無 下擧喩
　　〔여기서 바탕은 세간법 이름의 바탕이니 세간법의 공한 진실을 말함이 아니다.〕
　　〔허망한 뜻으로 집착한 사법의 이름과 모습은 두루 헤아려 집착된 모습〔遍
　　計所執相〕이라 뜻은 있고 이치는 없는 것이다.〕
157) 幻者不實而有 結巾艸以爲兎馬 伏物假術 於實起虛 蓋惑愚目耳 化者無而
　　忽有也 人者所幻人也 幻術化成男女 則名相宛然 妄情執法見有名體 則以幻術
　　喩妄情 化人名相喩諸法名體也

허깨비 변화의 사람이 없지 않으나

非無幻化人

　허깨비 술법 가운데 있으면, 없다가 홀연히 있어 이름과 모습이
또렷하니 중생이 미혹에 있으면 모든 법의 이름과 바탕이 또렷이
차별되어 달라진다.158)

허깨비 변화의 사람은 참사람이 아니다.

幻化人非眞人也

　만약 사람이 허깨비의 술법으로 말미암아 있는 줄 알면, 이름과
모습이 온전히 공하다. 만약 법이 미혹의 집착으로 인해 일어남을
깨치면, 이름과 바탕이 비어 거짓됨〔名體虛假〕을 안다. 인연을 통
달한 자는 곧 거짓 그대로 참됨을 알고〔卽假以會眞〕, 인연에 미혹
한 자는 이름을 집착하여 모습에 집착하니 경을 이끌어 뜻을 세워
바로 미혹의 뜻〔迷情〕을 꾸짖는다.
　그래서 이 단의 경의 옛 과목은 위를 이어서 증명을 이끄나 뜻은
또한 통할 수 있다.
　지금은 이름과 바탕 바로 드러냄〔正顯名體〕이니 진실의 이치 아
닌 것〔不實理〕은 뒤의 단을 따르기 때문이다. 지금의 과목은 아래
글에 돌아가니, 아래의 뜻을 나타냄이 이치에 매우 맞아 편하기 때
문이다.159)

---

158) 在幻術中 無而忽有 名相宛然 衆生在迷 諸法名體 宛爾差殊
159) 若知人由幻術而有 則名相全空 若悟法因迷執而興 則知名體虛假 達因緣
　　者 卽假以會眞 迷因緣者執名而著相 引經立義正責迷情 然此段經古科連上以
　　爲引證 義亦可通 今謂正顯名體 不實理順後段故 今科歸下文 爲下之標義 於
　　理甚便

2) 바로 이름과 바탕 미루어 앎〔正推名體〕

(1) 이름과 바탕이 서로 구함〔名體互求〕

> 論 대저 이름〔名〕으로 물(物)을 구하면 물에는 이름에 맞는 진실〔實〕이 없다.
>
> 물로써 이름을 구하면 이름〔名〕에는 물의 공능〔物之功〕을 얻을 수 없다.
>
> 물(物)에는 이름에 맞는 진실이 없으니 물이 아니고〔非物〕, 이름〔名〕에서 물의 공능을 얻지 못하니 이름이 아니다〔非名〕.
>
> 그러므로 이름은 물의 실다움에 맞지 않고 실다움은 이름에 맞지 않는다. 이름과 물의 실다움이 맞음이 없다면〔名實無當〕 만물이 어찌 있겠는가?

대저 이름으로 물을 구하면 물에는 이름에 맞는 진실〔當名之實〕이 없다

夫以名求物 物無當名之實

이(以)는 씀이고 당(當)은 맞음이다. 이름을 써서 사물에서 미루어 구하면, 바탕 위에 정해진 이 이름의 진실이 없다. 만약 물의 바탕이 이 이름이라면 곧 온갖 물의 바탕은 다 같은 소리의 글자일 것이다. 이는 이름을 써서 바탕이 실답지 않음〔體不實〕을 구해 보는 것이다.160)

---

160) △二正推名體四 初名體互求
　　以用也當是也 用名推求於物而體上定無是名之眞實 若以物體是名者 則一切物體皆同音聲文字 此則用名求見體不實矣
　　〔꽃 자체를 꽃이라고 하고 화(華)라 하기도 하고 플라워(flower)라 하니 꽃 자체에는 이름이 없다.〕

물로써 이름을 구하면 이름에는 물의 공능[物之功]을 얻을 수 없다.

以物求名 名無得物之功

　물을 써서 이름에서 미루어 구하면 이름 위에서는 정해진 물의
공용[物之功用]을 얻지 못한다. 만약 이름 가운데 바탕을 얻는다면
온갖 불[火]이라는 이름은 반드시 뜨거워야 할 것이다. 그러므로
불이라는 이름은 반드시 불의 바탕[火體] 얻을 수 없음을 알아야
한다. 이는 바탕을 써서 이름이 거짓임[名號假]을 구해 보는 것이
다.161)

물에는 이름에 맞는 진실이 없으니 물이 아니고[非物]

物無當名之實 非物也

　물(物)이 이름[名]이 아님을 구함으로 인해, 곧 물이 망녕된 집
착이라, 실다운 물이 아님[非實物]을 안다.162)

이름에서 물의 공능을 얻지 못하니 이름이 아니다[非名].

名無得物之功 非名也

　또 이름이 물 아님을 말미암아 곧 이름 또한 허망하여 실다운 이
름이 아님[非實名]을 알아야 한다.

　그러므로 규산(圭山)은 말한다.

　"물질은 헛된 이름이고 헛된 모습이라 가는 털끝만큼의 바탕이
없으므로 곧 참으로 공함[眞空]이다."163)

---

161) 又用物推求於名 名上定無得物之功用 名中若得體 一切火名皆須炎熱 故知
　　火名定不得火體 此用體求見名號假也
　　〔꽃이라는 이름에는 꽃 자체의 공능과 진실이 없는 것이니, 불을 말한다고
　　입이 불타지 않는다.〕
162) 因求物不是名 則知物是妄執非實物也
163) 又由名不是物 則知名亦虛妄非實名也 故圭山云 色是虛名虛相 無纖毫之體
　　故 卽眞空也

(2) 같이 공함을 모두 맺음〔雙結同空〕

그러므로 이름은 물의 실다움에 맞지 않고 실다움은 이름에 맞지 않는다. 이름과 물의 실다움이 맞음이 없다면〔名實無當〕 만물이 어찌 있겠는가?

是以名不當實 實不當名 名實無當 萬物安在

　안(安)은 '어찌'이다. 속제의 만물〔俗諦萬物〕은 이름과 바탕〔名體〕에 지나지 않는다. 이미 서로 같음이 아니면〔旣不相是〕 이는 같이 공함을 아는 것이다. 공하므로 어찌 있겠는가? 이 뜻 때문에 앞에서 속제의 인연이 곧 참됨〔卽眞〕이라 밝힌 것은, 참으로 모든 법의 이름과 바탕〔諸法名體〕을 말미암음이라, '다만 망녕된 연만 떠나면〔但離妄緣〕 곧 한결같음〔卽如如〕'인 것이다.164)

(3) 이름의 원인을 미루어 세움〔推立名因〕

> 論 그러므로 『중관(中觀)』은 말한다.
> "물에는 저것 이것이 없다."
> 　사람이 이것으로 이것을 삼고 저것으로 저것을 삼으면, 저는 또한 이것으로 저것을 삼고 저것으로 이것을 삼아서 이것저것은 한 이름에 정할 수 없는데 미혹한 자는 '꼭 그렇다는 뜻〔必然之志〕'을 품는다.
> 　그렇다면 이것저것은 처음에는 있지 않는데 미혹한 자에게는 처음에 없지 않다.

---

164) △二雙結同空
　安何也 俗諦萬物不過名體 旣不相是卽知同空 空故何在 以是義故前明俗諦因緣卽眞 良由諸法名體 但離妄緣卽如如矣
　〔인연으로 일어난 모든 법의 이름과 바탕의 모습에서, 두루 헤아림〔偏計〕을 떠나면 인연의 모습이 공해 인연 그대로 참됨이다.〕

> 이미 저것과 이것이 있지 않음을 깨치니 어떤 것이 있을 수
> 있겠는가?
> 그러므로 만물은 참이 아니고〔萬物非眞〕 거짓이름〔假號〕이
> 오래됨을 안다.
> 이 때문에 『성구경』에서는 억지 이름의 글을 세웠고, 원림〔莊
> 子〕에서는 손가락과 말의 비유〔指馬之況〕에 의탁하였다.
> 이와 같다면 깊고 먼 말〔深遠之言〕이 어디에 있지 않겠는가?

① 글을 이끌어 미혹을 闢〔引文陳惑〕

그러므로 『중관』은 말한다. "물에는 저것 이것이 없다."

故中觀云 物無彼此

　의심할까 걱정하는 것은 다음과 같다.

　'온갖 물이 다 이름하여 부를 수 있다고 했는데 어찌 이름에는 물
의 공능을 얻지 못한다고 했는가?'

　그러므로 지금 글을 이끌어 이를 풀이한다. 만물의 바탕 위에 본
래 헛된 이름이 없는 것이다. 이름에는 천 가지 다름이 있으니 또
저것과 이것의 한 실마리를 들어서 보기를 삼아 이를 풀이한
다.165)

사람이 이것으로 이것을 삼고 저것으로 저것을 삼으면

而人以此爲此 以彼爲彼

　마치 동방에 미혹한 사람이 있어 동을 이곳이라 하고 서를 저곳
이라 하면166)

---

165) △三推立名因三 初引文陳惑
　　恐疑者 云一切物皆可名召 何謂名無得物之功耶 故今引文釋之 萬物體上本無虛
　　名也 名有千差且擧彼此一端 爲例釋之
166) 如東方有惑人 以東爲此以西爲彼

저는 또한 이것으로 저것을 삼고 저것으로 이것을 삼아서

彼亦以此爲彼 以彼爲此

　저는 서방사람이라 도리어 동(東)으로 저곳을 삼고 서(西)로 이
곳을 삼으며, 바로 이 사람은 오늘을 저 날이라 하고　바로 저 사
람은 오늘을 이 날이라 함과 같다.167)

이것 저것은 한 이름[一名]에 정할 수 없는데 미혹한 자는 '꼭 그
렇다는 뜻[必然之志]'을 품는다.

此彼莫定乎一名而惑者 懷必然之志

　두 사람이 각기 집착하므로 이것저것의 이름은 정해지지 않는다.
미혹한 자의 보는 바에 있으면 반드시 정해진 마음을 일으키니 곧
이름[名]이 집착으로 말미암아[由執] 있음을 알게 된다.168)

　② 미혹의 뜻을 맺어 가리킴[結指惑情]

그렇다면 이것 저것은 처음에는 있지 않는데 미혹한 자에게는 처
음에 없지 않다.

然則彼此初非有 惑者初非無

　처음이란 본래의 뜻이다. 저와 이것의 이름은 물(物) 위에 본래
있지 않다. 만약 미혹한 자가 집착하면 본래 없지 않다. 그러므로
물 위에 이름 없음[物上無名]을 아는 것이다. 이름이 물이 아니지
만 다만 뜻의 미혹으로 말미암아 거짓 헛된 이름을 세웠으나[假立
虛名] 미혹은 본래 스스로 공하니[惑本自空] 이름이 어찌 진실이
겠는가[名豈眞實]? 그러므로 위에서 이름에는 물의 공능을 얻지
못한다고 말한 것이다.169)

---

167) 彼者西方人也 却以東爲彼西爲此適 此今曰彼適彼今曰此也
168) 由二人各執 故此彼之名不定也 在惑者所見而起必定之心 則知名由執有也
169) △二結指惑情

③ 이름을 들어 보기를 맺음〔擧名結例〕

이미 저것과 이것이 있지 않음을 깨치니

既悟彼此之非有

위에서 이미 이름이 공함〔名空〕을 통달함으로 말미암아 보기 삼
을 수 있으니170)

어떤 것[何物]이 있을 수 있겠는가?

有何物而可有哉

저것과 이것의 물을 보기로 알면 바탕〔體〕이 집착을 떠나니 또한
어찌 있겠는가. 그러므로 위에서 "물(物)에는 이름에 맞는 실다움
〔實〕이 없으니 물이 아니다〔非物〕"라고 말한 것이다. 저와 이것의
이름과 바탕〔名體〕을 더욱 만물에서 보기로 하여 말한다.171)

그러므로 만물은 참이 아니고(體假: 바탕이 거짓됨) 거짓이름(名假: 이
름이 거짓됨)이 오래됨을 안다.

故知萬物非眞(體假)假號(名假)久矣

본래부터 미혹하기 때문에 거짓이름 빈 바탕을 집착한 지 오래이
다. 이는 위 『방광경(放光經)』의 종지의 뜻〔宗義〕에 맺어 돌아온
것이다.172)

初者本來義彼此之名　物上本來不有　若以惑者所執　則本來不無　故知物上無名
名不是物　但由情惑　假立虛名　惑本自空名豈眞實　故上曰名無得物之功也
170) △三擧名結例
　　由上已達名空以爲能例
171) 例知彼此之物體離執　亦何有也　故上云　物無當名之實非物也　以彼此名體
　　轉例萬物云
172) 從來迷惑故　執假名虛體久矣　此結歸上放光宗義也

⑷ 글을 이끌어 증명해 이룸[引文證成]

이 때문에 『성구경[成具]』에서는 억지 이름의 글을 세웠고
是以成具立强名之文

　저 경은 말하되 "이 법은 있는 바 없는데 억지로 그 이름을 말했
다"고 하니 위의 이름이 거짓이라 함[名假]173)을 증명한 것이
다.174)

원림(園林: 莊子)에서는 손가락과 말의 비유[指馬之況]에 의탁하였다.
園林託指馬之況

　이는 장자의 뜻을 빈 것이다. 원강법사의 소[康疏]에 말했다. "장
자가 일찍이 칠원(漆園)의 벼슬아치였으므로 원림(園林)이라 한다."
　손가락과 말로 비유한다는 것은 「제물편(齊物篇)」에 말했다.
　"손가락으로 손가락[指]이 손가락 아님[非指]을 비유하는 것이,
손가락 아님으로써 손가락이 손가락 아님을 비유하는 것만 같지
않고, 말[馬]로써 말이 말 아님을 비유하는 것이 말 아님[非馬]으
로써 말이 말 아님을 비유하는 것만 같지 않다."
　『음의(音義)』에 말했다.
　"손가락[指]은 백 가지 몸의 한 몸이고, 말[馬]은 만 가지 것 가

---

173) 세 거짓[三假]: 범부의 그릇된 생각을 타파하기 위하여 『대품반야경』
에서 세운 세 가지 거짓 있음[三種假]. ① 이름의 거짓[名假]: 온갖 모든
법의 이름은 모습 취함[想]으로 말미암아 거짓 시설(施設)된 것이므로 이
름의 거짓[名假]이라고 함. ② 받음의 거짓[受假]: 여러 법을 머금어 받아
[含受] 한 개체[一體]를 이루니, 마치 네 큰 요인[四大]이 모여 풀과 나무
를 이루고 다섯 쌓임으로 중생이 이뤄짐과 같으므로 받음의 거짓[受假]이
라고 함. ③ 법의 거짓[法假]: 법(法)은 물질과 마음[色心] 등의 법을 말하
니, 그 법은 자기 성품이 본래 헛되고 거짓되어 진실이 아니므로 법의 거짓
[法假]이라고 하며, 자기 성품의 거짓[自性假]이라고도 함.
174) △四引文證成
　彼云是法無所有强謂其名　證上名假

408 · 조론

운데 한 가지 것이니 각기 하나를 들어 말한 것이다. 또 대개 옳고 그름, 저것 이것은 백 가지 몸 만 가지 것에 낱낱이 있는 것이다. 장자(莊子)는 오직 물 가지런히 함[齊物]을 밝히니 옳으면 다 옳음이고 그르면 곧 다 그름이라, 이는 대개 스스로 그러한 이치이므로[自然之理] 하늘 땅은 한 손가락[天地一指]이고 만물은 한 말[萬物一馬]이다."

지금 이를 빌어, 저것 이것 옳고 그름의 바탕이 다 사람의 집착으로 말미암음인 것을 비유하여 위의 바탕이 참되지 않음[體不眞]을 증명한다.175)

이와 같다면 깊고 먼 말[深遠之言]이 어디에 있지 않겠는가?
如此則深遠之言 於何而不在

위에 이끈 경서가 다 이름과 바탕이 실답지 않다는 것[名體不實] 나타냄을 맺음이라 이 깊고 먼 말의 논함[深遠言論]이 어느 곳에 있지 않겠는가?176)

3) 증명을 잡아 맺어 나타냄[約證結顯]

---

175) 此借莊子意. 康疏云 莊子曾爲漆園吏故曰園林 指馬之況者齊物篇云 以指喩
指之非指 不若以非指喩指之非指 以馬喩馬之非馬 不若以非馬喩馬之非馬
音義云 指百體之一體 馬萬物之一物 則且各擧一以言之 且夫是非彼此百體萬物
一一有之 莊子 唯明齊物 是則皆是 非則皆非 此蓋自然之理 故天地一指萬物
一馬 今借之以況彼 此是非之體 皆由人執以證上體不眞
[다섯 손가락으로 손가락 삼는 자는 여섯 손가락은 손가락이 아니지만 손가
락이 손가락 아님[指非指]으로써 여섯 손가락을 보면 손가락 아님도 아니
다. 흰 말을 말이라고 하면 검은 말은 말이 아니나 말이 말 아님[馬非馬]으
로 흰 말 검은 말을 보면 다 말 아닌 말[非馬之馬]이다.]
176) 結上所引經書 皆顯名體不實 此深遠言論何所不在
[이름과 바탕이 거짓 세움인 줄 알면 이름 아닌 이름의 깊고 먼 말이 어디
에 있지 않겠는가.]

論 이러므로 성인(聖人)은 천 가지 변화를 타도 변하지 않으며, 만 가지 미혹을 밟아도 늘 통하는 사람이다.

그것은 곧 만물(萬物)이 스스로 빔[自虛] 그대로이지, 빔을 빌어 물을 비게 하지 않는다.

그러므로 경은 말한다.

"매우 기이합니다, 세존이시여. 진제(眞際)를 움직이지 않고 모든 법 세우는 곳이 되고, 참됨을 떠나지 않고 곳[處]을 세우니 세우는 곳[立處]이 참됨[卽眞]입니다."

그렇다면 도가 어찌 멀겠는가? 일에 닿으면 참됨[觸事而眞]이다.

성인이 멀겠는가? 이를 체달하면 곧 신그럽다[體之卽神].

(1) 사람을 들어 나타내 증명함[擧人顯證]

이러므로 성인은 천 가지 변화를 타도 변하지 않으며 만 가지 미혹을 밟아도 늘 통하는

是以聖人乘千化而不變 履萬惑而常通

이름과 바탕을 통하면 사법 그대로 참됨을 증득하므로[卽事證眞] 성인이라 한다. 승(乘)은 움직임이다. 자비와 원의 몸[悲願身]인 마하사트바(mahāsattva, 大士)는 비록 움직임의 변화가 천 갈래나 사법 그대로의 참됨[卽事之眞]이라 참된 항상함이 변하지 않고 밟아간다. 그러나 미혹한 자는 어리석고 어두운 마음으로, 마음과 일이 하나가 아니므로[心事不一] 만 가지 미혹[萬惑]이라 말하는 것이다. 성인은 비록 곳에 머물러 티끌의 일을 밟아가되 늘 그윽이 미묘함[玄微]에 통달한다.

『비말라키르티 수트라』는 말한다. "만약 보디사트바가 도 아님을 행하면[行於非道] 이것이 붇다의 도를 통달함[通達佛道]이다."177)

사람이다.

者

　위의 두 구절을 받아 아래 까닭을 풀이함이다.178)

그것은 곧 만물이 스스로 빔 그대로이지

以其即萬物之自虛

　곧 사물 그대로 참됨〔卽事而眞〕이고 물(物)이 본래 스스로 빔〔自
虛〕이라, 성인은 이를 증득하기 때문에179)

빔을 빌어 물을 비게 하지 않는다.

不假虛而虛物也

　방편의 작은 수레〔權小〕를 깨뜨림이다. 사법 그대로 참됨〔卽事而
眞〕이 될 수 없으면 반드시 살피는 지혜를 빌어 사법을 미루어 쪼
개고 없애 참됨을 증득해야 한다. 그러니 히나야나(hinayāna)의
두 수레〔二乘〕는 재처럼 몸과 지혜 없앰〔灰滅身智〕을 바야흐로 남
음 없음〔無餘〕이라 한다.

　방편의 종지〔權宗〕는 곧 실다운 미혹을 끊어 다함〔斷盡實惑〕을
니르바나(nirvāṇa)라 한다. 지금은 바로 다름을 가리므로 빌지 않
는다〔不假〕고 한 것이다.180)

---

177)　△三約證結顯三初擧人顯證
　　　通達名體 卽事證眞故曰聖人也 乘運也 悲願身士 雖運化千端 卽事之眞 而眞常
　　　不變履踐也 惑者癡眛之心 心事不一故言萬惑 聖人雖居處履踐於塵事 而常通
　　　達於玄微
　　　淨名云 若菩薩行於非道 是謂通達佛道
　　　〔붇다의 보디와 도는 도에 도라고 할 도의 모습이 없으니 도 아님〔非道〕을
　　　통해야 붇다의 도를 통함이다. 도가 도 아님을 통해야 닿는 사물마다 도 아
　　　님이 없는 것이니 곧 붇다의 도를 통함이다.〕
178)　牒上二句下釋所以
179)　卽事而眞 物本自虛聖人證此故

(2) 곧 참됨을 이끌어 증명함〔引證卽眞〕

그러므로 경은 말한다. "매우 기이합니다. 세존이시여,

故經云 甚奇世尊

『대품경〔大品般若經〕』에서 수부티(Subhuti, 空生)가 붇다를 찬
탄함이다.181)

진제(眞際)를 움직이지 않고

不動眞際

진리는 만법의 근원이니 사법을 사무쳐 진리를 보아야〔窮事見理〕
끝이 되므로, 억지 이름을 세워 진제(眞際)라 한다. 움직이지 않음
이란 떠나지 않는 것이다.182)

모든 법 세우는 곳이 되고

爲諸法立處

진리가 모든 법을 세우는 곳이 된다.183)

참됨을 떠나지 않고 곳을 세우니 세우는 곳이 참됨입니다."

非離眞而立處 立處卽眞也

만법을 세우는 곳이 진리이기 때문이다. 그러므로 천의 변화에
있되 변하지 않고 만 가지 미혹을 밟되 늘 통한다. 위는 곧 참됨
그대로 속제〔卽眞而俗〕이고 여기는 곧 속제 그대로 참됨〔卽俗而

---

180) 破權小也 不能卽事而眞者 須假觀慧 推析滅事證眞 二乘則灰滅身智方曰無
　　餘 權宗則斷盡實惑 乃曰涅槃 今正簡異故 曰不假也
181) △二引證卽眞
　　大品經空生歎佛也
182) 眞理是萬法之源 窮事見理乃爲際畔 故立强名曰眞際 不動者不離也
183) 眞理爲諸法建立之處

眞]이다. 성인은 이를 증득하니 어찌 이름과 바탕에 미혹되겠는
가?184)

(3) 깊은 뜻을 모아 맺음[總結玄旨]

그렇다면 도가 어찌 멀겠는가? 일에 닿으면 참됨[觸事而眞]이다.

然則道遠乎哉 觸事而眞

　도(道, 길)란 밟을 수 있고 향할 수 있음이다. 곧 비추는 바 진
리[所照之理]를 도라 하니 도가 멀겠는가? 대개 멀지 않음을 말하
니 무릇 '닿는 물마다 다 참됨[觸物皆眞]'이다.
　이는 위의 진리와 사법이 둘 아님[理事不二]을 맺음이다.185)

성인이 멀겠는가? 이를 체달하면 곧 신그럽다[體之即神].

聖遠乎哉 體之即神

　성인이란 깨칠 수 있는 사람[能證之人]이고 체달함이란 증득함이다.
　신그러움[神]이란 헤아릴 수 없는 지혜의 씀[不測之智用]이다.
성인의 지혜가 또한 멀지 않음이란 이미 속제 그대로 참됨을 증득
하면 헤아릴 수 없는 성인의 지혜인 것이다. 이는 위의 사람과 법
이 다르지 않음[人法不異]을 맺은 것이다. 또 이는 글을 맺어 통하
고 맺어 돌아감이다.
　앞은 지극히 빔[至虛]을 말미암아 남이 없음[無生]이, '있는 물의

---

184)　建立萬法之處　卽是眞理故　處千化而不變　履萬惑而常通也　上則卽眞而俗
　此則卽俗而眞　聖人證此豈爲名體所惑耶
185)　△三雙結玄旨
　道者可履可向　卽所照之理曰道遠乎哉　蓋言不遠也　凡觸物皆眞　此結上理事不二
　[도(道)는 진리로서 가는 길이라는 뜻이니, 도라는 뜻을 통해 우리는 진리
　는 살아 움직이는 행위로서의 진리임을 알아야 한다.]
　[사물에 닿아 참됨이란 반야의 살핌과 지극히 비어 남 없음이 하나됨이니
　곧 진리와 지혜가 하나됨이다.]

종지〔有物之宗〕'가 되기 때문이다. 여기서는 사물에 닿아 참되〔觸
事而眞〕 지극히 비어 남이 없음〔至虛無生〕이 '반야 그윽한 살핌의
묘한 길〔般若玄鑒之妙趣〕'이 되기 때문이다.

그러므로 이를 체달하면 신그럽고, 또 '일에 닿으면 참됨'이므로
앞의 두 논〔二論〕을 맺으니 진제와 속제가 둘이 아니기〔眞俗不二〕
때문이다.

이를 체달하면 신그러우니〔體之卽神〕 신그러움이 난 뒤는 바로
반야에 앎 없음〔般若無知〕이다.

위에서 「참이 아니라 공하다는 논〔不眞空論〕」을 풀이해 마쳤
다.186)

---

186) 聖者能證之人體者證也 神者不測之智用也 聖智亦不遠旣卽俗證眞卽不測之
聖智也 此結上人法不異 又此結文通結歸 前由至虛無生爲有物之宗故 觸事而
眞至虛無生 爲般若玄鑒之妙趣 故體之卽神 又觸事而眞故 結前二論 眞俗不二
故 體之卽神 生後般若無知 已上釋不眞空論竟
〔앎에 앎 없는 지혜라야 지혜는 진리인 지혜가 되어 진리가 사물화 되지 않
고, 반야일 때 진리는 지혜인 진리가 되어 사물에 닿아 참됨이 된다.〕

부진공론(不眞空論)에 붙이는 글

① 조론의 전체 체계와 부진공론

「부진공론(不眞空論)」을 풀이하기 전에, 우리는 다시 조론 첫째장 종본의(宗本義)에 돌아가 '참이 아니라 공하다'는 이 논이 전체 『조론』편제에서 어떤 내용 보이고 있는가를 살펴보기로 하자.

'종지의 바탕되는 뜻[宗本義]' 가운데서 논주는 붇다의 여러 가르침의 뜻[敎義]은 비록 가르침의 말이 다르지만 '그 뜻은 하나다[一義]'라고 말한다.

붇다의 아가마(Āgama, 阿含) 등 초기불전은, 주로 '연이 모여[緣會] 법이 연으로 일어남[緣起]'을 보인다. 만법은 신적인 하나인 자[一者]가 굴러 변해서[轉變] 나온 것도 아니고, 더 나뉠 수 없는 원자적 요소의 쌓여짐[積聚]으로 생긴 것도 아니다. 붇다는 연기(緣起)라는 이 가르침으로 전변설과 적취설을 모두 깨뜨리되, 연기론에서 다시 원인[因] 조건[緣] 결과[果]가 모두 공함을 보여, 신적 일원론과 다원론의 폐쇄적 세계관을 모두 부정하고 모두 살려 낸다.

곧 연기론(緣起論)은 일원론과 다원론을 모두 부정하되[一多雙遮], 일원론의 무차별적 개방성을 사물 서로 간의 열린 개방성으로 살리며, 다원론의 경험하는 자기 주체[我]를 살리되 그 자기 주체를 자기 부정[無我]의 보편적 개방성 위에 정립한다[有無雙照].

이는 '연기이므로 공하고[緣起卽空] 공하므로 연기한다[空卽緣起]'는 연기(緣起)와 공(空)의 중도적 관점을 바로 알 때, 하나[一]와 여럿[多]의 실체성을 모두 깨뜨리는 연기론의 세계관이, 해탈(mokṣa) 니르바나(nirvāṇa)에 돌아가는 뜻을 알 수 있다.

『조론』에서 연이 모임[緣會]과 성품이 공함[性空]은 연기와 공의 중도를 가르치고 있다. 반야교의 가르침으로 보면 연이 모여 연으로 일어남은 세속제(世俗諦)를 들어 진제를 보임이고, 성품이 공함은 진제(眞諦)를 들어 세속제를 보임이다.

이때 세간의 진실을 바로 아는 지혜[能觀智]를 잡아보면, 진제와 속제는 살피는 바 경계[所觀境]로서 지혜인 경계이다. 다시 살피는 바 경계를 잡아보면, 반야는 살피는 지혜[能觀智]로서 진리인 지혜이다.

경계[所觀境]에서 속제에 있는 모습[有相]이 없고 진제에 없는 모습[無相]이 없으면, 아는 지혜 또한 앎에 앎이 없는 것[於知無知]이니 「부진공론」 다음에 승조성사께서 「반야에 앎 없음의 논[般若無知論]」을 세운 뜻이다.

반야에 앎이 없고 진제와 속제에 모습 없으면, 반야의 인행(因行)으로 니르바나의 과덕(果德)을 이룸 없이 이룸이니, 인행에 취할 모습 없다면 과덕 또한 얻을 이름과 모습이 없다.

그러므로 이것이 「반야무지론」 다음에 승조성사가 「니르바나에 이름 없다는 논[涅槃無名論]」을 세운 뜻이다.

이를 과덕(果德)에 앉아 다시 보면, 반야는 니르바나 과덕의 원인이지만, 인행인 반야행[般若因行]은 바로 여래의 보디 니르바나의 과덕[涅槃果德] 그 진실의 땅[實際理地]에서 연기한다. 마하야나(mahayāna)의 중도행에서는 이처럼 원인과 결과가 서로 융통하니[因果相融] 세계의 실상은 보디사트바의 반야의 행으로 드러나고 세계의 실상은 반야인 실상이다. 그러나 반야에 앎 없고 진리에 이름과 모습 없음을 증득할 때, 주체의 행을 비로소 보디라 하고 해탈 니르바나라 하니, 연기론의 원인의 행[因行]과 과덕(果德)은 둘이 아니다.

곧 중생과 붇다는 두 법이 아니라, 미혹에 있는 붇다가 중생이며 깨친 중생이 붇다인 것이다. 다른 말로 하면 중생이 중생의 모습[衆生相]을 버리면 그를 붇다라 하고, 붇다가 붇다의 모습[覺

相]을 구하면 그를 도리어 중생이라 하는 것이다.

이를 다시 중국불교에 일반화된 화엄 교판(華嚴敎判)으로 보면, 붇다 세존께서 보디나무 아래서 보디를 이루신 뒤 처음 세 이레〔三七日〕동안 말없이 계심은, 니르바나 보디 그대로의 세계의 실상을, 말없이 설함〔無說而說〕이니 화엄을 설한 때〔華嚴時〕이다.

다시 카시의 사슴동산에 나아가, 다섯 비구에게 사제(四諦)의 법을 설함은 가르침을 뒤로 물려, 히나야나(hinayāna)의 법을 설함〔小乘〕이다. 그 뒤 반야(般若)와 유식(唯識)을 설함은 모습 깨뜨림과 모습 세움〔破相 立相〕이니 마하야나(mahayāna)의 비롯하는 가르침〔大乘始敎〕이다. 다시 여래장의 교설〔如來藏說〕로 모습 깨뜨림과 세움을 융통하게 모으면〔破立融會〕마하야나의 마치는 가르침〔大乘終敎〕이다.

여기서 한 생각에 지혜의 앎과 진리의 모습이 모두 끊어짐〔想相俱絶〕을 설하면 단박 깨치는 가르침〔頓敎〕이고, 모습이 끊어지되 서로 걸림 없는 모든 모습을 한 생각에 거둠을 보이면 두렷한 가르침〔圓敎〕이다.

그러나 이렇게만 가르침을 판별하면 이는 가르침의 언어적 차별에서 자유롭지 못한 교판이다. 이 교판으로 보면 연이 모임〔緣會〕은 소승이고 성품이 공함〔性空〕은 대승의 첫 가르침이고, 법이 공함〔法空〕은 대승의 마치는 가르침이며, 법의 성품〔法性〕, 실상(實相)은 마치는 가르침이자 두렷한 가르침이며, 본래 없음〔本無〕은 단박 깨침이다.

그러나 승조성사는 초기 전역(傳譯)시대에 이미 가르침의 언어가 차별되어도 그 뜻은 하나라고 말하여 후대 중국불교 종파주의적 교판의 폐해와 여러 수행유파에서 수행방편의 차별을 교조화하는 집착을 미리 방비하고 있다.

승조성사의 이 입장은 천태선문(天台禪門) 중국초조 혜문선사

(慧文禪師)가 『중론송』 삼제게(三諦偈)에서 크게 깨쳐, 전지교관
(傳持教觀)의 가풍이 혜사(慧思)에서 천태(天台)로 이어져, 천태
선사(天台禪師)에게서 대성된 천태교판(天台教判)의 뜻과 다르지
않은 것이다.

그래서 천태가(天台家)의 많은 조사들이 승조성사를 자종의 조
사처럼 모시고, 우리불교 원효성사(元曉聖師) 또한 공경의 마음을
다한 것이라 할 수 있다.

② 부진공론(不眞空論)의 제목풀이

'부진공론'은 '참이 아니므로 공함을 말하는 논'으로 옮길 수 있
다. 참이 아님[不眞]의 주어는 연이 모여[緣會] 연으로 일어나서
[緣起生] 있는 세간의 모든 법[有法]이다. 연(緣)으로 있다는 뜻
은 연이기 때문에 연으로 난 법이 실로 있음이 아니다[非有]는 말
이 되기도 하고, 연으로 난 법이라 실로 없음이 아니다[非無]는
뜻이기도 하다.

속제를 중심으로 부진공론을 통해, 진제의 문을 열고 세간법의
중도실상을 말하는 이런 풀이와 달리, 감산선사(憨山禪師)는 진제
를 중심으로 부진(不眞)의 뜻을, 있음이 참됨이 아니므로 있음이
공한, 진제(眞諦)의 없음이, 참으로 공하지 않다[不不眞空]는 뜻
으로 풀이한다. 감산선사의 부진공(不眞空)의 풀이를 살펴보자.

이 논은 참된 공은 공하지 않음[眞空不空]을, 살피는 바 진제의
경계[所觀眞諦]로 삼음이다. 참됨이 아니다[不眞]고 함에는 두 뜻
이 있다. 하나는 함이 있는 법[有爲之法]이 연으로 나므로 거짓이
고 거짓이므로 실답지 않아 그 바탕이 본래 공함이다. 이 속제(俗
諦)가 참됨이 아니므로 공하다는 것을, 참이 아니라 공함[不眞空]
이라 이름한다.

참성품의 연기〔眞性緣起〕가 온갖 법을 이루어 바탕이 끊어져 사라짐〔斷滅〕이 아니라 실답고 실답게 공함〔實實的空〕이 아니라는 것을 참으로 공함이 아니라〔不眞空〕고 이름한다. 있음은 거짓 있음이라 묘한 있음〔妙有〕이 되고, 공(空)은 끊어진 공〔斷空〕이 아니라 묘한 공〔妙空〕이 된다. 이는 곧 있음이 아니고 공함이 아님이니 중도의 으뜸가는 뜻의 진리〔中道第一義諦〕이다.

묘한 공〔妙空〕은 마음이 없다는 논〔心無論〕1)과 본래 없다는 논〔本無論〕2)의 두 주장을 깨뜨리고, 묘한 있음〔妙有〕으로는 물질 그대로 현묘함에 노닌다는 논〔卽色遊玄論〕3) 한 주장을 깨뜨린다. 곧 제목의 한 말이 진제의 묘함〔眞諦之妙〕을 간곡히 다해 묘하게 중도의 뜻〔中道之旨〕에 계합하니 현묘한 살핌이 그윽하고 신령함〔玄鑑幽靈〕이 아니면 어찌 여기에 이르겠는가.4)

자운준식 존자는 부진(不眞)을 속제와 진제로 나누어 풀지 않고, '연으로 나서 있는 것〔緣起有〕'이 참으로 있음이 아니므로 없음이 없음 아님으로 풀이한다. 「물불천론」은 있음과 없음을 함께 비추고〔雙照有無〕, 「부진공론」은 있음과 없음을 함께 막는다〔雙遮有無〕.

그러므로 '물이 옮기지 않음'은 속제 진제를 함께 살려 중도의 진리를 드러내고, '참이 아니라 공함'은 진제 속제를 함께 없애 중

---

1) 마음이 없다는 논〔心無論〕: 진(晉) 도항(道恒)의 설로, 물질이 있어도 집착하는 마음이 없으면 해탈 이룰 수 있다는 논.
2) 본래 없다는 논〔本無論〕: 본래 모습 없음을 주장하는 설로 축법태의 주장. 연기중도가 되지 못한다.
3) 현묘함에 노닌다는 논〔卽色遊玄論〕: 결과로서의 물질이 물질 아니라 물질이 물질 아님을 말하나 물질의 원인〔因〕과 조건〔緣〕의 공성을 통달하지 못한 주장.
4) 此論眞空不空 以爲所觀眞諦之境也 不眞有二義 一有爲之法 緣生故假 假而不實 其體本空 此俗諦不眞故空 名不眞空 眞性緣起 成一切法 體非斷滅 不是實實的空 名不眞空 有是假有爲妙有 空非斷空爲妙空 此則非有非空爲中道第一義諦 以妙空破心無論本無論二宗 以妙有破卽色遊玄論一宗 卽命題一語 曲盡眞諦之妙 妙契中道之旨 非玄鑑幽靈 何以至此

도의 진리를 나타낸다. 속제의 있음이 있음 아님으로 진제를 나타
내고 진제의 없음이 없음 아님으로 속제를 나타내니, 「물불천
론」의 '진제 속제 모두 살림〔雙照眞俗〕'이 「부진공론」의 '진제 속
제 모두 없앰〔雙遮眞俗〕'과 둘이 아니다.

이 진제와 속제가 둘이 아닌 중도의 실상(實相)이, 살피는 반야
지혜의 경계〔所觀境〕가 되고, 반야(般若)는 중도인 진리의 지혜가
된다. 다시 살피는 지혜의 앎 없음〔智無知〕과 살피는 바 진리의
모습 없음〔理無相〕이 서로 그윽이 하나되면〔理智冥一〕 이를 니르
바나의 이름 없음〔涅槃無名〕이라 한다.

연기법에서 온갖 것은 인연따라 생겨나고 인연따라 사라진다.
그러나 이때 결과를 내는 원인〔因〕과 조건〔緣〕이 실로 있음이라
면, 법이 나서 사라지면 아주 사라져 없어질 것이다. 원인·조건·결
과가 모두 실로 없음이 아니되 실로 있음이 아니므로 연기법에서
남〔生〕은 남이 없는 남〔無生之生〕이고 사라짐〔滅〕은 사라짐 없는
사라짐〔無滅之滅〕이다.

법은 연을 따라 나고 사라지되, 남이 없이 나고〔無生而生〕 사라
짐 없이 사라져〔無滅而滅〕, 존재에는 끊어짐〔斷〕과 항상함〔常〕의
두 모습이 없는 것이다.

인·연·과(因緣果)가 실로 있다 해도 옳지 않고 실로 없다 해도
옳지 않으니 이런 붇다 연기의 뜻을 나가르주나보디사트바는 『중
론송』 「관인연품(觀因緣品)」에서 밝혀, 인과 연의 새로운 법집
(法執)에 떨어진 히나야나 아비다르마(hinayāna abhidharma:
小乘論) 논사들의 치우친 견해를 깨뜨렸다.

『중론』은 다음 같이 「관인연품(觀因緣品)」에서 원인 조건 결
과의 있되 공한 진실을 노래한다.

모든 법은 스스로 나는 것도 아니고

또한 다른 것을 좇아나지 않으며
스스로와 다른 것에서 나는 것도 아니며
아무런 원인 없이 나는 것도 아니네
그러므로 모든 법의 남이 없음을 알라

諸法不自生　亦不從他生
不共不無因　是故知無生

결과는 조건을　좇아나는가
결과는 조건 아님을 좇아나는가
이 조건에는 결과가 있는가
이 조건에는 결과가 없는가

果爲從緣生　爲從非緣生
是緣爲有果　是緣爲無果

결과가 먼저 조건 가운데 있다거나
없다거나 함이 모두 그럴 수 없으니
먼저 없다면 누구의 조건이 되며
먼저 있다면 조건을 어디에 쓰리

果先於緣中　有無俱不可
先無爲誰緣　先有何用緣

만약 결과가 조건 있음에서 나지 않으면
또한 다시 조건 없음에서 나지 않으며
조건 있기도 하고 없기도 함에서 나지 않네
어찌 조건이 실로 있다 말할 수 있겠는가

若果非有生　亦復非無生
亦非有無生　何得言有緣

간략하고 넓게 보인 원인 조건 가운데
결과를 구해도 얻을 수 없네
원인 조건 가운데 만약 결과가 없다면
어떻게 조건을 따라 나올 것인가

略廣因緣中　求果不可得
因緣中若無　云何從緣出

과(果)를 내는 인(因)과 연(緣)은 있되 공하고 인연으로 나는 과
도 공하여, 연기의 뜻[緣起義]이 곧 공(空)이고 곧 중도의 뜻[中道
義]인 것이다. 『아가마수트라』에서 여래는 이미 밝고 밝게 설하셨
으나 이 뜻을 바로 알지 못한 시대대중과 부파불교의 병폐를 깨기
위해, 나가르주나존자는 『중론』을 저술하여 여래 연기중도의 뜻을
다시 천명한 것이다.

③ 여러 견해들에 대한 조론의 비판

여래의 다섯 쌓임[五蘊]의 교설은 중생의 앎 활동[心法]은 아는
바 세계의 모습[色法]을 통해 연기함을 밝힌 교설이다. 그러니 앎
이 여기 있고 아는 바 세계가 저기 있는 것이 아니다. 아는 바 세
계가 인연으로 생겨나 모습에 모습 없으므로, 아는 바[所知]를 안
고 일어나는 앎 또한 앎에 앎이 없다[於知無知]. 앎[能知]과 아는
바[所知]에 성품이 공한 줄 밝게 깨달아 알면, 반야에는 앎이 없고
[智無知] 반야가 아는 바 지혜인 진리에는 모습이 없는 것[理無相]
이다.
중국에서 남북조 초기 전역(傳譯)시대 연기(緣起)가 공(空)이고
반야(般若)이며 중도실상(中道實相)인 뜻을 이해하지 못한 많은 불

교수행자, 사상가들이, 연기론에 대한 여러 왜곡된 견해들을 제출했으니 『조론』에서 몇 견해를 들어 그 그릇된 이해를 깨뜨린다.

중국불교 초기 출가수행자 가운데도 아직 반야경이 제대로 번역되지 않은 때에 이미 연기의 바른 견해를 말한 분이 계셨으니 바로 도안법사(道安法師)이다. 도안법사는 성사(聖師)이다. 그래서 당조 남양혜충선사(南陽慧忠禪師) 같은 대조사도 평생 머무는 곳마다 도안법사(道安法師)와 남악혜사선사(南嶽慧思禪師)의 진영을 모시고 공경을 바쳤던 것이리라.

먼저 '마음 없음의 뜻[心無義]'으로 연기의 뜻을 설명한 이가 있었으니 바로 진(晉) 도항(道恒)의 종지다. 경계에 마음의 헤아림이 없으면 마음 없음을 요달한다는 종지이니, 이 주장은 비록 마음 없음[心無]을 말하나 마음은 경계를 떠나 마음 없으므로, 경계의 공성(空性)을 통달하지 못하면 참으로 마음 없음의 뜻[心無義]을 알지 못한 것이다. 그러므로 이 견해는 정신의 고요함에는 얻음이 있지만, 만물이 비어 고요함에는 잃음이 있는 것이니 저 보이는 바 만물이 비어 고요한 줄 알아야 참으로 마음에도 마음이 없게 되는 것이다.

다음은 진(晉) 지도림(支道林)의 견해이니 그는 '물질 그대로 현묘함에 노닌다는 논[卽色遊玄論]'을 지었다. 그는 물질은 스스로 물질이지 못하여 '물질은 비록 물질이되 물질 아니다'라고 하여 자신의 견해를 붇다의 가르침으로 설명한다. 그는 저 사물의 푸르고 노랗고 붉고 흰 빛깔이 스스로 빛깔 되지 못하고 사람이 빛깔 삼음으로 인해 빛깔이라 만약 사람이 헤아리지 않으면 빛깔이되 빛깔이 아닌 것이다.

이는 주관 관념에 사물을 거두는 견해이고 감각의 구성자인 사람의 안다는 조건[緣]을 실체화한 것이다. 중도의 뜻으로 보면 지금 감각[前五識]이 구성될 때 토대가 되는 사물 자체[色境]를 버리지 않되 그 조건을 실체화해서도 안 되며, 내적 조건을 실로 있는 것으로 취해서도 안 된다.

이는 사물자체의 자기성품은 부정하고 있으나, 사물이라고 아는 앎[能緣]의 내적 조건과 사물의 모습을 모습되게 하는 사물의 원인과 조건을 실체화하는 견해이다. 안과 밖의 여러 조건의 실체화까지 넘어서야 존재와 존재를 이루는 법의 집착[我法二執]까지 넘어서게 된다.

이 뜻을 감산선사(憨山禪師)는 '이는 다만 물질이 스스로 물질 아님을 말할 뿐, 아직 물질의 바탕이 본래 공함을 알지 못한 것이다'고 한다. 곧 이는 '남을 의지해 일어나는 이름[依他起名]'이 거짓인 줄 알지만, '두렷이 이루어진 바탕의 참됨[圓成體眞]'을 알지 못하므로 바른 논[正論]이 아닌 것이다.

또 성품이 공함[性空]을 본래 없음[本無]으로 말하는 이가 있으니 이는 진(晋) 축법태(竺法汰)의 종지다. 그들은 많이 비어 없음[虛無]을 숭상하여, 있음이 아니고 없음이 아니라 하면 '있음도 없고 없음도 없다' 말한다.

그러나 연기론에서 있음이 있음 아니라 함은, 있음[有]이 실로 있음[實有]이 아님을 보이는 말이라, 있음이 있음 아닌 줄 알면 있음 아닌 있음[非有之有]을 세울 수 있다. 그리고 없음이 실로 없음[實無]이 아닌 줄 알면, 비어 없음[虛無]의 끊어짐[斷]을 취하지 않게 된다.

연기론에서 본래 없음[本無]은, 실로 있음이 아니고[非實有] 참으로 없음이 아니라[非眞無] 본래 없음은 실상(實相)과 다르지 않고 해탈의 씀[解脫用]과 다르지 않다.

지금 내가 한 송이 꽃을 볼 때 꽃은 지금 사물에 대한 나의 감각 자체로 주어진다. 지금 저 꽃을 꽃이라고 알 때 저 바깥 꽃이라는 경계[色境]는 뭇 연이 모여 있는 꽃이다. 그러므로 꽃이 꽃

이 아니라 말해도, 지금 꽃이라는 감각〔眼識〕의 안과 밖의 조건을
실로 있다고 하면, 있되 공한 연기의 진실이 아니다. 또한 연기의
진실을 통달하지 못하면 '안과 밖의 공성을 밝게 사무친 연기론적
인식의 해방〔內外明徹〕'이 이루어지지 않는다.

곧 지금 눈 앞의 한 생각 앎〔現前一念〕에서 안의 뿌리도 보지
않고 밖에 실로 알 바를 두지 않아야, 그 앎이 진실의 앎〔眞實知〕
이 되어 꽃이라는 감각〔眼識〕 그대로 앎 없는 반야의 앎을 이룰
수 있다.

자운존자의 풀이로 보면 인연으로 나는 어떤 것의 성품이 공한
줄〔性空〕 알아도, 법을 이루는 인(因)과 연(緣)의 성품도 공한 줄
알아야 인과의 자취를 철저히 넘어서되 인과를 쓰는 해탈의 씀〔解
脫用〕이 있게 되는 것이다. 지금 드러나는 한 생각〔現前一念〕에서
앎과 앎 없음〔知與無知〕, 모습과 모습 없음〔相與無相〕을 함께 넘
어설 때 성품이 공함〔性空〕은 실상이 되고 실상은 본래 없음〔本
無〕과 한뜻이 될 것이다.

곧 연기법에서는 지금 눈앞에 보이는 사물의 본성품이 비어 고요
함을 알아, 앎이 앎 없는 앎으로 자신을 지양하는 것 밖에 진여의
뜻〔眞如義〕이 없고 실상이 없으며, 반야와 니르바나가 없는 것이다.

이런 뜻을 옛 선사들은 '소리와 빛깔 밖에 해탈이 없고 보디가
없다' 말하고 '서 있는 그곳이 다 참됨이고, 바로 그곳이 해탈의 땅
이다〔立處皆眞, 當處解脫〕'라고 말한다.

④ 조사선(祖師禪)의 종지로 본 연기의 뜻

○ 백운경한선사의 법어를 통해 본 연기의 뜻과 해탈

우리 불교 고려 백운경한선사(白雲景閑禪師)는 붇다와 옛 선사

들의 여러 가르침을 이끌어 다음 같이 말한다.

• 결정된 믿음을 보임〔示決定信〕

대중에게 보이기 위해 당에 올라〔示衆上堂〕 말했다.

붇다께서는 '무릇 마음 있는 자는 반드시 붇다가 될 것이다'라고 하셨으니 이 마음은 세간의 번뇌에 물든 망령된 마음이 아니라 위 없는 보디의 마음〔無上菩提心〕 낸 것을 말함이오.

만약 이 마음이 있는 자는 붇다 이루지 못할 것이 없는데 배우는 이들이 스스로 막힘과 어려움을 짓는 것은 결정된 믿음〔決定信〕이 없기 때문이오.

결정된 믿음이란 이 생에 마음땅을 밝혀내어 여러 붇다와 조사들의 크나큰 해탈의 경계〔大解脫境界〕에 바로 반드시 이르려 함이니 이러한 결정된 뜻〔決定之志〕이 없다면 곧 결정된 믿음〔決定信〕이 없는 것이오.

붇다께서 다음같이 말씀하시지 않았소.

'믿음은 도의 근원, 공덕의 어머니라 온갖 여러 착한 법을 키워 기른다.'

또 '믿음은 지혜의 공덕을 늘려 키우며 믿음은 반드시 여래의 땅에 이르게 한다'고 말씀하셨으니 여기서 여래의 땅〔如來地〕이란 크나큰 해탈의 땅〔大解脫地〕이오.

옛날 양기방회선사(楊岐方會禪師)는 자명(慈明)화상을 뵙고 매번 이르러 법문을 청했소. 자명이 말했소.

'너 스스로 알아라. 나는 너만 못하다.'

양기가 마음을 간절히 하고 간절히 하였는데 하루는 좁은 길에서 자명을 모시고 가다 게다가 큰비를 만났소. 양기가 자명을 붙잡아 세운 뒤 말했소.

'오늘 저에게 설해 주지 않으시면 화상을 때리겠소.'

자명이 크게 소리 질러 말했소.

'너 스스로 알아라[你自會去]. 너 스스로 알아라. 나는 너만 못하다[我不如汝].'

이에 양기가 환하게 크게 깨쳤으니 이 일이 말귀 위에 있지 않음을 알 수 있소.

그대들 여러 사람들이 다만 결정된 뜻을 써서 가고, 머물고, 앉고, 누움에 조사의 뜻을 잡아들어 알맞게 마음을 쓰면 스스로 깨닫게 됨이 마치 통밑이 빠진 것과 같아질 것[如桶底脫相似]5)이니 지극히 부탁하고 지극히 부탁하오.

이렇게 말하고는 곧 자리에서 내려왔다.6)

• 빛깔 소리 말 속에서 깨치라[不離聲色]

대혜화상의 종문무고(宗門武庫)에 이렇게 말했소.

원오극근(圓悟克勤) 화상이 오조 법연화상(五祖 法演和尙)을 모시고 서 있었는데 마침 진제형(陳提刑)이 벼슬을 그만두고 촉(蜀)으로 돌아가면서 산속을 지나다 도(道)를 물은 일을 만났다.

말을 나누던 차에 오조선사가 물었다.

'제형은 일찍이 소염의 시를 읽어보았는가. 두 구절이 선지(禪旨)

---

5) 통밑이 빠짐: 한 생각이 홀연히 무넘이 된 경계를 말하니, 조론으로 보면 세간법이 참이 아니라 공함[不眞空]을 단박 증험한 경계.

6) 示衆 上堂云

佛言凡有心者 定當作佛 此心非世間塵勞妄想心 謂發無上菩提心也 若有是心者 無不成佛 夫學人 多自作障難 爲無決定信故也 決定信者 決欲 此生 心地發明 直到諸佛諸祖大解脫境界也 無此決定之志 則無決定信矣故也 佛不云乎

信爲道源功德母 長養一切諸善法 又云信能增長智功德 信能必到如來地

如來地者 大解脫地也 昔楊歧會禪師 見慈明和尙 每到方丈請益 明云你自會去 我不如汝 楊歧切心切心 一日伺侯于狹路 兼値大雨 楊歧扭住慈明云 今日不與 我說 打和尙去

明勵聲云 你自會去 你自會去 我不如汝 陽歧豁然大悟 信知此事 不在言句上 汝等諸人 但用決定之志 於行住坐臥 提撕祖意 恰恰用心 則自然契悟 如桶底 脫相似 至囑至囑 便下座

에 아주 가까우니 시는 이렇다.

소옥을 자주 부름은 딴 일 아니니
다만 단랑이 소리 알아듣도록 함이네'
頻呼小玉非他事 只要丹郞認得聲

이에 제형이 '그렇습니다.'고 하니 오조선사는 '또 글자를 자세히 보라'고 하였다.

원오선사가 오조께 물었다. '화상께서 소염의 시 들어 보인 것을 듣고 제형이 알아들었습니까?'

오조가 말했다. '그는 다만 소리를 알아들었을 뿐이다.'

원오가 물었다. '시의 본문에 다만 '단랑이 소리 알아듣도록 함이네.'라 했으니 그가 이미 소리를 알아들었다면 무엇 때문에 옳지 않습니까?'

오조가 말했다.

'어떤 것이 조사가 서쪽에서 온 뜻입니까 하니 뜰 앞의 잣나무니라 함일 뿐이다.'

원오가 갑자기 크게 깨치고, 빨리 나갔다가 '닭이 난간에 날아올라 홰치며 우는 것'을 보고 거듭 스스로 이렇게 말했다.

'이것이 어찌 소리가 아니겠는가.'

드디어 향을 소매에 넣고 '조사의 방에 들어가〔入室〕' 깨친 바를 통하니 오조가 말했다.

'붇다와 조사의 큰일은 작은 근기 낮은 지혜가 나아갈 수 있는 바가 아니다. 내가 그대의 기쁨을 도와주겠다.'

이렇게 하고 거듭 산중의 장로들을 청해 말했다.

'나의 시자가 조사선(祖師禪)을 얻었다.'7)

---

7) 大慧和尙宗門武庫云
圓悟勤和尙 侍立五祖演和尙 偶陳提刑解印 還蜀過山中問道 因語話次 祖問曰
提刑曾讀少炎詩否 有兩句 頗近禪旨
曰頻呼小玉非他事 只要丹郞認得聲 提刑應諾諾 祖曰且字細看 圓悟問曰 聞和

• 또 향엄선사(香嚴禪師)는 말했소.

'지난해 가난은 가난이 아니요
올해 가난이야말로 비로소 가난이네
지난 해엔 송곳 꽂을 땅이 없더니
올해에는 송곳마저 없도다'

去年貧未是貧　　今年貧始是貧
去年有卓錐之地　今年錐也無

이에 앙산이 말했소.
'여래선(如來禪)은 사형이 알았다 허락하지만 조사선(祖師禪)은 꿈에도 보지 못했소.'

향엄이 말했소. '나에게 한 기틀이 있어 눈을 깜빡이며 저에게 보인다. 만약 아는 사람이 없다면 따로 사미를 부르라'

이에 앙산이 말했소. '사형이 조사선 아심을 기뻐하오.'8)

• 또 보지공 선사(寶志公禪師)는 말했소.

'크나큰 도는 늘 눈앞에 있다.

尙擧小炎詩 提刑會麼 祖曰他只認得聲去 圓悟曰 本文曰只要 丹郎認得聲 他旣認得聲 爲什麼却不是

祖曰如何是祖師西來意 庭前柏樹子 瞫 圓悟忽然大悟 遽出去 見雞飛上欄干 鼓翼而鳴 復自謂曰 此豈不是聲 遂袖香入室通所悟 祖曰佛祖大事 非小根劣智所能造詣 吾助汝喜復徧請山中耆舊 曰我侍者 叅得祖師禪也.

8) 又香嚴云 去年貧未是貧 今年貧始是貧 去年有卓錐之地 今年錐也無 仰山云 如來禪 卽許師兄會 祖師禪 未夢見在 嚴云我有一機 瞬目示伊 若人不會 別喚沙彌 仰山云 且喜師兄會祖師禪

[여래선(如來禪) 조사선(祖師禪)에 무슨 분별할 것이 있겠는가. 다만 한 법도 얻을 것이 없는 법에서 한 티끌이라도 덜고 더함이 있으면 그것이 본분(本分)에 허물이 됨을 이리 말한 것이리라. 또 있음을 있음이라 하므로 없음을 말하고 공함을 말한 것이니 있음에 있음이 없으면 티끌티끌이 온전히 본분의 소식 드날리리라.]

비록 눈앞에 있으나 보기 어려우니
만약 도의 참된 모습 깨치려 하면
빛깔과 소리, 말을 떠나지 말라'
　　大道常在目前　雖在目前難覩
　　若欲悟道眞體　不離色聲言語

　또 선덕은 '또한 빛깔과 소리 떠나지 않고 붇다의 신통력을 본다.'
말했고 또 '붇다의 가신 곳〔佛去處〕을 알려 하면 다만 이 말과 소리
가 이것이다.'고 하였으니 이런 언구들을 보면 선지(禪指)인 조사선
(祖師禪)이란 빛깔, 소리, 말을 떠나지 않았소.
　'뜰 앞의 잣나무〔庭前柏樹子〕' '삼 서근〔麻三斤〕' '마른 똥막대기〔乾
屎橛〕' '신 앞에 놓은 술상〔神前酒臺盤〕'은 본분종사가 본분으로 답
한 말로서 빛깔, 소리, 말을 갖추었으니 바로 이것이 조사선(祖師
禪)이오.
　그러므로 '무릇 말을 내리려 하면 한 구절이 세 구절〔三句〕을 갖
추어야 한다.' 말하였소.9)

　어떤 승려가 도오선사에게 이렇게 물었소.
'어떤 것이 조사가 서쪽에서 온 뜻입니까?'

　선사는 답했소.

'멀리 강남의 이 삼월을 생각하노니
　자고새 우짖는 곳 백 가지 꽃 향기롭네'
　　遙億江南三二月　鷓鴣啼處百花香

　또 승려가 물었소.

---

9) 又寶誌公云 大道常在目前 雖在目前難覩 若欲悟道眞體 不離色聲言語 又先德
　云 亦不離色聲 見佛神通力 又云欲知佛去處 只這語聲是 此等言句看之則禪旨
　祖師禪 不離色聲言語 庭前柏樹子 麻三斤 乾屎橛 神前酒臺盤 本分宗師 本分
　答話 具色聲言語 正是祖師禪也 故云凡欲下語一句具三句

'어떤 것이 조사가 서쪽에서 온 뜻입니까?'

이렇게 답했소.

'해가 더딘 날 강과 산이 아름답고
봄바람에 꽃과 풀 향기롭다.'

遲日江山麗 春風花草香

또 이렇게 답했소.

'산꽃이 피니 비단 같고
시냇물은 쪽빛보다 푸르네'

山花開似錦 澗水碧於籃

이런 말귀들이 모두 조사선으로서 빛깔〔色〕, 소리〔聲〕, 말〔言語〕
을 갖추었으니 종사가들은 때로 말〔言語〕로써 법(法)을 보이고 사
람〔人〕을 보였소.10) (이는 다음 묻고 답함과 같소.)

조주선사(趙州禪師)가 어떤 승려에게 물었소.
'죽을 먹었는가?'
'먹었습니다.'
'바루를 씻어라.'
그 승려가 깨달았소.

또 운문(雲門)이 동산(洞山)에게 이렇게 물었소.
'요즈음 어느 곳에서 떠났는가?'
동산이 말했소. '사도에서 떠났습니다.'
또 물었소. '여름에 어느 곳에 있었는가?'
동산이 말했소. '호남의 보자에 있었습니다.'

---

10) 如僧問道吾 如何是祖師西來意 答曰遲億江南三二月 鷓鴣啼處百花香
又僧問 如何是祖師西來意 答云 遲日江山麗 春風花草香 又云山花開似錦 澗水
碧於籃 此等言句 皆是祖師禪 具色聲言語 宗師家 或以言語 示法示人者

또 물었소. '어느 때 그곳을 떠났는가?'

동산이 말했소. '8월 25일입니다.'

운문이 말했소. '이 밥통아 강서 호남에 또 이렇게 가려는가?'

동산이 이에 크게 깨쳤소.

때로는 말과 소리〔言聲〕로 법(法)을 보이고 사람〔人〕을 보였으니 다음과 같소.

현사(玄沙)가 어떤 승려에게 물었소.

'언계의 물소리를 듣는가〔聞偃溪水聲麽〕?'

승려가 말했소. '듣습니다.'

현사가 말했소. '이 속을 따라 들어가라〔從這裏入〕.'

또 경청(鏡淸)이 어떤 승려에게 물었소.

'문 밖에 이 무슨 소리인가〔門外是什麽聲〕?'

그 승려가 말했소.

'빗방울 떨어지는 소리입니다〔雨滴聲〕.'

경청이 말했소.

'중생은 뒤바뀌어 자기에 미혹하여 물질을 좇는구나〔衆生顚倒 迷己逐物〕'11)

또 소리〔聲〕로써 법(法)을 보이고 사람〔人〕을 보였으니 다음과 같소.

곧 '까마귀 울고 까치 지저귀며 나귀 울고 개가 짖음이 모두 여래께서 크나큰 법바퀴 굴림이다〔轉大法輪〕'라고 함이 이것이고 또 '제

---

11) 如趙州問僧 喫粥了未僧云喫粥了 州云洗鉢盂去 其僧悟去
又雲門問洞山 近離什麽處 山云査渡 又問夏在什麽處 山云湖南普慈 又問幾時
離彼中 山云八月二十五 門云飯袋子 江西湖南又恁麽去也 山於言下大悟
或以言聲示法示人者 玄沙問僧 還聞偃溪水聲麽 僧云聞 沙云從這裏入
又鏡淸問僧 門外是什麽聲 僧云雨滴聲 師云衆生顚倒 迷己逐物

비가 깊이 실상(實相)을 말하고 꾀꼬리는 잘 반야(般若)를 설한다.'
라고 함이 이것이며 다음 노래가 이것이오.

'촉나라의 넋 여러 밤을 울부짖어
피 흘리며 밤이 새도록 울음 우네
두렷 통한 문이 크게 열렸는데
무슨 일로 구름과 진흙에 막혔는가'
蜀魄連霄叫　血流終夜啼
圓通門大啓　何事隔雲泥

또 빛깔과 소리〔色聲〕로써 법(法)을 보이고 사람〔人〕을 보이는 것
은 다음과 같소.

곧 '망치를 들고 털이를 세우며 손가락 튕기고 눈썹 올리며 방망이
질하고 호통치는 갖가지 작용이 모두 조사선이다'고 함이 이것이오.
그러므로 '소리 들을 때가 깨칠 때이며 빛깔 볼 때가 깨칠 때이
다.'고 말하니 곧 영운(靈雲)은 빛깔을 따라 깨달아 들어갔고〔從色
悟入〕 향엄(香嚴)은 소리를 따라 깨달아 들어갔으며〔從聲悟入〕 나
아가 운문(雲門)이 다리 아프고〔痛脚〕 현사(玄沙)가 발 아픔〔痛足〕
이 참으로 드디어 하나라고 이름하게 되었소〔良遂稱名一〕.12)

○ 대혜종고선사(大慧宗杲禪師)의 법어

비록 이처럼 소리와 빛깔〔聲色〕 떠나 조사선(祖師禪)의 깨침이
없고, 보고 듣는 빛깔과 소리의 경계를 떠나 여래가 가르치신 해탈

---

12) 或以聲示法示人者 鴉鳴鵲噪驢鳴犬吠 皆是如來轉大法輪 又鷰子深談實相 黃
　　鶯善說般若 又蜀魄連霄叫 血流終夜啼 圓通門大啓 何事隔雲泥
　　或以色聲示法示人者 拈搥竪拂 彈指揚眉 行棒下喝 種種作用 皆是祖師禪 故云
　　聞聲時證時 見色時證時 則靈雲從色悟入 香嚴從聲悟入 乃至雲門痛脚 玄沙痛
　　足 良遂稱名一也

이 없다 알아듣고, 나아가 소리를 듣고 도를 깨쳤다〔聞聲悟道〕해도,
이미 어긋났다고 말한 옛사람의 말〔大慧語錄〕을 다시 살펴보자.

운문대사(雲門大師)가 말했소.

소리 듣고 도를 깨치고 빛깔을 보고 마음을 밝힌다.
어떤 것이 소리 듣고 도 깨침이고 빛깔 보고 마음 밝힘인가.

그러고는 말했다.

관세음보살이 돈을 가져와 호떡을 사는구나.

손을 내리고 말했다.
다만 이 원래는 만두로다.

노래했다.

빛깔 보고 마음 밝힘 일이 이미 어긋나니
소리 듣고 도를 깨침 다시 더욱 엇갈리네
관세음의 묘한 지혜 자비의 힘이여
가시덤불 숲 속에 우둠바라 꽃이 피네13)
  見色明心事已差 聞聲悟道更交加
  觀音妙智慈悲力 荊蕀林生優鉢花

⑤ 화엄경(華嚴經)이 보인 연기의 뜻과 해탈

온갖 법이 인연으로 나므로〔緣會而生〕 나되 남이 없고〔生而無

---

13) 소리 듣고 밝힘: 이는 소리 들을 때 들음 없으면 이미 두렷 통한 경계〔圓
通境界〕라 지혜 자비가 구족한데 소리 들어 도를 보고 마음 밝혔다 함이
허물구 됨을 이리 보인 것인가. 관세음의 지혜 자비는 가시밭 속에 우둠바
라 꽃이 핌이라 하니, 이는 관세음의 지혜가 소리·듣기 전에 바로 이미 원
통경계(圓通境界)임을 말함인가. 이 무엇인가.

生〕있되 공하니, 성품이 공한 뜻〔性空義〕과 연기(緣起)가 둘이 아니면 법성(法性)이고 실상(實相)이다. 그러므로 눈이 볼 때 보는 바에 얻을 것을 두고 아는 바에 알 것이 있으면 진실의 뜻〔眞實義〕을 어기는 것이니 이 뜻을 경전을 통해 다시 살펴보자.

『화엄경』은 다음처럼 보이고 있다.

가령 백 천의 긴 칼파에
늘 여래를 보면서도
진실의 뜻에 의지하지 않고
세간 건지시는 분 살피는 자

이 사람은 모든 모습을 취해
어리석은 미혹의 그물 키움이라
나고 죽음의 감옥에 묶이어
눈 어두워 붇다를 볼 수 없으리

假使百千劫　常見於如來
不依眞實義　而觀救世者

是人取諸相　增長癡惑網
繫縛生死獄　盲冥不見佛

모든 법을 살펴보면
자기 성품 있는 바 없네
그 나고 사라지는 모습이라 함은
다만 거짓이름으로 말한 것이네

법의 성품 본래 비어 고요하여
취함 없고 또한 봄이 없어라

성품이 공함 곧 바로 붇다이니
사유해 헤아릴 수 없어라

觀察於諸法　自性無所有
如其生滅相　但是假名說

法性本空寂　無取亦無見
性空卽是佛　不可得思量

범부는 모든 법이 다만
모습 따라 구름만을 보아서
법이 모습 없음을 알지 못하니
이 때문에 붇다를 보지 못하네

무니께서는 삼세를 떠나서
모든 모습을 다 갖추셨네
머무는 바 없음에 머무시어
널리 두루해 움직이지 않으시네

凡夫見諸法　但隨於相轉
不了法無相　以是不見佛

牟尼離三世　諸相悉具足
住於無所住　普遍而不動

범부는 망녕되이 살펴서
모습 취해 진리와 같지 못하네
붇다께선 온갖 모습을 떠나니
저들이 볼 수 있는 바가 아니네

미혹하여 바른 앎이 없는 자는

망녕되이 다섯 쌓임의 모습 취해
저 참 성품을 알지 못하니
이 사람은 붇다를 보지 못하네

凡夫妄觀察　取相不如理
佛離一切相　非彼所能見

迷惑無知者　妄取五蘊相
不了彼眞性　是人不見佛

위 『화엄경』 게송에서 요점은, 지금 중생의 보고 들음에서 연기의 진실한 뜻〔眞實義〕 의지해서 보되 봄이 없고 듣되 들음 없는 자가 여래의 진실을 볼 수 있다 함이다.

곧 연기를 보는 자가 성품이 공함〔性空〕을 보고 성품이 공함을 보는 자가 인연(因緣)을 무너뜨리지 않고 실상을 보며, 여래의 참 몸〔如來眞身〕을 본다는 것이다.

⑥ 영운선사(靈雲禪師)의 깨침을 통해 다시 살핌

연기하는 법의 진실을 보는 자가 여래를 본다는 위 경전의 가르침을, 옛선사 가운데 빛깔 보고 도를 깨친 선사의 대표적인 보기를 들어 살펴보기로 하자.

선가(禪家)에서는 빛깔 보고〔見色〕 도를 깨친 대표적인 사례로 영운선사가 복사꽃〔桃華〕 보고 도 깨침을 든다.

이 공안은 『선문염송집』〔590칙〕에 다음같이 나온다.

복주 영운지근 선사(靈雲志勤禪師)가 위산(潙山)에 있으며 복사꽃을 보고 도를 깨치고 게송을 지었다.

서른 해를 오면서 칼을 찾던 나그네
몇 번이나 잎이 지고 가지가 돋았는가
스스로 한번 복사꽃을 본 뒤로
곧장 지금까지 다시 의심하지 않도다

　三十年來尋劍客　幾迴落葉幾抽枝
　自從一見桃花後　直至如今更不疑

위산(潙山)에게 보이자 위산이 말했다.
연을 좇아 깨치면〔從緣悟達〕 길이 물러나 잃지 않는다〔永無退
失〕. 잘 스스로 보살펴 지키라.

어떤 승려가 현사(玄沙)에게 보이자 현사가 말했다.
'맞기는 매우 맞으나 나는 노형이 사무치지 못했다'고 확실히 말한다.
뭇 사람이 이 말을 의심하자 현사가 이 말을 지장(地藏)에게 물
었다. '내가 이렇게 말한 것을 그대는 어찌 생각하는가.'
지장이 말했다. '계침(桂琛)이 아니었다면 천하 사람을 몹시 바
쁘게 했을 것입니다.'

이에 대해 대혜선사(大慧禪師)는 이렇게 말했다.

모두 복사꽃을 보고 도 깨쳤다고 말하나
이 말이 도리어 옳은지 알지 못하네
아득한 우주에 사람 셀 수 없는데
몇몇의 남아가 크나큰 장부이런가

　惣道見桃花悟道　此語不知還是無
　茫茫宇宙人無數　那个男兒是丈夫

영운(靈雲)이 복사꽃을 보고 도 깨쳤다하니 실로 도 깨침이 있
는가. 영운이 꽃을 볼 수 있음이 곧 봄이 없다함이 아닌가. 꽃을

보고 도를 깨침이, 봄에 실로 봄이 없는〔於見無見〕 봄의 진실〔見
眞實〕을 앎이리라.

삽계익(霅溪益)선사가 노래했다.

무릉의 날 따뜻하고 꽃은 또 피는데
옛 같이 지난해 꽃이 지던 곳이로다
개울가 나그네 헛되이 서성대나
푸른 안개는 오던 때의 길 막지 않도다
물결 아득함이여 물은 가득 넘치네
고기잡이 하던 사씨집 사람 현사선사는
고기 잡던 낚시터에 있지 않도다
복사꽃 붉고 배꽃 희고 장미꽃 붉음을
봄바람에 물어보나 스스로 알지 못하네

武陵日暖花又開　依舊去年花落處
溪頭行客空徘徊　靑煙不鑠來時路
波渺渺兮水瀰瀰　謝家人不在漁磯
桃紅李白薔微紫　問着春風自不知

옛 때 꽃 지던 곳에 꽃 피는 소식이 무엇인가. 보는 바 복사꽃
이 볼 바 없되 보지 않는 바 없음을 이리 말한 것인가.
영운선사가 복사꽃 보고 도를 깨쳤다 함이 고기잡이 하던 사씨
집 아들 현사선사(玄沙禪師)가 낚싯대 내려놓고 출가하여 선지식
찾아 고개를 넘다, 홀연히 산마루 지는 해 붉은 빛〔落日紅〕을 본
소식과 무엇이 다르리.
저 현사선사가 영운선사가 '복사꽃 보고 도 깨쳤다 함'을 듣고
'사무치지 못했다'고 말했으니 이는 도 깨쳤다고 함이 도리어 본래

그러함[本然]에 허물 이룸을 그리 말한 것인가.

곤산원(崑山元)선사는 다음같이 노래한다.
봄이 가고 다시 봄이 오니
복사꽃은 예전처럼 피어나네
비록 금가루가 그렇게 귀하다하나
눈에 떨어지면 곧 티끌 먼지가 되리

春去復春來　桃花依舊開
縱然金屑貴　落眼卽塵埃

학담도 한 노래로 붇다와 조사의 뜻을 이어서, 빛깔 보고 소리
들음 밖에, 따로 구해 얻을 것이 없는 연기의 뜻[緣起義]을 말해
보리라.

영운지근선사가 복사꽃을 보고서
도를 깨쳐 마쳤다고 세간에 말들이 많네
어느 곳에서 꽃을 보고 누가 보았는가
칼 찾아 도 깨침이 헛된 말이로다

靈雲禪師見桃花　悟道已畢世多言
何處見花誰是見　尋劍悟道也虛言

복사꽃을 볼 때 봄에 봄 없으니
만약 이 같은 봄[見]의 진실 사무쳐 알면
장부는 봄과 보지 않음에 머물지 않고
봄날 복사꽃 새 가지를 보고 또 보리라

見桃花時見無見　若了如是見眞實
丈夫不住見不見　桃花新枝見又見

반야무지론(般若無知論) 제3

1장 반야무지론

1장 반야무지론

큰 과목의 둘째는 바탕과 씀이 둘이 아님[體用不二]을 밝혀 근본과 방편의 지혜가 하나됨[智一]을 나타낸다. 이 반야무지론이 여기오는 뜻은 앞에 (세속과 참이) 둘이 아닌 경계[不二之境]를 나타내고, 지금 둘을 녹이는 지혜[雙融之智]를 밝히므로 다음에 온 것이다.

그러나 경계는 지혜가 아니면 융통함[融通]을 나타내지 못하고 지혜는 경계가 아니면 서로 비춤[互照]을 내지 못한다.

참으로 지혜와 씀이 어울려 녹음[智用和融]을 말미암아 바야흐로 진제와 속제의 진리가 하나됨을 나타낸다.

다만 글은 단박 쓸 수 없고 이치는 단박 나타나지 않으므로 먼저 경계를 보이고[先明境] 여기서 지혜를 밝힌다[此明智].

지혜가 하나인 뜻에도 세운 뜻에 두 길이 있다.

첫째 방편과 진실이 서로 갖춤[權實互具]이요,

둘째 두 씀이 바탕을 같이함[二用同體]이다.

실로 두 씀이 바탕을 같이하고, 방편과 진실이 서로 통하므로 경계를 마주하면[對境] 진제와 속제가 서로 통하고[眞俗互通], 지혜에 있으면[在智] 근본과 뒤에 얻은 지혜가 바탕을 같이한다[根後同體].

한마음의 세 살핌[一心三觀]으로 한 경계인 세 진리를 비추니[照一境三諦] 이것이 '프라즈냐의 앎 없음[般若無知]'이다.

글에 둘이다. 처음 논의 글에 또 둘이니, 그 처음은 제목이다.[1]

---

1) △大科第二明體用不二顯智一 此論來意者 前顯不二之境 今明雙融之智 故次來也 然境非智 無以顯融通 智非境 無以發互照 良由智用和融 方顯眞俗理一 但文不頓書 理不頓顯 故先明境 此明智 然智一之義 意有兩途 一則權實互具 二乃二用同體 實由二用同體故 權實互通故 對境則眞俗互通 在智則根後同體 以一心三觀 照一境三諦 斯爲般若無知焉 文二 初論文又二 初題目

제1. 반야무지론(般若無知論)의 제목 풀이

제목 '프라즈냐(prajñā, 般若)'란 산스크리트이니 여기 말로 옮기면 지혜를 말하는데 곧 씀〔用〕이란 방편과 진실에 통한다.

때로 근본의 지혜〔根本智〕, 뒤에 얻은 지혜〔後得智〕라 하고, 진리대로의 지혜〔如理〕, 앎대로의 지혜〔如量〕라 하며, 참됨의 지혜〔眞智〕, 세속의 지혜〔俗智〕라 하나 이름이 다르지만 뜻은 같다.

때로 인행(因行)에 있으면 혜(慧)라 이름하고 과덕(果德)에 있으면 지(智)라 한다. 때로 진실〔實〕에 있으면 지(智)라 하고 방편〔權〕에 있으면 혜(慧)라 한다. 지금 인행과 과덕, 방편과 진실을 모두 통해 '지의 이름〔智名〕'을 얻으니, 아래 논 가운데 모두 혜(慧)라고 이름하지 않기 때문이다. 하나인 씀〔一用〕을 둘로 나눔을 알기 때문에 지금 통하여 지(智)라고 옮긴다.

또 앞의 종본(宗本)편 가운데 우파야(upāya, 漚和)의 이름이 있어서 글에 "방편의 지혜를 갖춘다"고 했는데 지금 우파야가 없으니 곧 지혜가 방편과 진실에 통함을 알 수 있다.2)

〔지혜와 씀이 어울려 녹아야 진제와 속제가 하나됨을 나타냄: 앞에 앎 없음이 지혜의 바탕이니 진제를 비추고 앎 없이 앎은 씀이니 속제를 비춘다. 앎이 곧 앎 없음이라 앎 없음에 앎 없음도 없으므로, 지혜는 곧 씀 그대로이고 근본지와 방편지, 방편과 진실이 서로 갖춘다. 곧 지혜는 앎 없되 앎 없이 앎이라 씀 그대로인 지혜〔卽用之智〕는 진제 속제의 하나됨을 나타낸다.〕
〔한 경계인 세 진리〔一境三諦〕: 살피는 지혜 밖에 진리의 경계가 없다. 현전하는 한 생각〔一念〕에 생각 없음을 살핌이 공관이고, 생각 없음에 생각 없음도 없음을 살핌이 가관이며, 생각에 생각 없되 생각 없음에 생각 없음도 없음을 살피면 중도관인데, 세 살핌 밖에 세 경계가 없고 생각에 생각 없음을 살피는 공관 밖에 가관 중도관이 없다. 그러므로 현전하는 한 생각〔能觀一念〕으로 생각에 생각 없음〔於念無念: 所觀〕을 물어 살핌 밖에, 한마음의 세 살핌〔一心三觀〕이 없고 한 경계인 세 진리〔一境三諦〕도 없으며 반야무지(般若無知)가 없다.〕
2) 般若是梵語 此翻曰智 卽用也 通權及實 或曰根本後得 如理如量 眞智俗智名異義同 或曰在因名慧 在果名智 或曰實則名智 權則名慧 今因果權實通得智名

진실의 지혜(實智)는 진리(理)를 비추고 방편의 지혜(權智)는 일(事)을 비추어, 뜻은 두 비춤(二照)을 나누나 씀은 서로 융통한다(相融). 이 가운데 진실의 지혜는 앞의 '참이 아니라 공함(不眞空)'을 비추고 방편의 지혜는 앞의 '물이 옮기지 않음(物不遷)'을 비춘다.

앞에 이미 진제와 속제가 서로 같으므로 여기서도 또한 방편과 진실이 서로 갖춘다. 앎 없다(無知)고 말한 것은 곧 바탕(體)이다. 바탕이란 본래 깨침의 참마음(本覺眞心)이니 마음의 성품이 고요하여 본래 알고 느낌(知覺)이 없다.

『기신론(起信論)』은 말한다.

'말한 바 깨침의 뜻(覺義)이란 마음 바탕이 생각 떠남(心體離念)을 말하니 곧 여래의 평등한 법신(如來平等法身)이다.'

본래 깨침이라 말해 이름하니 생각 떠난 본래 깨침(離念本覺)이 바로 지금의 앎 없음(無知)으로, 방편과 진실의 바탕이기 때문에 육조(六祖: 大鑑)는 생각 없음(無念)으로 종을 삼고, 신수(神秀: 大通)는 생각 떠남(離念)으로 종을 삼는다.3)

비록 단박 깨침과 점차 닦음으로 나뉘었지만(雖分頓漸) 다 지혜의 바탕이 앎 없음(智體無知)을 밝혔다. 이는 구슬이 빛을 내 빛이 도로 스스로 비춤과 같이 본래 깨침이 비춤을 일으켜(本覺起照) 도로 본래 깨침에 계합하는 것(還契本覺)과 같으니 곧 진리와 지혜가 둘이 아닌 뜻(理智不二之義)이다.4)

謂下論中竝不名慧故 知但以一用分二故 今通翻曰智 又前宗本篇中有漚和之名 文云 權慧具矣 今無漚和 則知智通權實

3) 생각 없음의 종(無念宗)과 생각 떠남의 종(離念宗): 대감선사(大鑑禪師, 慧能)는 생각이 곧 생각 없음을 말해 성품(性) 깨침으로 종으로 삼았고, 대통선사(大通禪師, 神秀)는 생각에서 생각 떠나는 닦음(修)으로 종을 삼았으나 모두 지혜의 바탕에 앎 없음(無念)에는 둘이 없다.

4) 實智照理 權智照事 義分二照 用乃相融 此中實智照前不眞空 權智照前物不遷 前旣眞俗相卽 此亦權實互具 言無知者 卽體也 體是本覺眞心 心性寂滅 本無

화엄교(華嚴敎)는 말한다.

"지혜 밖의 한결같음[智外如]이 지혜의 깨친 바[所證] 되지 않고,
또한 한결같음 밖의 지혜[如外智]가 깨칠 수 있음[能證]이 되지
않는다."

無有智外如爲智所證 亦無如外智能證

또한 한결같음[如]에는 반야의 앎 없는 뜻[無知之旨]이 참으로
여기 있는 것이다.

만약 앞의 다섯 이름이 한뜻임[五名一義]에 마주하면 본래 없음
의 실상[本無實相], 법의 성품[法性]의 바탕[體] 위에서 지혜의
씀[智用]을 일으킴이다. 방편이란 연이 모임[緣會]을 통달함이요.
진실이란 곧 성품이 공함[性空]을 비춤이다. 방편과 진실이 둘 아
니면[權實不二] 도로 본래 없음 등의 진리를 비추니 한뜻[一義]이
된다.

반야가 곧 앎 없음[般若卽無知]이라고 하면 업 지님의 풀이[持業
釋]요, 반야가 앎 없음을 논함[般若無知論]이라 하면 주인 의지함
의 풀이[依主釋]이다.5)

知覺 故起信云
所言覺義者 謂心體離念 卽是如來平等法身 說名本覺 離念本覺 卽今無知 爲權
實體故 六祖以無念爲宗 神秀以離念爲宗 雖分頓漸 皆明智體無知 所謂如珠發
光 光還自照 本覺起照 還契本覺 卽理智不二之義
[이는 남악 천태의 대승지관(大乘止觀)으로 보면 앎으로 앎을 비추어[以知
照知] 다만 앎[但知]을 이룸과 같다. 앎의 진실인 다만 앎[但知]은 앎 안에
앎의 뿌리가 없고 앎 밖에 알 바 없음이다.]
5) 華嚴云 無有智外如爲智所證 亦無如外智能證 於如般若無知之旨 良在斯矣 若
對上五名一義者 本無實相 法性體上起智用 權則達緣會 實則照性空 權實不二
還照本無等理 爲一義也 般若卽無知 持業釋 般若無知之論 依主釋
[반야의 작용인 앎에 앎 없다고 함으로 '업 지님의 풀이'이고, 논주가 반야
가 앎 없음을 논한다고 함으로 '주인 의지함의 풀이'이다.]

제2. 본문의 풀이

Ⅰ. 처음을 여는 뜻〔序義〕

1. 종지를 나타내고 미혹을 폄〔標宗陳惑〕

> 論 반야가 비어 그윽하다고 한 것은 대개 세 실천의 수레〔三乘〕
> 의 종지의 끝이니 참으로 참된 하나의 차별 없음이다. 그러나
> 다른 실마리〔異端〕의 논들이 어지럽게 얽힌 지 오래 되었다.

반야(방편과 진실을 모두 같이 나타냄)가 비어 그윽하다고
夫般若(雙標權實)虛玄

한마음의 진리〔一心眞理〕는 비어 고요하고 그윽이 미묘하여 방편
과 진실의 바탕이 되니, 알음알이〔識〕로 알지 못하고 지혜로 알므
로〔智知〕 앎 없음〔無知〕이라 한다.6)

(비어 그윽해 앎 없다고) 한 것은
者

위의 나타낸 것을 받음이다.7)

대개 세 실천의 수레[三乘]의 종지의 끝이니
蓋是三乘之宗極也

『법화경』에 말씀했다. "하나인 붇다의 수레에서 세 수레를 분별
해 말한다."

---

6) △二本文二 初序意三 初標宗陳惑
　一心眞理 虛寂玄微 爲權實體 不可以識識智知 故曰無知
7) 牒上所標

그러므로 하나인 수레의 법[一乘法]은 세 수레가 종지로 삼는 맨 끝이다. 저 하나인 붇다의 수레[一佛乘]란 지금 진리 그대로의 지혜[卽理之智]이고 이 논이 종지로 삼는 바이다. 그러므로 방편과 진실이 다르지 않은 것이다. 진리[理]는 반야의 비어 그윽함[般若虛玄]이니 붇다의 지견[佛之知見]이라고 말함이다. 그러므로 『대승의 파리니르바나 수트라』는 말한다.

"붇다의 성품[佛性]이란 으뜸가는 뜻의 공[第一義空]이고, 으뜸가는 뜻의 공을 지혜(智慧)라 한다."8)

참으로 참된 하나[眞一]의 차별 없음이다.

誠眞一之無差

성(誠)은 진실함이다. 지혜의 바탕은 참된 하나이다[智體眞一]. 그러므로 차별이 없다. 경은 말한다. "오직 하나인 수레의 법만이 있어, 둘도 없고 또한 셋도 없다."

위는 종지를 나타내고[標宗] 아래는 미혹을 편다[陳惑].9)

그러나 다른 실마리[異端]의 논들이 어지럽게 얽힌 지 오래 되었다.

然異端之論 紛然久矣

다른 실마리[異端]라는 말은 『논어(論語)』에 나온다. 지금 곧 사람들이 뜻의 봄[情見]을 따라, 앎이 차별되고[解別] 말이 달라[言差] 바로 방편의 종지[權宗]가 진실에 미혹함 바로 밝힘을 말한다. 그러므로 다른 따짐이 각기 일어나 어지러워 하나가 아닌 것이다.

---

8) 法華云 於一佛乘 分別說三 故一乘法 是彼三乘所宗之至極也 彼一佛乘者 乃今卽理之智 爲此論所宗 故權實不異 理乃曰般若虛玄 所謂佛之知見故也 故涅槃云 佛性名第一義空 第一義空名爲智慧
9) 誠實也 智體眞一 故無差別 經云 唯有一乘法 無二亦無三也 此上標宗 下陳惑 [미혹을 펌: 둘 셋의 차별은 하나인 붇다의 수레에서 방편으로 세운 차별인데 차별을 차별이라 하면 곧 미혹이다.]

붇다께서 사라짐에 건너심[滅度: 열반]으로부터 방편이 많이 진실을 어지럽히므로 오래다고 한 것이다. 대개 저들은 경계와 지혜[境智]에서 한마음이 근원됨[一心爲源]을 말하지 않으므로 다른 논란들[異論]로 하여금 어지럽게 하여 미혹함이 오래인 것이다.10)

2. 듣고 깨친 연유를 폄[序聞悟之由]

1) 스승의 가르침이 동으로 옴을 밝힘[明師敎東來]

> 論 인도의 슈라마나(śramaṇa, 沙門) 구마라지바가 계셨으니 어려서 이미 큰 방위[大方]에 거닐고 이 그윽한 반야의 길[斯趣]에서 기미[幾]를 연마하여 홀로 말과 모습 밖[言象之表]에 빼어나 보려 하려야 볼 수 없고 들으려야 들을 수 없는 경계에 묘하게 계합하였다.
>
> 인도에서 일어난 여러 다른 갈래의 배움들[異學]을 하나로 모아 가지런히 하고, 부드러운 바람을 드날려 동쪽으로 불게 하여 다른 나라를 밝게 비춰주려 하였지만, 후량의 땅[涼土]에서 빛을 감춘 것은 도란 헛되이 응하지 않고 응함에는 반드시 까닭이 있어야 하기 때문이다.
>
> 홍시(弘始) 3년 해의 차서로는 성기(星紀)에 진나라 왕[秦王] 승(乘)이 대사를 나라에 모실 꾀로 군사를 일으켜[擧師] 오시게

---

10) 異端者 語出論語 今謂人隨情見解別言差 正明權宗迷實 故異論各興 紛然不一 自佛滅度 權多亂實 故曰久矣 蓋彼境智不談一心爲源 故使異論紛紜迷之久矣
[한마음의 근원이란 부라흐만 같은 오직 하나인 자로서의 한마음이 아니라 마음의 연을 따라 나고 사라짐[生滅]과 나고 사라짐이 없는 진여(眞如)가 중도임을 한마음이라 하고, 마음이 경계인 마음이고 경계가 마음인 경계라 마음과 경계가 둘 아님[心境不二]을 한마음의 근원이라 함.]

> 하니 그 뜻은 북쪽하늘[北天]의 운수가 그러했던 것이다.

(1) 이름을 나타내 덕을 찬탄함[標名歎德]

인도의 슈라마나 구마라지바가 계셨으니

有天竺沙門 鳩摩羅什者

법의 이치[法理]는 짝이 없고 앎과 미혹은 사람에게 있다. 그러나 이미 다른 갈래 실마리가 있으니 무엇으로 바르게 할 것인가? 그러므로 지금 먼저 그 사람을 나타내니 사람이 도를 넓힐 수 있고 도(道)는 사람에 있는 것이다. 그러므로 저 미혹을 마주하는 것은 바로 이 바른 스승에 있는 것이다. 그러므로 나타내 이를 받은 것이다.

'천축'11)은 산스크리트 소리이니 바르게 말하면 인트카이고 여기 말로 하면 '달의 나라[月邦]'인데 천축에 다섯이 있다. 승전에 말했다. '이 스승의 조상은 남인도 나라의 재상이었지만 구마라지바는 쿠차국에서 태어났다. 집을 나와 슈라마나가 된 뒤 인도에 가서 도를 전했다. 그러므로 천축 슈라마나라 부른다.'

'구마라집'은 산스크리트 이름인데 갖추어 말하면 구마라지바(Kumārajīva)이다. 뜻으로 옮기면 '어린 이 목숨[童壽]'이다. 높은 행과 **빼어난** 업은 본전(本傳)에 갖추어 실려 있다. 이분이 곧 논주(論主)가 법을 받은 스승이다.12)

---

11) 천축(天竺): 산스크리트 신두(Shindu), 힌두(Hindhu)의 소리 옮김이 변한 것. 인도를 말함.

12) △二序聞悟之由 三初明師敎東來 文三 初標名歎德
法理無舛 解惑在人 旣有異端 何以正之 故今先標其人 人能弘道 道在於人 故對彼惑者 有此正師 故標牒之也 天竺是梵音 正云印特迦 此云月邦 天竺有五 僧傳云此師祖是南天竺之國相 什生於龜玆 出家後往天竺傳道 故稱天竺沙門 言鳩摩羅什 是梵名 具云鳩摩羅者婆 義翻云童壽 高行勝業 備載本傳 此卽論主受法之師也

어려서 이미 큰 방위[大方]에 거닐고, 이 그윽한 반야의 길[斯趣]에서 기미[幾]를 연마하여

少踐大方 研幾斯趣

천(踐)은 밟음이다. 큰 방위는 『도경(道經)』에 나오니 '큰 방위는 모서리가 없다[大方無隅]'고 하였다. 지금 말을 빈 것은 진리에 끝이 없음[眞理無際]을 이름하기 때문이다. 어린 나이에 마음이 지극한 진리에 나아갔다. 연(研)은 알맹이를 캠[覈]이고 기미[幾]는 마음이다. 스스로의 마음을 깊이 살펴 캠에 반야로써 나아가는 길[趣]을 삼았기 때문이다. 이 위는 그 얻은 바를 찬탄함이고 아래는 그가 깊이 계합함을 풀이한 것이다.13)

홀로 말과 모습 밖에 빼어나

獨拔於言象之表

발(拔)은 벗어남이다. 말과 모습 밖이란 『역(易)』에 다음처럼 말함과 같다.

"말[言]은 모습에서 나고 모습[象]은 뜻[意]에서 나니, 모습을 얻으면 말을 잊고 뜻을 얻으면 모습을 잊는다[忘象]."

지금 구마라지바 스승이 지혜의 깊은 뜻 얻은 것을 찬탄하므로 '말과 모습 밖에 벗어났다'고 한 것이다.14)

보려 하려야 볼 수 없고 들으려야 들을 수 없는 경계[希夷之境]에 묘하게 계합하였다.

〔도는 사람에 있음: 도는 사람이 아니지만 사람의 실천을 떠나지 않으니 사람이 도를 깨쳐 도를 행하고 도를 넓히는 것이다.〕

13) 踐履也 大方語出道經 云大方無隅 今借語以目眞理無際故 少年乃心詣至理也 研覈也 幾心也 研覈自心 以般若爲趣故 此上歎其所得 下釋其深契

14) 拔出也 言象之表者 易所謂言生於象 象生於意 得象而忘言 得意而忘象 今美什師得智之深意 故出言象之表也

妙契於希夷之境

계(契)는 합한 것이다. 비록 지혜로 진리에 합하나 진리 밖에 지혜가 없으므로 합하되 합함이 없는 것이니 이를 묘하게 합함[妙契]이라 한다.

희이(希夷)란 『노자(老子)』에 말했다. "보지만 보지 못함을 이(夷)라 하고 듣지만 듣지 못함을 희(希)라 한다." 곧 진리에 소리와 빛깔이 없음이다.

구마라지바 법사가 빛깔과 소리 밖에서[聲色之外] 진리에 합하므로 위에서 '어려서 큰 방위[大方]에 거닐었다'고 했다. 이 위에서는 진리와 지혜[理智] 얻음을 보이고, 아래서는 이익된 씀[利用]을 밝힌다.15)

인도에서 일어난 여러 다른 갈래의 배움들[異學]을 하나로 모아 가지런히 하고

齊異學於迦夷

재(齊)란 평탄히 누름이다. 배움 다름[異學]이란 바깥길[外道]이다. 가이(迦夷)란 산스크리트 소리이니 갖추어 말하면 카필라(kapila, 迦維羅衛)이다. 이는 인도 한 나라의 이름이다.

원강법사의 소[康疏]에 말했다. "여기 말로 옮기면 붉은 못[赤澤]이다. 구마라지바 법사가 저곳에 있으며 지혜로 일찍이 바깥길을 누르셨다." 또 온숙국(溫宿國) 가운데서 또한 일찍 바깥길을 꺾어 눌렀으니 본전(本傳)에 갖추어져 있다. 지금은 또 가이의 한 나라를 들어서 그 할 수 있음[能]을 찬탄한 것이다.16)

---

15) 契合也 雖以智合理 理外無智 故契而無契 曰妙契 希夷者 老子云 視之不見 曰夷 聽之不聞 曰希 眞理無聲色也 羅什師契理於聲色之外 故上曰少踐大方也 此上序得理智 下明利用

16) 齊者平也伏也 異學者外道也 迦夷者是梵音 具曰迦維羅衛 是天竺一國之名 康疏云 此云赤澤 什師在彼 曾以智慧屈伏外道 又溫宿國中 亦曾摧伏外道 備

부드러운 바람을 드날려 동쪽으로 불게 하여

揚淳風以東扇

　부드러운 바람이란 봄바람이다. 그 부드러움으로도 사물을 피워내
는데 어찌 하물며 성인의 법이 근기 따라 지혜를 일으킴이겠는가?

　동으로 분다고 말한 것은 저기서 여기를 바라보면 동(東)이기 때
문이다.

　바람 전하는 것을 분다 하니 이는 구마라지바 법사가 법을 전해
동으로 흐르게 함을 찬탄함이니 지혜의 씀〔智用〕이 할 수 있는 일
이다.17)

(2) 그 온 까닭을 찬탄함〔美其來由〕

다른 나라를 밝게 비춰주려 하였지만 후량의 땅[涼土]에서 빛을
감춘 것은

將爰燭殊方　而匿耀涼土

　원(爰)은 하고자 함이다. 촉(燭)은 비춤이다. 다른 나라란 저 땅
에서 여기에 온 것이니 이곳이 다른 나라이기 때문이다. 빛을 감춤
이란 지혜의 씀을 가린 것이다. 양의 땅〔涼土〕은 다섯 양나라〔五
涼〕인데 후량에는 고장(姑臧)에 도읍하였다. 구마라지바 법사는 본
래 이 땅을 인하였다〔本因此土〕.

　전진(前秦)의 부왕(符主)은 이름이 견(堅)인데 건원 13년 덕성
(德星)18)이 나타났다. 18년에 이르자 요기장군(驍騎將軍) 여광
(呂光)을 보내 병사 7만을 거느리고 네 번 쿠차를 쳤다. 여광이
마침내 쿠차를 이기고 구마라지바 법사와 같이 돌아왔다.

___

　在本傳　今且擧迦夷之一國　以歎其能耳
17)　淳風者春風也　以其和而發物　而況聖法能隨根起智　言東扇者　彼望此爲東　傳
　　風曰扇　此歎什師傳法東流　智用之能事
18)　덕성(德星): 상서(祥瑞)의 징조로 나타나는 별. 목성(木星)을 말하기도 함

양주에 이르러 본래 왕이 요장(姚萇)에게 죽임을 받았다는 말을
들었다. 여광이 구역 밖에서 나라 이름을 훔쳐 드디어 후량(後涼)
이라 불렀다. 부자가 이어받아 세 왕〔三主〕이 18년이 되었다. 구
마라지바 법사 또한 후량에 있었다. 18년 동안 빛남을 숨기고 빛
을 감추었으니〔匿耀韜光〕 나머지는 전기의 말함과 같다.19)

도(道)란 헛되이 응하지 않고 응함[應]에는 반드시 까닭이 있어야
하기 때문이다.

所以道不虛 應必有由矣

성인의 도가 드리워 응함에는 반드시 때가 이름을 기다려야 하
니 뿌리가 익어야 바야흐로 전해 통할 수 있는 것이다. 지금 18
년 빛을 감춘 까닭은 대개 때를 기다리고 기틀을 기다리려 하기
때문이다.20)

(3) 유통의 햇수〔流通年數〕

홍시(弘始) 3년 해의 차서로는 성기(星紀)에

弘始三年歲次星紀

요장(姚萇)이 죽자 아들 요흥(姚興)이 일어나 왕위를 세웠으니
해의 이름〔歲號〕은 홍시(弘始)였다. 성기(星紀)라고 말한 것은,
『이아(爾雅)』에 '축월(丑月)을 성기(星紀)라 하고 축년(丑年)을
적분(赤奮)'이라 하는데 지금 글의 못남을 피하므로 달의 이름〔月

---

19) △二美其來由
爰欲也 燭照也 殊方者彼土來此 是異方故 匿耀者掩智用也 涼土者五涼 當後涼
都姑臧 什法師本因此土 前秦符主 諱堅 建元十三年 有德星現 至十八年 遣驍
騎將軍呂光 率兵七萬 四伐龜茲 呂光果克龜茲 與什同回 至涼州聞本主 爲姚
萇所害 光乃竊號關外 遂稱後涼 父子承襲 三主一十八年 什師亦在後涼 一十
八載 匿耀韜光餘如傳述
20) 聖道垂應 必待時至 根熟方可傳通 今十八年 匿耀之所以 蓋欲待時候機故也

名]으로 해[年歲]의 이름을 부른 것이니 성(星)이 축(丑)의 지위 다음에 있기 때문이다.21)

진나라 왕[秦王] 승(乘)이 대사를 나라에 모실 꾀로 군사를 일으켜 오시게 하니

秦乘 入國之謀 擧師以來之

원강(元康)이 이끌어 보인 서른 나라이니 『춘추(春秋)』에 말했다. "후량(後涼) 여융(呂隆)이 남량과 북량에 내몰릴 것을 두려워하여, 진(秦)에 글을 올리니 진(秦)이 구마라지바 법사를 청해 이르게 하였다. 5월에 진(秦)이 농서공(隴西公) 석덕(石德)을 보내 여융(呂隆)을 치니 융이 이르러 9월에 항복하여서 바야흐로 구마라지바 법사를 맞이하여 관중[關]에 모시게 되었다."

모(謀)는 계략이다. 거(擧)는 씀이다. 사(師)는 무리 곧 군사이다. 진나라왕 승[秦王乘]과 여(呂)에게 대사를 모실 꾀가 있으므로 병사를 써 양나라를 쳐서 대사를 오도록 해 맞이한 것이다.22)

그 뜻은 북쪽하늘의 운수가 그러했던 것이다.

意也 北天之運數其然矣

뜻이란 위에서 찾은 뜻을 받는 것이다. 전진(前秦)이 구마라지바를 취함에 후진(後秦)의 다음 왕이 바야흐로 오니, 위에서 '도는 헛되게 응하지 않는다[道不虛應]'고 말한 것이 그 뜻이다.

---

21) △三流通年數
姚萇崩 子諱興立位 歲號弘始 言星紀者 爾雅曰 丑月曰星紀 丑年曰赤奮 今避文拙 故以月名號年歲 星次在丑位故也
22) 康引三十國春秋云 後涼呂隆懼南涼北涼所逼 表奏 秦請迎羅什至五月 秦遣隴西公石德 伐呂隆 隆至 九月歸降 方得迎羅什師入關 謀計也 擧用也 師者衆卽兵也 秦王乘呂 有入國之計 故用兵伐涼 迎什來之也
〔진왕 승에게 여융이 항복의 글을 보내니, 여융을 쳐서 구마라지바 법사를 모셔온 것을 모실 꾀가 있다 함이 아닌가 한다.〕

왜인가? 지금 받아서 풀이한다. 『대품』에 말했다. "반야는 붇다
께서 니르바나 하신 뒤 먼저 남방에 이르고 다음 서방 북방에 이
르러 북방에서 크게 번성한다."

『대지도론』에 "북방이란 북인도를 말한다."고 풀이했다. 지금 북
쪽 하늘이라 말한 것은 반야의 운수가 동쪽 나라에서 더욱 일어나
니 때를 기다려서 이르러 그것이 그렇도록 함이다.

이 위는 홍시 3년이 가르침을 내는 때〔發敎之時〕라 함을 편 것이
고 아래는 진왕(秦王)이 익기를 기다리는 기틀〔待熟之機〕임을 밝
힌 것이다.23)

2) 진왕이 보살핌을 내림〔秦王垂護〕

📖 대진천왕(大秦天王)은 도(道)는 백왕의 실마리에 계합하고
덕(德)은 천년의 아래까지 적시어 다스리는 만 가지 기틀 가운
데 칼날 놀리듯 마음대로 노닐며〔遊刃萬機〕 날이 다하도록 도를
넓혔다. 그러니 참으로 뒷세상 뭇 삶들이 하늘처럼 믿어 받들
분이며 샤카무니께서 남긴 법이 의지할 바였다.

그때 왕은 붇다의 깊은 법의 뜻을 배우는 사문〔義學沙門〕 오
백 남짓 사람들을 소요관(逍遙觀)에 모아, 진나라 글을 몸소 잡
아 구마라지바 법사와 더불어 『방등경(方等經)』을 같이 바로잡
았다.

그가 열고 넓힌 바가 어찌 오직 바로 그때만의 이익됨일 것인
가? 오랜 칼파의 나루가 되고 다리〔累劫之津梁〕가 되는 것이다.

---

23) 意也者 牒上索意也 前秦取什 後秦次主方來 而上云道不慮應其意 何也 今牒
而釋之 大品云 般若於佛滅後 先至南方 次西至北 北方大盛 智論釋云 北方謂
北天竺也 今謂北天 般若運數 轉興東國 待時而至 使其然矣 此上序弘始三年
爲發敎之時 下明秦王爲待熟之機也

나는 짧고 모자라지만 일찍이 아름다운 모임[嘉會]에 들어갔
다. 그리고 보통과 다른 깊은 요점을 우러러 듣게 된 것이 그때
부터였다.

(1) 이름을 나타내 덕을 찬탄함[標號歎德]

대진천왕은

大秦天王者

천왕(天王)이라 함은 하늘을 본받아 다스려, 풀뿌리 삶들로 하여
금 돌아가도록 하기 때문이다.24)

도는 백왕의 실마리에 계합하고 덕은 천년의 아래까지 적시어

道契百王之端 德洽千載之下

함이 없이 다스리므로[無爲而治] 말하지 않고도 스스로 믿게 하
고 교화하지 않고도 스스로 행하게 하니 대개 왕(王)의 도덕이다.
지금 진왕의 도덕이 충실하여 백왕이 다스리는 실마리에 계합하고
천년의 아래까지 흠뻑 젖게 함을 찬탄한다.25)

다스리는 만 가지 기틀[萬機] 가운데 칼날 놀리듯 마음대로 노닐
며[遊刃], 날이 다하도록 도를 넓혔다[弘道]. 그러니 참으로 뒷세
상 뭇 삶들이 하늘처럼 믿어 받들 분이며 샤카무니께서 남긴 법이
의지할 바였다.

遊刃萬機 弘道終日 信季俗蒼生之所天 釋迦遺法之所仗也

---

24) △二秦王垂護二 初標號歎德
　　天王者 法天而治 使民歸往故
25) 無爲而治 不言而自信 不化而自行 蓋王者之道德 今歎秦王道德充實 故契合
　　百王之端 洽潤千載之下

왕은 지혜의 칼을 놀려서 날마다 만 가지 기틀에 응하고, 만 가지 기틀 살피는 나머지 틈에 붇다의 도를 넓힘에 날을 다한다. 계(季)는 끝이다. 창생은 온갖 풀뿌리 삶들[萬民]을 가리킴이다. 이미 날마다 만 기틀에 응하면 아래 풀뿌리 삶들[下民]이 하늘처럼 우러를 것이다. 도 넓힘을 날이 다하도록 함을 말미암아 그 때문에 여래께서 남긴 법[如來遺法]으로 하여금 의지하여 흘러 통하도록 한다.26)

(2) 경을 옮기고 천양함을 밝힘[明翻譯闡揚]

그때 왕은 붇다의 깊은 법의 뜻을 배우는 사문[義學沙門] 오백 남짓 사람들을 소요관에 모아, 진나라 글[秦文]을 몸소 잡아 구마라지바 법사와 더불어 『방등경(方等經)』을 같이 바로잡았다.

時乃集義學沙門五百餘人 於逍遙觀 躬執秦文 與什公 參定方等

집(集)은 모임이다. 뜻을 배우는 이들은 번역장의 뜻과 이치[義理] 배워 익히는 이들이다. 소요관(逍遙觀)이란 소요의 동산[逍遙園] 가운데 있는 누대이다. 궁(躬)은 몸소이다. 진나라 글이란 옛 번역해낸 경을 새롭게 한 것이고 방등(方等)이란 대승 반야의 가르침이다.

구마라지바 법사가 성안[關]에 들어와 이미 여러 경을 거듭 번역하였으므로 진왕이 몸소 옛 번역과 새 번역 두 글을 잡아 구마라지바 공과 더불어 방등의 지극한 가르침 그 깊은 뜻[方等至敎之深旨]을 모두 살펴 교정하였다.27)

---

26) 王者遊智刃 日應萬機 萬機之暇 弘佛道於終日 季末也 蒼生者指萬民也 旣日應萬機 下民仰之如天 由弘道終日 故使如來遺法倚仗流通也

27) △二明翻譯闡揚
　集聚也 義學者 學習譯場義理之人 逍遙觀者 逍遙園中有觀也 躬親也 秦文者 新舊譯出之經 方等者 大乘般若敎也 羅什入關 旣重譯諸經 故秦王親執新舊二文 與什公參 並詳定方等至敎之深旨也

그가 열고 넓힌 바가 어찌 오직 바로 그때만의 이익됨일 것인가? 오랜 칼파의 나루가 되고 다리가 되는 것이다.

其所開拓者 豈唯當時之益 乃累劫之津梁矣

진나라 왕이 구마라지바 법사와 이와 같이 성인의 도를 열고 넓혔으니 오직 한때의 이익이 아니라 오랜 칼파 미혹한 이들에 나루가 되고 다리가 되는 도〔津之梁道〕이다. 그러므로 반야의 참 뜻〔般若眞旨〕은 구마라지바로부터 동으로 와서, 진왕(秦王)이 같이 교정하여 뜻이 바야흐로 밝아지고 바르게 된 것을 알아야 한 다.28)

3) 자리에 들어가 듣고 깨침을 밝힘〔明預座聞悟〕

나는 짧고 모자라지만 일찍이 아름다운 모임에 들어갔다. 그리고 보통과 다른 깊은 요점[異要]을 우러러 듣게 된 것이 그때부터였 다.

余以短乏 曾厠嘉會 以爲上聞異要 始於時也

짧고 모자람이란 겸손함이다. 칙(厠)은 들어감이다. 아름다운 모 임은 번역장이다. 우러러 들음이란 반야의 높은 뜻을 들음이다. 옛 날은 다른 실마리〔異端〕의 다른 집착으로 인해 바른 진리에 의지 함이 없다가 지금은 번역장에 들어가 이 높은 뜻인 일승〔上義一 乘〕의 달라 뛰어난 요점〔異要〕 깊고 깊은 뜻〔甚深之旨〕을 듣고, 비 로소 이때 깨달았다.29)

---

28) 秦王與什師 如是開拓於聖道 不獨一時之益 乃累劫爲迷津之梁道也 故知般若 眞旨 自羅什東來 秦王參定 義方明正矣
29) △三明預座聞悟
短乏者謙也 厠預也 嘉會者 譯場也 上聞者 聞般若上義也 昔因異端殊執正理無 憑 今預譯場 聞此上義一乘異要甚深之旨 始於時而領悟

3. 깊음을 찬탄하고 겸손하게 말함[讚深兼述]

論 그렇다면 성인의 지혜[聖智]는 그윽하고 미묘하며[幽微] 깊고 은밀하여 헤아릴 수 없어서 모습 없고 이름 없으니[無相無名], 말과 모습으로 얻을 바가 아니다.

시험 삼아 모습 없는 그 뜻을 미친 말[狂言]에 부칠 따름이니 어찌 성인의 마음을 가려 밝힐 수 있다고 하겠는가? 시험 삼아 논해 말해본 것이다.

그렇다면

然則

위를 받음이니 비록 구마라지바를 인하지만 진나라 왕이 이를 보살펴, 듣고 깨침이다. 아래 말한다.[30]

성인의 지혜는 그윽하고 미묘하며 깊고 은밀하여 헤아릴 수 없어서

聖智幽微 深隱難測

반야의 바탕과 씀[般若體用]은 깊고 미묘하며, 헤아림이 수의 밖으로 벗어나므로[量超數表] 깊고 은밀하다고 한 것이다. 이를 말미암으므로 헤아려 따질 수 없는 것이다.[31]

모습 없고 이름 없으니 말과 모습[言象]으로 얻을 바가 아니다.

無相無名 乃非言象之所得

위의 바탕과 씀이 헤아릴 수 없다 함을 풀이함이다. 모습 없으므

---

30) △三讚深謙述
牒上 雖因羅什 秦王護此開悟 下云
31) 般若體用幽微 量超數表 故曰深隱 由此故難測度也

로 모습으로 사유할 수 없고 이름 없으므로 말로 의논할 수 없는 것이다.32)

시험 삼아 모습 없는 그 뜻을 미친 말[狂言]에 부칠 따름이니

爲試惘象其懷 寄之狂言耳

　지금 논하는 이가 듣고 깨침을 나누어, 아직 오지 않은 뒤에 보이려 하나, 입으로 말할 수 없고 마음으로 헤아릴 수 없는 것이다. 시험하려는 것이란 또 씀이다. 망상(惘象)이란 말은 『장자(莊子)』에 나오는 데 다만 마음 없음의 뜻[無心之義]만을 취한 것이다.

　미친 말[狂言]이란 대개 정해짐이 없는 말이다. 또 마음 없는 마음[無心之心]과 말 없는 말[無言之言]을 써서, 이를 논의해 다른 실마리[異端]를 쉴 뿐이다.33)

어찌 성인의 마음을 가려 밝힐 수 있다고 하겠는가? 시험 삼아 논해 말해본 것이다.

豈曰聖心而可辨哉 試論之曰

　반야가 말로 가려 보일 수 있음을 말하지 않는다. 또 이를 논할 뿐이다.34)

---

32) 釋上體量難測 無相故不可以象思 無名故不可以言議
33) 今論者欲剖聞悟 以示未來 而口不能言 心不能測也 爲試者且用也 惘象者語 出莊子 但取無心之義 狂言者 蓋無定語也 且用無心之心無言之言 而議論之 以息異端耳
34) 非謂般若言可詮辨 且論之耳

II. 바로 논함〔正論〕

1. 종지를 나타내 바로 드러냄〔標宗正顯〕

1) 씀을 갖춘 바탕을 나타냄〔標具用之體〕

> 🈂 『방광반야경』은 말한다. "반야는 모습 있는 바가 없고 나고 사라지는 모습〔生滅相〕이 없다."
>
> 『도행반야경』은 말한다. "반야는 아는 바가 없고〔無所知〕, 보는 바가 없다〔無所見〕."
>
> 이 경들은 지혜 비춤의 씀〔智照之用〕을 밝히고 있는데 모습 없고 앎이 없다고 말하는 것은 왜인가?
>
> 참으로 모습 없는 앎〔無相之知〕과 앎 아닌 비춤〔不知之照〕이 있다는 것은 밝다.
>
> 왜 그런가? 대저 아는 바가 있으면〔有所知〕 곧 알지 못하는 바가 있지만〔有所不知〕 성인의 마음은 앎이 없으므로〔無知故〕 알지 못하는 바가 없다〔無所不知〕.
>
> 알지 않고 아는 것을 '온갖 것 앎〔一切智, sarvajña〕'이라 말한다.
>
> 그러므로 경에서는 "성인의 마음은 아는 바가 없어서 알지 못하는 바도 없다."고 하였으니 미덥도다.
>
> 그러므로 성인은 그 마음을 비우고〔虛其心〕 그 비춤을 실답게 하니〔實其照〕 날이 다하도록 알되 일찍이 알지 않는다. 그래서 고요히 빛나 빛을 숨기고〔默耀韜光〕, 빈 마음으로 그윽이 살피니〔虛心玄鑒〕 따져 아는 지혜를 닫고, 헤아리는 밝음을 막되, 홀로 깨쳐 그윽하고 그윽함인 것〔獨覺冥冥者〕이다.

(1) 경을 이끌어 바탕을 나타냄〔引經標體〕

『방광반야경』은 말한다. "반야(살피는 지혜를 보임)는 모습 있는 바가 없고 나고 사라지는 모습이 없다."

放光云 般若(標能觀智)無所有相 無生滅相

　지혜의 바탕을 보임이다. 모습 있는 바라고 말한 것은 곧 드러나 있음〔現在〕에 있는 바 차별의 모습이니 처음 물질 마음〔色心〕으로부터 '온갖 공덕의 씨앗인 지혜〔種智〕'까지, 세간과 세간 벗어난 모습이다. 나고 사라지는 모습이란 지나가고 아직 오지 않은 모습〔過未相〕이다.

　그러나 반야의 바탕 성품은 지나간 것〔過去〕은 새로 나지 않고, 아직 오지 않은 것〔未來〕은 사라져 무너지지 않으며, 드러나 있는 것〔現在〕은 머물러 달라짐이 없다. 삼제가 늘 평등하여〔三際常平等〕 허공의 고요함과 같으므로 모습 없음〔無相〕이라 한다.

　또 가운데 사이가 머물러 달라지지 않으므로 있지 않고〔非有〕, 앞과 뒤에 나고 사라짐이 없으므로 없음이 아니다〔非無〕. 바탕은 네 모습〔四相: 生住異滅〕을 벗어나고, 헤아림은 백 가지 그름〔百非〕을 끊으므로 모습 없음〔無相〕이라 말한다. 비유하면 허공이 비록 마쳐 다해 맑고 고요하되 앞 때도 남이 없고, 뒤 때도 사라짐이 없음과 같다.

　반야의 진실한 바탕〔般若實體〕도 또한 그러함을 알아야 한다.

　그러므로『반야심경』은 말한다.

　"이 모든 법의 공한 모습은 나지 않고 사라지지 않으며 더럽지 않고 깨끗하지 않으며 더하지 않고 줄지 않는다."35)

---

35)　△二正論 文二 初標宗正顯 文四 初標具用之體 文三 初引經標體
　　　出體也 言所有相者 卽現在所有差別相 始自色心 終乎種智 世出世間相 生滅相
　　　者 過未相 然般若體性 過去非新生 未來不滅壞 現在無住異 三際常平等 等同
　　　虛寂 故曰無相 又中間不住異 故非有 前後無生滅 故非無 體超四相 量絕百非
　　　故曰無相 譬如虛空 雖畢竟湛寂 而前際無生 後際無滅 般若實體 當知亦然 故

『도행반야경』은 말한다. "반야는 아는 바가 없고, 보는 바가 없다."
道行云 般若無所知無所見

위의 뜻〔上義〕을 이루어 세움이다. 그렇다면 모습은 곧 바탕〔體〕
에 나아가 논함이고, 알고 봄〔知見〕은 씀〔用〕을 띄고 밝힘이니 씀
이 바탕에 돌아감을 밝혀 말하면〔辨用歸體〕 바탕은 본래 스스로
고요하다. 그러므로 앎이 없고 봄이 없다〔無知無見〕. 아는 바와 보
는 바라 말한 것은 있는 것의 알고 봄〔所有之知見〕일 뿐이다. 신령
한 앎의 바른 봄〔靈知正見〕이란 씀〔用〕을 말하면 곧 있고〔有〕, 바
탕〔體〕을 말하면 곧 없다〔無〕.

지금 이미 바탕을 밝히므로 앎이 없고 봄이 없다고 한다.36)

그러나 바탕의 알고 봄이 없음을 말미암아〔由體無知見故〕 알고
볼 수 있으니〔能知見〕, 마치 거울이 모습이 없으므로 사물 비출 수
있는 것과 같다.

또 앎이 있음을 무명(無明)이라 하고 봄이 있음을 망상(妄想)이
라 하나 지혜의 바탕이 없다면〔智體無〕, 무명 또한 없는 것〔無明亦
無〕이니 망상에서 미혹되고 망녕됨〔迷妄〕 떠남을 말미암으므로 알
고 봄이 없는 것이다.

바탕이 모습이 없으므로〔體無相故〕 물질이 아니고〔非色〕, 알고
봄이 없으므로〔無知見故〕 느낌 모습 취함 지어감 앎이 아니니〔非
受想行識〕 세간 벗어난 지혜의 바탕은 다섯 쌓임〔五蘊〕의 쌓여진
법이 아니기〔非蘊聚法〕 때문이다.37)

心經云 不生不滅 不垢不淨 不增不減
36) 成立上義 然相則就體而論 知見帶用而辨 辨用歸體 體本自寂 故無知無見也
言所知所見者 所有之知見耳 靈知正見 言用則有 言體則無 今旣明體 故曰無
知無見也
〔앎 없이 앎을 씀〔用〕이라 하니 알고 봄이 없지 않고, 알되 앎 없음을 바탕
〔體〕이라 하니 알고 봄이 있지 않다.〕
37) 然由體無知見故能知見 如鏡無像 故能照物 又有知曰無明 有見曰妄想 智體無
無明亦無 於妄想由離迷妄 故無知見也 又體無相故非色 無知見故非受想行識

(2) 바탕을 잡아 씀을 밝힘〔約體辨用〕

① 경을 받아 씀을 물음〔牒經問用〕

이 경들은 지혜 비춤의 씀[智照之用]을 밝히고 있는데 모습 없고 앎이 없다[無相無知]고 말하는 것은 왜인가?

此辨智照之用 而曰無相無知者何耶

변(辨)은 밝힘이다. '왜인가'는 의심하는 말이다. 이는 비출 수 있는 지혜에 반드시 앎의 씀〔知用〕이 있음 바로 밝히는 것을 논함이다. 그런데도 『방광경』은 '모습 없다〔無相〕' 말하고 『도행경』은 '앎 없다〔無知〕'고 말하는데, 본다는 것〔見者〕은 어떤 것을 밝히는가?38)

② 바탕 그대로 씀을 드러냄〔卽體顯用〕

㈎ 바로 답함〔正答〕

참으로 모습 없는 앎[無相之知]과 앎 아닌 비춤[不知之照]이 있다는 것은 밝다.

果有無相之知 不知之照 明矣

참으로〔果〕라 말한 것은 반드시 정해짐이 있다는 것으로 이 뜻이 있음이다. 모습 없는 앎〔無相之知〕이란 『방광경』을 들어서 씀〔用〕을 답한 것이다.

반야의 참된 바탕〔般若眞體〕은 비록 세 때〔三際〕에 모습 없지만, 바탕 그대로의 씀〔卽體之用〕은 밝고 밝게 늘 안다〔了了常知〕.

알지 않고 비춤〔不知之照〕이란 『도행반야경』을 들어 씀을 답한 것이다. '알지 않는다'는 것은 위의 앎 없음〔無知〕을 받은 것이다.

出世智體非蘊聚法故也

38) △二約體辨用二 初牒經問用

辨明也 何耶是疑辭 此論正明能照之智必有知用 而放光曰無相 道行曰無知 見者何所辨耶

비록 바탕은 알고 봄이 없어 맑고 고요하나, 온 바탕의 씀〔全體之
用〕은 신령하고 신령하게 늘 비춘다〔靈靈常照〕.

규산(圭山)은 말한다.

"바른 생각〔正念〕이란 생각 없이 앎〔無念而知〕이다."

만약 모두 생각 없다면 무엇을 바른 생각이라 하는가? 밝다는 것은
바탕이 반드시 씀을 갖춤이니 뜻은 볼 수 있을 것이다. 그러므로 이
는 곧 진리를 들어 답한 것이다. 진실의 가르침〔實敎〕으로 말하면,
바탕이면 반드시 씀을 갖추고〔體則必具用〕, 씀을 말하면 반드시 온전
히 바탕〔談用必全體〕이다. 마치 물과 물결과 같이 서로 버려 떠나지
않음과 같아, 아주 잘 이루어진 이치〔極成之理〕가 밝은 것이다.39)

(나) 미루어 풀이함〔推釋〕

왜 그런가?

何者

미룸이다. 왜 모습 없어 알지 않는데〔無相不知〕 참으로 알아 비
추는 뜻〔知照之義〕이 있는가?40)

대저 아는 바가 있으면 곧 알지 못하는 바가 있지만

夫有所知 則有所不知

돌이켜 풀이함〔反釋〕이다. 만약 앎이 바탕이 있어 앎의 씀을 일

---

39) △二卽體顯用三 初正答
言果有決定 有此義也 無相之知者 據放光答用也 般若眞體 雖三際無相 卽體之
用 了了常知 不知之照者 據道行答用也 不知者 牒上無知也 雖體無知 見湛然
寂滅 而全體之用 靈靈常照 圭山云 正念者 無念而知 若總無知 何名正念 明
矣者體必具用 義可見故也 此則據理而答 以實敎言體則必具用 談用必全體 如
水與波 不相捨離 極成之理明矣

40) △二推釋
推也 何以無相不知 果有知照之義

으킨다면, 반드시 알지 못하는 바가 있다.

이는 망녕된 마음[妄心]이 일을 좇음이라 참됨에 계합하지 못한다. 두 작은 수레[二乘]라면 참됨을 증득하지만 일을 통달하지 못한다[不能達事]. 다 앎이 있기 때문에[有知故] 알지 못하는 바가 있는 것[有所不知]이다. 아래는 따라 풀이함이다.41)

성인의 마음은 앎이 없으므로 알지 못하는 바가 없다.

以聖心無知 故無所不知

온전히 앎이 없이 씀을 일으키므로[全無知而起用故] 씀에 알지 못함이 없다[用無不知]. 그러나 이 뜻에 오히려 어두워 만약 앎 없음으로 바탕을 삼아, 앎의 씀[用]을 일으킨다고 하면 오히려 미혹[惑]이다.

앎 없음 그대로 앎인줄 깨달아야[了卽無知而知] 온전한 바탕이 씀이 되어[全體爲用] 바야흐로 반야의 바탕과 씀의 뜻[般若體用之旨]을 참으로 통달함이다. 다만 단박 깨침의 말[頓說]만 말함이 아니라 진리의 진실함[理實]이 때를 같이하니, 마치 온전한 금이 금의 모습을 이루는 것과 같다. 생각해보라.42)

알지 않고 아는 것을 온갖 것 앎[一切智]이라 말한다.

不知之知 乃曰一切知

온갖 것 앎이란 진리와 사법 둘을 모두 비춤[理事雙照]이고 진제

---

41) 反釋也 夫若有知之體 而起於知用者 必有所不知矣 此則妄心逐事 不能契眞 二乘證眞 不能達事 皆有知故 有所不知 下順釋

42) 全無知而起用 故用無不知也 然此義猶暗 若謂以無知爲體 而起於知用者 則 尙惑矣 當了卽無知而知 全體爲用 方眞達般若體用之旨 但言不頓說 理實同時 如全金成像 思之
[앎에 앎이 없으므로 알지 못함이 없다는 것은 연기론적 앎의 뜻이고, 진여 자성(眞如自性)이 생각을 일으킨다고 하거나, 앎 없음의 바탕이 앎을 일으킨다는 것은 앎 없는 바탕이 있어서 앎을 일으킨다는 것이니 이는 단견과 상견이 결합된 바깥길의 견해[外道見]이다.]

와 속제를 모두 살핌[眞俗幷觀]이다. 다만 온전한 바탕의 씀[全體之用]이 살펴 비추는[鑒照] 비춤의 씀[照用]이라 저절로 융통하니 곧 '붇다의 바르게 두루 아는 뜻[佛正徧知義]'이다. 이 때문에 알고 비추는 뜻[知照之義]은 모습 없고 앎 없음[無相無知]에 있다.43)

㈐ 증명을 이끎[引證]

그러므로 경에서는 "성인의 마음은 아는 바가 없어서 알지 못하는 바도 없다."고 하였으니 미덥도다.

故經云 聖心無所知 無所不知 信矣

　바탕과 씀이 둘이 아님[體用不二]을 믿음이다.44)

(3) 씀을 모아 바탕에 돌아감[會用歸體]

그러므로 성인은

是以聖人

　반야의 바탕과 씀이 둘 아님[般若體用不二] 이를 얻은 분을 성인(聖人)이라 한다.45)

그 마음을 비우고[虛其心] 그 비춤을 실답게 하니[實其照]

虛其心而實其照

---

43) 一切知者 理事雙照 眞俗竝觀也 但全體之用 鑒照照用 自然融通 卽佛正徧知義也 所以知照之義 在乎無相無知也
　〔모습 없고 앎 없음: 모습 없음은 살피는 바 경계에 모습 없음이고 앎 없음은 살피는 지혜에 앎 없음이니 모습 없고 앎 없으므로 비춤 없이 비추고 앎 없이 아는 것이다.〕
44) △三引證
　信體用不二也
45) △三會用歸體
　般若體用不二得之者曰聖人

마음 바탕을 비어 고요하게 하면〔虛寂心體〕반드시 방편과 진실〔權實〕, 비춤과 씀〔照用〕을 갖추게 된다.46)

날이 다하도록 알되 일찍이 알지 않는다.

終日知而未嘗知也

날이 다하도록 진리를 비추고 사법을 통달해도 일찍이 앎이 있지 않다. 이는 위의 바탕과 씀이 때 같이함〔體用同時〕을 말한 것이다. 아래는 바탕에 모아 돌아감〔會歸于體〕이다.47)

그래서 고요히 빛나 빛을 숨기고 빈 마음으로 그윽이 살피니

故能默耀韜光 虛心玄鑒

비춤 없이 비춤〔無照而照〕을 말없이 고요히 빛남〔默耀〕이라 한다. 도(韜)는 감춤이고 숨김이니 비추되 비춤 없음〔照而無照〕을 빛을 숨김〔韜光〕이라 한다. 마음이되 마음 없음〔心而無心〕을 빈 마음〔虛心〕이라 하고 비춤 없이 비춤〔無鑒而鑒〕을 그윽이 비춤이라 한다. 이는 곧 고요히 숨김과 비어 그윽함은 다 바탕〔體〕이고 환히 비추는 빛과 마음의 살핌〔耀光心鑒〕은 다 씀〔用〕이다. 이 넷이 둘이되 둘 아닌 분 그는 오직 성인(聖人)이로다.48)

따져 아는 지혜를 닫고, 헤아리는 밝음을 막되 홀로 깨쳐 그윽하고 그윽함인 것이다.

閉智塞聰 而獨覺冥冥者矣

닫고 막음이란 없애 끊어짐이고 밝음이란 들음이 밝음〔聰之明〕이

---

46) 虛寂心體必具權實照用

〔마음 비워 비춤을 실답게 함은 비춤과 고요함이 때 같이함(寂照同時)이다.〕

47) 終日照理達事 未嘗有知也 此述上體用同時 下會歸于體

48) 無照而照曰默耀 韜韜也藏也 照而無照曰韜光 心而無心曰虛心 無鑒而鑒 曰玄鑒 此則默韜虛玄皆體也 耀光心鑒皆用也 此四二而不二者 其唯聖人乎

다. 그윽하고 그윽함이란 고요하고 또 고요함이다. 그러므로 바탕
과 씀을 늘 갖추지만 바탕 밖에 씀이 없으니, 만약 온전한 씀이 바
탕에 돌아가면〔全用歸體〕 곧 아는 바 있는 지혜의 비춤〔智照〕을
막아 없애고, 잘 듣는 밝음〔聰明〕을 닫아 막아, 오직 본래 깨친 성
품〔本來覺性〕의 그윽하고 그윽하며 고요하고 고요함인 것이다. 그
러므로 『기신론』은 말한다.

"미세한 생각을 멀리 떠나므로 마음의 성품을 보아 마음이 곧 늘
머물면 마쳐 다한 깨달음〔究竟覺〕이라 이름한다."

곧 반야의 앎 없음의 뜻〔般若無知之義〕이다.49)

2) 바탕 그대로의 씀을 밝힘〔明卽體之用〕

> 論 그렇다면 지혜에는 그윽함을 사무치는 살핌〔窮幽之鑒〕이 있
> 지만 앎이 없다〔無知〕.
>
> 신그러움〔神〕은 응해 만나는 씀〔應會之用〕이 있지만 생각이
> 없다〔無慮〕.
>
> 신그러움은 생각이 없으므로 세간 밖에서 홀로 왕(王) 될 수
> 있고, 지혜는 앎이 없으므로 일 밖에서 그윽이 비출 수 있다.
>
> 지혜는 비록 일 밖〔事外〕이나 처음부터 일 없음〔無事〕이 아
> 니고, 신그러움은 비록 세간 밖〔世表〕이나 날이 다하도록 구역
> 가운데〔域中〕이다.
>
> 이 때문에 구부리고 우러러 변화를 따르되 사물에 응해 만남
> 은 다함이 없으며〔應接無窮〕, 깊음을 살피지 않음이 없으나 비
> 추는 공〔照功〕이 없다.

---

49) 閉塞者 泯絕也 聰者 聽之明也 冥冥者 寂之又寂 故雖體用常俱 而體外無用
若全用歸體 則閉泯智照 杜塞聰明 唯本來覺性冥冥寂寂者矣 故起信云 遠離微
細念 故得見心性 心卽常住 名究竟覺 卽般若無知之義

> 이것이 곧 앎 없음[無知]이 아는 것이오 성인의 신그러움[聖
> 神]이 아는 것이다.

(1) 방편과 진실이 바탕 같이 함을 밝힘[明權實同體]

그렇다면(위의 말을 받음) 지혜에는 그윽함을 사무치는 살핌이 있지
만 앎이 없다.

然則(承上之辭) 智有窮幽之鑒 而無知焉

　위는 온전한 바탕인 지혜의 씀[全體智用]을 밝혔고, 지금은 씀을
여는 것[開用]인데 둘이다.

　첫째 진리 사무칠 수 있음[窮理]을 진실[實]이라 하고, 둘째 사
물에 응할 수 있음[應物]을 방편[權]이라 한다.

　방편의 씀[權用]을 신그러움[神]이라 하고 진실의 씀[實用]은 지
혜[智]라 한다. 다만 비추는 바 진리와 사법이 둘이 아니되 둘임을
말미암아, 비출 수 있는 지혜와 씀[能照智用]도 방편과 진실의 다
름이 있어도 그 두 씀은 처음부터 행을 다투지 않는다[其兩用未始
抗行]. 그러므로 아래 논 가운데 많이 줄여서 간략히 하나[一]라
말하니 배우는 이들은 반드시 서로 알아야 한다.

　지금은 먼저 진실의 지혜[實智]를 밝힌다. 사무침[窮]은 비춤의
지극함이요 그윽함[幽]이란 진리의 깊음이다. 진실의 지혜는 진리
를 사무치는 살핌[窮理之鑒]이 있지만 비추는 바탕[能照之體]은
고요하여 앎이 없다[寂而無知].[50]

---

50)　△二明卽體之用五 初明權實同體
　　上明全體智用 今開用爲二 一能窮理曰實 二能應物曰權 權用名神 實用名智 但
　　由所照理事不二而二故 能照智用權實有殊 而其兩用未始抗行 故下論中 多影
　　略言一 學者必須互知 今此先明實智也 窮者 照之極也 幽者 理之深也 實智雖
　　有窮理之鑒能照之體寂而無知
　　[진리를 비추는 살핌이 앎이 없고, 비추는 바 진리에 모습 없으므로 진실한 지
　　혜의 비춤은 비추되 비춤 없는 것[照而無照]이고 비추되 고요함[照而寂]이다.]

신그러움[神]은 응해 만나는 씀[應會之用]이 있지만 생각이 없다.

神有應會之用 而無慮焉

　다음은 방편의 씀[權用]을 밝힌다. 신그러움[神]은 헤아릴 수 없음의 뜻이다. 응해 변화하는 마음[應化之心]은 이를 알 수 없기 때문이다. 응해 만남[應會]이란 느껴 부름[感]은 중생의 기틀에 속하고 응함[應會]은 성인에 속하는데 응함과 부름이 합하는 것[應與感合]을 만남[會]이라 한다. 여[慮]는 생각이다. 앎 없음[無知]이 생각 없음[無慮]이니 글은 다르나 이치는 같다.

　신그러움[神]은 부름이 있으면 응해 기틀에 합하는 씀이니 응할 수 있는 지혜의 바탕[能應智體]은 본래 생각이 없다. 이로써 진리를 비추고 기틀에 응하는 두 씀[二用]은 비록 다르나, 앎이 없고 생각 없는 바탕은 하나[無知無慮體一]이므로 반야에 앎이 없다[般若無知]고 말한다.51)

(2) 하나의 바탕이 빔에 같이함을 나타냄[顯一體同虛]

신그러움은 생각이 없으므로 세간 밖[世表]에서 홀로 왕 될 수 있고, 지혜는 앎이 없으므로 일 밖[事外]에서 그윽이 비출 수 있다.

神無慮 故能獨王於世表 智無知 故能玄照於事外

　홀로 왕 됨[獨王]이란 오직 하나이므로 자재함이다. 세간 밖[世表]이란 세간에 살되 세간에 막히지 않음이다. 생각 없이 응하면 응하되 막히는 바 없기 때문에 자재하여 물들지 않음이다. 그윽이 비춤[玄照]이란 비추되 비춤 없음[照而無照]이다. 일 밖[事外]이란 일에 막히지 않음이다. 앎이 없이 비추기 때문[無知而照故]이고 사법 그대로 참됨이기 때문에[卽事而眞故] 일에 막히지 않는 것이다.52)

---

51) 次明權用也 神者 不測之義也 應化之心不可知之故 應會者 感屬機 應屬聖 應與感合 曰會 慮則思念也 無知無慮 文別理同 神有感應 合機之用 能應智體 本無念慮 是知照理應機 二用雖殊 無知無慮體一 故曰般若無知也

(3) 두 씀을 말해 이룸〔述成二用〕

지혜는 비록 일 밖이나 처음부터 일 없음이 아니고

智雖事外 未始無事

　진실의 지혜〔實智〕는 진리를 사무치나 진리〔理〕는 일〔事〕과 다르
지 않다.53)

신그러움[神]은 비록 세간 밖[世表]이나 날이 다하도록 구역 가운
데[域中]이다.

神雖世表 終日域中

　방편의 지혜는 생각 없으나〔無慮〕 날이 다하도록 변화로 난다〔化生〕.54)

(4) 바탕 그대로인 까닭을 나타냄〔顯卽體之所以〕

이 때문에 구부리고 우러러 변화를 따르되 사물에 응해 만남은 다
함이 없으며

所以俯仰順化 應接無窮

　구부림은 아래이고 우러름은 바라봄이다. 구부려 나가고 우러러
바라보아, 따라서 응해 변화하여〔隨順應化〕 만남이 다함없는 것〔接
之無窮〕은 대개 방편 지혜의 씀〔權智之用〕이다.55)

---

52) △二顯一體同虛
　　獨王者 唯一故自在也 世表者 處世不滯於世也 無慮而應 應無所滯故 自在不染
　　也 玄照者 照而無照也 事外者 不滯事也 無知而照故 卽事而眞故 不滯事也
53) △三述成二用
　　實智窮理 理不異事
54) 權雖無慮 終日化生
55) △四顯卽體之所以
　　俯下也 仰望也 俯就仰望 隨順應化 接之無窮 蓋權智之用也

깊음을 살피지 않음이 없으나

無幽不察

　진실의 진리[實理]는 깊고 깊어서, 지혜는 살피지 않음[不察]이
없으니, 대개 진실한 지혜의 씀[實智之用]이다.56)

비추는 공이 없다.

而無照功

　진실한 지혜의 바탕은 비춤이 없고[無照] 방편의 바탕은 공이 없
다[無功]. 두 씀[二用]은 바탕 그대로이니 바탕은 비추는 공이 없
는 것[無照功]이다.57)

(5) 두 씀을 맺어 이룸[結成二用]

이것이 곧 앎 없음[無知]이 아는 것이오(진실의 지혜이다) 성인의 신
그러움[聖神]이 아는 것이다(방편의 지혜이다).

斯則無知之所知(實也) 聖神之所會也(權也)58)

3) 바탕과 씀을 합해 밝힘[體用合明]

論 그러니 반야의 모습됨이란 실다우나 있지 않고[不有] 비었
으나 없지 않다[不無].
　있되 논할 수 없는 것은 오직 성인의 지혜[聖智]일 뿐이다.
왜인가?
　반야가 있다고 말하려 하니[欲言其有] 모습 없고 이름 없으

---

56) 實理幽深 智無不察 蓋實智之用也
57) 實體無照 權體無功 二用卽體 體無照功也
58) △五結成二用

며〔無狀無名〕, 반야가 없다고 말하려 하니〔欲言其無〕 성인은 이로써 신령하다〔聖以之靈〕.

성인은 이로써 신령하므로 빔이 비춤을 잃지 않고〔虛不失 照〕, 모습 없고 이름 없으므로 비춤이 빔을 잃지 않는다〔照不 失虛〕. 비춤이 빔을 잃지 않으므로 섞이되 변하지 않으며〔混而 不渝〕 비었지만 비춤을 잃지 않으므로 움직여서 거침을 만난다 〔動以接麤〕.

이 때문에 성인의 지혜의 씀은 처음부터 잠깐도 없어지지 않 았으나 이를 구하면 꼴과 모습을 잠깐도 얻을 수 없다.

그러므로 '보배 쌓은 이〔寶積〕 장자'는 말한다. "마음과 뜻이 없되 드러나 행한다."

『방광반야경(放光般若經)』은 말한다. "평등한 깨달음〔等覺〕 을 움직이지 않고 모든 법을 세운다."

이 때문에 성인의 자취〔聖迹〕는 만 가닥 실마리〔萬端〕이나 그 뜻〔其致〕은 하나일 뿐이다.

(1) 나타내 가리킴〔標指〕

그러니 반야의 모습됨이란

然其爲物也

이는 받는 말을 나타낸 것이다. 위에서 논한 반야는 바탕과 씀의 있고 없음〔體用有無〕이 정해짐이 없어 진리를 비추고 일을 비춤 〔照理照事〕을 알지 못하니 이는 어떤 것인가? 그러므로 지금 받아 서 가리킨 것이다.59)

---

59) △三體用合明四 初標指
此標牒之辭 上所論般若 體用有無無定 未知照理照事 是何物也 故今牒而指之

실다우나 있지 않고 비었으나 없지 않다.

實而不有 虛而不無

　쓰임이 곧 바탕이므로 실다우나 있지 않고, 바탕이 곧 쓰임이므로 비었으나 없지 않다.60)

있되 논할 수 없는 것은 오직 성인의 지혜[聖智]일 뿐이다.

存而不可論者 其唯聖智乎

　존(存)은 있다는 말이다. 반야의 바탕과 쓰임은 둘 아님[不二]에 늘 있어서 있음과 없음으로 말할 수 없으니 그것은 오직 성인의 지혜[唯聖智]가 이와 같다.61)

(2) 미루어 풀이함[推釋]

왜인가?

何者

　이를 미루어 봄이니 왜 있음[有]과 없음[無]으로 논할 수 없는가?62)

반야가 있다고 말하려 하니 모습 없고 이름 없으며

欲言其有 無狀無名

　바탕에 꼴과 모습 없어서 마음의 따라 아는 모습 떠나고[離心緣相], 바탕에 말을 끊어서 이름과 글자의 모습 떠난다[離名字相]. 그러므로 그것이 반드시 있다고 말할 수 없다. 이는 위의 실다우나 있지 않다[實而不有]고 함을 풀이한 것이다.63)

---

60) 用卽體 故實而不有 體卽用 故虛而不無
61) 存在也 般若體用 常在乎不二 而不可以有無議者 其唯聖智如是也
62) △二推釋
　　推之 何故不可以有無論耶
63) 體無形狀 離心緣相 體絶言說 離名字相 故不可言 其定有 此釋上實而不有

반야가 없다고 말하려 하니 성인은 이로써 신령하다.

欲言其無 聖以之靈

　성인은 이 진리를 비추고 사물 통달함[照理達事]을 써서, 일찍이
잠깐이라도 쉬지 않으므로 그것이 반드시 없다[定無]고 할 수 없다.
이는 위에서 비었으나 없지 않다[虛而不無] 함을 풀이한 것이다.64)

성인은 이로써 신령하므로 빔[虛]이 비춤[照]을 잃지 않고(온전한
바탕이 씀을 갖춤: 全體具用), 모습 없고 이름 없으므로 비춤이 빔을
잃지 않는다(온전한 씀이 바탕임: 全用是體).
비춤이 빔을 잃지 않으므로[照不失虛] 섞이되 변하지 않으며

聖以之靈故 虛不失照(全體具用) 無狀無名故 照不失虛(全用是體) 照不
失虛 故混而不渝

　혼(混)은 섞여 녹음[融]이다. 투(渝)는 변함이다. 씀이 곧 바탕이니
곧 섞여 녹아 늘 빔이다[混融常虛]. 비어 바뀌지 않으니[虛而不改]
이는 변하지 않는 바탕이 옛부터 끝내 변하지 않음을 밝힘이다.65)

비었지만[虛] 비춤을 잃지 않으므로 움직여서 거침[麤]을 만난다.

虛不失照 故動以接麤

　거침이란 가늚에 마주하는 거짓 모습이니 위의 진리 바탕이 가늘
고 묘함[理體細妙]에 마주하기 때문에, 지금 사법의 씀이 거침에
집착하는 것을 가리킨다. 바탕이 곧 씀이라 곧 움직여 만나되 비추
어 다함이 없는 것[照而無窮]이다. 이는 연 따르는 씀[隨緣之用]
잃지 않음을 밝힌 것이다.66)

---

64) 聖人用此照理達事 未嘗間息 故不可言其定無 此釋上虛而不無
65) 混融也 渝變也 用卽體 則混融常虛 虛而不改 此明不變之體從古不忒也
66) 麤者對細之假相也 對上理體細妙故 指今事用麤著也 體卽用 則運動接 照而
　　無窮 此明隨緣之用不失也

이 때문에 성인의 지혜의 씀은 처음부터 잠깐도 없어지지 않았으나 이를 구하면 꼴과 모습을 잠깐도 얻을 수 없다.

是以聖智之用 未始暫廢 求之形相未暫可得

　바탕을 말하면 앎이 없고 생각이 없으나[無知無慮] 씀을 말하면 진리를 비추고 일을 비춘다[照理照事]. 이 둘은 말은 다르나 뜻은 같으므로, 바탕과 씀이 있되 있음과 없음으로 논할 수 없는 것은 성인의 지혜[聖智]를 말함이다.67)

(3) 경을 이끎[引經]

그러므로 '보배 쌓은 이[寶積] 장자'는 말한다.
"마음과 뜻이 없되 드러나 행한다."

故寶積曰 以無心意而現行

　『비말라키르티수트라』의 장자 보배 쌓은 이[寶積]는 마음이 모아 일어남[集起]을 게(偈)로 찬탄해 말했다.

　마음이 분별하면 뜻이라 하니
　오직 여덟째 알라야의 앎이
　모든 앎의 씨앗을 모아서
　드러나 지어감을 일으키네
　그러므로 홀로 마음의 이름 얻네

　心分別名意　　　唯第八賴耶
　集諸種子起現行　故獨得心名

　일곱째 앎[第七識] 마나스(manas)는 안을 따라 생각하고[緣內] 앞의 여섯 앎[前六識]은 밖을 따라 생각하여[緣外]68) 다 분별하므로

---

67) 言體則無知無慮 言用則照理照事 此二者言異而義同 故體用存而不可以有無
　　論者 聖智之謂也

함께 뜻의 이름〔意名〕을 받으나 여덟 앎〔八識〕이 모두 망녕됨이다.

참 지혜〔眞智〕는 망녕됨을 떠나므로 마음과 뜻이 없다. 또 마음이 없으면 곧 앎이 없고〔無知〕 뜻이 없으면 생각이 없다〔無慮〕. 그런데도 드러나 행함〔現行〕이란 비추어 살핌〔照鑑〕을 늘 짓기 때문이다.69)

『방광반야경』은 말한다.
"평등한 깨달음을 움직이지 않고 모든 법을 세운다."

放光云 不動等覺而建立諸法

평등함은 본래 깨침의 바탕〔本覺之體〕이니 움직이면 곧 무명(無明)이라 하며 움직이지 않으면 마쳐 다한 깨달음〔究竟覺〕이라 한다. 깨달음의 바탕은 비록 고요하나 경계와 지혜의 모든 법〔境智諸法〕을 건립한다. 이 위의 두 경은 모두 바탕과 씀이 둘이 아님〔體用不二〕을 증명한다.70)

(4) 둘 아님을 맺음〔結不二〕

이 때문에 성인의 자취[聖迹]는 만 가닥 실마리[萬端]이나 그 뜻

---

68) 일곱째 앎〔第七識〕: 아는 뜻 뿌리〔意根〕가 여섯 앎〔六識〕의 안의 토대가 되니 곧 제8알라야식의 보는 가름〔見分〕이다. 이 아는 뿌리〔意根〕가 몸을 의지해 경계〔六境〕와 만나 여섯 앎〔六識〕을 일으켜 밖의 모든 법 분별한다. 그러므로 아는 뜻 뿌리〔意根〕는 스스로 실답게 아는 뿌리라 집착하니 이를 안을 생각한다〔緣內〕고 하고, 가려 아는 여섯 앎은 밖의 경계를 집착해 취하고 버리니 이를 밖을 따라 생각함〔緣外〕이라 한 것이다. 곧 안의 아는 뿌리가 있음 아닌 있음이고 밖의 경계는 없음 아닌 없음이라 안과 밖이 어울려 여섯 앎〔六識〕을 일으켜 여섯 앎이 저 경계를 다시 실로 있음으로 취하고 버리는 것이다.

69) △三引經
淨名經 長者偈讚集起曰 心分別名意 唯第八賴耶 集諸種子 起現行 故獨得心名 第七緣內 前六緣外 皆分別故 俱受意名 八識並妄 眞智離妄 故無心意也 又無心卽無知也 無意卽無慮也 而現行者常行照鑒故

70) 平等本覺之體 動則曰無明 不動曰究竟覺 覺體雖寂 而能建立境智諸法 此上二經並證體用不二也

[其致]은 하나일 뿐이다.

所以聖迹萬端 其致一而已矣

　성인 지혜의 자취는 비록 앎이 있되 앎이 없고, 응함이 있되 응함
이 없으니, 말의 헤아림이 만 갈래[言量萬端]나 둘이 아닌 이치[不
二之理]는 본래 하나로 같다. 물[水]을 말하면 고요하고 물결[波]
을 말하면 움직이나 물결과 물, 움직임과 고요함이 한 뜻[一致]에
바탕한다. 이것이 곧 『기신론』에서 진여와 나고 사라짐의 두 문[眞
如生滅二門]이 둘이 아니라 한마음에 바탕함[本乎一心]인 것이다.

　또 진여문(眞如門)을 의지해 사마타(śamatha)를 닦으니[修止]
지금의 진실의 지혜이고, 나고 사라짐의 문[生滅門]을 의지해 비파
사나(vipaśyana)를 닦으니[修觀] 지금의 방편의 지혜이다. 사마
타와 비파사나는 한마음을 의지해 일어나니 지금 앎이 없고[無知]
생각 없음[無慮]이 방편과 진실의 지혜가 의지하는 바 됨이다.

　지금 씀을 모아 바탕에 돌아가므로[會用歸體] 뜻이 하나됨[致一]
이라 한다.71)

4) 경계와 지혜를 맺어 모음[境智結會]

> 🔲 그러므로 반야(般若)는 비었지만 비출 수 있고 진제(眞諦)
> 는 없지만 알 수 있으니, 만 가지 움직임은 움직임 그대로 곧
> 고요할 수 있으며 성인의 응함은 없지만 할 수 있다.
> 　이것이 곧 알지 않으면서 스스로 알고[不知而自知], 하지

---

71) 四結不二

　聖智之迹 雖有知無知 有應無應 言量萬端 不二之理 本一如 言水則靜 言波則
動 波水動靜 本乎一致 此則起信眞如生滅二門不二 本乎一心也 又依眞如門修
止 即今實智 依生滅門修觀 即今權智 止觀依一心而起 即今無知無慮 爲權實
所依也 今會用歸體 故曰致一也

> 않으면서 스스로 함[不爲而自爲]이다.
> 다시 어찌 알 것이며 다시 어찌 하겠는가?

(1) 경계와 지혜, 방편과 진실을 맺음[結境智權實]

그러므로 반야는 비었지만 비출 수 있고

是以般若可虛而照

진실의 지혜가 앎이 없지만 앎이다.72)

진제는 없지만 알 수 있으니

眞諦可亡而知

참 경계가 모습 없으므로 진실의 지혜는 모습 없되 안다[亡相而知]. 이는 진실의 지혜[實智]를 맺어 「참이 아니므로 공하다는 논 [不眞空論]」에 마주한 것이다.73)

만 가지 움직임은 움직임 그대로 곧 고요할 수 있으며

萬動可卽而靜

일의 씀이 하나가 아니므로 만 가지 움직임이라 한다. 각기 연으로 나는 이 모습[緣生此相]을 잃지 않으므로 움직임 그대로 고요함[卽動而靜]인 것이다.74)

성인의 응함은 없지만 할 수 있다.

---

72) △四境智結會二 初結境智權實
　　實智無知而知也
73) 眞境無相 故實智亡相而知也 此結實智對不眞空論也
　　[살피는 바 경계인 진제(眞諦)는 모습에 모습 없고[於相無相] 살피는 지혜
　　는 알되 앎 없으니[知而無知] 진제는 없지만 알 수 있다고 함이다.]
74) 事用不一 故曰萬動 各不失緣生此相 故卽動而靜

聖應可無而爲

　방편의 지혜가 응함이 없지만 응함이다. 이는 방편의 지혜를 맺어 위의 「물이 옮기지 않다는 논[物不遷論]」에 마주한 것이다.

　이 때문에 비출 수 있는 바탕은 비록 하나지만 두 경계[二境]를 마주하므로 발하는 바[發所]에 둘이 있다. 이미 진제와 속제 두 경계가 서로 같으므로[眞俗二境相卽故] 방편과 진실 두 지혜가 또한 융통한 것[權實二智亦融]이다.75)

(2) 방편과 진실이 바탕 같이함을 맺음[結權實同體]

이것이 곧 알지 않으면서 스스로 알고, 하지 않으면서 스스로 함이다.
斯則不知而自知　不爲而自爲矣

　먼저 위에서 맺은 바를 가리켜 이[斯]라고 한 것이니 곧 방편과 진실의 모습은 본래 앎이 없고 함이 없으나 온 바탕이 씀을 갖추어, 법의 그러함[法爾]을 신령한 앎[靈知]이 묘하게 응함[妙應]이라 한다. 그러므로 방편과 진실을 나눌 뿐이다.76)

다시 어찌 알 것이며 다시 어찌 하겠는가?
復何知哉　復何爲哉

　알고 비춤[知照]이란 지음이 되니, 다만 바탕이 갖춤[體具]을 말미암은 것이라 바탕이 있음[體有]을 말한 것이 아니다. 그러므로 반야가 앎이 없다[般若無知]고 말한 것이다.77)

---

75) 權智無應而應也　此結權智　對上物不遷論　所以能照之體雖一　由對二境　發所有二　旣眞俗二境相卽　故權實二智亦融
76) △二結權實同體
　先指上所結曰斯　則權實相本無知無爲　全體具用　法爾曰靈知妙應故　分權實耳
　〔법의 그러함[法爾]: 모습 없고 앎 없는 진실의 모습이 공함에도 취할 공한 모습이 없어, 신령한 앎이 앎 없음의 본래 그러함으로 응하는 것이니, 모습 없는 바탕이 신령한 앎을 일으킨다고 하면 중도의 뜻을 등지게 된다.〕

2. 묻고 답함[問答]

미루어 쪼개면 글에 열여덟 덩이[十八段]가 있으니, 다 더욱 펼쳐 발자취를 밟아 짐짓 의심[疑]과 따짐[難]을 이루어, 깊은 뜻[深旨]을 이끈다.

옛 풀이[古者]는 열여덟 조목[十八科]으로 나누지만 지금은 묻고 답함을 합해 아홉 겹[九重]으로 하니 다음과 같다.

1. 바탕과 씀[體用]
2. 이름과 진실[名實]
3. 마음과 경계[心境]
4. 두 빗장[兩關]
5. 그렇다 함과 맞음[是當]
6. 취함과 버림[取捨]
7. 응함과 만남[應會]
8. 참됨과 망녕됨[眞妄]
9. 고요함과 씀[寂用]

이 아홉 겹 조목은 각기 물음과 답함을 갖춘다. 그러나 이 아홉 가운데 글에 의거하면[據文] 처음 하나는 둘을 같이 밝히고[雙明] 다음 다섯은 오직 진실이며[唯實], 일곱째는 오직 방편[唯權]이고, 뒤의 둘은 둘을 같이 드러낸다[雙顯].

뜻에 의거하면[據義] 곧 낱낱이 겸해 통한다[兼通].

대개 바탕과 씀[體用]이 서로 융통함으로 말미암아, 방편과 진실은 서로 같다.78)

---

77) 知照爲作 但由體具 非謂體有 故曰般若無知也
[반야는 알지만 앎이 없고 비추지만 비추는 공이 없으니 지혜가 앎 없지만 앎 없는 앎이 되고 함이 없지만 함 없는 함이 되는 것이다. 그러므로 앎 없는 바탕이 실로 앎 없으므로 알지 못함이 없는 씀을 갖춤이지, 바탕이 있어서 씀 일으키는 것이 아니다.]

1) 바탕과 씀을 묻고 답함〔體用問答〕

지금 바탕과 씀을 묻고 답하는〔初體用問答〕 글에 둘인데, 처음은 앎과 만남〔知會〕의 있음과 없음을 따짐〔有無難〕이다. 둘째는 바탕과 씀이 때 같이함을 답함〔體用同時答〕이다.

지금 처음이니 이는 위에서 '지혜에는 깊음을 사무치는 살핌이 있으나 앎이 없고, 신그러움에는 응해 만나는 씀이 있으나 생각이 없다〔智有窮幽之鑒 而無知焉 神有應會之用 而無慮焉〕'고 말함을 인한 것이니 있음과 없음이 서로 어긋나기〔有無相違〕 때문이다.

이는 물음을 일으킴이니 글에 둘이다. 처음 씀을 받아 바탕을 따짐〔牒用難體〕이니 글에 둘인데, 처음 따짐을 편다.79)

(1) 앎과 만남〔知會〕의 있음과 없음을 따짐〔知會有無難〕

> 🔲 따져 말한다: 대저 성인의 참 마음은 홀로 밝아서〔眞心獨朗〕 사물 사물마다 비춘다.
>
> 대상에 응해 만나되 방위가 없으므로〔無方〕 움직여서 사법과 만난다.
>
> 사물 사물마다 비추므로 앎에 빠뜨리는 바가 없고〔知無所遺〕 움직여서 사법과 만나므로 만남이 반드시 기틀을 잃지 않는다〔會不失機〕.

---

78) △二問答 推析者文有一十八段 皆展轉躡跡 假致疑難 以導深旨 古者分爲十八科 今合問答 以爲九重 一體用 二名實 三心境 四兩關 五是當 六取捨 七應會 八眞妄 九寂用 各具問答 然此九中 據文則初一雙明 次五唯實 第七唯權 後二雙顯 據義則一一兼通 蓋由體用互融故 權實相卽

79) 今初體用問答文二 初知會有無難 二體用同時答 今初 此因上云智有窮幽之鑒 而無知焉 神有應會之用 而無慮焉 有無相違故 此興問也 文二 初牒用難體文二 初敍難

만남이 기틀을 잃지 않으므로 반드시 만날 것에 만남이 있다.
앎에 빠뜨리는 바가 없으므로 반드시 알 것에 앎이 있다.

알 것에 반드시 앎이 있으므로 성인은 헛되이 알지 않고[聖不虛知], 만날 것에 반드시 만남이 있으므로 성인은 헛되이 만나지 않는다[聖不虛會].

이미 알고 이미 만나는데, 앎 없고[無知] 만남 없다[無會]고 말함은 무엇인가.

만약 앎을 잊고[忘知] 만남을 빠뜨린다는 것[遺會者] 곧 이는 성인이란 알고 만남에 사사로움이 없음인데 그 사사로움을 이룰 뿐이다.

이것은 그 앎을 스스로 가지지 않는다[不自有其知]고 말할 수 있는 것이지, 어찌 앎 없음[無知]을 얻겠는가?

① 씀을 받아 바탕을 따짐[牒用難體]

㈎ 따짐을 폄[敍難]

따져 말한다: 대저 성인(사람을 잡아 지혜를 가림)의 참 마음은 홀로 밝아서[眞心獨朗] 사물 사물마다 비춘다.

難曰夫聖人(約人辨智)**眞心獨朗 物物斯照**

진실의 지혜[實智]는 신령하게 비추는 참마음이고 지혜의 씀은 늘 홀로 밝아 경계를 인해 있지 않으므로 사물에 닿아 참되다[觸事而眞]. 그러므로 사물 사물마다 비춘다[物物斯照]고 한다.80)

---

80) 實智靈照眞心 用常獨朗 不因境有 故觸事而眞 故曰物物斯照
〔참마음이 사물마다 비춤: 홀로 밝음이 있어서 사물을 비추는가. 생각에 생각 없으면 생각 없는 바탕이 온갖 사물의 바탕이 되고 생각 없되 홀로 밝은 지혜이면 온갖 사물이 이 홀로 밝음을 떠나지 않으니 이 지혜가 사물마다 비춘다고 한다.〕

대상에 응해 만나되 방위가 없으므로[無方] 움직여서 사법과 만난다.

應接無方 動與事會

　방편의 지혜는 불러 느낌에 응하되[應感], 정해진 움직여 씀이 없으니 다 속제 사법의 모습[俗諦事相]과 합해 맞다.81)

사물 사물마다 비추므로 앎에 빠뜨리는 바가 없고[知無所遺], 움직여서 사법과 만나므로 만남이 반드시 기틀을 잃지 않는다[會不失機].

物物斯照 故知無所遺 動與事會 故會不失機

　빠뜨림이 없는 것은 진리를 따름이니, 진실의 지혜가 알 수 있음은 앎이 반드시 진리를 따르고[順理] 방편의 지혜가 만날 수 있음은 만남이 반드시 기틀에 합한다[合機].82)

만남이 기틀을 잃지 않으므로 만날 것에 반드시 만남이 있다[必有會].

會不失機 故必有會於可會

　반드시 만날 수 있는 지혜가 있으면 응해 만날 수 있다.83)

앎에 빠뜨리는 바가 없으므로 알 것에 반드시 앎이 있다[必有知].

知無所遺故 必有知於可知

　반드시 알 수 있는 지혜가 있으면 살펴 알 수 있다.84)

알 것[可知]에 반드시 앎이 있으므로[必有知] 성인은 헛되이 알지

---

81) 權智應感 無定動用 皆與俗諦事相合宜也
82) 無遺者 順理也 實智能知 知必順理 權智能會 會必合機
　　[앎에 앎 없는 진실의 지혜는 곧 모습 없는 진리인 지혜이므로 진실의 지혜는 진리를 따른다고 하고, 앎 없이 아는 방편의 지혜는 모습 없는 진리를 떠나지 않고 모습 없는 모습을 만나 비추니, 기틀에 합한다고 한다.]
83) 必有能會之智 可以應會
84) 定有能知之智 可以鑒知

않고, 만날 것[可會]에 반드시 만남이 있으므로 성인은 헛되이 만나지 않는다.

必有知於可知 故聖不虛知 必有會於可會 故聖不虛會

　헛되지 않음[不虛]은 반드시 있음[有]이다.85)

(나) 바로 따짐[正難]

이미 알고 이미 만나는데, 앎 없고[無知] 만남 없다[無會]고 말함은 무엇인가.

既知既會 而曰無知無會者 何耶

　만남 없다[無會]는 것은 곧 앞의 생각 없음[無慮]이다. 위에 풀이한 바에 의거하면 반드시 앎[知]과 만남[會]이 있는데 앞에 '앎이 없고[無知] 만남이 없다[無會]'고 말한 것은 그 뜻이 무엇인가?86)

② 놓아주고 빼앗아 거듭 따짐[縱奪重難]

　이 따지는 뜻은 위와 같으나 다만 따로 의심하는 뜻이 있으므로 거듭 물은 것이다.

만약 앎을 잊고[忘知] 만남을 빠뜨린다는 것[遺會者]

若夫忘知遺會者

　아는 것을 받음[牒所解]이다. 잊음은 버림[捨]이다. 빠뜨림[遺]은 내버림[棄]이다. 뜻[意]은 진실의 지혜에 앎이 있고 방편의 지혜에 만남을 말하나, 다만 알고 만나는 마음[知會之心]을 버리므로 앎이 없고 만남이 없다한 것이다.87)

---

85) 不虛者 定有也
86) △二正難
　無會者 即前無慮 據上所釋 定有知會 而前所謂無知無會 其義何耶
87) △二縱奪重難 此難意與上同 但別有疑情 故重問也

곧 이는 성인이란 알고 만남에 사사로움이 없음인데

則是聖人無私於知會

　사사로움은 자기〔己〕다. 스스로 알고 만남의 교묘함〔知會之巧〕
취하는 것을 사사로움〔私〕이라 한다. 성인은 이것이 없으므로 알되
앎 없다 하고〔知而曰無知〕 만나되 만남 없다한〔會而曰無會〕 것이
다. 이 위는 놓아줌이고, 이 아래는 빼앗아 말한다.88)

그 사사로움을 이룰 뿐이다.

以成其私耳

　만약 앎 없고 만남 없음〔無知無會〕으로 성인을 삼으면, 지혜로운
이는 비록 알고 만나는 공(功)을 취해 자기에게 돌아가려 하지 않
지만, 도리어 알고 만남 없는 공〔無知會之功〕을 취해 자기에게 돌
아가려할 것이다. 아래는 따짐이다.89)

이것은 그 앎을 스스로 가지지 않는다고 말할 수 있는 것이지, 어
찌 앎 없음〔無知〕을 얻겠는가?

斯可謂不自有其知 安得無知哉

　성인의 지혜가 만약 이와 같다면 방편과 진실의 지혜〔權實〕는 반
드시 알고 만남이 있으나 다만 알고 만남을 스스로 취하지 않는다
〔不自取〕고만 말할 수 있을 뿐이다. 어찌 앎 없고 만남 없음〔無知

　牒所解也 忘捨也 遺棄也 意謂實智有知 權智有會 但捨棄知會之心 故曰無知無
　會者
88) 私己也 自取知會之巧曰私 聖人無此 故知而曰無知 會而曰無會 此上縱 下奪云
　〔앎 있고 만남 있음과 앎과 만남 없음 둘을 모두 넘어서야 성인의 앎 없이 알
　고 만남 없이 만남이니, 사사로움이 없되 참된 자기 주체를 버리지 않음이다.〕
89) 若以無知無會爲聖 智者雖不取知會之功歸己 返欲取無知會之功歸己也 下難
　〔앎에 앎 없으면 성인의 사사로움 없음이 되나, 알고 만남을 취하지 않고
　앎을 잊고 만남 빠뜨림이 있다면, 도리어 앎 없고 만남 없는 공을 취해 자
　기에게 돌아감이다. 버릴 있음이 있으면 취할 없음이 있게 된다.〕

會]을 얻겠는가.90)

(2) 바탕과 씀이 때 같이 함으로 답함[體用同時答]

① 앞의 따짐에 바로 답함[正答前難]

> 論 답한다. 대저 성인의 공덕은 하늘 땅[二儀]보다 높지만 어질
> 지 않고[不仁], 성인의 밝음은 해와 달[日月]을 넘지만 더욱 어
> 두워진다[彌昏].
> 　어찌 나무와 돌 같이 그 마음을 눈멀게 하여 그것이 앎 없음
> [無知]일 뿐이라 하겠는가?
> 　참으로 보통 사람과 다른 것은 신그러운 밝음[神明]인 것이
> 다. 그러므로 사법의 모습[事相]으로 구할 수 없을 뿐이다.
> 　그대의 뜻은 성인으로 하여금 스스로 그 앎을 갖게 하지[不
> 自有其知] 않도록 하려 할 뿐, 아직 성인이 일찍이 앎이 있지
> 않음[不有知]은 아니다.
> 　그러니 성인의 마음에 어긋남이자 글의 뜻을 잃음이 아니겠는가.
> 　왜인가?
> 　경은 말한다. "참 반야는 청정하기 허공과 같아, 앎이 없고 봄
> 이 없으며 지음 없고[無作] 따라 생각함이 없기[無緣] 때문이다."
> 　이것이 곧 앎은 스스로 앎 없음[知自無知]이다.
> 　어찌 돌이켜 비춤을 기다린 뒤에야, 앎 없음이겠는가?

(가) 바탕과 씀의 따짐에 답함[答體用難]

(ㄱ) 바로 답함[正答]

---

90) 聖智若此 權實定有知會 但可謂之 不自取知會耳 何得無知會耶
　〔앎에 앎 없음을 알아야 연기중도의 뜻을 얻음이지, 앎이 있고 만남이 있지만
　그 앎을 취하지 않는다는 것은, 앎 있음[有知]의 참된 지양이 되지 못한다.〕

답한다. 대저 성인의 공덕은 하늘 땅[二儀]보다 높지만(앞에 신그러
움에는 응해 만나는 씀이 있다고 말함) 어질지 않고

答曰 夫聖人功高二儀(前曰神有應會之用)而不仁

앞에 생각 없다[無慮] 말했는데 공(功)이란 업의 작용[業用]이고
높다는 것은 빼어나 지남이다. '어질지 않음[不仁]'이란 『노자(老
子)』에 말했다.

"하늘과 땅은 어질지 않으니 만물은 꼴로 된 개[芻狗]다."

왕필(王弼)이 말했다. "어짐은 반드시 지어서 세우고, 베풀어 교
화함에는 은혜가 있고, 함이 있다. 하늘과 땅은 스스로 그러함에
맡겨[任自然] 함이 없고 지음이 없다. 그러므로 어질지 않다."

지금 성인은 방편의 지혜로 변화해 나서 세간 벗어나는 이익[出
世之益]을 얻게 하므로 그 공이 하늘과 땅을 빼어나 지나 이에 응
할 수 있으나, 바탕은 본래 생각함이 없다[體本無思慮]. 그러므로
하늘과 땅의 어질지 않음[天地之不仁]과 같다. 이는 위의 방편의
지혜는 곧 응하되 생각이 없다[應而無慮] 함에 답한 것이다.91)

성인의 밝음은 해와 달을 넘지만(앞에서 '지혜에는 깊음을 사무치는 살핌이
있다'고 함을 말함.) 더욱 어두워진다(앞에서 '앎이 없다'고 함을 말함).

明逾日月(前云智有窮幽之鑒)而彌昏(前云而無知焉)

유(逾)는 지남이고 미(彌)는 끝이 됨[極]이다. 해와 달은 오직
세간 일을 밝히지만 성인의 진실한 지혜는 세간 벗어난 진리에 계
합할 수 있다. 그러므로 해와 달을 넘는 밝음이 있어 비출 수 있으
나, 바탕은 본래 스스로 앎이 없어[體本自無知] 어두워 흐림과 아

---

91)　△二體用同時答三 初正答前難 文二 初答體用難 文二 初正答
　　前曰而無慮焉 功者業用也 高者勝過也 不仁者 老子云 天地不仁 以萬物爲芻狗
　　王弼云 仁者必造立 施化有恩有爲 天地任自然 無爲無造 故不仁也 今聖人權
　　智化生 令獲出世之益 故其功勝過二儀 而能應之 體本無思慮 故同天地之不仁
　　此答上權智卽應而無慮也

주 같다[極同於昏昧].

이는 위에서 진실한 지혜는 곧 알되 앎이 없다[卽知而無知]고 함을 답한 것이다. 이 위는 모두 온전한 씀의 바탕[全用之體]으로써 답한 것이다.92)

(ㄴ) 그름을 꾸짖음[責非]

어찌 나무와 돌 같이 그 마음을 눈멀게 하여 그것이 앎 없음일 뿐이라 하겠는가?

豈曰木石瞽其懷 其於無知而已哉

이는 없음에 집착하는 견해[執無之見]를 꾸짖음이다. 나무와 돌이란 신령한 느낌이 없는 사물이고 고(瞽)란 눈멂이니 앞에서 말한 앎 없고 생각 없음[無知無慮]이 어찌 이것의 앎 없음과 같겠는가?93)

참으로 보통 사람과 다른 것은 신그러운 밝음[神明]인 것이다. 그러므로 사법의 모습[事相]으로 구할 수 없을 뿐이다.

誠以異於人者神明 故不可以事相求之耳

이는 집착한 자의 견해를 꾸짖는 것이다. 성(誠)은 진실함이다. 사람이란 마음이 많이 망녕되게 헤아리니 앞에서 '앎이 있고 응함이 있다[有知有應]'고 함이다.

사람들의 망녕된 생각과 다른 것[者]이란 위를 다시 받음이다. 아직 반야의 앎 있음의 뜻[般若有知義]을 상세히 하지 않았는데 어떻게 아래에서 '신그러운 밝음[神明]이기 때문'이라고 하였는가?

---

92) 逾過也 彌極也 日月唯明於世事 而聖人實智 能契出世眞理 故有過日月之明 而能照之 體本自無知 極同於昏昧 此答上實智卽知而無知也 此上竝答以全用之體 〔알되 앎 없는 바탕이, 앎 없되 앎 없음도 없어 알지 못함이 없는 것이니 이 뜻이 온전한 바탕이 곧 씀이 되고 온전한 씀 그대로 바탕이 되는 뜻이다.〕
93) △二責非
此責執無之見 木石者 無靈覺之物 瞽者盲也 前云無知無慮 豈同此之無知也

곧 헤아릴 수 없는 신령히 밝은 지혜〔不測靈明之智〕는, 실로 앎
〔知〕으로써 사법의 모습을 알아 미루어 구할 수 없음이다. 이는 앞
의 따짐을 꾸짖는 것이니 있음으로 없음을 따져 반야는 있음〔有〕
과 같다 하고, 사람의 마음 없는 것〔人心無〕이 나무와 돌과 같다
하면, 어찌 바탕과 씀이 때를 같이하여〔體用同時〕 둘이 아닌 뜻〔不
二之旨〕을 알겠는가?94)

(나) 놓아주고 빼앗으며 따짐을 답함〔答縱奪難〕

(ㄱ) 헤아림을 폄〔敍計〕

그대의 뜻은 성인으로 하여금 스스로 그 앎을 갖게 하지 않도록
하려할 뿐, 아직 성인이 일찍이 앎이 있지 않음[不有知]은 아니다.
子意欲令聖人不自有其知 而聖人未嘗不有知

　그대의 뜻이란 저 따지는 자가 뜻으로 이해함이니, '~하도록 함'이
란 아는 마음이 부리기 때문이다. '일찍이 앎이 있지 않음〔不有知者〕
이 아니다'라는 것은, 말이 반대이니 따라 합하면 반드시 앎이 있다
〔定有知〕고 말함이다. 반야에는 본래 이런 이치가 없으니〔앎 있다는
이런 이치가 없으니〕 대개 따지는 자가 뜻으로 이해함이다. 곧 이는 성
인으로 하여금 비록 스스로 알아 만나는 공〔知會之功〕을 취하지 않
게 하지만, 성인은 반드시 알아 응함이 있다〔有知應〕고 말함이다.

　이는 위의 묻는 자의 삿된 이해를 받은 것이다. 이 글의 뒤바뀜
을 의거해 따라 합하면 그대의 뜻은, 성인은 반드시 앎이 있는 것
〔定有知〕이지만 스스로 그 앎을 갖지 않음〔不自有其知〕이라고 한

---

94) 此責執者之見 誠實也 人者 心多妄計 前云有知有應 異於人之妄想也者字再
　牒上也 未詳般若有知之義 如何下云神明故 則不測靈明之智 不可實以知會事
　相而推求之也 此責前難者 以有難無 乃謂般若有同 人心無同木石 豈知體用同
　時不二之旨也
　〔신그러운 밝음은 앎으로써 사법을 아는 밝음이 아니라 알되 앎 없는 밝음
　이니 이것이 반야가 앎 없되 앎 있는 뜻이다.〕

것이다.95)

(ㄴ) 그름을 꺾음[斥非]

그러니 성인의 마음에 어긋남이자 글의 뜻 잃음이 아니겠는가.

無乃乖於聖心 失於文旨者乎

　'~이 아니겠는가[無乃]'라 함은 물리치는 말이다. 어긋남은 헤맴
이다. 첫째 성인의 마음 바른 앎의 판단[聖心量]에 미혹함이요. 둘
째 '성인의 가르침 바른 앎의 판단[聖教量]'을 잃음이다. 그러므로
꾸짖음이다.96)

(ㄷ) 불러 물어 풀이함[徵釋]

왜인가?

何者

　불러 물어 따짐이니 위의 두 앎의 판단[二量]을 구함이다.97)

경은 말한다. "참 반야는 청정하기 허공과 같아 앎이 없고 봄이 없
으며 지음 없고 따라 생각함이 없기[無緣] 때문이다."

經云 眞般若者 淸淨如虛空 無知無見 無作無緣

---

95) △二答縱奪難四 初敍計
　　子意者 彼難者之意解也 欲令者 解心使之故 未嘗不有知者 語反 順合云定有知
　　也 般若本無此理 蓋難者意解 謂令聖人雖不自取知會之功 而謂聖心定有知應
　　也 此卽牒上問者邪解也 據此文倒 順合云子意 謂聖人定有知而不自有其知也
　　[성인은 앎이 있지만 그 앎을 갖지 않는 분이 아니라 알되 앎이 없고 앎이
　　없되 앎이 없이 아는 분이다.]
96) △二斥非
　　無乃者斥辭 乖迷也 一迷聖心量 二失聖教量 故責也
97) △三徵釋
　　徵也 求上二量也

이는 『대품반야경』을 이끈 것이니 성인의 가르침[聖敎]을 끌어
내 바른 판단[量]을 삼은 것이다. 참 반야는 두 지혜의 진실한 바
탕을 받은 것이다. 청정함이란 바탕 성품의 고요함이다. 허공 같다
는 것은 비유를 듦이다. 지혜의 바탕이 큰 허공과 같아, 나고 사라
짐, 물들고 깨끗함이 없기 때문이다.

앎 등이 없다는 것[無知等者]은 위의 청정하다는 것을 풀이함이
다. 신령한 앎[靈知]의 참된 봄[眞見]은 진실한 씀[實用]은 있으나
바탕 성품[體性]에 지어서 하는 따라 생각함[作爲緣慮]은 없다. 방
편의 씀[權用]은 곧 있으나 바탕 성품은 또한 없다. 이미 참된 바
탕이 청정함을 밝혔으므로 본래 이 넷이 없는 줄 알아야 한다.98)

이것이 곧 앎[知]은 스스로 앎 없음[無知]이다.

斯則知自無知矣

이는 진리의 판단[理量]을 드러냄이다. 이 경의 뜻을 의거하면
곧 방편과 진실의 지혜의 알아 만남의 바탕[知會之體]에 본래 스
스로 앎 없음[本自無知]을 알게 된다. 이 도리는 잘 이루어지니[此
理極成] 논(論) 가운데서 많이 홀로 진실의 지혜가 알되 앎 없
음[會而無會]을 밝히고 있는데 글을 줄였을 뿐이다. 아래는 다 이
와 비슷하다.99)

(ㄹ) 꾸짖음을 맺음[結責]

어찌 돌이켜 비춤을 기다린 뒤에야 앎 없음[無知]이겠는가?

豈待返照 然後無知哉

---

98) 此引大品經 出聖敎爲量也 眞般若者 牒二智實體也 淸淨者 體性寂滅也 如虛
空者 擧喩也 智體猶如太虛 無生滅染淨故 無知等者 釋上淸淨義 靈知眞見 實
用則有 體性則無作爲緣慮 權用則有 體性亦無 旣明眞體淸淨 故知本無此四也
99) 此顯理量也 據斯經義 則知權實知會之體 本自無知 此理極成 論中多單明實
智會而無會 文影略耳 下皆類此

그름을 맺음이니 앞의 이해이다. 어찌 성인의 지혜가 실로 있다고 하며, 앎을 돌이켜 비추어 이를 취하지 않으려 해서, 앎이 없고〔無知〕생각 없다〔無慮〕말하겠는가?100)

② 자취를 밟아 의심을 끊음〔躡跡斷疑〕

이 아래 논의 글은 앞의 따짐에 답한 것이 아니다. 다만 앞의 말의 뜻에 자취가 있으므로 논하는 이가 밟아서 이를 끊는 것이다. 글에 넷〔文四〕이니, 앞의 둘은 의심과 집착을 깨뜨림〔破疑執〕이고 뒤의 둘은 바른 이치를 풀이함〔釋正理〕이다.

앞의 둘 가운데는 다만 받는 말이 있으니 곧 이는 의심하는 뜻을 비록 깨뜨리나 깨뜨릴 그때 '드러나 지어감〔現行〕'에서 '아직 오지 않은 씨앗〔未來種子〕'을 막으므로, '금강의 막아 끊는 뜻〔金剛遮斷 之意〕'을 취한다. 이 때문에 과목의 글이 둘이니 처음 '앎은 있는데〔有知〕성품이 공하다〔性空〕'는 의심을 끊는다. 글이 둘이니 처음 의심을 받음이다.101)

> 論 만약 앎은 있지만〔有知〕성품이 공해〔性空〕깨끗하다 말한다면 이것은 곧 미혹된 지혜〔惑智〕를 가리지 못한 것이다.
>
> 세 가지 독〔三毒〕과 네 뒤바뀜〔四倒〕이 다 또한 (성품이 공해) 청정할 것이다.
>
> 어찌 홀로 높은 깨끗함이 반야에만 있겠는가?

---

100) △四結責
結非前解也 豈謂聖智實有 知會返照 不欲取之 而說無知無慮耶

101) △二躡跡斷疑 此下論文非答前難 但前語意有迹 故論者躡而斷之 文四 前 二破疑執 後二釋正理 前二中但有牒辭 卽是疑意雖破 當時現行 卽遮未來種子 故 取金剛遮斷之意 以爲此科文二 初斷有知性空疑 文二 初牒疑
〔앎에 앎 없음이 앎의 성품이 공한 뜻〔性空義〕이지, 앎이 있는데 성품이 공함은 있음과 없음의 허물을 모두 짊어진 것이다.〕

만약 아는 바〔所知〕로써 반야를 아름답다고 한다면 아는 바
가 반야가 아니나, 아는 바는 스스로 늘 깨끗하다. 그러므로 반
야는 아직 일찍이 깨끗하지 않다. 그러니 깨끗함을 이룬다고 반
야를 찬탄할 까닭이 또한 없는 것이다.

　　그렇다면 경에서 "반야가 청정하다" 한 것은 장차 반야의 바
탕 성품이 참으로 깨끗함은 미혹의 취하는 앎이 본래 없음이 아
니겠는가. 미혹으로 취하는 앎이 본래 없다면 앎으로써 이름할
수 없음이로다.

　　어찌 오직 앎 없음만을 앎 없음이라 이름할 것인가. '앎이 스
스로 앎 없음〔知自無知〕'이다.

(가) 의심과 집착을 깨뜨림〔破疑執〕

　(ㄱ) 앎은 있는데 성품이 공하다는 의심을 끊음〔斷有知性空疑〕

　　㉠ 의심을 받음〔牒疑〕

만약 앎은 있지만 성품이 공해[性空] 깨끗하다 말한다면
若有知性空而稱淨者

　　의심하는 자는 위의 경에서 말한 "참 반야는 청정하기 허공 같다"
는 등의 글을 인해 이렇게 의심한다. "반야는 반드시 앎이 있다〔有
知〕. 다만 지혜의 성품이 본래 공적하므로 청정하여 앎이 없다"는
등을 말한 것이다. 그러므로 지금 이를 받는다.102)

　　㉡ 바로 끊음〔正斷〕

　　① 견주어 깨뜨림[比破]

---

102) 疑者因見上 經云 眞般若者淸淨如虛空等文 乃疑云 般若必有知 但爲智性
　　本空故 稱淸淨無知等也 故今牒之

이것은 곧 미혹된 지혜[惑智]를 가리지 못한 것이다.

則不辨於惑智

무명의 마음[無明心]이 이름과 뜻[名義]을 알 수 있으니 미혹된 지혜[惑智]라 한다. 이 미혹된 지혜는 반드시 이것이 있음이라 앎이 경계를 인해[因境] 있고, 경계를 떠나면[離境] 없지만, 다만 성품이 본래 스스로 공하다. 성인의 지혜도 이와 같다 하면 무엇으로 분별해 가릴 것인가?103)

세 가지 독(탐냄, 성냄, 어리석음)과 네 뒤바뀜(항상함, 즐거움, 나, 깨끗함이 없는데서 있다고 헤아림)이 다 또한 (성품이 공해) 청정할 것이다.

三毒(貪瞋癡)**四倒**(無常樂我淨而計有者也) **皆亦淸淨**

다[皆]는 모두이다. 세 가지 독과 네 뒤바뀜, 이 일곱 뒤바뀜[七種顚倒]이 다 망상의 마음을 좇아 나니 이미 앎 있음에 속한다. 그러면 성품이 공함[性空] 또한 반야의 청정한 뜻[般若淸淨之義]에 같을 수 있다.104)

② 빼앗아 깨뜨림[奪破]

어찌 홀로 높은 깨끗함이 반야에만 있겠는가?

有何獨尊淨於般若

---

103) △二正斷二 初比破
無明心能知名義 曰惑智 此智定是有 知因境而有 離境則無 性本自空 聖智同此 何以辨別
〔경계 따라 있고 없는 미혹된 지혜와, 앎에 앎 없는 성인의 지혜를 무엇으로 가릴 것인가.〕

104) 皆者總也 三毒四倒七種顚倒 皆從妄想心生 旣屬有知 性空亦可同般若淸淨之義
〔무명의 마음에 앎이 있지만 취하지 않아 성인의 지혜가 아니다. 또 일곱 뒤바뀜에 망상의 앎이 있지만 그 성품이 공해 청정하다 하면 이 청정의 뜻과 일곱 뒤바뀜이 없는 성인의 반야가 청정한 뜻은 같은 것이 아니다.〕

높음은 우러름이다. 만약 미혹의 뒤바뀜이 성인의 지혜와 같다
면, 왜 경 가운데서 '청정하여 앎 없음이 참 반야〔眞般若〕에 있다'
고 오직 미루어 높이겠는가? 그러므로 성인의 가르침〔聖敎〕에서
홀로 높이는 지혜〔獨崇之智〕는, 미혹의 망념에 앎이 있지만〔惑妄有
知〕 성품이 공함〔性空〕과 같지 않음을 알아야 한다.105)

(ㄴ) 경계로써 지혜 찬탄하는 의심〔以境歎智疑〕

㉠ 의심을 받음〔牒疑〕

만약 아는 바로써 반야를 아름답다고 한다면

若以所知美般若

의심하는 이는 또 말한다.

'성인의 지혜는 비록 성품이 공함이 아니라 반드시 앎 있음에 속
하나, 다만 참 경계를 비출 때 아는 바가 모습 없음〔所知無相〕을
말미암아, 지혜를 아름답다 찬탄하여 앎 없다〔無知〕고 한다. 그러
므로 지금 먼저 이를 받는다.106)

㉡ 바로 끊음〔正斷〕

① 정함을 폄〔敍定〕

아는 바가 반야가 아니나

所知非般若

---

105) △二奪破
　尊崇也 若惑倒同聖智者 何故經中唯推崇淸淨無知 在於眞般若也 故知聖敎獨崇
　之智 非同惑妄有知性空也〔앞에 본래 앎 없음이 성인의 지혜임.〕
106) △二以境歎智疑 文亦二 初牒疑
　疑者又云 聖智雖非性空 而定屬有知 但由照眞境時 所知無相 故美歎智 曰無知
　矣 故今先牒之
　〔아는 바가 모습 없음으로 인해 그 지혜가 아름답다고 한다면〕

이 구절은 종지를 정함이다. 아는 바는 경계[境]를 말하고 반야
는 지혜[智]를 말하니 경계와 지혜는 반드시 같지 않으므로 아니
라고[非] 한다.107)

아는 바는 스스로 늘 깨끗하다. 그러므로 반야는 아직 일찍이 깨끗
하지 않다.

所知自常淨 故般若未嘗淨

　이는 의심하는 자[疑者]가 뜻 정함을 의거한 것이다. 의심하는
이는 말한다. '지혜는 반드시 앎이 있고 경계는 모습 없음에 속한
다.' 그러므로 지금 정해 말한다. 나의 말한 바에 의거하면 아는
바 경계[所知境]는 늘 청정하고, 모습 없는 반야의 지혜는 늘 스스
로 앎이 있다[常自有知]. 그러니 아직 청정하여 앎 없음이라 말하
지 못한다.108)

　② 빼앗아 깨뜨림[奪破]

그러니 깨끗함을 이룬다[致淨]고 반야를 찬탄할 까닭이 또한 없는
것이다.

亦無緣 致淨歎於般若

　연(緣)은 까닭[由]이다. 치(致)는 세움[立]이다. 만약 의심하는
이의 보는 바와 같다면 곧 경 가운데서 다만 참된 경계[眞境]에
합해 기뻐함이니, 청정 또한 청정이라는 말을 세워 참 반야[眞般
若]를 찬탄할 그럴 까닭이 없는 것이다. 지금 경 가운데서는 오직

---

107) △二正斷二 初敍定
　此句定宗 所知曰境 般若曰智 境智定不同 故曰非也
108) 此據疑者定義也 疑者曰 智定有知 境屬無相 故今定云 據汝所說 則所知之
　境常淸淨 無相般若之智常自有知 未可曰淸淨無知也
　[반야는 앎 있으나 모습 없는 경계가 청정하므로 반야가 청정하다 하면 반
　야에 앎이 있으므로 아직 반야가 청정하지 못한 것이다.]

반야의 글만을 찬탄해서 바른 판단의 기준[正量]을 삼으니, 경계의 모습 없음을 인하지 않고도 지혜는 앎이 없음[智無知]이라 증험해 아는 것이다.109)

(나) 바른 뜻을 풀이함[釋正義]

(ㄱ) 앞 경의 뜻을 끊어 풀이함[切釋前經義]

그렇다면

然

앞의 말을 받아들임이다. 의심하는 바가 이미 청정한 앎 없음의 뜻[無知之義]이 아닌 것이니 왜인가? 그러므로 지금 이를 받아들인다.110)

경에서 "반야가 청정하다" 한 것은(다시 앞의 경을 받은 것이다), 장차 '반야의 바탕 성품이 참으로 깨끗함'은 미혹의 취하는 앎이 본래 없음이 아니겠는가.

經云 般若淸淨者(此再牒前經也) **將無以般若體性眞淨 本無惑取之知**

'장차 없음이 아니겠는가[將無以]'란 경의 뜻을 헤아려 말하는 말이다. 본래 깨침을 지혜[智]라 하고 의지하는 바를 바탕[體]이라 하며, 바탕이 바뀔 수 없음을 성품[性]이라 하니 바탕이 곧 성품이다.

---

109) △二奪破

緣由也, 致立也, 若如疑者所見, 則經中祇合歡眞境 淸淨亦無緣由 立淸淨之言 歡眞般若也, 今以經中唯歡般若之文爲正量 驗知非因境無相 而曰智無知也

[앎 있음으로 경계의 모습 없음에 합함을 인해 반야가 청정한 것이 아니라 진리인 반야의 앎은 앎에 본래 앎 없음이라 경에서 반야의 청정을 찬탄하는 것이다.]

110) △二釋正義二 切釋前經義

領前之辭 所疑旣非淸淨無知之義 何也 故今領之

[아는 바는 이미 깨끗한 경계이지만 반야는 앎이 있다고 생각하므로 반야의 본래 청정한 앎 없음 뜻이 되지 못한다.]

참으로 깨끗함[眞淨]이란 물듦을 떠난 깨끗함이 아니라 진실한 청정[眞實淸淨]이다. 미혹으로 취하는 앎이 본래 없다[本無惑取之知]는 것은 알고 봄이 없음 등을 풀이한 것이니 참된 깨끗함[眞淨]의 뜻이다. 미혹의 취함을 떠나서[離惑取] 앎 없음[無知]이 아니라, 본래 스스로 미혹의 취함이 없으므로[本自無惑取] 앎 없음이라 한다.111)

미혹으로 취하는 앎이 본래 없다면, 앎[知]으로써 이름할 수 없음이로다.

本無惑取之知 不可以知名哉

청정하여 앎 없는 뜻[淸淨無知之義]을 맺어 이룸이니, 앞의 두 의심을 깨뜨린 것이다.112)

(ㄴ) 바탕과 씀을 거듭 드러냄[重顯體用]

어찌 오직 앎 없음만을 앎 없음이라 이름할 것인가. 앎이 스스로 앎 없음[知自無知]이다.

豈唯無知名無知 知自無知矣

어찌 오직 바탕이 앎 없음[唯體無知]이므로 청정하여 앎 없음이라 이름할 것인가? 앎의 씀[知之用]이 있어도 늘 스스로 청정하여 앎 없는 것[常自淸淨無知]이다. 그러므로 바탕과 씀은 둘 아니니[體用不二] 뜻이 청정하기[旨淸淨] 때문이다. 그래서 참 반야[眞般若]란 청정하여 앎 없음[淸淨無知]과 같다고 말하는 것이다.113)

---

111) 將無以者 擬義經旨之語 本覺爲智 所依曰體 體不可改 曰性 體卽性也 眞淨者 非離染之淨 乃眞實淸淨也 本無惑取之知者 釋無知見等 爲眞淨義 非離惑取曰無知 乃本自無惑取故曰無知
112) 結成淸淨無知之義 破前二疑也
113) △二重顯體用
豈唯體無知 故名淸淨無知 有知之用 常自淸淨無知也 故體用不二 旨淸淨故 故曰眞般若者淸淨無知等也

③ 바른 뜻을 맺어 드러냄〔結顯正義〕

　따짐에 답함으로 인해 의심을 끊었으므로 앞의 방편과 진실, 바탕과 씀이 둘이 아닌 바른　뜻〔體用不二之正義〕을 맺어 드러냄이다. 글에 둘이다.

> 論 이 때문에 성인은 앎이 없는 반야〔無知之般若〕로써 저 모습 없는 진제〔無相之眞諦〕를 비추니 진제는 토끼나 말을 빠뜨림이 없고 반야는 다하지 못하는 살핌이 없다.
>
> 　이 때문에 사물을 만나되 어긋나지 않고, 맞되〔當〕 이렇다 함〔是〕이 없으며, 고요하여 앎이 없되〔無知〕 알지 않음이 없는 것〔無不知〕이다.

㈎ 앞의 뜻을 맺어 나타냄〔結顯前義〕

이 때문에 성인은 앎이 없는 반야로써 저 모습 없는 진제를 비추니
是以聖人以無知之般若 照彼無相之眞諦

　바탕 그대로의 진실의 지혜〔卽體之實智〕가 진제의 진리를 비춤〔照眞諦理〕이다. 그러나 이는 다만 스스로의 지혜 앎 없음〔自智之無知〕에 계합함이라, 곧 모습 없는 진제를 비춤〔卽照無相之眞諦〕이니 밖에 있는 진제〔外有眞諦〕를 비출 바 결정된 모습 삼는 것을 말함이 아니다.114)

　〔앎이 연기이므로 공한 뜻이 앎 없음이라 알되 실로 알 수 있음과 아는 바가 없음이 앎 없음이다. 곧 미혹으로 취해 쓰는 앎이 본래 없음〔本無惑取之知〕이 반야의 청정한 앎 없음〔淸淨無知〕의 뜻이다.〕

114) △三結顯正義 因答難斷疑已 故結顯前權實體用不二之正義 文二 初結顯前義
　卽體之實智 照眞諦理也 然此但契自智之無知 卽照無相之眞諦 非謂外有眞諦
　以爲所照決定之相
　〔진제를 비춘다 함은 지혜인 진리를 말함이니, 비추되 고요함〔照而寂〕이 진제를 비춤이다. 이 반야의 비춤에는 저 무한 우주이든 영겁의 시간이든 절대신이든 모든 형태의 진리의 대상화가 지양된다.〕

진제는 토끼나 말[聲聞 緣覺]을 빠뜨림이 없고 반야는 다하지 못하는 살핌이 없다.

眞諦無兎馬之遺 般若無不窮之鑒

'토끼나 말의 빠뜨림'이란 다음을 말한다. 『비파사론』은 세 짐승이 강을 건너는데[三獸渡河] 물에 들어감이 깊고 얕음으로써 곧 코끼리, 말과 토끼로 세 수레[三乘]를 비유한 것이다. 진리에 나아가는데 다름이 있음을 비유한다. 두 수레[二乘]는 망상을 없애고 참됨을 구하니 마치 토끼와 말이 물을 건너는데 몸을 띄워 지나가는 것과 같다. 보디사트바는 오직 마음임을 증득[證唯心]한다. 그래서 마치 큰 코끼리가 강을 건너는 것과 같이 흐름을 끊어 지나간다[截流而過]. 그러므로 토끼와 말을 빠뜨려 남김이 없는 것이다.

'오직 하나인 붇다의 수레[一乘]' 지혜의 비춤은 지극함을 다하지 않음이 없다. 그러므로 앞에서 지혜에는 깊음을 사무치는 비춤이 있되, 앎이 없다[無知]고 한 것이다.

이 가운데서 다시 합해 이렇게 말한다.

'성인은 생각 없는 반야[無慮之般若]로써 저 옮기지 않는 속제[不遷之俗諦]를 비추니 속제는 토끼와 말의 빠뜨림이 없고 반야는 응하지 않는 씀[不應之用]이 없다. 이미 한 바탕의 두 씀[一體二用]이라 경계의 뜻을 잡아 경계를 나누면 이미 진제 속제가 서로 융통하고[眞俗相融] 씀[用] 또한 방편과 진실이 둘이 아니다[權實不二].'

그러므로 논(論) 가운데서 어떤 때 다만 한 씀[一用]에 나아가 바탕을 드러내지만 이미 두 씀이 다르지 않음[二用不殊]을 알므로 지금 줄여서 보인다.

그래서 '앞의 신그러운 지혜[神]에는 응해 만나는 씀[應會之用]이 있지만 생각 없다[無慮]'는 바른 뜻을 나타낸다.115)

---

115) 兎馬之遺者 婆沙論以三獸渡河 入水深淺 卽象馬兎喻三乘 造理有異 二乘
滅妄求眞 如兎馬之涉水 泛身而過 菩薩證唯心 故如大象之渡河 截流而過 故

(나) 앞의 까닭을 밝힘[明前所以]

이 때문에 사물을 만나되 어긋나지 않고[會而不差], 맞되 이렇다 함이 없으며[當而無是],

所以會而不差 當而無是

　이는 앞의 방편의 지혜[權智]를 밝힘이다. 사물을 만나 아는 지혜는 기틀의 맞음에 어긋나지 않기 때문에 맞음과 이렇다 함[當是]이라 말하는 것이니 응하고 마주하는 뜻[應對之義]을 취해 아래 글에서 말한다.
　'응하되 생각 없다[應而無慮]. 그러므로 맞되 이렇다 함이 없다[當而無是]'고 말한다.116)

고요하여 앎이 없되 알지 않음이 없는 것이다.

寂怕無知 而無不知者矣

　이는 앞의 진실의 지혜[實智]를 밝힘이다. 비어 고요하고 맑아 텅 비었기[虛寂淡怕] 때문에 앎이 없으니, 앎 없는 앎[無知之知]은 살펴 알지 않음이 없다[無不鑑知].117)

2) 이름과 진실을 묻고 답함[名實問答]

無免馬遺餘
一乘智鑒 無不窮極故 前曰智有窮幽之鑒而無知焉 此中更合云 聖人以無慮之般若 照彼不遷之俗諦 俗諦無免馬之遺 般若無不應之用 旣一體二用 約境義分境 旣眞俗相融 用亦權實不二 故論中或祇就一用顯體 已知二用不殊故 今影略出之 以顯前神有應會之用 而無慮焉之正義也
116) △二明前所以
此明前權智 所以能會之智不差機宜 言當是者 以取應對之義 至下文辨 應而無慮 故曰當而無是
〔시(是)란 주체의 대상에 대해 이렇다고 규정함이고, 당(當)은 이렇다 함에 서로 응하는 대상의 이렇다 할 바이다.〕
117) 此明前實智 所以虛寂淡怕故無知 無知之知 無不鑑知

(1) 두 이름으로 진실 구함을 물음〔兩名求實問〕

論 따져 말한다.

대저 물(物)은 스스로 통하지 못하므로 이름을 세워〔立名〕 물(物)을 통한다. 물은 비록 이름이 아니지만 참으로 이름할 수 있는 물〔可名之物〕이 있어야, 이 이름에 맞게 되는 것이다.

그런데도 논에서는 "성인의 마음은 앎이 없다"고 하고 또 "알지 못하는 바가 없다"고 하였다.

그 뜻은 앎이 없으면 일찍이 알지 않아야 하고, 알면 일찍이 앎 없음이 아니어야 한다. 이것이 곧 이름과 가르침이 통하는 것이고 말을 세운 본뜻이다.

그런데도 논하는 이〔論者〕는, 성인의 마음〔聖心〕에는 하나이고자 하면서도 글의 뜻〔文旨〕에서는 다르니 글을 찾아 실다움을 구해도 그 맞음을 보지 못한 것이다.

왜 그런가?

만약 앎으로 성인의 마음을 얻는다면 앎 없음은 밝힐 것이 없으며 만약 앎 없음으로 성인의 마음을 얻는다면 앎 또한 밝힐 것이 없다.

만약 둘에 모두 얻을 것이 없다면 거듭 논할 것이 없으리라.

---

① 이름과 진실을 펼침〔汎陳名實〕

따져 말한다.

難曰

이는 위의 답 가운데 이름의 다름〔名異〕을 밟으므로 지금 따짐을 세운다. 아래 스스로 앞을 가리킨다.[118]

---

118) △二名實問答二 初兩名求實問 文二 初汎陳名實
　　此躡上答中名異 故今立難 下自指前

대저 물(物)은 스스로 통하지 못하므로 이름을 세워 물(物)을 통한다.

夫物無以自通 故立名以通物

　통함이란 움직여 써서 막히지 않음이다. 무릇 세간에서 사물의 이름[物名]을 세우는 것은 대개 사물이 움직여 쓸 수 없기 때문이다. 그러므로 이름으로 불러서[以名召] 통해 쓸 수 있도록 함이다.119)

물(物)은 비록 이름이 아니지만 참으로 이름할 수 있는 물[可名之物]이 있어야, 이 이름에 맞게 되는 것이다.

物雖非名 果有可名之物 當於此名矣

　비록 물의 바탕이 이름과 다르지만, 반드시 이름에 마주하는 바탕[對名之體]이 있어야 이름에 마주하는 것이다.

　이 때문에 이름에 나아가 사물을 구하면 사물은 숨을 수 없다[物不能隱].120)

　② 글을 받아 바로 따짐[牒文正難]

㈎ 앞의 있고 없음의 이름이 다름을 받음[牒前名異]

그런데도 논에서는 "성인의 마음은 앎이 없다[聖心無知]"고 하고 또 "알지 못하는 바가 없다[無所不知]"고 하였다.

而論云聖心無知 又云無所不知

　이는 곧 앞의 '고요하여 앎이 없되 알지 못하는 바가 없다'는 글

---

119) 通者 運用不滯也 凡世立物名 蓋爲物不能運用 故以名召令得通用
　　[사물에 이름을 세움은 사물을 이미 주체의 것으로 세움을 말하니, 이름
　　[名]이 곧 세계에 대한 주체화이다.]
120) 雖體與名殊 定有對名之體 而對於名 是以卽名求物 物不能隱
　　[이름을 세워서 사물의 실상을 열어보이려면 이는 반드시 사물의 진실인 지
　　혜의 바탕에 하나 되어야 한다. 장미꽃이라는 이름은 이름할 수 있는 사물
　　이 있어야 그 이름을 세울 수 있다. 그러므로 뜰에 꽃을 장미꽃이라 이름
　　지으면 저 장미꽃은 이미 주체화된 대상인 것이다.]

을 받은 것이니, 있음과 없음의 이름〔有無名〕이 다름으로써, 따짐
〔難〕을 삼는 것이다.121)

(나) 하나되는 뜻을 펼침〔敍欲一之意〕

(ㄱ) 스스로의 뜻〔自意〕

그 뜻은(따지는 이의 뜻이 말하는 것은) 앎이 없으면 일찍이 알지 않아
야 하고, 알면 일찍이 앎 없음이 아니어야 한다.

意謂(難者之意所謂也) **無知未嘗知 知未嘗無知**

상(嘗)은 일찍이〔曾〕이다. 성인의 마음이 만약 반드시 없음이라
면 일찍이 있음이 아니고. 만약 반드시 있음이라면 일찍이 없음이
아니다. 그래야 하나에 돌아간다.122)

이것이 곧 이름과 가르침이 통하는 것이고 말을 세운[立言] 본뜻이다.

斯則名敎之所通 立言之本意也

만약 정한 바가 있으면 바야흐로 이는 말할 수 있는 이름과 가르
침〔能詮名敎〕이라, 말하는 바 지혜의 바탕〔所詮智體〕에 통해 움직
일 것이다. 또한 이것이 말을 세워 물을 부르는 본뜻〔立言召物之本
意〕이니 이치가 이와 같아야 한다.123)

(ㄴ) 논의 뜻〔論意〕

그런데도 논하는 이는(자란 논 지은 사람을 가리킨 것이다) 성인의 마음
[聖心]에는 하나이고자 하면서도, 글의 뜻[文旨]에서는 다르니, 글

---

121) △二牒文正難 文三 初牒前名異
　　此卽牒上寂怕無知而無不知之文 以有無名異 爲難也
122) △二敍欲一之意 文二. 初自意
　　嘗曾也 聖心若定無 則未曾是有 定有則未曾是無 乃可歸一也
123) 若有所定 方是能詮名敎 通運所詮智體 亦是立言召物之本意 理當如是

을 찾아 실다움을 구해도 그 맞음을 아직 보지 못한 것이다.

然論者(者卽指作論之人也) **欲一於聖心 異於文旨 尋文求實 未見其當**

　　논주는 성인의 마음 바탕이 하나됨을 밝히고자 하나 세운 글에 다름이 있다. 이 다른 글을 찾아 한 바탕을 구하는 것은, 이름에 맞는 정해진 바탕이 있음〔有當名之定體〕을 아직 보지 못한 것이다.124)

㈐ 두 빗장을 바로 따짐〔兩關正難〕

왜 그런가?

何者

　　불러 물음이다. 왜 글을 찾아 진실을 구해도 그에 맞음을 보지 못함이라 말하는가?125)

만약 앎으로 성인의 마음을 얻는다면, 앎 없음은 밝힐 것이 없으며

若知得於聖心 無知無所辨

　　변(辨)은 밝힘이다. 앎 있음으로 성인의 마음을 얻는다면, 앎 없음은 무슨 일을 밝히는가?126)

만약 앎 없음으로 성인의 마음을 얻는다면 앎 또한 밝힐 것이 없다.

若無知得於聖心 知亦無所辨

　　앎 없음으로 성인의 마음을 얻는다면, 앎은 어떤 것 밝힘을 이름하는가?127)

---

124) △二論意
　　論主欲明聖心體一 而立文有異 尋此異文 而求一體者 未見有當名之定體
125) △三兩關正難
　　徵也 何謂尋文求實 未見其當
126) 辨明也 有知得聖心 無知明何事
127) 無知得聖心 知名明何物

만약 둘에 모두 얻을 것이 없다면 다시 논할 것이 없으리라.

若二都無得 無所復論哉

　만약 두 이름〔앎 있음과 앎 없음〕이 모두 성인의 마음을 얻을 수 없다면 앞에서 말한 '앎이 없되〔無知〕 알지 못하는 바가 없다〔無所不知〕'함을 살피지 않고 무슨 일을 거듭 논할 것인가?

　또 풀이한다. 두 이름이 이미 성인의 마음을 얻지 못한다면, 무슨 이름을 마주해야 성인의 마음 바탕〔聖心之體〕 논해 부를 수 있는가를 살피지 못한 것이다.[128]

(2) 둘은 모두 떨쳐 그윽함을 드러냄〔雙拂顯玄〕

> **論** 답한다. 경은 말한다. 반야의 뜻〔般若義〕이란 이름이 없고 말이 없으며, 있음〔有〕이 아니고 없음〔無〕이 아니며 실다움〔實〕이 아니고 헛됨〔虛〕이 아니다.
>
> 　헛됨이 비춤을 잃지 않고〔虛不失照〕 비춤이 헛됨을 잃지 않으니〔照不失虛〕 이것은 곧 이름 없는 법〔無名之法〕이므로 말〔言〕로 말할 수 있음〔所能言〕이 아니다.
>
> 　말이 비록 말할 수 없다. 그러나 말이 아니면 전하지 못한다〔非言無以傳〕.
>
> 　이러므로 성인은 날이 다하도록 말해도, 일찍이 말함이 아니다.
>
> 　이제 그대를 위해 시험 삼아 미친 말〔狂言〕로 이를 밝혀 보이겠다.

① 자취를 떨쳐 둘을 모두 없앰〔拂迹雙泯〕

---

128) 若二名都不得聖心 未審前云無知無所不知 復論何事耶 又解 二名旣不得聖心 未審對何名論召聖心之體耶
　〔앎 있음과 앎 없음의 두 이름으로는 성인의 마음 얻을 수 없음.〕

답한다. 경은 말한다. 반야의 뜻[般若義]이란

答曰 經云般若義者

　나타냄이니 반야의 바탕 위에서 도리에 합해 맞음을 뜻[義]이라 한다.129)

이름이 없고 말이 없으며

無名無說

　이름[名]은 자기 성품[自性]을 말하고, 말함[言]이란 말로 설함이다. 말은 이름을 말미암아 일어나니, 이미 이름으로 부를 수 없으면 언설이 미치지 못하는 것이다.130)

있음이 아니고 없음이 아니며 실다움이 아니고 헛됨이 아니다.

非有非無　非實非虛

　있음과 없음이 아니라 함[非有無者]은 위의 이름과 말이 없는 뜻[無名說義]을 돌이켜 풀이함이니 지혜의 성품[智性]은 망녕된 마음의 앎이 있음[有知]과 같지 않다. 또 나무와 돌의 앎 없음[無知]과 같지 않다. 그러므로 있음과 없음 이름과 말로써 나타내 부를 수 없는 것이다.

　헛됨과 실다움이 아니라는 것[非虛實者]은 있음이 아니고 없음이 아닌 뜻을 돌이켜 풀이한 것이니, 실다움이 아니므로 있지 않고[非有] 헛됨이 아니므로 없지 않다[非無].131)

헛됨이 비춤을 잃지 않고

---

129)　△二雙拂顯玄答三　初拂迹雙泯
　　標也　般若體上合宜道理　曰義
130)　名詮自性　說謂言說　言由名起　旣不可名召　故非言說所及也
131)　非有無者　轉釋上無名說義　智性不同　妄心有知　又不同木石無知　故不可以
　　有無名言詮召也　非虛實者　轉釋非有無義　非實故非有　非虛故非無也

虛不失照

　그러므로 비어 없음이 아니라[非虛無] 바탕이 곧 씀[體卽用]이
니, 변하지 않음[不變]이 곧 연 따름의 뜻[隨緣義]이다.132)

비춤이 헛됨을 잃지 않으니

照不失虛

　그러므로 실다운 있음이 아니라[非實有], 씀이 그대로 곧 바탕[用
卽體]이니, 연 따름[隨緣]이 곧 변하지 않음의 뜻[不變義]이다.133)

이것은 곧 이름 없는 법[無名之法]이므로 말로 말할 수 있음이 아니다.

斯則無名之法 故非言所能言也

　이것[斯則]이란 위에 돌아감을 받은 것이다. 바탕과 씀이 둘이
아니므로[體用不二故] 실다움이 아니고 헛됨이 아니며[非實非虛],
헛됨과 실다움이 아니므로 있고 없는 성품이 아니며[非有無性] 있
음과 없음이 아니라 이름으로 부를 수 없다.

　그러므로 이름 없는 법[無名之法]이라 한다. 이름이 이미 서지
않는데 어떻게 말하겠는가?

　앞에 따진 것[前難者]은 이름으로 바탕을 구함이라, 이름으로 부
를 수 없음을 아주 통달하지 못한 것이다. 경의 뜻[經義]이 이와
같으므로 믿어야 한다.134)

② 거리껴 말하는 뜻을 풀이함[釋妨述意]

---

132) 故非虛無 體卽用也 不變卽隨緣義
133) 故非實有用卽體也 隨緣卽不變義也
134) 斯則者 牒歸上也 由體用不二故非實非虛 由非虛實故非有無性 非有無不可
　　以名召 故曰無名之法 名旣不立 如何言也 前難者以名求體 殊未達名所不能召
　　也 經義如此 故當信之

말이 비록 말할 수 없다. 그러나 말이 아니면 전하지 못한다.

言雖不能言 然非言無以傳

　거리껴 말한다.

　이미 반야의 뜻이란 이름 없고 말함 없다고 말했는데 왜 말로 말할 수 없는 바라고 하는가? 그러므로 지금 위의 구절은 앞을 받은 것이다. '그러나〔然〕'란 경의 뜻〔經旨〕에 머뭇거림이다. 진리는 말로 나타냄이 아니나 말이 아니면 뒷사람에게 전달하지 못하므로 말을 빌어야 한다. 그러니 반야의 뜻은 글과 평등하다〔等文〕한 것이다. 그러므로 중생을 위해 말함이 있으나 진리의 진실〔理實〕은 말이 없음을 알아야 한다.135)

이러므로 성인은 날이 다하도록 말해도 일찍이 말함이 아니다.

是以聖人終日言而未嘗言也

　성인의 말은 가르침〔教〕이다. 날이 다하도록 '반야가 있음이 아니고 없음이 아님' 등을 말하는 것은 다만 미혹을 깨뜨리기 위함이지만 마쳐 다해도 반야에는 일찍이 언설이 미칠 수 있는 바가 없다.

　『파리니르바나수트라』는 말한다.

　"처음 사슴동산으로부터 끝내 나이레자라 강에 이르도록 이와 같이 두 가운데 사이에 일찍이 한 글자도 설하지 않았다."

　그러니 어찌 경에 말할 것이 있다고 하겠는가?

　이 위는 거리낌〔妨〕을 풀이했고 아래는 뜻〔意〕을 말한다.136)

---

135)　△二釋妨述意
　　妨云 既言般若義者無名無說等 何以云言所不能言也 故今上句領前也 然者 躊躇經旨也 理非詮表 無以傳達於後人 故當藉言也 故曰般若義者等文也 故知爲物有說 理實無言
　　〔사물의 진실은 말과 뜻이 공하므로 말로 바탕을 구하지 못하나 말을 떠나지도 않으므로 말이 아니면 전하지 못한다.〕

136)　聖人言教 終日說般若非有非無等 但爲破惑 畢竟於般若 未嘗有言說可及 涅槃云 始從鹿野苑 終至跋提河 如是二中間 未曾說一字 何謂經有可言也 此

이제 그대를 위해 시험 삼아 미친 말[狂言]로 이를 밝혀 보이겠다.

今試爲子 狂言辨之

　미친 말[狂言]은 정해지지 않은 말이다. 또 따지는 자를 위하여 정해지지 않은 말[不定之語]로 이를 말해 밝혀 보이지만 반야가 말할 수 있다고 함이 아니다.137)

③ 그윽한 뜻을 바로 드러냄[正顯玄旨]

> 論 대저 성인의 마음[聖心]이란 미묘하여 모습 없으니[微妙無相] 있다[有]고 할 수 없고, 이를 쓰면 더욱 부지런해지니 없다[無]고 할 수 없다.
>
> 　없다 할 수 없으므로 성인의 지혜는 있는 것이고, 있다 할 수 없으므로 이름과 가르침이 끊어졌다.
>
> 　그러므로 앎을 말하지만 앎이 되지 않는 것은 그 살핌[鑒]을 통하려 하기 때문이며 알지 않는다고 알지 않음이 아닌 것은 그 모습[相]을 밝히려 함이다.
>
> 　모습을 밝힌다고 없음이 될 수 없고 살핌을 통한다고 있음이 될 수 없다.
>
> 　있음이 아니므로 알되 앎이 없고[知而無知] 없음이 아니므로 앎이 없되 안다[無知而知].
>
> 　그러므로 앎이 곧 앎 없음이고 앎 없음이 곧 앎이니, 말이 다르다[言異]고 성인의 마음[聖心]에 달라짐이 없는 것이다.

㈎ 바탕과 씀의 그윽하고 미묘함을 드러냄[顯體用玄微]

대저 성인의 마음이란

　上釋妨 下述意
137) 狂言者 不定之語也 且爲難者 以不定之語詮辨之 非謂般若可說也

夫聖心者

   성인이 증득한 한마음〔聖人所證一心〕이 방편과 진실, 바탕과 씀 갖춤을 나타내기 때문이다.138)

미묘하여 모습 없으니 있다고 할 수 없고

微妙無相 不可爲有

   묘함〔妙者〕이란 사유할 수 없고 말할 수 없음〔不可思議〕이다. 묘 함이 지극히 묘하므로 미묘함이라 하니 묘한 바탕의 모습 없음〔妙 體無相〕이 이것이다. 있음이 아니기 때문에 이는 마음 바탕〔心體〕 을 밝힌 것이다.139)

이를 쓰면 더욱 부지런해지니 없다〔無〕고 할 수 없다.

用之彌勤 不可爲無

   더욱 부지런한 씀〔用〕은 진리를 비추고 사물을 통달함이라〔照理 達事〕 없음이 아니다. 이는 온전한 마음의 씀〔全心之用〕을 밝힌 것 이다.140)

없다 할 수 없으므로 성인의 지혜는 있는 것이고

不可爲無 故聖智存焉

   지혜와 씀 둘이 모두 있으므로〔智用雙存〕 없음이 아니다.141)

있다 할 수 없으므로 이름과 가르침이 끊어졌다.

---

138) △三正顯玄旨三 初顯體用玄微
　　　標聖人所證一心 具權實體用故
139) 妙者 不可思議也 妙之至妙 故曰微妙 妙體無相爲是也 不是有故 此明心體也
140) 彌勤之用 照理達事 不是無也 此明全心之用
141) 智用雙存 故非無

不可爲有 故名教絕焉

사유할 수 없고 말할 수 없어 이름과 가르침으로 나타내 보임이 끊어졌으므로 있음이 아니다. 앞 경에서 "이름 없고 말함 없어 있음이 아니고 없음이 아니다"고 말한 것이니 대개 바탕과 씀이 때를 같이하여〔體用同時〕두 가에 있지 않은 것〔不在二邊〕이다.142)

(나) 앎의 앎 없는 뜻을 풀이함〔釋知無知之意〕

그러므로

是以

위의 바탕과 씀의 두 말〔體用二言〕을 받아 말 아래의 뜻을 풀이한다.143)

앎을 말하지만 앎이 되지 않는 것은 그 살핌[鑒]을 통하려 하기 때문이며

言知不爲知 欲以通其鑒

앞에서 알지 못하는 바가 없다고 말한 것은 지혜가 앎 있음을 말하는 것이 아니고 대개 반야에 살펴 비춤 있는 것〔般若有鑒照〕이 나무나 돌과 다름을 통하려 하여 그 때문에 안다〔知〕고 말한 것이다.144)

알지 않는다고 알지 않음이 아닌 것은 그 모습[相]을 밝히려 함이다.

不知非不知 欲以辨其相

---

142) 不可思議絶名教詮表 故非有也 前經所謂無名無說非有非無 蓋體用同時 不在二邊也

〔두 가는 있음과 없음, 끊어짐과 항상함, 나고 죽음과 니르바나 등 모두 서로 마주하는 뜻을 대입할 수 있다.〕

143) △二釋知無知之意

牒上體用二言 釋言下之意

144) 前言無所不知 非謂智是有知 蓋欲通般若有鑒照異於木石 所以言知也

앞에 고요하여 앎 없음[寂怕無知]이 지혜가 앎 없음에 속함을 말한 것이 아니라고 함은, 대개 반야 바탕의 모습[般若之體相]이 망녕된 마음[妄心]과 다름을 밝히려고 그리 말한 것이다. 그러므로 앎 없음[無知]이라 말한 것이다.145)

모습을 밝힌다고 없음이 될 수 없고, 살핌을 통한다고 있음이 될 수 없다.

辨相不爲無 通鑒不爲有

따지는 이가 앞의 앎과 앎 없음이라는 말, 집착하는 것을 바로 깨뜨린다. 바탕의 모습[體相]을 밝히려고 없음[無]을 말하나 정해진 없음이 아니고, 살펴 비춤을 통하므로 있음을 말하지만 정해진 있음이 아니다. 앞에서 '어찌 앎[知]과 앎 없음[無知]의 정해진 이름을 가지고 성인의 마음[聖心]을 취해 정했을 것인가'라고 하였다.146)

(참된 비춤은) 있음이 아니므로 알되 앎이 없고

非有故知而無知

이 아래는 바로 '있음이 아니고 없음이 아닌 뜻[非有非無之義]'을 보임이다. '있음이 아니므로[非有故]'란 위의 살핌을 통하므로[通鑒] 있음이 될 수 없음을 받은 것이다. 이는 곧 신령한 앎[靈知]이 곧 앎 없음[無知]을 말하는 것이다. 그러므로 있음이 있음 아닌 것[有非有]이다.147)

---

145) 前云寂怕無知 非謂智屬無知 蓋欲辨般若之體相異於妄心 所以言無知也
146) 正破難者執前知無知之言也 辨體相故說無 不是定無 通鑒照故說有 不是定有 前(云)何以將知無知定名 取定聖心耶
　　〔그 살핌이 돌과 나무와 다름을 통하려고 앎[知]을 말하고, 그 모습이 망상과 다름을 밝히려고 앎 없음[無知]을 말한 것이다.〕
147) 此下正示非有非無之義 非有故牒上通鑒不爲有也 謂靈知卽無知 故所以有非有也

없음이 아니므로 앎이 없되 안다.

非無故無知而知

　'없음이 아니므로[非無]'란 위에서 모습을 밝히므로[辨相] 없음이
될 수 없다함을 받은 것이니 앎 없음의 바탕[無知之體]이 '본래 스
스로 신령히 밝음[本自靈明]'을 말한다. 이 때문에 없음은 없음이
아닌 것[無非無]이다.

　참으로 바탕과 씀이 알되 앎 없음[知無知]으로 말미암아 비록 두
말이 있으나 정해진 두 모습이 없다.148)

(다) 둘이 아닌 깊은 뜻을 맺음[結不二深旨]

그러므로 앎이 곧 앎 없음이고 앎 없음이 곧 앎이니

是以知即無知　無知即知

　온전한 씀이 바탕이고[全用是體] 온전한 바탕이 씀이니[全體是
用] 마치 온전한 물결이 물이고 온전한 물이 곧 물결인 것과 같
다.149)

말이 다르다고 성인의 마음에 달라짐이 없는 것이다.

無以言異　而異於聖心也

　'~ 없다는 것[無以者]'은 권할 수 없음이다. 앞의 앎과 앎 없음
의 말[知無知言]이 다르다고 성인의 마음 바탕과 씀[聖心體用]에
달라짐이 있음을 말한다고 볼 수 없다.150)

---

148) 非無故 牒上辨相不爲無也 謂無知之體 本自靈明 所以無非無也 良由體用
　　知無知 雖有二言 定無二相
149) △三結不二深旨
　全用是體 全體是用 如全波卽水 全水卽波也
150) 無以者勸不可也 不可見前知無知言異 而謂聖心體用有異也

3) 경계와 지혜를 묻고 답함〔境智問答〕

(1) 경계로써 앎 구함을 따짐〔以境求知難〕

> 論 따져 말한다. 대저 진제는 깊고 그윽하여〔眞諦深玄〕 지혜가 아니면 헤아리지 못하니 성인 지혜의 할 수 있음이 여기에 있어 드러난다.
> 그러므로 경은 "반야를 얻지 못하면 진제를 보지 못한다."고 말하니 진제는 반야가 생각함〔般若之緣〕이다.
> 따라 생각하는 것〔緣〕으로써 지혜〔智〕를 구하면 지혜는 곧 앎〔知〕이리라.

① 따짐의 실마리를 넓게 폄〔汎敍難端〕

따져 말한다. 대저 진제는 깊고 그윽하여 지혜가 아니면 헤아리지 못하니

難曰 夫眞諦深玄 非智不測

앞에 "앎 없는 반야로 저 모습 없는 진제를 비춘다.〔以無知之般若 照彼無相之眞諦〕"고 했으니 앞을 밟아 먼저 경계와 지혜를 펴고 앎 없음〔無知〕을 돌이켜 따진다. 진제는 모습 없으니 오직 반야의 진실의 지혜〔般若實智〕만이 비출 수 있어 나머지로는〔自餘〕 헤아릴 수 없으므로 깊고 그윽함이라 한다.151)

성인 지혜의 할 수 있음이 여기에 있어 드러난다.

聖智之能 在茲而顯

---

151) △三境智問答二 初以境求知難 文三 初汎敍難端
前云以無知之般若 照彼無相之眞諦 躡前先敍境智 反難無知也 眞諦無相 唯般若實智能照 自餘不可測度 故曰深玄

자(玆)는 여기 이것이다. 진제(眞諦) 봄을 말미암아 성인의 지혜라 이름한다. 반야의 공능은 이 진제에 있으니 이를 나타내 보인 것이다. 그러므로 앞에서 "진제는 토끼와 말의 남음이 없고, 반야는 사무치지 못하는 살핌이 없다〔眞諦無兔馬之遺 般若無不窮之鑒也〕."고 말한 것이다.152)

② 경을 이끌어 이루어 세움〔引經成立〕

그러므로 경은 "반야를 얻지 못하면 진제를 보지 못한다."고 말하니 진제는 반야가 생각함이다.

故經云 不得般若 不見眞諦 眞諦則般若之緣也

경의 글은 말을 돌이킴이다. 반야를 말미암아 진제를 보니 아래에 경의 뜻을 이루어 세우게 되면 이렇게 말한다. "진제가 지혜를 내어 생각함이 된다〔眞諦爲發智之緣〕." 그러므로 성인의 지혜의 할 수 있음이 여기에 있어 드러나는 것이다.153)

③ 앎이 있다는 따짐을 맺음〔結難有知〕

따라 생각하는 것[緣]으로써 지혜[智]를 구하면 지혜는 곧 앎[知]이리라.

以緣求智 智則知矣

만약 아는 바〔所知〕 지혜를 내는 생각함〔發智之緣〕으로써 지혜를 미루어 구하면, 이미 진리를 비추는 공능〔照理之能〕이 있으므로, 지혜는 반드시 앎이 있다〔有知〕. 어찌 앎 없는 반야〔無知般若〕라

---

152) 玆此也 由見眞諦 故名聖智 般若功能在此眞諦 而表顯之也 故前曰眞諦無兔馬之遺 般若無不窮之鑒也

153) △二引經成立
　　經文語反 由般若故見眞諦也 下成立經意云 眞諦爲發智之緣 故聖智之能 在玆而顯也
　　〔진제가 반야의 살피는 바이자 지혜의 생각함을 내는 곳이라는 따짐.〕

말하는가?154)

(2) 마음과 경계가 같이 없음으로 답함〔心境同無答〕

① 진리로써 바로 답함〔以理正答〕

> **論** 답한다. 따라 생각하는 것〔緣〕으로써 지혜〔智〕를 구하면 지혜는 앎이 아니다.
> 왜 그런가?
> 『방광경』은 말한다. "빛깔을 따라 알지 않고〔不緣色〕 앎을 내면, 이를 빛깔을 보지 않음〔不見色〕이라 한다."
> 또 말한다. "다섯 쌓임이 청정하므로 반야가 청정하다."
> 여기서 반야는 곧 알 수 있음〔能知〕이고 다섯 쌓임은 아는 바〔所知〕이니 아는 바는 곧 생각하는 것〔緣〕이다.

㈎ 바로 답함〔正答〕

답한다. 따라 생각하는 것으로써 지혜를 구하면 지혜는 앎이 아니다.

答曰 以緣求智 智非知也

이는 경계와 지혜의 바탕이 같고〔境智體同〕 씀이 다름〔用異〕을 밝힘이다. 또 대저 참 경계는 모습이 없고〔眞境無相〕 참 지혜는 앎이 없다〔眞智無知〕. 지금 위의 구절은 씀〔用〕을 잡아 이를 좇으니, 참 경계로 참 지혜를 구하면 뜻은 알 수 있음과 아는 바〔能所〕로 나뉜다. 아래 구절은 바탕〔體〕에 나아가 이를 뺏으니 참 지혜는

---

154) △三結難有知
　　若以所知發智之緣 推求於智 旣有照理之能 智必有知 何謂無知般若耶
　　〔아는 바 진리가 지혜를 낸다고 하면 진리 비추는 지혜가 있고 지혜가 비추는 진리가 있으니 반야의 앎 없음의 종지에 어긋난다. 여기서 연(緣)은 지혜가 따라 생각하여 지혜가 아는 바〔智所緣〕이다.〕

앎이 없고〔眞智無知〕 참 경계는 모습이 없어〔眞境無相〕 진리의 진
실은 둘이 없다. 그러므로 청량(淸凉)은 말한다.
"지혜의 바탕은 스스로가 없으니〔智體無自〕 곧 이것이 한결같음
을 증득함〔卽是證如〕이다."155)

(나) 미루어 풀이함〔推釋〕

왜 그런가?

何者

　미룸이다. 생각하는 것〔緣〕으로써 지혜를 구하면 왜 지혜는 앎
없음〔無知〕인가? 아래에서 풀이한다.156)

『방광경』은 말한다. "빛깔을 따라 알지 않고[不緣色] 앎[識]을 내
면 이를 빛깔을 보지 않음[不見色]이라 한다."

放光云 不緣色生識 是名不見色

　연(緣)은 생각함〔慮〕이다. 앎〔識〕은 가려 분별함〔了別〕으로 뜻을
삼는다. 경(經)은 망녕됨을 가려서 돌이켜 드러냄이다. 반야는 빛
깔의 경계〔色境〕를 따라 생각하여, 분별하는 망녕된 앎을 내지 않
으니 이를 반야가 빛깔을 보지 않는다〔不見色〕고 이름한다.
　만약 망녕된 마음으로 경계를 생각하여〔緣境〕 분별을 내면 이 때문
에 알고 봄〔知見〕이 있는 것이다. 그러면 알아 따지는 이는 지혜로써

---

155) △二心境同無答三 初以理正答 文三 初正答
　此明境智體同用異 且夫眞境無相 眞智無知 今上句約用縱之 以眞境求眞智 義
　分能所 下句就體奪之 眞智無知 卽眞境無相 理實無二 故淸凉曰 智體無自 卽
　是證如
　〔씀을 잡아 보면 따라 생각함〔緣〕과 생각하는 바〔所緣〕가 없지 않으나 그
　바탕에는 알 수 있음과 아는 바가 있지 않다.〕
156) △二推釋
　推也 以緣求智 何以智無知耶 下釋

앎[知]을 삼지만 이는 망녕됨을 인정하여 참됨을 삼는 것이다.157)

또 말한다. "다섯 쌓임이 청정하므로 반야가 청정하다."
又云 五陰淸淨故 般若淸淨

　이는 참마음[眞心] 참 경계[眞境]를 밝힘이다. 다섯 쌓임이란 물
질, 느낌, 모습 취함, 지어감, 앎[色受想行識]이다. 청정함이란 본
래 고요함이다. 물질과 마음[色心]이 본래 스스로 청정하므로 반야
의 바탕 성품이 청정하여 앎이 없다. 그러므로 '생각하는 것[緣]으
로 지혜를 구하면 지혜는 앎이 아니다'고 말한 것이다.158)

(다) 맺어 드러냄[結顯]

여기서 반야는 곧 알 수 있음[能知]이고 다섯 쌓임은 아는 바[所
知]이니 아는 바가 곧 생각하는 것[緣]이다.
般若卽能知也 五陰卽所知也 所知卽緣也

　이 세 야(也)자에서 앞의 둘은 곧 위 경의 뜻[經旨]을 맺음이다.
뒤의 하나는 뒤의 글을 내서 일으킴이다. 앞 단으로 바탕에 나아가
[就體] 미루어 풀이하면 빔[虛]에 같이한다. 이 가운데서 씀을 잡
아[約用] 맺어 드러내면 뜻은, 알 수 있음과 아는 바[能所], 경계

---

157) 緣慮也 識以了別爲義 經是簡妄反顯也 般若不緣慮色境 而生分別妄識 是名
　　　般若不見色 若妄心則緣境生分別 故有知見 則知難者以智爲知 乃是認妄爲眞也
　　　[다섯 쌓임에서 모습 취함[取象]으로 옮긴 상(想, samjñāna)은 대상의 주
　　　체화이며, 가려 앎[了別]으로 옮긴 식(識, vijñāna)은 경계의 대상화이나
　　　이 앎은 늘 경계의 주체화와 대상화가 함께하는 앎이다. 곧 연기론에서 앎
　　　[識]은 세계를 나와 같은 것으로 아는 활동이자 세계를 나와 다른 것으로
　　　아는 활동의 겹쳐짐이니 연기론의 앎[識]은 인간의 세계화와 세계의 인간
　　　화가 동시에 이루어지는 활동임을 말한다.]
158) 此明眞心眞境 五陰者 色受想行識也 淸淨者 本來寂滅也 色心旣本自淸淨
　　　故般若體性淸淨無知 故曰以緣求智 智非知也
　　　[지혜의 생각하는 것[緣]에 생각할 바가 없으니 지혜는 앎이 아니다.]

와 지혜[境智]로 나뉜다.

경에서 '반야가 청정하다' 함은 곧 신령한 지혜의 앎 없음[靈智無知]이니 이로써 깨칠 수 있음[能覺]을 삼음이다. '다섯 쌓임이 청정하다' 함은 참 경계의 모습 없음[眞境無相]이니 이로써 깨치는 바[所覺]를 삼는다. 이는 앎이 없는 마음[無知心]으로 마음의 앎 없음을 깨침이나[覺心無知] 뜻이, 알 수 있음과 아는 바[能所]로 나뉠 뿐이다.

아래 구절은 뒤를 냄이니 이 아는 바 모습 없는 경계[所知無相境]가 곧 반야의 생각함을 냄[卽發般若之緣]이다. 모습 없음 깨침[了無相]을 말미암아 바야흐로 반야(般若)라 하기 때문이다.159)

② 참됨과 망녕됨을 가려 밝힘[簡辨眞妄]

이 아래 논의 글은 앞의 따지는 이가 생각함으로 지혜 구함으로 말미암아, 지혜로써 앎을 삼고, 망녕됨을 집착해 참됨[眞]을 삼으므로 지금 가려 밝혀서 참됨과 망녕됨을 알게[了眞妄] 한다.160)

論 대저 앎[知]과 아는 바[所知]란 서로 더불어서 있고 서로 더불어서 없기 때문이다.

---

159) △三結顯
此三也字 前二卽結上經旨 後一生起後文 以前段就體 推釋同虛 此中約用結顯
義分能所境智 經云般若淸淨 卽靈智無知 以爲能覺也 五陰淸淨 卽眞境無相
以爲所覺也 此乃以無知心 覺心無知 義分能所耳 下句生後 此所知無相境 卽
發般若之緣 由了無相 方曰般若故
[아는 바에 모습 없음을 깨치면 앎은 진리인 지혜가 되니 이를 뒤집어 말하
면 모습 없는 경계가 반야의 생각 없이 생각함을 낸다 말한다. 곧 진리가
지혜인 진리가 되고 지혜가 진리인 지혜가 됨을 지혜가 진리를 내고 진리
가 지혜를 낸다고 말한다.]
160) △二簡辨眞妄 此下論文 由前難者以緣求智 以智爲知 執妄爲眞 故今簡辨
令了眞妄 文四 初總標境智

> 서로 더불어 없으므로 물(物)은 있게 할 수 없고 서로 더불어
> 있으므로 물(物)은 없게 할 수 없다.
> 물은 없게 할 수 없으므로 곧 생각함이 일어나는 바 되고, 물
> 은 있게 할 수 없으므로 곧 생각함이 일어날 수 없는 것이다.
> 생각함이 낼 수 없는 바이므로 생각하는 것[緣, 所緣]을 비추
> 는 것이 앎이 아니다.
> 생각하는 것[緣]이 일어난 바 되므로 앎과 생각하는 것[知緣]
> 이 서로 원인이 되어[相因] 난다.

㈎ 경계와 지혜를 모아 나타냄[總標境智]

대저 앎과 아는 바란

夫知與所知

모아 나타냄이다. 참되고 망녕된 두 지혜[眞妄二智]는 함께 알
수 있음[能知]이라 하고, 참되고 망녕된 두 경계[眞妄二境]는 같이
아는 바[所知]라 이름한다.161)

㈏ 참됨과 망녕됨을 마주해 밝힘[眞妄對辨]

서로 더불어서 있고

相與而有

'서로[相]'란 맞아 마주함이다. '더불어서[與]'는 같이함이다. 따지
는 이가 망녕된 지혜로 경계를 마주하면[妄智對境], 앎이 있고[有
知] 모습이 있기[有相] 때문이다.162)

---

161) 總標也 眞妄二智 俱曰能知 眞妄二境 同名所知
162) △二眞妄對辨
　　相者當對也 與者共同也 難者以妄智對境 有知有相故

서로 더불어서 없기 때문이다.

相與而無

　주장하는 집〔主家〕에서 뜻이, 함과 하여지는 바〔能所〕로 나뉘어
지나, 참된 지혜로 경계를 마주하면〔眞智對境〕 모습 없고〔無相〕 앎
이 없기〔無知〕 때문이다.163)

서로 더불어 없으므로 물은 있게 할 수 없고

相與而無 故物莫之有

　물(物)이란 마음의 경계〔心境〕를 가리킨 것이다. '막지(莫之)'란
할 수 없음이다. 참마음의 경계〔眞心境〕는 곧 비어 고요함과 같아
서 있게 할 수 없다.164)

서로 더불어 있으므로 물은 없게 할 수 없다.

相與而有 故物莫之無

　망녕된 경계의 지혜는 허깨비의 있음〔幻有〕과 같으므로 없게 할
수 없다.165)

물은 없게 할 수 없으므로 곧 생각함이 일어나는 바 되고

物莫之無 故爲緣之所起

　망녕된 경계가 생각하는 것〔緣〕이 되어, 망녕된 지혜의 분별〔妄
智之分別〕을 일으킨다.166)

물은 있게 할 수 없으므로 곧 생각함이 날 수 없는 것이다.

---

163) 主家義分能所 以眞智對境 無相無知故
　〔지혜는 알되 앎이 없고 경계는 모습이되 모습 없음이다.〕
164) 物者指心境也 莫之者不能也 眞心境則同虛寂 不能令有
165) 妄境智則同幻有 故不能令無
166) 妄境爲緣 起妄智之分別

物莫之有 故則緣所不能生

　생[生]은 일어남이다. 아는 바 경계[所緣之境]가 본래 고요하니 알 수 있음의 분별[能緣之分別]이 날 수 없다.167)

생각함[緣: 能緣]이 낼 수 없는 바이므로 생각하는 것[緣: 所緣]을 비추되 앎이 아니다.

緣所不能生 故照緣而非知

　경계가 고요하고 마음이 공하니[境寂心空] 지혜가 생각하는 바를 비추되[智照所緣] 분별이 없다. 그러므로 위에서 이렇게 답한 것이다.
　"생각하는 것[緣: 所緣]으로 지혜를 구하면 지혜는 앎이 아니다[智非知]."
　이는 참된 경계와 지혜의 뜻을 풀이한 것이다.168)

생각하는 것[緣: 所緣]이 일어난 바 되므로, 앎과 생각하는 것[知緣]이 서로 원인이 되어 난다.

爲緣之所起 故知緣相因而生

　경계가 생각하는 것[緣]이 되어 지혜를 일으키니 이로써 알 수 있음과 생각하는 바[能知所緣]가 서로 원인이 되어 분별 냄을 알아야 한다.
　그러므로 옛 풀이[古者]는 말한다.
　"아직 마음과 경계 있음이 없으나 일찍이 경계와 마음 없음이 없다."
　이는 곧 위의 따지는 자가 이렇게 말한 것이다.
　"생각하는 것[緣: 所緣]으로 지혜[智]를 구하면 지혜는 곧 앎[知]이다."169)

---

167) 生起也 所緣之境本寂 不能起能緣之分別
168) 境寂心空 故智照所緣 而無分別 故上答曰 以緣求智 智非知也 此釋眞境智義也
169) 境爲緣而起智 是以能知所緣相因 而生分別 故古者曰 未有無心境 曾無無境心 此卽上難者云 以緣求智 智則知矣

㈐ 일어나는 까닭을 맺어 보임〔結示起由〕

> 論 그러므로 앎〔知〕과 앎 없음〔無知〕은 아는 바〔所知〕에서 난다.
> 왜 그런가?
> 대저 지혜는 아는 바〔所知〕를 알아 모습을 취하므로〔取相故〕
> 앎이라 한다.
> 진제는 스스로 모습 없으니〔眞諦自無相〕 참 지혜는 무엇을
> 말미암아 알겠는가?

㈀ 바로 보임〔正示〕

그러므로 앎(망녕된 지혜)과 앎 없음(참 지혜)은 아는 바[所知]에서 난다.
是以知(妄智)與無知(眞智) 生於所知矣

　스스로의 마음〔自心〕을 미혹하면 곧 경계를 집착해 아는 지혜가
일어난다.
　지혜가 일어나면 경계가 나므로 망녕된 지혜〔妄智〕는 앎 있음이
라 말한다. 스스로의 마음임〔自心〕을 깨쳐 알면 경계는 고요하고
지혜는 빔이다〔境寂智虛〕. 비어 둘이 아니므로〔虛而不二〕 참 지혜
〔眞智〕는 앎 없음이라 한다. 그러므로 앞에 묻는 이와 답하는 이가
함께 말했다.
　"생각하는 것으로 지혜를 구해〔以緣求智〕 앎 있음과 앎 없음의
다름이 있는 것은 대개 미혹과 깨침이 같지 않을 뿐이다."170)

─────────────

〔마음과 경계가 서로 의지하므로 마음과 경계가 모두 공하나 마음은 경계를
안고 일어나고 경계는 마음을 인해 마음인 경계가 된다. 〕
170) △三結示起由 文二. 初正示
迷自心則執境智起 起之則境生 故妄智曰有知 了自心則境寂智虛 虛而不二 故
眞智曰無知 故前問者答者俱曰 以緣求智而有知無知之異者 蓋迷悟之不同耳
〔경계는 마음인 경계인데 스스로의 마음임〔自心〕을 모르면 경계를 마음 밖
의 경계로 취함을 말함. 곧 경계는 마음인 경계이므로 있되 고요하고〔境寂〕
마음은 경계인 마음이라 있되 빈〔智虛〕 것이니 이를 깨치면 참 지혜는 앎

㉡ 불러 물어 풀이함[徵釋]

왜 그런가?

何者

참됨과 망녕됨이 왜 아는 바[所知]에서 같이 나는가?[171]

대저 지혜는 아는 바[所知]를 알아 모습을 취하므로 앎이라 한다.

夫智以知所知 取相故名知

망녕된 지혜는 참마음을 미혹해 밖으로 모습을 취하므로[取相]
망녕된 경계[妄境]를 안다.[172]

진제(眞諦)는 스스로 모습 없으니 참 지혜는 무엇을 말미암아 알겠
는가?

眞諦自無相 眞智何由知

참 경계는 본래 모습 없으니[眞境本無相] 참 지혜는 앎 없음[無知]으
로 이에 계합한다. 그러므로 무엇을 말미암아 안다고 할 것인가?[173]

㈑ 까닭을 풀이해 이룸[釋成所以]

> **論** 그 까닭은 대저 아는 바[所知]는 아는 바가 아니고[非所知]
> 아는 바는 앎에서 생겨난다[生於知].
>   아는 바[所知]가 이미 앎[知]을 낸다면 앎[知] 또한 아는 바
> [所知]를 낸다.

없음이다.]
171) △二徵釋
    眞妄二智 何故同生於所知
172) 妄智迷眞心外取相 故知妄境也
173) 眞境本無相 眞智以無知而契之 故曰何由知

아는 바와 앎이 이미 서로 난다면 서로 나는 것〔相生〕은 곧 연의 법〔緣法〕이다.

연의 법〔緣法〕이므로 참됨이 아니고, 참됨이 아니므로 진제(眞諦)가 아니다.

그러므로 『중관』은 말한다. "물(物)은 인연을 좇아 있으므로 참됨이 아니다〔不眞〕."

연을 좇지 않으므로 곧 참됨이다.

지금 진제를 참됨이라 하니 참됨은 곧 연이 아니다

참됨은 연이 아니다. 그러므로 물(物)은 연을 좇아 남이 없는 것〔無物從緣而生〕이다.

그러므로 경은 말한다. "법이 있음을 보지 않으니 연으로 남이 없는 것〔無緣而生〕이다."

(ㄱ) 까닭을 받음〔牒所以〕

그 까닭은

所以然者

무슨 까닭이 있어 망녕된 경계와 지혜〔妄境智〕는, 앎과 생각하는 것〔知緣〕이 서로 인하여 나고〔相因而生〕, 참된 경계와 지혜〔眞境智〕는 곧 생각하는 것〔緣〕이 낼 수 없는가?

그러므로 지금 이를 받는다.174)

(ㄴ) 풀이해 이룸〔釋成〕

㉠ 망녕됨을 풀이함〔初釋妄〕

① 바로 풀이함[正釋]

---

174) △四釋成所以二 初牒所以
有何所以故 妄境智則知緣相因而生 眞境智則緣所不能生耶 故今牒之

대저 아는 바는 아는 바가 아니고[非所知] 아는 바는 앎에서 생겨
난다[生於知].

夫所知非所知 所知生於知

　사물이 본래 공해 없는데[事本空無] 망녕된 지혜는 통달하지 못
해 이를 집착하여 있음을 삼으니, 있음을 보아 경계가 일어난다[見
有境起].175)

아는 바가 이미 앎을 낸다면 앎[知] 또한 아는 바[所知]를 낸다.

所知既生知 知亦生所知

　경계 있음을 인해 지혜에 분별이 있으므로, 앎 있는 마음[有知
心]이 일어난다.176)

아는 바[所]와 앎[知]이 이미 서로 난다면 서로 나는 것[相生]은
곧 연의 법[緣法]이다.

所知既相生 相生即緣法

　이미 경계와 지혜가 서로 난다면[境智相生] 지혜 그대로 경계이
고 경계로 인해 지혜이다. 연과 연이 모이므로[緣緣會故] 경계와
지혜가 있음에 같이하는 것이다.177)

연의 법[緣法]이므로 참됨이 아니고, 참됨이 아니므로 진제가 아니다.

緣法故非眞 非眞故非眞諦也

　연을 좇은 경계와 지혜이니 연이 모이면 나고[緣會則生] 연이 떠
나면 곧 사라진다[緣離則滅]. 이미 나고 사라짐이 있으므로 진제문

---

175)　△二釋成 文二 初釋妄 文二 初正釋
　　事本空無 妄智不達 執之爲有 見有境起
176)　因有境故智有分別 故有知心起
177)　既境智相生 即智爲境 緣境爲智 緣緣會故 境智同有也

가운데가 아니라〔非眞諦門中〕망녕됨이라 일컫는다.178)

② 증명을 이끎[引證]

그러므로 『중관』은 말한다. "물(物)은 인연을 좇아 있으므로 참됨이 아니다."

故中觀云 物從因緣有故不眞

위를 증명함이니 알 수 있을 것이다. 그러나 『중관』의 글은 두 구절이 있다. 위의 구절은 앞을 증명하고 뒤의 구절은 아래를 나타낸다. 그러므로 지금 뜻의 편함을 취한다. 저 뒤의 구절과는 떨어지니 그래서 다음 과목에 나아간다.179)

ⓒ 참됨을 풀이함〔釋眞〕

① 나타냄[標]

연을 좇지 않으므로 곧 참됨이다.

不從因緣故即眞

인연을 의지해 나는 것이 아님〔不藉因緣生者〕을 바야흐로 진실이라 한다. 이는 나타냄이다.180)

② 풀이함[釋]

지금 진제를 참됨이라 하니 참됨은 곧 연이 아니다.

---

178) 從緣境智 緣會則生 緣離則滅 旣有生滅 故非眞諦門中乃稱爲妄也
179) △二引證
　　 證上可知 然中觀文有二句 上句證前 後句標下 故今取義便 隔彼後句 以就次科也
180) △二釋眞三 初標
　　 不藉因緣生者 方名眞實 標也
　　〔인연을 떠나지 않되 인과 연이 모두 공한 인연이므로 실로 의지함이 아니므로 진실이 된다.〕

今眞諦曰眞 眞則非緣

　지금 진제문 가운데 모습 없는 참된 경계〔無相眞境〕와 앎 없는
참 지혜〔無知眞智〕는 바로 한마음의 진리와 지혜〔一心理智〕이다.
거짓 앎과 아는 바로 나누었으나〔假分能所〕 실로 두 모습이 아니
다. 이미 연으로 있음이 아니므로〔非緣有〕 참됨이라 이름한다.181)

참됨은 연이 아니다. 그러므로 물은 연을 좇아 남이 없는 것이다.

眞非緣故 無物從緣而生也

　물이 없다〔無物〕는 것은 경계와 지혜가 이미 연을 좇지 않은 것
이다. 그러므로 연으로 나는 경계와 지혜의 물〔緣生境智之物〕이 없
는 것이다. 이 때문에 참 경계와 참 지혜〔眞境眞智〕는 모습이 없고
〔無相〕 앎이 없다〔無知〕고 한 것이다.182)

　③ 경을 이끎[引經]

그러므로 경은 말한다. "법이 있음을 보지 않으니 연으로 남이 없
는 것이다."

故經云 不見有法無緣而生

　진제문(眞諦門) 가운데서는 경계와 지혜의 법 있음을 보지 않는
다. 그러므로 연으로 서로 남이 없는 것〔無緣相生〕이다.
　위에서 까닭을 밝혀 마쳤다. 그러므로 따지는 이가 망녕됨으로
참됨 묻는 것〔以妄問眞〕을 알아, 가려서 말해 마친 것이다.183)

---

181) △二釋
　　今眞諦門中無相眞境 與無知眞智 是一心理智 假分能所 實無二相 既非緣有 故
　　名曰眞
182) 無物者 境智既不從緣 故無緣生境智之物 所以曰眞境眞智無相無知也
　　〔연으로 나되 연이 공하므로 연으로 남에 실로 남이 없고〔緣生無生〕, 연으
　　로 이루어지되 실로 이루어짐이 없는 것〔緣成無成〕이다.〕
183) △三引經

③ 앞의 물음을 맺어 답함〔結答前問〕

> 論 그러므로 참 지혜로 진제를 살피면〔以眞智觀眞諦〕 일찍이 아
> 는 바〔所知〕를 취하지 않는다. 지혜가 아는 바를 취하지 않으
> 면, 이 지혜는 무엇을 말미암아 안다 할 것인가?
>
>   그렇다면 지혜가 앎 없음이 아니라 다만 진제(眞諦)가 아는
> 바가 아니다〔非所知〕. 그러므로 참 지혜 또한 앎이 아니다.
>
>   그대는 따라 생각함〔緣〕으로 지혜를 구하려〔求智〕 하여 지혜
> 로써 앎〔知〕을 삼는다.
>
>   따라 생각함은 스스로 생각함이 아니니〔緣非自緣〕 어디에서
> 앎을 구할 것인가?

(가) 앎 없음을 말해 이룸〔述成無知〕

그러므로 참 지혜로 진제를 살피면 일찍이 아는 바[所知]를 취하
지 않는다. 지혜가 아는 바를 취하지 않으면 이 지혜는 무엇을 말
미암아 안다 할 것인가?

是以眞智觀眞諦 未嘗取所知 智不取所知 此智何由知

  참된 경계의 지혜〔眞境智〕를 말해 이루어, 앎 없는 뜻〔無知義〕을
드러낸다. 참 지혜는 취하지 않으니 이것이 진제를 살피는 뜻이
다.184)

(나) 거리낌을 풀어 의심을 없앰〔釋妨除疑〕

그렇다면

然

---

184)   眞諦門中不見有境智之法 故無緣相生 上明所以竟 故知難者以妄問眞也 簡辨已畢
  △三結答前問三 初述成無知
  述成眞境智 顯無知義 以眞智不取 是觀眞諦義也

앞을 받음이다. 지혜는 실로 앎 없는데 어떻게 진리에 계합하는가? 아래 풀이해 말한다.[185]

지혜가 앎 없음이 아니라 다만 진제가 아는 바가 아니다[眞諦非所知]. 그러므로 참 지혜 또한 앎이 아니다[眞智亦非知].

智非無知 但眞諦非所知 故眞智亦非知

    지혜는 나무와 돌의 앎 없음이 아니다. 다만 비추되 늘 고요하므로[照而常寂] 참된 경계에는 밖의 모습이 없어[眞境無外相] 곧 참지혜 그대로라[卽眞智] 앎이 없을 뿐이다.[186]

㈒ 따짐이 참됨이 아님을 맺음[結難非眞]

그대는 따라 생각함[緣]으로 지혜를 구하려 하여, 지혜로써 앎[知]을 삼는다.

而子欲以緣求智 以智爲知

    이는 저의 망녕됨 집착함[執妄]을 받은 것이다.[187]

따라 생각함은 스스로 생각함이 아니니[緣自非緣] 어디에서 앎을 구할 것인가?

緣自非緣 於何而求知哉

    참됨에 미혹함을 꾸짖음이다. 생각함은 스스로 생각함이 아니란 것은 참 경계[眞境]는 밖의 생각함이 아니니[非外緣] 어떻게 지혜

---

185) △二釋妨除疑

    領前也 智實無知 如何契理 下釋云

186) 智非木石之無知 但以照而常寂 故眞境無外相 卽眞智無知爾

    〔참 지혜는 진리인 지혜라 지혜 밖에 진리의 모습이 없으므로 지혜 또한 앎이 없는 것이다.〕

187) △三結難非眞

    此牒彼執妄也

를 냄〔發智〕에 아는 바〔所知〕가 있겠는가?188)

4) 두 빗장을 묻고 답함〔兩關問答〕

> 📖 따져 말한다. 논은 말한다. "취하지 않는 것〔不取者〕은 앎이 없기 때문에 취하지 않는가, 앎 뒤에 취하지 않는가?"
>
> 만약 앎 없으므로〔無知故〕 취하지 않는다면 성인은 곧 어둡기가 밤에 노니는 것과 같아 검은빛 흰빛의 다름도 가리지 못할 것이다.
>
> 만약 안 뒤에야〔知然後〕 취하지 않는다면 앎은 곧 취하지 않음과 다를 것이다.
>
> 답한다. 앎 없기 때문에 취하지 않는 것이 아니며, 안 뒤에 취하지 않는 것도 아니다.
>
> 앎이 곧 취하지 않는다〔知則不取〕. 그러므로 취하지 않고 아는 것〔不取而知〕이다.

(1) 취하지 않음이 앎에 어긋난다는 따짐〔不取違知難〕

① 논을 받아 따짐을 폄〔牒論敍難〕

따져 말한다. 논은 말한다. "취하지 않는 것은

難曰 論云不取者

위에서 "지혜는 아는 바〔所知〕를 취하지 않는다〔智不取所知〕."고

---

188) 責迷眞也 緣自非緣者 眞境非外緣 如何發智有所知耶

〔참 경계 밖에 생각함이 있어서 참 경계를 생각함이 아니다. 지혜로 보면 지혜가 알 수 있되〔能知〕 실로 아는 바〔所知〕가 있다면 지혜가 되지 못함을 말한다. 곧 생각함은 생각하는 바를 인해 생각함이나 참 경계는 지혜인 경계라 밖의 생각함이 아니므로 참 지혜는 앎이 없는 것이다.〕

〔지혜를 냄〔發智〕이란 앎이 모습 없는 경계에 하나될 때, 앎이 곧 진제의 경계라 이를 진제가 지혜를 냄이라 하는데 진리인 지혜일 때 실로 아는 바가 없다.〕

말함을 받은 것이니 아래 따짐을 편다.189)

앎이 없기[無知] 때문에 취하지 않는가, 앎[知] 뒤에 취하지 않는가?"

爲無知故不取 爲知然後不取耶

  두 빗장〔兩關〕을 엶이다.190)

② 두 빗장을 바로 따짐〔兩關正難〕

만약 앎 없으므로 취하지 않는다면 성인은 곧 어둡기가 밤에 노니
는 것과 같아, 검은빛 흰빛의 다름도 가리지 못할 것이다.

若無知故不取 聖人則冥若夜遊 不辨緇素之異

  밤에 노님이란 어두움 가운데 여러 곳에 노님이고 치소(緇素)는
검고 흰빛이다. 지혜가 만약 앎 없기 때문에 취하지 않는다면 성인
의 마음은 어두워 마치 사람이 밤에 다니는 것과 같으니 어찌 경
계의 검고 흰 것을 가리겠는가? 무엇으로 참 지혜가 진제 살핌〔眞
智觀眞諦〕이라 할 것인가?191)

만약 안 뒤에야 취하지 않는다면 앎은 곧 취하지 않음과 다를 것이다.

若知然後不取 知則異於不取矣

  만약 먼저 앎이 있고 뒤에 취하지 않는다면 앎은 곧 취하지 않음
과 다를 것이다.192)

---

189) △四兩關問答二. 初不取違知難 文二 初牒論敍難
    牒上云智不取所知者 下敍難
190) 開兩關也
191) △二兩關正難
    夜遊者 暗中遊方也 緇素者黑白也 智若無知故不取 則聖心冥昧 如人夜行 豈辨
    境之黑白 何以云眞智觀眞諦也
    〔보되 볼 바 없고 알되 알 바 없음을 살피는 것이 진제 살핌이 된다.〕
192) 若先有知 後不取者知 卽是取與不取有異也

(2) 앎이 곧 취하지 않음〔知卽不取〕

① 있음과 없음 둘이 모두 아님〔雙非有無〕

답한다. 앎 없기 때문에 취하지 않는 것이 아니며, 안 뒤에 취하지 않는 것도 아니다.

答曰 非無知故不取 又非知然後不取

　나무나 돌의 앎 없음〔無知〕과 같지 않고 망상의 앎 있음〔有知〕과 같지 않다. 나무와 돌은 신령한 비춤이 끊어졌고 망상은 붙잡아 생각함〔攀緣〕에 있다. 반야는 두 가를 떠나므로〔般若離二邊〕 이 둘이 아니다. 그래서 취하지 않는다 말한 것이다.193)

② 둘이 아님을 바로 답함〔正答不二〕

앎이 곧 취하지 않는다[知則不取]. 그러므로 취하지 않고 아는 것 [不取而知]이다.

知則不取 故能不取而知

　신령하게 비출 때에도 본래 취해 집착함이 없다. 그러므로 취해 집착함이 없되 길이 살펴 알 수 있으니〔長鑒知〕, 마치 마니구슬이 빛깔을 나타내되 본래 빛깔이 없고 빛깔이 없되 늘 빛깔을 나타냄 같다.

　이것이 바로 온전한 씀이 곧 바탕〔全用卽體〕이고 온전한 바탕이 씀〔全體卽用〕인 것이다. 앎과 취하지 않음〔知與不取〕은 말이 비록 앞과 뒤이나 뜻은 실로 때를 같이한다〔義實同時〕.194)

〔알되 앎 없음이 취하지 않음의 뜻이다.〕

193) △二知卽不取 答二 初雙非有無
　不同木石無知 不同妄想有知 木石絶靈照 妄想居攀緣 般若離二邊 故非此二 而 說不取也

194) △二正答不二
　當靈鑒時 本無取著 故能無取著 而長鑒知 如摩尼珠現色 而本無色 無色而常現 色 此乃全用卽體 全體卽用 知與不取 說雖前後 義實同時

5) 이러함과 맞음〔是當〕을 묻고 답함〔是當問答〕

> **論** 따져 말한다. 논에서 "취하지 않는다." 말하니 참으로 성인의 마음은 물(物)을 물이라 하지 않는다〔不物〕. 그러므로 미혹해 취함〔惑取〕이 없는 것이다.
>
> 취함이 없으면 이렇다 함이 없고〔無是〕 이렇다 함이 없으면 맞음이 없다〔無當〕.
>
> 누가 성인의 마음에 맞음이 되는가. 그런데도 성인의 마음은 알지 못하는 바가 없다〔無所不知〕 하는가?
>
> 답한다. 그렇다면 이렇다 함도 없고〔無是〕 맞음도 없는 것〔無當〕이니, 대저 맞음이 없으면〔無當〕 물에 맞지 않음이 없고〔物無不當〕, 이렇다 함이 없으면〔無是〕 물은 이렇지 않다 함이 없다〔物無不是〕.
>
> 물은 이렇다 하지 않음이 없으므로 이렇다 하되 이렇다 함이 없고〔是而無是〕 물은 맞지 않음이 없으므로 맞되 맞음이 없다〔當而無當〕.
>
> 그러므로 경은 "모든 법을 다 보되, 보는 바가 없다〔無所見〕."고 하였다.

(1) 맞음이 없으면 있음에 어긋난다는 따짐〔無當違有難〕

① 논을 받아 따짐을 폄〔牒論敍難〕

따져 말한다. 논에서 "취하지 않는다." 말하니

難曰 論云不取者

위에서 앎은 곧 취하지 않으므로 취하지 않고 알 수 있다〔不取而知〕고 함을 받아, 바로 아래 구절을 따짐이다.195)

---

195) △五是當問答二 初無當違有難 文二 初牒論敍難

참으로 성인의 마음은 물(物)을 물이라 하지 않는다[不物]. 그러므로 미혹해 취함[惑取]이 없는 것이다.

誠以聖心不物於物 故無惑取也

성(誠)은 진실이다. 물을 물이라 하지 않음[不物於物]이란 물을 집착하지 않음이다. 이미 미혹해 취하는 마음[惑取之心]이 없으므로 취함이 없다고 말한다.196)

취함이 없으면 이렇다 함이 없고[無是] 이렇다 함이 없으면[無是] 맞음이 없다[無當].

無取則無是 無是則無當

이렇다 함과 맞음의 말[是當之言]은 여러 가르침에는 조금 있고 이 논에는 많이 말하고 있다. 무릇 두 물건이 다르지 않으면 서로 같다[相是]고 하고, 부딪혀 마주하면 서로 맞섬[相當]이라 한다. 또한 오히려 저와 이[彼此], 옳고 그름[是非]은 대개 모든 법이 서로서로 바라봄[相望]을 통해 말한 것이다. 지금 경계와 지혜가 서로 맞서면서 서로 같으므로[境智相當相是] 이렇다 함[是]과 맞음[當]이라 말한다.

지금은 또 아는 지혜[智]를 이렇다 함[是]이라 하고 경계[境]를 맞음[當]이라 한다. 이를 풀이하자. 참마음[眞心]과 참 경계[眞境]는 빔[虛]과 같으므로 미혹해 취함이 없으니 곧 '마음이 경계에 이렇다 함이 없고[無心是於境]' 또한 '경계가 마음에 맞음이 없는 것[無境當於心]이다.' 이는 곧 따지는 이가 취하지 않는 뜻[不取之義]을 아는 것도 이와 같다.197)

牒上知卽不取故能不取而知 正難下句也

[따지는 이는 맞음이 없다고 하면 이렇다 함이 있는데 맞음이 없다 함이니 있음에 어긋난다고 따짐이다. 이 따짐을 논주는 있음과 없음이 융통함으로 답한다.]

196) 誠實也 不物於物者 不執著於物也 旣無惑取之心 故曰不取

② 없음으로 있음을 따짐〔以無難有〕

누가 성인의 마음에 맞음이 되는가. 그런데도 성인의 마음은 알지 못하는 바가 없다 하는가?

誰當聖心 而云聖心無所不知耶

　수(誰)는 누구이다. 마음에 이렇다 함이 없으면〔心無是〕 경계에 맞음이 없는 것〔境無當〕이다. 다만 앎 없음〔無知〕이라 말할 수 있으니 무엇으로 성인의 마음〔聖心〕에 맞아 마주함이 되겠는가? 그런데도 앎이 있다고 하겠는가?

　알지 못하는 바가 없다는 것은 앎이 있음이니〔有知也〕, 이는 곧 따지는 이가 다만 그 바탕〔體〕만을 알고 아직 그 씀〔用〕을 통달하지 못하므로 이렇게 따지는 것이다.198)

(2) 있음과 없음 둘이 서로 융통함으로 답함〔有無雙融答〕

　① 물음을 받아 들음〔領問〕

답한다. 그렇다면 이렇다 함도 없고 맞음도 없는 것이니

答曰 然無是無當者

　앞에 따지는 이는, 비록 경계와 지혜가 참됨에 같이함〔境智同眞〕을 알지만 곧 참됨 그대로의 마음과 경계〔卽眞心境〕인 줄 알지 못하므로 없음으로 있음을 따진다. 지금 먼저 저의 아는 것을 받아들

---

197) 是當之言 諸教少有 此論多說 凡兩物不別曰相是 敵對曰相當 亦猶彼此是非 蓋諸法相望之通名也 今明境智相當相是 故曰是當 今且以智曰是 境曰當 釋之 眞心眞境同虛 故無惑取 則無心是於境 亦無境當於心 此卽難者解不取之義如是也 〔주체가 객체를 인식하는 앎 활동은 아는 자가 아는 바를 다른 것으로 아는 활동이자 아는 자가 아는 바를 같은 것으로 아는 활동이며, 주체의 세계화와 세계의 주체화가 겹쳐지는 활동이다.〕

198) △二以無難有
誰何也 心無是境無當 但可云無知 以何當對於聖心 而云有知耶 無所不知者 有知也 此則難者但解其體 未達其用 故爲此難也

이고 뒤에 '바탕과 씀 둘이 융통한 바른 뜻〔體用雙融之正義〕'을 보인다.199)

② 바로 답함〔正答〕

대저 맞음이 없으면 물에 맞지 않음이 없으니

夫無當則物無不當

　경계는 온전한 진리의 사법이니 모습 없음이 곧 모습〔無相卽相〕이다.200)

이렇다 함이 없으면 물은 이렇다 하지 않음이 없다.

無是則物無不是

　지혜 또한 온전한 바탕의 씀이니 앎 없음이 곧 앎이다〔無知卽知〕.201)

물은 이렇다 하지 않음[不是]이 없으므로 이렇다 하되 이렇다 함이 없고[是而無是]

物無不是 故是而無是

　앎이 곧 앎 없음이니 비추되 늘 고요하고〔照而常寂〕202)

물은 맞지 않음이 없으므로 맞되 맞음이 없다[當而無當].

物無不當 故當而無當

---

199)　△二有無雙融答三 初領問
　　前難者雖解境智同眞 未了卽眞心境 故以無難有 今先領彼所解 後示體用雙融之正義也
200)　△二正答
　　境則全理之事 無相卽相
201)　智亦全體之用 無知卽知
202)　知卽無知 照而常寂也

모습이 곧 모습 없음이니 사물에 닿아 참됨[觸事而眞]이다. 만약
이 앎[知]과 앎 없음[無知]이 둘 아님[不二]을 통달하면, 모습[相]
과 모습 없음[無相]이 다르지 않다. 그렇다면 어찌 앞에 말한 앎이
곧 취하지 않음[知卽不取]이므로 취하지 않고 알 수 있다[不取而
知] 함을 의심할 것인가?203)

③ 증명을 이끎[引證]

그러므로 경은 "모든 법을 다 보되(경계와 지혜가 또렷함) 보는 바가
없다."고 하였다.

故經云 盡見諸法(境智歷然)而無所見者也

　지혜는 앎이 없고[智無知] 경계는 모습이 없기[境無相] 때문이다.204)

6) 취하고 버림을 묻고 답함[取捨問答]

> 🔲 따져 말한다. 성인의 마음은 이렇다 할 수 없음[不能是]이 아니
> 므로 참으로 이렇다 함이 없음[無是]을 이렇다 할 수 있다[可是].
> 　비록 이렇다 함이 없지만 이렇다 할 수 있다. 그러므로 맞음
> 은 이렇다 할 것 없음에서 이렇다 함[當是於無是]이다.
> 　그렇기에 경에서. "진제가 모습 없으므로 반야가 앎이 없다"고
> 한 것은 참으로 반야는 모습 있는 앎이 있지 않음이다. 만약 모
> 습 없음[無相]으로써 모습 없음[無相]을 삼으면 진제에 무슨 허
> 물이 있겠는가?

---

203) 相卽無相 觸事而眞也 若達此知無知不二 相無相無殊 則何疑前云知卽不取
　　 故能不取而知也
204) △三引證
　　智無知 境無相故也

답한다. 성인은 모습 없음도 없다〔無無相也〕. 왜 그런가?

만약 모습 없음으로 모습 없음을 삼으면, 모습 없음〔無相〕이 곧 모습〔相〕이 되니, 있음〔有〕을 버리고 없음〔無〕에 가는 것이다. 비유하면 마치 봉우리를 피해 골짜기에 가는 것과 같으니 모두 걱정거리를 벗어나지 못한다.

그러므로 지극한 사람〔至人〕은 있음에 머물러도〔處有〕 있음이 아니고〔不有〕, 없음에 머물러도〔居無〕 없음이 아니다〔不無〕.

비록 있음과 없음을 취하지 않지만〔不取於有無〕 그러니 또한 있음과 없음을 버리지 않는다〔不捨於有無〕.

이런 까닭에 빛을 누그려 티끌 번뇌에 하나 되고〔和光塵勞〕, 다섯 갈래 길에 두루 돌아다닌다〔周旋五趣〕.

고요하게 가고 맑고 밝게 와서 고요하고 맑아, 함이 없지만〔無爲〕 하지 않음이 없다〔無不爲〕.

(1) 있음을 버리면 없음에 막힌다는 따짐〔捨有滯無難〕

① 이해를 보여 따짐을 세움〔呈解立難〕

따져 말한다. 성인의 마음은 이렇다 할 수 없음〔不能是〕이 아니므로, 참으로 이렇다 함이 없음〔無是〕을 이렇다 할 수 있다〔可是〕.

難曰 聖心非不能是 誠以無是可是

이는 위에서 '이렇다 함'은 '이렇다 함이 없음〔無是〕'을 인하므로 이 물음을 세워 뒷 사람의 나머지 의심을 보낸 것이다. 이렇다 할 수 없음이 아니라함〔非不能是者〕은 곧 위에서 '이렇다고 말함은 비추어 살핌이 있음'을 나타내기 때문이다.

'참으로 이렇다 함이 없음'을 '이렇다 할 수 있다'는 것의 뜻은, 경계에 이렇다 할 바 모습 없음〔無所是相〕을 말미암아, 이렇다고 하므로〔可是〕이렇다 함이 없다〔無是〕고 말한다. 이는 앎이 있는 지혜〔有知之智〕로써 모습 없는 경계〔無相之境〕를 마주함이므로 '이렇다 함에 이렇다 함이 없다'고 한 것이다.205)

비록 이렇다 함이 없지만 이렇다 할 수 있다.
雖無是可是
　경계에 비록 모습 없지만 이렇다 할 수 있음이다.206)

그러므로 맞음은 이렇다 할 것 없음[無是]에서 이렇다 함이다.
故當是於無是矣
　성인의 마음은 반드시 모습 없는 경계〔無相境〕를 마주함이다.207)

　② 경을 이끌어 이루어 세움〔引經成立〕

그렇기에 경에서. "진제가 모습 없으므로 반야가 앎이 없다"고 한 것은
是以經云　眞諦無相故般若無知者
　경은 바른 뜻이다. 진제(眞諦)는 있고 없는 모습이 없으며〔無有無相〕반야는 있고 없는 앎이 없다〔無有無知〕. 지금 따지는 이〔難者〕가 아는 뜻이 같지 않으니 그 뜻은 다음을 말한다. 곧 '반야는 앎이 있으나 진제가 얻을 모습이 없으므로 반야가 앎이 없다'는 것이다.

---

205) △六取捨問答二　初捨有滯無難　文三　初呈解立難
　　此因上是而無是　故立此問　遺後人之餘疑　非不能是者　卽上云是也　顯有照鑒故 誠以無是可是者　意謂由境無所是之相可是　故曰無是　此以有知之智　對無相之 境　故曰是而無是也
　　〔살피는 지혜는 이렇다 하되 이렇다 함이 없고, 살피는 바 경계는 맞되 실로 맞는 모습이 없음이다. 그런데 앎이 있는 지혜로써 모습 없는 진제를 비추므로 이렇다 하되 이렇다 함이 없다 함은 연기 중도의 뜻이 아니다.〕
206) 境雖無相可是
207) 聖心必須對於無相境也

없다는 것[者]이라는 한 글자는 경을 받은 것이나, 스스로 경의 뜻을 받아들이지 못함이다.208)

참으로 반야는 모습 있는 앎[有相之知]이 있지 않음이다.

誠以般若無有 有相之知

경의 말한 바를 믿음이니 곧 반야에는 '있음을 비추는 앎[照有之知]'이 반드시 없음[定無]을 아는 것이니 오직 없음 비춤[唯照無]을 나타낸다.209)

③ 없음에 막힌다 함을 바로 따짐[正難滯無]

만약 모습 없음으로써 모습 없음을 삼으면 진제(眞諦)에 무슨 허물이 있겠는가?

若以無相爲無相 有何累於眞諦也

삼는다[爲]함은 이것이라 함이다. 루(累)는 막힘이다. 성인의 마음이 만약 모습 없음[無相]으로 참 경계[眞境]라 하면, 이 모습 없음은 무슨 까닭으로, 이 진제에 막혀 허물이 되어 모습 없음을 취함이 되는가.

비록 있음을 취하지 않으니 망녕된 마음[妄心]과 조금 다르나, 만약 없음을 취하면[取無] 끊어짐의 견해[斷見]에 어떻게 다른가? 그러므로 이렇게 의심해 묻는 것이다.210)

---

208) △二引經成立

經是正義 眞諦無有無相 般若無有無知也 今難者解意不同 意謂般若是有知 由眞諦無相可得故 般若無知也 者之一字牒經 不自領經意云

[경의 뜻은 반야는 앎에 앎이 없고 모습에 모습 없음이나 이 뜻과 다르게 의혹하는 이는 반야는 앎이 있으나 진제에 모습 없으므로 반야가 앎이 없다 함이다.]

209) 信經所說 則知般若定無照有之知 以顯唯照無也

[반야는 오직 진제를 비추어 있음을 비추는 앎이 반드시 없음을 아는 것이라 하니 이런 견해는 오직 없음만을 비춘다함.]

(2) 취하고 버림 함께 떠남을 답함〔取捨俱離答〕

① 곧장 따지는 바가 그르다함〔直非所難〕

㈎ 바로 깨뜨림〔正破〕

답한다. 성인은 모습 없음[無相]도 없다[無].

答曰 聖人無無相也

　반야는 이 모습 없음을 취하는 마음〔取無相之心〕이 없다.211)

㈏ 미루어 풀이함〔推釋〕

왜 그런가?

何者

　위를 미루어 봄이다.212)

만약 모습 없음으로 모습 없음을 삼으면(물음을 받음), 모습 없음[無相]이 곧 모습[相]이 되니, 있음을 버리고 없음에 가는 것이다.

若以無相爲無相(牒問) 無相即爲相 捨有而之無

　만약 모습 없음이 모습 없음이라 하면 모습 없음이 곧 모습인 것이니 비록 모습 있음을 버리지만 모습 없음을 집착하게 된다. 어찌 지혜의 비춤〔智照〕이 되겠는가?213)

---

210) △三正難滯無
　　爲是也 累滯也 聖心若以無相眞境 是無相者 有何所以 滯累此眞諦 而取於無相耶 雖不取有 少異於妄心 若取於無 何殊於斷見 故此疑問也
　　〔진제의 모습 없음은 모습에 모습 없음이니 모습 없음에 모습 없음도 없다.〕
211) △二取捨俱離答二 初直非所難 文二 初正破
　　般若無此取無相之心也
212) △二推釋
　　推上也
213) 若以無相是無相 無相卽是相 雖捨有相而著無相 豈爲智照也

비유하면 마치 봉우리를 피해 골짜기에 가는 것과 같으니 모두 걱정거리를 벗어나지 못한다.

譬猶逃峯而赴壑 俱不免於患矣

　도(逃)는 피함이다. 봉우리는 산의 높은 곳이다. 학(壑)이란 개울이다. 봉우리의 가파른 곳을 피해 골짜기 개울에 가면 모두 몸을 해치는 걱정거리를 벗어나지 못하고, 있음을 버리고 없음을 취하면 모두 모습 취함[取相]을 벗어나지 못한다. 반야는 성인의 지혜이므로 이와 같지 않다.214)

② 바른 뜻을 나타내 보임[顯示正義]

㈎ 바른 뜻을 보임[示正義]

그러므로 지극한 사람(사람을 잡아 지혜를 드러냄)은 있음에 머물러도 있음이 아니고 없음에 머물러도 없음이 아니다.

是以至人(約人顯智也) 處有不有 居無不無

　거(居)는 그곳에 있음이다. 지혜가 가는 곳이기 때문이다. 사법 그대로 진리에 나아가기[卽事造理] 때문에 있음에 머물러도 있음이 아니고, 진리가 사법과 다르지 않으므로[理不異事] 없음에 머물러도 없음이 아니다.

　또 이 있음에 머물고 없음에 머물러도 진리와 사법을 비추므로[照理事故] 곧 앞의 이러함과 맞음[卽前是當] 그대로, 있음이 아니고 없음이 아니라 진리와 사법을 없앤다[泯理事]. 그러므로 곧 이러함도 없고 맞음도 없다[無是無當].215)

---

214) 逃避也 峯者山之高處也 壑者溪也 逃避峯之危峻 而赴于溪壑 俱不免害身之患 捨有取無 俱不免乎取相 般若聖智 故非如是也
215) △二顯示正義 文二 初示正義
居處者 智之所詣 故卽事造理 故處有不有 理不異事 故居無不無 又處有居無 照理事故 卽前是當也 不有不無 泯理事故 則無是無當也
[이러함에 이러함도 없고 이러함 아님도 없으며 맞음에 맞음도 없고 맞지

(성인의 마음은) 비록 있음과 없음을 취하지 않지만

雖不取於有無

취하지 않음〔不取〕을 밝혔으니 오직 있음만 취하지 않음이 아니고, 또한 없음도 취하지 않는다. 또 곧 앞의 맞음도 없고〔無當〕 이렇다 함도 없는〔無是〕 뜻이다.216)

그러니 또한 있음과 없음을 버리지 않는다.

然亦不捨於有無

버리지 않음〔不捨〕을 밝힌다. 바로 취하지 않을 때 곧 버리지 않기 때문이다. 그러므로 '그러니 또한'이라 말한다. 또 다만 둘을 모두 취하지 않을〔不雙取〕 뿐 아니라 그렇게 또한 둘을 모두 버리지 않는 것〔不雙捨〕이다. 곧 앞에서 '물은 이렇다 하지 않음이 없고〔物無不是〕 물은 맞지 않음이 없다〔物無不當〕'고 한 것이다.

또 첫 구절 있지 않다〔不有〕는 것은 늘어나 더하는 비방〔增益謗〕을 떠나고 다음 구절 '없지 않다는 것〔不無〕'은 '덜어 줄어드는 비방〔損減謗〕'을 떠난다. 다음 구절 '있기도 하고 없기도 함〔亦有亦無〕이 모두 아니라는 것〔雙非有無〕'은 '서로 어긋남의 비방〔相違謗〕'을 떠나고, 끝 구절 '있음과 없음 둘을 모두 비춤〔雙照有無〕'은 있음이 아니고 없음이 아니다〔非有非無〕는 '허튼 따짐의 비방〔戱論謗〕'을 떠난다. 네 비방〔四謗: 四句〕이 이미 없으면 백 가지 그름〔百非〕이 여기서 끊어지니 이렇다 함과 맞음의 뜻〔是當之義〕이 성인의 마음〔聖心〕과 같아지게 된다.217)

않음도 없다.〕

216) 明不取也 非唯不取有 亦不取無也 又卽前無當無是義也

217) 明不捨也 正不取時 卽不捨故 故云然亦 又非但不雙取 然亦不雙捨 卽前物無不是 物無不當也 又初句不有離增益謗 次句不無離損減謗 次句雙非有無 離相違謗 末句雙照有無 離戱論謗 四謗既無 百非斯絶 是當之義 髣髴聖心也

〔네 구절을 떠남〔離四句〕: 중도의 진실은 있음〔有〕, 없음〔無〕, 있기도 하고

(나) 까닭을 보임〔出所以〕

이런 까닭에 빛을 누그려 티끌 번뇌에 하나 되고[和光塵勞], 다섯 갈래 길에 두루 돌아다닌다[周旋五趣].

所以和光塵勞 周旋五趣

이는 이미 증득한 까닭을 나타냄이다. 어울림〔和〕이란 섞여 하나 됨이다. 빛〔光〕이란 지혜의 씀〔智用〕이다. 성인은 빛에 둘이 있으니 첫째 몸의 빛〔身光〕이요 둘째 가르침의 지혜의 빛〔敎智光〕이다. 지금은 가르침의 지혜의 빛을 밝힘이다. 티끌 번뇌란 삼계 가운데 다섯 티끌의 물든 번뇌가 시끄러운 곳이니 이곳이 중생의 머무는 곳이다.

성인은 그 사이에 섞여 어울려, 가르침의 지혜의 빛으로 열어 이끈다. 두루 돈다〔周旋〕는 것은 두루하여 돌이켜 뒤집음이다.

다섯 길〔五趣〕이란 하늘·사람·지옥·귀신·축생이다. 귀신에서 수라를 열면 곧 여섯 길〔六趣〕이다. 네 가지 태어남〔四生: 태, 알, 습기, 변화로 나는 네 가지 남〕이 다섯 길〔五趣〕을 지나지 않으니 성인은 다섯 갈래 길에 꼴을 드리워〔垂形〕 두루 돌아 돌이켜 뒤집는 것이다.

앞은 가르침 말함〔說敎〕을 밝혔고 여기는 몸 나툼〔現身〕을 드러냈다. 대개 성인은 근본지와 뒤에 얻은 지혜를 좇아〔從根後智〕 큰 자비 변화의 씀〔化用〕을 일으키는 것이다.218)

없기도 함〔亦有亦無〕, 있음도 아니고 없음도 아님〔非有非無〕의 네 구절의 허물과 비방 떠남을 보임.〕

218) △二出所以

此顯已證之所以也 和者謂渾雜也 光者智用也 聖人光有二 一身光 二敎智光 今明敎智光 塵勞者 三界中五塵坌汚勞擾之處 是羣生之所居 聖人渾和其間 以敎智光 而開導之也 周旋者 周徧返覆也 五趣者 天人獄鬼畜 鬼開修羅 卽六趣也 四生不過五趣 聖人垂形於五趣 周徧返覆也 前明說敎 此顯現身 蓋聖人從根後智 起大悲之化用也

고요하게 가고 맑고 밝게 와서

寂然而往 怕爾而來

　비록 삼계(三界)에 가고 오되, 감에 가는 모습이 없으므로 고요
하게 간다〔寂然而往〕고 하고 옴에 오는 모습이 없으므로 고요하고
맑게 온다〔怕爾而來〕고 한 것이다.

　앞은 있음에 머묾〔處有〕을 밝힌 것이고 여기는 있지 않음〔不有〕
을 나타낸 것이다.219)

고요하고 맑아 함이 없지만〔無爲〕 하지 않음이 없다〔無不爲〕.

恬淡無爲 而無不爲

　마음이 고요함을 염〔恬〕이라 하고 지혜가 깨끗함을 담(淡)이라
한다. 비록 지어서 하는 마음이 없으나 늘 진리를 비추고 사물에
통달하므로〔常照理達事〕 하지 않음이 없는 것〔無不爲〕이다. 이는
위의 '없음에 머물되 없지 않음〔居無不無〕'을 밝힌 것이다.220)

7) 응해 만남을 묻고 답함〔應會問答〕

> 論 따져 말한다. 성인의 마음은 비록 앎이 없지만〔無知〕 그 응
> 해 만나는 도〔應會之道〕는 어긋나지 않는다〔不差〕.
> 　이러므로 응할 수 있는 것은 이에 응하고 응할 수 없는 것은
> 그대로 둔다. 그렇다면 성인의 마음은 어떤 때는 생겨나고 어떤
> 때는 사라지니 그럴 수 있겠는가?
> 　답한다. 나고 사라짐이란 나고 사라지는 마음이다.

---

219) 雖往來於三界 往無往相 故曰寂然而往 來無來相 故曰怕爾而來 前明處有
　　此顯不有
220) 心靜曰恬 智純曰淡 雖無作爲之心 而常照理達事 故無不爲 此明上居無不無也

성인은 마음이 없으니〔無心〕 나고 사라짐이 어찌 일어나겠는
가? 그러니 마음 없는 것이 아니라〔非無心〕 다만 마음 없는 마
음〔無心心〕일 뿐이다.

또 응하지 않음이 아니니〔非不應〕 다만 응하지 않고 응할〔無
應應〕 뿐이다.

그러므로 성인의 응해 만남의 도〔應會之道〕는 미더움이 네
때의 실다움과 같아, 곧장 비어 없음〔虛無〕으로 바탕을 삼는 것
이니, 이는 얻을 수 없이 나고, 얻을 수 없이 사라짐이다.

(1) 앎 없음의 나고 사라짐을 물음〔無知生滅問〕

① 앞을 받아 따짐을 폄〔牒前敍難〕

따져 말한다. 성인의 마음은 비록 앎이 없지만 그 응해 만나는 도
는 어긋나지 않는다.

難曰 聖心雖無知 然其應會之道不差

곧 앞에서 만나되 어긋나지 않는다고 말함이다. 함이 없이 함을
말미암으므로〔無爲而爲故〕 응해 중생을 만나되 기틀의 맞음을, 어
긋나 잃지〔差失〕 않는다.221)

이러므로 응할 수 있는 것은 이에 응하고 응할 수 없는 것은 그대
로 둔다.

是以可應者應之 不可應者存之

어긋나지 않는 뜻을 풀이함이니 근기가 무르익으면 이에 응해 도
에 들도록 하고, 무르익지 않으면 두어서 무르익게 한다. 이것이

---

221) △七應會問答 文二 初無知生滅問 又二 初牒前敍難
  即前云會而不差也 由無爲而爲 故應會衆生 不差失於機宜也

곧 『금강경(金剛經)』에서 말한 바 '보살펴 생각함〔護念〕'과 '맡겨
당부함〔付屬〕'의 뜻이다.222)

② 바로 따짐〔正難〕

그렇다면 성인의 마음은 어떤 때는 생겨나고 어떤 때는 사라지니
그럴 수 있겠는가?

然則聖心有時而生 有時而滅 可得然乎

　근기가 무르익으면 응하는 마음이 날 수 있고 아직 무르익지 않
으면 응하는 마음이 사라진다. 이미 '맞음에 이렇다 함이 없다〔當
而無是〕'고 말했으니 곧 앎이 없고 함이 없다〔無知無爲〕 그러니 어
찌 이 나고 사라짐을 얻을 수 있겠는가?223)

(2) 씀에 나고 사라짐 없음으로 답함〔用無生滅答〕

① 참됨과 망녕됨을 마주해 밝힘〔眞妄對明〕

답한다. 나고 사라짐(묻는 것을 받음이다)이란 나고 사라지는 마음이다.

答曰 生滅者(牒所問也) **生滅心也**

　망녕된 마음〔妄心〕은 모습 취하므로 경계 따라 나고 사라진다.224)

성인은 마음이 없으니 나고 사라짐이 어찌 일어나겠는가?

聖人無心 生滅焉起

---

222) 釋不差之義 根熟則應之令入道 未熟則存之令熟 則金剛所謂護念付囑之義
　　〔보살펴 생각함은 중생과 내가 둘이되 하나 됨에 의지해 중생에 응함이고,
　　맡겨 당부함은 나와 중생이 하나이되 둘임에 의지해 중생에 응함이다.〕
223) △二正難
　　根熟則能應心生 未熟則能應心滅 旣曰當而無是 則無知無爲, 何得有此生滅
224) △二用無生滅答四 初眞妄對明
　　妄心取相 故隨境生滅

성인은 취함이 없으므로 마음 없다[無心]고 한다. 이미 경계를
취하지 않으니 어찌 나고 사라짐이 있겠는가?225)

② 거리낌을 풀어 바로 답함[釋妨正答]

그러니

然

위를 받음이니 물음을 받음이다. 물음은 다음 같다. "이미 마음의
나고 사라짐이 없는데 어떻게 응하되 어긋나지 않는 뜻[應而不差
之義]이 있는가?" 그러므로 지금 이를 받는다.226)

마음 없는 것이 아니라(非無心: 나무나 돌의 마음 없음과 같지 않으니) 다
만 마음 없는(취해 집착하는 마음 없는) 마음[無心心]일 뿐이다.

非無心(非同木石之無心) 但是無心(無取著心)心耳

신령하게 밝은 마음은 길이 여기에 있어 바탕에 응하는 것이니
경은 말한다.

보디사트바의 맑고 시원한 달은
마쳐 다함마저 공함에 노니네227)
菩薩淸凉月　遊於畢竟空

또 응하지 않음이 아니니(두 작은 수레의 응하지 않음과 같지 않으니) 다만
응하지 않고(분별하는 응함을 일으키지 않고) 응할 뿐이다.

又非不應(非同二乘之不應) 但是不應(不起分別之應)應耳

기틀이 부르면[機感] 응함이 나는 것[應生]이니 곧 자비의 응하는

---

225) 聖心無取 故曰無心 旣不取境 何有生滅
226) △二釋妨正答
　　牒上領問也 問云旣無心生滅 何有應而不差之義耶 故今領之
227) 靈明之心 長在此爲應本 經云 菩薩淸凉月 遊於畢竟空

마음〔悲應之心〕은 늘 있는 것이다. 곧 이것이 다음처럼 말한 바이다.

'중생의 마음의 물이 맑으면
보디의 그림자 그 가운데 나타나네.'228)

衆生心水淨　菩提影現中

③ 비유를 들어 맺어 답함〔擧喩結答〕

그러므로 성인의 응해 만남의 도는 미더움이 네 때의 실다움과 같아, 곧장 비어 없음으로 바탕을 삼는 것이니

是以聖人應會之道　則信若四時之質　直以虛無爲體

질(質)은 실다움이니 응함이 헛되지 않기 때문이다. 직(直)은 다만이다. 방편의 지혜〔權智〕그 마음 없는 마음이 응하지 않고 응한다〔不應而應〕. 그것은 봄 여름 가을 겨울이 비록 응하되 때를 잃지 않음이 비어 바탕 없음〔虛而無體〕을 말미암음이라, 방편의 지혜가 마음 없이 응하는 것〔權智無心而應〕도 여기에 견주어 알 수 있는 것이다.229)

④ 묻는 바가 그릇됨을 맺음〔結非所問〕

이는 얻을 수 없이 나고, 얻을 수 없이 사라짐이다.

斯不可得而生　不可得而滅也230)

---

228) 機感應生　則悲應之心常存　所謂　衆生心水淨　菩提影現中
229) △三擧喩結答
　質實也　應之不虛故　直但也　權智無心之心　不應而應　其由春夏秋冬　雖應不失時　虛而無體　權智無心而應　類此可知
　〔네 때의 질서가 분명하나 그 분명함도 때가 비어 실체가 없기 때문이고 저 우주 자연의 광대무변함도 그 실체가 없는 것이다.〕
230) △四結非所問

8) 참됨과 망녕됨을 묻고 답함〔眞妄問答〕

論 따져 말한다. 성인의 마음이 없다는 것과, 미혹의 지혜가 없다는 것은 모두 나고 사라짐이 없는데 왜 이를 다르다 하는가?

답한다. 성인의 지혜〔聖智〕에서 없다는 것은 앎이 없음〔無知〕이다.

미혹의 지혜〔惑智〕에서 없다는 것은 없음을 아는 것〔知無〕이다. 그 없음은 비록 같으나 없다는 까닭은 다르다.

왜인가? 대저 성인의 마음은 비고 고요하여 없다할 앎이 없다〔無知可無〕.

앎 없다〔無知〕 말할 수 있으니, 없음 아는 것〔知無〕이라 말하지 않는다.

미혹의 지혜는 앎이 있다. 그러므로 없앨 앎이 있는 것〔有知可無〕이다.

없음을 안다고 말할 수 있으나 앎 없음이라 하지 않는다.

앎 없음〔無知〕은 곧 반야의 없음〔般若之無〕이다.

없음을 안다〔知無〕는 것은 곧 진제의 없음〔眞諦之無〕이다.

이러므로 반야는 진제와 더불어 씀〔用〕을 말하면 같음 그대로 다르고, 고요함〔寂〕을 말하면 다름 그대로 같음이다.

같으므로 저와 여기에 마음이 없으며, 다르므로 비추는 공〔照功〕을 잃지 않는다.

그러므로 같음을 가려보이는 것은 다름에서 같음〔同於異〕이고 다름을 가려보이는 것은 같음에서 다름〔異於同〕이다.

이것은 곧 얻을 것 없이 다르고 얻을 것 없이 같음이다.

⑴ 미혹의 지혜가 참됨과 같은가 물음〔惑智同眞問〕

① 풀이를 보임〔呈解〕

따져 말한다.(풀이 가운데 의심해 물음) 성인의 마음이 없다는 것(성인은 마음이 없으니 나고 사라짐이 어찌 일어나겠는가?)과 미혹의 지혜가 없다는 것은

難曰(解中疑問) 聖智之無(聖人無心生滅焉起) 惑智之無

경계〔境〕에 나고 사라짐이 있으면 지혜〔智〕가 이를 따른다. 경계를 떠나면 지혜가 없으니 나고 사라짐이 어찌 있겠는가? 따지는 이는 앞을 인해 알므로 이 앎〔解〕을 보인다.231)

② 의심해 물음〔疑問〕

모두 나고 사라짐이 없는데(같음이다) 왜 이를 다르다 하는가?

俱無生滅(同也)何以異之

어떻게 참됨과 망녕됨의 다름을 나누는가?232)

(2) 참됨과 망녕됨의 같고 다름을 답함〔眞妄同異答〕

① 모아 나타냄〔總標〕

답한다. 성인의 지혜에서 없다는 것은 앎이 없음〔無知〕이다.

答曰 聖智之無者 無知

바탕에 본래 앎이 없기〔體本無知〕 때문이다.233)

미혹의 지혜에서 없다는 것은 없음을 아는 것〔知無〕이다.

---

231) △八眞妄問答二 初惑智同眞問 文二 初呈解
境有生滅 智乃隨之 離境智無 生滅何有 難者因前而解 故此呈之
232) △二疑問
如何分眞妄之異耶
233) △二眞妄同異答三 初總標
體本無知故

惑智之無者 知無

앎에 바탕 없음을 알기[了知無體] 때문이다.

이 위는 참됨과 망녕됨을 나타낸 것이다.234)

그 없음은 비록 같으나(같이 나고 사라짐이 없으나) 없다는 까닭은 다르다.

其無雖同(同無生滅)**所以無者異也**

없다는 까닭은 참됨과 망녕됨에 다름이 있으니 이는 같고 다름을
나타낸 것이다.235)

② 참됨과 망녕됨을 풀이함[釋眞妄]

㈎ 미루어 풀이함[推釋]

왜인가?(위의 다름의 까닭을 미루어봄) 대저 성인의 마음은 비고 고요하
여[虛靜] 없다할 앎이 없다.

何者(推上異之所以) **夫聖心虛靜 無知可無**

지혜의 바탕은 본래 알고 봄이 없으므로 비어 고요하다[虛靜]고
하며, 세 때[三際]도 늘 그러하여 나고 사라질 것이 없다.236)

앎 없다[無知] 말할 수 있으니 없음 아는 것[知無]이라 말하지 않
는다.

可曰無知 非謂知無

이는 참됨[眞]이 망녕됨[妄]에 다름을 밝힌 것이니, 앎을 빌어
밝힘이 아니다[不假知了].237)

---

234) 了知無體故 此上標眞妄
235) 無之所以 眞妄有異 此標同異也
236) △二釋眞妄中二 初推釋
　　智體本無知見 故曰虛靜 三際常然 可無生滅也
237) 此明眞異於妄 不假知了

미혹의 지혜는 앎이 있다. 그러므로 없앨 앎이 있는 것[有知可無]
이다.

惑智有知 故有知可無

　미혹의 지혜는 경계를 취해[惑智取境] 경계를 따라 나고 사라지
나[隨境生滅], 지혜의 성품[智性]은 공해 없어서 나고 사라짐이 있
지 않은 것이다.238)

없음을 안다[知無]고 말할 수 있으나 앎 없음이라 하지 않는다.

可謂知無 非曰無知也

　이는 망녕됨[妄]이 참됨[眞]과 다름을 나타낸 것이니 앞은 곧
본래 없으므로[本無] 없다 함이고, 여기는 공함을 알므로[了空故]
없다한 것이다. 이런 까닭으로 다른 것이다.239)

(나) 맺어 모음[結會]

앎 없음은 곧 반야의 없음[般若之無]이다.

無知即般若之無也

　지혜의 바탕은 본래 나고 사라짐이 없으므로 반야의 없음이라 말
한다.240)

없음을 안다는 것은 곧 진제의 없음[眞諦之無]이다.

知無則眞諦之無也

〔반야는 지혜와 진리가 서로 융통하여 앎에 앎 없음[無知]이나 미혹의 지혜
〔惑知〕는 없다는 것을 아는 앎이 있으니 앎을 빌어 진제에 없다는 것을 앎
〔知無〕이다.〕

238) 惑智取境 隨境生滅 智性空無 生滅不有也
239) 此顯妄異眞也 前則本無故無 此則了空故無 所以異也
240) △二結會
　智體本無生滅 故曰般若之無

망녕된 지혜[妄智]를 맺어 모아 참된 경계[眞境]를 삼음이다. 따지는 이가 이미 미혹의 지혜 그 성품이 공함[惑智性空]을 아나 이는 곧 미혹의 지혜가 깨친 바[所了]이다. 경계는 깨침을 말미암아 비로소 없음[始無]이나 곧 사법 그대로 참됨[卽事而眞]이므로 진제의 없음[眞諦之無]이라 말한다. 그러므로 나고 사라짐 없음을 아는 것은 비록 같지만, 본래 없음[本無]과 지금 없음[今無]에 다름이 있다.241)

③ 같고 다름을 풀이함[釋同異]

(가) 바로 밝힘[正明]

(ㄱ) 바탕은 같되 씀이 다름을 나타냄[顯體同用異]

이러므로 반야는 진제와 더불어

是以般若之與眞諦

위의 '없음에 같이하는 경계와 지혜[同無之境智]'를 받음이다.242)

씀[用]을 말하면 같음 그대로 다르고

言用卽同而異

곧 없음에 같이 하지만 '진리와 지혜를 없애지 않음[理智不泯]'이니 이는 씀[用]이다.243)

---

241) 結會妄智爲眞境也 難者旣了惑智性空 則惑智爲所了 境由了始無 卽事而眞 故曰眞諦之無也 故知無生滅則雖同 本無今無有異也
[반야는 진리인 지혜이므로 반야일 때 온갖 앎이 본래 없음[本無]을 체득함이나 헤아리는 지혜로 없음을 아는 것은 앎이 있지만 진제에 있지 않음을 지금 비로소 아는 것[今無]이다.]
242) △三釋同異三 初正明 文二 初顯體同用異
牒上同無之境智也
243) 卽同無而理智不泯 是用也

고요함을 말하면, 다름 그대로 같음[即異而同]이다.

言寂即異而同

　비록 진리와 지혜가 또렷하나[理智宛然] 비어 없음에 같이 하나
되니[同一虛無] 이는 고요함[寂]이다.244)

같으므로 저와 여기에 마음이 없으며, 다르므로 비추는 공을 잃지
않는다.

同故無心於彼此　異故不失於照功

　바탕이 같으므로 마음과 경계, 저기 여기에 다름이 없으며[心境
彼此無殊], 씀이 다르므로 비춤과 비추는 바의 공[能所之功]을 잃
지 않는다.245)

　(ㄴ) 둘이 아님을 말해 이룸[述成不二]

그러므로 같음을 가려보이는 것은 다름에서 같음[同於異]이고 다
름을 가려보이는 것은 같음에서 다름[異於同]이다.

是以辨同者 同於異 辨異者 異於同

　가려보임이란 밝게 앎이다. 없음에 같이함[同無]을 알려고 하면
다만 진리인 지혜를 살피고[但觀理智] 진리인 지혜[理智]를 밝히
려 하면 반드시 없음에 같이함[同無]을 알아야 한다. 이는 서로
같음[互卽]을 밝힘이다. 아래는 둘이 같이 없어짐[雙亡]을 드러낸
다.246)

244) 雖理智宛然而同一虛無 是寂也
245) 體同故心境彼此無殊 用異故不失能所之功
246) △二述成不二
　　辨者解了也 欲解同無 但觀理智 欲明理智 須了同無 此明互卽 下顯雙亡
　　〔지혜는 모습 없는 진리인 지혜이므로 지혜와 진리가 서로 같음.〕

이것은 곧 얻을 것 없이 다르고 얻을 것 없이 같음이다.

斯則不可得而異 不可得而同也

　같음에서 다름을 가려 보이므로 다름을 얻을 수 없고〔不可得異〕
다름에서 같음을 가려 보이므로 같음을 얻을 수 없다〔不可得同〕.
같음과 다름 둘이 없어지면〔同異兩亡〕 이는 앞에서 "모두 나고
사라짐이 없으니 무엇으로 다르다 하겠는가?"라고 말함에 답한
것이다.247)

(나) 미루어 풀이하는 글〔推釋文〕

論 왜 그런가?

　안에 홀로 비추는 밝음〔獨鑒之明〕이 있고 밖에 만법의 진실
〔萬法之實〕이 있다.

　만법이 비록 진실이나 비춤이 아니면 얻지 못하고, 안과 밖이
서로 더불어〔內外相與〕 그 비춤의 공을 이룬다. 이것이 곧 성인
의 같을 수 없는 곳〔所不能同〕이니 씀〔用〕이다.

　안이 비록 비추나 앎이 없고, 밖이 진실하나 모습 없으니 안
과 밖이 고요하여〔內外寂然〕 서로 같이 함께 없음〔相與俱無〕이
다. 이것이 곧 성인의 다를 수 없는 곳〔所不能異〕이니 고요함
〔寂〕이다.

　그러므로 경에서 "모든 법이 다르지 않다."고 말하는 것은 도
가(道家) 진경(眞經)의 다음 말과 같다.

　'어찌 오리 다리를 잇고 학 다리를 끊으며 높은 뫼를 고루고
낮은 골을 채운 뒤에야 다름없다 할 것인가?'

---

247) 辨異於同 故不可得異 辨同於異 故不可得同 同異兩亡 此答前云俱無生滅
　　何以異之也
　　〔진리와 지혜가 서로 밖에 자기 모습이 없어, 같고 다름을 모두 얻을 수 없다.〕

> 참으로 다름에서 다르지 않다. 그러므로 비록 다르지만 다르
> 지 않은 것이다.
> 　그러므로 경은 말한다. "매우 기이합니다, 세존이시여. 다름
> 없는 법 가운데서 모든 법의 다름을 말씀하십니다."
> 　또 말한다. "반야[智]와 모든 법[境]은 또한 같은 모습[一相]
> 이 아니고 또한 다른 모습[異相]도 아니다."
> 　미더운 말씀이로다.

(ㄱ) 둘을 같이 부름[雙徵]

왜 그런가?

何者

　왜 다를 수 없고 또 같을 수 없는가?248)

　(ㄴ) 각기 풀이함[各釋]

　　㉠ 같을 수 없음을 풀이함[初釋不可同]

안에 홀로 비추는 밝음[獨鑒之明]이 있고 밖에 만법의 진실[萬法
之實]이 있다.

內有獨鑒之明 外有萬法之實

　마음을 잡아[約心] 안을 삼으면 경계로써[以境] 밖을 삼으니 대
개 가리켜 보임이 이와 같으나, 안팎의 모습이 있는 것이 아니다.
홀로 비추는 밝음[獨鑒之明]이란 지혜이다. 마음 그대로의 비춤[卽
心之照]이라 마음 밖에 법이 없으므로 홀로 비춤[獨鑒]이라 한다.
　또 아래 만법을 마주하기 때문에 만법의 진실이란 진리이니[理

---

248) △二推釋文二. 初雙徵
　　何故不可異 而又不可同

也〕 진리가 만법의 바탕〔萬法之體〕이 되기 때문이다.249)

만법이 비록 진실이나 비춤이 아니면 얻지 못하고

萬法雖實 然非照不得

　사법이 본래 곧 참됨이나 지혜가 아니면 드러나지 않는다.250)

안과 밖이 서로 더불어[內外相與] 그 비춤의 공을 이룬다.

內外相與 以成其照功

　여(與)는 같이함〔共〕이다. 지혜를 말미암아 진리를 드러내고 진
리가 드러나면 지혜라 하므로 같이 '살펴 비춤의 공〔鑒照之功〕'을
이루는 것이다.251)

이것이 곧 성인의 같을 수 없는 곳[所不能同]이니 씀[用]이다.

此則聖所不能同 用也

　다름을 맺음이다. 성인의 지혜와 진리〔聖智與理〕가 이런 까닭에
같을 수 없는 것이니 이는 비추는 씀〔照用〕을 밝힌 것이다.252)

　ⓒ 다를 수 없음을 밝힘〔釋不可異〕

안이 비록 비추나 앎이 없고(비춤의 바탕이 본래 고요함), 밖이 진실하

---

249)　△二各釋中二 初釋不可同
　　約心爲內 以境爲外 蓋指拄如此 非有內外之相 獨鑒之明者 智也 卽心之照 心
　　外無法 故曰獨鑒 又以對下萬法故 萬法之實者 理也 理爲萬法之體故也
250)　事本卽眞 非智不顯
　　〔홀로 비춤의 밝음이란 안의 비춤〔能照〕과 밖의 비추는 바〔所照〕가 서로 더
　　불어 어울려 비춤의 밝음을 이루니 비춤의 바탕에는 안과 밖이 없다.〕
251)　與共也 由智顯理 理顯曰智 故共成鑒照之功也
　　〔지혜가 살핌〔能觀〕이 되고 진리가 살피는 바〔所照〕 되어 비추되 고요한 살
　　핌을 이루므로.〕
252)　結異也 聖智與理 所以不可得而同者 此明照用也

나 모습 없으니(진리가 본래 고요함), 안과 밖이 고요하여[內外寂然] 서로 같이 함께 없음이다(경계와 지혜가 같이 고요함). 이것이 곧 성인의 다를 수 없는 곳[所不能異]이니 고요함[寂]이다.

內雖照而無知(照體本寂) 外雖實而無相(眞理本空) 內外寂然 相與俱無 (境智同寂) 此則聖所不能異寂也

　　같음을 맺음이다. 성인의 지혜와 진리[聖智與理]는 이런 까닭에 다를 수 없는 것이니 이는 고요함[寂]을 밝힘이다.253)

(다) 증명을 이끎[引證]

　(ㄱ) 다름에서 같음 말함을 증명함[證辨同於異]

그러므로 경에서 "모든 법이 다르지 않다."고 말하는 것은

是以經云諸法不異者

　　모든 법이란 마음과 경계[心境]이다. 다르지 않다는 것은 같이 비어 고요함이다. (다르지 않다는) 것[者]이란 경을 받은 것이니 아래 이를 풀이해 말한다.254)

도가 진경(眞經)의 다음 말과 같다.
'어찌 오리 다리를 잇고 학 다리를 끊으며 높은 뫼를 고루고 낮은 골을 채운 뒤에야 다름없다 할 것인가?'

豈曰續鳧截鶴 夷嶽盈壑 然後無異哉

────────────────

253) △二釋不可異
　　結同也 聖智與理 所以不可得而異者 此明寂也
　　[반야의 비춤이 비춤[能照]과 비추는 바[所照]가 어울려 비춤[照]이라 이름하니 반야의 비춤은 비추되 고요하다[寂而照].]
　　[천태선사의 육즉위(六卽位)에서, 같으면서 다름은 여섯[六]의 숫자로 나타내고 다르면서 같음은 곧 그대로 같음[卽]으로 나타낸다.]
254) △三引證三 初證辨同於異
　　諸法者心境也 不異者同虛寂也 者字是牒經 下釋之云

'오리를 잇고 학을 자른다'는 말은 진경(眞經)에 나오니 다음 같다. "오리 다리가 비록 짧으나 이를 이으면 걱정거리이고 학 다리가 비록 길지만 이를 자르면 슬픈 일이다."

이(夷)는 평평히 함이고, 악(嶽)은 높은 산이다. 영(盈)은 채움이고 학(壑)은 개울이다. 이는 곧 경의 뜻을 돌이켜 풀이함이다. 그러니 어찌 오리와 학 다리의 길고 짧음, 개울과 산의 높고 낮음을 평등히 차별 없게 하고서야 모든 법의 다르지 않음을 말하겠는가?

이런 말이 아니니 아래 따라서 풀이한다〔順釋〕.255)

참으로 다름에서 다르지 않다.

誠以不異於異

다르지 않은 뜻은 다름 가운데이다. 곧 높고 낮음 길고 짧음은 성품이 다를 수 없으므로 다르지 않다고 말한다.256)

그러므로 비록 다르지만 다르지 않은 것이다.

故雖異而不異也

이는 위의 말을 증명한 것이다. 같음이란 다름에서 같음이다.257)

(ㄴ) 같음에서 다름 말함을 증명함〔證辨異於同〕

그러므로 경은 말한다. "매우 기이합니다, 세존이시여. 다름없는 법 가운데서 모든 법의 다름을 말씀하십니다.

故經云 甚奇世尊 於無異法中而說諸法異

---

255) 續鳧截鶴 語出眞經 云鳧脛雖短 續之則憂 鶴脛雖長 斷之則悲等 夷平也 嶽山也 盈滿也 壑谿也 此則反釋經意 豈謂令鳧鶴長短 谿山高低 等無差別 而 謂諸法不異 非此說也 下順釋云
256) 不異之義 於殊異中也 則高低長短 性不可異 故曰不異也
257) 此證上辨 同者同於異也

『대품경』 가운데서 '수부티가 붇다를 찬탄하고 다르마를 찬탄하여 말함'이다. 비록 모든 법이 참됨에 같이하여 다름이 없으나〔同眞無異〕경계와 지혜가 또렷이 차별되어 다름〔境智宛爾差殊〕이다. 이는 위에서 다름 말하는 것을 증명함이니 같음에서 다름〔異於同〕이다.258)

(ㄷ) 같고 다름이 둘 아님을 증명함〔證同異不二〕

또 말한다. "반야[智]와 모든 법[境]은 또한 같은 모습[一相]이 아니고

又云 般若(智)與諸法(境)亦不一相

알 수 있음과 아는 바가 각기 있음〔能所各存〕이니 위의 얻을 수 없이 같음〔不可得而同〕을 증명함이다.259)

또한 다른 모습도 아니다."

亦不異相

참된 바탕에 같이 하나됨〔同一眞體〕이니 위의 얻을 수 없이 다름〔不可得而異〕을 증명함이다.260)

미더운 말씀이로다.

信矣

붇다의 말씀은 진실하여 헛되지 않으므로〔實不虛〕, 스스로 믿고 남을 믿게 한다〔自信信他〕.261)

---

258) △二證辨異於同
　　大品經 空生歎佛讚法 雖諸法同眞無異 而境智宛爾差殊 此證上辨異者 異於同也
259) △三證同異不二
　　能所各存 證上不可得而同也
260) 同一眞體 證上不可得而異也
261) 佛語實不虛 故自信信他也

9) 고요함과 씀을 묻고 답함〔寂用問答〕

論 따져 말한다. "논은 '씀을 말하면 다르고 고요함을 말하면 같다.'고 하니, 알 수 없도다. '반야 가운데 씀과 고요함의 다름〔用寂之異〕이 있는가?'"

답한다. 씀〔用〕이 곧 고요함〔寂〕이고 고요함〔寂〕이 곧 씀〔用〕이다.

씀과 고요함이 바탕이 같아서〔用寂體一〕 같이 나와 이름을 달리함〔同出而異名〕이다.

다시 씀 없는 고요함〔無用之寂〕이 씀에 주인됨〔主於用〕이 없는 것이다.

이러므로 지혜가 어두워질수록 비춤은 더욱 밝아지고, 신그러움이 더욱 고요할수록 응함은 더욱 움직인다.

어찌 밝음과 어두움〔明昧〕 움직임과 고요함〔動寂〕이 다르겠는가?

그러므로 『성구경(成具經)』은 말한다. "하지 않지만 함을 지난다."

『보적경(寶積經)』은 말한다. "마음이 없고 앎이 없지만 느껴 앎이 없지 않다."

이것은 곧 신그러움을 사무치고〔窮神〕 지혜를 다함〔盡智〕이라 모습을 끝까지 함〔極象〕 밖의 말인 것이다.

곧 이 밝은 글〔明文〕 그대로 하면 성인의 마음〔聖心〕을 알 것이다.

〔붇다의 말씀이 진실하여 헛되지 않음은 붇다의 자기 진실이 세계의 진실이기 때문에 헛되지 않고 진실한 것이다. 그러므로 『금강경』은 '붇다께서는 참된 말씀하시는 분〔眞語者〕이고 실다운 말씀하시는 분〔實語者〕이며 다른 말, 속이는 말하지 않는 분〔不異語不誑語者〕이다'라고 한 것이다.〕

(1) 고요함과 씀이 어떻게 다른가를 따짐〔寂用何異難〕

① 논을 받음〔牒論〕

따져 말한다. "논은 '씀을 말하면 다르고 고요함을 말하면 같다.'고 하니

難曰 論云 言用則異 言寂則同

위에서 "성인은 같을 수 없으니 씀〔用〕이다. 성인은 다를 수 없으니 고요함〔寂〕이다."고 말함을 받음이다.262)

② 바로 물음〔正問〕

알 수 없도다. '반야 가운데 씀과 고요함의 다름[用寂之異]이 있는가?'"

未詳般若之內 則有用寂之異乎

이는 청해 물음이니 "반야는 참된 하나〔般若眞一〕라 차별 없는데 어떻게 한 씀〔一用〕과 한 고요함〔一寂〕의 다름이 있는가?" 알 수 없다 함이다.263)

(2) 씀과 고요함이 때 같이함을 답함〔用寂同時答〕

① 때 같이함을 바로 답함〔正答同時〕

답한다. 씀이 곧 고요함이고

答曰 用即寂

'경계와 지혜가 둘임〔境智之二〕'을 떠나지 않고 '고요함에 같이 하

---

262) △九寂用問答二 初寂用何異難 文二 初牒論
    牒上云聖所不能同用也 聖所不能異寂也
263) △二正問
    此是請益 問般若眞一無差 何以有一用一寂之異 未詳審也

나됨〔同一寂滅〕'이다. 그러므로 『승만경(勝鬘經)』은 말한다.
"둘이되 둘 아님은 밝게 알기 어려우니 온전한 물결이 물임과 같
기 때문이다."264)

고요함이 곧 씀이다.

寂即用

비어 고요함에 같이 하나 되지만, 함과 하여지는 바〔能所〕가 또
렷하다.

『승만경』은 또 말한다. "둘이 아니되 둘임은 밝게 알기 어려우니
온전한 물이 물결임과 같기 때문이다."

이 가운데 고요함〔寂〕을 말한 것은 '방편과 진실이 바탕 같이함〔權
實同體〕'이다. 씀〔用〕이라 말한 것은 '두 씀을 같이 밝힘〔二用雙明〕'
이니 '바탕과 씀이 모두 때를 같이하기〔體用同時〕' 때문이다.265)

씀과 고요함이 바탕이 같아서, 같이 나와 이름을 달리함[同出而異
名]이다.

用寂體一 同出而異名

바탕〔體〕이라 말한 것은 의지하는 바 참된 바탕이 아니니〔非眞
體〕, 이는 서로 의지하는 바탕과 씀〔相依之體用〕이 고요함〔寂〕에
의지함을 밝힌 것이다. 고요함으로 바탕을 삼으면〔以寂爲體〕, 고요
함이 씀을 의지하고〔寂依於用〕, 씀으로 바탕을 삼으면〔以用爲體〕
서로 의지하므로 바탕이 하나〔相依故體一〕인 것이다.

같이 나와 이름을 달리 함이란 고요함은 씀에서 나오고〔寂出用〕
씀은 고요함에서 나옴이다〔用出寂〕. 그러므로 고요함과 씀의 이름

---

264) △二用寂同時答二 初正答同時
不離境智之二 而同一寂滅也 故勝鬘云 二而不二 難可了知 如全波是水故
265) 同一虛寂 而能所歷然 勝鬘又云 不二而二 難可了知 如全水是波故 此中言
寂 卽權實同體 言用 卽二用雙明 竝體用同時故也

달리함[寂用之異名]이 있는 것이다.

이는 따로 한 바탕이 있어서[別有一體] 씀과 고요함 낸 곳[用寂
之出處]이 됨을 말함이 아니다.266)

다시 씀 없는 고요함이 씀에 주인 됨이 없는 것이다.

更無無用之寂 而主於用也

또 합해 말한다. '다시 고요함 없는 씀[無寂之用]이 고요함에 주
인 됨[主於寂]이 없는 것이다.'

지금 글은 줄인 것이다.

다시란 뜻을 정함이다. 뜻은 다음을 말한다. '씀이 없는 홀의 고
요함[單寂]이 반드시 없는데, 이를 쓴다 하기 때문이니 주인 의지
함[依主]이다. 또 고요함 없는 홀의 씀[單用]이 반드시 없는데 이
를 고요함하다 하기 때문이니 주인 의지함이다. 있지 않으면 그만
이지만 있으면 곧 씀과 고요함이 때를 같이한다[用寂同時]. 이미
두 바탕이 없는데 어떻게 하나는 있고 하나는 없겠는가?267)

---

266) 言體者 非所依眞體 此明相依之體用依於寂 以寂爲體 寂依於用 以用爲體
　　相依故體一也 同出而異名者 寂出用 用出寂 故有寂用之異名 非謂別有一體
　　爲用寂之出處也
　　〔생각하되 생각 없음은 바탕이고, 생각없되 생각함은 씀인데, 생각 없이 생
　　각함과 생각에 생각 없음이 모두 고요함이므로 바탕과 씀이 고요함에 의지
　　한다고 함. 나고 사라지는 씀이 공하여 고요하고, 고요함도 고요하여 나고
　　사라짐이 있으니 씀과 고요함이 이름을 달리 하되 바탕이 하나인 것이다.〕
267) 又合云 更無無寂之用 而主於寂也 今文影略 更者定義也 意云 定無無用之
　　單寂 而爲用之 依主 又定無無寂之單用 而爲寂之 依主 不有則已 有則用寂同
　　時 旣無二體 如何一有一無
　　〔고요함이 공해 씀이 되고 씀이 공해 고요함이 되는 것이지 고요함과 씀을
　　내는 바탕이 따로 있는 것이 아니다. 곧 씀은 고요함의 씀이고 고요함은 씀
　　인 고요함이므로 고요함과 씀을 고요함과 씀이라는 주인 의지해 풀이한다
　　〔依主釋〕고 한 것이다.〕

② 방편과 진실을 맺어 모아 아홉 겹으로 묻고 답함
〔結會權實 九重問答〕

본래 방편과 진실을 인해〔本因權實〕 바탕과 씀〔體用〕이 일어났으
나 지금 자취가 없어지고 의심이 다해 '진리가 드러나 뜻이 두렷해
지므로〔理顯義圓〕', 지금 맺어 모아 앞에 돌아가, 바탕과 씀이 둘
아님〔體用不二〕을 드러낸다.268)

㈎ 뜻을 맺어 앞에 돌아감〔結義歸前〕

이러므로(위의 씀과 고요함이 둘 아님을 받으므로) 지혜가 어두워질수록
비춤은 더욱 밝아지고
是以(承上用寂不二故)智彌昧 照逾明

진실을 맺음이다. 더욱〔彌〕은 끝까지이다. 더욱〔逾〕은 지남이다.
바탕이 본래 앎이 없으므로 어둠은 더욱 끝까지 가고, 바탕 그대로
의 비춤〔卽體之照〕이므로 비춤이 진리 근원에 사무치면〔照徹理源〕
그 밝음이 보통의 늘 비춤〔常照〕보다 지난다. 곧 앞에 "지혜는 깊
음을 사무치는 비춤이 있으나 앎이 없다〔智有窮幽之鑒而無知〕"고
말함이다.269)

신그러움이 더욱 고요할수록 응함은 더욱 움직인다.
神彌靜 應逾動

방편을 맺음〔結權〕이다. 바탕이 본래 생각이 없으므로 고요함이
더욱 끝까지 가면 바탕 그대로의 응함〔卽體之應〕은 늘 연 있음〔有
緣: 따라 생각할 것 있음〕에 응한다. 그러므로 움직임이 더욱 지나

---

268) △二結會權實九重問答 本因權實 體用而起 今迹亡疑盡 理顯義圓 故今結
會歸前 顯體用不二也 文三 初結義歸前
269) 結實也 彌極也 逾過也 體本無知故 昧之彌極 卽體之照 照徹理源 其明過
逾於常照也 卽前云 智有窮幽之鑒而無知焉

벗어난다. 이는 앞에서 "신그러움에 응해 만나는 씀이 있으나 생각이 없다〔神有應會之用 而無慮焉〕."고 말함이다. 아래는 의심을 모아 꾸짖음〔總責疑〕이다.270)

어찌 밝음과 어두움[明昧] 움직임과 고요함[動靜]이 다르겠는가?

豈曰明昧動靜之異哉

밝음과 어두움, 움직임과 고요함에 어찌 다름을 집착하겠는가?271)

㈏ 글을 이끌어 증명을 삼음〔引文爲證〕

그러므로 『성구경(成具經)』은 말한다. "하지 않지만 함을 지난다."

故成具云 不爲而過爲

위의 "방편의 지혜가 고요하되 늘 쓴다〔權智靜而常用〕"고 함을 증명한다.272)

『보적경(寶積經)』은 말한다. "마음이 없고 앎이 없지만 느껴 앎이 없지 않다."

寶積曰 無心無識 無不覺知

위의 진실의 지혜가 곧 어둡되 밝음〔寶智卽昧而明〕을 증명함이니 『비말라키르티수트라』 상권(上卷)에서 보배 쌓은 이〔寶積〕가 게로 찬탄해 말했다. "마음과 뜻이 없지만 드러나 지어간다〔以無心意而現行〕." 지금은 글을 조금 바꾸었다.273)

---

270) 結權也 體本無慮 故靜之彌極 卽體之應 常應有緣故 動之逾越也 卽前云 神有應會之用 而無慮焉 下總責疑者

271) 明與昧 動與靜 豈當執異也

272) △二引文爲證
    證上權智靜而常用

273) 證上寶智 卽昧而明也 淨名上卷寶積偈讚云 以無心意而現行 今則小變其文也

㈐ 글의 뜻을 모아 맺음〔總結文意〕

이것은 곧(모아 가리켜 종지를 나타내는 위의 묻고 답함 등의 글) 신그러움을 사무치고(방편의 지혜: 權也) 지혜를 다함(진실의 지혜: 實也)이라, 모습을 끝까지 함〔極象〕 밖의 말〔極象外之談〕인 것이다.

斯則(總指標宗已上問答等文也)窮神(權也)盡智(實也) 極象外(有無曰象)之談也

반야의 바탕과 씀〔般若體用〕이 둘이 아니므로, 있음과 없음을 끝까지 한 모습 밖〔極有無之象外〕이다. 말이란 위에서 말한 바를 가리킨 것이다.274)

곧 이 밝은 글[明文] 그대로이면 성인의 마음을 알 것이다.

即之明文 聖心可知矣

맺음이다. 밝은 글〔明文〕이란 증득한대로 말함〔如證而說〕이다. 그러므로 밝은 글이라 하니 사유하면 알 것이다. 또 때로 가까이 위의 두 경을 가리켜서, 밝은 글〔明文〕이라 하니 묻고 답함은 여기에서 마친다.275)

---

274) △三總結文意
　　般若體用不二 故極有無之象外也 談者指上所說也
275) 結也 明文者 如證而說 故曰明了之文 思之可解 又或近指上二經 曰明文問答終此
　　〔두 경〔二經〕: 앞의 보적경과 성구경을 말함.〕

평석 반야무지론(般若無知論)에 붙이는 글

□1 반야와 살피는 바 진제 속제의 경계

반야(般若)의 산스크리트 발음은 프라즈냐(prajñā)이다. 그러나 동아시아에서 그 발음이 팔리어의 발음[paññā]에 가까운 반야로 통용되어 왔으므로 본서 또한 반야로 통해 썼다. 본 『조론』은 승조성사가 구마라지바 법사를 모시고 반야경 강설을 듣고 『대품반야』의 번역이 끝나자 맨 처음 이 「반야무지론」을 저술하여 스승 구마라지바 법사께 바친 저술이다.

조론 자체의 이야기를 보더라도 조론은 처음 「반야무지론(般若無知論)」을 저술하고 나서 다음 반야의 살피는 바 경계[所觀境]인 진제 속제(眞諦 俗諦)의 법을 「물불천론(物不遷論)」과 「부진공론(不眞空論)」을 통하여 밝힌 것으로 보인다. 그 다음 스승 구마라지바 법사가 니르바나에 돌아간[歸寂] 뒤 「열반무명론(涅槃無名論)」을 저술하였다.

그러므로 조론의 저술은 「반야무지론」「물불천론」「부진공론」「열반무명론」의 순서로 집필되었다 할 수 있으며, 나중 이 네 론을 모아 거두는 뜻으로 앞에 종본의(宗本義)를 붙인 것으로 볼 수 있다. '유유민에게 부친 글[劉遺民書]'은 「반야무지론」을 도생법사(道生法師)가 장안에서 여산으로 가지고 갔을 때, 유유민이 「반야무지론」을 보고 의심난 것을 묻자 승조께서 답한 내용이다. 그러므로 후대에 「반야무지론」 가운데 편제시킨 것이다.

'진왕에게 올리는 글[秦王表文]'은 스승 구마라지바 법사가 파리니르바나한 뒤 진왕에게 편지를 올린 뒤 「열반무명론」을 저술하였으므로 「열반무명론」 앞에 편제된 것이다.

반야가 살피는 지혜[能觀智]라면 「물불천론」「부진공론」은 살피는 바 경계〔所觀境〕이다. 이 가운데 「물불천론」은 속제를 보임이나 속제를 들어 속제가 진제인 속제임을 보이고 있다. 그에 비해 부진공론은 진제를 보임이나, 진제를 통해 진제가 속제인 진제임을 보이고 있다.

연기 중도의 뜻〔緣起中道義〕으로 보면 살피는 지혜는 살피는 바 진리인 지혜이고 살피는 바 진리는 지혜인 진리이다. 다시 살피는 지혜로 보면 진제를 살피는 근본지(根本智)가 차별지(差別智) 떠나지 않는 것이며, 속제를 살피는 차별지가 진제를 떠나지 않는 것이다.

근본지와 차별지가 둘이 아님을, 지혜의 바탕과 씀이 둘이 아니라〔體用不二〕 하며, 지혜는 진리인 지혜이고 진리는 지혜인 진리임을 '지혜와 경계가 서로 비춤〔智境互照〕'이라 한다. 지혜와 경계가 서로 비추어 지혜는 '두렷이 융통한 세 진리〔圓融三諦〕'인 지혜이고 진리는 '한마음의 세 살핌〔一心三觀〕'인 진리이다.

다시 진리와 살핌에서, 살필 바 진리의 모습이 있으면 중도의 바른 살핌이 아니고, 살피는 지혜의 모습이 있으면 이름 없는 니르바나의 바른 원인〔正因〕이 아니다.

그러므로 이 「반야무지론」은 반야에 앎 없음〔般若無知〕으로 진제 속제의 바탕에 얻을 바 모습이 없음을 말하고 있다. 그리고 반야의 앎 없음〔般若無知〕이 반야가 니르바나의 과덕에 두렷이 통한 반야임을 보이고 있다면, 니르바나의 이름 없음〔涅槃無名〕은 반야가 니르바나 과덕의 모습 없는 바탕에서 일어남 없이 일어나 니르바나에 돌아감을 보이고 있다.

반야가 진제 속제의 살피는 지혜〔能觀智〕가 되고, 진제 속제의 두 진리가 반야의 살피는 바 경계〔所觀境〕가 되어 지혜의 자취가 사라지면, '반야의 앎 없는 앎〔無知之知〕'이 '이름 없는 니르바나〔涅槃無名〕 과덕'의 인행(因行)이 되는 것이다. 그리고 진리와 지혜에 모습과 자취가 모두 사라지면 이를 니르바나에 이름 없음이라 한다. 니르바나에 이름 없음이란 곧 니르바나가 중생의 삶 밖에 대상화 되는 진리가 아니라 보디의 과덕이자 중생의 본래 깨침〔本覺〕이며 모든 법의 실상(實相)임을 말해주는 것이다.

② 감산선사(憨山禪師)의 풀이로 다시 살핌

반야의 지혜가 진제 속제의 진리와 둘이 없고, 반야의 앎 없는 인행이 이름 없는 니르바나의 과덕과 서로 융통함을, 조론 주석가의 한 분인 감산덕청선사(憨山德淸禪師)의 풀이로 다시 살펴보자.
감산선사는 이렇게 말한다.

○ 반야는 여기 말로 지혜이니 '모든 붇다가 법신(法身)에 묘하게 계합한 진실한 지혜'이다. 경에서 '모든 붇다의 지혜는 깊고 깊어 헤아릴 수 없다'고 함이 곧 이것이니 근본지(根本智)라 이름한다. 법계는 깊고 그윽하여〔法界幽玄〕이 지혜가 살피지 않음이 없으므로 바탕의 지혜〔本智〕라 일컫는다.

그러므로 세 실천의 수레〔三乘〕가 이 지혜를 같이 타서 인행을 삼지만, 다만 마음에 크고 작음이 있어 같지 않으므로 오직 붇다로 끝〔極〕을 삼는다.

앞의 옮기지 않음〔不遷〕과 참이 아님〔不眞〕의 두 논으로, 참됨과 세속이 둘이 아닌 진제〔不二之眞諦〕를 나타내 살피는 바 경계〔所觀境〕를 삼고, 지금 이 반야로 살피는 지혜〔能觀智〕를 삼으니, 곧 앎 없는 반야로 '둘이 아닌 중도〔不二之中道〕' 널리 비춤을 말한다.

이로써 인행(因行)을 삼아, 나지 않고 사라지지 않는 니르바나〔不生不滅之涅槃〕 증득함으로 과덕(果德)을 삼으므로 「니르바나의 이름 없음을 논함〔涅槃無名論〕」이 다음에 온다.[1]

---

1) 般若者 此云智慧 乃諸佛妙契法身之實智也 經云 諸佛智慧 甚深無量 卽此名

○ 그러나 반야는 오직 하나이나 그 씀은 셋이다.

처음, 실상반야(實相般若)이니 반야가 모든 법의 실상[諸法實相]이기 때문이다.

둘째, 관조반야(觀照般若)이니 곧 '중도의 묘한 마음의 진실한 지혜'가 '중도의 묘한 진리'를 비추어 '진리와 지혜가 그윽이 하나되어 평등하여 같아 하나됨[理智冥一 平等如一]'이다. 진리와 사법을 같이 나타내고[理事雙彰] 방편과 진실을 모두 드러내[權實幷顯] 이것이 인행의 마음과 과덕[因心果德]이 되므로 두 지혜[二智]라 이름한다.

셋째, 문자반야(文字般若)란 모든 붇다의 말씀의 가르침[言敎]이기 때문이니 반야가 흘러 내는 바이다. 그러므로 낱낱 문자가 다라니(dharanī, 總持)를 나타낼 수 있으니 요점은 곧 문자로 반야를 밝힘이다. 이것이 반야의 뜻이다.

'앎 없음[無知]'은 두 뜻이 있다. 첫째 망녕됨을 떠남[離妄]이니 이는 미혹되어 취하는 앎[惑取之知]이 본래 없음을 말한다.

둘째, 참됨을 나타냄[顯眞]이니 세 뜻이 있다.

첫째, 본래 깨침[本覺]이 생각 떠나, 신령한 앎[靈知]이 홀로 비추어, 앎이 곧 앎 없음[知卽無知]이다.

둘째는 새로 깨침[始覺]이 앎 없음이니 곧 깊음을 사무쳐 살핌이 없어져[窮幽亡鑒], 어루만져 대상을 만나되 생각이 없음을 말한다. 그러므로 '마주해 기다리는 앎이 없음[無對待之知]'이다.

셋째, 문자의 성품이 공해[文字性空] 앎과 알지 못함이 아님[非知不知]이다.

그러나 비록 세 뜻이나 대개 진제에 모습 없어[眞諦無相] 앎을 끊

爲根本智 法界幽玄 非此莫鑒 故稱本智 然三乘同乘此智爲因 但心有大小不同 故唯佛爲極

以前不遷不眞二論 以顯眞俗不二之眞諦 爲所觀之境 今此般若爲能觀之智 謂以無知之般若 照不二之中道 以此爲因 將證不生不滅之涅槃爲果 故次來也

고 살핌을 없애, 비추는 바탕이 홀로 서는 것〔照體獨立〕이 바른 앎 없음의 뜻〔正無知義〕이다.2)

○ 구마라지바 법사가 처음 대품〔大品般若〕을 번역하고 논주가 이 논을 지어 구마라지바께 바치자 법사가 말했다.

'나의 지혜는 그대에게 양보하지 않지만 글은 서로 몸을 굽혀 받 들어야 할 것이다.'

뒤에 광산(匡山)에 전해 이르러 유유민(劉遺民)이 혜원공(慧遠公) 에게 바치자 공이 탄식해 말했다.

'일찍이 있지 않던 일이다.'

당시 보는 이들이 수긍해 받아들이지 않음이 없었다.3)

③ 실상, 관조, 문자 세 반야의 뜻을 살핌

그러면 이제 감산선사(憨山禪師)가 경의 뜻에 의거해 반야에 실 상반야·관조반야·문자반야가 있다는 말을 다시 살펴보자.

실상(實相)·관조(觀照)·문자(文字)에 모두 반야라는 말이 붙 은 것은 왜인가. 진리가 지혜인 진리이고 지혜가 실상인 지혜이며, 진리와 지혜의 하나됨이 행(行)으로 주어진다. 그런데 위없는 보 디의 성취자 여래에게는 진리와 지혜의 하나된 행이, 파라미타(pā ramitā)의 행이며 문자의 설법행(說法行)이므로 실상과 지혜와

---

2) 然般若唯一 其用有三 一實相般若 以般若乃諸法之實相故
二觀照般若 卽中道妙心之實智 照中道之妙理 理智冥一 平等如一 故理事雙彰
權實並顯 是爲因心果德 故名二智
三文字般若 以諸佛言敎 乃般若所流 故一一文字能顯總持 要卽文字以明般若
此般若義也
無知者有二義 一離妄 謂本無惑取之知 二顯眞 有三義 一本覺離念 靈知獨照 知
卽無知 二始覺無知 謂窮幽亡鑒 撫會無慮 故無對待之知 三文字性空 非知不知
然雖三義 蓋以眞諦無相 亡知絶鑒 照體獨立 正無知義也
3) 什師初譯大品 論主宗之以造此論 以呈什師 師曰 吾解不謝子 文當相揖耳 後
傳至匡山 劉遺民以呈遠公 公歎曰未曾有也 當時見者 靡不服膺

문자에 모두 반야라는 말이 붙은 것이다.

아가마수트라〔阿含經〕에서 보이신 여래의 근본교설은 다섯 쌓임〔五蘊〕 열두 곳〔十二處〕 열여덟 법의 영역〔十八界〕 이 세 교설로 말해진다. 이를 요즈음 말로 하면 이 세 교설이 붇다의 가르침에서 존재론 인식론을 밝히는 세 기본이 되는 교설〔三科說〕이라 할 수 있다.

색·수·상·행·식의 다섯 쌓임〔五蘊〕은 구마라지바 법사의 『반야심경』 번역에서 물질의 가림〔色: 質礙, rūpa〕, 받아들임〔受: 領納, vedanā〕, 모습 취함〔想: 取相, saṃjñā〕, 지어감〔行: 造作, saṃskāra〕, 가려 앎〔識: 了別, vijñāna〕이라 옮겨진다. 이 다섯 법으로 붇다는 중생의 앎 활동이 일어나는 과정을 보이면서 온갖 법이 서로 말미암아〔相由〕 일어나는 법임을 보인다. 곧 물질은 앎 활동〔心法〕을 떠난 법이 아니고 앎〔識〕은 물질을 떠난 법이 아님을 보인다.

그러므로 다섯 쌓임의 교설을 적취론자들처럼 원자적인 다섯 요인이 쌓이고 모여 중생이 이루어진다고 말하면 안 된다.

오온설에서 물질은 앎의 토대이자 앎으로 드러나는 세계의 모습을 거두어 보이는 말이다. 앎과 뜻이 있는 중생〔有情〕은 사물을 감촉해서 먼저 사물을 감각의 대상으로 받아들이고〔領納: 受〕, 그 대상을 자기가 아는 어떤 것으로 주체화한다〔取相: 想〕. 그러면 대상은 자기화 된 대상으로 변화 되어〔造作: 行〕 우리는 대상을 어떤 것으로 가려 알게 된다〔了別: 識〕.

이렇게 보면 세계의 모습은 중생의 앎 활동의 토대이되, 중생에게 알려지는 세계인 것이고, 중생의 앎〔識, vijñāna〕은 주체에 알려지는 세계의 모습〔識相分〕과 세계를 자기모습으로 구성하려는 주체의 관심〔識見分〕이 서로 겹쳐지는 활동인 것〔識自體分〕이다. 그러므로 앎 활동은 여기 주체에 실로 있는 마음이 세계를 가서 붙잡는 것이 아니고, 밖에 있는 실체적인 빛과 소리〔色聲〕가 귀와 눈에 이른 것도 아니다〔非耳目之所到〕.

오온설에 의하면 앎일 때 이미 세계이며, 대상을 어떤 것이라 이름 지을 때 아는 바 세계는 이미 앎인 것이다. 인식 생산과정은 세계가 주체화되는 과정이자 세계를 통해 주체가 세계화 되는 과정이니, 앎 활동〔識〕은 세계의 주체화와 주체의 세계화가 서로 의지하고 서로 말미암는〔相依相由〕활동이다. 그러므로 불교의 업(業, karma)과 앎〔識, vijñāna〕은 오히려 서양사회철학의 실천〔practice〕개념의 뜻에 가깝다. 업(karma)과 식(vijñāna)은 주체와 대상 속에서 일어나되 주체와 대상은 앎의 자기모습으로 현전한다. 이를 열두 곳〔十二處, 十二入〕, 열여덟 법의 영역〔十八界說〕으로 다시 살펴보자.

안의 아는 뿌리〔內六根〕인 눈·귀·코·혀·몸의 다섯 감각기관〔五根〕과 뜻 뿌리〔意根〕를 앎〔識〕을 일으키는 '안의 여섯 곳〔內六處〕'이라 하고, 감각기관의 대상이 된 빛깔·소리·냄새·맛·닿음의 다섯 경계〔五境〕와 뜻〔意〕이 아는 바 법의 경계〔法境〕를 합해, 여섯 앎〔六識〕을 내는 '밖의 여섯 곳〔外六處〕'이라 한다. 가운데 여섯 앎〔六識〕은 안과 밖의 열두 곳〔十二處〕에서 일어나지만 열두 곳은 다시 여섯 앎의 활동으로 주어지나 지금 여섯 앎 속에 열두 곳이 실로 담겨 있지 않다.

지금 일어난 앎은 사라지지만 아주 허무 속에 사라지지 않고, 지금의 앎과 '안과 밖의 여섯 곳〔內外六處〕'이 토대가 되어 새로운 앎이 난다. 그러므로 이때 앎을 내는 열두 곳은, 앞의 앎을 거두고 새로운 앎을 내는 가능태의 품이 되므로 이때 열두 곳〔十二處〕은 그 이름을 열두 들임〔十二入〕으로 바꾸어 부르게 된다.

곧 여섯 앎〔六識〕은 안의 여섯 아는 뿌리〔六根〕와 밖의 여섯 경계〔六境〕가 서로 겹쳐지는 활동으로서 안의 여섯 곳과 밖의 여섯 곳이, 여섯 앎〔六識〕의 적극적 산출처〔處〕가 되고, 소극적 휴식처

〔入〕가 됨을 따라, 주관〔六根〕 객관〔六境〕은 곳〔處〕과 들임〔入〕의 이름을 교환한다.

여래(如來) 세존께서는 이를 『아가마수트라〔阿含經〕』에서 두 손뼉이 마주침의 비유〔合手譬喩〕로 보이신다. 두 손이 부딪쳐 소리가 날 때 소리는 두 손이 일으켰지만 소리일 때 소리는 이미 안과 밖을 머금은 소리라, 소리에 손뼉이 없다. 그러므로 이미 일어난 한 소리가 사라지면 다음 소리가 손뼉의 새로운 서로 합함으로 다시 날 수 있다.

이때 두 손은 안의 여섯 아는 뿌리〔內六根〕, 밖의 알려지는 바 여섯 경계〔外六境〕를 비유한 것이고 손뼉소리는 여섯 앎〔六識〕을 나타낸다. 손뼉소리가 두 손이 아니지만 두 손을 떠나지 않듯, 여섯 앎은 아는 뿌리〔六根〕와 알려지는 경계〔六境〕 그대로가 아니지만 떠나지도 않는다. 곧 소리일 때 소리가 두 손을 통해 두 손을 머금고 일어나듯, 앎〔識〕일 때 온갖 법은 앎인 온갖 법이니 이를 유식논사(唯識論師)들은 '만법이 오직 앎이다〔萬法唯識〕'라고 말한다.

이런 뜻에서 유식불교에서 '오직 앎이라 경계 없다〔唯識無境〕'는 말은 소리일 때 오직 소리〔唯聲〕라 소리는 왼손 오른손이 일으켰지만 소리 떠나 왼손 오른손이 없다는 뜻과 같으므로 서구철학에서 주관관념론과는 아무 인연이 없다.

이처럼 붇다의 연기론에서는 앎을 말하면 주체와 세계이고 주체와 세계를 말하면 주체의 활동으로서 앎이다.

이때 주체의 뜻 뿌리〔意根, manas〕가, 대상을 알 때 뜻〔意〕이 모든 감각〔前五識〕과 지각〔第六意識〕의 토대가 되지만 실로 있는 뜻 뿌리가 대상을 아는 것인가. 뜻 뿌리가 실로 있다면 뜻 뿌리는 아는 바〔所知〕를 안고 뜻의 앎〔意識〕이 될 수 없고, 실로 없다 해도 저 대상을 자신이 아는 대상〔所緣相〕으로 구성할 수 없다.

아는 자〔根〕 아는 바〔境〕가 실로 없음이 아니라〔實非無〕 아는 자와 아는 바가 어울려 여섯 앎[六識]이 나지만, 실로 있음이 아니므로[實非有] 지금의 앎이 사라지고 다음의 앎이 주관 객관의 새로운 어울림으로 일어난다.

그러므로 다섯 쌓임의 교설을 마음을 잡아보면 마음[心]은 세계인 앎이고 세계[色]는 앎인 세계이니 앎은 있되 공한 앎이고 저 세계는 모습 아니되 모습 아님도 아닌 세계이다. 그렇다면 지금 일어나는 한 생각[意識]을 살피는 생각[能觀念]으로 삼으면 다섯 쌓임의 연기적 진실은 살피는 바 경계[所觀境]가 된다.

앎이 스스로 있는 것이 아니라 아는 바를 통해서 연기한 것이라면 앎의 있되 공한 연기적 진실이 반야(般若, prajñā)이니 앎에는 앎이 없다[識無知]. 앎 없는 반야[無知般若]를 살피는 지혜[能觀智]라 하면 모습에 모습 없는 세계의 실상은 살피는 경계[所觀境]이다. 이때 다섯 쌓임의 살피는 경계를 앎 곧 생각에 거두어보면 생각에 생각 없는[於念無念] 생각의 진실[念眞實]이 살피는 바 경계이다.

「반야무지론」 앞에 세운 물불천(物不遷)과 부진공(不眞空)은 반야의 살피는 경계이고, 반야는 모습에 모습 없는 실상인 지혜이다. 「물불천론」의 물(物)은 연기론에서 앎[識]인 물이니 앎[識]으로 앎의 공한 진실을 살핌 밖에 반야행이 따로 없다. 그리고 인행으로서 반야의 과덕인 여래의 보디(bodhi)는 곧 앎 없는 앎과 모습에 모습 없는 실상이 하나된 법계(法界)의 인격적 실현이니 이를 법신(法身)이라 한다.

또 모든 법의 실상인 반야는 바로 법신인 지혜[法身智]라, 반야가 여래의 고요하되 비추는[寂而照] 지혜이다. 반야의 지혜는 앎에 앎 없으므로 앎 없음에 앎 없음도 없으니 반야는 머물러 있는 관조의 지혜가 아니라 파라미타(pāramitā)의 행으로 주어지는 지혜이다.

이 행으로 주어지는 지혜가 여래에게는 해탈의 행이며 이 해탈의 행은 행하되 행함 없으므로 해탈이 다시 고요한 것[解脫寂滅]이다.

여래의 반야인 법신을 실상반야(實相般若)라 하고, 실상인 반야를 관조반야(觀照般若)라 하며, 실상인 반야가 구체적인 역사 현장 속에서 언어적 실천으로 드러난 것을 문자반야(文字般若)라 한다.

여래의 해탈의 행이 움직이되 고요하듯, 여래의 언어적 실천도 그 말에 말이 없고 말함 속에 실로 설함이 없는 것이다.

④ 반야의 앎 없음과 한마음의 세 살핌〔一心三觀〕, 그리고 한 경계
  인 세 진리〔一境三諦〕

다시 자운존자(慈雲尊者)가 '반야의 앎 없음〔般若無知〕이 바로 한마음의 세 살핌〔一心三觀〕으로서 두렷이 융통한 세 진리〔圓融三諦〕 살핌이라 함'을 다시 생각해보자.

한마음의 세 살핌, 두렷이 융통한 삼제란 말은 천태선사(天台禪師) 『마하지관(摩訶止觀)』의 언교이다. 천태선사의 『마하지관』은 선(禪)의 방법론과 깨달음을, 고도의 정치한 아비다르마 형태로 기술한 불교실천론 불후의 저술이다.

그러므로 스승 남악혜사선사(南嶽慧思禪師)도 '법화선문(法華禪門)의 나의 제자 가운데, 변재 제일은 지의(智顗)이다.'라고 하였으며 천태가의 후학들은 『마하지관』을 대정혜론(大定慧論)이라는 이름으로 받들어왔다.

중국 종파불교로서 달마선종 오종(五宗)에서도 법안종(法眼宗)의 영명연수선사(永明延壽禪師)는 평생 천태산에서 천태 가풍을 이어 반행반좌(半行半坐)의 법화삼매(法華三昧)로 수행하였다. 달마선종의 법통주의로 인해 마하지관이 최상승선의 종지로 크게 각광받지 못했으나, 대혜종고선사가 천태문과 교류하면서 천태대사를 크게 현창하였다.

영가현각선사(永嘉玄覺禪師)의 『영가집(永嘉集)』이 실은 천태

마하지관의 요약집으로 영가집의 주석의 역사는 천태선문 수행자들이 그 주종을 이루어왔다.

명대(明代) 천태가의 조사 유계전등존자(幽溪傳燈尊者)가 『영가집(永嘉集)』을, '선종영가집(禪宗永嘉集)'이 아니라 '영가선종집(永嘉禪宗集)'이라 하는 이름으로 그 주석을 썼으니 이는 영가집이 '선종인 영가의 말씀 모음'이 아니라 '영가가 보인 선종의 종지를 보인 문집'이라는 뜻이다.

송대 대혜종고선사가 적거생활에서 돌아와 머문 도량이 중국 천태선문 16조 고려선사 보운의통존자(寶雲義通尊者)의 영골이 모셔진 아육왕사(阿育王寺)였으므로 대혜와 천태가(天台家) 수행자들 간의 많은 교류가 있었다. 그래서 남송 이후 많은 선종 저술 가운데에는 천태가(天台家) 조사들의 기록들이 실리게 되었으며 고려 백운 경한선사의 『직지심체요절(直指心體要節)』에도 천태가 수행자의 오도기연 등이 실린 것이다.

필자 또한 간화선의 직절 간명한 언구의 참구와 『마하지관』의 종지가 두 길이 아님을 믿었지만 『마하지관』의 선(禪)에 대한 아비다르마적 전개와 간화법(看話法)을 융회할 수 없었다.

이 『조론』의 반야의 종지와 간화법(看話法) 또한 마찬가지다. 그러면서 나는 우익지욱선사(藕益智旭禪師)가 『영봉종론(靈峰宗論)』에서 남악혜사선사의 『대승지관(大乘止觀)』을 거론하며 '한 생각으로 현전일념(現前一念)을 바로 본다'는 귀절을 만나게 되었다.

그러면서 생각에 생각 없음〔無念〕을 바로 묻고 바로 살핌 밖에 '한마음의 세 살핌〔一心三觀〕'이 없음에 확신을 갖게 되었다. 『조론』에서 살피는 경계로서 속제인 물(物)은 있되 공하고〔有而空〕, 세간의 사법이 참이 아니라 공한〔不眞空〕 진제는 없되 없음이 아니다〔無非無〕.

그리고 저 오온설에서 물질법은 마음인 물질이므로 물(物)을 마음〔心〕에 거두어 마음으로 살피는 바 경계를 삼으면, 바로 한 생각〔一念〕이 살피는 지혜〔能觀智〕이자, 지금 이 한 생각으로 살피는 바, 뒤의 한 생각〔後念〕은 살피는 바 경계〔所觀境〕이다.

지욱선사 『영봉종론(靈峰宗論)』을 읽으며 '생각으로 생각을 살핀다'는 이 말이 백운경한 선사가 강조한 무념선(無念禪)의 종지며 천태선사 '한마음의 세 살핌'의 뜻이라 알았으며 이 종지가 오늘날 정보의 쓰레기 더미와 넘치는 지식의 바다에 헤매는 이 시대 대중의 요구에 맞고 시대상황에 맞는 간명하고 행하기 쉬운 간화법(看話法)이라고 생각하게 되었다.

『영봉종론』에서 지욱선사는 남악혜사선사(南嶽慧思禪師)의 『대승지관(大乘止觀)』을 언급하며 앞의 한 생각〔前一念〕으로, 뒤의 한 생각〔後一念〕을 살피는 경계로 삼는 관행을 말하고 있으니 살펴보기로 하자.

○ 지욱선사 『영봉종론』에서 현전일념(現前一念)의 공안과 한마음의 세 살핌〔一心三觀〕

왜 생각으로 생각 살핌이 한마음의 세 살핌〔一心三觀〕이 되는가.

앞 생각〔前念〕이 살피는 지혜이고 뒷 생각〔後念〕은 살피는 바 경계이니 살피는 지혜는 살피는 바를 안고 일어나는 생각이다. 지금 살피는 앞 생각〔能觀前念〕으로 살피는 바 뒤의 한 생각〔所觀一念〕은 생각이 나서 사라질 때 이미 생각에 생각 없는 생각이다. 그리고 살피는 앞 생각 또한 남이 없이 나는 생각이니, 생각으로 생각 살피는 이 관행이, 바로 알되 앎 없는 반야〔無知般若〕로 진속 이제의 중도〔二諦中道〕를 살핌이다.

생각에 생각 없음이 마음의 공한 진리〔空諦〕이고 생각 없되 생각 없음도 없음은 거짓 있음의 진리〔假諦〕이며 생각에 생각 없음과 생각 없는 생각이 둘 아님이 중도의 진리〔中道諦〕이다.

그러므로 이를 사마타(samatha)의 그침으로 보면, 생각에 생각 없음을 살피는 것〔空觀〕은 '진제를 체달해 그침〔體眞止〕'이 되고, 생각 없음에 생각 없음도 없음을 살피면〔假觀〕 '방편으로 연을 따르는 그침〔方便隨緣止〕'이 되며, 생각에 생각 없음과 생각 없는 생각이 둘 아님을 살피면〔中道觀〕 '두 가의 분별을 쉬는 그침〔息二邊分別止〕'이 된다.

이처럼 중도의 바른 살핌에서는 생각으로 생각 살필 때 '사마타와 비파사나가 함께 행해지게 된다〔止觀俱行〕.' 그러나 이때 공관 위에 가관, 중도관이 따로 있는 것이 아니라 생각에 생각 없음을 바로 살피면 생각 없음도 없는 것이니 무념(無念)을 바로 살피는 것 밖에, 한마음의 세 살핌이 없다. 곧 생각으로 생각에 생각 없음〔於念無念〕을 바로 보는 것이, 위없는 최상승의 종지〔最上乘〕가 되는 것이니 이 뜻을 보다 자세히 살피기 위해 『영봉종론』의 법어를 더 들어보기로 하자.

앞의 한생각으로 뒤 한생각의 진실을 묻는 현전일념의 공안〔現前一念公案〕을 지욱선사는 『영봉종론』에서 '담지공의 세 물음에 답함〔答湛持公三問〕' 가운데 이렇게 보인다.

• 지욱선사 『영봉종론』의 다만 안다는 법문[但知法門]

묻는다. 앎〔知〕의 한 글자는 묘함〔妙〕과 앙화의 문〔禍〕인데, 두 문이 같이 하나로 앎〔知〕입니다.

공부는 어떻게 손을 대야 합니까?

또 이 앎〔知〕에 만약 아는 바〔所知〕가 있다면 마주해 기다림이 망녕됨을 이루는 것이고, 만약 아는 바가 없다면 무엇을 나타내 앎〔知〕이라 말합니까?

또 앎을 써서〔用知〕 앎에 대해 아는 것입니까?

또 앎을 일으키지 않고〔不起知〕 앎에 대해 아는 것입니까?

답한다. 알고 봄〔知見〕에서 앎을 세우면〔立知〕 앙화의 문이고, 알고 봄〔知見〕에서 봄이 없으면〔無見〕 묘함의 문이다.

만약 앎과 아는 바의 성품이 공한 줄〔能所性空〕 통달하지 못하면, 마음 밖에 법 있음을 망녕되이 헤아리니, 이 앎을 곧 못 깨침〔不覺〕이라 이름한다.

만약 마음 밖에 법이 없어 앎과 아는 바가 둘이 아님을 통달하면 이 앎을 새로 깨침〔始覺〕이라 이름하고, 또한 묘하게 살피는 지혜〔妙觀察智〕라 이름하고, 또한 티끌 없는 지혜〔無塵智〕라 이름한다. 이 지혜는 본바탕을 좇아 일어나〔從本體起〕 도로 본바탕을 비춘다〔還照本體〕. 비록 다시 스스로 비추지만 실로 비춤〔能照〕과 비추는 바〔所照〕가 없다.

두 바탕이 없음을 통달하므로 '이름자로 아는 지위〔名字位〕' 가운데서, 이 지혜를 바로 써서, 생각 생각 마음 밖에 법이 없음을 체달하면 '법과 법이 오직 마음인 것〔法法唯心〕'이다.

때와 칼파를 논하지 않고 공(功)의 씀을 논하지 않고 금강 뒤의 마음〔金剛後心〕에 이르러 길이 나는 모습의 무명〔生相無明〕을 끊어, 새로 깨침이 본래 깨침〔本覺〕에 합하면 마쳐 다한 깨침〔究竟覺〕이라 일컫는다.

지금 공부에 손을 대는 것은 바로 앎 일으킴〔起知〕을 필요로 하나, 앎의 바탕 밖〔知體之外〕에 다시 다른 법이 없는 것을 아는 것이니 영가선사(永嘉禪師)가 '다만 앎일 뿐이다〔但知而已〕'고 말한 것이다.

만약 앎을 일으키지 않고 다만 앎을 안다면〔知於但知〕, 망녕된 아는 자〔妄能〕와 망녕된 아는 바〔妄所〕 따르지 않음〔바른 살핌 따름이〕이, 아직 있지 않은 것〔未有不隨妄能妄所者〕이다.

혜사선사(慧思禪師) 『대승지관(大乘止觀)』의 세 번째 어디에 의지해 살피는가를 밝힘〔三明以何依止〕 가운데 이를 말함이 자못 자세하다.4)

다시 물었다. 만약 앎을 일으켜 다만 앎〔但知〕을 안다면 다만 앎〔但知〕이 아는 바〔所知〕를 이룰까 걱정입니다.

앎을 일으키는 앎〔起知之知〕은 아는 자와 아는 바가 없지 않으니 마음을 쓸 때에 망상의 둥지〔妄想窠〕에 다시 떨어질까 걱정입니다.

어떻게 잘 마음 쓰는 자가 앎을 일으켜〔起知〕 다만 앎〔但知〕을 알아도 망녕된 아는 자〔妄能〕와 망녕된 아는 바〔妄所〕에 떨어지지 않게 됩니까?

답한다. 다른 것을 없애지 않고 앎〔於知〕만을 취해서, 앎 밖에 법이 없으면〔知外無法〕 다만 앎〔但知〕이라 이름한다.

다만 앎〔但知〕을 통달하면 안다는 한 글자〔知之一字〕도 또 억지로 이름한 것이라, 원래 한 물건도 없으니 어찌 아는 바를 이룰 것인가.

만약 아는 바〔所知〕가 있으면 또 한 물건을 이루는 것이니, 다만 앎〔但知〕이 아니다.

손을 대는 방편은 모든 법이 실다움이 없어 오직 한마음〔唯是一心〕임을 억지로 살피는 것이다. 마음에 마음의 모습 없음〔心無心相〕

---

4) 問 知之一字 妙禍之門 二門同是一知 工夫如何下手 又此知若有所知 對待成
妄 若無所知 何所表而云知也 又用知知於知邪 不起知知於知也
答 知見立知 禍門也 知見無見 妙門也 若不達能所性空 妄計心外有法 此知卽
名不覺 若達心外無法 能所不二 此知卽名始覺 亦名妙觀察智 亦名無塵智 此
智從本體起 還照本體 雖復自照 實無能照所照
以達無二體故 名字位中直用此智 念念體達心外無法 法法唯心 不論時劫 不論
功用 至金剛後心 永斷生相無明 始覺合本 稱究竟覺 今下手工夫 正要起知 知
於知體之外 更無餘法 永嘉所謂但知而已
若不起知 知於但知 未有不隨妄能妄所者 大乘止觀 三明以何依止中言之頗詳
〔일어난 생각에 생각 없음을 살펴 생각 없음을 알지 못하고, 다만 생각 없음에 머물러 다만 앎일 뿐이라 하면 바른 살핌이 되지 못하니 망념이 나기 전을 집착해 다만 앎이라 하기 때문이다.〕
〔살피는 생각으로 살피는 바 생각에 생각 없음을 바로 볼 때 다만 앎〔但知〕의 참 생각에 이르기 때문에, 살피는 생각을 일으키지 않고 다만 앎을 안다고 하는 것은 망녕됨 따름을 다하지 못한다.〕

을 따라 살피면, 찾아 얻을 수 없는 것〔覓不可得〕이니, 그런 뒤에 '다만 안다는 법문〔但知法門〕'에 깨달아 들어가게 된다〔悟入〕.5)

앞의 두 방편〔二方便〕은 다 '오직 마음의 앎임을 살피는 것〔唯心識觀〕'이라, 처음 헛된 분별의 성품〔分別性〕을 없애고 다음 서로 의지해 나는 성품〔依他性〕을 없애 다만 앎〔但知〕에 깨달아 들어가니, 이것이 '진여의 진실한 살핌〔眞如實觀〕'으로 '두렷이 이룬 진실한 성품〔圓成實性〕'을 증득함이다.6)

• 『마하지관(摩訶止觀)』에서 살핌과 살피는 바가 둘 아님

묻는다. 『마하지관』은 처음 앎의 쌓임〔識陰: vijñānaskanda〕으로 살피는 바 경계〔所觀境〕를 삼지만, 살필 수 있음〔能觀〕 또한 뜻의 앎〔意識: mano-vijñāna〕을 씁니다. 살핌과 살피는 바는 어떻게 가립니까?

답한다. 앞 생각〔前念〕이 살필 수 있음〔能觀〕이 되고 뒷생각이 살피는 바〔所觀〕가 되니 살피는 마음이 온전히 한마음의 세 살핌〔一心三觀〕을 씀으로 말미암아, 곧 일어난 바 뒷생각〔所起後念〕이 온전히 '한 진실한 경계인 세 진리〔一境三諦〕'임을 아는 것이다.

이미 '한 경계인 세 진리'이므로 일어남에 일어남이 없어서 또한 일어남이 없이 일어남을 막지 않는다.

일어나되 일어남 없음〔起無起〕이 이름이 진리〔諦〕가 되고, 일어남

---

5) 進問 若起知 知於但知 恐但知而成所知 起知之知 不無能所 恐用心時 更落妄
想窠臼 如何善用心者 起知 知於但知 仍不墮妄能妄所邪
答 非除他物 但取於知也 以知外無法 名但知也 達得但知 則知之一字 亦是强
名 原無一物 豈成所知 若有所知 又成一物 非但知矣 下手方便 强觀諸法無實
唯是一心 隨觀心無心相 覓不可得 然後悟入但知法門
6) 前二方便 皆唯心識觀 初除分別性 次除依他性 悟入但知 是眞如實觀 證圓成
實性也
〔앎 안에 아는 자가 없고 앎 밖에 따로 알 것이 없으면 바로 다만 앎〔但知〕
이니 이 다만 앎이 '마음의 두렷이 이루어진 진실한 성품〔圓成實性〕'이다.〕

없이 일어남[無起起]이 이름이 살핌[觀]이 된다.

이것을 진리 살핌[諦觀]이라 하니, 진리[諦]와 살핌[觀]은 이름은 다르나 바탕은 다시 같다.

그러므로 살핌과 살피는바[能所]가 둘이되 둘이 아닌 것[二非二]이다.7)

• 『영가집(永嘉集)』에서 앎으로 앎을 비춤[以知照知]

『마하지관』을 이어 영가선사 또한 앎으로 앎을 비추어, 살피는 바 생각[所觀念]에 알 바가 없어, 살피는 생각[能觀念]이 생각 없이 생각함[無念之念]이 되면 '앎에서 알 수 있음[能緣]과 아는 바[所緣]를 떠나게 된다'고 말한다. 알 수 있음[能緣]과 아는 바[所緣]를 떠나 생각에 생각 없음[於念無念]이 바로 다만 앎[但知]인 참마음이니 앎에 앎 없음이 사마타와 비파사나를 하나되게 한다[止觀俱行]고 말한다.

영가집은 생각에 생각 없는 '다만 앎[但知]'을 다음 같이 보인다.

지금 안다[知]고 말한 것은 반드시 앎을 알지 않고, 다만 알 뿐이다[但知而已].8)

앞이 사라짐과 만나지 않고 뒤는 일어남을 이끌지 않아 앞과 뒤가 이어짐을 끊고 가운데 사이가 스스로 외롭다.9)

---

7) 問 摩訶止觀 初以識陰爲所觀境 然能觀亦用意識 能所有何辨邪
   答 前念爲能觀 後念爲所觀 由能觀全用一心三觀 便知所起後念 全是一境三諦
   旣一境三諦 則起卽無起 亦不妨無起而起 起無起名爲諦 無起起名爲觀 是謂諦
   觀 名別體復同 是故能所二非二也
   [앞 생각이 살피는 생각이니 곧 뜻의 앎[意識]이 살피는 지혜[能觀智]가 되
   고 뒷 생각 앎의 쌓임[後念 識陰]이 살피는 바 경계[所觀境]가 된다.]
8) 今言知者 不須知知 但知而已
   ▣ 비추는 바탕이 홀로 서서 꿈같은 지혜에 단계가 없으니 옛 조사는 말한
   다. 비어 고요한 바탕 위에 스스로 본래의 지혜가 있어 알 수 있다.
9) 則前不接滅 後不引起 前後斷續 中間自孤

그 바탕을 돌아보지 않으면 응하는 때 녹아 사라지니 아는 바탕이 이미 사라지면 툭 트여 허공을 의탁함과 같으리라.10)

고요하면 적은 때 사이에 오직 깨치게 됨〔唯覺〕이라 얻을 바 없으면 곧 깨침 그대로 깨침 없어〔卽覺無覺〕 깨침 없는 깨침〔無覺之覺〕은 나무나 돌 같지 않다.11)

다만 앎〔但知〕은 앎〔知〕에서 알 수 있음〔能知〕과 아는 바〔所知〕의 모습을 떠나 알되 앎 없는 앎이니 이 무념의 때 지혜〔智〕는 중생을 대상화 하지 않는 큰 자비〔無緣慈悲〕로 발현되는 것이다. 영가집은 다시 다음 같이 말한다.

대저 묘한 도는 깊고 고요하여〔妙道沖微〕 진리는 끊어져 이름과 모습 밖〔名相之表〕이고 지극한 참됨은 비어 고요해〔至眞虛寂〕 양이 못 수 밖으로 벗어난다.

그렇지만 좇아 앎이 없는 자비〔無緣之慈〕로 기틀 있음을 따라 느껴 응할 수 있으며 둘이 아닌 뜻〔不二之旨〕으로 중생 뿌리와 성질 따라 구역을 가름하여 중생을 따르되 마음을 잊으며〔順物忘懷〕, 베풀되 짓지 않아서〔施而不作〕 날이 다하도록 말해 보이되 말없음과 다르지 않고, 여러 길로 가르침을 베풀되 한 법에 어긋나지 않는다〔無乖一揆〕.

이 때문에 큰 성인의 자비〔大聖慈悲〕는 기틀을 따라 중생을 이롭게 하시는 것이다.12)

⊠ 그 안다는 앎은 일어남과 사라짐을 헤아리지 않으니 경은 말한다. 한생각도 나지 않으면 앞과 뒤의 때가 끊어진다.

10) 當體不顧 應時消滅 知體旣已滅 豁然如托空
　　⊠ 돌아보면 도로 알 수 있음과 아는 바〔能所〕를 이루니 돌아보지 않으면 큰 허공에 의지함과 같으리라.

11) 寂爾少時間 唯覺無所得 卽覺無覺 無覺之覺 異乎木石
　　⊠ 저 아는 뿌리와 아는 바 경계를 벗어나 또렷이 밝게 비추니 어찌 나무나 돌을 말하여 그 마음을 앎 없음에 어둡게 할 것인가. 그 마음을 어둡게 함에서 그는 살펴 비춤이다.

○ 남악 천태 양성사 대승지관(大乘止觀)에서 무념(無念)의 살핌과
간화선의 공안(公案)

앞에서 살핀 바처럼 앎으로 앎을 비춘다〔以知照知〕는 영가선사
의 수행방법론이 천태선사(天台禪師) 『마하지관』의 방법론이고
남악선사(南嶽禪師) 『대승지관』의 방법론이다.

이 남악, 천태 양 성사(兩聖師)와 영가선사, 지욱선사가 모두 강
조하고 있는 현전일념(現前一念)을 바로 살피는 공안과, 지금 한
국불교 선류들 사이에서 일반화 되어 있는 '이 무엇고〔是甚麼〕' 화
두법을 연결지어 살펴보자.

말귀를 보아〔看話〕 깨치게 하는 수행법은, 지금 이 말귀를 참구
해 말귀의 밑뿌리가 둘러빠지는 곳에 공안을 타파해 진여에 드는
길이 있다. 그렇지 않고 말귀를 신비화하고 화두 봄 자체를 신비
화하면 이는 붇다와 조사가 보인 방편의 말〔方便語〕 방편의 배를
타고 해탈의 저 언덕에 건너갈 수 없다.

근세 용성선사(龍城禪師)는 조주선사의 '개에게 불성이 없다
〔無〕'는 공안을 '온갖 중생이 다 불성이 있다'했는데 조주는 왜 없
다 했는가〔因甚道無〕'라고 묻게 한다. 또 '이 무엇고' 화두 보는
법을 '한 물건이 머리도 없고 꼬리도 없으며 밝기는 태양보다 밝
고 어둡기는 칠통보다 어둡다고 한 뜻을 의정하라'고 하니 이는
한 물건의 그런 까닭〔所以然〕을 의정하여 깨닫게 하는 방법론으
로 붇다 '네 곳 살핌〔四念處〕'에서 법 살핌〔法念處〕을 들어 공안참
구를 가르침이다.

대개 구체적인 공안선(公案禪)의 실천 속에서는 붇다와 조사의
가르침 속 언구의 모순을 의정해 그 모순을 깨뜨림으로써 법의 진

---

12) 夫妙道沖微 理絶名相之表 至眞虛寂 量超群數之外 而能無緣之慈 隨有機而
感應 不二之旨 逐根性以區分 順物忘懷 施而不作 終日說示 不異無言 設敎多
途 無乖一揆 是以大聖慈悲 隨機利物

실을 깨침이니 그 뜻을 옛 조사들은 '큰 의심 밑에서 큰 깨침이 있다[大疑之下 必有大悟]'는 말로 가르친다.

그에 비해 우리가 지금 '이 무엇고[是甚麽]'를 현전 일념에서 바로 살핌으로 말하면 바로 '이 무엇인가'라고 묻는 이 '한 생각'이 앞생각 살피는 지혜[能觀智]를 이루고 이 물음을 통해 물어지는 바 한 생각은 살피는 바[所觀境] 뒷생각을 이루니, 이처럼 생각 일으켜 생각의 진실 바로 살핌은 네 곳 살핌에서 마음 살핌[心念處]이다.

그리하여 '이 무엇고'를 물어 살필 때 살피는 앞생각이 오되 온바 없고 살피는 바 뒷생각이 가되 간 바 없음을 알면 앎과 아는바가 끊어져, 앎에 앎 없음[於念無念]을 체달하게 된다. 이 한 생각으로 생각을 바로 묻는 공안 밖에 남악, 천태 양 성사의 대승지관(大乘止觀)의 길이 없고 우리 불교 백운경한선사(白雲景閑禪師)가 강조한 무념선(無念禪)의 종지가 없다.

• 숨 살핌의 수행방법과 현전일념의 공안

말세 중생은 근기가 약하고 심신(心身)이 허약하여 늘 경계에 흔들리니 쉽게 공부에 나아갈 수 없다. 가장 낮은 우리 같은 범부중생이 수행하려면 먼저 나고 드는 숨[出入息] 살핌[ānapāna-sati]을 행해야한다.

숨 들이쉴 때 숨 오는 줄 알고 숨 내쉴 때 숨 나가는 줄 알아 숨을 따르며[隨息] 사마타 비파사나를 같이 행함이 가장 맞는 방편이다. 숨을 따르며 숨을 알 때 숨이 곧 생각[息卽念]이다. 숨을 내쉬고 들이쉬며 '숨이 어디서 와서 어디로 가는가'를 살펴 오되 온 바 없고 가되 간 바 없음을 알면 이 살핌이 몸 살핌[身念處]과 마음 살핌[心念處]을 함께 거두고, 사마타와 비파사나를 함께 행함이니[止觀俱行] 이 방편이 말세 인류를 구원해서 저 언덕에 이끌 해탈의 나룻배가 되는 것이다.

말귀 봄[看話]을 병든 개가 마른 뼈 핥듯 하는 것은 죽은 말귀
[死句]의 선이고, 언구를 통해 언구를 지양하는 것이 산 말귀[活
句]를 보아 너와 내가 함께 살 길이다. 숨 보아 숨에 가고 옴이
없음을 아는 그 자리가 진여의 문[眞如門] 니르바나의 땅이고, 언
구를 들어[擧話] 깨달음을 구해 기다리는 것[待悟]이, 깨달음을
등지고 길이 나고 죽음의 바다에 떠도는 바퀴 돎[輪廻]의 길이다.

숨과 생각을 묻는 이 생각을 통해, 물어지는 바 숨과 생각에 얻
을 것이 없으면, 묻는 생각이 생각 없는 생각[無念之念]이 되어,
생각 안에 생각 없고 생각 밖에 법이 없어, 다만 아는[但知] 이 한
생각일 뿐[一念]이다. 이 다만 앎[但知] 밖에 한마음의 세 살핌[一
念三觀]이 없고, 생각에 생각 없는 한 생각의 진실[一念眞實] 밖에
공함, 거짓 있음, 중도가 두렷이 통한 진리[圓融三諦]가 없다.

현전하는 한 생각[現前一念]으로 이 생각에 생각 없음을 살피는
무념의 공안[無念公案]이 사마타(samatha)와 비파사나(vipaśya
na)를 함께 행하는 상승(上乘)의 선풍이며, 누구나 쉽게 일상의
노동과 함께할 수 있는 생활선의 대중적인 선풍이다.

이제 다시 무념(無念)의 뜻을 물어 크게 깨친 우리불교 백운경
한선사의 무념선(無念禪)의 법어를 살펴보자.

○ 백운경한선사의 무념선(無念禪)

• 생각은 생각 없는 생각이니

나의 덕행을 살펴보건대 볼만한 덕도 볼만한 행도 없소. 행은 행
없는 행이고, 마음은 마음 없는 마음이며, 생각[念]은 생각 없는 생
각[無念念]이고, 말은 말 없는 말이고, 닦음(修)은 닦음 없는 닦음
[無修修]인데 어찌 위없는 법의 보배 전해주심을 감당할 수 있겠소.

내가 전해 받음을 함부로 넘쳐 탐한다면 오히려 참된 자식의 직분

을 그르치는 것이오. 하지만 옛사람은 이렇게 말했소.

'그가 이미 장부라면 나도 또한 그렇다. 어찌 스스로 업신여겨 뒤로 물러서겠는가〔退屈〕.'

또 붇다께서도 이렇게 말씀하셨소.

'나의 이 법은 생각해도 생각 없이 생각함〔念無念念〕이요, 행해도 행함 없이 행함〔行無行行〕이며, 말해도 말 없이 말함〔言無言言〕이고, 닦아도 닦음 없이 닦음〔修無修修〕이니, 이와 같은 사람이 붇다의 씨앗〔佛種〕을 감당하리라.'

이것은 곧 스스로 가벼이 하거나〔自輕〕 스스로 업신여기지〔自謾〕 않을 수 있어야 비로소 법을 받을 수 있다는 것이오.13)

● 마음과 경계 함께 공하니〔心境俱空〕

대중에게 보였다〔示衆〕.

마음은 자기 모습이 없어 경계를 의탁해 비로소 생기는 것이며, 경계의 성품은 본래 공(空)한 것이나 마음으로 말미암아 나타나는 것이오. 안의 아는 뿌리와 티끌경계〔根塵〕가 서로 화합해 아는 마음〔緣心〕이 있는 듯하나, 안팎으로 찾아보면 무엇이 그 본바탕이오. 그러므로 안의 마음〔內心〕과 바깥 경계〔外境〕는 다만 하나임을 알아야 하니, 부디 두 개의 말뚝으로 나누어 보지 마시오.

조사가 다음 같이 말함을 보지 못했소.

'경계의 연 실로 좋고 나쁨 없는데
좋고 나쁨 마음에서 일어나도다.

---

13) 忖我德行 無德可覽 無行可觀 行是無行行 心是無心心 念是無念念 言是無言言 修是無修修 豈堪傳授無上法寶也 叨沐猶吾之納 謬當眞子之職 然古人云 彼旣丈夫我亦爾 何得自謾而退屈

又佛云 我此法者 念無念念 行無行行 言無言言 修無修修 如是之人 堪爲佛種 則不可以自輕自謾 乃可受法也

마음이 억지로 이름하지 않으면
망령된 뜻 어디에서 일어날건가
망령된 뜻 이미 일어나지 않으면
참된 마음 두루 앎에 맡겨두리라.'

境緣無好醜　好醜起於心
心若不强名　妄情從何起
妄情旣不起　眞心任徧知

그대들은 위산(潙山)이 앙산(仰山)에게 다음처럼 물은 것을 기억하오.

"묘하게 맑고 밝은 마음[妙淨明心]을 그대는 어떻게 아는가?"
앙산이 말했소 "산과 내 큰 땅이며 해와 달 별자리입니다."
위산이 말했소 "그대는 다만 그 일[其事]만을 얻었구나."
앙산이 말했소 "화상께선 방금 무엇을 물으셨습니까?"
위산이 말했소 "묘하게 맑고 밝은 마음을 물었다"
앙산이 말했소 "그 일들[事]이라고 부를 수 있습니까?"
위산이 말했소 "그렇고 그렇다."14)

- 마음과 법이 모두 공함[心法兩空]

대중에게 보였다[示衆].
늙은 방공[老龐公]은 이렇게 말했소.

'다만 모든 있는 바를 공하게 할지언정

---

14) 示衆云
夫心無自相 託境方生 境性本空 由心故現 根塵和合 似有緣心 內外推之 何是
其體 當知內心外境 只是一箇 切忌分作兩橛看 不見祖師云
境緣無好醜 好醜起於心 心若不强名 妄情從何起 妄情旣不起 眞心任徧知
汝等記得潙山問仰山
妙淨明心 子作麽生會 仰山云 山河大地 日月星辰 潙山云 汝只得其事 仰山云
和尙適來問什麽 潙山云 妙淨明心 仰山云 喚作事得麽 潙山云 如是如是

모든 없는 바를 실답게 하지 말라'

但願空諸所有 愼勿實諸所無

다만 방공의 이 두 구절을 사무쳐 알면 한 생의 배워가는 일을 마친 것이오.

그러므로 법은 본래 법이 없고 마음 또한 본래 마음이 없어 마음과 법 두 가지가 공했으니 이것이 참된 실상〔是眞實相〕이오.

그런데도 요즈음 도를 배우는 사람들은 많이들 공(空)에 떨어질까 두려워하오.

이런 견해를 짓는 자는 옛 성인의 방편을 잘못알아 병을 집착하여 약으로 삼고 있는 것이오. 게다가 공에도 본래 공이 없어서〔空本無空〕 오직 하나의 참된 법계임〔唯一眞法界〕을 알지 못하오.

그러므로 방공은 또한 이렇게 말했오.

'그대들은 공에 떨어짐을 꺼리지 말라.
공에 떨어짐도 또한 나쁘지 않다.'

汝勿嫌落空 落空亦不惡

만약 이 한 구절을 엿보아 깨뜨리면 끝없는 악업 무명이 곧바로 얼음 녹듯 기왓장 부서지듯 할 것이오.

여래가 설한 바 한 큰 장경의 가르침〔如來所說一大藏教〕도 또한 이 한 귀절을 풀이한 것이니 공(空)은 바로 깨달음의 바탕〔覺體〕이기 때문이오.15)

---

15) 示衆

老龐公云 但願空諸所有 愼勿實諸所無 只了得這兩句 一生叅學事畢 以故法本
無法 心亦無心 心法兩空 是眞實相 而今學道之人 多怕落空 作如是見者 錯認
古聖方便 執病爲藥 殊不知空本無空 唯一眞法界耳 故龐公亦云 汝勿嫌落空
落空亦不惡 若覰破這一句字 無邊惡業無明 當下永消瓦解 如來所說一大藏教
亦註解這一句 空是覺體故也

- 생각 없음의 참된 종지[無念眞宗]

대중에게 이렇게 보였다[示衆].

산승은 지난해에 강남(江南)과 강북(江北)을 돌아다니면서 선지식(善知識)만 있으면 모두 찾아뵙지 않음이 없었소. 이 여러 선지식 스님네는 사람들을 가르치되, '조주(趙州)의 개에게 불성이 없음[無]'을 쓰기도 하고 '만가지 법이 하나로 돌아감[萬法歸一]'을 쓰기도 하며, '부모가 낳아주기 전 얼굴[父母未生前面目]'을 쓰기도 하고 '마음을 들어 밖을 비추고 마음을 거두어 안을 비춤[擧心外照攝心內照]'을 쓰기도 하며, 혹은 '마음을 맑게 하여 선정에 들어감[澄心入定]'을 쓰기도 하여 마침내 다른 말이 없었소.

맨 끝에 하무산(霞霧山) 천호암(天湖庵)의 석옥(石屋) 화상을 찾아뵙고, 여러 날 그 곁에서 모시고 서서, 다만 이 '생각 없음(無念)의 참된 종지(眞宗)'를 배워서 여래의 위없이 묘한 도(無上妙道)를 두렷이 깨쳤던 것이오.

이 도는 마음 있음[有心]으로도 구할 수 없고 마음 없음(無心)으로도 얻을 수 없으며, 말로도 나아갈 수 없고 말 없음으로도 통할 수 없는 것이오.

그러므로 '말해도 그르치고 말 없어도 그르치니, 고요함과 말에서 위를 향해야[寂語向上] 길이 있다'고 한 것이오.

노승은 이 속에 이르러 말문이 막히어서 곧 이 네 구절[四句]16)에 마음 쓸 곳이 없어지고서야 비로소 이 소식을 잡아들일 수 있었소.

붇다께서는 이렇게 말씀했소.

'세간과 출세간의 공덕으로서 무심의 공덕[無心功德]이 가장 커서 사유하고 말할 수 없으니 무심의 공덕 같은 것이 없다.'

샤카 늙은이께서 반야회상에서 만주스리 보디사트바에게 다음같이

---

16) 네 구절: 마음 있음과 마음 없음, 말과 말 없음의 네 구절.

물은 일을 보지 못했소

붇다께서는 이렇게 물었소.

'그대는 사유할 수 없고 말할 수 없는 사마디에 들었는가?'

'들지 않습니다, 세존이시여. 저는 곧 사유하고 말하지 않아서 마음이 있어 생각하고 말할 수 있는 자를 보지 않는데 어떻게 사유할 수 없고 말할 수 없는 사마디〔不思議三昧〕에 들어간다고 말하겠습니까?'

제가 처음 보디의 마음을 내 이 선정에 들고자 하였으나 지금에는 실로 마음과 생각으로 사마디에 들어감이 없다고 생각합니다.

마치 어떤 사람이 활쏘기를 배우는데 오래 익히면 교묘하여져서 나중에는 비록 마음이 없으나 오래 익혔으므로 화살을 쏘면 다 맞히는 것처럼 저도 또한 이와 같습니다. 처음 사유할 수 없고 말할 수 없는 사마디를 배울 때는 '마음을 한 생각함에 묶었으나〔繫心一緣〕' 만약 오래 익혀 이루어지면 곧 다른 마음과 생각이 없이 늘 선정과 함께 합니다.'

만주스리처럼 이러한 곳에 이르러야 비로소 '나가(naga: 龍)가 늘 선정에 있어, 선정 아닌 때가 없다'고 말할 수 있소. 그러므로 붇다께서는 '마음 없는 공덕〔無心功德〕이 바로 가장 빼어나며 바로 비교할 데가 없다'고 말씀하셨소.

지금 무심(無心)이라 말한 것은 세간의 흙이나 나무, 기와와 돌이 아주 어두워 앎이 없는 마음 없음〔無知之無心〕과는 같지 않소.

털끝이라도 차이가 나면 천리나 잃을 것이니 깊이 살펴 생각하고 살펴 생각하지 않을 수 없소.17)

---

17) 示衆云

山僧頃年 遊歷江南江北 但有善知識 無不參見 是諸善知識 誨示於人 或以趙州無字 或以萬法歸一 或以父母未生前面目 或以攝心外照攝心內照 或以澄心入定 終無異說 末上 尋參霞霧山天湖庵石屋老和尚 許多日侍立左右 只學得箇無念眞宗 圓悟如來無上妙道 此道 不可以有心求 不可以無心得 不可以言語造不可以寂默通 故云語也錯 默也錯 寂語向上有路在 老僧到這裏 只是口門窄卽此四句無用心處 方始可以提撕 此箇消息 佛言 世出世間功德 無如無心功德

앞 한생각으로 뒷 생각을 살펴 생각에 감이 없고 옴이 없음을 알면 살피는 이 생각〔能觀一念〕이 또한 생각 없는 생각〔無念之念〕이 되어, 사유하고 말할 수 없음이 되는 뜻을, 이제 경전의 가르침을 통해 살피기로 하자.

○ 『화엄경』의 가르침을 통해 살핌

• 『화엄경』 게송의 뜻

온갖 법의 공성을 통달하여 앎에 앎 없음〔於知無知〕을 통달한 반야만이 이 속박과 환상의 땅에서 저 해탈의 언덕에 중생을 이끌 것이니, 『화엄대경』은 다음 같이 말한다.

눈 귀 코 혀와 몸의 아는 뿌리
마음과 뜻 모든 뜻의 뿌리는
온갖 것이 공하여 성품 없으나
망녕된 마음으로 분별하여 있는 것이네

眼耳鼻舌身　心意諸情根
一切空無性　妄心分別有

실답든 실답지 않다 하든
망녕되든 망녕되지 않다 하든

最大而不可思議
不見釋迦老子 在般若會上 問文殊師利菩薩云 汝入不思議三昧否 文殊云 不也
世尊我卽不思議 不見有心能思議者 云何而言入不思議三昧 我初發心 欲入此
定〈卷上第二六張〉如今思惟 實無心想而入三昧 如人學射 久習卽巧 後雖無心
以久習故 箭發皆中 我亦如是 初學不思議三昧 繫心一緣 若久習成就 卽更無
心想 常與定俱得到這介田地 方始可說 那加常在定無有不定時 所以佛說無心
功德 直是殊勝 直是無較量處 今說無心 非如世間土木瓦石 頑然無知之無心
差之毫氂 失之千里 不可不諦審思之諦思之

세간과 세간 벗어난 것은 모두
다만 거짓된 말로 말함이 있는 것이네

若實若不實　若妄若非妄
世間出世間　但有假言說

알 수 있음과 아는 바의 힘으로
갖가지 법이 생겨 나왔네
빨리 사라져 잠깐도 머물지 않아
생각 생각 다 이와 같도다

能緣所緣力　種種法出生
速滅不暫停　念念悉如是

온갖 세간 이 모든 것 가운데
있는 바 모든 들리는 소리를
붇다의 지혜는 다 따라 아시지만
또한 분별함이 있지 않도다

一切世間中　所有諸音聲
佛智皆隨了　亦無有分別

앎으로 알 수 있는 바가 아니고
또한 마음의 경계도 아니네
그 성품은 본래 청정하나니
모든 중생에게 열어 보이네

非識所能識　亦非心境界
其性本淸淨　開示諸群生

업도 아니고 번뇌도 아니며

사물도 없고 머무는 곳도 없고
비춤도 없고 행하는 바도 없이
평등하게 세간에 행하네

非業非煩惱　無物無住處
無照無所行　平等行世間

온갖 모든 중생의 마음은
널리 삼세 가운데 있네
여래께서는 한 생각으로
온갖 것을 다 밝게 통달하시네

一切衆生心　普在三世中
如來於一念　一切悉明達

법은 성품이 없으므로
밝게 알 수 있음이 없네
이와 같이 법을 안다면
마쳐 다해 아는 바가 없으리

以法無性故　無有能了知
如是解於法　究竟無所解

마치 모습과 모습 없음
나고 죽음과 니르바나가
분별하면 각기 같지 않듯이
지혜와 지혜 없음도 이와 같네

如相與無相　生死及涅槃
分別各不同　智無智如是

모든 쌓임은 업이 바탕이 되고
모든 업은 마음이 바탕 되네
마음과 법 마치 허깨비 같으니
세간 또한 이와 같아라

諸蘊業爲本　諸業心爲本
心法猶如幻　世間亦如是

만약 온갖 법의 본 성품이
니르바나와 같음을 본다면
이것이 곧 여래가 마쳐 다해
머무는 바 없음을 본 것이네

若見一切法　本性如涅槃
是則見如來　究竟無所住

만약 바른 생각을 닦아 익히면
바른 깨침 밝고 밝게 본 것이네
모습 없고 분별 없으니
이를 법왕의 아들이라 하네

若修習正念　明了見正覺
無相無分別　是名法王子

취하는 바가 취할 것 아니고
보는 바가 볼 것이 아니며
듣는 바가 들을 것이 아니니
한마음이 사유하고 말할 수 없네

所取不可取　所見不可見
所聞不可聞　一心不思議

• 화엄(華嚴)의 뜻을 『선문염송(禪門拈頌)』 조사의 법어로 살핌

위 화엄경 게송의 뜻을 『선문염송집(禪門拈頌集)』에서 『슈랑가마수트라(Śūraṃgama-sutra, 首楞嚴經)』의 가르침에 대한 여러 조사의 법어를 통해 살펴보자. 『슈랑가마수트라』에서 보인 무념의 뜻〔無念義〕은 다음과 같다.

『슈랑가마수트라』는 말한다.〔선문염송 51칙〕
알고 봄에 앎을 세우면 곧 무명의 근본이요, 알고 봄에 봄이 없으면 이것이 곧 니르바나이다.
知見立知 卽無明本 知見無見 斯卽涅槃

이 법문에 대해 숭승공선사(崇勝珙禪師)는 노래했다.

알고 봄에 앎을 세운다함이여,
머리 위에 머리를 얹음이요
곧 무명의 근본이라 함이여
그물을 치고 낚시 드리움이네
알고 봄에 앎이 없음이여
금을 버리고 쇠를 줍는 것이다
이것이 니르바나라 함이여
기둥에 매인 원숭이로다[18]

知見立知兮　頭上安頭
卽無明本兮　張網垂鉤
知見無見兮　棄金拾鑞
斯卽涅槃兮　繫柱獼猴

---

18) 楞嚴經云 知見立知 卽無明本 知見無見 斯卽涅槃
崇勝珙頌 知見立知兮 頭上安頭 卽無明本兮 張網垂鉤 知見無見兮 棄金拾鑞
斯卽涅槃兮 繫柱獼猴

앎 안에도 앎의 뿌리가 없고 앎 밖에도 알 것이 없이 다만 알면 〔但知〕 곧 진실인데, 버릴 무명을 말하고 얻을 니르바나를 말함이 앎의 진실에 군더더기가 됨을 이리 말한 것이리라.

지해일(智海逸) 선사는 당에 올라〔上堂〕 이 이야기를 들어 말했다.

여러 어진 이들에게 묻는다.

날마다 하늘을 보고 땅을 보며, 산을 보고 물을 보며, 출가 상가를 보고 재가 세속을 보며, 밝음을 보고 어두움을 보며, 주림을 보고 목마름을 보며, 추위를 보고 뜨거움을 보며, 짬을 보고 싱거움을 보며, 고움을 보고 미움을 본다. 무엇을 알고 봄〔知見〕에 앎을 세운다〔立知〕하고 또 어떻게 알고 봄〔知見〕에, 봄이 없는 도리〔無見底道理〕를 말하는가.

어느 것이 니르바나이며, 무엇이 무명인가.

잠자코 있다〔良久〕 말했다.

다음 같이 말함을 보지 못했는가.

무명이 생각 생각 사라지면 높고 낮음에 집착하는 뜻이 없어지고, 마음 살핌이 사이가 없으면 어찌 남음 없음에 이를 뿐이겠는가.

알겠는가.

금빛 닭이 병아리 안고   은하수에 돌아가고
옥토끼가 새끼 밴 채 자미성에 들어가네.19)

金雞抱子歸霄漢   玉兔懷胎入紫微

한 생각 인연의 진실 밖에 본래 니르바나 되어있는 법계의 진리

---

19) 智海逸上堂擧此話云 敢問諸賢 每日見天見地 見山見水 見僧見俗 見明見暗 知飢知渴 知寒知熱 知鹹知淡 知好知醜 作麼生說知見立知 又如何說知見無見底道理 那箇是涅槃 何者是無明
良久云 不見道 無明念念滅 高下執情除 觀心如不間 何啻至無餘 還會麼 金雞抱子歸霄漢 玉兔懷胎入紫微

가 없음을 말한 것이리니, 학담 또한 이 사마타와 비파사나가 둘
이 없고, 공가중 삼제(空假中 三諦)가 한 생각에 원융한 무념선
(無念禪)의 뜻을 말해보리라.

여래와 앞 어진 이들은 간곡히 말씀하시길
드러난 한 생각으로 생각의 실상 살펴라 했네
한 생각에 본래 생각 없음을 깨쳐 알면
이것이 사마타와 비파사나를
같이 닦아 행하는 바른 선이네

如來先賢曲盡說　現前念觀念實相
了知一念本無念　此是止觀俱行禪

살핌에 생각함 없고 살피는 바 또 그러하면
살핌과 살피는 바 공한 곳에 지혜 진리 하나되어
마음 마음 고요하여 생각하고 말할 수 없으니
세 지혜 한마음이고 세 진리 두렷하리

能觀無緣所觀然　能所空處智諦一
心心寂滅不思議　三智一心三諦圓

낱낱의 일 가운데 이와 같이 행하여
생각 생각에 생각 없는 종지를 밝게 안다면
살림살이와 짓는 산업 본래 한결같아
낱낱의 우뚝한 장부 붇다의 일 지으리

一一事中如是行　念念了達無念宗
治生産業本如如　個個丈夫作佛事

2장 밖의 물음에 답함[答外問]

제1. 유유민이 편지로 물음〔劉遺民書問附〕

유유민공이 물음을 세움

劉公致問

치(致)는 세움이다. 「원법사전(遠法師傳)」에 말했다.

"유정지(劉程之)의 자(字)는 중사(仲思)인데 팽성(彭城) 사람으로 한나라 초원왕(楚元王)의 후예이다. 기쁨을 쌓은 집안〔積慶〕의 온화함과 맑음을 잇고, 방위 밖의 빈 마음〔方外之虛心〕을 체달하여 백 집안〔百家〕의 깊은 말에 눈〔目〕을 노닐어 두루 보지 않음이 없고, 불교의 이치〔佛理〕를 깊이 연구하여 이 묘함을 다하였다.

진문제(晉文帝) 의희(義熙) 해 가운데 강주(江州) 시상현(柴桑縣)을 다스렸다. 뒤에 버리고 환관의 수풀〔宦林藪〕 고상(高尙)에 숨었으니 곧 여산 언덕〔廬阜〕에 산 것이다. 가까운 벗 원법사〔遠師〕가 12년에 돌아갔다〔卒〕."

도생상인(道生上人)이 결사의 빗장(關)에 들어옴으로 인해, 따라 배우고 돌아오는데 도생(道生)이 「반야무지론(般若無知論)」을 보이자 유공(劉公)이 찬탄해 말했다.

"뜻하지 않게 승복〔方袍〕에 다시 평복〔平叔〕이 있게 되었습니다."

이로 인해 이 논을 원법사(遠法師)에게 드렸다.

그러자 법사가 책상을 만지며 말했다. "일찍이 있지 않던 일이다."

지금 물음을 세운 것은 아래에 말했다.

"다만 이 어두운 사람은 단박 환히 알기 어려워서 오히려 한두 군데 남은 의심이 있습니다."

이 또한 그윽하고 미묘함〔玄微〕을 두들겨 치는 것〔叩擊〕이니 스스로와 남이 참 뜻〔眞旨〕에 어둡지 않게 하려 할 뿐이다.

먼저 편지가 있음을 인해 묻는 뜻을 펴서 통함이다. 지금 이 '글을 올려 뜻을 세움'이라는 네 글자〔上書致意〕로 제목을 삼으니 뒷사람이 뒤에 글의 단락을 나눔이라 또한 오히려 경을 옮기는 이가 경의 단락을 품(品)으로 나눈 것과 같다.1)

---

1) △二答外問中二 初問中二 初上書致意
致立也 遠法師傳云 劉程之字仲思 彭城人 漢楚元王之裔 承積慶之沖粹 體方外之虛心 百家淵談靡不遊目 精硏佛理以盡斯紗 晉文帝義熙中 曾宰江州柴桑縣 後棄宦林藪高尙隱趣 卽居廬阜 朋親遠師十有二年卒 因生上人入關從學回 乃以般若無知論示之 劉公歎曰 不意 方袍復有平叔
因呈之遠師 乃撫机歎曰 未嘗有也 今致問者 下云 但暗者難以頓曉 猶有餘疑一兩 此亦叩擊玄微 欲自他無昧於眞旨耳 因先有書 敍通問意 今此四字爲題 乃後人節段於後 亦猶譯者品分於經段焉

I. 글을 올려 뜻을 세움〔上書致意〕

> 論 유민(遺民)은 머리 숙여 절합니다. 얼마 전 스님의 아름다운
> 이름을 듣고서는 그리운 뜻을 품고 멀리서 기다렸습니다.
>   한해 끝에 추위가 심한 때인데 몸은 어떠신지요? 소식 부치는
> 것이 떨어지고 막혀, 더욱 속에 품은 마음〔抱蘊〕만 늘어납니다.
>   제자는 풀 우거진 시골에서 병들어 늘 앓아 왔습니다.
>   혜명도인(慧明道人)이 북으로 가게 되어 겨우 그 뜻을 통했
> 습니다. 옛사람은 모습이 떨어져 멀다고 뜻이 엷어지지 않았고
> 깨침에 같이 거치면〔悟涉〕 가까웠습니다.
>   이러므로 비록 다시 강과 산이 아득히 멀어 올해에 당장 얼
> 굴 마주하지 못하지만 진리의 집안 법의 바람과 맛〔風味〕을 바
> 라고 그리워함〔企懷〕에 이르러서는, 거울 같은 마음〔鏡心〕으로
> 코끼리 같은 자취〔象迹〕를, 기다리며 기뻐하여 부지런히 함은
> 참으로 깊어갑니다.
>   아득히 멀어 만나 뵐 수 없으니 하늘의 노을만 바라보고 길
> 게 한숨 쉽니다.
>   때로 사랑하고 공경함을 따라, 길 떠나는 사람 편에 소식 보
> 내주시길 바랍니다.
>   자주 문안 받들 수 있길 엎드려 바라오니 그곳 대중이 건강
> 하고 화평하며 외국에서 오신 법사들께서도 늘 편안하시길 바
> 랍니다.

유민은

遺民

  아직 사람에 대해 전한 글을 보지 못했다. 그 숨은 산〔隱山〕을

스스로 일컬은 이름이 아닌가 의심한다. 반드시 그럴 것이다.2)

머리 숙여 절합니다. 얼마 전 스님의 아름다운 이름을 듣고서는

和南(致敬之辭)頃食徽聞

　화남(和南)은 공경을 이루는 말이다.

　휘(徽)는 아름다움〔美〕이다. 높은 덕을 알므로 아름다움을 들었
다고 말한다.3)

그리운 뜻을 품고 멀리서 기다렸습니다.

有懷遙竚

　멀리 기다려 바라는 뜻이 있음이다.4)

한해 끝에 추위가 심한 때인데(십이월의 편지) 몸은 어떠신지요? 소
식 부치는 것이 떨어지고 막혀(秦과 晉이 통하지 않으므로), 더욱 속에
품은 마음[抱蘊]만 늘어납니다.

歲末寒嚴(十二月書)體中如何 音寄雍隔(秦晉不通故)增用抱蘊

　속에 품은 마음을 늘린다는 것은 답답하게 우러름이다. 뜻에 품
음이란 사유해 읊조림을 오래 쌓음이다.5)

제자는 풀 우거진 시골에서 병들어 늘 앓아 왔습니다.

弟子沉痾艸澤 常有弊瘵耳

　아채(痾瘵)는 모두 병이니, 병이 때가 오래됨이다.6)

2) 未見傳文 疑其隱山自稱之名 必然矣
3) 去呼 徽美也 采于盛德 故曰徽聞
4) 遙有佇望之懷
5) 用者樊仰也 懷抱蘊積於思詠
6) 痾瘵皆病 病時故也

혜명도인이 북으로 가게 되어

因慧明道人北遊

　여산 언덕에서 장안(長安)을 바라보니 북이라 한 것이다.7)

겨우 그 뜻을 통했습니다.

裁通其情

　편지를 지어 뜻을 통함이다.8)

옛사람은 모습이 떨어져 멀다고 뜻이 엷어지지 않았고 깨침에 같이 거치면 가까웠습니다.

古人不以形踈致淡 悟涉則親

　옛사람은 이와 같은데 지금은 왜 그렇지 않은가? 아래 말한다.9)

이러므로 비록 다시 강과 산이 아득히 멀어 올해에 당장 얼굴 마주하지 못하지만, 진리의 집안 법의 바람과 맛[風味]을 바라고 그리워함에 이르러서는

是以雖復江山悠邈 不面當年 至於企懷風味

　기(企)는 바람이다. 군자의 덕이 바람 같고[德如風] 가르침에 뜻[義]이 있으므로 맛[味]이라 한다.10)

거울 같은 마음으로 코끼리 같은 자취를

鏡心象迹

　마음이 스승의 가르침의 자취[敎迹] 향함이 거울이 사물의 모습

---

7) 廬阜望長安 曰北
8) 作書通意也
9) 古人如此 今何不然 下云
10) 企望也 君子之德如風 敎有義故曰味

마주함과 같음이다.11)

기다리며 기뻐하여 부지런히 함은 참으로 깊어갑니다. 아득히 멀어 만나 뵐 수 없으니

佇悅之勤 良以深矣 緬然無因

　진(秦)나라와 진(晉)나라가 멀고 떨어져 서로 만나볼 수 없으니12)

하늘의 노을만 바라보고 길게 한숨 쉽니다.

瞻霞永歎

　울림을 우러름이 구름의 놀에 있는 것처럼, 길이 탄식해 쉬지 않음이다.13)

때로 사랑하고 공경함을 따라, 길 떠나는 사람 편에 소식 보내주시길 바랍니다.

順時愛敬 冀因行李

　오래도록 때를 밟아 같이하면서도〔履同古時〕 보내주신 글자가 적음이다.14)

자주 문안 받들 수 있길

數有承問

　사람이 와서 바라는 소리〔望音〕 그 문안 받들기를 바람이다.15)

---

11) 心向師之敎迹 如鏡對於物象
12) 秦晉遠隔 無因相見
13) 瞻嚮如在雲霞 永歎不息
14) 履同古時 字少
15) 人來望音 欲承其問

엎드려 바라오니

伏願

　이 아래는 번역장의 높은 덕의 법사[譯場高德]에 뜻을 폄이다.16)

그곳 대중[소요원의 대중]이 건강하고 화평하며 외국에서 오신 법사
들께서도 늘 편안하시길 바랍니다.

彼大衆(逍遙園衆)康和 外國法師常休納

　쿠차의 구마라지바(Kumārajiva)와 북인도의 붇다바드라(Buddha
bhadra: 覺賢) 등 법사들께서도 늘 편안하고 좋으시길 바람이다.17)

論 　상인(上人)께서는 깨달음을 내신 법의 그릇[悟發之器]으로
이 깊은 가르침의 스승을 만나 마주하고 계시사, 열어 연구하는
공(功)을 생각하니 반을 지났다는 생각도 충분히 다했습니다.
　그러므로 어긋남이 아득함을 매번 생각하면, 분하고 부끄러움
이 어찌 이리 깊을까요?
　이 산의 스님들도 맑고 깨끗한 도의 계[道戒]에 더욱 힘쓰십
니다.
　고요히 선정 닦는 나머지에 깊이 연구하고 강설하시며 공경
하여 어울리시니 그 생활은 즐길 만합니다.
　제자는 이미 오랜 마음을 이루어 이 높은 규범[上軌]을 보게
되었으니 느껴 부치는 정성을 해와 달에까지 새겨 이릅니다.
　혜원법사[遠法師]께서는 요즈음 늘 밟아가심이 알맞으시사
사유의 업[思業]이 정미로우시어 밤낮으로 부지런하고 부지런하
십니다.

---

16) 此下伸意譯場高德
17) 丘慈羅什 北竺跋陀等 尋常納休美

> 스스로 도의 씀〔道用〕이 가만히 밑으로 흐르고 진리가 신그
> 러움의 이끎이 되지 않는다면 누가 이순(耳順)이 지난 나이에
> 맑은 기운이 이처럼 부지런할 수 있겠습니까?

상인(上人: 논주를 가리킴)께서는 깨달음을 내신 법의 그릇〔悟發之器〕
으로 이 깊은 가르침의 스승을 만나 마주하고 계시사
上人(指論主)以悟發之器 而遘(遇也)茲淵對

  구마라지바를 마주해 깊이 말할 수 있음이다.18)

열어 연구하는 공을 생각하니
想開究之功

  반야의 뜻〔般若義〕을 열어 알고 연구함이다.19)

반을 지났다는 생각도 충분히 다했습니다.
足以盡過半之思

  『계사(繫詞)』에 말했다. "지혜로운 이는 그 단사(彖詞)를 살피
는 데 생각이 반을 지난다."
  앎이 이미 반을 지남이다.20)

그러므로 어긋남이 아득함을 매번 생각하면, 분하고 부끄러움이
어찌 이리 깊을까요?
故以每惟乖闊(隔遠也) 憤愧(恨也)何深

  깊이 탄식하고 한탄함이다.21)

---

18) 對羅什深談
19) 開解研究於般若義也
20) 繫詞云 智者觀其彖詞 思過半矣 解已過半也

이 산의 스님들도(여산의 빼어난 일을 펴 보임) 맑고 늘 깨끗한 도의
계[道戒]에 더욱 힘쓰십니다.

此山僧(敍廬嶽勝事)**淸常道戒彌厲**

　미(彌)는 많아짐이다. 려(厲)는 힘씀이니 계행에 많이 힘씀이다.22)

고요히 선정 닦는 나머지에 깊이 연구하고 강설하시며 공경하여
어울리시니

禪隱之餘 則惟硏(究至理)**惟講** (論敎義)**恂恂穆穆**

　왕숙(王肅)의 『논어주』에 말했다
　"순순(恂恂)은 공경하는 모습이다. 목목(穆穆)은 어울림이다."
　삼가함을 행해 여섯 가지 어울림[六和]에 함께하니 공경하여 어
울림이라 한다.23)

그 생활은 즐길 만합니다.

故可樂矣

　기쁘게 그 일 행함이다.24)

제자는 이미 오랜 마음[宿心]을 이루어

弟子旣以逐宿心

　옛날 숲과 샘에 그치려는 마음이 있었는데 지금 이미 이루어 숨

---

21) 深歎恨也
22) 彌多也 厲策也 戒行多策勤
23) 王肅注論語云 恂恂恭貌也 穆穆和也 行謹而同六和 故曰恂恂穆穆
　　[여섯 가지로 화합함[六和]: ① 몸으로 어울려 같이 머묾[身和同住], ② 입
　　으로 어울려 다툼 없음[口和無諍], ③ 뜻으로 어울려 일 같이함[意和同事],
　　④ 계로 어울려 같이 닦음[戒和同修], ⑤ 견해로 어울려 같이 이해함[見和同
　　解], ⑥ 이익으로 어울려 같이 나눔[利和同均]]
24) 悅服其事故

어 지내며25)

이 높은 규범[上軌]을 보게 되었으니(또 백련결사의 맑은 규범을 보게
되니) 느껴 부치는 정성(느낌 있음을 부쳐 맡김)을 해와 달에까지 새겨
이릅니다.

而覩玆上軌(又見蓮社淸節)感寄之誠 (寄託有感)日月銘至

  명(銘)은 기억해 새김이다. 지(至)는 끝에 이름이다. 마음의 정
성이 어둡지 않아 해와 달로써 새김을 삼기 때문이다.26)

혜원법사[遠法師]께서는 요즈음 늘 밟아가심이 알맞으시사 사유의
업이 정미로우시어 밤낮으로 부지런하고 부지런하십니다.

遠法師頃恒履宜 思業精詣 乾乾宵夕

  『역(易)』에 말했다 "아홉에 셋의 군자는 날이 다하도록 부지런하
고 부지런하니 저녁 무렵에 힘쓰더라도 허물이 없다."
  건(乾)은 굳셈이니 앞으로 나가 쉬지 않음이다.27)

스스로 도의 씀[道用]이 가만히 밑으로 흐르고, 진리가 신그러움
의 이끎이 되지 않는다면(마음의 신그러움이 지극한 진리에 나아감이다)
누가 이순(耳順)이 지난 나이에

自非道用潛流 理爲神御(心神詣至理) 孰以過順之年

  숙(孰)은 어떤 사람이다. 공자가 말했다. "예순에 귀가 따른다
〔六十而耳順〕."28)

---

25) 昔有林泉之心 今已逡遁
26) 銘記也 至極也 心誠不昧 以日月爲銘故
27) 易云 九三君子終日乾乾夕惕若厲無咎 乾健也 進趣不息
28) 孰何也 孔子云 六十而耳順

맑은 기운이 이처럼 부지런할 수 있겠습니까?

湛氣若茲之勤

신그러운 기운[神氣]이 지치지 않아야 대개 도덕(道德)을 돕는다.29)

論 그러므로 의지하고 위로받음이 이미 깊어지니 우러르고 감사함은 더욱 아득합니다. 지난해 늦여름에야 도생상인(道生上人)께서 「반야무지론(般若無知論)」 보여 주심을 비로소 보았습니다. 재능과 운치는 맑고 빼어나며, 뜻은 맞고 깊음은 더하며[旨中沈尤] 성인의 글[聖文]을 미루어 거치니, 글은 아름답고 뜻은 돌아감이 있습니다[有歸].

펼쳐 깊이 맛보기를 은근히 하며 차마 손을 풀지 못했으니 참으로 마음을 『방등경』의 깊은 못[方等之淵]에 씻음이라 말할 수 있습니다.

그러니 '아는 뜻이 끊어져 아득한 진리의 집[懷絶冥之肆]'을 깨달으신 것이라 할 수 있습니다.

만약 이 논의 말을 통하게 한다면 반야의 뭇 흐름[般若衆流]을 거의 말하지 않고도 알 것이니, 기쁘지 않을 수 있겠습니까. 기쁘지 않을 수 있겠습니까.

그러나 진리의 미묘함[理微者]은 말이 높아 험하고, 외침이 홀로 높은 자[唱獨者]는 대꾸하는 자가 드무니, 참으로 말과 모습을 끊어 말과 모습 밖[絶言象之表]의 사람이 아니라면 모습을 두어 뜻에 어긋남입니다.

말씀하신 뜻[意]이란 곧 '생각하는 것으로써 지혜를 구하면[以緣求智], 지혜에는 앎이 있다[有知]는 따짐에 답하는 글'의 다음 말씀과 같습니다. '아름답게 굴러 사무쳐 다해 지극히 깨

---

29) 神氣不疲 蓋資道德

꿋하고 교묘하면, 참된 이치와 틈 가는 바가 없습니다.'

　다만 이 어두운 사람[但暗者]은 단박 환히 알 수 없어서 오히려 한두 군데 남은 의심이 있습니다. 지금 갑자기 여쭙는 것은 따로 보인 것과 같으니, 조용하신 틈에 다시 거칠게라도 풀이해주시리라 생각합니다.

그러므로 의지하고 위로받음이 이미 깊어지니 우러르고 감사함은 더욱 아득합니다.(감사함이 다하지 않음)

지난해 늦여름에야 도생상인(道生上人)께서 반야무지론(般若無知論) 보여 주심을 비로소 보았습니다.

재능과 운치는 맑고 빼어나며 뜻은 맞고 깊음은 더하며(깊이 지극한 이치에 계합하니) 성인의 글을 미루어 거치니 글은 아름답고 뜻은 돌아감이 있습니다.(여러 경을 잡아 이끌어 각기 이른 바가 있음)

펼쳐 깊이 맛보기를 은근히 하며 차마 손을 풀지 못했으니 참으로 마음을 『방등경』의 깊은 못[方等之淵]에 씻음이라 말할 수 있습니다.

所以憑慰(愛也)既深 仰謝逾絕(謝之不已) 去年夏末始見生上人 示無知論 才運清儁 旨中沈尤(深契至理) 推涉聖文 婉而有歸(援引諸經各有所詣) 披味殷勤不能釋(捨也)手 眞可謂浴心方等之淵

　이 가르침의 뜻[敎義]이 대승방등 참된 진리의 수레[大乘方等眞乘]로서 못의 흐름과 같아, 마음의 때를 씻어 물든 집착 없애게 할 수 있음을 찬탄한 것이다.30)

그러니 '아는 뜻이 끊어져 아득한 진리의 집[懷絕冥之肆]'을 깨달으신 것이라 할 수 있습니다.

而悟懷絕冥之肆者矣

---

30) 歎此敎義是大乘方等眞乘如淵流 可以浴滌心塵 使除染著

또 저자의 가게〔市肆〕와 같아 비고 실다움〔虛實〕을 살필 수 있으니 삼승의 어두움〔三乘冥昧〕을 깨뜨리고 방편의 의심〔權疑〕을 끊은 것이다.31)

만약 이 논의 말을 통하게 한다면 반야의 뭇 흐름을
若令此辯遂通 則般若衆流

반야에 여덟 부〔八部〕가 있으니 대품(大品), 소품(小品), 방광(放光), 광찬(光讚), 도행(道行), 문수문반야(文殊問般若), 금강(金剛), 실상(實相)이다. 그러므로 뭇 흐름이라 한 것이다.32)

거의 말하지 않고도 알 것이니, 기쁘지 않을 수 있겠습니까. 기쁘지 않을 수 있겠습니까.
殆不言而會 可不欣乎 可不欣乎

또 말로 따짐을 기다리지 않고 알 수 있는 것이다. 거듭 말한 것은 기쁨의 지극함이다.33)

그러나 진리의 미묘함[理微者]은 말이 높아 험하고
然夫理微者 辭險

높아 가파름을 험하다 하니 말하는 뜻이 깊으므로 말이 높다 한 것이다.34)

외침이 홀로 높은 자[唱獨者]는 대꾸하는 자가 드무니
唱獨者 應希

적음이다. 일은 『문선(文選)』에 나오니 다음과 같다.

---

31) 又如市肆 可以觀鑒虛實 破三乘冥昧 決乎權疑
32) 般若有八部 大品 小品 放光 光讚 道行 文殊問 金剛 實相 故曰衆流
33) 且不待言議而可解 會重言者 欣之至也
34) 高峻曰險 詮旨深故辭高

"따뜻한 봄노래, 겨울 눈의 노랫말〔陽春白雪之詞〕은 외침이 높아 어울림이 드물다."35)

참으로 말과 모습을 끊어 말과 모습 밖의 사람이 아니라면

苟非絶言象之表者

　자(者)는 사람이다. 스스로 뜻을 얻은 사람이 아니라면 어찌 말과 모습 밖〔言象之表〕에 계합할 수 있겠는가?36)

모습을 두어 뜻에 어긋남입니다.

將以存象 而致乖乎

　말과 모습을 두면 뜻의 길〔意趣〕에 어긋난다.37)

말씀하신 뜻이란 곧 '생각하는 것으로 지혜를 구하면[以緣求智] 지혜에는 앎이 있다[有知]는 따짐에 답하는 글'의 다음 말씀과 같습니다. '아름답게 굴러(아름답게 이어 돌아) 사무쳐 다해 지극히 깨끗하고 교묘하면

意謂 答以緣求智之章 婉轉(美而連環) 窮盡 極爲精巧

　뜻이 깨끗하고 정성스러움을 다하고, 글이 교묘한 아름다움을 같이함이다.38)

참된 이치와 틈 가는 바가 없습니다.'
다만 이 어두운 사람은

無所間然矣 但暗者

　묻는 뜻〔問意〕을 폄이다. 스스로 겸양하여 어두운 자라 한 것이다.39)

---

35) 少也 事出文選 陽春白雪之詞唱高而和寡
36) 者人也 自非得意之人 焉契言象之外
37) 存言象 則乖意趣也
38) 義盡精詣 文竝巧美

단박 환히 알 수 없어서 오히려 한두 군데 남은 의심이 있습니다.

難以頓曉 猶有餘疑一兩

　한두 군데 의심하는 것은 아래에서 펴서 말한다.40)

지금 갑자기 여쭙는 것은 따로 보인 것(다른 편지)과 같으니 조용하
신 틈에(한가함이다) 다시 거칠게라도 풀이해주시리라 생각합니다.

今報題之如別(別紙)　想從容之暇(閑也)　復能麤(略也)爲釋之

Ⅱ. 의심해 물음을 바로 이룸〔正致疑問〕

1. 의심의 글을 받음〔牒疑文〕

> 論 논의 첫머리에 말했습니다.
> 　"반야의 바탕은 있음도 아니고 없음도 아니어서 비었지만 비춤
> 을 잃지 않고〔虛不失照〕 비추지만 빔을 잃지 않는다〔照不失虛〕."
> 　그러므로 "평등한 깨침을 움직이지 않고 모든 법을 세워낸다."
> 고 하셨습니다.
> 　아래 글에 말했습니다. "성인이 보통 사람과 다른 것은 신그
> 럽게 밝기 때문이다. 그러므로 반야는 사물의 모습으로 구할 수
> 없는 것이다."
> 　또 말씀했습니다. "씀은 곧 고요하고 고요하니 씀 그대로 진
> 실이라〔卽用實也〕, 신그러운 지혜가 더욱 고요해지면〔神彌靜〕,
> 응하여 씀은 더욱 움직인다〔應逾動〕."

---

39) 敘問意也 自謙曰暗昧之者
40) 一兩條疑 向下伸述

논의 첫머리에 말했습니다.

論序云

　유공은 앞의 종지 나타냄〔標宗〕 아래 묻고 답하기 전을 가리켜서 '논의 첫머리에 말함'이라 한 것이다.[41]

"반야의 바탕은 있음도 아니고 없음도 아니어서 비었지만 비춤을 잃지 않고 비추지만 빔을 잃지 않는다." 그러므로 "평등한 깨침을 움직이지 않고 모든 법을 세워낸다."고 하셨습니다.

般若之體非有非無 虛不失照 照不失虛 故曰 不動等覺而建立諸法

　앞에 말한 "그것의 물됨〔爲物〕은 실답지만 있음이 아니다〔其爲物也 實而不有〕"는 등의 글이다.[42]

아래 글에 말했습니다.(앞의 18장의 묻고 답함 가운데 말함) "성인이 보통 사람과 다른 것은 신그럽게 밝기 때문이다. 그러므로 반야는 사물의 모습[事相]으로 구할 수 없는 것이다."

下章云(前十八章問答中云) 異乎人者 神明故 不可以事相求之耳

　바탕과 씀〔體用〕을 답함 가운데 글이다.[43]

또 말씀했습니다.(제18장 가운데 글) "씀은 곧 고요하고 고요하니 씀 그대로 진실이라 신그러운 지혜가 더욱 고요해지면[神彌靜] 응하여 씀은 더욱 움직인다[應逾動]."

又云(第十八章中文) 用即寂寂 即用(實也)神彌靜 應逾動

　방편의 지혜이다. 이 위의 글의 뜻은 앞에 이미 풀이함과 같다.

---

41)　△二正致疑問三 初牒疑文
　　劉公指前標宗已下問答之前 爲論序云也
42)　前云 其爲物也 實而不有等文
43)　答體用中文也

유공(劉公)이 글의 이치가 서로 어긋남[文理相違]을 보므로 이를 받아 물음의 실마리를 삼은 것이다.44)

2. 의심을 펼쳐 물음[陳疑問]

처음 물음을 통하여 이루고[通致問] 둘째 따로 물음을 이루는데 [別致問] 통함과 따로 하는 물음이란 곧 문강법사[康法師]의 과목에서는 어떤 이가 이렇게 말한다. '앞은 종래의 의심이고 뒤는 이 논에 대한 의심이다.'

글 가운데서는 말한다.

"늘 더욱 어두워지므로 본래부터라 하나 책에 밝은 글이 없다."

또 의심하는 것이 지나치게 벗어난 것과 같지만, 유공(劉公)은 원법사(遠法師: 慧遠)의 초대 손님[座賓]인데, 어찌 의심하는 바를 열어 끊을 수 없어서 천리를 멀다 않고 깨달음을 구하겠는가?

대개 도리어 논의 뜻을 드날려 깊고 미묘함을 사무쳐 따져, 아직 오지 않은 뒷사람들[未來]을 깨우치려 함이다. 이는 마치 '앞의 붇다의 회상[先佛會]' 가운데, 근본은 높고 자취는 낮은[本高迹下] 여러 마하사트바들과 같다.

지금 이미 먼저 본론의 의심나는 글을 받아, 다음 통함과 따로 함의 두 물음을 열어 글의 뜻이 이어지니 이치가 반드시 이와 같다. '늘 더욱 어두워지는 바'라 함도 또한 의심하는 이가 스스로 겸양해 통하는 말이다.

통하여 물음을 이루는 말 가운데 나아가 둘이니, 처음 의심하는 바를 펌[敍所疑]이다. 글에 둘이니, 처음 모아 보임[初總]이다.45)

---

44) 權也 此上文義 如前已釋 劉公見文理相違 故牒此爲問端也
45) △二陳疑問二 初通致問 二別致問者 然通別二問 卽康法師科 或有云 前是從
    來疑 後是當論疑 文中云 常所彌昧 故曰從來 書無明文 又似疑者之過越 劉公
    乃遠法師之座賓 豈不能開決所疑 不遠於千里而求悟也 蓋抑揚論旨 窮詰幽微

1) 통하여 물음을 이룸〔通致問〕

> 📖 대저 성인의 마음은 그윽이 고요하니, 이치가 지극하여 없음
> 과 같습니다〔理極同無〕.
> 성인의 마음은 빠르지 않되 빠르고, 느리지 않되 느립니다.
> 이 때문에 앎은 고요함을 없애지 않고 고요함은 앎을 없애지
> 않아, 처음부터 고요하지 않음이 아니고 처음부터 알지 않음이
> 아닙니다.
> 그러므로 그 물(物)을 움직여 공(功)을 이루어 세상을 교화
> 하는 도는 비록 이름 있음〔有名〕 가운데 있으나, 멀리 벗어나
> 이름 없음〔無名〕과 같습니다.
> 이 이치는 깊고 그윽하니 참으로 보통사람이 더욱 어두워 알
> 지 못하는 것입니다.

(1) 의심하는 바를 폄〔敍所疑〕

① 모아 보임〔總〕

대저 성인의 마음[聖心]은 그윽이 고요하니, 이치가 지극하여 없
음과 같습니다.

夫聖心冥寂 理極同無

이 아래는 반야의 바탕과 씀〔般若體用〕을 모아 묻고 있으니, 지
금 펴 말하는 글은 다 바른 이치를 따른다. 다만 뒤에 의심하는 말
이 있다. 지금 먼저 바탕을 밝힌다〔明體〕. 성인의 마음이라 말한

以曉於未來 此如先佛會中 本高迹下諸大士也 今旣先牒本論疑文 次開通別二
問 文義連續 理必如此 常所彌昧 亦疑者自謙之通語 就通致問中二 初敍所疑
文二 初總
〔유공이 너무 많은 것을 의심하는 듯하나 이는 보디사트바가 낮은 모습으로
의심하는 물음을 내어 뒷사람 위하는 것과 같다.〕

것은 방편과 진실을 나타내니, 그윽이 고요함이란 바탕을 드러냄
[顯體]이다. 명(冥)은 그윽함이니 육합(六合)의 세계가 그윽하여
온갖 차별[千差]이 모두 사라지고, 방편과 진실이 바탕에 돌아가
고요하여 비었으므로 '그윽이 고요함[冥寂]'이라 말한다.

이치[理]란 도리이다. 없음과 같다[同無]고 함은 큰 허공[太虛]
과 같음이다. 허공(虛空)은 간략히 두 뜻이 있다. 첫째는 평등하
게 머묾[平等而住]이요, 둘째는 바탕에 나고 사라짐이 없음[體無
生滅]이다.

그러므로 지혜 바탕[智體]의 도리도 끝까지 사무치면 또한 그러
하다. 이는 곧 앞의 '반야의 바탕은 있음도 아니고 없음도 아니라
함[般若之體非有非無]' 등을 펴 보인 것이다.46)

성인의 마음은 빠르지 않되 빠르고, 느리지 않되 느립니다.

不疾而疾 不徐而徐

이는 씀을 의심한 것[疑用]이다. 질(疾)은 빠름이고 서(徐)는 느
림이다. 『남화경(南華經)』은 말한다. "느리지 않고 빠르지 않음을,
손에 얻고, 마음에 응하니 입으로 말할 수 없다."

지금은 '온전히 바탕인 지혜의 씀[全體智用]'을 펴 보인 것이다.

그 바탕[體]을 말하면 느리지 않고 빠르지 않으나 그 씀[用]을
말하면 느리고 빠르다. 느낌이 있으면[有感] 곧 응하므로[則應] 빠
르나, 아직 느끼지 않으면[未感] 아직 응하지 않으므로[未應故] 느
려 헤아릴 수 없기 때문이다.47)

---

46) 此下總問前般若體用 今敘述之文皆順正理 但後有所疑之辭 今先明體 言聖心
者 標權實也 冥寂者 顯體也 冥暗也 六合冥然千差都泯 權實歸體寂而虛焉 故
曰冥寂 理者道理也 同無者 似太虛也 虛空略有二義 一平等而住 二體無生滅
故智體道理窮極亦爾 此卽敘前般若之體非有非無等也
47) 此疑用也 疾速也 徐緩也 南華云 不徐不疾 得之於手 應之於心 口不能言也
今敘全體智用 言其體則不徐不疾 語其用乃而徐而疾 有感則應故疾 未感未應
故徐 不可測故

② 따로 보임〔別〕

이 때문에 앎[知]은 고요함[寂]을 없애지 않고 고요함은 앎을 없애지 않아, 처음부터 고요하지 않음이 아니고 처음부터 알지 않음이 아닙니다.

是以知不廢寂 寂不廢知 未始不寂 未始不知

　이는 진실한 지혜의 바탕과 씀〔實智體用〕이 '막혀 험함 없애는 것〔廢險〕'을 펴 보임이다. 앎은 씀이고 고요함은 바탕이다. 위의 두 구절은 바탕과 씀〔體用〕이 '서로 잃지 않음〔不相失〕'을 밝힌 것이고, 아래 두 구절은 서로 같음〔相卽〕을 밝힌 것이다.

　알 때 곧 고요함〔知時卽寂〕이라 처음부터 고요하지 않음이 아니고, 고요할 때 앎〔寂時卽知〕이라 처음부터 알지 않음이 아니다. 이는 앞의 '씀이 곧 고요함이고 고요함이 씀이다'라는 글을 의심한 것이다.48)

그러므로 그 물(物)을 움직여 공(功)을 이루어 세상을 교화하는 도는 비록 이름 있음[有名] 가운데 있으나 멀리 벗어나 이름 없음[無名]과 같습니다.

故其運物成功 化世之道 雖處有名之中 而遠與無名同

　이는 방편의 지혜 바탕과 씀〔權智體用〕을 펴 보인 것이다. 물을 움직여 공을 이룬다는 것〔運物成功〕은 먼저 그 씀〔用〕을 밝힌 것이다.

　성인은 자비의 원〔悲願〕을 움직여 중생을 건짐으로 공덕의 업〔功業〕을 삼아 이 업을 이룬다. 그러므로 세간을 교화하여 세간 벗어나는 이익〔出世之益〕 얻음에 나아가도록 하는 것이니 이 행은 남 이롭게 하는 인행〔利他之因〕이다. 그러므로 도(道)라고 이름한다. 비록 이름 있음 가운데 머문다는 것〔處有名之中者〕은 위의 씀을

---

48) △二別
　此敘實智體用廢險也 知卽用也 寂卽體也 上二句明體用不相失 下二句明相卽
　知時卽寂 故未始不寂 寂時卽知 故未始不知 此疑前用卽寂寂卽用文也

받은 것이다.

붇다는 열 가지 이름[十號]을 갖추어, 백억으로 꼴을 드리우시사 무리와 같이하는 이름과 모습을 나타내고 무리와 같이하는 언어를 연설하신다. 그리하여 갖가지 차별 낱낱의 같지 않음에서 곧 이름 있음[有名]에 머물러 응할 수 있으나 바탕이 본래 고요하므로 '이름 없고 모습 없음[無名無相]'과 더불어 같다. 이는 앞의 '신그러운 지혜가 더욱 고요해지면[神彌靜], 응하여 씀은 더욱 움직인다[應逾動]' 라고 함을 의심한 것이다.49)

(2) 의심할 수 있음을 펼침[陳能疑]

이 이치는 깊어 그윽하니 참으로 보통사람이 더욱 어두워 알지 못하는 것입니다.

斯理之玄 固常所彌昧者矣

이 이치란 위에서 펴 보인 바탕과 씀의 도리[體用道理]를 가리킨 것이다. 그윽함[玄]이란 '깊음'이니 이치가 깊어 알기 어려움이다. 고(固)는 '그러므로[故]'와 같으니 곧 '까닭'이다. 미(彌)는 '심해짐' 이다. 고요함과 씀은 같이하기 어렵고, 있음과 없음은 같이하지 못함을 말미암아 이 이치는 알기 어렵다. 이 때문에 늘 어두운 마음[昧心]이 있는 것이다.

만약 앞에 편 의심하는 글을 살핀다면 '어찌 바탕과 씀의 깊은 뜻[體用深旨]을 알지 못하는가'라고 함이니, 이는 의심의 말을 짐짓세워[假設] 깨치지 못한 이들[未悟]을 열어줌이다.50)

---

49) 此敍權智體用也 運物成功者 先明其用 聖人運悲願以拯物爲功業 爲成此業故 化世令進獲出世之益 此行利他之因 故名曰道 雖處有名之中者 牒上用也 佛具 十號 百億垂形 現同類之名相 演同類之言音 種種差別――不同 卽處有名而能 應之 體本寂故 與無名無相同也 此疑前應逾動

50) △二陳能疑

斯理者 指上所敍體用道理也 玄者深也 理深難曉 固與故同 卽所以也 彌甚也

2) 따로 물음을 이룸〔別致問〕

論 다만 지금 말하는 자〔談者〕가 의심하는 것은 높은 논의 뜻
〔高論之旨〕에서 성인의 마음이 다름을 구하려고 함입니다.

(지혜의 바탕이란) 신령함에 사무치고〔窮靈〕 수를 끝까지 하여
〔極數〕 묘하게 다해, 그윽이 부합함을 말합니까?

마음의 바탕이 스스로 그러하여 신령하게 고요하여 홀로 느
끼기 때문입니까?

만약 신령함에 사무치고 수를 끝까지 하여 묘하게 다해 그윽
이 부합한다면 곧 이는 고요함과 비춤의 이름입니다. 그러므로
이는 선정과 지혜의 바탕일 뿐입니다.

만약 마음 바탕이 스스로 그러하여 신령하게 고요하여 홀로
느낌이란, 곧 뭇 수에 응함〔羣數之應〕인데 참으로 거의 쉼〔息〕
이 되어버릴 것입니다.

(1) 의심을 보여드림〔呈疑〕

다만 지금 말하는 자가 의심하는 것은 높은 논의 뜻에서 성인의
마음이 다름(진실지와 방편지의 다름)을 구하려고 함입니다.

但今談者所疑 於高論之旨 欲求聖心之異

다만은 말을 돕는 말이다. 말하는 자는 유공(劉公)이니 말해 논
하는 이를 가리킨 것이다. 논 가운데 말한 바 성인의 마음〔聖心〕에
방편과 진실〔權實〕, 바탕과 씀〔體用〕, 있음과 없음〔有無〕의 다름이
있다고 의심한다. 그러므로 아래 세 물음을 이룬다.51)

由寂用難同有無不竝 此理難曉 所以常有昧心 若觀前敍疑之文 豈不知體用深
旨 此乃假設疑詞 以開未悟也

51) △二別致問中二 初呈疑

但語詞也 談者卽劉公指談論之人也 疑論中所說聖心 權實體用有無有異 故致下

(2) 세 물음을 이룸〔致問三〕

① 바탕과 씀이 반드시 있으니 어찌 없겠는가 물음〔體用必有何無問〕

㈎ 의심하는 뜻을 펴서 말함〔敍述疑意〕

㈀ 바탕을 폄〔敍體〕

(지혜의 바탕이란) 신령함에 사무치고 수를 끝까지 하여, 묘하게 다해 그윽이 부합함을 말합니까?

爲謂窮靈極數 妙盡冥符耶

이 첫 물음은 앞에 말한 바 바탕이 있음이 아니고 없음이 아니라〔體非有無〕씀과 고요함이 서로 같고〔用寂相卽〕, 움직임과 고요함이 때를 같이해〔動靜同時〕, 진리가 이미 깊고 현묘함을 인한 것이다. 그러므로 지금 먼저 바탕을 정해 묻는 것이다.

이는 먼저 바탕을 정함〔定體〕이다. 말함이 된다〔爲謂〕고 한 것은 살펴 정하는 말이다. 먼저는 곧 지극히 함이다. 신령한 앎〔靈知〕이란 곧 지혜의 씀〔智數〕이다. 묘하게 다함이란 지혜의 바탕이 앎 없음〔智體無知〕이다. 그윽이 부합함이란 곧 지혜의 바탕 앎 없음〔智體無知〕이 모습 없는 진리〔無相理〕와 그윽이 합함이다.

그런가〔耶〕는 의심하는 말이다. 의심하는 뜻은 이렇게 말할 수 있다. '지혜의 씀을 끝까지 사무쳐, 알아 비추는 모습〔知照之相〕이 묘하게 다해서, 비어 없는 이치〔虛無之理〕에 그윽이 부합하므로 바탕이 앎 없다〔無知〕 합니까'이다.52)

三問
52) △二致問三 初體用必有何無問三 初敍述疑意二 初敍體
此初問 因前所說體非有無 用寂相卽 動靜同時 理旣幽玄 故今先敍定而問也 此先定體 言爲謂者 審定之辭 先卽極也 靈知卽智數也 妙盡者 智體無知也 冥符者 智體無知 卽與無相理冥合也 耶疑詞也
疑意云 爲當窮極智數妙盡知照之相 冥符虛無之理 故曰體無知耶

(ㄴ) 씀을 폄〔敍用〕

마음의 바탕이 스스로 그러하여 신령하게 고요하여 홀로 느끼기 때문입니까?

爲將心體自然 靈怕獨感耶

다음은 씀을 정함〔定用〕이다.

이기 때문인가〔爲將〕란 또한 살펴 정하는 말이다. 마음 바탕이 신령하게 고요함은 모두 지혜이다. 스스로 그러함〔自然〕은 지어 하는 바 없음〔無所作爲〕이다.

홀로 느낌이란 늘 이어진다는 말〔常途說〕이다. 불러 느낌〔感〕은 중생에 속하고〔屬生〕 응함〔應〕은 성인에 속하는데〔屬聖〕 지금은 성인의 마음이 오직 홀로 느껴 깨달으므로 응해 교화할 것이 없어서 홀로 느낌이라 말함인가.

뜻은 곧 다음을 말한다. '바로 이 마음 바탕은 지어 하는 바 없으나, 지혜의 씀이 홀로 스스로 느껴 깨달아서, 씀에 응함이 없다 한 것입니까?' 이렇게 펼친 바에 의거하면 반야는 앎 없음〔無知〕으로 바탕을 삼고, 지음 없음〔無作〕으로 씀을 삼는다. 깊이 그윽한 뜻을 얻었으나 다만 아래에 따로 의심하는 뜻이 있을 뿐이다.[53]

(나) 바탕과 씀 물음을 받음〔牒問體用〕

(ㄱ) 바탕이 선정과 지혜에 속함을 따짐〔難體屬定慧〕

만약 신령함에 사무치고 수를 끝까지 하여 묘하게 다해, 그윽이 부합한다면(위의 지혜의 바탕이 없음과 같음을 받음) 곧 이는 고요함과 비춤

---

53) △二敍用

次定用也 爲將亦審定之辭 心體靈怕並智也 自然者無所作爲也 獨感者 常途說 感屬生 應屬聖 今明聖心唯自感悟 無所應化 曰獨感 意謂 爲當心體無所作爲 智用獨自感悟 乃曰用無應耶 據此所敍 般若無知爲體 無作爲用 甚得玄旨 但 向下別有疑情耳

〔끊어져 다한 바탕이 있고 홀로 느끼는 씀이 있다고 의심함.〕

[寂照]의 이름입니다. 그러므로 이는 선정과 지혜의 바탕[定慧之體]일 뿐입니다.

若窮靈極數妙盡冥符(牒上智體同無)則寂照之名 故是定慧之體耳

유공의 뜻은 다음을 말한다.

'바탕에 그윽이 부합함 위에 반드시 신령히 비추어 어둡지 않음[靈照不昧]이 있어야 한다. 그러므로 고요함과 비춤[寂照] 선정과 지혜의 이름[定慧之名]을 세우려 해서 이름해 부르는 까닭을 말한다. 이 때문에 뜻의 알음알이를 아직 없애지 못했으니[情解未亡] 곧 법의 바탕에 어긋난다[卽乖法體]. 그러므로 논주는 아래에서 허락하지 않은 것이다.54)

(ㄴ) 씀은 반드시 응함 쉬어야 함을 따짐[難用當息應]

만약 마음 바탕이 스스로 그러하여 신령하게 고요하여 홀로 느낌(위의 함이 없는 씀을 받음)이란 곧 뭇 수에 응함인데 참으로 거의 쉼[息]이 되어버릴 것입니다.

若心體自然 靈怕獨感(牒上無爲之用)則羣數之應 固以幾乎息矣

뭇 수란 기틀 따라 하나 아닌 지혜가 응할 수 있음이다. 거의란 가까워짐이고 쉼[息]은 그침[止]이다. 유공은 비록 신령히 비추어 마음 없음을 알되, 마음 없음이 널리 응함임[無心普應]을 통달하지 못하였다. 그러므로 고요하여 스스로 그러함[寂怕自然]이 곧 응해 교화하는 마음이지만 그쳐 쉼[息]에 가깝다고 의심하는 것이다. 이

---

54) △二牒問體用 文二 初難體屬定慧

劉公意謂 冥符體上 必有靈照不昧 故欲立寂照定慧之名 而詮召之由 此故情解未亡 卽乖法體 故論主向下不許也

[마음 없으므로 응해 만남이 있고, 앎이 없으므로 알지 못함이 없다는 것을 깨닫지 못하고, 고요한 바탕이 있고 그 바탕 위에 신령한 지혜의 씀이 있다고 생각하면 이는 앎 없는 고요한 바탕이 있고 앎의 씀이 있음이라 연기 중도의 뜻이 아니다.]

것이 잘못됨이라 '마음 없으면 응하지 않는다〔無心爲不應〕'고 말한
다. 그러므로 논주는 아래에서 허락하지 않은 것이다.55)

㈐ 위를 받아 답하기를 청함〔牒上請答〕

> 🔳 대개 마음과 마음의 씀〔數〕이 이미 그윽한데, 그럼에도 그
> 비춤을 외로이 움직인다〔孤運其照〕 하고 신그러운 지혜가 순일
> 하여 변화 밖에서 지혜의 밝음이 홀로 있다〔慧明獨存〕 하시니,
> 여기에 대해서는 반드시 깊은 깨달음이 있으실 것입니다. 가려
> 말씀하여 주십시오.

대개 마음과 마음의 씀[數]이 이미 그윽한데, 그럼에도 그 비춤을
외로이 움직인다 하고
夫心數既玄而孤運其照

이는 위의 바탕 폄을 받은 것이니 비록 마음 바탕이 비어 그윽하
되 신령히 비추어 외로이 움직인다〔心體虛玄而靈照孤運〕. 그러므로
이를 불러 고요히 비춤〔寂照〕을 삼으려 함이다.56)

신그러운 지혜가 순일하여(지혜의 씀이 스스로 그러하여) 변화 밖에서(홀
로 느끼어 변화하지 않음을 변화 밖이리 함) 지혜의 밝음이 홀로 있다[慧明
獨存] 하시니

---

55) △二難用當息應
　羣數者 隨機不一之智爲能應 幾者將近也 息止也 劉公雖知靈照無心 未達無心
　普應 故疑寂怕自然 則應化之心 近於止息矣 此乃錯謂無心爲不應 故論主向下
　不許
　〔마음 없되 널리 응함의 뜻을 모르면 마음 없이 고요하되 응해 교화한다는
　말을 들으면 마음 없으면 그 응함이 쉼이 될 것이라고 의심하는 것을 말함.〕
56) △三牒上請答
　此牒上敍體 雖心體虛玄 而靈照孤運 故欲召之爲寂照

神淳(智用自然)化表 (獨感不化曰化表)而慧明獨存

이미 마음 없되 응해 써서 지혜의 밝음이 스스로 깨치므로 홀로 있
다 하니 이는 위의 씀〔用〕 펴는 것을 받음이다. 유공(劉公)을 의거하
면 이미 반야가 고요히 비춤〔寂照〕으로 바탕을 삼고, 지음 없음〔無作〕
으로 씀 삼음을 통달하고 그윽한 뜻을 깊이 얻었다. 다만 고요히 비춤
의 이름〔寂照之名〕을 세워 바탕 삼기 때문에 합하지 못하니, 씀 가운
데 마음 없음〔用中無心〕이 응하지 않음〔不應〕이 된다. 이렇기 때문에
물어서 앞으로 올 사람들을 위해 아래 답해주길 청하는 것이다.57)

여기에 대해서는 반드시 깊은 깨달음이 있으실 것입니다. 가려 말
씀하여 주십시오.

當有深證 可試爲辨之

청하는 뜻은 다음과 같다. 논주는 하나같이 앎 없음〔無知〕으로
바탕〔體〕삼고 응함 없음〔無應〕으로 씀〔用〕을 삼으니 반드시 깊이
증득해 봄이 있을 것이다. 또 이를 가려 풀이해주실 것이다.58)

② 비춤과 씀, 공함과 있음이 같지 않다는 물음〔照用空有不同問〕

▨ 의심하는 것은 다음 같습니다. 대상을 어루만져 만나고〔撫

---

57) 旣無心應用慧明自悟 故曰獨存 此牒上敍用也 然據劉公已達般若寂照爲體 無
作爲用 深得玄旨 但不合立寂照之名爲體 用中以無心爲不應 此乃故問以爲將
來下請答
〔마음 없는 바탕이 고요함과 비춤의 바탕이라, 응하되 응함 없고 비추되 고
요함이 바탕이 되고 응함 없이 응함이 씀이 되는데 바탕이면 응하지 않음
이라 의심함. 곧 고요하되 비추고 비추되 고요하여 고요함과 비춤의 이름
세운 것인데, 그 까닭을 알지 못하고 고요하면 비추지 못한다고 의심함.〕
58) 請意云 論主一向以無知爲體 無應爲用 必當深有證見 且爲辨析之
〔앎 없음이 바탕이 되고 응하되 응함 없음이 씀이 되니 바탕과 씀은 둘이
아닌 것이다.〕

會] 사물의 기틀에 응해〔應機〕 변화를 보는 앎이란, 있지 않다〔不有〕고 할 수 없을 것입니다.

그런데도 논에서 말한 뜻으로는 '본래 미혹되게 취하는 앎이 없다'고 하셨습니다. 이는 취하지 않는다는 이치〔不取之理〕의 그런 까닭을 아직 풀지 않은 것입니다.

곧 성인의 마음이 응해 만나는 도〔應會之道〕가 그런 까닭을 먼저 정해야만 함을 말합니다.

성인의 마음은 오직 사물의 모습 없음만을 비추는 것〔唯照無相〕인가? 그 변화를 모두 보는 것〔咸覩其變〕인가?

만약 그 변함을 본다면〔若覩其變〕 모습 없음과 다르며〔異乎無相〕 만약 오직 모습 없음만을 비춘다면〔唯照無相〕 곧 만질 수 있는 만남이 없는 것〔無會可撫〕입니다.

이미 어루만질 만남이 없는데〔無會可撫〕, 만져 만날 공〔撫會之功〕이 있다면 뜻에 아직 깨치지 못함이 있으니 다행히 거듭 이를 가르쳐 주십시오.

⑦ 의심을 보임〔呈疑〕

의심하는 것은 다음 같습니다. 대상을 어루만져 만나고 사물의 기틀에 응해, 변화를 보는 앎[覩變之知]이란 있지 않다고 할 수 없을 것입니다.

疑者 當以撫會應機覩變之知 不可謂之不有矣

이는 앞에서 말한 '구부리고 우러러 따라 교화하고 응해 만남이 다함없되, 비추는 공이 없다〔無照功〕'는 것에 다음처럼 의심하는 것이다.

이미 대상을 어루만져 만나고 사물의 기틀에 응한다면 반드시 알아 비춤〔知照〕이 있는데, 왜 비추는 공이 없다〔無照功〕고 말하

는가?'

그러므로 '있지 않다고 말할 수 없다'고 한 것이니 있지 않다면 곧 앎 없음이기 때문이다.59)

(나) 논을 이끎〔引論〕

그런데도 논에서 말한 뜻〔論旨〕으로는 '본래 미혹되게 취하는 앎〔惑取之知〕이 없다'고 하셨습니다. 이는 '취하지 않는다는 이치'의 그런 까닭을 아직 풀지 않은 것입니다.

而論旨云本無惑取之知 而未釋所以不取之理

앞의 첫째 묻고 답함 가운데 말한 바, '본래 미혹되게 취하는 앎이 없다는 뜻'이니 지금 유공은 글을 받아 의심하는 것이다. 만약 미혹되게 취함〔惑取〕이 본래 없으므로 앎 없다〔無知〕한 것이라면 논주는 취하지 않는다는 이치〔不取之理〕에 무슨 까닭이 있는지, 아직 풀지 않았다는 것이다.60)

(다) 바로 따짐〔正難〕

(ㄱ) 두 빗장을 엶〔初開兩關〕

곧 '성인의 마음이 응해 만나는 도〔應會之道〕가 그런 까닭'을 먼저 정해야만 함을 말합니다.

謂 宜先定聖心所以應會之道

성인의 마음에 앎이 있는지〔聖心知有〕앎이 없는지〔知無〕정하려 함이니 그래야만 바야흐로 응해 만나는〔應會〕까닭을 밝힐 수 있

---

59) △二照用空有不同問四 初呈疑
　　此因前云俯仰順化應接無窮而無照功 疑云 旣撫會應機必有知照 何謂而無照功
　　故曰不可謂之不有 不有卽無知也
60) △二引論
　　前第一問答中 所說本無惑取之知之義 今劉公牒文爲疑 若爲本無惑取 故曰無知
　　者 而論主未釋不取之理 有何所以

기 때문이다.61)

성인의 마음은 오직 사물의 모습 없음[無相]만을 비추는 것인가?
爲當唯照無相耶
　하나같이 진리를 비춘다면〔照理〕 곧 없음을 아는 것〔知無〕이다.62)

그 변화를 모두 보는 것인가?
爲當咸覩其變耶
　변함이란 만 가지 변화하는 사법〔萬變事法〕이니 하나같이 사물만
을 통달하면 곧 있음을 비추는 것〔照有〕이다.63)

(ㄴ) 서로 어긋남을 밝힘〔明互違〕

만약 그 변함을 본다면 모습 없음과 다르며
若覩其變則異乎無相
　사물을 비추면 사물에는 모습이 있으니〔事有相〕 모습 없는 진리
〔無相之理〕와는 다름이 있다.64)

만약 오직 모습 없음만을 비춘다면[唯照無相] 곧 만질 수 있는 만
남이 없는 것[無會可撫]입니다.
若唯照無相 則無會可撫

---

61) △三正難二 初開兩關
　欲定聖心知有知無 方可明應會之所以
62) 一向照理 卽知無也
63) 變卽萬變事法 一向達事 故卽照有也
　〔성인의 마음은 모습에 모습 없음을 비추므로 응하되 응함 없고 응함 없이
　응함을 알지 못한다.〕
64) △二明互違
　照事則事有相 與無相之理有異

진리를 비추면 진리는 비어 고요하므로 응해 만나고 어루만져 만날 중생이 없는 것이다.

그러므로 아래에서 논주는 이렇게 답해 말한다.

'어찌 거듭 참됨과 거짓됨이 다르며, 마음의 공함과 있음[心空有]이 비춤을 달리하겠습니까?'65)

이미 어루만질 만남이 없는데, 만져 만날 공이 있다면

既無會可撫 而有撫會之功

이미 사물 만나는 마음이 없는데 왜 앞에서는 성인의 마음이 만지고 만나 응해 만나는 공[撫接應會之功]이 있다고 밝혔는가. 앞에서 말한 바 구부리고 우러러 따라 교화함 등은 곧 반드시 앎 있음[有知]이니 앎 없다[無知]고 말할 수 없을 것이다.66)

㈔ 답하기를 청함[請答]

뜻에 아직 깨치지 못함이 있으니 다행히 거듭 이를 가르쳐 주십시오.

意有未悟 幸復誨之

깨침[悟]은 밝게 앎이다. 아직 응하되 앎 없다는 뜻[應而無知之旨]을 밝게 알지 못하니 다행히 가르쳐 열어 보이시길 빈다.67)

③ 이러함과 맞음, 옳고 그름, 깨달음과 미혹의 물음[是當是非悟惑問]

---

65) 照理則理空寂 故無應會撫接衆生 故下論主答云 豈復眞僞殊 心空有異照耶
〔지혜가 알되 앎 없음이 참됨[眞]을 비춤이고, 앎 없되 앎이 거짓 있음[假]을 비춤이라 참됨과 거짓이 비춤을 달리하지 않는다.〕

66) 既無心接物 何以前明聖心有撫接應會之功 前所謂俯仰順化等 則必須有知 不可云無知
〔사물을 만나 알되 앎 없는[知而無知] 중도의 뜻에 미혹함.〕

67) △四請答
悟曉也 未曉應而無知之旨 幸乞訓誨開示也

論 논은 말했습니다.

"맞음〔當〕이 없으면 물에는 맞지 않음〔不當〕이 없으며, 이렇다 함〔是〕이 없으면 물에는 이렇다 하지 않음〔不是〕이 없는 것이다. 물에 이렇다 함이 없으므로 이렇다 하되 이렇다 함이 없고〔是而無是〕 물에 맞지 않음이 없으므로 맞되 맞음이 없는 것〔當而無當〕이다."

대저 맞음이 없으면 물에 맞지 않음이 없으니 이런 까닭에 지극히 맞음〔至當〕이 되는 것입니다.

이렇다 함이 없으면 물에는 이렇지 않다 함이 없으니 이런 까닭에 참으로 이렇다 함〔眞是〕이 되는 것입니다.

(가) 앞의 논을 받음〔牒前論〕

논은 말했습니다.

"맞음[當]이 없으면 물에는 맞지 않음[不當]이 없으며, 이렇다 함[是]이 없으면 물에는 이렇다 하지 않음[不是]이 없는 것이다. 물에 이렇다 함이 없으므로 이렇다 하되 이렇다 함이 없고[是而無是] 물에 맞지 않음이 없으므로 맞되 맞음이 없는 것[當而無當]이다."

論云無當則物無不當　無是則物無不是　物無不是故　是而無是　物無不當故　當而無當

이 글은 이미 풀이했으니 지금 먼저 이를 받는다.[68]

(나) 아는 것을 폄〔叙所解〕

대저 맞음이 없으면[無當] 물에 맞지 않음[物無不當]이 없으니 이런 까닭에 지극히 맞음[至當]이 되는 것입니다.

---

68) △三是當是非悟惑問四　初牒前論
　　此文已釋　今先牒之

夫無當而物無不當 乃所以爲至當

　유공은 이미 참된 경계의 모습 없는 모습[無相之相]이 지극히 맞음[至極當]이 됨을 알아 대꾸한 것이다.[69]

이렇다 함이 없으면[無是] 물에는 이렇지 않다 함이 없으니[物無不是] 이런 까닭에 참으로 이렇다 함[眞是]이 되는 것입니다.

無是而物無不是 乃所以爲眞是

　또 참된 지혜는 앎 없는 앎[無知之知]이라 이것이 진실된 이렇다 함과 맞음의 지혜[眞實是當之智]이니, 이 위는 다 받아 깨친 것이다. 다만 이렇다 함에 이렇다 함이 없고[是而無是] 맞음에 맞음 없다[當而無當]고 말함에 자취 떨침[拂迹]을 밝게 깨쳐 알지 못하므로 의심이 있는 것이다. 지금 먼저 아는 것을 펴고 그런 뒤에 의심을 이룬다.[70]

㈐ 의심을 이루어 물음[致疑問]

> 論 어찌 참으로 이렇다 함[眞是]에 이렇다 함 아님[非是]이 있고 지극히 맞음[至當]에 맞음 아님[非當]이 있겠습니까? 그런데도 맞음에 맞음이 없고[無當] 이렇다 함에 이렇다 함이 없다[無是]고 말합니까?
> 　만약 지극히 맞음[至當]은 늘 그런 맞음이 아니고[非常當] 참으로 이렇다 함[眞是]은 늘 그런 이렇다 함이 아니라[非常是] 한다면 이는 대개 깨침과 미혹의 말이 본래 다름일 뿐입니다.

---

69) △二敍所解
　劉公已知眞境無相之相 爲至極當對也
70) 又知眞智無知之知 此爲眞實是當之智 此上皆領悟也 但不曉拂迹云是而無是 當而無當 故有疑也 今先敍所解 然後致疑

> 참으로 논의 뜻을 이런 까닭에 밝히지 못한 것입니다.
> 거듭 깨우쳐 주시어 그 의혹을 없애주시기 바랍니다.

(ㄱ) 옳고 그름을 물음[是非問]

어찌 참으로 이렇다 함[眞是]에 이렇다 함 아님이 있고 지극히 맞음[至當]에 맞음 아님이 있겠습니까? 그런데도 맞음에 맞음이 없고 이렇다 함에 이렇다 함이 없다고 말합니까?

豈有眞是而非是 至當而非當 而云當而無當是而無是耶

　의심해 이렇게 말한다.

　논주는 지극히 맞음[至當]을 마주하여 맞음 아님[非當]을 말하므로 맞되 맞음 없다[當而無當]고 말한다. 또 참으로 이렇다 함[眞是]을 마주하여 이렇다 함이 아님[非是]을 세우므로 이렇다 함에 이렇다 함이 없다[是而無是]고 말한다. '그런가[耶]'라는 한 글자는 의심하는 말이다.71)

(ㄴ) 깨침과 미혹을 물음[悟惑問]

만약 지극히 맞음[至當]은 늘 그런 맞음이 아니고[非常當] 참으로 이렇다 함[眞是]은 늘 그런 이렇다 함이 아니라[非常是] 한다면 이는 대개 깨침과 미혹의 말이 본래 다름일 뿐입니다.

若謂至當非常當 眞是非常是 此蓋悟惑之言本異耳

　늘 이렇다 함과 늘 맞음[常是常當]은 무릇 '늘 그런 경계와 지혜[常境智]'이다. 본래란 좇아옴이란 뜻이다. 유공은 또 논 가운데 깨친 자를 잡아 앞의 '지극히 맞음'과 '참으로 이렇다 함'을 말하고,

---

71) △三致疑問 文二 初是非問
　疑云 論主對至當說非當 故云當而無當 又對眞是立非是 故云是而無是 耶之一
　字卽疑辭也

미혹한 자를 잡아 지금 늘 그런 이렇다 함[常是]과 늘 그런 맞음
[常當] 말하는 것을 의심하여, 이미 깨침과 미혹에 다름이 있으므
로 이렇다 함에 이렇다 함이 없고 맞음에 맞음이 없다고 말한다.

만약 그런 것이라면 하나는 깨치고 하나는 미혹되어 본래 스스로
다르니 어찌 꼭 이를 말할 것인가?72)

㈔ 보여 가르침을 구함[求示誨]

참으로 논의 뜻[論旨]을 이런 까닭에 밝히지 못한 것입니다.

固論旨所以不明也

'참으로(固)'란 위를 받드는 말이다. 비록 옳고 그름, 깨침과 미혹
에 그 말한 바가 이와 같음을 의심하여 오히려 아직 결정된 뜻을
밝히지 못했으므로 밝히지 못함이라 말한 것이다.73)

거듭 깨우쳐 주시어 그 의혹을 없애주시기 바랍니다.

願復重喩 以祛其惑矣

유(喩)는 밝힘이다. 기(祛)는 버림이다. 논주(論主)가 다시 밝혀
미혹의 마음 보내도록 바람이다.74)

---

72) △二悟惑問
常是常當者 汎常境智也 本者從來義 劉公又疑論中約悟達者 說前至當眞是 約
迷惑者 說今常是常當 旣悟惑有異 乃云是而無是 當而無當 若然者 則一悟一
惑從來自異 何必言之
〔맞음에 맞음 없어야 지극히 맞음이 되고 이렇다 함에 이렇다 함이 없어야
참으로 이렇다 함이 되는데 늘 그런 맞음과 늘 그런 이렇다 함을 말하는
것이 미혹이 됨이라 이렇다 함에 이렇다 함이 없고 맞음에 맞음 없다 한
것이지, 미혹과 깨침을 따라 두 법이 있는 것이 아니다.〕
73) △四求示誨
固者 承上之詞 雖以是非悟惑 疑其所說如此 尙未明決定之義 故曰不明
74) 喩明也 祛遣也 願論主再爲明之 遣迷惑之心也

3. 물음을 모아 맺음〔總結問〕

> 🔳 논(論)이 이르던 날에, 혜원법사〔遠法師〕와 함께 논의 글을 자세히 살펴보았는데 법사께서도 좋아하셨고 서로 뜻을 알아 차리셨습니다.
>
> 다만 자리를 나타냄〔標位〕에 각기 바탕이 있어서인지, 반드시 이치까지는 다 같이하지는 않는 것 같습니다.
>
> 요즈음 겸하여 여러 뜻있는 이들에게 보여 함께하였는데 자주 깊은 뜻의 마디 점을 바로 치는 이들이 있었습니다. 그렇지만 이 사람들과 더불어 때 같이 하지 못함을 한스러워합니다.

1) 종승(宗乘)을 펴서 물음을 맺음〔敍宗乘結問〕

논이 이르던 날(여산에 이르던 날)에 혜원 법사[遠法師]와 함께 논의 글을 자세히 살펴보았는데

論至日(至廬山日也) **即與遠法師詳省之**

　유공(劉公)이 백련사(白蓮社)에 있었으므로 혜원법사〔遠法師〕와 더불어 이 논을 같이 보고 자세히 살펴본 것이다.[75]

법사께서도 좋아하셨고 서로 뜻을 알아 차리셨습니다.

法師亦好(句去呼) **相領得意**

　혜원법사도 또한 이 글을 좋아하셨고, 겸해 뜻의 길을 아셨으니 이는 위에서 밝힌 풀이와 같다. 아래는 의심의 다름을 밝힌다.[76]

다만 자리를 나타냄에 각기 바탕이 있어서인지

---

75) △三總結問二 初敍宗乘結問
　劉公在白蓮社 故與遠法師同見此論 詳而尋省
76) 遠師亦好尙此文 兼領得意趣 此上明解同 下明疑異

但標位似各有本

자리를 나타냄이란 스승을 잇는[師承] 자리를 나타내 가리킴이다.

각기 바탕이 있다는 것은 종지에 각기 바탕이 있음이다. 그러나 반야의 논은 가장 먼저 지은 것이라 유공은 다섯 이름[五名]이 하나의 뜻인 종지[一義之宗]를 보지 못했으므로 스스로 말한 것이다.

논주는 구마라지바를 스승으로 하여 한 음성[一音]으로 종지를 삼고, 유공은 혜원법사(慧遠法師)를 스승삼아 법성(法性)으로 종(宗)을 삼아, 종지의 바탕이 각기 다르므로 의심하는 것이 있음이다.77)

반드시 이치까지는 다 같이하지는 않는 것 같습니다.

或當不必理盡同矣

이어서 한 구절로 읽으면 '혹당(或當)'이란 '그런가함[恐]'이니 곧 의심하는 말로서 뜻은 스승의 이음이 각기 달라 진리를 봄이 반드시 다 같지 않은가 함이다. 그러하므로 밝게 알지 못함이 있어서 앞의 물음을 이룬 것이다.78)

---

77) 標位者 標指師承之位也 各有本者 宗各有本 然般若論最爲先作 劉公未見前五名一義之宗 故自云 論主師羅什以一音爲宗 劉公師遠法師以法性爲宗 宗本各別 故有所疑也

[한 음성[一音]으로 종지 삼음은 『비말라키르티수트라』에 다음 게송이 있다.

붇다께선 한 음성으로 법을 연설하시나
중생은 무리 따라 각기 알아듣고
다 세존이 자기 말과 같다고 하니
이것이 신묘한 힘의 같이 하지 않는 법이네.

佛以一音演說法　衆生隨類各得解
皆謂世尊同其語　斯則神力不共法]

[혜원법사는 법성(法性)의 종: 혜원법사에게 『법성론(法性論)』의 저술이 있고, 대승선사 붇다바드라가 여산 혜원을 의지해 60권 화엄을 번역함으로 법성(法性)을 종으로 한다하나, 여산의 결사는 정토(淨土)의 결사였다.]

2) 같은 벗들에 대해 말하고 물음을 맺음〔敍同友結問〕

요즈음 겸하여 여러 뜻있는 이들에게 보여 함께하였는데 자주 깊은 뜻의 마디 점을 바로 치는 이들[擊其節者]이 있었습니다. 그렇지만 이 사람들과 더불어 때 같이 하지 못함을 한스러워합니다.

頃兼以班諸有懷 屢有擊其節者 而恨不得與斯人同時也

경(頃)은 요즈음이다. 오직 원 법사만 물음을 같이할 뿐만 아니라 겸해 여러 벗들의 의심하는 뜻도 또한 그러합니다.

반(班)은 나누어 펼침이다. 뜻 있는 사람이란 도에 뜻이 있어 같이하는 사람〔懷道同人〕이다.

격절(擊節)이란 마디의 요점〔節要〕을 두들겨 침이다. 자(者)란 곧 사람이니 이 사람들이고, 저〔彼〕는 논주(論主)를 가리킴이다. 곧 이 논을 얻은 날에 또 여러 같이 하는 사람들에게 나누어 펴트려 자주 마디의 요점을 두드려 치는 자가 있음을 말한다. 다 한스러워함이 있다는 것은 논주와 더불어 곳을 같이해 한때〔同處一時〕에 의심하는 것 풀지 못함이다.[79]

---

78) 連爲一句讀 或當者 恐也 卽疑辭意謂師承各別 或恐見理不必盡同 故有所不
   曉 乃致前問也
79) △二敍同友結問
   頃者向也 非唯遠法師同問 兼諸友人疑意亦然也 班分布也 有懷者懷道同人也
   擊節者扣擊節要也 者卽人也 斯人者 彼指論主也 謂得此論日 又分布示諸同人
   屢有扣擊節要之者 皆有所恨 不得與論主同處一時而決所疑也

제2. 풀이해 답하는 글〔釋答文〕

Ⅰ. 편지를 돌이켜 답을 폄〔回書敍答〕

> **論** 승조법사가 풀이해 답함
>
> 옛날부터 얼굴 뵙지 못하고 기다리며 생각하다 지쳤습니다. 혜명도인(慧明道人)이 이르러서야 지난해 섣달에 쓰신 편지글〔疏〕을 받았습니다.
>
> 아울러 물어 오신 편지를 펼쳐 찾아보며 되돌려 뒤집어보니 기쁨은 잠깐이라도 마주한 것 같습니다. 서늘한 바람이 불어오는 철에 요즈음 지내시기는 어떠신지요?
>
> 빈도(貧道)는 지치고 병들어 아름답지 못한 일들이 많을 뿐입니다. 소식은 남으로 돌아갔으므로 다 갖추지 못했습니다.
>
> 팔월 보름날 석 승조는 편지글〔疏〕에 답합니다.

승조법사가 풀이해 답함

法師釋答

논주가 앞의 물음에 풀이해 답함이다. 또한 먼저 편지가 있어 답하는 뜻을 펴니 이 또한 뒷사람이 제목을 붙인 것일 뿐이다.[1]

옛날부터 얼굴 뵙지 못하고 기다리며 생각하다 지쳤습니다. 혜명도인(慧明道人)이 이르러서야 지난해 섣달에 쓰신 편지글[疏]을 받았습니다.

不面在昔 佇想用勞 慧明道人至 得去年十二月疏

---

1) △二釋答文二. 初回書敍答
  論主釋答前問 亦先有書敍答意. 此亦後人題之耳

소(疏)는 정과 뜻을 터서 통함이니 곧 앞의 편지이다.2)

아울러 물어 오신 편지를 펼쳐 찾아보며 되돌려 뒤집어보니 기쁨
은 잠깐이라도 마주한 것 같습니다. 서늘한 바람이 불어오는 철에
요즈음 지내시기는 어떠신지요?

并問 披尋返覆 欣若暫對(如暫面對)**涼風屆節 頃常如何**

　『이아(爾雅)』는 "북녘바람을 서늘하다" 말하니 가을바람은 많이
북에서 분다.3)

빈도는

貧道

　스스로 낮춤이다. 도덕이 모자람을 빈도(貧道)라 한다.4)

지치고 병들어

勞疾

　부지런히 일해 쉬지 못하고, 아파 도를 알지 못하므로5)

아름답지 못한 일들이 많을 뿐입니다.(아름다움은 빼어남이다) 소식
[信]은(편지다) 남으로 돌아갔으므로 다 갖추지 못했습니다.

多不佳耳(佳勝也)　**信**(書也)**南返不悉**

　다 갖추지 못함이니 남으로 다시 돌아갔기 때문이다.6)

---

2) 疏也 疏通情意 即前書也
3) 爾雅云 北風曰涼 秋風多北
4) 自謙也 乏道德曰貧道
5) 勤勞未息 患不知道故
6) 不備悉也 返復南方故

팔월 보름날 석 승조는 편지글[疏]에 답합니다.

八月十五日 釋僧肇疏答

옛사람의 편지에는 넓고 간략함이 있는데 이 위는 간략하게 편 것[略陳]이고 아래는 넓게 말한 것[廣云]이다.[7]

論 비록 옷과 모습이 다르지만 묘한 깨달음의 기약[妙期]은 둘이 아니며, 강과 산이 비록 멀지만 진리에 계합하면 바로 이웃입니다. 이 때문에 먼 길을 바라보며 텅 빈 마음[虛懷]에 생각을 이루니 의지함이 있습니다.

어진 이[君]께서는 이미 아름답게 숨는 뜻[嘉遁之志]을 이루어 세속 벗어나는 아름다움을 나타내 홀로 일 밖[事外]에 고요하시니, 기쁨이 마음에 가득하실 것입니다.

매번 한마디씩 말하며 모이시니[每一言集] 어찌 법을 같이 맛봄이 멀지 않겠습니까?

그곳 숲 밑의 아름다운 읊조림에 견주어보니 높은 뜻은 참으로 멀고 아득합니다.

맑고 맑아 잡된 티끌 흩어버린 그 뜻을 함께 기약하진 못하나 두텁게 스스로 간직하고 보살피시면 오가는 사람 있을 때마다 자주 문안 받들겠습니다.

그 산의 대중들께서 별 탈 없으시고 출가와 재가 대중[道俗]이 함께 좋으시길 바랍니다.

비록 옷과 모습이 다르지만

服像雖殊

비록 출가 승려와 세속 대중이 모습이 다르고 옷차림 또한 다르지만[8]

---

7) 古者書有廣略 此上略陳 下廣云

묘한 깨달음의 기약[妙期]은 둘이 아니며

妙期不二

　미묘함으로 기약함에는 둘이 아니며9)

강과 산이 비록 멀지만 진리에 계합하면 바로 이웃입니다. 이 때문에
먼 길을 바라보며 텅 빈 마음[虛懍]에 생각을 이루니(마음이 비었는데
스스로의 마음이 생각을 이룸) 의지함이 있습니다.(맡기는 바가 있는 것 같음)
어진 이[君]께서는 이미 아름답게 숨는 뜻[嘉遁之志]을 이루어 세
속 벗어나는 아름다움[越俗之美]을 나타내 홀로 일 밖[事外]에 고
요하시니 기쁨이 마음[方寸]에 가득하실 것입니다.

江山雖緬　理契卽鄰　所以望途致想虛懍(心也虛自心致想)有寄(如有所託)
君旣遂嘉遁之志 標越俗之美 獨恬事外 歡足方寸

　티끌 밖의 기쁨으로 마음에 기쁨 넘치게 함이다. 마음을 방촌(方
　寸)이라 한다.10)

매번 한마디씩 말하며 모이시니, 어찌 법을 같이 맛봄이 멀지 않겠
습니까?

每一言集(聚也) 何嘗不遠

　저들이 모여 말로 논함을 가리키니 어찌 멀지 않겠는가?11)

그곳 숲 밑의 아름다운 읊조림에 견주어보니 높은 뜻은 참으로 멀
고 아득합니다.

喻林下之雅詠 高致悠然

---

8) 雖僧俗像異 服飾亦殊
9) 微妙爲期 彼此不二
10) 塵外之歡 足悅於心 心曰方寸
11) 指彼聚集言論 何有不遠

유(喩)는 '견주어 봄'이다. 유연(悠然)은 '아득히 멂'이다. 진(晉)
때에 일곱 어진 이[七賢]가 있었으니, 곧 유영(劉靈) 향수(向秀)
등인데 같이 산양(山陽)의 대숲[竹林]에 숨어서 아름다운 읊조림
[雅詠]을 높이하여 세속을 멀리하였다. 어진 이 유공[劉君]을 이에
견줌도 또한 그러한 것이다.12)

맑고 맑아 잡된 티끌 흩어버린 그 뜻을 함께 기약하진 못하나(아직
서로 봄을 기약하지 못하나) 두텁게 스스로 간직하고 보살피시면 오가는
사람 있을 때마다 자주 문안 받들겠습니다.
그 산의 대중들께서(여산의 청정대중을 기리어 노래함) 별 탈 없으시고,
출가와 재가 대중이 함께 좋으시길(이아(爾雅)에 이르길, 양은 걱정이니
편안함을 무양이라 한다) 바랍니다.
清散未期(未期相見) **厚自保愛 每因行李數有承問 願彼山僧**(祝頌廬山淸
衆) **無恙**(爾雅云 恙憂也安曰無恙) **道俗通佳**

혜원 법사는 칠백 대중을 이끌었으니 그때 주속지(周續之)와 뇌
차종(靁次宗) 등이 백련사(白蓮社)에 들었다. 그러므로 출가와 재
가[道俗]라 말한 것이다. 가(佳)는 빼어남이다.13)

> 🔲 원법사(遠法師)의 빼어나고 항상함을 받아 기쁨과 위로를 삼
> 으면 도의 행이 보통[常]과 달라, 비록 아직 맑음을 받들지 못
> 해도 맑은 마음을 이어 받게 됩니다.
> 　그러면 높은 규범[高軌]을 마음 깊이 감복하게 되니 발돋음
> 해 기다려 부지런히 한 날이 오래된 것입니다.

---

12) 喩比也 悠然遠也 晉有七賢 卽劉靈向秀等 俱隱山陽竹林 高遠雅詠 劉君比之
　亦然
　〔이 일곱 어진 이를 대숲의 일곱 어진 이[竹林七賢]라 한다.〕
13) 遠師領徒七百 於時周續之靁次宗等入蓮社 故曰道俗 佳者勝也

> 혜원공(慧遠公)은 이순(耳順)이 지난 나이에도 맑은 기운[湛
> 氣]을 더욱 부지런히 하시며, 제자를 기르심은 깊고 무거우시사
> 하나를 안고[抱一] 텅 비신 것[沖谷]입니다.
>
> 멀리 있거나 가까이 있거나 우러러 노래하니 어떤 아름다움
> 이 이와 같을 수 있겠습니까? 매번 또한 한 모퉁이에서 발돋움
> 해 공을 생각할 때마다 아득히 하늘의 구름 끝으로 덮으니, 공
> 경하는 마음 쏟아낼 수 없어서 맺히는 슬픔 참으로 깊어집니다.
>
> 어진 이께서는 맑은 가풍을 날이 다하도록 마주하니 시원스
> 럽게 깨친 마음의 기쁨[悟心之歡]이 있으시겠습니다.

원법사의 빼어나고 항상함[勝常]을 받아 기쁨과 위로를 삼으면 도
의 행이 보통과 달라 비록 아직 맑음을 받들지 못해도 맑은 마음
을 이어 받게 됩니다.

그러면 높은 규범[高軌]을 마음 깊이 감복하게 되니 발돋움 해 기
다려 부지런히 한 날이 오래된 것입니다.

혜원공은 이순(耳順)이 지난 나이에도 맑은 기운[湛氣]을 더욱 부
지런히 하시며(미(彌)는 많음이며 여(厲)는 부지런함이다), 제자를 기르
심은 깊고 무거우시사 하나를 안고[抱一] 텅 비신 것입니다.

承遠法師之勝常 以爲欣慰(道行異常) 雖未淸承(淸心承裏) 然服膺高軌
企佇之勤爲日久矣(佇望日久) 公(遠公)以過順之年 湛氣彌厲(彌多也厲勤
也) 養徒幽巖 抱一沖谷

> 하나를 안음은, 마음이 일승(一乘)에 계합함이고, 그윽한 문[玄
> 門]이 텅 비어 깊음[沖深]이다.14)

멀리 있거나 가까이 있거나 우러러 노래하니 어떤 아름다움이 이

---

14) 抱一者 心契一乘 玄門沖深也

와 같을 수 있겠습니까? 매번 또한 한 모퉁이에서 발돋음 해 공(公)을 생각할 때마다

遐邇(遠近也)仰詠 何美如之 每亦翹想一隅

　방위이니, 혜원 법사 머무는 곳을 생각함이다.15)

아득히 하늘의 구름 끝으로 덮으니

懸庇霄岸

　마치 구름 낀 하늘 아래 있으며 그 그늘을 받들고 있는 것 같으므로16)

공경하는 마음 쏟아낼 수 없어서 맺히는 슬픔 참으로 깊어집니다. 어진 이께서는 맑은 가풍을 날이 다하도록 마주하니 시원스럽게 깨친 마음의 기쁨[悟心之歡]이 있으시겠습니다.

無由寫敬 致慨(歎也)良深 君清對終日 快有悟心之歡也

　어진 이 유공[劉君]께서는 맑게 원법사를 마주하신다. 그러므로 깨친 마음의 기쁨이 있으실 것이다.17)

論 이곳 대중은 한결같이 잘 지내시며 구마라지바 법사께서도 알맞게 지내십니다.
　진왕(秦王)께서는 도의 성품[道性]이 스스로 그러하시어 타고난 기틀[天機]이 세속을 넘으셨습니다.
　삼보(三寶)로 성을 삼고 참호를 삼으시어[城塹三寶], 도 넓힘[弘道]으로 일 삼으시고 다른 불전[異典]과 빼어난 스님들

---

15) 方也 想遠師所居
16) 如在雲霄之下 承彼庇廕故
17) 劉君清對遠師 故有悟心之歡悅

〔勝僧〕이 바야흐로 멀리서 이름〔至〕으로 말미암아, 영축산의 바람이 이 땅에 모아지게 되었습니다.

영공(領公)이 멀리 몸을 일으키니 천년의 나루가 되고 다리〔津梁〕가 됩니다.

서역에서 방등의 새 경〔方等新經〕 이백여 부를 얻어 돌아와, 대승선사(大乘禪師) 한 분을 청하시고 삼장법사(三藏法師) 한 분을 청하고 비바사론의 법사〔毗婆沙法師〕 두 분을 청했습니다.

구마라지바 법사는 대석사(大石寺)에서 새로 이른 경을 옮겨내심에 곧 법의 곳간이 깊고 넓어 날로 다른 들음이 있었습니다.

선사(禪師)는 와관사(瓦官寺)에서 선정의 길을 가르쳐 닦게 하시니, 문도 몇백 명이 밤낮으로 게으르지 않았으며 서로 부드럽게 어울리고 가지런히 고루어 기꺼이 즐길만하게 되었습니다. 삼장법사(三藏法師)는 중사(中寺)에서 비나야피타카를 옮겨내니 바탕과 끝이 다 갖추어져 마치 붇다께서 처음 제정하신 계율〔初制〕을 본 듯합니다.

비바사법사(毗婆沙法師)는 석양사(石羊寺)에서 '사리푸트라 아비다르마' 산스크리트본을 옮겨냈는데, 비록 아직 다 옮기지는 못했지만 때로 물음 가운데 일에 말을 내는 것이 기이하고 새롭습니다.

이곳 대중은 한결같이 잘 지내시며

即此大衆尋常

앞에서 소요원(逍遙園)의 일 물음에 답한 것이다.18)

---

18) 答前問逍遙園事

구마라지바 법사께서도 알맞게 지내십니다.(항상함이다)

진왕(秦王)(후진(後秦)의 두 번째 왕으로 그 이름은 흥(興)이다)께서는 도의 성품이 스스로 그러하시어

什法師如宜(常也) 秦王(後秦第二主諱興) 道性自然

　도가 스스로 그러함을 본받아 진왕은 이를 얻으셨으니19)

타고난 기틀이 세속을 넘으셨습니다. 삼보(三寶)로 성을 삼고 참호를 삼으시어

天機邁俗 城塹三寶

　성 아래 물을 참(塹)이라 하니 이것이 그 성을 보살핀다. 그러므로 진왕이 삼보 보살핌에 견줄 수 있다.20)

도 넓힘으로 일 삼으시고 다른 불전(異典: 아래에 새 경 이백 여부라 말했다)과 빼어난 스님들이(勝僧: 아래 글에서 볼 수 있다) 바야흐로 멀리서 이름[遠而至]으로 말미암아, 영축산(靈鷲山)의 바람이 이 땅에 모아지게 되었습니다.

弘道是務(以弘道爲務) 由使異典(下云 新經二百餘部) 勝僧(下文可見) 方(始也)遠而至 靈鷲之風萃於茲土

　옛날 세존께서는 영축산에서 높은 진리의 수레[上乘]를 설하셨고, 지금은 참된 바람[眞風] 그윽한 진리의 규범[玄範]이 진나라에 모두 모인 것이다.21)

영공(領公)이 멀리 몸을 일으키니

領公遠擧

---

19) 道法自然 秦王得之
20) 城下河曰塹 此護其城 故可比秦王護三寶也
21) 昔日世尊說上乘於靈鷲山 眞風玄範 今竝聚於秦國

감〔往〕이다. 지법령(支法領)22)이 서쪽 인도 땅에 가 경을 가져 옴이다.23)

천년의 나루가 되고 다리가 됩니다.

乃千載之津梁也

다리는 흘러 물에 빠짐을 건너게 하니 지극한 가르침이 티끌 번뇌 벗어나게 할 수 있음에 견준다. 그러므로 나루와 다리라 한 것이다.24)

서역에서 방등의 새 경 이백여 부(옛 화엄 등의 경)를 얻어 돌아와, 대승선사(大乘禪師) 한 분을 청하시고

於西域 還得方等新經二百餘部(古華嚴等經) **請大乘禪師一人**

곧 붇다바드라(Buddhabhadra)이니 여기 말로 각현(覺賢)인데 대승선관(大乘禪觀)을 잘 얻었기 때문이다. 그러므로 그때 혜관(慧觀), 혜엄(慧嚴) 등이 서역에서 한 대덕을 청해 동으로 왔는데 그분을 여러 대덕들은 붇다바드라가 아니라고 말한다. 다른 사람은 장안(長安)에 같이 오지 않았다. 뒤에 여산의 원 법사가 선사를 산에 맞이해 들여 선경(禪經)을 번역하여 그를 좇아 받아들였다. 뒤에 양주(揚州)의 사사공사(謝司空寺)에서 옛 『화엄경』〔古華嚴經: 붇다바드라의 60권 화엄경 번역〕을 번역하였다.25)

---

22) 지법령(支法領): 월지국(月支國) 사람으로 생몰 연대는 미상. 동진(東晉) 때의 승려. 효무제(孝武帝) 때 서역 우전국(于闐國)에 가서 『사분율(四分律)』 범본(梵本)과 60권 『화엄경』의 범본을 발견하여 의회(義熙) 4년(408) 장안(長安)으로 가지고 돌아왔다. 『화엄경』 60권본은 붇다바드라 〔覺賢〕가 이 범본을 원본으로 하여 번역한 것이다.

23) 往也 支法領往西土取經

24) 橋梁可以渡流溺 比至教可以越塵勞 故曰津梁

25) 卽佛度跋陀羅 此云覺賢 善得大乘禪觀故 於時慧觀慧嚴等於西域 請一大德東歸 彼諸德曰 非佛陀 餘人不可遂共來之長安 後廬山遠法師迎接入山 翻譯禪經

삼장법사 한 분을 청하고

三藏法師一人

　비록 삼장을 알아 통했으나 비나야의 수레[律乘]를 전해 옮기니
곧 푼냐타라(Puṇyatāra: 弗若多羅)이다.26)

비파사론의 법사 두 분을 청했습니다.

毗婆沙法師二人

　논사는 이 『비바사론(Vibhāṣa-śastra, 毗婆沙論)』을 옮기니 곧
다르마굽다[Dharmagupta]와 다르마야사[Dharmayaśas]이다.27)

구마라지바 법사는 대석사(大石寺)에서 새로 이른 여러 경[新至諸
經]을 옮겨내심에 곧 법의 곳간이 깊고 넓어[法藏淵曠] 날로 다른
들음이 있었습니다.

什法師於大石寺 出新至諸經 法藏淵曠日有異聞

　곧 『법화(法華)』『금강(金剛)』등의 경이다.28)

선사(禪師)는 와관사(瓦官寺)에서 선정의 길[禪道]을 가르쳐 닦게
하시니 문도 몇백 명이

禪師於瓦官寺教習禪道 門徒數百

　셋 넷 이상을 다 몇이라 한다. 무리란 따르는 '붙이[屬]'이니 선
정의 마음[禪心] 도의 업[道業]을 가르쳐 익히게 함이다.29)

　　　從其稟受 後於揚州謝司空寺 譯古華嚴經
26) 雖解通三藏而傳譯律乘 卽弗若多羅
27) 論師譯毗婆沙論 卽曇摩掘多與曇摩耶舍
28) 卽法華金剛等經
29) 三四已上皆數 徒者屬也 教習禪心道業
　　[승조께서 붇다바드라를 대승선사(大乘禪師)라 일컬음은 그의 선관이 연기
　　중도의 바른 살핌임을 알 수 있고, 문도가 몇 백이라 함은 그의 선관을 의

밤낮으로 게으르지 않았으며

夙夜匪懈

『모시(毛詩)』 다음 구절은 말한다.

"한 사람을 섬기는 것이란 곧 힘써 부지런히 해 아침저녁에 버리
지 않음이다."[30]

서로 부드럽게 어울리고 가지런히 고루어 기꺼이 즐길만하게 되었
습니다. 삼장법사(三藏法師)는 중사(中寺)에서 비나야피타카[律藏]
를 옮겨내니 바탕과 끝이 다 갖추어져

噩噩(和也)肅肅(整齊也) 致可欣樂(愛樂也)三藏法師於中寺出律藏　本末
精悉

푼냐타라(弗若多羅)이다. 구마라지바와 같이 『십송율(十誦律)』 6
1권을 옮기니 음욕, 도둑질, 산 목숨 죽임, 거짓말 네 계〔四戒〕를
근본으로 한다.

상가(sangha) 아래 끝가지의 비나야〔枝末〕도 옮겼다. 잃음 없는
것〔無失〕을 다 갖춤이라 한다.[31]

마치 붇다께서 처음 제정하신 계율[初制]을 본 듯합니다.

비바사(vibhāṣa, 毗婆沙)법사는 석양사(石羊寺)에서 '사리푸트라 아
비다르마(중국말로는 견줄 수 없는 법)' 산스크리트본을 옮겨냈는데

若覩初制(如見佛之初制) 毗婆沙法師於石羊寺　出舍利弗阿毗曇(秦言無比
法)胡本

호(胡)는 산스크리트다. 논(論)에는 22권이 있고 때로 30권이라

지해 수행한 선류(禪流)들이 큰 회상 이루었음을 말한다.〕

30) 毛詩次句云 以事一人卽策勤不捨朝夕也
31) 弗若多羅也 同羅今譯十誦律六十一卷 婬盜殺妄四戒爲根本 僧伽已下枝末譯
　　之 無失曰精悉

하는데 도표법사(道標法師)가 머리글을 지었다.[32]

비록 아직 다 옮기지는 못했지만 때로 물음 가운데 일에, 말을 내
는 것이 기이하고 새롭습니다.

雖未及譯 時問中事 發言奇新

홍시(弘始) 10년에 번역되고, 11년(409) 구마라지바가 돌아갔
으니[亡], 곧 이 책이 바로 9년 가운데 일임을 알았다. 미리 논
가운데 일과 이치를 물어 논(論)이 기이하고 새로움을 말했다.[33]

> 論 빈도는 한 생에 분수에 넘치도록 아름다운 운[嘉運]에 함께
> 하고, 이 성대한 교화[盛化]를 만났으니, 스스로 샤카무니붇다
> 의 제타바나의 모임 보지 못함을 한스러워할 뿐 나머지는 다시
> 무엇을 한스러워하겠습니까?
>
> 그렇지만 맑고 빼어나신 어진 이들[淸勝君子]과 이 법의 모
> 임에 같이하지 못함을 슬퍼합니다.
>
> 도생상인(道生上人)은 이 무렵 여기에서 몇 년을 같이 머물
> 렀는데, 말 나눌 때가 되면 늘 서로 아름다움을 기리어 노래
> 했는데, 닦아 행함의 길 가운데서[中途] 이미 남으로 돌아갔
> 습니다.
>
> 그대 어진 이와는 서로 볼 수 있지만 아직 다시 가까이서 문
> 안하지 못하니 멍하니 슬픈 마음 어찌 말하겠습니까?
>
> 위도인(威道人)이 이르러 어지신 이의 염불삼매의 노래[念佛
> 三昧詠]를 얻고, 아울러 원법사의 삼매의 노래[三昧詠]와 서문
> [序]을 얻었습니다.

---

32) 胡是梵也 論有二十二卷 或三十卷 道標法師序
33) 弘始十年譯 十一年羅什亡 即知 此書是九年中事 預問論中事理 言論奇新也

> 이 지음[此作]의 흥취와 깃든 뜻이 이미 높고 글이 맑고 아
> 름다움을 이루어 글을 할 줄 아는 선비는 모두 그 아름다움을
> 일컫습니다. 그 글들은 성인의 문[聖門]에 노닐어 걸으며 그윽
> 한 빗장[玄關]을 두드리는 소리라고 말할 수 있을 것입니다.

빈도는 한 생에 분수에 넘치도록 아름다운 운[嘉運]에 함께하고,
이 성대한 교화를 만났으니

貧道一生猥參嘉運 遇茲盛化

'외(猥)'는 해지고 곤함이다. 낮추어 해진 자취를 말한다. '아름다
운 운[嘉運]'이란 좋은 때이니 기이한 전적과 빼어난 상가를 보고
듣기 때문이다. '성대한 교화'란 곧 진왕(秦王)의 밝은 교화를 만났
기 때문이다.34)

스스로 샤카무니의 제타바나(祇桓, Jetavana)의 모임 보지 못함을
한스러워할 뿐

自恨不覩釋迦祇桓之集

다만 제타바나에 있으며 붇다의 회상에 몸소 같이하지[親預佛會]
못함을 한스러워할 뿐35)

나머지는 다시 무엇을 한스러워하겠습니까?(나머지 한스러워할 것이
없지만) 그렇지만 맑고 빼어나신 어진 이들과 이 법의 모임[法集]
에 같이하지 못함을 슬퍼합니다.

餘復何恨(餘無所恨) 而慨不得與淸勝君子同斯法集耳

유공(劉公)과 더불어 소요원(逍遙園) 법의 모임에 같이하지 못하

---

34) 猥弊也 謙云弊迹 嘉運者 善時見聞 異典勝僧故 盛化卽遇秦王明化故
35) 但恨不在祇園親預佛會

니 또 이런 한스러움이 있습니다.36)

도생상인(道生上人)은 이 무렵 여기에서 몇 년을 같이 머물렀는데 (도생법사는 진나라 3년에 있었다), 말 나눌 때가 되면 늘 서로 아름다움을 기리어 노래했는데, 닦아 행함의 길 가운데서[中途] 이미 남으로 돌아갔습니다.

生上人頃(向也)在此同止數年(生公在秦三年) 至於言話之際 常相稱詠(歎也)中途還南

　길 가운데[中途]란 앞길을 가리킨 것이다. 이미 여산 언덕[廬阜]에 돌아갔으므로 남으로 돌아갔다고 말했다.37)

그대 어진 이와는 서로 볼 수 있지만, 아직 다시 가까이서 문안하지 못하니 멍하니 슬픈 마음 어찌 말하겠습니까?

君得與相見 未更近問 惘悒何言

　멍하고 슬픔이란 마음이 아득한 생각으로 이미 어찌 말하지 못함이다.38)

위도인(威道人)이 이르러

威道人至

---

36) 不得與劉公同會逍遙法集 又有此恨也
37) 中途指前路也. 已歸廬阜. 故曰還南
38) 惘悒者 心之懸想無已何以言也
　〔구마라지바 법사 문하 동학인 도생법사에 대한 공경과 그리운 마음을 말하고 있다.〕
　〔동아시아불교사에 한 스승 문하의 동학으로서 서로 공경과 존경의 모범을 보인 옛 분으로는 구마라지바 문하의 승조와 도생〔僧肇, 道生〕양 성사, 고구려 보덕국사에게 함께 배운 우리불교 원효와 의상〔元曉, 義湘〕양 성사, 고려선사 의통존자 문하 사명과 자운〔四明, 慈雲〕두 존자를 들 수 있다.〕

담위(曇威) 또한 여산의 사람인데 장안(長安)에 이르렀다.39)

어지신 이의 염불삼매의 노래[念佛三昧詠]를 얻고, 아울러 원법사
의 삼매의 노래[三昧詠]와 서문을 얻었습니다.

得君念佛三昧詠 幷得遠法師三昧詠及序

　사마디[samadhi, 三昧]는 여기 말로 바르게 받음[正受]이니 이
는 사법과 진리[事理]에 통한다. 붇다를 바르게 부르고 생각하므로
[正念於佛] 염불삼매(念佛三昧)라 한다.

　원법사의 서문은 이 일을 노래한 것이다. 어진 이 유공[劉君]은
위도인을 이어 화답하여 논주에게 보이므로 지금 이를 아름답다
한 것이다.40)

이 지음[此作]의 흥취와 깃든 뜻이 이미 높고

此作興寄旣高

　모시(毛詩)의 서문에 말했다.

　'시(詩)에는 여섯 뜻[六義]이 있으니 따르는 풍속(風), 맞섬[賦],
견줌[比], 일어나는 흥(興), 아름다운 가락(雅), 노래(頌)이다.'

　염불의 노래[念佛之詠]는 흥(興)에 부치는 뜻이니 그 높은 지음
을 아름답다 한 것이다.41)

글이 맑고 아름다움을 이루어(아름다움이란 세운 글이 맑아 아름다움이다)
글을 할 줄 아는 선비는 모두 그 아름다움을 일컫습니다.

---

39) 曇威亦廬山人 至長安也
40) 三昧此云正受 此通事理 正念於佛故云念佛三昧 遠法師序詠此事 劉君繼和威
　　道人 示論主故今美之
41) 毛詩序云 詩有六義 曰風 曰賦 曰比 曰興 曰雅 曰頌 念佛之詠乃寄興之義
　　美其高作也

辭致淸婉(美也立文淸美)　能文之士　率稱其美

솔(率)은 엎드림이니 지은이에게 모두 다 엎드려 그 아름다움을
일컫는 것이다.42)

그 글들은 성인의 문[聖門]에 노닐어 걸으며 그윽한 빗장[玄關]을
두드리는 소리라고 말할 수 있을 것입니다.

可謂遊涉聖門　叩玄關之唱也

염불(念佛)의 뜻을 노래하므로 성인의 문[聖門]에 노닐어 걸으
며, 그윽한 문[玄關]을 두드려 침이다.43)

論 그대 어진 이와 혜원법사께서는 몇 권의 문집이 있을텐데 보
내옴은 왜 그리 적은가요? 구마라지바 법사께서는 홍시(弘始)
8년에 『비말라키르티수트라』를 옮겨내셨습니다.

빈도(貧道)는 그때 함께하여 강설을 듣게 되었으니 모임에
같이하여 받들어 모시는 틈에 오직 거듭 조리 있게 진실한 말을
기록해 주해(註解)를 삼았습니다.

말은 비록 글답지 못하나 뜻을 이음에는 바탕이 있습니다.

지금 소식 전하는 이에게 한 부를 지니고 남으로 가게 했습
니다. 어진 이께서는 한가하고 자세한 분이시니 시험 삼아 살펴
주십시오.

보내오신 물음은 글이 아름답고 뜻이 간절하니 영 사람[郢人]
같은 맞수가 될 수 없군요. 빈도는 생각이 깊은 이치에 들어가
지 못하고 겸해 글과 말에도 서툽니다.

또 지극한 진리의 길은 말이 없고 말은 반드시 진리의 길에

---

42) 率伏也　作者皆率伏稱美
43) 詠念佛之旨故　遊涉聖門叩擊玄關也

> 어긋나니 이리저리 말함이 다하지 않으면 마침내 무엇을 말할
> 것인가요.
> 애오라지 미친 말[狂言]로 보여 보내온 뜻에 대꾸할 뿐입
> 니다.

그대 어진 이와 혜원법사께서는 몇 권의 문집이 있을텐데 보내옴
은 왜 그리 적은가요?(넓은 문집 보기를 구한 것이다)
구마라지바 법사께서는 홍시 8년[午年: 병오]에 『비말라키르티수
트라』를 옮겨내셨습니다.
빈도(貧道)는 그때 함께하여 강설을 듣게 되었으니 모임에 같이하
여 받들어 모시는 틈에 오직 거듭 조리있게 진실한 말[誠言]을 기
록해 주해(註解)를 삼았습니다.

君與法師當數有文集　因來何少(求見廣集)　什法師以午年(弘始八年　屬丙
午)　出維摩經(譯出也)貧道時預聽次　參承之暇　輒復條記誠言　以爲註解

구마라지바 법사가 번역을 따라 강설하니 승조(僧肇) 법사가 들
음을 따라 주석하였다. 이것이 곧 드러나 행해지고 있는 『비말라
키르티수트라』 네 주[四註]의 하나이다. 조리있게 기록함이란 글
을 따라 기록함이고 진실한 말[誠言]이란 강설하는 이의 자세하고
진실한 말이다.44)

말은 비록 글답지 못하나 뜻을 이음에는 바탕이 있습니다.

辭雖不文　然義承有本

강설을 받은 것이니 말씀한 바가 근거인 것이다.45)

---

44) 什師隨譯而講　肇師隨聽而註　即今現行四註之一也　條記者　逐文記錄也　誠言
　　者　講者諦實之辭也
　　〔『유마경(維摩經)』은 승조주가 주석의 효시가 된다.〕
45) 承講者　所說爲本據

지금 소식 전하는 이에게 한 부를 지니고 남으로 가게 했습니다.
(남으로 부쳐 유공에게 드리니) 어진 이께서는 한가하고 자세한 분이시
니 시험 삼아 살펴주십시오.

今因信持一本往南(南附呈劉公) 君閑詳 試可取看

　한가함과 자세함을 얻었으니 자세히 또 시험 삼아 보아주십시
오.46)

보내오신 물음은 글이 아름답고 뜻이 간절하니

來問婉切

　앞의 물음이 아름답고 간절하여 아주 맞음을 바로 폄이다.47)

영 사람[郢人]같은 맞수가 될 수 없군요.

難爲郢人

　『장자(莊子)』에 말했다.

　'영 사람[郢人]이 그 코끝이 더러워 파리 날개 같으므로 돌 깎는
장인으로 하여금 도끼를 가져와 바람 소리를 내도록 하여 깎아 더
러움을 다했으나 코는 다치지 않았다. 영 사람은 서서 얼굴을 잃지
않았다.'

　지금 이 유공의 간절한 물음이 저 돌 깎는 장인과 같음에 견주
어, 논주가 마주해 받기 어려움을 스스로 말하므로 영 사람[郢人]
과 같다고 한 것이다.48)

빈도(貧道)는 생각이 깊은 이치에 들어가지 못하고 겸해 글과 말에

---

46) 得閑詳 審且試取看
47) 正敍 前問婉美切當也
48) 莊子云 郢人以汚漫其鼻端 若蠅翼 使匠石斲之 匠石運斤成風聽而斲之 盡汚
　　而鼻不傷 郢人立不失容 今比劉公切問如彼匠石 論主自謂難爲對受故如郢人

도 서툽니다.

貧道思不關微 兼拙於筆語

　모두 겸양하는 말이다. 마음은 현묘함을 거치지 못하고 말은 짧
고 못나 서투름이다.49)

또 지극한 진리의 길[至趣]은 말이 없고, 말은 반드시 진리의 길
에 어긋나니

且至趣無言 言必乖趣

　진리는 본래 말을 끊었으니〔理本絶言〕 묻고 답함이 다 잃음이
다.50)

이리저리 말함이 다하지 않으면 마침내 무엇을 말할 것인가요.

云云不已 竟何所辨

　지금 묻고 답함을 마치지 않으면 곧 뜻에 어긋나고 길을 잃으니
〔乖旨失趣〕, 마침내 무엇을 밝힐 것인가? 아래 서로 글 밖〔文外〕
을 기약할 뿐이라 말했다.51)

애오라지 미친 말[狂言]로 보여 보내온 뜻에 대꾸할 뿐입니다.

聊以狂言示訓來旨耳

　말 없는데 억지로 말함을 미친 말이라 한 것이니 보내온 뜻에 대
꾸하기 위한 것이다.52)

---

49) 竝謙語也 心不涉玄語多短拙
50) 理本絶言問答皆失
51) 今問答不已 則乖旨失趣 何所辨耶 下云相期於文外耳
52) 無言彊言曰狂言 所爲訓來旨也

II. 묻는 바에 바로 답함〔正答所問〕

1. 의심하는 뜻을 모아 답함〔總答疑意〕

> **論** 편지글〔疏〕에서 공은 말했습니다.
>
> '성인의 마음이라 일컬음은 그윽이 고요하여, 이치가 지극하여 없음과 같습니다〔理極同無〕. 그러면 곧 이름 있음〔有名〕 가운데 머물러도 멀리 이름 없음〔無名〕에 같아집니다. 이 이치가 그윽하므로 보통 사람은 더욱 어두워지는 것입니다.'
>
> 이러한 뜻을 품으셨다면 스스로 말을 잊고〔忘言〕 안으로 얻어 마음〔方寸〕을 취해 바로 정할 것〔取定方寸〕이지, 다시 어찌 사람들의 뜻이 달리 여기는 바로써, 성인의 마음의 다름〔異〕을 구하십니까?

1) 묻는 바를 간략히 받음〔略牒所問〕

편지글[疏]에서 공은 말했습니다.

疏云

옛날에는 많이 편지〔書〕를 소(疏)라 하였다. 소는 트여 통함이니, 정과 뜻〔情意〕을 서로 통함이다. 지금 저 편지를 가리켜 말한다.[53]

'성인의 마음이라 일컬음은 그윽이 고요하여, 이치가 지극하여 없음과 같습니다[理極同無]. 그러면 곧 이름 있음[有名] 가운데 머물러도 멀리 이름 없음[無名]에 같아집니다. 이 이치가 그윽하므로 보통 사람[常]은 더욱 어두워지는 것입니다.'

---

53) △二正答所問三 初總答疑意二 初略牒所問
　　古多以書曰疏 疏疎也 疎通情意 今指彼書云

稱聖心冥寂 理極同無 雖處有名之中 而遠與無名同 斯理之玄 故常所
彌昧者

일컬음이란 저가 말한 것을 가리킴이다. ~하는 것[者]이라는 글
자는 받음이다.54)

2) 권하여 증득해 깨치도록 함[勸令證悟]

이러한 뜻을 품으셨다면 스스로 말을 잊고[忘言], 안으로 얻어 마
음[方寸]을 취해 바로 정할 것이지
以此爲懷 自可忘言內得 取定方寸

앞의 유공이 의심한 바 말한 것이 다 바른 이치에 합하나 다만
의심할 수 있는 마음이 스스로 더욱 어두워짐에 맞기 때문에 지금
다시 따로 답하지 않는다.

다만 권하여 집착을 버리고 의심을 없애게 하여, 참으로 말[言]
에 걸리지 않고 진리가 스스로 드러나게 한 것[理當自顯]이다. 이
미 지극한 논[至論]이 마음에 있으면 이치가 두렷해지고[在懷理
圓], 말이 치우치고 말이 생겨나면 이치가 죽으므로, 반드시 안으
로 비추어[當內照] 말을 잊고 뜻을 얻어야[忘言得旨] 하는 것이다.
곧 마음에 있고 말에 있지 않음을 취해 정해야 하는 것이다.

아래는 꾸짖는 것이니 이렇게 말한다.55)

다시 어찌 사람들의 뜻이 달리 여기는 바로써, 성인의 마음의 다름
[聖心之異]을 구하십니까?

---

54) 稱者 指彼所說也 者字是牒
55) △二勸令證悟
　　爲前劉公述所疑 皆合正理 但能疑之心 自稱彌昧故 今更不別答 但勸令捨執除
　　疑 苟不滯言理當自顯 旣以至論在懷理圓 言偏言生理喪故 當內照而忘言得旨
　　取定在心不在言也 下責之云

復何足以人情之所異 而求聖心之異乎

앞에 다음 같이 말했다.

'성인의 마음의 다름을 구하려 하여 세상 사람들은 끊어짐과 항상함의 뜻으로 집착하니〔斷常情執〕곧 다름이 있다.

그러나 성인의 마음에 어찌 다름이 있겠는가?56)

2. 세 물음에 따로 답함〔別答三問〕

1) 바탕과 씀이 둘 아닌 참된 항상함을 답함〔體用不二眞常答〕

⑴ 바로 바탕과 씀을 답함〔正明體用答〕

> **論** 편지글〔疏〕에서 말했으니, 말한 것은 다음과 같습니다.
>
> '신령함에 사무치고 수를 끝까지 하여〔窮靈極數〕, 묘하게 다해 그윽함에 부합했다면 이는 곧 고요함과 비춤의 이름〔寂照之名〕이므로 이는 선정과 지혜의 바탕일 뿐입니다.
>
> 만약 마음 바탕이 스스로 그러하여 신령히 고요해 홀로 느낀다면 곧 뭇 수에 응함은 그러므로 거의 쉬어버리게 될 것입니다.'
>
> 그 뜻은 묘하게 다해 그윽이 부합했다면 선정과 지혜로 이름할 수 없으며, 신령하게 고요하여 홀로 느낀다면 뭇 수에 맞을 수 없어 쉼〔息〕인 것입니다.
>
> 두 말이 비록 다르나〔兩言雖殊〕묘한 씀은 늘 하나인 것〔妙用常一〕이니 나라는 말의 자취〔迹我〕를 따르면 어긋나고, 성인의 뜻에 있으면〔在聖〕 다르지 않습니다.

① 먼저 물음을 받음〔先牒問〕

---

56) 前云 欲求聖心之異 世人斷常情執 則有異 聖心豈有異也

편지글[疏]에서 말했으니, 말한 것은 다음과 같습니다.

疏曰 談者謂

　저 편지에서 말한 것을 받음이니 저 말로 논하는 자가 말한 바를
가리킴이다.57)

'신령함에 사무치고 수를 끝까지 하여, 묘하게 다해 그윽함에 부합
했다면 이는 곧 고요함과 비춤의 이름[寂照之名]이므로 이는 선정
과 지혜의 바탕[定慧之體]일 뿐입니다.
만약 마음 바탕이 스스로 그러하여[心體自然] 신령히 고요해 홀
로 느낀다면, 곧 뭇 수에 응함은 그러므로 거의 쉬어버리게 될 것
입니다.

窮靈極數妙盡冥符 則寂照之名故 是定慧之體耳 若心體自然靈怕獨感
則羣數之應故以幾乎息矣

　② 바로 답함[正答]

㈎ 둘을 모두 부정해 둘이 아님을 나타냄[雙非顯不二]

그 뜻은

意謂

　논주가 스스로의 뜻으로 말한 것이다.58)

묘하게 다해 그윽이 부합했다면, 선정과 지혜로 이름할 수 없으며

妙盡冥符 不可以定慧爲名

　지극한 지혜의 바탕에 끝까지 사무쳤다면 앎 없음[無知]에 이른

---

57) △二別答三問三 初體用不二眞常答 文四 初正明體用答二 先牒問
　　牒彼疏曰 指彼談論之者所謂也
58) △二正答 文二 初雙非顯不二
　　論主自意所謂也

것이니 묘하게 다해 그윽이 부합하는 뜻 매우 깊이 드러난다. 고요
함과 비춤, 선정과 지혜는 다만 이 바탕이 갖춤이나 바탕 그대로도
아니다. 바탕은 사유와 말을 끊었으므로[體絶思議故] 그럴 수 없다
고 말한다.

이는 곧 유공이 이미 바탕 성품이 신령하게 고요함[體性靈寂] 안
것을 허락한 것이다. 다만 선정과 지혜[定慧] 고요함과 비춤[寂照]
의 억지 이름 세움에 합하지 않은 것이다. 그러므로 알음알이가 없
어지지 않았으니[知解不亡] 어찌 증득해 들어갈 수 있겠는가?59)

신령하게 고요하여 홀로 느낀다면, 뭇 수에 맞을 수 없어 쉼[息]
인 것입니다.

靈怕獨感 不可稱羣數以息

지혜의 씀이 신령하게 고요하여 스스로 느낌을 이미 알았다면 이
는 응하는 바탕에 생각함이 있기[應本有緣] 때문이니 곧 응함이
어찌 일찍이 그치어 쉬겠는가? 그러므로 그럴 수 없다고 한 것이
다. 이는 밝은 거울이 마음 없이 비춤을 따라[無心隨照] 모습 드러
내는 뜻[現像之義]과 같다.

지금은 유공이 이미 마음 없는 마음 통달했음을 허락하나 다만 중
도에 합하지 못하니 마음 없음[無心]이 응하지 않음[不應]이 되기

---

59) 窮極智體以至於無知 妙盡冥符之義甚顯 寂照定慧 但此體具非卽是體 以體絶
思議故云不可也 此則許劉公已知體性靈寂 但不合立定慧寂照之彊名故知解不
亡 豈能證入
[알되 앎 없음이 신령히 고요함인데 선정 지혜, 고요함과 비춤의 이름을 실
로 세우면 법이 둘이 되므로 허락하지 않음.]
[지극한 바탕은 선정과 지혜의 이름이 끊어졌으나 알되 앎 없음을 바탕이라
하고 선정이라 이름함이 억지로 이름한 것이고, 앎 없이 앎을 씀이라 하고
지혜라 이름함이 억지로 이름한 것이다. 곧 선정과 지혜의 이름이 끊어졌지
만 마음 없되 그 씀이 없지 않으므로 유공이 둘 아닌 곳에 둘의 억지 이름
세움에 계합하지 못함을 깨우침.]

때문에 지금 모두 부정해 둘이 모두 아니라[雙非] 한 것이다.60)

두 말이 비록 다르나, 묘한 씀은 늘 하나인 것이니

兩言雖殊 妙用常一

　한 바탕[一體] 한 씀[一用]을 두 말이라 하나 바탕은 씀에 걸리지 않으므로, 앎 없이 알고[無知而知] 씀은 바탕에 걸리지 않으므로 응하되 응함 없음[應而無應]이다. 이미 온 바탕이 온 씀이므로[全體全用故] 묘한 씀이 늘 하나[妙用常一]라고 말한다.

　때로 바탕[體]에 앎 있음과 앎 없음의 두 말, 씀[用]에 응함 있음과 응함 없음의 두 말, 이를 모으면 있고 없다는 두 말[有無兩言]이 반야의 늘 하나됨[般若常一]에 있는 것이다.61)

나라는 말의 자취를 따르면 어긋나고, 성인의 뜻에 있으면 다르지 않습니다.

迹我而乖 在聖不殊也

　자취는 말이고 말은 내 마음의 자취이니 나[我]를 집착하는 말이다. 그러면 곧 바탕과 씀, 있음과 없음의 견해가 달라진다. 성인이 이를(나라는 말의 자취 없음을) 얻으면 바탕이 일찍이 씀에 다르지 않고, 씀이 바탕에 다르지 않다. 이런 까닭에 빔이 비춤을 잃지 않고[虛不失照] 비춤이 빔을 잃지 않는다[照不失虛].62)

_____

60) 已知智用靈恬自感 此爲應本有緣 則應何嘗止息故云不可 此如明鏡無心隨照
　現像之義 今許劉公 已達無心之心 但不合以無心爲不應故今雙非之也
　[마음에 마음 없기 때문에 응함 없이 응함이다. 그러므로 응함[應]과 마음 없음[無心]의 중도를 알지 못하면 응함이 그치어 쉼과 다르게 되므로 부정함.]
61) 一體一用曰兩言 體不礙用故無知而知 用不礙體故應而無應 既全體全用故曰
　妙用常一也 或體有知無知兩言 用有應無應兩言總之 則有無兩言在般若常一也
　[앎 없는 바탕과 앎 없지 않은 씀이 두 말이나, 바탕에 앎과 앎 없음이 두 법이 아니고, 씀에 응함과 응함 없음이 두 법이 아니면, 두 말은 반야의 바탕 그대로 묘한 씀[卽體之妙用]의 늘 하나됨[常一]에 있는 것이다.]

(나) 바탕과 씀을 미루어 풀이해 밝힘〔推釋明體用〕

論 왜인가요? 대저 성인의 그윽한 마음은 말없이 비추어〔玄心默照〕, 진리의 지극함은 없음과 같습니다〔理極同無〕. 이미 같아졌다 하면 같음에는 지극하지 않음이 없습니다.

어찌 없음에 같아진 지극함〔同無之極〕이 있고 선정과 지혜의 이름〔定慧之名〕이 있겠습니까?

선정과 지혜의 이름은 같다는 구절 밖의 일컬음이 아닐 것입니다.

만약 이름이 같음 안에서 생겼다면 이름이 있으면 같음이 아니고, 만약 이름이 같음 밖에서 생겼다면 이름은 내가 아닐 것입니다.

또 성인의 마음은 비고 미묘하여〔聖心虛微〕, 늘 보고 듣는 경계가 묘하게 끊어졌지만〔妙絶常境〕 느끼면 응하지 않음이 없고 만나면 통하지 않음이 없습니다.

지혜의 그윽한 기틀은 가만히 움직이고〔冥機潛運〕 그 씀은 바쁘지 않아, 뭇 수의 응함〔羣數之應〕이니 또한 어찌 함〔爲〕이 쉼〔息〕이 되겠습니까?

(ㄱ) 미루어 봄〔初推〕

왜인가요?

何者

왜 바탕〔體〕은 선정과 지혜〔定慧〕라 이름할 수 없고, 씀〔用〕은 쉼과 응함〔息應〕이라 일컬을 수 없는가?63)

---

62) 迹言也 言是心之迹 執我之言 則體用有無見異 在聖人得之 體未嘗殊用 用未嘗異體 所以虛不失照 照不失虛也
63) △二推釋明體用二 初推

(ㄴ) 풀이〔釋〕

㉠ 바탕을 풀이함〔釋體〕

대저 성인(사람을 들어 지혜를 나타냄)의 그윽한 마음은 말없이 비추어, 진리의 지극함은 없음과 같습니다.

夫聖人(擧人顯智)**玄心默照 理極同無**

그윽한 마음〔玄心〕이란 마음의 지혜가 비어 그윽하여〔心智虛玄〕 비추되 비추는 모습이 없으므로〔照無照相故〕 말없이 비춤〔默照〕이라 한다. 이것은 곧 그윽한 마음은 지혜〔智〕에 속하고 말없이 비춤은 곧 진리〔理〕 그대로임이다. 지혜가 곧 진리이므로 지극하여 비어 없음과 같아진다. 이것은 곧 앞에서 말한 바 신령함에 사무쳐〔窮靈〕 수를 끝까지 하여〔極數〕 묘하게 다해, 그윽이 부합함〔冥符〕이다.

청량(淸凉)은 말한다.

'비춤의 바탕은 눈이 없으니〔照體無目〕 곧 이것이 한결같음을 증득함〔證如〕이다. 진리와 지혜는 비록 두 이름이 있으나 두 바탕이 없다.'

이것이 바로 한마음의 진리와 지혜〔一心理智〕를 바로 밝힘이다.64)

何故體不可名定慧 用不可稱息應

〔바탕과 씀에 모두 두 법이 없으므로 선정과 지혜, 쉼과 응함으로 말할 수 없다.〕

64) △二釋中二 初釋體

玄心者 心智虛玄 照無照相故曰默照 此則玄心猶屬智 默照卽理也 智卽理故極同虛無 此卽前所謂窮靈極數 玅盡冥符也 淸凉云 照體無目卽是證如 理智雖有二名而無二體 此正明一心理智也

〔지혜는 비추되 비춤 없고 진리에 볼 바 모습 없으므로 진리인 지혜는 말없이 비춤이다. 지혜와 진리의 이름이 끊어짐이 바탕이고 지혜인 진리를 진리라 이름하고 진리인 지혜를 지혜라 이름하니 진리와 지혜는 이름은 둘이나 바탕은 둘이 아니다. 화엄조사 청량의 말은 무슨 뜻인가. 진리에 모습이 없는데〔無相〕 어찌 진리인 지혜에 진리를 보는 지혜의 눈이 있을 것이며 지혜에 눈이 없는데〔無目〕 어찌 지혜인 진리에 볼 바 모습이 있고 이름이 있겠는가.〕

이미 같아졌다 하면 같음에는 지극하지 않음이 없습니다.

既曰爲同 同無不極

　지극하지 않음이 없다는 것은 대개 끝에 이름[至極]을 말한 것이
니 유공(劉公)이 이미 지혜를 미루어 진리에 같아짐을 허락한 것이
다. 이는 지극함에 통달함을, 빼앗지 않는 것[不奪]을 말한다.65)

어찌 없음에 같아진 지극함이 있고 선정과 지혜의 이름이 있겠습
니까?

何有同無之極 而有定慧之名

　선정과 지혜[定慧]란 화엄교(華嚴敎)에 말했다.

　"선정이란 마음을 늘 하나의 생각함에 지님[持心常一緣]이고, 지
혜란 경계가 사마디와 같음을 밝게 앎[了境同三昧]이니 선정이란
'마음이 한 경계인 성품[心一境性]'이다.

　곧 마음이 경계의 한 성품[境之一性]에 그윽함[冥]을 선정이라
하고, 경계의 성품이 하나인 것[境之性一] 밝게 앎[了]을 지혜라
한다. 이는 다 마음과 경계의 비춤과 씀[心境照用]이라 지금 이미
새로 깨침[始覺]이 본래 깨침[本覺]에 합해 안으로 스스로의 마음
을 증득함[內證自心]이다. 그러니 어찌 다시 마음과 경계를 세워,
선정[定]이라 하고, 지혜[慧]라 할 수 있는 아는 마음[解心]을 받
아들일 것인가?

　그러므로 꾸짖어 '어찌 있겠는가?'라고 말한 것이다. 만약 아는
마음[解心]이 있다면 분별(分別)과 같을 것이다.66)

_____

65) 無不極者 蓋言於至極也 許劉公旣推智卽於理 此乃達之於至極不奪云
66) 定慧者 華嚴云 禪定持心常一緣 智慧了境同三昧 定者心一境性也 卽心冥境
　　之一性曰定 了境之性一曰慧 此皆心境照用也 今旣始覺合本內證自心 豈容更
　　立心境可定可慧之解心耶 故責云何有也 若有解心卽同分別
　　[마음이 알되 앎 없음을 선정이라 하니 선정일 때 마음은 경계에 그윽이 하
　　나되고, 마음이 앎 없이 앎을 지혜라 하니 지혜일 때 지혜는 지혜인 경계를

선정과 지혜의 이름은 같다는 구절 밖의 일컬음이 아닐 것입니다.

定慧之名非同(句)外之稱也

　선정과 지혜의 이름과 뜻은, 곧 아는 바의 경계[所解之境]이니 반드시 알 수 있는 마음[能解之心]이 있다. 그러므로 없음과 같아진 묘한 계합[妙契]이 아니다. 그러면 앎[知]이란 묘하게 다해 그 그윽함에 부합됨[妙盡冥符] 밖의 이름일 뿐이다. 아래는 먼저 같음이 아니라는 말[非同云]을 풀이한다.67)

만약 이름이 같음 안에서 생겼다면 이름이 있으면 같음이 아니고

若稱生同內　有稱非同

　만약 선정과 지혜의 이름[定慧之稱]이 있으면 반드시 마음[心]과 경계[境], 할 수 있음[能]과 하여지는 바[所]를 갖춤이다. 그러므로 진리와 지혜가 없음과 같아짐이 아니니 다음같이 살펴 말한다.
　'마음을 내어 생각을 움직이면 곧 법의 바탕에 어긋나[動念卽乖法體] 바른 생각[正念]을 잃는다.'
　그러므로 다음 밖이라는 일컬음[外之稱]을 풀이해 말한다.68)

만약 이름이 같음 밖에서[同外] 생겼다면, 이름은 내가 아닐 것입니다.

若稱生同外　稱非我也

　앎 없이 밝게 안다. 선정은 선정 아닌 선정이고 지혜는 지혜 아닌 지혜라 반야의 바탕에 선정과 지혜의 이름이 끊어졌다. 어찌 선정이라 하고 지혜라고 할 수 있는 아는 마음[解心]이 있겠는가.]
67) 定慧名義卽所解之境　必有能解之心　故非同無之妙契　乃知　是妙盡冥符外之名稱耳　下先釋非同云
68) 若有定慧之稱須具心境能所　故非理智同無也　故觀云以生心　動念卽乖法體　失正念　故次釋外之稱云
　[지혜가 알되 앎 없음을 선정이라 하고 선정이 앎 없되 앎을 지혜라 한 것이니 선정과 지혜는 마음으로 실로 이름하여 알 것이 없다.]

만약 선정과 지혜라는 이름을 안다면 이는 안의 증득함[內證] 밖의 이름과 글자이니 곧 나의 지혜의 바탕에 있는 바 아닌 것[非我智體所有]을 앎이다. 그러므로 위에서 선정과 지혜[定慧]로 이름할 수 없다고 말했다.69)

   ⓛ 씀을 풀이함[釋用]

또

又

   위에서 미루는 바 왜[何]를 풀이함이다. 그러므로 씀[用]은 응함을 쉼[息應]이라 말할 수 없다.70)

성인의 마음은 비고 미묘하여 늘 보고 듣는 경계[常境]가 묘하게 끊어졌지만

聖心虛微 妙絶常境

   응할 수 있는 마음[能應之心]은 본래 사유와 생각이 없으므로 비어 고요하고 그윽이 미묘하다. 이는 곧 앞에서 말한 바 마음 바탕이 스스로 그러함이다. 늘 보고 듣는 경계[常境]란 늘 아는 뜻[常情]에 있고 없는 경계[有無境]이니, 망녕된 마음[妄心]이 경계를 인해 일어나, 경계를 따라 있고 없음이다.

   성인의 지혜[聖智]는 신령히 밝아 길이 깨치므로[靈明永悟], 묘하게 늘 보고 듣는 경계를 끊으니[妙絶常境] 곧 신령히 고요하여 홀로 느낀다[靈怕獨感]. 이는 비어 없음이 바탕됨[虛無爲體]을 밝힘이라, 길이 있어[長存] '응함의 바탕[應本]'이 되는 것이다.71)

---

69) 若知 定慧之稱 是內證外之名字 卽知非我智體所有也 故上云不可以定慧爲名 〔지혜의 바탕에 있으면 앎이 끊어져야 한다.〕

70) △二釋用
   釋上所推何 故用不可言息應

71) 能應之心 本無思慮故 虛寂玄微也 卽前所謂心體自然 常境者 常情有無境也

676 · 조론

느끼면 응하지 않음이 없고 만나면 통하지 않음이 없습니다.

感無不應 會無不通

  느껴 부름〔感〕은 중생〔生〕에 속하고 응함〔應〕은 성인〔聖〕에 속한다. 만남은 곧 합함이다.

  『역(易)』에 말하기를 '느끼면 드디어 천하의 까닭에 통한다〔感而遂通天下之故〕.'고 했으니 성인은 마음 없이 길이 응해〔無心而長應〕 느낌 있음에 응하는 것이다. 중생 근기가 느끼면〔衆生根感〕 성인은 응하여〔聖應〕 만나 합하지 않음이 없으므로 응할 수 있는 마음은 통하지 않음이 없는 것이다.72)

지혜의 그윽한 기틀은 가만히 움직이고 그 씀은 바쁘지 않아

冥機潛運 其用不勤

  중심 기틀〔樞機〕은 움직이는 곳이니 지혜를 비유한다. 지금은 그윽하고 고요하여 숨어 비밀함〔冥寂潛密〕을 말미암으니 곧 씀이 없는 씀〔無用之用〕이다. 그러므로 씀에는 힘들게 부지런함이 없는 것이다. 이는 곧 앞에서 '신그러움이 더욱 고요할수록〔神彌靜〕 응함이 더욱 움직인다〔應逾動〕'고 말한 것이니 아래는 묻는 바를 꾸짖어 말한다.73)

  妄心因境而起隨境有無　聖智靈明永悟　故妙絶常境卽靈怕獨感　此明虛無爲體
  長存以爲應本也
  〔길이 있음은 항상함〔常〕과 덧없음〔無常〕을 떠난 항상함이다. 그러므로 응하되 응함 없음이 곧 응함의 바탕이 된다.〕
72) 感屬生　應屬聖　會卽合也　易云　感而遂通　天下之故　聖人無心而長應　應之于
  有感　衆生根感則聖應　無不會合　故能應之心無所不通也
  『역(易)』은 다음같이 말한다. "역은 생각 없고 함이 없다. 고요하여 움직이지 않으나 느끼면 드디어 천하의 까닭에 통한다. 천하의 지극히 신그러움이 아니면 누가 여기에 같이 할 수 있겠는가.〔易無思也　無爲也　寂然不動　感而遂通　天下之故　非天下之至神　其孰能與於此〕"
73) 樞機乃運動之處以喩於智　今由冥寂潛密　卽無用之用　故用無勤勞也　前所謂神
  彌靜　應逾動　下責所問云

뭇 수의 응함이니 또한 어찌 함이 쉼이 되겠습니까?

羣數之應 亦何爲而息耶

'또한 어찌 함이 쉼이 되겠습니까'는 '본래 스스로 하지 않음[本自
不爲]'인데 지금 어찌 쉼을 말하겠는가? 그러므로 '뭇 수가 쉼'이라
고 말할 수 없다고 한 것이다.

그러나 유공(劉公)이 물은 바가 이미 마음 바탕이 비어 없음[心
體虛無]을 통달했으므로 씀은 늘 지음이 없는 것[用常無作]이다.
다만 바탕 위에서 선정과 지혜의 이름[定慧之名]을 세우려 하니
씀 가운데[用中] 그 응하지 않음을 의심하는 것이다. 지금은 다만
그 의심을 없애고[但除其疑], 이해를 없애지 않음[不除其解]에, 의
심하는 뜻만을 참으로 보내니 '바탕과 씀이 둘이 아닌 이치[體用不
二之理]'가 스스로 밝아진다. 그러면 곧 고요하되 늘 쓰고[寂而常
用] 쓰되 늘 고요하니[用而常寂] 무엇을 의혹하겠는가?74)

(2) 다름을 가리는데 끊어짐과 항상함으로 답함[揀異斷常答]

① 망녕됨을 마주해 참됨을 드러냄[對妄顯眞]

論 또 대저 마음이 있는 것은 그것이 있음[其有]을 있다[有] 한
것인데, 있음은 스스로 있지 않은 것[有不自有]입니다.
그러므로 성인의 마음은 있지 않고 있습니다[不有有].
있지 않고 있으므로 있음에 있음이 없고[有無有], 있음에 있
음이 없으므로 없음도 없습니다[無無].

---

74) 亦何爲者 本自不爲也 今何說息耶 故云不可稱羣數以息 然劉公所問已達心體
虛無 用常無作 但欲體上立定慧之名 用中疑其不應 今但除其疑 不除其解 疑
情果遣 體用不二之理自明 則寂而常用 用而常寂 何所惑也
〔고요하되 늘 써서, 바탕과 씀이 둘이 아닌데, 함이 없는 바탕이 있고 바탕
이 일으키는 응하는 씀이 있다고 하면 사견이 됨.〕

없음이 없으므로 성인의 마음은 있지 않고 없지 않습니다.
있음이 아니고 없음이 아니니[不有不無] 그 신그러운 지혜는
비어 고요함입니다[其神乃虛].

또 대저 마음이 있는 것은

且夫心之有也

앞의 묻는 뜻이니 바탕에 반드시 앎[知]이 있으면 씀에 반드시
응함[應]이 있음을 말한 것이다. 대개 끊어짐과 항상함의 마음[斷
常之心]으로써 성인 지혜의 다름[聖智之異]을 구하려 하기 때문에
지금 가려 깨뜨린다.
또 대저란 무릇이니, 펴는 말이다. 마음이 있음이란 마음에 앎과
씀[知用]이 있는 것이다.75)

그것이 있음을 있다 한 것인데 있음은 스스로 있지 않은 것[有不
自有]입니다.

以其有有 有不自有

있음을 있다 한 것이란 경계가 있으므로[有境故] 마음에 앎과 씀
[知用]이 있는 것인데, 곧 앎과 씀이 있는 것은 스스로 늘 있음이
아니다[不自常有].
이미 경계로 말미암아 있음이 곧 마음의 있음이라 경계가 없으면
마음 또한 없는 것이다. 이 앎의 바탕과 이 씀이란 끊어짐[斷]과
항상함[常]을 떠나지 않는다.76)

---

75) △二揀異斷常答四 初對妄顯眞
　　前問意. 所謂體必有知 用必有應 蓋以斷常之心欲求聖智之異故 今揀破 且夫者
　　汎敍之辭 心之有者心有知用也
76) 有有者 有境故心有知用也 則知用之有不自常有 旣由境有則心有 境無則心亦
　　無 此體 此用 不離斷常也
　　[망경계[妄境]와 망심(妄心)의 바탕과 씀이므로 끊어짐과 항상함의 두 견해

그러므로 성인의 마음은 있지 않고 있습니다[不有有].

故聖心不有有

　성인의 마음의 바탕과 씀은 참된 항상함[眞常]이라, 경계 있음으로 인해 잠깐 있음이 아니다.77)

있지 않고 있으므로 있음에 있음이 없고[有無有]

不有有故 有無有

　있음에 있음이 없다는 것은 바탕이 있고 씀이 있지만 '비어 없음과 온전히 같은 있음[全同虛無之有]'이다.78)

있음에 있음이 없으므로 없음도 없습니다.

有無有故 則無無

　이미 참마음의 바탕과 씀이 비어 없되 길이 있으므로, 끊어져 없다는 견해[斷見]의 길이 없음[永無]이 없다.79)

없음이 없으므로[위를 받은 것이다] 성인의 마음[聖心]은 있지 않고 없지 않습니다.

無無故(牒上也)聖心不有不無

　항상하다는 견해[常見]의 있음과 같지 않고, 또한 끊어져 없다는 견해[斷見]의 없음과 같지 않다.80)

　[斷常二見]를 떠나지 않는 것이다.]
77) 聖人之心 體用眞常 不因有境而暫有也
　[항상함과 덧없음의 두 가를 벗어나면 참된 항상함이다.]
　[사람과 법이 둘이 없으므로 성인을 들어 참된 항상함의 법을 보임이다.]
78) 有無有者 有體 有用 全同虛無之有也
79) 旣眞心體用虛無長有故 無斷見之永無
80) 不同常見之有 亦不同斷見之無

있음이 아니고 없음이 아니니 그 신그러운 지혜는 비어 고요함입니다[其神乃虛].

不有不無 其神乃虛

　신그러움[神]이란 헤아릴 수 없음이니 지혜의 바탕과 씀이 있음과 없음으로 헤아릴 수 없는 것은 비어 고요함과 같기 때문이다. 이는 '반야인 한마음의 바탕과 씀[一心體用]'이 끊어짐과 항상함의 뜻의 미혹[斷常之情惑]과 같지 않음을 밝힌 것이다.81)

② 참됨과 망녕됨을 미루어 풀이함[推釋眞妄]

> 🔲 왜인가요?
> 　대저 있음과 없음은 마음의 그림자[影]와 메아리[響]입니다. 말과 모습은 그림자와 메아리를 붙잡아 생각하는 것[所攀緣]입니다.
> 　있음과 없음이 이미 없어지면, 곧 마음에 그림자와 메아리가 없게 되고[心無影響], 그림자와 메아리가 이미 없어지면 말과 모습으로 헤아리지 못하며, 말과 모습으로 헤아리지 못하니[言象莫測] 도는 뭇 방위를 끊습니다[道絶羣方].
> 　도에 뭇 방위가 끊어졌으므로 신령함에 사무치고[窮靈] 수를 끝까지 할 수[極數] 있으며, 신령함에 사무치고 수를 끝까지 할 수 있으면 이를 묘하게 다함[妙盡]이라 합니다.

㈎ 모아 미룸[總推]

왜인가요?

何者

　왜 망녕된 마음[妄心]은 있음과 없음을 떠나지 않으며, 참마음

---

81) 神者 不測也 智之體用不可以有無測者 乃同虛寂故也 此明般若一心體用不同
　　斷常之情惑也

〔眞心〕은 있음이 아니고 없음이 아닌가?82)

(나) 따로 풀이함〔別釋〕

(ㄱ) 망녕된 마음을 풀이함〔釋妄心〕

대저 있음과 없음은 마음(참뜀)의 그림자와 메아리입니다.

夫有也無也 心(眞也)之影響也

있음과 없음은 망녕된 마음이다. 그림자와 메아리는 실답지 않음
을 비유한다. 그림자는 빛의 비춤이 있어서 사물을 비추면 그림자
를 이룬다. 지금은 뒤의 뜻을 취한다. 메아리는 소리의 울림〔聲響〕
이 있으면 골 가운데 울림에 답함〔谷中答響〕이 있음이니 지금 또
한 뒤의 뜻을 취한다.

사물로 인해 그림자가 있고, 소리 지름으로 인해 메아리가 있음
은 온전히 참마음이 망녕된 마음 일으킴〔全眞心起妄心〕을 비유한
다. 경계가 있음〔有境〕을 말미암아 마음이 있어, 경계가 없으면〔無
境〕 마음이 없으니, 있고 없는 망녕된 마음〔有無妄心〕은 곧 참뜀의
그림자요 메아리〔卽眞之影響〕이다.83)

말과 모습은 그림자와 메아리를 붙잡아 생각하는 것입니다.

言也象也 影響之所攀緣也

말과 모습의 있고 없음은 망녕된 마음〔妄心〕이 붙잡아 생각하는
바〔攀緣之所〕이다. 이는 유공이 망녕된 마음으로 말과 모습을 취
해, 있고 없음으로 반야(般若) 삼는 것을 밝힌 것이다. 간략히 보

---

82) △二推釋眞妄二 初總推
   何故妄心不離有無 眞心不有不無也
83) △二別釋中 二 初釋妄心
   有無者妄心也 影響者喩不實也 影有光影及照物成影 今取後義 響有聲響及谷中
   答響 今亦取後義 因物有影 因呵有響 以喩全眞心起妄心 由境有故心有境無故
   心無 有無妄心乃卽眞之影響也

기를 들어 말하면 다음과 같다.

'말〔言〕이 모습〔象〕에서 나므로 찾을 수 있으니, 말로써 모습을 살핀다. 모습〔象〕이 뜻〔意〕에서 나므로 찾을 수 있으니, 모습〔象〕으로 뜻을 살핀다〔觀意〕.

또 말한다.

'모습을 얻으면〔得象〕 말을 잊고〔忘言〕, 뜻을 얻으면〔得意〕 모습을 잊는다〔忘象〕.'

이런 까닭에 마음과 경계의 있고 없음〔心境有無〕을 통달하면, 바로 곧 망녕됨 그대로 참됨을 안다〔卽妄以會眞〕.84)

(ㄴ) 참 마음을 풀이함〔釋眞心〕

㉠ 망녕됨 그대로의 참됨을 밝힘〔明卽妄之眞〕

있음과 없음이 이미 없어지면 곧 마음에 그림자와 메아리가 없게 되고

有無旣廢則 心(相也)**無影響**

있고 없는 망녕된 마음은 곧 참됨을 말미암으므로〔由卽眞故〕 없어져 스스로 다하면 곧 참됨이다. 마음은 본래 그림자와 메아리의 허망함이 없으니, 만약 물결 그대로 물인 줄 바로 알면〔卽波了水〕 물결의 모습은 스스로 다한다〔波相自盡〕.85)

그림자와 메아리가 이미 없어지면 말과 모습으로 헤아리지 못하며

影響旣淪 則言象莫測

---

84) 言象有無乃妄心攀緣之所 此明劉公以妄心取言象 有無爲般若也 略例云言生
   於象故可尋 言以觀象 象生於意故可尋 象以觀意 又云 得象而忘言 得意而忘
   象 所以達心境有無者 當卽妄以會眞也
85) △二釋眞心二 初明卽妄之眞
   有無妄心由卽眞故 廢而自盡卽眞 心本無影響之虛妄如 卽波了水波相自盡
   〔망녕됨이 참됨의 연기인 줄 알면 망녕됨 그대로 참됨을 안다.〕

윤(淪)은 없어짐이다. 민(泯)은 끊어진다는 뜻이다. 그림자와 메
아리의 망녕된 뜻이 이미 사라지면, 말과 가르침의 뜻과 모습[言敎
義象] 또한 끊어지므로 헤아릴 수 없다고 말한다.86)

말과 모습으로 헤아리지 못하니 도는 뭇 방위[羣方]를 끊습니다.

言象莫測 則道絶羣方

도(道)는 가르침의 도[敎道]를 말한다. 뭇 방위란 하나가 아닌
법문이다. 곧 고요함과 비춤[寂照], 선정과 지혜[定慧], 바탕과 씀
[體用], 있음과 없음[有無]이 평등함을 말하니, 본래 물든 뜻[情]
을 보내기 위해[遣情], 뜻과 앎[義解]을 세웠으나 지금 물든 뜻이
없어지고 앎이 사라지니[情亡解泯] 가르침의 도와 법문이 모두 끊
어지므로 도에 뭇 방위가 끊어졌다[道絶羣方]고 말한 것이다.

그러니 곧 '그럴 수 없고[不可] 또한 그럴 수 없다[亦不可]'고 살
펴 말한 것이다.87)

도에 뭇 방위가 끊어졌으므로 신령함에 사무치고 수를 끝까지 할
수 있으며

道絶羣方 故能窮靈極數

가르침의 도가 끊어졌으므로 오직 증득함으로 서로 응한다[唯證
相應]. 그러므로 지혜와 수의 끝을 사무쳐 다할 수 있어, 비어 현
묘함[虛玄]에 이르게 된다.88)

---

86) 淪沒也 泯絶之義 影響妄情旣泯 則言敎義象 亦絶故云莫測
87) 道謂敎道也 羣方者 不一之法門 所謂寂照定慧體用有無等 本爲遣情故立義解
　　今情亡解泯 敎道法門竝絶故 曰道絶羣方 卽觀云不可亦不可也
　　〔중생의 망녕된 뜻으로 가르침의 도와 법문이 세워졌다는 이 뜻을 대감혜능
　　선사(大鑑慧能禪師)의 단어(壇語)는 이렇게 말한다.
　　'붇다께서 설한 온갖 법이 온갖 마음을 건네주기 위함이다. 나는 온갖 마음
　　이 없으니 온갖 법을 어디에 쓰리[佛說一切法 爲度一切心 我無一切心 何用
　　一切法].'〕

신령함에 사무치고 수의 끝까지 할 수 있으면 이를 묘하게 다함
[妙盡]이라 합니다.

窮靈極數乃曰妙盡

묘하게 다함은 지혜이니 곧 앎 없음[無知]이다.89)

론 묘하게 다한 도는 의지할 곳 없음[無寄]에 바탕하고, 대저
의지함이 없음[無寄]은 그윽이 고요함[冥寂]에 있고 그윽이 고
요하므로 빔[虛]이라고 말합니다.

묘하게 다함은 수를 끝까지 다함[極數]에 있고, 수를 끝까지
다함으로 수로써 응하는 것[數以應之]입니다.

수로써 응하므로 움직여 사물과 만나고, 비었음으로 이를 말
하므로 도(道)가 이름 밖에 벗어나며[道超名外] 도가 이름 밖에
벗어나므로 그래서 이를 없다[無]고 하고, 움직여서 사물과 만
나므로[動與事會] 이를 있다[有]고 합니다.

이를 있다고 말함으로 인해[因謂之有者] 대저 참으로 있어야 하
지만, 억지로 이를 그렇다고 할 뿐이니 저가 어찌 그러겠습니까.

묘하게 다한 도는 의지할 곳 없음[無寄]에 바탕하고

妙盡之道 本乎無寄

지혜가 앎 없음[無知]이므로 진리의 고요함에 같이하고, 진리와
지혜가 둘이 아니라[理智不二] 아득히 끊어져 의지할 수 없는 것
이다[迴絶無可寄也]. 이것이 곧 분별없는 지혜[無分別智]가 차별
없는 진리[無差別理]와 합해 하나됨이다. 그러므로 청량(淸凉)은
말한다.

---

88) 敎道絶故唯證相應 故能窮極智數以至於虛玄也
89) 妙盡者 智卽無知也

"비춤의 바탕이 자기 성품이 없으면 이는 한결같음을 증득함이다〔照體無自卽是證如〕."

곧 앞에서 말한 바 '묘하게 다해 그윽이 부합함〔妙盡冥符〕'인데 이치는 반드시 이와 같아야 한다. 그러니 어찌 여기에 고요함과 비춤〔寂照〕 선정과 지혜〔定慧〕의 헛된 이름을 두겠는가?90)

ⓛ 바탕 그대로의 두 씀을 나타냄〔顯卽體二用〕

곧 묻는 자는 바탕과 씀을 각기 펴므로〔體用各陳故〕 있음과 없음이 다르다고 의심한다. 지금은 망녕됨 그대로 참됨 나타냄〔卽妄顯眞〕을 말미암아, 참됨이 경계와 지혜가 될 수 있다〔眞能境智〕. 그러므로 다음 곧 바탕 그대로의 씀〔卽體之用〕을 밝힌다.

① 바탕과 씀을 바로 밝힘[正明體用]

대저 의지함이 없음은 그윽이 고요함[冥寂]에 있고 그윽이 고요하므로 빔[虛]이라고 말합니다.

夫無寄在乎冥寂 冥寂故虛以謂之

바탕을 말한다〔述體〕. 그윽이 고요함〔冥寂〕이란 지혜가 진리 그대로이므로 그윽이 같음〔冥同〕이고 고요히 사라지므로 이를 빔〔虛〕이라 하니 그윽함〔玄〕은 바탕을 말한다.91)

---

90) 智無知故同眞理之寂滅 理智不二逈絶無可寄也 此則無分別智合無差別理 故清涼云 照體無自卽是證如 前所謂妙盡冥符理當如此 豈於此存寂照 定慧之虛名也 〔지혜의 바탕은 묘하게 다해 선정과 지혜의 차별된 모습이 없다. 고요함과 비춤, 선정과 지혜는 짐짓 세운 이름이라 이름에 머물 자취가 없다. 곧 고요함은 고요하되 비추고 비춤은 비추되 고요함이므로 고요함과 비춤은 두 모습이 없어 고요함과 비춤은 때를 같이 하는 것〔寂照同時〕다.〕

91) △二顯卽體二用 謂問者 體用各陳故有無疑異 今由卽妄顯眞 眞能境智 故次明卽體之用 文二 初正明體用
述體也 冥寂者 智卽理故冥同 寂滅謂之虛 玄是言體也

묘하게 다함[妙盡]은 수를 끝까지 다함[極數]에 있고, 수를 끝까지 다함으로 수로써 응하는 것입니다.

妙盡存乎極數 極數故 數以應之

쓸을 밝힌다[明用]. 묘하게 다함의 뜻[妙盡之義]은, 지혜와 수의 끝을 다함으로 말미암아 앎 없음[無知]에 이르므로, 수의 끝 다함에 있다고 한다. 비록 수의 끝을 다해 바탕이 고요하되[體寂] 신령한 앎이 어둡지 않아서[靈知不昧], 진리와 사법을 늘 비춘다[常照於理事]. 그러므로 수(數)로써 응한다고 한다.

어떤 판본에는 위 구절 끝에 많이들 묘하게 다함[妙盡]이라 하고 이 구절 가운데 적게 수의 끝을 다함이라 하니 요즈음 사람이 옛본[古本]으로 이를 교정하여 더하고 깎은 것이다. 지금 위아래가 서로 거두는 것[수를 다하므로 수로 응함]을 살펴보니 이치에 맞는다. 그러므로 지금 이를 따른다.92)

수로써 응하므로 움직여 사물과 만나고

數以應之故 動與事會

움직임은 쓸[用]이다. 바탕 그대로 비추고 쓰므로[卽體照用] 늘 사법과 더불어 진리가 만나 합한다[常與事理會合].93)

비었음으로 이를 말하므로 도가 이름 밖에 벗어나며

虛以謂之故 道超名外

---

92) 明用也 妙盡之義 由窮極智數 至於無知故 曰存乎極數 雖極數體寂而靈知不昧 常照於理事 故曰數以應之 有本 上句末多妙盡 此句中少極數 近人以古本校之加削 今詳上下相躡於理頗當 故今從之也

93) 動用也 卽體照用 常與事理會合
[비춤에 비춤이 없으므로 비춤없이 비추니 비춤이 쓸이 된다. 아는 마음[能緣心]과 아는 바 법[所緣法]이 사법인데, 앎에 앎이 없고 아는 바에 아는 바 없으니, 늘 사법은 진리인 사법이 된다.]

바탕을 말하면 곧 늘 비어 고요함을 말하니 진리가 이름과 모습
을 벗어나기 때문이다.94)

도가 이름 밖에 벗어나므로 그래서 이를 없다[無]고 하고
道超名外 因謂之無

앎[知]이 곧 앎 없음[無知]이고 응함이 곧 응함 없음[無應]이면
이미 지혜의 바탕을 나타내므로 반야는 앎이 없고 생각 없다[無知
無慮]고 한다.95)

움직여서 사물과 만나므로 이를 있다[有]고 합니다.
動與事會 因謂之有

앎 없음[無知]이 앎[知]이고 응함 없음[無應]이 응함[應]이면 씀
을 말하므로, 지혜에는 앎이 있고[智有知], 신그러움에 응함이 있
다[神有應]고 말한다.96)

    ② 씀이 바탕에 돌아감을 맺음[結用歸體]
이를 있다고 말함으로 인해 대저 참으로 있어야 하겠지만
因謂之有者 應夫眞有

씀을 말하면 참됨에 앎과 응함[知應]이 있어야 하나97)

억지로 이를 그렇다고 할 뿐이니 저가 어찌 그러겠습니까.
彊謂之然耳 彼何然哉

바탕이 본래 씀을 갖추므로 알고 응함의 억지 이름을 세운 것이

---

94) 言體則常談於虛寂 理超名相故
95) 知卽無知 應卽無應 旣顯智體故 曰般若無知無慮
96) 無知卽知 無應卽應 言用故 曰智有知神有應
97) △二結用歸體
    語用則眞有知應

다. 씀은 본래 스스로 고요함인데〔用本自寂〕 어찌 알고 응함〔知應〕
에, 얻을 수 있는 모습〔可得之相〕이 있겠는가?98)

③ 경을 이끌어 증명함〔引經證成〕

> **論** 그러므로 경은 말합니다. "성인의 지혜는 앎이 없지만 알지
> 못하는 바가 없으며 함이 없지만 하지 않는 바도 없다."
>   이것이 말이 없고 모습 없는〔無言無相〕 고요한 도입니다.
>   어찌 있다고 말한다 해서 있음〔有〕이 되고, 없다고 말한다 해
> 서 없음〔無〕이 되며, 움직인다고 고요함〔靜〕에 어긋나며 고요하
> 다고 씀〔用〕을 없애겠습니까?

그러므로 경은 말합니다. "성인의 지혜는 앎이 없지만 알지 못하
는 바가 없으며 함이 없지만 하지 않는 바도 없다."
故經云 聖智無知而無所不知 無爲而無所不爲
   위 구절은 진실의 지혜〔實智〕가 씀 그대로의 바탕〔卽用而體〕이
고, 아래 구절은 방편의 지혜〔權智〕가 바탕 그대로의 씀〔卽體而用〕
인 것이다.
   그러므로 성인은, 진리를 비추고 사법을 통달하는 씀〔照理達事之
用〕이 일찍이 진리 바탕을 떠나지 않는다.99)

④ 둘 아님을 맺어 나타냄〔結顯不二〕

이것이 말이 없고 모습 없는 고요한 도입니다.

---

98) 體本具用故 立知應之彊名 用本自寂 何有知應可得之相
   〔알아 응하여 아는 바가 없지 않음을 씀이라 하지만, 씀이 곧 바탕이고 고
   요함이니 알아 응하되 실로 알고 응함이 없다.〕
99) △三引經證成
   上句實智卽用而體 下句權智卽體而用 故聖人照理達事之用 未嘗離體

此無言無相寂滅之道

　이는 지혜의 바탕을 가리킴이니 말의 모습〔言說相〕을 떠나고 마음의 아는 모습〔心緣相〕을 떠나, 마쳐 다해 고요한 도〔究竟寂滅之道〕라 오직 증득함으로 이를 수 있다〔唯證可到〕.100)

어찌 있다고 말한다 해서 있음〔有〕이 되고, 없다고 말한다 해서 없음〔無〕이 되며, 움직인다고 고요함〔靜〕에 어긋나며, 고요하다고 씀〔用〕을 없애겠습니까?

豈曰有而爲有 無而爲無 動而乖靜 靜而廢用也

　된다〔爲〕는 것은 그러함이다. 어찌 있음과 없음, 움직임과 고요함 말하는 것을 듣고, 끊어짐과 항상함의 뜻〔斷常之情〕으로 헤아리겠는가? 또 있음과 없음을 진실을 잡든〔約實〕, 움직임과 고요함을 방편을 잡든〔約權〕 방편과 진실은 다 바탕 그대로의 씀〔卽體之用〕이므로, 있음과 없음〔有無〕 움직임과 고요함〔動靜〕의 다름이 없다.101)

(3) 참됨이 아님을 꾸짖어 물음〔責問非眞〕

① 참됨에 미혹한 뜻을 폄〔汎敍迷眞〕

> 論　그런데도 지금 말하는 자들은 많이들 말에 나아가〔卽言〕 뜻을 정하고, 방위 없는 큰 방위〔大方〕를 찾아 모서리를 구하며, 앞의 앎〔前識〕을 알아서 도의 현묘함〔玄〕을 나타내려 하고, 집착한 것을 간직하여 이것이 꼭 맞다〔當〕고 합니다.

---

100)　△四結顯不二
　　此指智體也 離言說相 離心緣相 究竟寂滅之道 唯證可到
101)　爲是也 豈聞說有無動靜而以斷常之情測度也 又 有無 約實 動靜 約權 權實 皆卽體之用故 無有無動靜之異也

그러므로 성인에게 앎이 있다[有知]는 말을 들으면 이를 마음 있다[有心]고 말하고, 성인에게 앎 없다[無知]는 말을 들으면 허공(虛空)과 같다고 말합니다.

이 있음과 없음의 경계란, 치우친 가의 견해[邊見]로 집착한 바이니, 어찌 이것이 '가운데 둘이 아닌 도[中莫二之道]'에 머묾이라 하겠습니까?

㈎ 미혹한 뜻을 폄[敍迷情]

그런데도 지금 말하는 자들은

而今談者

'하는 자'란 바로 사람이니 비록 보통 펴 보임이나 지금 말해 논함이란, 그 뜻이 묻는 것을 꾸짖음[責]에 있다.102)

많이들 말에 나아가[卽言] 뜻을 정하고

多卽言以定旨

'많이'란 많은 가름이니, 아직 반드시 온전히 이와 같지는 않은 것이다. 말에 나아가 뜻을 정함이란 마치 가리키는 손가락[所標指]으로 밝은 달을 삼는 것과 같다.103)

방위 없는 큰 방위를 찾아 모서리를 구하고, 앞의 앎[前識]을 알아서 도의 현묘함을 나타내려 하고

尋大方而徵隅 懷前識以標玄

큰 방위란 말은 도경(道經)에 나오니 '큰 방위는 모서리가 없다

---

102) △三責問非眞 答四 初汎敍迷眞二. 初敍迷情
者卽是人雖汎敍 今時談論 意在責於問者
103) 多謂多分 未必全如此也 卽言定旨如以所標指爲明月也

〔大方無隅〕'고 말한다. 징(徵)이란 미루어 구함이다. 우(隅)는 모서리이다. 큰 방위를 찾으려하면 반드시 모서리 없음을 알아야 하는데 모서리를 미루어 찾으며 어찌 큰 방위를 알 것인가?

회(懷)는 마음이다. 앞의 앎〔前識〕이란 또한 도경(道經)에서 '앞의 앎은 도의 꽃〔道之華〕이라 현묘한 도가 아니다.'고 말했다. 표(標)는 가리킴이니 앞의 앎을 알아서 현묘한 도를 삼으면 어찌 도를 통달함이라 하겠는가?

이것은 밖의 책〔外書: 道經〕을 빌어서 배우는 이들이 말의 가르침〔言敎〕 집착하여 지극한 도리에 미혹하고, 있음과 없음에 걸리는 것을 물리침이다.

유공(劉公)이 말한 바 성인의 마음의 다름〔聖心之異〕을 구하는 것이 이것이다.104)

집착한 것을 간직하여 이것이 꼭 맞다고 합니다.

存所存之必當

옳다함은 집착을 둠〔存執〕이니 마음〔心〕은 집착함〔能存〕이 되고 도리(道理)는 집착한 바〔所存〕가 된다. 마음이 다른 이해를 두어 반드시 바른 도리라 하기 때문에 있음과 없음을 집착해 성인의 지혜를 의심하는 것이다.105)

---

104) 大方語 出道經 云大方無隅 徵者 推也 隅卽角也 欲尋大方必曉無隅 而推覓隅 角者 豈曉大方也 懷心也 前識者 亦道經云 前識者 道之華則前識非玄道 標者指也 認前識爲玄道 豈謂達道也 此則借外書以斥學者執言敎 而迷至理滯於有無 劉公所云欲求聖心之異是也
〔도경에서 앞의 앎〔前識〕이란 붇다의 가르침에서 여섯 경계를 따라 나는 망식(妄識)을 말한다. 곧 앞의 앎은 알 수 있음〔能緣〕과 아는 바〔所緣〕가 있는 앎이니 망녕된 앎〔妄識〕이다.〕

105) 去呼是也 存執也 心爲能存 道理爲所存 心存異解 乃謂必是正理故 執有無 疑於聖智也

(나) 집착의 가르침을 밝힘〔明執敎〕

그러므로 성인에게 앎이 있다[有知]는 말을 들으면 이를 마음 있다[有心]고 말하고, 성인에게 앎 없다[無知]는 말을 들으면 허공(虛空)과 같다고 말합니다.

이 있음과 없음의 경계란 치우친 가의 견해[邊見]로 집착한 바[所存]이니 어찌 이것이 '가운데 둘이 아닌 도[中莫二之道]'에 머묾이라 하겠습니까?

是以聞聖有知謂之有心 聞聖無知謂等太虛 有無之境邊見所存 豈是處中莫二之道乎

가의 견해〔邊見〕란 있음과 없음의 두 가〔有無二邊〕에 집착하는 견해이다. 견해는 집착함〔能存〕이고 두 가는 집착한 바〔所存〕이다. 곧 성인의 마음이 있다고 말함을 들으면 있음이 망상(妄想)과 같다고 집착한다. 성인의 마음이 없다고 말함을 들으면 곧 없음이 허공(虛空)과 같다고 집착한다. 곧 가의 견해〔邊見〕로 있음과 없음에 막히니, 어찌 '있음과 없음이 둘이 아닌 사이〔有無不二之間〕'에서 반야의 현묘한 도〔般若之玄道〕를 얻겠는가?106)

② 현묘한 뜻을 미루어 풀이함〔推釋玄旨〕

> 🈚 왜인가요?
> 만물이 비록 다르나, 성품은 본래 늘 하나입니다. 물(物)이라 할 수 없지만 물 아니라[非物]고도 할 수 없습니다.
> 물(物)을 물(物)이라 하면 곧 이름과 모습이 달리 펼치지만 물

---

106) △二明執敎
　邊見者 有無二邊執見也 見爲能存 二邊爲所存 聞說聖心有則執有如於妄想 聞說聖心無則執無同於太虛 卽以邊見而滯有無 豈於有無不二之間 得般若之玄道

(物)을 물 아니라[非物] 하면 물 그대로 곧 참됨이 됩니다[卽物而卽眞].

　그러므로 성인은 물을 물이라 하지 않고[不物於物] 물을 물 아님도 아니라고[不非物於物] 합니다.

　물을 물이라 하지 않으니 물은 있음이 아니고[物非有] 물을 물 아님도 아니라고 하니 물은 없음이 아닙니다[物非無].

　물은 있음이 아니므로[非有] 취하지 않고[不取] 없음이 아니므로[非無] 버리지 않으니[不捨], 모습을 버리지 않으므로 묘하게 있음[妙存]이 곧 참됨이 되고, 취하지 않으므로 이름과 모습이 원인됨이 아닙니다.

　이름과 모습[名相]이 원인됨이 아니니 앎 있음이 아니고[非有知], 묘한 있음[妙存]이 곧 참됨이므로 앎 없음이 아닙니다[非無知].

㈎ 미루어 봄[推]

왜 인가요?

何者

　왜 '가운데 둘이 아닌 도[中莫二之道]'에 머문다고 하는가요?107)

㈏ 풀이함[釋]

㈀ 참된 경계를 나타냄[標眞境]

만물(萬物)이 비록 다르나(모습이다), 성품은 본래 늘 하나입니다.

萬物雖殊(相也) **然性本常一**

　성품[性]이란, 이는 곧 거짓이름을 무너뜨리지 않고[不壞假名]

---

107)　△二推釋玄旨二. 初推
　　何以謂之處中莫二之道

실상을 말함[談實相]이다. 그러므로 '가운데의 묘한 도[中妙道]'에 머문다고 한다.108)

(ㄴ) 미혹과 깨침을 보임[示迷悟]

물(物)이라 할 수 없지만 물 아니라[不物]고도 할 수 없습니다.

不可而物 然非不物

위 구절은 모습을 집착해[執相] 참됨 삼을 수 없음이고 아래 구절은 모습을 무너뜨리고[壞相] 진리를 볼 수 없음이다. 물 아님[不物]도 아니라고 말한 것은 물 없음[無物]도 아닌 것 이다.109)

물(物)을 물이라 하면 곧 이름과 모습이 달리 펼치지만

可物於物 則名相異陳

있음을 집착하면 곧 미혹이나, 한 성품은 평등하다[一性平等]. 그러므로 이름과 모습이 달리 펼친다.110)

물을 물 아니라[不物] 하면 물 그대로 참됨이 됩니다.

不物於物 則物而即眞

모습에 걸리지 않고 성품을 보기 때문에 물 그대로 참됨에 계합하니[卽物而契眞], 이를 '가운데 둘 아님에 머문다[處中莫二]'고 합니다.111)

---

108) △二釋三 初標眞境
　　性也 此則不壞假名而談實相 故曰處中妙道
109) △二示迷悟
　　上句不可執相爲眞 下句不可壞相見理 言非不物者 非無物也
　　〔이 뜻은 곧 종본의에서 연이 모임[緣會]이 성품이 공함[性空]이고 성품이 공함이 실상이라는 뜻이다.〕
110) 執有則迷 一性平等故名相異陳
111) 不滯相而見性故 卽物而契眞 此曰處中莫二也

(ㄷ) 지혜의 비춤을 밝힘〔明智照〕

그러므로 성인은 물을 물이라고 하지 않고 물을 물 아님도 아니라 합니다.

是以聖人不物於物 不非物於物

　물 아님도 아니라 함은 물의 모습을 무너뜨리지 않음이니 물의 모습에 걸려 실다움〔實〕을 삼지 않고, 물의 모습을 무너뜨리고 참됨〔眞〕을 구하지 않는다.112)

물을 물이라 하지 않으니 물은 있음이 아니고[非有], 물을 물 아님도 아니라 하니 물은 없음이 아닙니다[非無].

不物於物 物非有也 不非物於物 物非無也

　연의 모습〔緣相〕은 실로 있지 않으나〔非實有〕, 연으로 일어남〔緣起〕은 실로 없지 않다〔非實無〕.113)

물이 있음이 아니므로 취하지 않고[不取], 없음이 아니므로 버리지 않으니[不捨]

非有所以不取 非無所以不捨

　물의 모습을 취하지 않으니〔不取〕 모습이 비어 허깨비이기 때문이고, 물의 모습을 버리지 않으니〔不捨〕 모습이 그러함을 드러내기 때문이다.114)

모습을 버리지 않으므로 묘하게 있음[妙存]이 곧 참됨이 되고

---

112)　△三明智照
　不非物者 不壞物相也 不滯物相爲實 不壞物相求眞
113)　緣相非實有 緣起非實無
　〔인(因)과 연(緣)과 과(果)가 모두 있되 공하므로 인연으로 과가 일어난다는 말이 이루어질 수 있다.〕
114)　不取物相 相虛幻故 不捨物相 相顯然故

不捨故 妙存即眞

　사물의 모습을 버리지 않음에 모습 그대로 모습 없음을 살피니 묘하게 있음〔妙存〕이라 한다. 그러므로 사법 그대로 곧 참됨〔卽事卽眞〕이다. 이는 연 따름〔隨緣〕 그대로 변하지 않음〔不變〕 살핌을 나타내니 이런 까닭에 버리지 않는다.115)

취하지 않으므로 이름과 모습이 원인됨이 아닙니다.

不取故 名相靡因

　만물이 비록 여럿이나, 이름이 아니고, 곧 모습 그대로이라 없음이 아니다. 인(因)은 말미암음이다. 만물은 다 참 성품〔眞性〕이 연을 잡아 일어남〔攬緣而起〕이라 밖에 다른 원인〔別因〕이 없기 때문에 원인됨이 아니라〔靡因〕고 말한다. 이는 진리(眞理)를 떠나 밖에 얻을 조각의 일〔片事〕도 없기 때문이다. 이는 변하지 않음〔不變〕 그대로 연 따름〔隨緣〕에 통달함을 밝힌 것이다. 이런 까닭에 취하지 않는다.116)

이름과 모습이 원인됨이 아니니 앎 있음이 아니고[非有知]

名相靡因 非有知也

　참됨에 세속이 없음을 아니〔了眞無俗〕 지혜〔智〕에 모습 취하는 있음이 없고117)

묘한 있음[妙存]이 곧 참됨이므로 앎 없음이 아닙니다[非無知].

---

115) 不捨物相 卽相而觀無相 曰妙存故 卽事卽眞也 此顯卽隨緣而觀不變所以不捨
116) 萬物雖衆非名 卽相靡無也 因由也 萬物皆眞性攬緣而起 外無別因故 曰靡因 以離眞理外無片事可得故 此明卽不變而達隨緣所以不取
　〔취하지 않으면 이름과 모습 그대로 참됨이 되므로 참됨 밖의 이름과 모습이 참됨의 원인 됨이 아니다.〕
117) 了眞無俗 智無取相之有

妙存卽眞 非無知也

사법 그대로 참됨에 계합〔卽事契眞〕하므로 지혜는 나무나 돌의 앎 없음이 아니다.118)

③ 경을 이끌어 증명함〔引經證成〕

> **論** 그러므로 경은 말합니다.
> "반야는 모든 법에 취함이 없고, 버림이 없으며〔無取無捨〕 앎이 없고 알지 않음도 없습니다〔無知無不知〕."
> 이는 붙잡아 생각함〔攀緣〕의 밖이고, 마음 끊음〔絶心〕의 영역입니다.
> 그런데도 있음과 없음으로 따지려는 것이 또한 반야와는 멀지 않겠습니까?

그러므로 경은 말합니다.
"반야는 모든 법(경계와 지혜를 나타냄)에 취함이 없고(있음이 아니므로 취하지 않고), 버림이 없으며(없음이 아니므로 버리지 않으며), 앎이 없고(앎이 있지 않고) 알지 않음도 없습니다(앎 없음도 아닙니다).

故經云 般若於諸法(標境智)無取(非有所以不取) 無捨(非無所以不捨) 無知(非有知也) 無不知(非無知也)

이는 위의 뜻을 증명해 이룸이다.119)

④ 뜻의 집착을 맺어 꾸짖음〔結責情執〕

이는 붙잡아 생각함[攀緣]의 밖이고 마음 끊음[絶心]의 영역입니다.

---

118) 卽事契眞智非木石之無
119) △三引經證成
　　此證成上義

此攀緣之外 絶心之域

　붙잡아 생각함은 곧 망상(妄想)이다. 마음을 끊음은 망녕된 마음을 끊음[絶妄心]이다. 망녕된 마음[妄心]이 곧 붙잡아 생각함이니 붙잡아 생각함은 곧 있음과 없음에 집착함이나 성인의 지혜는 밖으로 벗어나므로 이를 끊은 것이다.

　이는 위아래 꾸짖음을 맺은 것이다.120)

　그런데도 있음과 없음으로 따지려는 것이 또한 반야와는 멀지 않겠습니까?

而欲以有無詰者 不亦遠乎

　힐(詰)은 따져 물음이다. 성인의 마음에서 있음과 없음을 구해 묻는 것은 매우 어긋나 먼 것이다. 그렇듯 뜻[情]은 지혜[智]에 미칠 수 없으므로 멂이 더욱 심한 것이다.121)

(4) 현묘한 뜻을 돌이켜 따짐[返詰玄旨]

① 있음과 없음을 미룸[推有無]

> **論** 있음과 없음[有無] 펼치는 것을 따져 구해봅시다. 대개 안다는 지혜가 생기는 것[智之生也]은 모습 안[相內]을 끝으로 하니, 법이 본래 모습 없다면[無相] 성인의 지혜가 어찌 알겠습니까?
> 　세상에서 앎이 없다 말하는 것은 나무 돌 허공 같은 뜻 없는

---

120) △四結責情執
　　攀緣卽妄想 絶心者 絶妄心 妄心卽攀緣 攀緣卽著有無 聖智出於外故絶之也 此結上下責
　　[경계를 붙잡아 취하는 마음에서 붙잡을 경계 없음을 아는 것이 마음 끊음[絶心]이다.]
121) 詰問也 欲求聖心有無而致問者 甚違遠也 然情不可及智 故遠之彌甚

무리를 말합니다.

반야의 신령한 비춤은 그윽이 비추어, 조짐이 나기 전에 꼴을 두고〔形於未兆〕, 도에는 기틀 숨김이 없는데〔道無隱機〕 어찌 앎 없다〔無知〕 말하겠습니까?

또 앎 없음이란 앎 없는 것들의 앎 없는 바탕에서〔於無知〕 나지만, 반야는 앎 없음도 없으며 앎 있음도 없습니다. 앎 있음도 없으니 이를 있지 않다〔非有〕고 말하고, 앎 없음도 없으니 이를 없지 않다〔非無〕고 말합니다.

이런 까닭에 빔은 비춤을 잃지 않고〔虛不失照〕 비춤은 빔을 잃지 않아서〔照不失虛〕 맑고 맑아 길이 고요하니 집착이 아니면 걸림이 아닌데, 누가 이를 움직여서 있게 하고 이를 고요하게 하여 없게 할 것입니까?

(가) 뜻을 나타냄〔標意〕

있음과 없음 펼치는 것을 따져 구해봅시다.

請詰 夫陳有無者

청(請)은 구함이다. 힐(詰)은 물음이다. 대저는 말을 도움이다. 진(陳)은 말함이다. 유공이 앞에 반야의 바탕과 씀, 있음과 없음의 다름을 말했는데 지금 미루어 구해 따져 물음이다. 반드시 이런 이치가 없다는 것은 받는 말이다.122)

(나) 미루어 따짐〔推詰〕

(ㄱ) 있음을 구함이 이루어지지 않음〔求有不成〕

---

122) △四返詰玄旨答文 二 初推有無二 初標意
請求也 詰問也 夫語助也 陳說也 劉公前說般若體用有無之異 今推求詰問 必無
此理也者 是牒辭也

대개 안다는 지혜가 생기는 것[智之生也]은 모습 안[相內]을 끝으로 하니

夫智之生也 極於相內

남은 일어남이다. 망녕된 지혜[妄智]는 경계를 인해 일어나므로 모습 안을 끝으로 하니 앎이 있다[有知] 말한다.123)

법이 본래 모습 없다면 성인의 지혜가 어찌 알겠습니까?

法本無相 聖智何知

성인의 지혜는 참된 법을 비추는데 참된 법[眞法]이 본래 모습 없다면, 참된 지혜[眞智]에 어찌 앎이 있겠는가? 이는 있음을 구함[求有]이 이루어지지 않음이다.124)

(ㄴ) 없음을 미루어도 옳지 않음[推無不是]

세상에서 앎이 없다 말하는 것은 나무 돌 허공 같은 뜻 없는 무리[無情之流]를 말합니다.

世稱無知者 謂等木石太虛無情之流

뜻 없음[無情]이란 신령하게 느낌이 없는 것이다. 유(流)는 무리이다. 세상 사람들[世人]은 나무 돌 허공과 신령하게 느낌[靈覺]이 없는 무리들이, 앎이 없다[無知]고 말한다.125)

---

123) △二推詰 三 初求有不成
　　生起也 妄智因境而起故極於相內 乃曰有知
124) 聖智照眞法 眞法本無相 眞智何有知 此求有不成
125) △二推無不是
　　無情者 無靈覺也 流者 類也 世人說木石太虛及諸無靈覺之類 爲無知
　　[허공과 돌과 나무가 뜻이 없지만 천태선사 의보 정보의 둘 아닌 문[依正不二門]에서 보면 중생이 뜻이 있으나 뜻이 아니고[雖情非情], 무정물의 뜻 없음[無情]이 유정의 뜻 있음을 떠나지 않는다.]

반야(般若)의 신령한 비춤은 그윽이 비추어 조짐이 나기 전에 꼴을 두고, 도(道)에는 기틀 숨김이 없는데 어찌 앎 없다 말하겠습니까?

靈鑒幽燭形於未兆 道無隱機 寧曰無知

　신령한 비춤이란 지혜의 씀〔智用〕이다. 유(幽)는 깊음이고, 촉(燭)은 비춤이다. 첫 구절은 지혜가 진리의 근원〔理源〕에 사무침을 밝힘이다. 꼴은 드러남이다. 조짐이 나기 전은 자취가 아직 나지 않음이다.

　다음 구절은 사물의 비롯함〔物始〕을 비추어 사무침〔照窮物始〕을 밝힘이다. 도(道)란 둘이 아닌 진리〔不二理〕이다. 기틀은 기틀빗장〔機關〕이 움직임이니 지혜의 씀〔智用〕을 비유한다. 둘이 아닌 도〔不二之道〕가 지혜에 있으면 감추어 숨을 수 없다.

　뒤의 구절은 진리와 사법 둘 같이 비춤〔雙照理事〕을 밝혀서 도리어 지혜의 씀〔智用〕을 드러내니 어찌 나무와 돌의 앎 없음과 같겠는가? 끝 구절은 맺어 나타내니 이는 없음〔無〕이 없지 않음〔不無〕을 미룬다.126)

㉢ 있음과 없음이 아님을 나타냄〔顯非有無〕

또 앎 없음이란 앎 없는 것들의 앎 없는 바탕에서[於無知] 나지만, 반야는 앎 없음도 없으며

且無知生於無知 無無知也

---

126) 靈鑒者 智用也 幽深也燭 照也 初句明智徹理源也 形現也 未兆者 朕跡未生 次句明照窮物始也 道者 不二理也 機卽機關運動 喩智用也 不二之道在智 則不能潛隱 後句明雙照理事也 反顯智用 豈同木石之無知 末句結顯也 此推無不無也

〔도(道)는 사물화된 진리가 아니라 주체가 행하는 진리이니 사람이 다니는 길과 같다. 도는 진리의 주체화이고 지혜이니 지혜는 모습 없되 모습 되지 않음이 없으며 비추되 고요하고 고요하되 비춘다. 그러므로 도에 기틀 숨김이 없다한 것이다.〕

'또'란 위의 말을 받은 것이다. 세상에 앎 없음의 이름이 있는 것은 나무나 돌의 앎 없는 바탕〔木石無知之體〕에서 일어난 것이다. 반야는 고요하여 늘 비추므로〔寂而常照故〕 앎 없음도 없는 이름과 바탕〔無無知之名體〕을 펼 수 있다.127)

앎 있음도 없습니다.

無有知也

이 글은 위를 비추어 먼저를 합해 말한다. "앎 있음은 앎 있음에서 나고, 세상에 앎 있음의 이름이 있는 것은 망상의 앎 있음〔妄想有知〕의 바탕에서 일어나지만, 반야는 비추되 본래 고요하므로〔照而本寂〕 앎 있음이 없는 이름과 바탕〔無有知之名體〕을 펼 수 있다."128)

앎 있음도 없으니 이를 있지 않다[非有]고 말하고, 앎 없음도 없으니 이를 없지 않다[非無]고 말합니다.

無有知也 謂之非有 無無知也 謂之非無

말함〔謂〕은 평해 논함이다. 반야는 이미 따질 있음과 없음의 이름〔有無之名〕이 없으니, 반드시 있음이 아니고 없음이 아님〔非有非無〕으로 미루어 따지고, 평해 말해야 할 것이다. 그러므로 앞에 '반야의 바탕은 있음이 아니고 없음이 아님 등'을 말했다."129)

---

127) △三顯非有無
且者 牒上辭也 世有無知之名 起於木石無知之體 般若寂而常照故 無無知之名體可陳
〔앎이 없다함은 나무나 돌처럼 지각하지 못하는 것에서 그 말이 유래한 것이나 반야의 앎 없음은 앎 없음도 없어서 고요하되 늘 비춤을 보임.〕
128) 此文影上 合先云 有知生於有知 世有有知之名 起於妄想有知之體 般若照而本寂 故無有知之名體可陳
〔반야의 앎 없음은 비추되 고요하고 알되 앎 없음이므로 앎 없음의 이름을 펼쳐 보이는 것이다.〕
129) 謂者評論也 般若旣無有無之名可詰 必當以非有非無推詰評議之也 故前云

이런 까닭에 빔[虛]은 비춤[照]을 잃지 않고(없음이 아니다) 비춤은
빔을 잃지 않아서(있음이 아니다) 맑고 맑아 길이 고요하니
所以虛不失照(非無也) 照不失虛(非有也) 怕然永寂

마음이 조용함을 맑다고 하니 조용함은 고요함이다. 지혜의 바탕
이 본래 고요하므로〔智體本寂〕 길이 고요함이라 한다.130)

집착이 아니면 걸림이 아닌데
靡執靡拘

미(靡)는 없음이다. 붙잡아 걸려서 다 마음에 집착하는 바가 있
으니, 지혜의 씀이 함이 없으면〔智用無爲〕 어찌 걸려 붙잡음이 있
겠는가?131)

누가 이를 움직여서 있게 하고 이를 고요하게 하여 없게 할 것입
니까?
敦能動之令有 靜之使無耶

씀〔用〕을 잡아 있음〔有〕을 삼을 수 없고, 바탕〔體〕을 잡아 없음〔無〕
을 삼을 수 없다. 그래서 있음과 없음으로 이를 펴는 것이다.132)

② 현묘한 뜻을 나타냄〔顯玄旨〕

> 論 그러므로 경에 말했습니다.
> "참된 반야는 있음이 아니고 없음이 아니며 일어남이 없고 사
> 라짐이 없어서 사람에게 말해 보일 수 없다."

　　般若之體非有非無等也
130) 心靜曰怕 怕卽寂也 智體本寂 故云永寂
131) 靡無也 執拘皆心有所著 智用無爲豈有拘執
132) 不可執用爲有 執體爲無 而以有無陳之也

왜 그렇게 말했을까요?

경에서 '있음이 아니다'고 말한 것은, 그것이 '실로 있음이 아니다〔非是有〕'고 말한 것이지, 이것이 참으로 있음〔是非有〕이 아님을 말한 것이 아닙니다. 그것이 '없음이 아니다'고 말한 것은 그것이 '실로 없음이 아니다〔非是無〕'고 한 것이지 참으로 없음 아님〔是非無〕을 말한 것이 아닙니다.

반야는 있음이 아니고〔非有〕 있음 아님도 아니며〔非非有〕, 없음이 아니고〔非無〕 없음 아님도 아닙니다〔非非無〕.

이 때문에 수부티는 '날이 다하도록 반야를 말하되 말한 바가 없다'고 하였습니다. 이 말 끊은 도〔絶言之道〕를 어떻게 전할 줄 알겠습니까?

현묘함에 함께한 어진 이께서 이를 알기 바랄 뿐입니다.

㈎ 경을 이끌어 현묘함을 나타냄〔引經標玄〕

그러므로 경에 말했습니다.

"참된 반야는(참은 허망함 가리는 것을 나타냄) 있음이 아니고(바탕인 씀이 비어 고요함) 없음이 아니며(바탕인 씀이므로), 일어남이 없고(바탕인 씀이 새로 남이 아니고) 사라짐이 없어서(바탕인 씀이 뒤에 사라짐이 아니며)

故經云　眞般若者(眞簡虛妄標也)　非有(體用虛寂)　非無(體用)　無起(體用非新生)　無滅(體用非後滅)

반야 가운데 여섯의 아님〔六不〕이 있다. 곧 지금 있음과 없음이 아님〔非有無〕은 곧 늘지 않고 줄지 않음이다〔不增減〕. 일어나고 사라짐이 없음〔無起滅〕은 곧 나지 않고 사라지지 않음〔不生滅〕인데 더럽고 깨끗함이 어찌 있겠는가〔垢淨豈存〕? 그러므로 이를 겸한다.

또 있음과 없음, 일어나고 사라짐은 각기 네 구절을 갖추니, 1. 있음이 아님〔非有〕 2. 없음이 아님〔非無〕 3. 있음과 없음이 때 같이함이 아님〔非有無同時: 있기도 하고 없기도 함이 아님〕 4. 있음과 없음이 모두 없어짐도 아님〔非有無俱泯: 있음이 아니고 없음이 아님도 아님〕을 말한다.

　일어남과 사라짐도 또한 그러하니, 네 면에서 활활 타는 불더미〔火聚〕를 취할 수 없음을 말한다.133)

사람에게 말해 보일 수 없다."

不可說示於人

　위 네 구절을 떠나 무슨 말을 가져다 사람들에게 보이겠는가? (네 구절이 실상에 대한 중생의 망집을 모두 포괄한다. 그러나 망집을 떠나 진실에 서 있는 사람은 신단타의 인연으로 네 구절을 써서 중생을 교화한다.) 오직 안으로 증득함으로 얻을 수 있어서〔唯內證可得〕보고 들음으로 아는 바〔見聞所知〕가 아니다.134)

(나) 현묘한 뜻을 미루어 풀이함〔推釋玄旨〕

왜 그렇게 말했을까요?

何則

　있음과 없음 등이 아님이 참된 반야라고 이미 말했는데 왜 또 '말해 보일 수 없다'고 말했는가?135)

---

133) △二顯玄旨三 初引經標玄
　般若中有六不 今非有無卽不增減 無起滅卽不生滅 垢淨豈存 故兼之 又有無起滅各具四句 謂一非有 二非無 三非有無同時 四非有無俱泯 起滅亦然 所謂四面不可取也
　〔이 네 구절이 아님은 보통 있음이 아님〔非有〕, 없음이 아님〔非無〕, 있기도 하고 없기도 함도 아님〔非亦有亦無〕, 있음 아니고 없음 아님도 아님〔非非有非無〕으로 표현된다. 곧 있음〔有〕과 없음〔無〕, 있기도 하고 없기도 함〔亦有亦無〕, 있음도 아니고 없음도 아님〔非有非無〕이 네 구절로 반야 얻을 수 없음을 말하니 반야는 마치 활활 타는 불더미와 같아 네 가에서 취할 수 없음과 같다.〕
134) 離上四句 將何言說以示於人 唯內證可得 非見聞所知也
135) △二推釋玄旨

경에서 있음이 아니라고 말한 것(경을 받음)은, 그것이 실로 있음이 아니라[非是有]고 말한 것이지

言其非有者(牒經) 言其非是有

경의 뜻을 보임이다. 반야에 실로 앎 있음〔實有知〕이 아님을 밝혀 비추기 때문에, 있음이 아니다〔非有〕라고 말한다.[136]

이것이 참으로 있음 아님[是非有]을 말한 것이 아닙니다.

非謂是非有

집착을 보냄이니 있음이 아니라고 말함〔說非有〕이, 곧 반야가 없음에 속함이라 말하는 것〔便謂般若屬無〕으로 들을 수 없는 것〔不可聞〕이다.[137]

그것이 없음이 아니다고 말한 것은(경을 받음), 그것이 실로 없음이 아니다[非是無]고 한 것이지

言其非無者(牒經) 言其非是無

경의 뜻을 보임이니 반야는 어두워 눈먼 이〔頑瞽〕의 없음이 아니기 때문에, 없음이 아니다〔非無〕라고 말한다.[138]

참으로 없음 아님을 말한 것이 아닙니다.

非謂是非無

또한 집착을 보냄〔遣執〕이니 없음이 아니라고 말함〔說非無〕이 곧 있음에 속함이라 말하는 것〔便謂屬有〕으로 들을 수 없는 것〔不可聞〕이다. 이러므로 경에서 '있음이 아니고 없음이 아니다'라고 말한 것

既云 非有無等爲眞般若 何以又云不可說示耶

136) 出經意也 爲明般若非是實有知照故 說非有

137) 遣執 不可聞說非有 便謂般若屬無

138) 出經意也 爲般若非是頑瞽之無故說非無

이 다만 집착을 보냄[但遣執著]인 줄 알아야 한다. 마쳐 다해서는 반야를 말할 수 없으므로 '반야는 이루 말할 수 없음'을 알라.139)

반야는 있음이 아니고 있음 아님도 아니며, 없음이 아니고 없음 아님도 아닙니다.
非有 非非有 非無 非非無

또 이는 둘을 모두 떨침[雙拂]이니 위의 말은 자취를 걱정함이다. 어떤 이는 말한다. "반야가 두 가의 치우침 떠남[離二邊]을 말미암아서이다." 그러므로 경은 "있음도 아니고 없음도 아니다"고 말한 것이다. 비록 있음과 없음으로 말할 수 없으나 곧 있음도 아니고 없음도 아니라는 말이 어찌 반야를 말함이 아니겠는가?140)

그러므로 지금 이를 떨치니 위의 두 글자 모두 경을 받은 것이다. 가운데 사이의 아니라는 글자[非字]는 떨침[能拂]이고 아래 두 글자[有, 非有]는 떨치는 바[所拂]이다. 참으로 두 집착의 뜻이 없어짐으로 말미암아 반야는 '있음이 아니고 없음이 아니다'라는 글자도 본래 없게 된다.

이는 마치 병이 다하면 약도 없애는 뜻[病盡藥除之義]과 같으니 네 구절[四句: 有·無·亦有亦無·非有非無]을 떠나고 백 가지 그름을 끊음[離四句絶百非]을 참 반야라 말하는 것이다.141)

(다) 현묘함 찾기를 맺어 권함[結勸尋玄]

---

139) 亦遣執不可聞 說非無便謂屬有 是知經說非有非無等 但遣執著 畢竟不能言
於般若 故知般若不可說也
140) 此又雙拂 上言迹恐 有云由般若離二邊 故經說非有非無 雖不可以有無說
則非有非無之言 豈非說般若
[반야가 있음과 없음을 떠나 진실에 서면, 있음이 아니고 없음이 아니란 말
이 다시 반야에 이끄는 방편이 된다.]
141) 故今拂之 上二字牒經 中間非字爲能拂 下二字爲所拂 良由二執情亡 般若
本無非有非無之名字 此如病盡藥除之義 離四句 絶百非曰眞般若也

이 때문에 수부티(Subhuti)는 날이 다하도록 반야를 말하되 말한 바가 없다고 하였습니다. 이 말 끊은 도[絶言之道]를 어떻게 전할 줄 알겠습니까?

是以須菩提終日說般若 而云無所說 此絶言之道知何以傳

『대품경』은 뜻을 이렇게 말한다.

"여러 하늘 신들이 수부티가 반야 설함을 듣자 여러 하늘 신들이 말했다.

야차(yakṣa)의 말도 오히려 알 수 있는데 수부티의 말씀은 알 수 없습니다.

수부티가 말했다.

'여러 하늘 신들은 이해하지 못하고 알지 못하니 나는 말한 바가 없소[無所說].'"

참으로 참 지혜가 말 끊음[眞智絶言]으로 말미암아 말이 미치지 못하니 어떻게 전해줄지 알지 못함이다.

옛 시[古詩]에 이렇게 노래했다.

마른 뽕나무가 하늘의 바람 알고
바닷물이 하늘의 추위를 안다.

枯桑知天風　海水知天寒

지금 또한 '어떻게 전할 줄 알까'라 말하니 대개 알지 못함을 말한다.142)

현묘함에 함께한 어진 이[君子]께서 이를 알기 바랄 뿐입니다.

---

142) △三結勸尋玄
大品意云 諸天子聞須菩提說般若 諸天子云 夜叉語尙可解 須菩提語不可解 須菩提云 諸天子不解不知 我無所說也 良由眞智絶言 言不可及 不知以何爲傳授 古詩云 枯桑知天風 海水知天寒 今亦云知何以傳 蓋言不知也

庶 參玄君子有以會之耳

　서(庶)는 바람이다. 현묘함에 함께한 어진 이〔參玄君子〕란 유공
(劉公)을 가리킨다. 말 밖의 현묘한 뜻〔言外之玄旨〕 계합해 알기를
바랄 뿐이다.143)

2) 비춤과 씀, 공함과 있음이 때 같이함을 답함〔照用空有同時答〕

> 論 또 공(公)께서는 말씀했습니다.
> “반드시 성인의 마음〔聖心〕이 대상에 응해 만나는 도〔應會之
> 道〕가 그러한 까닭을 먼저 정해야 합니다.
> 　오직 모습 없음〔無相〕을 비추어서입니까? 그것의 변화〔其變〕
> 를 모두 보아서입니까?”
> 　말씀하시는 이는 ‘모습 없음과 변화가 그 뜻이 하나가 아니라’
> 고 말하는 듯합니다. 곧 변화를 보면 모습 없음과 달라지고, 모
> 습 없음〔無相〕을 비추면 대상을 어루만져 만남〔撫會〕을 잃어버
> 린다고 하는 것 같습니다.
> 　그렇다면 곧 참됨 그대로라는 뜻〔卽眞之義〕에 미혹하여 막힘
> 이 있는 것이겠지요.
> 　경(經)은 말했습니다.
> “물질이 공함과 다르지 않고 공함이 물질과 다르지 않아 물질
> 이 공함이요, 공함이 곧 물질이다.”

(1) 앞의 물음을 간략히 받음〔略牒前問〕

또 공(公)께서는 말씀했습니다.
“반드시 성인의 마음[聖心]이 대상에 응해 만나는 도[應會之道]가

---

143) 庶望也 參玄君子者指劉公也 望契會言外之玄旨耳

그러한 까닭을 먼저 정해야 합니다.

오직 모습 없음을 비추어서입니까? 그것의 변화를 모두 보아서입니까?"

又云宜先定聖心 所以應會之道 爲當唯照無相耶 爲當咸覩其變也

　위를 받아서 볼 수 있다.144)

(2) 의심한 바를 바로 답함〔正答所疑〕

　① 의심하는 뜻을 곧장 폄〔直敍疑情〕

㈎ 물음이 참됨에 어긋남을 폄〔敍問乖眞〕

말씀하시는 이는 '모습 없음과 변화가 그 뜻이 하나가 아니라'고 말하는 듯합니다. 곧 변화를 보면[覩變] 모습 없음[無相]과 달라지고, 모습 없음[無相]을 비추면 대상을 어루만져 만남[撫會]을 잃어버린다고 하는 것 같습니다.

談者似謂無相與變 其旨不一 覩變則異乎無相 照無相 則失於撫會

　앞에 묻는 것이 비춤과 씀〔照用〕, 공함과 있음〔空有〕 둘 같이 행함〔雙行〕을 허락하지 않아 '대승의 진실한 이치〔大乘實理〕'에 깊이 어긋남을 말한다. 지금 바로 곧장 깨뜨리려 하지 않으므로 말한 것 같다한 것이다.

　그 뜻이란 반야의 뜻 길〔般若義趣〕이다. 하나가 아님이란 '공함과 있음 같이 비춤〔空有雙照〕'을 허락하지 않기 때문이다.145)

그렇다면 곧 참됨 그대로라는 뜻[即眞之義]에 미혹하여 막힘이 있

---

144) △二照用空有同時答二 初略牒前問
　　牒上可見
145) △二正答所疑二 初直敍疑情答三 初敍問乖眞
　　謂前所問照用空有不許雙行 甚違大乘實理 今不欲直破故云似謂 其旨者 般若義
　　趣也 不一者 空有不許同照故

는 것이겠지요.

然則 卽眞之義惑有滯也

있음과 없음을 모두 비추고[有無竝照] 진리와 사법을 같이 융통하므로[理事雙融] 참됨 그대로라 하니 진실한 가르침의 뜻[實敎之義]이다. 묻는 이가 현묘한 뜻을 밝게 알지 못해 미혹하여 막힘이 있는 것이다.146)

(나) 그 바른 뜻을 보임[示其正義]

(ㄱ) 경을 이끌어 뜻을 세움[初引經立義]

경은 말했습니다.

"물질이 공함과 다르지 않고 공함이 물질과 다르지 않아 물질이 공함이요, 공함이 곧 물질이다."

經云(大品智應品文) **色不異空 空不異色 色即是空 空即是色**

이는 곧 경계[境]를 잡아 '지혜와 씀 같이 행함[智用雙行]'을 밝혀 위의 참됨 그대로의 뜻을 세운 것이다. 그러나 물질과 공, 있음과 없음은 많이 헛된 뜻[情]에 나아가, 진리와 사법을 가린 것[揀理事]이다.

성품과 모습[性相]은 많이 지혜[智]를 잡아 논함이다. 지금은 유공(劉公)의 묻는 것에 의거한다. 유공이 서로 비춤을 허락하지 않아, 끊어짐과 항상함[斷常]에 걸리므로 첫 구절은 실다운 물질을 가리고[簡實色], 다음은 끊어진 공을 가린다[簡斷空].147)

---

146) 有無竝照理事雙融 故曰卽眞 乃實敎之義 趣問者未曉玄旨 惑而有滯也
147) △二示其正義四 初引經立義
此約境明智用雙行立 上卽眞之義 然色空有無多就情揀理事 性相多約智論 今據劉公所問 不許互照滯於斷常故 初句簡實色 次簡斷空
〔공과 다른 실다운 물질[實色]을 가리고 물질과 다른 끊어진 공[斷空]을 가려, 참된 공[眞空]과 묘한 물질[妙色]이 서로 다르지 않음을 보임.〕
〔물질이 공과 다르다는 집착의 뜻에 나아가, 공하지 않은 물질 없음으로 진

712 · 조론

뒤의 두 구절은 '한 생각으로 둘을 모두 가린 것〔一念雙簡〕'이니 지혜의 씀〔智用〕을 얻으면, 곧 사법이 진리와 다르지 않고 진리가 사법과 다르지 않아 진리와 사법이 서로 융통하여〔理事互融〕 공함과 있음을 같이 비춘다〔空有竝照〕. 비록 『반야심경』에도 또한 이 네 구절이 있으나 진나라 때〔秦世〕는 아직 있지 않으므로 대품(大品)을 이끌어 정한 것이다.148)

(ㄴ) 깨침과 미혹을 마주하여 풀이함〔悟惑對釋〕

> 論 보내오신 뜻〔來旨〕을 보아서는 물질과 공을 살필 때, 반드시 하나의 마음은 물질〔色〕을 보고 하나의 마음은 공(空)을 보아야 할 것입니다.
>
> 만약 하나의 마음이 물질을 보면 곧 오직 물질이라 공이 아니고, 만약 하나의 마음으로 공을 본다면 오직 공이라 물질이 아닐 것입니다.
>
> 그렇다면 공과 물질이 두 가지로 벌려지는 것이니 공과 물질이 같다는 경의 본뜻을 정할 수 없게 됩니다.
>
> 그러므로 경에서 "물질이 아니다"고 말한 것은 참으로 물질〔色〕을 물질 아니라 함〔非色〕이지, 물질 아님〔非色〕을 물질 아니라 함〔非色〕이 아닙니다.
>
> 물질 아님을 물질이 아니라고 했다면 큰 허공이 곧 물질 아닌 것이니 물질 아님을 어찌 밝히겠습니까?
>
> 만약 물질을 물질 아니라 하면 물질 아님 그대로〔卽非色〕 물질과 다르지 않고〔不異色〕, 물질 아님이 물질과 다르지 않으면

리인 사법을 밝혀 보임.〕
148) 後二句一念雙簡 得智用者則事不異理 理不異事 理事互融 空有竝照 雖心經亦有此四句 秦世未有 故引大品爲定也

〔非色不異色〕, 물질이 곧 물질 아님이 되는 것입니다.

㉠ 미혹의 뜻을 펌〔初敍迷情〕

보내오신 뜻을 보아서는 (그대가 물어온 뜻과 같아서는) 물질[色]과 공
(空)을 살필 때 (물질과 공을 비출 때) 반드시 하나의 마음은 물질을
보고 하나의 마음은 공을 보아야 할 것입니다.

若如來旨(如汝來問之旨 下同) 觀色空時(照色空時) 應一心見色一心見空

　　공과 물질이 비춤을 달리하므로 각기 하나의 마음인 것이다.[149]

만약 하나의 마음이 물질을 보면 곧 오직 물질이라 공이 아니고, 만
약 하나의 마음으로 공을 본다면 오직 공이라 물질이 아닐 것입니다.

若一心見色 則唯色非空 若一心見空 則唯空非色

　　이는 곧 위에서 변화를 보면〔覩變〕 모습 없음〔無相〕과 달리하고,
모습 없음〔無相〕을 비추면 어루만져 만남〔撫會〕을 잃음이라 말한
것이다.[150]

그렇다면 공과 물질이 두 가지로 벌려지는 것이니, 공과 물질이 같
다는 경의 본뜻을 정할 수 없게 됩니다.

然則空色兩陳 莫定其本也

　　이는 진실이다. 진(陳)은 펼쳐 말함이다. 참된 공〔眞空〕과 허깨
비 물질〔幻色〕은 본래 스스로 둘이 아니다. 지금은 이미 각기 말하
므로 둘이 아닌 바탕〔不二之本〕을 잃는다.[151]

---

149) △二悟惑對釋二 初敍迷情 二示正義 今初
　　　空色殊照 故各一心
150) 卽上云覩變則異乎無相 照無相則失於撫會
151) 此實也 陳說也 眞空幻色本自不二 今旣各說故失不二之本也

ⓛ 바른 뜻을 보임〔示正義〕

그러므로 경에서 "물질이 아니다"고 말한 것은

是以經云 非色者

　위의 경 가운데서 물질 그대로 공한 뜻 밝힘〔卽色明空義〕을 받은
것이다.152)

참으로 물질[色]을 물질 아니라 함[非色]이지

誠以非色於色

　경은 참된 공〔眞空〕은 곧 허깨비 물질〔幻色〕이라 말하기 때문이
다.153)

물질 아님〔끊어진 공〕을 물질 아니라 함[非色]이 아닙니다.

不非色於非色

　위의 물질 아님은 참된 공〔眞空〕이고 아래 물질 아님은 끊어진
공〔斷空〕이다. 참된 공은 물질 떠나 물질 없앰〔離色滅色〕을 말하지
않기 때문이다.154)

물질 아님(물질 떠나 물질 없앰)을 물질이 아니라(공하다)고 했다면,
큰 허공이 곧 물질 아닌 것이니

若非色(空也)於非色(離色滅色) 太虛則非色

　위는 도리 아님을 풀이한 것이다. 공이 만약 물질을 떠났다면 오
직 큰 허공〔太虛〕이 물질 떠남일 뿐이다.155)

---

152) △二示正義
　　牒上經中 卽色明空義
153) 經說眞空卽幻色故
154) 上非色是眞空 下非色是斷空 不說眞空是離色滅色故
155) 釋上非理也 空若離色 唯太虛離色耳
　　〔여기서 허공은 텅빔을 취해 비유〔喩〕로 가져온 허공이다. 만약 땅·물·불·

물질 아님[非色]을 어찌 밝히겠습니까?

非色何所明

　　허물을 보임이다. 끊어져 없는 공[斷滅之空]은 앎이 없고 씀이 없으며 닦음이 아니고 증득함이 아닌데 어찌 꼭 가려 밝힐 것인가?[156]

　　만약 물질(허깨비 물질)을 물질 아니라(참됨이다) 하면, 곧 물질 아님[非色] 그대로 물질과 다르지 않고, 물질 아님이 물질[色]과 다르지 않으면 물질이 곧 물질 아님[非色]이 되는 것입니다.

若以非色(眞也)於色(幻也)　即非色不異色　非色不異色　色即爲非色

　　물질과 공이 둘 아니면[色空不二] 경의 바른 뜻[經正義]이 드러나기 때문이다.[157]

　(ㄷ) 까닭을 맺어 나타냄[結顯所以]

> 論 그러므로 변함이 곧 모습 없음[變即無相]이고 모습 없음이 곧 변함인 줄[無相即變] 아십시오. 뭇 삶의 뜻[羣情]이 같지 않으므로 가르침의 자취도 다름이 있을 뿐입니다.
>
> 　현묘한 전적[玄籍]을 살피고 성인의 뜻[聖意]에 바탕하면, 어찌 다시 참됨과 거짓[眞僞]에 마음을 달리하며 공함과 있음[空有]에 비춤을 달리하겠습니까?
>
> 　그러므로 모습 없음[無相]을 비추되 어루만져 만나는 공[撫會之功]을 잃지 않으며, 변화해 움직임[變動]을 보되 모습 없음[無相]의 뜻에 어긋나지 않습니다.

바람·허공·앎[地水火風空識]의 여섯 영역[六界]이 모두 나 없음의 뜻[六界無我義]으로 보면 허공 또한 여래장(如來藏)인 것이다.〕

156) 出過也 斷滅之空 無知無用非修非證 何必辨明
157) 色空不二 爲經正義顯矣

있음에 나아감이 없음과 다르지 않고, 없음에 나아감이 있음
과 다르지 않으니, 일찍이 있지 않음이 아니고 일찍이 없지 않
음이 아닙니다.
　그러므로 '평등한 깨침〔等覺〕을 움직이지 않고 모든 법〔諸法〕
을 건립한다'고 말합니다.
　이로써 미루어 보면 고요함과 씀〔寂用〕이 어찌 거리끼겠습니까?
　이와 같으면 어찌 변화를 보는 앎이 모습 없음을 비춤과 다르
다고 하겠습니까?

그러므로 변함이 곧 모습 없음이고 모습 없음이 곧 변함인 줄 아
십시오. 뭇 삶의 뜻〔羣情〕이 같지 않으므로 가르침의 자취〔敎迹〕
도 다름이 있을 뿐입니다.

故知 變即無相 無相即變 羣情不同故 敎迹有異耳

　뭇 삶의 뜻〔羣情〕이란 집착의 마음이 하나가 아닌 것이다.
　물질을 집착해 실다움을 삼기 때문에 '공과 다르지 않다'라고 말
하고 공을 집착해 끊어짐을 삼기 때문에 '물질과 다르다'라고 말한
다. 그러므로 가르침을 세우고〔立敎〕 자취를 베풂〔設迹〕에 다름이
있는 것이다.158)

현묘한 전적을 살피고 성인의 뜻〔聖意〕에 바탕하면, 어찌 다시 참
됨과 거짓〔眞僞〕에 마음을 달리하며 공함과 있음〔空有〕에 비춤을
달리하겠습니까?

考之玄籍 本之聖意 豈復眞僞殊心 空有異照耶

　경본을 살핌이란 미루어 바로잡음이다. 현묘한 전적이란 『대품

---

158) △三結顯所以
　羣情者 執心不一也 爲執色爲實者說不異空 執空爲斷者說不異色 故立敎設迹有
　異也

반야경』이다. 거짓[僞]이란 빔[虛]이다. 세속제[俗諦]가 허깨비로
있음[幻有]을 거짓이라 하니 대품경의 글 뜻을 미루어 살피면 어
찌 "마음[心]에 '진제 속제의 다름[眞俗之殊]'이 있고, 경계[境]에
'공함과 있음의 다름[空有之異]'이 있다고 할 것인가"를 말함이다.
이 또한 앞의 집착한 바를 깨뜨림이다.159)

㈃ 앞의 뜻을 모아 통함[會通前義]

그러므로 모습 없음[無相]을 비추되 어루만져 만나는 공[撫會之
功]을 잃지 않으며, 변화해 움직임[變動]을 보되 모습 없음의 뜻
[無相之旨]에 어긋나지 않습니다.

있음에 나아감이 없음과 다르지 않고(물질을 비춤이 공함을 비춤과 다
르지 않고), 없음에 나아감이 있음과 다르지 않으니(공함을 살핌이 물
질 살핌과 다르지 않으니), 일찍이 있지 않음이 아니고 일찍이 없지
않음이 아닙니다.

是以 照無相不失撫會之功 觀變動不乖無相之旨 造有不異無(照色不異
觀空) 造無不異有(觀空不異照色) 未嘗不有 未嘗不無

　　상(嘗)은 '일찍이'이다. 진리와 사법을 같이 비추고[理事雙照] 공
함과 있음을 같이 살피므로[空有同觀], 비추지 않으면 그만이지만
비추면 일찍이 다름이 있지 않은 것[未嘗有異]이다.160)

그러므로 '평등한 깨침[等覺]을 움직이지 않고 모든 법을 건립한
다'고 말합니다.

故曰 不動等覺而建立諸法

---

159) 攷本者推校也 玄籍者大品也 僞者虛也 俗諦幻有曰僞 謂推攷大品文意 豈
　　謂心有眞俗之殊 境有空有之異 此亦破前所執也
160) △四會通前義
　　嘗曾也 理事雙照 空有同觀 故不照則已 照則未嘗有異

이는 『방광경(放光經)』이니 앞의 받음을 물음의 실마리로 삼은 것이다. 그러므로 지금 거듭 이끌어 증명하는 것이다. 겸해 이를 보인다.161)

㈐ 묻는 바를 맺어 꾸짖음[結責所問]

이로써 미루어 보면 고요함과 씀이 어찌 거리끼겠습니까?

以此而推 寂用何妨

이(以)는 쓰는 것이다. 경의 바른 뜻[經正義]을 써서 미루어 찾으므로, '반야의 고요함과 씀이 때 같이함[寂用同時]'을 아는 것이니 어찌 거리껴 걸리겠는가?162)

이와 같으면 어찌 변화를 보는 앎[覩變之知]이 모습 없음을 비춤[無相之照]과 다르다고 하겠습니까?

如之何謂覩變之知 異無相之照乎

꾸짖음이다.163)

② 앎에 나아가 미루어 깨뜨림[就解推破]

㈎ 그릇된 이해를 펴서 보임[初敍錯解]

> 論 말하는 이가 어쩌면 '공함과 있음에 마음을 둘로 함[空有兩心]'이라 '고요함과 들뜸에 씀을 달리 한다[靜躁殊用]'고 잘못 벗어나 말하는 것은 아닐런지요.

---

161) 此是放光經 前牒爲問端 故今重引證 兼示之也
162) △三結責所問
　　以用也 用經正義推尋 故知般若寂用同時 何妨礙也
163) 責也

그래서 변화를 보는 앎[觀變之知] 이를, 있지 않다[不有]라고
할 수 없다 말한 것 뿐이겠지요.

만약 안에 막힘[封內]에서 자기 마음을 버릴 수 있으면 사물
밖에서 현묘한 기틀[玄機]을 찾아, 하나의 비었음[一虛]에 만
가지 있음[萬有]을 가지런히 하고, 지극히 비었음[至虛]의 없지
않음[非無]을 깨친 자일 것입니다.

이렇게 말해야 합니다. "지극한 사람[至人]은 날이 다하도록
응해 만나고 사물과 더불어 함께 옮기며 움직임을 타고 변화를
어루만져도, 처음부터 있음이 되지 않는다."

성인의 마음이 이와 같다면 어찌 취할 것이 있겠습니까? 그
런데도 취하지 않는 이치[不取之理]를 풀지 못한다고 말씀하십
니까?

말하는 이가 어쩌면 공함과 있음에 마음을 둘로 함[空有兩心]이라
고요함과 들뜸에 씀을 달리 한다[靜躁殊用]고 잘못 벗어나 말하는
것은 아닐런지요.

恐談者脫謂空有兩心 靜躁殊用

공(恐)은 정해지지 않은 말이다. 탈(脫)은 그릇됨이다. 조(躁)는
움직임이다. 유공의 보는바가 아직 그러함과 반드시 같지[必如然]
않아 어쩌면 이런 그릇됨이 있지 않을까 걱정하니, 곧 성인의 마음
이 공함과 있음에 비춤을 달리한다 하고, 움직임과 고요함에 씀을
달리한다고 함이다. 이런 그릇된 이해[錯解]를 말미암으므로 아래
저가 말한 바를 받은 것이다.164)

---

164) △二就解推破答三 初叙錯解
　　　恐者 不定之辭 脫錯也 躁動也 劉公所見未必如然 或恐有此錯脫 而謂聖心空有
　　　各照 動靜用殊 由此錯解 故下牒彼所云
　　　[변화를 보아 알므로 앎이 있어 앎 없다고 할 수 없음만을 알아, 알되 앎

그래서 변화를 보는 앎, 이를 있지 않다[不有]라고 할 수 없다 말한 것 뿐이겠지요.

故言覩變之知 不可謂之不有耳

(변화를 보는 앎이 실로 있지 않은데 있음이라 집착함.)

㈔ 현묘함 찾기를 권함〔勸探玄〕

만약 안에 막힘[封內]에서 자기 마음[己心]을 버릴 수 있으면 사물 밖[事外]에서 현묘한 기틀[玄機]을 찾아

若能捨己心於封內 尋玄機於事外

그렇듯 반야의 평등한 지혜가 어찌 성인의 마음 범부의 마음에 홀로 있겠는가? 이미 온전히 참됨이 미혹을 일으켰으니 다만 미혹 그대로 참됨을 구해야한다. 그러므로 지금 안의 막힘[內封]을 버리도록 권하니 반야는 밖에서 얻음이 아니기 때문이다. 봉(封)은 집착이다. 안으로 있음과 없음을 집착하므로 이를 버리도록 권한 것이다.

현묘한 기틀의 묘한 지혜[玄機妙智]는, 있음과 없음의 일 밖[有無之事外]에 벗어났으니 이를 찾도록 권한 것이다. 말을 찾아 뜻을 얻은 자[得意者]는 말을 잊을 수 있고[忘言], 말을 잊고 뜻을 얻으면[忘言得意] 뜻에는 얻을 바가 없으니[意無所得] 누가 증득하지 못함을 말하겠는가?165)

없음[知而無知]을 깨치지 못함.]
165) △二勸探玄
然般若等智 豈獨在於聖心凡心 旣全眞而起惑 但當卽惑以求眞 故今勸捨內封 般若故非外得 封執也 內執有無 勸之令捨 玄機妙智 出有無之事外 勸之令尋 尋言而得意者 可以忘言 忘言得意 意無所得 則誰曰不證耶
[반야는 밖에서 얻음이 아니지만 안에서 구할 수 없는데 안에 아는 자가 있다하거나 번뇌의 가림이 있으면 곧 안의 막힘이 밖의 걸림이 되니 안과 밖의 장애는 서로 말미암는다[內外相由].]

하나의 비었음[一虛]에 만 가지 있음[萬有]을 가지런히 하고, 지극히 비었음[至虛]의 없지 않음을 깨친 자일 것입니다.

齊萬有於一虛 曉至虛之非無者

　이는 얻고서 씀을 권한 것이다. 재(齊)는 가지런함이다. 하나의 비었음은 지극한 이치[至理]다. 현묘한 기틀[玄機]이 비춤을 내면 사법에 닿음이 다 진리[觸事皆理]이다. 진리가 사법을 떠나지 않으므로 지극히 빈 이치[至虛之理]는 없지 않은 것[非無]이다.

　하는 자[者]란 받음이다. 가리킴이 사람에 있으니 이와 같을 수 있는 자이다. 아래 말한다.166)

이렇게 말해야 합니다.
"지극한 사람[至人]은 날이 다하도록 응해 만나고[應會], 사물과 더불어 함께 옮기며, 움직임을 타고[乘運] 변화를 어루만져도, 처음부터 있음이 되지 않는다."

當言 至人終日應會 與物推移 乘運撫化 未始爲有也

　이는 또 그가 말로 교화하여 전해 통함[傳通]을 권한 것이다. 이 때가 되어야 이런 말을 할 수 있다. 위의 세 구절은 곧 앞의 구부리고 우러르며 따라 교화함 등 그대로이다. 끝 구절은 진리 그대로라 비추는 공이 없음[卽而無照功]이다.167)

(다) 집착한 바를 꾸짖음[責所執]

성인의 마음이 이와 같다면 어찌 취할 것이 있겠습니까? 그런데도 취하지 않는 이치[不取之理]를 아직 풀지 못한다고 말씀하십니까?

---

166) 此勸得已而用也 齊平也 一虛者至理也 玄機發照則觸事皆理 理不離事 故至虛之理非無也 者卽牒 指在人能如是者 下云

167) 此又勸其說化傳通 當此之時可作此言也 上三句卽前俯仰順化等 末句卽而無照功

聖心若此 何有可取 而曰未釋不取之理

어진 이 유공은 앞에 말했다.

"미혹해 취하는 앎〔惑取之知〕이 본래 없는데도 취하지 않는 이치의 까닭을 풀지 못합니다."

그러므로 지금 이를 꾸짖는다.

성인의 마음은 본래 스스로 취함이 없으므로〔本自無取故〕 취하지 않는다고 말한다. 취하지 않는 이치를 어찌 다시 기다려서 풀겠는가?168)

3) 이렇다 함과 맞음이 모두 아님〔雙非是當〕으로 깨침과 미혹〔悟惑〕을 답함〔雙非是當悟惑答〕

論 또 말씀하기를 "이렇다 함 없는〔無是〕 까닭으로 참으로 이렇다 함〔眞是〕이 되고 맞음 없는〔無當〕 까닭으로 지극히 맞음〔至當〕이 된다"고 하니 또한 보내오신 말씀과 같을 뿐입니다.

만약 마음 없을 수 있으면〔能無心〕 이렇다 함에서는 이렇다 함 없음을 이렇다 하는 것〔是於無是〕입니다.

맞음이 됨에서 마음 없으면 맞음 없음〔無當〕을 맞다하는〔當〕 자이니 곧 날이 다하도록 이렇다 함〔是〕이 이렇다 함 없음〔無是〕에 어긋나지 않으며, 날이 다하도록 맞음〔當〕이 맞음 없음〔無當〕에 어긋나지 않을 것〔不乖〕입니다.

---

168) △三責所執

劉君前曰 本無惑取之知 而未釋所以不取理 故今責之 聖心本自無取故言不取
不取之理何更待釋
〔알고 취함에 취할 바 없고〔無所取〕 실로 취함이 없으므로 취하지 않는 것이지 따로 취하지 않는 이치 기다릴 것이 없다.〕

(1) 앞을 받아 물음을 받아들임〔牒前領問〕

또 말씀하기를 "이렇다 함 없는[無是] 까닭으로 참으로 이렇다 함
[眞是]이 되고 맞음 없는[無當] 까닭으로 지극히 맞음[至當]이 된
다"고 하니 또한 보내오신 말씀[來言]과 같을 뿐입니다.

又云 無是乃所以爲眞是 無當乃所以爲至當 亦可如來言耳

　처음은 앞을 받음이고 다음은 물음을 받음이니 보내온 물음과 같
이 또한 이와 같을 수 있다. 그렇듯 유공은 이미 참된 지혜가 앎
없이 알고〔無知而知〕, 참된 경계가 모습 없음이 곧 모습됨〔無相卽
相〕을 안다. 다만 아직 앎이 곧 앎 없음〔知卽無知〕이고 모습이 곧
모습 없음〔相卽無相〕임을 밝게 알지 못한다.

　그러므로 앞에 지극히 맞음〔至當〕이 맞음 없음〔無當〕이고, 참으로
이렇다 함〔眞是〕이 이렇다 함 없음〔無是〕을 세워 물은 것이다. 그러
므로 지금 먼저 그 깨친 바〔所悟〕를 받아들이고 다음 그 집착한 바
〔所執〕를 깨뜨린다. 그러므로 또한 이 같을 수 있다고 말한다.169)

(2) 놓아주고 빼앗음으로 답함〔縱奪而答〕

① 그 깨친 바를 놓아줌〔縱其所悟〕

만약 마음 없을 수 있으면(만약 안에 다름을 집착하는 마음이 없으면 바
야흐로 옳을 수 있음이 되므로) 이렇다 함에서는(참으로 이렇다 함을 세움)
이렇다 함 없음[無是]을 이렇다[是] 하는 것입니다.

若能無心(若內無執異之心 方爲能善也) **於爲是**(立眞是)**而是於無是**

---

169) △三雙非是當悟惑答四 初牒前領問
　初牒前 次領問 如其來問亦可如此 然劉公已知眞智無知而知 眞境無相卽相 但
　未曉知卽無知相卽無相 故前立至當非當眞是非是而問 故今先領其所悟 次破其
　所執 故云亦可耳
　〔유공은 앎 없이 앎을 앎 없는 바탕이 앎을 일으킨다고 생각하므로 연기 중
　도의 뜻에 어긋난 것이다.〕

참으로 이렇다 함〔眞是〕을 이렇다 함 아님〔非是〕에 마주 세우면,
비록 알지만〔雖知〕 참 지혜는 앎 없이 안다〔無知而知〕. 이를 세워
이로써 참된 이렇다 함〔眞是〕을 삼으니 이를 마주하므로 이렇다
함 아님〔非是〕이 있는 것이다.

참으로 아니라는 견해〔眞非之見〕는 미혹이 집착하는 마음〔執心〕
에 있으니 만약 집착의 마음이 없으면 바야흐로 잘 알게 됨이다
〔善了〕. 아래 맞음의 뜻〔當義〕도 이에 같이 한다.170)

맞음이 됨에서 마음 없으면(지극히 맞음을 세우면), 맞음 없음〔無當〕
을 맞다〔當〕하는

無心於爲當(立至當)而當於無當

지극히 맞음〔至當〕을 맞음 아님〔非當〕에 마주해 세우면, 비록 참
경계〔眞境〕의 모습 없음이 모습임〔無相而相〕을 통달하나, 만약 지
극히 맞음〔至當〕과 맞음 아님〔非當〕에 집착의 마음이 없어지지 않
으면 곧 옳지 않다〔不可〕.171)

(하는) 자이니

者

위를 받음이니 옳고 그름의 집착을 끊은 자이다.172)

곧 날이 다하도록 이렇다 함이 이렇다 함 없음〔無是〕에 어긋나지

---

170) △二縱奪而答 文二 初縱其所悟
　　以眞是對立於非是也 雖知眞智無知而知
　　立此以爲眞是 對之故有非是矣 眞非之見惑在執心 若無執心 方乃善了 下當義
　　同此
　　〔이렇다 함에서 실로 이렇다 하기 때문에, 참으로 이러함이 아니라는 견해
　　를 세움이니 이렇다 하되 집착이 없으면 곧 잘 앎〔善了〕이 된다.〕
171) 以至當對立於非當 雖達眞境無相而相 若至當非當 執心不亡 則不可也
172) 牒上也 能絶是非之執者

않으며, 날이 다하도록 맞음이 맞음 없음[無當]에 어긋나지 않을 것입니다.

則終日是不乖於無是 終日當不乖於無當

　이미 앎 없이 앎[無知而知]을 통달하면 날이 다하도록 알되 앎이 없다[知而無知]. 또 모습 없음이 모습임[無相而相]을 통달하면 날이 다하도록 모습이되 모습 없음[相而無相]을 안다. 이는 곧 다만 그 집착을 없앰이니 앞의 뜻이 스스로 드러난다.173)

② 그 집착한 바를 빼앗음[奪其所執]

> 論 다만 이렇다 함이 없음[無是]에서 이렇다 함이 있다[有是]하고, 맞음 없음[無當]에서 맞음이 있다 함[有當]을 걱정하니 이런 까닭에 걱정거리를 삼을 뿐입니다.
> 　왜일까요? 만약 참으로 이렇다 함이 이렇다 함이라 할 수 있고, 지극히 맞음이 맞음이라 할 수 있으면 이름과 모습이 꼴 되어서[名相以形] 좋고 싫음이 여기서 생겨납니다[美惡是生]. 나고 나서 바삐 치달릴 것이니 누가 이를 그쳐주겠습니까?

㈎ 바로 밝힘[正明]

다만 이렇다 함이 없음[無是]에서 이렇다 함이 있다[有是]하고, 맞음 없음[無當]에서 맞음이 있다 함[有當]을 걱정하니 이런 까닭에 걱정거리를 삼을 뿐입니다.

但恐有是於無是 有當於無當 所以爲患耳

---

173) 旣達無知而知 則了終日知而無知 又達無相而相 則知終日相而無相也 此則但除其執 前義自顯矣
〔원효성사(元曉聖師)는 이 뜻을 다음같이 말했다. '그렇지 않되 크게 그러함이고 이치 없는 크나큰 이치이다[不然之大然, 無理之大理].'〕

이렇다 함이 있는 것[有是者]은 참으로 이렇다 함이 있다[有眞是]는 것이고, 이렇다 함이 없는 것[無是者]은 앎 없음[無知]이다. 맞음의 뜻[當義]도 이를 따른다. 다만 유공이 앎 없음[無知]에서 '참으로 이렇다 함이 있음[有眞是]'을 세우고, 모습 없음[無相]에서 '지극히 맞음이 있음[有至當]' 세우는 것을 걱정하니, 곧 집착의 마음이 없어지지 않으면 미혹의 병이 생김이다.174)

(나) 따져 풀이함[徵釋]

왜일까요?(따짐이니 무슨 병이 있는가) 만약 참으로 이렇다 함[眞是]이 이렇다 함이라 할 수 있고[可是] 지극히 맞음[至當]이 맞음이라 할 수 있으면[可當]

何者(徵也 有何患耶) 若眞是可是 至當可當

이렇다 함[是]과 맞음[當]이 옳다면, 실로 이렇다 하고 맞다 할 참 지혜[眞智]와 참 경계[眞境]가 있는 것이다. 아래는 허물을 보인다.175)

이름과 모습이 꼴 되어서[以形] 좋고 싫음[美惡]이 여기서 생겨납니다. 나고 나서 바삐 치달릴 것이니 누가 이를 그쳐주겠습니까?

則名相以形 美惡是生 生生奔競 孰與止之

---

174) △二奪其所執 文二 初正明
有是者有眞是也 無是者無知也 當義准此 但恐劉公於無知立有眞是 於無相立有至當 則執心不除 惑患生也
〔참으로 이렇다 함[眞是]은 이렇다 함이 없되 이렇다 하지 않음도 없어야 참으로 이렇다 함이 되고, 지극히 맞음[至當]은 맞음 없되 맞지 않음도 없어야 지극히 맞음이 된다.〕
175) △二徵釋
可是當者 實有眞智眞境也 下出過云
〔이렇다 함 없음이 참으로 이렇다 함이 되고 맞음 없음이 참으로 맞음이 됨을 보임.〕

꼴[形]은 나타남이다. 미(美)는 좋음이다. 지극히 맞음[至當]과 참으로 이렇다 함[眞是]의 이름과 모습이 나타나면, 아름답고 좋다는 마음[美好心]이 나고, 이렇다 함이 아니고[非是] 맞음이 아니라[非當]는 이름과 모습이 나면 싫어해 미워하는 마음[厭惡心]이 난다. 기뻐하고 싫어함이 없어지지 않으면 윤회(輪廻)가 다투듯 달린다.

누가 이를 그쳐 끊겠는가? 이것이 곧 바로 무명의 깊은 구렁[無明深坑]에 있음이니 반야 지혜의 비춤이 어찌 옳고 그름으로 얻을 수 있겠는가? 또 곱고 미운 마음의 생각이 날려 다투듯 달리니 어찌 그쳐 쉴 수 있겠는가? 그러므로 (이름과 모습의 꼴 되면) 반야의 고요함과 비춤[般若寂照]이 아님도 이와 같은 것이다.176)

(3) 바른 뜻을 드러내 보임[顯示正義]

論 그러므로 성인(聖人)은 그 마음을 텅비게 하여, 나누어 가림이 없고 앎이 없습니다.

그러니 움직임과 씀의 영역에 머물지만 함이 없는 경계[無爲之境]에 그치며, 이름할 수 있는 삶 안[可名之內]에 있지만, 말 끊어진 고을[絶言之鄉]에 삽니다.

고요하고 고요해 비어 막힘없이 넓어서 꼴과 이름[形名]으로 얻을 수 없으니, 성인의 마음은 다만 이와 같을 뿐입니다.

그런데도 공은 "참으로 이렇다 함[眞是]은 이렇다 할 수 있고

---

176) 形現也 美好也 至當眞是名相現則美好心生 非是非當名相現則厭惡心生 欣厭不亡則輪迴奔競 孰能止絶 此則正在無明深坑 般若智照豈在是非可得耶 又美惡心念紛紜奔競 何能止息 故非般若寂照如是
[지극함과 참됨은 그것이 아니되 그것 아님도 아니어야 좋고 나쁨을 넘어선 지극함이 되고 참됨이 된다.]

〔可是〕지극히 맞음〔至當〕은 맞다 할 수 있다〔可當〕"고 하시니 아직 아름다운 뜻을 깨우치지 못함입니다.

　이렇다 함과 그에 맞음이 서로 나서〔是當之生〕온갖 것〔物〕에 그렇다할까 걱정되나 저〔彼: 聖人〕는 스스로 그렇다 하지 않으니 어찌 넉넉히 그럴 수 있겠습니까?

그러므로 성인은 그 마음을 텅비게 하여〔空洞其懷〕나누어 가림이 없고〔無識〕앎이 없습니다〔無知〕.

是以聖人空洞其懷　無識無知

　안의 마음을 품은 뜻〔懷〕라 하니 통(洞)은 공함이다. 마음 바탕이 고요하여 비고 또 비었으므로 텅 비었다 한다. 나누어 가림을 가려 앎〔識, vijñāna: 了別〕이라 이름하고 따라 생각함〔緣慮〕을 앎〔知〕이라 한다. 마음 바탕이 본래 끊어졌으므로 다 이런 나타남이 없다 말하고 지혜의 바탕이 고요하여, 경계와 지혜가 한결같음에 함께 한다〔境智同如〕.177)

그러니 움직임과 씀의 영역〔動用之域〕에 머물지만 함이 없는 경계〔無爲之境〕에 그치며, 이름할 수 있는 삶 안〔可名之內〕에 있지만 말 끊어진 고을〔絕言之鄉〕에 삽니다.

然居動用之域　而止無爲之境　處可名之內　而宅絕言之鄉

　이 두 구절은 각기 씀 그대로의 바탕〔卽用之體〕을 밝힌다. 움직여 쓰는 곳에 머물면 이름할 수 있으니 다 마음과 경계가 또렷함〔心境歷然〕을 본다. 곧 마음 그대로 마음 없음〔卽心無心〕이고 곧 경계 그대로 경계가 없음〔卽境無境〕이므로 함이 없는 집〔無爲宅〕

---

177)　△三顯示正義

內心曰懷　洞者亦空也　心體寂滅　空之又空　故曰空洞也　分別名識　緣慮名知　心體本絕故皆曰無此顯　智體寂滅境智同如

에 머물러 말을 끊는다. 이는 앞의 '이렇다 함에 이렇다 함 없으며 맞음에 맞음 없는 뜻'을 나타낸다.

또 위 구절은 마음과 경계의 모습이 곧 모습 없음임〔相卽無相〕을 밝히고 아래 구절은 이름〔名〕이 곧 이름 없음임〔無名〕을 나타낸다. 이름 없음과 모습 없음은 곧 맑아 고요함이고 모습 있으며 이름 있음은 곧 번거로이 일어남이다. 그러므로 위는 '씀을 말하면 곧 같음 그 대로 다르고, 고요함을 말하면 곧 다름 그대로 같다'고 말함이다.178)

고요하고 고요해 비어 막힘없이 넓어서 꼴과 이름〔形名〕으로 얻을 수 없으니, 성인의 마음은 다만 이와 같을 뿐입니다.

寂寥虛曠 莫可以形名得 若斯而已矣

만약 온전한 씀의 바탕〔全用之體〕인줄 알면, 바탕은 마음과 경계의 꼴과 이름을 끊는다〔體絶心境形名〕. 아는 바가 이와 같은 이는 곧 그 물어옴과 같을 수 있다〔可如其來問〕.179)

(4) 그른 물음을 맺어 꾸짖음〔結責非問〕

그런데도 공은 "참으로 이렇다 함〔眞是〕은 이렇다 할 수 있고 지극히 맞음〔至當〕은 맞다 할 수 있다"고 하시니 아직 아름다운 뜻〔雅旨〕을 깨우치지 못함입니다.

乃曰眞是可是 至當可當 未喩雅旨也

유(喩)는 깨우침이다. 이 위는 꾸짖음을 맺음이다.180)

---

178) 此二句各明卽用之體 居動用處可名 皆見心境歷然 卽心無心卽境無境 故止無爲宅絶言也 此顯前是而無是當而無當之義 又上句明心境相卽無相 下句顯名卽無名 無名無相則湛寂 有相有名則繁興 故上云言用卽同而異 言寂卽異而同

179) 若了全用之體 體絶心境形名 所解如此者 則可如其來問也

180) △四結責非問
喩曉也 此上結責

이렇다 함과 그에 맞음이 서로 나서[是當之生] 온갖 것[物]에 그
렇다할까 걱정되나, 저[彼: 聖人]는 스스로 그렇다 하지 않으니[彼自
不然] 어찌 넉넉히 그럴 수 있겠습니까?

恐是當之生 物謂之然 彼自不然 何足以然耳

이는 그 묻는 바가 그르다[非]고 함이다. 공(恐)이라는 글자는
정해지지 않은 말이다. 생(生)은 일어남이다. 물(物)이란 속제(俗
諦)인 만 가지 것[萬物]이다. 연(然)이란 이와 같음이다. 저[彼]란
참 마음이 모습 끊음[眞心絶相]이다.

마음과 경계의 이렇다 함과 맞음[心境是當]이, 옳고 그름과 꼴의
마주함[是非形對]을 일으키니, 속제의 만 가지 것[俗諦萬物]에서
이와 같다 말할까 걱정된다.

저 참 마음[彼眞心]은 본래 함과 하여지는 바의 다른 모습[能所異
相]을 끊었으니 어찌 넉넉히 억지로 옳고 그름의 뜻[是非之情]으로
구하겠는가?181)

3. 현묘함 찾도록 맺어 권함[結勸探玄]

그렇듯 앞에서 물음을 맺는 것은 대개 말을 집착하고[執言] 자취
에 막힘[滯迹]을 인해, 스승께 받아 이음[師承]에 다름이 있게 됨
이다. (말을 집착하면) 비록 성인의 마음을 헤아리나 반드시 집착
에 갇힘을 이루므로 지금 앞에서 답한 바를 맺는다.

그리하여 자취를 없애고 말을 털어버려서[拂言] 그윽이 미묘함

---

181) 此非其所問也 恐者不定之辭 生起也 物者俗諦萬物也 然者如此也 彼者眞
心絶相也 心境是當起是非形對 恐於俗諦萬物可說如此 彼眞心本絶能所異相
何足彊以是非之情而求也
〔온갖 것에서 이러함과 맞음이 서로 말미암아 일어나는 것은 미혹의 뜻으로
는 그럴 수 있다하지만, 이러함에 이러함이 없고 맞음에 맞음이 없는 성인
의 참마음에서 어찌 옳고 그름의 이렇다 함을 구할 수 있겠는가.〕

〔玄微〕에 곧장 나아가도록〔直造玄微〕 하면, 곧 마음 그대로 곧 지혜인 사람〔卽心卽智者〕이다. 글에 셋인데, 처음 미혹과 깨침의 자취를 말함에 글이 둘이다.[182]

論 대저 말과 자취〔言迹〕의 일어남이 다른 길〔異途〕이 일어나게 되는 까닭입니다.

그렇지만 말에는 말하지 못하는 바〔所不言〕가 있고 자취에는 자취하지 못하는 바〔所不迹〕가 있습니다.

그러므로 좋은 말〔善言〕로 말하는 자는, 말할 수 없는 바에서 말을 구하고, 좋은 자취〔善迹〕로 자취하는 자는, 자취할 수 없는 바에서 자취를 찾습니다.

지극한 진리는 비어 현묘하여 마음을 헤아리면〔擬心〕 이미 어긋나는데 하물며 어찌 말 있음〔有言〕이겠습니까? 보이는 바〔所示〕가 더욱 멀어질까 걱정입니다. 마음을 통한 어진 이〔通心君子〕께서는 글 밖〔文外〕에서 서로 기약함이 있기를 바랄 뿐입니다.

1) 말과 자취로 깨침에 미혹함〔言迹迷悟〕

(1) 미혹하면 곧 집착 냄을 밝힘〔初明迷則生執〕

대저 말과 자취의 일어남이 다른 길[異途]이 일어나게 되는 까닭입니다.

夫言迹之興 異途之所由生也

말과 자취란 가르침과 뜻〔敎義〕이다. 곧 앞에 펼친 바 지위 나타

---

182) △第三結勸探玄 然前結問 蓋因執言滯迹 師承有殊 雖擬聖心必成局執 故
今結前所答 泯迹拂言而令直造玄微 卽心卽智者矣 文三 初言迹迷悟 文二 初
明迷則生執

넘에 바탕이 있어서, 종지(宗旨)가 같지 않은 것이다. 가르침을 세움〔立敎〕이 말〔言〕이 되고 뜻을 베풂〔設義〕이 자취〔迹〕가 된다. 또 성인이 가르침을 세워 뜻 말함〔詮義〕에 통달하지 못한 바 되는 것은 손가락으로 달을 나타내기〔以指標月〕 때문이다. 뜻의 견해가 이미 많으니 말을 일으킴 또한 다른 것이다.

만약 각기 가르침의 뜻을 일으킨 것은 곧 견해에 길이 많기〔見解多途〕 때문인 것이다. 그러므로 '다른 길이 일어나게 된 까닭이다'고 말한 것이다.183)

(2) 밝게 알면 현묘함에 나아감〔顯了則造玄〕

그렇지만 말에는 말하지 못하는 바가 있고 자취에는 자취하지 못하는 바가 있습니다.

而言有所不言 迹有所不迹

말과 자취는 지극한 진리〔至理〕를 밝혀 말하지 못하고, 대개 마음은 말이 미치지 못한다. 그러므로 '사유할 수 없고 말할 수 없다〔不思議〕'고 한다.184)

2) 잘 통달한 사람을 들어 보임〔擧善達之人〕

그러므로 좋은 말로 말하는 자는, 말할 수 없는 바에서 말을 구하고

是以善言言者 求言所不能言

잘 말을 통달하고 말을 듣는 자는, 바야흐로 말없음〔無言〕에 있으면서, 말을 구할 수 있다.185)

---

183) 言迹者 敎義也 卽前所陳標位有本 宗旨不同 立敎爲言 設義爲迹 且聖人立敎詮義 爲所不達者以指標月也 情見旣多 興言亦異 若各興敎義者則見解多途 故曰異途之所由生也

184) △二顯了則造玄
言迹不能詮辨於至理 蓋心言罔及 故曰不思議也

좋은 자취로 자취하는 자는 자취할 수 없는 바에서 자취를 찾습니다.

善迹迹者 尋迹所不能迹

　　잘 뜻을 통달해〔善達義〕 뜻을 살피는 자〔觀義者〕는 비로소 자취 없음〔無迹〕에 있으면서 뜻을 찾을 수 있으니 말과 자취가 이미 없어지면〔言迹旣亡〕 어찌 종지를 나누어〔分宗〕 다르게 하겠는가?186)

3) 그윽하여 미묘함을 맺어 나타냄〔結顯玄微〕

지극한 진리는 비어 현묘하여 마음을 헤아리면 이미 어긋나는데(앞으로 이르는 바가 아님), 하물며 어찌 말 있음[有言]이겠습니까?
보이는 바가 더욱 멀어질까 걱정입니다.(말이 미치는 바가 아님) 마음을 통한 어진 이[通心君子]께서는 글 밖[文外]에서 서로 기약함이 있기를 바랄 뿐입니다.

至理虛玄 擬心已差(非解所到) 況乃有言 恐所示轉遠(非言所及) 庶通心君子有以相期於文外耳

　　서(庶)는 바람이다. 마음을 통한 어진 이란 유공(劉公)이 안으로 비추기를 바람이다. 곧 말과 자취 밖에서〔言迹之外〕 같이 계합함으로 기약하는 바를 삼는 것이다.187)

---

185) △二擧善達之人
　　善達言而聽言者 方能求言在於無言
186) 善達義而觀義者 始能尋義在於無迹 言迹旣亡 豈分宗異也
187) △三結顯玄微
　　庶望也 通心君子者 望劉公內照 同契言迹之外爲所期也

평석 유유민에게 답하는 글[答劉遺民書]

① 여산(廬山)의 백련결사(白蓮結社)

　유유민(劉遺民)이 머물러 있던 여산(廬山)은 당시 혜원법사(慧遠法師)가 주석하며 백련결사(白蓮結社)의 모임으로 대중을 교화하던 곳이었다. 그 곳에서 혜원은 출가사문 뿐 아니라 유가(儒家) 도가(道家)의 여러 어진 이들과 도학을 담론하고 염불삼매(念佛三昧)의 수행으로 대중을 이끌었다. 유가 도가의 어진 이들과 담소하다 '스스로 그 구역을 넘지 않겠다' 다짐했던 호계(虎溪)를 넘었다는 이야기가 전해져 오고 있다.

　곧 '세 어진 이가 담소하다 호계를 자신들도 모르게 넘고서 세 사람이 한바탕 웃었다는 이야기[虎溪三笑]'가 그것이다. 이 이야기는 백련결사의 모임이 남북조 혼란한 정치 상황 속에서 출가수행자 뿐만 아니고 많은 지식인 도학자들의 피난처, 수행처이자 휴식처이고 교류처임을 보여 주는 이야기이다.

　승조법사의 「반야무지론」을 여산에 전했던 도생법사(道生法師)도 대승대반열반경이 들어오기 전 '온갖 중생이 본래 불성 갖춤'을 주장하고 돈오성불론(頓悟成佛論)을 펴다 구마라지바 회상에서 대중에게 떠밀려 나, 이곳 여산의 결사처에 합류해 결사의 빗장에 들어 몸을 의탁했다.

　또 승조법사가 대승선사(大乘禪師)라 추앙했던 붇다바드라 또한 구마라지바 회상을 떠나 60권 화엄경[六十華嚴]을 번역하며 의지했던 곳이 여산의 백련결사 도량이다.

　이렇게 보면 혜원법사의 주변은 당대 도학(道學)의 문정(門庭)에 관계없이, 많은 도학자들이 몸을 의탁할 수 있던 곳이었고 많은 출가 수행자들이 선정과 지혜 닦던 곳이었음을 알 수 있다.

② 유유민(劉遺民)의 의심처

여산(廬山)의 어진 이 유유민이 도생법사가 가져온 승조법사의 「반야무지론」을 읽고 일으킨 의문의 뿌리는 무엇인가.

승조께서 반야무지론을 저술했던 당대는 불교가 중국사회에 유입되어 뿌리내리던 초기 전역시대(傳譯時代)에 해당한다. 그러므로 교관(敎觀) 양면에서 붇다의 뜻이 중국사회에 제대로 이해되지 않을 때였다. 유유민 또한 기성철학의 가르침과 붇다 연기론의 가르침 사이에서 많은 혼란을 겪었을 것이다.

반야경의 경전언어로 표현된 연기론의 세계관 인식론 실천론에 대한 기성 수행자 그룹의 많은 이들이 가지고 있던 연기의 뜻〔緣起義〕에 대한 그릇된 이해를 먼저 살펴보기로 한다.

먼저 대승불교에서 연기론의 세계관이, 반야(般若)의 살피는 지혜와 살피는 바 진제 속제〔眞俗二諦〕로 기술된 뜻을 살펴보자.

붇다의 연기론에서 세간의 온갖 법은 인연으로 일어남〔緣起〕으로 없는 법이 아니다〔非無〕. 그러나 인(因)과 연(緣)이 모여〔緣會〕 생겨난 법〔俗諦〕을 실로 있음이라 하면 세간법의 진실을 보지 못한다.

그러므로 인연으로 일어난 법〔緣起法〕이 있되 공함을 알아야 존재의 진실을 안다는 뜻으로 진제(眞諦)를 말한 것이다. 인연으로 일어난 세간법이 실로 없지 않음〔世間非無〕을 속제(俗諦)라 하고, 있되 실로 있지 않음〔有而非有〕을 진제(眞諦)라 하니 속제의 있음〔有〕을 듣고 실로 있다 해도 안 되고 진제의 없다〔無〕는 말을 듣고 실로 없다 해도 안 된다.

참됨과 세속 두 진리〔眞俗二諦〕의 표현을 통해, 있음과 없음의 두 가〔有無二邊〕를 떠나야 연기의 진실을 삶속에 실현할 수 있다.

이 때 두 가〔兩邊〕를 집착하면 하나인 삶의 길〔ekayāna-marga〕에서 두 치우친 가〔二邊〕의 길을 걷는 자이며, 두 가를 뭉뚱거려 하나를 삼거나 가운데를 집착하는 자 또한 해탈의 한 길에 나가지 못하는 자이다.

이미 본서 종본의(宗本義) 평석에서 인용하여 거론한 바 있지만, 아가마수트라[阿含經]에 보면, 붇다 세존께서는 어느 날 강가 강 언덕에서, 비구들에게 니르바나의 바다에 이르는 중도의 바른 길을 강물에 비유하여 다음같이 말씀하셨다.

'비구들이여, 저 강물의 뗏목이 왼쪽 언덕에 닿지 않고 오른쪽 언덕에도 닿지 않고 가운데 섬에 걸리거나 누군가의 손길에 걸리지 않으면 반드시 저 큰 바다에 이르듯, 온갖 것 아는 지혜의 바다[一切智海] 니르바나의 바다도 그와 같다.

두 가에도 집착하지 않고 가운데에도 머물지 않으면 반드시 니르바나의 바다에 이를 것이다.'

이 설법을 곁에서 듣던 소치는 어린이가 세존께 말씀드렸다.
'세존이시여, 저는 두 언덕의 비유로 보이신 가르침을 듣고 연기 중도의 길, 니르바나의 길을 깨달았습니다. 저는 오늘 소치는 목동의 길을 버리고 세존의 상가에 귀의하겠습니다. 저를 비구로 받아 주십시오.'
세존께서는 그 목동에게 말씀하셨다.
'소치는 어린이여, 먼저 집에 돌아가 소주인에게 소를 돌려주고 어버이의 허락을 받고 다시 오라.'

소치는 목동은 소를 돌려주고 돌아와 여래상가에 귀의하여 비구가 되어 아라한의 과덕을 성취하였다. 소 치던 어린이의 보기에서 알 수 있는 것처럼 비구된 지 오래되어 수행기간이 길다고 깨칠 수 있음이 아니고 이 어린 목동처럼 세존의 가르침을 바로 알아들으면, 소리 듣는[聞聲] 그 자리에서 지혜의 흐름에 들어갈 수 있는 것이다. 마치 저 강가강 물이 이 언덕 저 언덕, 가운데 섬에 막히지 않으면 그가 물 흐름 속에서 이미 저 바다에 이름과 같다.

이 비유를 조론의 언교에 대입해보면, 이 강물의 비유에서 두 언덕은 진제와 속제〔眞俗〕 진리와 사법〔理事〕, 지혜에서 근본지(根本智)와 방편지(方便智), 반야의 앎 없음〔無知〕과 사물에 응함〔應物〕에 견주어 볼 수 있고 지혜의 고요함과 비춤〔寂照〕에 견주어 볼 수 있다.

그러면 유유민(劉遺民)이 도생법사가 가져온 「반야무지론」을 읽고도 해결하지 못한 인식론적 장애는 무엇일까.

『조론』 자체 주고받은 편지글을 살펴보면 다음과 같다.

첫째 유유민은 마음 없음〔無心〕이 마음 없는 마음이라 알았지만, 마음 없음〔無心〕이 널리 사물에 응함이 됨에 의심이 있는 것이다.

이는 수의 세계를 사무쳐 다한 고요한 바탕에, 고요함과 비춤의 이름, 선정과 지혜의 이름이 남아있는 의심이다.

달리 말하면, 앎에 앎 없는 근본지의 진리 비춤과 앎 없음에 앎 없음도 없는 방편지의 사법 비춤이 원융하지 못한 의심이다.

곧 앎의 공함〔識空〕과 앎의 거짓이름〔識假〕이 중도(中道)가 되지 못한 장애이니 자운존자(慈雲尊者)는 이렇게 말한다.

'마음 없음이 널리 응함임을 통달하지 못하여, 고요하여 스스로 그러함이, 응해 교화하는 마음〔應化之心〕이지만 그쳐 쉼에 가깝다고 의심하는 것이다.'

곧 '마음 없으면 응하지 못해야 하는데 어찌 응한다고 하는가' 의심함이다.

달리 표현하면 '모습 없음〔無相〕을 비추면 변화를 보지 못해야 하고, 변화(變化)를 보면 모습 없음을 비추지 않아야 한다'고 생각함이다.

모습은 모습에 모습 없으므로 모습이 모습으로 차별되는 것이다. 성인의 마음〔聖心〕은 앎에 앎이 없지만 앎 없음에 앎 없음도 없으므로 모습 없음을 비춤〔照無相〕과 변화를 봄〔觀變化〕이 둘이 될 수 없다. 그래서 승조께서는 유유민의 그 의심에 '성인의 마음에 보고 들음이 끊어졌지만, 사물을 만나면 통하지 않음이 없음'으로 답한다.

만유는 연기로 있으므로 비었지만, 비었기 때문에 연기하고, 앎에 앎이 없기〔於知無知〕 때문에 앎 없는 앎〔無知之知〕이 새롭게 연기하는 것이다. 곧 마음 없음과 사물에 응함이 둘이 없으려면 고요함〔寂〕과 비춤〔照〕, 앎 없음〔無知〕과 앎〔知〕, 진여의 변하지 않음〔眞如不變〕과 사법의 연 따름〔事法隨緣〕에, 두 법 두 모습이 없어야 하는 것이다.

성인의 마음〔聖人之心〕은 비추되 고요하므로〔照而寂〕 바탕에 비춤의 이름이 없고, 고요하되 비추므로〔寂而照〕 고요함의 이름이 없는 것이니, 이를 고요함과 비춤이 때를 같이함〔寂照同時〕이라 하고, 빔이 비춤을 잃지 않고〔虛不失照〕 비춤이 빔을 잃지 않는다〔照不失虛〕고 한다.

그러므로 모습 없는 하나인 바탕에서 실로 있는 고요함과 비춤의 이름을 구하면 진여(眞如)의 변하지 않음과 사법(事法)의 연 따름이 원융한 한 진리〔一理〕가 되지 못한다. 또한 사마타(samatha)의 앎에 앎 없는〔於知無知〕 행과 비파사나(vipaśyana)의 앎 없이 아는〔無知而知〕 행이 하나인 행〔一行〕이 되지 못할 것이다.

앎에 앎 없는 사마타와 앎 없이 아는 비파사나가 늘 하나됨〔止觀俱行〕을 승조성사는 대승선(大乘禪)이라 하고, 천태선사의 스승인 대성사(大聖師) 남악혜사선사는 대승지관(大乘止觀)이라 하니 이 대승지관 대승선의 길에, 모습 없음을 비춤〔照無相〕과 그 변화를 봄〔觀其變〕이 어찌 두 갈래 길이 될 것인가.

③ 연기 중도의 실천을 다시 살핌

유유민이 「반야무지론(般若無知論)」을 처음 받아 읽고서 의심을 품었던 문제를, 우리는 살피는 지혜〔能觀智〕와 살피는 바 진리〔所觀理〕의 문제, 살피는 바 진리에서 진제(眞諦)와 속제(俗諦)의 문제, 살피는 지혜에서 지혜의 앎 없음〔無知〕과 대상을 만나 응함〔應會〕의 문제로 다시 정리해서 살피기로 한다.

이 문제는 이미 「반야무지론」을 시작하면서 다룬 문제이지만 여기서는 유우민의 물음을 중심으로 해서, 붇다 세존의 연기론의 초기교설로 다시 살피기로 한다.

붇다 당시 시대대중의 세계를 향한 기본 태도는, 지금 오늘의 현대를 사는 뭇 삶들에게 나타나고 있으며, 승조 당시 지식인〔讀書人〕의 도(道)에 대한 사고는, 오늘 대학에서 철학을 가르치고 학문을 가르치는 최고의 지성에게도 나타나고 있다.

대학에서 현대 양자물리학을 강의하고 천문학을 강의하면서, 특정종교 인격신의 세계창조를 재해석 없이 받아들인다든지, 언어철학을 강의하면서 자기가 믿는 종교적 신념에 대해서는 합리적 의심 없이 맹목적으로 자기 종교의 도그마화 된 메시지를 신봉하는 것이 그 예일 것이다.

붇다 당시 연기론은, 당시 절대신성의 세계전변을 말하는 전변설(轉變說)과 원자적 요소의 쌓여짐으로 존재를 설명하는 적취설(積聚說)을 모두 부정하기 위해 시대철학의 언어 가운데 상대주의적 세계관을 받아 이루어졌다.

세계를 보는 극단적 절대주의와 상대주의적 사고는 오늘날 세계 지성의 사고에도 그대로 녹아있다. 붇다께서 저 소치는 목동에게 설한 두 언덕의 비유는 붇다 당시 전변설과 적취설의 두 치우친 가〔二邊〕의 견해에도 적용된다. 그러나 연기적 세계관을 토대해서 해탈의 길을 찾는 오늘의 선류(禪流)들도 전변설 적취설의 편향을 안고 그것을 붇다의 중도행(中道行)으로 생각하는 이들이 많이 있다.

가령 간화선(看話禪)을 한다고 하면서 그 말귀 보는 법〔看話法〕을 '화두를 들어서 불성(佛性)에 계합한다'고 말하는 이들은 붇다의 선정을 저 부라마니즘의 범아일여(梵我一如)의 합일과 동일시하는 이들이며, 이 몸을 끌고 다니는 신묘한 자아를 구하는 이들은 신아론(神我論)과 연기론을 혼동하며 그것을 최상승선이라 생각하는 이들이다.

또한 많은 이들이 자기가 알고 있는 과학적 지식과 그에 배치된 종교 신념을 반성없이 굳건히 지키는 것은, 죽음에 대한 불안 채워지지 않는 삶의 욕구를, 도그마화한 종교의 교리로 보상받으려 함이 아닐까 생각해 본다.

변화하는 세간의 모습에 좌절하고 죽음의 운명을 두려워하는 유한자(有限者)들이 만든 환상은, 이 변화 너머에 변하지 않는 어떤 것이 있다고 믿음으로써 유한자의 운명에서 탈피하겠다는 환상이다.

이 무한자는 모든 유한한 것의 저변에서 유한한 것을 이루어주는 어떤 것으로 받들어지기도 하고, 이 몸〔身〕은 비록 사라지나 몸 안에 사라지지 않는 영적 실체는 죽지 않고 길이 남는다고 생각되기도 한다.

이와 같을까. 그렇지 않으니 연기론에서 공한 진리는 있음 밖에서 있음을 근거지우는 그 무엇이 아니고 공한 진리는 있음〔有〕의 자기진실〔妙有〕이다. 또 진여(眞如)의 변하지 않음〔不變〕 또한 연을 따라 나고 사라지는〔隨緣生滅〕 세간법의 자기 진실일 뿐이다.

전변설과 적취설의 두 가〔兩邊〕를 넘어선 중도적 세계관을 단적으로 보여 주는 연기의 교설은 다섯 쌓임〔五蘊〕 열두 곳〔十二處〕 열여덟 법의 영역〔十八界〕의 교설이다.

다섯 쌓임[五蘊] 열두 곳[十二處] 열여덟 법의 영역[十八界]의 세 교설[三科說]은 연기로 일어나는 세간법을 '마음과 물질의 두 법[nāma-rūpa, 色心二法]'으로 분류해 나타낸 교설이다. 그러나 이 교설은 연기적 세계관을 보이기 위한 교설이라 마음과 물질의 원자적 요소설을 보인 것이 아니니, 마음과 물질은 서로 의지하고 [相依] 서로 말미암아[相由] 있음이라, 마음은 물질을 떠난 마음이 아니고 물질은 마음을 떠난 물질이 아니다.

오온설처럼 '마음법을 많이 벌려 물질에 합해보인 교설[開心合色]'은 마음을 많이 집착하는 이들을 위해 마음이 물질을 통해 연기함을 보인 가르침이다. 그에 비해 십이처설처럼 '물질을 많이 벌려 마음인 뜻뿌리에 합해보인 교설[開色合心]'은 물질에 집착함이 많은 이들을 위해 물질의 다양한 모습과 속성을 연 뒤 그 물질이 마음 떠나지 않음을 보인 교설이다.

주관 객관의 열두 곳[十二處: 六根, 六境]에, 열두 곳을 의지해 나는 앎 활동[六識]을 더한 교설이 십팔계설(十八界說)이다. 존재의 영역을 열여덟 법의 영역[十八界]으로 보인 이 교설은 마음과 물질 모두를 집착하는 중생을 위해 '마음과 물질을 모두 열어낸 교설[色心俱開]'이다.

오온설에서 느낌, 모습 취함, 지어감, 앎[受想行識]은 마음법[心法]이니 이 마음 법은 물질[色法]과 경계를 의지해 나는 마음이라 이 마음은 마음이되 마음 아니고 앎이되 앎이 아니다. 물질법[色法]은 마음이 알고 마음이 자기생성의 토대로 삼는 법이라 마음이 아니되 마음 아님도 아닌 법이다. 곧 물질은 마음이 날 때 마음의 내적 요건인 아는 바[所緣緣]를 이루나 마음을 마음이게 하는 마음의 객관적 토대[色境]로서 물질 아닌 물질이다.

그러므로 『조론』이 '살피는 바 경계[所觀境]'로 삼는 「물불천론」의 물(物)은 또한 다만 마음의 대상인 사물이 아니라 인연으로 나는 물질[色法]과 마음[心法]을 모두 거두는 사법(事法)으로서 물(物)인 것이다.

이 때 마음을 살피는 주체로 삼으면, 이 마음은 알되 앎이 없는 마음이고 저 살피는 바 물질은 있되 공한 물질이고 모든 쌓임[諸蘊] 또한 있되 공한 쌓임이니 『조론』의 「부진공론(不眞空論)」이 말한 '참이 아니라 공하다[不眞空]'는 뜻이다.

인연으로 나는 세간법이 참으로 있음이 아니라 공한 줄 알면 그 공도 또한 있음 그대로 곧 공함[卽有而空]이라 공 또한 실로 공함이 아니다[空非是空]. 그러므로 공 또한 참으로 공하지 않음이니 부진공론(不眞空論)의 공(空)은 있음이 참으로 있음이 아니고, 없음이 참으로 없음이 아닌 중도의 뜻[中道義]을 모두 거둔다.

붇다의 연기론에서 해탈의 원인[因行]되는 지혜와, 지혜인 진리는 지금 중생이 쓰는 마음과 보는 바 물질을 떠나있는 것이 아니다. 중생이 저 세계를 알되, 앎이 곧 앎 없음이 되면[知卽無知], 지금의 앎이 지혜가 되고, 아는 바 세계의 모습이 모습이되 공한 모습이 된다. 그러면 곧 저 세계의 모습이 모습 그대로[卽相], 모습 아닌 모습으로서 진리의 모습이 되는 것이다.

곧 오온설에서 앎을 떠나 앎 밖에 세계가 없으므로 살피는 지혜가 앎 없는 지혜이면 세계의 모습 없는 실상은 지혜인 실상이니, 지혜는 진리인 지혜가 되고 진리는 지혜인 진리가 된다.

이렇게 보면 천태선사가 '한마음의 세 지혜[一心三智]'가 바로 '원융한 삼제의 진리[圓融三諦]'라고 말한 뜻이 바로 붇다 연기론의 실천론적 구성임을 알 수 있다.

선수행자가 지금 한 생각[一念]으로써 드러나는 한 생각[現前一念]의 진실을 바로 묻는 곳에, 천태선사 '한마음의 세 살핌이 있다'는 뜻은 이미 앞에서 설파한 바 있다. 이 때 지금 한 생각이 살피는 지혜[能觀智]이자 생각이 곧 물질인 생각이므로 살피는 바 한 생각이 살피는 바 경계[所觀境]가 되는 것이다.

이 때 생각으로 생각에 생각 없음[於念無念]을 묻는 이 물음이
공관(空觀)이라면 이 생각 없음마저 공함을 다시 물어 살핌이 바
로 가관(假觀)이 되고, 생각에 생각 없음과 생각 없는 생각이 둘
없음을 살피는 것은 중도의 살핌[中道觀]이 되는 것이다.

조론의 표현대로라면 있음을 있다하므로 없음이 없음이 되는 것
이니, 있음이 바로 있음이 아니면 없음이 어찌 없음이 되겠는가.

연기로 있음[緣起有]을 말하면, 그 있음이 곧 공[卽空]이고 거
짓 있음[假有]이며 중도(中道)이며, 앎에 앎 없음[知無知]을 말하
면 앎 없되 앎 없음도 없는 앎의 진실이 곧 중도인 지혜이다. 그
러므로 모습 없음[無相]을 말한다고 어찌 모습을 쓸어 없애고 모
습 없음이 되며, 생각 없음[無念]을 말한다고 끊어져 없는 공[斷
空]에 들어가, 대상에 응해 만남[應會]을 없앨 것인가.

알되 앎이 없고[知而無知] 응하되 응함이 없을 뿐[應而無應]이다.

④ 천태선사 세 살핌[三觀]과 두렷한 삼제의 경계[圓融三諦]를 다
시 살핌

이제 다시 다섯 쌓임의 가르침을, 살피는 바 경계[所觀境]의 관
점에서, 다섯 쌓임의 연기의 뜻[緣起義]이 오온의 실상[五蘊實相]
이며 원융한 삼제의 진리[圓融三諦: 空諦 假諦 中道諦가 원융함]
임을 살펴보자.

오온으로 표시된 연기의 법은 속제이다. 오온이 연기이므로 공
하고[緣起卽空] 공하므로 연기하니[空卽緣起] 『반야심경』에서
'오온이 공하다' 함이 공의 진리[空諦]라면 '공이 곧 오온이라' 함은
거짓 있음의 진리[假諦]이고, '공과 오온이 평등하여 이 모든 법의
모습이 나지 않고 사라지지 않음'은 중도의 진리[中道諦]이다.

다시 경에서 반야에 '아는 지혜도 없고 얻음도 없다〔無智亦無得〕'고 한 것은 살피는 지혜와 진리에 모두 취할 것이 없음을 나타낸다. 연기법에서 '지혜와 진리가 그윽이 하나 되면〔理智冥合〕' 진리는 지혜인 진리라 취할 지혜와 진리의 모습이 없으니 조론이 말한 바 '본래 없음〔本無〕'이다.

승조성사는 반야경에서 밝힌 이 뜻을, 초기전역시대 저술인 조론에서 연기의 뜻이 공의 뜻〔空義〕이며 중도실상이며 돈오(頓悟)의 뜻임을 이미 밝혔으니, 대혜종고선사(大慧宗杲禪師) 또한 어록(語錄)의 보설(普說)에서 천태선사의 법화삼매(法華三昧)를 들어서 다음같이 말하고 있다.

천태지자대사(天台智者大師)가 법화삼매(法華三昧)를 깨닫고 공가중 세 살핌〔空假中三觀〕으로 한 큰 장교〔一大藏教〕를 거두시니 모자람도 없고 남음도 없어서 공(空)이라 함은 거짓 있음〔假有〕과 중도(中道)가 공 아님이 없고, 거짓 있음이란 공과 중도가 거짓 있음 아님이 없으며, 중도란 공과 거짓 있음이 중도 아님이 없는 것이다. 이 뜻을 얻은 자는 선다라니(旋陀羅尼)를 얻게 되니 위로부터의 모든 붓다 모든 조사〔諸佛諸祖〕가 이 문을 좇아 깨쳐들지 않음이 없었다.

그러므로 대사가 깨쳐들 때에 『법화경』을 읽다 '이것이 참 정진〔眞精進〕이며, 이를 여래께 참으로 법공양함〔眞法供養〕이라 한다.'고 함에 이르러 샤카붓다께서 영산에 계시면서 이 경 설하심이 엄연하여 흩어지지 않음〔靈山一會 儼然未散〕을 보았다.

대혜선사의 지적처럼 공가중의 세 살핌〔三觀〕 밖에 붓다와 조사의 도가 따로 없는데 요즈음 말폐의 선류들은 문정(門庭)에 갇혀 천태의 법이 있고 임제의 삼현삼요(三玄三要)가 따로 있는 줄 안다. 천태선사의 세 살핌에서 공관(空觀) 곧 생각〔念〕에 생각 없음

〔無念〕을 살피면 생각에 생각 없으므로 생각 없음에 생각 없음도 없어 무념(無念)을 보는 이 살핌이 바로 중도관이 되는 것이다. 이 뜻을 들어 형계담연선사(荊溪湛然禪師)는 '공·가·중의 세 살핌〔空假中三觀〕이 돈오(頓悟)의 법이라 차제가 아니다'라고 한 것이다.

이제 앎 없음〔無知〕이 다만 앎 없음이 아니라, 앎 없기 때문에 응함 없이 대상에 응함〔無應而應〕이 되는 뜻을 십팔계설을 통해 살펴보자.

십팔계설(十八界說)에서 지금 일어나는 여섯 앎〔六識〕은 주체의 아는 뿌리〔六根〕와 객체의 여섯 경계〔六境〕에서 일어난다. 그러므로 앎은 안이 낸 것도 아니고〔非自生〕 밖이 낸 것도 아니며〔非他生〕 안과 밖을 합한 것도 아니며〔非自他生〕 원인 없는 것도 아니다〔非無因生〕. 그러므로 앎은 나되 실로 남이 없는 것〔生而無生〕이다.

지금 뜰에 핀 한 송이 꽃을 들어 생각해보자. 내가 보고 느낀 저 꽃은 내가 감각하고 지각하고 있는 그 꽃이다. 꽃이라는 앎〔眼識〕에 꽃〔色境〕이 갇혀 있지도 않지만 눈의 앎 너머에 꽃이 따로 있지 않다. 꽃이라는 앎〔眼識〕은 나의 뜻뿌리〔意根〕와 눈이라는 감각 기관〔眼根〕과 저 꽃 자체〔色境〕를 통해 구성되었으므로 그 앎의 자기 성취〔識自證分〕는 곧 사라지고 주체의 관심의 변화에 따라 다음 새로운 감각을 구성한다.

하나의 앎이 사라지고 새 앎이 이루어졌으나 나의 아는 뿌리〔意根〕는 다음 앎의 토대가 되고 저 세계는 다함없이 열려진 인식 소재의 곳간에서 새로운 모습을 보여 주며, 앞의 앎은 사라지되 끊어지지 않고, 아는 뜻뿌리〔意根: manas〕의 자기 부정을 통해 뒤의 새로운 앎을 밀어 올린다.

하나의 앎은 있되 공하고 알되 앎이 없으므로 새로운 앎으로 이어지니, 앞의 앎과 뒤의 앎은 끊어짐도 아니고 이어짐도 아니다

〔不斷不常〕. 또 자아와 세계의 지금 있는 모습은, 있되 실로 있음이 아니므로 자아와 세계는 자기부정을 통해 새로운 생성의 길을 갈 수 있다.

나는 나 없되 나 없음도 아니고, 세계의 모습은 모습이되 모습 아니므로 세계는 새로운 모습됨의 자기운동을 계속한다. 그러나 자아와 세계의 생성은 나되 남이 없으므로〔生而無生〕 고요하고, 고요하되 연을 따라 나고 사라지며, 나고 사라지나 남이 없고 사라짐이 없어 고요하다.

이처럼 중생의 앎 활동〔六識〕은 자아〔六根〕와 세계〔六境〕 속에서 일어나되, 앎 속에서 자아와 세계는 앎인 자아와 세계로 나타난다. 세계가 나의 행위를 일으킬 뿐 아니라 세계가 나의 앎과 행위 속에서 나의 실천의 모습〔識自相, 앎의 모습〕으로 전변된다.

그러므로 지금 경험하는 나의 앎에 앎이 없음을 알 때 보는 나와 보여지는 세계에 취할 모습이 없음을 알게 되고, 앎 없되 앎 없음도 없이 세계를 다시 주체화하면 세계는 늘 새롭게 인간화된 모습으로 나의 앎 자체로 드러난다.

아는 자 없고 알 바 없으며 앎에 앎 없으므로, 알지 않는 것이 없으며 보지 않는 것이 없다.

앎에 앎 없는 반야일 때, 알고 봄〔知見〕에 봄이 없고〔無見〕, 보는 바가 없지만〔無所見〕 보는 바 없으므로 보지 못하는 바 없다〔無所不見〕고 한 것이다. 그러므로 앎 없음의 고요함이기 때문에 대상에 응해 만나지 못하는 것이 아니라, 앎에 앎 없으므로 앎 없음에 앎 없음도 없이 늘 세계를 새롭게 주체화할 수 있는 것이다.

이 뜻을 경은 '반야는 아는 바가 없되 알지 못하는 바가 없다〔般若無所知而無所不知〕'고 하고 조론은 모습 없음을 비춤〔照無相〕과 변화를 봄〔觀變化〕이 둘이 아니라고 한 것이다.

⑤ 승조성사의 만물이 나와 한바탕이라 한 뜻을 다시 살핌

연기론에서 세계를 아는 나와, 아는 바 세계는 하나라 해도 내가 세계를 알 수 없고 다르다 해도 세계가 나에게 알려질 수 없다. 이런 뜻을 다시 승조성사는 '만물이 나와 한 바탕이고 하늘 땅이 나와 한 뿌리이다[萬物與我一體 天地與我同根]'라 말했으니 이 뜻을 돌이켜 살펴보자. 이 말은 나와 세계에 하나인 뿌리가 있다는 말인가. 지금까지 고찰한 승조성사의 뜻으로 보면 물을 아는 앎의 앎 없는 바탕[無知體]과 아는 바 물의 모습 그 모습 없는 바탕[無相體]에 두 모습이 없다는 뜻으로 한 뿌리라는 뜻을 받아들여야 할 것이다.

곧 보는 나와 보여지는 세계에 두 모습이 있음을 깨기 위해 한바탕 한 뿌리를 말했지만 이 한바탕은 보는 자와 보는 것에 실로 두 바탕이 있지 않음[實無二體]을 보이기 위한 방편의 말[方便語]인 것이다.

이제 승조성사의 이 법문에 대한 남전보원선사(南泉普願禪師)의 한마디 가르침을 살펴보기로 하자.[禪門拈頌 209칙]

남전(南泉)이 육긍대부[陸亘大夫]와 더불어 이야기 하는데 대부가 말했다.

"조법사가 이렇게 말했습니다.

'하늘과 땅이 나와 더불어 뿌리를 같이하고, 만물이 나와 더불어 바탕을 하나로 한다.'

이 말이 매우 기괴합니다."

선사가 뜰 앞의 꽃[庭前花]을 가리키고 대부를 불러 말했다.

'요즈음 사람들은 이 한줄기 꽃[一株花]을 꿈과 서로 같다[如夢相似]고 보오.'1)

---

1) 南泉因與陸亘大夫語話次 大夫云 肇法師道 天地與我同根 萬物與我一體 也甚

선사가 뜰 앞의 꽃을 꿈과 같이 본다고 말함은 저 꽃을 보되 볼 바 없다[見而無所見]고 알아야 꽃의 진실을 본다는 것인가. 또한 봄에 봄이 없어야[見而無見] 그 봄이 반야의 지혜가 된다는 말인가.

아는 자와 아는 것에 두 모습이 없어서 반야의 앎에 앎이 없다 [般若無知]는 승조성사의 뜻을, 남전 선사가 다시 보여 줌일 것이니 이에 대한 여러 선사들의 이야기 들어보자.

설두현(雪竇玄)선사가 노래했다.

듣고 보며 느껴 앎이 낱낱이 아니니
산과 내는 거울 가운데 살핌에 있지 않네
서리 내린 날 달이 져 밤은 깊어 가는데
뉘와 함께 맑은 못에 찬 그림자 비칠까

　　聞見覺知非一一　山河不在鏡中觀
　　霜天月落夜將半　誰共澄潭照影寒

산과 내가 실로 있음이 아니라 여기 거울에 그림자 비춘다. 그러나 산과 내가 실로 없음이 아니라 여기 산과 내가 거울 속 모습으로 드러나니 거울에 비치는 모습 사라져도, 산과 내는 새 모습을 다시 비추는 것이리라.

승천종(承天宗)선사가 노래했다.

대부가 조법사의 종지를 그릇 알아서
도리어 펼쳐진 것들 한바탕으로 같다 말하네
남전의 끝없는 뜻 돌이켜 생각하니

奇怪
師指庭前花 召大夫 云時人見此一株花 如夢相似

뜰 앞의 꽃은 피어 봄바람에 웃도다

大夫錯會肇師宗　却謂森羅一體同
飜憶南泉無限意　庭前花發笑春風

저 경계가 나와 같다 해도 바른 뜻이 아니고 다르다 해도 바른 뜻이 아님을 이리 노래한 것이리니, 한 송이 꽃 붙잡아 거둘 수 없는 곳에, 뜰의 꽃은 바람결에 꽃향기 날리며 봄바람에 나부끼네.

삽계익(雪溪益)선사가 노래했다.

한 가지 두 가지 천만 가지를
금가위로 자르려니 도리어 흩어지네
나뉘어 흩어지지 않음 뉘라서 알리요
스스로 오늘날 사람 마음 다르기 때문이니
반드시 가을 향기 하룻밤에 시듦이 아니로다

一枝兩枝千萬枝　金刀擬剪卻離披
不離披有誰知　　自緣今日人心別
未必秋香一夜衰

저 뜰에 꽃이 실로 있음이 아니므로 내가 저 꽃을 볼 수 있음인가. 그러나 있음이 실로 있음이 아닌 줄 아는 자가 없음이 실로 없음이 아닌 줄 아는 것이니 저 꽃이 꿈같은 줄 알면, 꿈이므로 도리어 지지 않는 꽃을 볼 수 있는 것이리라.

운문고선사가 노래했다.

하늘 땅이 뿌리 같이함에 한 물음 펴니
아직 걸음 옮기기 전에 이미 집을 잃었네

음양이 없는 곳에 꽃은 거듭 피었고
옥은 티 없는데 도리어 티가 생겼네

　天地同根伸一問　未曾擡步已亡家
　無陰陽處花重發　玉本無瑕却有瑕

　대혜종고 선사〔大慧宗杲: 雲門〕의 이 한 노래가 친절하니 음양
없는 곳이 어디인가. 바로 음양 있는 곳이 도리어 음양 없는 곳이
로다.
　음양 없는 곳과 한 뿌리 찾음이 도리어 티 없는 곳에 티를 일으
킴인가. 그러나 옥에 티 생김이 도리어 하늘 땅이 한 뿌리인 소식
온전히 드러내네.

　심문분(心聞賁)선사는 이렇게 노래했다.

짙은 분홍 꽃이 꿈 같다고 가리켜 주니
다시 어여쁨이 꽃 수풀 속에 있지 않도다
남전이 웃는 속에 꽃피는 봄 옮겨가나
시든 향기 남기어 꿀벌을 취하게 하네

　指點深紅與夢同　更無妖艶在芳叢
　南泉笑裏移春去　留得殘香醉蜜蜂

　저 눈에 보이는 꽃 밖에 따로 취할 꽃이 없으나, 꽃이 꿈같은
줄 알아야 남은 향기 맡으며 새봄에 다시 필 꽃을 보리라.

　학담도 한 노래 붙여 옛조사와 함께 승조성사를 기리리라.

문 밖에 한줄기 꽃 분명하니
꽃향기 은은하여 맡고 또 맡네

내가 저 꽃을 보고 향내 맡음이여
알고 봄에 곧 봄이 없고
향내음 맡음 또한 그러하네

門外一株花分明　花香隱隱聞又聞
我見彼花聞香兮　見卽無見聞香然

나와 사물이 뿌리 같이한 뜻 분명하니
보는 자와 보는 바가 꿈 가운데와 같네
꿈 가운데 봄이 옴이여, 새바람 떨치니
옛대로 꽃은 피어 그윽한 향내음 풍기리

我物同根義端的　見者所見猶夢中
夢中春來新風拂　依然花發暗香浮

열반무명론(涅槃無名論) 제4

자운존자 여는 글

셋째, 니르바나에 이름 없음[涅槃無名]을 말하는 이 논은 진리[理]와 지혜[智]가 둘이 아님[不二]을 밝혀, 증득함이 하나임[證一]을 나타낸다. 앞의 논[前論: 般若無知]에서 경계는 곧 진제와 속제가 서로 융통함[眞俗互融]이고 지혜는 곧 근본과 뒤에 얻음의 바탕이 하나됨[根後體一]이다.

지금은 경계와 지혜가 둘이 아님을 말미암아, 하나의 한결같음[一如]에 둘의 같음이 없어[無二如] 오직 이 한 법이라 본래 스스로 함이 없다. 곧 참된 항상함이 고요하여[眞常寂滅], 온갖 모습을 떠나되 온갖 법 그대로임이다.

이것이 증득함이 끝에 이름[至極]이니 이 뜻을 나타내려 하기 때문에 다음에 온 것이다. 가르침의 이치[敎理]를 잡으면 곧 앞은 얕고 뒤는 깊으나, 하나인 도[一道]가 깊이로 사무치면[一道豎窮] 여기에 이른다.

실천의 과덕에 있으면 때를 같이하는 닦음과 증득함[同時修證]이니 행 일으킴이 반드시 온전히 참됨이다[起必全眞]. 다만 마음과 경계가 둘이 아니되 둘임이 닦음[修]이고 둘이되 둘 아님이 증득함[證]이다.1)

---

1) △三涅槃無名論 明理智不二顯證一 前論境則眞俗互融 智則根後體一 今由境智不二 一如無二如 唯此一法 本自無爲 眞常寂滅離一切相而卽一切法 斯爲證之至極 爲顯示此義故次來也 約敎理則前淺後深 一道豎窮至此 在行果則同時修證 起必全眞 但心境不二而二爲修 二而不二爲證故
〔닦음과 증득함이 때 같이 함이란 길 가는 일[途中事]과 집 속의 일[家裏

앞의 「반야무지론」은 함과 하여지는 바가 아직 없어지지 않았고 [能所未亡], 이 논은 없어지고 사라져 의지함이 없다[泯絶無寄].

대개 진실의 가르침은 인행(因行)을 좇아 과덕(果德)에 이르는데 한 길로 마음을 써서[一道用心] 그 비롯과 마침이 이와 같다. 그러므로 첫 머묾의 마음 냄[初住發心]에서 부분의 참됨[分眞]으로 붇다 이룸의 뜻[成佛義]이 있음을 허락한다. 그러니 곧 인행 그대로 곧 과덕 그대로이며[卽因卽果] 곧 행 그대로 곧 증득 그대로임[卽行卽證]을 아는 것이다.2)

화엄(華嚴)은 말한다.

처음 마음 냄과 마쳐 다함, 둘에 다름없지만
이같은 두 마음에서 앞의 마음이 어렵다3)

發心畢竟二無別　如是二心先心難

저는 사법의 단박 행함[事頓]을 잡아 보임이고 여기는 진리의

事]이 둘이 아닌 것이니 온전한 닦음이 곧 성품이고[全修卽性] 온전한 성품이 닦음 일으켜[全性起修] 성품과 닦음이 둘이 아닌 뜻[性修不二義]을 알아야 한다.]

2) 前論則能所未亡 此論則泯絶無寄 大凡實敎從因至果 一道用心 始終如此 故初住發心許有分眞成佛之義 故知卽因卽果卽行卽證矣

3) 진실의 가르침에서 첫마음은 중도의 지혜에 머묾이니, 그 지혜에 머물러 보디의 마음을 내면 첫마음이 끝마음과 다르지 않고[發心畢竟二無別] 인행이 그대로 과덕이 됨. 이것이 진실의 가르침에서 한 길로 마음 씀[一道用心]이다.

단박 행함[理頓]을 잡아 보임이다.4)

그러므로 세 아상키야(asaṃkhya, 阿僧祇)를 기다리지 않고 바야흐로 과덕이 가득 참[果滿]을 알아야 한다.

이 논이 온 것은 비록 곧 이치는 앞의 논[前論: 般若無知]을 말미암지만 일으켜 냄[發起]은 또한 진왕(秦王)에 있다. 진왕이 이미 이 종지를 먼저 말해서[先唱此宗], 논주가 그 미리 말함을 맞이하여 깊은 뜻을 말한 것[迎述幽旨]이다.

또 이 논이 온 데에는 두 뜻을 말미암으니, 첫째는 주된 종지를 이루어 세우기[成立主宗] 때문이다. 둘째는 가르침의 이치를 원만히 하기[圓滿敎理] 때문이다.

이 두 뜻을 말미암으므로 먼저 올리는 글이 있고, 다음 바야흐로 논을 세운다.

이를 의지해 글을 나누니, 처음 올리는 글[表文]이고, 둘째 논의 글[論文]이다.

처음 가운데 또 둘이니 처음 올리는 글의 제목이다.5)

---

4) 華嚴云 發心畢竟二無別 如是二心先心難 彼約事頓 此約理頓
　　〔반야의 앎 없음으로 처음 마음 내는 것은 단박 행함을 보이되 마음 냄의
　　이름이 있고 과덕의 이름이 있으므로 사법의 단박 행함을 보임이고, 증득을
　　잡아 니르바나의 이름 없음은 과덕과 인행의 이름이 없어서 인행일 때 온
　　전히 과덕이 되므로 진리의 단박 행함을 잡아 보임이다.〕
5) 故知不俟三祇方爲果滿 又此論來雖則理由前論 發起亦在秦王 秦王旣先唱此宗
　　論主乃迎述幽旨 由此論來乃有二意 一成立主宗故 二圓滿敎理故 由斯二意故
　　先有表文 次方立論 依此分文 初表文 二論文 初中又二 初表題

1장 진왕에게 올리는 글〔表文〕

제1. 제목을 나타냄〔表題〕

진왕에게 올리는 글[上秦王表]

  옛날의 제목〔題〕은 모두 올리는 글〔竝表〕이라 말한다. 지금은 가까운 본을 의거하니 이 제목 또한 뒷사람이 세웠다. 아래서 위에 바치는 것을 올림이라 한다. 표(表)는 밖이다. 본뜻이 이미 밖으로 보이는 글〔表文〕에 있음을 펴서 밝힌다. 이미 진왕(秦王)을 인해서 논을 지음이라, 논(論)이 이루어졌으므로 이를 보여 올린 것이다.1)

제2. 올리는 글〔表文〕

> **論** 진왕에게 올리는 글
>
>   승조는 말합니다. 조(肇)가 듣기에 '하늘은 하나를 얻어 맑고 땅은 하나를 얻어 편안하며 임금은 하나를 얻어 천하를 다스린다'고 하였습니다.
>
>   엎드려 생각하니 폐하는 빼어나고 슬기로우시며 우러르고 밝으시사 도는 신그러운 지혜와 하나 되셨습니다〔道與神會〕.
>
>   두렷하고 바름〔環中〕에 묘하게 맞아, 이치에 거느리지 못함이 없고 칼날 놀리듯 만 가지 기틀에 노닐며 도 넓힘〔弘道〕으로 날을 마치시고, 위엄을 뭇 삶들에게 입히시며 글〔訓〕을 드리워 법칙을 지으십니다.

---

1) 古題云幷表 今依近本 此題亦後人立 下奉於上曰上 表外也 伸明本意已在表文 旣因秦王作論 論成故表進之也
   〔열반무명론이 완성되고 그에 대한 글을 본론과 같이 올림.〕

> 이런 까닭에 나라 가운데 네 가지 큼〔四大〕이 있는데 왕도
> 그 하나에 있다〔居一〕고 하였습니다.

1. 왕의 덕을 모아 찬탄함〔初總歎王德〕

승조는 말합니다. 조(肇)가 듣기에 '하늘은 하나[一]를 얻어 맑고
땅은 하나를 얻어 편안하며 임금은 하나를 얻어 천하를 다스린다'
고 하였습니다.

僧肇言 肇聞 天得一以淸 地得一以寧 君王得一以治天下

　밖의 책〔外書〕에서 말한 것을 들음이니 곧 『도덕경(道德經)』의
글이다. 지금 글은 간략히 한 것이다. 저 글은 이어 말한다. "제후
는 하나를 얻어 천하의 정치를 한다."

　시황(始皇)의 이름이 정(正)이므로 천하를 다스린다고 하였다.2)

엎드려 생각하니 폐하(섬돌 이래를 가리킨다)는, 빼어나고 슬기로우시
며 우러르고 밝으시사

伏惟陛下(指階陛之下)**睿哲欽明**

　이 넷은 말이 『상서(尙書)』「요순 두 임금의 전〔堯舜典〕」에 나
온다. 지금 지극한 덕으로 진왕을 찬탄하는 것이다.3)

도는 신그러운 지혜와 하나 되셨습니다.

道與神會

　함이 없음〔無爲〕을 도(道)라 하고 헤아리지 못함〔不測〕을 신그러

---

2) △二表文三 初總歎王德
　　聞外書所說也 郎道德經文 今文略 彼云侯王得一以爲天下政 始皇諱正 故云治天下
3) 此四者語出尙書堯舜二典 今以至德歎秦王也
　　〔천자를 폐하라 한 것은 천자에게 말을 전달하는 것은 직접하지 못하고 섬
　　돌 아래 군신을 통해 상주함에서 유래한 것이다.〕

움[神]이라 한다. 신그럽게 알아 도의 성품에 계합함을 하나됨[會]이라 한다. 이는 왕의 덕[王德] 갖추었음을 찬탄한 것이다.4)

두렷하고 바름[環中]에 묘하게 맞아, 이치에 거느리지 못함이 없고
妙契環中 理無不統
　고리의 가운데[環之中]란 대개 공함을 말한다. 가운데가 비지 않으면 고리가 아니다. 공한 이치를 통달하므로 뭇 사물[群物]을 거느려 거둘 수 있는 것이니 이는 '중도인 붇다의 진리[佛理]' 알았음을 찬탄한 것이다.5)

칼날 놀리듯 만 가지 기틀에 노닐며, 도 넓힘[弘道]으로 날을 마치시고
遊刃萬機 弘道終日
　위의 구절은 왕의 업[王業]을 아름답다 함이고, 아래 구절은 밖으로 보살핌[外護]을 찬탄한 것이다.6)

위엄을 뭇 삶들에게 입히시며 글[訓]을 드리워 법칙을 지으십니다.
威被蒼生 垂文作則
　창생이란 하늘이 신령함을 내고 위덕이 덮어 입혀줌을 말한다. 또 가르침을 내려 예와 악의 글[禮樂之文]로 법칙을 짓기 때문이다.7)

이런 까닭에 나라 가운데 네 가지 큼[四大]이 있는데 왕도 그 하나에 있다고 하였습니다.
所以域中有四大而王居一焉
　『노자』에 말했다. "도(道)가 크고 하늘[天]이 크며, 땅[地]이

---

4) 無爲曰道 不測曰神 神解契於道性曰會 此明具王德
5) 環之中蓋言於空也 中不空則非環矣 達空理故能統該羣物 此歎知佛理也
6) 上句美王業 下句讚外護
7) 蒼生者 言天之生靈 威德覆被 又垂訓以禮樂之文作則故

크고 왕(王) 또한 크다."8)

2. 종지의 말미암음을 펴서 말함[敍述宗由]

> 論 니르바나의 도는 대개 세 수레 실천법[三乘]이 돌아가는 곳
> 이고, 방등의 수트라[方等]가 나온 깊은 곳입니다. 아득히 넓어
> 볼려야 볼 수 없고 들으려야 들을 수 없어서 보고 들음을 끊은
> 곳이며, 깊은 뜻이 비고 그윽하여 또 뭇 뜻있는 삶들[羣情]이
> 헤아릴 수 있는 것이 아닙니다.
>
> 승조[肇]는 사람이 못나 보잘것없으나 나라의 은혜를 입어 배
> 움의 터전[學肆]에 한가히 지내며, 구마라지바 공의 문하에 있
> 은 지 여남은 해가 되었습니다.
>
> 비록 뭇 경이 뜻을 달리하여[衆經殊致] 빼어난 길[勝趣]이 하
> 나가 아니지만, 니르바나의 한뜻[涅槃一義] 늘 듣고 익히는 것
> 으로 앞[先]을 삼았습니다.
>
> 승조는 재주와 앎이 짧고, 어두워서 비록 자주 깨우쳐 가르쳐
> 주심을 입었으나 오히려 의심을 품어 답답하고 어두웠습니다.
> 어리석음을 다해 마치지 못했지만 또한 아는 것이 있는 듯도 하
> 였습니다. 그러나 높이 빼어나신 분[高勝]이, 앞에서 외쳐주심
> [先唱]을 거치지 못해, 감히 스스로 밝게 말하지 못했습니다.
>
> 불행히도 구마라지바 공께서 세상을 떠나시어 물어 돌아갈 곳
> [諮參無所]이 없게 됨에 이를 길이 슬퍼합니다.

1) 지극한 진리가 깊고 현묘함을 찬탄함[初歎至理深玄]

니르바나의 도(하나인 수레의 과덕의 법을 나타냄)는 대개 세 수레 실

---

8) 老子云 道大天大地大王亦大

천법이 돌아가는 곳이고, 방등의 수트라가 나온 깊은 곳입니다.

涅槃之道(標一乘果法) 蓋是三乘之所歸 方等之淵府

　　대승의 뜻 다함〔大乘了義〕을 방등(方等)이라 하고, 물이 깊음을
연(淵)이라 하며 부(府)란 모임이다. 이는 곧 하나인 수레〔一乘〕란
세 수레〔三乘〕가 마침내 돌아가는 곳〔究竟所歸〕임을 말한다. 또 뜻
을 다한 가르침〔了義教〕이 모이는 곳임을 말한다.9)

아득히 넓어 볼려야 볼 수 없고 들으려야 들을 수 없어서, 보고 들
음을 끊은 곳이며

渺漭希夷 絕視聽之域

　　물이 가없음을 아득히 넓음〔渺漭〕이라 하니 『노자(老子)』에 말했다.
　　"이를 들으나 듣지 못함을 희(希)라 하고, 이를 보나 보지 못함
　　을 이(夷)라 한다." 이는 다 묘한 도가 깊고 그윽함〔妙道深玄〕을
　　말한다.10)

깊은 뜻이 비고 그윽하여 또 아주 뭇 뜻있는 삶들[羣情]이 헤아릴
수 있는 것이 아닙니다.

幽致虛玄 殆非羣情之所測

　　태(殆)는 또이다.11)

2) 무거운 은혜와 겸양의 느낌을 보임〔敘重恩謙感〕

　⑴ 은혜로 가르침 감사히 만남을 말함〔敘恩感遇〕

---

9) △二敘述宗由四 初歎至理深玄
　　大乘了義曰方等 水深曰淵 府者聚也 言一乘爲三乘究竟所歸 又爲了義教所聚之
　　處
10) 水無邊曰渺漭 老子曰 聽之不聞曰希 視之不見曰夷 皆語妙道深玄
11) 殆且也

승조(僧肇)는 사람이 못나 보잘것없으나 나라의 은혜를 입어 배움의 터전[學肆]에 한가히 지내며

肇以人微猥蒙國恩 得閑居學肆

미(微)는 못남이고 외(猥)는 더러움이니 다 겸양하는 말이다. 은혜를 입으므로 세속을 벗어나 배움의 터전[學肆]에 한가히 머무는 것이다.12)

구마라지바 공의 문하에 있은 지 여남은 해가 되었습니다.

在什公門下 十有餘載

이는 곧 배움의 터전에 있는 것이니 재(載)는 해이다. 논주는 열아홉[十九]에 구마라지바를 스승 삼았고 서른하나[三十一]에 돌아갔다. 이는 곧 논이 이루어지고 오래지 않아 '고요함에 돌아감 보인 것[示寂]'을 알 수 있다.13)

비록 뭇 경이 뜻을 달리하여 빼어난 길이 하나가 아니지만, 니르바나의 한뜻[一義] 늘 듣고 익히는 것으로 앞[先]을 삼았습니다.

雖衆經殊致 勝趣非一 然涅槃一義 常以聽習 爲先

니르바나의 뜻 듣고 익힘이, 뜻을 다함[了義] 가운데 가장 빼어나므로, 앞[先]을 삼았다고 한 것이다.14)

(2) 힘이 적고 미약함을 겸양함[謙力寡微]

승조는 재주와 앎이 짧고, 어두워서 비록 자주 깨우쳐 가르쳐주심을 입었으나 오히려 의심을 품어 답답하고 어두웠습니다. 어리석

---

12) △二敍重恩謙感 文二 初敍恩感遇
　　微劣也 猥鄙也 皆謙詞 蒙恩故出俗閑居學肆也
13) 此卽在學肆也 載卽年也 論主十九師羅什 三十一亡 則知論成不久 示寂也
14) 聽習涅槃義 是了義中最勝 故曰爲先

음을 다해 마치지 못했지만 또한 아는 것이 있는 듯[如似有解]도 하였습니다.

그러나 높이 빼어나신 분[高勝]이 앞에서 외쳐주심을 거치지 못해, 감히 스스로 밝게 말하지 못했습니다.

불행히도 구마라지바 공께서 세상을 떠나시어 물어 돌아갈 곳[諮參]이 없게 됨에 이를 길이 슬퍼합니다.

肇才識暗昧 雖屢蒙誨諭 猶懷疑漠漠 爲竭愚不已 亦如似有解 然未經高勝先唱 不敢自決 不幸什公去世 諮參無所 以爲永慨

자주 구마라지바의 깨우쳐 가르침을 입었지만 의심하는 마음이 오히려 어두우므로 답답하고 어둡다 말했다.

또 어리석음이 다하지 않았으나 앎이 있는 듯하다 함은, 다만 밝은 스승이 도장 찍어 받아주심[明師印受]을 거치지 못한 것이므로 감히 스스로 밝게 말하지 못한 것이니 이것은 임금을 받드는 말이다.

또 구마라지바께서 세상을 하직하시어 스승께 물을 곳이 없으므로 슬피 탄식함이 길고 오래인 것이다.[15]

3) 진왕의 밝은 깨침을 찬탄함[歎秦王明悟]

論 그렇지만 폐하께서는 거룩한 덕이 외롭지 않아 홀로 구마라지바 공과 신묘하게 맞으셨으니 눈 마주치자 도가 있음[目擊道存]이라 마음[方寸]에 그 꼭 맞음을 시원스럽게 다하셨습니다.

그러므로 저 그윽한 바람[玄風]을 들어 떨칠 수 있어, 끝의 세속[末俗]을 열어주셨습니다.

하루는 어쩌다 안성후(安城侯)인 요숭(姚嵩)의 글에 답하신 것

---

15) △二謙力寡微

屢蒙羅什誨諭 疑心尙暗 故曰漠漠 且竭愚不已似如有解 但未歷明師印受 故不敢自決 此乃奉主之言 又因羅什去世 師問無所 故慨歎長永

을 보게 되었는데, 요숭의 글은 '함이 없음의 종지 지극함[無爲宗極]'에 대한 물음이었습니다.

왜인가요?

대저 중생이 오래도록 나고 죽음에 흘러 구르는 것은 다 욕망에 집착하기 때문입니다. 만약 욕망이 마음에서 그치면 곧 거듭 나고 죽음이 없는 것입니다.

이미 나고 죽음이 없으면 신그러움에 담가[潛神] 그윽이 말 없어서[玄默], 허공에 그 덕을 합하니 이를 니르바나라 합니다.

이미 니르바나라 하니 다시 어찌 그 사이에 이름 있음[有名]을 받아들이겠습니까?

그렇지만 폐하께서는 거룩한 덕이 외롭지 않아 홀로 구마라지바 공과 신묘하게 맞으셨으니 눈 마주치자 도가 있음[目擊道存]이라 마음[方寸]에 그 꼭 맞음을 시원스럽게 다하셨습니다.

而陛下聖德不孤 獨與什公神契 目擊道存 快盡其中方寸

『논어(論語)』에 말했다.

"덕은 외롭지 않다. 반드시 이웃이 있다."

'신묘하게 계합함'이란 신묘하게 알아 서로 맞음이다.

'눈이 마주치자 도가 있음[目擊道存]'이란 『장자(莊子)』에 이렇게 나온다.

"중니가 말했다. 만약 어진 이가 눈 마주치자 도가 있다면[目擊而道存] 또한 소리를 받아들일[容聲] 것이 없다."

마음에 그 꼭 맞음을 시원스럽게 다함이란, 눈이 마주쳐 보자[目之擊視] 니르바나의 묘한 마음[涅槃妙心]을 단박 깨침이다.[16]

---

16) △三歎秦王明悟

論語云 德不孤必有鄰也 神契者 神解相契也 目擊道存者 出莊子 仲尼曰 若夫仁者目擊而道存亦不可以容聲 快盡其中方寸者 目之擊視 頓領涅槃妙心

그러므로 저 그윽한 바람[玄風]을 들어 떨칠 수 있어, 끝의 세속을 열어주셨습니다.

故能振彼玄風 以啟末俗

진(振)은 듦이다. 그윽한 바람[玄風]은 니르바나의 참된 법[涅槃眞軌]이다. 그윽함 바람이 떨어지려 하므로, 빨리 떨치어 들어서 뒤의 아래 세간의 흐름[下流]을 열어준 것이다. 그러므로 끝의 세속[末俗]이라 한 것이다.

원강법사의 소[康疏]에 말했다.

"구마라지바가 돌아간 뒤 진왕(秦王)이 네 과목의 뜻[四科義]을 이렇게 통했다.

> 1. 성인이 법에 머물지 않고[不住法] 반야에 머무는 뜻[住般若義]을 통함
> 2. 성인이 크고 밝은 빛 놓는 뜻[放大光明義]을 통함
> 3. 삼세의 뜻[三世義]을 통함
> 4. 온갖 법이 공한 뜻[一切法空義]을 통함

네 번째가 곧 니르바나의 뜻[涅槃義]이다."

진왕이 통해 말했다.

"대저 도(道)란 함이 없음[無爲]으로 마루[宗]를 삼는다. 만약 그것이 함이 없음이라면 다시 무엇이 있을 것인가?

지금은 이 일을 찬탄하므로 말한 것이다."[17]

['눈이 마주치자 도가 있음[目擊道存]': 『장자』에 말했다. 공자가 언젠가 온백설(溫伯雪)을 보았으나 아무 말하지 않았다. 자로가 말했다. '선생님은 오래도록 온백설을 보고자 하였습니다. 보고서는 아무 말도 하지 않으시니 왜 입니까?' 중니가 말했다. '저런 어진 이라면 눈 마주치자 도가 있는 것이다. 그러니 또한 소리 들을 것이 없는 것이다[仲尼曰若夫仁者 目擊而道存矣 亦不可以容聲矣].']

[17] 振擧也 玄風者 涅槃眞軌也 玄風將墜故奮迅擧振 以開下流 故云末俗 康疏云 什法師亡後 秦王通四科義

4) 뜻이 그윽하고 깊음을 펴서 답함[序答旨幽深]

(1) 바로 밝힘[正明]

하루는 어쩌다 안성후(安城侯)인 요숭(姚嵩)의 글에 답하신 것을 보게 되었는데 요숭의 글은 '함이 없음의 종지 지극함'에 대한 물음이었습니다.

一日遇蒙 答安城侯姚嵩書 問無爲宗極

안성후란 봉해 받은 작위이다. 요숭은 진왕의 서숙(庶叔)이다. 편지로 물음이란 요숭이 진왕에게 세 뜻[三義]을 물음이니 삼세의 뜻[三世義]을 묻지 않고 곧 온갖 법이 공한 뜻[一切法空義]을 물어 다음처럼 말함이다. '도의 함이 없음[道之無爲]을 살펴 밝히지 못했는데 무엇으로 바탕[體] 삼아야 하는가'라고 하는 등의 글이다.

진왕은 답해 말한다.

"나의 뜻은 함이 없음[無爲]으로 도를 삼으니, 도는 함이 없음에 그친다."

그래서 아직 종지 되는 까닭[所以宗] 등의 글은 살피지 못했다.

논주는 답하는 뜻을 어쩌다 만나게 되어 곧 의심(疑心)을 풀려하므로 드디어 이 논을 지은 것이다. 아래 '진왕의 답하는 글[秦王答文]'을 이끈다.18)

왜 인가요?(무엇을 함이 없음의 뜻이라 하는가) 대저 중생이 오래도록

一通聖人不住法住般若義 二通聖人放大光明義 三通三世義 四通一切法空義 第四卽涅槃義 秦王通云 夫道者以無爲爲宗 若其無爲復何所有耶 今歎此事故云也

18) △四序答旨幽深 文二 初正明
安城侯者 封受之爵也 姚嵩卽秦王庶叔 書問者 姚嵩有書問秦王三義 不問三世義 問一切法空義云 不審明道之無爲 爲當以何爲體等文 秦王答云 吾意以無爲爲道 道止無爲 未詳所以宗也等文 論主遇蒙答旨 卽決疑心 故遂作此論也 下引秦王答文

나고 죽음에 흘러 구르는 것은 다 욕망에 집착하기 때문입니다.

何者(何謂無爲之義) 夫衆生所以久流轉生死者 皆由著欲故也

하고자 함[欲]은 바라는 마음이다. 아직 '만 가지 법이 온전히 참됨[萬法全眞]'을 통달하지 못해 밖으로 진리와 사법을 구하면 다 욕망이다. 그러므로 실로 나고 죽음 있음[實有生死]을 보아, 흘러 구름이 마침이 없는 것[流轉無窮]이다.19)

만약 욕망이 마음에서 그치면 곧 거듭나고 죽음이 없는 것입니다.

若欲止於心 卽無復生死

사법 그대로 참됨이므로 진리 밖에 취할 사법이 없는 것이고 사법 밖에 구할 진리가 없는 것이다. 그러면 곧 욕망이 그침이니 나고 죽음이 참됨 그대로이므로[生死卽眞故] 거듭 나고 죽음이 없는 것이다.20)

이미 나고 죽음이 없으면 신그러움에 담가[潛神] 그윽이 말 없어서[玄默], 허공에 그 덕을 합하니 이를 니르바나라 합니다.

旣無生死 潛神玄默 與虛空合其德 是名涅槃矣

마음이 곧 참됨 그대로이므로 신그러움에 담금[潛神]이라 하고 경계가 곧 참됨 그대로이므로 그윽이 말없음[玄默]이라 한다. 둘이 아닌 도[不二之道]가 깊이로 세 때를 꿰뚫고[竪貫三際] 가로로 시방에 통하므로[橫通十方] 덕이 큰 허공에 합하니 곧 니르바나의 함이 없는 뜻[無爲之義]이다.21)

---

19) 欲者 悕望心也 未達萬法全眞 外求理事 皆欲也 故見實有生死 流轉無窮
   〔사법을 구하면 세간의 욕망이고 진리를 나의 삶 밖에 세워 구하면 진리의 사물화이자 세간 벗어남의 욕망이다.〕
20) 卽事而眞 故理外無事可取 事外無理可求 卽欲止也 生死卽眞 故無復生死
21) 心卽眞故曰潛神 境卽眞故曰玄默 不二之道竪貫三際 橫通十方 故德合太虛 卽涅槃無爲之義

이미 니르바나라 하니 다시 어찌 그 사이에 이름 있음[有名]을 받아들이겠습니까?

既曰涅槃 復何容有名於其間哉

　백 개의 냇물이 바다에 들면[百川入海] 각기 본 이름을 잃고, 만가지 법이 참됨에 돌아가면[萬法歸眞] 모두 다른 일컬음이 없다.

　그러므로 '니르바나에 이름 없음[涅槃無名]'이라 한다. 이는 안성후의 묻는 바를 꾸짖는 것이니 무엇으로 바탕의 달리 봄[異見]을 삼겠는가? 위는 모두 진왕의 말[秦王語]이다.22)

(2) 아름답다 찬탄함[美歎]

論 이는 미묘한 말[微言]의 아름다움을 다하고, 모습 밖의 말[象外之談]을 지극히 한 것입니다.

　스스로 도(道)가 만주스리(Mañjuśrī, 文殊)에 함께 하지 않고, 덕(德)이 마이트레야(Maitreya, 彌勒)에 나란히 하지 않으면, 누가 그윽한 도를 펴서 드날려 법의 성과 참호[城塹]가 되겠습니까?

　그리하여 큰 가르침으로 하여금 말렸다가 다시 펴지게 하고, 그윽한 뜻이 잠겼다가 다시 나타나게 할 수 있겠습니까?

　찾아 즐김을 은근히 해 잠깐도 버리지 못했으며, 깨치심을 기뻐해 가슴에 오가는 손길을 잠깐도 가만두지 못했으니 어찌 바로 이때만의 빼어난 법[勝軌]이 되겠습니까? 바야흐로 오랜 칼파[累劫]의 나루와 다리일 것입니다.

───────────────

　[알되 앎 없으면 그 마음이 신그러운 지혜가 되니 신그러움에 담금[潛神]이라 하고, 경계의 모습에 모습 없으면 실로 이름 지을 이름과 모습이 없으므로 그윽이 말 없는 것이다.]

22) 百川入海 各失本名 萬法歸眞 竝無異稱 故曰涅槃無名 此責安城侯所問 以何爲體之異見 上竝秦王語

이는 미묘한 말의 아름다움을 다하고 모습 밖의 말을 지극히 한 것입니다.

斯乃窮微言之美 極象外之談者也

아래는 논주가 아름답다 찬탄한 것이다. 『역(易)』에 말했다. "뜻을 얻으면 모습을 잊고 모습을 얻으면 말을 잊는다." 지금 진왕의 끝을 사무쳐 다한[窮極] '함이 없음의 미묘한 뜻[無爲微妙之意]'을 찬탄하므로, '말과 모습 밖[言象之外]으로 벗어났다'고 한 것이다.23)

스스로 도가 만주스리(Mañjuśrī)에 함께 하지 않고. 덕이 마이트레야(Maitreya)에 나란히 하지 않으면 누가 그윽한 도를 펴서 드날려 법의 성과 참호가 되겠습니까?

自非道參文殊 德侔慈氏 孰能宣揚玄道 爲法城塹

참(參)은 들어감이다. 모(侔)는 나란히 함이다. 둘이 다 뜻을 같이한다. 문수(文殊)는 산스크리트의 소리에 충분하지 못하니 갖추면 만주스리(Mañjuśrī)이다. 여기 말로는 '묘하게 좋고 상서로움[妙吉祥]'이며, 또한 '묘함의 우두머리[妙首]'이고 또한 '묘한 덕[妙德]'이니 법왕(dharma-rāja)의 아들[法王子]이다.

자씨(慈氏)는 성(姓)이다. 산스크리트로는 마이트레야(Maitreya)이니 아지타(ajita, 阿逸多)라 이름한다. 여기 말로는 이길 수 없음[無勝]이니 빼어난 덕이 사람을 지나기 때문이다. 곧 '한 생이면 붇다의 자리 돕는 보디사트바[一生補處]'이다.

지금 도리어 진왕의 도덕을 이렇게 찬미한다.

'이 두 마하사트바와 같이 들어가 나란하지 않으면 어찌 그윽한 도의 깊은 뜻[玄道深旨]을 펴 드날려, 붇다의 법의 성과 참호가 될

---

23) △二美歎
　　下論主美歎也 易云得意而忘象 得象而忘言 今美秦王窮極無爲微妙之意. 故出言象之外也

수 있겠는가.'24)

그리하여 큰 가르침으로 하여금 말렸다가 다시 펴지게 하고 깊은
뜻이 잠겼다가 다시 나타나게 할 수 있겠습니까?

使夫大教卷而復舒 幽旨淪而更顯

　큰 가르침[大敎]은 곧 붇다의 가르침[佛敎]이고. 깊은 뜻[幽旨]
은 '함이 없음의 깊은 뜻[無爲深旨]'이다. 이 둘은 성인께 가기 이
미 멀어져서 지금 거듭 일으킴이니 그러므로 거듭 펴서 다시 나타
냄이라 말한다.25)

찾아 즐김을 은근히 해 잠깐도 버리지 못했으며, 깨치심을 기뻐해
가슴에 오가는 손길을 잠깐도 가만두지 못했으니 어찌 바로 이 때
만의 빼어난 법[勝軌]이 되겠습니까? 바야흐로 오랜 칼파[累劫]의
나루와 다리일 것입니다.

**尋翫慇勤 不能暫捨 欣悟交懷 手舞弗暇 豈直當時之勝軌 方乃累劫之
津梁矣**

　글을 찾아 뜻을 맛보며 마음의 눈을 버리지 않고, 한 번 기뻐하
고 한번 깨쳐 가슴에 엇갈려 모으므로 손의 놀리는 춤이 쉴 틈이
없는 것이다. 곧장은 다만이다. 바로 이때[當時]는 바로 지금의 때
이다. 나루는 강을 건너 배가 움직여 가는데 통하게 함이고 다리는
길에 이어 다닐 수 있게 하는 다리이다. 지금 진왕이 '함이 없음의

---

24) 參厠也 侔竝也 二皆同義 文殊是不足梵音 具云曼殊室哩 此云妙吉祥 亦云妙
　　首 亦妙德 卽法王之子 慈氏者姓也 梵云彌勒 名阿逸多 此云無勝 勝德過人故
　　卽一生補處菩薩 今反美秦主道德 非與此二大士參竝 何能宣揚玄道深旨 爲佛
　　法之城塹焉
　　〔일생보처(一生補處): 한 생만 지나면 붇다의 옆자리에서 붇다를 보살피는
　　보디사트바가 되어 다음 붇다가 되는 지위.〕
25) 大教卽佛教也 幽旨乃無爲深旨 此二者去聖已遠 今之重興 故曰復舒更顯

빼어난 법〔無爲之勝軌〕'을 세워 지금에서 뒤로 '티끌 벗어나는 바른
길〔出塵之正道〕'이 있도록 하기 때문이다.26)

3. 들어서 짓는 뜻을 아룀〔奏聞作意〕

1) 짓는 뜻을 밝힘〔明作意〕

> **論** 그렇듯 거룩한 뜻〔聖旨〕은 깊고 그윽하며 이치는 미묘하고
> 말은 간략하니, 저 먼저 나아가신 분〔先進〕들을 잘 배워야, 높은
> 수행자들을 건져 빼낼 수 있습니다. 말로 쓰기만 하는 무리들
> 〔言題之流〕이 높은 뜻을 다하지 못할까 걱정입니다.
>
> 공자(孔子)가 『주역』에 열 가지 도움의 글〔十翼〕 지은 것에
> 견주기를 바란 것이니 어찌 넉넉한 글을 탐해서이겠습니까? 깊
> 은 뜻을 널리 나타내려고 합니다.
>
> 애오라지 '니르바나에 이름 없음을 말하는 논〔涅槃無名論〕'을
> 지으니 논에는 '아홉 꺾임〔九折〕 열 가지 펴서 말함〔十演〕'이 있
> 습니다.
>
> 널리 뭇 경을 뽑아서 경의 증명에 맡겨 깨우침을 이루어, 폐
> 하의 이름 없음의 뜻〔無名之致〕을 우러러 말했습니다.
>
> 그러나 어찌 신그러운 마음에 요점대로 나아가, 멀리 맞음〔遠
> 當〕을 사무쳐 다했다고 하겠습니까?
>
> 오직 함이 없는 그윽한 문〔玄門〕을 헤아려 말하고, 배우는 무
> 리들에게 나누어 그들을 깨우치려 할 뿐입니다.

(1) 앞의 뜻이 그윽하고 깊음을 찬탄함〔讚前義幽深〕

---

26) 尋文翫義 不捨於心目 一欣一悟 交集於懷臆 故手之舞之不暇也 直但也 當時
　　者 當今之時也 津梁者 津濟可以通舟運 梁橋可以接道行 今秦王立無爲之勝軌
　　使而今而後有出塵之正道故

그렇듯 거룩한 뜻은 깊고 그윽하며 이치는 미묘하고 말은 간략하니, 저 먼저 나아가신 분들[先進]을 잘 배워야 높은 수행자들[高士]을 건져 빼낼 수 있습니다. 말로 쓰기만 하는 무리들[言題之流]이 높은 뜻[上意]을 다하지 못할까 걱정입니다.

然聖旨淵玄 理微言約 可以匠彼先進拯拔高士 懼言題之流 或未盡上意

먼저 앞의 글의 뜻이 바르고 온당함을 받아들이므로 그렇다[然]고 말한 것이다. 거룩한 뜻이 깊고 그윽한 것이란 진왕의 뜻[秦王義]이 높고 깊은 것이다. 함이 없음의 이치가 미묘한데 왕의 말이 간략한 것이다. 스승에게 잘 배움이란 이끌어 도와줌이다. 먼저 나아가신 이의 근기가 날카로워[先進利根] 어떤 의심하는 바가 있으면, 이로써 스승의 가르침으로 삼아 이끌어 돕고 나아가게 함이다.

말로만 하는 무리들을 걱정함이란 말로 씀이 이미 간단한데 깨치지 못한 자들이다. 걱정함이란 곧 '가운데 아래의 무리들[中下之流]'이 높은 위의 뜻[上意]을 다하지 못할까 걱정함이다. 그러므로 지금 논을 지어 이에 대비하는 것이다.[27]

공자(孔子)가 『주역(周易)』에 열 가지 도움의 글[十翼] 지은 것에 견주기를 바란 것이니 어찌 넉넉한 글을 탐해서이겠습니까? 깊은 뜻을 널리 나타내려고 함입니다.

庶擬孔易十翼之作 豈貪豊文圖以弘顯幽旨

서(庶)는 바람이다. 의(擬)는 견줌이다. 공자의 '『주역』 열 가지 도움[易十翼]'이란 공자가 열 가지 도움의 글을 지어 『주역』의 도[易道]를 기린 것이다. 열 도움이란 '위 경[上經]의 단(彖)

---

27) △三奏聞作意二 初明作意 文二 初讚前義幽深
　　先領前文義精當 故曰然也 聖旨淵玄者 秦王義意高深 無爲理微 王言簡約 匠師也 拯助也 先進利根 或有所疑 可以此爲師訓拯助進趣也 懼言題之流者 言題既簡不曉者 懼之卽中下之流 恐未能盡於上意 故今作論以備之

하나', '아래 경[下經]의 단(彖) 둘', '위의 계[上繫] 셋', '아래의 계
[下繫] 넷', '큰 상(象)의 다섯', '작은 상(象)의 여섯', '문언(文言)
일곱', '괘를 폄[序卦] 여덟', '괘를 말함[說卦] 아홉', '잡괘(雜卦)
열'이다.
　지금 중니의 지은 것[仲尼所作]을 헤아려보니 어찌 글을 탐해서였
겠는가? '역의 뜻이 그윽하고 깊음[易旨之幽深]'을 나타내려함이다.
　지금 또한 많은 글을 구하지 않으니 다만 진왕의 깊은 뜻[秦王之
深旨]을 나타낼 뿐이다.28)

애오라지 '니르바나에 이름 없음을 말하는 논[涅槃無名論]'을 지으
니 논에는 아홉 꺾임[九折] 열 가지 펴서 말함[十演]이 있습니다.
輒作無名涅槃論 論有九折十演
　곧 아래 지은 논의 강령(綱領)을 나타내니 모두 아래 풀이와 같다.29)

널리 뭇 경을 뽑아서 경의 증명에 맡겨 깨우침을 이루어, 폐하의
이름 없음의 뜻[無名之致]을 우러러 말했습니다.

---

28) 庶望也 擬比也 孔易十翼者 孔子作十翼以贊易道 十翼者 上經彖一 下經彖二
　上繫三 下繫四 大象五 小象六 文言七 敍卦八 說卦九 雜卦十
　今比擬仲尼所作 豈貪於文圖欲顯易旨之幽深 今亦不求多文 但顯秦王之深旨耳
　[지금 논주가 열반무명론 지은 뜻이 공자가 주역의 깊은 도를 기리기 위해
　열 도움[十翼] 지은 것과 같음을 말함.]
　[주역의 도[易道]: 역(易)은 생각 없고 함이 없되[無思 無爲] 변함없이 변
　하는 천지 음양(天地陰陽)의 두루 바뀌는[周易] 도이다. 양명(陽明)은 '주
　역(周易)은 양지(良知)이다.'라고 하였다. 이 말을 붇다의 가르침으로 살펴
　보자. 주역은 인연 따라 나고 사라지는 사법[生滅事法]인데, 사법은 진여
　(眞如)인 사법이라 나고 사라지되 남이 없이 나고 사라짐 없이 사라지는
　진리인 사법이다. 그리고 진리인 사법은 앎 밖의 법이 아니라 지혜인 사법
　이니, 왕양명의 양지가 주역이라는 말은, 앎에 앎이 없되 응함 없이 사물의
　변화에 응하는 반야의 뜻[般若義] 밖에 사물의 이치가 없다는 말을 양명이
　유가적 표현으로 보인 것이다.]
29) 卽標下所作之綱領 竝如下釋

博採衆經 託證成喩 以仰述陛下無名之致

널리 붇다의 수트라를 뽑아서 성인의 말씀에 의지해 증명의 기준
[證量]을 삼고, 밝은 깨우침[曉喩]을 이루어 세워, 이로써 진왕의
함이 없음의 뜻[無爲之義]을 기리어 말한 것이다.30)

그러나 어찌 신그러운 마음[神心]에 요점대로 나아가, 멀리 맞음
[遠當]을 사무쳐 다했다고 하겠습니까?

豈曰關詣神心 窮究遠當

요점을 거두어 거치고 진왕의 '신그럽게 아는 마음[神解之心]'에
나아갔다고 말하지 않는다. 또 진왕의 '멀리 맞는 뜻[遠當之旨]'을
사무쳐 다했다고 하지 않는다. 아래에 말한다.31)

오직 함이 없는 그윽한 문[玄門]을 헤아려 말하고, 배우는 무리들
에게 나누어 그들을 깨우치려 할 뿐입니다.

聊以擬議玄門 班喩學徒耳

다만 함이 없는 그윽한 법문[無爲玄門]을 헤아리려 하고 또 뒤에
배우는 무리들에게 나누어 펼쳐주고[班布] 열어 깨우치려[開喩]
할 뿐이다.32)

(2) 끝 글의 높은 가림을 도움[助末章高判]

論 폐하께서 답하신 끝 글[末章]을 논해 보겠습니다.
　모든 법의 집[諸家]에서는 으뜸가는 뜻의 진리[第一義諦]를
통하여 다 이렇게 말합니다.

---

30) 廣博採摭佛經 依託聖言爲證量 成立曉喩 以此讚述秦王無爲之義也
31) 非謂關涉造詣秦王神解之心 又非窮究秦王遠當之旨 下云
32) 但欲擬度無爲玄門 且班布開喩後學之徒耳

"툭 트여 비어 고요하여〔廓然空寂〕성인도 없다."

'나는 늘 이로써 아주 너무 지나가, 사람들의 뜻〔人情〕에 가깝지 않다 여겨왔다.

만약 성인이 없다면 없음을 아는 자〔知無者〕는 누구인가?'

실로 밝은 말씀〔明詔〕과 같고, 실로 밝은 가르침과 같습니다.

대저 "도는 아득하여 보고 들을 수 없으며 고요하고 그윽하되 그 가운데 밝음〔精〕이 있다" 하였습니다. 만약 성인이 없다면 누가 도와 더불어 노닐겠습니까?

요즈음 여러 배우는 무리들은 도의 문에서 머뭇거리지 않음이 없이 이 뜻에 불평하고 있습니다. 날이 다하도록 의심 품고 있지만 바로잡아 그치게 할 수 없습니다.

다행히도 높이 가려주시는 분〔高判〕을 만남에, 법의 마루를 따르는 무리〔宗徒〕들이 뚜렷이 선을 긋게 되었으며, 빗장을 두드리는 무리들〔扣關之儔〕이 깊은 진리의 방〔玄室〕에 숲이 우거지듯 오르게 되었습니다.

참으로 이는 잠부드디파에 '법의 바퀴 다시 구름〔法輪再轉〕'이라 말할 수 있고 천년에 도의 빛이 다시 빛남〔道光重暎〕이라 할 수 있습니다.

① 가려 물리치는 뜻을 폄〔敍判斥之義〕

폐하께서 답하신 끝 글[末章]을 논해 보겠습니다.

論末章云

진왕은 네 번째 뜻을 통했으니 끝 글에 이런 말이 있다.[33]

모든 법의 집[諸家]에서는 으뜸가는 뜻의 진리[第一義諦]를 통해

---

33) △二助末章高判 文二 初敍判斥之義
　　秦王通第四義 末章有此云

다 이렇게 말합니다.

"툭 트여 비어 고요하여 성인도 없다[廓然空寂 無有聖人]."

諸家通第一義諦 皆云 廓然空寂 無有聖人

소요원(逍遙園)의 여러 법의 집들이 온갖 법이 공한 뜻[一切法空之義]을 말해 "없애고 끊어 공에 돌아간다[泯絶歸空]"고 하니 온전히 끊어짐의 견해[斷見]와 같다.34)

나는 늘 이로써 아주 너무 지나가, 사람들의 뜻[人情]에 가깝지 않다 여겨왔다.

吾常以爲太甚逕庭 不近人情

나[吾]란 진왕이 스스로 일컬음이다. 아주 너무 지나감은 『장자』에 나온다. 이이음(李頤音)이 말했다. '경정(逕庭)은 세차게 지나침이다.'
공에 집착하는[著空] 허물이 깊으니 사람들의 뜻과 앎[情解]에 가깝지 않다. 아래 따져 말한다.35)

만약 성인이 없다면 없음을 아는 자는 누구인가?

若無聖人 知無者誰

아는 자는 증명함[證]이다. 이미 성인이 없다면 누가 없음의 도리를 증명하는가? 이는 통달하지 못한 무리를 물리침이니, 있음 그대로[即有] 없음에 계합하지[契無] 못한 것이다.36)

---

34) 逍遙園諸家 談一切法空之義 泯絶歸空 全同斷見
　　〔툭 트여 성인이 없음: 달마선사가 양무제에게 툭 트여 성제와 성인이 없다〔廓然 無聖〕고 한 것은 도와 진리를 구할 것 있음으로 찾는 치우침을 깨뜨림이고, 조론에서는 비어 고요함을 끊어짐의 견해로 집착하는 것을 깨뜨림이다.〕
35) 吾者 秦王自稱也 太甚逕庭出莊子 李頤音云 逕庭激過也 著空過甚 不近人之情解也 下難云
36) 知者證也 既無聖人 誰證無理 此斥不達之流 不能即有以契無

(폐하께서 이렇게 말씀하셨으니) 실로 밝은 말씀[明詔]과 같고 실로 밝은 가르침[明詔]과 같습니다.

實如明詔 實如明詔

　논주(論主)가 찬탄함이다. 왕의 말을 조(詔)라 하니 말씀의 뜻이 환히 밝기 때문이다.37)

대저 "도는 아득하여 보고 들을 수 없으며 고요하고 그윽하되 그 가운데 밝음[精]이 있다" 하였습니다. 만약 성인이 없다면 누가 도와 더불어 노닐겠습니까?

夫道恍惚窈冥 其中有精 若無聖人 誰與道遊

　『노자(老子)』에 말했다.

　"아득하고 아득하여 볼려야 볼 수 없고 들으려야 들을 수 없으나 그 가운데 물(物)이 있다."

　지금 저 글을 빈다. 황홀함[恍惚]이란 있는 듯하고 없는 듯하여 볼 수 없기 때문이다. 요명(窈冥)이란 깊고 그윽하여 헤아릴 수 없기 때문이다. 함이 없는 도[無爲之道]라는 것은 사유하고 말함을 막아 끊는 사이[杜絕思議之間]에 있어, 있되 깨끗하고 미묘하다. 유(游)란 밟음이다. 비록 평등한 맛[平等味]이지만 그 도와 같이하고 그 미묘함에 하나되면 그는 오직 성인[唯聖人]일 뿐이다. 만약 성인이 없다면 누가 도를 증득할 것인가?38)

---

37) 論主歎也 王言曰詔 詔旨明白故
38) 老子云 恍兮惚兮其中有物等 今借彼文 恍惚者 似有若無 不可見故 窈冥者 深邃不可測故 無爲之道者 在乎杜絕思議之間 有而精微 游者履也 雖平等味同 其道合其微 其唯聖人乎 若無聖人 誰證道也
　〔성인을 우상화하고 실체화하는 말이 아니라, 말 끊어진 미묘한 도가 곧 사람의 도이며 주체의 실천으로서의 도임을 보이기 위해 성인(聖人)을 짐짓 세운 것이니 마하야나에서 반야의 실천적 주체를 보디사트바(bodhisattva) 마하사트바(mahāsattva)로 기술하는 것과 같다.〕

요즈음 여러 배우는 무리들은 도의 문[道門]에서 머뭇거리지 않음이 없이 이 뜻에 불평하고 있습니다. 날이 다하도록 의심 품고 있지만 바로잡아 그치게 할 수 없습니다.

다행히도 높이 가려주시는 분[高判]을 만남에, 법의 마루를 따르는 무리[宗徒]들이 뚜렷이 선을 긋게 되었으며, '빗장을 두드리는 무리들[扣關之儔]'이 깊은 진리의 방[玄室]에 숲이 우거지듯 오르게 되었습니다.

頃諸學徒莫不躊躇道門 怏怏此旨 懷疑終日莫之能正 幸遭高判 宗徒劃然
扣關之儔蔚登玄室

경(頃)은 요즈음[向]이다. 주저(躊躇)란 머뭇거려 나아가지 못함이다. 앙앙(怏怏)이란 의심하고 한탄함이다. 이 뜻이란 '비어 툭트인 뜻[空廓之旨]'이고 높이 가려주시는 분[高判]이란 진왕이 갈라서 물리쳐줌이다. 획(劃)이란 결정함이니. 마음이 결정하여 분명함을 뚜렷이 선을 그음이라 한다. 주(儔)는 무리이다. 울(蔚)이란 풀과 나무가 우거진 모습이다. 지금 큰 뜻을 취해 의심하는 마음을 이미 끊으니 도에 나아가는 자가 많은 것이다.[39]

참으로 이는 잠부드디파(jambu-dvipa)에 '법의 바퀴 다시 구름[法輪再轉]'이라 말할 수 있고 천년에 '도의 빛이 다시 빛남[道光重暎]'이라 할 수 있습니다.

眞可謂法輪再轉於閻浮 道光重暎於千載者矣

이는 또한 앞을 찬탄함이다. 붇다 니르바나 이후 성현이 숨고, 법바퀴가 오래 구르지 않으며 도의 빛이 오래 그 비춤을 가렸으나, 지금 진왕(秦王)이 펴 드날림으로 말미암아 다시 구르고 거듭 비추도록 한 것이다.[40]

---

39) 頃向也 躊躇者猶豫不進也 怏怏者疑恨也 此旨者空廓之旨 高判者秦王判斥也
劃者決也 心之決了曰劃然 儔侶也 蔚者艸木盛貌 今取盛義 疑心旣決 進道者
盛也

② 지은 뜻을 폄[伸述作之懷]

> 論 지금 열반무명론 지은 뜻을 연설하는 것은 '니르바나의 이름 없는 바탕'을 간곡히 밝힘이니 저들의 툭 트였다고 함[廓然]을 고요하게 하여 '방위 밖이라는 말[方外之談]'을 물리치는 것입니다.
>
>   말씀의 조목 받음을 이와 같이하여 삼가 우러러 바칩니다.
>
>   만약 거룩한 뜻에 적게나마 함께했다면 기록해 두도록 조칙해 주길 바랍니다. 만약 어긋남이 있으면 가르쳐 주시길 엎드려 빕니다.

지금 열반무명론 지은 뜻을 연설하는 것은 '니르바나의 이름 없는 바탕[涅槃無名之體]'을 간곡히 밝힘이니

今演論之作旨 曲辨涅槃無名之體

  진왕의 가려 풀이함은 이미 밝혔으나 지금 간곡히 다시 말하니 간곡히 말하는 뜻은 아래와 같다.41)

저들의 툭 트였다고 함[廓然]을 고요하게 하여 '방위 밖이라는 말[方外之談]'을 물리치는 것입니다.

寂彼廓然 排方外之談

  고요하게 함[寂]이란 없앰이다. 진왕이 여러 법의 집[諸家]에서 '툭 트여서 끊어졌다는 견해[廓然斷見]' 없앰을 돕는 것이다.
  또 『장자(莊子)』는 말한다.
  "육합(六合) 밖에 성인이 있다는 것은 논하지 않는다."

---

40) 此亦歎前 佛滅後聖賢已隱 法輪久不轉 道光長掩耀 今由秦王宣揚 故使再轉重照也
41) △二伸述作之懷
   秦王判釋已明 今乃委曲更辨 曲辨之意者 下云

이는 곧 니르바나의 뜻과 같다. 지금은 '사법 그대로 곧 참됨임〔卽事卽眞〕'을 밝히므로 방위 밖의 말〔方外之談〕이 아니니 이를 밀어 물리친다. '논을 지은 아름다운 뜻〔作論雅意〕' 그것이 여기에 있다.42)

말씀의 조목 받음을 뒤와 같이하여 삼가 우러러 바칩니다.

條牒如左 謹以仰呈

　조(條)는 기록이고, 좌(左)는 뒤이다. 앙(仰)은 위이다. 기록 받음은 뒤에 있으니 삼가 위에 올린다.43)

2) 가르쳐 주시길 빔〔乞指授〕

만약 거룩한 뜻에 적게나마 함께했다면 기록해 두도록 조칙해 주길 바랍니다. 만약 어긋남이 있으면 가르쳐 주시길 엎드려 빕니다.

若少參聖旨 願敕存記 如其有差 伏承指授

　적게나마 함께함은 겸양이다. 높은 뜻〔上意〕에 합한다면 기록해 두도록 조칙하길 바라며 어긋남이 있다면 가르쳐 주심 따르기를 빌 뿐이다.44)

---

42) 寂滅也 助秦王滅諸家 廓然斷見 又莊子云 六合之外聖人存而不論 則涅槃等
　義 今明卽事卽眞 故非方外之談 乃推排之也 作論雅意其在此矣
　〔참됨은 나고 사라지는 세간 변화하는 법의 진실이라 실상을 밝히는 참된 가르침은 세간 방위에 갇히지 않지만 세간법 밖의 법〔事外之法〕, 방위 밖의 말〔方外之談〕이 아니다.〕
43) 條錄也 左後也 仰上也 錄牒在後 謹而進上也
44) △二乞指授
　少參者謙也 似合上意 願敕記而存之 差則乞從指授耳

진왕에게 올리는 글[秦王表文]

　『조론(肇論)』은 처음 구마라지바 회상 대품반야경(大品般若經) 번역장에서 스승 구마라지바의 강설을 들은 승조법사가 반야경의 대의를 「반야무지론」으로 저술하여 스승 구마라지바께 바친 것이 그 출발이 된다.

　나중 그 논을 도생법사(道生法師)가 여산으로 옮겨 가면서 혜원법사와 유유민 등에게 보인 것이니 「반야무지론(般若無知論)」이 조론 가운데 최초의 저술이라 할 수 있다.

　스승 구마라지바 법사가 입적한 뒤 스승의 입적을 추모하여 「열반무명론(涅槃無名論)」을 지은 것이다. 그런데 아마 그 사이 반야의 살피는 바 경계[所觀境]인 진제와 속제의 두 진리[眞俗二諦]의 뜻을 「물불천론(物不遷論)」과 「부진공론(不眞空論)」을 지어 나타내고 맨 나중 네 론[四論]을 종합하여 앞에 종본의(宗本義)를 붙인 것으로 보인다.

　승조께서는 이 「열반무명론」을 저술하기 앞서 진왕에게 이 편지글을 올린 뒤 「열반무명론」을 저술하였으니 당시 국가주도의 교단구조 속에서 어쩔 수 없는 상황이라 생각된다. 또 당시 구마라지바 법사를 초빙하면서 나라 사이 전쟁이 일어나고 왕권이 교체되고, 권력을 쥔 국왕은 역경사업과 불교의 옹호를 통해 나라의 지배적 권력을 강화하는 모습이, 조론 저술의 전 과정에 나타나고 있다. 이 시대에는 국가 권력의 공인과 허용이 없이는 어떤 사상적 저술도 세상에 크게 유포될 수 없었다. 승조성사 또한 열반무명론을 저술하고 먼저 진왕에게 반야와 니르바나에 관한 저술의 뜻을 알렸을 것이니 이 진왕에게 올린 글이 그 글이라 할 것이다.

　남북조시기 북조의 전진왕(前秦王) 부견이 동아시아에서 불교 전도의 큰 공을 세운 이래 후진왕 요홍이 구마라지바 법사를 초빙하여 반야부 경전 번역 등 역경에 큰 공을 세워 동아시아에 불교의 사상적 기반을 조성하였다. 또 진왕은 이 표문(表文)에서 말하고 있는 바처럼 불교 경전과 도학에도 뜻을 얻어, 불경 역경자를 외호하였을 뿐 아니라 저술에도 힘을 기울였음을 알 수 있다.

그래서 승조께서는 이 「열반무명론」을 완성하여 왕에게 올리기 전에 이 저술이, 진왕의 도학에 대한 깊은 이해의 안목과 불법 외호의 원력의 힘에 의해 집필되었음을 말하고 있다. 그러면서 진왕이 '도의 비어 고요함〔道之虛無〕이 끊어져 없어짐〔斷滅〕이 아니라'고 말한 뜻에 동조해주고, '도의 신묘함이 육합(六合)의 세계 밖이 아니라'는 진왕의 뜻을 찬양해준다.

이런 조론의 지적을 통해 달마선종(達摩禪宗)1)의 비조 달마선사가 양무제(梁武帝) 앞에서 말했다고 하는 '툭 트여 거룩함도 없다〔廓然無聖〕'는 이 말이 당시 법의 집안〔法家〕에 널리 알려진 말임을 알 수 있다. 다만 달마선사의 말은 툭 트여 공적함 가운데 '증득할 거룩한 진리〔聖諦〕'와 '법을 증득하는 거룩한 사람〔聖人〕'이 실로 있다는 집착 깨뜨리는 뜻으로 그 말을 썼다.

그에 비해 조론에서는 '툭 트여 공적하다〔廓然空寂〕'는 말을 끊어져 없어짐의 뜻으로 이해되는 풍조를 막기 위해, 이 말을 비판적으로 받아들이고 있다. 곧 비어 고요하다는 이 말을 당시 많은 이들이 '있음을 끊고 비어 없음에 돌아가는 뜻'으로 이해하고 있었

---

1) 달마선종: 선종(禪宗)에 달마라는 이름을 붙인 것은 선종이 달마가 인도에서 가져와 비밀히 전한 단전법(單傳法)이 아니라 붇다바드라 등 여러 선사에 의해 붇다의 선법이 이미 전해져서 그 가르침을 받아 좌선 중심의 수행자 집단이 형성되었음을 말한다. 곧 삼론(三論) 계열의 수행자, 남악 천태의 법화선문(法華禪門), 달마문하의 능가사류(楞伽師流)가 좌선을 집단적으로 수행했던 초기 수행자 그룹이었음을 말한다. 나중 삼론계열의 선문의 일부는 우두종(牛頭宗)으로 달마선종에 합류되고, 가상 길장(嘉祥吉藏) 등은 천태선문에 귀의하여 동아시아 선종사는 달마 천태 양문(達摩天台兩門)의 선종이 큰 맥을 형성하였다.

으므로 말의 허물됨을 비판하고 있는 것이다. 니르바나의 이름 없고 모습 없음〔無名無相〕은 사법 그대로의 참됨〔卽事而眞〕이라 '툭 트여 공적함'이 방위 밖〔方外〕 곧 육합(六合) 밖의 법이 아니라는 뜻으로 쓴 것이다.

그러나 진왕이 간략히 보인 그 뜻만으로, 앎 없는 반야〔無知般若〕의 과덕이자 반야인행의 뿌리인 니르바나의 덕〔涅槃德〕을 다 나타낼 수 없으므로 이 「열반무명론」을 저술한 것으로 볼 수 있다.

또 원강법사의 조론주에 『조론』이 완성된 뒤 네 론의 대의를 진왕이 네 과목으로 정리했다는 기록이 있는 것을 보면 진왕이 정치적인 이유로 승조를 처형했다는 이야기는 신빙성이 떨어진다.

승조의 요절에 정치적 이유가 끼어있다면 아마 승조의 생존과 저술이 자신의 기득권 유지에 도움이 되지 않으리라 사고했던 정치세력 정치집단의 모함에 의한 것일 수 있다.

동아시아불교의 국가불교적 성격은 경전의 번역 자체가 국가권력의 비호와 지원이 아니면 불가능했던 이 시대 상황 속에 이미 모두 나타나고 있다.

송대 천태가의 지자대사(智者大師) 저술 입장운동(入藏運動)에서 볼 수 있듯, 대장경 판각의 편집권까지 왕권이 쥐고 있었으니 그것만으로도 국가권력의 전방위적 사상통제권을 알 수 있다.

그 한 예로 중국 국가불교의 체계 속에서는 선종(禪宗)·교종(敎宗)·율종(律宗) 사찰의 이름까지도 국가권력이 내려주었으며〔賜額〕, 선사(禪師)·법사(法師)·율사(律師)의 법계(法階)까지도 관리가 나라의 임명을 받듯 국가 권력에 의해 부여받았던 것이다.

선종(禪宗) 교종(敎宗) 율종(律宗) 같은 종파주의적 불교개념은 동아시아만의 특성을 지니니 원래 붇다의 가르침에서 선·교·율(禪敎律), 계·정·혜(戒定慧)는 붇다의 보디를 미망의 세간에 실천하는 세 배움〔三學〕으로서 서로 분리되고 동떨어질 수 없는 실천의 이름이다.

동아시아에서 선·교·율(禪敎律)의 종파화는 교리와 수행의 전문화에는 일정한 기여를 했지만 실천의 통합성과 대중화에는 큰 장애를 조성하였다. 그리고 동아시아 불교의 국가불교적 성격은 지금 인류 보편적 소통의 시대, 다문화 혼용의 시대에 새롭게 극복되고 지양되어야할 과제이다.

과거의 인류 역사를 돌이켜보면 종교와 정치권력이 결합될 때, 종교가 정치권력의 전쟁, 인간의 대량학살 인간 착취에 면죄부를 주거나 도리어 정당성을 부여하는 사상적 도구가 되어 왔음을 알 수 있다.

또한 은혜와 사랑으로 포장된 종교의 이름 밑에 종교재판, 이교문화(異敎文化)의 파괴, 인종청소 등의 범죄를 저질러온 역사적 실례를 많이 볼 수 있다.

지금 세계는 전 지구적 개방사회로 가고 있으며 다종교 다민족의 상호교류의 사회이다. 동아시아불교에서 전통처럼 내려왔던 국가주의 종파주의는 극복되고 지양되어야 붇다의 자비정신은 갖가지 사회적 억압과 오염의 조건이 혼재된 이 문명사 조류의 한 복판에서 참으로 실현될 수 있을 것이다.

불교를 불교라고 알게 했던 불교의 사회적 제도의 틀은 이제 새로운 문명사의 흐름 속에서 극복되고 반성되며 다시 정립되어야 한다. 또한 불교의 인간구원의 실천은 이 정보화사회 신문명사회 속에서 시대모순을 극복할 유효한 수단과 방편을 새롭게 열어가야 한다.

2장 열반무명론 논의 글[論文]

제1. 열반무명론(涅槃無名論)의 제목 풀이〔題目〕

'니왈(泥曰)과 니원(泥洹), 열반(涅槃)'이라 하는 이 세 이름은 앞과 뒤가 달리 나왔으니 대개 초(楚)와 하(夏)의 말이 같지 않을 뿐이다.

'니르바나(nirvāṇa)'라 말한 것이 소리의 바름이다.

『소(疏)』에 말했다.

'니르바나는 인도 가운데 나라〔中國〕 산스크리트의 소리이다. 서쪽에는 다섯 천축〔五天竺〕이 있는데 오직 가운데 나라〔中國〕의 소리가 바른 것이다. 이곳 나라 하(夏)의 소리가 바르고 초(楚)의 말이 틀린 것과 같기 때문이다. 니왈과 니원은 다 니르바나의 잘못된 소리이다. 지나〔秦〕에서는 함이 없음〔無爲〕이라 하고 또한 사라짐에 건넘〔滅度〕이라 말한다.

그러나 만법(萬法)은 비록 많으나 마음과 경계〔心境〕를 넘지 않으니 마음과 경계〔心境〕는 '나고 머물며 달라지고 사라지는〔生住異滅〕 함이 있는 일〔有爲之事〕'이다. 사법은 본래 바탕이 없어〔事本無體〕 일어나면 반드시 온전히 참됨〔全眞〕이고, 참된 바탕은 고요하여 평등한 한 모습〔湛然平等一相〕이다. 그러므로 곧 함이 있음 그대로〔卽有爲〕 남이 없고 머묾 없으며〔無生無住〕 달라짐이 없고 사라짐이 없어〔無異無滅〕, 마음이 한결같고〔心如〕 경계가 한결같다〔境如〕. 그러므로 함이 없음〔無爲〕이라 한다. 나고 죽음에 본래 일어나고 사라짐이 없고, 번뇌에 본래 묶임과 벗어남이 없으므로 사라짐에 건넘〔滅度〕이라 한다.

이는 곧 앞의 세 론〔三論〕은 '경계와 지혜가 아직 없어지지 않음〔境智未亡〕'이고 지금(열반무명)은 '경계와 지혜가 둘 아님〔境智不二〕'이다. 그러므로 네 론〔四論〕의 말은 앞이 얕고 뒤가 깊은 줄 알아야 한다.

진리는 곧 때를 같이하여 한 뜻〔同時一致〕이라 참으로 경계가 비어 모습 없음[境則虛而無相]을 말미암아, 지혜가 곧 고요하여 앎 없으니[智則寂而無知] 경계와 지혜의 한결같음[境智一如]이 곧 지금의 '함이 없어 사라짐에 건넘의 뜻[無爲滅度之義]'이다.

그렇듯 니르바나에는 네 가지가 있으니 다음과 같다.[1]

1. 자기성품이 청정한 니르바나[自性淸淨涅槃]이니, 진리성품이 본래 청정해[理性本淨] 닦음을 기다리지 않음이다.
2. 나머지 의지함이 있는 니르바나[有餘依涅槃]이니 번뇌가 길이 사라졌으나 작은 괴로움이 의지하는 바가 아직 사라지지 않았기 때문이다.
3. 나머지 의지함이 없는 니르바나[無餘依涅槃]이니 번뇌가 이미 다하여 나머지 의지함도 사라졌기 때문이다.
4. 머무는 곳 없는 니르바나[無住處涅槃]이니 진여가 아는 바의 장애[所知障]를 벗어나 큰 자비의 반야[大悲般若]가 늘 도와줌을 말한다.

닦음[修]을 잡아 드러나기 때문에 유식(唯識)은 말한다.

'온갖 유정(有情)은 다 처음의 하나가 있고, 두 작은 수레[二乘]의 배움 없는 아라한[無學]은 앞의 셋이 있음을 받아들이니 이는 정해진 성품[定性: 성문 연각으로 근기가 정해진 성품]을 잡은 것이다. 오직 우리 세존(世尊)은 넷을 갖추었다고 말할 수 있다.'[2]

---

1) ○涅槃無名論第四
  △第二論文二 初題目
  泥曰泥洹涅槃 此三名前後異出 蓋是楚夏不同耳 云涅槃音正也 疏曰 涅槃者是中國梵音 西有五天竺 唯中國音正 如此方夏音正楚音訛故 泥曰泥洹皆梵音之訛也 秦曰無爲 亦云滅度
  然萬法雖衆 不過心境 心境乃生住異滅有爲之事也 事本無體 起必全眞 眞體湛然平等一相 是故卽有爲 而無生無住無異無滅 心如境如 故曰無爲 生死本無起滅 煩惱本無縛脫 故曰滅度
  此則前三論但境智未亡 今境智不二 故知四論說則前淺後深 理則同時一致 良由境則虛而無相 智則寂而無知 境智一如 卽今無爲滅度之義 然涅槃有四種

그러나 지금은 일승(一乘)의 가르침으로 넷을 논하는 것이니 가운데 둘은 응신(應身)과 화신(化身)을 잡은 것이고, 앞과 뒤는 진실(眞實)을 잡은 것이다. 다만 응신은 반드시 온전히 참됨을 말미암으니 참됨은 응함을 떠나지 않고, 사법은 다 반드시 진리를 잡아 진리 밖에 사법이 없기 때문에 참됨과 응함이 둘이 아니라[眞應不二] 넷을 통하여 갖추는 것이다.

다만 참됨 밖에 응함을 집착하면 곧 지금의 깨뜨리는 바 되는 것이다. 만약 응함 그대로 곧 참됨이 된다[卽應卽眞]면 모두 지금 '함이 없이 사라짐에 건넘의 뜻[無爲滅度之義]'이다. 또 네 니르바나 가운데 뒤의 셋은 닦음[修]을 잡은 것이고 처음은 닦음을 기다리지 않는다[不待修]. 만약 닦음이 곧 닦음 없음이고 증득함이 곧 증득함 없음이라면 곧 세 실천의 수레의 인과[三乘因果]가 모두 일승의 함이 없는 과덕[一乘無爲之果]을 얻는다. 아래의 깨뜨리고 세움도 이를 따라서 알 수 있다.3)

'이름 없음[無名]'이라 말한 것은 만 가지 법이 바탕에 돌아가면

---

2) 一自性淸淨涅槃 謂理性本淨不待修也 二有餘依涅槃 謂煩惱永寂微苦所依未滅故 三無餘依涅槃 謂煩惱旣盡餘依亦滅故 四無住處涅槃 謂眞如出所知障 大悲般若常所輔翼
約修顯故 唯識云 一切有情皆有初一 二乘無學容有前三 此約定性 唯我世尊可言具四
[첫째의 니르바나는 중생이 본래 니르바나 되어 있음을 잡아 보인 니르바나이다. 의지함이 있고 없는 니르바나는 번뇌를 끊고 나고 죽음을 끊어서 얻는 니르바나의 뜻이므로 마하야나의 뜻이 아니다. 머무는 곳 없는 니르바나와 자기성품이 청정한 니르바나가 마하야나의 뜻인 니르바나이다.]

3) 然今一乘之敎論此四者 中二約應化 前後約眞實 但由應必全眞 眞不離應 事皆攬理 理外無事故 眞應不二 通具四也 但眞外執應 卽爲今之所破 若卽應卽眞 竝今無爲滅度之義 又於四中 後三約修 初不待修 若修卽無修 證卽無證 則三乘因果 竝得一乘無爲之果 下之破立准此可知
[일승의 함이 없는 과덕: 고집멸도 사제의 나고 사라지는 인과[生滅因果]를 멸제를 중심으로 지음없는 사제법[無作四諦]의 남과 나지 않음이 없는[不生不生] 일승의 인과[一乘因果]로 풀이한 니르바나.]

각기 자기 모습을 잃어 평등하여 한맛[平等一味]이라 다른 이름을 받아들이지 않는다. 그러면 모습 그대로[卽相] 모습 없음[無相]일 뿐만 아니라 또한 이름 그대로[卽名] 이름 없음[無名]인 것이다. 그러므로 경은 '얻을 바 없기 때문에 아누타라보디를 얻는다'고 한 것이니 하물며 니르바나이겠는가?

또 앞은 진제 속제가 하나에 같이함[眞俗同一: 物不遷, 不眞空]이고 다음은 곧 고요함과 비춤이 하나에 같이함[寂照同一: 般若無知]이나 지금은 마음과 경계가 하나에 같이함[心境同一, 理智冥一: 涅槃無名]이라 두 모습을 보지 않으니 어찌 다른 이름을 받아들이겠는가?

'논(論)'은 앞의 풀이와 같다.

'네 번째[第四]'란 앞의 세 논[三論] 다음에 '니르바나에 이름 없음을 논함[涅槃無名論]'이니 주인을 의지한 풀이[依主釋]이다.

앞의 다섯 이름 가운데 연의 모임[緣會]인 모든 법[諸法]과 본래 없음[本無]에서, 진리와 지혜가 다른[理智之異] 연의 모임[緣會]이 곧 본래 없음[本無]이므로 한뜻[一義]이라 말한 것이다.[4]

---

4) 言無名者 萬法歸本 各失自相 平等一味 不容異名 非唯卽相無相 亦乃卽名無名 故云以無所得故 得阿耨菩提 況涅槃也 又前則眞俗同一 次則寂照同一 今則心境同一 不見二相 豈容異名也 論如前釋
第四者 次前三也 涅槃無名之論 依主釋 於前五名中 緣會諸法 本無 理智之異 緣會卽本無 故曰一義
[모든 법은 연의 모임[緣會]이고 법은 마음과 물질 두 법[色心二法]으로 크게 분류되니 이는 아는 마음과 알려지는 법의 다름이다. 그러므로 이는 지혜와 진리가 연의 모임이라 같지 않은 모습이지만 연의 모임이 곧 공한 줄 알면 연의 모임이 성품이 공함이고, 성품이 공함[性空]이 법의 성품, 실상, 본래 없음과 한뜻이니, 다섯 이름이 모두 한뜻[一義]인 것이다.]

제2. 본문의 풀이

첫째. 나타내는 장〔標章〕

아홉 번 꺾고 열 번 펴서 말하는 것은 다음과 같다.

九折十演者

꺾음〔折〕은 굽힘이니, 곧 아래 아홉 글로서 '이름 있는 이가 따지는 말〔有名之難辭〕'이다. 펴서 말함〔演〕이란 물이 길게 흐름이니 이어 끊기지 않는 뜻을 취함이다. 곧 아래 열 글로서 '이름 없는 이가 주장하는 뜻〔無名之主義〕'이다.

비록 이름 있는 이가 굽혀 꺾지만〔屈折〕 이름 없는 이의 뜻은 늘 통한다〔常通〕. 그러므로 아홉 번 꺾으나 열 번 펴서 흘려 말함〔九折十演〕이다. '~것〔者〕'이라는 한 글자는 앞을 받아 뒤를 나타내기 때문이다.5)

둘째. 바로 열아홉 글을 논함〔正論一十九章〕

Ⅰ. 첫 글〔一章〕, 실천의 마루를 열고 뜻을 정함〔初一章開宗定義〕

> **論** 제1. 실천의 마루를 엶〔開宗〕
>
> 이름 없는 이〔無名〕가 말했다.
>
> 경에서 남음 있는 니르바나〔有餘涅槃〕와 남음 없는 니르바나〔無餘涅槃〕라고 말한 것은, 여기 말로는 함이 없음〔無爲〕이고

---

5) △二本文中二 初標章
折者屈也 卽下九章有名之難辭 演者水長流也 取連續不斷之義 卽下十章無名之主義 雖以有名屈折 而無名之旨常通 故曰九折十演 者之一字 牒前標後故

790 · 조론

또한 사라짐에 건넘[滅度]이라 이름한다.

함이 없음이란 비어서 없고 고요하여, 함이 있음[有爲] 묘하게 끊음을 취함이다.

사라짐에 건넘[滅度]이란 그 큰 걱정거리가 길이 사라져 네 흐름[四流]을 벗어나 건넘을 말한다.

이것은 대개 거울의 모습이 돌아가는 곳이고, 일컬음을 끊은 [絶稱] 그윽한 집[幽宅]이다.

남음 있음과 남음 없음을 말하는 것은 참으로 나타남[出]과 곳 [處]이 이름을 달리함이니, 중생[物]에 응하는 거짓이름일 뿐이다.

나는 이제 이를 시험삼아 말해 보겠다.

1. 글의 이름[章名]

첫째, 실천의 마루를 엶

開宗第一

니르바나의 이름 없는 참되고 항상한 뜻을 여니, 아래 열여덟 글 [十八篇]이 마루로 삼는 바이다. 또한 중니(仲尼)가 '효를 말하는 것[談孝]'과 같으니, 먼저 종지를 열고 뜻을 밝히는 글[開宗明義之 章]이 있는 것이다.6)

2. 본 글

1) 종을 펴고 뜻을 폄[陳宗序意]

(1) 실천의 마루를 폄[陳宗]

---

6) △二正論一十九章 分三 初一章開宗定義 文二 初章名
開啓涅槃無名眞常之義 爲下十八篇所宗 亦猶仲尼談孝 先有開宗明義之章

① 경을 이끌어 모아 나타냄〔引經總標〕

이름 없는 이[無名]가 말했다.

無名曰

　주장하는 이의 종지를 높이므로 그 일컬은 바를 나타낸다.7)

경에서 남음 있는 니르바나와 남음 없는 니르바나라고 말한 것은
(다음과 같다)

經稱 有餘涅槃 無餘涅槃者

　이 두 니르바나는 모든 경이 다 말한다.8) 여(餘)는 나머지이니
번뇌가 비록 다했지만 몸과 지혜〔身智〕가 없어지지 않았으므로 '남
음 있다〔有餘〕'고 말한다. 몸을 없애고 지혜를 없앰〔灰身滅智〕에
이르러야 남음 없다〔無餘〕 말한다. 만약 정해진 성품의 두 수레〔定
性二乘〕라면 있음을 따라 없음에 들어가 이 두 가지를 갖추지만
'마음을 돌이킨 두 수레〔回心二乘〕와 온갖 보디사트바'는 남음 없음
〔無餘〕에 들어가지 않으니 두 수레와 다르기 때문이다. 붇다의 응
해 변화하는 몸〔佛應化身〕이 둘 갖춤을 나타내 보인다는 것은 곧
경을 받은 것이다.9)

---

7) △二本文中二 初陳宗序意 文二 初陳宗二 初引經總標
　　主者之宗尙 故標其所稱也

8) 두 가지 니르바나: 남음 있는 니르바나와 남음 없는 니르바나를 말한다.
　유여열반(有餘涅槃, sopadhi-śeṣa-nirvāṇṇa)은 나머지 의지함이 있는 니
　르바나〔有餘依涅槃〕를 줄인 말로서, '의(依)'란 몸에 의지한다〔依身〕는 뜻이
　다. 비록 온갖 나고 죽음의 원인을 끊어 니르바나를 증득하더라도 앞 세상
　의 혹업(惑業)으로 이루어진 과보로서의 몸이 남아있기 때문이다. 곧, 나고
　죽음의 원인은 이미 끊었어도 오히려 나고 죽음의 결과인 몸이 다하기를
　기다려야 하므로 '남음 있는 니르바나〔有餘涅槃〕'라 말한다. 반면에 나고 죽
　음〔生死〕의 원인을 이미 끊어서 다하고, 또 나고 죽음의 결과까지 없어서
　몸을 없애고 지혜를 없앰〔灰身滅智〕에 이르는 마쳐 다한 니르바나〔究竟涅
　槃〕의 경계를 남음 없는 니르바나〔無餘涅槃, nirupadhiśeṣa-nirvāṇa, 無
　餘依涅槃〕라 한다.

② 경을 의지해 뜻을 풀이함[依經釋義]

㈎ 이름을 옮기고 니르바나를 풀이함[翻名釋涅槃]

(니르바나란) 여기 말로는 함이 없음[無爲]이고 또한 사라짐에 건넘 [滅度]이라 이름한다.

秦言無爲 亦名滅度

진조(秦朝)에는 위 니르바나를 옮김에 이 두 말이 있었으니 아래 스스로 풀이한다.10)

함이 없음[無爲]이란 비어서 없고 고요하여, 함이 있음 묘하게 끊음을 취한 것이다.

無爲者 取乎虛無寂莫 妙絶於有爲

비어서 없고 고요함[虛無寂莫]이란 진리에 소리와 빛깔이 없는 것이다. 묘하게 끊음[妙絶]이란 있음 그대로 없는 것[卽有而無]이다. 함이 있음[有爲]이란 삼세의 네 모습[三世四相: 과거 현재 미래로 이어지며 나고 머물고 달라지며 사라지는[生住異滅] 네 모습]으로 변하는 마음과 경계의 모든 법[心境諸法]이다.

무릇 온전히 참됨인 사법[全眞之事]은 사법의 모습이 또렷하되 사법 그대로의 참됨[卽事之眞]이니 참되고 항상하여 비어 고요하기 때문이다. 지나가고 드러나며 아직 오지 않은 때[過現未來]의

---

9) 此二涅槃 諸經皆說 餘殘也 煩惱雖盡 而身智未亡曰有餘 至於灰身滅智曰無餘 若定性二乘 從有入無 具此二種 迴心二乘 及一切菩薩 不入無餘 異二乘故 佛應化身 示現具二者 卽牒經也

[남음 있음[有餘]이 분별되는 것은 없애야 할 몸과 지혜를 두기 때문이니 온갖 보디사트바는 몸과 아는 지혜가 공한 줄 알므로 몸을 없애고 들어가야 할 남음 없음[無餘]을 보지 않는다. 다만 붇다의 응신 화신이 남음 있음과 남음 없음 둘 갖춤을 보인 것은 작은 수레의 과덕까지 붇다의 응신이 갖춤을 보인 것이다.]

10) △二依經釋義三 初翻名釋涅槃

秦朝翻上涅槃 有此二譯 下自釋云

나고 머물며 달라지고 사라지는 온갖 함이 있음〔生住異滅 一切有爲〕은 본래 스스로 나지 않고〔本自不生〕 지금 또한 사라짐이 없다〔今亦無滅〕.

남이 없고 사라짐이 없으며 감이 없고 옴이 없으며 빛깔이 없고 소리가 없으니 이 뜻을 나타내려 하므로 함이 없음〔無爲〕이라 옮긴 것이다. 그러므로 『능가경(楞伽經)』은 말한다.

"처음 나자 곧 사라짐이 있다는 것은 어리석은 자를 위해 설한 것이 아니다."

또 『능엄경(楞嚴經)』은 말한다.

"나고 사라지며 가고 오는 것이 본래 여래 공덕의 곳간〔本如來藏〕이다."11)

사라짐에 건념[滅度]이란 그 큰 걱정거리가 길이 사라져 네 흐름[四流]을 벗어나 건넘을 말한다.

滅度者 言其大患永滅 超度四流

큰 걱정거리란 나고 죽음이다. 『노자(老子)』는 말한다.

"나에게 큰 걱정거리가 있으니 나에게 몸〔身〕이 있기 때문이다."

네 흐름[四流]이란 탐욕이 있는 견해이니 무명(無明, avidya)이다. 『화엄(華嚴)』 또한 네 흐름을 말하는데 늘 중생을 떠돌게 해 빠뜨리기 때문에 흐름이라 말한다.

나고 죽음은 망녕된 과보〔妄果〕이고 네 흐름은 망녕된 원인〔妄因〕이나 만약 나고 죽음이 본래 참되고, 네 흐름이 늘 고요함을 안

---

11) 虛無寂寞者 眞理無聲色也 妙絶者 卽有而無也 有爲者 三世四相心境諸法也 夫全眞之事 雖事相宛然 而卽事之眞 眞常虛寂故 過現未來生住異滅一切有爲 本自不生 今亦無滅 無生無滅無去無來無色無聲 顯示此義故 翻曰無爲也 故楞伽云 初生卽有滅 不爲愚者說 又楞嚴云 生滅去來本如來藏
〔처음 나자 사라짐이 있다는 것은 진여(眞如)가 남이 없되 나지 않음이 없고 사라짐 없되 사라지지 않음도 없음을 보이기 위함이다.〕

다면, 이 때문에 큰 걱정거리를 없애고 네 흐름을 건너 아상키야
칼파를 거치지 않고 묘한 깨달음[妙覺]에 오를 수 있다.

앞은 통하여 옮김[通翻]이니 온갖 함이 있음[一切有爲]이 다 곧
함이 없음을 말한다.

여기는 따로 옮김[別翻]을 잡은 것이니 나고 죽는 번뇌가 곧 사
라짐에 건넘[生死煩惱卽滅度]이다. 범부 성인, 물듦과 깨끗함, 의
보 정보 등까지도 낱낱이 다 평등할 수 있으니 곧 니르바나의 뜻
[涅槃義]이 나타나지 않는 곳이 없다.

그러므로 당 현장법사[大唐奘師]는 두렷이 고요함[圓寂]이라 옮
기니 덕은 갖추지 않음이 없고[德無不備] 장애는 다하지 않음이
없는 것[障無不盡]이다.12)

(나) 진리에 나아가 이름 없음을 풀이함[就理釋無名]

이것은 대개 거울의 모습이 돌아가는 곳[鏡像之所歸]이고 일컬음
을 끊은 그윽한 집[絶稱之幽宅]이다.

斯蓋是鏡像之所歸 絶稱之幽宅也

'이것'이란 니르바나를 가리킨 것이다. 거울의 모습이란 거울 가
운데 드러난 모습은 있는 것 같으나 실로 없는 것이다. 그윽한 집
[幽宅]이란 성현이 머무는 깊은 진리이다. 온갖 함이 있는 나고 죽
음과 네 흐름은 다 거울 모습의 실답지 않음에 같이한다.

이를 미루어 보면 실답지 않음은 곧 한 성품에 같이 돌아간다[同
歸一性]. 성품은 본래 평등하므로 차별의 이름을 끊어서 니르바나

---

12) 大患者生死也 老子云 吾有大患 爲吾有身 四流者 欲有見無明也 華嚴亦說此
四 旣常漂溺有情故曰流 生死是妄果 四流是妄因 若知生死本眞四流常寂 故能
滅大患度四流 不歷僧祇 而登玅覺者矣
前是通翻 謂一切有爲皆卽無爲 此約別翻生死煩惱卽滅度也 至於凡聖染淨依正
等 一一皆可以卽平等也 則涅槃義無處不顯 故大唐奘師 翻爲圓寂 謂德無不備
障無不盡也

의 이름 없음〔涅槃無名〕이라 말한다. 이는 마치 백 줄기의 냇물이
바다에 돌아가면〔百川歸海〕 각기 본래 이름을 잃는 것과 같다.13)

㈐ 응함을 잡아 거짓이름을 드러냄〔約應顯假名〕

남음 있음과 남음 없음을 말하는 것은 참으로 나타남[出]과 곳
[處]이 이름을 달리함이니, 중생[物]에 응하는 거짓이름일 뿐이다.

而曰有餘無餘者 良是出處之異號 應物之假名耳

양(良)은 미더움이다. 곳〔處〕은 머묾이다. 참됨을 좇아 변화를
일으켜〔從眞起化〕 사람과 하늘에 머문다〔居處人天〕. 그러므로 나타
남〔出現〕을 남음 있음이라하며, 교화를 쉬면 남음 없음이라 한다.
이것이 헛되지 않음을 믿으면 다 '참됨 그대로의 사법〔卽眞之事〕'인
것이다.14)

⑵ 뜻을 폄〔序意〕

나는 이제 이를 시험삼아 말해 보겠다.

余嘗試言之

상(嘗)은 '마땅함'이다. 시(試)는 '또'이다. 아직 감히 그 이치를
분명히 말하지 못하나 또 이를 말해보겠다.15)

2) 뜻을 세워 종지를 미루어봄〔立義推宗〕

---

13) △二就理釋無名
　斯者指涅槃也 鏡像者 鏡中現像似有實無 幽宅者 聖賢所住深理也 一切有爲生
　死及四流 皆同鏡像之不實 推之不實則同歸一性 性本平等 故絶差別之稱 乃曰
　涅槃無名 如百川歸海 各失本名
14) △三約應顯假名
　良信也 處居也 從眞起化 居處人天 故出現曰有餘 息化曰無餘 信此不虛 皆卽
　眞之事也
15) △二序意
　嘗當也 試且也 未敢決言其理 當且議之

(1) 종지를 나타내 뜻을 폄〔標宗敍義〕

> 論 대저 니르바나의 도됨이란 고요하고 비어 쓸쓸하며〔寂寥〕 비고 드넓어서〔虛曠〕 꼴과 이름으로 얻을 수 없다.
>
> 미묘해 모습 없으니 마음 있음〔有心〕으로 알 수 없고 뭇 있음〔羣有〕을 뛰어넘어, 그윽하게 오르고 큰 허공과 같아서 길이 오래 간다.
>
> 이를 따라도〔隨之〕 그 발자취를 얻지 못하고, 이를 맞이해도〔迎之〕 그 머리를 보지 못한다.
>
> 여섯 길〔六趣〕이 그 남〔生〕을 거둘 수 없고 힘센 이가 짊어져도〔力負〕 그 바탕을 변화하지 못한다.
>
> 아득히 깊고 아득히 넓으며 붙잡아 둘 수 없어〔惚恍〕, 있는 듯하고 가는 듯하여 다섯 눈〔五目〕이 그 얼굴을 보지 못하고, 두 들음〔二聽〕이 그 울림을 듣지 못한다.
>
> 그윽하고 그윽하며 아득하고 아득하니 누가 보고 누가 환히 알 것인가?
>
> 두루하여 있지 않은 곳이 없으니, 있음과 없음 밖에 홀로 벗어난다.
>
> 그렇다면 이를 말하면 그 참됨을 잃고, 이를 알면 그 어리석음을 돌이킨다.
>
> 이를 있다 하면 그 성품〔其性〕에 어긋나고, 이를 없다 하면 그 몸〔其身〕을 다친다.

① 바탕을 밝혀 수의 밖으로 벗어남〔明體超數表〕

대저 니르바나의 도 됨이란

夫涅槃之爲道也

이 구절은 종지로 하는 바를 나타내니 곧 말하는 것이 '함이 없는 지극한 도〔無爲之至道〕'임을 아는 것이다. 또 도는 행하는 곳이다. 중생은 비록 잃지 않지만〔雖不失〕 늘 이를 등지고, 성인은 비록 취하지 않지만〔雖不取〕 늘 이를 밟는다. 지금은 성인이 행하고 증득한 곳을 말하므로 이 구절은 모음〔總〕이 되고 아래 여러 구절은 다름〔別〕이 된다. 다름으로 모음을 풀이하니 구절구절 위에 다 이 구절이 있는 것이다.16)

고요하고 비어 쓸쓸하며 비고 드넓어서, 꼴과 이름으로 얻을 수 없다.

寂寥虛曠 不可以形名得

깊고 넓음이란 헤아릴 수 없음이다. 고요함이여〔寂兮〕 소리가 없고, 비어 쓸쓸함이여〔寥兮〕 빛깔이 없다. 아득히 비었으므로 깊고, 툭 트여 크므로 드넓다. 그러므로 꼴과 이름으로 구할 수 없는 것이다.17)

미묘해 모습 없으니 마음 있음[有心]으로 알 수 없고

微妙無相 不可以有心知

미묘함은 알 수 없음이다. 마음 있음으로 아는 것이 아는 마음이니 이 망녕된 지혜〔妄智〕가 미칠 수 없다.18)

뭇 있음을 뛰어넘어 그윽하게 오르고

超羣有以幽昇

있음이 아니다〔非有也〕. '뭇 있음'이란 삼계의 스물다섯 존재〔二十

---

16) △二立義推宗三 初標宗敍義三 初明體超數表
此句標所宗 則知所議是無爲之至道 又道者所行處也 衆生雖不失 而常背此 聖人雖不取 而常履此 今議聖者所行所證之處故 此句爲總 下多句爲別 以別釋總 則句句上皆有此句
17) 深廣不可測也 寂兮無聲 寥兮無色 沖虛故深 曠大故廣 故不可以形名求也
18) 微妙不可知也 有心知者解心 妄智不能及

五有]이니 곧 네 세계바다의 섬[四洲], 네 악한 길, 여섯 욕망의 하늘과 브라흐마하늘, 모습 취함 없는 하늘[無想天], 다섯 깨끗이 머무는 하늘[五淨居天], 네 선정의 하늘[四禪天], 물질 없는 네 공한 곳[四空處]을 말한다. 이 스물다섯 곳이 다 뜻 있는 것들[有情]이 머무는 곳에 속하는데, 니르바나에는 있지 않으므로 그윽이 오름[幽昇]이라 말한다.19)

큰 허공과 같아서 길이 오래 간다.

量太虛而永久

없지 않음이다[非無也]. 양(量)은 견줌이다. 태허(太虛)는 늘 머묾이라 바탕이 나고 사라짐이 없다. 도(道) 또한 이와 같으므로 길이 오래 간다[永久]고 말한다.20)

이를 따라도 그 발자취를 얻지 못하고 이를 맞이해도 그 머리를 보지 못한다.

隨之弗得其蹤 迎之罔眺其首

불(弗)은 '아님'이고 망(罔)은 '없음'이며 조(眺)는 '봄'이다. 따르는 자는 얻을 수 있는 발자취가 없고 바라보아 맞이하는 자는 볼 수 있는 실마리와 머리가 없다.

윗 구절은 곧 얻음이 얻음 없음[無得]에 있다 함이고, 아래 구절은 봄이 봄 없음[無見]에 있다는 것이다. 얻음 없는 자가 바야흐로 따를 수 있고 봄 없는 자가 보아 맞이할 수 있다 하니 묘함이 여기에 있다.21)

---

19) 非有也 羣有者 三界二十五有 謂四洲 四惡趣 六欲幷梵天 無想 五淨居 四禪 四空處 此二十五處 皆屬有情所居 涅槃非有 故曰幽昇
　　〔스물다섯 곳에 오르지만 스물다섯 곳이 있지 않으므로 오르되 오름 없음을 그윽이 오름이라 하였다.〕
20) 非無也 量比也 太虛常住 體無生滅 道亦如之 故曰永久

여섯 길[六趣]이 그 남[生]을 거둘 수 없고

六趣不能攝其生

　곧 남이 없음[無生]이다. 하늘과 사람 지옥과 아귀 아수라와 축
생, 이 여섯은 미혹의 길이고 나는 곳[生趣]이다. 이를 거둘 수 없
으므로 남이 없음[無生]을 도(道)라 말한다.22)

힘센 이가 짊어져도 그 바탕을 변화하지 못한다.

力負無以化其體

　사라짐 없음[無滅]이다. 힘센 이가 짊어짐[力負]이란 변화의 힘이
내몰아 새로 버리기 때문이다. 힘은 덧없음[無常]보다 큰 것이 없으
나 참된 항상함[眞常]의 묘한 바탕은 변화할 수 없기 때문이다.23)

아득히 깊고 아득히 넓으며 붙잡아 둘 수 없어[惚恍], 있는 듯하
고 가는 듯하여

潢漭惚恍 若存若往

　물이 쌓인 것을 황(潢)이라 하고 물이 큰 것을 망(漭)이라 한다.
지금은 다만 그 깊고 넓은 것만을 말한다. 홀황(惚恍)이란 정해지
지 않음이다. 깊고 넓은 바탕은 그것이 있다 말하려니 마음과 물질
둘이 다 없고, 그것이 없다 말하려니 그윽하고 신령함이 늘 있다.
그러므로 있는 듯하고[若存] 가는 듯하다[若往] 하니, 이는 사유할
수 없고 말할 수 없음[不可思議]을 나타낸다.24)

---

21) 弗不也 罔無也 眺見也 隨順者無蹤迹可得 瞻迎者無端首可見 上句則得在於
　　無得 下句見在於無見 無得者方能隨順 無見者乃曰瞻迎 玅在斯矣
22) 卽無生也 天人獄鬼脩羅畜 此六是迷途生趣 不能攝之 故無生曰道
23) 無滅也 力負者 變化之力趣新捨故 故力莫大於無常 不能化眞常之玅體故
　　〔나고 사라지는 세간 덧없음에 실로 나고 사라짐이 없음을 알면 참된 항상
　　함의 바탕은 변화의 힘이 그 바탕 바꿀 수 없다. 힘센 이가 짊어짐이란 장
　　자(莊子)의 비유를 들어 보임이다.〕

다섯 눈[五目]이 그 얼굴을 보지 못하고, 두 들음[二聽]이 그 울림을 듣지 못한다.

五目不覩其容 二聽不聞其響

몸의 눈[肉眼], 하늘 눈[天眼], 지혜 눈[慧眼], 법의 눈[法眼], 붇다의 눈[佛眼]을 다섯 눈[五眼]이라 한다. 왼쪽 오른쪽 두 귀를 두 들음이라 한다. 진리는 보고 들음을 끊었으므로 볼 수 없고 들을 수 없다.25)

그윽하고 그윽하며(깊음이다) 아득하고 아득하니(먼 것이다) 누가 보고 누가 환히 알 것인가?

冥冥(深也)窈窈(遠也) 誰見誰曉

수(誰)는 '어느 누구[何]'이니 누가 보고 누가 환히 알 것인가?26)

두루하여 있지 않은 곳이 없으니 있음과 없음 밖에 홀로 벗어난다.

彌綸靡所不在 而獨曳於有無之表

미륜(彌綸)이란 '두루하다'는 뜻이고 미(靡)는 '없다' 함이고 예(曳)는 '벗어남'이니 두루하여 있지 않음이 없어, 있음과 없음 밖으로 홀로 벗어남이다.

위 구절은 곧 온갖 법 그대로임[卽一切法]이고 아래 구절은 온갖 모습을 떠남[離一切相]이다.

---

24) 積水曰潢 水大曰瀁 今但語其深廣 惚恍者不定也 深廣之體 欲言其有 心色兩亡 欲言其無 幽靈常在 故若存若往 此顯不可思議也

25) 肉天慧法佛眼曰五目 左右二耳曰二聽 理絶見聞 故不可覩聽也
   〔몸의 눈[肉眼]은 장애 안 만을 보는 눈이고, 하늘눈[天眼]은 장애 밖을 보는 눈이며, 지혜 눈[慧眼]은 만법의 공함을 보는 눈이며, 법의 눈[法眼]은 만법이 공하되 거짓 있음을 보는 눈이며, 붇다의 눈[佛眼]은 만법의 중도의 진실을 보는 눈이다. 다섯 눈이 보되 봄이 없으므로 다섯 눈이 볼 수 없다고 하였다.〕

26) 誰何也 以何爲見 以何曉了

그렇듯 위의 모든 구절은 다 니르바나 묘한 도[涅槃妙道]의 바탕
이 본래 이와 같음을 말한 것이다. 글은 비록 겹친 것 같으나 뜻은
각기 이치가 있다.

또 차별 가운데 첫 구절은 이름과 모습을 떠나기[離名相] 때문이다.

둘째 구절은 알음알이를 끊기[絶知解] 때문이다.

셋째는 항상함의 뜻을 떠나기[離常情] 때문이다.

넷째는 끊어짐의 견해를 벗어나기[超斷見] 때문이다.

다섯째, 붇다는 새로 얻음이 아니기[佛非新得] 때문이다.

여섯째, 보디사트바가 엿볼 수 없기[菩薩莫窺] 때문이다.

일곱째, 여덟째 나고 사라짐으로 구하기 어렵기[生滅難求] 때문
이다.

아홉 째, 열째, 있고 없음으로 헤아릴 수 없기[存亡叵測] 때문이다.

열한째 열둘째, 보고 들음이 미칠 수 없기[見聞不及] 때문이다.

열셋째 열넷째, 깊고 멀어 사무치기 어렵기[深遠難窮] 때문이다.

열다섯째, 연을 따라 널리 두루하기[隨緣普周] 때문이다.

열여섯째, 바탕이 항상하여 변하지 않기[體常不變] 때문이다.

이와 같은 뜻이 다 니르바나를 말하니 모든 붇다께서는 이미 팔
만 사천 티끌 번뇌 낱낱으로 문(門)을 삼아서 티끌 모래 수 묘한
뜻[妙義]이 있음을 곧 아신다. 지금은 또 간략히 열여섯 구절[十六
句]을 말했다.27)

---

27) 彌綸者周徧義 靡無也 曳出也 徧無不在 而獨出有無之外 上句則卽一切法 下
句離一切相也 然上諸句皆談涅槃玅道 體本如是 文雖似重 義各有理 且別中初
句離名相故 第二句絶知解故 三離常情故 四超斷見故 五佛非新得故 六菩薩莫
窺故 七八生滅難求故 九十存亡叵測故 十一十二見聞不及故 十三十四深遠難
窮故 十五隨緣普周故 十六體常不變故 如是之義 皆語涅槃 諸佛旣以八萬四千
塵勞 一一爲門 卽知有塵沙玅義 今且略談十六句也

② 견주어 앎의 판단[比量]으로 구하기 어려움을 밝힘[明比量難求]

그러므로 법상종(法相宗)은 세 판단의 기준[三量]을 말하니, 한 마음의 참됨으로 도를 봄[一心眞見道]은 드러내 앎의 판단[現量]이다. 모습으로 살펴 도 보는 것[相見道]은 견주어 앎의 판단[比量]이라 한다.

견주고 따져 헤아림[比度]은 참되지 않으므로 바르지 않은 앎의 판단[非量]이라 한다.

지금 이를 견줌[比之]은 이미 따짐이니 견줌을 쓰면 잃으며, 잃음은 그름[非]을 이룬다. 그러므로 온갖 깊은 뜻[一切深義]은 모두 '말길이 끊어지고 마음 가는 곳이 사라졌다[言語道斷, 心行處滅]'고 말한다. 오직 드러내 앎의 판단[唯現量]으로 증득할 수 있음이다.28)

그렇다면 이를 말하면 그 참됨을 잃고[失其眞],

然則(承上也)言之者失其眞

말이란 도가 아니니 말을 쓰면 곧 참됨을 잃는다.29)

이를 알면 그 어리석음을 돌이킨다[反其愚].

知之者反其愚

어리석음은 어두움이다. 도의 바탕은 늘 고요하여 어리석음 같고, 알음알이[知解]에는 도가 있지 않으니, 잃음을 알면[知失] 고

---

28) △二明比量難求 然法相宗說有三量 一心眞見道曰現量 相見道曰比量 比度不眞故曰非量 今比之旣難 用比則失 失乃成非 是故一切深義 竝曰言語道斷心行處滅 唯現量者可證也
   〔바른 인식의 기준이 되는 앎은 지혜로 바로 드러내 앎[現量], 바른 이치 합리적 사유로 견주어 앎[比量], 성인의 말씀에 비추어 앎[聖言量]이 세 앎이고, 견주어 헤아림[比度]은 바른 판단의 기준이 될 수 없다[非量].〕
29) 語言非是道 用言則失眞

요해진다.30)

이를 있다 하면 그 성품에 어긋나고, 이를 없다 하면 그 몸을 다친다.
有之者乖其性 無之者傷其軀

있음과 없음은 바른 도가 아니니 이를 두면 두 가〔二邊〕에 떨어
지므로 그 몸〔軀〕을 다치고 그 성품〔性〕에 어긋난다. 대개 니르바
나의 바탕은 이 넷을 떠나므로 넷은 다 어긋나 잃음이다. 그러니
어찌 알고 봄〔知見〕으로 견주어 헤아리겠는가? 이는 따로 현묘한
도〔玄道〕가 있어 넷으로 구할 수 없음을 말한 것이 아니다.31)

③ 드러내 아는 판단〔現量〕의 까닭을 보임〔示現量之所以〕

> 論 이런 까닭에 샤카무니 붇다께서는 마가다에서 방문을 닫으
> 셨고, 비말라키르티〔淨名〕는 바이샬리에서 입을 닫았다.
> 　『반야경』에서 수부티는 말 없음을 말해 도(道)를 나타냈고,
> 샤크라하늘왕과 브라흐마하늘왕은 들음을 끊고 꽃을 뿌렸다.
> 　이는 다 진리는 신그러움이 이끌므로〔神御〕 입은 이로써 말
> 없었다. 그러나 어찌 말함이 없음〔無辯〕이라 할 것인가? 말함
> 〔辯〕이 말할 수 없는 바〔所不能言〕인 것이다.

---

30) 愚者昧也 道體常寂如愚 知解非是道存 知失寂滅
　〔말하면 참됨을 잃으나 이와 같음을 알면 어리석음을 돌이켜 고요함에 돌아
　갈 수 있다.〕
31) 有無非正道 存之滯二邊 故傷其軀 而乖其性 蓋涅槃體 離此四故 四皆乖失
　豈知見之比度也 非謂別有玄道不可四求
　〔있음과 없음에 치우침은 바른 도가 아니나 있음과 없음 밖에 현묘한 도가
　있는 것이 아니다. 있음에서 있음을 벗어나 그 성품을 다치지 않고 없음에
　서 없음을 벗어나 그 몸을 다치지 않으면 도가 있음과 없음 떠나지 않고
　그 자리에 있다.〕

이런 까닭에(견줌으로 말미암아 얻을 수 없으므로) 샤카무니 붇다께서는 마가다에서 방문을 닫으셨고

所以(由比之不得故也)釋迦掩室於摩竭

　샤카무니께서 처음 도를 이루시고, 마가다(Magadha) 나라 아란야(aranya) 진리도량[法道場] 가운데 계시며, 이레 동안 법을 설하지 않으시어 방문을 닫은 것과 같았으니 스스로 법의 즐거움[法樂]을 받으셨기 때문이다. 어떤 이는 사유의 행[思惟行]과 인연의 행[因緣行] 때문이라고 말하는데 지금은 앞의 뜻을 취한다. 행이 가득해 두렷함을 증득하고[行滿證圓] 밝게 드러내 앎[現量]으로 몸소 깨치므로 설하는 바가 없었다.

　이레[七日]의 수에 대해 어떤 이는 말한다. '하나의 이레, 둘의 이레, 나아가 일곱의 이레, 반 년, 일년이다.' 이는 다만 보고 들음이 기틀을 따르므로 모든 경이 각기 다르니 『지도론(智度論)』은 말한다.

　"붇다께서 처음 도를 이루시고 다섯 이레 날[五七日] 법을 설하지 않으셨다."

　『법화』 또한 이렇게 말한다.

　"세 이레[三七日]의 날 가운데 이와 같은 일 등을 사유하셨다."[32]

비말라키르티[淨名]는 바이샬리에서 입을 닫았다.

淨名杜口於毗耶

---

32) △三示現量之所以

釋迦始成道 在摩竭提國阿蘭若法菩提場中 七日不說法 同掩室也 自受法樂故 或云思惟行因緣行故 今取前義 行滿證圓 現量親證 故無所說 七日之數 或云 一七二七 乃至七七 半年一年 但爲見聞隨機 故諸經各異 智論云 佛初成道五 七日不說法 法華亦云 三七日中 思惟如是事等

[사유의 행[思惟行]: 붇다께서는 위없는 보디를 이루시고 진리 그대로의 지혜, 진리 그대로의 법의 기쁨에 머무시니 법화경은 세 이레 동안 이와 같은 일, 이와 같은 성품과 모습 등을 사유하셨다고 하였다.]

산스크리트로 비말라키르티(Vimalakīrti)라고 함은 여기 말로 깨끗한 이름〔淨名〕이다. 두(杜)는 말 없음이다. 산스크리트로 바이샬리(Vaiśālī)라고 함은 여기 말로 넓게 꾸밈〔廣嚴〕이니 곧 성(城)의 이름이다.

옛날 비말라키르티는 오천 보디사트바와 함께 바이샬리의 방안에 있으면서 함께 '둘이 아닌 법문〔不二法門〕'을 말했다. 비말라키르티가 잠자코 말이 없었으니〔默然無言〕 만주스리(Mañjuśrī, 文殊) 보디사트바는 찬탄해 말했다.

"이것이 참으로 둘이 아닌 법문에 들어감〔入不二法門〕이오."33)

『반야경』에서 수부티는 말 없음을 말해 도(道)를 나타냈고, 샤크라하늘왕과 브라흐마하늘왕은 들음을 끊고 꽃을 뿌렸다.

須菩提 唱無說以顯道 釋梵絕聽而雨華

『대품반야경』에 이렇게 나온다.

"수부티가 바위 가운데서 좌선하고 있는데 샤크라하늘왕과 브라흐마하늘왕이 꽃을 뿌려 공양했다."

수부티가 말했다.

"허공 가운데서 왜 꽃을 뿌립니까?"

하늘신이 말했다.

"저는 존자께서 프라즈냐파라미타 잘 설함을 보았습니다."

"나는 프라즈냐에 일찍이 한 글자도 설하지 않았소."

하늘신이 말했다.

"존자는 설함이 없었고 저는 들음이 없었으니 설함이 없고 들음이 없는 것〔無說無聞〕 이것이 참으로 프라즈냐파라미타 잘 설함입니다."

---

33) 梵云維摩詰 此曰淨名 杜默也 梵云毗耶離 此曰廣嚴 卽城名 昔維摩詰 與五千菩薩 在毗耶城室內 共談不二法門 維摩默然無言 文殊讚曰 是眞入不二法門

또 거듭 꽃을 뿌렸다. 위에서 나타낸 것은 다음과 같다.

처음은 곧 과덕의 붇다[果佛]는 말함이 없다는 것이다.
다음은 곧 보디사트바[菩薩]는 말함이 없다는 것이다.
셋은 곧 두 실천의 수레[二乘]는 말함이 없다는 것이다.
넷은 곧 하늘사람[天人]은 말함이 없다는 것이다.

이를 증거로 해서 성인과 범부가 다 그러함을 알라. 이를 등지면
견주어 헤아림[比度]이 다 그른 것[非]이다. 그러므로 네 일을 이
끌어 증명하니 넓은 것은 여러 경에 있다.34)

이는 다 진리는 신그러움이 이끌므로[神御] 입[口]은 이로써 말
없었다. 그러나 어찌 말함이 없음이라 할 것인가? 말함이 말할 수
없는 바인 것이다.

斯皆理爲神御 故口以之而默 豈曰無辯 辯所不能言也

신그러움은 헤아릴 수 없는 지혜이다. 어(御)는 잡아 누름이다.
진리는 반드시 지혜로써 잡아 이끎이므로 입이 말 없음이다. '어찌
말함이 없음이라 하겠는가'라 하니 말재간은 여기에 미칠 수 없는
것이다. 이는 오직 지혜의 드러내 앎[現量]으로만 이를 수 있음을
맺어 이룬 것이니 견주어 따져 헤아려[比度: 非量] 알 수 있는 것
이 아니다.35)

(2) 가르침을 이끌어 미루어 사무침[引敎推窮]

---

34) 大品經 須菩提於巖中晏坐 釋梵雨華爲供 善吉曰 空中何以雨華 天曰 我見尊
   者 善說般若波羅蜜 曰我於般若未曾說一字 天曰 尊者無說 我乃無聞 無說無
   聞 是眞說般若波羅蜜 又復雨華 上所顯者 初則果佛無說 次則菩薩無說 三則
   二乘無說 四則天人無說 是知證之則聖凡皆爾 背之則比度皆非 故引四事以證
   廣在諸經
35) 神者不測之智也 御著控也 理當以智御 故口默也 豈爲無辯 辯才不能及此矣
   此結成唯現量可到 非比度可解

① 가르침을 이끌어 깊음을 밝힘〔引敎明深〕

> 🔲 경은 말한다. "참된 해탈이란 말과 수를 떠나 고요히 사라져 길이 편안하다."
>
> 비롯함이 없고 마침이 없으며 어둡지 않고 밝지 않으며 춥지 않고 덥지 않으며 맑기가 허공과 같아 이름 없고 말함 없으니, 마하야나의 논은 말한다.
>
> "니르바나는 있음이 아니고 또한 다시 없음이 아니니 말길이 끊어지고〔言語道斷〕 마음 가는 곳이 사라졌다〔心行處滅〕."

경은 말한다. "참된 해탈이란

經云眞解脫者

해탈(解脫)은 바로 니르바나의 한 덕〔涅槃之一德〕이다. 방편의 가르침〔權敎〕에서 세 수레도 다 해탈(解脫)의 묶임 떠난 뜻〔離縛之義〕을 갖추지만, 지금은 하나인 수레의 세 덕〔一乘三德: 法身·般若·解脫〕이라 방편의 해탈〔方便解脫〕을 달리 가린다. 그러므로 참된 해탈〔眞解脫〕이라 하니 하나를 들면 곧 셋이기〔擧一卽三〕 때문에 다만 해탈이라 말한다.36)

말과 수를 떠나 고요히 사라져 길이 편안하다.

離於言數 寂滅永安

말로 나타냄〔言詮〕과 수의 헤아림〔數量〕이 미치지 못하므로 말과

---

36)　△二引敎推窮二 初引敎明深

解脫是涅槃之一德 權敎三乘 皆具解脫離縛之義 今一乘三德 簡異於彼 故云眞 擧一卽三故 但云解脫

〔법신(法身)은 지혜인 진리이고 반야(般若)는 진리인 지혜이며, 해탈(解脫)은 진리와 지혜가 하나인 해탈의 행인데, 해탈이 다시 고요하여 법신이니 세 덕은 하나〔一〕를 들면 곧 셋〔三〕이다.〕

수〔言數〕를 떠났다고 한다. 나고 사라짐이 사라져 다하므로 고요히
사라짐이라 하고 참되고 항상하여 움직이지 않으므로 길이 편안하
다〔永安〕고 한다. 위는 모음이고 아래는 따로 풀이함이다.37)

비롯함이 없고 마침이 없으며

無始無終

위의 고요히 사라짐의 뜻〔寂滅義〕을 풀이함이니 곧 '즐거움의 덕
〔樂德〕'이다. 고요히 사라짐이 즐거움이기 때문이다.38)

어둡지 않고 밝지 않으며 춥지 않고 덥지 않으며

不晦不明不寒不暑

바탕은 어둡고 밝으며 춥고 더움이 아니기 때문이고 수의 헤아림
이 미칠 수 없기 때문이다. 위의 수 떠난 뜻〔離數義〕을 풀이하니
곧 '나의 덕〔我德〕'이 자재하기〔自在〕 때문이다.39)

맑기가 허공과 같아

湛若虛空

물의 맑음을 담(湛)이라 한다. 그러므로 움직이지 않음이 허공과
같아 널리 두루해 늘 머문다. 위의 길이 편안한 뜻〔永安義〕을 풀이
한 것이니 곧 '항상함의 덕〔常德〕'이다.40)

---

37) 言詮數量不及 故曰離言數 生滅滅已故曰寂滅 眞常不動故曰永安 上總 下別釋
38) 釋上寂滅義 卽樂德 寂滅爲樂故
39) 體非晦明寒暑故 數量不能及故 釋上離數義 卽我德 自在故
　　〔나의 덕이 자재함이란 나〔我〕도 없고 나 없음〔無我〕도 없기 때문이다.〕
40) 水澄曰湛 故不動如虛空 溥徧常住 釋上永安義 卽常德也
　　〔니르바나의 덕은 상락아정(常樂我淨)의 네 덕이니, 항상함은 항상함〔常〕과
　　덧없음〔無常〕을 떠난 참된 항상함이고, 즐거움은 즐거움과 괴로움을 떠난
　　참된 즐거움이며, 나는 나〔我〕와 나 없음〔無我〕을 떠난 참나이며, 깨끗함은

이름 없고 말함 없으니

無名無說

바탕에 본래 이름 없으므로 말함 없다고 한다. 위의 말 떠난 뜻
〔離言義〕을 풀이한 것이니 곧 '깨끗함의 덕〔淨德〕'이다. 말의 치우
친 허물과 그름을 떠났기 때문이다. 아직 『대승열반경』을 보지
않았으나 이치가 반드시 이와 같은 것이다41)

마하야나의 논은 말한다.
"니르바나는 있음이 아니고(있음은 성품에 어긋난다) 또한 다시 없음
이 아니니(없음은 몸을 다친다) 말길이 끊어지고(말은 곧 참됨을 잃는다)
마음 가는 곳이 사라졌다(앎은 곧 도리어 어리석다)."

論曰(衍論) **涅槃非有**(有卽乖性)**亦復非無**(無卽傷軀),**言語道斷**(言卽失眞)
心行處滅(知卽反愚)

글은 모두 볼 수 있다.42)

② 미루어 사무쳐 묘함을 나타냄〔推窮顯妙〕

> **論** 경론의 지음을 찾아보면 어찌 헛되이 얽어 지어냄〔虛構〕이겠
> 는가?
> 참으로 그 있지 않은 까닭이 있으니 있음을 얻을 수 없고, 그
> 없지 않은 까닭이 있으니 없음을 얻을 수 없다.
> 왜인가?

깨끗함과 더러움을 떠난 참된 깨끗함이다.〕
41) 體本無名故無說 釋上離言義 卽淨德 離言偏過非故 未見涅槃經文 理必如此
〔논주가 아직 상락아정 니르바나의 덕을 설한 대승 마하파리니르바나 수
트라〔大般涅槃經〕를 보지 못했지만 논주가 보인 바른 이치가 이와 같은
것이다.〕
42) 文竝可見

이를 미루어 구해, 있음의 경계[有境]라면, 다섯 쌓임은 길이 사라졌고, 이를 미루어 보아, 없음의 고을[無鄕]이라면 그윽이 신령하여 다하지 않은 것이다.

그윽하고 신령함이 사라지지 않으면[幽靈不竭] 하나를 안고 [抱一] 맑아 고요하고, 다섯 쌓임이 길이 사라졌으면[五陰永滅] 만 가지 번뇌가 모두 없어진다.

만 가지 번뇌의 쌓임이 모두 없어지므로 도(道)와 통하고, 하나를 싸안고 맑아 고요하므로 신그럽되 공(功)이 없다.

신그럽되 공이 없으므로[神而無功故] 지극한 공[至功]이 늘 있는 것이다.

도와 통하여 비었으므로 고요하여 바뀌지 않고, 비어 바뀌지 않으므로 있음이라 할 수 없지만, 지극한 공[至功]은 늘 있어 없음이라 할 수 없다.

㈎ 모아 풀이함[總釋]

경론의 지음을 찾아보면 어찌 헛되게 얽어 지어냄이겠는가?

尋夫經論之作 豈虛構哉

지음은 세움이다. 얽어 지어냄[構]은 이룸이다. 경론을 미루어 살피면 다 뜻으로 글을 세움이니 어찌 헛되이 이루어 세워, 말로 나타냄[詮表]이 없겠는가?[43]

참으로 그 있지 않은 까닭이 있으니 있음을 얻을 수 없고, 그 없지 않은 까닭이 있으니 없음을 얻을 수 없다.

---

43) △二推窮顯妙二 初總釋
作立也 構成也 推究經論 皆以義立文 豈虛成立而無詮表耶
[연기의 뜻으로 글을 이룸이니 어찌 다만 말을 헛되이 꾸밈이겠는가.]

果有其所以不有 不可得而有 有其所以不無 不可得而無

　참으로란 결정된 뜻이다. 그 니르바나의 묘한 바탕〔涅槃妙體〕을
찾으면 반드시 있고 없음이 아니다. 그러므로 있고 없는 이름〔名〕
과 수(數)로 얻을 수 없으니 있음과 없음이 아닌 까닭이다. 아래는
스스로 미루어 풀이함이다.44)

(나) 미루어 풀이함〔推釋〕

왜인가?

何者

　무슨 까닭이 있는가? 아래는 풀이다.45)

이를 미루어 구해, 있음의 경계〔有境〕라면 다섯 쌓임은 길이 사라
졌고,

本之有境則五陰永滅

　본(本)이란 미루어 구하는 뜻이다. 다섯 쌓임은 물질〔色〕·느낌
〔受〕·모습 취함〔想〕·지어감〔行〕·앎〔識〕이니 이 다섯이 법신의 진리
를 덮으므로 다섯 덮어 가리는 쌓임〔五陰, 오온의 遍計所執相〕이라
한다. 곧 함이 있는 물질과 마음의 두 일〔有爲色心二事: 오온의 依
他起相〕인데 이미 다섯 덮어 가리는 쌓임이 고요히 사라지면〔五陰
卽寂滅: 오온의 圓成實相〕 바야흐로 니르바나(nirvāṇa)라 한다.
그러면 곧 니르바나로써 있음〔有〕을 삼을 수 없는 것이다.46)

---

44) 果者決定義 尋其涅槃妙體 定非有無 故不可以有無名數而得也 非有無之所以
　　下自推釋
45) △二推釋
　　有何所以 下釋
46) 本者推求義 五陰者色受想行識也 此五覆法身眞理 故曰五陰 卽有爲色心二事
　　旣五陰卽寂滅 方曰涅槃 則不可以涅槃爲有也
　　〔다섯 쌓임의 있되 공한 진실상을 실현하면 니르바나라 하므로 니르바나는

이를 미루어 보아, 없음의 고을[無鄕]이라면 그윽이 신령하여 다
하지 않은 것이다.

推之無鄕則幽靈不竭

그윽이 신령하여 다하지 않는 것이란 고요하고 고요하며 밝고 밝
은 바탕[寂寂惺惺之體]이 다함이 없는 것이다. 그러므로 없다[無]
고 할 수 없다.47)

그윽하고 신령함이 사라지지 않으면 하나를 안고[抱一] 맑아 고요
하고, 다섯 쌓임이 길이 사라졌으면 만 가지 번뇌가 모두 없어진다.

幽靈不竭則抱一湛然 五陰永滅則萬累都捐

하나를 안고 맑아 고요함이란 다음을 말한다. 두 손이 서로 합함
을 '감싼다[抱]'하니 합쳐 감쌈은 곧 하나에 같이함이다. '맑아 고
요함'이란 변하지 않음이다. 이는 그윽이 신령하여 사라지지 않는
바탕이니, 진리와 지혜가 둘이 아니고[理智不二] 비롯함과 마침이
바뀌지 않기[始終不改] 때문이다. 만 가지 번뇌가 모두 없어진다는
것에서 온갖 번뇌의 문을 모아 만 가지 쌓임이라 하는데, 연(捐)은
버려 없앰[棄]이다. 사법 그대로 참됨[卽事而眞]이므로 만 가지 번
뇌의 그 바탕이 모두 쉬는 것[當體都息]이다.48)

만 가지 번뇌의 쌓임이 모두 없어지므로 도(道)와 통하고

萬累都捐故 與道通洞

실체화되고 사물화 될 수 없다.〕

47) 幽靈不竭者 寂寂惺惺之體無窮 故不可曰無
〔다섯 쌓임이 공하므로 있음이 아니고 공이 다섯 쌓임이라 없음이 아니니
없음의 곳은 다만 없음이 아니라 여래 공덕의 곳간[如來藏]인 것이다.〕

48) 抱一湛然者 兩手相合曰抱 合抱則同一 湛然者不變也 此幽靈不竭之體 理智
不二 始終不改故 萬累都捐者 一切塵勞門 總曰萬累 捐者棄也 卽事而眞故 萬
累當體都息矣

통함〔洞〕이란 통해 이름이다. 사법이 진리와 같으므로 도와 통한 다고 한다.49)

하나를 싸안고 맑아 고요하므로 신그럽되 공(功)이 없다.

抱一湛然故 神而無功

헤아리지 않는 바탕〔不測之體〕이 두 모습을 끊기 때문에 함과 하여지는 바〔能所〕, 닦음과 증득함의 공〔修證之功〕이 없다. 닦을 수 있고 증득할 수 있음이, 곧 닦는 바〔所修〕이고 증득하는 바〔所證〕이다. 그러므로 닦되 닦음 없고〔修而無修〕 증득하되 증득함이 없음〔證而無證〕이다.50)

신그럽되 공이 없으므로 지극한 공[至功]이 늘 있는 것이다.

神而無功故 至功常存

닦음 없고 증득함이 없으며 원인이 없고 과덕이 없어서 참바탕에 같이하고〔同眞際〕, 법성에 평등하므로〔等法性〕, 지극한 공〔至功〕이 늘 있다고 말한다.51)

도와 통하여 비었으므로 고요하여 바뀌지 않고

---

49) 洞者達也 事與理同 故曰與道通洞
50) 不測之體絶二相故 故無能所修證之功 以能修能證卽所修所證故 修而無修 證而無證等也
〔닦을 수 있음이 닦는 바이고 증득할 수 있음이 증득하는 바란 무슨 뜻인가. 닦는 모습이 있으면 닦음 따라 얻을 것이 있게 된다. 그러나 닦음에 닦음이 없으면 닦음이 온통 성품이므로 닦는 행 밖에서 닦아 얻음이 없는 것을 말한다. 온전한 닦음이 성품이고〔全修卽性〕, 온전한 성품이 닦음을 일으키므로〔全性起修〕 닦음이 닦음 없어 닦음이 그대로 증득함이 됨이니 성품과 닦음이 둘 아닌 뜻〔性修不二義〕을 말한다. 성품과 닦음이 둘 아님〔性修不二〕 밖에 돈오돈수(頓悟頓修)의 뜻이 없다.〕
51) 以無修無證 無因無果 同眞際等法性 故曰至功常存

與道通洞故 沖而不改

충(沖)이란 빈 것이다. 고요하고 비어 늘 바뀌지 않음을 말미암아, 번뇌의 티끌 그대로 도의 바탕에 통달한 것이다. 그러므로 『비말라키르티(淨名)』는 말한다.

"보디사트바는 도 아님을 행하니〔行於非道〕 이것이 붇다의 도에 통달함이다."[52]

비어 바뀌지 않으므로 있음[有]이라 할 수 없지만

沖而不改 不可爲有

도의 바탕이 바뀌지 않고 고요하여 비었으니, 어찌 있음〔有〕이라 할 수 있겠는가?[53]

지극한 공은 늘 있어 없음[無]이라 할 수 없다.

至功常存 不可爲無

평등함이 지극한 공이다. 세로로 세 때〔三際〕를 꿰뚫고 가로로 시방(十方)에 미치니 어찌 없다 할 수 있겠는가? 위의 뜻을 말미암기 때문에 경론(經論)은 다 니르바나의 묘한 바탕〔涅槃妙體〕은, 마음으로 얻을 바 있음과 없음〔有無〕을 말하지 못한다고 한 것이다. 그러므로 헛되게 꾸며냄〔虛構〕이 아닌 것이다.[54]

(3) 깊고 현묘함을 맺어 보임〔結示深玄〕

---

52) 沖者虛也 由沖虛常不改故 卽塵勞而道體通達 故淨名曰 菩薩行於非道 是爲通達佛道
〔붇다의 도에 도라 할 것이 없으니 도 아님을 통해야 붇다의 도를 통함이다.〕

53) 道體不改沖虛 焉可曰有也

54) 平等至功 豎貫三際 橫及十方 豈曰無也 由上義故 經論皆謂涅槃妙體 非心言有無可得者 故非虛構也

圙 그렇다면 있음과 없음이 안에서 끊어지고, 일컬음과 말함이 밖에서 없어졌으니, 보고 들음이 미치지 못하는 바이고 네 공함〔四空〕을 얻은 이도 아득히 어두운 것이다.

고요하여 트이어 평탄하고, 고요하여 크게 통하니, 아홉 흐름〔九流〕이 여기에서 어울려 돌아가고, 뭇 성인이 여기에서 그윽이 모인다.

이는 보려야 볼 수 없고 들으려야 들을 수 없는 경계〔希夷之境〕이고 크게 까마득한 진리의 고을〔太玄之鄕〕이다.

그러니 있음과 없음으로 모습을 말해 그 방위와 구역을 나타내고 그 신묘한 도를 말하려는 자는, 또한 멀지 않겠는가?

① 따져 헤아림을 맺음〔結難則〕

그렇다면(앞의 뜻을 모아 받음) 있음과 없음이 안에서 끊어지고(성품과 모습을 떠남), 일컬음과 말함이 밖에서 없어졌으니(이름과 말을 떠남), 보고 들음이 미치지 못하는 바이고

然則(總承前義)有無絶於內(離性相也) 稱(去)謂淪於外(離名言也) 視聽之所不暨

기(暨)는 미침이다. 바탕이 이름과 모습을 벗어나므로, 소리가 아니고 빛깔이 아니라 보고 들음이 미치지 못하는 것이다.55)

네 공함[四空]을 얻은 이도 아득히 어두운 것이다.

四空之所昏昧

바깥 길〔外道〕이 닦는 바 네 공한 선정〔四空定〕은 허공의 가없음〔空無邊〕, 앎의 가없음〔識無邊〕, 있는 바 없음〔無所有〕, '모습 취함

---

55) △三結示深玄 文三 初結難測
　　暨及也 體超名相 非聲非色 故視聽不及

있음도 아니고 있음 아님도 아님〔非想非非想〕'의 선정〔定〕을 말하니 망녕되이 헤아려 마쳐 다함을 삼는다. 그리하여 이 묘한 도〔妙道〕에 헤매어〔迷〕 알지 못하므로, 어두워 알지 못함〔昏昧〕이라 한다.56)

② 평등함을 맺음〔結平等〕

고요하여 트이어 평탄하고, 고요하여 크게 통하니

恬焉而夷 怕焉而泰

염박(恬怕)이란 마음이 고요함이고 이(夷)는 평평함〔平〕이며 태(泰)는 통함이다. 니르바나의 묘한 마음〔涅槃妙心〕은 평등하게 통달하여 있지 않은 곳이 없기 때문이다.57)

아홉 흐름[九流]이 여기에서 어울려 돌아가고

九流於是乎交歸

아홉 흐름이란 욕계의 한 지위〔欲界一地〕가 한 흐름이고 위의 색계 무색계 두 세계의 여덟 지위〔二界八地〕가 여덟 흐름〔八流〕이다. 아홉 무리〔九類〕가 비록 다르나 진리는 오직 한 뜻〔一致〕이므로 어울려 돌아감이라 한다. 그러므로 물질을 모아 공에 돌아가니〔會色歸空〕 돌아감은 곧 같다는 뜻이다.58)

---

56) 外道所修四空定 謂空無邊 識無邊 無所有 非非想 妄計爲究竟 於此妙道迷而
   不知 故曰昏昧
   〔선정의 경계〔禪定境〕에도 얻을 바 모습이 있으면, 연기 중도의 바른 선정
   〔正定〕이 아니니 묘한 도에 어두워 알지 못함이라 한다.〕
57) △二結平等
   恬怕者 心之寂靜 夷平也 泰通也 涅槃妙心平等通達 無所不在故
58) 九流者 欲界一地爲一流 上二界八地爲八流 九類雖殊 理唯一致 故曰交歸 故
   會色歸空 歸是卽義

뭇 성인이 여기에서 그윽이 모인다.

衆聖於是乎冥會

뭇 성인이란 세 수레의 사람[三乘人]이다. 그윽이 모임[冥會]이
란 맞아 하나됨[契合]이다. 세 수레[三乘]가 함께 '하나인 붇다의
수레[一佛乘]'에 돌아감이니 하나인 붇다의 수레[一佛乘]란 '함이
없이 사라짐에 건넘[無爲滅度]'이다. 그러므로 여기에서 그윽이 만
남이라 말한 것이다. 아홉 흐름을 뭇 성인에 마주하면 성인과 범부
가 바탕을 같이 한다[聖凡同體]. 그러므로 평등하다 말한다.59)

③ 뜻 벗어남을 맺음[結超情]

이는 볼려야 볼 수 없고 들으려야 들을 수 없는 경계[希夷之境]이
고, 크게 까마득한 진리의 고을[太玄之鄕]이다.

斯乃希夷之境 太玄之鄕

『노자(老子)』에 희이의 뜻[希夷義]이 있으니 곧 소리와 빛깔이
없음[無聲色]이다. 『양자(楊子)』에 태현의 뜻[太玄義]이 있으니
까마득함[玄]이란 검은 것이다. 검으므로 달리 봄이 없으니 곧 헤
아릴 수 없음[不可測]이다. 그런데 어찌 하물며 까마득한데 또 까
마득하여[玄之又玄] 크게 까마득함[太玄]이라 말함이겠는가?

지금은 말을 빌어 니르바나의 묘한 도가 이미 사유와 말로 얻을
수 없는 바이므로 '크게 까마득한 진리의 고을[太玄之鄕]'이라 말한
것이다.60)

그러니 있음과 없음으로 모습을 말해 그 방위와 구역을 나타내고

---

59) 衆聖者 三乘人也 冥會者契合也 三乘同歸一佛乘 一佛乘者無爲滅度 故曰於
是冥會也 以九流對衆聖 聖凡同體 故曰平等也
60) △三結超情
老子有希夷義 卽無聲色也 楊子有太玄義 玄者黑也 黑故無異見 卽不可測也 況
玄之又玄曰太玄耶 今惜語 涅槃玅道 旣非思議所得 故曰太玄之鄕也

그 신묘한 도[神道]를 말하려는 자는 또한 멀지 않겠는가?

而欲以有無題牓 標其方域 而語其神道者 不亦邈哉

　제방(題牓)은 제목을 써서 모습을 보임이니 다 이름을 말하는 것이다. 막(邈)은 멂이다. 이는 세 수레의 다른 견해를 깨뜨림이다. 이미 사법 그대로 참됨에 계합하지[卽事契眞] 못하므로 남음 있음〔有餘〕과 남음 없음〔無餘〕의 이름과 모습이 실로 있다고 말해, 니르바나를 삼는 것이다. 제목을 써서 모습을 나타냄이란 나고 사라짐의 방위와 구역을 가리켜 묘한 도〔妙道〕를 말해 논함이다.

　그러니 이에 미혹하면 매우 먼 것이다. 논주(論主)는 이미 방편을 돌이켜 실상을 따르려〔返權順實〕 하므로 이치가 반드시 이와 같아야 한다.61)

---

61) 題牓謂書題牓示 皆詮名也 邈遠也 此破三乘異見 旣不能卽事契眞 乃謂實有
　　有餘無餘名之與相 以爲涅槃者 皆以書題牓示 標指生滅方域 語論玅道 迷之甚
　　遠也 論主旣欲返權順實 理當如此也

II. 뒤의 열여덟 글의 묻고 답함을 미루어 사무침
〔後一十八章問答推窮〕

뒤의 열여덟 글〔18장〕의 묻고 답함을 미루어 사무쳐서〔問答推窮〕, 합하면 아홉 겹〔九重〕이다. 앎과 행과 증득〔解行證〕의 차제를 엶인데 크게 나누면 셋이다.

처음 셋은 참됨과 응함〔眞應〕에 나아가, 평등한 앎을 밝힘〔就眞應明等解〕이다.

다음 넷은 세 수레〔三乘〕를 마주해, 평등한 행을 밝힘〔對三乘顯等行〕이다.

뒤의 둘은 사람과 법〔人法〕에 나아가, 평등한 증득을 보임〔就人法示等證〕이다.

1. 참됨과 응함에 나아가 평등한 앎을 밝힘〔就眞應明等解〕

1) 참됨과 응함의 다르고 같음을 말함〔眞應異同辯〕

(1) 응함을 펴서 참됨을 의심하여 물음〔敍應疑眞問〕

論 제2. 바탕을 살펴 캠〔覈體〕

이름 있는 이〔有名〕가 말했다.

대저 이름〔名號〕은 헛되이 나지 않으며 일컬어 말함〔稱〕은 스스로 일어나지 않는다.

경에서 남음 있는 니르바나, 남음 없는 니르바나라 일컬음은 대개 바탕에 돌아가는 참 이름이고 신묘한 도〔神道〕의 묘한 일컬음〔妙稱〕이다.

시험 삼아 말해주길 청한다.

---

① 글의 이름[章名]62)

제2. 바탕을 살펴 캠

覈體第二

핵(覈)은 꾸짖어 구함[責]이다. 앞에서 '있음과 없음이 안에서 끊어지고 일컬어 말함이 밖에서 사라졌다' 하였다. 그러므로 지금 집착이 나고 사라지는 모습을 보여 나타내니 '니르바나의 참된 바탕이 왜 있음과 없음의 이름과 모습 끊는가'를 살펴 캐고 미루어 사무치는 것이다. 이는 사람과 하늘[人天] 두 치우친 수레[二乘]가 보는 바 응하는 몸과 변화의 몸이 실답다함[應化爲實]을 들어 보인 것이다. 그러므로 참된 몸[眞身]이 왜 이름을 떠나고 모습 끊는가[離名絶相]를 의심하는 것이다.63)

② 바로 물음[正問]

㈎ 처음 물음을 폄[序問]

이름 있는 이[有名]가 말했다.

有名曰

따지는 이가 말한 바는 니르바나에 반드시 얻을 이름과 모습이 있다는 것이다. 그러므로 이름 있는 이[有名]를 나타내는 것은 따지는 이의 말 때문이다.64)

---

62) △後一十八章問答推窮 合爲九重 開解行證之次第 大分爲三 初三就眞應明等解 次四對三乘顯等行 後二就人法示等證 初中三重 一眞應異同辯 文二 初敍應疑眞問 文二 初章名

63) 覈責也 前云有無絶於內 稱謂淪於外 故今執示現生滅之相 責覈推究涅槃眞體 何以絶有無名相也 此據人天二乘所見應化爲實 故疑眞身 何以離名絶相
[바탕을 캠이란 니르바나의 바탕이 왜 이름과 모습 끊는가를 살펴 캠이다. 이는 치우친 실천의 수레에서 보는 바 응하는 몸과 변화의 몸이 왜 참된 몸[眞身] 가운데서 얻을 수 없는가를 살펴 캠이다.]

64) △二正問中二 初序問

대저 이름[名號]은 헛되이 나지 않으며

夫名號不虛生

　이름은 모습을 인해 있다.65)

일컬어 말함[稱謂]은 스스로 일어나지 않는다.

稱謂不自起

　일컬어 말하고 말해 이름[言謂]은 반드시 이름[名]을 말미암아 일어
난다. 그러므로 스스로 그런 것이 아니다. 이 위는 모아 편 것이다.66)

경에서 남음 있는 니르바나 남음 없는 니르바나라 일컬음은(곧 앞
경이다) 대개 바탕에 돌아가는 참 이름이고 신묘한 도[神道]의 묘
한 일컬음[玅稱]이다.

經稱有餘涅槃 無餘涅槃者(卽前經) 蓋是返本之眞名 神道之玅稱者也

　반(返)은 돌아감이다. 성인은 바탕에 돌아감으로 말미암아 '신묘
하여 헤아릴 수 없는 도'를 증득하니 이것이 남음 있고 남음 없는
두 니르바나이다. 그러므로 경의 글은 이 이름을 세운 것이다. 그
러니 지금 '이름 있는 이[有名]'가 모습을 펴서 물음을 이룬 것이라
대개 치우친 두 수레[二乘]의 보는 바 '응하는 몸 변화의 몸[應化]'
으로 참됨을 삼은 것이다. 이는 아직 참 몸[眞身]이 마쳐 다해 고
요히 사라짐[畢竟寂滅]을 통달하지 못한 것이다.
　보신의 바탕[報體]이 기나긴 때 서로 이으므로 나고 사라짐 나타내
보임에 집착한다. 이미 바탕에 돌아간 진실인데 곧 아래를 향해 말한
것을 알아, 다만 화신이 바른 깨침 보여 이름만[示成正覺]을 인정하
여, 이로써 '큰 깨침의 법신[大覺法身]'이 두렷이 가득함을 삼는다.

　難者所謂涅槃必有名相可得 故標有名爲難者之辭
65) 名因相有
66) 稱說言謂必由名起 故不自然 此上是汎敘

그러므로 원인과 결과의 행하는 모습〔因果行相〕을 말하니 바로 작은 가르침〔小敎〕에 맞는다. 비록 법신과 보신으로 이름을 나타내고 뜻을 풀이하여 많이 화신의 모습〔化相〕을 논하나, 이 뜻은 두 수레〔二乘〕와 모든 범부가 변화의 몸을 집착하여〔執化〕 참됨 삼는 것을 깨뜨리려 함이다. 그리하여 참된 몸과 변화의 몸〔眞化〕이 하나도 아니고 둘도 아닌 뜻〔不一不二之旨〕을 통달하도록 함일 뿐이다.67)

시험 삼아 말해주길 청한다.
請試陳之

이 구절은 이름 없는 이〔無名〕가 행하는 모습이 어떠한가 시험 삼아 말하게 함이다.68)

(나) 물음을 세움〔立問〕

㈀ 남음 있는 모습을 말함〔陳有餘相〕

㉠ 이름을 받아 모습을 말함〔牒名述相〕

> **論** 남음 있다는 것은 (응하는 몸의) 여래를 말하니, 큰 깨침이 처음 일어남이요 법의 몸〔法身〕이 처음 세워짐이다.

---

67) 返者歸也 由聖人歸本證神妙不測之道 是此有無二涅槃 故經文立此名稱也 然今有名者 陳相致問 蓋以二乘所見 應化爲眞 未達眞身畢竟寂滅
報體相續長時 故執示現生滅之身 已爲返本眞實 則知向下所說 但認化身示成正覺 以爲大覺法身圓滿 故說因果行相 正符小敎 雖以法報 標名釋義 多論化相 此意爲欲破二乘及諸凡夫執化爲眞 令達眞化不一不二之旨耳
〔니르바나의 덕 가운데 원인과 결과가 융통하여 인행이 두렷하고 과덕이 원만한데〔因圓果滿〕, 인행과 과덕의 인과를 말하면 이는 화신과 법신이 둘 아님을 통달하지 못한 것이다.〕

68) 此句是無名者問曰 試且陳之 行相如何耶

여덟 해탈[八解]의 맑은 흐름에 몸을 씻고, 일곱 깨달음 법[七覺]의 우거진 숲에서 쉬거사, 길고 먼 칼파에 만 가지 착함을 쌓고, 비롯 없는 남은 번뇌의 티끌을 없애시니, 세 밝음[三明]은 안을 비추고 신묘한 빛이 밖을 비춘다.

비롯하는 마음[始心]에서 넓은 서원을 맺고, 삶들의 어려움에 나아감[赴難]으로 큰 자비를 마친다.

그윽한 뿌리[玄根]를 우러러 잡고, 약하고 잃은 이들[弱喪]을 구부려 잡아주며, 삼계의 구역을 벗어나 지나고 큰 진리의 방위[大方]를 홀로 밟으며, 여덟 바름[八正]의 평탄한 길을 열고, 뭇 다른 길 가는 자[衆庶]의 그릇된 길[夷途]을 평탄케 한다.

여섯 신통의 신묘한 말을 달리게 하고, 다섯 야나(yāna)의 편안한 수레를 타시며, 나타나 태어나서 죽음에 들어감에 이르도록 중생과 더불어 따라 옮기니, 도(道)는 적시지 않음이 없고 덕(德)은 베풀지 않음이 없다.

변화의 어머니[化母]가 사물 비롯함[始物]을 사무쳐 다하고, 아득한 지도리[玄樞]의 묘한 씀을 지극히 해 막힘없는 땅[無疆]에 빈집을 툭 트이게 하고, 어두운 곳에 사르바즈냐(sarvajña)의 지혜를 비추어 환하게 한다.

아홉 삶들의 그쳐 머무는 곳에 자취를 끊으려함에 태허에 길이 사라진다.

그래도 나머지가 있어 연(緣)이 다하지 않으면 남은 자취는 없애지 않는다. 업의 갚음[業報]은 넋[魂]과 같으나 거룩한 지혜[聖智]가 오히려 있다.

이것이 남음 있는 니르바나[有餘涅槃]이다.

경은 말한다. "티끌의 찌꺼기 녹여 없앰을, 참 금을 불려 두들기듯 하면, 만 가지 허물이 모두 다하여 신령한 깨침이 홀로 있다."

① 이름을 받음[牒名]⁶⁹⁾

남음 있다는 것은

有餘者

② 모습을 말함[述相]

❶ 과덕이 이미 두렷한 모습[果德已圓相]

여래(如來)를 말하니

謂如來

응하는 몸의 여래[應身]이니 진실 그대로의 도[如實道]를 좇아
와서 중생에 응함을 말한다.⁷⁰⁾

큰 깨침이

大覺

스스로 깨치고 남을 깨침이 가득하기[自他覺滿] 때문이다.⁷¹⁾

처음 일어남이요,

始興

서른 네 마음[三十四心]⁷²⁾으로 삼계의 아홉 지위 미혹을 끊어

---

69) △二立問中三 初陳有餘相 文二 初牒名述相中三 初牒名
70) △二述相有五 初果德已圓相
　　應身如來也 謂從如實道 來應衆生
71) 自他覺滿故
72) 서른 네 마음[三十四心]: 서른 네 마음이 번뇌의 맺음을 끊음[三十四心斷
　　結]. 삼장교의 보디사트바가 미혹을 붙들어 태어남을 윤택케 하다 오랜 칼
　　파를 거치며 여섯 파라미타의 깨끗한 행을 갖추어 닦고 중생을 이익되게
　　한다. 그리하여 맨 나중 보디의 나무 아래 이르러 한 생각 서로 응하는 지
　　혜[一念相應慧]로 참된 샘 없음[眞無漏]을 발할 때, 여덟 참음[八忍] 여덟
　　지혜[八智]의 열여섯 마음과, 아홉 걸림 없음[九無礙] 아홉 해탈[九解脫]의
　　열여덟 마음으로, 보고 사유해 지음의 익힌 기운[見思習氣]을 단박 끊고 바

다하고, 금강의 자리 위 나무[金剛座上木]인 보디나무 아래서 처음 바른 깨침 이룰 때[初成正覺時]이다.74)

른 깨침을 이루므로 '서른 네 마음[三十四心]이 맺음을 끊는다'고 한다.
1. 여덟 참음[八忍]: 참음이란 증명할 수 있는 뜻을 참아 행함이다.
   ① 괴로움의 법을 참음은 곧 욕계 고제의 법을 살펴 참을 수 있음이다.
   ② 괴로움의 무리를 참음은 곧 색계 무색계의 고제의 법은, 욕계의 고제에 견주어 이를 살펴 참을 수 있음이다.
   ③ 집제의 법을 참음이니 곧 욕계 집제 번뇌의 법을 살펴 참음이다.
   ④ 집제 무리의 참음. 곧 색계 무색계 번뇌의 법은 욕계 집제를 견주어 이를 살펴 참을 수 있음이다.
   ⑤ 사라짐의 법을 참음. 곧 이는 욕계 멸제의 법을 살펴 참을 수 있음이다.
   ⑥ 사라짐의 무리를 참음은 곧 색계 무색계 멸제의 법을 욕계 멸제의 법에 견주어 이를 살펴 참을 수 있음이다.
   ⑦ 도의 법을 참음. 이는 곧 욕계 도제의 법을 살펴 참을 수 있음이다.
   ⑧ 도법의 무리를 참음. 곧 색계 무색계의 도제의 법은 욕계 도제의 법에 견주어 이를 살펴 참을 수 있음이다.
2. 여덟 지혜[八智]: 지혜는 곧 밝게 앎의 뜻이다.
   ① 괴로움의 법의 지혜는 곧 욕계 고제 살핌을 인해 봄의 미혹[見惑]을 끊는 지혜가 밝게 나옴이다.
   ② 괴로움 무리의 지혜는 곧 색계 무색계의 고제는 욕계의 고제에 견주어 이를 살펴 위의 두 세계 봄의 미혹[見惑] 끊는 지혜가 밝게 나옴이다.
   ③ 모으는 법[集法]의 지혜는 곧 욕계 집제의 법을 살핌으로 인해 봄의 미혹을 끊는 지혜가 밝게 나옴이다.
   ④ 모으는 무리의 지혜는 곧 색계 무색계의 집제는 욕계 집제에 견주어 위의 두 세계 봄의 미혹을 끊는 지혜가 나옴이다.
   ⑤ 사라짐의 법의 지혜는 곧 욕계 멸제의 법을 살핌으로 인해 봄의 미혹을 끊는 지혜가 밝게 나옴이다.
   ⑥ 사라짐의 무리의 법은 곧 색계 무색계의 멸제는 욕계의 멸제에 견주어 위 두 세계의 미혹 끊는 지혜가 밝게 나옴이다.
   ⑦ 도법의 지혜는 곧 욕계 도제 살핌으로 인해 그 미혹 끊는 지혜가 밝게 나옴이다.
   ⑧ 도의 법의 무리의 지혜는 곧 색계 무색계의 도제는 욕계 도제에 견주어 이를 살펴 위의 두 세계 봄의 미혹 끊는 지혜가 밝게 나옴이다.
3. 아홉 걸림 없는 도[九無礙道]: 걸림 없음이란 생각 생각 살핌을 닦아 미혹 끊어 미혹에 걸리는 바 되지 않음이다. 대개 욕계가 한 지위이고 색계 초선·이선·삼선·사선이 네 지위이고, 무색계의 공한 곳, 앎의 곳, 있는 바

법의 몸[法身]이 처음 세워짐이다.

法身初建

곧 계(戒), 정(定). 혜(慧), 해탈(解脫), 해탈지견(解脫知見)의 다섯 가름 법의 몸[法身]이 처음 두렷함이다. 곧 여덟 모습[八相]으로 도를 이루신 한길 여섯 자의 몸[丈六之身]이니 '서른 두 모습 여든 가지 좋은 특징[三十二相八十種好]'을 갖춘다. 두 수레[二乘]는 이미 이를 인정해 참된 붇다를 삼는다. 그러므로 나타내 이를 가리킨다.75)

여덟 해탈[八解]의 맑은 흐름에 몸을 씻고, 일곱 깨달음 법[七覺]의 우거진 숲에서 쉬시사

澡八解之淸流 憩七覺之茂林

팔해(八解)란 여덟 해탈이니 『대품반야경』은 말한다.

"첫째 안으로 모습 있고 밖으로 빛깔 살핌[內有相外觀色],

둘째 안으로 모습 없고 밖으로 빛깔 살핌[內無色相外觀色],

셋째 깨끗한 해탈[淨解脫],

넷째 허공 곳의 선정[空處定],

다섯째 앎의 곳의 선정[識處定],

없는 곳, 모습 취함도 아니고 모습 취함 없음도 아닌 곳이 네 지위인데, 삼계를 같이해 아홉 지위이고 지위마다 각기 아홉 단계 사유해 짓는 미혹[思惑]이 있으니 낱낱 지위에서 이 걸림 없는 도를 닦아 끊는 것이다.

4. 아홉 해탈의 도[九解脫道]: 해탈은 자재의 뜻[自在義]이다. 곧 미혹의 업이 끊어져 떠나 매어 묶임이 없어 자재를 얻음이다. 대개 욕계의 한 지위, 색계의 네 지위, 무색계의 네 지위가 같이 아홉 지위인데 지위마다 각기 아홉 단계 지어감의 미혹[九品思惑]이 있다. 이 미혹이 이미 끊어지면 곧 해탈의 도를 증득함이다.

74) 三十四心 斷三界九地惑盡 於金剛座上木菩提樹下 初成正覺時

75) 卽戒定慧解脫解脫知見五分法身初圓也 卽八相成道丈六之身 具三十二相八十種好 二乘旣認此以爲眞佛 故今標指之

여섯째 있는 바 없는 곳의 선정〔無所有處定〕,

일곱째 모습 취함 아님도 아닌 곳의 선정〔非非想處定〕,

여덟째 느낌과 모습 취함 사라진 선정〔滅受想定〕,

이 여덟에 미혹 끊을 수 있는 공능이 있다. 그러므로 맑은 흐름
에 씻어 빠는 씀이 있는 것과 같다. 붇다께서는 이미 여기에서 씻
으므로 위의 법의 몸 처음 세움〔法身初建〕을 얻으셨다. 게(憩)는
쉼이다.

일곱 깨달음 법〔七覺〕은 일곱 가름 깨달음 법〔七覺分〕이니 법 가
림〔擇法〕, 정진(精進), 생각〔念〕, 선정〔定〕, 기쁨〔喜〕, 버림〔捨〕.
없앰〔除〕인데 낱낱에 깨달음의 가름이 있다는 말로 어떤 곳에서는
깨달음의 갈래〔覺支〕라고 말하니 곧 보디의 가름이 되는 법〔菩提
分法〕이다.

깨달음의 도를 함께 이루므로 마치 동산 숲이 빼어나게 우거짐과
같다. 붇다께서는 이미 그 가운데 쉬시므로 위의 '큰 깨침이 처음
일어남〔大覺始興〕'을 얻으신 것이다. 이 두 뜻은 『비말라키르티수
트라〔淨名經〕』에서 많이 쓰이니 저 경은 말한다.

여덟 가지 해탈의 목욕 못에
선정의 물은 맑아 가득한데
일곱 가지 깨끗한 꽃을 퍼뜨려
이 때 없는 사람을 씻어주네

八解之浴池　定水湛然滿
布以七淨華　浴此無垢人76)

---

76) 八解者八解脫 大品云 一內有相外觀色 二內無色相外觀色 三淨解脫 四空處
定 五識處定 六無所有處定 七非非想處定 八滅受想定 此八有斷惑之能故 如
淸流有浣濯之用 佛已澡之 故得上法身初建也 憩息也 七覺者卽七覺分 一擇法
二精進 三念 四定 五喜 六捨 七除 一一有覺分之言 或曰覺支 卽菩提分法 共
成覺道故 如園林秀茂 佛已憩其中也 故得上大覺始興也 此二義 多用淨名 彼
云 八解之浴池 定水湛然滿 布以七淨華 浴此無垢人

❷ 인행이 이미 가득찬 모습[因行已滿相]

길고 먼 칼파에 만 가지 착함을 쌓고

積萬善於曠劫

　작은 실천의 수레[小乘, hinayāna] 또한 말하니 보디사트바의 붇
다 이룸[成佛]은 반드시 세 아상키야 칼파를 채워, 샘이 있는 네 파
라미타(pāramita)를 닦고, 백 칼파에 미치도록 몸의 좋은 특징 등을
닦아야 하니 다 '넓고 큰 칼파에 착함을 쌓는 것[曠劫積善]'이다.77)

비롯 없는 남은 번뇌의 티끌을 없애시니

蕩無始之遺塵

　곧장 보디나무 아래 이르시사, 서른 네 마음[三十四心]으로 한때
에 미혹을 끊은 것이다. 유(遺)는 버림이다. 티끌(塵)은 먼지로 물
듦의 뜻이다. 곧 번뇌를 밝게 보아 닦음이니 이는 비롯 없는 버릴
수 있는 티끌의 때가 다하므로 지금 없앤다고 말한다.

　곧 히나야나(hinayāna)의 작은 수레에서 말한 바를 아는 것이
니 앞의 세 아상키야 칼파, 이는 미혹을 누름[伏惑]이라 곧장 보디
나무 아래 이르러야 바야흐로 끊음의 뜻[斷義]이 있게 된다.

　만약 마하야나(mahayāna)의 비롯하는 가르침[大乘始敎]의 보
디사트바를 잡아보면, 곧 금강의 마음[金剛心]에서 번뇌 씨앗을 끊
는 뜻[斷種義]이다.78)

세 밝음은 안을 비추고 신묘한 빛이 밖을 비춘다.

---

77) △二因行已滿相
　小乘亦說 菩薩成佛 定滿三僧祇 修有漏四波羅蜜 及百劫修相好等 皆曠劫積善
也
78) 直至菩提樹下 三十四心 一時斷惑 遺棄也 塵以坌汚爲義 卽明見修煩惱 是無
始可棄之塵垢 盡故今日蕩也 卽知小乘所說 前三僧祇 但是伏惑 直至菩提樹下
方有斷義 若約始敎菩薩 則金剛心斷種義耳

三明鏡於內 神光照於外

하늘 눈은 드러나 있음을 알고〔知現在〕, 지난 목숨 아는 지혜는
지나감을 알며〔知過去〕, 샘이 다함〔漏盡〕은 오지 않음을 아니〔知未
來〕 세 밝음〔三明〕이라 한다. 안으로 근본의 지혜〔根本智〕 증득함
을 말미암아 밖으로 뒤에 얻는 지혜〔後得智〕를 낸다. 그러므로 세
밝음과 신묘한 빛이 밖으로 비춤이 있는 것이다. 이는 곧 지혜와
행이 가득 찬〔智行滿〕 것이다.79)

비롯하는 마음[始心]에서 넓은 서원을 맺고, 삶들의 어려움에 나
아감[赴難]으로 큰 자비를 마친다.

結僧那於始心 終大悲以赴難

   상나(僧那, praṇidhāna 誓願)는 산스크리트인데 여기 말로는 네
큰 서원〔四弘誓願〕이니 곧 '번뇌는 끊으리라' 원하고, '법문은 배우
리라' 원하며, '붇다의 도는 이루리라' 원하고, '중생은 건네주리라'
원함이다. 앞의 셋은 지혜이고 뒤의 하나는 자비이다. 자비·지혜·
서원〔悲智願〕이 곧 보디의 바탕인데, 네 마음을 처음 맺어〔始結四
心〕 두 행〔二行〕을 같이 행하고, 스스로의 행이 이미 채워지면 남
을 이롭게 함이 다함이 없다. 그러므로 큰 자비가 마치는 마음〔終
心〕이니 기나긴 때에 어려움에 나아가〔赴難〕 중생 건네주는 원
(願)을 채우기 때문이다. 이것이 곧 원과 행〔願行〕이다.80)

---

79) 天眼知現在 宿命知過去 漏盡知未來 曰三明 由內證根本 外發後得 故有三明
    神光外照也 此則智行滿
80) 僧那是梵語 此云四弘誓願 卽煩惱願斷 法門願學 佛道願成 衆生願度 前三是
    智 後一是悲 悲智願三卽菩提體 始結四心 雙行二行 自行已滿 利他無窮 故大
    悲終心 長時赴難 塡度生願故也 此則願行也
    〔중생의 탐내는 마음이 바른 방향을 얻으면 보디사트바의 서원〔願〕이 되고,
    중생의 성내는 마음이 바른 방향을 얻으면 보디사트바의 자비〔悲〕가 되고, 중
    생의 어리석은 마음이 바른 방향을 얻으면 보디사트바의 지혜〔智〕가 된다.〕

그윽한 뿌리[玄根]를 우러러 잡고, 약하고 잃은 이들[弱喪]을 구
부려 잡아주며

仰攀玄根 俯提弱喪

위의 구절은 지혜가 깊은 진리 사무치므로 그윽한 뿌리[玄根]라
하고, 아래 구절은 자비가 뭇 삶들을 건져주므로 약해 잃은 이들을
잡아줌인 것이다.

약함이란 못난 근기를 말하니 곧 작은 법 좋아하는 자들이고, 잃
음[喪]이란 없어져 잃음이니 곧 삼계의 중생[三界衆生]이다. 이는
위의 네 마음[四心]을 풀이함에 이 둘을 지나지 않기 때문이다.81)

삼계의 구역을 벗어나 지나고, 큰 진리의 방위[大方]를 홀로 밟으며

超邁三域 獨蹈大方

세 구역을 벗어나 지남이란 삼계를 벗어남이다. 홀로 큰 방위[大
方]를 밟음이란 이미 붇다의 도를 이루면 두 작은 수레와 같이 하
지 않으므로 홀로 밟음이라 한다. 위의 구절은 곧 과보가 삼계를
벗어남이고 아래 구절은 과덕이 두 작은 수레[二乘]와 달리함이
다.82)

❸ 남을 이롭게 하고 중생을 도와주는 모습[利他益物相]

여덟 바름[八正]의 평탄한 길을 열고, 뭇 다른 길 가는 자의 그릇
된 길[夷途]을 평탄케 한다.

啟八正之平路 坦衆庶之夷途

계(啟)는 엶이다. 여덟 바름[八正]은 곧 여덟 바른길[八正道]이

---

81) 上句智窮深理 故曰玄根 下句悲濟羣生 故提弱喪 弱謂劣機 卽樂小法者 喪謂
　　喪失 卽三界衆生 此釋上四心 不過此二故也
82) 超邁三域者 出三界也 獨蹈大方者 已成佛道 不共二乘 故云獨蹈 上句則報超
　　三界 下句則果異二乘

니 『대품반야경』은 "여덟 바른길은 바른 견해, 바른 사유, 바른 말, 바른 업, 바른 목숨, 바른 정진, 바른 생각, 바른 선정이다"고 한다. 이는 세 실천의 수레〔三乘〕가 벗어나 떠나는 바른길〔出離正道〕이므로 평탄한 길이라 한다. 탄(坦)은 평평함이다. 뭇 여럿〔衆庶〕이란 하나가 아님을 일컫는 것이다. 그릇된 길〔夷途〕이란 끊어짐과 항상함의 두 가〔斷常二邊〕에 떨어진 삿된 견해이다.

지금 이 여덟 바른길로써 평등한 바른길을 삼아, 중생의 다른 견해를 평탄히 하여 함께 바른 길에 돌아가기〔同歸正道〕 때문이다.[83]

여섯 신통의 신묘한 말[神驥]을 달리게 하고
騁六通之神驥

빙(騁)은 달림이니 곧 빨리 달림의 뜻이다. 여섯 신통은 세 밝음〔三明〕 밖에 다시 하늘 귀〔天耳〕, 남의 마음 앎〔他心〕, 뜻대로 감〔如意足〕을 더한다. 뒤에 얻는 지혜〔後得智〕에 스스로 있음〔自有〕을 세 밝음〔三明〕이라 하는데, 남에게 나아감〔赴他〕에 여섯 신통〔六通〕이 있으니 하늘 귀〔天耳〕는 소리를 살피기 때문이고 남의 마음 앎〔他心〕이란 다른 사람 마음의 지어감〔心行〕을 알기 때문이며, 뜻과 같음〔如意〕은 빨리 가기 때문이다. 신묘한 말〔神驥〕이란 굳세게 천리를 가는 말이다. 성인의 여섯 신통〔六通〕은 빨리 기틀에 나아감이 마치 신묘한 말이 빨리 달림과 같다. 이는 큰 자비의 원과 힘〔大悲願力〕이 남을 이롭게 함에 두루하지 않은 곳이 없음을 밝힌 것이다.[84]

---

83) △三利他益物相
　　啓開也 八正則八正道 大品云 正見 正思惟 正語 正業 正命 正精進 正念 正定 此是三乘出離正道 故曰平路 坦平也 衆庶者不一之稱 夷途者斷常二邊邪見也 今以八正道 爲平等之正路 平衆生之異見 同歸正道故
84) 騁奔也 即馳驟義 六通者 三明外更加二天耳三他心五如意 後得自有曰三明

다섯 야나(yāna)의 편안한 수레를 타시며

乘五衍之安車

　승(乘)은 움직임이다. 야나(yāna)는 산스트리트인데 여기 말로
는 수레이다. 곧 다섯 수레가 다섯 야나이니 슈라바카, 프라데카붇
다, 보디사트바 이 세 수레〔三乘〕 밖에 사람과 하늘의 수레〔人天
乘〕를 더한 것이다. 편안한 수레란 편안한 곳에 수레가 움직임이니
여섯 신통의 신묘한 말로써 다섯 야나를 움직임이 편안한 수레이
다. 이는 곧 다 세 길〔三途〕과 세 물든 세계〔三界〕를 벗어나도록
하기 때문이다.85)

나타나 태어나서 죽음에 들어감에 이르도록 중생과 더불어 따라
옮기니 도(道)는 적시지 않음이 없고 덕(德)은 베풀지 않음이 없다.

至於出生入死 與物推移 道無不洽 德無不施

　흡(洽)은 적심이다. 나고 죽음의 세계 가운데 나오고 들어가며
다섯 길에 따르며 받는 몸〔受身〕을 보여 나타내고, 함이 없는 도와
덕〔無爲道德〕으로 중생에게 다 베풀어준다. 이는 마치 봄의 은택
〔春澤〕이 널리 적셔줌과 같으니 이는 남 이롭게 하는 일〔利他事〕
을 맺음이다.86)

　赴他有六通 天耳察聲故 他心知他心行故 如意速疾而往故 神驥者 健行千里馬
也 聖人六通赴機疾速 如神驥之奔騁 此明大悲願力利他無處不周也
　〔세 밝음은 하늘 눈〔天眼〕, 오랜 목숨 앎〔宿命〕, 번뇌의 샘이 다함〔漏盡〕이
니 하늘 눈은 현재를 보고 오랜 목숨 아는 지혜는 과거를 알고, 샘이 다함
은 무명을 다해 아직 오지 않은 것의 진실을 본다.〕
85) 乘運也 衍者梵音 此云五乘 卽五乘爲五衍也 三乘外加人天乘 安車者 安處車乘
也 以六通神驥 運五乘安車 卽皆令出離三塗及三界故
　〔세 길은 지옥 아귀 수라의 길이고, 삼계는 욕계(欲界) 색계(色界) 무색계
(無色界)이다.〕
86) 洽霑也 出入生死界中 隨順五道 示現受身 無爲道德 悉施衆生 如春澤普滋
此結利他事也

❹ 두 지혜의 늘 지어가는 모습[二智常行相]

변화의 어머니[化母]가 사물 비롯함을 사무쳐 다하고, 아득한 지
도리[玄樞]의 묘한 씀을 지극히 해

窮化母之始物 極玄樞之玅用

　　이는 뒤에 얻은 지혜[後得智]가 속제(俗諦) 통달함을 밝히니 변
화의 어머니[化母]란 인연이다. 온갖 사법은 다 인연을 말미암아
[由因緣] 없음을 좇아 있다[從無而有].

　　그러므로 인(因)과 연(緣)이 사물의 비롯함[物之始]이다. 아득한
지도리[玄樞]는 세속의 지혜[俗智]이다. 『이아(爾雅)』의 사전에
는 말했다. "돌아 부는 것[扇]을 제어하려고 문 옆에 부쳐놓은 것
을 지도리[樞]"라 하니 움직이게 하는 뜻이 있다. 이는 지혜에 비
추는 씀[照用]이 있는 것을 비유하니 삿된 지혜를 가리어 달리한
다. 그러므로 지도리의 묘한 씀[樞樞玅用]이라 하니 지혜의 씀[智
用]을 지극히 하여 사물을 사무침이다.87)

막힘없는 땅[無疆]에 빈 집을 툭 트이게 하고, 깊어 어두운 곳[幽]
에 사르바즈냐의 지혜를 비추어 환하게 한다.

廓虛宇於無疆 耀薩雲於幽燭

　　이는 근본의 지혜[根本智]가 진리 통달함을 밝힌 것이다. 툭트임
[廓]은 사무침이다. 빈 집[虛宇]이란 진리가 비어 고요하여 가의
경계[邊疆]를 끊기 때문이다. 살운[薩雲]은 산스크리트인데 갖추어
말하면 사르바즈냐(sarvajña)이다. 여기 말로는 온갖 것 아는 지
혜[一切智]이니 곧 진제의 지혜[眞智]이다. 휘촉(輝燭)은 다 비춤

---

87)　△四二智常行相
　　此明後得智達俗 化母者因緣也 一切事法 皆由因緣 從無而有 故因與緣爲物之
　　始 玄樞者俗智也 爾雅曰 制扇以附門傍者曰樞 有動運義 以喩智有照用 簡異
　　邪智 故曰樞樞玅用 極智用以窮事也

의 뜻이니 근본의 지혜로써 깊은 진리를 비춤이다.[88]

❺ 고요한 모습을 보이려 함[將欲示寂相]
아홉 삶들의 그쳐 머무는 곳에 자취를 끊으려 함에 태허에 길이
사라진다.

將絶朕於九止 永淪太虛
아직 끊지 못함을 끊으려 하므로 끊으려 함이라 말한다. 짐(朕)
은 변화의 자취이다. 아홉 그쳐 머무는 곳[九止]은 곧 앞의 아홉
무리이니 생령이 그치는 곳이다. 성인이 쉬려 함[欲息]을 보여 나
타내니 쉼[息]은 허공과 같다.[89]

그래도 나머지가 있어 연(緣)이 다하지 않으면 남은 자취는 없애지
않는다. 업의 갚음[業報]은 넋과 같으나 거룩한 지혜가 오히려 있다.

而有餘緣不盡 餘迹不泯 業報猶魂 聖智尚存
연(緣)이 다하지 않음은 남은 기틀이 아직 마치지 않음이다. 자
취가 없어지지 않음은 곧 변화의 몸이 아직 쉬지 못함이다. 이는
샘이 없는 업의 갚음[無漏業報]이 부른 것이라 오히려 신묘한 넋
[神魂]이 있으나, 거룩한 지혜[聖智]가 있는 것이다. 이는 중생에
나아가 응함이기 때문이다.[90]

---

88) 此明根本智達理 廓徹也 虛宇者 眞理虛寂絶邊疆故 薩雲是梵語 具云薩雲若
此云一切智 卽眞智也 耀燭皆照義 以根本智 燭幽深理也
89) △五將欲示寂相
欲絶未絶故云將絶 朕者化迹 九止卽前九類 是生靈止處 聖人示現欲息 息同太虛
90) 緣不盡 卽殘機未了 迹不泯 卽化身未息 此是無漏業報所招 尚有神魂 聖智存
此赴應故也
[넋이 있음: 업의 과보로 넋이 있다고 하나 이는 앎 없는 신령한 지혜가 중
생에 응함이다.]

③ 이름을 맺음[結名]

이것이 남음 있는 니르바나이다.

此有餘涅槃也

　모습을 맺어 이름에 나아감[就名]이다.91)

　ⓛ 경을 이끌어 증명을 이룸[引經證成]

경은 말한다. "티끌의 찌꺼기 녹여 없앰을 참 금을 불려 두들기듯 하면, 만 가지 허물이 모두 다해 신령한 깨침이 홀로 있다."

經云 陶冶塵滓如鍊眞金 萬累都盡而靈覺獨存

　앞은 비유이고, 뒤는 법이다. 금을 단련하는 법은 먼저 찌꺼기를 버리고 녹여 두드림이다. 광석 찌꺼기가 모두 다하면 참 금이 나타 나니 닦아 행해 성품의 진리 증득함도 이와 같다. 선정과 지혜 같이 닦아[定慧雙修] 두 장애[二障]가 다하면 곧 신령한 깨침이 나타난다. 신령히 깨친 몸과 지혜[靈覺身智]가 곧 남음 있음[有餘]이다.92)

ⓛ 남음 없는 니르바나의 모습을 폄[陳無餘相]

　㉠ 이름을 받아 모습을 말함[牒名述相]

---

91) △三結名
　　結相就名也
92) △二引經證成
　　先喩後法 鍊金之法 陶汰溶冶 滓鑛盡則眞金現 修行證性理亦如之 定慧雙修二
　　障盡則靈覺顯 靈覺身智卽有餘也
　　[히나야나의 시각으로 응해 변화로 보인 몸이 있음을 잡아 위없는 지혜 성
　　취해 중생 교화함을 남음 있는 니르바나라 하고, 몸이 다하고 지혜가 다해
　　자취 없음을 남음 없는 니르바나라 한다. 이는 나고 사라짐이 나고 사라짐
　　이 아닌 연기 중도의 뜻[中道義]을 온전히 밝힘이 아니고, 변화의 몸을 잡
　　아 깨침을 보인 것이다.]

論 남음 없음〔無餘者〕이란, 곧 지극한 사람의 교화의 연이 모두 다하면 신령한 비춤이 길이 사라지고〔靈照永滅〕 툭 트여 자취가 없으므로 남음 없음〔無餘〕이라 한다.

왜인가?

대저 큰 걱정거리는 몸 있음〔有身〕과 같은 것이 없으므로 몸을 없애 없음에 돌아간다〔歸無〕. 힘써 애씀〔勞勤〕은 지혜 있는 것〔有智〕보다 앞선 것이 없으므로 지혜를 끊고 텅빔〔虛〕에 사라진다.

그렇다면 곧 지혜는 몸의 꼴 때문에 지치고 몸의 꼴은 지혜 때문에 힘드니, 돌아 구르며 길을 닦아〔修途〕 힘들어 지침이 그치지 않는다.

(바깥) 경은 말한다.

"지혜는 섞인 독이고 몸은 묶는 형틀이니 깊고 깊어 말없음이 이 때문에 멀어지고 걱정거리 어려움이 이 때문에 일어난다."

이런 까닭에 지극한 사람은 몸을 재처럼 하여 지혜를 없애고, 몸의 꼴을 없애 생각을 끊는다. 그리하여 안으로 기틀이 비추는 힘듦이 없게 되고 밖으로 큰 걱정거리의 바탕을 쉬는 것이다.

뛰어나서 뭇 있음〔羣有〕과 더불어 가름을 길게 하고〔永分〕 섞이어 큰 허공〔太虛〕과 바탕을 같이 한다〔同體〕.

고요하여 들음이 없고〔無聞〕 맑아서 자취가 없다〔無兆〕. 그윽하고 그윽하게 길이 가면〔長往〕 가는 곳을 알지 못한다. 그것은 마치 등이 다하고 불이 꺼지면〔燈盡火滅〕 기름과 밝음이 함께 다하는 것〔膏明俱竭〕과 같다.

이것이 남음 없는 니르바나이다.

(방편의) 경은 말한다. "다섯 쌓임이 길이 다하니 마치 등이 사라짐과 같다."

① 이름을 받음[牒名]

남음 없음이란

無餘者93)

② 모습을 말함[述相]

❶ 모아 폄[總陳]

곧 지극한 사람의 교화의 연이 모두 다하면 신령한 비춤이 길이 사라지고 툭 트여 자취가 없으므로 남음 없음[無餘]이라 한다.

謂至人敎緣都訖 靈照永滅 廓爾無眹 故曰無餘

　가르침은 교화이다. 흘(訖)은 마침이다. 신령한 비춤[靈照]은 지혜이다. 툭 트임은 공함이다. 교화의 모습이 연을 따라 이미 마치면 지혜의 비춤 또한 사라진다. 몸과 지혜가 이미 없어지므로 비고 툭 트여 자취 없음을 남음 없음이라 한다. 곧 여덟 모습[八相] 가운데 니르바나에 들어가는 모습[入涅槃相]이다.94)

❷ 따로 폄[別陳]

• 첫째, 원인 되는 바를 따져 풀이함[徵釋所因]

왜인가?(왜 지극한 사람은 몸과 지혜를 없애는가) 대저 큰 걱정거리는 몸 있음과 같은 것이 없으므로 몸을 없애 없음에 돌아간다.

何則(何以至人滅身智耶) 夫大患莫若於有身 故滅身以歸無

　『노자(老子)』에 말한다.

　"나에게 큰 걱정거리가 있으니 나에게 몸이 있기 때문이다."

　지금 저 말을 빌고 있다. 큰 걱정거리란 나뉜 덩이[分段]와 변해

---

93) △二陳無餘相中二 初牒名述相三 初牒名
94) △二述相中二 初總陳
　敎化也 訖畢也 靈照智也 廓空也 化相隨緣已畢 智照亦滅 身智旣泯故 空廓無眹曰無餘 卽八相中 入涅槃相也

바꿈〔變易〕의 두 가지 나고 죽음〔二種生死〕이니 몸〔身〕이 있기 때문에 있으므로 지금 몸을 없애면 곧 큰 걱정거리가 길이 떠난다.95)

힘써 애씀은 지혜 있는 것보다 앞선 것이 없으므로 지혜를 끊고〔絕智〕 텅빔〔虛〕에 사라진다.

勞勤莫先於有智 故絕智以淪虛

　힘써 애씀이란 미혹을 끊고 진리를 증득하며 망녕됨을 버리고 참됨을 구하는 행〔棄妄求眞行〕으로 온갖 깨끗한 행이다. 다 채찍질해 힘써 애씀이니 지혜를 말미암아 있는 것이다. 그러므로 지금 지혜를 끊으면 힘써 애씀이 길이 쉰다. 두 수레〔二乘〕는 사람과 하늘의 행 일으킴〔人天起行〕을 싫어하니 실로 이와 같음이 있는 것이다. 그러므로 몸과 지혜를 없애〔滅身智〕 고요히 사라짐을 구하는 것〔求寂滅〕이다.96)

그렇다면 곧 지혜는 몸의 꼴 때문에 지치고 몸의 꼴〔形〕은 지혜 때문에 힘드니 돌아 구르며 길을 닦아 힘들어 지침이 그치지 않는다.

然則智以形倦 形以智勞 輪轉脩途 疲而弗已

　지혜는 몸의 꼴〔形〕을 인하므로 나고 죽음의 지침이 있고, 몸의 꼴〔形〕은 지혜를 인하므로 덜고 늘림의 힘듦이 있다. 길게 길을 닦음〔脩途〕이란 기나긴 길 세 세계 여섯 길〔三界六道〕에 또렷이 돌

---

95)　△二別陳中四 初徵釋所因
　　老子云 吾有大患 爲吾有身 今借彼語 大患者 分段變易二種生死 有身故有 故今滅身則大患永離
　　〔몸의 덩이가 있으면 나고 죽음이 있음〔分段生死〕이고, 몸을 벗어나 변화에 자재한 신령함을 세워 나고 죽음 벗어남이라고 말해도 이 변화에 자재함은 나고 죽음〔變易生死〕을 벗어나지 못함이다.〕
96)　勞勤者 斷惑證理 棄妄求眞行 一切淨行 皆策勤勞苦 由智故有 故今絕智則勞勤永息 二乘厭於人天起行 實有如此 故滅身智以求寂滅

아 구름이니 비롯 없이 다 몸과 지혜가 서로 이끎〔身智互牽〕을 말미암아서 굴러 쉬지 않는다.97)

• 둘째, 증명을 이끌어 원인을 일으킴[引證因起]

(바깥) 경은 말한다.
"지혜는 섞인 독이고 몸은 묶는 형틀이니

經曰智爲雜毒 形爲桎梏

독약은 몸을 다치게 할 수 있으니 이를 비유하면 지혜와 같다. 곧 몸은 지혜 때문에 힘든 것이다. 질곡(桎梏)이란 『산해경(山海經)』에 말했다.

"그 발을 묶고〔桎〕 그 손을 묶으니〔梏〕 곧 형틀[械]로 묶는 것이다." 이를 비유하면 몸의 꼴과 같다. 곧 지혜는 몸의 꼴로써 지치는 것이다98)

깊고 깊어 말없음이 이 때문에 멀어지고, 걱정거리 어려움이 이 때문에 일어난다."

淵默以之而遼 患難以之而起

깊어 말없음은 곧 남음 없는 니르바나이니 몸과 지혜가 있음을 말미암기 때문에 남음 없음〔無餘〕에서 멀어져, 걱정거리 어려움이 좇아서 일어난다.99)

• 셋째, 바로 사라지는 모습을 밝힘[正明滅相]

---

97) 智因形故 有生死之倦 形因智故 有損益之勞 脩途者 長途三界六道宛轉 無始
皆由 身智互牽 轉而不息
98) △二引證因起
毒藥能損身 喻之如智 則形以智勞 桎梏者 山海經云桎其足梏其手卽械縛也 喻
之如形 則智以形倦
99) 淵默卽無餘涅槃 由有身智故 遠於無餘 患難從生也

이런 까닭에 지극한 사람은 몸을 재처럼 하여 지혜를 없애고, 몸의 꼴을 없애 생각을 끊는다.

所以至人 灰身滅智 捐形絕慮

　두 수레〔二乘〕는 변화의 모습〔化相〕이 보여 나타냄을 알지 못하고, 집착하여 진실을 삼으므로 붇다의 몸〔佛身〕에 실로 나고 사라짐이 있다고 말한다. 이 집착을 깨뜨리려 하므로 특별히 이 물음을 둔 것이다. 몸을 재처럼 한다는 것은 불에 타 재로 변하기 때문이니, 꼴을 더는 것〔捐形〕이다. 지혜를 없애는 것은 참됨과 세속의 지혜가 사라지기 때문이니〔眞俗智滅故〕 생각을 끊음이다〔絕慮〕.100)

그리하여 안으로 기틀이 비추는 힘듦이 없게 되고

內無機照之勤

　기틀은 지혜이다. 지혜를 없애므로 힘들게 애씀이 없는 것이다.101)

밖으로 큰 걱정거리의 바탕을 쉬는 것이다.

外息大患之本

　몸의 꼴을 없애므로 큰 걱정거리의 바탕이 없게 된다.102)

뛰어나 뭇 있음〔群有〕과 더불어 가름〔分〕을 길게 하고, 섞이어 큰 허공〔太虛〕과 바탕〔體〕을 같이 한다.

---

100)　△三正明滅相
　二乘不了化相示現 執爲眞實故 說佛身實有生滅 爲破此執 特有斯問 灰身者 化火焚灰故捐形 滅智者 眞俗智滅故絕慮
　〔몸을 없애고 생각을 끊는 것은 몸과 생각의 있음 그대로 공함을 체달하는 것이 아니므로 연기 중도의 뜻이 아니다.〕
101)　機智也 滅智故無勤勞
102)　捐形故大患無本

超然與羣有永分 渾爾與太虛同體

뭇 있음[羣有]은 삼계 스물다섯 있음[二十五有]이니 몸과 마음이
사라지므로 뭇 있음을 벗어난다. 큰 허공과 같이함이란 이는 물질
과 마음[色心]이 사라짐을 밝힌 것이다.103)

고요하여 들음이 없고 맑아서 자취가 없다. 그윽하고 그윽하게 길
이 가면[長往] 가는 곳[所往]을 알지 못한다.

寂焉無聞 怕爾無兆 冥冥長往 莫知所之

소리 없음[無聲]을 고요하다고 하니 『열반경』은 말한다.
"고요하여 소리 없으면 곧 파리니르바나(parinirvāṇa)이다."
맑아서 자취 없음이란 소리와 빛깔을 없애기[滅聲色] 때문이니
다만 그윽이 고요함[冥寂]만 보게 되면 그 가는 곳[所往]을 헤아
릴 수 없다.104)

• 넷째, 비유를 이끌어 견줌[引喻以況]

그것은 마치 등이 다하고 불이 꺼지면 기름과 밝음이 함께 다하는
것과 같다.

其猶燈盡火滅 膏明俱竭

등이 다함은 곧 불의 성품이 사라짐이고. 기름이 말라 다함은 몸
이 사라짐[身滅]을 비유한 것이며 빛의 밝음이 사라짐은 지혜가
사라짐[智滅]을 비유한 것이다.105)

③ 이름을 맺음[結名]

---

103) 羣有 三界二十五有 身心滅故 超越羣有 同太虛空 此明色心滅
104) 無聲曰寂 涅槃經云 寂然無聲便般涅槃也 怕爾無兆者 滅聲色故 但見冥寂
不可測其所往
105) △四引喻以況
燈盡則火性滅 膏油竭喻身滅 光明竭喻智滅

이것이 남음 없는 니르바나이다.

此無餘涅槃也106)

ⓛ 경을 이끌어 증명을 이룸〔引經證成〕

(방편의) 경은 말한다. "다섯 쌓임이 길이 다하니 마치 등이 사라짐과 같다."

經云五陰永盡譬如燈滅

이를 말미암으므로 남음 없음〔無餘〕의 이름을 세운 것이다.107)

ⓒ 바른 글과 따지는 글, 둘을 모두 맺음〔雙結正難〕

論 그렇다면 남음 있음〔有餘〕은 있음〔有〕으로 일컬을 수 있고 남음 없음〔無餘〕은 없음〔無〕으로 이름할 수 있다.

없음의 이름이 세워지면 빔을 마루로 삼는 이들〔宗虛者〕이 기뻐, 비어 말 없음〔沖默〕을 우러르고, 있음의 일컬음이 나면 덕을 그리워하는 이들〔懷德者〕이, 성인의 공〔聖功〕을 더욱 우러를 것이다.

이것이 깨우치는 책〔典誥〕이 드리운 글이고 앞 성인이 본받게 한 바퀴자국이다.

그런데도 있음과 없음〔有無〕이 안에서 끊어지고 일컬어 말함〔稱謂〕이 밖에서 사라져서, 보이고 들음〔視聽〕이 미치지 못하는 바이고 네 공함〔四空〕을 증득한 이들이 어두워 알지 못하는 바이라고 말한다 하자. 그러면 이는 덕을 그리워하는 이들이 스스로 끊어지게 하고, 빔을 마루로 하는 이들이 의탁함이 없게 하

---

106) △三結名
107) △二引經證成
　由此故 立無餘之名也

는 것이다.

이는 태주머니에서 귀와 눈을 막아버림과 다름이 없고, 하늘
밖에서 까마득한 모습[玄象]을 가려 버리고서 궁상의 소리 울림
이 다름[宮商之異]을 꾸짖으며, 검고 흰빛의 다름[玄素之殊]을
가리는 것과 다름이 없다.

그대들은 한갓 헛되이 지극한 사람[至人]을 있음과 없음 밖으
로 멀리 미루어 버림만을 아니, 높은 가락[高韻]은 꼴과 이름
밖에 소리를 끊어서, 논하는 뜻[論旨]이 마침내 돌아가는 곳을
알지 못하고 깊은 진리의 길[幽途]이 이 때문에 스스로 속에 쌓
여 드러나지 못한다.

고요한 사유 깊은 살핌이 뜻을 부칠 곳이 없으니 어찌 어두운
방에서 큰 밝음[大明]을 환하게 하고, 듣지 못한 자에게 그윽한
울림[玄響]을 연주함이라 말하는 바이겠는가?

　㉠ 있음과 없음을 모두 맺음[雙結有無]

그렇다면 남음 있음[有餘]은 있음[有]으로 일컬을 수 있고, 남음
없음[無餘]은 없음[無]으로 이름 할 수 있다.

然則有餘可以有稱(去)無餘可以無名

　다 서로 위에서 각기 이름 세울 수 있음을 말한다.108)

없음의 이름[無名]이 세워지면 빔을 마루로 삼는 이들[宗虛者]이
기뻐, 비어 말 없음[沖默]을 우러르고, 있음의 일컬음[有稱]이 나면
덕을 그리워하는 이들[懷德者]이 성인의 공[聖功]을 더욱 우러를
것이다.

---

108) △三雙結正難文二 初雙結有無
　　皆謂相上各可以立名也

無名立則宗虛者 欣尚於沖默 有稱生則懷德者 彌仰於聖功

　이름 세움의 이익을 나타낸 것이다. 비어 공함을 마루로 삼는 이들[宗虛者]은 고요함에 나아가는 사람이기 때문에 고요히 말 없음을 기뻐 우러름이다. 덕을 그리워하는 이들[懷德者]이란 곧 큰 자비의 사람[大悲之人]이기 때문에 남음 있는 공덕의 행[有餘功行]을 우러러 그림이다. 각기 우러르는 바를 좇아 나아가 닦음이 있는 것이다.109)

　이것이 깨우치는 책[典誥]이 드리운 글이고 앞 성인[先聖]이 본받게 한 바퀴자국[軌轍]이다.

斯乃典誥之所垂文 先聖之所軌轍

　이름은 『승만경(勝鬘經)』과 여러 경에 나오므로 수트라를 깨우치는 글[典誥]이라 한다. 본받게 하는 바퀴 자국[軌轍]이라 함에서 자국[軌]은 길의 자국[途轍]이다. 다 따라 행하면 이 두 니르바나[二涅槃]를 증득하기 때문이다.110)

　㉡ 앞의 바른 물음과 따지는 물음을 받음[牒前正難]

　　① 앞의 따짐을 받음[牒前難]

그런데도 있음과 없음이 안에서 끊어지고 일컬어 말함이 밖에서 사라져서, 보이고 들음이 미치지 못하는 바이고 네 공함[四空]을 증득한 이들이 어두워 알지 못하는 바이라고 말한다 하자.

而曰有無絕於內 稱謂淪於外 視聽之所不曁 四空之所昏昧

　앞을 받음이다. 아래는 따져 말함이다.111)

---

109) 顯立名之益 宗虛者 卽趣寂之人故 欣尙沖默 懷德者 則大悲之人故 仰慕有
　　餘功行 各從所尙 而有進修也
110) 名出勝鬘及諸經 故曰典誥 軌轍者 軌則途轍 皆證此二涅槃故也
111) △二牒前正難中四 初牒前難

그러면 이는 덕을 그리워하는 이들[懷德者]이 스스로 끊어지게 하고, 빔을 마루로 하는 이들[宗虛者]이 의탁함이 없게 하는 것이다.

使夫懷德者自絶 宗虛者靡託

미(靡)는 없음이다. 니르바나 들음을 인해 있음과 없음을 끊기 때문이니, 덕을 그리워하는 이들[懷德者]이 나아가 향함을 끊으며, 비어 고요함을 마루 삼는 이들[宗虛寂者]이 돌아가 의탁함이 없게 된다.112)

② 비유를 들어 따짐[擧喻難]

이는 태주머니에서 귀와 눈을 막아버림과 다름이 없고, 하늘 밖에서 까마득한 모습[玄象]을 가려버리고서 궁상의 소리 울림이 다름[宮商之異]을 꾸짖으며, 검고 흰빛[玄素]의 다름을 가리는 것과 다름이 없다.

無異杜耳目於胎殼 掩玄象於霄外 而責宮商之異 辨玄素之殊者也

태주머니에서 귀와 눈을 막는 것은 곧 앞의 보이고 들림이 미치지 않는 것이다. 하늘 밖에서 까마득한 모습을 가린다는 것은, 앞의 네 공한 곳[四空之所]이 까마득한 모습[玄象]을 어두워 알지 못하게 함이다. 이는 곧 네 공한 하늘이 하늘 밖을 가려 막아, 네 공한 하늘이 곧 어두워져[昏昧] (까마득한 모습이) 나타나지 않은 것이다.

꾸짖음이란 물음이다. 궁상(宮商)이란 다섯 소리 가운데 둘이고 현(玄)은 검음이고 소(素)는 흰 빛이니 다섯 빛깔 가운데 둘이다. 궁상을 꾸짖음은 다섯 소리의 맑고 흐림의 다름을 알려 함이고 검고 흰 빛을 가리는 것은 다섯 빛깔을 가리려 함이다. 검고 흼에 다름이 있음 이것은 곧 반드시 보고 듣는 곳이 있음이니 곧 앞에서

牒前也 下難云

112) 靡無也 因聞涅槃 絶有無故 懷有餘者絶趣向 宗虛寂者無歸託

말한 바 아홉 흐름이 어울려 돌아감이고 뭇 성인이 그윽이 만남〔衆聖冥會〕이라 반드시 돌아가 만나는 곳이 있음이다.

이 비유의 뜻은 다음을 말한다. 곧 니르바나가 이미 보고 들음을 끊음이고 또 네 공한 곳이 아닌데 어떻게 (보고 들을 줄 아는) 아홉 흐름과 뭇 성인으로 하여금 돌아가도록 하겠는가?

귀와 눈을 막아 끊음과 같은데 다섯 소리〔五音〕의 맑고 흐림을 물으려 하고 다섯 빛깔〔五色〕의 다름을 가리려 하니 어찌 이런 이치가 있겠는가?113)

③ 꾸짖고 나무라 따짐〔詰責難〕

그대들은 한갓 헛되이 지극한 사람〔至人〕을 있음과 없음 밖으로 멀리 미루어 버림만을 아니, 높은 가락은 꼴과 이름〔形名〕 밖에 소리를 끊어서, 논하는 뜻이 마침내 돌아가는 곳을 알지 못하고 깊은 진리의 길이 이 때문에 스스로 속에 쌓여 드러나지 못한다.

子徒知遠推至人於有無之表　高韻絕唱於形名之外　而論旨竟莫知所歸 幽途故自蘊而未顯

---

113) △二擧喩難

杜耳目於胎殼 卽前視聽不曁也 掩玄象於霄外　卽前四空之所 昏昧玄象 卽四空 天掩閉霄外 四空天 卽昏昧不顯也 責者問而 宮商則五音之二 玄黑也 素白也 則五色之二 責宮商者 要知五音淸濁之異 辨玄素者 要別五色 黑白有殊 此則 必有見聞之處 卽前所謂九流交歸 衆聖冥會 必有歸會之處

此喩意謂涅槃旣絕視聽 又非四空 如何令九流衆聖歸趣耶 似杜絕耳目 而欲問五 音淸濁 辨五色殊異 豈有此理也

〔네 공한 하늘에 집착하면 네 공한 하늘이, 성품의 하늘〔性天〕 까마득한 모습〔玄象〕 가림을 말하나, 까마득한 성품의 하늘은 네 공한 하늘을 또한 떠나지 않는다.〕

〔니르바나라는 말을 듣고 보고 들음이 끊어져 없음이라고 하면서 흰빛 검은 빛을 가리려하고 소리 다름을 가리려 하면 이치에 어긋남을 말하고 있다. 곧 이름 있다고 어찌 모습에 집착함을 가리키며, 이름 없다고 다만 말과 모습 끊음으로 현묘한 도를 가리키겠는가.〕

자(子)란 남자를 통하여 일컬음이니 이름 없는 이〔無名者〕를 부른 것이다. 도(徒)는 헛됨이다. 이치를 아는 것이 자세하지 않기 때문에 헛되이 아는 것이다. 다만 재주 있는 가락을 높이 끊어 니르바나를 있음〔有〕 벗어나도록 밀침이니, 소리 없는 묘한 도〔無唱妙道〕가 꼴과 이름을 벗어남이라 뜻〔旨〕이 돌아가는 바 없음〔旨無所歸〕을 알지 못하는 것이다. 니르바나의 깊은 길〔涅槃幽途〕이 이로부터 속에 깊이 감추어져 드러나지 않은 것이다.114)

④ 이익 없음을 맺음〔結無益〕

고요한 사유 깊은 살핌이 뜻을 부칠 곳이 없으니

靜思幽尋 寄懷無所

따지는 이가 마음 고요히 하고 깊이 찾음은 앞의 글이다. 뜻을 부침이란 아는 마음〔解心〕이 의지해 맡길 바 없음이다.115)

어찌 어두운 방에서 큰 밝음[大明]을 환하게 하고 듣지 못한 자에게 그윽한 울림[玄響]을 연주함이라 말하는 바이겠는가?

豈所謂朗大明於冥室 奏玄響於無聞者哉

큰 밝음은 곧 두 모습〔二相〕 그대로 이고 그윽한 울림〔玄響〕은 두 이름〔二名〕 그대로이다. 어두운 방은 두 모습을 보지 못하고 들음 없음은 두 이름을 듣지 못하니 중생이다. 이미 보고 들음의 이익이 없으므로 반드시 나타내 보여 그의 착한 씨앗을 끼치어 주어

---

114) △三詰責難
　子者 男子之通稱 召無名者也 徒虛也 知理不諦故爲虛知 但以高絶才韻 推涅槃出有 無唱妙道 超形名而不知旨無所歸矣 涅槃幽途 自此蘊藏而不顯
　〔니르바나는 온갖 모습이 아니되 모습 없음도 아니라 온갖 모습을 거두지 않음이 없으니 끊어 없앰으로 니르바나의 도를 삼으면 니르바나의 뜻이 돌아가는 바가 없게 된다.〕
115) △四結無益
　難者靜心幽尋前章也 寄懷者 解心無所寄託

야 하는 것이다. 이미 이름과 모습을 없애 끊으면, 어찌 참모습〔眞相〕으로 이를 보일 수 있으며 참 이름〔眞名〕으로 이를 연주할 수 있겠는가?116)

(2) 참됨과 응함의 다르고 같음을 답함〔眞應異同答〕

> 📖 제3. 바탕에 자리함〔位體〕
>
> 이름 없는 이〔無名〕가 말했다. 남음 있고 남음 없음이란 대개 니르바나의 바깥 일컬음〔外稱〕이고 중생〔物〕에 응하는 거짓이름 일 뿐이다.
>
> 그런데도 일컬어 말함〔稱謂〕을 두는 자는, 이름에 막히고, 틀과 모습〔器象〕에 뜻을 두는 자는, 꼴에 탐착하는 것이다.
>
> 이름은 이름을 씀〔題目〕에서 지극해지고, 꼴은 모나고 둥긂에 서 다하나, 모나고 둥긂이 그려내지 못하는 것이 있고 이름 씀 이 전하지 못하는 말이 있다.
>
> 어찌 이름 없음〔無名〕을 이름할 수 있으며 꼴 없음〔無形〕을 꼴 지을 수 있겠는가?

① 글의 이름〔章名〕

제3. 바탕에 자리함

---

116) 大明卽二相 玄響卽二名 冥室是不見二相 無聞是不聞二名衆生 旣無見聞之 益故 宜表示之 令其熏善種 旣泯絶名相 豈能示之以眞相 奏之以眞名耶
〔참모습은 밝고 어두운 두 모습과 소리의 두 울림 그대로의 참됨이므로 두 모습 두 울림을 없애고 모습 없음에 돌아감이 참됨이 아니다. 또한 두 모습 두 울림이 그대로 참됨이므로 두 모습 밝히고 두 울림 울리되, 부칠 자취와 이름 이 없는 것이다. 곧 남음 있음의 바탕을 캐도 있음이 없고, 남음 없음의 바탕 을 캐도 없음이 없으니, 있음과 없음 버리지 않고 그윽한 모습에 돌아간다.〕

位體第三

위(位)는 차제이다. 곧 응함과 변화의 모습은 남을 보이고 사라짐을 보이며, 있음을 좇아 없어지니 지위의 차제는 이와 같이 바탕에 의지한다[依體]. 니르바나의 묘한 성품[涅槃妙性]은 본래 이름과 모습이 없어서 만법의 의지하는 바 되므로 바탕[體]이라 말한다.

그렇듯 바탕 그대로의 지위는 온전한 참됨이 일어남[全眞而起]이므로 나타나 사라짐에 드는 지위의 차별이 있으나, 지위 그대로의 바탕이 온전히 응한다. 그러니 바탕을 나타내면[顯本] 가고 옴의 꼴과 이름[去來之形名]을 끊는다.

앞의 따짐은 변화의 모습을 집착해 참 붇다[眞佛]를 삼기 때문에 이름과 모습의 있고 없음으로 따짐이다. 앞글은 이름과 모습이 끊어진 바탕[絶名相之體]이나 지금은 먼저 참됨과 응함, 거짓과 진실의 같지 않음을 통달케 하고, 그런 뒤에 변화의 지위[化位]가 곧 바탕 그대로[卽體]임을 보이므로 바탕에 자리함[位體]이라 한다.117)

② 바로 답함[正答]

㈎ 따짐이 참됨이 아님을 폄[叙難非眞]

㈀ 앞의 의심을 뒤집음[翻前疑]

㉠ 앞의 의심을 깨뜨림[破前疑]

이름 없는 이[無名]가 말했다. 남음 있고 남음 없음이란 대개 니르바나의 바깥 일컬음[外稱]이고 중생[物]에 응하는 거짓이름일

---

117) △二眞應異同答 文中二 初章名
位次也 則應化之相 示生示滅 從有而無 位次如是體依也 涅槃妙性 本無名相
爲萬法所依曰體 然卽體之位 全眞而起故 有出現入滅位次 卽位之體全應 而顯
本絶去來之形名 前難者 執化相以爲眞佛故 以名相有無難 前章絶名相之體 今
先令達眞應假實不同 然後示化位卽體故曰位體
〔응함과 변함의 지위는 니르바나의 묘한 성품에 의지하여 지위가 온전히 바탕 그대로의 지위이므로 바탕에 자리함[位體]이라 한다.〕

뿐이다.

無名曰有餘無餘者 蓋是涅槃之外稱 應物之假名耳

　앞에 바탕에 돌아가는 참됨의 이름〔返本眞名〕을 '신그런 도〔神道〕라 묘하게 일컫는다'고 말하니 이는 대개 나타내 보임〔示現〕을 통달하지 못함일 뿐이다. 지금 곧장 이를 깨뜨린다.118)

　ⓒ 앞의 집착을 버림〔遣前執〕

그런데도 일컬어 말함[稱謂]을 두는 자는 이름에 막히고, 틀과 모습[器象]에 뜻을 두는 자는 꼴에 탐착하는 것이다.

而存稱(去)謂者封名 志器象者耽形

　존(存)은 집착함이다. 지(志)는 그리워함이다. 봉(封) 또한 집착함이다. 탐(耽)은 붙잡음이다. 이 넷은 말은 다르나 뜻은 같다. 대개 성인이 이름과 모습 보여 나타냄을 알지 못해 이름과 말을 집착하여 이로써 참됨을 삼고 꼴과 틀〔形器〕, 빛깔과 모습〔色象〕을 그리워해, 이로써 실다움을 삼는다 하자. 이는 '남을 의지해 일어남〔依他起〕'을 알지 못해 '두루 헤아림〔徧計〕'을 일으킴이다. 그러니 '뜻은 있지만 실다운 이치가 없는 줄〔情有理無〕' 알지 못할 뿐이다.119)

이름은 이름을 씀[題目]에서 지극해지고, 꼴은 모나고 둥긂에서

---

118)　△二正答三 初敍難非眞二 初翻前疑二 初破前疑
　　前云返本眞名神道妙稱 蓋不達示現耳 今直破之也
　　〔신그런 도라는 이름에 이름 없음을 말하지 못하면, 바탕에서 바탕 그대로의 이름과 모습의 지위 나타내 보임을 통달하지 못한 것이다.〕
119)　△二遣前執
　　存執也 志慕也 封亦執也 耽著也 此四雖言別意同 蓋不了聖人示現名相 而執名稱言謂以爲眞 慕形器色象以爲實 此則不了依他故起徧計 而不知情有理無耳
　　〔남 의지해 일어나는 세간 사법에 자기 성품 없음〔依他無性〕을 바로 알 때 세간 사법이 바탕에 자리함〔位體〕의 이치를 알 수 있다.〕

다하나, 모나고 둥긂이 그려내지 못하는 것이 있고, 이름 씀이 전하지 못하는 것이 있다.

名也極於題目 形也盡於方圓 方圓有所不寫 題目有所不傳

제목(題目)이란 이름〔名目〕을 쓰는 것〔書題〕이다. 니르바나의 참바탕은 본래 이름과 모습을 끊으므로 모나고 둥긂으로 그려낼 수 없으니 이름 씀이 전해 말할 수 없는 것이다. 아래는 꾸짖어 말함이다.120)

어찌 이름 없음을 이름할 수 있으며 꼴 없음을 꼴 지을 수 있겠는가?

焉可以名於無名 而形於無形者哉

(ㄴ) 참됨과 응함을 보임〔示眞應〕

論 따짐의 첫머리에 말했다.

"남음 있고 남음 없음은 참으로 방편과 고요함〔權寂〕이 가르침을 이루는 본뜻〔本意〕이며, 또한 이것이 여래께서 숨기도 하고 나타나기도 하는 참된 자취〔誠迹〕이다."

다만 아직 그윽이 고요함〔玄寂〕의 말을 끊은 깊은 뜻〔幽致〕이 아니고, 또 지극한 사람〔至人〕의 두렷한 중도〔環中〕의 묘한 방편〔妙術〕도 아닌 것이니 그대 홀로 바른 살핌의 말〔正觀之說〕을 듣지 못함이로다.

비말라키르티는 말한다.

"제가 여래를 살피니 여래는 비롯함이 없고 마침이 없으며 여섯 들임〔六入〕을 이미 지나가고 삼계(三界)를 이미 벗어나서 방위에 있지 않고 방위를 떠나지 않으며, 함 있음이 아니고 함 없

---

120) 題目者 書題名目也 涅槃眞體本絕名相故 方圓不能圖寫 題目不能傳說 下責云

음이 아니며, 앎으로 알 수 없고 지혜로 알지 못하고 말이 없고
말함이 없으며 마음 가는 곳이 사라졌습니다〔心行處滅〕. 이렇게
살피는 것을 바른 살핌〔正觀〕이라 이름하고 다르게 살피면 붇다
를 보지 못합니다."

㉠ 응함과 변화가 참됨이 아님을 밝힘〔明應化非眞〕

따짐의 첫머리에 말했다.

"남음 있고 남음 없음은 참으로 방편과 고요함〔權寂〕으로 가르침
을 이루는 본뜻〔本意〕이며, 또한 이것이 여래께서 숨기도 하고 나
타나기도 하는 참된 자취〔誠迹〕이다."

難序云 有餘無餘者 信是權寂致教之本意 亦是如來隱顯之誠迹也

따지는 이가 펴는 말이다. 두 니르바나의 모습이란 이 여래께서
없음〔無〕을 집착하는 자 때문에 남음 있는 방편의 모습〔有餘權相〕
을 드러내 나타내고, 있음〔有〕을 집착하는 자 때문에 남음 없는 고
요한 모습을 가만히 나타내 교화의 뜻〔教化之意〕을 이루어 세우심
이니 참으로 진실한 일의 자취〔實之事迹〕일 뿐이다.

이는 응함과 변화〔應化〕를 밝힘이고, 아래는 참됨이 아님〔非眞〕
을 나타낸다.[121]

다만 아직 그윽이 고요함〔玄寂〕의 말을 끊은 깊은 뜻〔幽致〕이 아니고

但未是玄寂絕言之幽致

그윽이 고요하여 깊은 뜻이란, 이는 사법 그대로의 참됨〔卽事而

---

121) △二示眞應 文二 初明應化非眞

難者所陳 二涅槃相者是如來 爲執無者 顯現有餘權相 爲執有者 隱現無餘寂相
致立教化之意 誠實之事迹耳 此明應化下顯非眞

〔고요함이 있고 방편이 있다는 것은 있고 없음이 같이 고요한 그윽한 고요
함이 아닌 것이다.〕

眞]이다. 있음과 없음 둘이 같이 고요함[有無雙寂]은 위의 방편과 고요함[權寂]이 이 그윽이 고요함[玄寂]이 아님을 나타낸다.122)

또 지극한 사람의 두렷한 중도[環中]의 묘한 방편[妙術]도 아닌 것이니

又非至人環中之妙術耳

환중(環中)이란 공한 곳이고 묘한 술법(術法)이란 다음과 같다.

"지극한 사람[至人]이 증득한 바 미묘하여 지극히 고요한 도[至寂之道]는, 비록 온갖 모습을 떠나지만 곧 온갖 법 그대로[卽一切法]이니, 숨음과 드러남의 두 모습[隱顯二相]은 이 묘한 방편[妙術]이 아닌 것이다.123)

　ⓛ 참된 바탕 바로 살핌을 보임[示正觀眞體]

그대 홀로 바른 살핌의 말[正觀之說]을 듣지 못함이로다.

子獨不聞正觀之說歟

이름 있는 이[有名]를 불러 말했다.

"그대의 경에도 바른 살핌의 말[正觀之說]이 있는데 어찌 홀로 듣지 못하는가?"124)

비말라키르티는 말한다. "제가 여래를 살피니

---

122) 玄寂幽致者 是卽事而眞 有無雙寂 顯上權寂 非此玄寂也
123) 環中者 空處也 術法也 至人所證微妙至寂之道 雖離一切相 而卽一切法 隱顯二相 非此妙術也
　　〔묘한 술법은 묘용(妙用)이니 모습이되 모습 아니며 모습 아니되 모습 아님도 아닌 법이다. 그러므로 숨고 드러나는 두 모습[隱顯二相]은 묘용이 아닌 것이다.〕
124) △二示正觀眞體
　　召有名者 曰子經有正觀之說 何獨不聞

維摩詰言 我觀如來

「아쵸바붇다(Akṣobhaya-buddha)를 보는 품[見阿閦佛品]」에 다음 같이 보인다.

세존께서 물으셨다. '그대는 무엇으로 여래를 살피는가?'

여기는 곧 답하는 글이다. 저기에는 여러 구절이 있지만 지금 이 것은 비말라키르티의 말을 간략히 이끎이다.

'중도의 살핌으로 으뜸가는 뜻의 진리를 살피는 것이 참 몸의 여래[眞身如來]입니다. 같다함[如]은 진여[眞如]를 말하니 오되 옴이 없으므로 여래(如來)라 합니다.'125)

여래는 비롯함이 없고 마침이 없으며

無始無終

저 비말라키르티는 말한다.

'앞 때는 오지 않았고 뒷 때는 가지 않으며 지금 또한 머물지 않으니, 앞 때는 고요하므로 비롯함이 없고 뒷 때도 고요하므로 마침이 없습니다. 그러면 곧 가운데 사이도 고요하므로 머묾이 없습니다. 세 때[三際]에 세 모습이 없으므로 비롯함과 마침이 없는 것[無始終]입니다.'126)

여섯 들임[六入]을 이미 지나가고 삼계(三界)를 이미 벗어나서

六入已過 三界已出

저는 말한다.

'여섯 들임에 쌓임이 없어 눈, 귀, 코, 혀, 몸, 마음을 이미 지나

---

125) 見阿閦佛品 世尊問曰 汝以何等觀如來耶 此卽答文 彼有多句 今此略引維
摩 以中道觀 觀第一義諦眞身如來也 如謂眞如 來而無來 故曰如來
126) 彼云前際不來 後際不去 今亦不住前際寂滅故無始 後際寂滅故無終 則中間
寂滅故無住 卽三際而無三相故 無始終也

가니 참 몸이 고요하고 툭 트임을 말합니다. 그러니 아는 뿌리[
根], 앎[識], 경계의 티끌[塵]이 여섯 쌓여진 곳[六積聚處]으로
거둘 수 없는 것이고 또 욕계(欲界), 색계(色界), 무색계(無色界)
의 지위가 거둘 수 없는 것입니다.'127)

방위에 있지 않고 방위를 떠나지 않으며, 함 있음이 아니고 함 없
음이 아니며

不在方不離方 非有爲非無爲

방(方)은 곳[所]이다. 법의 성품은 머묾 없으므로[法性無住故] 있지
않으나, 온전히 하지 않은 곳이 없으므로[無處不全故] 떠나지 않는다.
함[爲]이란 지어감의 뜻이다. 바탕이 새로 남이 아니고 닦아서 얻음이
아니므로 함 있음이 아니다. 태허(太虛)가 물질 밖에 따로 비어 트인
바탕[空豁之體]이 있는 것과 같지 않으므로 함 없음이 아니다.128)

앎으로 알 수 없고 지혜로 알지 못하고

不可以識識 不可以智知

알아 생각함[緣慮]이 그 바탕에 이르지 못하므로 앎으로 알 수
없고, 다섯 눈[五眼]이 그 꼴을 볼 수 없으므로 지혜로 알지 못하

---

127) 彼云 六入無積 眼耳鼻舌身心已過 謂眞身寥廓 不可以根識塵六積聚處所攝
也 又非欲色無色界地所收
[여섯 들임은 곧 주체의 여섯 아는 뿌리[六根]이니, 나[我]에 나 없음[無
我]을 깨치면 여섯 들임을 이미 지나감이다. 삼계는 욕계 색계 무색계의 세
계이니, 삼계가 공함을 알면 이것이 곧 벗어남이다.]
128) 方所也 法性無住故不在也 無處不全故不離也 爲者造作義 體非新生 不由
修得故 非有爲不似太虛色外別有空豁之體 故非無爲
[자운의 주에서 허공과 물질은, 물질은 걸림이 있는 사물이고 허공은 물질
의 걸림이 없는 빈 공간이라 허공은 함 없음을 나타내는 비유로 쓰였다. 그
러나 허공과 물질의 진실을 말하면 물질도 물질 있음이 아니고 허공의 텅
빔도 빔이 아니라 허공과 물질이 여래장인 것이다.]

는 것이다.129)

말이 없고 말함이 없으며 마음 가는 곳이 사라졌습니다.

無言無說 心行處滅

　저는 말한다.

　"온갖 말과 말함으로 분별하여 나타내 보이지 못한다 하니 대개
말함은 말로 나타냄〔詮表〕이고 마음의 앎〔心識〕은 분별함인데 다
미치지 못하기 때문이다.130)

이렇게 살피는 것을 바른 살핌〔正觀〕이라 이름하고 다르게 살피면
붇다를 보지 못합니다."

以此觀者乃名正觀 以他觀者非見佛也

　저는 말하기를, 이름이 샷된 살핌〔邪觀〕이 된다고 하니 이렇게
살핌〔此〕은 앞의 모든 뜻이고 다른 것〔他〕은 곧 비롯함과 마침, 여
섯들임, 삼계, 있음과 없음 등의 모습이다.

　본래 깨침의 참 바탕〔本覺眞體〕은 반드시 중도의 바른 살핌〔中道正
觀〕으로 계합해야 하고, 있음과 없음의 샷된 살핌〔有無邪觀〕으로는
계합할 수 없다. 곧 이름 있음〔有名〕을 아는 것은, 샷된 살핌이 아직
바르지 못하여 다만 응함과 변화의 헛된 모습〔應化虛相〕을 인정한
것이니, 어찌 '참되고 항상한 붇다의 몸〔眞常佛體〕'을 보겠는가?131)

(나) 바탕에 자리함〔位體〕을 바로 밝힘〔正明位體〕

---

129) 緣慮不到其體故 不可以識識 五眼不見其形故 不可以智知
130) 彼云 不可以一切言說分別顯示 蓋爲言說詮表 心識分別 皆不及故
131) 彼云 名爲邪觀 此者前諸義也 他者卽始終六入三界有無等相 本覺眞體 當
　　以中道正觀而契 不可以有無邪觀 卽知有名者 邪觀未正 但認應化虛相 豈見眞
　　常佛體

論 『방광반야경(放光般若經)』에서 말한다. "붇다께서는 허공과 같아 감이 없고 옴이 없으며 연(緣)에 응해 나타나지만〔應緣而現〕 방위〔方〕와 곳〔所〕이 없다."

그렇다면 성인이 천하에 있으면, 고요하고 쓸쓸하며 비어 없어서 붙잡음이 없고 다툼이 없다.

이끌지만 앞이 아니고 불러 느낀 뒤에야 응한다.

비유하면 깊은 골짜기의 울림과 같고 밝은 거울의 모습과 같다.

이를 마주해도 오는 까닭을 알지 못하고, 이를 따라가도 그 가는 까닭을 알지 못한다. 아득히 볼 수 없는 것 같으나 있고〔有〕, 아득히 들리는 것 같으나 없다〔亡〕.

움직이되 더욱 고요하고〔動而逾寂〕 숨되 더욱 드러나며〔隱而彌彰〕, 깊음에서 나오고 어두움에 들어가〔出幽入冥〕, 변해 바뀌어 덧없다〔變化無常〕.

(ㄱ) 종지를 나타내 뜻을 드러냄〔標宗顯義〕

㉠ 종지를 나타냄〔標宗〕

① 경을 이끎[引經]

『방광반야경』에서 말한다. "붇다께서는

放光云佛

붇다는 여기 말로 깨친 분이다. 법상종의 가르침〔法相教〕은 이렇게 말한다.

'붇다께는 세 몸이 있으니 법신, 보신, 화신을 말한다. 진리를 잡으면 법의 몸〔法身〕이 되고, 지혜의 씀〔智用〕을 잡으면 보신(報身)이 되며, 일의 씀〔事用〕을 잡으면 변화의 몸〔化身〕이 된다.

또 갚음의 몸〔報身〕에는 둘이 있으니, '스스로 받아씀〔自受用〕'과 '남이 받아씀〔他受用〕'132)이다. 대승의 마치는 가르침〔終教〕은 이를 합해 둘을 삼으니 '스스로 받아쓰는 보신'과 '법의 몸〔法身〕'을 합해 참 몸〔眞身〕이 되고, '남이 받아쓰는 몸'과 '변화'를 합해 응하는 몸〔應身〕이 된다. 비록 두 몸〔二身〕을 말하지만 하나도 아니고 둘도 아니다〔不一不二〕.

진실의 가르침〔實敎〕에서 진리와 지혜〔理智〕 바탕과 씀〔體用〕은 비록 두 뜻이지만 두 바탕이 없다. 새로 깨침이 본래 깨침에 합하면〔始覺合本〕 참된 몸〔眞身〕이 되고, 온전히 참됨이 씀을 일으키면〔全眞起用〕 응하는 몸〔應身〕이 된다.

앞의 따짐이란 다만 한 길 여섯 자 변화의 몸〔化身〕을 잡아 참 붇다를 삼은 것이라 오히려 아직 스스로 보신이 서로 이어 다함없음도 알지 못하는데 하물며 법의 성품인 참 몸〔法性眞身〕이 맑고 고요해 늘 머묾〔湛然常住〕이겠는가.

지금 다만 경을 이끌어 진실을 세워 둘이 아닌 참 붇다〔不二之眞佛〕를 밝히니 곧 방편의 뜻이 저절로 깨지고〔權義自破〕, 의심의 집착이 스스로 없어진다〔疑執自除〕.133)

허공과 같아

如虛空

---

132) 자수용(自受用)은 모든 붇다께서 스스로 그 깨달은 경계의 법락을 받아 누리는 것〔享受〕이고, 만일 다른 중생들로 하여금 또한 그 즐거움을 누리도록 한다면 그것을 타수용(他受用)이라 한다. 모든 붇다의 수용신(受用身)은 이 두 측면을 함께 갖춘다. 또 법신(法身) 보신(報身) 응신(應身)의 세 몸 가운데 보신 또한 자수용과 타수용의 두 측면을 겸하고 있다.

133) △二正明位體三 初標宗顯義文二 初標宗中三 初引經
此云覺 法相敎說 佛有三身 謂法報化 約理爲法身 約智用爲報身 約事用爲化身 又報身有二 自受用他受用 終敎合之爲二 以自受用報合法爲眞身 他受用合化 爲應身雖說二身 而不一不二 以實敎理智體用 雖有二義 而無二體
以始覺合本爲眞 全眞起用爲應 前難者 但執丈六化身 以爲眞佛 尙未知自報相 續無窮 況法性眞身湛然常住也 今但引經立實 以明不二之眞佛 則權義自破疑 執自除矣

허공은 비유이다. 허공에는 세 뜻〔三義〕이 있으니 가로로 두루하기〔橫徧〕 때문이고, 깊이로 사무치기〔豎窮〕 때문이며, 머금어 받아들이기〔含容〕 때문이다. 곧 참 몸이 온갖 곳에 두루하여 삼제(三際)의 때에 사무치며 강가강 모래 수 맑은 공덕을 갖추기 때문이다.134)

감이 없고 옴이 없으며

無去無來

남음 있고 남음 없으며 가고 오는 모습을 떠나기 때문이다. 이는 위에서 참 몸을 밝힘이다. 아래는 지위를 가림〔辨位〕이다.135)

연(緣)에 응해 나타나지만 방위와 곳이 없다.

應緣而現無有方所

온전히 참됨이 응해〔全眞之應〕 연을 따라 나타나〔隨緣而現〕, 붇다의 몸으로 건넬 자는 붇다의 몸을 나타내고 나아가 세 수레, 하늘과 사람, 여덟 부류의 무리에 이르도록 그 몸을 나타내나 방위와 곳이 없다. 이는 참으로 큰 자비의 원력〔大悲願力〕이 법의 성품에 맞음〔稱法性〕을 말미암기 때문이다. 이는 낱낱 근기와 조건을 따라, 방위 없는 큰 씀〔無方大用〕을 나타냄이다.136)

② 뜻을 풀이함〔釋意〕

그렇다면(위 경의 뜻을 받음) 성인(聖人)이 천하에 있으면

---

134) 喻也 虛空有三義 橫徧故 豎窮故 含容故 眞身徧一切處 窮三際時 具河沙淨功德故
〔허공: 허공도 공하되 없지 않고 사대(四大)와 허공〔空〕이 앎〔識〕 떠나지 않는 뜻으로 보면 허공이 곧 여래장이 되지만 조론에서 허공은 어둡게 비어 빈 공간으로서의 허공이라 비유의 뜻으로만 허공을 취해야 한다.〕
135) 離有餘無餘去來相故 此上明眞體也 下辨位
136) 全眞之應隨緣而現 應以佛身得度者 而現佛身 乃至三乘天人八部等品類 無有方所 良由大悲願力 稱法性故 隨一一根緣 現無方大用也

然則(承上經意)**聖人之在天下也**

　이 구절은 모아 받음이다. 이미 온전히 참됨이 응하므로 사물에 닿아 다 참되다〔觸事皆眞〕. 곧 성인은 두루하지 않은 곳이 없으니, 이 말 또한 「주역 계사(繫辭)」를 쓴 것이다.

　저는 말한다. "고요하여 움직이지 않으나 느끼면 드디어 천하의 까닭에 통한다〔寂然不動 感而遂通 天下之故〕."137)

고요하고 쓸쓸하며 비어 없어서 붙잡음이 없고 다툼이 없다.

寂寞虛無 無執無競

　이는 참 몸〔眞身〕을 풀이한 것이다. 윗 구절은 진리를 잡은 것〔約理〕이다. 고요하고 쓸쓸하다는 것은 소리와 빛깔이 없음이니 본래 스스로 비어 없기〔本自虛無〕 때문이다. 만약 빛깔로 보고 소리로 구하면 여래를 볼 수 없다.

　아래 구절은 지혜를 잡은 것〔約智〕이다. 붙잡아 다툼이란 무명(無明)이 망녕되이 움직여 나와 법〔我法〕이 가만히 일어나 붙잡아 집착하고 다투어 싸움이다. 지금 붙잡아 다툼이 없다고 말한 것은 새로 깨침이 본래 깨침에 합한 것〔始覺合本〕이다. 무명(無明)의 거칠고 가늚을 같이 떠나면 곧 금강의 지위〔金剛位〕 뒤이니 '온갖 공덕의 씨앗 갖춘 지혜〔一切種智〕'가 원만한 때이다. 그러므로 『기신론(起信論)』은 말한다.

　"작고 가는 생각을 멀리 떠나므로 마음의 성품〔心性〕을 볼 수 있다. 마음이 곧 늘 머물게 되니〔心卽常住〕 이를 마쳐 다한 깨침〔究竟覺〕이라 이름한다."

　遠離微細念故 得見心性 心卽常住 名究竟覺

---

137) △二釋意
　此句總牒也 旣曰全眞而應 觸事皆眞 則聖人無處不周 此語亦用繫辭 彼云 寂然 不動 感而遂通 天下之故

이 깨침으로 참된 몸〔眞身〕을 삼으니 이는 지혜와 진리가 하나도 아니고 둘도 아니기 때문이고, 스스로 받아쓰는 몸과 땅〔自受用身土〕의 크기가 법계에 두루함〔量周法界〕을 말하기 때문이다. 위의 경은 이 뜻을 "붇다는 허공과 같아 감이 없고 옴이 없다"고 말한다.138)

이끌지만 앞이 아니고, 불러 느낀 뒤에야 응한다.

導而弗先 感而後應

이는 응하는 몸〔應身〕을 풀이함이다. 이끎이란 맞아 이끎〔接引〕이다. 기틀의 연〔機緣〕이 아직 익지 않으므로 앞에서 이끄는 일이 없지만, 기틀이 익으면 불러 느낄 수 있는 연 때문에 성인은 반드시 응해 나타난다. 이는 응신(應身)은 반드시 연을 좇아 일어남을 밝힌 것이다. 이미 연을 따라 각기 느끼기 때문에 열 겹의 몸과 땅〔十重身土〕, 천 길의 몸〔千丈〕, 한 길 여섯 자〔丈六〕 등이 다르므로 위의 경은 "연에 응해 나타나지만 방위와 곳이 없다"고 말한 것이다.

앞의 이름 있음〔有名〕에 의거하면 다만 한 길 여섯 자 몸〔丈六之身〕을 묻는 것이라 오히려 아직 빼어나게 응함〔勝應〕도 알지 못함인데 하물며 어찌 참 몸〔眞身〕이겠는가?139)

③ 비유로 풀이함[喻釋]

---

138) 此釋眞身也 上句約理 寂寞者 無聲色也 本自虛無故 若以色見聲 求不能見 如來 下句約智 執競者 無明妄動我法潛興 則有執著諍競 今言無執競者 始覺 合本 無明麤細 俱離此則金剛位後一切種智圓滿之時

故起信云 遠離微細念故 得見心性 心卽常住 名究竟覺 以爲眞身也 此智與理 不一不二故 說自受用身土 量周法界故 上經曰 佛如虛空 無去無來

139) 此釋應身也 導者接引也 機緣未熟故 無先導之事 機熟爲能感之緣 聖人定 有應現 此明應身定從緣起 旣隨緣各感故 有十重身土 及千丈丈六等別故 上經 曰 應緣而現 無有方所 據前有名者 但以丈六之身爲問 猶未知勝應 況眞身耶 〔몸과 모습의 모습됨만을 알 뿐 모습에 모습 없는 참 모습을 알지 못함.〕

비유하면 깊은 골짜기의 울림과 같고 밝은 거울의 모습과 같다.

譬猶幽谷之響 明鏡之象

　위의 참 몸과 응함의 몸[眞應身]이 하나도 아니고 둘도 아닌 뜻
을 비유한 것이다. 산골짜기가 깊고 멂을 그윽이 깊음[幽]이라 하
니 부름을 따르면 울림이 있고, 밝은 거울이 대에 있으니 비춤을
따르면 모습이 있다.

　골짜기는 오직 깊고 거울은 오직 밝아서 본래 소리와 모습이 없
으니 참된 몸[眞身]이 오직 성품의 맑은 공덕[性淨功德]을 갖추어,
본래 이름과 모습 없음을 비유한다. 이를 부르면 울림이 있고 이를
비추면 모습이 있으니 연을 따라 응하는 몸[隨緣應身]이 이름과
모습 나타내 보임을 비유한다. 참으로 깊은 골짜기임을 말미암아
울릴 수 있고 밝은 거울이므로 모습을 나타낼 수 있다.

　이는 곧 지혜가 진리와 합함으로 말미암아[由智合理] 참된 몸이
되어, 바야흐로 응함 일으킴을 비유한 것이다. 또 응해 울림을 말
미암아 바야흐로 골짜기의 깊음이 모습 나타냄[谷幽現象]을 아는
것이고 비로소 거울이 밝음을 아는 것이다.

　곧 응해 변화함이 방위 없음[應化無方]을 말미암아 ‘진리와 지혜
의 마쳐 다함 비로소 통달함[始達理智究竟]’을 비유하니, 비유로
법을 구하는 것은 돌려 뒤집어 생각할 수 있다.140)

이를 마주해도 오는 까닭을 알지 못하고, 이를 따라가도 그 가는

---

140)　△三喩釋
　　以喩上眞應身不一不二之旨 山谷深遠曰幽 隨召則有響 明鏡當臺隨照則有象 谷
　　唯幽鏡唯明 本無聲象 以喩眞身 唯具性淨功德 本無名相 召之則有響 照之則
　　有象 以喩隨緣應身 示現名相也 良由谷幽故能應響 鏡明故能現象 則以喩由智
　　合理爲眞方能起應 又由應響 方知谷幽現象 始知鏡明 則以喩由應化無方 始達
　　理智究竟 以喩求法反覆可思
　　〔진리와 지혜의 마쳐 다함이란 진리는 지혜인 진리라 모습 없고 지혜는 진
　　리인 지혜라 앎이 없어 지혜와 진리에 자취 없음을 마쳐 다함이라 한다.〕

까닭을 알지 못한다. 아득히 볼 수 없는 것 같으나 있고[有], 아득히 들리는 것 같으나 없다[亡].

對之弗知其所以來 隨之罔識其所以往 恍焉而有 惚焉而亡

거울의 모습으로 비유함을 풀이한다. 이는 참된 몸이 본래 오고 감이 없음을 밝힐 뿐 아니라 응하는 몸〔應身〕의 오고 가는 모습 또한 실로 있음이 아님을 밝혔다. 마치 거울 가운데 모습이 이를 마주하면 나타나지만 와도 좇아온 바가 없음과 같다. 수(隨)는 따름이다. 따라서 미루어 구하면 이미 없으니 무엇이 가겠는가.

다만 밖의 모습으로 말미암아 이를 마주하면 아득히 있으나 있음〔有〕은 정해진 있음이 아니고, 마주하지 않으면 아득히 없으나 없음〔無〕은 실로 없음이 아니다.

응하는 몸〔應身〕의 보여 나타내는 모습도 이치가 이와 같아, 와도 좇아온 바가 없고 가도 가는 바가 없다. 다만 기틀의 연〔機緣〕이 불러 느끼고 느끼지 않음〔感不感〕을 말미암아, 나고 사라짐을 볼 뿐이다.141)

움직이되 더욱 고요하고 숨되 더욱 드러나며, 깊음에서 나오고 어두움에 들어가[出幽入冥], 변해 바뀌어 덧없다.

動而逾寂 隱而彌彰 出幽入冥 變化無常

골짜기 울림의 비유를 풀이함이다. 또한 응하는 몸〔應身〕의 가고 옴의 이름〔去來之名〕이 실로 있음이 아님을 나타낸다. 부름에 있는 자〔在召者〕가 울림을 보면 움직인다 하나, 골짜기는 본래 늘 고요하고, 골짜기에 본래 소리 없음을 숨음이라 하나, 부름에 있는 것의 응함〔處召之應〕은 더욱 드러난다.

141) 釋鏡像喩也 此明非唯眞身 本無來去 應身來去之相 亦非實有 如鏡中像 對之則現來無所從 隨順也 順而推求 求之旣無 以何爲往 但由外相對之 則恍有 有非定有 不對則惚無 無非實無 應身示現之相 理亦如是 來無所從 去無所往 但由機緣感不感故 見生滅耳

다만 부르는 자가 이를 꾸짖어 외침을 말미암아 어두움을 나오고 〔出幽〕, 꾸짖어 외치지 않으면 어두움에 들어간다〔入冥〕. 그러므로 골짜기의 울림이 있고 없는 것〔有無〕은, 변해 바뀌어 덧없음이 보여 나타내는〔示現〕 이름이라 말한다. 이치 또한 이와 같아서 다만 근기의 불러 느끼고 느끼지 않음이 있음〔有感不感〕을 말미암아, 붇다의 오고 감의 이름〔佛去來名〕이 있다고 말한다.142)

🔲 論 그 일컬어짐은 응함을 인해 지어진 것이니, 자취 나타냄〔顯迹〕을 남〔生〕이라 하고 자취 쉼〔息迹〕을 사라짐〔滅〕이라 한다.

남〔生〕을 남음 있음〔有餘〕이라 하고 사라짐〔滅〕을 남음 없음〔無餘〕이라 한다. 그렇다면 있음과 없음의 일컬음은 이름 없음〔無名〕에 바탕하니 이름 없음〔無名〕의 도가, 어떤 것을 이름하지 않겠는가?

이 때문에 지극한 사람〔至人〕은 모남에 있으면 모남이 되고 둥긂에 그치면 둥긂이 되며 하늘에 있으면 하늘이 되고 사람에 있으면 사람이 된다.

대저 하늘일 수 있고 사람일 수 있는 것의 바탕을 살피면 어찌 하늘과 사람이 할 수 있음이겠는가? 참으로 하늘이 아니고 사람이 아니기 때문에, 하늘이 되고 사람이 될 수 있을 뿐이다.

그것이 다스림〔治〕이 됨이다. 그러므로 응하되 하지 않고〔應而不爲〕 그로 인해 베풀지 않는다〔因而不施〕.

그로 인해 베풀지 않으므로 베품이 이보다 넓음이 없고, 응하되 하지 않으므로 함이 이보다 큼이 없다. 함이 그보다 큼이 없

---

142) 釋谷響喩也 亦顯應身去來之名 非實有也 在召者 見響曰動 谷本常寂 谷本無聲曰隱 處召之應彌彰 但由召者呵之則出幽 不呵則入冥 故曰谷響 有無 變化無常示現之名 理亦如是 但由根有感不感故 說佛有去來名也

으므로 작은 이룸[小成]에로 되돌아오고[返], 베풂이 이보다 넓음이 없으므로 이름 없음[無名]에 돌아간다[歸].

수트라에 말한다. 보디의 도는 꾀하고 헤아릴 수 없으니 높아서 위가 없고[高而無上] 넓어서 끝할 수 없으며[廣不可極], 깊어서 아래가 없어[淵而無下] 깊음은 헤아릴 수 없고[深不可測] 큼은 하늘땅을 싸며[大包天地], 가늚은 사이 없음에 들어간다[細入無間]. 그러므로 이를 도(道)라고 말한다.

그렇다면 곧 니르바나의 도[涅槃之道]는 있음과 없음으로 얻을 수 없다는 것이 밝은 것이다.

ⓛ 뜻을 나타냄[顯義]

① 변화를 잡아 바탕과 이름의 모습을 나타냄[約化體名相顯]

❶ 이름 그대로 뜻을 나타냄[即名顯義]

그 일컬어짐은(두 니르바나의 이름을 받음) 응함을 인해 지어진 것이니(짓는 자가 세워진다) 자취 나타냄을 남[生]이라 하고 자취 쉼을 사라짐[滅]이라 한다.

남[生]을 남음 있음[有餘]이라 하고 사라짐[滅]을 남음 없음[無餘]이라 한다. 그렇다면 있음과 없음의 일컬음은 이름 없음[無名]에 바탕하니

其爲稱也(牒二涅槃名) 因應而作(作者立也) 顯迹爲生 息迹爲滅 生名有餘 滅名無餘 然則有無之稱 本乎無名

응함이 본래 스스로 참되기 때문이다.[143)

이름 없음[無名]의 도가 어떤 것을 이름하지 않겠는가?

143) △二顯義三 初約化體名相顯 又二 初即名顯義
應本自眞故

無名之道 於何不名

이름 없음[無名]을 말미암아 온갖 이름[一切名]을 따를 수 있으므로 '어떤 것을 이름하지 않겠는가'라 한 것이다.144)

❷ 모습 그대로 뜻을 나타냄[卽相顯義]

이 때문에 지극한 사람(至人, 위의 참됨과 응함의 붙다를 받은 것이다)은 모남에 있으면 모남이 되고 둥긂에 그치면 둥긂이 되며 하늘에 있으면 하늘이 되고 사람에 있으면 사람이 된다.

是以至人(牒上眞應佛也)居方而方 止圓而圓 在天而天 處人而人

앞에서는 '모남과 둥긂을 그려내지 않는다' 하고 지금은 '모남과 둥긂을 따라 모나고 둥근 모습을 얻는다'고 하니 사람과 하늘에 있으면 사람과 하늘의 꼴을 얻는다. 모남과 둥긂이란 무릇 하늘과 사람을 들어 정보(正報)를 논함이기 때문이다. 또 모남과 둥긂은 땅[土]을 잡은 것이고, 사람과 하늘은 몸[身]을 잡은 것이라 온전히 참됨이 응하는 몸[應身]을 일으킬 뿐 아니라, 또한 온전히 참됨이 응하는 땅[應土]을 일으키기 때문이다.

조사의 가르침[祖敎]은 연(緣)으로 성품[性]에 나아가, 몸과 땅이 바탕 같음[體同]을 밝히고 성품[性]으로 연(緣)에 나아가 '함과 하는 바가 차별됨[能所差別]'을 밝힌다. 지금은 성품으로 연에 나아감을 밝히므로 모남과 둥긂에 있으면 의보[依: 삶 주체가 의지하는 바 세계]이고, 사람과 하늘에 있으면 정보[正: 세계에 의지하는 삶 주체]이기 때문이다.145)

---

144) 由無名故能順一切名 故曰於何不名
145) △二卽相顯義
　　前云方圓不寫 今云隨方圓 得方圓之相 在人天得人天之形 以方圓汎擧天人正論故 又方圓約土 人天約身 非唯全眞 起於應身亦乃全眞 起於應土故 祖敎明以緣就性 身土體同 以性就緣能所差別 今明以性就緣故 在方圓爲依 人天爲正故也

대저 하늘일 수 있고 사람일 수 있는 것의 바탕을 살피면 어찌 하
늘과 사람이 할 수 있음이겠는가?

原夫能天能人者 豈天人之所能哉

　돌이켜 밝힘이다. 어찌 하늘과 사람이 할 수 있는 바가 있어, 하
늘과 사람의 일을 하겠는가?146)

참으로 하늘이 아니고 사람이 아니기 때문에 하늘이 되고 사람이
될 수 있을 뿐이다.

果以非天非人故 能天能人耳

　둘이 아님[不二]을 따라 밝힘이니 진리가 하늘과 사람을 끊기 때
문에, 하늘과 사람의 연[天人之緣]을 따를 수 있는 것이다.147)

　② 교화를 잡아 씀과 베풂 함을 나타냄[約化用施爲顯]

그것이 다스림이 됨이다

其爲治也

　다스림[治]은 곧 앞의 있음과 없음의 두 씀[有無二用]이다.148)

그러므로 응하되 하지 않고 그로 인해 베풀지 않는다.

故應而不爲 因而不施

　앞에 말하되, 응함으로 인해 짓되 바탕이 베풀고 하는 모습을 끊
는다고 하였다. 시(施)는 베풀어 세움[施設]을 말하고 위(爲)는 지
어서 함[作爲]을 말하니, 몸과 땅[身土]을 보여 나타내, 태어나고

---

146) 反明也 豈有天人之所能能於天人之事耶
147) 順明不二也 由理絶天人故 能隨天人之緣也
148) △二約化用施爲顯
　　治(上呼)卽前有無二用
　　[있음[有]으로 남음 없음을 다스리고 없음[無]으로 남음 있음을 다스림이다.]

니르바나에 들며 세간에 머물러 설법하는 것이 다 베풀어 함[施爲]이다.149)

그로 인해 베풀지 않으므로 베풂이 이보다 넓음이 없고, 응하되 하지 않으므로 함이 이보다 큼이 없다.

因而不施故施莫之廣 應而不爲故 爲莫之大

비록 베풀고 함의 자취를 끊어도, 베풀고 하며 응해 교화하니, 넓고 큼이 더할 것이 없다. 그것이 넓고 클 수 있는 것은 그것이 대개 참됨에서 나와 일어나기[出眞起] 때문이다.150)

함이 그보다 큼이 없으므로 작은 이룸[小成]에로 되돌아오고, 베풂이 이보다 넓음이 없으므로 이름 없음[無名]에 돌아간다.

爲莫之大故 乃返於小成 施莫之廣故 乃歸乎無名

작은 이룸에 되돌아간다는 것은 큰 씀에 방위가 없으므로[大用無方] 한 길 여섯 자 몸에 돌이켜 되돌아옴이다. 이는 한 붇다의 작은 이룸의 못난 씀이, 참되고 넓은 큰 모임[眞廣大會]에 맞기 때문이고, 세 수레 지음 있는 씀[三乘有作之用]이 '이름 없는 교화의 근원[無名之化源]'에 돌아가기 때문이다.

이는 법성종(法性宗)에서 참됨 그대로의 응함[卽眞之應]을 잡아 앞의 두 가르침을 거둔 것이다.151)

---

149) 前云因應而作而體絶施爲之相 施謂施設 爲謂作爲 示現身土出生入滅住世 說法 皆施爲也
〔하되 함이 없고 베풀어 짓되 실로 베풂이 없음.〕
150) 雖絶施爲之迹 而施爲應化 廣大莫加 其能廣大者 蓋出眞起故
151) 返小成者 以大用無方 迴返丈六之身 一佛小成之劣用 以稱眞廣大會 三乘 有作之用 歸無名之化源 此約法性宗 卽眞之應 收前二敎也
〔방위 없는 큰 씀은 작은 이룸을 떠나지 않고 지음 있는 씀이 이름 없고 지음 없음을 떠나지 않기 때문이다. 이는 곧 보디 나무 아래 새로 깨친 붇다의 몸이 헤아릴 수 없고 가없는 법신(法身)의 세계에 응함이기 때문이다.〕

수트라에 말한다. 보디의 도는

經曰菩提之道

　보디(bodhi)는 지혜(智)를 잡은 것이고 니르바나(nirvāṇa)는 진리(理)를 잡은 것이니, 진리와 지혜(理智)가 두 바탕이 없기 때문이다. 지금 경을 이끌어 보디의 뜻(菩提義)을 말하니 뜻은 니르바나의 뜻(涅槃義)을 증득함이다.152)

꾀하고 헤아릴 수 없으니

不可圖度

　이 구절은 아래 구절의 꾀하고 헤아리는 모습을 모아 떠나도록 함이다.153)

높아서 위가 없고 넓어서 끝할 수 없으며, 깊어서 아래가 없어 깊음은 헤아릴 수 없고 큼은 하늘땅을 싸며, 가늚은 사이 없음에 들어간다.

高而無上 廣不可極 淵而無下 深不可測 大包天地 細入無間

　위없는 모습이므로 높고, 꾀하고 헤아려 끝에 같이할 수 없으므로 가의 끝 되는 모습(邊際相)이라 한다. 물이 깊음을 아득히 깊음이라 하니 아래가 다한 모습을 말한다. 이 두 구절은 한 모습이니 곧 높고 낮음이 없다는 것은 깊이를 떠나 사무친 모습을 말하고, 넓이와 끝이 없음은 가로를 떠나 두루한 모습을 말한다.

　이 위는 막는 모습(遮相)이고 뒤의 둘은 나타내는 모습(表相)이다. 큼을 말하면 하늘땅을 싸 감추고 가늚을 말하면 가운데 없는 사이(無中間)에 들어가니 '빔에 가까운 티끌(隣虛塵)'과 같고, 다시 가운데 사이의 지위가 없으면 또한 온전히 도의 바탕(道體)을 갖

___

152) 菩提約智 涅槃約理 理智無二體故 今引經說菩提義 意證涅槃義也
153) 此句爲總離下諸句圖度之相

추기 때문에 사이 없음에 들어간다〔入無間〕.154)

그러므로 이를 도(道)라고 말한다.

故謂之道

위에서 밝힌 바 헤아릴 수 없음이 곧 보디(bodhi)라고 말함을 맺는다.155)

③ 맺어 이룸[結成]

그렇다면 곧 니르바나의 도는 있음과 없음으로 얻을 수 없다는 것이 밝은 것이다.

然則涅槃之道 不可以有無得之明矣

보디(bodhi)의 도는 꾀하고 헤아림을 끊었다. 그와 같이 니르바나(nirvāṇa) 또한 꾀하고 헤아림을 끊었다. 그러므로 있고 없는 이름과 모습으로 얻을 수 없는 뜻이 밝은 것이다.156)

(ㄴ) 미혹의 뜻 꾸짖음을 맺음〔結責惑情〕

> 🈟 그런데도 미혹한 이들은 신묘한 변화〔神變〕를 보면 이로 인해 있다〔有〕고 말하고, 사라짐에 건넘〔滅度〕을 보면 곧 없다〔無〕고 말한다.

---

154) 無上相故高 不能圖度等極 謂邊際相 水深曰淵 謂下盡相 此二句是一相 謂
無高下是離豎窮相 無廣極是離橫徧相 此上遮相也 後二表相 言大則包藏天地
言細則入無中間 如隣虛塵 更無中間之位 亦全具道體故 入無間
〔작고 작을 수 있음은 빔에 가까운 티끌〔隣虛塵〕에 견주고, 아주 가늚이 공해
온전히 도의 바탕과 다름없음은 사이 없음에 들어감〔入無間〕으로 말한다.〕
155) 結上所明不可圖度是謂菩提也
156) △三結成
以菩提絶圖度 例涅槃亦絶圖度 故不可以有無名相得之之義明矣

있음과 없음의 경계는 망녕된 생각의 영역〔妄想之域〕이니 어찌 넉넉히 현묘한 도〔玄道〕를 나타내 보여, 성인의 마음〔聖心〕을 말하겠는가?

뜻은 다음과 같다. 지극한 사람은 고요하여 자취가 없어서, 숨고 드러남이 근원을 같이하니〔隱顯同源〕, 있어도 있음이 되지 않고 없어도 없음이 되지 않는다.

왜인가? 붇다께서 말씀했다. "나〔吾〕는 남도 없고 나지 않음도 없으니 비록 나되 나지 않고〔雖生不生〕, 꼴도 없고 꼴 아님도 없으니 비록 꼴이되 꼴이 아니다〔雖形不形〕."

이로써 있되 있음이 되지 않음을 아는 것이다.

경은 말한다. "보디사트바가 다함없는 사마디〔無盡三昧〕에 들어가면 지나간 옛날 니르바나에 건너신 모든 붇다를 다 본다."

또 말한다. "니르바나(nirvāṇa)에 드시지만 파리니르바나(parinirvāṇa) 하지 않는다."

이로써 없지만〔亡〕 없음〔無〕이 되지 않음을 안다.

없지만 없음이 되지 않으므로 비록 없지만 있고, 있지만 있음이 되지 않으니 비록 있지만〔有〕 없다〔無〕.

비록 있지만 없으므로 있지 않음〔非有〕이라 말하는 것이고, 비록 없지만 있으므로 없지 않음〔非無〕이라 말하는 것이다.

그렇다면 니르바나의 도는 참으로 있음과 없음의 구역〔有無之域〕을 벗어나고, 말과 모습의 길〔言象之逕〕 끊음이 분명한 것이다.

그런데도 미혹한 이들(참됨과 응함을 바로 알지 못하는 사람들)은 신묘한 변화〔神變〕를 보면 이로 인해 있다〔有〕고 말하고, 사라짐에 건넘〔滅度〕을 보면 곧 없다〔無〕고 말한다.

而惑者(不了真應之人)**覩神變因謂之有 見滅度便謂之無**

　　이는 앞에서 다음처럼 말한 것을 꾸짖음이다. "남음 있음을 있음으로 일컬을 수 있고〔有稱〕 남음 없음을 없음으로 이름할 수 있다〔無名〕."

　　신묘한 변화〔神變〕란 '세간 벗어난 헤아릴 수 없는 씀〔出世不測之用〕'을 보여 나타냄이다.157)

있음과 없음의 경계는 망녕된 생각의 영역〔妄想之域〕이니 어찌 넉넉히 현묘한 도〔玄道〕를 나타내 보여 성인의 마음을 말하겠는가?

有無之境妄想之域 豈足以標牓玄道 而語聖心者哉

　　망녕된 생각이란 뒤바뀐 마음이다. 방(牓)은 보임이다. 이름 있는 이〔有名〕는 있고 없는 이름과 모습을 집착한다. 바탕의 진실함에 돌아감〔返本眞實〕이 신묘한 도〔神道〕의 묘한 일컬음〔妙稱〕이 되기 때문에 지금 이를 꾸짖는다. 있음과 없음은 오직 '망녕된 마음이 머무는 곳〔妄心所居〕'이니 어찌 이로써 니르바나 됨을 나타내 보여, 성인의 마음의 지혜〔聖人心智〕를 말하고 논하겠는가?

　　또 있음과 없음으로는 현묘한 도〔玄道〕를 나타낼 수 없으니 망녕된 생각〔妄想〕으로 어찌 넉넉히 '성인의 마음 마음이 증득할 수 있음〔能證〕이 되고 현묘한 도〔玄道〕가 증득하는 바〔所證〕됨'을 말하겠는가?

　　이는 망녕됨으로 참됨 삼음을 꾸짖는 것이다.158)

---

157) △二結責惑情

此責前云 有餘可以有稱 無餘可以無名 神變者 示現出世不測之用也

〔이는 있음과 없음의 두 경계이니 중도의 실상이 아니고 니르바나의 도가 아니다.〕

158) 妄想者 倒心也 牓者示也 有名者 執有無名相 爲返本眞實神道妙稱故 今責之 有無唯妄心所居 豈以此標示爲涅槃 而語論聖人心智耶 又有無不可標玄道 妄想豈足語聖心心爲能證玄道是所證 此責以妄爲眞也

〔현묘한 도는 앎 없는 성인의 지혜로 증득하는 바 될 뿐, 있음과 없음을 헤

(ㄷ) 뜻을 말해 바른 앎을 나타냄〔述意顯解〕

㉠ 바른 앎의 뜻을 말함〔述解意〕

뜻(아는 마음)은 다음과 같다. 지극한 사람(끝을 증득한 사람을 지극한 사람이라 하니, 사람에 부쳐 법의 바탕을 나타냄)은 고요하여 자취가 없어서(참됨의 바탕은 늘 고요해 소리와 빛깔이 없음), 숨고 드러남(남음 없음과 남음 있음) 이 근원을 같이하니(응함이 온전한 참됨의 일어남이니), 있어도 있음이 되지 않고(남음 있음을 보여 나타내므로 있음이 아님) 없어도 없음이 되지 않는다(남음 없음을 보여 나타내므로 없음이 아님).159)

意(解心)謂 至人(證極曰至人 寄人以顯法體) 寂怕無兆(眞體常寂本無聲色) 隱(無餘)顯(有餘)同源(應全眞起) 存不爲有(示現有餘故非有) 亡不爲無(示現無餘故非無)

㉡ 따져 풀이함〔徵釋〕

왜인가?(위의 있음도 아니고 없음도 아니라는 뜻을 모두 따짐) 붇다께서 말씀했다. "나[吾]는 남도 없고 나지 않음도 없으니[無生不生] 비록 나되 나지 않고, 꼴도 없고 꼴 아님도 없으니[無形不形] 비록 꼴이되 꼴이 아니다."

何則(雙徵上不有無義也) 佛言 吾無生不生 雖生不生 無形不形 雖形不形

먼저 홑으로 있지 않은 뜻〔不有義〕을 풀이했다. 붇다께서 출현하신 일은 나면 반드시 꼴을 겸하시나 꼴은 남을 겸하지 않는다. 여덟 모습〔八相〕으로 도를 이루심은 남 받음〔受生〕이 있는 것이다. 만약 천 길〔千丈〕과 열 겹 몸과 국토〔十重身土〕로 꼴을 나투심은 남이 아니다〔非生〕. 무릇 보여 나타낼 수 있는 곳은 남을 받음이 없지 않다. 꼴 나툼을 이미 보여 나타냄〔示現〕이라 한다면 꼴을 냄

아리는 망녕된 마음의 경계가 아님을 말한다.〕
159) △三述意顯解三初述解意

〔生形〕에는 곧 바탕이 늘 고요한 것〔體常寂滅〕이다. 그러므로 '있어도 있음이 되지 않는다〔存不爲有〕'고 말한다.160)

이로써 있되 있음이 되지 않음을 아는 것이다(있지 않음을 맺는다). 경은 말한다. "보디사트바가 다함없는 사마디(samādhi)에 들어가면 지나간 옛날 니르바나에 건너신 모든 붇다를 다 본다."

以知存不爲有(結不有也)經云 菩薩入無盡三昧 盡見過去滅度諸佛

이 아래는 홀으로 없지 않은 뜻〔不無義〕을 풀이한다. 지혜는 들어갈 수 있음이고 진리는 들어가는 바이다. 사마디〔三昧, samādhi〕는 여기 말로 '바로 받음〔正受〕'이고 또한 '평등히 지님〔等持〕'이다. 진리를 좇는 지혜로 도로 진리에 계합함〔從理之智 還契於理〕이니 진리와 지혜는 둘이 아니다〔理智不二〕. 삼제(三際)가 평등하므로 다할 수 없으면, 곧 모든 붇다들의 바른 바탕〔正體〕이다. 보여 나타내는 모습이 비록 사라지나 이는 사라질 수 없으므로 다 보는 것〔盡見〕이다.161)

또 말한다. "니르바나에 드시지만 파리니르바나(parinirvāṇa) 하지 않는다."

又云 入於涅槃而不般涅槃

파리(pari, 般)는 들어감이다. 보이는 모습은 니르바나에 들어가나

---

160) △二徵釋
先單釋不有義 佛出現事 生必兼形 形不兼生 八相成道 則有受生 若千丈及十重身土現形非生 凡可示現處 無不受生 現形旣曰示現 於生形則體常寂滅 故曰存不爲有
161) 此下單釋不無義 智爲能入 理爲所入 三昧此云正受 亦云等持 從理之智 還契於理 理智不二 三際平等故 不可盡卽諸佛之正體 示現之相雖滅 此不可滅故盡見也
〔다함없는 사마디는 지혜인 진리의 곳이자 모든 붇다의 법신〔諸佛法身〕이다. 그러므로 모든 붇다를 다 본다고 한 것이다.〕

바탕이 본래 남이 아닌데[體本不生] 어찌 니르바나에 들어감이 있겠는가? 그러므로 '사라지되 없음이 되지 않는다'고 한 것이다.162)

이로써 없지만 없음이 되지 않음을 안다.

以知亡不爲無

　없지 않음을 맺는다. 아래는 모두 말해 이룬다.163)

없지만 없음이 되지 않으므로 비록 없지만 있고

亡不爲無　雖無而有

　없어짐을 보이지만 참됨의 바탕은 늘 머물기 때문이다.164)

있지만 있음이 되지 않으니 비록 있지만 없다.

存不爲有　雖有而無

　있음을 보이지만 참됨의 바탕이 비어 고요하기 때문이다[眞體虛寂故].165)

비록 있지만 없으므로 있지 않음[非有]이라 말하는 것이고, 비록 없지만 있으므로 없지 않음[非無]이라 말하는 것이다.

雖有而無故　所謂非有　雖無而有故　所謂非無

　곧 응함 그대로 참됨[卽應而眞]이니 붇다의 바탕이 본래 있음과 없음 끊어짐을 나타낸다.166)

　ⓒ 맺어 정함[結定]

---

162) 般入也　示相入滅體本不生　何有入滅　故曰亡不爲無
163) 結不無也　下雙述成
164) 示無而眞體常住故
165) 示有而眞體虛寂故
166) 卽應而眞　以顯佛體本絶有無矣

그렇다면 니르바나의 도는 참으로 있음과 없음의 구역[有無之域]을 벗어나고, 말과 모습의 길[言象之逕] 끊음이 분명한 것이다.

然則涅槃之道 果出有無之域 絶言象之逕斷矣

경(逕)은 길이다. 그러므로 있음과 없음은 말과 모습의 길이다. 이미 있음과 없음을 벗어났으니 곧 말과 모습의 길이 끊어짐[言象路絶]이다.

단(斷)은 반드시 이와 같음이다.167)

㈐ 뜻에 어긋남을 맺어 꾸짖음[結責乖旨]

論 그대는 말했다.

"성인은 몸이 있음[有身]을 걱정하므로 몸을 없애 없음에 돌아가고, 힘들게 애씀이 지혜 있음[有智]보다 앞선 것이 없으므로 지혜를 끊어 없애 비게 한다."

그러니 이는 신묘함의 지극함[神極]에 어긋남이 없겠으며, 현묘한 뜻[玄旨]을 다치지 않겠는가.

경은 말한다. "법신(法身)은 모습이 없으나 사물에 응해 꼴이 되며, 반야는 앎이 없으나 생각하는 것을 마주해[對緣] 비춘다."

만 가지 기틀에 단박 나아가되 그 신묘함을 흔들지 않고 천 가지 따짐[千難]에 마주함을 달리해도 그 생각[慮]을 간섭하지 않는다.

움직임은 가는 구름[行雲] 같고 그침은 빈 골짜기[谷神]와 같으니 어찌 저것 이것에 마음이 있으며, 움직이고 고요함에 뜻이 매일 것인가?

---

167) △三結定

逕路也 故有無是言象之路 旣出有無 則言象路絶 斷定如是矣

이미 움직임과 고요함에 마음이 없으니〔無心〕또한 가고 옴에 모습이 없다〔無象〕.

가고 옴을 모습〔象〕으로써 하지 않으므로 그릇〔器〕에 꼴 되지 않음〔不形〕이 없고, 움직이고 고요함을 마음〔心〕으로써 하지 않으므로 부름〔感〕에 응하지 않음〔不應〕이 없다.

(ㄱ) 앞의 그른 이치를 받음〔牒前非理〕

그대는 말했다.

"성인은 몸이 있음[有身]을 걱정하므로 몸을 없애 없음[無]에 돌아가고, 힘들게 애씀이 지혜 있음[有智] 보다 앞선 것이 없으므로 지혜를 끊어 없애 비게 한다."(이는 앞의 글을 받음이다)

그러니 이는 신묘함의 지극함[神極]에 어긋남이 없겠으며 현묘한 뜻[玄旨]을 다치지 않겠는가.

子乃云 聖人患於有身故 滅身以歸無 勞勤莫先於有智 故絕智以淪虛 (此牒前文) 無乃乖乎神極 傷於玄旨者也

신묘함의 지극함〔神極〕과 현묘한 뜻〔玄旨〕이 다 깊은 진리〔深理〕를 말한다.

성인은 이를 증득하여서 오히려 '함과 하여지는 바의 자취〔能所之迹〕'도 없는데, 하물며 밖에 몸과 지혜〔身智〕가 있어 걱정거리와 어려움을 삼고, 버려 없애려는 일이 있겠는가. 그러니 이 아래 논의 글은 말한다.

"옛사람은 많이들 남음 없는 니르바나 거듭 깨뜨림을 말하니 이는 있음에 집착하는 쉬움〔執有易〕으로 없음에 걸리는 어려움〔滯無難〕을 없애기 때문이다. 얼핏 보면 그럴 수 있지만 자세히 살피면 곧 국한된다."

아래에도 달리 마주함에 단박 나아가〔頓赴殊對〕, 모습이 나고 마음 나는 등의 뜻〔象出心生等義〕이 있지만, 한결같이 없음 깨뜨림

〔一向破無〕이 아니다. 이미 위의 '바탕에 자리함〔位體〕'과 '현묘한 뜻〔玄旨〕'에 미혹하면, 남〔生〕을 집착하고 사라짐〔滅〕을 집착하여 모두 깨뜨릴 바가 되기 때문에 과목에서 뜻에 어긋남〔乖旨〕 맺어 꾸짖는다고 하였다.168)

(ㄴ) 이치로 미루어 깨뜨림〔以理推破〕

㉠ 경을 이끌어 이치 세움〔引經立理〕

경은 말한다. "법신(法身)은 모습이 없으나 사물에 응해 꼴이 되며, 반야는 앎이 없으나 생각하는 것〔緣〕을 마주해 비춘다."

經曰 法身無象應物而形 般若無知對緣而照

앞에서 "성인은 몸과 지혜로써 걱정거리를 삼는다." 하므로 지금 경을 이끌어, 참됨과 응함의 몸〔眞應身〕과 지혜의 바른 뜻〔智正義〕을 세워, 이로써 깨뜨릴 수 있음〔能破〕을 삼는다. 각 두 구절이 있어서 다 위 구절은 참됨을 밝히고〔明眞〕 아래 구절은 응함을 밝힌다〔明應〕.

또 위는 진리를 잡고 아래는 사법을 잡는다. 법신(法身)에서 법이란 법칙 지님의 뜻〔軌持義〕이고 몸이란 바탕의 뜻〔體義〕이다. 법의 성품〔法性〕은 참된 법칙 지님의 뜻〔眞軌持義〕이 있어 만가지

---

168) △三結責乖旨 文三 初牒前非理
神極玄旨 皆語深理也 聖人證此 尙無能所之迹 況外有身智 爲患難 而欲棄滅之事耶 然此下論文 古人多謂重破無餘涅槃 以執有易 遣滯無難除故 乍觀可爾 細尋則局 以下有頓赴殊對 象出心生等義 非一向破無 旣迷上位體玄旨執生執滅 並爲所破故 科曰結責乖旨
〔있음에 집착하므로 없음을 없음이라 하는 집착이 있다. 그러니 있음이 있음 아닌 줄 알면 없애야 할 없음의 집착도 없는 것이다.〕
〔온갖 있음과 차별이 바탕 그대로의 차별인 줄 알면 온갖 차별의 지위가 법이 바탕에 자리함〔位體〕이다. 그러므로 차별법이 바탕에 자리하여 차별 그대로 현묘한 뜻을 알면 참됨 그대로의 사법이라 나고 사라짐이 참됨에 어긋나지 않는다.〕

법이 의지하는 바의 바탕이 된다. 성인은 이를 증득하므로 법신(法身)이라 한다. 이는 맑아서 비어 고요함〔湛然虛寂〕을 말하니 본래 빛깔과 모습이 없기 때문이다. 『금광명경(金光明經)』은 말한다.

"붓다의 참된 법신은
마치 허공과 같으나
연을 따라 응할 수 있어,
갖가지 모습을 나타내 보인다."

　佛眞法身　　猶若虛空
　而能隨緣應　現示種種形

경은 또 말한다.

"사물 응해 꼴을 나툼이
물 가운데 달과 같다."

　應物現形　如水中月

반야의 지혜 바탕〔般若智體〕은 본래 스스로 앎이 없으나 생각하는 것〔緣: 所緣〕을 마주해, 살펴 비춤을 잃지 않는다. 이미 몸과 지혜가 참됨 그대로 응함이라〔卽眞而應〕 응함은 본래 스스로 참되다〔應本自眞〕.

그러므로 몸 그대로 몸이 없고〔卽身無身〕, 지혜 그대로 지혜가 없으니〔卽智無智〕 어떻게 걱정거리의 어려움이 있어 없애려 할 것인가?169)

---

169) △二以理推破三 初引經立理
　前說聖人以身智爲患故 今引經立眞應身智正義 以爲能破 各有二句 皆上句明眞
　下句明應 又上約理 下約事 法者軌持義 身者體義 法性有眞軌持義 爲萬法所
　依之體 聖人證此故曰法身 所謂湛然虛寂 本無色象故 金光明曰 佛眞法身 猶
　若虛空 而能隨緣應 現示種種形
　經又曰 應物現形 如水中月 般若智體 本自無知 而能對緣不失鑒照 旣身智 卽
　眞而應 應本自眞故 卽身無身 卽智無智 何有患難 而欲滅耶

ⓛ 바른 이치를 풀이해 이룸〔釋成正理〕

만 가지 기틀에 단박 나아가되 그 신묘함을 흔들지 않고

萬機頓赴 而不撓其神

위의 사물 응해 꼴이 된다〔應物而形〕함을 풀이한 것이다. 뭇 기
틀이 하나가 아니므로 만(萬)이라고 말했고, 한때에 널리 응하므로
단박 나아감〔頓赴〕인 것이다. 이미 꼴이 없되 꼴이므로〔無形而形
故〕흔들어 움직이지 않는 것이다.170)

천 가지 따짐[千難]에 마주함을 달리해도 그 생각을 간섭하지 않
는다.

千難殊對 而不干其慮

위의 생각하는 것을 마주해 비춘다〔對緣而照〕고 함을 풀이한 것이
다. 비록 달리 묻고 달리 대꾸해도 마음 없이 널리 응하니〔無心普
應〕그 사유해 생각함〔思慮〕을 간섭해 움직이지 않기 때문이다.171)

움직임은 가는 구름[行雲] 같고 그침은 빈 골짜기[谷神]와 같으니

動若行雲 止猶谷神

'구름은 마음 없이 산을 나선다〔雲無心而出岫〕'하니 이는 단박
나아가되, 그 신묘함을 흔들지 않음을 비유하고, '골짜기가 생각
없이 소리에 답한다〔谷無念而答聲〕'하니 달리 대꾸해도 그 생각
간섭하지 않음을 비유한다.172)

---

170) △二釋成正理
  釋上應物而形也 羣機不一故言萬 一時普應故頓 赴旣無形而形故無撓動
171) 釋上對緣而照也 雖異問殊對 而無心普應 不干動其思慮故
  〔생각함을 마주함〔對緣〕이란 언어 용법은 무엇인가. 생각함은 늘 생각하는
  바〔所緣〕를 안고 일어나는 생각이므로 반야는 생각하는 바〔所緣境〕를 널리
  응해 비추되 생각을 움직이지 않는다고 한 것이다.〕
172) 雲無心而出岫 以喩頓赴 而不撓其神 谷無念而答聲 以喩殊對而不干其慮

어찌 저것 이것에 마음이 있으며, 움직이고 고요함에 뜻이 매일 것인가?

豈有心於彼此 情係於動靜者乎

　위를 모두 맺음이다.173)

이미 움직임과 고요함에 마음이 없으니[無心], 또한 가고 옴에 모습이 없다[無象].

既無心於動靜 亦無象於去來

　응함 그대로 참됨이므로 지혜는 본래 마음이 없고 꼴에 본래 모습 없으니 어찌 가고 오며 움직이고 고요함이 있겠는가, 그런데도 있고 없음에 결정된 이름과 모습이 있겠는가?174)

가고 옴을 모습[象]으로써 하지 않으므로 그릇[器]에 꼴 되지 않음[不形]이 없고, 움직이고 고요함을 마음으로써 하지 않으므로 부름[感]에 응하지 않음[不應]이 없다.

去來不以象故 無器而不形 動靜不以心故 無感而不應

　참됨 그대로 응함이므로 지혜는 방위와 꼴이 없어 걸림 없다. 기(器)는 그릇이니 받을 수 있는 뜻이다. 근기가 익어 교화를 받으면 꼴 보이지 않음[不示形]이 없기 때문이다.175)

　　ⓒ 있음과 없음을 맺어 깨뜨림[結破有無]

> 論 그렇다면 마음은 마음 있음[有心]에서 나고, 모습은 모습 있음[有象]에서 나온다.

---

173) 雙結上也
174) 卽應而眞故 智本無心 形本無象 何有去來動靜 而有有無決定之名相耶
175) 卽眞而應故 智無方形無礙 器者皿也 可承受義 機熟受化 則無不示形故

성인에게 모습[象]은 나[我]에게서 나옴이 아니므로 쇠와 돌이 흘러내려도 타지 않고, 마음이 나에게서 남이 아니므로 날로 써도 힘씀이 아니며 여기저기로 휘날려도 나에게 무엇을 하겠는가?

이런 까닭에 지혜가 만 가지 것[萬物]에 두루해도 힘씀이 아니고, 꼴이 세계 여덟 끝[八極]을 채워도 걱정거리가 없다.

더해도 넘칠 수 없고 덜어도 허물어지지 않으니 어찌 다시 길 가운데서 설사를 앓았으며, 목숨이 두 사라나무[雙樹]에서 다하고 신령함이 하늘왕의 관[天棺]에서 다했을 것이며, 몸이 다해 불에 탔겠는가?

① 있음을 깨뜨림[破有]

그렇다면 마음은 마음 있음[有心]에서 나고, 모습은 모습 있음[有象]에서 나온다.

然則心生於有心 象出於有象

이는 먼저 앞에 남음 있는 니르바나[有餘]의 집착으로 자비와 지혜의 마음이 난다[悲智心生]고 함을 깨뜨리는 것이다. 상호의 모습이 나옴[相好象出]은 근기의 부름[根感]에 있으므로 마음의 모습[心象]이 있음을 보는 것이다176)

성인에게 모습[象]은 나[我]에게서 나옴이 아니므로 쇠와 돌이 흘러내려도 타지 않고 마음[心]이 나[我]에게서 남이 아니므로 날로 써도 힘씀이 아니며 여기저기로 휘날려도 나에게 무엇을 하겠는가?

象非我出 故金石流而不焦 心非我生 故日用而不勤 紜紜自彼 於我何爲

---

176) △三結破有無二 初破有

此先破前有餘之執 悲智心生 相好象出 在根感故見有心象也

[상호의 모습이 나옴은 근기의 부름으로 인하므로 중생 근기의 불러 느낌[機感]과 성인의 응함[聖應]은 서로 말미암은 것[相由]이다.]

나[我]란 곧 법신의 참나[眞我]이다. 쇠와 돌이 흘러도 타지 않는다는 것은 칼파의 불[劫火]로 무너질 때 쇠와 돌이 흘러 흩어져도 이것은 탈 수 없으니 대개 참 바탕은 모습 없음[眞體無相]을 말미암기 때문이다. 또 써도 힘씀이 없다는 것은 참마음이 생각 없음[眞心無念]을 말미암기 때문이다.

이리저리 휘날린다는 것은 몸과 지혜의 일[身智之事]이니 스스로 교화 받는 기틀에 속함이라 법신이 아니다. 이와 같으니 이것으로 있음을 깨뜨려[破有] 마친다.177)

② 없음을 깨뜨림[破無]

이런 까닭에 지혜가 만 가지 것에 두루해도 힘씀이 아니고[不勞] 꼴이 세계 여덟 끝[八極]을 채워도 걱정거리가 없다[無患].

所以智周萬物而不勞 形充八極而無患

다음은 앞의 남음 없음[無餘]의 집착[있음을 깨뜨려야 남음 없음이 된다는 집착]을 깨뜨림이다. 앞에서는 몸과 지혜가 걱정거리 된다고 말했는데 지금은 곧장 이를 그르다 한다. 여덟 끝[八極]이란 네 방위 네 모서리[四方四維]인데, 몸과 지혜도 오히려 없는데 어찌 걱정거리 어려움이 있겠는가.178)

더해도 넘칠 수 없고 덜어도 허물어지지 않으니

益不可盈 損不可虧

---

177) 我者 卽法身眞我也 金石流而不焦者 劫火壞時 金石流散 此不可焦 蓋由眞
體無相故 又用無勤勞者 由眞心無念故 紜紜自彼者 身智之事 自屬受化之機非
法身 如是此破有畢
〔성인은 모습 아닌 모습으로 참몸을 삼고 마음 아닌 마음으로 참마음 삼음
을 보임.〕

178) △二破無
次破前無餘之執 前說身智爲患 今直非之 八極者 四方四維身智尙無 況有患難
耶

덞에는 반드시 더하는 바가 있고 참으로 바탕이 있다면 반드시 없애는 바가 있다. 앞에 이미 있음이 없으니[無有] 여기서는 반드시 없음도 없다[無無]. 있음이 있음 아니므로 더해도 차지 않고, 없음이 없음 아니므로 덜어도 허물어지지 않는다. 아래 꾸짖어 말한다.179)

어찌 다시 길 가운데서 설사를 앓았으며, 목숨이 두 사라나무[雙樹]에서 다하고 신령함이 하늘왕의 관[天棺]에서 다했을 것이며, 몸이 다해 불에 탔겠는가?

寧復痾癘中遙 壽極雙樹 靈竭天棺 體盡焚燎者哉

'어찌 다시'란 어찌 이런 일이 있겠는가 라고 꾸짖는 말이다.

『니르바나수트라』는 말한다. "붇다께서 파리니르바나 하시려 하며 길 가운데서 설사[痢]를 앓았다." 『이아』에 말한다. "길에 아홉 가닥의 이름[九達]이 있음을 규(達)라 한다."

두 그루 나무[雙樹]란 곧 사라나무[娑羅樹]이다. 여기 말로 굳셈인데 네 쌍 여덟 그루[四雙八隻]이니 넷은 우거지고[四榮] 넷은 메말랐다[四枯]. 이는 네 덕[四德]으로 네 뒤바뀜[四倒] 깨뜨림을 나타낸다. 여래께서 그 가운데 머리는 서(西)로 향하고 얼굴은 남을 향하며 오른 옆구리로 누워 니르바나에 드심을 보여 나타내셨다.

신령함이 다함이란 지혜가 사라짐이다. 몸이 다함이란 몸이 사라짐이다. 하늘왕의 관[天棺]이란 천 겹으로 몸을 싸서 금관 가운데 들이고 다음 은을 싸고 다음 구리를 싸고 다음 쇠로 관을 해 향기로운 기름을 부어 채우니 전륜왕의 장례법[輪王棺法]을 의지해 불

---

179) 損必有所益 眞體有必有所無 前旣無有 此必無無 有非有故益不可盈 無非無故損不可虧 下責云
　　〔더해도 차지 않고 덜어도 허물어지지 않는다는 이 뜻을 파초산 혜정선사(芭蕉山慧情禪師)는 이렇게 말한다.〔拈頌 1187칙〕
　　'그대에게 주장자가 있으면 내가 그대에게 주장자를 주고,
　　그대에게 주장자가 없다면 내가 그대에게서 주장자를 뺏어오겠다.
　　〔你有柱杖子 我與柱杖子 你無柱杖子 我奪你柱杖子〕'〕

을 변화해 태움이다.

경 가운데 널리 기이한 일이 나와 있으니 다 이는 기틀의 보고 들음을 따른 것이라 여래의 몸에 나고 사라짐이 있음을 말한 것이 아니다.180)

(ㄷ) 미혹한 뜻을 맺어 꾸짖음[結責迷情]

> **論** 그런데도 미혹한 자들은 보고 들음의 경계에 있으면서 달리 응해주신 자취를 찾고, 곧은 자[規]와 굽은 자[矩]를 쥐고 큰 방위[大方]를 헤아린다.
>
> 지혜가 지극한 사람[至人]을 힘들게 하고 꼴이 큰 성인[大聖]을 걱정하게 한다 하여, 있음을 버리고 없음에 들어감을 말해, 이로 인해 이것을 진실이라 이름한다. 어찌 들음 밖[聽表]에서 미묘한 말 뽑음[採微言]을 말하고, 빈 땅[虛壤]에서 현묘한 뿌리 뽑아 취함[拔玄根]을 말하겠는가?

㉠ 있음을 꾸짖음[責有]

---

180) 寧復者 責詞何有此事也 泥洹經云 佛將般涅槃 於中路患痾 爾雅曰 路有九 達曰逵 雙樹者 卽娑羅樹 此云堅固 有四雙八隻 四榮四枯 表四德破四倒 如來 於中 頭西面南右脇而臥 示現入滅 靈竭者智滅也 體盡者身滅也 天棺者 以千 疊纏身 內金棺中次銀次銅 次以鐵棺 灌滿香油 依輪王棺法 化火焚之也 經中 廣有異事 皆是隨機見聞 非謂如來體 有生滅也
[네 쌍 여덟 그루에서 네 메마름은 범부 중생의 깨끗하고 즐겁다는 집착 깨기 위해 보인 덧없음·괴로움·나없음·깨끗하지 않음의 네 그루이고, 네 우거짐은 작은 수레의 집착을 깨기 위한 항상함·즐거움·나·깨끗함이다. 두 쌍 여덟 그루 한가운데서 니르바나하셨다는 것은 여래의 니르바나가 덧없음과 항상함의 메마름과 우거짐을 모두 막고 모두 살리는 참 항상함·참 즐거움·참 나·참 깨끗함임을 말한다. 곧 여래는 여덟 그루의 한 복판에서 파리니르바나 하시니 이는 중도인 니르바나의 네 덕[涅槃四德]에서 가심 없이 가심을 나타낸다.]

그런데도 미혹한 자들은 보고 들음의 경계에 있으면서 달리 응해
주신 자취를 찾고

而惑者居見聞之境 尋殊應之迹

  곧 앞에서 펴 보인 남음 있는 행의 모습〔有餘行相〕이니 다 달리
응하신 자취일 뿐이다.181)

곧은 자[規]와 굽은 자[矩]를 쥐고 큰 방위[大方]를 헤아린다.

秉執規矩 而擬大方

  병(秉) 또한 잡음〔執〕이다. 규구(規矩)는 모난 자와 둥근 자이
다. 『노자(老子)』가 말했다. '큰 방위는 모서리가 없으니 모남과
둥긆으로 어찌 헤아려 말하겠는가?'

  이로써 참 몸이 맑아 고요함을 나타내니 모습 있음으로 어찌 가
리켜 보일 수 있겠는가?182)

   ⓛ 없음을 꾸짖음〔責無〕

지혜가 지극한 사람을 힘들게 하고 꼴이 큰 성인을 걱정하게 한다
하여, 있음을 버리고 없음에 들어감을 말해, 이로 인해 이것을 진
실이라 이름한다.

欲以智勞至人 形患大聖 謂捨有入無 因以名之

  이는 앞에 펼친 바 남음 없는 행의 모습〔無餘行相〕을 꾸짖음이다.
이로 인해 이름한다는 것은 있음을 버리고 없음에 들어감을 인해, 바
탕에 돌아가는 진실〔返本眞實〕이라 이름하니 미혹이 심한 것이다.183)

---

181) △三結責迷情 文三 初責有
   卽前所陳有餘行相 皆是殊異應迹耳
182) 秉亦執也 規矩者方圓也 老子曰 大方無隅 方圓豈能擬議 以顯眞身湛寂 有
   相豈能指陳耶
183) △二責無
   此責前所陳無餘行相 因以名之者 因捨有入無 名爲返本眞實 迷之甚也

ⓒ 꾸짖음을 맺음〔結責〕

어찌 들음 밖에서 미묘한 말 뽑음[採微言]을 말하고, 빈 땅[虛壤]
에서 현묘한 뿌리 뽑아 취함[拔玄根]을 말하겠는가?

豈謂探微言於聽表 拔玄根於虛壤者哉

캠[採]과 뽑음[拔]이란 모두 취함이다. 미묘한 말[微言]은 모든
경의 묘한 말[妙言]이니 곧 『비말라키르티경』, 『방광반야경』 등
이다. 현묘한 뿌리[玄根]란 법성의 참된 근원[法性眞源]이다.

빈 땅[虛壤]이란 실답지 않은 땅[不實之土]이니 응하는 모습[應
相]을 비유한 것이다. 앞의 따지는 자가 방편의 모습을 집착하고
변화의 모습에 막히므로 지금 이를 꾸짖는 것이니 어찌 진실한 가
르침의 미묘한 말을 들음 밖[聽表]에서 캘 수 있겠는가? 또 어찌
법성의 현묘한 뿌리[法性玄根]를 응함과 변화 사이[應化之間]에서
취할 수 있겠는가?

위에서 참됨과 응함의 같고 다름 풀이해 가림을 마친다.184)

2) 있음과 없음에 그대로임과 떠남을 가림〔有無卽離辨〕

(1) 있음과 없음으로 따져, 물음을 냄〔有無難出問〕

論 제4. 불러 물음을 냄[徵出]

---

184) △三結責

採拔皆取也 微言者 諸經之妙言也 卽維摩放光等經 玄根者 法性眞源也 虛壤者
不實之土 以喩應相 爲前難者 執權名滯化相故 今責之 豈能探實教微言於聽表
又豈能取法性玄根 於應化之間 上釋眞應異同辨竟
〔니르바나의 현묘함은 보고 들음[見聞]과 빈 땅[虛壤]에 있지도 않고 떠나
지도 않으니 있고 없는 방편의 모습을 취하면 니르바나의 현묘한 뿌리를
캘 수 없다.〕

이름 있는 이〔有名〕가 말했다. 대저 하나로 섞인 근원〔渾元〕이, 갈라 나뉘어져 만 가지 것〔萬有〕은 셋〔三〕으로 나뉘었다.

있음은 이미 있음이라 없어지지 않을 수 없고, 없음은 스스로 없음이 아니라 반드시 있음을 인한다. 이런 까닭에 높고 낮음은 서로 기울이고〔高下相傾〕 있음과 없음은 서로 난다〔有無相生〕. 이것은 스스로 그러한 수〔自然之數〕이니 수는 여기에서 끝이 된다.

이로써 살펴보면 조화의 어머니〔化母〕가 기르는 것이라 이치에는 숨고 드러남이 없다. 그리하여 아득히 넓고 기이하며, 변화하고 괴이함이 있지 않음이 없는 것이다.

있음이 변해 없음이 되니 없음은 없음이 아니다.

그렇다면 있음과 없음의 경계는 이치가 거느려 거두지 않음이 없다.

경은 말한다. "있음과 없음의 두 법〔有無二法〕이 온갖 법〔一切法〕을 거둔다."

① 글의 이름〔章名〕

제4. 불러 물음을 냄

徵出第四

불러 물음〔徵〕이란 미루어 물음이다. 앞글에서 니르바나가 있음과 없음을 벗어난다〔出有無〕고 밝힘으로 인해, 지금 있음 없음 둘을 모두 받아〔雙牒有無〕, 니르바나가 있음과 없음 벗어나는 이치〔出有無之理〕를 미루어 물음이다.185)

② 바로 물음〔正問〕

---

185) △二有無卽離辨二 初有無難出問中二 初章名
　　徵者推問也 因前章明涅槃出有無故 今雙牒有無 而推問涅槃出有無之理也

㈎ 따짐의 실마리를 펼침〔汎敍難端〕

㈀ 널리 펼침〔汎敍〕

이름 있는 이[有名]가 말했다. 대저 하나로 섞인 근원[渾元]이 갈
라 나뉘어져 만 가지 것[萬有]은 셋으로 나뉘었다.

有名曰 夫渾元剖判 萬有參分

　유가의 도〔儒道〕는 다섯 운행〔五運〕의 앞, 하늘 땅이 아직 나뉘
지 않음〔天地未分〕을 사무쳤다. 하늘과 땅 사람의 삼재(三才)가 섞
이어 한기(一氣)가 되므로 섞인 근원〔混元〕이라 하고 또한 섞인
덩어리〔混沌〕라 한다. 맑음과 흐림〔淸濁〕을 갈라 나뉨에 이르러서
는 곧 맑아 오르면 하늘〔天〕이라 하고 흐려 떨어지면 땅〔地〕이라
한다. 기(氣)가 가운데 어울리면 사람〔人〕이라 한다.

　곧 삼재(三才)가 움직임을 열어 만 가지 것은 셋〔三〕을 지나지
않으니 셋으로 나눈다.186)

있음은 이미 있음이라 없어지지 않을 수 없고, 없음은 스스로 없음
이 아니라 반드시 있음을 인한다. 이런 까닭에 높고 낮음은 서로
기울이고[高下相傾] 있음과 없음은 서로 난다[有無相生]. 이것은
스스로 그러한 수[自然之數]이니 수는 여기에서 끝이 된다.

**有既有矣 不得不無 無不自無 必因於有 所以高下相傾 有無相生 此
乃自然之數 數極於是**

　삼재(三才)는 이 있음이라 있음을 마주해 없음을 세우니, 있음과
없음 가운데서, 다시 잠깐 있다 없어지며, 높았다 낮아져서 서로

---

186) △正問二 初汎敍難端中二 初汎敍
　　儒道窮五運之前天地未分 三才渾爲一氣 故曰混元 亦於混沌 至於剖判淸濁 則
　　淸昇曰天 濁隆曰地 和氣於中曰人 則三才啓運 萬物不過三 而分之也
　　〔삼재: 음과 양, 음과 양의 하나로 어울림을 하늘과 땅 사람〔天地人〕의 삼재
　　(三才)로 보인 것이다.〕

향하고 서로 난다[相向相生]. 이것이 곧 사물 이치[物理]의 수이니
스스로 그러함[自然]이 이와 같아, 억지로 시킴이 아니다.187)

이로써 살펴보면 조화의 어머니[化母]가 기르는 것이라 이치에는
숨고 드러남이 없다.

以此而觀化母所育 理無幽顯

　『도경(道經)』에서는 말한다.

　"이름 없음[無名]이 하늘과 땅의 비롯함이요 이름 있음[有名]이
만 가지 것의 어머니이다."

　어머니란 어머니 사람[母人]에게 '나서 기름의 뜻[生育義]'이 있
기 때문이다. 아직 하늘 땅 사람 삼재(三才)의 이름과 글자가 있기
전에는 이것이 만 가지 변화의 바탕[變化之本]이다. 지금 이 이치
를 살피니 숨고 드러나는 만 가지 것[幽顯萬物]을 거느려 거두지
않음이 없다.188)

그리하여 아득히 넓고 기이하며, 변화하고 괴이함이 있지 않음이
없는 것이다.

恢憰恑怪無非有也

　『장자(莊子)』에 말했다.

---

187) 三才是有 對有立無 於有無中 復暫有無 或高或下 相向相生 此則物理之數
　　自然如是 非彊使之
　　〔온갖 있는 것의 수가 서로 의지하니 이것이 사물 이치의 끝이다. 법상(法相)
　　으로 말하면 수는 마음도 아니고 물질도 아니되 마음과 물질 떠나지 않고 인
　　연으로 세워지는 법[分位唯識, 不相應行法]이니 그 법은 있되 공한 법이다.〕
188) 道經云 無名天地之始 有名萬物之母 母者母人有生育義故 未有三才名字之
　　前 此爲變化之本 今觀此理 幽顯萬物 無不統攝也
　　〔도경의 말을 기신론의 뜻에 대비하면, 이름 없음은 고요한 한마음[寂滅一
　　心]이고, 만 가지 것의 어머니는 한마음이 곧 여래장인 뜻[一心如來藏義]에
　　연결 지을 수 있다.〕

"넓고 기이하며, 변화하고 괴이함의 도가 통하여 하나가 된다."

이는 곧 그 변하고 괴이하여 꼴을 달리해, 곱고 못남으로 차별됨이, 있음[有]에 속하지 않음이 없고, 또한 있음과 없음이 거두는 바[有無所攝]에 지나지 않음을 말하고 있다.189)

있음이 변해 없음이 되니 없음은 없음이 아니다.

有化而無 無非無也

있음이 뒤에 변화하고 변화해 다시 없음에 돌아가니 없음은 없음에 속하지 않는다.190)

그렇다면 있음과 없음의 경계[有無之境]는 이치가 거느려 거두지 않음이 없다.

然則有無之境 理無不統

삼재(三才)는 드러남[顯]에 속하고, 변해 괴이함은 숨음[幽]에 속하는데, 모두 있음과 없음에 지나지 않기 때문에, 모습 없는 이치[理]가 거느려 거두지 않음이 없다.

그 뜻은 곧 진실한 니르바나[眞實涅槃] 또한 없음[無]이 거느리는 바에 지나지 않음을 말한다.191)

(ㄴ) 증명을 이끎[引證]

---

189) 莊子云 恢恑憰怪道通爲一 此則言其變怪殊形好醜差別 無不屬有 亦不過有無所攝

190) 有而後化 化復歸無 無不屬無

191) 三才屬顯變怪屬幽 竝不過有無故 理無不統 意謂眞實涅槃 亦不過無之所統〔니르바나가 없다는 뜻이 아니라 있고 없음의 법[有無法]으로 보면, 나고 죽음이 실로 있다 함에 상대해, 나고 죽음이 없는 니르바나를 세웠으므로 없음에 거두어진다고 한 것이니, 니르바나는 실로 있음도 아니고 실로 없음도 아닌 중도의 뜻이다.〕

경은 말한다. "있음과 없음의 두 법이 온갖 법을 거둔다."

經云 有無二法 攝一切法

이는 앞이 바른 앎의 판단[量]이 됨을 증명한다.192)

(나) 따지는 뜻을 바로 폄[正伸難意]

論 또 세 함이 없음[三無爲]이라 일컫는 것은 허공(虛空), '수로 생각함이 다함[數緣盡]', '수로 생각함 아닌 다함[非數緣盡]'인데, 수로 생각함이 다함이 곧 니르바나이다.

그런데도 논하여 말했다. "있음과 없음 밖에[有無之表] 따로 묘한 도가 있어 있음과 없음을 묘하게 하니[妙於有無] 이를 니르바나라 한다.

묘한 도의 바탕을 캐서 찾도록[覈妙道之本] 청하니 만약 참으로 있다면 비록 묘하되 없음이 아니다. 비록 묘하되 없음이 아니면 곧 있음의 경계[有境]에 들어감이다.

참으로 만약 없다면 없음은 곧 차별 없음[無差]이다. 없음이 차별 없음이면 곧 없음의 경계[無境]에 들어간다.

모아서 거두고 나아가 살피면, 있음과 다름이 있지 않다면 없음이 아니고[非無], 없음과 다름이 있지 않다면 있음이 아닌 것[非有]은 분명하다.

그런데도 있음과 없음 밖에 따로 묘한 도[妙道]가 있어, 있음도 아니고 없음도 아님 이를 니르바나라 한다고 말하니 나는 그 말을 들으나 곧 마음에 맞지 않는다.

(ㄱ) 경으로 이끌어 나타내 가리킴[引經標指]

---

192) △二引證
此證前爲量

또 세 함이 없음[三無爲]이라 일컫는 것은

又稱三無爲者

　히나야나(hinayāna, 小乘)는 함이 없음에 셋을 말하고, 법상종
(法相宗)은 여섯을 말하는데 지금은 작은 수레의 사람[小乘人]을
잡아 물음을 이룬다.193)

허공

虛空

　하나는 큰 허공[太虛]이니 나고 머물며 달라지고 사라짐이 아니
기 때문에 '허공의 성품[性]'이 지어서 함을 떠났다[性離作爲].194)

수로 생각함이 다함

數緣盡

　둘은 수로 생각함이 다함이니 수(數)는 곧 지혜[智]이다. 지혜로
생각함을 삼아 모든 미혹을 가려서 '사라져 다한 진리[滅盡理]'를
나타내니 곧 '가려 없애는 함이 없음[擇滅無爲]'이다.195)

수로 생각함 아닌 다함인데

---

193) △二正伸難意文三 初引經標指
　小乘說無爲有三相宗說六 今約小乘人致問也
　〔여기서 세 함이 없음은 설일체유부종(說一切有部宗)의 견해로서 허공무위
　(虛空無爲), 가려 없애는 무위[擇滅無爲], 가려 없애지 않는 무위[非擇滅無
　爲]의 세 무위를 말한다. 유식불교에서 여섯 함 없음은 함 있음을 깨기 위
　해 거짓 세워진 법이다.〕
194) 一也 太虛非生住異滅故 性離作爲
195) 二也 數卽智也 以智爲緣 揀擇諸惑 顯滅盡理 卽擇滅無爲也
　〔수로 생각함이 다함은 있음을 따라 생각함을 떠나는 것으로 함이 없음을
　삼는 것인데 이는 있음을 떠나 없음에 돌아가는 것이므로 히나야나에서 치
　우친 니르바나의 뜻이다.〕

非數緣盡

셋은 곧 '가려 없애지 않는 함이 없음[非擇滅無爲]'이다. 지혜의
수를 빌어 가려 없애지 않고 사라져 다함을 얻음이다. 아라한과 같
이, 길이 삼계 괴로움의 과보를 떠나면 과보는 가려 끊음[擇斷]이
아니므로 '가려 없앰이 아님[非擇滅]'이라 한다. 다만 번뇌 모아냄
의 원인[集因: 集諦]을 끊는 것은 '가려 없앰[擇滅]'이다.196)

수로 생각함이 다함이 곧 니르바나이다.

數緣盡者 即涅槃也

가려 없앰이 나타낸 바[擇滅所顯]를 가리켜, 진실한 함이 없음
[眞實無爲]을 삼음이다. 그렇다면 앞은 곧 있음과 없음의 두 모습
을 모두 집착해[雙執有無] 참됨을 삼는 것이고, 지금은 곧 이미 모
습 있음이 참됨이 아님을 알기 때문에 모습 있음이 반드시 실다움
인가 의심한다. 비록 곧 있음을 버려 없음을 취하지만 뜻은 또한
두 모습[二相] 지나지 않음을 말하기 때문이다. 그러니 함이 없음
[無爲]이 어찌 있음과 없음 떠나는가 꾸짖는 것이다.197)

---

196) 三也 即非擇滅無爲 不假智數擇斷而得滅盡 如阿羅漢 永離三界苦果 果非
擇斷故 云非擇滅 但斷集因 即擇滅也
〔아라한의 과보로서의 니르바나는 있음을 끊고 증득한 함이 없음이므로 가
려 끊음이 없는 것이다.〕

197) 標指擇滅所顯 以爲眞實無爲之義 然前即雙執有無二相爲眞 今則已知有相
非眞故 疑無相必實 雖則捨有取無 意謂亦不過二相故 責無爲何離有無也
〔히나야나의 무위법은 곧 존재를 이루는 모든 법의 실체를 인정하는 유부종
(有部宗: 說一切有部)의 주장으로 나고 사라짐의 함이 있음이 없는 함 없
음으로 니르바나를 말한 것이니 이는 있음을 버려 없음을 취하는 견해이다.
그러나 있음과 없음의 진실을 살피면 없음은 실로 없음이 아니라 참된 공
으로 있음을 머금는 없음이고 있음은 참으로 있지 않음이 아니라 있음 아
닌 있음이다. 그러므로 온갖 법은 있음과 없음 두 경계를 떠나지 않으나 니
르바나는 있음과 없음을 떠나지 않되 머물지도 않는다.〕

(ㄴ) 떠나는 뜻 미루어 구함〔推求出意〕

그런데도 논하여 말했다. "있음과 없음 밖에 따로 묘한 도가 있어
而論云 有無之表 別有妙道

　앞에서 말했다. "있음과 없음의 영역 참으로 벗어나면〔果出有無
之域〕198)

있음과 없음을 묘하게 하니 이를 니르바나라 한다.
妙於有無謂之涅槃

　묘함이란 사유할 수 없고 말할 수 없기 때문〔不可思議故〕이니,
있음과 없음으로 사유하고 말할 수 없으면, 이를 묘한 도〔妙道〕라
말한다.199)

묘한 도의 바탕을 캐서 찾도록 청하니
請覈妙道之本

　이름 없는 이에게 청함이니 그 바탕을 살펴서 캐면 반드시 있음
과 없음을 지나지 않는다.200)

만약 참으로 있다면 비록 묘하되 없음이 아니다. 비록 묘하되 없음
이 아니면 곧 있음의 경계[有境]에 들어감이다.
果若有也 雖妙非無 雖妙非無 即入有境

　이는 앞에 비록 없지만 있다고 말함을 받은 것이니 없지 않음을
말한 것이라 이를 따지는 것이다.

　도(道)가 만약 있음이라면 묘함[妙]은 없지 않음[非無]에 국한되

198）△二推求出意
　　前云果出有無之域
199）妙者不可思議故 不可以有無思議 謂之妙道
200）請無名者 研覈其本 必不過於有無

고, 없지 않음의 묘함이란 곧 있음[有]에 들어간다. 그러므로 없지 않음이 곧 있음이 됨을 알아야 한다.201)

참으로 만약 없다면 없음은 곧 차별 없음[無差]이다. 없음이 차별 없음이면 곧 없음의 경계[無境]에 들어간다.

果若無也 無即無差 無而無差 即入無境

또 앞에 비록 있지만 없다고 말한 것은, 있지 않음을 다시 따져서 말한 것이다. 도(道)가 만약 없음이라면, 묘함은 차별 없음[無差]에 있으니 차별 없는 묘함은 곧 없음[無]에 들어갈 것이다.202)

모아서 거두고 나아가 살피면, 있음과 다름[異有]이 있지 않다면 없음이 아니고[非無], 없음과 다름[異無]이 있지 않다면 있음이 아닌 것[非有]은 분명하다.

總而括之即而究之 無有異有而非無 無有異無 而非有者明矣

이름 있는 이[有名者]는 있음 아니고 없음 아니라는 글을 모아, 차차 거두고 미루어 살피니 묘한 도의 바탕[妙道之本]은 이와 같다. 있음이 없다는 것은 그럴 수 없음[不可]이다. 다름이란 아님이니[非也] 있음 아니라[非有] 또 없음 아닐 수[非無] 없는 것이고, 또 없음이 아니라[非無] 또 있음 아닐 수[非有] 없는 것이다.

묘함이 없음 아님에 있으면 반드시 있음이고, 묘함이 있음 아님에 있으면 반드시 없음이다. 이는 곧 '있음 아니고 없음 아닌 미묘한 도[微妙之道]'가 있음과 없음의 뜻 지나지 않음[不過有無義]이 이미 분명한 것이다.203)

---

201) 此牒前云雖無而有 所謂非無乃徵之也 道若是有妙局非無 非無之妙 即當入有 故知非無即是有也
202) 又前云雖有而無 所謂非有復徵之也 道若是無妙在無差 無差之妙 即當入無
203) 有名者 總以非有非無之文 搜括推究 妙道之本如是也 無有者 不可也 異者非也 不可非有 又非無 又不可非無又非有 妙在非無則定有 妙在非有則定無

(ㄷ) 이치 아님 맺어 꾸짖음[結責非理]

그런데도 있음과 없음 밖에 따로 묘한 도[妙道]가 있어 있음도 아
니고 없음도 아님 이를 니르바나라 한다고 말하니

而曰有無之外 別有妙道 非有非無 謂之涅槃

　　앞에서 '있음과 없음 벗어난다'고 말함을 받음204)

나는 그 말을 들으나 곧 마음에 맞지 않는다.

吾聞其語 未即於心也

　　이 말을 알지 못하기 때문이다. 곧[卽]이란 계합함이다.205)

(2) 둘을 모두 벗어나되 떠나지 않음으로 답함[雙超不離答]

┌─────────────────────────────────────┐
│ 論　제5. 경계 벗어남[超境]   │
│   │
└─────────────────────────────────────┘

─────────────────────

則非有非無 微妙之道 不過有無義已明矣
〔있음 아니라는 뜻을 없음이라 하고, 없음 아니라는 뜻을 있음이라고 하면
이는 있음과 없음의 경계 벗어나지 못한 것이다. 있음과 없음을 떠나도 묘
한 도가 아니고 머물러 있어도 묘한 도가 아니라. 떠남과 같음이 모두 연기
중도의 뜻이 아닌데 이 치우친 뜻을 집착하므로 의문이 들어 따짐이다.〕
204) △三結責非理
牒前所言出有無也
〔있음이 있음 아닌 있음이고 없음이 없음 아닌 없음이라 있음과 없음의 진
실이 니르바나이다. 묘한 도가 있음과 없음에 있지도 않고 벗어나지도 않는
뜻을 알지 못해 의심하는 것이다.〕
205) 未解此語故 卽者契也
〔속제가 있음과 없음의 법이라 함은 인연이 모여 일어남을 있음이라 하고
인연이 다해 사라짐을 없음이라 하기 때문이다. 그러므로 있음 아니고 없음
아님은 있되 실로 있음이 아니고 없되 실로 없음이 아닌 뜻이 연기의 진실
한 뜻[緣起實義]임을 보인 것이다. 이 연기 중도의 뜻이 니르바나의 뜻인데
이 뜻을 아직 알지 못해 이름 있는 이가 의심을 일으킴이다.〕

이름 없는 이〔無名〕가 말했다. 있음과 없음의 수〔有無之數〕는 참으로 법에 거두지 못함이 없고 이치에 거느리지 못함이 없다. 그러나 그 거두는 바는 속제(俗諦)일 뿐이다.

경은 말한다.

"진제(眞諦)는 무엇인가? 니르바나(nirvāṇa)의 도가 이것이다. 속제는 무엇인가? '있음과 없음의 법'이 이것이다."

왜냐하면 있음이란 없음에 있음이고 없음이란 있음에 없음이기 때문이다.

없음을 있게 하니 그런 까닭에 있음이라 일컬으며, 있음을 없게 하니 그런 까닭에 없음이라 일컫는다.

그렇다면 있음〔有〕은 없음〔無〕에서 나고, 없음〔無〕은 있음〔有〕에서 나니, 있음을 떠나 없음이 없고 없음을 떠나 있음이 없다.

있음과 없음은 서로 나니〔有無相生〕 그것은 마치 높고 낮음이 서로 기울이는 것〔高下相傾〕과 같아, 높음이 있으면 반드시 아래가 있고 아래가 있으면 반드시 높음이 있다.

그러면 곧 있음과 없음이 비록 다르나, 함께 같이 있음〔有〕을 벗어나지 못하는 것이다.

이것이 말과 모습〔言象〕이 꼴 되는 까닭이며 옳고 그름〔是非〕이 나는 까닭이다.

어찌 넉넉히 이로써 그윽이 깊어 지극함〔幽極〕을 거느릴 수 있으며 신그러운 도〔神道〕를 헤아릴 수 있겠는가?

① 글의 이름〔章名〕

제5. 경계 벗어남

超境第五

초(超)는 벗어남이다. 경계〔境〕는 빛깔〔色〕 등 아는 바 여섯 티

끝[六塵]이다. 계(界)는 위에서 따진 것이다. 먼저 있음과 없음의
이름과 모습으로 참됨을 구하고, 다음은 있음과 없음 벗어난[出有
無] 까닭을 물어 따진다.

지금은 참 바탕을 드러내니 빛깔과 소리의 망녕된 경계[色聲妄境]
를 벗어나기 때문에 응함과 변화로 참됨을 삼을 수 없는 것이다. 그
러므로 앞에서는 참으로 있음과 없음의 영역[有無之域] 벗어남을 '경
계 벗어남[超境]'이라 말했으니 만약 물질의 성품이 본래 고요한 줄
알면[色性本寂] 있음과 없음이 원래 참됨[有無元眞]이기 때문이다.
아래에 이렇게 말한다.

"어찌 있음과 없음 밖에 하나의 있음이 따로 있다 말할 수 있겠
는가?"

그러므로 과목에서는 '둘을 모두 벗어나되 떠나지 않음[雙超不
離]'이라 말한 것이다.206)

② 바로 답함[正答]

㈎ 따짐을 깨뜨림[破凡難]

㈀ 놓아주고 빼앗아 깨뜨림[縱奪破]

이름 없는 이[無名]가 말했다. 있음과 없음의 수[有無之數]는 참
으로 법에 거두지 못함이 없고 이치에 거느리지 못함이 없다.

---

206) △二雙超不離答 文二 初章名
超出也 境謂色等六塵 界上難者 先以有無名相求眞 次徵出有無之所以 今顯眞
體 超出色聲妄境故 不可以應化爲眞 故前云果出有無之域 乃曰超境 若了色性
本寂有無元眞故 下云豈曰有無之外別有一有而可稱哉 故科曰雙超不離也
〔인연으로 있는 온갖 법이 있음과 없음의 두 경계에 지나지 않지만 있음이
있음 아니고 없음이 없음 아니므로 실로 있음과 실로 없음의 경계 벗어나
야 니르바나의 묘한 도임을 말한다. 그러나 있음과 없음을 떠나지 않아야
니르바나이니 곧 있음과 없음을 모두 막고 모두 비추어야[雙遮雙照有無]
니르바나의 묘한 도임을 말하고 있다.〕

無名曰有無之數 誠以法無不該 理無不統

여기〔此〕는 놓아줌〔縱〕이다. 성(誠)은 참으로〔實〕이다. 법은 곧 만 가지 법이고 이치는 사물의 이치〔物理〕를 말한다. 앞에 이름 있는 이〔有名者〕가 말한 것은, 있음과 없음〔有無〕이 실로 모든 법의 도리를 거둠이니 남〔生〕은 곧 있음〔有〕이 거두고 사라짐〔滅〕은 없음〔無〕에 돌아가기 때문이다.207)

그러나 그 거두는 바는 속제(俗諦)일 뿐이다.

然其所統俗諦而已

탈(奪)은 깨뜨림〔破〕이다. 속제는 연을 좇으므로〔俗諦從緣故〕 있음과 없음이 거둘 수 있다. 곧 앞의 글이 밝힌 것은 다만 속제로 참됨을 따짐일 뿐이다.208)

(ㄴ) 경을 이끌어 깨뜨림〔引經破〕

㉠ 경을 이끎〔引經〕

경은 말한다.

"진제(眞諦)는 무엇인가? 니르바나의 도가 이것이다.
속제는 무엇인가? 있음과 없음의 법이 이것이다."

經曰 眞諦何耶 涅槃道是 俗諦何耶 有無法是

다 위 구절은 물음이고 아래 구절은 답이다. 비록 진속의 두 진리〔眞俗二諦〕가 그대로도 아니고 떠나지도 않지만 따지는 자가 속제를 진제에 섞어 묻기 때문이다. 지금 경을 이끎이고 또 그대로가 아닌 문〔不卽門〕에 나아가 보임이다. 니르바나는 여기 말로 함이

---

207) △二正答 文二 初破汎難三 初縱奪破
　　此縱也 誠實也 法卽萬法 理謂物理 前有名者 所陳有無 實能該統諸法道理 生則有攝 滅則歸無故

208) 奪破也 俗諦從緣故 有無可統 則知前章所明 但以俗難眞耳

없음〔無爲〕이라 하는데 이미 '나고 머물고 달라지고 사라지며, 하고 짓는 모습〔爲作之相〕'이 없으니 진제(眞諦)를 어찌 있음과 없음이 거둘 수 있겠는가? 그러므로 앞에서 '있음과 없음이 거둘 수 있다한 것'은 속제(俗諦)인 줄 알아야 한다.209)

ⓛ 미루어 풀이함〔推釋〕

왜냐하면(왜 있음과 없음을 속제라 하는가) 있음이란 없음에 있음이고 없음이란 있음에 없음이기 때문이다.

何則(何謂有無是俗諦耶)**有者有於無 無者無於有**

없다가 홀연히 있으므로 없음에 있음이라 하고, 있다가 홀연히 없으므로 있음에 없음이라 한다.210)

없음을 있게 하니 그런 까닭에 있음이라 일컬으며, 있음을 없게 하니 그런 까닭에 없음이라 일컫는다.

有無所以稱有 無有所以稱無

그 없음을 있게 하므로 있음이라 하고, 그 있음을 없게 하므로 없음이라 한다.211)

그렇다면 있음은 없음에서 나고(없음을 인해 있음을 내고) 없음은 있음에서 나니, 있음을 떠나 없음이 없고 없음을 떠나 있음이 없다. 있음과 없음은 서로 나니[有無相生] 그것은 마치 높고 낮음이 서

---

209) △二引經破 文三 初引經
皆上句問 下句答 雖眞俗二諦不卽不離 然而難者 以俗混眞爲問故 今引經 且就不卽門以示之 涅槃此曰無爲 旣無生住異滅爲作之相 眞諦豈有無可攝也 故知前說有無能統者 卽俗諦
210) △二推釋
無而忽有故曰有於無 有而忽無故曰無於有
211) 有其無故稱有 無其有故曰無

로 기울이는 것[高下相傾]과 같아

然則有生於無(因無生有) 無生於有 離有無無 離無無有 有無相生 其猶
高下相傾

경(傾)은 빼앗음[奪]이다. 마치 높고 낮음이 서로 모습을 빼앗는
것과 같다.212)

높음이 있으면 반드시 아래가 있고 아래가 있으면 반드시 높음이
있다.

有高必有下 有下必有高矣

ⓒ 그름을 맺음[結非]

그러면 곧 있음과 없음이 비록 다르나 함께 같이 있음[有]을 벗어
나지 못하는 것이다.

然則有無雖殊 俱未免於有也

있음을 있다 하므로 없음을 있게 하여, 있음을 지나지 못하는 것
이다. 마주해 기다림[對待]에 거두어지기 때문이니 이를 속제(俗
諦)라 할 뿐이다.213)

ⓒ 맺어 꾸짖음[結責]

이것이 말과 모습[言象]이 꼴 되는[形] 까닭이며, 옳고 그름[是非]
이 나는[生] 까닭이다.

此乃言象之所以形 是非之所以生

이[此]는 허물을 넘이니 꼴이 나타남이다. 있음과 없음을 인하므

---

212) 傾奪也 似高下相形奪也
213) △三結非
　　有有故有無 乃不過有 爲對待所攝故 曰俗諦耳

로 말과 모습이 나타날 수 있고, 옳고 그름이 날 수 있는 것이다.
아래는 꾸짖음이다.214)

어찌 넉넉히 이로써 '그윽이 깊어 지극함[幽極]'을 거느릴 수 있으
며 '신그러운 도[神道]'를 헤아릴 수 있겠는가?
豈足以統夫幽極 而擬夫神道者乎

그윽이 깊어 지극함이란 '함이 없음의 진리[無爲之理]'이니 그윽
이 깊음이 끝에 이른 것이다. 신그러운 도는 도(道)가 '사유할 수
없고 말할 수 없으므로' 신그럽다[神] 하니 어찌 '말과 모습, 옳고
그름의 이치'가 이를 거느릴 수 있겠는가?215)

(나) 바름을 답하고 따짐[答正難]

> **論** 이러므로 논(論)이 '있음과 없음 벗어난다'고 일컫는 것은 참
> 으로 있음과 없음의 수가 여섯 경계 안에 그치면 여섯 경계 안
> 이라, 니르바나의 집[涅槃之宅]이 아님이다. 그러므로 벗어남을
> 빌어서[借出] 이를 버리는 것이다.
> 바라노니 도를 구하는 무리들은 '그윽한 진리의 길에 가까우니
> [髣髴幽途]' 물든 뜻[情]을 끊어진 영역[絶域]에 맡기어, 뜻[意]
> 을 얻으면 말을 잊고, '있음이 아니고 없음이 아님'을 체달해야
> 한다. 그러니 어찌 있음과 없음 밖에 하나의 있음[一有]이 따로
> 있다고 일컬을 수 있겠는가?
> 경은 말한다. "세 가지 함이 없음[三無爲]이란 대개 이는 중생

---

214) △三結責
　　此出過也 形現也 因有無故 言象可現 是非可生 下責云
215) 幽極者 無爲之理 幽深以至於極 神道者 道不可思議故曰神 豈以言象是非
　　之理 而統之耶

이 어지럽게 얽혀 두터운 걱정거리를 내, 두터운 걱정거리가 더
욱 심해지는 것은 있음[有]보다 앞선 것이 없기 때문이다."
　있음을 끊는 말은 없음[無]보다 앞선 것이 없다
　그러므로 없음을 빌어[借無] 그 있지 않음[非有]을 밝힌 것이니
그 있지 않음[非有]을 밝힌 것이 없음[無]을 말한 것이 아니다.

(ㄱ) 앞 글의 뜻을 밝힘[明前章意]
이러므로 논(論)이 '있음과 없음 벗어난다'고 일컫는 것은
是以論稱出有無者
　앞의 '바탕에 자리함[位體]'에서 논이 '참으로 있음과 없음 벗어난
다'고 말한 것은216)

참으로 있음과 없음의 수가 여섯 경계 안에 그치면
良以有無之數 止乎六境之內
　바탕을 캠[覈體] 가운데서 편 바 '있음과 없음의 두 모습은 빛깔
등 여섯 경계를 지나지 않는다.'고 함이다.217)

여섯 경계 안이라 니르바나의 집[涅槃之宅]이 아님이다.(응함과 변화는
진실이 아니기 때문이다) 그러므로 벗어남을 빌어서 이를 버리는 것이다.
六境之內 非涅槃之宅(應化非眞實故) 故借出以祛之
　거(祛)는 버림이다. '바탕에 자리함[位體]'에서 벗어남[出]이라
말한 것은 벗어남을 빌어서 버림이고 '바탕을 캠[覈體]' 가운데서는
응함에 집착하는 미혹[執應之惑]이다.218)

---

216) △二答正難三 初明前章意
　　前位體論云果出有無也
217) 覈體中所陳有無二相 不過色等六境
218) 祛遣也 位體中言出 乃假借之以遣 覈體中執應之惑

(ㄴ) 경계 벗어남을 바로 나타냄〔正顯超境〕

바라노니 도를 구하는 무리들은 그윽한 진리의 길에 가까우니〔髣髴
幽途〕물든 뜻〔情〕을 끊어진 영역〔絶域〕에 맡기어, 뜻〔意〕을 얻으
면 말을 잊고

庶悕道之流 髣髴幽途 託情絶域 得意忘言

집착 떠남을 모아 권함이다. 서(庶)는 바람〔望〕이고 희(悕)는 구
함이다. 방불(髣髴)이란 가까움〔近〕이다. 그윽한 길〔幽途〕이란 바른
도이다. 뜻을 맡김이란 마음을 부침이다. 도를 바라 구하는 사람은,
뜻의 집착〔情執〕에 맡겨, 참된 뜻〔眞旨〕을 멀리할 수 없다. 그러니
반드시 '있음이 아니고 없음이 아닌 바른 앎'으로 바른 도에 가까이
해, 바른 마음을 여섯 티끌이 끊어진 경계에 부치어 뜻 길〔意趣〕을
얻고, '있음과 없음 벗어난다는 말'마저 없애면 참으로 도를 구할 수
있다.219)

있음이 아니고 없음이 아님을 체달해야 한다.

體其非有非無

이는 바른 앎을 보임이다. 체달함〔體〕은 앎이다. 참되고 항상한
법의 바탕〔眞常法體〕은 '응함과 변화〔應化〕그대로이되 있음과 없
음, 소리와 빛깔로 미루어 구할 수 없으니' 바야흐로 체달해서 아
는 것이다.220)

〔온갖 변화의 일은 바탕에 자리하니〔位體〕 변화가 바탕 떠나 있다 집착하면
진여 그대로의 일을 알지 못하고, 응함의 바탕을 캐면〔覈體〕진여이니 응함
을 집착하면 참에 이를 수 없다.〕

219) △二正顯超境
　　總勸離執也 庶望也 悕求也 髣髴者近也 幽途者正道也 託情者寄心也 望求道之
　　人 不可任情執 而遠眞旨 當以非有非無正解 髣髴近於正道 寄解心於絶六塵之
　　域 得意趣而亡出有無之言 固可求道矣
220) 此示正解也 體解也 眞常法體 卽應化而不可以有無聲色推求 方爲體解

(그러니) 어찌 있음과 없음 밖에 하나의 있음[一有]이 따로 있다고
일컬을 수 있겠는가?

豈曰有無之外 別有一有 而可稱哉

　이는 떠나지 않는 뜻을 밝힌 것이다. 만약 응함 그대로 참됨[卽
應而眞]이라면, 참됨이 응함을 떠나지 않으므로 있음과 없음의 모
습 밖에 따로 참 붇다의 바탕[眞佛之體]이 있지 않은 것이다.221)

　(ㄷ) 앞의 경의 뜻을 보임[示前經意]

경은 말한다. "세 가지 함이 없음(앞에서 이끈 경이다)이란 대개 이는
중생이 어지럽게 얽혀 두터운 걱정거리를 내, 두터운 걱정거리가
더욱 심해지는 것은 있음[有]보다 앞선 것이 없기 때문이다."

經曰 三無爲者(前引之經也) 蓋是羣生紛繞 生乎篤患 篤患之尤 莫先於有

　이는 경의 뜻을 밝힘이다. 어지러이 얽힘이란 망녕된 마음이 어
지러이 날고, 뭇 미혹이 얽혀 싸, 두텁고 무거운 것이다. 걱정거리
[患]는 해로움이니 곧 선악 등의 업이다. 망녕되이 움직임으로 말
미암아 업을 지어 갚음을 받으므로 두터운 걱정거리라 말한다. 그
허물의 근본 원인을 미루어 보면 있음을 집착하여[執有] 일어난
것이다.222)

있음을 끊는 말은 없음보다 앞선 것이 없다.

絕有之稱 莫先於無

　경에서 함이 없음[無爲]을 말해 참됨을 삼는 것은, 함이 있는 미

---

221) 此明不離義 若卽應而眞 眞不離應故 非有無相外 別有眞佛之體
222) △三示前經意
　此明經意 紛繞者 妄心紛飛衆惑纒遶篤重也 患害也 卽善惡等業也 由妄動故 造
　業受報 故曰篤患 推其過尤本因 執有而興
　〔무명과 번뇌의 뿌리는 인연으로 일어난 어떤 것의 있음을 실로 있음으로
　집착함이 그 바탕이 됨을 말한다.〕

혹의 업[有爲惑業]을 끊으려 함이다. 그러므로 방편의 가르침인 세 수레[權敎三乘]는 다 미혹의 업 가려 끊음을 말하니, 길이 괴로움의 과[苦果]를 떠나 함이 없음[無爲]을 증득하면 바야흐로 진실이 된다.223)

그러므로 없음을 빌어[借無] 그 있지 않음[非有]을 밝힌 것이니
故借無以明其非有

없음을 빌어 진실을 삼으니, 있음을 깨뜨리는 것은 뒤바뀜이기 때문이다.224)

그 있지 않음[非有]을 밝힌 것이, 없음[無]을 말한 것이 아니다.
明其非有 非謂無也

경 가운데서 그 '허망하여 있지 않음'을 밝힌 것이 없음이 진실임을 말한 것이 아니다. 또 세 수레의 사람[三乘之人]이 만약 '함이 있음[有爲]'이 있음이 아님을 밝히고, 다시 법성의 참되고 항상함[法性眞常]을 알면, 끊어져 사라져서 없음[斷滅之無]을 말한 것이 아니므로 방편의 경[權經]을 집착해, 진실의 뜻[實旨]이라 의심할 수 없다.225)

---

223) 經說無爲爲眞 欲絶有爲惑業故 權敎三乘 皆說擇斷惑業 永離苦果 而證無爲 方爲眞實
224) 假借無爲眞實 以破有爲顚倒
225) 經中明其虛妄非有 非謂無是眞實 又三乘之人 若明有爲非有 更當了法性眞常 非謂斷滅之無故 不可執權經疑實旨也
　［방편의 경이란 중생이 나를 집착하므로 나 없음을 가리키고 항상함을 집착하므로 덧없음을 가리킨 경이다. 방편의 경을 집착해 진실의 뜻을 삼을 수 없으나 방편을 통해 집착의 병과 법의 약을 함께 넘어서면 방편의 가르침 안에 곧 진실이 있다.］

3) 둘 또한 둘이 모두 아님을 말함〔兩亦雙非辨〕

(1) 그대로와 떠남 둘이 모두 아님을 물음〔雙非卽離問〕

> 🔲 **論 제6. 현묘함을 찾음[搜玄]**
>
> 이름 있는 이〔有名〕가 말했다.
>
> "논의 뜻은 말한다. 니르바나는 이미 있음과 없음을 벗어나지 않고〔不出〕 또 있음과 없음에 있지 않다〔不在〕."
>
> 있음과 없음에 있지 않다〔不在〕는 것은 곧 있음과 없음에서 이를 얻을 수 없음이다. 있음과 없음을 벗어나지 않는다〔不出〕는 것은 있음과 없음을 떠나 이를 구할 수 없음이다. 구해도 구할 곳이 없으니 곧 모두 없어야 한다.
>
> 그러나 다시 그 니르바나의 도는 없지 않다.
>
> 그래야 도는 없지 않게 되어 곧 깊은 도를 찾을 수 있을 것이다.
>
> 이런 까닭에 천 성인은 바퀴를 같이하여〔同轍〕 일찍이 헛되이 돌아옴이 아닌 것이다.
>
> 그 도가 이미 있으나, 벗어나지 않고 있지 않다〔不出不在〕고 말했다면, 반드시 다른 뜻〔異旨〕이 있을 것이니 들을 수 있는가?

① 글의 이름〔章名〕

제6. 현묘함을 찾음

搜玄第六

수(搜)는 구함이다. 앞글의 현묘한 뜻을 찾아 구함이니 왜 그대로가 아니고〔非卽〕 또 떠남이 아닌가〔非離耶〕?226)

---

226) △三兩亦雙非辨二 初雙非卽離問 二卽離同時答 初中二 初章名 二正問 今初 搜求也 搜求前章玄旨 何以非卽 又非離耶
〔온갖 법은 있음과 없음의 경계를 벗어나지 않지만, 있음이 실로 있음이 아니

② 바로 물음〔正問〕

㈎ 앞을 받아 의심을 펌〔牒前敍疑〕

이름 있는 이가 말했다. "논의 뜻은 말한다. '니르바나는 이미 있음과 없음을 벗어나지 않고

有名曰 論旨云 涅槃既不出有無

　앞에 말했다. "어찌 있음과 없음 밖에 따로 하나의 있음〔一有〕이 있다고 일컬을 수 있겠는가?"227)

또 있음과 없음에 있지 않다.'"

又不在有無

　뜻을 얻고 말을 잊으면, 그 있음 아니고 없음 아님을 체달함이다.228)

'있음과 없음에 있지 않다'는 것은 곧 있음과 없음에서 이를 얻을 수 없음이다. '있음과 없음을 벗어나지 않는다'는 것은 있음과 없음을 떠나 이를 구할 수 없음이다. 구해도 구할 곳이 없으니 곧 모두 없어야 한다.

不在有無 則不可於有無得之矣 不出有無 則不可離有無求之矣 求之無所 便應都無

　그대로도 얻지 못하고〔即之不得〕 떠나도 옳지 못하니〔離之不可〕, 반드시 구할 수 있는 도가 없을까 걱정함이다.229)

　고 없음이 실로 없음이 아님을 알아야 한다는 것은 있음과 없음 그대로도 아님을 말한 것이니 그대로와 떠남 모두 벗어나야 도에 나아갈 수 있음을 말함.〕
227) △二正問三 初牒前敍疑
　前云豈曰有無之外別有一有而可稱哉
228) 得意忘言 體其非有非無
229) 即之不得 離之不可 恐應無道可求

(나) 의심하는 뜻을 거듭 말함〔重述疑意〕

그러나 다시 그 니르바나의 도는 없지 않다.

然復不無其道

　이름 있는 이〔有名〕는 또다시 이렇게 의심해 말한다. "도는 없다
　고 할 수 없다."230)

그래야 도는 없지 않게 되어 곧 깊은 도를 찾을 수 있을 것이다.

其道不無　則幽途可尋

　이미 도가 있어 반드시 찾을 수 있으리라 의심한 것이다.231)

이런 까닭에 천 성인은 바퀴[轍]를 같이하여 일찍이 헛되이 돌아
옴이 아닌 것이다.

所以千聖同轍　未嘗虛返者也

　이는 없지 않은 까닭을 풀이한 것이다. 천(千)이란 큰 수이다.
　철(轍)은 수레바퀴이니 실어 나름의 뜻이 있다. 뭇 성인은 같이
　니르바나의 벗어나고 떠남〔涅槃出離〕을 얻지 않음이 아닌데 (성인
　은 온갖 모습에서 모습 떠난 니르바나의 뜻을 모두 얻으셨으나), 도리어
　삼계에 돌아오시니〔却返三界〕, 이로써 그 도가 없지 않음을 알게
　된다.232)

(다) 현묘한 뜻을 찾아 구함〔搜求玄旨〕

---

230) △二重述疑意
　　有名者　又復疑之云　道不可曰無
231) 旣疑有道　必可搜尋
232) 此釋不無所以　千者大數也　轍車轍　有運載義　衆聖同以涅槃出離　未有不得
　　而却返三界者　乃知其道不無矣

그 도가 이미 있으나, 벗어나지 않고 있지 않다[不出不在]고 말했다면, 반드시 다른 뜻[異旨]이 있을 것이니 들을 수 있는가?

其道旣存 而曰不出不在 必有異旨 可得聞乎

비록 도가 '벗어나지 않음과 있지 않음 사이[不出不在之間]'에 있음을 아나, 아직 '벗어나지 않고 있지 않은 뜻[不出不在之旨]'을 통달하지 못하므로, 가르침 듣기를 구함이다. 이는 곧 아는 마음이 이미 거의 가까움이다.233)

(2) 그대로임과 떠남 둘이 때 같이 함을 답함[卽離同時答]

🔲 제7. 묘한 있음[妙存]

이름 없는 이[無名]가 말했다. 대저 말[言]은 이름[名]을 말미암아 일어나고 이름은 모습[相]으로써 나고, 모습[相]은 모습되게 함[可相]을 인한다.

모습 없고 이름 없으며, 이름 없고 말함 없으며, 말함 없고 들음이 없다.

경은 말한다. 니르바나는 법이 아니고 법 아님도 아니다. 들음 없고 말함 없으니 마음으로 아는 것이 아니다.

내가 어찌 감히 말하겠는가? 그런데도 그대는 듣고자 하는가?

비록 그러나 수부티가 말했다. "뭇사람이 만약 마음 없음으로 받아들일 수 있고 들음 없음으로 듣는다면 나는 반드시 말 없음[無言]으로 이를 말하겠다."

그런 말 말하기를 바란다면 또한 말할 수 있으리라

---

233) △三搜求玄旨
　　雖知道存乎不出不在之間 未達不出不在之旨故 求於聞誨 此則解心已庶幾矣

① 글의 이름[章名]

제7. 묘한 있음

妙存第七

묘함이란 미묘하여 사유할 수 없고 말할 수 없음[不可思議]이다. 존(存)은 있음을 말한다. 니르바나의 도는 '있음과 없음 떠나지 않고 있음과 없음에 그대로 있음도 아님' 사이에 있다. 그러니, 있음과 없음을 벗어남과 있음과 없음 떠나지 않고 있음[出有無 在有無]을 사유하고 말할 수 없으므로 미묘하다 한 것이다. 왜인가?

니르바나의 묘한 도는 있음과 없음이 아니지만 있음과 없음 떠나지 않기 때문이다. 있음과 없음이 아니기 때문에 변하지 않는 참된 항상함[不變眞常]이고, 있음과 없음 그대로이기 때문에 연을 따라 일어나고 사라진다[隨緣起滅].

비록 연을 따르되[雖隨緣] 늘 변하지 않으므로 있음과 없음에 있지 않고, 비록 변하지 않되[雖不變] 늘 연을 따르므로 있음과 없음을 벗어나지 않는다. 있음과 없음을 벗어나지 않으므로, 응해 변화함[應化]이 곧 참됨이고, 있음과 없음에 있지 않으니 나고 사라짐이 실답지 않은 것이다.

그러므로 "미묘한 도[微妙之道]는 그대로도 아니고 떠남도 아닌 사이[不卽不離之間]에 있다"고 말한 것이다.234)

---

234) △二卽離同時答 文二 初章名

妙謂微妙不可思議也 存謂在也 涅槃之道 在乎不出不在之間 而不可以出有無在有無 思議故 曰微妙矣何也 涅槃妙道 非有無而不離有無 非有無故 不變眞常 卽有無故 隨緣起滅 雖隨緣而常不變故 不在有無 雖不變而常隨緣故 不出有無 不出有無故 應化卽眞 不在有無生滅非實故 曰微妙之道 存乎不卽不離之間矣 〔인연으로 있으므로 실로 있지 않고 인연으로 없으므로 실로 없지 않아, 연을 따르되 변하지 않고[隨緣不變] 변하지 않되 연 따르므로[不變隨緣] 묘한 있음이라 함.〕

② 바로 답함[正答]

㈎ 말과 생각 벗어남을 나타냄[顯超言念]

㈀ 이름과 모습의 있고 없음을 폄[敍名相有無]

이름 없는 이[無名]가 말했다. 대저 말은 이름을 말미암아 일어나고 이름은 모습으로써 나고 모습은 모습되게 함[可相]을 인한다.

無名曰 夫言由名起 名以相生 相因可相

　이는 있음[有]을 편 것이다. 모습 되게 함[可相]이란 집착하는 모습이니 두루 헤아려[徧計] 이를 집착하기 때문이다. 있고 없는 모습[有無相]의 남이 있어, 모습[相]을 말미암아 이름을 세우고, 이름을 인해 말을 이룬다. 그러므로 말로써 이름과 모습을 구하는 것이다.235)

모습 없고 이름 없으며, 이름 없고 말함 없으며, 말함 없고 들음이 없다.

無相無名 無名無說 無說無聞

　이는 없음[無]을 편 것이다. 만약 두루 헤아림[徧計]을 떠나면 모습이 사라지고 이름이 없어지니 말할 이름이 없으면 무엇으로 들음을 삼을 것인가? 곧 이름 있는 이[有名]는 도(道)에서 들음을 구하여, 도에 말할 것 없음[道無可說]을 아주 알지 못하는데, 무엇으로 들음[聞]을 삼는가?236)

---

235) △二正答 文四 初顯超言念三 初敍名相有無
　此敍有也 可相者 執相也 徧計執之故 有有無相生 由相立名 因名致言故 可以
　言而求名相也
　[모습이 모습 되게 함을 인한 모습이면 모습에 모습 없으니 모습을 앎에도
　앎이 없고 말에 말할 것이 없는 것이다.]
236) 此敍無也 若離徧計 則相滅名亡 無名可說 以何爲聞 則有名者 求聞於道殊
　不知道無可說 以何爲聞也
　[말하고 들음에 실로 말함이 없고 들음이 없지만 이름 있는 이는 도에 들을
　것 없음을 알지 못하니 도를 들음은 무엇으로 들음을 삼는가. 말할 것 없는

(ㄴ) 니르바나가 벗어나 끊음을 폄〔陳涅槃超絶〕

㉠ 경을 인용함〔引經〕

경은 말한다. 니르바나는 법이 아니고

經曰 涅槃非法

곧 있음과 없음의 법 그대로가 아니므로 있지 않은 것〔不在〕이다.237)

법 아님도 아니다.

非非法

있음과 없음의 법 떠남이 아니므로 벗어나지 않은 것〔不出〕이다.238)

들음 없고 말함 없으니 마음으로 아는 것이 아니다.

無聞無說 非心所知

　합해서 말한다. '말함 없고 들음 없다'고 한 것은 글과 (말을) 취하기 때문이고, 이 '있음과 없음이라 할 수 없다' 한 것은 '있음과 없음으로 말하지 못하기' 때문이다. 소리와 글귀가 없으니 들을 수 있음이 아니고〔非可聞〕, 또한 아는 마음으로 아는 바가 아니니 '말길이 끊어지고〔言語道斷〕 마음 가는 곳이 사라짐〔心行處滅〕'을 말한 것이다.239)

　도를 듣되 들음 없이 들으면 도 들음이 된다.〕

237) △二陳涅槃超絶 文二 初引經

　　非卽有無法故不在也

238) 非離有無法故不出

239) 合云 無說無聞 取文(言)故 不可以是有無 非有無而說之故 無聲名句(非)

　　可聞 亦非解心所知 所謂言語道斷 心行處滅也

　　〔법은 집착으로 인해 세워지는 것이니 설하고 들을 것이 있다하니 설함 없고 들음 없다고 하며, 니르바나에 말길이 끊어지고 마음 가는 곳이 사라졌으므로 아는 마음으로 아는 바가 아니라 한다.〕

ⓛ 뜻을 폄〔陳意〕

내가 어찌 감히 말하겠는가? 그런데도 그대는 듣고자 하는가?

吾何敢言之 而子欲聞之耶

　이치는 두렷하고 말은 치우치니 말이 나면 이치가 죽는다. 논주
(論主)가 이미 감히 말을 이루지 못하는데 따지는 이가 무엇을 들
을 수 있다 하려는가?240)

ⓒ 말을 빌어 뜻 나타냄을 밝힘〔明假言顯旨〕

비록 그러나

雖然

　헤아려 따지는 말〔擬議之辭〕은 비록 그러나, 진리는 말로 보임을
끊었으니241)

수부티가 말했다. "뭇사람이 만약 마음 없음으로 받아들일 수 있
고 들음 없음으로 듣는다면 나는 반드시 말 없음〔無言〕으로 이를
말하겠다."

善吉有言 衆人若能以無心而受 無聽而聽者 吾當以無言言之

　이는 말을 빌어 나타내 보임을 밝힌 것이다. 산스크리트에서 수
부티(Subhuti)는 보통 세 옮김의 길이 있는데 하나가 '착하고 좋
음〔善吉〕'이다. 마음 없이 받아들임〔無心而受〕이란 말을 받되 집착
없음이다. 마음으로 들음〔心聽〕이란 들음 없음〔無聞〕을 말한다. 이
두 구절에 미혹하면 같은 듯하나 다른 것이다. 소리 들음〔聞聽〕은 귀

---

240) △二陳意
　　理圓言偏 言生理喪 論主旣不敢致言 難者欲何可聞
241) △三明假言顯旨
　　擬議之辭雖然 理絶言詮

의 앎[耳識]에 속하고, 잡아 받음[執受]은 뜻의 앎[mano-vijñāna, 意識]에 속한다. 이는 곧 귀의 앎과 때를 같이하여, 뜻의 앎[意識]이 가르침을 듣고[聞敎] 뜻을 받아들이되[受義] 끊어짐과 항상함에 집착해 막힘이 없으므로, '마음 없이 받고 들음 없이 듣는다[無心而受 無聽而聽]'고 한 것이다.

법을 받는 기틀[受法之機]이 미혹됨이 없으면 법을 설하는 자가 말을 붙일 수 있다. 이미 말없는 말로 설한다면 받음 없는 받음[無受之受]으로 듣는 것이다. 그러면 곧 설하는 자 듣는 자가 그윽이 말 없음[玄默]에 함께 부합하니 비말라키르티 또한 말한다.

"대저 설법이란 말함이 없고 보임이 없으며, 그 법을 듣는 자는 들음 없고 얻음이 없다."

이런 경의 말씀이 이를 말함이로다.242)

그런 말 말하기를 바란다면 또한 말할 수 있으리라

庶述其言 亦可以言

서(庶)는 바람이다. 그대가 이미 듣고자 하면 나는 말 없음[無言] 가운데서 또한 다시 말을 붙이겠다.243)

(나) 묘한 있음을 바로 보임[正示妙存]

論 비말라키르티가 말했다. "번뇌를 떠나지 않고[不離煩惱] 니르바나를 얻습니다[而得涅槃]."

---

242) 此明假言詮示也 梵云須菩提 常途三譯 一云善吉 無心而受等者 受言無執 心聽言無聞 惑此二句 似同而別 聞聽屬耳識 執受屬意識 此則耳識及同時意識 聞敎 受義無執 滯於斷常故 曰無心而受無聽而聽也
受法之機無惑 說法之者可以寄言 旣以無言之言而說 無受之受而聽 則說者聽者 同符玄默 淨名亦云 夫說法者無說無示 其聽法者 無聞無得 斯之謂歟
243) 庶望也 汝旣欲聞 吾於無言之中 亦且寄言

하늘 여인이 말했다. "마라의 세계[魔界]를 벗어나지 않고 붇다의 세계[佛界]에 들어갑니다."

그렇다면 현묘한 도는 묘한 깨침에 있고 묘한 깨침[妙悟]은 곧 참됨 그대로임[卽眞]에 있다.

곧 참됨 그대로임은 있음과 없음을 가지런히 살핌이고, 가지런히 살피면 곧 저와 내가 둘이 아니다[彼己莫二].

이런 까닭에 '하늘 땅은 나와 뿌리를 같이하고[天地與我同根] 만물은 나와 바탕을 하나로 한다[萬物與我一體].'

나와 같이하면 있음과 없음을 거듭하지 않으며, 나와 다르면 만나 통함에 어긋난다.

이 때문에 벗어나지 않고[不出] 있지 않아야[不在], 도(道)가 그 사이에 있는 것이다.

왜냐하면 대저 지극한 사람은 마음을 비워 그윽이 비추니 이치에 거느리지 못함이 없고, 우주[六合]를 가슴에 품었으나 그 신령한 비춤은 나머지가 있고, 만 가지 것을 마음에서 비추지만 그 신그러운 지혜는 늘 비었다[其神常虛].

아직 비롯하지 않음[未始]에서 현묘한 뿌리[玄根]를 뽑아 취할 수 있음에 이르니, 뭇 움직임 그대로 마음을 고요하게 하고, 고요하게 맑으며 깊고 말 없어서 스스로 그러함[自然]에 묘하게 하나 된다[妙契].

이런 까닭에 있음에 있되 있음이 아니고 없음에 머물되 없음이 아니다.

없음에 있되 없음이 아니므로 없음에 없지 않고, 있음에 있되 있지 않으므로 있음에 있지 않다.

그러므로 있음과 없음 벗어나지 않을 수 있되[不出有無], 있음과 없음에 있지 않은 것이다[不在有無者].

㈎ 경을 이끌어 종지를 나타냄[引經標宗]

비말라키르티가 말했다. "번뇌를 떠나지 않고[不離煩惱] 니르바나를 얻습니다[而得涅槃]."

하늘 여인이 말했다. "마라의 세계를 벗어나지 않고[不出魔界] 붇다의 세계에 들어갑니다[而入佛界]."

淨名曰 不離煩惱而得涅槃 天女曰 不出魔界而入佛界

이는 묘한 있음[妙存]이라는 뜻의 종지를 나타내려 함께 『비말라키르티 수트라』를 이끎이다. 앞은 곧 온전히 사리푸트라장의 글이다. 다음은 「중생 살피는 품[觀衆生品]」의 뜻이다.

저 경은 보인다.

"하늘 여인이 말했다. '붇다께서는 음욕, 성냄, 어리석음의 성품이 곧 해탈이다[婬怒癡性 卽是解脫]'라고 하셨습니다."

번뇌란 뿌리의 번뇌[根本煩惱]에 여섯이 있고 따름의 번뇌[隨煩惱]에 스물이 있다. 마(魔)는 갖춰 말하면 '마라(mara)'라고 하니 여기 말로 '죽이는 자[殺者]'로서 곧 음욕, 성냄, 어리석음 등이다. 곧 음욕, 성냄, 어리석음 등이 지혜의 목숨[慧命]을 죽이기 때문이다. 계(界)란 성품의 뜻[性義]이다. 붇다란 여기 말로 깨침이다.

그러나 세 수레의 가르침[三乘敎]에서는 다 반드시 뿌리의 번뇌[根本煩惱]와 따름의 번뇌[隨煩惱] 그 씨앗과 익힘[種習]을 눌러 끊고 모두 떠나야, 바야흐로 함이 없는 진리[無爲眞理]를 증득하고, 음욕, 성냄, 어리석음의 성품[婬怒癡性]을 길이 끊고서 바야흐로 붇다의 성품[佛性]에 들어간다.

이것은 곧 망념 떠남으로 참됨을 삼음이지만 아직 온갖 해탈[一切解脫]을 얻음이 아니다. 그러므로 지금은 그 사람으로 하여금 니르바나를 마쳐 다하도록 하려 하니 곧 번뇌의 진실한 성품[煩惱實性]을 알면, 본래 나고 사라짐이 없으므로 함이 없음[無爲]이라 말한다.

또 삿된 마라[邪魔]와 바른 깨침[正覺]에 바탕성품이 다름이 없으므로 음욕, 성냄, 어리석음의 삿된 성품 벗어나지 않고, 참 깨침의 바른 성품〔眞覺正性〕에 증득해 들어가니, 곧 성품에는 삿됨과 바름이 없기 때문이다.

그렇듯 비말라키르티〔淨名〕는 사법과 진리가 둘 아님〔事理不二〕을 들고, 하늘 여인〔天女〕은 참됨과 망녕됨의 바탕이 같음〔眞妄體同〕을 잡은 것이므로 이 두 글이 말은 다르나 뜻이 같은 것이다.

그 큰 뜻〔大旨〕을 살피면, 바름〔正〕이 묘한 있음〔妙存〕에 있으니 번뇌와 마라세계가 있음과 없음에 거두어짐을 말하고, 지금은 이미 니르바나를 얻어 붇다의 과덕에 들어갔으므로 있음과 없음에 있지 않은 것〔不在有無〕이다.

또 니르바나는 번뇌를 떠나지 않고〔不離煩惱〕, 붇다의 세계는 마라의 세계를 벗어나지 않으니〔不出魔界〕, 곧 있음과 없음을 벗어나지 않음〔不出有無〕이라 이것이 곧 니르바나인 붇다의 세계이다.

그러나 오히려 이는 망녕됨을 마주하는 참됨〔對妄之眞〕이라, 벗어나지 않고 있지 않음〔不出不在〕과, 참됨과 망녕됨〔眞妄〕이 모두 없어져야〔兩亡〕 바야흐로 '묘한 있음의 현묘한 도〔妙存玄道〕'라 말한다.244)

───────────────

244) △二正示妙存 文三 初引經標宗

此標妙存之義宗 竝引維摩詰經 前卽舍利弗章全文 次則觀衆生品意 彼云 天女曰 佛說婬怒癡性 卽是解脫 煩惱者 根本有六 隨有二十 魔者 具云魔羅 此云殺者 卽婬怒癡等 殺慧命故 界者 性義 佛此云覺 然三乘教 皆須伏斷根隨煩惱種習俱離 方證無爲眞理 永斷婬怒癡性 方入佛性 斯則離妄爲眞 未得一切解脫故 今欲令其人究竟滅度 則了煩惱實性 本無生滅故曰無爲

又邪魔正覺 體性無異故 不出婬怒癡邪性 證入眞覺正性 性無邪正故也 然淨名據事理不二 天女約眞妄體同故 此二文語異而意同 觀其大旨 正在妙存 謂煩惱魔界 是有無所攝 今旣得涅槃 入佛果故 不在有無也 又涅槃不離煩惱 佛界不出魔界 卽不出有無也 是則涅槃佛界 猶是對妄之眞 不出不在 眞妄兩亡 方曰妙存玄道矣

〔중생 번뇌를 벗어나지 않고 중생 번뇌에 그대로 있지도 않음은 번뇌에 마주해 참됨을 보이는 방편의 뜻이니, 이 마주하는 뜻과 참됨과 망녕됨이 모두 사라져야〔眞妄兩亡〕 바야흐로 있되 있음 아닌〔有而非有〕 묘한 있음의

(ㄴ) 경의 현묘한 뜻을 풀이함[釋經玄旨]

그렇다면 현묘한 도는 묘한 깨침에 있고

然則玄道在於妙悟

　현묘한 도는 반드시 미묘하게 깨쳐야 하니 뜻의 헤아림[情計]으로 가늠해 헤아릴 수 없다.245)

묘한 깨침은 곧 참됨 그대로임에 있다.

妙悟在於卽眞

　깨달음은 미묘하여 곧 사법 그대로 참됨[卽事而眞]에 있다.246)

곧 참됨 그대로임은 있음과 없음을 가지런히 살핌이고

卽眞則有無齊觀

　가지런히 살핌이란 있음과 없음이 곧 참됨이므로 벗어나지 않음[不出]과 있지 않음[不在]을 가지런히 살피는 것이다.247)

가지런히 살피면 곧 저와 내가 둘이 아니다[彼己莫二].

齊觀則彼己莫二

　있음과 없음을 벗어남은 저 성인[彼聖]을 말하고, 있음과 없음에 있음은 나 범부[己凡]를 말한다. 그러나 곧 벗어남 그대로 있고[卽出而在] 곧 있음 그대로 벗어나므로[卽在而出], 저와 나는 둘이 아니다[彼己不二].248)

　현묘한 도[妙存玄道]라 말한다.]
245) △二釋經玄旨
　玄道當以微妙而了悟 不可以情計而測度
　[새로 깨침을 잡아 보임.]
246) 悟微妙則在於卽事而眞
　[본래 깨침을 잡아 보임.]
247) 齊觀者 有無卽眞故 不出與不在齊觀也

이런 까닭에 하늘 땅은 나와 뿌리를 같이하고, 만물은 나와 바탕을 하나로 한다.

所以天地與我同根 萬物與我一體

　하늘 땅의 만 가지 것은 다 있음과 없음에 거두어지고〔有無所攝〕, 나〔我〕는 니르바나의 묘한 진리〔涅槃妙理〕라 있음과 없음이 아니다. 현묘한 도〔玄道〕는 벗어나지 않고 있지 않음〔不出不在〕의 사이에 있다. 그러므로 하늘 땅의 만 가지 것〔天地萬有〕과 나의 니르바나는 같아〔我涅槃同〕, 둘이 아닌 뿌리와 바탕이다〔不二之根體〕.249)

나와 같이하면 있음과 없음을 거듭하지 않으며, 나와 다르면 만나 통함에 어긋난다.

同我則非復有無 異我則乖於會通

　만 가지 것이 참됨에 함께하면 곧 있음과 없음이 스스로 다하지만, 있음과 없음〔有無〕이 있음 아니고 없음 아님〔非有非無〕과 더불어 다르면〔有無與非有非無 有異〕, 만나 통함의 도〔會通之道〕에 어긋나기 때문이다.250)

이 때문에 벗어나지 않고 있지 않아야, 도(道)가 그 사이에 있는 것이다.

所以不出不在 而道存乎其間矣

　묘한 있음〔妙有〕을 풀이해 이룸이니 이는 곧 '진리와 사법을 둠과

---

248) 出有無曰彼聖也 在有無曰己凡也 卽出而在 卽在而出故 彼己不二
　〔중생의 불성과 붇다 니르바나의 과덕이 둘 아님을 말한다.〕
249) 天地萬物 皆有無所攝 我者涅槃妙理 非有無也 玄道在於不出不在之間故 天地萬物與我涅槃同 不二之根體
　〔니르바나의 묘한 진리가 천지만물의 있음과 없음에 있지도 않고 떠나지 않으니 곧 나와 만물이 한바탕 한뿌리인 뜻이다. 곧 나의 진실인 니르바나의 묘한 진리와 천지만물의 있되 공한 실상은 한바탕이다.〕
250) 萬物同眞 則有無自盡 有無與非有非無 有異故 乖於會通之道

없앰[理事存泯]이 때를 같이해야[同時]' 바야흐로 바른 앎[正解]이 되는 것이다.251)

(ㄷ) 거듭 물어 따지고 다시 풀이함[重徵再釋]

왜냐하면

何則

왜 벗어나지 않고 있지 않으면[不出不在] 도가 그 사이에 있다 하는가?252)

대저 지극한 사람(사람에 부처 법을 나타냄)은 마음을 비워 그윽이 비추니 이치에 거느리지 못함이 없고

夫至人(寄人顯法)虛心冥照 理無不統

비록 깨치는 사람이 있지만 따로 깨친 바 바탕이 없으므로 비추는 마음[能照之心]은 비고 그윽이 고요하여[虛而冥寂] 깨친 바 진리 그대로[卽所證理]이니, 둘이 아닌 이치가 거느려 거두지 못함이 없는 것이다.253)

우주[六合]를 가슴에 품었으나 그 신령한 비춤은 나머지가 있고, 만 가지 것을 마음에서 비추지만 그 신그러운 지혜는 늘 비었다[其神常虛].

懷六合於胸中 而靈鑒有餘 鏡萬有於方寸 而其神常虛

---

251) 釋成妙存 此則理事存泯 同時方爲正解也
252) △三重徵再釋
何謂不出不在道存乎其間
253) 雖有能證之人 無別所證之體故 能照之心 虛而冥寂 卽所證理 不二之理 無不統攝
[깨치는 사람의 지혜가 진리인 지혜이지 여기 깨치는 사람이 있고 깨친 바 진리가 따로 있는 것이 아니다.]

회(懷)는 감춤이다. 가슴 가운데는 안이다. 육합(六合)이란 네 방위(四方)와 위아래(上下)이다. 신령한 비춤이란 마음이다.

나머지가 있음이란 장생(莊生)이 말했다.

"아득히 드넓고 드넓어서 마치 나머지가 있는 듯 하도다."

이는 도의 끝없음(道之無際)을 찬탄한 것이다.

또 우주(六合)는 이미 끝과 겉이 없어 신령히 비추는 묘한 마음에 감추었으나, 신령히 비추는 마음은 오히려 나머지가 있다. 이는 곧 기다림을 끊은 바탕(絶待之體)이 두루하지 않은 곳이 없음이라, 크게 한 물건(一物)이 있어 우주를 모두 싸고 다시 나머지 있음을 말한 것이 아니다.

거울은 비유이다. 방촌(方寸)과 신묘함(神)은 다 마음이다. 거울은 만 가지 모습을 드러내되 늘 깨끗하고, 마음은 만 가지 있음을 드러내되 늘 비었다.

위 구절은 '하늘땅이 뿌리 같이함(天地同根)'을 풀이한 것이고 이 구절은 '만 가지 것이 한 바탕(萬物一體)'임을 풀이한 것이다.254)

아직 비롯하지 않음[未始]에서 현묘한 뿌리[玄根]를 뽑아 취할 수 있음에 이르니 뭇 움직임 그대로 마음을 고요하게 하고, 고요하게 맑으며 깊고 말 없어서, 스스로 그러함[自然]에 묘하게 하나 된다.

---

254) 懷藏也 胸中內也 六合者 四方及上下也 靈鑒心也 有餘者 莊生云 恢恢焉 猶有餘地者哉 蓋美道之無際也 且六合已無邊表 藏於靈鑒妙心 而靈鑒之心 猶有遺餘 此則絶待之體 無處不周 非謂大有一物 都包六合 而更有餘鏡喩也 方寸與神 皆心也 鏡現萬象而常淨 心現萬有而常虛 上句釋天地同根 此句釋萬物一體

[지혜의 비춤이 나머지 있음이란 육합의 크나큼이 크지만 그 큼도 실로 있음이 아님을 보이기 위해 남음이 있다 함이라, 실은 지혜가 머묾 없고 모습 없어 두루하지 않음이 없음을 말한 것이다. 그에 비해 한 물건(一物)이 우주를 싸고 남음이 있다는 것은 크나큰 진리를 사물화하고 실체화한 것이다.]

至能拔玄根於未始 即羣動以靜心 恬淡淵默 妙契自然

위는 지극한 사람〔至人〕을 나타내고, 여기는 덕을 이와 같이 증
득할 수 있음〔德能如是證〕을 나타낸다. 발(拔)은 취함이다. 니르바
나의 현묘한 덕은 비롯함이 없고 마침이 없어 오직 성인이 이를
얻는다. 뭇 움직임이란 두 죽음〔二死〕이 같이 장애하여 이 뭇 수가
흔들어 움직이는 사물이다.

이 움직임에 나아가〔卽此〕 고요하고 고요하여 묘한 마음〔寂靜妙
心〕에 계합하므로 '맑아 말 없음의 이치〔淡默之理〕가 본래 스스로
그러하면〔本自如然〕' 바야흐로 묘하게 계합한다 하므로 묘한 있음
〔妙存〕이라 한다.255)

이런 까닭에 있음에 있되 있음이 아니고 없음에 머물되 없음이 아니다.

所以處有不有 居無不無

이것이 곧 있음과 없음에 벗어나지 않되〔不出〕 있음과 없음에 있지 않은
것〔不在〕이다.256)

없음에 있되 없음이 아니므로 없음에 없지 않고[不無於無] 있음에
있되 있지 않으므로 있음에 있지 않다[不有於有].

居無不無故 不無於無 處有不有故 不有於有

이는 곧 있음과 없음에 있지 않되, 벗어나지 않음〔不在而不出〕이
다.257)

---

255) 上標至人 此顯能德能如是證也 拔取也 涅槃玄根無始無終 唯聖人得之 羣
動者 二死兩障 是羣數擾動之物 卽此契於寂靜妙心故 淡默之理 本自如然 方
曰妙契 故曰妙存
〔두 가지 죽음〔二死〕: 온갖 것은 덩이가 있는 나고 죽음〔分段生死〕과 변화
에 자재한 생사〔變易生死〕가 있는데, 성인은 이 나고 죽는 만물의 움직임
속에서 움직임 그대로 고요함을 증득하므로 묘한 마음에 계합한다고 함.〕
256) 此則卽不出 而不在有無也
257) 此則卽不在 而不出有無也

그러므로 있음과 없음 벗어나지 않을 수 있되(있음과 없음이 곧 참됨이므로), 있음과 없음에 있지 않은 것(참됨은 있음과 없음이 아니기 때문이다)이다.

故能不出有無(有無卽眞故) 而不在有無(眞非有無故)者也

　맺어 이룸〔結成〕이다.258)

㈐ 참된 뜻을 말해 이룸〔述成眞旨〕

🔲 그렇다면 법에는 있음과 없음의 모습〔有無之相〕이 없고, 성인에게는 있음과 없음의 앎〔有無之知〕이 없다.

　성인에게 있음과 없음의 앎이 없다는 것은 곧 안에 마음 없음〔無心於內〕이고, 법에 있음과 없음의 모습이 없다는 것은 밖에 수가 없음〔無數於外〕이다.

　밖에 수가 없고 안에 마음이 없으면 이것과 저것이 고요하여〔此彼寂滅〕 사물과 내가 그윽이 하나 된다〔物我冥一〕.

　그러면 고요하여 자취 없으니 니르바나라고 말한다.

　니르바나가 이와 같아 꾀하고 헤아림이 끊어졌으니 어찌 있음과 없음 안에 꾸짖을 것〔可責〕 받아들일 수 있으며 또 있음과 없음 밖에서 그 따질 것〔可徵〕을 받아들일 수 있겠는가?

그렇다면 법에는 있음과 없음의 모습이 없고, 성인에게는 있음과 없음의 앎이 없다.

然則法無有無之相 聖無有無之知

　진리와 사법이 평등함〔理事平等〕은 깨친 바 경계이고〔所了境〕, 진제와 속제가 둘이 아님〔眞俗不二〕은 깨치는 지혜이다〔能了智〕. 그러므로 지혜에는 있음과 없음의 앎이 없고, 경계에는 있음과 없

---

258) 結成也

음의 모습이 없는 것이니 곧 '으뜸가는 뜻의 진리〔第一義諦〕'이고
곧 앞의 '반야에 앎 없음〔般若無知〕'일 뿐이다.259)

성인에게 있음과 없음의 앎이 없다는 것은 곧 안에 마음 없음(無心
於內, 지혜의 바탕에 본래 망상이 없음)이고, 법에 있음과 없음의 모습
이 없다는 것은 밖에 수가 없음(無數於外, 으뜸가는 뜻의 진리에 본래
이름과 모습이 없음)이다.
밖에 수가 없고(이름과 모습 없어 한결같고) 안에 마음이 없으면(망상이
곧 바른 지혜이면) 이것과 저것이 고요하여〔此彼寂滅〕 사물과 내가
그윽이 하나 된다〔物我冥一〕.
聖無有無之知 則無心於內(智體本無妄想) 法無有無之相 則無數於外(第
一義諦本無名相) 於外無數(名相卽無如如) 於內無心(妄想卽正智) 此彼寂滅
物我冥一

바른 지혜가 한결같으면 둘이 아닌 진리와 지혜〔不二理智〕가, 둘
이 없는 바탕에 그윽이 하나 된다〔冥無二體〕. 그러므로 한결같음
밖에 지혜가 없으니〔無如外智〕 한결같음을 증득할 수 있으면 또한
지혜 밖에 한결같음이 없다〔無智外如〕. 이는 지혜의 증득한 바 되
기 때문이니 '물과 내가 그윽이 하나됨〔物我冥一〕'이라 말한다.260)

그러면 고요하여 자취 없으니 니르바나라고 말한다.

怕爾無朕 乃曰涅槃

---

259) △三述成眞旨
理事平等 爲所了境 眞俗不二 爲能了智 故智無有無知 境無有無相境 卽前第一
義諦智 卽前般若無知耳
260) 正智如如 不二理智 冥無二體 故無如外智 能證於如 亦無智外如 爲智所證
故 曰物我冥一
〔지혜가 진리인 지혜이고 진리가 지혜인 진리가 되는 것을 한결같음 밖에
지혜가 없고 지혜 밖에 한결같음이 없다 하니 이를 물과 내가 그윽이 하나
됨〔物我冥一〕이라 한다.〕

박(怕)은 고요함을 말한다. 진리와 지혜의 자취가 없어 평등하여 둘이 없으므로 함이 없는 니르바나[無爲涅槃]라 하니, 이름 없음[無名]의 바른 앎[正解]이 여기에서 두렷해진다.261)

니르바나가 이와 같아 꾀하고 헤아림이 끊어졌으니
涅槃若此 圖度絶矣

　도(圖)는 꾀해 헤아림[量]이고 측(測)은 헤아려 따짐[度]이다. 있음과 없음에 있는 것[在有無]과, 있음과 없음 벗어남[出有無]이 모두 헤아려 따질 수 없으니 이는 곧 말길이 끊어지고[言語道斷] 마음 가는 곳이 사라짐[心行處滅]이다.262)

㈑ 앞에서의 그름을 맺어 꾸짖음[結責前非]

어찌 있음과 없음 안에 꾸짖을 것 받아들일 수 있으며
豈容可責之於有無之內

　앞의 '바탕을 캠[覈體]' 가운데서 있음과 없음의 이름과 모습으로, 니르바나의 참 바탕을 미루어 꾸짖으므로, 지금 이를 꾸짖는다.263)

또 있음과 없음 밖에서 그 따질 것을 받아들일 수 있겠는가?
又可徵之於有無之外耶

　또 '앞의 불러 물음을 냄[徵出]' 가운데 있음과 없음을 벗어나 니

---

261) 怕謂寂怕 無理智之朕迹 平等無二 故曰無爲涅槃 無名正解 圓於此矣
262) 圖量測度也 在有無出有無俱不可量度 此則言語道斷 心行處滅
　〔지혜와 진리가 하나되어 지혜와 진리에 자취 없음이 반야의 앎 없음과 니르바나의 이름 없음으로 표현된다.〕
263) △四結責前非
　前覈體中 以有無名相 推責涅槃眞體故 今責之
　〔있음과 없음을 떠나지 않으나 있음과 없음에 있지 않으니 니르바나의 바탕을 캐면 있음과 없음으로 주어지는 꾸짖을 이름과 모습이 없는 것이다.〕

르바나의 참 바탕을 구함에 지금 이를 꾸짖는다. 또 '현묘함을 찾음[搜玄]' 가운데 벗어나지 않음[不出]과 있지 않음[不在]의 뜻 둘을 같이 물으므로 지금 둘을 같이 버린다.

이러므로 묘한 도는 벗어나지 않음[不出]과 있지 않음[不在] 사이에 있음을 알아야 한다. 그러니 벗어나지 않음과 있지 않음으로 니르바나의 바탕 구할 수 없으므로 '묘한 있음[妙存]'이라 말한 것이다. 이 위에서는 참됨과 응함[眞應]에 나아가, 평등한 앎[等解]을 밝혀 마쳤다.264)

2. 다음 넷은 세 수레를 마주해 평등한 행[等行] 밝힘 [次四對三乘明等行]

처음은 세 수레의 행을 통하여 마주함[通對三乘行]이고, 둘째는 따로 보디사트바의 행을 마주함[別對菩薩行]이다. 처음 가운데 셋이니, 처음 셋을 마주해 하나에 모음[對三會一]이다. 글에 둘이니 처음 앎이 하나[解一]인데 셋임을 의심[疑三]하여 물음에, 또 둘[二]이니 처음은 글의 이름[章名]이다.

1) 세 수레의 행을 통하여 마주함[通對三乘行]

(1) 셋을 마주해 하나에 모음[對三會一]

① 앎이 하나인데 셋임을 의심하여 물음[解一疑三問]

---

264) 又前徵出中 出有無求涅槃眞體 今亦責之 又搜玄中 雙問不出不在之旨故 今雙遣之 是知妙道存不出不在之間 而不可以不出不在而求故 曰妙存 此上就眞應明等解竟
〔니르바나가 있음과 없음을 벗어나지 않으므로 있음과 없음 밖에서 구하는 따짐을 찾지 못함.〕

이름 있는 이〔有名〕가 말했다.

"니르바나가 이미 꾀함과 헤아림을 끊은 영역이라면 이는 곧 여섯 경계 밖에 뛰어나, 벗어남도 아니고 있지도 않으며〔不出不在〕, 현묘한 도가 홀로 있는 것〔獨存〕이다."

이는 곧 이치를 사무치고 성품을 다해〔窮理盡性〕 마쳐 다한 도〔究竟之道〕가 묘하게 하나 되어 차별 없음〔妙一無差〕이니 이치가 그런 것이다.

그러니 『방광경(放光經)』은 말한다.

"세 수레의 도는 다 함이 없음을 인해 차별이 있다."

붇다께서 말씀하셨다.

"내가 옛날 보디사트바였을 때 이름을 '어린이 같은 이〔儒童〕'라 하였다. 디팡카라 붇다(Dīpaṃkara-buddha, 燃燈佛) 계신 곳에서 이미 니르바나에 들었다. '어린이 같은 보디사트바〔儒童菩薩〕'였을 때 일곱째 머묾〔七住〕에서 처음 남이 없는 참음〔無生忍〕을 얻고서 세 지위를 나아가 닦았다."

만약 니르바나가 하나라면 곧 셋은 있지 않아야 한다.

만약 그 셋이 있다면 곧 마쳐 다함이 아니다.

마쳐 다한 도는 오르고 내림의 다름이 없는 것이다.

뭇 경이 말씀을 달리하니 어떻게 바름〔中〕을 취해야 하는가?

㈎ 글의 이름〔章名〕

제8. 차별을 따짐

難差第八

따짐〔難〕은 따져 물음이다. 차(差)는 차별되어 다름이니 곧 세 수레〔三乘〕와 보디사트바에 모든 지위의 차별이 있음이다. 이는 위에서 '물과 내가 그윽이 하나 된다〔物我冥一〕'고 말하고, '니르바나는 곧 평등하여 한맛〔涅槃則平等一味〕'이라 다시 지위에 높고 낮음이 없다〔更無高下〕고 하고서, '왜 이 법을 닦아 증득하는데 사람에 세 수레가 있고 지위에 높고 낮음이 있는가' 함이니 이는 곧 앎〔解〕 가운데 법이 하나인데〔以解中法一〕 행(行) 가운데 사람의 차별을 따짐〔難行中人差〕이다.265)

㈏ 본문(本文)

㈀ 앞의 법이 하나임을 받음〔牒前法一〕

이름 있는 이가 말했다.

"니르바나가 이미 꾀함과 헤아림을 끊은 영역이라면 이는 곧 여섯 경계 밖에 뛰어나, 벗어남도 아니고 있지도 않으며[不出不在], 현묘한 도가 홀로 있는 것[獨存](앞을 받은 것임)이다."

이는 곧 이치를 사무치고 성품을 다해[窮理盡性] 마쳐 다한 도[究竟之道]가 묘하게 하나 되어 차별 없음[妙一無差]이니, 이치가 그런 것이다.

有名曰 涅槃旣絕圖度之域 則超六境之外 不出不在 而玄道獨存(牒前也) 斯則窮理盡性 究竟之道妙一無差 理其然矣

법이 하나됨을 맺어 이룸이다.

『주역』에 말했다. "이치를 사무치고 성품을 다하면〔窮理盡性〕, 이미 목숨〔命〕에 이른 것이다."

---

265) △次四對三乘明等行 文二 初通對三乘行 二別對菩薩行 初中三 初對三會一 文二 初解一疑三問 又二 初章名

難謂難問也 差謂差異 卽三乘及菩薩 有諸位差別 此因上說物我冥一 乃曰涅槃則平等一味 更無高下 何故修證此法 人有三乘 位有高下 此則以解中法一 難行中人差也

〔니르바나의 법은 평등하여 한맛인데 왜 세 수레의 차별이 있는가를 따져 물음.〕

지금 마음과 경계의 모든 법〔心境諸法〕에서 '성품과 진리에 생각함을 사무쳐〔窮緣性理〕'참 성품의 끝까지 다하면〔極於眞性〕참 성품이 평등하고 사람과 법이 둘이 아니라, 바야흐로 마쳐 다해 묘하게 하나된 도〔究竟妙一之道〕가 되는 것이다.

경계와 지혜의 차별 없는 이치〔境智無差之理〕가 반드시 이와 같아야 하므로 앞에서 이렇게 말했다.

"물과 내가 그윽이 하나됨〔物我冥一〕을 니르바나라 한다."266)

(ㄴ) 사람 가운데 셋을 따로 폄〔別敍人三〕

㉠ 세 수레를 모두 통해 의심함〔通疑三乘〕

그러니 『방광경(放光經)』은 말한다. "세 수레의 도는 다 함이 없음〔無爲〕을 인해 차별이 있다."

而放光云 三乘之道 皆因無爲 而有差別

이 경 또한 같으니, 『금강경』은 말한다.

"온갖 현성이 다 함이 없는 법으로써 차별이 있다."

슈라바카, 프라데카붇다, 보디사트바는 다 함이 없음〔無爲〕을 증득하는데 낮고 깊음이 있기 때문에 세 수레의 차별이 있는 것〔有三乘差別〕이다.267)

㉡ 따로 보디사트바를 의심함〔別疑菩薩〕

---

266) △二本 文三 初牒前法一

結成法一 易云 窮理盡性 已至於命 今於心境諸法 窮緣性理 極於眞性 眞性平等 人法不二 方爲究竟妙一之道 境智無差之理 定當如是故 前曰物我冥一乃曰涅槃

〔역(易)에서 목숨은 하늘의 목숨〔天命〕이니 붇다의 가르침에서 지혜의 목숨〔慧命〕이다.〕

267) △二別敍人三 中二 初通疑三乘

此經亦同 金剛云 一切賢聖 皆以無爲法 而有差別 聲聞緣覺菩薩 因證無爲 而有淺深故 有三乘差別

붇다께서 말씀하셨다.

"내가 옛날 보디사트바였을 때 이름을 '어린이 같은 이[儒童]'라 하였다. 디팡카라 붇다 계신 곳에서 이미 니르바나에 들었다. 어린이 같은 보디사트바[儒童菩薩]였을 때 일곱째 머묾[七住]에서 처음 남이 없는 참음[無生忍]을 얻고서 세 지위를 나아가 닦았다."

佛言 我昔爲菩薩時 名曰儒童 於然燈佛所 已入涅槃 儒童菩薩時 於七住初獲無生忍 進修三位

산스크리트 마나바(manava)는 여기 말로 어린이이다. 경에 이렇게 말했다.

"샤카무니 붇다께서 인행 가운데 실로 세 아상키야 칼파를 거치시니 첫 칼파를 채우면서 '보배상투 붇다[寶髻佛]'를 만나셨다. 그때 지위가 첫 지위[初地]이셨고, 다음 칼파를 채우면서 '디팡카라 붇다[연등불]'를 만날 때 지위가 일곱째 지위[七地]이셨다. 뒤의 칼파를 채울 때 '빼어난 살핌의 붇다[勝觀佛]' 만날 때는 지위가 열째 지위[十地]였다."

지금은 다음 칼파 채울 때에 의거하므로 일곱째 머묾[七住]이라 말하니, 처음은 디팡카라 붇다 처소에 있었다. 일곱째 머묾이 곧 일곱째 지위[七地]이니 옛날에는 많이 이렇게 옮겼다. 만약 일곱째 머묾[七住]으로 아래 어진 이의 지위 일곱째[下賢位第七]를 잡으면 곧 합해서 '서른세 지위를 나아가 닦는다'고 말한다.

또 첫 칼파가 오히려 아직 차기 전에 디팡카라 붇다를 만나 뵙지 못했으므로 남이 없음을 안다[知]는 것은 곧 일곱째 지위[七地]이다. 또 『인왕경』은 말한다. '다섯 참음[五忍]'으로 자리에 짝 지우면 남이 없는 참음[無生忍]은 일곱째 지위 가운데 있으며 얻는다. 그러므로 '이미 니르바나에 들었다' 말하면 함이 없는 진리[無爲之理]를 증득함이다.

만약 대승의 비롯하는 가르침[始敎]을 잡으면, 첫 지위가 다한 뒤 함이 없음을 부분으로 증득함[分證無爲]이 된다. 만약 대승의 마치는 가르침[終敎]을 잡으면 첫 머묾[初住: 初發心住]에서 참됨을 증득한다.

지금 일곱째 지위를 잡아 증득을 말함이란 '남이 없는 참음[無生忍] 얻음'에 의거하여 깊이 깨침을 말함이라 지위 앞에 아직 함이 없음[無爲] 증득하지 못함을 말한 것이 아니다.268)

일곱째 지위 앞은 아직은 온전히 모습 없음 살핌[無相觀]을 얻지 못하고, 일곱째 지위 뒤[七地已後]라야 '모습 있음[有相]과 함이 있음[有爲]이 길이 앞에 나타나지 않는다.' 그러므로 일곱째 지위 뒤라야[七地已後] 온전히 모습 없음 살핌[純無相觀]에 들어갈 수 있고, 모습 없음 살핌으로 여덟 째·아홉 째·열째의 세 지위[三位]에 나아가 닦는다고 말한다. 그러면 마치 흐르는 배를 따라 저절로 사르바즈냐(sarvajña, 一切智)의 바다에 흘러 들어간다. 이 깊은 깨침을 의거하므로 이미 '니르바나에 들어갔다' 말하고 '남이 없는 참음[無生忍] 얻었다'고 말한다. 화엄 일곱 지위품에 말한다.

"보디사트바는 이 지위에 머물러 좋고 깨끗하여 헤아릴 수 없는

---

268) △二別疑菩薩

梵云摩㝹婆 此曰儒童 經說 釋迦因中 實經三阿僧祇劫 初劫滿遇寶髻佛時 位在初地 次劫滿遇然燈佛時 位在七地 後劫滿遇勝觀佛時 位在十地 今據次劫滿時 故曰七住 初在然燈佛所也 七住卽七地 古多此譯 若以七住 約下賢位第七 卽合云進修三十三位 又初劫向未滿 非值然燈佛故 知卽七地也 又仁王 以五忍配位 無生忍在七地位中得故 言已入涅槃者 證無爲理也

若約始敎 初地已來分證無爲 若約終敎 初住證眞 今約七地說證者 據獲無生忍深證悟說 非謂前地未證無爲

〔서른 세 지위를 나아가 닦음: 십지의 일곱째가 아니고 십주의 일곱째라면 십주(十住)에서 일곱째 이후의 세 지위, 십행(十行) 십회향(十廻向) 십지(十地)를 합해 서른 세 지위를 나아가 닦아야 한다는 뜻이 되리라.〕

〔끊을 번뇌가 없지 않음을 잡아 시교는 세 아상키야 칼파의 닦음을 말하고, 끊을 번뇌가 실로 있지 않음을 잡아 대승종교(大乘終敎)는 십주(十住)의 첫 지위[初住, 初發心住]에서 중도의 바른 뜻에 머문다 말하니 대승종교에서 지위 점차는 차별 없는 차별이다. 그러므로 일곱째 머묾에서 남이 없는 참음을 얻는다 하나 실로 얻음 없는 얻음이다.〕

몸과 말과 뜻의 업〔身口意業〕의 모습 없음〔無相〕을 행하므로 남이 없는 법의 참음〔無生法忍〕의 밝은 빛을 얻는다."

지금 붇다의 뜻〔佛意〕을 이끌어 다만 법을 증득한 사람이 한맛의 법〔一味法〕 증득함을 밝히려 하니, 어찌 모든 지위의 차별이 있겠는가?269)

(ㄷ) 하나로써 셋을 따짐〔以一難三〕

만약 니르바나가 하나라면 곧 셋은 있지 않아야 한다.

若涅槃一也 則不應有三

사람이 평등한 법을 얻으면 세 수레의 법과 세 지위의 높고 낮음이 있지 않아야 하기 때문이다.270)

만약 그 셋이 있다면 곧 마쳐 다함이 아니다.

如其有三 則非究竟

사람이 이미 법을 얻음에 셋이 있으면, 곧 법이 마쳐 다한 한맛〔究竟一味〕이 아님을 알아야 한다.271)

마쳐 다한 도는 오르고 내림의 다름이 없는 것이다.

究竟之道 而有昇降之殊

---

269) 以七地已前 未得純無相觀 七地已後 有相有爲永不現前 故說七地已後入純
無相觀 於無相觀 進修八九十之三位 如順流舟 自然流入薩婆若海 據斯深證
故曰已入涅槃 言獲無生忍者 華嚴七地云 菩薩住此地 善淨無量身語意業 無相
行故 得無生法忍光明 今引佛意 但欲明證法之人 證一味法 何有諸位差別
〔진리에는 모습 없어 한 모습이나 행하는 사람의 살핌에 차별이 있어 지위
의 차별이 있으니 붇다의 뜻에는 그 지위의 차별이 실로 있음이 아니다.〕
270) △三以一難三
人得平等法 不應有三乘 及三位高下故
271) 人既得法有三 則知法非究竟一味

오르고 내림은 곧 높고 낮음이다. 만약 다 마쳐 다한 한맛[究竟
一味]을 얻는다면 어떻게 오르고 내림의 다름이 있겠는가?272)

뭇 경이 말씀을 달리하니 어떻게 바름[中]을 취해야 하는가?

衆經異說 何以取中耶

중(中)은 바름[正]이다. 만약 뭇 경의 말씀이 논의 뜻[論旨]과 다
름이 있다면 어떻게 맞음을 취할 수 있는가? 이 아래는 먼저 세 수
레를 답하고 열넷째 장[14장]에 이르러 다시 세 지위를 묻는다.273)

② 하나를 열어 셋 이룸으로 답함[開一成三答]

> 論 **제9. 차별을 말함[辨差]**
>
> 이름 없는 이가 말했다. "그렇듯이 마쳐 다한 도는 이치에 차
> 별이 없다."
>
> 『법화경』은 말한다.
>
> "으뜸가는 큰 도[第一大道]에는 둘의 바름[兩正]이 없다."
>
> "나는 방편(方便)으로써 게으른 자들을 위해, 하나인 수레의
> 길[一乘道]에서 셋을 분별하여 말했다[分別說三]." "세 수레로
> 불난 집을 벗어난다."고 하니 곧 그 일이다.
>
> 나고 죽음을 함께 벗어나니 함이 없음이라 같이 일컫는다[同
> 稱無爲].
>
> 타는 바[所乘]가 하나가 아니므로 셋의 이름이 있으나, 그 모
> 아 돌아감[會歸]을 거느려 모으면 하나[一]일 뿐이다.
>
> 그런데도 따져 말하되, '세 수레의 도는 다 함이 없음을 인해

272) 昇降卽高下 若皆得究竟一味 何以有昇降殊異
273) 中正也 若以衆經之說 與論旨有異 取何爲正義也 此下先答三乘 至第十四
　　章再問三位

차별이 있다'고 하니 이는 사람이 셋〔人三〕이라는 것이 함이 없음에서 셋이지〔三於無爲〕, 함이 없음에 셋이 있음이 아니다.

그러므로 『방광경(放光經)』은 말했다.

"니르바나에 차별이 있는가? 답해 말했다. 차별이 없다."

다만 여래는 맺음과 익힘〔結習〕이 모두 다했고, 슈라바카는 맺어 익힘이 다하지 않았을 뿐이다.

가까운 것으로 비유하여 먼 뜻에 견주어보길 청한다. 마치 사람이 나무를 베는데 한 자를 자르면 한 자가 없어지고 마디를 없애면 마디가 없어져서 '길고 짧음이 자와 마디에 있는가.' 있지 않아 없음과 같다.

대저 중생이 만 갈래이고 아는 근기가 하나가 아니니, 지혜의 살핌에 얕고 깊음이 있고 덕행에는 두텁고 엷음이 있다. 이런 까닭에 저 언덕에 함께 가지만 오르고 내림이 같지 않으나, 저 언덕이 어찌 다르겠는가〔彼岸豈異〕. 다름은 나로부터일 뿐〔異自我耳〕이다.

그렇다면 뭇 경은 가려 말함을 달리하나〔衆經殊辨〕 그 뜻은 어긋나지 않은 것이다〔其致不乖〕.

㈎ 글의 이름〔章名〕

제9. 차별을 말함

辨差第九

니르바나의 법이 하나지만〔涅槃法一〕 세 수레 사람이 차별됨〔三乘人差別〕을 말해 가린다. 다 하나 그대로 셋이고 셋이 다 하나 그대로이므로 차별을 말한다고 한다. 그렇듯 이미 하나이되 셋인 뜻이 바로 세 수레를 열어 나타냄〔開顯三乘〕이라면, '하나인 붇다의 수레〔一佛乘〕'가 세 수레 둠〔存三乘〕에 걸리지 않는다. 증득하고 행하는 모습[證行相]을 끊으므로 '가르침의 뜻을 보이는 글[敎義章]'에 말했다.

"온갖 세 수레의 바탕과 끝이 다 저 하나인 수레의 법[一乘法]이다. 왜 그런가? 세 수레로 하나인 수레를 바라보면 두 문[二門]이 있으니 곧 다름이 아님[不異]과 하나가 아님[不一]이다."

처음, 다름이 아님[不異]에 둘이 있으니 하나는 셋이 곧 하나이므로[三卽一故] 다르지 않고, 둘은 하나가 곧 셋이므로[一卽三故] 다르지 않은 것이다.

둘째, 하나가 아님[不一]이란, 이는 '곧 하나 그대로의 셋임[卽一之三]'과 위의 '곧 셋 그대로 하나임[卽三之一]'이라 하나의 같음이 아니다[非一].274)

지금 논[今論]은 바로 저 다르지 않은 문[不異門] 가운데 두 뜻을 쓴다. 이 글[此章]은 '하나가 곧 셋이므로 다름을 말한다[是一卽三故辨差].' 그러나 '이 셋이 곧 하나이므로 다름을 모으는 것[是三卽一故會異]'이니, 이미 하나인 수레[一乘]가 세 수레 없앰[泯三乘]을 기다리지 않기 때문이다.

뒤의 글은 차츰 넓게 구절 있음의 뜻을 밝히니, 저 거두어 모으는 문[該攝門]에서 이를 밝힌다.275)

---

274) △二開一成三答 文二 初章名
以涅槃法一 辨別三乘人差別 皆卽一而三 三皆卽一 故曰辨差 然旣一而三之義 正爲開顯三乘卽一佛乘 不礙存三乘 斷證行相故 敎義章云 一切三乘本未悉是彼一乘法 何以故 以三乘望一乘有二門 謂不異不一也 初不異有二 一以三卽一故不異 二以一卽二故不異 二不一者 此卽一之三 與上卽三之一 非一也
[위의 원문에 셋이 하나이고 '하나가 둘이므로[一卽二故]'는 문맥상 '하나가 셋이므로'가 되므로 이(二)를 삼(三)으로 바꾸었다.]
[하나 아님에 두 뜻이니, 하나인 수레에서 셋이 분별됨[一之三]과 셋 그대로 하나에 돌아감[卽三之一]을 말함.]

275) 今論正用彼不異門中二義 此章是一卽三故辨差 (然)是三卽一故會異 旣一乘不待泯三乘故 後章明漸廣有句義 如該攝門明之
[붇다의 한 수레에서 세 수레가 분별되므로 세 수레를 없애지 않고 하나인

(나) 바로 답함〔正答〕

(ㄱ) 앞의 법이 하나임을 받음〔領前法一〕

이름 없는 이가 말했다. "그렇듯이 마쳐 다한 도는 이치에 차별이 없다."

無名曰 然究竟之道 理無差也

세 수레〔三乘〕가 하나인 붇다의 수레〔一佛乘〕에 돌아가야 바야흐로 마쳐 다한 도가 되는 것이라 경은 이렇게 말한다.

시방 붇다의 땅 가운데
오직 하나인 붇다의 수레가 있어
두 수레가 없고 또한 셋도 없지만
(붇다의 방편 설법은 내놓네)

十方佛土中　唯有一乘法
無二亦無三　(除佛方便說)

그러므로 이치에 차별이 없다. 그렇듯이 하나인 수레의 바탕〔一乘體〕은 한마음의 법〔一心法〕이라 본래 지혜와 덕의 모습을 갖추어 붇다의 바른 원인〔佛正因〕이 되므로 『기신론(起信論)』은 말한다.

"마하야나란 모아 말하면 두 가지가 있으니 하나는 법(法)이고 둘은 뜻〔義〕이다."

법이라 말한 것은 중생의 마음〔衆生心〕을 말한다. 이 마음은 곧 세간법과 세간 벗어난 법을 거둔다. 이 마음을 의지하여 마하야나의 뜻〔大乘義〕을 나타내 보이니 『현수소(賢首疏)』는 말한다.

"법이란 마하야나 법의 바탕을 내고, 뜻이란 마하야나의 이름과 뜻〔大乘名義〕을 밝힌다."

또 말한다.

수레를 말함.〕

"그 법의 바탕〔法體〕을 내면 여래장의 마음〔如來藏心〕을 말하니 세 큼의 뜻〔三大義: 體, 相, 用〕을 갖추기 때문에 큼이라 이름한 것이다. 두 가지 움직여 구름이 있으므로 수레〔乘〕라 이름한다."

이로써 마쳐 다한 대승의 법의 바탕〔究竟大乘法體〕 이름과 뜻〔名義〕은 덕 갖춘 한마음〔具德一心〕에 온전히 의지한 줄 알아야 한다. 그러므로 이치에 차별이 없는 것이다.276)

㈁ 세 수레〔三乘〕를 열어 나타냄〔開顯三乘〕

㉠ 하나를 열어 셋을 삼음〔開一爲三〕

① 경을 이끌어 나타냄〔引經顯〕

『법화경』은 말한다. "으뜸가는 큰 도에는 둘의 바름[兩正]이 없다." 法華經云 第一大道無有兩正

경의 글 옛 옮김에서는, 가장 높아 지나감이 없으므로 으뜸〔第一〕이라 했고, 끝이 없이 융통하므로 큰 도〔大道〕라 했다. 기다림을 끊고 둘이 없으므로〔絶待無二〕 둘의 바름이 없으니〔無兩正〕, 홀로 모든 수레를 벗어났으므로 으뜸이라 한 것이 아니고, 실로 하나인 수레의 바탕 밖〔一乘體外〕에 다른 모든 수레 없음을 말미암아, 바야흐

---

276) △二正答三 初領前法一

以三乘歸一佛乘 方爲究竟之道 十方佛土中 唯有一乘法 無二亦無三 故理無差 然此一乘體 即一心法 本具智慧德相 爲佛正因 故起信云 摩訶衍者 總說有二 種 一者法 二者義 所言法者 謂衆生心 是心則攝一切世間出世間法 依於此心 顯示摩訶衍義

賢首疏云 法者出大乘法體 義者辨大乘名義 又云 出其法體 謂如來藏心 具三大 義故 名爲大也 有二運轉 故名乘也 是知究竟大乘法體名義 全依具德一心 故 理無差也

〔마하야나의 법(法)이란 존재의 진실 자체를 말하니 곧 중생의 마음이고, 한마음의 바탕〔體〕과 모습〔相〕 씀〔用〕이라는 마하야나의 뜻(義)은 중생의 집착에 따르는 법의 실천적인 의미를 말한다. 곧 존재가 있음 아닌 있음인 줄 모르므로 있되 공한 존재의 바탕〔體〕을 보여 있음에 갇힌 미혹을 깨뜨림과 같다.〕

로 으뜸[第一]이라 일컬었다.277)

나는 방편으로써 게으른 자들을 위해, 하나인 수레의 길[一乘道]
에서 셋을 분별하여 말했다.

吾以方便 爲怠慢者 於一乘道 分別說三

바로 차별을 말함이다. 세 수레의 근기를 마주하기 위함이므로
하나인 수레를 말해 세 수레를 위한 것이니 곧 차별 없되 차별됨
이다. 오(吾)는 나이니 곧 붇다께서 스스로를 가리키심이다. 방편
이란 수단의 방도가 편리함에 맞기 때문이다.

게으르고 거만한 것에서 거만함은 여러 가지나 마음이 빨리 나
아가지 못함을 '놓아 지냄[慢]'이라 하고 태(怠)는 게으름을 말한
다. 다만 근기가 못나고 무디어 '하나인 붇다의 수레[一佛乘]'에
곧장 나아가지 못하니 다 이를 태만한 자라 한다. 분별해서 셋을
말한다.

보임과 권함, 증득함[示勸證]으로 세 번 굴린 네 진리[三轉四諦]
는 슈라바카의 수레이고, 열두 인연[十二因緣]은 프라데카붇다의
수레이며 '네 서원의 마음, 여섯 파라미타[四心六度]'는 보디사트바
의 수레이다. 그러므로 『법화경』은 말한다.

"슈라바카의 수레 구하는 자를 위해 사제에 응하는 법 등을 설한
다."278)

---

277) △二開顯三乘 文二 初開一爲三 文二 初引經顯
古譯經文 最上無過故云第一 無涯融通故云大道 絶待無二故無兩正 非獨超越諸
乘故云第一 實由一乘體外 無別諸乘 方稱第一也
[으뜸간다는 뜻에는 하나인 수레가 세 수레 그대로도 아니고 세 수레 벗어
남도 아니라는 뜻이 있다.]

278) 正辨差也 爲對三乘之機 故說一乘以爲三乘 卽無差而差也 吾我也 卽佛自
指 方便者 權方宜便故 怠慢者 慢有多種 心不能速進曰慢 怠謂懈怠 但機劣根
鈍 不能直進一佛乘 皆曰怠慢之者 分別說三 三轉四諦 爲聲聞乘 十二因緣 爲
緣覺乘 四心六度 爲菩薩乘 故法華云 爲求聲聞者 說應四諦法等

그렇듯 세 수레에서 탈 수 있음[能乘]은 지혜이고 지혜에는 홑과 겹[單雙]이 있다. 타는 바[所乘]는 진리인데 진리에는 치우침과 두렷함[偏圓]이 있다. 곧 히나야나(hinayāna)의 두 수레는 중생이 공한 지혜[生空智]를 얻고 중생이 공한 진리[生空理]를 보아 다만 나라는 집착[我執]을 없애고, 번뇌의 장애[煩惱障]을 끊어 '스스로 사라짐에 건넘을 구할 뿐[自求滅度]'이다.

가운데 근기로서 차츰 날카로워지는 자는 삼세의 인과[三世因果]인 열두 인연[十二因緣]을 살필 수 있으니 프라데카붇다(pratyekabuddha)라 이름한다. 근기 무딤이란 오직 현재의 인과[現在因果]를 살피니 슈라바카(śrāvaka)라 이름한다. 만약 보디사트바라면 나와 법 두 가지 공한 지혜[我法二空智]를 얻고 두 공함의 진리[二空理]를 보아, 두 집착을 모두 없애고[雙除二執] 두 장애를 모두 끊어[雙斷二障] 나와 남 둘에 이익됨[自他二利]을 모두 행하니[雙行] 이를 마하야나(mahayāna)라 한다. 그러므로 『법화경』은 말한다.

"안에 지혜의 성품 있어 스스로 니르바나 구하면 이를 슈라바카야나(śrāvakayāna, 聲聞乘)라 하고, 스스로 그러한 지혜[自然慧] 구해 홀로 좋은 고요함[獨善寂]을 즐겨 모든 법의 인연을 깊이 알면, 이를 프라테카붇다야나(pratyekabuddha-yāna, 辟支佛乘)라 하며, 온갖 것 아는 지혜[一切智]를 구해 사람과 하늘을 이익되게 하면[利益人天] 이를 마하야나(mahayāna, 大乘)라 한다."

[세 번 굴리는 네 진리[三轉四諦]: 사제의 법바퀴를 '이것이 네 진리이다. 이렇게 고제와 집제는 알아 끊어야 하며 도제는 닦아야 하고 멸제는 증득해야 한다. 고제와 집제는 이와 같이 알면 끊어지고 도제와 멸제는 이와 같이 닦고 증득한다.' 이처럼 여래는 '보임으로 굴림[示轉]' '권함으로 굴림[勸轉]' '증득으로 굴림[證轉]'의 세 굴림으로 보이니 이를 세 번 굴리는 사제의 법바퀴[三轉四諦]라 한다.]

이는 곧 온전한 하나가 셋을 이룸[全一成三]이라 다 방편의 가르침[方便敎]인 것이다.279)

② 비유를 이끌어 가리킴[引喩指]

'세 수레로 불난 집을 벗어난다'고 하니 곧 그 일이다.

三車出火宅 卽其事也

진역(秦譯) 『법화경』에 세 수레의 비유가 있다.

"장자가 불난 집 가운데서 여러 아들에게 말했다. 양 수레, 사슴수레, 소 수레가 지금 문 밖에 있다. 그렇지만 세 수레는 실다움이 없다."

그러므로 현수(賢首)대사는 말한다,

"삼계 안에서 세 수레를 보여 가르침을 삼으니 벗어남이 뜻[義]이 된다. 그렇지만 가르침의 뜻은 바탕이 없으므로 지금 가리켜 말한 것은 '곧 분별하여 세 수레를 말한다고 한 일[卽分別說三之事]'이다."280)

---

279) 然此三乘 能乘是智 智有單雙 所乘是理 理有偏圓 謂二乘但得生空智 見生空理 但除我執 斷煩惱障 自求滅度耳 於中根稍利者 能觀三世因果 十二因緣 名爲緣覺 根鈍者 唯觀現在因果 名曰聲聞 若菩薩者 得二空智 見二空理 雙除二執 雙斷二障 雙行二利 名曰大乘 故法華云 內有智性 自求涅槃 是名聲聞乘 求自然慧 樂獨善寂 深知諸法因緣 是名辟支佛乘 求一切智 利益人天 是名大乘 此則全一成三 皆方便敎也

〔두 공함과 두 집착: 존재의 공함[我空]을 아나 존재를 이루는 법의 집착[法執]이 남아 있으면 슈라바카, 프라데카붇다의 작은 수레라 하고, 존재와 법이 모두 공함[我空 法空]을 알아 존재와 법의 집착[我執, 法執]을 모두 떠나면 마하야나라 한다.〕

〔두 장애[二障]: 번뇌의 장애[煩惱障]와 아는 바의 장애[所知障]. 연으로 난 있음에 대한 집착의 장애가 번뇌(煩惱)의 장애이고, 깨쳐 안 법에 대한 앎의 장애를 아는 바[所知]의 장애라 하고 지혜의 장애[智障]라 한다.〕

280) △二引喩指

秦譯法華有三車喩 長者於火宅中 告諸子言 羊車鹿車牛車 今在門外 而三車無實 故賢首云 界內示三車爲敎 出爲義 而敎義無體 故今指云卽分別說三之事也

ⓛ 셋을 열어 하나를 위함〔開三爲一〕

나고 죽음을 함께 벗어나니 함이 없음[無爲]이라 같이 일컫는다.

以俱出生死 同稱無爲

　세 수레의 사람이 같이 삼계의 나고 죽음을 벗어나, 각기 함이
없는 스스로의 과덕〔無爲自果〕을 얻는다. 『법화경』은 말한다.

　"다만 나고 죽음을 다함이라 그것이 실은 아직 온갖 해탈〔一切解
脫〕을 얻음이 아니다."

　마치 여러 아들이 불난 집을 벗어났으나, 두려움 없는 곳에 이름
〔到無畏處〕에는 아직 수레를 얻지 못함과 같다.

　그러므로 청량의 『화엄경대소』〔清涼大疏〕에서는 대승의 비롯하는
교설〔大乘始敎〕을 '세 수레가 같이하는 가르침〔三乘同敎〕'이라 한
다. 곧 같이 나고 죽음을 벗어나〔同出生死〕 '함께 해탈의 자리에
앉음〔同坐解脫牀〕'을 말하니 곧 이 가운데 글의 뜻이다.281)

타는 바[所乘]가 하나가 아니므로 셋의 이름이 있으나

所乘不一 故有三名

　여섯 파라미타와 열두 인연, 사제(四諦)의 법을 타서 진리가 하
나가 아니므로 세 수레가 있다. 마치 여러 아들이 비록 같이 불난
집을 벗어나지만, 구하는 수레에 다름이 있는 것과 같다.282)

〔하나인 수레에서 세 방편의 수레를 열고 세 수레를 모아 하나인 수레에 돌
아가므로 세 수레에는 바탕이 없다〔無體〕 한 것이다.〕
281) △二開三爲一
三乘人俱出三界生死 各得無爲自果 法華云 但盡生死 其實未得一切解脫 如諸
子得出火宅 到無畏處 而未得車 故清涼大疏 以始敎名三乘同敎 謂同出生死
同坐解脫牀 即此中文意
282) 乘六波羅蜜十二因緣四諦 理不一 故有三乘 如諸子雖同出火宅 而求車有異
〔불난 집에서 벗어남은 같으나 세 아들이 각기 양 수레·사슴 수레·소 수레
를 구하기 때문이다.〕

그 모아 돌아감을 거느려 모으면 하나일 뿐이다.

統其會歸 一而已矣

거느려 거둠이 모아 돌아감〔會歸〕이다. 세 수레는 다 하나인 수레
의 방편이라 마쳐 다하면 다 '온갖 공덕 갖춘 지혜〔一切種智〕'를 얻
기 때문이다. 이는 차별이 곧 차별 없음을 나타냄이니 마치 집 안
의 세 수레〔宅內三車〕가 흰 소가 끄는 큰 수레〔白牛大車〕를 주기
위한 방편(方便)이라 한데 땅〔露地〕에 이르면, 같이 큰 수레를 주
기 때문이다.

그러므로 현수(賢首)대사는 말한다.

"만약 먼저 세 수레로써 이익 얻게 하고 뒤에 방편으로 하나인
수레 얻게 한다는 것은, 일승에 같이하는 가르침에 거두어져〔同教
攝〕속하니 또한 '셋을 돌이켜 한 가르침에 들어감〔回三入一教〕'이
라 이름한다."

이는 『법화』의 말씀과 같다. 또 『청량소(淸涼疏)』도 말한다.

"대승의 마치는 가르침〔終教〕과 단박 깨치는 가르침〔頓教〕을 하
나인 수레에 같이하는 가르침〔一乘同教〕이라 이름한다."

이는 곧 '같이 하나인 수레에 돌아감〔同歸一乘〕'을 말하니, 곧 지
금 글의 뜻이다.283)

---

283) 統攝會歸也 三乘皆一乘之方便 究竟皆得一切種智故 此顯差卽無差也 如宅
內三車 皆爲賜白牛大車之方便 到露地已 等與大車故 賢首云 若先以三乘 令
其得益 後乃方便得一乘者 屬同教攝 亦名回三入一教 如法華說 又淸涼疏 終
頓教名一乘同教 謂同歸一乘 卽今文意
〔원효교판과 화엄의 오교판: 우리 불교 원효대사의 교판에 대해서는 명(明)
일여선사(一如禪師)의 『삼장법수』에서는 화엄경소에 의거해 다음 같이
정리되어 있다.
1. 삼승이 달리하는 가르침〔三乘別教〕: 사제, 십이연기 등 경은 삼승이 같이
배우지만 그 가운데 성문 연각의 이승(二乘)은 아직 법공(法空)을 밝히지
못한다. 곧 이것은 세 수레가 가르침의 모습을 달리하므로 삼승별교(三乘
別教)라 말한다.
2. 삼승이 통하는 가르침〔三乘通教〕: 반야경, 해심밀경 등은 성문 연각 보

디사트바가 같이 배워서 그 가운데 모든 법이 공함[諸法空]을 말함은 세 수레에 통하는 모습[通相]이므로 삼승통교(三乘通敎)라 말한다.

3. 일승의 부분적인 가르침[一乘分敎]: 범망경 등은 마하야나의 보디사트바가 성문 연각 이승과 같이 배우지 않아 일승이라 이름하나, 아직 법이 두루 함을 나타내지 않았으므로 부분을 따름이라 이름하므로 일승분교(一乘分敎)라 한다.

4. 일승의 가득한 가르침[一乘滿敎]: 화엄경 등은 그 가운데 법계의 진리가 원융하여 널리 두루함[法界之理圓融普周]을 갖춰 밝히므로 일승만교(一乘滿敎)라 한다.

이 교판은 원효성사가 화엄을 주석하면서 말한 교판이므로 큰 틀이 화엄교판과 같이 하지만, 원효는 그의 『열반경종요』에서 천태성사 교판의 입장에서 오시팔교(五時八敎)의 교판이 가르되 실로 가름 없는 교판임을 말하였다. 천태교판 이후 구성된 화엄의 오교판(五敎判)은 여래 일대시교(一代時敎)를 소승교(小乘敎)·대승시교(大乘始敎)·대승종교(大乘終敎)·돈교(頓敎)·원교(圓敎)로 분류한 교판이다.

평석자의 소견으로 원효교판과 화엄 오교판(五敎判), 법화경에서 삼승(三乘)과 일승(一乘)의 뜻을 종합해보면 다음과 같다.

사제 십이인연의 법은 삼승이 같이 배우되 세 수레가 앎을 달리하는 가르침 곧 삼승별교(三乘別敎)이고, 반야 유식 대승시교(大乘始敎)의 모든 법이 공함[諸法空]은 삼승이 배움을 같이하는 가르침 곧 삼승통교(三乘通敎), 삼승에 통하는 가르침[三乘通敎]이다. 여래장의 가르침 등 대승의 종교(終敎)와 돈교(頓敎)는 삼승의 뜻을 모아[會三] 일승에 향하는 가르침으로 동교일승(同敎一乘) 곧 부분으로 일승에 같이하는 가르침[一乘分敎]이다. 그에 비해, 화엄은 삼승과 가르침을 달리하여 삼승을 거두는 일승 곧 별교일승(別敎一乘), 일승만교(一乘滿敎)이다.

그러나 교판의 가름은 중생의 집착과 근기 따르는 가름 없는 가름이니 천태선사는 이 뜻을 다음같이 말한다.

"나고 나는 법[生生法]도 부사의 법이고, 나되 나지 않는 법[生不生法]도 부사의 법이며, 나지 않되 나는 법[不生生法]도 부사의 법이며, 남도 아니고 나지 않음도 아닌 법[不生不生法]도 부사의 법[不思議法]이다."

이 뜻이 법화에서 '하나인 붇다의 수레[一佛乘]에서 삼승을 분별한다[於一佛乘分別說三]' 함과 '시방세계에 오직 한 붇다의 수레만 있고 이승도 없고 삼승도 없다[十方世界中 唯有一佛乘 無二亦無三]'는 뜻을 모두 거둔다.

이 교판의 뜻이 원효성사가 『열반경종요』에서 천태교판을 극찬한 천태교판의 참뜻이며, 승조께서 종본의(宗本義) 첫머리에서 연이 모임[緣會]이 곧

(ㄷ) 앞에 물은 바에 답함〔答前所問〕

㉠ 앞을 받아 바로 답함〔牒前正答〕

그런데도 따져 말하되 세 수레의 도는 다 함이 없음을 인해 차별이 있다고 하면(앞을 받음), 이는 사람이 셋[人三]이라는 것이 함이 없음[無爲]에서 셋이지

而難云 三乘之道 皆因無爲而有差別(牒前也) **此以人三 三於無爲**

　방편의 가르침 가운데 사람이 셋임을 말미암아 세 수레가 각기 함이 없음을 증득함에 셋이 있다고 말한다.284)

함이 없음[無爲]에 셋이 있음이 아니다.

非無爲有三也

　의심을 없앰〔遣疑〕이니 증득한 바 함이 없음의 본성품〔無爲本性〕에 세 차별이 있다고 말함이 아니다. 이로써 종지의 근본인 법의 바탕〔宗本法體〕이 '늘 항상하여 하나인 모습〔常恒一相〕' 잃지 않음을 알아야 한다.285)

㉡ 경을 이끌어 증명해 답함〔引經證答〕

① 경을 이끎[引經]

그러므로 『방광경』은 말했다.

"니르바나에 차별이 있는가? 답해 말했다. 차별이 없다."

故放光云 涅槃有差別耶 答曰無差別

　하나인 수레의 큰 도는 진리에 둘이 없기〔一乘大道理無二〕 때문

성품의 공함〔性空〕이며 실상(實相)이고 본래 없음〔本無〕이라 한 교판의 뜻이다.〕

284) △三答前所問四 初牒前正答
　　方便教中由人三故 說三乘各證無爲有三也
285) 遣疑 非謂所證無爲本性有三差別 是知宗本法體 不失常恒一相也

이다.286)

다만 여래는 맺음과 익힘[結習]이 모두 다했고, 슈라바카는 맺어
익힘이 다하지 않았을 뿐이다.

但如來結習都盡 聲聞結習不盡耳

맺음[結]은 번뇌의 맺어 부림[結使]을 말하니 다섯 날카로움[五
利]과 다섯 무딤[五鈍]이 있다. 무명을 의지해 일어나는데 곧 번뇌
의 장애[煩惱障]와 아는 바의 장애[所知障] 두 장애287)가 드러나
행함이다[二障現行]. 익힘[習]은 익히는 기운인데 곧 두 장애의 씨
앗이다. 어떤 때 씨앗 뒤에 익히는 기운을 여나 모두 미세하다. 다
만 열고 합함에 다름이 있으니 슈라바카는 다만 번뇌의 맺어 익힘
을 끊었으나 아직 아는 바의 장애[所知障]를 끊지 못했기 때문에
맺어 익힘이 다하지 않은 것이다.

오직 붇다 여래만이 금강의 길[金剛道] 가운데서 두 장애의 씨앗
을 바야흐로 마쳐 다한 것이다.

어떤 이는 말한다. "슈라바카는 맺음을 끊고 익힘을 끊지 못한
다." 그러므로 다하지 못한 사람이라 말한다.

슈라바카의 미혹 끊음이 가장 얕음으로써, 붇다의 미혹 끊음이
가장 깊음을 바라보아, 가운데 사이 세 수레 현성[三乘賢聖]을 보
기로 삼으면 다 미혹 끊음의 차별을 말미암아서, 이치를 거치는데
[涉理] 얕고 깊음이 있다.

그러나 이 차별이 '함이 없는 진리성품[無爲理性]'에 셋이 있음
을 말하는 것이 아니다. 이는 곧 셋을 열어 하나에 모음[開三會
一]이니, 다 '마하야나의 일승에 같이하는 가르침[大乘同敎]'의 뜻

---

286) △二月經證答 文二 初月經
　一乘大道理無二故
287) 경계에 대한 탐착의 장애가 번뇌장(煩惱障)이라면, 깨쳐 안 법에 대한
　지혜의 장애[智障]를 아는 바의 장애[所知障]라 한다.

이다.288)

② 비유를 세움[立喩]

가까운 것으로 비유하여 먼 뜻에 견주어보길 청한다.(그 일을 가까이 취해 깊은 이치 견줌) 마치 사람(세 수레 사람을 비유함)이 나무를 베는 데 한 자를 자르면 한 자가 없어지고(자름은 끊음을 비유하고 칼은 세 수레의 지혜를 비유하고, 나무는 두 장애의 미혹을 비유한다)

請以近喩 以況遠旨(近取其事 以況深理) 如人(喩三乘人)斬(喩斷也 刀喩三乘智)木(喩二障惑) 去尺無尺

한 자의 나무를 없애면 한 자가 없어지니 여래의 두 가지 공한 지혜가 두 장애 눌러 끊고, 두 가지 공함 둘을 모두 얻는 것[雙得二空]을 비유한다.289)

마디를 없애면 마디가 없어져서

去寸無寸

한 마디의 나무를 없애면 한 마디가 없어지니 이는 슈라바카가 번뇌를 눌러 끊으면 홀으로 내가 공함[我空] 얻는 것을 비유한다. 이는 위에서 사람에 차별 있음[人有差別]을 비유한다.290)

---

288) 結謂結使 有五利五鈍 依無明起 卽二障現行 習謂習氣 卽二障種子 或種子之後開習氣 俱是微細 但開合有異 聲聞但斷煩惱結習 未斷所知故 結習不盡 唯佛如來金剛道中 二障種子 方畢竟盡 或云 聲聞斷結不斷習 故云不盡人 以聲聞斷惑最淺 望佛斷惑最深 以例中間三乘賢聖 皆由斷惑差別 故涉理有淺深 非謂無爲理性有三 此則開三會一 皆大乘同敎義矣
〔마하야나의 뜻이 일승에서 분별되어 일승에 다시 돌아감이므로 일승에 같이하는 대승이라 한다.〕
289) △二立喩
去一尺木得一尺無 喩如來以二空智 伏斷二障雙得二空
290) 去一寸木得一寸無 喩聲聞伏斷煩惱 單得我空 此上喩人有差別

길고 짧음이 자와 마디에 있는가. 있지 않아 없음과 같다.

脩短在於尺寸 不在無也

수(脩)는 깊이다. 나무 끊음을 잡아 자와 마디가 있으므로 자와 마디에 차별이 없다고 말할 수 있다. 또 얻은 바 자와 마디가 없음은 곧 태허공이 그 길고 짧음을 말할 수 없는 것이다. 그러므로 세 수레 사람의 미혹 끊음이 같지 않음〔三乘人斷惑不同〕을 알아야 하고 증득함을 말하면 높고 낮음이 있음〔說證有高下〕을 알아야 한다.

만약 세 수레의 증득한 바 진리가 참마음의 공함〔眞心之空〕이면 곧 함이 없음〔無爲〕에 본래 차별 없는 것〔本無差別〕이다.291)

ⓒ 근기와 행을 펴서 답함〔敍根行答〕

① 차별 있음을 바로 폄〔正敍有差〕

대저 중생이 만 갈래이고

夫以羣生萬端

만은 큰 수이고, 단(端)은 실마리이다. 이 구절은 모아 말함이고, 아래는 따로 말함이다.292)

아는 근기가 하나가 아니니

識根不一

아는 마음이 밝으면 근기가 날카롭고 어두우면 곧 근기가 무디다. 날카롭고 무딤 가운데서 끼치어 익힘〔熏習〕에 삿되고 바름이 있고, 바르게 끼침〔正熏〕 가운데에도 다시 여러 가지가 있으므로

---

291) 脩長也 約斷木有尺寸 故說得無有尺寸差別 且所得尺寸之無 卽太虛空 不可言其短長也 故知三乘人 斷惑不同 故說證有高下 若以三乘所證之理 卽眞心之空 則無爲本無差別

292) △三敍根行答 文二 初正敍有差
萬是大數 端者緖也 此句總言 下別明

하나가 아니라고 한 것이다.293)

지혜의 살핌에 얕고 깊음이 있고

智鑒有淺深

끼치어 익힘이 하나가 아니므로 들음[聞]과 사유함[思]을 좇아 지혜의 살핌[智鑒]을 냄에, 깊고 얕음이 있음을 답했다. 진리를 비춤[照理] 또한 다르니 중생이 공함[生空]과 두 공함[二空]이기 때문이다.294)

덕행에는 두텁고 엷음이 있다.

德行有厚薄

덕은 얻음이니, 행(行)이 부르는 것을 덕(德)이라 한다. 중생이 공함[生空]을 비추는 것은 많이 스스로의 이익[自利]을 행하고 두 공함[二空]을 비추는 것은 네 서원의 마음[四心: 四弘誓願]과 여섯 파라미타(pāramita)를 겸해 두 이익을 같이 행한다[雙行二利]. 스스로를 이익되게 함이란 행이 못나고 덕이 엷으며, 두 이익 됨이란 행이 크고 덕이 두텁다. 이는 다 날카롭고 무딤으로 말미암아 끼쳐 익혀 이루는 바이다, 그러므로 세 수레의 같지 않음이 있는 것이다.295)

---

293) 識心明則根利 暗則根純 於利純中 熏習有邪正 於正熏中 復有多種 故云不一也

294) 由熏習不一故 從聞思而發智鑒 答有深淺 照理亦異 所謂生空及二空故
　　〔닦아가는 이의 지혜는 세 분별이 있으니[三慧], 먼저 가르침을 듣고[聞] 뜻을 사유하며[思] 실천의 행[修]에 나아감이다.〕
　　〔두 공함[二空]은 존재가 공함[我空]과 법이 공함[法空]이니 존재가 공함이 중생이 공함이다.〕

295) 德得也 行之所招曰德 鑒生空者 多行自利 鑒二空者 兼四心六度 雙行二利 自利者行劣德薄 二利者行大德厚 此皆由利鈍熏習所致 故有三乘不同也

② 차별 없음을 풀이해 이룸[釋成無差]

이런 까닭에 저 언덕에 함께 가지만

所以俱之彼岸

산스크리트 파라미타(pāramita)는 여기 말로 저 언덕에 이름[到彼岸]이다. 나고 죽음을 이곳으로 삼으면 함이 없음이 저곳이 된다. 세 수레로 깨치는 바이지만 진리는 실로 둘이 없으므로 함께 간다[俱之]고 말한다.296)

오르고 내림이 같지 않으나

而昇降不同

현재의 괴로움[苦]과 괴로움 모아냄[集: 因]이 공한 것을 살피면 아래 수레[下乘]이고, 삼세의 인연[三世因緣]이 공한 줄 알면 가운데 수레[中乘]이며, 나와 법 둘이 공한 줄 통달하면[達我法二空] 위의 수레[上乘]이다. 그러므로 공한 진리[空理]에서 오르고 내림이 있는 것이다.297)

저 언덕이 어찌 다르겠는가? 다름은 나로부터일 뿐이다.

彼岸豈異 異自我耳

참된 공의 진리성품[眞空理性]은 곧 다름이 없는데 다만 세 수레 사람의 견해에 차별 있음[見有差別]을 말미암은 것이다. 만약 얕고 깊은 견해를 알면 같이 차별 없는 진리성품에 이를 것이니 셋 그대로 하나이기[卽三而一] 때문에 같이 돌아간다고 한다. 이는 곧 셋 없앰을 기다리지 않고[不待泯三] 하나인 붇다의 수레[一乘]가

---

296) △二釋成無差

梵云波羅蜜 此云到彼岸 生死爲此 無爲爲彼 三乘所證 理實無二 故曰俱之
297) 觀現在苦集空者下乘也 了三世因緣空者中乘也 達我法二空者上乘也 故於空理 有昇降也

나타남인 것이다. 그러므로 연의(演義)는 말한다.

"만약 세 수레의 진리와 행을 잡으면 곧 '한 진리인 붇다의 원인
[一理佛因]'이니 바로 옛의 셋을 모아 취해[會取昔三] 지금의 하나
를 삼는다. 만약 가르침의 과덕을 잡으면[約教果] 곧 셋을 없애고
하나를 세우니[廢三立一] 곧 옛의 셋을 모아[會於昔三] 지금의 하
나에 돌아감[歸今之一]이다. 지금 모아 취함[會取]을 밝히니 없앰
과 세움이 저절로 드러나기 때문이다."298)

ㄹ 뭇 경을 맺어 모음[結會衆經]

그렇다면 뭇 경은 가려 말함을 달리하나 그 뜻은 어긋나지 않은
것이다.

然則衆經殊辨 其致不乖

앞에 말했다. "어떻게 맞아 바름을 취하는가." 지금 가운데 모든
경이 설한 세 수레가 반드시 한 뜻[一致]에 돌아가니 이 이치는
어긋나지 않는다. 이것이 바른 뜻이다."299)

(2) 셋을 미루어 하나를 얻음[推三得一]

① 하나와 다름에 셋이 없음을 물음[一異無三問]

---

298) 眞空理性則無異 但由三乘人 見有差別 若會淺深之見 俱到無差理性 卽三
而一故曰同歸 此則不待泯三 而一乘現矣 故演義云 若約三乘理行 卽是一理佛
因 則會取昔三 爲今之一 若約教果 卽廢三立一 則會於昔三 歸今之一 今明會
取 廢立自顯故也
〔행을 잡으면 세 수레의 행이 일승의 진리에 다 돌아가므로 모아 취함이라 하
고, 과덕을 잡으면 일승의 과덕이 이미 세 수레를 머금으므로 세 수레를 없애
고 하나를 세움이라 한다. 곧 세 수레의 행을 버리지 않아야 일승의 행이지만
세 수레의 과덕을 취하지 않아야 얻음 없는 일승의 과덕을 이룰 수 있다.〕
299) △四結會衆經
前云 何以取中 今中諸經所說三乘 必歸一致 此理不乖 斯爲正義

論 제10. 다르다 함을 꾸짖음[責異]

이름 있는 이[有名]가 말했다. 같이 불난 집을 벗어나면 곧 걱정거리 없는 것[無患]은 하나이고, 같이 나고 죽음 벗어나면 곧 함이 없음[無爲]도 하나이다.

그러기에 저 언덕은 다름없으며 다름은 나로부터일 뿐이라고 한 것이다. 저 언덕은 함이 없음의 언덕[無爲岸]이다. 나[我]는 곧 함이 없음을 체달한 자[體無爲者]이다.

나와 함이 없음[我與無爲]이 같은가 다른가를 묻고자 한다.

만약 내가 곧 함이 없음이라면 함이 없음 또한 곧 나이다.

함이 없음이 다름없다면[無爲無異] 다름이 나로부터라고 말할 수 없으리라.

만약 내가 함이 없음과 다르다면 나는 곧 함이 없음이 아니니 함이 없음은 스스로 함이 없음[無爲]이고, 나는 스스로 늘 함이 있음[有爲]이라 그윽이 합해 하나되는 뜻[冥會之敎]은 또 막혀서 통하지 않으리라

그렇다면 나[我]와 함이 없음[無爲]이 같아도 또한 셋이 없고, 달라도 또한 셋이 없다.

세 수레의 이름[三乘之名]이 무엇을 말미암아 나겠는가?

⒜ 글의 이름[章名]

제10. 다르다 함을 꾸짖음

責異第十

꾸짖어 물음이다. 다름이란 세 수레의 사람이 다름[三乘人異]이니 곧 깨침과 깨치는 바[能證所證]가 하나라 해도 또한 셋이 없고, 다르다 해도 또한 셋이 없음을 의심하는 것을 말한다. '세 수레는 무엇을 인해 다름이 있는가?' 꾸중해 물음이다. 그렇다면 앞은 차별

을 따짐이니 다만 사람과 법이 한바탕임[人法一體]을 잡으면 법이 하나임[法一]과 사람의 셋임[人三]이 합하지 않는다.

지금은 하나와 다름[一異]에 모두 세 수레가 없음을 물으니 이는 방편을 모아 진실에 돌아가는 가르침[會權歸實之敎]을 알도록 하려고 함이다. 셋을 무너뜨리지 않고 늘 하나됨[不壞三而常一]이라 특별히 이렇게 묻는 것이다.300)

㈏ 바로 물음[正問]

㈀ 법과 비유를 정하고 따짐[法喩定難]

이름 있는 이[有名]가 말했다. 같이 불난 집을 벗어나면 곧 걱정거리 없는 것은 하나이고

有名曰 俱出火宅 則無患一也

　비유[喩]이다. 걱정거리 없음은 문밖에 이름이다.301)

같이 나고 죽음 벗어나면 곧 함이 없음[無爲]도 하나이다.

同出生死 則無爲一也

　법(法)이다. 세 수레가 같이 삼계 안의 나고 죽음을 벗어나면, 진리를 증득함은 하나이다.302)

---

300) △二推三得一 文二 初一異無三問 文二 初章名
　　責問也 異者三乘人異 謂疑能證所證 一亦無三 異亦無三 責問三乘因何有異 然前難差 但約人法一體 法一不合人三 今問一異 俱無三乘 此欲令知會權歸實之敎 不壞三而常一 特爲此問
　　[셋을 무너뜨리지 않고 늘 하나됨은 삼승과 일승에 같음과 다름의 분별을 떠나야 하니 셋과 하나에 자기 성품이 없음을 알아야 한다.]
301) △二正問三 初法喩定難
　　喩也 無患者 到門外也
302) 法也 三乘同出界內生死 證眞理一也

그러기에 저 언덕은 다름없으며 다름은 나로부터일 뿐이라고(앞의
글을 받음) 한 것이다. 저 언덕은 함이 없음의 언덕[無爲岸]이다.
나[我]는 곧 함이 없음을 체달한 자이다.

而云彼岸無異 異自我耳(牒前文)彼岸則無爲岸也 我則體無爲者也

　　앞의 이름과 뜻을 정함이다. 앞에 저 언덕이라 말한 것은 증득한
바 함이 없음의 진리[所證無爲理]이고, 앞에 나[我]라 말한 것은
사무쳐 증득할 수 있는 사람[能證之人]이다.303)

(ㄴ) 의심해 따짐을 바로 폄[正陳疑難]

　　㉠ 두 빗장을 엶[開兩關]

나와 함이 없음이 같은가 다른가를 묻고자 한다(이름 있는 이가 이름
없는 이에게 청해 물음)

請問(有名者 請問無名家)我與無爲 爲一爲異

　　앞에 말한 '법의 하나됨과 사람의 셋[法一人三]'에서, 사람과 법이 같
은 하나의 바탕인가 각기 바탕이 있는가 아직 살피지 못함이다.304)

　　㉡ 두 물음을 세움[立二問]

　　　① 같음을 따짐[難同]

만약 내가 곧 함이 없음이라면 함이 없음 또한 곧 나이다.

若我卽無爲, 無爲亦卽我

　　사람이 곧 법이고 법이 곧 나이라 다시 두 바탕이 없는 것이다.305)

---

303) 定前名義 前說彼岸 是所證無爲理 前云我 是體究能證之人也
304) △二正陳疑難 文二 初開兩關
　　　前說法一人三 未審人法爲同一體 爲各有體
305) △二立二問中二 初難同
　　　人卽法 法卽人 更無二體

함이 없음이 다름없다면[無爲無異] 다름이 나로부터라고 말할 수
없으리라.

不得言無爲無異 異自我也

　사람과 법이 이미 하나라면 어떻게 법이 하나인데 사람이 셋이라
고 말하겠는가? 이는 '묘한 있음[妙存] 가운데 사물과 내가 그윽이
하나 됨인데[妙存中物我冥一]', 차별 가운데 법은 하나이고 사람은
셋이라 함을 따져 말하는 것이다.306)

　② 다름을 따짐[難異]

만약 내가 함이 없음과 다르다면

若我異無爲

　사람과 법에 다른 바탕이 있는 것이다307)

나는 곧 함이 없음이 아니니

我則非無爲

　곧 세 수레의 사람[三乘人]이 함이 없음으로 바탕삼지 않음이다.308)

함이 없음은 스스로 함이 없음이고

無爲自無爲

　법은 스스로 '하나인 함이 없음의 진리[一無爲理]'이고309)

나는 스스로 늘 함이 있음[有爲]이라

---

306) 人法旣一 如何說法一人三耶 此以妙存中物我冥一難辨差中法一人三也
307) △二難異
　　　人法有異體者
308) 則三乘人 不以無爲爲體
309) 法自是一無爲理

我自常有爲

　세 수레의 사람이 함이 없는 법〔無爲法〕과 다르면, 법은 스스로 함이 있음〔有爲〕에 속한다.310)

그윽이 합해 하나되는 뜻은 또 막혀서 통하지 않으리라.

冥會之致　又滯而不通

　명(冥)은 하나됨〔契〕이다. 회(會)는 합함이다. 곧 온갖 성현이 다 참됨을 증득한 뜻인데 막힘은 통하지 않음이니, 무엇을 '물과 내가 그윽이 하나됨〔物我冥一〕'이라 이름하여 니르바나를 말하는가? 이는 다만 앞의 따짐을 뒤집은 것이다.311)

　(ㄷ) 세 수레에 말미암음이 없게 됨을 맺음〔結三乘無由〕

그렇다면 나와 함이 없음이 같아도 또한 셋이 없고

然則我與無爲一亦無三

　이 사람과 법이 바탕이 하나임을 꾸짖는다. 법이 반드시 하나라면 곧 사람에 셋이 없는 것〔人無三矣〕이다.312)

달라도 또한 셋이 없다.

異亦無三

　사람과 법이 다르다면 곧 성현이 아니니 어찌 세 수레가 있겠는가〔何有三乘也〕?313)

---

310) 三乘人異無爲法 自屬有爲也
311) 冥契也 會合也 則一切聖賢 皆證眞之義 滯而不通 何名物我冥一 曰涅槃耶
　　 此但翻前難也
312) △三結三乘無由
　　 此中正責異也 人法體一 法定一則人無三矣
313) 人與法異 則非聖賢 何有三乘也
　　〔세 수레가 니르바나에 이르기 위한 세 수레인데 법과 사람이 다르다면 세

세 수레[三乘]의 이름이 무엇을 말미암아 나겠는가?

三乘之名 何由而生也

　유(由)는 원인이다. 아직 세 수레의 이름도 알지 못하는데 무엇을 인해 있겠는가?314)

② 사람과 법의 같음과 다름을 답함〔人法一異答〕

> 論 제11. 다름을 모아 통함[會異]
>
> 　이름 없는 이〔無名〕가 말했다. 대저 여기에 그치면 이 언덕〔此〕이고 저기에 가면 저 언덕〔彼〕이다.
>
> 　이런 까닭에 얻는 것을 같이하면 얻음 또한 이를 얻고, 잃는 것을 같이하면 잃음 또한 이를 잃는다.
>
> 　내가 함이 없음에 나아가면 내가 곧 함이 없음이다.
>
> 　함이 없음은 비록 하나이나〔雖一〕 어찌 하나 아님〔不一〕에 어긋나겠는가?
>
> 　비유하면 세 마리 새〔三鳥〕가 그물을 벗어나 같이 '걱정 없는 구역〔無患之域〕'에 가면, 걱정 없음은 비록 같으나 새들은 각기 다름과 같다.
>
> 　새들이 각기 다르다고 걱정 없음 또한 다르다고 할 수 없다. 걱정거리 없음이 이미 하나임〔無患既一〕으로써 뭇 새를 하나라 하지 못한다.
>
> 　그렇다면 새가 곧 걱정 없음이고 걱정 없음이 새이니 걱정 없음이 어찌 다르겠는가? 다름은 새로부터일 뿐이다.

수레의 사람은 니르바나에 이르지 못하니 세 수레 사람은 성현이 아니다. 그러므로 세 수레를 세울 까닭이 없다.〕

314) 由因也 未知三乘名字 因何而有

이와 같이 세 수레의 중생이 함께 '망상의 울타리〔妄想之樊〕'를 넘고, 같이 '함이 없는 경계〔無爲之境〕'에 나아가면, 함이 없음은 비록 같으나〔無爲雖同〕 수레와 수레는 각기 다르다〔乘乘各異〕.

그러나 수레가 각기 다름으로써 함이 없음 또한 다르다 할 수 없고, 또 함이 없음의 이미 하나됨으로 세 수레를 하나라고 할 수 없다.

그렇다면 내가 곧 함이 없음이고 함이 없음이 나〔我〕이다.

함이 없음이 어찌 다르리. 다름은 나로부터일 뿐이다.

'걱정거리 없음'은 비록 같으나 허공에 오르면 멀고 가까움이 있기 때문이다.

함이 없음은 비록 하나이나 그윽함을 살핌〔幽鑒〕에는 얕고 깊음이 있다.

함이 없음이 수레이고 수레가 함이 없음이나 이는 내가 함이 없음과 다르다는 것이 아니라, '아직 함이 없음을 다하지 못했으므로〔未盡無爲故〕' 셋이 있을 뿐〔有三耳〕이다.

㈎ 글의 이름〔章名〕

제11. 다름을 모아 통함

會異第十一

모음〔會〕은 모아 융통함이다. 다름이란 곧 세 수레가 다름이다. 앞에 사람과 법의 같음과 다름〔人法一異〕에 모두 세 수레의 말미암음〔三乘之由〕 세움이 없음을 물었는데 지금은 하나 가운데 셋이 있는 것〔一中有三〕이지, 다름 가운데 셋 있음〔異中有三〕이 아님을 밝힌다.

이는 곧 하나인 수레〔一乘〕가 세 수레를 세우는 까닭〔立三乘之由〕인 것이다. 하나인 함이 없는 법〔一無爲法〕이 교묘히 세 근기 따름〔巧順三機〕을 말하므로 지금은 세 수레를 융통해 모으니〔融會三乘〕 곧 하나 그대로 다름〔卽一而異〕이다.

그러므로 다름을 모음〔會異〕이라 하니 마치 이는 물 그대로의 물결에서 물결의 다름〔波異〕과 같다. 지금은 물결을 모아 물에 돌아가니 다름을 모음〔會異〕이라 한다. 앞 가르침의 글〔前敎章〕에서도 셋이 그대로 곧 하나이므로 곧 다르지 않으니 곧 이글에서 이를 밝힌다.315)

㈐ 바로 답함〔正答〕

㈀ 바로 물음에 답함〔正答問〕

이름 없는 이〔無名〕가 말했다. 대저 여기에 그치면 이 언덕이고 저기에 가면 저 언덕이다.

無名曰 夫止此而此 適彼而彼

여기서는 미혹과 깨침의 두 문을 세운다. 그침〔止〕은 머묾이다. 적(適)은 나아감이다. 이곳은 나고 죽음〔生死〕이고 저곳은 함이 없음〔無爲〕을 말한다. 진리에 미혹하면 나고 죽음에 머무니 이 언덕〔此岸〕이라 하고 진리를 깨치면 함이 없음에 나아가니 저 언덕〔彼岸〕이라 한다.

이러므로 진리에는 높고 낮음이 없고 사람에 미혹과 깨침이 있음을 알아야 한다. 지금 진리가 미혹과 깨침 두 조건을 따라 성인과 범부의 두 모습〔聖凡二相〕이 있음을 밝히고, 아래는 연 따르는 뜻

---

315) △二人法一異答 文二 初章名

會謂會融 異則三乘殊異 前問人法一異俱無立三乘之由 今明一中有三 非異中有三也 此則一乘是立三乘之由 謂一無爲法 巧順三機 故今融會三乘 卽一而異 故曰會異 如卽水之波波異 今會波歸水曰會異 前敎章 以三卽一故不異 卽此章明之

〔앞에 사람과 법이 같다고 하거나 다르다고 하거나 모두 세 수레가 차별되는 까닭이 되지 못함을 물었는데, 지금은 하나인 수레 가운데 셋이 분별됨으로 답함.〕

〔중생 집착의 인연이 다르므로 법의 약〔法藥〕인 세 수레의 차별이 있어서 그 차별은 차별 아닌 차별이라 셋의 차별이 하나 그대로의 다름인 것이다.〕

〔隨緣之義〕을 밝혀 다음같이 말한다.316)

이런 까닭에 얻는 것을 같이하면 얻음 또한 이를 얻고, 잃는 것을
같이하면 잃음 또한 이를 잃는다.

所以同於得者 得亦得之 同於失者 失亦失之

　진리가 깨침의 연〔悟緣〕을 따르면 곧 세 수레가 얻는 것에 같이
하니 세 수레가 얻는 것은 다 함이 없음〔無爲〕을 얻는다. 진리가
미혹의 연〔迷緣〕을 따르면 곧 범부의 잃는 것에 같이하니 범부가
잃는 것이란 함이 없음〔無爲〕을 미혹해 잃음이다.

　이것은 곧 미혹과 깨침, 얻음과 잃음이 사람에 있는 것이고, 사
람에게는 여러 실마리가 있어서, 범부가 잃는 것도 오히려 참됨을
떠나지 않는데〔不離眞〕 하물며 세 수레의 성현〔三乘聖賢〕이 어찌
참됨을 떠나 다름이 있겠는가?317)

내가 함이 없음에 나아가면 내가 곧 함이 없음이다.

我適無爲 我即無爲

　나〔我〕란 세 수레의 사람〔三乘人〕이다. 세 수레가 다 함이 없는
법에 나아가면 세 수레가 다 곧 하나인 수레〔一乘〕이다. 그러므로
'물과 내가 그윽이 하나 된다〔物我冥一〕'고 말한다.318)

함이 없음은 비록 하나[雖一]이나, 어찌 하나 아님[不一]에 어긋

---

316) △二正答五 初正答問
　此立迷悟二門 止住也 適造也 此即生死 彼謂無爲 迷眞理則住生死 而曰此岸
　悟眞理則造無爲 而曰彼岸 是知理無高下 人有悟迷 今明眞理 隨迷悟二緣故
　有聖凡二相 下明隨緣之義云
317) 眞理隨悟緣 則同三乘之得者 則三乘得者 皆得於無爲 眞理隨迷緣 則同凡
　夫之失者 則凡夫失者 迷失於無爲 此則迷悟得失在人 人有多端 凡夫失者 尙
　不離眞 況三乘聖賢 豈離眞而有異也
318) 我者三乘人也 三乘皆造無爲法 則三乘皆即一乘 故曰物我冥一

나겠는가?

無爲雖一 何乖不一耶

　법은 비록 하나이나 증득함에 얕고 깊음이 있으므로 셋에 거리끼
지 않는다. 그러므로 경은 말한다.

　"온갖 현성이 다 함이 없는 법으로써 차별이 있다."

　이는 『법화경』 가운데 '세 수레를 열어 나타내면 곧 하나인 수
레〔開顯三乘卽一乘〕라, 셋 없앰을 기다리지 않는다〔不待泯三〕'는
뜻과 같다. 그러므로 "어찌 하나 아님〔不一〕에 어긋나겠는가?"라
한 것이다.

　저 경은 말한다.

　"그대들이 행하는 것이 보디사트바의 도이니 차츰 갖추어 다 붇
다를 이룰 것이다."319)

　(ㄴ) 비유를 들어 답함〔擧喩答〕

비유하면 세 마리 새[三鳥]가 그물을 벗어나, 같이 걱정없는 구역
에 가면

譬猶三鳥出網 同適無患之域

　세 마리 새가 그물에 있음은 범부를 비유하고 그물 벗어남은 성
인을 비유한다. 이미 그물 벗어난 새는 비고 비어 걱정거리의 걸림
이 없는 것이다.320)

---

319) 法雖是一 證有淺深 故不妨三 故曰一切賢聖皆以無爲法而有差別也 此同法
　　華中開顯三乘卽一乘 而不待泯三之意 故云何乖不一 彼云 汝等所行是菩薩道
　　漸漸具足悉當成佛等文
　　〔셋의 차별은 중생의 물듦에 따른 차별이라, 하나 아니되 하나 아님도 아니
　　다. 그러므로 보디사트바의 차별의 도 또한 하나인 붇다를 이루게 된다.〕
320) △二擧喩答
　　三鳥在網喩凡 出網喩聖 旣出網鳥 空空無患礙

걱정 없음은 비록 같으나 새들은 각기 다름과 같다.

無患雖同 而鳥鳥各異

　세 새〔三鳥〕가 허공에 있으면 반드시 멀고 가까움의 다름이 있는 것은, 세 수레의 사람이 한 진리를 증득하나 얕고 깊음이 같지 않은 것을 비유한다.321)

새들이 각기 다르다고, 걱정 없음 또한 다르다고 할 수 없다.

不可以鳥鳥各異 謂無患亦異

　새의 셋으로 허공에 셋이 있다고 말할 수 없으니 이는 증득한 바 한 진리에 차별 없음〔一理無差〕을 비유한다.322)

걱정거리 없음이 이미 하나임〔無患旣一〕으로써 뭇 새를 하나라 하지 못한다.

又不可以無患旣一 而一於衆鳥

　또 허공이 하나임〔空一〕으로써 세 새〔三鳥〕를 하나라 할 수 없다. 이는 증득할 수 있는 세 수레가 스스로 다름〔能證三乘自異〕을 비유한다.323)

그렇다면 새가 곧 걱정 없음이고 걱정 없음이 새이니 걱정 없음이 어찌 다르겠는가? 다름은 새로부터일 뿐이다.

然則鳥卽無患 無患卽鳥 無患豈異 異自鳥耳

　이는 비유를 맺음이다. 새가 허공에 하나됨으로 같다고 말했으나 허공에는 멀고 가까움이 있으니 이로써 세 수레가 진리의 하나됨〔理一〕에 계합하나 증득한 진리에는 얕고 깊음이 있음〔理有淺深〕

---

321) 三鳥在空 必有遠近之異 喩三乘證一理 有淺深不同
322) 不可以鳥三 而說空有三 喩所證一理無差
323) 又不可以空一 而一於三鳥 喩能證三乘自異

을 비유한다.324)

(ㄷ) 법을 합해 답함〔法合答〕

이와 같이 세 수레의 중생이

如是三乘衆生

　위의 세 새〔三鳥〕를 합한다.325)

함께 망상의 울타리를 넘고

俱越妄想之樊

　번(樊)은 울타리와 그물주머니이니 위의 그물 벗어남에 합한 것
이다.326)

같이 함이 없는 경계에 나아가면

同適無爲之境

　같이 함이 없는 법〔無爲之法〕을 얻음이니 위의 태허에 같이 이름
〔同到太虛〕에 합한 것이다.327)

함이 없음은 비록 같으나, 수레와 수레는 각기 다르다.

無爲雖同 而乘乘各異

　법은 본래 스스로 하나이나 사람의 근기에는 셋이 있다.328)

---

324) 此結喩也 由三鳥冥虛故說同 空有遠近 以喩三乘契理一 理有淺深也
　　〔진리는 하나이나 진리를 증득함에는 세 수레의 다름이 있음을 비유함.〕
325) △三法合答
　　合上三鳥
326) 樊謂樊籠 合上出網
327) 同得無爲之法 合上同到太虛
328) 法本自一 人根有三

그러나 수레들이 각기 다름으로써 함이 없음[無爲] 또한 다르다
할 수 없고

不可以乘乘各異 謂無爲亦異

　방편의 가르침에서 세 수레〔權敎三乘〕를 집착하여, 하나의 진실
〔一實〕을 없앨 수 없으니 진리에 둘이 없기〔理無二〕 때문이다.329)

또 함이 없음이 이미 하나됨으로 세 수레를 하나라 할 수 없다.

又不可以無爲旣一 而一於三乘也

　또 하나인 진실을 열어 나타냄은 세 수레 없앰을 기다리지 않으
니〔不待泯三乘〕 근기에 잘남과 못남이 있기 때문이다.330)

그렇다면 내가 곧 함이 없음이고 함이 없음이 나[我]이다.

然則我卽無爲 無爲卽我

　세 사람이 같이 한 진리를 증득하나 한 진리는 근기를 따라 셋이
있다. 이는 곧 앞에서 '물과 내가 그윽이 하나됨〔物我冥一〕'을 답한
것이다.331)

함이 없음이 어찌 다르리. 다름은 나로부터일 뿐이다.

無爲豈異 異自我耳

　법은 스스로 하나이나 사람은 스스로 셋이다. 이는 앞에서 "저
언덕이 어찌 다르리. 다름은 나로부터일 뿐이다"고 함에 답한 것이
다. 앞은 곧 다름 가운데서 같음을 말하고〔異中辨同〕 이는 같음 가
운데서 다름을 말한 것〔同中辨異〕이다.332)

---

329) 不可執權敎三乘 而廢一實 以理無二故
330) 又開顯一實 不待泯三乘 以根有優劣故
331) 三人同證一理 一理隨根有三 此則答前物我冥一也
332) 法自一 人自三 此答前彼岸豈異異自我耳 前則異中辨同 此則同中辨異

(ㄹ) 까닭을 풀이함[釋所以]

걱정거리 없음은 비록 같으나 허공에 오르면 멀고 가까움이 있기 때문이다.

所以無患雖同 而昇虛有遠近

  비유를 풀이함이다.333)

함이 없음은 비록 하나이나 그윽함을 살핌[幽鑒]에는 얕고 깊음이 있다.

無爲雖一 而幽鑒有淺深

  법을 풀이함이다. 진리는 비록 한맛[理雖一味]이나 두 작은 수레 [二乘]는, 중생이 공한 지혜로 살피니[以生空智鑒] 중생이 공한 진 여[生空眞如]를 증득함이라 하고, 보디사트바는 '나와 법 둘이 공 한 지혜[二空智: 我法俱空智]'로 살피니 둘이 공한 진여[二空眞如] 를 증득함이라 한다. 곧 사람에 날카롭고 무딤이 있고 살핌에 얕고 깊음이 있으나 증득하는 바 진리는 평등하여[所證理等] 높고 낮음 이 없다.334)

(ㅁ) 답하는 뜻을 맺어 이룸[結成答意]

함이 없음이 수레이고 수레가 함이 없음이나

無爲即乘也 乘即無爲也

  이는 사람과 법이 다르지 않음을 맺음이다.335)

---

333) △四釋所以
    釋喩也
334) 釋法也 理雖一味 二乘但以生空智鑒 曰證生空眞如 菩薩以二空智鑒 曰證 二空眞如 則人有利鈍 鑒有淺深 而所證理等無高下
335) △五結成答意
    結人法不異也

이는 내가 함이 없음[無爲]과 다르다는 것이 아니라, 아직 함이
없음[無爲]을 다하지 못했으므로 셋이 있을 뿐이다.

此非我異無爲 以未盡無爲故有三耳

　하나인 수레는 셋 없앰 기다리지 않음[一乘不待泯三]을 맺은 것이
다. 이는 사람의 셋이 법의 하나됨과 다름을 말한 것이 아니라 다만
한 법[一法]에 아직 마쳐 다하지 못했으므로, 세 수레[三乘]가 있음
인 것이다.336)

(3) 하나에 나아가 셋을 밝힘[就一明三]

① 법이 같고 사람이 다름을 물음[法同人異問]

> 論 제12. 점차를 따짐[詰漸]
>
> 　이름 있는 이가 말했다. "만 가지 허물이 더욱 나타나는 것은
> 망상(妄想)에 바탕한 것인데 망상을 이미 없앴으면 만 가지 허
> 물이 모두 쉰다."
> 　두 작은 수레[二乘]는 다한 지혜[盡智]를 얻고, 보디사트바는
> 남이 없는 지혜[無生智]를 얻는다. 이때 망상(妄想)이 모두 다
> 하고 맺어 묶음[結縛]이 길이 없어지니, 맺어 묶음이 이미 없어
> 지면 곧 마음이 함이 없음[則心無爲]이다.
> 　마음이 이미 함이 없으니 이치에 나머지 가림[餘翳]이 없다.
> 　경은 말한다.
> 　"이 모든 성인의 지혜는 서로 어긋나 등지지 않는다. 벗어나지
> 않고[不出] 있지 않아서[不在] 그것이 실로 모두 공하다."
> 　또 말한다. "함이 없는 큰 도는 평등하여 둘이 없다."

---

336) 結一乘不待泯三 非謂人三異於法一 但於一法未能究盡 故有三乘

> 이미 둘이 없음〔無二〕을 말했으니 곧 달라 둘이 됨을 받지 않
> 는 것이다.
>
> 체달하지 못하면 그만이지만 체달하면 미묘함에 사무쳐야 한
> 다〔體應窮微〕. 그러므로 체달하되 아직 다하지 못하면, 이는 깨
> 치지 못한 것이다고 말한다.

㈎ 글의 이름〔章名〕

제12. 점차를 따짐

詰漸

힐(詰)은 따짐이다. 점(漸)은 단계의 차례이다. 위에서 법은 같으나
사람이 다름을 들음으로 인해 지금 따지는 것이다. 이미 한 법을 같이
증득했는데 어찌 사람에 세 가지의 점차〔三種之漸次〕가 있는가?337)

㈏ 바로 물음〔正問〕

㈀ 끊음과 증득함이 같음을 밝힘〔明斷證同〕

  ㉠ 미혹과 깨침을 폄〔汎陳迷悟〕

이름 있는 이가 말했다. "만 가지 허물이 더욱 나타나는 것은 망상
(妄想)에 바탕한 것인데

有名曰 萬累滋彰 本於妄想

미혹함이다. 미혹의 장애가 하나가 아니므로 만(萬)이라 한다.
다 중생을 얽어맬 수 있으므로 허물〔累〕이라 한다. 자(滋)는 많아
짐이고 창(彰)은 드러남이다. 망상은 무명(無明, avidya)이다. 지
극한 진리〔至理〕에 미혹함으로 말미암아, 망녕된 생각〔妄念〕이 홀

---

337) △(三)就一明三 文二 初法同人異問中二 初章名
　　詰難也 漸階次也 因聞上法同而人異 故今詰難 旣同證一法 何以人有三種之漸
　　次耶

연히 움직이니 만 가지 미혹[萬惑]이 같이 일어난다.338)

망상을 이미 없앴으면 만 가지 허물이 모두 쉰다.

妄想既祛 則萬累都息

　깨침이니 세 수레가 같이 함이 없음[無爲]을 증득함이다. 망상을 깨뜨리고 얽힘을 벗어나는 것은 다만 평등하여 높고 낮음이 없음에 합하는 것이다. 이는 세 수레가 함께 미혹 깨뜨리고 벗어나, 같이 하나인 진리를 증득함[同證一理]인데 세 수레의 사람이 '아직 함이 없음을 다하지 못해 점차인 것[未盡無爲之漸]'을 의심하는 것이다.339)

　Ⓛ 같은 바를 바로 펌[正敘所同]

　　① 지혜가 같음[智同]

두 작은 수레[二乘]는 다한 지혜를 얻고

二乘得盡智

　곧 중생이 공한 지혜[生空智]이니 '나의 태어남이 이미 다했기[我生已盡]' 때문이다.340)

보디사트바는 남이 없는 지혜[無生智]를 얻는다.

菩薩得無生智

---

338)　△二正問三 初明斷證同 文二 初汎陳迷悟
　　迷也 惑障不一故云萬 皆能纏縛有情曰累 滋多也 彰顯也 妄想者無明也 由迷至理 妄念忽動 萬惑俱興也
339)　悟也 三乘同證無爲 破妄出纏 只合等無高下 此以三乘俱破惑出離 同證一理 疑三乘人未盡無爲之漸也
340)　△二正敘所同三 初智同
　　卽生空智 我生已盡故
　　[번뇌의 주체적 요인의 뿌리가 다함[我生已盡]으로 삶의 청정이 성취되었다[梵行已立]고 말하는 지혜.]

곧 두 가지가 공한 지혜〔二空智〕이니 나와 법〔我法〕을 미루어 살펴면 네 가지에 모두 남이 없으니〔四俱無生〕곧 스스로〔我〕도 아니고 남〔他〕도 아니며, 나와 남이 같이함도 아니고〔不共〕, 원인 없음도 아니다〔不無因〕. 그러므로 중생과 법이 남이 없어서〔生之與法無生故〕공한 것이다.

또 청량국사(淸涼國師)의 다섯째 지위 풀이함〔五地疏〕에 말했다.

"다해 남이 없는 지혜〔盡無生智〕에서 남이 없으면〔無生〕사라짐〔滅〕인데, 원인이 없어짐을〔因亡〕다함〔盡〕이라 말하면 곧 다한 지혜〔盡智〕이다. 뒤의 결과가 일어나지 않음〔後果不起〕을 남이 없음이라 이름하면 곧 남이 없는 지혜〔無生智〕이다."341)

이것이 다해 남이 없음〔盡無生〕이라 이 지혜는 그 바탕을 없앰〔滅體〕이니, 배움 없는 이〔無學〕의 지혜는 이와 같이 안다.

뜻은 사라짐을 취해〔取滅〕사라짐의 진리〔滅諦〕를 삼음에 있다. 행하는 도(道)가 이렇게 풀이함에 의거하면 두 작은 수레〔二乘〕는 다만 원인이 없어짐으로써 사라짐을 취해〔因亡取滅〕다한 지혜〔盡智〕라 한다.

보디사트바는 결과가 없어짐을 겸해 사라짐을 삼아, 남이 없는 지혜〔無生智〕라 한다.

그러니 도제(道諦) 가운데 지혜에도 위아래가 있고 사라짐을 취함〔取滅〕에도 얕고 깊음이 있다.〔다한 지혜는 내가 공한 지혜이고 남이

---

341) 卽二空智 推撿我法 四俱無生 謂不自不他 不共不無因故 生之與法無生故空 又淸涼五地疏云 盡無生智者 無生是滅 因亡曰盡 卽盡智也 後果不起 名爲無生 卽無生智

〔마음과 경계의 모든 법은 스스로 지음도 아니고〔非自作〕남이 지음도 아니며〔非他作〕나와 남이 함께 지음〔共作〕, 원인 없이 지음〔無因作〕도 아니니 법은 남이 없다. 곧 다한 지혜는 있음을 없애 뿌리가 다함으로 사라짐을 삼는 지혜이고, 남이 없음을 체달한 지혜는 주객관적 요인이 공함을 체달해 삼계에 다시 뒤에 태어남을 받지 않으나〔不受後有〕남이 없는 남〔無生之生〕을 버리지 않는다.〕

없는 지혜는 나와 법이 모두 공한 지혜이다.〕 그러므로 두 이름을 나누
는 것이다.342)

② 끊음이 같음[斷同]

이때 망상이 모두 다하고(바탕을 없앰) 맺어 묶음[結縛]이 길이 없
어지니

是時妄想都盡(本除)**結縛永除**

　말(末)은 없앰이다. 이때란 세 수레가 배움 없음에 이를 때이다.
망상이 모두 다함이라 말한 것은 미혹이 없어짐이다. 세 수레의 배
움 없음[三乘無學]은 모두 '업을 내서 태어남을 윤택하게 함[發業
潤生]'이 없으므로, 맺어 묶음이 길이 없어짐이라 말한다.343)

③ 같음을 증명함[證同]

맺어 묶음이 이미 없어지면 곧 마음이 함 없음[心無爲]이다.

結縛既除 則心無爲

　세 수레는 이미 열 가지 번뇌 부림[十使]의 매어 묶음이 없으니
곧 장애가 다하고 지혜가 두렷하여 같이 함이 없는 진리[無爲眞
理]에 계합함이나, 두 작은 수레[二乘]는 내가 공함[我空]을 증득

---

342) 此盡無生 是其滅體 無學之智 如是而知 意在取滅爲滅諦 道據斯所釋 則二
　　乘但以因亡取滅曰盡智 菩薩兼果喪爲滅 曰無生智 乃道諦中智有上下 取滅有
　　淺深 故分二名也
　　〔작은 수레는 집착의 주체적 원인이 없어지면 번뇌 사라짐을 취해 멸제를
　　삼으니 아집의 있음을 없애 사라짐에 돌아가는 것이고, 보디사트바는 번뇌
　　의 주객관적 요인이 모두 나지 않음으로 사라짐의 과덕을 삼아 다시 뒤의
　　있음을 받지 않으니 원인의 남 없음이 결과의 사라짐을 겸하며 인연과가
　　있되 공하므로 없되 없지 않다.〕
343) △二斷同
　　末喪也 是時者 三乘到無學之時也 言妄想都盡者 惑除也 三乘無學 俱無發業潤
　　生 故曰結縛永除

하고 보디사트바는 두 공함〔二空〕을 증득한다. 그렇듯 삼계의 매어
묶음은 바로 번뇌의 장애〔煩惱障〕에 있어, 업을 내고 태어남을 윤
택〔發業潤生〕하게 한다.

　그러나 아는 바의 장애〔所知障〕는 곧 이렇게 할 수 있음〔此能〕이
없다.344)

　다만 보디사트바는 거짓 있음에 들어〔入假〕 중생을 이롭게 하나 법
이 공한 진리〔法空理〕를 장애할까 걱정하므로 반드시 둘 같이 누르
고 같이 끊어야 한다. 지금은 세 수레가 벗어나 떠나 참됨을 증득함
에 나아가, 함께 번뇌의 장애〔煩惱障〕를 잡아 논한다. 그러므로 맺어
묶음을 길이 없앴다고 하니 곧 마음이 함 없음〔心無爲〕이다.345)

마음이 이미 함이 없으니 이치에 나머지 가림이 없다.

心旣無爲 理無餘翳

　세 수레의 마음이 함이 없음에 계합하니 이치에 다시 나머지 장
애가 없다.346)

(ㄴ) 같은 뜻을 이끌어 증명함〔引證同義〕

경은 말한다.
"이 모든 성인의 지혜는 서로 어긋나 등지지 않는다. 벗어나지 않
고[不出] 있지 않아서[不在] 그것이 실로 모두 공하다."

---

344)　△三證同
　三乘旣無十使繫縛 則障盡智圓 同契無爲眞理二乘以我空證 菩薩以二空證也 然
　三界繫縛 正在煩惱障 能發業潤生故 所知障卽無此能
　〔번뇌의 장애는 업을 내 태어남을 윤택하게 하나, 아는 바의 장애는 깨친 법
　〔所證之法〕을 집착해 지혜의 성품〔智性〕을 가리는 장애〔智障〕라 태어남을
　윤택하게 하지는 않는다.〕
345) 但以菩薩入假利生 恐障法空理 故須雙伏雙斷 今就三乘出離證眞 俱約煩惱
　障論 故云結縛永除 則心無爲也
346) 三乘心契無爲 於理更無餘障

經曰 是諸聖智 不相違背 不出不在 其實俱空

이는 지혜가 같음을 이끌어 증명함이다. 비록 깨친 바 중생이 공함[生空]과 두 가지 공함[二空]이 같지 않지만, 깨치는 지혜[能了智]는 서로 어긋나 등지지 않는다. 큰 자비의 보디사트바는 삼계를 깨쳐 알므로[了三界故] (세간의 있음과 없음을) 벗어나지 않고, 온갖 두 수레의 사람은 삼계를 떠나므로[離三界故] (세간의 있음과 없음에) 있지 않다. 그것은 실로 모두 공한 진리[空理]를 증득하므로 같은 것이다.347)

또 말한다. "함이 없는 큰 도는 평등하여 둘이 없다."

又曰 無爲大道平等不二

이는 깨친 바 진리가 같음[所證理同]을 이끌어 증명하기 때문이다.348)

이미 둘이 없음[無二]을 말했으니 곧 달라 둘이 됨[異二]을 받지 않는 것이다.

旣曰無二 則不容異二

진리와 지혜가 같아 하나인 뜻을 다시 정함이다. 이미 깨친 바 진리[所證理]가 둘 없음을 말했으니 곧 깨치는 마음[能證心]도 다르다 말할 수 없음을 알아야 한다.349)

(ㄷ) 점차를 바로 따짐[正詰漸次]

체달하지 못하면 그만이지만 체달하면 미묘함에 사무쳐야 한다[體

---

347) △二引證同義
此引證智同也 雖所了生空與二空不同 而能了智不相違背 大悲菩薩了三界故不
出 一切二乘離三界故不在 其實俱證空理故同也
348) 此引證所證理同故也
349) 再定理智同一之義 旣曰所證理無二 則知能證心不可說異也

應窮微]. 그러므로 체달하되 아직 다하지 못하면 이는 깨치지 못한 것이다고 말한다.

不體則已 體應窮微 而曰體而未盡 是所未悟也

체(體)는 앎이다. 세 수레가 지혜를 일으켜 끊고 증득함은 이미 같으니 같이 공한 진리를 증득해[同證空理] 바탕에 합해 하나에 돌아감[本合歸一]이다. 알지 못하면 그쳐 논하지 않지만 안다면, 반드시 미묘함[微妙]에 이르러야 한다.

왜 앞에서 함이 없음을 다하지 못하므로[未盡無爲故] 셋이 있을 뿐이라 말했는가? 이 뜻을 아직 밝게 알지 못한 것이니 이 글은 진실의 가르침[實敎]에서 한 진리의 차별 없는 사람 말함을 얼핏 듣고, 아직 방편 가운데 차별의 뜻[權中差別之旨]을 알지 못해 셋을 깨뜨리고 하나를 세우려[壞三立一] 하여, 진실의 가르침이 방편 만남[實敎接權]을 알지 못하기 때문이다.

그러니 다만 셋에 나아가 하나에 모음이니, 다만 셋 그대로 하나[卽三而一]일 뿐 아니라 또한 하나 그대로 셋임[卽一而三]에 거리끼지 않음을 알지 못한 것이다. 이를 알지 못하면 아직 바른 뜻[旨] 얻지 못한 것일 뿐이다.350)

② 법에 나아가 사람 나타냄으로 답함[就法顯人答]

論 제13. 점차를 밝힘[明漸]

---

350) △三正詰漸次

體者解也 三乘起智斷證旣同 同證空理 本合歸一 不解則止而不論 解則必臻微妙 何以前云未盡無爲故有三耳 未曉此旨也 此一章爲乍聞實敎談一理無差之人 未曉權中差別之旨 便欲壞三立一 而不知實敎接權 但就三會一 非獨卽三而一 亦不妨卽一而三 不知此者 未爲得旨耳

[세 수레의 방편을 깨뜨리고 하나에 돌아감도 바른 뜻 얻음이 아니고, 하나인 수레의 진실을 무너뜨리고 방편의 수레 세움도 바른 뜻 얻음이 아니다.]

이름 없는 이〔無名〕가 말했다. "함이 없음〔無爲〕의 둘 없는 것은 곧 이미 그러하다."

번뇌의 맺음은 무거운 미혹인데 단박 다할 수 있다〔頓盡〕고 말하면 또한 아직 깨닫지 못한 것이다.

경은 말한다. "세 화살이 과녁을 맞히고〔中的〕 세 짐승이 강을 건넘〔渡河〕에 맞힘과 건넘은 다름이 없으나, 얕고 깊음의 다름이 있는 것은 힘이 같지 않기〔力不同〕 때문이다.

세 수레의 중생이, 연기의 나루〔緣起之津〕를 같이 건너고, 네 진리의 과녁〔四諦之的〕을 같이 살펴, 거짓을 끊어 곧 참됨 그대로이면 같이 함이 없음〔無爲〕에 오른다.

그렇다면 타는 바〔所乘〕가 하나가 아닌 것〔不一〕은, 또한 지혜의 힘이 같지 않기〔智力不同〕 때문이다.

대저 뭇 있음은 비록 많다 하나 그 헤아림은 끝〔涯〕이 있다.

바로 지혜를 사리푸트라(Śāriputra)와 같게 하고 말 잘함을 푸르나(Pūrṇá)와 같게 해서, 재간을 다하고 생각을 끝까지 해도 그 끝을 엿볼 수 없다.

하물며 비어 없음의 수〔虛無之數〕와 까마득하고 까마득함의 땅〔重玄之域〕 그 도의 끝없음을 단박 다하게 할 수 있겠는가?

바깥 책〔書〕에 말하지 않았는가?

"배우는 이는 날로 더하고 도를 하는 자는 날로 던다."

도를 하는 자는 함이 없음〔無爲〕을 하는 자이다. 함이 없음을 하면 나날이 더니 이것이 어찌 단박 얻음을 말하겠는가? 반드시 덜고 또 덜어서 덜 것 없음에 이름일 뿐이다.

경이 반딧불과 해로 지혜의 씀〔智用〕을 비유하였으니 알 수 있을 것이다.

㈎ 글의 이름〔章名〕

제13. 점차를 밝힘

明漸第十三

명(明)은 가려 말함〔辯〕이니, 같이 하나인 수레〔一乘〕에 돌아가는 사람을 가려 말함이다. 방편을 좇아 진실에 들어감〔從權入實〕에 본래 세 수레의 점차〔三乘漸次〕가 있다. 이미 온전한 하나가 셋 이룸〔全一成三〕을 알므로 세 수레의 점차를 밝히는 것이다.351)

㈏ 바로 답함〔正答〕

㈎ 앞의 법이 하나임을 받음〔領前法一〕

이름 없는 이[無名]가 말했다. "함이 없음[無爲]의 둘 없는 것은 곧 이미 그러하다."

無名曰 無爲無二 則已然矣

사람이 비록 이치에 치우침과 두렷함〔偏圓〕이 있지만, 진리에는 본래 둘이 없다. 그러므로 마쳐 다한 진실은 같이 '하나인 수레의 둘 없는 법〔一乘無二之法〕'에 돌아가니 이치가 반드시 이와 같아야 한다.352)

㈐ 앞의 사람이 같다고 함을 꾸짖음〔責前人同〕

번뇌의 맺음은 무거운 미혹인데 단박 다할 수 있다[頓盡]고 말하면 또한 아직 깨닫지 못한 것이다.

結是重惑 而可謂頓盡亦所未喩

---

351) △二就法顯人答 文二 初章名

明辨也 辨別同歸一乘之人 從權入實 本有三乘之漸次 旣知全一成三 故明三乘之漸次也

〔하나인 붇다의 수레에서 분별한 세 수레이니 세 수레는 그 방편으로 진실에 들어감이라 점차 아닌 점차이다.〕

352) △二正答三 初領前法一

人雖於理有偏圓 理本無二 是故究竟眞實 同歸一乘無二之法 理當如是矣

이는 방편의 가르침 가운데를 잡은 것이니 세 수레가 나타남[三乘顯然]은 근기가 같지 않기 때문이다. 맺음이란 두 장애[二障]이니 '분별로 일어남과, 남과 같이 일어남[分別起,俱生起]'은 씀[用]이고 미혹[惑]은 무명(無明)이니 곧 바탕[體]이다. 무명의 바탕[無明體] 위에 겹치고 겹친 맺음[重重之結]이므로 무거운 미혹[重惑]이라 한 것이다.

두 수레는 다만 번뇌(煩惱)를 눌러 끊고, 보디사트바는 두 장애[二障]를 눌러 끊으므로, 세 수레의 다섯 지위[三乘五位]가 지위마다 차츰 없어지는 것이다. 그런데도 앞에서 망상을 모두 다하고 맺어 묶음을 길이 없앤다고 말하였기 때문에, 또한 아직 이 뜻[此旨]을 깨치지 못한 것이다.

이러므로 곧 진실 그대로의 방편이라[卽實而權] 곧 세 수레가 나타나고 '곧 방편 그대로의 진실이라[卽權而實]' 진리가 한맛에 같이 함[理同一味]을 알아야 한다. 다만 '한 진리에 차별 없다[一理無差]'고 하여 곧 '세 수레의 닦아 증득함의 점차[三乘修證漸次]'를 없애는 자는, 아직 깨침[悟]을 알지 못한 것이다.353)

---

353) △二責前人同

此約方便敎中三乘顯然 以機不等故 結者二障 分別俱生卽用也 惑是無明卽體也 無明體上重重之結 故云重惑 二乘但伏斷煩惱 菩薩伏斷二障 三乘五位 位位漸除 而前曰妄想都盡 結縛永除故 亦未曉此旨 是知卽實而權 則三乘顯然 卽權而實 理同一味 但謂一理無差 便泯三乘修證漸次者 未爲知悟也

〔두 장애: 경계에 물든 번뇌의 장애[煩惱障]와 깨친 지혜에 집착이 있는 아는 바의 장애[所知障], 곧 미혹의 장애[惑障]와 지혜의 장애[智障]이다.〕

〔분별로 일어남[分別起]과 남과 같이 일어남[俱生起]: 후천적인 인연에 의해 번뇌가 일어남을 분별로 일어남[分別起]이라 하고, 태어남과 같이 무명에 의해 일어나는 번뇌를 남과 같이 일어남[俱生起]이라 한다. 이 둘은 무명의 바탕[體]에서 나는 무명의 씀[用]이다.〕

〔세 수레의 이름이 있고 방편의 이름이 있으면 이미 차제가 없지 않은 것이니 한 진리의 차별 없음으로 차제를 없애면 바른 뜻이 아니다.〕

(ㄷ) 점차를 바로 답함〔正答漸次〕

㉠ 법의 비유로 바로 답함〔法喩正答〕

① 비유를 이끎〔引喩〕

경은 말한다. "세 화살이 과녁을 맞히고

經曰三箭中(去)的

　적(的)은 붉은 과녁〔紅心〕을 말한다. 세 화살이 같이 한 과녁을 맞힘〔三箭同中一的〕은 세 수레 사람이 같이 한 진리 증득함〔同證一理〕을 비유한다.354)

세 짐승이 강을 건넘에

三獸渡河

　코끼리 말 토끼 세 짐승이 한 강을 같이 건넘〔三獸同渡一河〕은, 세 수레〔三乘〕가 같이 삼계의 맺음과 미혹 끊음을 비유한다.355)

맞힘과 건넘은 다름이 없으나, 얕고 깊음의 다름이 있는 (것은)

中渡無異　而有淺深之殊

　한 과녁을 같이 맞히고〔同中一的〕 한 강물을 같이 건너는 것〔同渡一河〕은 곧 다름이 없으니 이는 맺음과 미혹을 같이 끊음〔同斷結惑〕과 진리 같이 증득함〔同證眞理〕을 비유한다. 그렇지만 세 화살이 과녁에 이름에는 얕고 깊음이 있고〔三箭到的有淺深〕, 세 짐승이 강에 들어감에 깊고 얕음이 있음〔三獸入河有深淺〕이 각기 다르다. 이는 세 수레가 미혹 끊음에 깊고 얕음이 있고 참됨을 증득함에 점차가 있음을 비유한다.356)

---

354) △三正答漸次四 初法喩正答 文二 初㢰喩
　　的謂紅心 三箭同中一 喩三乘同證一理
355) 象馬兔三獸同渡一河 喩三乘同斷三界結惑
356) 同中一的 同渡一河則無異 喩同斷結惑 同證眞理 而三箭到的有淺深 三獸

것은 힘이 같지 않기 때문이다.

者爲力不同故也

위(爲)는 까닭이다. 세 화살 세 짐승의 힘에 크고 작음이 있음을 말미암아, 물에 들고[入水] 과녁 맞힘[中的]에 얕고 깊음의 셋이 있는 것이지, 강과 과녁에 다름이 있기 때문인 것이 아니다.357)

② 법을 합함[法合]

세 수레의 중생(세 화살 세 짐승을 합함)이, 연기의 나루[緣起之津]를 같이 건너고

三乘衆生(合三箭三獸) 俱濟緣起之津

제(濟)는 건넘이고 진(津)은 강의 나루이며, 연기는 열두 인연[十二因緣]이다. 법으로써 비유를 겸하니 위의 건넘과 강을 합한 것이다.358)

네 진리의 과녁[四諦之的]을 같이 살펴

同鑒四諦之的

위의 맞힘과 과녁을 합함이다. 그러나 네 진리[四諦] 열두 인연[十二因緣] 세 수레[三乘]를 따로 말해 서로 통하지 않음은 앞에 이끈 『법화경(法華經)』의 다음 말과 같다.

"슈라바카 구하는 이들을 위해서는 네 진리에 응하는 법들을 설해야한다."

만약 서로 통함[互通]을 잡아서는 스스로 두 뜻이 있다.

첫째 통하여 살핌의 뜻[通觀義]이니 다음 경의 말과 같다.

'위의 지혜[上智]는 괴로움을 살펴 보디사트바의 보디를 얻고, 가

入河有深淺各別 喩三乘斷惑有深淺 證眞有漸次
357) 爲者由也 由爲三箭三獸力有大小故 入水中的有淺深之三 非爲河的有異也
358) △二法合
濟渡也 津河也 緣起則十二因緣 以法兼喩也 合上渡河

운데 지혜(中智)는 괴로움을 살펴 프라데카붇다의 보디를 얻으며, 아래 지혜(下智)는 괴로움을 살펴 슈라바카의 보디를 얻고, 높고 높은 지혜(上上智)는 괴로움을 살펴 붇다의 보디(佛菩提)를 얻는다.'

그러니 곧 두 작은 수레는 같이 네 진리를 살펴(同觀四諦), 열두 인연 삼세의 인과(十二因緣三世因果)를 통하여 떠남(通離)을 안다. 다만 지혜의 씀이 날카롭고 무딤이 같지 않다.359)

둘째는 서로 살피는 뜻(互觀義)이다. 곧 합한 열두 인연(十二因緣)을 말하는 가운데, 지나감과 드러남의 다섯 갈래 원인(過現五支因: 무명·행·식·명색·육입)은 괴로움 모아냄의 진리(集諦)이고, 드러남과 오지 않음의 일곱 갈래 결과(現末七支果: 촉·수·애·취·유·생·노사)는 괴로움의 진리(苦諦)이다.

그러면 곧 슈라바카는 괴로움과 괴로움 모아내는 원인(苦集)을 살펴 이미 열두 인연을 밝게 알고, 프라데카붇다는 열두 인연을 살펴 이미 괴로움과 괴로움 모아냄을 알아, 사라짐을 증득하고 바른 길을 닦는 것(證滅修道)이니 두 작은 수레가 다 그러하다.

다만 보디사트바가 큰 자비행원(大悲行願)으로 길게 여섯 파라미타 행함과는 같지 않다. 보디사트바는 여섯 파라미타 가운데 다섯째 여섯째 선정과 지혜 둘을 같이 닦아(定慧雙修) 두 가지 공(我法二空)을 두렷이 증득하니(圓證二空), 어찌 삼세의 인과를 통달해 바른길과 사라짐(道滅)을 갖추지 않겠는가?360)

---

359) 合上中的 然四諦十二因緣三乘別說 互不相通 如前引法華云 爲求聲聞者說 應四諦等 若約互通 自有二義 一通觀義 如經云 上智觀苦 得菩薩菩提 中智觀 苦 得緣覺菩提 下智觀苦 得聲聞菩提 上上智觀苦 得佛菩提 則知二乘同觀四 諦 通離十二因緣三世因果 但智用利鈍不同
〔괴로움이 본래 여래장인줄 알면 괴로움 살펴 보디를 얻고 괴로움이 십이연기인 줄 알면 프라데카붇다의 지혜이고 괴로움이 무명으로 난 줄 알아 끊으려 하면 슈라바카이고 괴로움이 공한 곳에서 반야가 공하지 않은 줄 알면 보디사트바의 지위이다.〕

360) 二互觀義 說合十二因緣中 過現五支因爲集諦 現末七支果爲苦諦 則聲聞觀

이는 곧 세 수레의 행하는 문이 서로 갖춤〔三乘行門互具〕이다. 그러므로 연기하는 네 진리〔緣起四諦〕가 세 수레 사람〔三乘人〕이 끊고 증득함에 통하니 지금 논〔今論〕의 본뜻이다.

바로 끊음과 증득함의 두 문〔斷證二門〕을 잡으면, 연으로 일어남 〔緣起〕이 삼세의 원인과 결과라, 미혹과 업 괴로움〔惑業苦〕의 셋을

苦集 已了十二因緣 辟支觀十二因緣 已了苦集證滅修道 二乘皆然 但不如菩薩 大悲行願 長行六度爾 菩薩五六雙修 圓證二空 豈不達三世因果 具道滅耶 〔열두 연기 가운데 무명(無明)·행(行)·식(識)·명색(名色)은 고제인 집제이고, 육입(六入)·촉(觸)·수(受)·애(愛)·취(取)·유(有)·생(生)·노사(老死)는 집제인 고제이다. 슈라바카는 고제로 사제를 통해 말하고, 프라데카붇다의 십이연기는 무명의 집제로 무명의 사라짐을 말하며, 여섯 파라미타는 도제의 행으로 멸제를 함께 말한다. 다만 열두 인연〔十二因緣〕의 가르침은 고제와 집제만을 보이되 고제와 집제가 공함을 숨겨 말해 도제와 멸제가 고제와 집제 떠나지 않고 구현됨을 보인다. 참고로 히나야나 아비다르마〔小乘論〕에서 말한 십이인연에서 삼세 두 겹의 인과〔三世兩重因果〕를 도표로 보이면 다음과 같다.〕

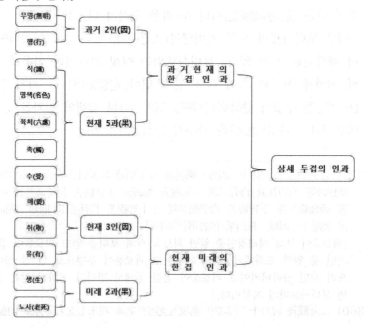

벗어나지 않으니 곧 세 수레가 통하여 끊는다[三乘通斷].

그러므로 '연기의 나루를 같이 건넌다[俱濟緣起之津]'고 말하니 네 진리[四諦]는 세간과 세간 벗어나는 인과를 자세히 살피는 진실 그대로의 진리[如實眞理]라 두 공함[二空] 지나지 않음에, 세 수레 사람이 통하여 증득한다[通證]. 그러므로 '네 진리의 과녁을 같이 살핀다[同鑒四諦之的]'고 말한 것이다.

세 수레가 이미 통하면 '세간 벗어나 참됨을 증득함'이라 이름하기 때문에, 나누는 가름의 행하는 모습[別分行相]을 잡은 것이 아니다.361)

거짓을 끊어 곧 참됨 그대로이면 (위의 건넘에는 다름없다 함에 합함) 같이 함이 없음[無爲]에 오른다(위의 맞힘에 다름없다 함에 합함).

絕僞即眞(合上渡無異) **同昇無爲**(合上中無異)

세 수레의 사람이 함께 삼계의 나고 죽음을 떠나, 같이 함이 없음의 저 언덕[無爲彼岸]에 이른다.362)

그렇다면 타는 바[所乘]가 하나가 아닌 것[不一]은 또한 지혜의 힘이 같지 않기[智力不同] 때문이다.

然其所乘不一者 亦以智力不同故也

타는 바가 하나로 같지 않은 것은 세 수레의 지혜의 행이 같지 않음을 가리킨 것이다. 슈라바카 야나(śrāvakayāna, 聲聞乘)는 '내

---

361) 此則三乘行門互具 故緣起四諦 通三乘斷證 今論本意 正約斷證二門 以緣起是三世因果 不出惑業苦三 則三乘通斷 故云俱濟緣起之津 四諦是諦審世出世因果 如實眞理 不過二空 三乘通證 故云同鑒四諦之的 三乘旣通名出世證眞故 不約別分行相也
〔사제와 십이연기가 고제와 집제의 연기를 보여 니르바나 증득함을 보이고 있으나 괴로움과 원인이 본래 남이 없음을 알면 니르바나에 얻을 것이 없으니 사제 십이연기는 세 수레에 통하는 가르침이라 세 수레가 따로 하여 행하는 모습이 아니다..〕
362) 三乘人同離三界生死 同到無爲彼岸也

가 공한 사제의 수레〔我空四諦〕'를 타고 벗어나며, 프라데카붇다
야나(pratyekabuddha-yāna, 緣覺乘)는 '내가 공한 열두 인연의
수레〔我空十二因緣〕'를 타고 벗어나며, 보디사트바야나(bodhisatt
va-yāna, 菩薩乘)는 '나와 법 둘이 공한 여섯 파라미타의 수레〔二
空六度〕'를 타고 벗어나니 무엇 때문에 이와 같은가?

아래에서는 '지혜의 힘에 크고 작음이 있어 같지 않기 때문'이라
고 말하였다. 이는 위에서 '얕고 깊음이 달라 힘이 같지 않기 때문'
이라고 함에 합한다. 그러므로 '모든 붇다들의 본뜻〔諸佛本意〕'은
'널리 중생이 나와 같아 다름없게 함〔如我無異〕'이나 저들의 지혜의
힘이 미치지 못하기 때문에 가르침에 점차가 있음〔敎有漸次〕을 알
아야 한다.363)

ⓒ 두 수레 지혜의 헤아림을 비교함〔校二乘智量〕

대저 뭇 있음은 비록 많다 하나 그 헤아림은 끝[涯]이 있다.

夫羣有雖衆 然其量有涯

뭇이란 하나가 아님이니 만 가지 있음〔萬有〕을 말한다. 그 만 가
지 있음을 말하면 곧 온갖 있음의 경계에 통한다. 만약 붇다의 지
혜에 있으면 반드시 가없음을 다한다.364)

---

363) 所乘不一者 指三乘智行不同也 聲聞乘我空四諦出 緣覺乘我空十二因緣出
　菩薩乘二空六度出 何故如此 下云 謂智力有大小不同故也 合上淺深之殊 爲力
　不同也 故知 諸佛本意 普欲令其如我無異 爲彼智力未及 敎有漸次也
　〔여래의 본뜻은 온갖 중생의 자기진실이 여래의 지혜 덕상임을 알게 함에
　있으니 이것이 여래의 한 큰일의 인연〔一大事因緣〕이다.〕
364) △二校二乘智量
　羣者不一之謂 萬有也 言其萬有則通一切有境 若在佛智 必盡無邊
　〔연기로 있는 뭇 있음의 수가 많으니 그것은 있음의 영역에서 끝이 없고 다
　함이 없음이다. 그러나 중생의 헤아림은 시작이 있으므로 끝이 있으니 사리
　푸트라 같은 지혜로도 헤아림의 끝을 다할 수 없으나, 사르바즈냐를 통달한
　붇다의 지혜는 온갖 있음이 공한 줄 체달해 그 가없음을 반드시 다한다.〕

바로 지혜를 사리푸트라(Śāriputra)와 같게 하고 말 잘함을 푸르나
(Pūrṇá)와 같게 해서

正使智猶身子 辯若滿願

　산스크리트로 사리푸트라(Śāriputra)라 함은 여기 말로 '독수리
의 아들〔身子〕'이니 제자 가운데 지혜가 으뜸이다. 산스크리트로
푸르나(Pūrṇá)는 여기 말로 '원을 채움〔滿願〕'이고 또한 '사랑을
채움〔滿慈〕'인데 제자 가운데 변재가 으뜸이다.365)

재간을 다하고 생각을 끝까지 해도 그 끝을 엿볼 수 없다.

窮才極慮 莫窺其畔

　두 수레 사람의 변재와 지혜를 사무쳐 다해도, 뭇 있음〔群有〕의
가와 끝을 엿보아 헤아릴 수 없다.366)

하물며 비어 없음의 수[虛無之數]와 까마득하고 까마득함의 땅[重
玄之域] 그 도의 끝없음을 단박 다하게 할 수 있겠는가?

況乎虛無之數 重玄之域 其道無涯 欲之頓盡也

　비어 없어 그윽하고 그윽함이란 곧 하나인 붇다의 수레〔一佛乘〕라,
'참되고 항상하며 묘한 도〔眞常妙道〕'는 가로와 깊이가 끝이 없으니
어떻게 두 수레로 하여금 다 증득하게 할 수 있겠는가? '있음 가의
일과 모습〔有邊事相〕'도 오히려 다 알지 못하는데 하물며 '가없는 법
의 바탕〔無邊法體〕'을 어찌 증득할 수 있겠는가? 그러니 곧 두 수레
〔二乘〕의 얕은 지혜의 힘이 못나 차제가 있는 줄 알아야 한다.367)

---

365) 梵云舍利弗怛羅 此云身子 弟子中智慧第一 梵云富樓那 此云滿願 亦云滿
　　慈 弟子中辯才第一
366) 窮極二聲聞辯才智慮 不能窺度羣有之邊畔
367) 虛無重玄 卽一佛乘 眞常妙道 橫豎無涯 如何欲令二乘盡證 有邊事相尚未
　　盡知 況無邊法體豈能盡證 則知二乘淺智力劣 故有階漸也

ⓒ 바깥 책을 이끌어 점차를 밝힘〔引外書明漸〕

바깥 책[書]에 말하지 않았는가? "배우는 이는 날로 더하고 도를
하는 자는 날로 던다."

書不云乎 爲學者日益 爲道者日損

책〔書〕은 노자의 『도경(道經)』이다. 지금 글을 빌어 쓴다. 하는
〔爲〕 자는 닦음의 뜻〔修義〕이다. 배움이란 가르침〔敎〕이고, 도(道)
란 성품을 밟음〔履於性〕이다. 배움을 닦는 자〔修學者〕는 날로 보고
듣는 알음알이를 늘리고, 도를 닦는 자〔修道者〕는 자기 성품을 밟으
니 알음알이로 미혹 맺음〔知解惑結〕을 날로 던다〔日損〕. 우리 붇다
의 가르침〔吾敎〕에서 배움〔學〕이 있고 닦음〔修〕이 있는 것은, 평등
한 깨침〔等覺〕에서 그친다.368)

도를 하는 자는 함이 없음을 하는 자이다. 함이 없음을 하면 나날
이 던니 이것이 어찌 단박 얻음[頓得]을 말하겠는가?

爲道者 爲於無爲者也 爲於無爲 而日日損 此豈頓得之謂

함이 없음을 닦는 것은 알음알이 미혹이 차츰 없어지고 함이 없
음이 차츰 나타남이니 이는 단박 얻음을 말한 것이 아니다.369)

---

368) △三引外書明漸
　　書是道經 今借文用 爲者修義 學者敎也 道者履於性也 修學者 日益於見聞知解
　　修道者 履於自性也 則日損於知解惑結 吾敎有學有修 止在於等覺
　　〔본래 깨침에는 배워서 늘릴 것이 없고 닦아서 얻을 것이 없으므로 본래 깨
　　침에 계합한 평등한 깨침에서는 배움과 닦음이 그친다.〕
369) 修無爲者 解惑漸除而無爲漸現 此非頓得之言謂
　　〔덜고 덜어서 함이 없음에 이르게 되면 이는 함〔爲〕이 함 없는 함〔無爲之
　　爲〕이 되는 것이니, 함이 없음을 닦는 것이 단박 얻음을 말하는 것이 아니
　　다. 붇다의 가르침에서는 깨침〔悟〕이 실로 끊음을 쉬게 함이라 닦음 없는
　　닦음〔無修之修〕을 막지 않는다. 그러므로 함이 없음을 닦아 덜고 덜어가는
　　것이 단박 얻음이라 해서는 안 된다.
　　붇다의 가르침에서 얻음은 얻을 것 없음으로써 얻음〔以無得爲得〕이라, 함이
　　없음은 함이 없되 하지 않음도 없는 것이다. 함이 없되 하지 않음도 없으며

반드시 덜고 또 덜어서 덜 것 없음에 이름일 뿐이다.

要損之又損之 以至於無損耳

이 세 구절은 지위 지위가 다 있음이니 곧 모든 지위 가운데서 들고 머물며 나오는 세 마음이란 곧 더해 행하고〔加行〕 바로 행하며〔正行〕 빼어나게 나아가는 행〔勝進行〕 이 세 행〔三行〕이다.

마치 첫 지위 미혹을 끊는 데는 아직 지위 앞에서는 덜어야 하니, '더하는 행으로 들어가는 마음〔加行入心〕'이라 이름한다. 요(要)란 하고자 함의 뜻이다. 첫 지위에 들어갈 때 또 덜면 곧 바른 덞〔正損〕이니 '바른 행으로 머무는 마음〔正行住心〕'이라 이름한다.

덜 것 없음에 이르러 두 지위를 구해 나아가면 이를 '빼어나게 나아가는 행으로 벗어나는 마음〔勝進行出心〕'이라 이름한다. 곧 지위 지위에 다 이 세 행과 세 마음이 있어 덜 것 없음에 이르면 바야흐로 '미혹이 없어지고 앎이 없어져〔惑亡解喪〕' 마음과 경계가 하나로 같아진다〔心境一如〕. 그러므로 지위 지위에서 다 '한 가름 진여〔一分眞如〕'를 증득한다.

또 덜어가야 함〔要損〕이 세 어짊〔三賢〕에 있고 또 덞〔又損〕은 지위 위에 있으며, 덜 것 없음에 이름은 묘한 깨침〔妙覺〕에 있다.

이는 곧 대승의 비롯하는 가르침〔大乘始教〕에서 실다운 미혹〔實惑〕 끊음을 잡아 말한 것이다. 만약 대승의 마치는 가르침〔大乘終教〕을 잡으면 끊음 없는 끊음〔無斷而斷〕은 비록 미혹이 본래 스스로 참되지만, 참됨〔眞〕이 미혹의 연을 따르고 또한 끊음의 연을 따르므로 또한 끊음〔斷〕에 거리끼지 않는다〔不妨斷〕. 그러므로 『능

덞과 닦음이 온전히 지양되어야 비로소 성품과 닦음이 둘이 아닌 닦음의 뜻〔性修不二之修義〕이 드러나니 성품인 닦음이 어찌, 멈추어 있는 진여를 단박 얻음〔頓得〕이라 하겠는가. 지금 한국불교 일부 선류들이 비연기론적 깨침의 뜻으로 돈오돈수(頓悟頓修)를 말하고 있으나 이러한 깨침의 뜻은 성품〔性〕이 닦음〔修〕을 온전히 빼앗고〔全奪〕 온전히 살려주는〔全與〕 연기론적인 깨침〔悟〕과 닦음〔修〕의 뜻이 아니다.〕

엄경(楞嚴經)』은 말한다.

"진리는 비록 단박 깨침이라
깨침을 따라 모두 없어지나
일은 단박 없어지지 않으니
차제를 인해 없어진다."
理雖頓悟　承悟倂消
事非頓除　因次第盡

만약 끊을 미혹이 없는 뜻[無惑可斷義]이라면 곧 단박 다함에 돌
아간다[卽歸頓矣].370)

　㉣ 경을 이끌어 지혜의 씀을 맺음[月經結智用]

경이 반딧불과 해로 지혜의 씀을 비유하였으니 알 수 있을 것이다.
經喻螢日智用　可知矣

---

370) 此三句 位位皆有 卽諸位中 入住出之三心 卽加行正行勝進行之三行 如斷
初地惑 在地前要損 名加行入心 要者欲義也 入初地時又損卽正損 名正行住心
至於無損 求進二地 名勝進行出心 則地地皆有此三行三心 至於無所損者 方惑
亡解喪 心境一如 故地地皆證一分眞如
又要損在三賢 又損在地上 至於無損 在妙覺也 此則約始敎斷實惑說 若約終敎
無斷而斷 雖惑本自眞 而眞隨惑緣 亦能隨斷緣 亦不妨斷 故楞嚴云 理雖頓悟
承悟倂消 事非頓除 因次第盡 若無惑可斷義 卽歸頓矣
[사법이 공한 진제를 단박 깨치면 모습에 물든 망상과 미혹의 실체성이 단
박 사라지고 미혹과 앎이 없어져 마음과 경계가 하나 된다. 그러나 미혹 끊
을 것 없음을 깨치는 것은 실로 끊음을 끊음 없는 끊음이 되게 하는 것이
니 단박 깨침이, 진제가 사법인 인과적 차제의 영역에서 닦음을 없애거나
끊음을 거리끼지 않는다. 단박 깨침을 통해 닦음은 닦음 없는 닦음이 되고
사법의 영역에서 인과적 활동은 이제 성품의 발현으로서 해탈의 활동이 되
고, 온갖 사회적 실천은 진여인 활동이 된다. 그러므로 사회의 구조적 악을
지양하는 실천은 영구 운동으로서 실천이 되고 그 결과로서 보다 나은 미
래의 성취 또한 매 실천의 얻음 없는 얻음으로 주어진다.]

비말라키르티가 부루나(Pūrṇá)에게 말했다.

"햇빛이 저 반딧불과 같다할 수 없으니 반딧불은 두 작은 수레〔二乘〕를 비유하고 햇빛은 보디사트바를 비유하오."

이는 세 수레를 의거하여 마주해 말함이니 곧 지혜에 잘나고 못남이 있음을 알아야 한다.371)

2) 따로 보디사트바를 마주함〔別對菩薩〕

(1) 하나인 수레의 여러 지위를 물음〔一乘諸位問〕

論 제14. 움직임을 꾸짖음[譏動]

이름 있는 이〔有名〕가 말했다. "경은 일컬어 보였다. 법신의 보디사트바 위로는〔法身以上〕 함이 없는 경계〔無爲境〕에 들어간다."

마음은 분별하는 지혜로써 알지 못하고, 법신의 꼴〔形〕은 모습〔象〕으로 헤아리지 못한다.

모습 없는 바탕은 다섯 쌓임〔陰〕 여섯 들임〔入〕이 끊어졌으니 마음의 지혜는 고요히 사라졌다.

그러기에 다시 말한다. "세 지위에 나아가 닦아야〔進修三位〕 덕을 쌓음이 더욱 넓어진다."

대저 나아가 닦음은, 좋아하고 우러름〔好尙〕에 바탕하고, 덕을 쌓음은, 거쳐 구함〔涉求〕에서 난다.

좋아하고 우러르면 곧 취하고 버리는 뜻이 나타나고. 거쳐 구

---

371) △四月Ⅰ經結智用
　　　淨名謂富樓那云 無以日光等彼螢火 螢光喩二乘 日光喩菩薩 此據三乘對辯 則
　　　知智有優劣也

하면 덜고 늘림이 엇갈려 펼친다.

이미 취하고 버림으로 마음을 삼고, 덜고 늘림으로 바탕 삼았는데 그런데도 바탕이 쌓임과 들임〔陰入〕을 끊고, 마음의 지혜〔心智〕가 고요히 사라진다고 말하였다.

이는 글이 어긋나고 뜻이 다른데 한 사람에게 모아진들 남(南)을 가리켜서 북(北)이라 하여, 길 잃은 이〔迷夫〕를 깨우쳐 줌이 없는 것이다.

① 글의 이름〔章名〕

제14. 움직임을 꾸짖음

誰動第十四

기(譏)는 꾸짖음이다. 움직임은 나아가 닦는 마음〔進修之心〕을 말한다. 이 물음은 앞의 차별을 따짐 가운데 의심을 다시 편 것이다. 이는 곧 참됨 증득한 사람을 통하여 다음처럼 의심한 것이다.

'이미 마음과 경계가 그윽이 합했는데〔心境冥合〕 왜 다시 나아가 움직임이 있는가?'

만약 대승의 비롯하는 가르침〔始敎〕인 법상종(法相宗)에 의거하면 첫 지위〔初地〕에서 이미 참됨을 증득한다. 지금은 일곱째 지위〔七地〕를 잡아 따지는 것이니 세 수레의 가르침에 나아가 논함이다. 보디사트바의 수레〔菩薩乘〕 가운데서는 일곱째 지위에 이르러 온전히 모습 없는 살핌〔純無相觀〕에 들어가 남이 없는 참음〔無生忍〕에 들어 참으로 평등한 법〔眞平等法〕을 깊이 증득한다.

사람이 이미 곧 법이라 또한 마음과 경계의 두 모습이 없으니〔無心境二相〕 이는 '물과 내가 그윽이 하나 되어〔物我冥一〕' 헤아림을 끊은 것이라 말한 바이다. 왜 뒤의 세 지위〔後地三位〕에 다시 나아가 따로 구하는 바가 있는가? 일곱째 지위도 오히려 그러한데 하물며 앞의 지위이겠는가? 이는 '사람과 법이 같이 고요함[人法同寂]'으로써, 나아가 움직임[進動]을 꾸짖는 것이다.372)

② 바로 물음[正問]

㈎ 경의 움직임과 고요함을 받음[牒經動寂]

이름 있는 이가 말했다. "경은 일컬어 보였다. 법신의 보디사트바 위로는 함이 없는 경계[無爲境]에 들어간다."

有名曰 經稱法身已上 入無爲境

이는 곧 앞에 '어린이 같은 보디사트바[儒童]'가 디팡카라붇다의 처소에서 이미 니르바나에 들어갔음을 이끈 것이다.

니르바나는 여기 말로 함이 없음[無爲]이라 한다. 법신이라 함에서 법(法)은 법성을 말하고 몸[身]이란 의지함이니 법성으로 의지함을 삼는다는 것은 곧 참됨 증득한 이[證眞者]를 통하여 일컬음이다. 지금 일곱 지위 위를 잡아 법신(法身)이라 한다면 온전히 모습 없음을 살펴 늘 진리 의지함[常依眞理]을 말한다. 법을 의지함은 참됨으로 바탕을 삼기 때문이고 또 온전히 샘이 없는 공덕법[純無漏功德法]의 가름이 모여 쌓였기 때문이다.373)

---

372) △二別對菩薩 文二 初一乘諸位問 文二 初章名
譏者責也 動謂進修之心 此問再敍前難差中疑 此則通疑證眞之人 旣心境冥合 何故更有進動 若據始敎法相宗 初地已得證眞 今約七地 難者就三乘敎論 菩薩 乘中 至七地時 入純無相觀 得無生忍 深證眞平等法 人旣卽法 亦無心境二相 所謂物我冥一 絶於圖度 何故更進後地三位 別有所求 七地尙爾 況前地耶 此 以人法同寂 譏責於進動
〔마음의 지혜가 모습 없는 진리와 하나되어 고요한데, 나아가 닦는다면 움직임이 됨을 꾸짖음이다.〕

373) △二正問三 初牒經動寂
此卽前引儒童 於然燈佛所 已入涅槃 涅槃此云無爲 法身者 法謂法性 身者依也 以法性爲依 則證眞者之通稱 今約七地已上曰法身者 謂純無相觀 常依眞理 以 法爲依 以眞爲體故 又純無漏功德法分積聚故

마음은 분별하는 지혜로써 알지 못하고

心不可以智知

　분별없는 마음〔無分別心〕은 분별하는 지혜〔分別智〕로 알지 못한다.374)

법신의 꼴[形]은 모습으로 헤아리지 못한다.

形不可以象測

　법신은 물질의 걸림이 아니므로 꼴과 모습〔形象〕으로 헤아리지 못한다.375)

모습 없는 바탕은 다섯 쌓임[陰] 여섯 들임[入]이 끊어졌으니

體絶陰入

　얻는 바 법의 바탕은 다섯 쌓임〔五陰〕 여섯 들임〔六入〕을 떠났으니376)

마음의 지혜는 고요히 사라졌다.

心智寂滅

　증득하는 마음의 지혜는 온전히 샘이 없는 살핌〔無漏觀〕의 '공을 씀이 없는 도〔無功用道〕'라 고요히 사라져 모습 없다. 마치 흐름 따르는 배와 같다.

　이는 곧 앞에 말한 바 '사물과 내가 그윽이 하나됨〔物我冥一〕'이다.377)

---

374) 無分別心 非分別智可知
375) 法身非質礙故 形象不測
376) 所得法體 離五陰六入
　〔다섯 쌓임과 여섯 들임이 곧 공함이므로 쌓임과 들임에 있지 않음을 떠남이라 말한 것이다.〕
377) 能證心智 純無漏觀 無功用道 寂滅無相 如順流舟也 此卽前所謂物我冥一也

그러기에 다시 말한다. "세 지위에 나아가 닦아야 덕을 쌓음이 더욱 넓어진다."

而復云進修三位 積德彌廣

곧 앞에서 일곱째 머묾〔七住〕에서 처음 '남이 없는 법의 참음〔無生忍〕'을 얻는다 말했는데 세 지위에 나아가 닦아서, 다시 빼어나게 뒤의 지위에 나아가야〔勝進後地〕, 넓고 큰 공덕〔廣大功德〕을 바라게 된다.378)

㈏ 움직임으로써 고요함을 따짐〔以動難寂〕

대저 나아가 닦음[進修]은, 좋아하고 우러름[好尚]에 바탕하고, 덕을 쌓음[積德]은, 거쳐 구함[涉求]에서 난다.

夫進修本於好尚 積德生於涉求

좋아하고 우러르는 마음〔好尚心〕을 내고, 거쳐 구하는 생각〔涉求念〕을 움직임이다.379)

좋아하고 우러르면[好尚] 곧 취하고 버리는 뜻이 나타나고, 거쳐 구하면[涉求] 덜고 늘림이 엇갈려 펼친다.

好尚則取捨情現 涉求則損益交陳

뒤의 지위를 취하면 앞의 지위를 버리며, 무명(無明)을 버려 덜면 공덕(功德)을 늘려 더한다.380)

〔모습 없는 진리와 하나된 지혜는 닦아 얻는 모습이 없으므로, 공을 씀이 없는 도〔無功用道〕가 된다.〕

378) 卽前云於七住初獲無生忍, 進修三位 更勝進後地 慕廣大功德也
　　〔끊을 번뇌와 닦음에 모두 모습 없음을 살펴 공덕에 취할 것이 없어야 넓고 큰 공덕에 나아갈 수 있다.〕

379) △二以動難寂
　　生好尙心 動涉求念

380) 取後位 捨前位 棄損無明 增益功德

이미 취하고 버림으로 마음을 삼고, 덜고 늘림으로 바탕 삼았는데 그런데도 바탕이 쌓임과 들임[陰入]을 끊고, 마음의 지혜가 고요히 사라진다고 말하였다.

旣以取捨爲心 損益爲體 而曰體絶陰入 心智寂滅

위의 움직여 씀으로 고요히 사라짐의 뜻[寂滅義]을 의심한 것이다.381)

(다) 서로 어긋남을 맺어 이룸[結成相違]

이는 글이 어긋나고 뜻이 다른데 한 사람에게 모아진들 남을 가리켜서 북이라 하여 길 잃은 이[迷夫]를 깨우쳐줌이 없는 것이다.

此文乖致殊 而會之一人 無異指南爲北 以曉迷夫

이미 움직임과 고요함의 글의 뜻이 달라 어긋나는데, 일곱 지위 보디사트바 한 사람에[七地一人] 모아 같게 한다해도 어찌 움직임과 고요함의 다름을 알겠는가? 남으로써 북이라 함과 비슷하니 어찌 길 잃은 이[迷者]를 가리켜서 남북이 방위 달리함을 깨우치도록 하겠는가?382)

(2) 지위 지위가 고요함으로 답함[位位寂滅答]

[끊고 얻을 것이 있으면 진리와 하나된 참된 공덕의 곳이 아니며, 안으로 얻을 것이 있고 밖으로 구할 것이 있으면, 안과 밖이 밝게 사무침[內外明徹]이 되지 못한다.]

381) 以上動用疑寂滅義
382) △三結成相違
　　旣動寂文義殊乖 而會同七地一人 豈了動寂之異 有似以南爲北 豈能指迷者令曉南北殊方也
　　[나아가 닦으면 이는 취하고 버림이라 곧 움직임 되므로 고요함이 되지 못한다. 그러므로 고요함을 떠나지 않은 움직임을 닦아야, 닦음 속에 늘 고요함을 아는 것이다.]

이름 없는 이〔無名〕가 말했다. 경에서 성인이라 일컬음은 함이 없되 하지 않는 바 없고 함이 없으므로 비록 움직이나 늘 고요하고, 하지 않는 바 없으므로 비록 고요하되 늘 움직인다.

비록 고요하되 늘 움직이므로 물(物)은 하나일 수 없고〔物莫能一〕 비록 움직이되 늘 고요하므로 물(物)은 둘일 수 없다〔物莫能二〕.

물이 둘일 수 없으므로 움직이되 더욱 고요하고, 물이 하나일 수 없으므로 고요할수록 더욱 움직인다.

함이 곧 함이 없음이고, 함이 없음이 곧 함이기 때문이니 움직임과 고요함이 비록 다르나 다르다고 할 수 없다.

『도행경(道行經)』은 말한다. "마음이란 또한 있지도 않고 또한 없지도 않다."

있지 않음이란 마음 있음〔有心〕의 있음과 같지 않은 것이고, 없지 않음이란 마음 없음〔無心〕의 없음과 같지 않은 것이다.

왜인가? 마음 있음이란 곧 뭇 어리석은 삶들〔衆庶〕이 이것이다. 마음 없음은 곧 큰 허공〔太虛〕이 이것이다.

뭇 여러 삶들이란 망상(妄想)에 머묾이고, 큰 허공이란 신령한 비춤〔靈照〕을 끊었으니 어찌 망상에 머묾〔止於妄想〕과 신령한 비춤 끊음〔絶於靈照〕으로 신묘한 도〔神道〕를 나타내, 성인의 마음〔聖心〕이라 말할 수 있겠는가?

이런 까닭에 성인의 마음은 있지 않지만 없다고 할 수 없고, 성인의 마음은 없지 않지만 있다고 할 수 없다.

있지 않으므로 마음의 모습 취함이 모두 사라지고〔心想都滅〕, 없지 않으므로 이치에 계합하지 못함이 없다〔理無不契〕.

이치에 계합하지 못함이 없으므로 만 가지 덕이 여기에서 넓어진다.

　마음의 모습 취함[想]이 모두 사라지므로 공(功)이 이루어져
도 내가 아니다[非我]. 이런 까닭에 응해 교화함이 방위가 없으
니[應化無方] 일찍이 함 있음[有爲]이 아니고, 고요하여 움직이
지 않되[寂然不動] 일찍이 하지 않음이 아니다[未嘗不爲].

　경은 "마음에 행하는 바가 없되[心無所行] 행하지 않는 바도
없다[無所不行]."고 말하니 미더움도다.

① 글의 이름[章名]

제15. 움직임의 고요함

動寂第十五

　움직임은 씀[用]이고 고요함은 바탕[體]이니 행하는 사람이 인행
을 닦아 과덕에 계합하여 미혹을 끊고 과덕 증득함인데 이는 다
앞의 반야로써 닦을 수 있음[能修]을 삼은 것이다. 곧 앎 없는 반
야로써 참됨 그대로의 인행[卽眞之因]을 닦아, 진실대로의 과덕에
계합해 참됨과 다르지 않은 미혹[不異眞之惑]을 끊고, 고요히 사라
진 진리[寂滅之理] 증득함을 말한다.

　이것이 곧 함과 하여지는 바[能所]와 끊음과 증득함[斷證]이 곧
고요히 사라진 모습이라 움직이되 늘 고요하다[動而常寂]. 그러므
로 움직임의 고요함[動寂]이라 한다.

　그래서 청량(清涼)은 말한다.

　"참으로 참된 무리의 지혜[眞流之智]가 아니라면 참됨에 계합하
지 못하니, 어찌 참됨을 꾸미는 행[飾眞之行]이 있어, 참됨을 좇아
일어나지 않을 수[不從眞起] 있겠는가."

　이는 진실의 가르침을 의거해 머묾[住]에 들어간 뒤 곧장 마쳐
다함[究竟]에 이르면, 비롯함과 마침이 이와 같음이지[始終如此]

그것은 일곱째 지위 뒤에 바야흐로 '움직임과 고요함이 둘 아님〔動寂不二〕'을 얻는 것 말함이 아니다.

이는 '하나인 수레의 바른 행〔一乘正行〕'을 논함이라 이 글에 나타내 보임이 있는 것이다.383)

② 바로 답함〔正答〕

㈎ 닦는 바 행을 나타냄〔顯所修之行〕

㈀ 경을 이끌어 모아 나타냄〔引經總標〕

이름 없는 이[無名]가 말했다. 경에서 성인이라 일컬음은

無名曰 經稱聖人

경을 이끌어 참됨을 증득해 진실의 행 일으키는 사람을 통하여 나타냄이다.384)

함이 없되 하지 않는 바 없고

---

383) △二位位寂滅答 文二 初章名

動是用 寂是體 謂行人修因契果 斷惑證理 皆以前般若爲能修也 謂以無知之般若 修卽眞之因 契如實之果 斷不異眞之惑 證寂滅之理 是則能所斷證卽寂滅相 動而常寂 故曰動寂 故淸涼云 良以非眞流之智 無以契眞 何有飾僞之行 不從眞起 此據實敎入住已來 直至究竟 始終如此 非謂七地已後方得動寂不二 此論一乘正行 在此章顯示

〔온갖 움직이는 행이 참됨을 좇아 나지 않음이 없으니 참됨에 계합하면 움직임이 곧 고요함이 된다.〕

〔닦되 닦음 없이 닦음이고 움직이되 고요함이므로 닦음이 참됨을 움직이지 않는데 나아가 닦으면 움직임이 된다는 앞의 비방을 꺾음. 곧 온전한 닦음이 곧 성품인 줄 알면 온전한 성품이 닦음 일으킴이 되는 것이다. 천태선사는 이를 닦음과 성품이 둘 아님〔性修不二〕이라 한다. 하나인 붇다의 수레〔一佛乘〕 바른 행〔正行〕이란, 끊을 번뇌 망상이 본래 니르바나 되어 있음에서, 닦음을 일으키면 온전히 진리 성품 그대로의 바른 행이 되기 때문이다.〕

384) △二正答四 初顯所修之行 文三 初引經總標

引經通標證眞起實行之人

無爲而無所不爲

함〔爲〕이란 지음〔作〕이다. 세 지혜〔聞思修의 세 지혜〕 가운데 닦음의 지혜〔修智〕에 속한다. 만약 참됨에 맞으면, 끊을 미혹이 없고 증득할 진리가 없으며 닦을 행이 없고 얻을 지위가 없음을 말하니 함이 없음〔無爲〕이라 한다. 마음이 비록 밝아 또렷하나 힘이 스스로 말미암지 못하면〔力不自由〕, 허깨비 모습 아직 없애지 못함〔幻相未除〕이 있음을 보아, 공한 티끌 번뇌를 말하지 못한다〔空塵不說〕.

반드시 허깨비 같은 지혜〔如幻之智〕로 허깨비 미혹을 끊고〔斷幻惑〕 허깨비 진리를 증득하고 허깨비 행을 닦고 허깨비 지위를 구해야〔求幻位〕 한다. 그러므로 '하지 않는 바 없다〔無所不爲〕'고 하니 곧장 반드시 끊되 끊음 없음에 이르고 증득하되 증득함 없음에 이르러야 바야흐로 마쳐 다함〔究竟〕이라 말한다.

지금은 인행의 문〔因門〕에 나아가 앎을 좇아 행을 일으키니 곧 끊음 없이 끊고 증득함 없이 증득함이다. 그러므로 '함이 없되 하지 않는 바 없다〔無爲而無所不爲〕'고 한다. 고요하되 늘 움직이니〔寂而常動〕 움직임이 고요함에 어긋나지 않는 것〔動不乖寂〕이다. 큰 뜻이 이와 같으므로 모아 나타냄이라 한다.385)

(ㄴ) 큰 뜻을 풀이해 이룸〔釋成大意〕

함이 없으므로 비록 움직이나 늘 고요하고

無爲故 雖動而常寂

위의 고요함의 뜻〔寂義〕을 풀이함이니 닦되 닦음 없음〔修卽無修〕

---

385) 爲者作也 三慧中屬修慧 謂若稱眞 則無惑可斷 無理可證 無行可修 無位可得 故曰無爲 心雖明了 力不自由 見有幻相未除 空塵不說 當以如幻之智 斷幻惑 證幻理 修幻行 求幻位 故曰無所不爲 直須斷至無斷 證至無證 方曰究竟 今就因門 從解起行 則無斷而斷 無證而證 故曰無爲而無所不爲 寂而常動 動不乖寂也 大意如是 故曰總標

이것이 움직임 그대로 고요함[卽動之寂]이다.386)

하지 않는 바 없으므로 비록 고요하되 늘 움직인다.

無所不爲 故雖寂而常動

　위의 움직임의 뜻[動義]을 풀이함이다. 닦음 없되 닦음[無修而
修]이라 곧 고요함 그대로 움직임[卽寂之動]이다.387)

비록 고요하되 늘 움직이므로 물은 하나일 수 없고[物莫能一]

雖寂而常動 故物莫能一

　닦음 없음 가운데 닦음을 일으키니 닦음과 닦는 바의 모습[能所
修相]이 하나가 아니다.388)

비록 움직이되 늘 고요하므로 물은 둘일 수 없다[物莫能二].

雖動而常寂 故物莫能二

　닦음이 곧 닦음 없음이니 함과 하여지는 바가 한 모습[能所一相]
이다.389)

물(物)이 둘일 수 없으므로 움직이되 더욱 고요하고, 물(物)이 하나
일 수 없으므로 고요할수록 더욱 움직인다.

物莫能二 故逾動逾寂 物莫能一 故逾寂逾動

　더욱이란 지나감이 지극한 뜻이다. 둘 아님[不二]을 말하면 ‘함과
하여지는 바가 같이 고요함[能所同寂]’이니 이는 곧 지극한 움직임
[至動] 그대로 곧 지극히 고요함을 봄이다. 하나 아님[不一]을 말

---

386) △二釋成大意
　　釋上寂義 修卽無修 是卽動之寂
387) 釋上動義 無修而修 是卽寂之動
388) 無修中起修 能所修相不一
389) 修卽無修 能所一相

하면 곧 두 모습이 또렷한 것[二相宛然]이니 지극한 고요함[至寂] 그대로 지극히 움직임을 봄이다.

위는 곧 연을 따름 그대로 변하지 않음[隨緣而不變]과 같고, 다음은 곧 '변하지 않음 그대로 연 따름을 무너뜨리지 않음[不變而不壞隨緣]'이다. 그러므로 움직임과 고요함의 두 이름은 이를 말하면 다른 듯하나, 뜻의 진실은 때를 같이 한다.390)

㈐ 까닭을 맺어 보임[結示所以]

함이 곧 함이 없음이고(爲卽無爲, 나아가 닦음이 곧 고요함이고), 함이 없음이 곧 함이기[無爲卽爲] 때문이니(고요함이 곧 나아가 닦음이니) 움직임과 고요함이 비록 다르나 다르다고 할 수 없다.

所以爲卽無爲(進修卽寂滅) **無爲卽爲**(寂滅卽進修) **動寂雖殊 而莫之可異也**

사법과 진리 두 행이 이름은 다르나 뜻은 하나이다.391)

㈏ 닦는 마음을 밝힘[明能修之心]

㈀ 경을 이끌어 뜻을 나타냄[引經標義]

『도행경』은 말한다. "마음이란

道行云心

닦는 마음이란 그 바탕이 본래 깨침[本覺]이고 씀은 곧 지혜[智]이니 지위마다 각기 들고 머물며 나가는 세 마음[入住出三心]을 갖춘다. 근본의 지혜[根本智]와 뒤에 얻음[後得]에 통한다.392)

---

390) 逾過極之義 言不二則能所同寂 此乃卽至動而見至寂 言不一則二相宛然 卽至寂而見至動 上則卽隨緣同不變 次乃卽不變而不壞隨緣 故動寂二名 言之似異 義實同時
391) △三結示所以
事理二行名殊義一也

또한 있지도 않고 또한 없지도 않다."

亦不有 亦不無

마음 바탕은 진실하여 본래 있음이 아니고 없음이 아니며 또한 함과 하여지는 바가 없어[無能所] 닦는 모습이 없어져 평등에 같이하기 때문이다. 화엄교(華嚴敎) 또한 말한다.

"한결같음 밖에 지혜가 없고 또한 지혜 밖에 한결같음이 없다."

지금은 바로 비춤과 씀이 두 가인 공함과 있음의 병[二邊空有之病]에 걸리지 않음을 잡은 것이다. 그러므로 오직 닦는 행[所修之行]이 '함과 함이 없음이 둘이 아닐[爲無爲不二]' 뿐 아니라, 닦는 마음[能修之心]이 비춤이 비춤 없음과 더불어[照與無照] 또한 때를 같이한다[亦乃同時]. 그러므로 또한[亦]이라 말한다.393)

(ㄴ) 경의 큰 뜻을 풀이함[釋經大意]

있지 않음이란 마음 있음[有心]의 있음과 같지 않은 것이고 없지 않음이란 마음 없음[無心]의 없음과 같지 않은 것이다.

不有者 不若有心之有 不無者 不若無心之無

고요함과 비춤이 때를 같이하여[寂照同時] 있고 없는 두 마음[有無二心]이 아니므로 경은 '있음도 아니고 없음도 아니다'라고 하였다.394)

---

392) △二明能修之心五 初引經標義
    能修之心 體是本覺 用卽是智 位位各具入住出三心 通根本後得
    〔본래 깨침은 닦음 없고 얻음 없음이나, 앎 없는 앎으로서 지혜의 씀은 앎에 들고 머물고 나가는 세 씀을 갖추지만 씀에 씀이 없는 것이다.〕
393) 心體眞實 本非有無 亦無能所 修相泯同平等故 華嚴亦云 無有如外智 亦無智外如 今正約照用 不滯二邊空有之病 非唯所修之行爲無爲不二 能修之心 照與無照 亦乃同時 故云亦也
    〔닦는 행은 하되 함이 없음[爲而無爲]이고, 닦는 마음은 비추되 비춤 없으므로 고요함과 비춤이 때를 같이함[寂照同時]이다.〕
394) △二釋經大意

㉢ 거스르고 따름으로 미루어 풀이함〔逆順推釋〕

㉠ 물음〔問〕

왜인가?

何者

위의 있음 없음과 같지 않은 뜻을 물음이다.395)

㉡ 풀이함〔釋〕

① 그름 꾸짖음을 돌이켜 풀이함[反釋責非]

마음 있음이란 곧 뭇 어리석은 삶들[衆庶]이 이것이다.

有心則衆庶是也

뭇 삶들이란 하나 아님이니 삼계 중생의 마음은 다 '지음이 있고 붙잡아 생각함이 있음〔有作攀緣〕'을 가리킨 것이다. 위 마음 있음 〔有心〕을 풀이한 것이다.396)

마음 없음은 곧 큰 허공[太虛]이 이것이다.

無心則太虛是也

위의 마음 없음〔無心〕을 풀이한 것이다.397)

뭇 여러 삶들이란 망상(妄想)에 머묾이고, 큰 허공이란 신령한 비춤 [靈照]을 끊었으니 어찌 망상에 머묾과 신령한 비춤 끊음으로 신묘

寂照同時 非有無二心 故經曰不有不無
〔마음이 고요하되 비추므로 없음이 아니고 비추되 고요하므로 있음이 아니다.〕
395) △三逆順推釋 文二 初問
問上不若有無之義
396) △二釋 文二 初反釋責非
衆庶者不一也 指三界衆生心皆有作攀緣 釋上有心也
397) 釋上無心也

한 도[神道]를 나타내 성인의 마음[聖心]이라 말할 수 있겠는가?

衆庶止於妄想 太虛絶於靈照 豈可止於妄想 絶於靈照 標其神道 而語
聖心者乎

　　나아가 닦음[進修]을 움직임이라 말하니 이는 망상(妄想)으로써
　성인의 마음을 말함이다. 또 없음에 들어감[入無]이 고요함이라 하
　면 이는 큰 허공[太虛]으로써 신묘한 도를 나타냄이니 어찌 삿됨
　으로 바른 도[正道]를 구할 수 있겠는가?398)

　　② 바른 이치를 따라 풀이함[順釋正理]

이런 까닭에 성인의 마음은 있지 않지만 없다고 할 수 없고

是以聖心不有 不可謂之無

　　있지 않다고 말함을 듣지만 고요하되 늘 비추니[寂而常照] 없음
　을 집착하지 않고399)

성인의 마음은 없지 않지만 있다고 할 수 없다.

聖心不無 不可謂之有也

　　없지 않다고 함을 듣지만 비추되 늘 고요하니[照而常寂] 또 있음
　을 집착하지 않는다. 이는 말을 따라 집착함을 보내는 것이다.400)

있지 않으므로 마음의 모습 취함[心想]이 모두 사라지고

---

398)　進修所謂動 此是以妄想語聖心 又謂入無爲是寂 此是以太虛標神道 焉可以
　　邪而求正道
　　〔여기서 큰 허공은 경계가 마음 아님을 잡아 말한 것이고 허공의 어두워 생
　　각 없음을 비유로 잡아 보인 것이다. 그러나 마음은 물질이 아니되 물질 아
　　님도 아니고 앎은 허공이 아니되 허공을 떠나지도 않으니 옛 조사들은 '무정
　　이 설법한다[無情說法]' 말하고 '허공이 경을 강설한다[虛空講說]'고 말한다.〕
399)　△二順釋正理
　　聞說不有 寂而常照 不可執無
400)　聞說不無 照而常寂 又不可執有 此遣隨言執也

不有故 心想都滅

상(想, samjñā)은 모습 취함[取像]을 말한다. 증득하는 마음이
이미 취해 집착함이 없으므로 경은 '있지 않다' 말한다.401)

없지 않으므로 이치에 계합하지 못함이 없다.

不無故 理無不契

계합하지 못함이 없다는 것은 다 진리에 계합함[盡契眞理]이니
계합하는 마음이 없지 않기 때문이다. 그러므로 경은 '없지 않다'
한 것이다.402)

이치에 계합하지 못함이 없으므로 만 가지 덕이 여기에서 넓어진다.

理無不契 故萬德斯弘

홍(弘)은 큼이다. 만가지 덕이란 성품에 맞는 덕[稱性之德]이 하
나가 아닌 것이다. 그러므로 『기신론(起信論)』은 말한다.
"여래 공덕의 곳간[如來藏]이 헤아릴 수 없는 성품의 공덕[無量
性功德]을 갖추었기 때문이다."
마음이 진리를 증득함[證理]이란 곧 진리에 맞는 덕[稱理之德] 낱
낱이 넓고 커서 끝이 없으므로 여기에서 넓어진다고 한 것이다.403)

마음의 모습 취함[想]이 모두 사라지므로 공(功)이 이루어져도 내
가 아니다.

心想都滅 故功成非我

수부티가 말했다. "나는 이 생각 등도 짓지 않는다." 그런데 하물며

---

401) 想謂取像 能證之心旣無取著 故經曰不有也
402) 無不契者 盡契眞理 能契之心非無故 經曰不無也
403) 弘大也 萬德者 稱性之德不一 故起信云 如來藏具足無量性功德故 心能證
理 則稱理之德 ——廣大無涯 故曰斯弘

대승 보디사트바의 '함과 하여지는 바의 한 모습[能所一相]'이겠는가? 마음의 모습 취함이 모두 사라지면 어찌 나의 마음이 있어 공행(功行)을 이루겠는가. 그러므로 내가 아니다[非我]라고 말한다.404)

(ㄹ) 까닭을 맺어 이룸[結成所以]

이런 까닭에 응해 교화함이 방위가 없으니 일찍이 함 있음[有爲]이 아니고

所以應化無方 未嘗有爲

세속을 통달함이 참됨 증득함에 거리끼지 않으니 움직이되 늘 고요하다[動而常寂].405)

고요하여 움직이지 않되 일찍이 하지 않음[不爲]이 아니다.

寂然不動 未嘗不爲

참됨을 증득하되 늘 세속을 통달하니 고요하되 늘 움직인다[寂而常動].406)

(ㅁ) 경을 이끌어 뜻을 증명함[引經證義]

경은 "마음에 행하는 바가 없되 행하지 않는 바도 없다"고 말하니 미더웁도다.

經曰 心無所行 無所不行 信矣

수행자가 미혹 끊고 진리를 증득하며 인행 닦고 과덕에 계합하는 것을

---

404) 須菩提云 我不作是念等 況大乘菩薩能所一相 心想都亡 豈有我心 成就功行 故曰非我
　　〔헤아릴 수 없는 성품의 공덕을 성취한 보디사트바의 나는 나 아닌 나[非我之我]이기 때문이다.〕
405) △四結成所以
　　達俗不妨證眞 動而常寂
406) 證眞而常達俗 寂而常動

다 행(行)이라 한다. 행할 수 있는 마음〔能行之心〕을 행하되 '움직임과 고요함이 때를 같이하니〔動寂同時〕' 이것이 믿을 만한 것이다.407)

㈐ 앞을 이끌어 맺어 보임〔引前結示〕

> 🔲 '어린이 같은 보디사트바〔儒童〕'가 말했다.
>
> '옛날 내가 셀 수 없는 칼파(kalpa, 劫)에 나라와 재물과 몸과 목숨을 사람들께 셀 수 없이 베풀었지만 망상의 마음으로 베풀었으니 이는 참으로 베푼 것이 아니다.
>
> 지금은 남이 없는 마음〔無生心〕으로, 다섯 송이 꽃〔五華〕을 붙다께 베푸니 비로소 베풂이라 이름할 뿐이다.'
>
> 또 공한 행의 보디사트바는 공해탈문(空解脫門)에 들어가 바야흐로 말했다. "지금은 행하는 때이지 증득하는 때가 아니다."
>
> 그렇다면 마음이 더욱 비면 행이 더욱 넓어지니 날이 다하도록 행해도, 행함 없음에 어긋나지 않는 것이 마음이다.
>
> 이 때문에 『어진 이가 많이 나오신 칼파의 수트라〔賢劫經〕』는 버림 없는 보시를 말하고, 『이루어 갖춤을 보인 경〔成具經〕』은 하지 않는 함〔不爲之爲〕을 찬미하였으며, 디야나(dhyāna)의 경서〔禪典〕는 생각함이 없는 자비〔無緣之慈〕를 말했고, 『사익경(思益經)』은 앎 없는 앎〔不知之知〕을 연설했으니 성인의 뜻은 비어 현묘하여 글을 달리하되 가려 밝힘을 같이 한다.
>
> 그러니 어찌 함 있음〔有爲〕으로 곧 함 있음〔有爲〕이라 하고 함 없음〔無爲〕으로 곧 함 없음〔無爲〕이라 할 것인가?
>
> 보디사트바는 다함과 다하지 않음〔盡不盡〕이 평등한 법문에 머물러, '함이 있음을 다하지 않고 함이 없음에 머물지 않는다

---

407) △五引經證義
　　行者斷惑證理 修因契果 皆名曰行 行能行之心 動寂同時 斯可信矣

> 〔不盡有爲 不住無爲〕' 하니 곧 그 일 그대로이다.
>
> 그런데도 남과 북으로 비유해서 바로 받아 알아들을 말이 아
> 주 아니다.

㈀ 바로 이끎〔正引〕

㉠ 앞의 경을 이끎〔引前經〕

어린이 같은 보디사트바가 말했다.

儒童日

  세존께서 인행(因行)의 지위에서 보디사트바였을 때 어린이 같은
보디사트바〔儒童〕라 하였다. 앞의 따지는 이가 다만 글의 어긋남을
보고, 뜻의 따름을 보지 못하므로 지금 또한 '어린이 같은 보디사
트바'가 말한 바에 나아가, 둘 아닌 뜻을 이끌어〔引不二之義〕 저들
이 믿어 깨치도록 하기 때문이다.408)

'옛날 내가 셀 수 없는 칼파(kalpa)에 나라와 재물과 몸과 목숨을
사람들께 셀 수 없이 베풀었지만

昔我於無數劫 以國財身命 施人無數

  일곱 지위〔七地〕 두 아상키야 칼파가 찼음〔劫滿〕을 말하므로 옛이라
한다. 일찍이 나라의 지위 재물과 보배를 버리고 몸과 목숨까지 이 안
팎의 재물로써 보시 행하니 수와 양〔數量〕을 알 수 없는 것이다.409)

망상의 마음으로 베풀었으니 이는 참으로 베푼 것이 아니다.

---

408) △三引前結示三 初正引二 初刃前經
    世尊因地爲菩薩 名曰儒童 前難者但見文違 未見意順 故今亦就儒童所說 引不
    二之義 令彼信悟故
409) 七地二僧祇劫滿 故說昔 曾以國位財寶捨身分或盡命 以此內外財行施 不可
    知其數量

以妄想心施 非爲施也

　　망상(妄想)은 하나가 아니니 붇다의 과덕을 구하고 높은 지위에
나아가며 행이 차기를 바라고 인행이 두렷하도록 함[因圓]을 말한
것이다. 다만 닦음과 닦는 바의 모습[能所修相]이 있으면 다 망상
이라 하니 이는 모두 진실에 맞지 않는 행이다.410)

지금은 남이 없는 마음[無生心]으로 다섯 송이 꽃을 붇다께 베푸
니, 비로소 베풂이라 이름할 뿐이다.'

今以無生心 五華施佛 始名施耳

　　지혜가 비어 남이 없으면[智虛無生] 닦을 수 있는 마음[能修心]
이 되고, 다섯 꽃을 붇다께 베풂에 바탕이 곧 남이 없으면[體即無
生] 닦는 바 행[所修行]이 된다. 닦음과 닦는 바가 참됨과 같아지
면[能所同眞] 무너지지 않아서, 비로소 진실에 맞는 베풂[稱實之
施]이라 이름하니 어찌 움직임과 고요함에 다름이 있겠는가?
　　다섯 꽃[五華]을 붇다께 베풂이라 말한 것은 다음 경의 말씀이다.
　　"붇다께서 인행 가운데 옛날 마나바(manava)라 이름하니 여기
말로 어린이이다. 다섯 줄기 우팔라(Upala) 꽃을 사니 곧 푸른
연꽃[靑蓮華]이다. 이를 디팡카라붇다(Dīpaṃkara-buddha, 然燈
佛)께 베푸니 이 때 마음이 남이 없음[無生]에 나아가, 주는 자·
받는 자·주는 물건[施·受·物]의 세 바퀴[三輪]가 고요함에 같이하
므로 디팡카라붇다께서 샤카무니께 보디 언약[記]을 주셨다."
　　『금강경』 또한 말했다.
　　"실로 보디 얻을 법이 있지 않으므로 디팡카라께서 나에게 보디
언약[記] 주셨다."411)

---

410) 妄想不一 所謂求佛果 進上位 要行滿 欲因圓 但有能所修相 皆曰妄想 竝
　　非稱實之行也
411) 智虛無生 爲能修心 五華施佛 體即無生 爲所修行 能所同眞而不壞 以華施
　　佛 始名稱實之施 豈動寂有異也 言五華施佛者 經說佛因中昔名摩衲婆 此云儒

ⓒ 다른 경을 이끎〔引別經〕

또 공한 행의 보디사트바는 공해탈문(空解脫門)에 들어가

又空行菩薩 入空解脫門

　입(入)은 증득함이다. 해탈문(解脫門)에 셋이 있으니 공함〔空〕, 모습 없음〔無相〕, 바람 없음〔無願〕이다. 지금 처음을 들어 뒤를 거두므로 해탈이라 말한 것이니 매어 묶임〔繫縛〕 떠남을 말한다.

　근본의 지혜가 세 해탈〔三解脫〕에 들어갈 수 있어서 문호를 삼으면 이로 말미암아 온갖 법에서 진여의 성품〔眞如性〕을 증득한다. 그러므로 공해탈문(空解脫門)에 들어감이라 한 것이니 이는 곧 지혜로 진리에 계합함〔以智契理〕일 뿐이다.412)

바야흐로 말했다. "지금은 행하는 때이지 증득하는 때가 아니다."

方言 今是行時 非爲證時

　방(方)은 비로소이다. 보디사트바가 다만 세 해탈행〔三解脫行〕을 행하되 세 해탈의 모습 증득을 구하지 않으면 이것이 곧 바른 행〔正行〕이다.

　행할 때 행하는 모습을 보지 않으니 '어린이 같은 이'만의 모습이 아니고〔非獨儒童〕 공한 행〔空行〕의 보디사트바 또한 그렇다.413)

童 買五莖優鉢羅華 卽靑蓮華 施然燈佛 此時心詣無生 三輪同寂 故然燈與記 釋迦牟尼 金剛亦云 以實無有法得菩提故 然燈受我記也

412) △二引別經

入者證也 解脫門有三 一空 二無相 三無願 今擧初攝後 故言解脫 謂離繫縛 根本智爲能入三解脫爲門戶 由此故能於一切法證眞如性 故曰入空解脫門 此則以智契理耳

413) 方者始也 菩薩但行三解脫行 不求證三解脫相 此則正行 行時不見行相也 非獨儒童 空行菩薩亦爾

〔지혜가 진리에 계합함은 오직 행하되 행함 없는〔行而無行〕 바른 행〔正行〕으로 주어지니 얻을 바 모습이 있으면 이는 모습 취함이 된다. 그러므로 공한 행의 보디사트바는 증득할 때가 아니다라고 한 것이다.〕

(ㄴ) 맺어 이룸〔結成〕

그렇다면 마음이 더욱 비면 행이 더욱 넓어지니 날이 다하도록 행해도, 행함 없음에 어긋나지 않는 것이 마음이다.

然則心彌虛行彌廣 終日行不乖於無行者心也

　위를 맺음이다. 미(彌)는 끝까지이다. 이미 지극히 빈 마음〔至虛之心〕의 행에 나아감〔造行〕이라면 행 또한 고요해서 오히려 두 모습도 없는데 어찌 행함이 있겠는가?414)

(ㄷ) 널리 보임〔廣示〕

이 때문에 『어진 이가 많이 나오신 칼파[Bhadra-kalpa]의 수트라』는 버림 없는 보시를 말하고

是以賢劫稱無捨之檀

　'어진 이가 많이 나오신 칼파의 수트라'란 『현겁경(賢劫經)』이다. 이 칼파의 때에 일천 붇다가 세간에 출현하여 중생을 구제하셨으므로 '어진 이가 많이 나오신 칼파'라 한다. 산스트리트에서 다나(dāna)란 여기 말로 베풂이니 곧 여섯 파라미타의 하나이다. 주고, 받음, 물건〔施受物〕의 세 바퀴가 고요함에 같이하면〔三輪同寂〕비록 버림이 없지만 베푸는 행은 더욱 부지런해지므로 이를 다나(dāna)라 말한다.415)

『이루어 갖춤을 보인 경[成具經]』은 하지 않는 함[不爲之爲]을 찬미하였으며

---

414) △二結成
　結上也 彌極也 既以至虛之心造行 則行亦寂滅 尚無二相 豈有行耶
415) △三廣示
　賢劫經也 梵云檀那 此云施 即六度之一也 三輪同寂 雖無捨而施行彌勤 故曰之檀

成具美不爲之爲

'이루어 갖춤[成具]'은 경이다. 이는 온갖 법을 통해 다 지음 없이 지음[無作而作]이다.416)

디야나의 경서[禪典]는 '생각함이 없는 자비[無緣之慈]'를 말했고
禪典唱無緣之慈

디야나(dhyāna)의 경[禪經]이다. 생각함과 생각하는 바[能緣所緣]의 이치가 한맛에 같이하므로[理同一味] 두 모습이 없음이다. 그런데도 '큰 사랑으로 빼내 건짐[大慈拔濟]'이 쉬지 않으니 네 헤아릴 수 없는 마음[四無量: 慈悲喜捨]의 하나이다.417)

『사익경』은 앎 없는 앎[不知之知]을 연설했으니
思益演不知之知

사익(思益)은 경이다. 닦을 수 있는 지혜가 앎 없이 앎[無知而知]이니 이는 근본 지혜와 뒤에 얻음[根本後得]의 두 지혜이다. 이 네 구절의 경은 옛사람이 많이 여섯 파라미타에 짝 지웠으나 오직 처음과 뒤의 뜻[다나와 프라즈냐의 뜻]이 나타났고 둘 셋의 두 구절의 글은 따짐을 이끌어 마주했다. 지금은 다만 글을 따라 이를 풀이한다. 이는 다 참됨 그대로의 행이라 행마다 온전히 참되어[行行全眞] 보디사트바가 닦음에 나가면 반드시 이와 같아야 한다. 그러므로 기신론[起信]에서 마음 냄[發心]은 먼저 진여(眞如)와 삼보(三寶)를 믿음이기 때문이다.418)

---

416) 成具經也 此通一切竝皆無作而作
417) 禪經也 能緣所緣 理同一味 故無二相 而大慈拔濟不息 卽四無量之一也
〔네 헤아릴 수 없는 마음[四無量心]: 큰 사랑[大慈], 크게 가엾이 여김[大悲], 크게 기뻐함[大喜], 크게 버림[大捨]의 네 가지 행으로 보디사트바의 헤아릴 수 없는 마음이라 한다.〕
418) 思益經也 能修之智 無知而知 此卽根後二智 此四句經 古人多配六度 唯初

⑷ 그윽한 깨침이 아님을 꾸중함〔責非玄悟〕

㈀ 그 집착한 바를 꾸중함〔責其所執〕

성인의 뜻은 비어 현묘하여[虛玄] 글을 달리하되 가려 밝힘을 같이 한다.

聖旨虛玄 殊文同辨

성인의 가르침의 뜻〔旨趣〕은 비어 고요하고 그윽이 미묘하니 오직 지혜라야 알 수 있고 뜻으로 헤아리는 바가 아니다. 움직임과 고요함의 글에 다름이 있으나, 둘이 아닌 뜻〔不二之義〕을 같이 말한다.419)

그러니 어찌 함 있음으로 곧 함 있음이라 하고, 함 없음으로 곧 함 없음이라 할 것인가?

豈可以有爲便有爲 無爲便無爲哉

앞에 움직임을 듣고 함이 있음 집착하고, 고요함을 듣고 함이 없음 집착하는 것을 꾸짖는다.420)

보디사트바는 다함과 다하지 않음[盡不盡]이 평등한 법문에 머물러, '함이 있음을 다하지 않고 함이 없음에 머물지 않는다' 하니 곧 그 일 그대로이다.

後義現 二三兩句文引難對
〔여섯 파라미타 가운데 처음의 보시와 뒤의 지혜의 뜻만 나타나 있음을 말함.〕
今但隨文釋之 此皆卽眞之行 行行全眞 菩薩造修必當如是 故起信發心 先信眞如及三寶故
〔보디사트바의 바른 마음 냄〔發心〕은 대상화된 진리 구하는 마음을 일으킴이 아니라, 마음과 경계가 진여임을 믿는 마음이고 진여의 실현인 삼보를 믿는 마음인 것이다.〕
419) △四責非玄悟 文二 初責其所執
聖教旨趣 虛寂玄微 唯智了可 非情所測 動寂之文有殊 不二之義同辨
420) 責前聞動執有爲 聞寂執無爲

菩薩住盡不盡平等法門 不盡有爲 不住無爲 即其事也

이는 『비말라키르티 수트라』의 다음 법문을 이끈 것이다.

"향적국(香積國)에서 온 여러 보디사트바들이 붇다를 향해 법을 구하고 본나라에 돌아가려하는데 붇다께서 말씀하셨다.

'다함과 다하지 않음이 평등한 법문[盡不盡平等法門]이 있으니 그대들은 배워야 한다. 무엇을 다함이라 하는가? 함이 있는 법을 말한다. 무엇을 다하지 않음이라 하는가? 함이 없는 법을 말한다.'"

곧 보디사트바는 평등한 법문에 머물러 두 가에 머물지 않는다. 함이 있음을 다하지 않으면[不盡有爲] 있음 그대로 없음이고, 함이 없음에 머물지 않으면[不住無爲] 없음 그대로 있음이니 곧 보디사트바의 '움직임과 고요함이 둘이 아닌 행[動寂不二之行]'이다. 그러므로 곧 그 일 그대로[卽其事]라 한 것이다.421)

(ㄴ) 그른 비유를 물리침[斥其非喩]

그런데도 남과 북으로 비유해서 바로 받아 알아들을 말이 아주 아니다.

而以南北爲喩 殊非領會之唱

남북의 방위는 달리 정해졌으나 고요함과 움직임의 두 행[寂動二行]은 늘 하나이니[常一], 달리 정해짐을 가져다 늘 하나임을 비유한다고 어찌 받아 알 수 있겠는가? 이미 위에서 평등한 행을 나타내 마쳤다.422)

---

421) 此引淨名經 香積諸來菩薩向佛求法 當還本土 佛告曰 有盡不盡平等法門 汝等當學何 謂盡 謂有爲法 何謂不盡 謂無爲法 則菩薩當住平等 不住二邊 不盡有爲卽有而無 不住無爲卽無而有 卽菩薩動寂不二之行 故云卽其事也
422) △二斥其非喩
南北之方定異 寂動二行常一 將定異而喩常一 豈能領解也 已上顯等行畢

3. 뒤의 둘은 사람과 법에 나아가, 평등한 증득을 보임 〔後二就人法示等證〕

1) 사람과 법의 같고 다름을 밝힘〔明人法同異〕

(1) 앞뒤로 근원 사무침을 물음〔先後窮源問〕

> **論** 제16. 근원을 사무침〔窮源〕
>
> 이름 있는 이〔有名〕가 말했다. 중생이 아니면 세 수레를 끌지〔御三乘〕 못하고 세 수레가 아니면 니르바나 이룸〔成涅槃〕이 없다.
>
> 그렇다면 반드시 먼저 중생이 있고 뒤에 니르바나가 있음이다. 이것은 곧 니르바나에 비롯함이 있는 것이니 비롯함이 있으면 반드시 마침이 있는 것이다.
>
> 그러나 경은 '니르바나는 비롯함이 없고 마침이 없어 맑기가 허공과 같다'고 말한다.
>
> 이는 곧 니르바나가 먼저 있음이니 그렇다면 다시 배워서 뒤에 이룸이 아니게 된다.

① 글의 이름〔章名〕

제16. 근원을 사무침

窮源第十六

궁(窮)은 미루어 사무침을 말한다. 원(源)은 바탕이 되는 원천〔本源〕을 말한다. 앞장에서 이미 하나인 수레 바른 행〔一乘正行〕은 움직임과 고요함이 때 같이함〔動寂同時〕을 알았다. 지금은 곧 행이 이루어지면 반드시 증득하나, 법 증득하는 사람에서 사람〔人〕과 법(法)이 누가 먼저고 누가 뒤인가를 밝히지 않아, 먼저를 근원이라 하면 사람과 법 둘이 모두 허물이 있게 된다. 그러므로 이를 미루어 사무친다.423)

② 바로 물음[正問]

㈎ 사람을 먼저하고 법을 뒤로하는 허물[先人後法過]

이름 있는 이가 말했다. "중생이 아니면 세 수레를 끌지 못하고

有名曰 非衆生無以御三乘

  어(御)는 나아가게 함이다. 먼저 사람이 있어야 바야흐로 세 수레를 나아가게 끌어 행을 인해 진리에 합하니 '하나인 수레를 끈다〔御一乘〕'고 말한다. 지금은 범부를 좇아 점차에 들어감을 잡으니 점차는 반드시 진실에 돌아간다. 이는 옛날[昔] 세 수레[三乘]라 말한 것에 의거함이다. 또 묻는 자가 많이들 방편을 잡아 진실을 따지기 때문이다.424)

세 수레가 아니면 니르바나 이룸[成涅槃]이 없다.

非三乘無以成涅槃

  세 수레 행하는 사람이 아니면 '하나인 함이 없는 법[一無爲法]'을 이루지 못한다.425)

그렇다면 반드시 먼저 중생이 있고 뒤에 니르바나가 있음이다.

然必先有衆生 後有涅槃

  이는 사람이 먼저 있고 법이 뒤에 있음이다, 사람을 근원을 삼기 때문이니 아래 허물을 보여 없앤다.426)

---

423) △後二就人法示等證 文二 初明人法同異 文二 初先後窮源問 文二 初章名
  窮謂推窮 源謂本源 前章已知一乘正行動寂同時 今則行成必證 未曉證法之人
  人法誰先誰後 先者爲源 二俱有過 故推窮之
424) △二正問二 初先人後法過
  御者進也 先有人方可進御三乘 因行理合云御一乘 今約從凡入漸 漸必歸實 據
  昔曰三乘也 又問者多約權難實故也
425) 非三乘行人 無以成就一無爲法
426) 此則人在先法在後 以人爲源也 下出過去

이것은 곧 니르바나에 비롯함이 있는 것이니 비롯함이 있으면 반드시 마침이 있는 것이다.

是則涅槃有始 有始必有終

　함이 있음은 비롯함과 마침이 있고, 함이 없음은 세 때〔三世〕가 없으니 어찌 비롯함과 마침이 있음〔有始終〕을 받아들이겠는가?427)

(나) 법을 먼저라 하고 사람을 뒤로 하는 허물〔先法後人過〕

그러나 경은 '니르바나는 비롯함이 없고 마침이 없어 맑기가 허공과 같다'고 말한다.

而經曰 涅槃無始無終 湛若虛空

　깊이로 세 때〔三際〕에 사무치므로 비롯함과 마침이 없고 가로로 시방(十方)에 두루하므로 맑기가 허공 같은 것〔湛若虛空〕이다.428)

이는 곧 니르바나가 먼저 있음이니

則涅槃先有

　니르바나의 바탕이 항상하므로 먼저 있음이다. 아래 허물을 보여 말한다.429)

그렇다면 다시 배워서 뒤에 이룸이 아니게 된다.

非復學 而後成者也

　함이 없음〔無爲〕이 이미 본래 있다면 어찌 배우는 이의 앎과 행을 빌어 이 과덕을 성취할 것인가? 따지는 자가 사람이 먼저 있다 하면 곧 경의 뜻에 어긋나고〔違經旨〕, 법이 먼저 있다 하면 앞의

---

427) 有爲有始終 無爲無三世 豈容有始終耶
428) △二先法後人過
　竪窮三際 故無始終 橫徧十方 故湛若虛空
429) 涅槃體常 故先有 下出過云

앎과 행을 무너뜨리므로〔壞前解行〕 지금 이를 사무친다.430)

(2) 평등하여 때 같이함을 답함〔平等同時答〕

論 제17. 옛에 통함〔通古〕

이름 없는 이〔無名〕가 말했다. 대저 지극한 사람〔至人〕은 비어 통해 모습이 없으나〔空洞無象〕 만법은 내가 짓지 않음이 없으니 만 가지 것에 맞아, 하나됨으로써〔會萬物〕 자기를 이루는 자〔以成己者〕 그는 오직 성인〔唯聖人〕이로다.

왜 그런가?

진리가 아니면 성인이 아니고 성인이 아니면 진리가 아니다. 진리로 성인이 되는 것이니 성인은 진리와 다르지 않다.

그러므로 하늘왕이 물었다. "반야(般若)는 어디서 구해야합니까?"

수부티가 말했다. "반야는 물질 가운데서 구할 수 없고 또한 물질을 떠나서도 구할 수 없소."

또 말했다. "연기(緣起)를 보는 것이 법(法, dharma)을 보는 것이고, 법을 보는 것이 붇다(Buddha, 佛)를 봄이다."

이것이 곧 물과 내가 다르지 않음〔物我不異〕의 효험이다.

이런 까닭에 지극한 사람은 조짐이 나기 전에 까마득히 그윽한 기틀을 거두고, 그윽한 움직임을 감춤이 곧 변화 그대로임이다. 온누리〔六合〕를 모아 마음을 비추고〔鏡心〕, 한번 가고 옴으로 바탕을 이루어 옛과 지금이 통하여 마침과 비롯함이 같으니

---

430) 無爲旣本有 何假學者解行 成就此果耶 難者謂 人在先則違經旨 法在先則
壞前解行 故今窮之
〔니르바나의 법은 사람의 법이고, 법은 사람의 자기 진실이라 법과 사람에
모두 자성이 없어 앞과 뒤가 없음을 보임.〕

바탕을 사무치고 끝을 다하면 이와 둘이 되지 않는다.

넉넉하여 크고도 고르니 이를 니르바나라 한다.

그러므로 경은 말한다. "모든 법을 떠나지 않고 니르바나를 얻는다."

또 경은 말했다. "모든 법이 가없으므로 보디(bodhi)가 가없다."

이로써 니르바나의 도는, 묘하게 계합함에 있는 것〔存於妙契〕을 알고, 묘하게 계합하는 뜻〔妙契之致〕은 그윽이 하나됨〔冥一〕에 바탕하는 것을 알아야 한다.

그러면 곧 물(物)은 나와 다르지 않고 나는 물과 다르지 않아 물과 내가 그윽이 합해〔物我玄會〕 끝없음에 돌아간다〔歸乎無極〕.

나아가도 먼저가 아니고 물러서도 뒤가 아니니, 어찌 마침과 비롯함을 그 사이에 받아들일 것인가?

그러니 경에서 하늘 여인이 "어르신의 해탈은 또한 얼마나 오래입니까?"라 말한 것이다.

① 글의 이름〔章名〕

제17. 옛에 통함

通古第十七

통함이란 녹아 통함을 말하고 옛은 곧 때의 가름이다. 위는 사람이 법 증득함을 인하므로 먼저와 뒤의 근원〔先後之源〕을 사무치니 대개 아직 '법성의 깊고 깊은 뜻〔法性甚深之旨〕'을 밝히지 못함이라, 오히려 세 수레가 망념을 없애 참됨 증득함〔滅妄證眞〕으로써 이를 물은 것이다.

지금은 '법성의 참되고 항상함'이 지금과 옛에 융통함〔法性眞常融通今古〕을 밝힌다. 이 연 따름〔隨緣〕이 바야흐로 만법 이룸〔方成萬法〕을 말미암아, 지금 행하는 이는 만법을 깨달아 참된 항상함을 알아서〔以會眞常〕 증득해 들어감이라 이름하게 된다. 그러니 어찌 세 수레가 사람을 먼저하고 법을 뒤로하여 증득함과 같겠는가?

또 진리는 비록 곧 본래 있지만 이미 연을 따라 일을 이룰 수 있는데〔隨緣成事〕어찌 일에 걸린다면 진리의 앎과 행을 나타낼 수 있겠는가? 법성이 참되고 항상함이 옛과 지금에 융통하니〔融通古今〕모든 법은 '사법 그대로 진리 나타냄〔卽事顯理〕'으로 이를 답한다. 그러므로 옛에 통함〔通古〕이라 말한다.431)

② 바로 답함〔正答〕

㈎ 사람과 법이 다르지 않음을 밝힘〔明人法不異〕

㈀ 바로 밝힘〔正明〕

이름 없는 이가 말했다. 대저 지극한 사람은

無名曰 夫至人

지극함에 부쳐 사람을 증명함이니 깊고 그윽한 법을 나타내기 때문이다.432)

비어 통해 모습이 없으나

空洞無象

함이 없는 묘한 성품〔無爲妙性〕은 고요하여 비어 통해 바탕이 모

---

431) △二平等同時答 文二 初章名

通謂融通 古卽時分 上因以人證法 故窮先後之源 蓋未明法性甚深之旨 猶以三
乘滅妄證眞 問之 今明法性眞常 融通古今 由此隨緣方成萬法 今行人了萬法
以會眞常 乃名證入 豈同三乘先人後法 而有得證耶 又眞理雖則本有 既能隨緣
成事 何礙事 能顯理之解行耶 以法性眞常 融通古今 諸法卽事顯理而答之 故
曰通古

〔사람이 마음을 내 참됨을 증득함도 인연의 일을 이루고, 인연으로 난 온갖
사법은 인연이라 공하여 온전한 진리가 사법을 이루니 진리와 사법이 융통
하여 사람과 법에 앞과 뒤가 없음.〕

432) △二正答三 初明人法不異 文三 初正明

寄極證人 顯深玄法故

든 모습을 끊으므로 모습 없음[無相]이라 한다. 이는 지극한 사람의 바탕 성품이 고요하고 또 고요함을 잡아, 곧 변치 않음의 뜻[不變義]을 밝힌 것이다.433)

만법은 내가 짓지 않음이 없으니
而萬物無非我造

지음이란 만듦이다. 성인과 범부의 의보와 정보[依正], 마음과 경계[心境]의 만 가지 것이 다 진리가 연 따름[眞理隨緣]을 말미암아 있으니 곧 변하지 않되 연 따름[不變隨緣]을 나타낸다.

그러니 온전한 법이 사람을 이루고[全法成人] 진리를 의지해 일의 뜻을 이루어[依理成事義], 법은 본래 참되고 항상하므로 경은 '비롯함이 없고 마침이 없다'고 말한다.434)

만 가지 것에 맞아 하나됨으로써 자기를 이루는 자 그는 오직 성인이로다.
會萬物以成己者 其唯聖人乎

회(會)는 맞음[契]이다. 범부는 사법 그대로 참됨에 계합하지[卽事契眞] 못하므로 윤회(輪迴)가 쉬지 않고, 세 수레[三乘]는 망념을 없애고 참됨을 구하므로[滅妄求眞] 행 쌓음[積行]이 쉬지 않는다. 지금은 모든 법 그대로 변하지 않는 참된 항상함[不變眞常]에 계합하는 것이다. 그러므로 하나인 수레[一乘]라 한다.

성인과 범부가 한 근원이나 오직 홀로 성인이 사법 그대로 진리에

---

433) 無爲妙性 寂而空洞 體絶諸相 故曰無象 此約至人體性寂之又寂 卽明不變義也
434) 造者作也 聖凡依正 心境萬物皆由眞理 隨緣而有 卽不變而以顯眞隨緣 全法成人 依理成事義 法本眞常 故經曰 無始無終也
〔나[我]에는 나도 없고[無我] 나 없음도 없으니[無無我] 만법의 진실한 성품은 나의 진실한 성품을 떠나지 않는다.〕

계합하여[卽事契理] 아상키야(asaṃkhya)를 거치지 않고 도를 이루어 온전한 사람이 곧 법임[全人卽法]을 나타낼 수 있다. 법은 비록 본래 있으나 앎과 행으로 계합해 아는 모습[契會之相]을 없애지 않는다. 이미 새로 얻음[新得]이 아니므로 세 수레와 달리한다.435)

(ㄴ) 미루어 풀이함[推釋]

왜 그런가?

何則

　미루어 봄이다. 왜 만 가지 것에 맞아 하나됨으로써[會萬物] 자기를 이루는 자 그가 오직 성인인가? 아래 풀이한다.436)

진리가 아니면 성인이 아니고 성인이 아니면 진리가 아니다. 진리로 성인이 되는 것이니 성인은 진리와 다르지 않다.

非理不聖 非聖不理 理而爲聖者 聖不異理

　위는 곧 사법 그대로의 성인의 진리[卽事聖理]가 바야흐로 성인됨을 풀이한다. 먼저 돌이켜 풀이하고 뒤에 따라 밝힌다. 그렇듯 비록 사람과 법이 둘 없으나[人法無二] 반드시 사법 그대로 참됨에 계합함[卽事契眞]을 말미암아야 바야흐로 둘이 아닌 도[不二之道]를 증득하는 것이다. 그러므로 앞의 앎과 행[解行]으로 말미암아 이를 이루어 증득해 들어가는 것이다.437)

---

435) 會契也 凡夫不能卽事契眞 故輪迴不息 三乘滅妄求眞 故積行不息 今卽諸
　　法而契不變眞常者 故曰一乘 聖凡一源 唯獨聖人能卽事契理 不歷僧祇而成道
　　以顯全人卽法 法雖本有 不廢解行 契會之相 旣非新得 故異三乘也
436) △二推釋
　　推也 何以會萬物 以成己者 其唯聖人耶 下釋
437) 釋上卽事聖理方爲聖人也 先反釋 後順明 然雖人法無二 要由卽事契眞 方
　　證不二之道 故由前解行 成此證入也
　　〔진리는 지혜인 진리라 성인의 지혜가 진리를 증득하고, 진리 그대로의 지
　　혜가 진리 행하는 사람에게 성인의 이름을 준다.〕

(ㄷ) 이끌어 풀이함[引釋]

㉠ 지혜가 진리를 말미암아 일어남을 풀이함[釋智由理起]

그러므로 하늘왕이 물었다. "반야는 어디서 구해야합니까?"

故天帝曰 般若當於何求

『대품반야경』에서 말했다. 샤크라인드라는 여기 말로 '하늘의
주인 되는 이[天主]'인데, 샤크라인드라왕이 수부티께 물었다.
"반야인 성인의 지혜[般若聖智]는 어디서 구해야 합니까?"438)

수부티가 말했다. "반야는 물질 가운데서 구할 수 없고 또한 물질
을 떠나서도 구할 수 없소."

善吉曰 般若不可於色中求 亦不離色中求

물질은 법의 모습[法相]의 머리가 되니 지금 온갖 것의 보기로
든 것이다. 온갖 법에 같지도 않고 떠나지도 않음[不卽不離] 사이
에서 참되고 항상함에 묘하게 계합하여[妙契眞常] 반야가 되므로
이것이 곧 진리에 계합하여 바야흐로 밝은 지혜가 되는 것이다. 위
의 '진리로 성인이 된다' 함을 풀이하였다.439)

㉡ 진리가 지혜로 말미암아 나타남을 풀이함[釋理由智顯]

또 말했다. "연기를 보는 것[見緣起]이 법(法: dharma)을 보는 것
이고, 법을 보는 것이 붇다(佛: buddha)를 봄이다."

又曰 見緣起爲見法 見法爲見佛

봄[見]은 모두 증명해 봄[證見]이다. 된다는 것[爲者]은 그렇다
는 것이다. 연으로 일어남[緣起: pratītya-samutpāda]이 이 일

---

438) △三引釋 又三 初釋智由理起
大品經 釋提桓因此云能天主 問須菩提也 般若聖智 如何可求也
439) 色是法相之首 今擧例一切也 於一切法不卽不離之間 而妙契眞常 爲般若故
此則契理 方爲明智 釋上理而爲聖

이니, 일을 봄[見事: 見緣起]으로 말미암아 공을 체달함[體空] 이
것이 법의 진실을 앎[了法之眞實]이다. 그러므로 법을 본다[見法]
고 말하니 참된 법[眞法]이 참된 깨침의 바탕[眞覺體]이다. 그러므
로 붇다를 본다[見佛]고 말한다.

　이것이 곧 지혜로 말미암아 바야흐로 사법 그대로 참됨에 계합함
[卽事契眞]인 것이다. 위의 성인이 진리와 다르지 않다 함[聖不異
理]을 풀이한 것이다.440)

　ⓒ 진리와 지혜가 둘이 아님을 맺음[結理智不二]

이것이 곧 물과 내가 다르지 않음[物我不異]의 효험이다.

斯則物我不異之効也

　위를 맺음이다. 물(物)이란 진리이고, 나[我]란 지혜이다. 위의
두 경으로 이를 증명하니 진리와 지혜가 서로 말미암으므로[理智
相由], 다르지 않음의 효험을 볼 수 있다. 이는 맺어 이룸이니 사
법 그대로 진리에 하나 됨은 오직 성인의 지혜에 있다. 그러므로
반드시 '앎과 행의 사람[解行之人]'이 '사람과 법이 융통한 성품[人
法融通之性]'증득하는 것을 알아야 한다.441)

㈏ 참됨 그대로임에 묘하게 계합함을 나타냄[顯妙契卽眞]

---

440)　△二釋理由智顯
　　見竝證見 爲者是也 緣起是事 由見事 體空 是了法之眞實 故云見法 眞法卽眞
　　覺體 故曰見佛 此則由智方卽事契眞 釋上聖不異理也
　　[깨친 붇다(buddha)의 가르침이 다르마(dharma)이고 다르마대로 실천하
　　는 공동체가 상가(sangha)이다. 하지만 붇다는 연기하는 다르마를 깨쳐
　　붇다가 되신 분이니 연기(緣起)를 보는 것이 다르마(dharma)를 봄이고
　　다르마를 보는 것이 붇다(buddha)를 봄이다.]
441)　△三結理智不二
　　結上也 物卽理也 我者智也 以上二經證之 則理智相由 不異之効可見 此結成
　　卽事會理 唯在聖智 故須解行之人證 人法融通之性也

㈀ 바로 나타냄〔正顯〕

이런 까닭에 지극한 사람은

所以至人

　위에서 '물과 내가 다르지 않다 함〔物我不異〕'을 받아 지금 지극
한 사람의 묘하게 계합하는 모습을 나타낸다.442)

조짐이 나기 전에 까마득히 그윽한 기틀[玄機]을 거두고

戢玄機於未兆

　즙(戢)은 거둠〔斂〕이다. 그윽한 기틀〔玄機〕은 지혜〔智〕이다. 아
직 조짐이 없다는 것은 자취가 없음이다. 이것이 곧 거두는 지혜의
씀이니 곧 깨침의 바탕에 지혜의 비추는 자취가 없는 것이다〔無智
照之迹〕. 지혜가 곧 진리 그대로이므로〔以智卽理故〕 바야흐로 지극
한 사람의 묘한 계합〔至人之妙契〕이 되는 것이다. 아래의 여러 구
절은 이를 보기로 하여 풀이함이다.443)

그윽한 움직임을 감춤이 곧 변화 그대로이다.

藏冥運之卽化

　장(藏)은 덮음이다. 그윽한 움직임〔冥運〕은 고요하되 움직여 씀
〔寂然運用〕이다. 곧 변화라 함은 곧 지금 만 가지 변화 그대로임이
다. 그윽이 고요한 바탕을 감추되 지금 만 가지 변화 사이〔萬化之
間〕에 그대로 움직여 씀이다. 이는 곧 바탕이 그대로 씀을 떠나지

---

442) △二顯妙契卽眞三 初正顯
　　躡上物我不異 今顯至人妙契之相
443) 戢斂也 玄機者智也 未兆者 無朕迹也 此則收斂智用 卽於覺體而無智照之
　　迹 以智卽理故 方爲至人之妙契也 下諸句例此釋之
　　〔진리는 모습에 모습 없으므로 모습의 조짐이 나기 전에 진리인 지혜가 그
　　윽한 기틀을 거둔다 하니 이는 지혜가 비추되 고요하여〔照而寂〕고요함과
　　비춤이 때 같이함〔寂照同時〕을 말한다.〕

않음〔體不離用〕이고 진리가 사법 그대로임〔理卽於事〕이니 이로써 묘하게 계합함〔妙契〕을 삼는 것이다.444)

온누리[六合]를 모아 마음을 비추고
總六合以鏡心

거울로 마음을 비유하니 마음은 본래 맑고 깨끗하므로 네 방위 위아래〔四方上下〕가 마음을 떠나지 않고 있다. 그러므로 마음으로 이를 모으는 것이다. 이 구절은 드러나 있음〔現在〕을 거둔다.445)

한번 가고 옴으로 바탕을 이루어
一去來以成體

지나감〔過去〕 아직 오지 않음〔未來〕이 같이 한 바탕에 돌아감이다. 이 구절은 지나감과 오지 않음을 없애 세 때를 한 바탕에 융통함이다.446)

옛과 지금이 통하여 마침과 비롯함이 같으니
古今通 終始同

옛과 지금 마침과 비롯함을 한 법으로 이를 통하니 다시 다른 모습이 없다.447)

---

444) 藏覆也 冥運者 寂然運用 卽化者 卽今萬化也 藏覆冥寂之體 運用於卽今萬化之間 此卽體不離用 理卽於事 以爲妙契

445) 以鏡喩心 心本澄淨 故四方上下皆不離心而有 故以心而總之也 此句收現在
〔온갖 만 가지 있는 것은 모두 마음인 온갖 것이고 마음은 온갖 것인 마음이므로 온누리 온갖 것을 모아 마음을 비춘다고 한 것이다.〕

446) 過去未來同歸一體 此句泯過未 融三際一體
〔지금 드러난 것으로 현재의 마음을 살피면 현재는 머묾 없으며 과거가 지나갔고 미래가 오지 않아 붙잡을 모습 없으므로 얻을 바 없는 삼제의 때를 살핌이다.〕

447) 古今終始 一法通之 更無異相

바탕을 사무치고 끝을 다하면 이와 둘이 되지 않는다.

窮本極末 莫之與二

　　진리를 바탕[本]이라 하고 일[事]을 끝[末]이라 하니 진리와 사
법[理事] 끝까지 사무치면, 뜻은 하나이나[義一] 이름은 다르다[名
異].448)

넉넉하여 크고도 고르니 이를 니르바나라 한다.

浩然大均 乃曰涅槃

　　넉넉함이란 가와 끝이 없음이다. 고름[均]은 평등함이다. 진리로
써 사법을 융통하면 진리 그대로 크게 균등하다. 그러므로 평등하
여 끝이 없으니[平等無涯] 함이 없음[無爲]이라 한다.449)

　(ㄴ) 증명을 이끎[引證]

그러므로 경은 말한다. "모든 법을 떠나지 않고 니르바나를 얻는다."

經曰 不離諸法而得涅槃

　　비말라키르티는 말한다.

　　'모든 법을 떠나지 않고 니르바나를 얻으니 이것이 니르바나에 편
안히 앉음[晏坐涅槃]이다.'

　　모든 법의 성품이 늘 고요하기 때문이니 모습을 떠나지 않고 진
리를 증득하면 이것이 곧 진리와 사법이 둘이 아님[理事不二]이
다.450)

---

448) 理曰本 事曰末 窮極理事義一名異
　　　〔근본과 지말, 진리와 사법의 끝을 사무치면 진리와 사법은 두 바탕이 없으
　　　니 이 니르바나와 둘이 되지 않는다고 한 것이다.〕
449) 浩然者 無邊涯也 均平也 以理融事 卽理而大均 故平等無涯 乃曰無爲
450) △二引證
　　　淨名云 不離諸法而得涅槃 是爲晏坐涅槃 以諸法性常寂故 不離相而證理 此卽
　　　理事不二

또 경은 말했다. "모든 법이 가없으므로 보디가 가없다."

又云 諸法無邊 故菩提無邊

　모든 법의 바탕이 가와 끝이 없으니 보디인 깨침의 바탕〔菩提覺體〕이 또한 가와 끝이 없다. 이는 곧 깨치는 지혜〔能證智〕가 진리와 둘이 아님이다〔與理不二〕. 위의 두 경은, 진리와 사법 지혜〔理事智〕의 셋이 이름은 다르나 뜻은 하나임〔名異義一〕을 밝힌다.451)

(ㄷ) 맺어 이룸〔結成〕

이로써 니르바나의 도는 묘하게 계합함[妙契]에 있는 것을 알고

以知涅槃之道 存於妙契

　비록 진리와 사법이 늘 융통하나, 반드시 곧 참됨에 묘하게 계합함〔妙契卽眞〕을 말미암아 바야흐로 도를 증득함이라 한다. 그러므로 사람과 법이 둘 아니라〔人法不二〕, 앎과 행을 없애지 않고〔不廢解行〕 증득해 들어간다.452)

묘하게 계합하는 뜻은 그윽이 하나됨[冥一]에 바탕하는 것을 알아야 한다.

妙契之致 本乎冥一

　계합하면 곧 '만 가지 법은 한뜻〔萬法一致〕'이다.453)

그러면 곧 물(物)은 나와 다르지 않고, 나는 물과 다르지 않아, 물

---

451) 諸法體無邊涯 菩提覺體亦無邊涯 此卽能證智 與理不二 上二經以明理事智
　　三名異義一也
452) △三結成
　　雖理事常融 要由妙契卽眞 方曰證道 故人法不二 不廢解行證入也
　　〔법은 사람의 법이고 사람이 곧 법인 것이라 사람의 실천 곧 앎과 행을 떠나 법이 있는 것이 아니다.〕
453) 契則萬法一致

과 내가 그윽이 합해[物我玄會] 끝없음에 돌아간다.

然則物不異我 我不異物 物我玄會 歸乎無極

　사람과 법이 다르지 않아 그윽이 미묘함에 합해 하나인 도에 같이 돌아가면[同歸一道] 다시 끝을 지나감이 없다[更無過極].454)

⒟ 먼저와 뒤가 아님을 맺음[結非先後]

　㈀ 바로 맺음[正結]

나아가도 먼저가 아니고 물러서도 뒤가 아니니 어찌 마침과 비롯함을 그 사이에 받아들일 것인가?

進之弗先 退之弗後 豈容終始於其間哉

　둘이 아닌 도는 나아감과 물러섬을 구해도 먼저와 뒤의 모습을 보지 못하니, 어찌 얻을 마침과 비롯함을 받아들일 것인가?455)

　㈁ 증명을 이끎[引證]

그러니 경에서 하늘 여인이 "어르신의 해탈은 또한 얼마나 오래입니까?"라 말한 것이다.

天女曰 耆年解脫 亦何如久

　『비말라키르티 수트라』에서 사리푸트라가 하늘 여인에게 물었다. "이 방에 머묾이 이미 오래이요?"

　하늘 여인이 말했다. "어르신의 해탈과 같습니다."

　사리푸트라가 물었다. "여기에 머묾이 오래이요?"

　하늘 여인이 말했다. "어르신의 해탈이 또한 여기에 머묾이 얼마이신가요."

---

454) 人法不異 契會玄微 同歸一道 更無過極
　〔하나인 도는 안도 없고 밖도 없으니 끝을 지나감이 없다 한 것이다.〕
455) △三結非先後 文二 初正結
　不二之道 進退求之 不見先後之相 豈容終始可得也

사리푸트라가 오래고 가까움으로 물으니 하늘여인이 오래고 가까움이 없는 것[無久近]으로 답했다. 사리푸트라가 다시 그 오래고 가까움을 물으니 하늘 여인은 오래고 가까움이 끊어짐[絶久近]으로 꾸짖었다.

나이 드신 어르신[耆年者]이란 사리푸트라를 가리키니 오래 산 분[耆宿]이다.

뜻은 그대가 해탈을 증득할 때 나는 이 방에 머물렀다고 말함인데 지금은 오래고 가까움이 없다고 꾸짖는 말[責無久近之言]을 취해서 니르바나에 먼저와 뒤, 비롯함과 마침이 끊어진 모습[絶先後始終之相]을 증명한다.456)

2) 법 얻음의 있음과 없음을 밝힘[明得法有無]

(1) 있음과 없음이 얻음에 어긋남을 물음[有無乖得問]

論 제18. 얻음을 살핌[攷得]

이름 있는 이[有名]가 말했다.

경은 "중생의 성품은 다섯 쌓임 안에서 끝이 된다."고 말하고, 또 말했다. "니르바나를 얻는 자는 다섯 쌓임이 모두 다하니 마치 등불이 사라짐과 같다."

그렇다면 곧 중생의 성품은 다섯 쌓임 안에 단박 다하고 니

---

456) △二引證
淨名經 舍利弗問天女曰 止此室 其已久如 天曰 如耆年解脫 舍利弗言 止此久耶 天曰 耆年解脫亦何如久此 蓋身子以久近問之 天女以無久近而答 身子再審其久近 天女以絶久近責之 耆年者 指舍利弗 曰耆宿也 意謂汝證解脫時 我止此室 今取責無久近之言 以證涅槃絶先後始終之相
[세간법의 진실 밖에 해탈이 없으니 나이 드신 분의 나이에 비롯과 마침이 없는 세간법의 진실로 니르바나의 성품 그대로의 해탈을 보인다.]

르바나의 도는 삼계(三界) 밖에 홀로 세워질 것이다.

아득히 영역을 달리하니 다시 중생은 니르바나를 얻지 못한다.

참으로 만약 얻음이 있다면 중생의 성품은 다섯 쌓임에 머물지 않아야 한다.

반드시 만약 다섯 쌓임에 머문다면 다섯 쌓임은 모두 사라지지 않아야 한다.

다섯 쌓임이 만약 모두 사라진다면 누가 다시 니르바나를 얻는 자인가?

① 글의 이름〔章名〕

제18. 얻음을 살핌

攷得第十八

고(攷)는 미루어 살핌이다. 얻음이란 증득함이다. 앞글은 '물과 내가 다르지 않은 도〔物我不異之道〕'가 반드시 계합해 아는 사람〔契會之人〕 말미암아야 함을 밝혔다. 그러나 계합할 수 있는 사람이 어떻게 이 평등한 법을 증득하는가는 아직 알지 못한다. 이는 곧 증득하는 지위〔證位〕에 가까워졌으나 남은 의심을 풀지 못한 것이다.457)

② 바로 물음〔正問〕

㉮ 경을 이끌어 두 가지로 물음을 세움〔引經雙立問〕

이름 있는 이[有名]가 말했다.

경은 "중생의 성품은 다섯 쌓임 안에서 끝이 된다."고 말하고

---

457) △一明得法有無 文二 初有無乖得問 又二 初章名

攷謂推究 得者證也 以前章明物我不異之道 要由契會之人 未知能契之人 如何
證此平等之法 此則將隣證位 餘疑未決

有名曰 經云 衆生之性 極於五陰之內

이는 삼계 안의 중생이 연을 따르는 망녕된 성품[妄性]을 잡은 것이니 바탕이 무명(無明, avidyā)이라 물질과 마음[色心]이 이를 의지해 망녕된 마음[妄心]이 있는 것이다. 또 물질과 마음을 의지해 머무르므로 다섯 쌓임 안에서 끝이 된다고 말하니 이는 있음에 머물면[住有] 곧 잃게 됨을 밝힌다.458)

또 말했다. "니르바나를 얻는 자는 다섯 쌓임이 모두 다하니 마치 등불이 사라짐과 같다."

又云 得涅槃者 五陰都盡 譬猶燈滅

등이 사라짐이란 기름과 밝음[膏明]이 모두 다함이니 물질과 마음이 사라짐을 비유한다. 이는 법상종(法相宗)이 정해진 성품의 두 수레[定性二乘]가 남음 없는 니르바나에 드는 뜻을 잡은 것이다. 이는 없어짐과 같아야 얻음이라 함을 밝힌다.459)

---

458) △二正問二 初引經雙立問
此約界內衆生 隨緣妄性 體是無明 色心依此而有妄心 又依色心而住 故曰極於五陰之內也 此明住有則失
[다섯 쌓임의 진실을 알면 곧 진리인 니르바나이나, 안에 머무른 다섯 쌓임의 집착이다. 그러나 다섯 쌓임 안에서 중생의 성품이 다해야 니르바나라 하면 니르바나는 삼계 밖이 되는 것이다. 다섯 쌓임의 진실은 낱낱법이 헤아릴 수 없는 법이고 얻을 수 없는 법이니 얻을 수 없는 다섯 쌓임의 진실이 니르바나의 성품이다.]

459) 燈滅者 膏明俱竭 喻色心滅 此約相宗定性二乘入無餘涅槃義也 此明同無曰得
[위에 이끈 경은 히나야나의 방편으로 보인 가르침이다. 곧 치우친 두 수레는 남음 있음이 다해야 남음 없는 니르바나를 얻음이라 하기 때문이니 물질과 마음의 있음이 없어져야 니르바나에 들어감이라 한다.]
[법상종에서 보디의 성품 없는 중생[無性]이란 말은 보디의 씨앗 잃지 말도록 깨우치기 위해 방편으로 세운 말이니 법상종의 뜻 또한 변계소집의 모습[偏計所執相]이 본래 없는 줄 알면 의타기의 모습[依他起相]에서 그 자기 성품 없음을 깨달아[了無自性] 보디를 이룰 수 있다.]

(나) 얻고 잃음이 모두 그름을 물음〔得失俱非問〕

(ㄱ) 있음에 머물면 증득할 수 없음〔住有不能證〕

그렇다면 곧 중생의 성품은 다섯 쌓임 안에 단박 다하고, 니르바나의 도는 삼계 밖에 홀로 세워질 것이다.

然則衆生之性 頓盡於五陰之內 涅槃之道 獨建於三有之外

단박 다하는 것은 다함이 그 가운데와 같이하므로 중생은 삼계 안에 있고, 함이 없음〔無爲〕은 삼계가 아니다. 이는 곧 사법과 진리가 아득히 멂이다.460)

아득히 영역을 달리하니 다시 중생은 니르바나를 얻지 못한다.

邈然殊域 非復衆生得涅槃也

막(邈)은 멂이다. 사람은 있고 법이 없다면 진리와 사법이 서로 떨어지므로 중생과 니르바나가 아주 다름을 알 수 있다. 그러면 사람은 니르바나의 법 얻을 가름이 없는 것이다.461)

(ㄴ) 있음과 없음을 떠나야 증득할 수 있음〔離有無能證〕

참으로 만약 얻음이 있다면 중생의 성품은 다섯 쌓임에 머물지 않아야 한다.

果若有得 則衆生之性 不止於五陰

과(果)는 반드시이다. 반드시 사람이 있어 법을 얻는다면 성품이 다섯 쌓임을 떠나야 하니 그래야 망상을 끊고 참됨에 계합한다.462)

---

460) △二得失俱非問 文二 初住有不能證
　　頓盡者 盡同其中 故衆生在三界 無爲非三界 此卽事理迢然也
461) 邈遠也 人有法無 理事相隔 故知衆生與涅槃殊別 人無得法之分
　　〔삼계 안의 중생이 있고 니르바나는 삼계 밖에 있는 것이 아니라, 삼계 중생의 공한 진실이 진리인 것이다.〕

반드시 만약 다섯 쌓임에 머문다면 다섯 쌓임은 모두 사라지지 않아야 한다.

必若止於五陰 則五陰不都盡

다섯 쌓임이 다하지 않으면 니르바나와 서로 떨어진다.463)

다섯 쌓임이 만약 모두 사라진다면 누가 다시 니르바나를 얻는 자인가?

五陰若都盡 誰復得涅槃者也

만약 다섯 쌓임이 사라지면 몸을 다하고 지혜를 없앰〔灰身滅智〕이니 곧 중생이 없음이다. 이미 증득하는 사람이 없는데 무엇으로 증득하는 법을 얻겠는가? 이는 증득하는 사람의 있고 없음이 모두 니르바나 증득할 수 없음을 밝힌다. 아직 하나인 수레의 진실한 가르침〔一乘實敎〕에서 수행하는 사람이 니르바나 증득하려 함을 알지 못하니 어떻게 얻을 수 있겠는가?464)

(2) 사법 그대로 현묘하게 얻음으로 답함〔卽事玄證答〕

> 論 제19. 그윽이 얻음[玄得]

---

462) △二離有無能證
   果決也 決定有人得法 則須性離五陰 絕妄契眞矣
463) 五陰不盡 則與涅槃相隔
   〔다섯 쌓임은 있음이고 니르바나는 삼계 밖 다섯 쌓임 밖이므로.〕
464) 若盡五陰 灰身滅智 則無衆生 旣無能證之人 將何得所證之法 此明能證之
   人 有無俱不能證涅槃 未知一乘實敎行人欲證涅槃 如何可得耶
   〔다섯 쌓임에 머물 법이 있다해도 다섯 쌓임을 떠나 니르바나가 있다해도 니
   르바나 증득할 수 없음을 말한다. 또 다섯 쌓임인 사람이 있다고 해도 없다
   고 해도 모두 니르바나를 얻을 수 없다. 오직 다섯 쌓임의 헤아릴 수 없는
   〔五蘊無量〕 진실을 보는 자가 다섯 쌓임 그대로 니르바나를 얻을 수 있다.〕

이름 없는 이〔無名〕가 말했다.

참됨은 떠남〔離〕을 말미암아 일어나고 거짓은 집착〔著〕을 인해 생겨난다.

집착하므로 얻음이 있고〔有得〕 떠나므로 이름이 없다〔無名〕. 이러므로 참됨을 그대로 본받으면 참과 같고, 거짓을 본받으면 거짓과 같다.

그대는 얻음 있음〔有得〕으로써 얻음을 삼는다. 그러므로 얻음 있음〔有得〕을 구할 뿐이다. 나는 얻음 없음〔無得〕으로 얻음〔得〕을 삼는다. 그러므로 얻음이 얻음 없음〔無得〕에 있다.

또 논의 지음을 말하는데 반드시 그 바탕을 먼저 정해야 한다. 이미 니르바나를 논했으니 니르바나를 떠나 니르바나를 말할 수 없다.

만약 니르바나 그대로 말을 일으키면 누가 홀로만 니르바나가 아니기에 이를 얻으려 하는가?

왜 그런가?

대저 니르바나의 도는 늘 그러한 수〔常數〕를 묘하게 다했고, 하늘 땅의 두 움직임〔二儀〕을 녹여 다스려, 만 가지 있음을 쓸어 없앴기〔滌蕩萬有〕 때문이다. 하늘과 사람을 고르게 하고 하나와 다름을 같게 하여, 안을 보아도〔內視〕 내가 봄이 아니고〔不己見〕 들음을 돌이켜도〔返聽〕 내가 들음이 아니라〔不我聞〕 일찍이 얻을 있음이 아니고 일찍이 얻을 없음이 아니다.

경은 말한다. "니르바나는 중생이 아니고 또한 중생과 다름도 아니다."

비말라키르티가 말했다.

"만약 마이트레야께서 니르바나를 얻는다면 온갖 중생도 또한 니르바나를 얻을 것입니다."

왜인가? 온갖 중생의 본성품이 늘 사라짐〔本性常滅〕이니 거듭 다시 사라지게 할 것이 아니다.

이것을 사라짐에 건넘〔滅度〕이라 하니 니르바나는 사라지게 함이 없음〔無滅〕에 있는 것이다.

그렇다면 중생이 중생 아닌데〔衆生非衆生〕누가 이를 얻는 자인가. 니르바나가 니르바나가 아닌데〔涅槃非涅槃〕무엇이 얻을 것인가?

① 글의 이름〔章名〕

제19. 그윽이 얻음

玄得第十九

현(玄)은 깊고 그윽함을 말하니 곧 본래 없음의 뜻〔本無義〕이다. 얻음은 증득〔證〕의 뜻이다. 본래 얻을 것이 없으므로〔本無可得故〕 참으로 얻음〔眞得〕이라 한다.

이름 있는 이〔有名〕의 물음은 대개 따로 얻을 것 있음을 의심하나 지금 이름 없는 이〔無名〕는 마음과 경계 온갖 것에서〔心境一切〕 본래 얻을 것 없으면〔本無所得〕 곧 '니르바나의 평등한 묘한 바탕〔涅槃平等妙體〕' 참으로 증득함〔眞證〕으로 답한다. 그러면 깊이로 처음과 뒤가 없고 가로로 가와 끝이 없으므로, 그윽이 얻음〔玄得〕이라 말한 것이지 행하는 사람에게 따로 얻을 한 진리가 있음을 말한 것이 아니다.

이 글이 열아홉 글〔十九章〕의 깊고 깊음이라 지금까지 네 논〔四論〕이 끝에 이름〔至極〕인 것이다.

앞의 새로 난다는 뜻의 앎〔新生義解〕을 어찌 꼭 둘〔存〕 것인가? 뜻이 다하고 견해가 없어지면〔情盡見除〕 본래 얻을 것이 없으므로〔本無所得故〕 그윽이 얻음〔玄得〕이라 한다.465)

② 바로 답함[正答]

㈎ 참과 거짓을 가려 말함[揀辯眞僞]

이름 없는 이[無名]가 말했다.

참됨은 떠남[離]을 말미암아 일어나고 거짓은 집착[著]을 인해 생겨난다.

無名曰 夫眞由離起 僞因著生

　일어남[起]은 나타남의 뜻이고 생겨남[生]은 드러남의 뜻이다. 그렇듯 법은 본래 머묾이 없으나 사람에 깨침과 미혹이 있으므로 이름과 모습을 떠나면 진실이 나타나고[眞實顯], 이름과 모습을 집착하면 헛된 거짓이 드러난다[虛僞現]. 그러므로 참과 거짓이 다만 사람을 말미암아 미혹과 깨침의 다름이 있을 뿐임을 알아야 한다.466)

집착하므로 얻음이 있고 떠나므로 이름이 없다. 이러므로 참됨을 그대로 본받으면[則眞] 참과 같고, 거짓을 본받으면[法僞] 거짓과 같다.

著故有得 離故無名 是以則眞者同眞 法僞者同僞

　법은 곧 뜻[義]과 같으니 다 뜻[詣]에 나아감이다. 깨침[悟]은 참[眞]을 본받음이니 참에 이름과 모습이 없으면[眞無名相] 깨칠 수

---

465) △二卽事玄證答 文二 初章名

玄謂深玄 卽本無義也 得謂證也 本無可得 故曰眞得 有名之問 蓋疑別有所得 今無名之答 但能於心境一切本無所得 卽眞證涅槃平等妙體 豎無初後 橫無邊涯 故云玄得 非謂行人別有一理可得也 此章爲十九章之深深四論之至極 前之新生義解何必存焉 情盡見除 本無所得 故曰玄得

　〔본래 얻을 것이 없음을 아는 것이 참된 얻음이 되고 참으로 앎이 되는 것이다.〕

466) △二正答二 初揀辯眞僞

起者顯義 生者現義 然法本無住 人有悟迷 故離名相則眞實顯 著名相則虛僞現 故知眞僞但由人 有迷悟異耳

있음〔能證〕또한 없는 것이다. 그러므로 참됨에 같다〔同眞〕고 말한다. 이는 곧 참 그대로 본받음〔則眞〕은 앎〔解〕에 속하고, 참과 같음〔同眞〕은 증득함〔證〕에 속한다. 미혹이란 거짓을 본받음〔法則於僞〕인데 거짓에는 다름이 있다〔僞有差殊〕.

그러므로 사물에 만 가지가 있으면 이 때문에 거짓에 같음이라 한다. 이는 곧 참됨에 미혹하면〔迷眞〕거짓을 본받음〔法僞〕이라 하고 거짓을 따르면〔順妄〕거짓에 같음〔同僞〕이라 한다. 이 위는 미혹과 깨침 두 실마리〔迷悟二端〕를 세움이다.467)

그대는 얻음 있음으로써 얻음을 삼는다. 그러므로 얻음 있음을 구할 뿐이다. 나는 얻음 없음으로 얻음을 삼는다. 그러므로 얻음〔得〕이 얻음 없음〔無得〕에 있다.

子以有得爲得 故求於有得耳 吾以無得爲得 故得在於無得也

이름 있는 이〔有名〕그대는 얻을 것 있음으로 얻음을 삼는다. 그러므로 얻음 있음을 구하는 사람이다. 그러니 무엇으로 니르바나를 얻겠는가? 이는 바로 거짓을 본받고〔法僞〕거짓에 같이하는 것〔同僞〕이다. 이름 없는 이〔無名〕그대는 얻을 것 없음으로 얻음을 삼으므로 니르바나 얻음이 얻음 없음〔無得〕에 있다. 이것이 바로 참을 본받음〔則眞〕이고 참에 같아짐〔同眞〕이다.468)

(나) 바로 그윽이 얻음을 밝힘〔正明玄得〕

---

467) 法則義同 皆造詣也 悟乃法則於眞 眞無名相 能證亦無 故曰同眞 此則則眞屬解 同眞屬證 迷則法則於僞 僞有差殊故 事有萬種 故曰同僞 此則迷眞曰法僞 順妄曰同僞 此上立迷悟二端
〔뜻〔詣〕이란 사물의 진실이 주체에 실현된 모습을 말하니 실상(實相)이 주체에 실현된 모습을 일승(一乘)이라 하고 마하야나라 함과 같다.〕
468) 有名子以有所得爲得 故求有得之人 以何而得涅槃 此乃法僞同僞也 無名者以無所得是得 故得涅槃在於無得 此乃則眞同眞矣

(ㄱ) 종지를 정하고 바탕을 말함〔定宗議本〕

또 논의 지음을 말하는데 반드시 그 바탕을 먼저 정해야 한다.

且談論之作 必先定其本

　'또'란 펼치는 말이다. 크게 논을 말하는데, 말에는 반드시 바탕이
있어야 한다. 바탕이 있다는 것은 말해 나타낸 바〔所詮〕이다. 곧
말은 일어나는 바〔所起〕가 있고 말은 돌아가는 바〔所歸〕가 있으니
참 성품을 말함〔詮眞性〕과 같다. 곧 이를 말하여 바뀌어 변하지 않
아 나고 사라짐이 없어서, 깊이로 사무치고 가로로 두루함이라 한
다면 곧 말이 성품에 돌아감〔語歸於性〕이니 성품이 바탕이 되는
것이다.469)

이미 니르바나를 논했으니 니르바나를 떠나 니르바나를 말할 수 없다.

既論涅槃 不可離涅槃 而語涅槃也

　지금의 묻고 답함은 이미 니르바나를 논했다. 그러면 곧 말한 바
가 니르바나로 바탕 삼으니 바탕을 떠나 말할 수 없다.470)

만약 니르바나 그대로 말을 일으키면, 누가 홀로만 니르바나가 아
니기에 이를 얻으려 하는가?

若即涅槃以興言 誰獨非涅槃而欲得之耶

　누가란 어떤 사람이다. 만약 바탕 그대로 말을 일으키면 다만 온
갖 것에 얻음 없음〔一切無得〕을 말하여 다 니르바나를 말하는데,

---

469) △二正明玄得 文三 初定宗議本
　且者況詞 大凡談論 語必有本 有本者所詮也 則言有所起 語有所歸 如詮眞性
　則可以語之 日不改變 無生滅 豎窮橫徧 則語歸於性 性爲本矣
　〔니르바나를 말로 논하는 것〔談論〕은 니르바나의 이름 없고 말할 수 없음을
　말로 논하는 것이라 말에도 말이 없는 것이다. 그러므로 말이 성품에 돌아
　감이다.〕

470) 今之問答 既論涅槃 則所說以涅槃爲本 不可離本而語也

어찌 홀로 니르바나를 말하지 않는 말이 있어, 따로 얻을 바가 있음으로 말해 논하려 하겠는가? 이는 앞의 얻음을 살핌〔攷得〕에서 뜻과 미혹〔情惑〕 꾸짖는 것이다.471)

(ㄴ) 말의 바탕을 미루어 구함〔推求語本〕

왜 그런가?

何者

　미루어감이다. 왜 인가라는 말 곧 이것이 니르바나를 말함인가? 아래 풀이한다.472)

대저 니르바나의 도는

夫涅槃之道

　이는 아래 말의 바탕을 나타낸다.473)

늘 그러한 수[常數]를 묘하게 다했고

妙盡常數

　구절과 말을 모음이다. 미묘함은 늘 일어나는 뜻〔常情〕과 수와 양〔數量〕을 벗어나니, 수와 양은 얻을 바 없다. 그러므로 아래 다른 구절〔別句〕의 말은 다음과 같다.474)

하늘 땅의 두 움직임을 녹여 다스려

融冶二儀

---

471) 誰何也 若卽本興言 但說一切無得 皆語涅槃 何獨有非語涅槃之言 而欲別
　　有所得而談論耶 此責前攷得之情惑也
472) △二推求語本
　　推也 何者之言 是語涅槃耶 下釋
473) 此標下語本也
474) 總句語也 微妙出常情數量 數量無所得 故下別句語云

녹이는 가마[爐冶]는 다른 그릇들을 어울려 녹일 수 있으니 하늘 높고 땅 낮음이 니르바나의 바탕에 같이 한다[同涅槃體]. 곧 높고 낮음에 얻을 것이 없음이니 아래 보기로 알 수 있다.475)

만 가지 있음[萬有]을 쓸어 없앴기 때문이다.

滌蕩萬有

　만은 여러 수이니 함이 있음의 차별이다. 없앰은 얻을 것 없음이다.476)

하늘과 사람을 고르게 하고

均天人

　고름[均]은 평등함이다. 하늘은 빼어나고 사람은 낮지만 고름이란 얻을 것이 없기 때문이다.477)

하나와 다름을 같게 하여

同一異

　다름을 마주해 하나가 있는데 하나가 다름과 같으므로 하나와 다름에 얻을 것이 없는 것이다.478)

안을 보아도 내가 봄이 아니고[不己見] 들음을 돌이켜도 내가 들음이 아니라[不我聞]

內視不己見 返聽不我聞

　얻을 소리와 빛깔이 없기 때문이다.479)

---

475) 爐冶可以和融異器 天尊地卑 同涅槃體 卽尊卑無所得 下例知也
476) 萬是多數有爲差別 蕩無所得也
477) 均平也 天勝人劣 均無所得故
478) 對異有一 一與異同 故一異無所得
479) 無聲色可得故
　〔안의 듣고 보는 자도 실로 자기 성품이 없고 보는 바 빛깔과 듣는 바 소리

일찍이 얻을 있음이 아니고 일찍이 얻을 없음이 아니다.

未嘗有得 未嘗無得

상(嘗)은 '일찍이'이다. 니르바나에 얻을 수 있는 얻음 있음[有得]과 얻음 없음[無得]이 없기 때문이다. 또 다섯 성품[五性] 가운데 세 가름 반의 사람[三分半人]은 얻음 없음이 아니고 하나 반의 사람[一分半人]은 얻음 있음이 아니다. 연(緣)으로 성품에 나아가면 얻을 삿됨과 바름이 없으니 이것은 바탕 그대로 말을 세운 것[卽本立言]이라 말이 다 말의 바탕[語本]이다.

그러면 곧 온갖 것에 얻을 바 없음[一切無所得]을 알면 바야흐로 '니르바나의 늘 머무는 묘한 바탕[涅槃常住妙體]'을 참으로 얻음이다. 그러므로 그윽이 얻음[玄得]이라 한 것이니 어찌 중생으로 하여금 따로 얻을 것이 있게 하여 니르바나를 증득하겠는가?480)

㈐ 경을 이끌어 널리 풀이함[引經廣釋]

㉠ 둘이 아님을 밝힘[明不二]

도 실로 얻을 성품이 없으니 봄에 봄이 없고 들음에 들음이 없는 것이다.]
480) 嘗曾也 涅槃無得無得可得故 又五性之中 三分半人非無得 一分半人非有得 以緣就性 無邪正可得 斯爲卽本立言 言皆語本 則知一切無所得 方爲眞得 涅槃常住妙體 故曰玄得 豈令衆生別有所得而證涅槃
　　〔다섯 성품[五性]: 유식종(唯識宗: 法相宗)에서는 다섯 성품이 각기 따로 있어[五性各別], 본 조론에서 모두 니르바나 얻을 수 있다는 뜻과 다른 주장이 있으니 이는 보디의 씨앗 없는 중생[無性衆生]을 깨우치기 위한 방편의 말이다. 다섯 성품은 보디사트바의 성품, 슈라바카의 성품, 프라데카붇다의 성품, 세 성품으로 정해지지 않은 성품, 성품 없는 유정이다. 여기서 삼승과 정해지지 않은 성품[不定性]의 한가름은 얻음 없음이 아니고, 성품 없는 유정과 정해지지 않은 성품의 한가름은 얻음이 없다 말한다. 그러나 니르바나의 참성품이 보디의 씨앗 얻을 수 없다고 말할 중생의 자기 진실이라면 누가 니르바나의 성품 밖에 있겠는가. 법상종의 '다섯 성품이 각기 따로라는 주장[五性各別]'은 보디의 씨앗 없는[無性] 중생을 깨우치기 위함이다.]

① 진리에 얻음 없음이 니르바나의 과덕이 됨을 풀이함[釋理無得爲涅槃果]

❶ 같거나 다르지 않음을 밝힘[明不卽離]

경은 말한다. "니르바나는 중생이 아니고 또한 중생과 다름도 아니다."

經曰 涅槃非衆生 亦不異衆生

다섯 쌓임[五蘊]의 성품과 모습 그대로도 아니니[不卽] 성품과 모습에 얻을 것이 없기 때문이다. 다섯 쌓임의 성품과 모습에 다르지도 않으니[不異] 성품과 모습에 있는 바가 없는 것[性相無所有]이 니르바나이기 때문이다.

이것이 곧 얻을 수 있는 그대로임[卽]과 떠남[離]이 없어, 그윽이 얻음[玄得]이 되는 것이다.481)

❷ 나지 않고 사라지지 않음을 나타냄[顯不生滅]

비말라키르티가 말했다.

"만약 마이트레야께서 니르바나를 얻는다면 온갖 중생도 또한 니르바나를 얻을 것입니다."

維摩詰言 若彌勒得滅度者 一切衆生亦當滅度

니르바나는 여기 말로 사라짐에 건넘이고, 마이트레야는 성인이고 중생은 범부이다. 성인이 얻을 바가 없기 때문에 마이트레야가 니르바나를 얻고, 또 범부 또한 얻을 바가 없기 때문에 중생 또한 니

---

481) △三引經廣釋二 初明不二中二 初釋理無得爲涅槃果 文三 初明不卽離
不卽五陰性相 性相無所有故 不異五陰性相 性相無所有 卽涅槃故 此則無卽離
可得 爲玄得
[다섯 쌓임의 있되 공함을 통달하는 것이 반야이고 니르바나임을 말함. 니르바나가 다섯 쌓임을 떠남도 아니고[不出] 다섯 쌓임에 있지도 않음[不在]을 달리 말한 것임. 이를 속제를 들어 보이면 다섯 쌓임이 있되 공하므로 니르바나와 다름이 아니고[不離] 다섯 쌓임이 공하되 있으므로 있는 모습 그대로 니르바나와 같지도 않은 것[不卽]이다.]

르바나를 얻을 것이다. 이는 곧 성인과 범부가 없어짐을 기다리지 않고 스스로 다하기〔自盡〕 때문에 같이 그윽이 얻음〔玄得〕인 것이다.482)

왜인가?

所以者何

무슨 까닭이 있어 중생 또한 니르바나를 얻게 되는가?483)

온갖 중생의 본성품이 늘 사라짐이니[本性常滅] 거듭 다시 사라지게 할 것이 아니다.

一切衆生本性常滅 不復更滅

중생의 본성품은 세 때가 늘 고요하므로 얻을 중생이 없어서 참된 사라짐〔眞滅〕이 되는 것이다. 중생을 사라지게 해 따로 니르바나의 진리 증득함을 기다리지 않으므로 거듭 다시 사라지게 하지 않는다고 말한 것이다. 그러므로 『능가경(楞伽經)』은 말한다.

"처음 남에 곧 사라짐이 있으니 어리석은 자를 위해서 설하는 것이 아니다. 이는 남이 곧 남이 없음〔生卽無生〕을 밝히기 때문이니, 남에 얻을 바가 없는 것〔生無所得〕이다."484)

이것을 사라짐에 건넘[滅度]이라 하니 니르바나는 사라지게 함 없음에 있는 것이다.

此名滅度 在於無滅者也

---

482) △二顯不生滅
涅槃此云滅度 彌勒是聖 衆生是凡 由聖無所得故 彌勒得滅度 又由凡亦無所得故 衆生亦當得滅度 此則聖凡不待泯而自盡故 同玄得也
483) 有何所以 衆生亦當得滅
484) 衆生本性三際常寂滅故 以無衆生可得 爲眞滅 不待滅衆生而別證滅理 故云不復更滅 故楞伽云 初生卽有滅 不爲愚者說 此明生卽無生故 生無所得

논의 말은 경의 뜻을 이룸이니 이는 사라짐에 건넘이라는 이름이, 얻을 사라짐이 없음〔無滅可得〕에 있는 것을 나타낸다.

그러므로 『열반경』은 '나고 사라짐이 사라져 다하니 고요하여 즐겁다〔生滅滅已 寂滅爲樂〕.'고 한 것이다.

이는 사라짐이 곧 사라짐 없음이므로 사라짐에 얻을 바가 없음이다. 나고 사라짐에 얻을 바가 없음으로 바야흐로 그윽이 얻음〔玄得〕이 되는 것이다. 곧 범부와 성인 참됨과 망녕됨, 물듦과 깨끗함, 의보와 정보가 다 그윽이 얻음〔玄得〕이 되는 것이다.

그러므로 "누가 홀로 니르바나가 아닌가"라 하였으니 이는 온갖 것에 얻음 없으면 바야흐로 '늘 머무는 묘한 바탕이 평등하여 고요함〔常住妙體 平等寂滅〕'을 참으로 통달함이라 이것이 그윽이 증득함〔玄證〕인 것이다.485)

❸ 진리의 과덕을 맺어 이룸〔結成理果〕

그렇다면 중생이 중생 아닌데 누가 이를 얻는 자인가. 니르바나가 니르바나가 아닌데 무엇이 얻을 것인가?

然則衆生非衆生 誰爲得之者 涅槃非涅槃 誰爲可得者

남〔生〕이 곧 남 없음〔無生〕이고 사라짐〔滅〕이 곧 사라짐 없음〔無滅〕이다. 누가 얻는 사람이 되고 다시 무엇이 얻을 법이 되겠는가? 곧 나고 사라짐 둘을 같이 보내고〔生滅雙遣〕 사람과 법 둘이 모두 없어지며〔人法兩亡〕, 진리와 사법이 함께 없어지면〔理事俱泯〕, 평등하여 한맛〔平等一味〕이라 그윽이 얻음이라 한다. 그러니 어찌 얻을 사람을 두어 따로 얻을 것이 있음〔有所得〕을 말하겠는가?486)

---

485) 論譯成經意 此顯滅度之名 卽在於無滅可得 故涅槃云 生滅滅已 寂滅爲樂 此明滅卽無滅故 滅無所得 以生滅無所得故 方爲玄得 卽凡聖眞妄染淨依正皆 爲玄得 故曰誰獨非涅槃 此乃一切無得方 眞達常住妙體 平等寂滅 斯爲玄證矣

② 지혜에 얻음 없음이 보디의 과덕임을 풀이함[釋智無得爲菩提果]

論 『방광반야경』은 말한다.

"보디는 있음을 따라 얻습니까?" "아니다."

"없음을 따라 얻습니까?" "아니다."

"있음과 없음을 따라 얻습니까?" "아니다."

"있음과 없음을 떠나 얻습니까?" "아니다."

"그렇다면 아무 얻음이 없습니까?" "아니다."

이 뜻은 어떤 것인가?

답한다. 얻을 것 없기 때문에 얻는다. 그러므로 얻을 바 없음〔無所得〕을 얻는다.

얻을 바 없음을 얻음이라 말한다면 누가 홀로 그렇지 않겠는가?

그렇다면 그윽한 도〔玄道〕는 영역 끊음〔絶域〕에 있다. 그러므로 얻지 않고 얻는 것이다.

묘한 지혜〔妙智〕가 물 밖〔物外〕에 있으므로 알지 않음〔不知〕으로 이를 아는 것이다.

크나큰 모습〔大象〕은 꼴 없음〔無形〕에 숨는다. 그러므로 보지 않음〔不見〕으로 이를 본다. 크나큰 소리〔大音〕는 들을 수 없는 소리〔希聲〕에 숨는다. 그러므로 듣지 않음으로 이를 듣는다.

그러므로 싸고 거두어 옛을 마치며 뭇 여러 방위의 법〔羣方〕을 이끌어 이른다.

뭇 삶들을 길러줌이 성기지만 새어 빠뜨리지 않으니 넓고도 끝없이 흐름이여, 무엇이 이를 말미암지 않겠는가?

---

486) △三結成理果

生卽無生 滅卽無滅 以誰爲能得之人 復以何爲可得之法 則生滅雙遣 人法兩亡
理事俱泯 平等一味 乃曰玄得 豈存能得之人 而謂別有所得耶

〔사람 밖에 얻을 바를 두면 이는 진리의 사물화이다.〕

그러므로 브라마나가 붇다께 말씀드렸다.

　　"제가 들으니 붇다의 도[佛道]는 그 뜻이 넓고 깊으며 아득히 넘쳐흘러 끝이 없어서 이루지 못함이 없고 중생 건네주지 못함이 없습니다."

❶ 있음과 없음을 보냄[遣有無]

『방광반야경』은 말한다. "보디(bodhi)는

放光云 菩提

　　여기 말로 깨침[覺]이니 곧 새로 깨친 지혜의 과덕[始覺智果]이다.

　　법상교(法相敎: 唯識宗)에서 곧장 붇다의 지위[佛位]에 이르는 위 단계[上品]는 네 지혜가 모두 두렷하니[四智俱圓] 바야흐로 깨침이 가득함[覺滿]이라 말한다.

　　과덕의 지위[果位]에서는 지혜[智]가 강하고 앎[識]이 낮으므로 '여덟 앎을 돌이켜 네 지혜를 이루니[轉八識成四智], 다만 그 이름을 돌이키고 그 바탕을 돌이키지 않는다.

　　네 지혜란 다음과 같다.

① 알라야(Ālaya)의 앎[第八根本識]이 크게 두렷한 거울의 지혜[大圓鏡智]가 됨.

② 뜻[manas]인 앎[第七識]을 돌이켜, 평등한 성품의 지혜[平等性智]가 됨.

③ 뜻의 앎[意識, mano-vijñāna]을 돌이켜, 묘하게 살피는 지혜[妙觀察智]가 됨.

④ 앞의 다섯 앎[前五識]을 돌이켜, 지을 바를 이루는 지혜[成所作智]가 됨.

　　법성종(法性宗) 가운데서는 새로 깨침[始覺]의 사라지는 모습[滅相]이 곧장 나는 모습에 이르면[直至生相] 새로 깨침[始覺]이라 통하여 이름한다. '나는 모습이 사라지면 바야흐로 깨침이 찼다[生相若盡 方稱覺滿]'고 말하니 다 보디(bodhi)의 과덕[菩提果]이다. 다만 진리와 지혜의 두 과덕을 같음과 다름으로 이를 나누므로 법상(法相: 唯識)과 법성(法性: 華嚴)의 두 종이 말이 다른 것이다. 지금 여기서는 먼저 나누는 가르침을 잡아 말한다.

그러므로 앞은 진리를 밝히고[明理] 여기서는 지혜를 밝힌다[明智].487)

있음을 따라[從有] 얻습니까?" "아니다."
"없음을 따라[從無] 얻습니까?" "아니다."
"있음과 없음을 따라[從有無] 얻습니까?" "아니다."
"있음과 없음을 떠나[離有無] 얻습니까?" "아니다."

從有得耶 答曰不也 從無得耶 答曰不也 從有無得耶 答曰不也 離有
無得耶 答曰不也

이는 구함 있음으로 얻음 삼는 것을 버림이니 첫 구절은 있음 언

---

487) △二釋智無得爲菩提果三 初遣有無
此云覺 卽始覺智果也 相敎直至佛位 上品四智俱圓 方稱覺滿 果位智强識劣 故
說轉八識成四智 但轉其名 不轉其體 四智者 一轉賴耶爲大圓鏡 二轉末那爲平
等性 三轉意爲妙觀察 四轉前五爲成所作
法性宗中 始覺滅相 直至生相 通名始覺 生相若盡 方稱覺滿 皆菩提果 但理智
二果 一異分之 故二宗說異 今此先約分敎說 故前明理 此明智
[법상교의 뜻은 붇다의 열두 곳[十二處], 열여덟 영역의 교설[十八界說]의 뜻을 유식논사들이 시대사상과의 교류, 시대정신의 요구에 따라 재구성한 것이다. 다섯 앎[前五識]과 뜻의 앎[意識]은 십팔계설에서 육근 육경에서 일어나는 육식(六識)이고, 뜻뿌리[意根] 곧 뜻인 앎은 유식에서 일곱째 앎인 마나스(manas)이고, 마나스의 뜻뿌리가 알라야의 보는 가름[見分]이며, 여섯 경계[六境]와 다섯 아는 뿌리[五根], 앎의 종자(種子)는 뜻뿌리의 아는 바 되는 알라야의 모습의 가름[相分]이 된다. 곧 여섯 앎을 일으키는 열두 곳[十二處]이 유식에서 알라야의 보는 가름[見分]과 모습의 가름[相分]으로 재구성된 것이니 반야(般若)와 유식(唯識)이 모두 붇다의 초기 연기교설 밖에 따로 있는 것이 아니다.]

음으로 얻음 삼음, 다음 구절은 없음 얻음으로 얻음 삼음, 셋째 구절은 있기도 하고 없기도 함 얻음으로 얻음 삼음, 넷째 구절은 있음도 아니고 없음도 아님 얻음으로 얻음 삼음이다.

　이는 이미 네 곳〔四處〕에 얻음 있음을 구하는 것이므로 다 그럴 수 없다〔不可〕고 답하신 것이다. 경은 말한다.

　"반야는 불무더기와 같아〔般若如火聚〕네 면에서 취할 수 없으니〔四面不可取〕취하면 비방을 이룬다."488)

"그렇다면 아무 얻음이 없습니까?" "아니다."

然則都無得耶　答曰不也

　이는 구하지 않음〔不求〕으로 얻음 삼는 것을 보냄이다. 보디는 아무 구할 것 없음으로 얻는 것이 아니기 때문이다. 또 앞의 넷은 짓는 병〔作病〕에 떨어짐이고 이 구절은 맡기는 병〔任病〕에 떨어짐이다. 이 위의 다섯 구절은 모두 얻을 모습〔可得之相〕을 구하려 하기 때문에 그윽이 얻음이 아니라〔非玄得〕, 다 아니다〔不〕고 답하신 것이다.489)

　　❷ 그윽이 얻음을 밝힘[明玄得]

이 뜻은 어떤 것인가?

---

488)　此遣有求爲得　初句有得爲得　次句無得爲得　三句亦有亦無得爲得　四非有非無得爲得　此旣四處欲求有得　故皆答云不可也　經云　般若如火聚　四面不可取　取則成謗
　　〔불 무더기: 반야는 있음, 없음, 있기도 하고 없기도 함, 있음도 아니고 없음도 아님의 네 구절로 얻을 수 없으니 마치 활활 타는 불 무더기 네 면에 가까이 하면 몸이 타 버리는 것과 같다.〕
489)　此遣不求爲得　以菩提非都無所求而得故　又前四墮作病　此句墮任病　此上五句竝爲欲求可得之相　故非玄得　皆答不也
　　〔번뇌를 끊고 보디 구하거나 얻을 바 보디의 법을 구하는 것은 짓는 병〔作病〕이고, 번뇌를 놓아 그대로 보디라 말하면 맡기는 병〔任病〕이다.〕

是義云何

　보디 얻는 뜻을 물음이다.490)

답한다. 얻을 것 없기 때문에 얻는다.

答曰 無所得故 爲得也

　따로 얻을 것이 있음을 보디 얻음이라 이름하는 것이 아니다. 다만 온갖 곳에서 얻을 바 없음을 얻으면〔得無所得〕'보디의 과덕이 찬 것〔菩提果滿〕'이니 다만 얻을 법 없음〔無法可得〕만이 아니라 또한 다시 얻을 지혜도 없어야〔無智可得〕, 바야흐로 지혜 얻음이 되는 것이다.491)

　❸ 지혜의 과덕을 맺음〔結智果〕

그러므로 얻을 바 없음을 얻는다.

是故得無所得也

　얻을 바 없음〔無所得〕을 얻으므로 그윽이 얻음이라 한다. 이것이 새로 깨침〔始覺〕이 본래 깨침〔本覺〕에 합한 것이니 '나는 모습을 끊어 다하면〔斷生相盡〕 미세한 생각을 떠나는 것이다〔微細念離〕.'492)

　ⓛ 둘 아님을 나타냄〔顯不二〕

　① 앞의 둘 아님을 맺음〔結前不二〕

---

490) △二明玄得
　　問得菩提之義
491) 非謂別有所得名得菩提　但於一切處得無所得卽菩提果滿　非但無法可得　亦
　　復無智可得　方爲得智
　　〔반야심경에서 보디사트바는 프라즈냐파라미타를 의지하므로 지혜도 없고 얻음도 없다〔無智亦無得〕고 한 뜻이 지혜와 진리에 모두 얻을 바 없음이다.〕
492) △三結智果
　　得於無所得　故曰玄得矣　此則始覺合本　斷生相盡　微細念離

얻을 바 없음을 얻음이라 말한다면 누가 홀로 그렇지 않겠는가?

無所得謂之得者 誰獨不然耶

　　보디(bodhi)와 니르바나(nirvāṇa)는 모두 얻을 바 없음[無所得]
으로 참된 얻음[眞得]을 삼으니 곧 진리와 지혜가 둘 아님[理智不
二]을 알면 같이 얻을 것 없으니 어찌 이와 같지 않음이 있겠는
가? 그러므로 진리로써 지혜에 융통하면 진리 밖에 지혜 없으며
[理外無智], 지혜로써 진리에 융통하면 지혜 밖에 진리 없음[智外
無理]을 알아야 한다. 그러면 진리와 지혜가 녹고 녹아, 사라져 끊
어져 의지할 곳이 없어서[泯絶無寄] 바야흐로 그윽이 얻음[玄得]
이 된다.493)

　　② 참된 바탕을 말해 이룸[述成眞體]

그렇다면 그윽한 도[玄道]는 영역 끊음[絶域]에 있다. 그러므로
얻지 않고 얻는 것이다.

然則玄道在於絶域 故不得以得之

　　위의 니르바나의 진리 과덕이 다름의 영역 끊음[絶殊異之域]에
있음을 말한다. 그러므로 온갖 것에 얻음 없음[一切無得]이 그윽한
얻음[玄得]이 되는 것이다.494)

묘한 지혜가 물 밖[物外]에 있으므로 알지 않음[不知]으로 이를
아는 것이다.

---

493) △二顯不二 文四 初結前不二
　　菩提涅槃 竝以無所得爲眞得 則知理智不二 同無所得 何有不如此耶 故知以理
　　融智 則理外無智 以智融理 智外無理 理智融融 泯絶無寄 方爲玄得
　　〔진리는 지혜인 진리라 진리의 모습이 없고 지혜는 진리인 지혜라 지혜의
　　자취가 없으니 앎과 아는 바가 끊어져 의지함이 없는 것이다.〕
494) △二述成眞體
　　述上涅槃理果在於絶殊異之域 故以一切無得 爲玄得也

妙智存乎物外 故不知以知之

　위 보디의 지혜 과덕이 모습 밖[相外]에 있음을 말하므로 생각 없음으로 아는 것[以無念而知]이 참된 앎[眞知]이다.495)

크나큰 모습은 꼴 없음[無形]에 숨는다. 그러므로 보지 않음으로 이를 본다. 크나큰 소리[大音]는 들을 수 없는 소리[希聲]에 숨는다. 그러므로 듣지 않음으로 이를 듣는다.

大象隱於無形 故不見以見之 大音匿於希聲 故不聞以聞之

　위의 진리와 지혜가 둘 아님이 하나인 수레의 과덕임[一乘果]을 말한다. 참 몸의 크나큰 모습[眞身大象]은 본래 진리와 지혜의 꼴이 없고, 참으로 항상한 크나큰 소리[眞常大音]는 본래 진리와 지혜의 이름이 없다. 그러므로 진리와 지혜에 듣고 봄이 없어야 바야흐로 보고 들음이 된다.

　이는 증득해 봄과 증득해 들음을 잡은 것이라 알음알이의 봄[解見]이 아니다. 숨기고 감춤이란 다 없음이다. 들을 수 없는 소리[希聲]란 도경(道經)에 말했다. "들어도 듣지 못함을 희(希)라 한다."

　이는 참됨의 과덕이 얻을 바 없음[無所得]에 있음이다. 그러므로 '니르바나는 이름이 없다[涅槃無名]'고 말한다.496)

　③ 바탕을 맺어 씀을 나타냄[結體顯用]

그러므로 싸고 거두어 옛을 마치며

---

495) 述上菩提智果在乎相外 故以無念而知 是眞知也
　〔물 밖이란 물을 떠나 있다는 뜻이 아니라 물의 모습이되 모습 밖이란 뜻이니 앎으로 아는 것이 아니라 알되 앎없음으로 아는 것이다.〕
496) 述上理智不二 爲一乘果也 眞身大象 本無理智之形 眞常大音 本無理智之名 故無理智聞見 方爲見聞 此約證見證聞 非解見也 言隱匿者 皆無也 希聲者 道經曰 聽之不聞 曰希 則眞果在無所得 故曰涅槃無名
　〔빛깔에 빛깔 없으며 소리에 소리 없으므로 보지 않음으로 보고, 듣지 않음으로 들어야 참된 보고 들음이다.〕

故能囊括終古

이 구절은 바탕을 맺음이니 참 바탕이 늘 두루함[眞體常徧]을 말한다. 그러므로 싸서 거둘 수 있으니 거두어 묶음은 두루함이다. 옛을 마침이란 틀림없으며 항상함[無式常]이다. 그러므로 크나큰 니르바나는 항상하고 두루함[常徧]으로 뜻을 삼는다.497)

뭇 여러 방위의 법[羣方]을 이끌어 이른다.

導達羣方

이 아래는 씀을 나타내니 연을 따라 씀 일으킴[隨緣起用]을 말한다. 이는 이끌어 교화함이고 이르러 통함이다. 뭇 방위란 만 가지 법이니 교화의 작용이 만 가지 법에 통하여 두루하지 않는 바가 없음을 말한다.498)

뭇 삶들을 길러줌이 성기지만 새어 빠뜨리지 않으니

亨毒蒼生　疎而不漏

형독(亨毒)은 길러줌이다. 창생(蒼生)은 사람이다. 세속 따름을 푸름[蒼]이라 하니 하늘이 내는 바이기 때문이다. 열 법계의 중생 [十界衆生]이 참됨 그대로 일어나 참 바탕이 비록 고요하고 고요하며 비어 드넓으나 만 가지 변화가 따라 일어난다. 그러므로 성기지만 새지 않는다고 하니 노자(老子)는 말한다.

"하늘의 그물[天網]이 아득히 넓어 성기지만 새지 않는다."

지금 이 말을 빈 것이다.499)

---

497) △三結體顯用

此句結體 謂眞體常徧 故能包囊該括徧也 終古無式常也 故大涅槃以常徧爲義

498) 此下顯用 謂能隨緣起用也 導化也 達通也 羣方萬法也 謂化用遂通於萬法無所不周

499) 亨毒養育也 蒼生人也 順俗曰蒼 天所生故 十界衆生皆卽眞而起眞體雖寂寥虛曠 而萬化從興 故曰疎而不漏 老子曰 天網恢恢 疎而不漏 今借此語

넓고도 끝없이 흐름이여, 무엇이 이를 말미암지 않겠는가?

汪哉洋哉 何莫由之哉

　넓고 끝 없음[汪洋]은 물이 깊고 넓음이다. 『이소(離騷)』에 말했다. "못에 다다라 깊고 아득함을 불러 말한 것이다."

　지금 '니르바나의 바탕이 깊고[體深] 씀이 넓음[用廣]'을 밝히니 무엇이 이를 말미암지 않고 세워지겠는가?500)

　④ 바탕과 씀을 이끌어 증명함[引證體用]

그러므로 브라마나(brāhmaṇa)가 붇다께 말씀드렸다.

"제가 들으니 붇다의 도는 그 뜻이 넓고 깊으며 아득히 넘쳐흘러 끝이 없어서 이루지 못함이 없고 중생 건네주지 못함이 없습니다."

故梵志曰 吾聞佛道 厥義弘深 汪洋無涯 靡不成就 靡不度生

　여덟 스승의 경[八師經]에서 브라마나(brāhmaṇa)는 깨끗한 행[淨行]의 사람이다. 붇다의 도는 붇다께서 증득한 도이다. 넓다는 것은 넓고 큼이다. 붇다께서 증득한 도의 바탕이 깊고 씀이 넓어 물이 아득히 넘침과 같음을 찬탄한다.

　미(靡)란 없다 함이다. 참됨 그대로의 응함[卽眞之應]은 곧 의보 정보의 세 업의 공덕[依正三業功德]으로 장엄하여 원만하고 아주 빼어난 일을 성취하지 않음이 없다. 그러나 온갖 중생이 보거나 들으면 건네줌 받지 않음이 없다.

　위 구절은 교화의 덕이 가득함[化德滿]을 찬탄했고 아래 구절은 교화의 씀이 두루함[化用周]을 찬탄했다. 이는 마치 '허공이 깨끗하고 달이 두렷하여, 못이 맑으면 달그림자가 떨어짐'과 같아서 참되고 항상한 과덕의 바탕[眞常果體]과 큰 씀[大用]에 방위 없어

─────────────────

〔열 법계의 중생[十界衆生]: 지옥·아귀·축생·수라·인간·천상·슈라바카·프라데카붇다·보디사트바·붇다가 열 법계[十法界]이다.〕

500) 汪洋水深廣也 離騷云 臨淵號汪洋 今明涅槃體深用廣 何不由斯建立矣

자비의 원력〔慈悲願力〕 법의 그러함이 이와 같음〔法爾如此〕인 것
이다. 이는 곧 참됨과 응함이 둘이 아님〔眞應不二〕으로써 위의 큰
뜻을 맺음이다.501)

III. 큰 뜻을 모아 맺음〔總結大意〕

> 論 그렇다면 세 수레의 길〔三乘之路〕이 열려서 참됨과 거짓의
> 길이 밝게 가려지며, 현성의 도〔賢聖之道〕가 있게 되고, 이름
> 없음의 뜻〔無名之致〕이 드러난다.

그렇다면 세 수레의 길이 열려서 참됨과 거짓의 길[眞僞之途]이
가려지며 현성의 도가 있게 되고, 이름 없음의 뜻[無名之致]이 드
러난다.

然則三乘之路開 眞僞之途辨 賢聖之道存 無名之致顯矣

　이 한 단의 글은 옛사람이 나누어 '유통하는 가름〔流通分〕'을 삼았다.
　어떤 이는 이로써 네 논〔四論〕을 모두 맺음이라 하였다. 대개 글
의 뜻은 널리 싸고 있으나 풀이를 취함은 사람에 있으니 이치에 또
한 어그러짐이 없다. 다만 지금 큰 분류는 세 가름〔三分: 序, 正宗,
流通〕으로 글을 가닥치지 않으니 앞의 셋〔物不遷, 不眞空, 般若無知〕
은 이미 각기 맺는 글이 있고, 이 단 또한 스스로의 맺음에 합한다.
　바로 이 논(論)은 글의 이치를 깊이 따라서 번거롭게 풀이함에

---

501) △四引證體用

八師經梵志者 淨行之人也 佛道者 佛所證道 弘者廣大也 讚佛所證之道體深用
廣 如水汪洋 靡者無也 卽眞之應 則依正三業功德莊嚴 無不成就圓滿殊勝之事
一切衆生若見若聞 無不受度 上句讚化德滿 下句讚化用周 此如空淨月圓 潭淸
影落 眞常果體 大用無方 慈悲願力 法爾如此 此則以眞應不二 結上大意也

있지 않다.

첫 구절 연다고 말하는 것〔言開者〕은 나타냄이니 『법화경』은 '붇다의 지견을 연다〔開佛知見〕'고 말한다. 그러므로 곧 세 수레의 행하는 바〔三乘所行〕가 다 붇다 이룸〔成佛〕을 열어 나타내니 곧 하나인 수레〔一乘〕를 나타냄이다.

다음 구절〔次句〕에서 참되고 거짓됨이라 말한 것은 헛됨과 진실이다. 변(辨)은 나눔이니 방편과 진실을 나누기 때문이다. 이 뜻은 많은 뜻이나 간략히 풀이하면 둘이 있다.

하나는 진리를 잡음〔約理〕이니 '진리와 사법이 둘이 아님'으로 참됨을 삼고〔理事不二爲眞〕, '진리와 사법이 각기 다름'으로 거짓을 삼는다〔理事各別爲僞〕.

둘은 사람을 잡음〔約人〕이니 곧 '하나인 붇다의 수레로 진실을 삼고〔一佛乘爲實〕 세 수레로 방편을 삼는다〔三乘爲權〕.' 이 참됨과 거짓됨을 나누면〔辨此眞僞〕 방편과 진실의 길이다.

셋째 구절〔第三句〕에서 현성(賢聖)이라 말한 것은 열 머묾〔十住〕의 '아래 어짊〔下賢〕'과 열 행〔十行〕의 '가운데 어짊〔中賢〕', 열 회향〔十廻向〕의 '높은 어짊〔上賢〕', 이 서른 지위〔三十位〕 버금 성인〔亞聖〕을 어진 이〔賢〕라 한다. 열 지위〔十地〕를 성인〔聖〕이라 하니 이 분들은 다 같이 증득하고 진여(眞如)를 같이 닦는다.

붇다의 수레〔佛乘〕는 여기 있어서 이로써 바른 원인〔正因〕 삼는다.

끝 구절〔末句〕에 이름 없음의 뜻〔無名之致〕이라 말한 것은 진리와 지혜의 모습이 다함〔理智相盡〕이라, 다른 이름으로는 얻음이 없음〔無得〕이니, 두렷이 항상한 묘한 바탕〔圓常妙體〕에 과덕 가득 참〔果滿〕이 여기에 나타난다.

또 처음의 두 구절은 뜻이 열 믿음〔十信〕에 있고 셋째 구절은 현성(賢聖)에 있으며 끝 구절은 뜻이 묘한 깨침〔妙覺〕에 있다. 또 앞의 둘은 하나인 수레의 믿고 앎〔信解一乘〕이므로 열어 나타내 가리는 뜻이 있는 것이다.

　다음 구절은 하나인 수레의 바른 원인을 행하므로〔行一乘因〕
도가 있게 된다는 말〔道存說〕이 있음이다. 끝 구절은 하나인 수
레를 두렷이 증득하므로〔圓證一乘〕 뜻(이름 없음의 뜻)이 나타난다
〔致顯〕고 말한 것이다.

　이는 곧 위의 열아홉 글〔十九章〕에 열고 가림이 있음을 맺은 것
이다. 현성의 도가 있게 됨〔道存〕과 이름 없음의 뜻이 나타남〔致
顯〕은, 하나인 수레의 할 수 있음〔一乘之能〕이니 이것이 깊고 깊은
가르침〔甚深之敎〕이 되는 것이다.502)

---

502) △總結大意
　此一段文 古人節爲流通分 或以此都結四論 蓋文義包博 取釋在人 理亦無爽 但
　今大部不以三分科文 前三旣各有結文 此段亦合自結 當論文理甚順 不在煩釋
　初句言開者顯也 法華云 開佛知見
　故卽開顯三乘所行悉當成佛 則一乘理了矣 次句云 眞僞者虛實也 辨別也 別權
　實故 此意多義 略釋有二 一約理 則理事不二爲眞 理事各別爲僞 二約人 則一
　佛乘爲實 三乘爲權 辨此眞僞 權實途路也
　第三句云 賢聖者 十住下賢 十行中賢 十向上賢 此三十位 亞聖曰賢 十地曰聖
　此皆同證眞如 同修佛乘 存此 以爲正因也
　末句云 無名之致者 理智相盡 異名無得 圓常妙體 果滿斯顯矣
　又初二句 義在十信 第三句 在賢聖 末句義在妙覺 又前二信解一乘 故有開顯辨
　別之義 次句行一乘因 故有道存之說
　末句圓證一乘 故曰致顯 此則結上一十九章有開辨 存顯一乘之能 斯爲甚深之敎矣
　〔이 구절은 전체 조론의 유통분으로 분류하기보다 각 논마다 맺는 부분이
　있으므로 이 모아 맺음 또한 열반무명론의 대의를 맺음으로 보아야 할 것
　이다.〕
　〔거짓을 가리고 참됨을 드러내 현성의 도 닦아 행함과 얻음 없는 얻음의 길
　이 열리게 되고 끝내 진리와 지혜의 모습이 다해〔理智相盡〕 니르바나에 이
　름 없음을 증득하면, 마쳐 다한 깨침이 가득하게 되는 것〔覺滿〕이다.〕

열반무명론(涅槃無名論)에 덧붙이는 글

① 사제설(四諦說)로 니르바나의 뜻을 살핌

니르바나에 대한 동아시아에서 번역된 술어로 널리 통용되고 있는 단어는 사라짐에 건넘〔滅度〕저 언덕에 이름〔到彼岸〕이다. '사라짐에 건넘'은 번뇌와 속박이 사라진 해탈의 세계에 건너감의 뜻으로 풀이될 수 있고, '저 언덕에 이름'은 나고 죽음의 고통이 있는 이 언덕〔此岸〕에서 나고 죽음이 없는 해탈의 저 언덕〔彼岸〕에 가서 이름으로 풀이될 수 있다.

언어적 분위기만 보면 니르바나는 현실의 고통이 사라진 저 언덕 해탈의 세계로 초월하는 것처럼 보인다. 그러나 니르바나의 뜻은 사제(四諦)의 교설에서 멸제(滅諦: nirodha-satya)의 뜻을 말한다. 붇다의 사제설은 고통과 해탈의 실천적 연기구조를 밝히고 있다. 사제설(四諦說)은 곧 세계를 절대신성의 창조나 속류물질주의로 설명했던 고대사회에서 존재를 자아와 세계가 서로 교섭하는 연기적 활동으로 해명하고 해탈(mokṣa)을 주체의 고통을 극복하는 연기적 실천으로 해명했던 붇다의 초기교설이다.

고집멸도 사제의 교설에서 고(苦)는 괴로움의 결과〔果〕이고, 집(集)은 괴로움을 모아 일으키는 무명의 원인〔因〕이고, 도(道)는 괴로움의 원인과 결과를 극복하는 주체의 실천적 행위〔因〕이고, 멸(滅)은 괴로움의 원인과 결과가 지양된 해탈의 결과〔果〕이다. 붇다 당시 이 세간에 사제의 가르침이 맨 처음 설해지고 그 가르침의 혁명성을 이해했던 상가집단의 출현으로, 절대신에 제사하고 천지 자연신을 숭배했던 고대사회에서 모든 환상을 거부하고 세계와 역사의 진실을 온전히 살게 하는 깨달음〔bodhi〕의 종교가, 이 역사 속에 출현하게 되었다.

붇다의 연기론에 의하면 인간의 고통과 속박[苦諦]은 세계와 역사를 사는 삶 주체의 왜곡되고 물든 활동 밖에 그 무엇도 아니다. 고통은 무명(無明)과 번뇌(煩惱)로 표현된 인간의 왜곡된 세계인식과, 세계와 대상에 물들고 소외된 삶활동이 일으킨 것[集諦]이다. 그러므로 고통의 조건을 행위를 통해 능동적으로 극복함으로써[道諦: 중도의 실천행] 해탈(解脫, mokṣa)과 니르바나(nirvāṇa: 滅諦)는 고통[苦, duḥkha]의 새로운 자기전변으로 구현될 수 있다.

사제설에 의하면 고통의 조건이 해탈의 조건이며, 해탈은 고통이 일어난 그곳에서 고통이 일어난 과정의 역과정(고통을 일으킨 원인과 조건을 지양하는 과정)으로 실현될 수 있다. 더 나아가 고통은 발생된 것이므로 소멸될 수 있고 온갖 삶속의 질병은 일어난 것이므로 치유될 수 있다.

연기의 가르침을 보다 적극적으로 풀이하고 근원적으로 사유하면 고통과 번뇌는 본래 없는 것[本無, 本空]이라 깨달음과 해탈 또한 새로 얻는 것이 아니다[非新得]. 후대 선사들은 이를 속박과 미망의 중생이 본래 스스로 해탈되어 있으며[本自解脫] 궁핍 속에 있는 중생이 본래 스스로 공덕을 갖추고 있다[本自具足]는 말로 표현한다.

그러므로 우리는 니르바나를 다만 이곳을 떠나 고통이 없는 저 세계로 간다고 풀이해서는 안 되며 이곳 세간의 모습을 버리고 새로 세간 벗어난 해탈의 몸[解脫身] 얻는 것이 아님을 알아야 한다.

니르바나는 지금 이곳의 왜곡된 세계이해와 잘못된 생활 방식의 혁명적 수정을 통해서 고통이 있는 그곳에 구현된다. 그 뜻을 승조성사는 니르바나의 성취는 사물화 된 진리의 모습으로 얻는 것이 아니라 '얻을 바 없는[無所得] 그윽한 얻음[玄得]'이라 말한다.

'니르바나에 이름 없다〔涅槃無名〕'는 『조론』의 표현은 니르바나는 니르바나라고 이름할 얻음이 있는 영역이 아님을 말한다. 니르바나는 자아와 세계의 본래 열려진 자기진실〔本覺〕이자 세계의 자기진실이 온전히 새로 실현된 곳〔始覺〕이며, 세계를 향한 주체의 왜곡된 삶의 지향〔不覺〕이 전환되고 극복된 곳이다.

『조론』의 전체 구조로 보면 니르바나는 반야가 아니면 구현될 수 없으니 반야의 앎 없음〔般若無知〕이 해탈의 인행(因行)이 되고, 니르바나의 이름 없음〔涅槃無名〕이 해탈의 과덕(果德)이 된다. 이는 사제설에서 고통의 결과〔果〕가 집제〔因〕에서 일어나고, 고통이 소멸된 니르바나의 진리〔滅諦: 果〕가 주체의 바른 행〔正行: 正道〕인 도제(道諦: 因)로 구현됨과 같다.

곧 고통이 연기한 것이라 공하므로 니르바나를 사물화된 모습으로 새로 얻음이라 보면 안 되듯, 알 것이 있는 앎으로 반야가 니르바나를 얻는 것이 아니다. 알되 앎이 없이 저 세계를 알고〔無知而知〕 주체화하는 중생 자신의 활동 그 해탈의 활동〔解脫行〕으로 니르바나는 구현되는 것이니 해탈은 니르바나의 살아 움직이는 자기 모습이 되는 것이다. 지혜와 진리를 전통 경학(經學)의 술어로 보면 반야는 살피는 지혜〔能觀智〕이고, 속제와 진제는 살피는 바 경계〔所觀境〕가 되는 것이다.

살피는 경계 가운데 연기로 일어나는 세간의 모습이 속제이고, 연기이므로 있되 공함이 진제인데, 속제가 있되 있지 않고 진제가 없되 참으로 없음이 아니니 살피는 바 참됨과 세속의 경계에 실로 모두 얻을 것이 없다면 진제 속제는 서로 융통한 것〔眞俗融通〕이다.

살피는 바 경계에 얻을 모습이 없고 살피는 지혜의 앎에 앎이 없는 것이니 경계를 보는 앎에 앎이 없고〔無知〕 보여지는 경계의 모습에 모습 없음〔無相〕은 무엇을 말하는가. 지혜에 앎 없으면 지혜는 경계인 지혜이고, 경계에 모습 없으면 경계는 지혜인 경계라 이것이 '지혜와 진리의 그윽이 하나됨〔理智冥一〕'이다. 이때 지혜와 진리에 모두 얻을 것 없는 하나됨을 니르바나라 하고, 니르바나에 니르바나라고 이름할 정해진 영역 없음을 니르바나에 이름 없음〔涅槃無名〕이라 한다.

니르바나의 이름 없음은, 연기하는 세간법의 있되 공한 자기 진실의 실현이라 연기하는 세계의 나고 사라짐에 있지도 않고〔不在〕, 나고 사라짐을 떠나지도 않는다〔不離〕. 이는 니르바나가 바로 연기의 진실이자 삶의 진실을 가리는 온갖 거짓과 환상이 타파된 곳임을 나타낸다.

곧 해탈과 니르바나는 살피는 지혜와 살피는 바 경계가 그윽이 하나됨〔境智冥一〕 밖에 다른 것이 아니다. 살피는 지혜의 앎에 앎 없고 살피는 경계가 모습에 모습 없으면 지혜와 경계의 하나됨은 앎 없되 앎 없음도 없는 행(行) 곧 반야의 파라미타가 된다.

곧 이것이 자아와 세계가 둘이 아니되 하나도 아님으로 일어나는 해탈(解脫)의 연기적 활동이니 바로 마하야나수트라〔大乘經〕가 말하는 바 여섯 파라미타〔ṣaḍ-pāramita: 六波羅密〕의 행이다. 이 파라미타의 행이 곧 초기불교에서 니르바나의 원인〔道諦〕이자 다시 과덕〔滅諦〕의 자기행으로 발현되는 여덟 바른길〔八正道〕인 것이다.

② 십이연기설(十二緣起說)로 니르바나를 살핌

앞에서는 사제설(四諦說)을 통해 니르바나의 뜻〔涅槃義〕을 해명하였고 이제 다시 여기서는 십이연기설(十二緣起說)을 통해 니르바나와 불성의 뜻〔佛性義〕을 살펴보자. 본 『조론』에서 많이 거론되고 있는 세 실천의 수레〔三乘〕는 여래의 가르침으로 보면 사제 · 십이연기설 · 여섯 파라미타의 가르침과 연결되고 있다.

사제(四諦)의 교설이 붇다께서 맨 처음 법바퀴 굴린 교설〔初轉法輪〕이지만 십이연기(十二緣起) 또한 연기의 기본교설로 『아가마수트라〔阿含經〕』에 자주 설해지고 있다.

그런데 부파불교 아비다르마 논사들의 교리해석 이후 등장한 프라데카붇다야나 곧 연각승(緣覺乘)이라는 실천집단의 이야기는 보통 십이연기의 설과 연관되어진다. 붇다 생존 시 여래의 가르침을 듣고 지혜의 바다에 들어간 수행자들은 직접 귀로 여래로부터 사제의 설법을 듣고〔聲聞〕 법에 귀의한 수행자라는 뜻으로 슈라바카(śrāvaka)라 하며 이들은 슈라바카야나(śrāvakayāna, 聲聞乘)의 상가라 일컬어진다.

그에 비해 여래 니르바나하신 뒤 전해진 문헌이나 교단 장로들의 가르침을 듣고 깨친 수행자들은 여래의 육성의 설법을 직접 듣지 못했다. 그러나 전해오는 가르침에 대한 이성적 사유를 통해 연기의 진리를 깨친 수행자들이라는 뜻으로 이들은 인연법을 깨친 수행자들 곧 프라데카야나(pratyekabuddha-yāna, 緣覺乘)라 일컬어졌다.

그리고 마하야나 수트라〔大乘經〕의 편집과 동시에 마하야나의 실천 집단이 발흥하면서 반야와 파라미타의 실천 강령의 기치를 들고 일어난 새로운 수행자 그룹을 보디사트바야나(bodhisattva-yāna, 菩薩乘)의 이름으로 부르게 되었다.

파라미타의 실천행으로 연기중도의 뜻을 구현하는 이들의 행을 마하야나(mahayāna, 大乘)라 하고, 기존의 법집(法執: 존재를 이루는 법에 대한 집착)에 떨어진 편협한 교리해석과 자기 해탈에 머문 수행자들을 마하야나의 입장에서 작은 수레를 탄 이들 곧 히나야나(hinayāna, 小乘)라 불렀다.

이처럼 성문승·연각승·보살승은 그 형성이 역사적인 배경과 토대를 안고 있으나 사제·십이연기·파라미타행은 붇다 교설에 이미 다 갖춰져 있는 가르침의 행이다.

초기불교의 팔정도(八正道)가 그 언어 형식만을 달리해서 기술된 것이 대승경전의 반야행이고 여섯 파라미타 행이다. 이렇게 보면 붇다 당시에 이미 설해진 실천 방법론, 병통에 따라 달리 설해진 해탈의 방법론이 시대의 변화와 시대대중의 요구에 응해 역사적 형태로 나타난 것이 세 수레의 교설〔三乘說〕이라 할 것이다.

다만 그 가르침의 구조를 자세히 살펴보면, 사제법〔苦集滅道〕은 번뇌의 결과인 고제(苦諦)를 교설의 앞에 내세워 고통의 원인을 소멸하는 해탈행에 이끌고 있다. 다시 십이연기설〔無明, 行, 識, 名色, 六入, 觸, 受, 愛, 取, 有, 生, 老死의 열두 인연이 서로 말미암아 일어남〕은 무명(無明, avidya)이라는 고통의 원인인 집제(集諦)를 교설의 앞에 내세워 세계와 인간의 진실이 무명과 번뇌에 의해 어떻게 물들고 왜곡 되는가를 밝혀 해탈의 길을 제시하고 있다 말할 수 있다.

그에 비해 마하야나의 파라미타행은 사제설에서 실천의 인행(因行)인 도제(道諦)를 강조하여, 중생은 누구나 중도의 바른 행, 파라미타행으로 해탈할 수 있음을 보이고 있다.

연기의 교설은 고통이 연기함을 말해 고통이 인간의 본래적인 진실이 아니며 세계의 진실이 아님을 보이고 있다. 무명과 번뇌가 연기한 것이라 공해, 본래 니르바나 되어있음에서 보면, 번뇌를 실로 끊음도 아니고, 닦아 니르바나를 얻음도 아닌 것이다. 그러므로 『승만경』같이 중생이 곧 여래 공덕의 곳간〔如來藏, tathāgata-garbha〕임을 말하는 여래장(如來藏)의 교설은, 니르바나의 멸제(滅諦)에 서서(: 번뇌가 본래 니르바나 되어 있음에 서서) 실로 닦음 없고 얻음 없는 해탈의 길을 보이고 있다.

이렇게 보면 사제설에서 고통의 결과와 원인, 해탈의 원인과 결과 그 어디에 중심을 두더라도, 여래의 가르침은 연기하는 인간과 세계의 진실을 열어 해탈 니르바나에 중생을 인도하기 위한 교설이다. 이런 뜻에서 교설이 시대 대중의 요구에 따르는 어떤 역사적 의미를 담고 있더라도 우리는 붇다 세존의 가르침을 지금 드러나 있는 한생각[現前一念]에 가져와 생각해야 한다.

이제 십이연기설을 지금 한 생각에 가져와 살펴보기로 하자.

열두 인연에서 앞머리 무명(無明)과 행(行)은 근본무명과 그 무명의 움직임[行]을 보이고 있다. 그 뒤 식(識, vijñāna), 마음·물질[名色, nāma-rūpa], 여섯 들임[六入: 눈·귀·코·혀·몸·뜻], 닿음[觸: 여섯 아는 뿌리·여섯 앎·여섯 경계가 만남], 느껴 받음[受, vedanā]은 아는 자 아는 바 열두 곳[十二處: 六根, 六境]의 상호연기를 통해 중생의 구체적인 앎 활동[六識]이 일어남을 보이고 있다.

이 가운데 식(識)과 명색(名色)을 살펴보면, 명색의 명(名)이 물질을 마주해 연기한 마음이므로 십이연기의 첫머리 앎[識]은 경험적인 앎[前六識]이 아니라 앎을 일으키는 근본식(根本識)으로서 알라야(Ālaya)의 앎인 것이다.

닿음과 느껴 받음 다음의 애착[愛]·취함[取]·있음[有]·남[生]·늙고 죽음[老死]은 무명의 활동으로 구체적인 중생의 생활이 물들어 존재의 애착이 나고[愛, 取], 중생의 삶이 실로 있음[有]으로 닫혀지며, 나고 죽음[生死]이 실체화됨을 보인다.

곧 중생의 지금의 있음[有]은 있되 있음 아닌데 무명의 활동으로 있음이 실로 있음[實有]으로 굳어짐으로써, 나와 너[我他], 삶과 죽음[生死]은 실체적 모순으로 닫혀져, 중생은 고통의 얽매임을 다함없이 되굴리게 되니 이것이 윤회(輪迴: saṃsāra)이다.

이를 다시 돌이켜 살펴보자. 태어난 어떤 존재를 실로 있다[實有] 하므로 죽음이 실체적인 죽음이 되지만, 남[生]이 남 아닌 남[無生之生]이고 죽음[死]이 죽음 아닌 죽음[無死之死]인 줄 요달하면, 나고 죽음은 해탈의 살아 있는 작용[解脫妙用]이 되고 니르바나의 묘한 씀[涅槃妙用]이 된다.

곧 십이연기설에서 무명으로 나고 죽음이 윤회의 나고 죽음이 되지만 나고 죽음이 나고 죽음 아닌 줄 알면 무명이 지혜가 되고 나고 죽음은 해탈의 활동이 되는 것이다.

조론의 표현으로 보면, 니르바나는 연기하는 인연의 모습[相]에 있지도 않고[不在] 그 모습을 떠나지도 않는 것[不出]이니, 인과연기(因果緣起)의 현실에서 인과연기가 공한 연기의 진실을 실현하는 것이 니르바나이고 법계의 진리인 것이다.

화엄교(華嚴敎)는 이 뜻을 '원인과 결과의 연기가 진리인 실다운 법계이다[因果緣起 理實法界]'라는 말로 표현한다.

이를 다시 유식(唯識)의 세 성품의 교설[三性說]로 살펴보자.

세 성품의 교설[三性說]은 연기로 있는[緣起有] 세간의 모습은 앎인 세계로 주어지며[唯識], 그 인연으로 있는 모습을 '남을 의지해 일어나 있는 성품[依他起性]'이라 하고, 인연이라 공한 줄 모르고 집착해 헤아리면 이를 '두루 헤아려 집착한 성품[遍計所執性]'이라 한다. 그러나 남을 의지해 일어나는 모습[依他起相]에서 연기이므로 공한 법의 실상을 알면 이를 '두렷이 이루어진 진실한 성품[圓成實性]'이라 한다.

십이연기의 무명(無明)과 행(行)은 두루 집착한 성품[遍計所執性]인 근본무명(根本無明)과 그 움직임이고, 여섯 들임, 마음·물질, 닿음, 느낌은 남을 의지해 일어난 모습 곧 의타기상(依他起相)이다. 애착[愛]·취함[取]·존재[有]·남[生]·늙고 죽음[老死]은 근본무명과 지말무명이 서로 어울려, 새롭게 삶이 '두루 헤아려 집착된 모습[遍計所執相]'으로 규정됨이다.

이 때 '두루 집착한 성품'이 공해 자기뿌리가 없음[無自性]을 알면 '두렷이 이루어진 삶의 진실'은, 초월적인 것이 아니라 연기이므로 공한 세간의 자기진실인 것이니 변계소집성·의타기성·원성실성은 각기 고유한 자기 성품이 없다[三性無性].

세 성품은 서로 의지해 있으므로 세 성품은 모두 서로 바라보아

〔三性待望〕 자기성품이 없으니, 무명을 지양하면 나고 죽음의 닫힌 인연의 모습이 두렷이 이루어진 해탈의 모습〔圓成實性〕이 되는 것이다〔三性中道〕.

다시 모습에 갇혀 앎에 앎 있는 중생의 물든 앎〔妄識〕은, 앎을 돌이켜 앎이 있되 공한 줄 바로 깨치면, 지혜로 전환되어, 앎은 앎에 앎 없는 자기진실〔般若無知〕을 실현하는 것이니 이를 유식논사(唯識論師)들은 '앎을 돌이켜 지혜를 얻는다〔轉識得智〕'고 한다.

앎을 돌이켜 지혜를 이루고, 앎 없는 지혜가 진리와 그윽이 하나됨〔智理冥合〕, 이것이 조론에서 말한 반야에 앎 없음의 뜻〔般若無知義〕이고 니르바나에 이름 없음의 뜻〔涅槃無名義〕이다.

③ 대승의 마하파리니르바나수트라〔大般涅槃經〕에서 십이연기(十二緣起)가 불성(佛性)인 뜻

붇다의 가르침에서는 연기의 진실 밖에 해탈 니르바나가 없다. 니르바나와 직접적으로 연결될 수 있는 교설은 사제법이고, 사제의 멸제가 도제의 결과인 니르바나임을 알 수 있지만 이제 대승의 대반열반경(Maha parinirvāṇa Sutra, 大般涅槃經)에서 '십이연기가 곧 불성〔十二緣起卽佛性〕이다'라고 한 뜻을 살펴보자.

십이연기의 각 법은 서로 의지해 연으로 나는 법〔緣生法〕이고 다 연으로 일어난 법〔緣起法〕이므로, 각 법은 있다 해도 진실이 아니고 없다 해도 진실이 아니다.

그러므로 조론의 표현대로 다시 말해보면, 십이연기의 진실한 성품인 니르바나는 인연의 법에 있다 해도 안 되고〔不在〕 인연의 법을 벗어난다고 해도 안 된다〔不出〕.

인연으로 있는 법에 자기 성품이 없는 줄〔依他起無性〕 알면 '두렷이 이루어진 존재의 진실〔圓成實性〕'은 인연의 법을 떠나지 않고

구현된다. 십이연기에서 무명(無明), 행(行) 다음의 앎[識]은 앎 뒤에 마음·물질[名色: nāma-rūpa]과 여섯 들임[六入]이 있으므로, 여섯 들임이 일으키는 여섯 앎[六識]이 아니라 여섯 앎의 토대가 되는 열두 곳[十二處] 가운데 뜻뿌리[意根]에 여섯 앎[六識]을 거두어 보인 것이다. 후대 유식(唯識)의 교설로 보면 경험적인 여섯 앎[六識] 활동을 일으키는 근본식(根本識)인 제8 알라야의 앎[Ālaya-vijñāna]이다.

그러나 여섯 앎[六識]일 때 열두 곳[十二處]은 여섯 앎의 뿌리이자 앎 자체로 드러나는 바, 여섯 앎이 곧 나 아닌 나, 세계 아닌 세계이다. 그러니 열두 곳에서 일어나 드러나 있는 여섯 앎도 공하고, 여섯 앎을 내는 안의 여섯 아는 뿌리[內六根] 밖의 여섯 경계[外六塵]도 있되 공하다.

이렇게 알면 연(緣)으로 있는 앎의 뿌리[根]와 경계[境], 뿌리와 경계가 일으킨 앎[根·境·識]이 모두 있되 공하니, 이 세간의 모습은 앎[識]에 거두어 보더라도 앎인 온갖 법은 연을 따라 변하되 변하지 않아[隨緣而不變], 변하지 않는 진여(眞如)와 연을 따라 나고 사라짐[隨緣生滅]은 둘이 아니다.

이 중도인 한마음[中道一心]을 여래장(如來藏)이라 하고 붇다의 성품[佛性]이라 하니 이 붇다의 성품은 앎에 있지도 않고 앎을 떠나지도 않으며, 안과 밖 가운데에 있지도 않고 안과 밖 가운데를 떠나지도 않는다[不在內外中, 不離內外中].

이 뜻을 여러 경전은 '나와 법의 집착[我法二執]을 떠나 드러난 진여가 붇다의 성품이다'라 하고 대승의 마하파리니르바나 수트라 [大般涅槃經]는 '십이연기가 불성이다'라 하니 이는 인연으로 있는 세간법의 진실 밖에 여래의 보디가 없음을 나타낸다.

그러나 붇다의 성품[佛性]이라 할 때는 중생의 번뇌에 덮여 있어도 본래 그러한 중생의 자기진실을 나타내고, 니르바나라 할 때는 이미 붇다에 의해 실현된 삶의 진실을 말하니 무명(無明)이라 해도 한 법도 잃음이 없고 니르바나[涅槃]라 해도 한 법도 얻음이 없다.

다만 붇다의 성품[佛性]이라 할 때는 중생에게 이미 드러나 있으나 앞으로 이루어질 과덕[當果]을 나타내고, 붇다의 니르바나는 이미 붇다에 의해 실현되어 드러난 공덕[現果]을 나타낸다.

불성 니르바나가 연기의 진실이므로 불성 니르바나는 십이연기의 인연으로 있는 모습에 있는 것이 아니지만[不存] 십이연기 인연의 모습 밖에 벗어나 있지도 않다[不出]. 십이연기가 불성이라는 열반경의 뜻이 여기에 있으니 사제 십이연기는 낮은 교설이고 불성 여래장은 높은 교설이라는 집착을 버려야한다.

위대한 성사 승조(僧肇)께서 초기전역시대에 벌써 연으로 모임[緣會]과 성품이 공함[性空], 법의 성품[法性], 실상(實相), 본래 없음[本無]이 한뜻[一義]이라 말했으니 이 가르침을 가슴 깊이 새겨야 할 것이다.

이런 뜻에서 사제법은 슈라바카야나의 법이고 십이연기는 프라데카야나의 법이고 파라미타는 마하야나의 법이고 다시 그 위에 조사의 법이 있어 조사의 법[祖師法]만이 최상승법이라는 견해에도 집착하지 말아야 한다.

해탈의 저 언덕에 이르기 위한 그 모든 방편과 수단은 중생의 자기원력과 인연에 의해 지금 이곳에서 쓰여지고 해탈의 공덕은 이곳에서 이루어진다. 말에 말 없음[無說]을 아는 자가 '많이 들음[多聞]'의 뜻을 참으로 아는 자이고, 인연(因緣) 안에 불성이 없지만 붇다의 씨앗[佛種]이 연을 좇아 일어난 줄[從緣起] 아는 자가, 이 세간에 붇다의 씨앗을 뿌릴 수 있는 자이다.

달마선문(達摩禪門)의 남종(南宗)이 육조로 추앙하는 대감선사(大鑑禪師: 慧能)는 금강경 외우는 소리에 깨쳤지만 그는 소리 들음[聲聞]에 갇혀 있지 않고, 천태선사(天台禪師)는 법화경을 외우다 법화삼매 선다라니를 얻었으나 천태선사에게 문자법사(文字法師)의 이름이 돌아가지 않는다.

승조성사가 구마라지바 법사의 강설을 듣고 만법의 연이 모여[緣會] 일어난 법의 성품[法性]을 깨쳐 이 조론을 저술했으나 그를 어찌 소리 들어[聲聞] 인연을 깨친[緣覺] 낮은 수행자라 할 것인가.

향엄선사(香嚴禪師)가 대에 돌 부딪치는 소리[擊竹聲]를 듣고 깨닫고 영운선사(靈雲志勤禪師)가 복사꽃을 보고[見桃花] 깨쳤으나, 그들은 듣되 들음 없고 보되 봄이 없이 연기의 진실을 깨친 이들이니 그들은 물질 경계에 멈추어 있는 분들이 아니다.

오히려 법의 인연을 집착하여 여래의 경교는 돌아보지도 않으면서 말세 작은 지견의 종사를 신봉하여 그 목소리를 집착하면 오늘 이 시대에 슈라바카야나[聲聞乘]의 작은 수레의 길[小乘道]을 가는 자라 할 것이다.

여래의 거룩한 응화의 몸[應化身]에도 취할 모습이 없는데, 이른바 작은 지견의 말세 선지식에 잡을 끝코가 어디 있겠는가[沒巴鼻]. 삼가고 삼가야 할 것이다.

④ 불성의 세 원인[三因佛性]과 니르바나의 세 덕[涅槃三德]

앞에서 붇다 초기교설인 십이연기의 교설, 그 감추어진 참 뜻이 마하야나에서 불성(佛性) 니르바나의 뜻[涅槃義]으로 발현되었음을 살펴보았다. 곧 십이연기의 법이 실로 있음도 아니고 실로 없음도 아님을 바로 보면, 십이연기(十二緣起)로 주어지는 세간 현실을 떠나지 않고 불성 니르바나를 알 수 있다.

다만 불성(佛性)은 해탈을 그 원인의 행[因行]에서 기술하는 말이므로 중생 번뇌의 얽힘 속에서도 늘 그러한 삶의 실상을 나타낸다. 그러나 니르바나[涅槃]는 여래께서 이룬 과덕(果德)의 차원에서 삶의 실상을 나타내므로, 여래의 니르바나는 불성의 공덕이 온전히 실현된 과덕의 땅이다.

니르바나는 불성의 실현이지만 불성은 여래의 니르바나를 통해 밝혀진다.

또한 불성과 니르바나는 열두 연기[十二緣起]가 실로 있음도 아니고 실로 없음도 아닌 연기의 실상을 기술하는 말이므로 온갖 법은 불성 니르바나를 떠나지 않는다.

이를 불성의 세 원인[佛性三因]과 니르바나의 세 덕[涅槃三德]으로 다시 풀이해보자.

불성이 온갖 세간법의 인연의 진실이므로 중생이 닦아 행하는 실천과 과덕[因行, 果德] 또한 모두 불성으로 다시 표현된다. 그러므로 불성의 세 원인[三因佛性]은 불성의 바탕에서 일어나 해탈을 구현하는 행과 그 과덕을 모두 포괄한다. 불성의 세 원인[佛性三因]이라 말한 것은 불성의 땅에서 이 원인의 행이 드러나면 니르바나의 세 덕[涅槃三德] 그 묘한 과덕[妙果]이 실현되기 때문이다.

- 세 원인의 불성[三因佛性]:

세 원인[三因]은 바른 원인[正因], 바른 원인을 깨치는 원인[了因], 과덕 이룸에 조건이 되는 원인[緣因]을 말한다. 곧 바른 지혜로 비추어 드러나는 삶의 '공가중 삼제의 진리[圓融三諦]'가 바른 원인의 불성[正因佛性]이니 조론에서 진제 속제의 두 진리[眞俗二諦]가 반야의 경계가 됨과 같다.

바른 원인[正因佛性] 비추는 지혜를 '원인 깨치는 불성[了因佛性]'이라 하니, 조론에서 반야의 앎 없음[般若無知]이 원인 깨치는 불성[了因佛性]이라 할 수 있다. 비추는 지혜에 앎이 없고 비추는 바 진리에 모습 없어 지혜와 진리가 서로 응하면 진리는 지혜인 진리로 드러난다. 이때 바른 원인의 불성[正因佛性]은 바른 원인 깨침[了因]으로 인해 새로 깨침[始覺]으로 드러나니, 바른 원인의 불성은 본래 깨침[本覺]이다.

다음 지혜와 진리가 서로 응함[理智相應]을 돕는 실천의 조건을, 원인 깨침[了因]의 조건되는 불성(緣因佛性)이라 하니 원인 깨침의 지혜가 근본지라면, 원인 깨침에 조건이 되는 불성은 도를 돕는 지혜의 법[助道法]이고 뒤에 얻는 지혜[後得智]이다.

• 니르바나의 세 덕[涅槃三德]:

이 불성의 세 원인[三因佛性]은 '지혜와 진리가 하나되면[理智冥 一]' 니르바나의 세 덕[涅槃三德]으로 발현된다.

바른 원인은 지혜와 진리가 하나 되면 법신(法身)이라 하고, 바른 원인 깨침의 지혜는 진리인 지혜가 되니 법신인 반야(般若)라 하고, 진리인 지혜 곧 반야의 앎에 앎 없고, 앎 없되 앎 없음도 없으면 반야는 해탈(解脫)의 행(行)으로 발현된다. 이때 해탈의 행은 하되 함이 없으므로 해탈이 고요하여[解脫寂滅] 다시 법신(法身)이 되는 것이다.

연기법에서 해탈의 원인은 해탈의 과덕이 이루어지면 원인이 곧 과덕의 자기 발현이 되는 것이다. 그러므로 불성의 세 원인에서 깨침의 조건이 되는 원인[緣因]은 지혜와 진리가 서로 응함을 통해 법신인 해탈(解脫)의 행이 되는 것이다. 곧 연기의 바른 뜻에서 원인과 결과는 서로 융통하니 세 원인의 불성[三因佛性]이 지혜와 진리의 응함을 통해 니르바나의 세 덕[涅槃三德]으로 전변되는 것이다. 그러므로 중생의 자기 진실인 불성(佛性)과 여래의 과덕인 니르바나에는 두 바탕이 없는 것이다.

곧 연이 모여[緣會] 나는 법에서, 남[他]을 의지해 일어나는 모습[依他起相]인 열두 연기[十二緣起]의 두렷이 이루어진 진실한 성품〔圓成實性〕이 바로 불성(佛性) 니르바나(nirvāṇa)이다. 이 뜻을 마하야나의 마하파리니르바나 수트라〔大般涅槃經〕는 '십이연기가 불성이다'라 말한 것이니, 조론에서 연이 모임〔緣會〕이 성품이 공함〔性空〕이고 연이 모임이 법성이며 실상이라는 말과 다르지 않다.

『영가집(永嘉集)』은 천태선사 『마하지관』을 요약해 보인 문헌으로, 영가선사(永嘉禪師)가 깨친 선종의 종지〔禪宗〕를 보인 문집이다. 『영가집』에서 말한 니르바나의 세 덕은 다음과 같다.

첫째 법신이 어리석지 않으니 곧 반야요, 반야가 집착 없으니 해탈이요, 해탈이 고요하니 곧 법신이다.

둘째 반야가 집착 없으니 곧 해탈이요, 해탈이 고요하니 법신이며, 법신이 어리석지 않으니 곧 반야다.

셋째 해탈이 고요하니 법신이요, 법신이 어리석지 않으니 반야며, 반야가 집착 없으니 해탈이다.

세 덕에 하나를 들면 곧 셋을 갖추고 셋을 말하나 바탕은 곧 하나이다.

一法身不癡即般若　般若無著即解脫　解脫寂滅即法身
二般若無著即解脫　解脫寂滅即法身　法身不癡即般若
三解脫寂滅即法身　法身不癡即般若　般若無著即解脫
擧一即具三　言三體即一

천태선사(天台禪師)의 『마하지관(摩訶止觀)』은 이 뜻을 다음 같이 말하고 있다.

해탈이 자재하니 법신 반야 또한 자재하여 비록 세 이름이 있으나 세 바탕이 없다.

비록 한 바탕이나 세 이름을 세우니 이 셋이 곧 한 바탕이라 다름이 없다.

비유하면 여의구슬〔如意珠〕 가운데서 빛〔光〕을 말하고 보배〔寶〕를 말하면 빛과 보배가 구슬과 같지 않고〔不一〕 다르지 않음〔不異〕과 같아, 가로도 아니고 세로도 아니니〔不縱不橫〕세 법도 또한 이와 같다.

解脫自在 法身般若亦自在 雖有三名而無三體 雖是一體而立三名 是三
卽一體 其實無有異 譬如如意珠中 論光論寶 光寶不與珠一 不與珠異
不縱不橫 三法亦如是

위의 여러 성사들의 가르침을 통해 살핀 바처럼, 열두 연기의
법에 두루 헤아려 집착함〔遍計所執性〕이 모두 사라진 연기의 진실
이 곧 '두렷이 이루어진 인연의 실다운 성품〔圓成實性〕'이고 보디
인 니르바나이다. 그러므로 니르바나는 니르바나라고 이름할 니르
바나의 모습이 없으니 니르바나가 열두 연기에 있지 않고〔不在〕
니르바나가 열두 연기를 벗어나지도 않는다〔不出〕.

이 뜻을 붇다의 몸〔佛身〕에 가져오면, 여래의 나고 사라짐이 없
는 참몸〔眞身〕과 나고 사라짐의 방편이 없지 않은 응하는 몸〔應
身〕, 이 두 몸〔二身〕이 둘 아님〔不二〕으로 말할 수 있다.

이를 우리가 일승(一乘)의 가르침으로 받드는 『화엄대경(華嚴
大經)』을 통해 살펴보자.

5 『화엄경』에서 여래의 참 몸과 응하는 몸에 둘 없음〔眞應不二〕

『화엄경』은 여래의 참됨과 응화의 몸이 둘 아님을 다음같이 노래
한다.

여래의 지혜는 사유하고 말할 수 없어
온갖 중생의 마음 모두 다 아시네
갖가지 방편의 힘을 나타내시어
저 뭇 어리석은 온갖 중생의
헤아릴 수 없는 괴로움 없애시네
如來智慧不思議　悉知一切衆生心

能以種種方便力　滅彼群迷無量苦

크신 영웅 좋은 방편 헤아릴 수 없어
무릇 짓는 바에 헛되이 지나침 없네
반드시 중생의 모든 괴로움 없어지게 하니
찬타나 나무 숲의 신이 이를 깨쳐 알았네

大雄善巧難測量　凡有所作無空過
必使衆生諸苦滅　栴檀林神能悟此

여래의 한 음성은 한량할 수 없어서
온갖 법문의 바다 모두 열어주시네
중생으로 이 법문 듣는 이 모두 깨치니
이것이 큰 음성의 신 해탈함이네

如來一音無限量　能開一切法門海
衆生聽者悉了知　此是大音之解脫

크신 인도자 이같이 사유하고 말할 수 없어
밝은 빛이 시방을 두루 비추네
중생이 눈앞에서 모두 붇다를 보아
그 중생 교화해 무르익게 하심에
그 중생의 수를 이루 셀 수 없어라

導師如是不思議　光明遍照於十方
衆生現前悉見佛　敎化成熟無央數

여래의 경계는 가와 끝이 없어서
법의 비를 널리 내려 가득하게 하네
뭇 모임에서 붇다들 기쁨 내심을 보나니
이는 묘한 음성의 신 보는 바이네

如來境界無邊際　普雨法雨皆充滿
衆會覩佛生歡喜　此妙音聲之所見

붇다의 몸 변화하심 사유하고 말할 수 없어
걸음걸음 몸의 모습 바다와 같네
중생의 마음 따라 다 보도록 하시니
이는 묘하고 밝은 빛의 신 얻은 바이네

佛身變現不思議　步步色相猶如海
隨衆生心悉令見　此妙光明之所得

여래는 시방에 큰 신통 널리 나타내사
온갖 중생 모두 깨달음을 열도록 하네
뭇 묘한 꽃의 신 이 법을 보고서
마음에 크나큰 즐거움과 기쁨을 내네

十方普現大神通　一切衆生悉開悟
衆妙華神於此法　見已心生大歡喜

여래의 몸이 크고 밝은 빛을 놓아서
그 빛이 법계를 채우지 않음이 없네
그 빛 만나는 중생 마음이 조복되니
이는 방위 비추는 신이 보는 바이네

如來身放大光明　其光法界靡不充
衆生遇者心調伏　此照方神之所見

붇다의 몸 청정하여 늘 고요하시사
뭇 빛깔 널리 나투나 모든 모습이 없네
이와 같이 세간에 널리 두루하시니

이는 깨끗한 꽃의 신이 들어간 바이네

佛身淸淨恒寂滅　普現衆色無諸相
如是遍住於世間　此淨華神之所入

　여래의 참된 몸과 응해 변화하는 몸이 둘 아님을 중생의 편에서
세계관적으로 보면, 인연으로 나고 사라지는[因緣生滅] 세간법을
없애지 않고 진여(眞如)를 본다는 말이고, 거짓이름[假名]을 없애
지 않고 실상(實相)을 본다는 뜻이다. 이 뜻이 승조성사가 연의
모임[緣會]과 실상(實相) 본래 없음[本無]이 한뜻[一義]이라고 말
한 종지이다.

6 조사선(祖師禪)의 법어로 다시 살핌

　이 뜻을 조사선 종장(祖師禪宗匠)들의 법문으로 다시 살펴보자.

○ 백운선사의 법어

　우리 불교 고려 백운경한선사(白雲景閑禪師)는 모습과 모습 없
음이 둘이 아닌 니르바나의 뜻, 조사선(祖師禪)의 종지를 다음과
같이 말한다.

• 바른 눈을 활짝 열면[正眼豁開]

　당에 올라[上堂] 말했다.

　옛사람은 이렇게 말했소.
'크나큰 도는 늘 눈앞에 있다.
비록 눈앞에 있으나 보기 어려우니
만약 도의 참 모습 깨치려하면
빛깔, 소리, 말을 떠나지 말라.'

大道常在目前　雖在目前難覩
若欲悟道眞體　不離色聲言語

선사는 털이〔拂子〕를 세워 일으키고 말했다.

이것은 빛깔〔色〕이니 어떤 것이 도의 참모습〔大道眞體〕이오.

선상(禪床)을 한 번 내리치고 말했다.

이것은 소리〔聲〕이니 어떤 것이 도의 참모습이오.

노승이 지금 입으로 중얼거리는 것, 이것은 말이니 어떤 것이 도의 참모습이오.

노승이 이렇게 말하는 것을 대중은 도리어 알겠소.

만약 의심과 걸림을 없애지 못한 자가 있다면 노승은 따로 한 방편이 있어 지금 대중을 위해 여러 의심과 걸림을 없애주겠으니 대중은 또렷이 깨어 있으시오.

'악' 한 소리 외치고 말했다.

알겠소. 한 외침〔一喝〕이라고 해서는 안 되니 곧 바로 의심하는 뜻이 얼음 녹듯 풀리어 바른 눈을 활짝 열면〔正眼豁開〕, 곧 여러 붇다와 더불어 묘한 몸〔同一妙體〕을 같이 하나로 하여 보고 들음을 함께 할 것이오.1)

이와 같이 크나큰 도의 묘한 바탕〔大道妙體〕은 허공처럼 모습 없되 크나큰 신통의 밝은 빛〔大神通光明〕 기틀의 씀〔機用〕이 있으므로 공하지 않다 한 것이오.

반드시 있지만 보아도 볼 수 없고 들어도 듣지 못하니 이를 실로 있지 않음이라 하오. 참된 공은 공하지 않고〔眞空不空〕 묘한

---

1) 上堂云 古人道 大道常在目前 雖在目前難覩 若欲悟道眞體 不離色聲言語 師竪起拂子云 這箇是色 那箇是大道眞體 擊禪床一下云 這箇是聲 那箇是大道眞體 老僧卽今口喃喃底是語 那箇是大道眞體 老僧恁麼道 大衆還會麼
若有疑碍未除者 老僧別有一方便 卽今爲大衆 除諸疑碍去也 大衆惺惺着 喝一喝云
會麼 不得喚作一喝 直下疑情冰釋 正眼豁開 便見得與諸佛 同一妙體 共一見聞

있음은 있지 않으니〔妙有不有〕방위와 모서리〔方隅〕로 그 있는 곳
을 정할 수 없고 칼파의 수〔劫數〕로 그 목숨을 사무칠 수 없소.

이 속에 이르면 온 땅에 무슨 물건이 있어 그대의 생각함〔緣〕이
되고 마주함〔待〕이 되겠소.

만일 바늘 끝만큼이라도 그대에게 막힘이 되고 걸림이 됨이 있
다면 나에게 가져오시오.

무엇을 붇다〔佛〕라 하고 무엇을 조사(祖師)라 하며, 무엇을 산
과 내, 큰 땅, 해와 달, 별자리라 하며 무엇을 가져다 네 큰 요인
〔四大〕다섯 쌓임〔五蘊〕을 삼소.

또 말해 보시오.

노승은 무슨 도리를 의거해 이렇게 말하오. 대중은 내 입만 따
르지 말고 이 속〔這裏〕을 시원스럽게 향해, 몇 마디 지껄여 말해
야 할 것이니 반드시 이런 사람이라야 될 것이오.

그리고 자리에서 내려왔다.2)

• 주장자가 변해 용이 되어〔柱杖化龍〕

당에 올라 옛사람의 말을 들어 보였다.
운문(雲門)은 이렇게 말했소.

주장자가 변화해 용이 되어서
하늘땅을 모두 다 삼켜버렸네
부채는 서른 세 하늘에 뛰어 올라

---

2) 如是大道妙體 無相如空 有大神通光明機用 故曰不空 決定是有 視之不見 聽
之不聞 謂之不有 眞空不空 妙有不有 方隅不可定其居 劫數不可窮其壽 到這
裏 盡大地有什麼物 與汝爲緣爲對
若有針鋒 許與汝爲隔爲㝵 與我拈將來 喚甚麼作佛 喚甚麼作祖 喚甚麼作山河
大地日月星辰 將甚麼爲四大五蘊 且道 老僧據箇什麼道理 便恁麼道 大衆莫趁
口 快向這裏亂道 須是箇漢 始得 下座

샤크라하늘왕의 콧구멍을 때려 치며
동쪽바다 잉어를 한 몽둥이 치니
동이를 기울여 붓듯 비가 내렸네.

　柱杖子化爲龍　呑却乾坤了也
　扇子足孛跳上三十三天　築着帝釋鼻孔
　東海鯉魚打一棒　雨似盆傾

알겠소, 알겠소.
몽산선사(蒙山禪師)는 이렇게 말했소.
어젯밤 하루살이 작은 벌레가 동쪽 바닷물을 마셔 말렸다.
새우와 게, 물고기와 용은 어느 곳을 향해 몸을 편안케 하고 목숨을 세울 것인가.

해파리는 색구경천에 날아올라
마혜슈라 눈 속에서 춤을 추도다.
水母飛上色究竟天　摩醯首羅眼裏作舞

이는 무엇이오. 지공화상(指空和尙)께서 다음같이 노래하는 것을 보지 못했소.

벙어리가 큰 소리로 묘한 법을 설하니
귀머거리 먼 곳에서 가는 말을 듣도다.
뜻 없는 만물들이 모두 기뻐 찬탄하면서
허공에 바로 앉아 밤에 와서 함께 하네.3)

---

3) 上堂擧雲門道
　柱杖子化爲龍 呑却乾坤了也
　扇子店跳上三十三天 築着帝釋鼻孔
　東海鯉魚打一棒 雨似盆傾
　會麽會麽
　蒙山云 昨夜蟭螟蟲 吸乾東海 蝦蟹魚龍 向什麽處安身立命 水母飛上色究竟天

啞子高聲說妙法　聾人遠處廳微言
無情萬物皆讚歎　虛空跌坐夜來叅

이것은 무슨 말이요.

이것은 사물에 의탁하여 진리를 나타냄[托事現理]이 아닌가. 사물에 부쳐 마음 밝힘[付物明心]인가. 이는 말 가운데 메아리가 있으며 구절 속에 칼날 숨김이 아닌가. 이는 기이한 말 묘한 구절을 이상하게 외치고 그윽이 들어 보임이 아닌가.

여러분들이여, 그대들은 어떻게 아오. 위와 같이 아는 바는 다 삿된 알음알이라 옛사람의 뜻과 무슨 어울려 섞임이 있겠소. 이미 그렇지 않다면 옛사람의 뜻[古人意]은 어떻게 알아야 하오.

여러분 그대들이 만약 알려고 하면 다음을 알아야 하오.

'다만 바다 밑에 티끌이 생기고 산꼭대기에 물결이 일며 허공 꽃이 열매를 맺고 돌여인이 아이 낳으며 진흙소가 달을 보고 울부짖으며, 나무 말이 바람에 우는 곳을 향해, 온갖 범부와 성인[一切凡聖]의 이와 같은 도리 분명함[如此道理分明]을 보아야 하오.'

옛사람[古人]이 다음처럼 말함을 보지 못했소.

옛사람은 이렇게 말했소.

'바다 밑에 티끌이 생기고 산꼭대기에 물결이 일며 허공 꽃이 열매를 맺고 돌여인이 아이 낳는 것, 이것이 바로 여래의 크고 두렷한 깨달음이다.'

海底塵生　山頭浪起
空花結子　石女生兒
此是如來大圓覺

摩醯首羅眼裏作舞　爲甚麼　不見指空和尚云　啞子高聲說妙法　聾人遠處廳微言
無情萬物皆讚歎　虛空跌坐夜來叅

노승이 조금 전까지는 '그대들을 위해 눈썹 털을 아끼지 않는다'
하고 곧 이렇게 말했으니 나의 눈썹털이 몇 줄기나 있는지 보시
오.

이렇게 말하고 곧 자리에서 내려 왔다.[4]

○ 대혜선사와 현사선사의 법어

• 대혜선사(大慧禪師)는 다음같이 보인다.

대중에게 백운상화상(白雲祥和尙)을 들어 이렇게 보였다〔示衆〕.

백운상화상이 어떤 승려에게 물었다.
"거짓이름을 무너뜨리지 않고 실상을 말한다 하니 어떠한가."
승려가 말했다.
"이것이 의자입니다."
백운이 손가락을 퉁기며 말했다.
"신발주머니를 가져오라."
그 승려가 대꾸하지 못했다.
백운이 말했다.
"이 머리 빈 녀석아."
운문이 듣고 말했다.
"반드시 상사형〔祥兄〕이라사 얻는다."
대혜선사가 말했다.

---

4) 是甚麽言歟 莫是托事現理 付物明心麽 莫是言中有響麽 句裏藏鋒麽 莫是奇言
妙句異唱玄提麽
諸仁者 你作麽生會 如上所解 盡是邪解 與古人意 有甚交涉 旣不恁麽 且古人
意 作麽生會 諸仁者 汝等若欲要會 但向海底塵生 山頭浪起 空花結子 石女生
兒 泥牛吼月 木馬嘶風處 看取一切凡聖 如此道理分明
不見古人云 海底塵生 山頭浪起 空花結子 石女生兒 此是如來大圓覺 老僧適來
爲你不惜眉毛 便恁麽道 看我眉毛有幾莖 便下座

"운문은 강한 자는 붙들고 약한 자는 붙들지 않는구나.

어린이를 가엾이 여기다 추한 줄 모른다.

이 승려가 당시 제대로 된 녀석이라면 저가 '신발주머니 가져오라'고 말할 때 곧 선상(禪床)을 뒤엎어야 했다.

그러면 곧장 백운〔白雲祥〕의 이빨이 칼산과 같고, 입이 피항아리 같다 하더라도 주석을 내리지 못할 것이다.5)

이 문답을 대중에게 보여 대혜(大慧)는 무엇을 나타내는가. 낱낱 사물에 니르바나 실상이 있다 해도 안 되고, 사물을 떠났다 해도 안됨을 서로의 말과 나타냄에 허물을 잡아 보임이리라.

'이 법이 법자리에 머물러〔是法住法位〕 세간 모습이 늘 머문다〔世間相常住〕'는 이 뜻은 말로 말할 수 없되 말과 소리 밖에서 구할 수 없는 것이다.

조론에서 승조께서 보인 연이 모임〔緣會〕과 성품이 공함〔性空〕이 둘이 아닌 실상의 뜻〔實相義〕을 현사사비선사(玄沙師備禪師)의 말을 통해 살펴보자.

• 현사가 당에 올라〔上堂〕 제비소리를 듣고 말하였다.

"깊이 실상을 이야기하고 잘 법요를 설하도다."

그러고는 곧 자리에서 내려왔다.

玄沙上堂 聞鷰子聲 乃云 深談實相 善說法要 便下座

현사선사의 이 법문에 대해 법진일(法眞一)선사는 노래했다.

---

5) 示衆 擧白雲祥和尚 問僧 不壞假名而談實相作麼生 僧云 這箇是椅子
白雲以手撥云 將鞋袋來 僧無對 白雲云 這虛頭漢 雲門聞云 須是祥兄始得 師
云 雲門扶彊不扶弱 爭奈憐兒不覺醜 這僧當時若是箇漢 待他道將鞋袋來 便與
掀倒禪床 直饒白雲牙如劍樹 口似血盆 也分疏不下

자줏빛의 제비가 날아와서는
단청한 대들보를 돌아 날면서
온갖 법의 참모습을 깊이 말하니
메아리가 낭랑하게 울려오도다.
천만마디 말 아무도 아는 이 없어
또다시 흘러가는 꾀꼬리 좇아
짧은 담장 넘어서 날아가도다.
紫鷰飛來繞畵梁 深談實相向瑯瑯
千言萬語無人會 又逐流鸎過短墻

제비의 천만 마디 말 알아듣는 이 없다는 말에 잘 실상을 밝히
는 법문이 있으니 학담(鶴潭) 또한 한 노래를 붙여 옛사람들의 뜻
에 동참하리라.

소리 가운데 소리 없고 소리 없음도 없으니
듣지 않고 들을 때 두렷 통함 깨치리라.
제비가 실상 설함 또렷또렷 들으니
생각생각 걸음걸음 보디의 행이로다.

聲中無聲無無聲 不聞聞時悟圓通
燕談實相歷歷聞 念念步步菩提行

⑦ 실천수행에서의 병통의 극복

옛 선사들이 위와 같이 여래의 뜻을 분명히 열어 보였으니 이제
오늘의 물들고 얽매인 현실〔遍計所執相〕, 환상을 강요하는 억압된
문명 속에서 어떻게 해탈의 새로운 미래를 성취할 것인가. 다시
실천적인 물음을 던져보자.

이는 '나고 죽음의 이 언덕에서 어떻게 해탈의 저 언덕에 건너갈 것인가' 이 니르바나의 뜻을, 구체적인 삶 현실 속에서 나의 지금 현성공안(現成公案)으로 다시 묻는 것이다.

이를 수행론으로 보면 지금 이 번뇌를 끊고 보디 니르바나를 얻는 것인가, 번뇌에 머물러 번뇌에 맡긴 채 니르바나를 얻는가의 물음과 같다.

『원각경(圓覺經)』은 선수행에서 '짓고 그치며 맡기고 없애는 병〔作止任滅〕'이 깨달음에 장애가 된다는 가르침으로 이 물음의 해답을 제시한다. 십이연기설의 대승적 전개 속에서는 인연의 모습에 집착의 모습을 일으키거나 연기의 모습을 떠나 불성을 보려거나, 모두 연기가 곧 불성인 니르바나 해탈을 구현하지 못한다고 가르친다.

그러나 이 뜻을 돌이켜보면, 열두 연기의 땅에 머물지도 않고 떠나지도 않으며, 연기로 있는 나고 죽음의 진실을 구현하면 열두 연기가 곧 니르바나 해탈의 활동이 된다는 말이 될 것이다.

그렇듯 번뇌를 돌이켜 깨달음을 구현하는 디야나(dhyāna)의 실천〔禪〕에서 맡기고 없애는 디야나의 병〔禪病〕이 사라지면, 지금 이곳 번뇌의 땅이 바로 원각의 도량〔圓覺道場〕이 될 것이다.

『원각경(圓覺經)』은 말한다.

온갖 때에 있으며 망념을 일으키지 말고
모든 망녕된 마음을 또한 쉬어 없애지 말며
망상의 경계에 머물러 알려함을 더하지 말고
알 것이 없는 곳에서 진실을 가리지 말라.

居一切時 不起妄念 於諸妄心 亦不息滅
住妄想境 不加了知 於無了知 不辨眞實

여기서 망념의 경계는 모습의 세계를 실로 있는 모습으로 집착해 구하여, 모습에 물들고 닫힌 속박의 삶이다. 그러므로 경은 망념에 머물러 모습의 속박을 짊어지지 말라 가르친다. 다시 그 망념을 쉬어 없애지 말라 함은 모습이 모습 아니므로 모습에 얽힌 생각도 나되 남이 없다. 그러므로 망념을 쉬어 없애려 함이 그 망념의 실타래를 더욱 얽히게 함을 말한다.

망상은 이미 허깨비 생각이니 허깨비인 줄 알면 곧 벗어나 떠남이다. 그러므로 경은 그 허깨비 환상에서 알 것을 찾지 말고 알 것 없는 곳에서 따로 진실을 구하지 말라고 가르친다.

그렇다면 이 망상의 땅, 거짓과 속임수의 역사 현실 속에서 어떻게 미망의 허깨비 꿈이 사라진 진실의 삶을 살며 보디와 니르바나를 구현할 것인가.

모습에서 모습 아님을 요달하면, 지금 보고 들음이 곧 봄이 없고 앎이 없어, 보고 들음 밖에 따로 니르바나 해탈의 활동이 없게 되는 것인가.

위 『원각경』의 법문에 대해 정엄수선사(淨嚴遂禪師)는 이렇게 노래한다.

홀연히 이웃집 볶은 죽순 향내 맡으니
반년의 얻은 병 몸까지 사라졌네
이로써 죽순이 좋은 나물인 줄 아니
못난이에겐 조금치도 맛보이지 말라

忽聞隣家炒筍香　半年得病洎身亡
也知便是好蔬萊　不與卑末些子嘗

정엄수 선사의 이 노래는 무엇을 보임인가.

코로 이웃집 죽순 향을 맡음이 실은 경계의 모습을 내가 알되 실로 앎이 없으며 이웃집과 내가 한 집안 바람 속임을 알게 됨이리라. 죽순의 향은 그 향을 내가 맡을 때 경계의 모습이 있음도 아니고 없음도 아님을 가르치는 반야의 약(藥)이 되는 것이다. 그러므로 죽순의 향이 천년의 묵은 병 낫게 하는 소식이나 어리석은 범부들이 이 약 알지 못함을 눈뜬 이는 한탄하는 것이다.

게송에서 나물 향내 맡을 때 병이 없어질 뿐 아니라 몸까지 사라진다고 함은 지금 감각을 일으키는 주체의 아는 뿌리마저 공함을 보임인가. 죽순 향을 맡는 내가 있다 해도 저 향을 맡지 못하고 없다 해도 저 향을 맡지 못하니 죽순 향 맡을 수 있음이 영겁나고 죽음의 병까지 낫게 하는 신묘한 영약이다.

연기로 있는[緣起有] 낱낱 법에 니르바나가 있는 것도 아니고 낱낱 법을 벗어난 것도 아니니 눈에 보이는 경계를 취해도 해탈이 아니고, 버려도 해탈이 아님을 보임이리라.

법진일(法眞一) 선사는 이 뜻을 다시 이렇게 말한다.

범부 마음도 쉬지 않거니 성인을 어찌 구하리
밥 다 먹고 산 차를 홀로 한잔 하노라
꽃 지고 꽃이 핌을 때와 철에 맡기니
세상에 몇 번의 봄 가을인지 어찌 알건가

凡心不息聖何求　飯了山茶自一甌
花落花開任時節　那知世上幾春秋

이 세상 온갖 거짓과 속임수 죽임과 빼앗음의 힘을 미워하고 저주한다고 해탈의 세상이 열릴 것인가. 저 죽임과 파괴의 소용돌이 속에서 역사구원의 힘을 살필 수 있을 때 새로운 해탈의 때가 열림인가.

역사의 정해진 진보와 퇴보를 논하는 것 자체가 실은 결정론적인 역사의 신을 우상화하는 환상의 꿈이리라. 이는 인연으로 나는 세간법에 니르바나가 머묾도 아니고 벗어남도 아니라는 조론의 말을 사무쳐야 치유될 수 있으리라.

그 어느 곳 어느 때라도 밥 먹고 스스로 산 차 마시는 사람〔人〕
이 있어야 세상은 태평의 시절인 것이다. 역사구원과 해탈의 시간
은 늘 이곳 부자유와 속박의 땅에 있으니 죽암규(竹庵珪) 선사는
이렇게 노래한다.

　손을 들어 남두성을 만지고
　몸을 뒤쳐 북극성에 기댄다
　머리 내밀어 하늘 밖을 보니
　누가 나와 같은 사람들인가
　　擧手攀南斗　翻身倚北辰
　　出頭天外看　誰是我般人

영겁(永劫)을 지속하는 결정론적인 역사의 신과 저 광대한 우주
의 실체성마저 모두 깨뜨리고 지금 하늘 밖을 보는 크나큰 장부는
어디 있는가. 그 마하사트바(mahasattva)의 손에 역사구원의 꿈
이 영글고, 해탈의 새 땅과 니르바나 공덕의 곳간이 열리리라.

부 록

I. 보장론(寶藏論)

장안 사문 승조 지음〔長安沙門釋僧肇著〕

1. 공함과 있음을 널리 비추는 품〔廣照空有品〕1)

공(空)을 공이라 할 수 있으면 참된 공〔眞空〕이 아니고 물질〔色〕을 물질이라 할 수 있으면 참된 물질〔眞色〕이 아니다.

참 물질은 꼴이 없고 참된 공은 이름이 없다. 이름 없음〔無名〕이 이름의 아버지〔名之父〕이고 물질 없음〔無色〕이 물질의 어머니〔色之母〕라 만물의 근원이 되고 하늘땅의 큰 조상〔太祖〕이 된다.

위로 현묘한 모습〔玄象〕을 베풀고 아래로 어두운 뜨락〔冥庭〕을 빌리어, 근원의 기운〔元氣〕이 큰 모습〔大象〕을 머금으니 큰 모습은 꼴 없음〔無形〕에 숨는다. 그리하여 물을 아는 신령함〔識物之靈〕이 되니 신령함 가운데 신그러움〔神〕이 있고 신그러움 가운데 몸〔身〕이 있어, 함이 없이 변화함〔無爲變化〕은 각기 스스로 그러함〔自然〕에서 받는다.

숨어 미묘함〔微〕에 일의 씀〔事用〕이 있으니 차츰 꼴과 이름이 있게 된다. 꼴은 물질 아님〔未質〕에서 일어나고, 이름은 이름 아님〔未名〕에서 일어난다.2)

꼴이 각기 이미 낌새 있으면, 노는 기운〔遊氣〕이 어지럽고 맑아

---

1) 광조공유품(廣照空有品): 있되 있음 아닌 속제와 공하되 공하지 않은 진제가 지혜의 살피는 바 경계임을 보임.

2) 空可空非眞空 色可色非眞色 眞色無形 眞空無名 無名名之父 無色色之母 爲萬物之根源 作天地之太祖 上施玄象 下列冥庭 元氣含於大象 大象隱於無形 爲識物之靈 靈中有神 神中有身 無爲變化 各稟乎自然 微有事用 漸有形名 形興未質 名起未名

지니〔亂淸〕, 고요하고 고요하며, 넓고도 툭트임이여, 나넘이고 가름이로다.

위는 곧 임금이 있게 되고 아래는 곧 신하가 있게 되어 아버지와 아들이 그 머묾을 가까이하나, 높고 낮음이 그 지위를 달리한다.

가르침을 일으켜 그 인행〔其因〕을 펴면 그런 뒤에 나라는 그 구역〔其界〕을 나누고 사람은 그 집〔其家〕을 나누어 각기 그 자리를 지킨다.

예와 의〔禮義〕가 일어나 행하면, 착함이 있다 일컫고, 악함이 있다 이름하여, 착한 사람은 무겁게 되고 악한 사람은 가볍게 된다.

여기에서 옳고 그름〔是非〕이 다투어 일어나, 그가 지혜로우면 풀림이 있고 그가 어리석으면 묶임이 있어, 위에서 번거로운 꼴〔煩形〕을 베풀면 아래는 고요한 즐거움이 없어, 스스로 그러한 뜻〔自然之志〕을 잃고 '물 밖의 기약〔物外之約〕'을 걸리게 한다. 함이 없는 함〔無爲之爲〕을 미혹하여 지음 있는 지음〔有作之作〕을 움직이면 그 이름과 가르침〔名敎〕이 이미 행해져서 위아래가 그렇다고 말하게 한다.3)

그러면 소리는 다섯 소리〔五音〕를 세우고, 빛깔은 다섯 빛깔〔五色〕 세우며, 행은 다섯 행〔五行〕을 세우고, 덕은 다섯 덕〔五德〕을 세운다. 틀림이 털끝이라 해도 허물이 산과 묏부리를 범하고, 율의 금함〔律禁〕이 아직 그러지 못하면 아직 하고자 하지 않음〔未欲〕을 막도록 하여, 놓아 펼치는 넓음이 없지만 여러 곳의 막힘〔局〕이 있다. 그런 까닭이란 사람이 넉넉함을 알지 못함이니 이는 흐리고

---

3) 形各旣兆 遊氣亂淸 寂兮寥兮 寬兮廓兮 分兮別兮 上則有君 下則有臣 父子親 其居 尊卑異其位 起敎敘其因 然後國分其界 人部其家 各守其位 禮義興行 有善可稱 有惡可名 善人所重 惡人所輕 於是卽是非而競生 其智有解 其愚有縛 上施煩形 下無寂樂 失自然之志 拘物外之約 迷無爲之爲 動有作之作 其名敎 旣行 使上下之應諾

어지러운 때이기 때문이라 제자가 있고 스승이 있으면 스승에게 가르치는 바가 있고 제자에게는 의지하는 바가 있게 된다.4)

하늘땅은 비어 아득하고 우주는 넓어 툭 트였는데 그 가운데 안개와 티끌이 있으면 맑고 빔〔淸虛〕에 눈의 가림〔翳膜〕이 있게 되고, 높고 높은 꼴은 안이 신그럽고 밖은 밝아 또렷하지만, 망녕되이 모습 취하는 생각〔想慮〕이 있으면 참된 하나〔眞一〕는 어두워진다.

그 망녕됨에 가려 앎〔識〕이 있으면 그 참됨에 미혹이 있어, 취하지 않을 것에 취하고 얻지 않을 것을 얻는다.

그러므로 진리〔理〕는 곧 마침이 없고 물(物)은 곧 끝이 없지만, 움직이고 어지러움이여 안으로 세 독〔三毒〕을 내고, 보고 들음이여 밖으로 다섯 욕망〔五欲〕을 받는다. 그 마음이 허둥지둥하고 그 몸이 바쁘고 바빠 사물에 닿아 움직여 지으면 불이 활활 빛나는 것 같다.5)

그러므로 성인이 바른 가르침〔正教〕을 세우고, 참된 꾀〔眞謨〕를 두어서 앎이 없는 무리들〔無知之侶〕이 위아래가 서로 의지하도록 하니 함이 없음을 닦아〔修無爲〕 남음 있음을 쉬면〔息有餘〕, 차츰 한결같음에 이르게 된다. 한결같은 진리〔如如之理〕는 참된 법칙에 바탕을 같이하니 닦아서 증득할 수 없고 바랄 수 없어서 오직 고요히 사라진 성품〔唯寂滅性〕일 뿐이다.

대저 참됨〔眞也者〕이란 섬〔洲〕도 없고 물가〔渚〕도 없으며 짝〔伴〕도 없고 벗〔侶〕도 없으며 끝〔涯〕도 없고 바탕〔際〕도 없으며 곳〔處〕도 없고 자리〔所〕도 없지만 만가지 것〔萬物〕의 조상과 마루〔祖宗〕

---

4) 爾乃聲立五音 色立五色 行立五行 德立五德 差之毫釐 過犯山嶽 律禁未然 令防未欲 無放蕩之寬 有多方之局 所以然者 爲人而不知足 斯爲濁亂之時 有弟有師 師有所訓 弟有所依

5) 天地寥落 宇宙寬廓 中有煙塵 清虛翳膜 巍巍之形 內神外靈 妄有想慮 眞一闇冥 其妄有識 其眞有惑 非取而取 非得而得 是故理則無窮 物則無極 動兮亂兮 內發三毒 視兮聽兮 外受五欲 其心慌慌 其身忙忙 觸物動作 如火煌煌

가 될 수 있다.

눈으로 보지 못하고 귀로 듣지 못하며, 꼴의 빛깔[形色]이 아니고 허깨비 넋[幻魂]이 아니지만 삼계의 아는 뿌리와 문[根門]이 될 수 있다. 그 바른 자는 먼저 꼴을 떠나고 다음 뜻을 없애 물에 의지하지 않고 삶에 매이지 않으니 크나큰 도[大道]에 합하고 신그럽고 밝음[神明]에 통할 수 있다.6)

씀[用]이 있으면 신그럽다[神] 하고 꼴[形]이 있으면 몸[身]이라 하며, 함이 없으면[無爲] 도(道)라 하고 모습 없으면[無相] 참됨[眞]이라 한다. 물(物)에 응해 부르고 물을 따라 나아가되 늘 머물고[常住] 늘 있어서[常存] 나지 않고 늙지 않는다. 이치가 만덕에 합하면 일이 천 가지 교묘함을 내, 일이 비록 다함이 없으나 진리는 하나인 도에 마치니[理終一道] 증한 자[證者]도 있지 않고 얻는 자[得者]도 있지 않다.

그렇듯 증하지 않고 얻지 않으나 마음의 미혹됨[心惑]에 늘 있으면 그 마음은 참되지 않고, 미혹이 다른 사람을 어지럽히면 아득하고 아득함이여, 도깨비가 있는 것 같다. 사유하여 모습 취함[思想]이 있는 듯하나 찾아보고 미루어 봄이여 가리킬 손이 아주 없다. 허공에 홀연히 나는 구름 같고 거울에 홀연히 이는 티끌 같아 저와 이것이 연으로 일어나[緣起] 망녕되게 있으니, 망녕됨이 있으면 어리석다[愚] 하고 망녕됨이 없으면 참되다[眞] 말한다.7)

---

6) 故聖人立正敎 置眞譔 使無知之侶 上下相依 修無爲 息有餘 漸至乎如如 如如之理 同本眞軌 不可以修證 不可以希冀 惟寂滅性耳
夫眞也者 無洲無渚 無伴無侶 無涯無際 無處無所 能爲萬物之祖宗 非目視 非耳聞 非形色 非幻魂 能爲三界之根門 其正者先離形 次泯情 不依物 不拘生 可以合大道通神明

7) 有用曰神 有形曰身 無爲曰道 無相曰眞 應物而號 隨物而造 常住常存 不生不老 理合萬德 事出千巧 事雖無窮 理終一道 無有證者 無有得者 然不證不得 恒處心惑 其心不眞 惑亂餘人 恍然惚然 如有魍魎 似有思想 究兮推兮 了無指

참됨으로 얼음이 녹아 물[水]이고 망녕됨으로 물이 맺혀 얼음[氷]이니 얼음과 물의 둘은 그 바탕이 다르지 않다.

망녕됨에 미혹하면[迷妄] 어리석다 하고 참됨에 깨쳐 밝으면[惺眞] 지혜롭다고 하나 그 물은 겨울에는 풀릴 수 없고 그 물은 봄에는 맺힐 수 없다. 그러므로 어리석음은 곧 바뀔 수 없고 지혜는 바로 기다릴 수 없으니 차츰 풀리고 차츰 녹으면 큰 바다에 통하게 되니 이를 '스스로 그러한 도[自然之道]'라 말할 수 있다.

움직여 쓰면 그윽하고 그윽하여, 생각으로 헤아릴 수 있는 바가 아니며, 끊임없이 이어지고 이어져 억지로 부지런히 할 것이 아니다.

대저 도에 나아가는 까닭은 그 가운데 만 가지 길이 있으나, 지친 물고기가 물장구를 그치고 병든 새가 갈대에 깃들면, 그 둘은 큰 바다를 알지 못하고 우거진 떨기 숲을 알지 못한다. 사람이 작은 길[小道]에 나아감도 그 뜻이 또한 그러하다. 이는 오랜 공[久功] 가운데 그쳐 한결같은 도리를 통달하지 못함이라 말할 수 있다. 그러면 곧 큰 것을 버리고 작은 것을 구하며 길 가운데서 쉬어 그치며, 작은 편안함[小安]으로 스스로 편안하여 큰 편안함[大安]에 미치지 못하고서 편안한 것이다.8)

그 큼이란 아득히 툭 트여 끝이 없으니, 앎 지닌 온갖 것[含識]이 한 바탕[一體]이고 만 가지 것[萬物]이 같은 품[同懷]이다. 응하면 천 가지로 변하고 변화하면 뭇 모습을 나타내나 나오지 않고

掌 如空忽雲 如鏡忽塵 彼此緣起 而以妄存 有妄曰愚 無妄曰眞
8) 眞氷釋水 妄水結氷 氷水之二 其體不異 迷妄曰愚 惺眞曰智 其水也冬不可釋 其水也春不可結 故愚不可卽改 智不可卽待 漸釋漸消 以通乎大海 斯可謂自然之道
運用玄玄 非念慮所測 當可以綿綿 不可以勤勤 夫進道之由 中有萬途 困魚止瀝 病鳥棲蘆 其二者不識於大海 不識於叢林 人趣乎小道其義亦然 此可謂久功中止 不達如理 捨大求小 半路依止 以小安而自安 不及大安而安矣

들어가지 않으며 씀에 사이[間]가 없다. 마음이 있으나 꼴이 없으며 씀이 있으나 사람이 없다.

남을 보이나 남이 없고[無生] 몸을 보이나 몸이 없어서[無身] 늘 헤아림[常測]은 헤아림이 아니고 늘 앎[常識]은 앎이 아니다. 하되 함이 없고 얻되 얻음 없으나 거울의 모습[鏡象]은 천 실마리[千端]이고 물의 바탕[物質]은 만 가지 빛깔[萬色]이다. 그림자가 티끌세계에 나뉘니 응해 씀은 그지없어 꼴이 없되 꼴이 되고 이름 없되 이름이 된다.9)

온갖 것의 무리들[物類]이 서로 느껴 부르고, 어울려 합해 나서 나되 나지 않으니[生而不生] 그것에 뜻 있음이 없다[無有情]. 뭇사람이 그를 성인(聖人)이라 하고 뭇사람이 그를 밝음[明]이라 하여 갖가지로 일컬어 불러 각기 그 이름에 맡기나 그 진실은 함이 없음[無爲]으로 마루를 삼고, 모습 없음[無相]으로 얼굴을 삼는다.

맑아 텅빔[淸虛]에 평등하여 큰 허공[大虛]과 같아, 찾아보면 곳이 없으나 씀이 그 가운데 있으니 그가 얻는 것은 하나[一]이고 그가 깨친 것은 그윽함[密]이나, 얻으면 하나가 아니고[不一] 깨치면 그윽하지 않다[不密].

그러나 하나 아님도 아니고 그윽하지 않음도 아니니 그 바탕[其體]은 숨어 고요하되 나뉘어 드러나고[陰離] 그 씀[其用]은 밝게 드러나되 숨어 고요하다[陽微]. 말로는 이치[理]를 다하지 못하고 행으로는 몸가짐[儀]을 다하지 못하니 이를 크나큰 그윽함[太微]이라 할만하다.

대저 산의 풀은 다함없고 샘의 물은 마름 없으며, 골의 바람은 쉼이 없고 종의 소리는 그침 없어, 물[物]도 오히려 이와 같은데

---

9) 其大也恍蕩無涯 含識一體 萬物同懷 應則千變 化則衆現 不出不沒 用無有間 有心無形 有用無人 示生無生 示身無身 常測不測 常識不識 爲而無爲 得而無得 鏡象千端 物質萬色 影分塵界 應用無極 無形而形 無名而名

어찌 하물며 도(道)이겠는가? 있음〔有〕은 반드시 빨리 없어지고 없음〔無〕은 반드시 오래고 길게 가니 하늘땅은 비록 변하나 허공은 홀로 항상하다〔獨常〕.10)

대저 도 배우는 이는 남음 없음〔無餘〕을 익히고 도 배우지 않는 이는 남음 있음〔有餘〕을 익히니 남음 없음은 도에 가깝고〔道近〕 남음 있음은 도에서 멀다〔道疏〕. 있음을 알면 있음은 무너지고, 없음을 알면 없음도 무너지나, 참으로 아는 앎〔眞知之知〕은 있음과 없음을 헤아리지 않으니〔有無不計〕, 있음에 있음이 아니고 없음에 없음이 아니다. 있음과 없음을 보지 않으면 성품과 모습은 한결같아〔性相如如〕 고요하여 물이 없으나〔闃然無物〕 씀〔用〕이 나온다.

만약 이와 같지 않으면 많이 망녕되고 많이 잃으며 그 가운데 꿈과 생각이 있어〔中有夢慮〕 뭇 병을 주로 익히니 흉함이 아닌데서 흉함이 되고 좋음이 아닌데서 좋음이 되니 좋고 흉함의 일이, 참된 하나〔眞一〕를 가려 막는다.

그러므로 도를 하는 자는 미혹함에 같이할 수 없다.11)

○ 대저 도를 배우는 자에 셋이 있으니, 그 하나를 참됨〔眞〕이라 말하고 그 둘을 가까움〔隣〕이라 하며 그 셋을 들음〔聞〕이라 한다.

배움 익히는 것〔習學〕을 들음이라 하고 배움 끊음〔絶學〕을 가까

---

10) 物類相感 和合而生 生而不生 其無有情 衆謂之聖 衆謂之明 種種稱號 各任
其名 然其實也 以無爲爲宗 無相爲容 等淸虛 同太空 究無處所 用在其中 其
得者一 其證者密 得則不一 證則不密 然非不一 然非不密 其體陰離 其用陽微
言不盡理 行不盡儀 斯可謂太微
夫山草無窮 泉水無竭 谷風無休 鐘聲無歇 物尙如斯 何況道乎 有必速亡 無必
久長 天地雖變 虛空獨常

11) 夫學道者習無餘 不學道者習有餘 無餘道近 有餘道疎 知有有壞 知無無敗 眞
知之知 有無不計 於有不有 於無不無 有無不見 性相如如 闃然無物 而乃用出
若不如是 多妄多失 中有夢慮 主習衆疾 非凶爲凶 非吉爲吉 吉凶之事 翳障眞
一 故爲道者 不可以同迷

움이라 하니 이 둘을 지나면〔過此二者〕 이를 참됨이라 한다.

도 배우지 않은 이에도 또한 셋이 있으니, 그 위는 복됨〔祥〕이라 하고 그 다음은 이를 좋음〔良〕이라 하고 그 아래는 이를 재앙〔殃〕이라 한다.

아주 즐거움을 좋음〔良〕이라 하고 아주 괴로움을 재앙〔殃〕이라 하며, 괴롭지 않고 즐겁지 않음을 복됨〔祥〕이라 한다. 그러나 이 셋은 다 참됨〔眞〕에 들어가지 못한다. 늘 이러하면 도 아님〔不道〕이 되어 날뛰는 정신이 넓고 넓어 바람치는 바다 물결 같이, 마음의 티끌이 움직여 시끄러우니 애닯고 슬프도다.

삼계에 바퀴 돌아〔三界輪迴〕 나고 죽음에 나고 들며 여섯 길에 가고 온다〔六道去來〕. 도(道)로써 건질 수 없고 참〔眞〕으로써 잡아끌지 못하니 '성인의 수레 탄 이들〔乘聖〕'이 같이 슬퍼함이, 어머니가 어린 아이 생각함 같다.12)

교화를 쉬는〔偃化〕 것은 때 아니기〔非時〕 때문이라 기틀이 있음〔有機〕을 참고 기다리니, 큰 도는 이와 같이 옛과 지금이 법도〔儀〕를 같이하여 소홀히 할 수 없으며, 내달릴 수 없다.

신그러움 가운데 지혜〔智〕가 있고 지혜 가운데 가엾이 여김〔悲〕이 있으니 가엾이 여김으로 건지지 못하면 부질없이 스스로 지치고 지칠 뿐이다.

그런데도 건넬 수 있다 말한 것은 다시 일이 옛과 같기 때문이니 살피고 살펴서 밝고 부지런히 해야 하는데 늘 꿈과 생각〔夢慮〕 일으키며 허둥대며 밖으로 찾으면 더욱 현묘한 길〔玄路〕을 잃는다. 그리하여 맑고 빔〔淸虛〕을 흐리게 하고 욕되게 하여 뜻〔情〕을 있음

---

12) 夫學道者有三 其一謂之眞 其二謂之隣 其三謂之聞 習學謂之聞 絶學謂之隣
   過此二者謂之眞 不學道者亦有三 其上謂之祥 其次謂之良 其下謂之殃
   極樂謂之良 極苦謂之殃 不苦不樂謂之祥 然此三者皆不入眞 常斯爲不道 騰神
   浩浩 風海波濤 心塵動擾 悲哉哀哉
   三界輪迴 出沒生死 六道去來 不可以道濟 不可以眞携 乘聖共愍 如母念孩

의 곳[有處]에 두니, 슬프고 괴롭도다 번거로운 일을 떠나지 못함
이다.13)

　대저 해가 구름 가운데 숨는 것은 비록 밝지만 비추지 못함이고
지혜의 곳간[智藏]이 미혹 가운데서는 비록 참 되지만[雖眞] 도가
아니다[不道]. 그런 까닭은 스스로 아직 얽힘을 벗어나지 못함이다.
그러므로 참됨과 동떨어져 만날 수 없고 얽힘과 가까이해 떠나지
못한 것이니 그 아직 도 아닌 자[其未道者]라고 망녕됨이라 할 수
없다.

　대저 분명히 돌아가는 자[決歸者]는 뒤를 돌아보지 않고, 분명
히 싸우는 자는 머리[首: 命]를 돌아보지 않으며, 분명히 배우는
자는 몸[身]을 귀하게 여기지 않으며, 분명히 도 행하는 자는 일
을 귀하게 여기지 않으니 그 들어감은 자취가 없고[無跡] 그 나감
은 찾음이 없다[無覓].

　얻을 바 없음[無所得]을 알면 붙잡아 따라 생각함[攀緣]이 스스
로 고요하고, 고요하여 나지 않으니[寂而不生] 스스로의 바탕이 이
름 없으며 이름 없는 깨끗한 바탕[無名之朴]은, 이치가 밖으로 하
고자 함이 없으나 강가강 모래수 공덕[恒沙功德]이 또렷이 스스로
갖춰졌다.14)

　대저 껍데기에 사는 자는 우주가 너그럽고 큰 줄을 알지 못하
고, 꼴에 갇혀있는 자는 허공의 넓고 큼을 알지 못한다. 그러므로

---

13) 所以優化非時 忍待有機 大道如此 古今同儀 不可以率爾 不可以驅馳 神中有
　智 智中有悲 悲救不得 徒自困疲 然謂可度 復事如故 察察精勤 恒興夢慮 惶
　惶外覓 轉失玄路 濁辱淸盧 情存有處 哀哉苦哉 不離煩務
14) 夫日隱雲中 雖明而不照 智藏惑中 雖眞而不道 何以然者 自未出纏也 是故疎
　不可會 親不可離 其未道者 不可妄爲 夫決歸者 而不顧於後 決戰者而不顧於
　首 決學者而不貴於身 決道者而不貴於事 其入無跡 其出無覓 了無所得 攀緣
　自寂 寂而不生 自體無名 無名之朴 理無外欲 恒沙功德 宛然自足

어두움 가운데는 밝음이 없고 밝음 가운데는 어두움이 없는 것이고 모든 법은 생각 생각 각기 서로 기다리지 않으나[各不相待] 물은 떨어지고 뜻은 나뉘게 되어[物隔情離], 뜻에 어긋나면 만나기 어렵다[違情難會].

대저 붉은 대추가 벌레를 머금으면 안은 문드러지고 밖은 도드라지며, 모래와 물이 흐름을 같이하면 위는 맑고 아래는 빽빽하다. 나라가 간신을 간직하면 천하가 바르게 되지 못하며 꼴이 마음을 감추면 만물이 다 어지러우니 그런 까닭은 그 병(病)이 있기 때문이다.

그러므로 물(物)에 신령함[靈]이 있으면 신령함은 반드시 요사스러움이 있고 요사하면 반드시 하고자 함[欲]이 있으며 하고자 함은 반드시 마음이 있고 마음은 반드시 뜻이 있다. 뜻이 움직이면 하고자 함이 되고 요사함이 나오면[妖發] 밝은 알맹이[精]가 되고 밝은 알맹이는 신그러움을 미혹하고, 하고자 함[欲]은 참됨[眞]을 미혹한다. 그러므로 도를 하는 자[爲道者]는 가까이할 수 없다.15)

대저 옛 거울[古鏡]이 밝은 알맹이를 비추면[照精] 그 알맹이는 스스로 꼴이 되고[自形], 옛 가르침[古敎]이 마음을 비추면 그 마음은 스스로 밝다.

대저 하늘 땅을 잡아 위아래를 삼고 해와 달을 잡아 동과 서를 삼으며, 몸을 잡아 이것저것을 삼고 마음을 잡아 옳고 그름을 삼지만, 만약 이것저것이 없다면 옳고 그름은 무엇 때문인가.

다만 물(物)이 뜻[情]을 따라 변하고 뜻이 물을 좇아 옮겨, 안과 밖이 흔들려 움직여, 물을 알아[識物] 타고 달려 그것이 살아

---

15) 夫殼居者 不知宇宙之寬大 形處者 不知虛空之廣大 故晦中無明 明中無晦 諸法念念 各不相待 物隔情離 違情難會
夫赤棗含蟲 內壞外隆 沙水同流 上淸下稠 國藏於佞 天下不政 形藏於心 萬物皆淫 所以然者 以其有病也 故物有靈 靈必有妖 妖必有欲 欲必有心 心必有情 情動爲欲 妖發爲精 精惑於神 欲惑於眞 故爲道者 不可以隣

있으면 사람[人]이고 그것이 죽으면 넋[魂]이다.

서로 비슷하게 서로 이어서 꿈에 꼴과 몸이 있으면 저것은 실답고 이것은 그르다 하며 이것은 실답고 저것은 그르다 하여, 새가 허공에 자취한 무늬같이 아주 기이하게 나타나 사유하기 어렵고 말하기 어렵다.

가만히[陰] 갚고, 밝게[陽] 베풀어, 어두운 길에 모습이 없으나[冥道罔象] 인과가 스스로 얽혀 그 일이 허깨비 같으니[其事如幻], 갖가지 모습과 얼굴이 아지랑이의 물, 간다르바(gandharva)의 성(城)과 같아서 도무지 실로 나타남이 없다.

이것을 참되지 않다 말하니 다른 사람을 미혹해 어지럽히나, 맑고 빈 진리[淸虛之理]에는 마쳐 다해 몸이 없다[無身].16)

대저 신통변화란 그것이 마치 용(龍)이 하늘에 오름 같고 우주를 덮는 것은 그것이 마치 구름[雲]이 엉김 같으나, 이도 아직 귀함이 되지 못한다. 이는 아직 참됨[眞]이라 할 수 없으니 만약 취해 그것이 실답다고 하면 아직 도(道)가 되지 못한다.

어쩌다 꼴이 있어 아름답고, 어쩌다 말이 있어 또렷하며, 어쩌다 지혜가 있어 밝고 어쩌다 씀이 있어 교묘해도, 만약 취하여 도(道)를 삼으면 또한 아직 착함[善]이 아니다.

있음은 반드시 참이 아니고 지음은 반드시 항상하지 않다. 하늘과 땅[乾坤]도 오히려 무너지는데 틀지어진 물[器物]이 어찌 굳세겠는가?

오직 도는 뿌리가 없어[唯道無根] 비어 맑아 늘 있으며, 오직

---

16) 夫古鏡照精 其精自形 古教照心 其心自明 夫約天地爲上下 約日月爲東西 約身爲彼此 約心爲是非 若無彼此 是非何爲 但以物隨情變 情逐物移 內外搖動 識物乘馳 其生也人 其死也魂 相似相續 夢有形身 實彼非此 實此非彼 鳥跡空文 奇特以現 難思難議 陰報陽施 冥道罔象 因果自縻 其事如幻 種種模面 焰水乾城 都無實現 斯謂不眞 惑亂餘人 淸虛之理 畢竟無身

도는 바탕이 없어〔唯道無體〕 미묘하여 늘 참되고, 오직 도는 일이 없어〔唯道無事〕 옛과 지금에 늘 귀하며, 오직 도는 마음이 없어〔唯道無心〕 만물에 두렷이 갖춰있다.

그러므로 도는 모습 없고 꼴이 없으며 일이 없고 뜻이 없으며〔無事無意〕 마음 없어서〔無心〕 뭇 중생에게 좋은 이익주고 사람의 바른 도리〔人倫〕를 이끌어 이익주니, 온갖 물〔一切物〕에 이끌어줌 되지 않음〔不賓〕이 없다 말할 수 있다.17)

대저 만물은 벗이 있으나 오직 도는 홀로 있으니〔唯道獨存〕 그 밖에 남〔他〕이 없고 그 안에 거듭됨〔復〕이 없어, 안이 없고 밖이 없어 크나큰 하나〔太一〕를 싸서 머금고, 여덟 어두움〔八冥〕을 모아 거느려 벌려 만물을 두루 갖춘다〔周備萬物〕.

그 모습은 안도 없고 밖도 없으며, 작음도 아니고 큼도 아니며, 같음도 아니고 다름도 아니며 밝음도 아니고 어두움도 아니며 남〔生〕도 아니고 사라짐〔滅〕도 아니다.

거침도 아니고 가늚도 아니며 공함도 아니고 있음도 아니며 열림도 아니고 닫힘도 아니며 위도 아니고 아래도 아니며 이루어짐도 아니고 무너짐도 아니며, 움직임도 아니고 고요함도 아니며, 돌아옴도 아니고 감도 아니며, 깊음도 아니고 얕음도 아니다.

어리석음도 아니고 슬기로움도 아니며, 거스름도 아니고 따름도 아니며 통함도 아니고 막힘도 아니며 가난함도 아니고 넉넉함도 아니다. 새로움도 아니고 옛도 아니며 좋음〔好〕도 아니고 낡아 떨어짐〔弊〕도 아니며 굳셈도 아니고 부드러움도 아니며, 홀로도 아

---

17) 夫神通變化者 其猶於龍昇天 覆宇宙者其猶於雲凝 斯未可貴 斯未可眞 若取
其爲實者 而未爲道也 或有形而麗 或有語而辨 或有智而聰 或有用而巧 若取
以爲道者 亦未爲善也 有必不眞 作必不常 乾坤尙壞 器物何剛 唯道無根 虛湛
常存 唯道無體 微妙常眞 唯道無事 古今常貴 唯道無心 萬物圓備 故道無相無
形 無事無意無心 善利群品 率益人倫 可謂一切物無不賓

니고[非獨] 마주함도 아니다[非對].18)

그런 까닭이란 곧 만약 그 안을 말하면 법계를 통해 머금고, 만약 그 밖을 말하면 꼴을 갖추어 응해 싣는다. 만약 그 작음을 말하면 거두어 감싸 더욱 멀어지고 만약 그 큼을 말하면 다시 티끌 세계에 들어가며, 만약 그 같음[一]을 말하면 각기 그 꼴의 바탕에 맡기고[各任其質], 만약 그 다름[異]을 말하면 묘한 바탕에 물이 없다[妙體無物].

만약 그 밝음[明]을 말하면 아득히 어둡고 어두우며, 만약 그 어두움[昧]을 말하면 환히 비추어 사무쳐 밝으며, 만약 그 남[生]을 말하면 모습 없고 꼴이 없으며, 만약 그 사라짐[滅]을 말하면 지금과 옛에 늘 신령하다. 만약 그 거침을 말하면 묶음[束]이 티끌 집[塵盧]에 들어가고 만약 그 가늚을 말하면 산과 멧부리의 몸[軀]이다.

만약 그 공함[空]을 말하면 만 가지 씀이 그 가운데 있고, 만약 그 있음[有]을 말하면 아득하여 얼굴이 없다. 만약 그 열림[開]을 말하면 티끌 먼지에 들지 않고[不入塵埃], 만약 그 닫힘[閉]을 말하면 뜻이 끝없음[義出無際]을 낸다. 만약 그 위[上]를 말하면 평등하여 모습이 없고[平等無相] 만약 그 아래[下]를 말하면 사물이 견줄 수 없다[物莫能況].19)

---

18) 夫萬物有侶 唯道獨存 其外無他 其內無復 無內無外 包含太一 該羅八冥 周備萬物 其狀也非內非外 非小非大 非一非異 非明非昧非生非滅 非麤非細 非空非有 非開非閉 非上非下 非成非壞 非動非靜 非歸非逝 非深非淺 非愚非慧 非違非順 非通非塞 非貧非富 非新非故 非好非弊 非剛非柔 非獨非對

19) 所以然者 若言其內 通含法界 若言其外 備應形載 若言其小 包裹彌遠 若言其大 復入塵界 若言其一 各任其質 若言其異 妙體無物 若言其明 杳杳冥冥 若言其昧 朗照徹明 若言其生 無狀無形 若言其滅 今古常靈 若言其麤 束入塵盧 若言其細 山嶽之軀 若言其空 萬用在中 若言其有 闃然無容 若言其開 不入塵埃 若言其閉 義出無際 若言其上 平等無相 若言其下 物莫能況

만약 그 이루어짐[成]을 말하면 뭇별을 쳐서 흩어지게 하고, 만약 무너짐[壞]을 말하면 옛을 눌러 늘 있고, 만약 그 움직임을 말하면 잠기어 어둡고 무거우며, 만약 그 고요함을 말하면 바쁘고 바빠 사물이 솟구친다.

만약 그 돌아옴[歸]을 말하면 가서 그만두지 않고[[往而不辭] 만약 그 감[逝]을 말하면 물에 응해 돌아오며應物還來], 만약 그 깊음을 말하면 만물이 맡음[任]을 같이하고 만약 그 얕음을 말하면 뿌리[根]를 찾을 수 없다.

만약 그 어리석음[愚]을 말하면 헤아려 씀이 만 길이고 만약 그 지혜로움[慧]을 말하면 고요하고 아득하여 나머지가 없다. 만약 그 어긋남[違]을 말하면 믿음이 있고 의지함이 있으며, 만약 그 따름[順]을 말하면 물(物)이 멍에 매어 묶을 수 없고, 만약 그 통함[通]을 말하면 가는 자취[微踪]도 통달하지 못하며, 만약 그 막힘[塞]을 말하면 빈 얼굴에 나오고 들어간다[出入虛容].20)

만약 그 가난함[貧]을 말하면 만 가지 덕 천 가지 보배요 만약 그 넉넉함[富]을 말하면 드넓게 끊어져 사람이 없다. 만약 그 새로움[新]을 말하면 옛부터 묵은 원인이고 만약 그 오래됨[故]을 말하면 사물이 더럽힐 수 없다.

만약 그 좋음[好]을 말하면 보증할 물건이 없고 만약 그 무너져 떨어짐[弊]을 말하면 사물은 비롯함부터 그대로이며, 만약 그 굳셈[剛]을 말하면 꺾어 눌러도 다치게 하지 못하고 만약 그 부드러

---

20) 若言其成 撲散衆星 若言其壞 鎭古常在 若言其動 湛然凝重 若言其靜 忙忙
物聳 若言其歸 往而不辭 若言其逝 應物還來 若言其深 萬物同任 若言其淺
根不可尋 若言其愚 計用萬途 若言其慧 寂寞無餘 若言其違 有信有依 若言其
順 物莫能羈 若言其通 不達微踪 若言其塞 出入虛容
[빈 얼굴에 나오고 들어간다[出入虛容]는 이 뜻과 지위 없는 참 사람이 얼굴에 나오고 들어간다[無位眞人 面門出入]는 임제의 공안이 같은가 다른가. 이 무엇인가.]

움[柔]을 말하면 힘으로 눌러 굽히지 못한다.

만약 그 홀로임[獨]을 말하면 강가강 모래수 사물이 붙이이고[恒沙物族], 만약 그 마주함[對]을 말하면 참된 하나가 외로이 구른다[眞一孤戴]. 그러므로 도(道)는 한 이름[一名]으로 말할 수 없으며, 진리[理]는 한뜻[一義]으로 펼 수 없다.21)

대개 그 말을 간략히 편다 해도 어찌 그 가[邊]를 다할 수 있겠는가? 이러므로 머리를 베고 꼴을 없애도[斬首灰形] 그 삶을 덜 수[損生] 없으며 황금 단약 옥의 액[金丹玉液]이라도 그 삶을 기를 수[養生] 없다. 그러므로 참된 남[眞生]은 사라지지 않고 참된 사라짐[眞滅]은 나지 않으니 늘 사라짐[常滅]이라 말할 수 있고 늘 남[常生]이라 말할 수 있다.

남[生]을 사랑하고 사라짐[滅]을 싫어하는 자, 이는 늘 사라짐[常滅]을 깨닫지 못하며, 사라짐[滅]을 사랑하고 남[生]을 싫어하는 자 이는 늘 남[常生]을 깨닫지 못한다. 그 미혹과 깨침 두 이름[二名]은 참됨 이루어짐[眞成]을 보지 못하고 취하고 버리는 뜻은 헛되고 망녕된 뜻[妄情]을 따른다. 그러므로 늘 공함은 있지 않고[常空不有] 늘 있음은 공하지 않아[常有不空] 둘은 서로 마주해 기다리지 않으니 구절구절이 다 참된 마루[宗]이다.

이러므로 성인은 있음을 따라 있음을 말하고 공함을 따라 공을 말해도, 공함이 있음에 어긋나지 않고[空不乖有] 있음이 공함에 어긋나지 않아[有不乖空] 두 말에 병이 없고 두 뜻이 서로 통한다.

나아가 나[我]를 말해도 나 없음[無我]에 어긋나지 않고 나아가 일[事]을 말해도 또한 일 없음[無事]에 어긋나지 않는다. 왜 그런

---

21) 若言其貧 萬德千珍 若言其富 曠絶無人 若言其新 自古宿因 若言其故 物莫能汚 若言其好 無物可保 若言其弊 物始依然 若言其剛 摧挫不傷 若言其柔 力屈不匝 若言其獨 恒沙物族 若言其對 眞一孤戴 故道不可以一名言 理不可以一義宣

가? 말〔言語〕에 굴리는 바 되지 않기 때문이다.22)

대저 황금을 부어 사람을 삼아서, 다만 그 사람〔其人〕을 살피고 그 금〔其金〕을 보지 않으면 그 이름이 미혹되고 그 모습이 미혹된다.

그런 까닭은 다 참됨을 잃기 때문이다. 그렇다면 온갖 것은 다 허깨비이라 허망하여 실답지 않으니 허깨비가 허깨비인 줄 알면 참을 지켜 하나를 안게 된다〔守眞抱一〕.

그리하여 밖의 사물에 물들지 않고 맑고 비어 큰 하나가 되니 그것이 어찌 잃음이 있겠는가? 마음을 없애고 뜻을 버리면〔亡心喪意〕 바탕이 뭇 병을 떠난다〔體離衆疾〕.

한 모습도 나지 않으면〔一相不生〕 흉하고 좋음〔凶吉〕을 고요하게 하니 좋음도 오히려 따르지 않는데 흉함이 무엇을 할 것인가. 좋고 흉한 일〔吉凶之事〕 둘이 모두 의지함이 없게 된다〔二俱無依〕.23)

대저 도(道)에 드는 지름길은 안이 비고 밖이 깨끗하여〔內虛外淨〕, 물〔水〕이 엉겨 맑은 것 같아 만 가지 모습의 빛이 비치어 그 뜻은 어둡게 가라앉지 않고〔不沈〕 그 마음은 가볍게 들뜨지 않아〔不浮〕, 나가지 않고 들지 않아〔不出不入〕 맑고 고요히 스스로 한결 같다. 안과 밖이 간섭 않고〔內外不干〕 물(物)이 관계하지 않음을 알면 각기 그 하나를 맡으니〔各任其一〕 다시 어찌 말을 쓸 것인가?

대저 불은 해를 기다리지 않고 뜨거우며, 바람은 달을 기다리지

---

22) 蓋略陳其說 何能以盡其邊 是以斬首灰形 其無以損生 金丹玉液 其無以養生 故眞生不滅 眞滅不生 可謂常滅 可謂常生 其有愛生惡滅者 斯不悟常滅 愛滅惡生者 斯不悟常生 其迷悟二名 不見眞成 取捨之意 隨虛妄情 故常空不有 常有不空 兩不相待 句句皆宗 是以聖人 隨有道有 隨空道空 空不乖有 有不乖空 兩語無病 二義雙通 乃至說我 亦不乖無我 乃至說事 亦不乖無事 以故不爲言語之所轉也

23) 夫鑄金爲人 但觀其人 不觀其金 其名也迷 其相也惑 所以然者 皆失乎眞 然則一切皆幻 虛妄不實 知幻是幻 守眞抱一 不染外物 淸虛太一 其何有失 亡心喪意 體離衆疾 一相不生 寂靜凶吉 吉猶不隨 凶何所爲 吉凶之事 二俱無依

않고 시원하다. 굳센 돌은 물에 있고〔堅石處水〕 하늘의 눈멂이 오히려 빛나니〔天瞽猶光〕, 밝고 어두움이 스스로 그러하고 마르고 젖음이 방위를 같이하여, 물(物)도 오히려 서로 빌리지 않는데〔物尙不相借〕 어찌 하물며 도(道)이겠는가.

왕(王)이 만 가지 있음〔萬有〕으로 사람을 삼으면, 사람은 왕에게 돌아가고 왕은 사람에 의지한다. 합하는 것이 하나에 같이하면 그 이름을 붙인다〔佛: 法王〕라 하니 삼계에 홀로 높다〔三界獨尊〕. 물 없음〔無物〕을 깨달아 알아, 짓지 않고 지으시사〔非作而作〕 지을 바를 이미 마치셨다〔所作已畢〕.

하늘과 사람의 스승〔天人之師〕으로 바르게 두루 다 아시사, 방편으로 꼴과 일에 응해 뭇 병든 이들 이끌어주시니 진리는 고요해 비어 없고〔理靜虛無〕 빛은 뛰어나 지혜의 해〔慧日〕가 시방을 널리 비춘다.

그러면 위가 아래의 좋음과 같이해, 사람을 달리하려 하지 않고 티끌을 달리하려 하지 않으며 의로움을 달리하려 하지 않고 원인을 달리하려 하지 않아, 평등하여 둘이 아니라〔平等不二〕 두렷이 통해 한 몸이다〔圓通一身〕.

그러면 크나큰 모습의 참됨〔大象之眞〕이라 말할 수 있으니 그 진리는 보기 어려워, 방편을 짐짓 베풀어 자주 따지는 말로 논하여 물에 맡겨 나타난다〔任物而現〕.24)

대저 밖〔外〕이려 하는 것은 티끌〔塵〕이고, 안〔內〕이려 하는 것은 몸〔身〕이고, 들으려 하는 것은 마음〔心〕이고, 티끌 취하는 것은

---

24) 夫入道之徑 內虛外淨 如水凝澄 萬象光映 其意不沈 其心不浮 不出不入 湛寂自如 內外不干 識物不關 各任其一 復何用言 夫火不待日而熱 風不待月而凉 堅石處水 天瞽猶光 明暗自爾 乾濕同方 物尙不相借 何況道乎
王以萬有爲人 人歸於王 王依於人 合者同一 其名曰佛 三界獨尊 覺了無物 非作而作 所作已畢 天人之師正遍知悉 權應形事 引導衆疾 理靜虛無 光超慧日 普照十方 上同下吉 不欲異人 不欲異塵 不欲異義 不欲異因 平等不二 圓通一身 可謂大象之眞 其理難見 假設方便 數詰言論 任物而現

욕계(欲界)가 되고, 꼴과 몸을 의지하는 것은 색계(色界)가 되며, 헤아리는 마음을 의지하는 것은 무색계(無色界)가 된다.

이 셋 없애는 것을 도제(道諦)라 하니 진리로 없애는 것[諦滅者]이 도(道)이다. 그러나 이 도는 방편이라 아직 바름이 아니다〔權未正也〕.

비었으며 망녕됨이여, 삼계는 실답지 않고〔三界不實〕, 허깨비 같고, 꿈같음이여 여섯 길에 중생이 없다〔六道無物〕. 한 법도 보내지 않고 한 법도 얻지 않으며 한 법도 닦지 않고 한 법도 증득하지 않으니 성품이 깨끗해 타고난 참됨〔性淨天眞〕을 크나큰 도〔大道〕라 말함이로다.

이러므로 천하를 두루 살피면 참사람〔眞人〕 아님이 없으나 누가 이 한 진리를 얻어 한 바른 도리〔一倫〕에 함께할 건가 그 배우는 자가 드물고 그 얻는 자가 아주 없으니 아득하여 알기 어렵다고 말할 수 있다.25)

그 아는 자가 스승〔師〕이고 그 교화하는 자는 거친 무리〔夷〕이나 마음 없이 움직여 지어, 짓되 함이 없으면〔作而無爲〕 함이 없이 하여 하지 않는 바가 없으니〔無爲而爲, 無所不爲〕 빛을 누그려 물에 맡기면〔和光任物〕 물은 묶이는 바가 없다〔物無所羈〕.

대저 하늘과 땅의 안〔天地之內〕 우주 사이〔宇宙之間〕에는 그 가운데 한 보물이 있어 그윽함〔秘〕이 꼴의 산〔形山〕에 있다. 사물을 알아 신령히 비추면 안과 밖이 공함도 그러해, 고요하고 쓸쓸해 보기 어려우니 그것을 까마득하고 까마득함〔玄玄〕이라 부른다. 교

---

25) 夫欲外者塵 欲內者身 欲聞者心 取塵者爲欲界 依形身者爲色界 依計心者爲無色界 滅此三者 名爲道諦 諦滅者爲道也 然此道者 權未正也 虛兮妄兮 三界不實 幻兮夢兮 六道無物 不遣一法 不得一法 不修一法 不證一法 性淨天眞而謂大道乎
是以遍觀天下 莫非眞人 孰得此理 同其一倫 其學者希 其得者微 可謂渺漠而難知

묘함[巧]이 '숨어 그윽함의 겉[紫微之表]'에 나타나고, 씀[用]이 '비어 없음의 사이[虛無之間]'에 있다.

바른 교화[端化]는 움직이지 않고, 홀로 짝이 없으며 소리는 묘한 울림[妙響]을 내고, 빛깔은 꽃같은 얼굴[華容]을 뱉어낸다. 봄을 사무치면[窮覿] 곳이 없으나, 부름에 부치면[寄號] 공하고 공해, 오직 그 소리만[其聲]을 남기며 그 꼴을 보지 못하고 오직 그 공(功)만을 남기며 그 얼굴[其容]을 보지 못하나 그윽이 드러나 밝게 비춘다[幽顯朗照].

사물의 이치는 비어 통해, 보배 도장[寶印]을 빽빽이 펼쳐 벌리니 만 가지 모습의 참된 마루[萬象眞宗]라 그 함[爲]은 꼴이 되나[其爲也形] 그 고요함은 그윽하다[其寂也冥]. 본래 맑음은 맑게 함이 아니니[本淨非瑩] 법이 그렇게 두렷이 이루어져 있다[法爾圓成].26)

빛[光]은 해와 달을 넘고 덕(德)은 크나큰 맑음[太淸]을 넘지만, 만물에 지음이 없고 온갖 것에 이름 없다[一切無名]. 하늘땅을 굴려 변해, 가로 세로 자재히 하여 강가강 모래 수 묘한 씀이 한데 섞여 이루어지니, 누가 듣고 기뻐하지 않으며 누가 듣고 놀라지 않겠는가.

그런데 어찌 이 값할 길 없는 보배가 다섯 쌓임[五陰] 열두 들임[十二入]의 구덩이에 숨어있는가 슬프고 슬프다. 그것은 스스로 가벼이 하기 때문이니 가엾고 가엾도다.

어두움은 무엇으로 밝아지나, 그 보배는 빛나고 빛나 환하고 환하며 밝게 시방을 비춘다. 고요하고 고요해 움직임이 없으나 응해 씀은 우뚝하여 소리[聲]에 응하고 빛깔[色]에 응하며, 어두움[陰]에

---

26) 其知者師 其化者夷 無心動作 作而無爲 無爲而爲 無所不爲 和光任物 物無
所羈 夫天地之內 宇宙之間 中有一寶 祕在形山 識物靈照 內外空然 寂寞難見
其號玄玄 巧出紫微之表 用在虛無之間 端化不動 獨而無雙 聲出妙響 色吐華
容 窮覿無所 寄號空空 唯留其聲 不見其形 唯留其功 不見其容 幽顯朗照 物
理虛通 森羅寶印 萬象眞宗 其爲也形 其寂也冥 本淨非瑩 法爾圓成

응하고 밝음[陽]에 응하여 아주 기이함에 뿌리가 없다[奇特無根].

비어 맑아 늘 있으나[虛湛常存] 눈 깜빡여도 보지 못하고 귀 기울여도 듣지 못한다. 그 바탕[本]은 그윽하나 그 변화[化]는 꼴이 되고, 그 함[爲]은 거룩하고 그 씀[用]은 신령하니 크나큰 도의 밝음[大道之精]이라 말할 수 있다.

그 밝은 알맹이[其精]는 매우 참되어 만 가지 것의 말미암음이 되니, 엉겨 늘 머물러 도와 더불어 바른 도리[倫]를 같이한다. 그러므로 경은 말씀한다.

'그 마음의 깨끗함을 따라 곧 붇다의 땅[佛土]이 깨끗하다.'

그러니 씀에 맡겨 빽빽이 펼치면[任用森羅] 그 이름을 성인[聖]이라 한다.'27)

---

27) 光超日月 德越太清 萬物無作 一切無名 轉變天地 自在縱横 恒沙妙用 混沌
  而成 誰聞不喜 誰聞不驚 如何以無價之寶 隱在陰入之坑 哀哉哀哉 其爲自輕
  悲哉悲哉 晦何由明 其寶也煥煥煌煌 朗照十方 関寂無動 應用堂堂 應聲應色
  應陰應陽 奇特無根
  虛湛常存 瞬目不見 側耳不聞 其本也冥 其化也形 其爲也聖 其用也靈 可謂大
  道之精 其精甚眞 萬物之因 凝然常住 與道同倫
  故經云 隨其心淨 則佛土淨 任用森羅 其名曰聖

2. 나뉨과 숨음의 바탕이 깨끗함을 보인 품〔離微體淨品〕1)

　그것이 들어가면〔其入〕 나뉘어 드러나고〔離〕, 그것이 나가면〔其出〕 숨어 고요하다〔微〕. 들어가면 드러남〔入離〕을 아니, 밖의 티끌에 의지할 바가 없고〔無所依〕, 나가면 고요함〔出微〕을 아니 안의 마음에 하는 바가 없다〔無所爲〕. 안의 마음에 하는 바가 없으면 모든 견해〔諸見〕가 옮길 수 없고 밖의 티끌에 의지할 바가 없으면 만 가지 있음〔萬有〕이 묶을 수 없다.

　만 가지 있음〔萬有〕이 묶을 수 없으면 모습 취해 생각함〔想慮〕이 타고 치달릴 수 없고, 모든 견해〔諸見〕가 옮길 수 없으면 고요히 사라져 사유하고 말할 수 없으니, 본래 깨끗한 바탕〔本淨體〕이 스스로 나뉘어 드러나되 고요함〔自離微〕이라 말할 수 있다.

　들어감에 의거하므로〔據入〕 나뉘어 드러남이라 이름하고, 씀을 잡으므로〔約用〕 숨어 고요함이라 이름하니, 섞이어 하나가 되어 나뉨도 없고 숨음도 없다〔無離無微〕. 바탕의 나뉘어 드러남〔體離〕은 물들일 수 없고 물듦 없으므로 깨끗함도 없다. 바탕의 숨어 고요함〔體微〕은 있음이 될 수 없고 있음이 없으므로 의지함이 없다〔無依〕.

　그러므로 쓰되 있지 않고〔用而非有〕 고요하되 없지 않다〔寂而非無〕. 없지 않으므로 끊어짐이 아니고〔不斷〕 있지 않으므로 항상함이 아니다〔不常〕.2)

---

1) 이미체정품(離微體淨品) : 진리와 지혜, 진제와 속제에 얻을 것 없음을 보임. 곧 지혜가 살피는 바 모습에 모습 없고 모습 없음에 모습 없음이 없어 밖으로 모습 드러남일 때 모습 없음이고, 숨어 모습 없음일 때 모습이라, 숨음과 드러남이 때 같이함〔隱顯同時〕을 보임.

2) 其入離 其出微 知入離外塵無所依 知出微內心無所爲 內心無所爲 諸見不能移 外塵無所依 萬有不能羈 萬有不能羈 想慮不乘馳 諸見不能移 寂滅不思議 可謂本淨體自離微也 據入故名離 約用故名微 混而爲一 無離無微 體離不可染

대저 성품이 나뉘어 드러나되 숨어 고요함[性離微者]이란 취하지 않고 버리지 않으며, 닦지 않고 배우지 않음이니, 본래 없다[本無]가 지금 있어짐[今有]이 아니며, 본래 있다[本有]가 지금 없어짐[今無]이 아니다.

나아가 한 법도 나지 않고 한 법도 사라지지 않으니 삼계(三界)에 거두어지지 않고 여섯 길[六趣]에 변하지 않는다. 어리석음과 슬기로움에 바뀌지 않고 참됨과 망녕됨에 굴리지 않아서 평등하여 널리 두루하고[平等普遍] 온갖 것에 두렷이 가득하니[一切圓滿] 모두 '한 큰 법계의 응해 변화하는 신령한 집[一大法界 應化之靈宅]'이 된다.

이를 미혹하면 곧 칼파를 거치도록 떠돌며 닦고, 이를 깨치면 곧 바탕 그대로 엉겨 고요하다. 대저 망녕되이 하고자 함이 있는 것은 그 나뉘어 드러남을 살피지 못함[不觀其離]이고 망녕되이 짓는 바가 있는 것은 그 숨어 고요함을 살피지 못함[不觀其微]이다. 그 고요함을 살피지 못한 자는 곧 안에서 나쁜 견해[惡見]를 일으키고, 그 드러남을 살피지 못한 자는 곧 밖에서 바람과 티끌[風塵]을 일으킨다.

밖에서 바람과 티끌을 일으키므로 밖으로 마라의 경계[魔境]에 어지럽히는 바 되고, 안에서 나쁜 견해를 일으키므로 안으로 삿된 견해[邪見]에 미혹된다.3)

無染故無淨 體微不可有 無有故無依 是以用而非有 寂而非無 非無故非斷 非有故非常

[그것[其]은 조론에서 물(物)이고 속제의 사법(事法)이다.]

3) 夫性離微者 非取非捨 非修非學 非本無今有 非本有今無 乃至一法不生 一法不滅 非三界所攝 非六趣所變 非愚智所改 非眞妄所轉 平等普遍 一切圓滿 總爲一大法界應化之靈宅

迷之者則歷劫而浪修 悟之者則當體而凝寂 夫妄有所欲者 不觀其離 妄有所作者 不觀其微 不觀其微者 卽內興惡見 不觀其離者 卽外起風塵 外起風塵故 外爲魔境所亂 內興惡見故 內爲邪見所惑

이미 안과 밖의 생각함〔內外緣〕이 나니 참된 하나의 종지〔眞一宗〕는 사라진다. 그러므로 나뉘어 드러남에 미혹해, 망녕되이 물든 자〔迷離妄染者〕는 범부(凡夫)라 하고, 물듦에 미혹해 망녕됨을 떠나는 자〔迷染妄離者〕는 두 작은 수레〔二乘, hinayāna〕라 한다. 바탕 성품의 나뉨〔性離〕을 통달한 자는 보디사트바(bodhisattva)라 하고, 세 수레에 다름이 없음〔三乘無異〕을 밝고 밝게 보아 아는 분을 '평등한 참 붓다〔平等眞佛〕'라 말한 것이다.

그러나 지극한 진리는 깊고 그윽하여 언설로 나타내지 못하고 모습을 보여 알지 못한다. 대저 그 모습을 보이려 하면 그 모습 없음을 미혹하고 그 말을 나타내려 하면 곧 그 말 없음을 미혹한다.

그러나 말하지 않고 보이지 않으려 하면 다시 그 뜻을 통하기 어렵다. 그러므로 현묘한 도〔玄道〕의 나뉘어 드러남〔離〕과 그윽이 숨음〔微〕의 지극한 이치는 나타내기 어렵다.4)

대저 나뉘어 드러남〔離〕을 말하는 까닭은 바탕이 물과 더불어 합함도 아니고 또한 물과 더불어 떠남도 아님〔不合不離〕이기 때문이니 비유하면 밝은 거울〔明鏡〕의 빛이 만상을 비춤〔光映萬象〕과 같다. 그렇듯이 저 밝은 거울은 그림자와 합함도 아니고 또한 그림자가 바탕에서 떠남도 아니다. 또 저 허공이 온갖 것에 합해 들어가되 물들어 집착하는 바 없는 것과 같다.

그러니 다섯 빛깔〔五色〕이 더럽힐 수 없고 다섯 소리〔五音〕가 어지럽힐 수 없으며 만물이 거리끼게 할 수 없고 빽빽이 벌여 있는 것들〔森羅〕이 섞일 수 없다〔不能雜〕. 그러므로 이를 나뉘어 드러남〔離〕이라 한다.5)

---

4) 既內外緣生 眞一宗隱 是以迷離妄染者 所謂凡夫 迷染妄離者 所謂二乘 達本性離者 所謂菩薩 了了見知三乘無異者 所謂平等眞佛 然至理幽邃 非言說可顯 非相示可知 夫欲示其相 則迷其無相 欲顯其說 則迷其無說
然欲不說不示 復難以通其義 故玄道離微 至理難顯

숨어 고요함[微]이라 말하는 까닭은, 바탕이 미묘하여 꼴이 없고 빛깔이 없고 모습 없어, 응해 씀이 만 갈래이나 그 얼굴을 보지 못하고 백 가지 교묘함을 머금어 감추되 그 공[其功]을 나타내지 않기 때문이다. 이를 보지만 볼 수 없고 이를 듣지만 들을 수 없으니 강가강 모래 수 만 가지 덕[恒沙萬德]은 항상함도 아니고 끊어짐도 아니며[不常不斷], 나넘도 아니고 흩어짐도 아니다[不離不散]. 그러므로 이를 숨어 고요함[微]이라 말한다.

그래서 나넘과 숨음 두 글자[離微二字]는 대개 도의 요점[道之要]이다. 여섯 들임[六入]에 자취 없어야[無跡] 이를 나뉘어 드러남이라 하고, 만 가지 씀[萬用]에 내가 없어야[無我] 이를 숨어 고요함이라 하니, 나넘이 곧 숨음이고 숨음이 곧 나넘인 것이다.

다만 저 뿌리의 일[根事]을 잡아 두 이름을 지은 것이니 그 바탕은 하나이다.6)

대저 도를 닦음[修道]이란 번뇌를 끊고 보디 구하지 않음이 아니지만, 작은 수레[小乘]를 버리고 큰 씀[大用]을 엿보아 살피게 되면 묘한 진리 가운데는 도무지 이런 일이 없다. 드러남을 체달함[體離者]이란 본래 끊을 번뇌가 없음이고, 버릴 작은 수레가 없음이다. 숨음을 체달함[體微者]이란 구할 보디가 없음[無菩提可求]이며 엿볼 큰 씀이 없음[無大用可窺]이다. 왜 그런가? 서로 응할 수 있는 한 법도 없기 때문이다.

이러므로 성인은 망녕됨을 끊지 않고[不斷妄] 참됨을 증득하지

---

5) 夫所以言離者 體不與物合 亦不與物離 譬如明鏡光映萬象 然彼明鏡不與影合 亦不與體離 又如虛空合入一切無所染著 五色不能汚 五音不能亂 萬物不能拘 森羅不能雜 故謂之離也

6) 所以言微者 體妙無形 無色無相 應用萬端 而不見其容 含藏百巧 而不顯其功 視之不可見 聽之不可聞 然有恒沙萬德 不常不斷 不離不散 故謂之微也 是以 離微二字 蓋道之要也 六入無跡謂之離 萬用無我謂之微 微卽離也 離卽微也 但約彼根事 而作兩名 其體一也

않으니〔不證眞〕만 가지 씀이 스스로 그러함〔萬用而自然〕이라 말할 수 있다.

대저 법을 구함이란 구할 바가 없음〔無所求〕이다. 그러므로 이름 없는 깨끗한 바탕〔無名之朴〕은 또한 하려고 하지 않으니 이를 묘한 깨침〔妙覺〕이라 말할 수 있다.7)

대저 나뉨과 숨음은 망녕된 앎으로 알지 못하고 삿된 앎으로 아는 바가 아니다. 무엇을 망녕된 앎〔妄識〕이라 하는가? 여섯 가지 앎〔六識〕이다. 무엇을 삿된 지혜라 하는가? 두 집착에 떨어진 지혜〔二智〕이다. 이는 바탕이 참된 하나〔體眞一〕이므로 두 지혜〔二智〕가 아는 바가 아니고 바탕에 물(物)이 없으므로〔體無物故〕여섯 가리는 앎〔六識〕이 아는 바가 아니라 한 법도 밖을 좇아 옴〔從外而來〕이 없고 한 법도 안을 좇아 나감〔從內而出〕이 없는 것이다. 또 적은 법이라도 어울려 합해 남이 없으니 이를 크게 맑음〔大淸〕이라 말할 수 있고 이를 참됨의 밝음〔眞精〕이라 말할 수 있다.

바탕은 온갖 모든 견해를 떠났으므로 뜻으로 헤아릴 수 없고 바탕은 온갖 한정하는 헤아림을 떠났으므로 말로 얽맬 수 없다.

이러므로 비말라키르티(Vimalakirti)는 잠잠히 말 없었고〔默然〕 여래께서는 다만 고요하고 고요하셨다〔寂寞〕. 비록 갖가지 모든 수레의 법〔諸乘〕을 말씀해도 모두 이는 방편(方便)이라 붇다의 지견〔佛知見〕을 열어 보이고 깨쳐 들게 함〔開示悟入佛之知見〕인 것이다.8)

---

7) 夫修道者 莫不斷煩惱求菩提 棄小乘窺大用 然妙理之中 都無此事 體離者本無煩惱可斷 無小乘可棄 體微者無菩提可求 無大用可窺 何以故 無一法可相應故 是以聖人 不斷妄 不證眞 可謂萬用而自然矣 夫求法者 爲無所求 故無名之朴 亦將不欲 斯可謂之妙覺

8) 夫離微者 非妄識之所識 非邪智之所知 何謂妄識 爲六識也 何謂邪智 爲二智也 是以體眞一故 非二智所知 體無物故 非六識所識 無有一法從外而來 無有一法從內而出 又無少法和合而生 可謂之太淸 可謂之眞精 體離一切諸見 故不可以意度 體離一切限量 故不可以言約 是以維摩默然 如來寂寞 雖說種種諸乘

대저 아는 자는 나뉘어 드러남을 아는 것〔知離〕이고, 보는 자는 숨어 고요함을 보는 것〔見微〕이다. 그러므로 경은 말씀한다.

"숨어 고요함 보는 것〔見微〕을 붇다〔佛〕라 이름하고, 나뉘어 드러남 아는 것〔知離〕을 법(法)이라 이름한다."

나뉨을 알므로(공하되 있음을 알므로) 온갖 번뇌와 더불어 합하지 않고, 숨음을 보므로(있되 공함을 보므로) 온갖 허망함과 더불어 같이 하지 않는다.

허망함이 없으므로 곧 참된 하나의 진리가 나타나고〔卽眞一理顯〕 번뇌가 없으므로 곧 밝아 빛남이 스스로 그러한 것〔卽明瑩自然〕이다.

대저 드러남과 숨음의 뜻〔離微之義〕은 하나도 아니고 둘도 아니니 언설로 나타낼 수 있음이 아니고 반드시 깊은 마음으로 체득해 알면 밝은 비춤이 앞에 드러난다〔朗照現前〕. 경계를 마주해 마음 없으면 아는 것을 만나 움직이지 않는다〔逢緣不動〕.

드러남과 숨음의 도를 잊고, 앎을 좇아 별처럼 달려〔逐識星馳〕 입으로 말함이 마음에 어긋나게 말라. 진리는 참으로 그렇지 않아 '낮도 없고 밤도 없으며 고요함도 없고 시끄러움도 없다〔無晝無夜無靜無喧〕'고 말할 수 있으니 '하나에 오롯이 하여 옮기지 않아야〔專一不移〕', 바야흐로 계합해 알 수 있는 것이다〔方乃契會〕.

만약 망녕되이 취하는 바가 있고 망녕되이 버리는 바가 있으며, 망녕되이 닦는 바가 있고 망녕되이 얻는 바가 있으면 다 진실에 들어가지 못하여〔不入眞實〕, 나뉘어 드러남과 숨어 고요함의 뜻을 등져, 크나큰 도의 법〔大道之法〕을 무너뜨린다.9)

並是方便 開示悟入佛之知見

9) 夫知者知離 見者見微 故經云 見微名爲佛 知離名爲法 以知離故 卽不與一切
   煩惱合 以見微故 卽不與一切虛妄俱 無虛妄故 卽眞一理顯 無煩惱故 卽明瑩
   自然 夫離微之義 非一非二 非以言說可顯 要以深心體解 朗照現前 對境無心
   逢緣不動 勿忘離微之道 逐識星馳 口說心違 理將不寔 可謂無晝無夜 無靜無

대저 참됨〔眞者〕이, 합해 구하지 않는 까닭은 밖에 얻을 바가 없기〔外無所得〕 때문이다. 대저 실다움〔實者〕이, 합해 닦지 않는 까닭은 안에 증득할 바가 없기〔內無所證〕 때문이다. 다만 망상이 없다는 것〔無妄想者〕은 곧 '드러남과 숨음의 도'가 나타남〔顯〕이다. 대저 나뉘어 드러남〔離〕이란 비어 없음〔虛〕이고 숨어 고요함〔微〕은 비어 날되 온화함〔冲〕이니, 비어 온화하고 고요하고 쓸쓸하므로〔冲虛寂寞〕 이를 나뉘어 숨음〔離微〕이라 한다.

대저 성인이 망상이 없는 까닭〔無妄想者〕은 나뉘어 드러남〔離〕을 통달함이고 아주 기이한 씀이 있는 까닭〔有奇特之用者〕은 숨음〔微〕을 알기 때문이다.

숨어 고요함이므로 마음이 없고〔無心〕 나뉘어 드러남이므로 몸이 없다〔無身〕. 몸과 마음이 모두 없어지므로 신령한 지혜가 홀로 있어서 있음과 없음의 구역을 끊고〔絶於有無之域〕 내가 머무는 곳〔我所之居〕을 없애니 법계가 스스로 그러한 것〔法界自然〕이라, 환히 빛나 씀을 왕성케 하나〔盛用〕 남이 없다〔無生〕.

그러므로 성인은 함이 없음〔無爲〕에 있으며 교화하고, 말이 아닌 가르침을 행하며, 진리에 그윽이 응해 합하니 고요하고 고요하여 사람이 없다. 이러므로 크나큰 모습을 머금어 통하며〔含通大象〕 만물을 싸 들어가니〔包入萬物〕, 비유하면 허공이 널리 두루해 두루 갖춤과 같다.10)

喧 專一不移 方乃契會 若妄有所取 妄有所捨 妄有所修 妄有所得者 皆不入眞實 背離微之義 壞大道之法也

10) 夫眞者所以不合求 爲外無所得 夫實者所以不合修 爲內無所證 但無妄想者 卽離微之道顯也 夫離者虛也 微者冲也 冲虛寂寞 故謂之離微
夫聖人所以無妄想者 爲達離也 所以有奇特之用者 爲了微也 微故無心 離故無身 身心俱喪 靈智獨存 絶於有無之域 泯於我所之居 法界自然 煌煌盛用 而無生也 故聖人處無爲而化 行不言之敎 冥理應合 寂寞無人 是以含通大象 包入萬物 譬如虛空 普偏周備

대저 미혹한 자는 나 없음[無我]에서 나[我]를 세우고, 안에 나라는 뒤바뀜[我倒]을 낸다. 안에 나라는 뒤바뀜[我倒]을 내므로 곧 성인의 진리를 통하지 못하고 성인의 진리[聖理]를 통하지 못하므로 밖에 세우는 바[所立]가 있다. 밖에 세우는 바가 있으면 곧 안과 밖에 걸림을 내고[內外生礙] 안과 밖에 걸림을 내면 곧 물의 이치[物理]를 통하지 못한다.

그러면 드디어 망녕되이 모든 흐름을 일으켜 의심에 섞여 비추어[混於疑照] 만상이 가라앉고[萬象沈沒], 참된 하나의 진리 마루가 어지러워져[眞一宗亂] 모든 견해가 다투어 일어나 흘러 떠돌게 된다. 그러므로 나뉘어 드러남과 숨어 고요함의 논[離微之論]을 지어, 바탕의 깊고 그윽함을 나타내니, 배우는 이가 깊이 사유하면 헛됨과 실다움[虛實]을 알 수 있을 것이다.11)

대저 빛깔의 법[色法]은 그림자 같고, 소리의 법[聲法]은 메아리 같으니, 다만 그림자와 메아리로 가리켜 펴서는 충분히 막아 진실이 되지 못한다. 그러므로 손가락은 달[月]이 아니고 말은 도(道)가 아니라 하니 도를 알면 말을 잊고[忘言] 달을 보면 손가락을 잊는다[忘指]. 그러므로 나뉘어 드러남에 미혹하면 곧 여러 마라[諸魔]가 되고 모든 티끌을 애착해 취하면 나고 죽음[生死]을 즐겨 집착한다.

대저 숨어 고요함[微]에 미혹하면 곧 바깥길[外道]이 되어 분명히 미루어 구하지 않고 함부로 모든 견해를 낸다.

대저 모든 견해의 근본이란 있음[有]과 없음[無]을 넘지 않는

〔충(沖)은 텅 빔의 뜻과 높이 난다는 뜻이 있으니, 숨되 드러나 씀의 뜻으로 충을 봄.〕

11) 夫迷者無我立我 則內生我倒 內生我倒故 卽聖理不通 聖理不通故 外有所立 外有所立 卽內外生礙 內外生礙 卽物理不通 遂妄起諸流 混於疑照 萬象沈沒 眞一宗亂 諸見競興 乃爲流浪 故製離微之論 顯體幽玄 學者深思 可知虛實矣

다. 무엇을 있음〔有〕이라 하는가? 망녕되이 짓는 바가 있음〔有所作〕을 말한다. 무엇을 없음〔無〕이라 하는가? 살펴봄에 얻는 바 없음〔無所得〕을 말한다. 이러므로 있음과 없음의 두 견해를 인해 곧 갖가지 모든 견해를 일으키니 모든 견해가 이미 일어나면 곧 삿된 견해라 참되지 않다. 그러므로 바깥길〔外道〕이라 이름한다.12)

대저 나고 죽음의 근본이란 살아 있다〔存〕 죽어 없어짐〔亡〕을 말한다. 몸이 있으면〔身存〕 남〔生〕이라 하고 몸이 없어지면〔身亡〕 사라짐〔滅〕이다. 헤아려 집착하는 망상으로 바깥 경계를 취해, 몸이라는 견해〔身見〕를 갖추어 저 아직 오지 않음〔未來〕의 '빼어나게 나는 곳〔殊勝生處〕'을 사랑해, 묘한 과보〔妙果報〕를 받으므로 이를 마라(māra)라 한다. 만약 나뉘어 드러남을 체달해 아는 자는 온갖 것을 집착해 물들어 애착하는 바가 없으니 곧 마라(māra)의 경계〔魔境界〕를 벗어난다.

만약 숨어 고요함을 체달해 아는 자는, 온갖 것에 고요하여 망상이 없게 되어 곧 바깥 길의 갖가지 삿된 견해를 넘게 된다.

그러므로 경은 말씀한다.

"미묘하고 깊고 깊어 자기 성품〔自性〕을 떠났다."

이러므로 숨어 고요함은 있음의 견해〔有見〕가 없고, 나뉘어 드러남은 있음의 집착〔有着〕이 없으니 견해〔見〕가 없고 집착〔執〕이 없으면, 고요히 사라져 즐거움이다.13)

---

12) 夫色法如影 聲法如響 但以影響指陳 未足封爲眞實 故指非月也 言非道也 會道忘言 見月忘指 是以迷離者 卽爲諸魔 愛取諸塵 樂著生死 夫迷微者 卽爲外道 非分推求 橫生諸見
夫諸見根本者 莫越有無 何謂爲有 謂妄有所作 何謂爲無 謂觀察無所得也 是以因有無二見 卽起種種諸見 諸見旣起 卽邪見不眞 故名爲外道

13) 夫生死根本者 所謂存亡 身存爲生 身亡爲滅 計著妄想 取外境界 具足身見 愛彼未來殊勝生處 受妙果報 故謂之魔 若體解離者 一切不著 無所染愛 卽超魔境界 若體解微者 一切寂靜 無有妄想 卽超外道種種邪見故經云 微妙甚深離自性也 是以微無有見 離無有著 無見無著 寂滅爲樂

무엇을 괴로움[苦]이라 하는가?

숨어 고요함을 알지 못하기 때문에 곧 안에 사유하는 바[內有所思]가 있고, 나뉘어 드러남을 알지 못하기 때문에 곧 밖에 의지하는 바[外有所依]가 있다. 밖에 의지하는 바가 있으므로 곧 탐냄[貪]이고, 안에 생각하는 바가 있으므로 곧 따라 생각함[緣]이 있다. 따라 생각해 탐냄이 이미 일어나면 드디어 마라의 경계[魔境]에 부리는 바 되어 낮과 밤으로 허둥대 잠깐도 그치지 못하고, 티끌 번뇌를 갖추어 받으므로 괴로움[苦]이라 한다.

무엇을 즐거움[樂]이라 하는가? 숨어 그윽함을 알므로 곧 안에 사유하는 바가 없고[內無所思] 나뉘어 드러남을 알므로 곧 밖에 의지하는 바가 없다[外無所依]. 밖에 의지하는 바가 없으므로 곧 탐욕[貪]이 없고 안에 사유하는 바가 없으므로 곧 붙잡아 생각함[緣]이 없다.

붙잡아 생각함이 없으므로 곧 만 가지 있음[萬有]에 걸리는 바 되지 않고 모든 번뇌 티끌[塵勞]에 부리는 바 되지 않는다. 맑고 비어 고요하면 매어 묶임이 없게 되어 자기 성품의 해탈이므로[自性解脫] 즐거움[樂]이라 이름한다.14)

대저 나뉘어 드러남이란 진리[理]이고 숨어 고요함은 비밀함[密]이다. 무엇을 진리됨[爲理]이라 하는가? 온갖 물[一切物]을 떠나지 않음이다. 무엇을 비밀함 됨[爲密]이라 하는가? 씀을 나타내되 방술을 감춤[顯用藏術]이다. 또 나뉘어 드러남[離]이란 공함

---

14) 何謂爲苦 以不了微故 卽內有所思 不了離故 卽外有所依 外有所依故卽貪 內有所思故卽緣 緣貪旣起 遂爲魔境所使 晝夜煌煌 無有暫止 具受塵勞 故名爲苦
何謂爲樂 爲了微故 卽內無所思 爲了離故 卽外無所依 外無所依故卽無貪 內無所思故卽無緣 無緣故卽不爲萬有所拘 及諸塵勞所使 淸虛寂寞 無所繫縛 自性解脫 故名爲樂

〔空〕이고 숨어 고요함〔微〕이란 있음〔有〕이다. 공함이므로 모습 없고〔無相〕 있음이므로 꼴의 헤아림〔形量〕이다.

그러므로 '있음이 아니되 공함도 아님〔非有非空〕'이 '만가지 법의 마루〔萬法之宗〕'이고 '공함이 아니되 있음도 아님〔非空非有〕'이 '만가지 것의 어머니〔萬物之母〕'이다. 나가도 방위〔方〕가 없고 들어가도 곳〔所〕이 없어서 만 가지 있음을 싸 머금으나 일〔事〕이 되지 않고, 응해 변화함은 만 갈래이나 주인〔主〕 되지 않는다.

이러므로 작은 방이 넓게 받아들이고 한 생각이 여럿에 통하여, 마음으로 헤아릴 바가 아니고 뜻으로 알 바가 아니니 '사유하고 말할 수 없는 해탈의 힘〔不思議解脫之力〕'에 머묾이라 말할 수 있다.15)

○ 무엇을 '사유하고 말할 수 없다〔不思議〕'고 하는가? 드러남과 숨음〔離微〕을 체달하기 때문이다. 무엇을 해탈(解脫)이라 하는가. 얽매이는 바가 없기 때문이다. 나뉘어 드러남은 다르마(dharma: 法)이고 숨어 고요함은 붇다(buddha: 佛)이며 '어울려 합해 둘이 아님〔和合不二〕'은 상가(saṅgha: 僧)이다.

그러므로 세 이름이 한 바탕〔三名一體〕이고 한 바탕이 세 이름이라 섞여 분별이 없으니 바탕에 돌아가면 이름이 없다. 또 나뉘어 드러남은 받아들임〔容〕이고 숨어 고요함은 씀〔用〕이다. 받아들이므로 허물을 머금고〔含垢〕, 씀이므로 벗이 없다〔無侶〕. 벗이 없으므로 곧 묘한 변화 그대로 늘 행하고〔卽妙化常行〕, 허물을 머금으므로〔含垢故〕 곧 만 가지 있음 그대로 곳이 될 수 있다〔卽萬有能處〕.

---

15) 夫離者理也 微者密也 何謂爲理 不離一切物 何謂爲密 顯用藏術 又離者空也 微者有也 空故無相 有故形量 是以非有非空 萬法之宗 非空非有 萬物之母 出之無方 入之無所 包含萬有 而不爲事 應化萬端 而不爲主 是以小室寬容 一念多通 非心所測 非意所識 可謂住不思議解脫之力

또 눈이 없고 귀가 없음[無眼無耳] 이를 나뉘어 드러남이라 하고, 봄이 있고 들음이 있음[有見有聞] 이를 숨어 고요함이라 하며, 나 없고 지음 없음[無我無造]을 나뉘어 드러남이라 하고, 지혜 있고 씀이 있음[有智有用]을 숨어 고요함이라 한다. 마음 없고 뜻이 없음[無心無意]을 나뉘어 드러남[離]이라 하고 통함이 있고 이르름이 있는 것[有通有達]을 숨어 고요함[微]이라 한다.

또 나뉘어 드러남이란 니르바나(nirvāṇa)이고 숨어 고요함이란 반야(prajñā)이다.

반야(prajñā, 般若)이므로 큰 씀을 많이 일으키고 니르바나(nirvāṇa, 涅槃)이므로 고요히 사라져 남음 없으며, 남음 없으므로 번뇌가 길이 사라지고, 큰 씀이므로 성인의 교화는 마침이 없다.16)

○ 만약 사람이 나뉨과 숨음을 통달하지 못하면, 비록 괴롭게 두타(dhūta)를 행하여 티끌 경계를 멀리 떠나 탐냄 성냄 어리석음을 끊고, 눌러 참음[伏忍]을 이루어 헤아릴 수 없는 칼파를 거친다 해도 끝내 참됨에 들어가지 못한다[不入眞].

참으로 왜 그런가? 다 의보 정보[依正]의 행한 바에서 얻을 바 있음[有所得]에 머물기 때문이다. 그래서 번뇌의 뒤바뀜과 꿈의 생각[顚倒夢想] 나쁜 느낌과 모든 견해[惡覺諸見]를 떠나지 못하는 것이다.

만약 다시 어떤 사람이 나뉨과 숨음을 체달해 안다는 것은, 비록 가까이 망상과 익히는 기운[習氣] 드러나 행하는 번뇌[現行煩惱]가 있다 해도, 자주자주 '나뉨과 숨음의 뜻[離微之義]'을 느껴

---

16) 何謂不思議爲體離微 何謂解脫爲無所羈 離者法也 微者佛也 和合不二名爲僧
也 故三名一體 一體三名 混無分別 歸本無名 又離者容也 微者用也 容故含垢
用故無侶 無侶故卽妙化常行 含垢故卽萬有能處 又無眼無耳謂之離 有見有聞
謂之微 無我無造謂之離 有智有用謂之微 無心無意謂之離 有通有達謂之微 又
離者涅槃 微者般若 般若故繁興大用 涅槃故寂滅無餘 無餘故煩惱永盡 大用故
聖化無窮

알면 오래지 않아 이 사람은 곧 참됨에 들어가니〔入眞〕바로 위없는 도〔無上道〕이다.

왜 그런가? 바른 견해의 근본을 알기 때문이다.

또 말한 바 나뉘어 드러남이란 여섯 들임〔六入〕을 마주한 것이고 말한 바 숨어 고요함이란 여섯 앎〔六識〕을 마주한 것이다. 만약 여섯을 섞어 '하나의 고요해 물 없음〔一寂靜無物〕'이 되면 다섯 넷 셋이 아니고 아홉 여덟 일곱이 아니다. 다만 성인(聖人)은 기틀에 응해 가르침을 베풀어〔應機說敎〕기틀 마주함이 같지 않으나, 마쳐 다한 진리〔究竟理〕가운데는 모두 이름과 글자가 없다.

비유하면 허공이 수(數)와 수 아님〔非數〕을 떠나고, 성품〔性〕과 성품 아님〔非性〕을 떠나, 하나도 아니고 다름도 아니며 경계〔境〕도 아니고 경계 떠남〔離境〕도 아니라 말로 설할 수 없음과 같다. 그러니 문자를 지나고 마음의 헤아림을 벗어나며 가고 옴도 없고〔無有去來〕나가고 들어옴도 없다〔無有出入〕.17)

대저 경론(經論)이란 저 범부의 뜻에 나아가 저 근기의 헤아림을 깨뜨리지 않음이 없으니 갖가지 방편은 다 꼴과 일〔形事〕에 머물지 않는 것이다. 만약 꼴과 일에 머물지 않는다면 곧 온갖 언설을 필요치 않는다. 그래야 나뉘어 드러남과 숨어 고요함의 뜻〔離微之義〕이기 때문이다. 그러므로 경은 말씀한다.

"맞음을 따라 법을 설해〔隨宜說法〕뜻 길〔意趣〕은 알기 어렵다. 비록 갖가지 모든 수레〔種種諸乘〕를 설하나 다 이는 따라 맞이하

---

17) 若人不達離微者 雖復苦行頭陀遠離塵境 斷貪恚癡伏忍成就 經無量劫 終不入眞 寔何以故 皆爲依正所行住有所得故 不離顚倒夢想惡覺諸見 若復有人體解離微者 雖近有妄想習氣及現行煩惱 然數數覺知 離微之義 此人不久 卽入眞寔無上道也 何以故 爲了正見根本故也

又所言離者對六入也 所言微者對六識也 若混六爲一寂靜無物 非五四三 非九八七 但聖人應機設敎對執不同 究竟理中 都無名字 譬如虛空離數非數 離性非性非一非異 非境非離境 不可言說 過於文字 出於心量 無有去來無有出入

는 방편[權接方便]이고 도를 돕는 법[助道之法]이다."

그러니 마쳐 다한 해탈 니르바나가 아니다. 비유하면 어떤 사람이 허공 가운데 갖가지 빛깔 모습을 그리고, 나아가 갖가지 소리를 지어도 저 허공에는 실로 다른 모습이 없는 것과 같고 또한 받아들여 변해 움직임이 없는 것과 같다. 그러므로 모든 붇다의 변화의 몸과 법 설하심도 또한 다시 이와 같아, 진실의 바탕[實際] 가운데는 모두 같음과 다름이 없음을 알아야 한다.

이러므로 하늘땅[天地]은 나뉘어 드러남을 머금고[含離], 허공(虛空)은 숨어 고요함을 머금어서[含微], 만물은 움직여 지어 변화하되[變化] 함이 없다[無爲].18)

○ 대저 신그러움[神] 가운데 지혜가 있고 지혜[智] 가운데 통함이 있으니 통함[通]에는 다섯 가지[五種]가 있고, 지혜에는 세 가지[三種]가 있다.

• 어떤 것이 다섯 통함[五通]인가?
   1. 도를 통함[道通]
   2. 신묘함을 통함[神通]
   3. 의보를 통함[依通]
   4. 갚음을 통함[報通]
   5. 요망을 통함[妖通]이다.

무엇을 요망[妖]을 통함이라 하는가? 여우 이리가 늙어 나무 돌의 정기로 변해 옆 사람의 몸에 붙어, 밝은 지혜가 아주 기이해지면[聰慧奇特] 이것이 요망을 통함[妖通]이다.

---

18) 夫經論者 莫不就彼凡情 破彼根量 種種方便皆不住於形事者 若不住形事卽不須一切言說 及以離微之義 故經云 隨宜說法意趣難解 雖說種種諸乘 皆是權接方便 助道之法也 然非究竟解脫涅槃 譬如有人於虛空中畫作種種色象 及作種種音聲 然彼虛空實無異相 亦無受入變動 故知諸佛化身 及以說法亦復如是 於實際中都無一異 是以天地含離虛空含微 萬物動作變化無爲

무엇을 갚음[報]을 통함이라 하는가? 귀신이 모든 하늘의 변화[諸天變化]를 거슬러 알고, 가운데 몸[中陰]이 신묘한 용의 변화[神龍變化]를 알아내면 이것이 갚음을 통함[報通]이다.

무엇을 의보[依]를 통함이라 하는가? 법을 잡아 알아서 몸을 따라 알아 쓰며, 부적을 타고[乘符] 가고 오며, 약과 버섯을 신령하게 변해내면 이것이 의보를 통함[依通]이다.

무엇을 신묘함[神]을 통함이라 하는가? 고요한 마음으로 사물을 비추어[靜心照物] 오랜 목숨을 이미 지니어, 갖가지 분별이 다 선정의 힘[定力]을 따르면 이것이 신묘함을 통함[神通]이다.

무엇을 도(道)를 통함이라 하는가? 마음 없이[無心] 사물에 응해[應物], 만 가지 있는 것[萬有]을 따라 알아 교화하되[緣化], 물의 달[水月] 허공 꽃[空華] 그림자의 모습[影象]처럼 주인 없으면[無主] 이것이 도를 통함[道通]이다.19)

- 무엇을 세 지혜[三智]라 하는가?
  1. 참 지혜[眞智]
  2. 안의 지혜[內智]
  3. 밖의 지혜[外智]이다.

무엇을 밖의 지혜[外智]라 하는가? 분별해 아는 뿌리의 문[分別根門]으로 티끌 경계[塵境]를 가려 알아, 옛과 지금을 널리 보고 세속의 일을 거두어 통하면 이것이 밖의 지혜[外智]이다.

무엇을 안의 지혜[內智]라 하는가? 스스로 무명을 깨쳐 번뇌를 끊고 갈라, 마음의 뜻이 고요해져[心意寂靜] 있음을 없애 남음 없

---

19) 夫神中有智智中有通 通有五種 智有三種
何爲五通 一曰道通 二曰神通 三曰依通 四曰報通 五曰妖通 何謂妖通 狐狸老
變木石之精 附傍人身聰慧奇特 此爲妖通 何謂報通 鬼神逆知諸天變化 中陰了
生神龍變化 此爲報通 何謂依通 約法而知緣身而用 乘符往來藥餌靈變 此爲依
通 何謂神通 靜心照物宿命旣持 種種分別皆隨定力 此爲神通 何謂道通 無心
應物緣化萬有 水月空華影象無主 此爲道通

으면〔滅有無餘〕 이것이 안의 지혜〔內智〕이다.

무엇을 참 지혜〔眞智〕라 하는가? 물이 없음을 체달해 알면〔體解無物〕 본래 고요하며〔本來寂靜〕, 끝이 없음을 통달하여〔通達無涯〕 깨끗함과 물듦이 둘이 아니다〔淨穢無二〕. 그러므로 참 지혜〔眞智〕라 이름한다.

참 지혜〔眞智〕로 도를 통하면〔道通〕 이름할 수 없으니, 나머지 있는 것은 다 삿되고 거짓이다. 거짓이면 참이 아니고 삿되면 곧 바르지 않다. 미혹이 어지러워 마음이 나면 바탕성품에 미혹한다〔迷於體性〕. 그러므로 나뉘어 드러남과 숨어 고요함을 깊이 알아〔深解離微〕 모든 있음을 통달하면 자기성품의 본래 참되어〔自性本眞〕 뭇 여러 가지를 벗어난다.

대저 삿됨과 바름〔邪正〕이 있음을 알면, 참과 거짓〔眞僞〕이 있음에 통한다. 만약 법의 눈〔法眼〕의 맑고 밝음〔精明〕이 아니면 밝히기 어렵다. 이 때문에 세속에는 많이들 믿음이 삿되고 거짓되어, 적게만 믿음이 바르고 참된 것이다. 그리하여 큰 가르침〔大敎〕은 행함을 쉽게 되고, 작은 수레〔小乘〕가 드러나 쓰이게 되었다. 그러므로 묘한 진리〔妙理〕는 나타나기 어려움을 알아야 한다.20)

○ 대저 나뉘어 드러남〔離〕은 몸이 없고〔無身〕, 숨어 고요함〔微〕은 마음이 없다〔無心〕. 몸이 없으므로〔無身故〕 큰 몸〔大身〕이고 마음이 없으므로〔無心故〕 큰마음〔大心〕이다. 큰마음이므로 곧 만물에 두루하고 큰 몸이므로 응함이 다함없음을 갖춘다.

20) 何謂三智 一曰眞智 二曰內智 三曰外智 何謂外智 分別根門識了塵境 博覽古今該通俗事 此爲外智 何謂內智 自覺無明斷割煩惱 心意寂靜滅有無餘 此爲內智 何謂眞智 體解無物 本來寂靜 通達無涯淨穢無二 故名眞智 故眞智道通不可名目 餘所有者皆是邪僞 僞卽不眞邪卽不正 惑亂心生迷於體性 是以深解離微達彼諸有 自性本眞出於群品
夫知有邪正 通有眞僞 若非法眼精明難可辨也 是以俗間多信邪僞少信正眞 大敎偃行小乘現用 故知妙理難顯也

이 때문에 몸을 잡아 몸을 삼는 것은 곧 그 큰 응함[大應]을 잃는 것이고 마음을 잡아 마음을 삼는 것은 곧 그 큰 지혜[大智]를 잃는 것이다.

그러므로 천경 만론(千經萬論)이 몸과 마음 떠나도록[離身心] 말하지 않음이 없으니 저 집착을 깨뜨려야 진실에 들어간다.

비유하면 저 금 장인[金師]이 광물을 녹여 금을 얻어야 바야흐로 그릇의 씀[器用]이 되는 것과 같다.

만약 몸 있음을 집착하면 곧 몸에 걸림이 있고 몸에 걸림이 있으므로 법신(法身)은 꼴과 껍데기[形殼] 가운데 숨는다. 만약 마음 있음을 집착하면 곧 마음에 걸림이 있고 마음에 걸림이 있으므로 참 지혜는 생각으로 헤아림[念慮] 가운데 숨는다. 그러므로 큰 도[大道]를 통하지 못하고 묘한 진리[妙理]는 가라앉아 숨는다.

여섯 신그러움[六神]은 안에서 어지럽고[內亂] 여섯 경계[六境]는 밖으로 생각함[外緣]이 되어, 낮밤으로 허둥대며 쉼이 없다.

대저 그 마음을 살피지 않는 자는 그 숨어 고요함[微]을 보지 않음이고 그 몸을 살피지 않는 자는 그 나뉘어 드러남[離]을 보지 않은 것이다. 만약 나뉘어 드러남과 숨어 고요함을 보지 않으면 곧 그 도의 요점[道要]을 잃는 것이다.

그러므로 경은 "붇다께서는 몸 아님[非身]이 큰 몸[大身]이라고 말씀하신다."고 하니 이 말씀도 또한 다시 이와 같다.

이는 방편을 깨뜨려 진실에 돌아감[歸實]이고, 거짓을 무너뜨려 참에 돌아감[歸眞]을 말한다. 비유하면 금 장인이 금을 녹여 그릇을 만드는 것과 같으니 모습을 없애 섞어 녹여야 큰 불림[大冶]에 통한다. 큰 불림이라 말한 것은 큰 도[大道]이다. 이 큰 도의 녹여 불림 가운데는 조화가 끝이 없어 만 가지 마루[萬宗]를 흘러낸다. 만약 이루거나 무너져도 바탕에는 늘고 줄어듦이 없다. 그러므로 경은 말씀한다.

"붇다가 계시거나 붇다가 계시지 않거나 성품의 모습은 늘 머문다〔性相常住〕."

모습을 녹인다〔融相〕고 말한 까닭은 다만 범부가 모습 있음을 집착하여 모습 없음을 두려워 하기 때문이다.21)

모습〔相〕이라고 말한 까닭은, 저 바깥 길〔外道〕이 모습 없음을 집착하여 모습 있음 두려워 함을 깨뜨리기 때문이다. 중도(中道)라 말한 까닭은 모습 있음과 모습 없음〔有相無相〕이 둘이 없도록 하기 때문이다. 이는 다 집착을 깨뜨리고 의심을 없애는 말이라 다한 진리〔盡理〕는 아니다.

만약 다시 어떤 사람이 모습에 법 없음을 알아 평등하여 둘이 아니면〔平等不二〕, 취함도 없고 버림도 없으며 이것도 없고 저것도 없고 또한 가운데 사이도 없는 것이니 곧 성인의 말을 빌지 않고도 이치가 스스로 통하는 것이다.

대저 모습〔相〕으로 모습 없음〔無相〕을 삼는다는 것은 곧 모습 그대로 모습 없음인 것이다. 그러므로 경은 '물질이 곧 공'이라 물질을 없애고 공이 아니다라고 말했다. 비유하면 물이 흐르고 바람이 쳐 거품을 이루면 곧 거품 그대로 물이라 거품이 사라지고 물〔水〕이 아닌 것과 같다.

---

21) 夫離者無身微者無心 無身故大身無心故大心 大心故卽周萬物 大身故應備無窮 是以執身爲身者卽失其大應 執心爲心者卽失其大智 故千經萬論 莫不說離身心 破彼執著乃入眞實 譬如金師銷鑛取金 方爲器用
若執有身者卽有身礙 身礙故卽法身隱於形殼之中 若執有心者卽有心礙 心礙故卽眞智隱於念慮之中 故大道不通妙理沈隱 六神內亂六境外緣 晝夜惶惶未有休息 夫不觀其心者不見其微 不觀其身者不見其離 若不見離微 則失其道要也 故經云佛說非身是名大身 亦復如是
此謂破權歸實壞假歸眞 譬如金師銷金爲器 滅相混融 以通大冶 言大冶者爲大道也 此大道冶中 造化無窮流出萬宗 若成若壞體無增減 故經云 有佛無佛 性相常住 所以言融相者 但爲愚夫著有相畏無相也

대저 모습 없음[無相]으로 모습[相] 삼는다는 것은 곧 모습 없음 그대로 모습인 것이다. 경은 곧 '공이 곧 물질이라 물질이 다함 없다'고 말했다. 비유하면 거품을 무너뜨리면 물이 되어 물이 곧 거품이라 물을 떠나 거품이 아닌 것과 같다.

대저 모습 있음을 사랑하고 모습 없음을 두려워하는 것은 모습 있음이 모습 없음인 줄 알지 못한 것이다. 모습 없음을 사랑하고 모습 있음을 두려워하는 것은 모습 없음이 곧 모습인 줄 알지 못한 것이다. 그러므로 모습 있음과 모습 없음 온갖 것이 다 그 가운데[其中]에 있다.22)

깨친 분을 붇다(Buddha, 覺者)라 이름하니 망녕됨이 곧 나지 않는다. 망녕됨이 나지 않으면 곧 본래의 진실[本眞實]이다.

대저 모습 없음이 모습임[無相之相] 이를 '나뉘어 드러남[離]'이라 말하니 나뉨의 바탕은 모습 없음[無相]이다. 모습이 모습 없음임[相卽無相] 이를 '숨어 고요함[微]'이라 말하니 숨음의 바탕은 모습 없음이 아니다[非無相]. 이러므로 도를 하는 자는 난다[生]고 기뻐하지 않고, 죽는다[死]고 걱정하지 않으니, 왜인가? 남[生]으로 뜸[浮]을 삼고 죽음[死]으로 쉼[休]을 삼으며, 남으로 변화[化]를 삼고 죽음으로 참됨[眞]을 삼기 때문이다.

그러므로 경은 '일어남은 오직 법이 일어남이고 사라짐은 오직 법이 사라짐이다'고 하였고 또 이 법[此法]이란 각기 서로 알지 못

---

22) 所以言相者 爲破彼外道著於無相畏有相也 所以言中道者 欲令有相無相無二也 此皆破執除疑言非盡理 若復有人了相無法 平等不二 無取無捨 無此無彼 亦無中間 卽不假聖人言說 理自通也
　夫以相爲無相者 卽相而無相也 故經云色卽是空非色滅空 譬如水流風擊成泡 卽泡是水非泡滅水 夫以無相爲相者 卽無相而相也 經云空卽是色色無盡也 譬如壞泡爲水水卽泡也 非水離泡
　夫愛有相畏無相者 不知有相卽無相也 愛無相畏有相者 不知無相卽是相也 是故有相及無相 一切悉在其中矣

하여〔各不相知〕 일어날 때 '내가 일어난다' 말하지 않고, 사라질 때 '내가 사라진다' 말하지 않는다.

대저 큰 지혜는 앎이 없고〔無知〕 큰 깨침은 깨침이 없으며〔無覺〕, 참 바탕의 진리〔眞際理〕는 공해 이름할 수 없는 것이다. 이러므로 '니르바나 크게 고요함〔涅槃大寂〕'과 '반야의 앎 없음〔般若無知〕', '두렷이 가득한 법신〔圓滿法身〕'은 온갖 한정 지어 헤아릴 수 있는 모습이 고요히 사라진 것이다〔相寂滅也〕.23)

---

23) 覺者名佛 妄卽不生 妄若不生卽本眞實 夫無相之相謂之離 離體無相也 相卽無相謂之微 微體非無相也 是以爲道者 生而不喜死而不憂 何以故 以生爲浮以死爲休 以生爲化以死爲眞

故經云起唯法起滅唯法滅 又此法者各不相知 起時不言我起 滅時不言我滅 夫大智無知 大覺無覺 眞際理空不可名目 是以涅槃大寂 般若無知 圓滿法身一切限量相寂滅也

3. 본바탕이 비어 현묘함을 보인 품〔本際虛玄品〕1)

대저 본바탕〔本際〕이란 곧 온갖 중생의 걸림 없는 니르바나의 성품〔涅槃之性〕이다. 무엇을 홀연히 이와 같은 망녕된 마음〔妄心〕과 갖가지 뒤바뀜〔顚倒〕이 있다 하는가. 다만 한 생각〔一念〕이 미혹하기 때문이다.

또 이 생각이란 하나〔一〕를 좇아 일어난 것이고 또 이 하나〔此一者〕란 '사유하고 말할 수 없음〔不思議〕'에서 일어난 것이고 '사유하고 말할 수 없음'이란 '일어난 바 없음〔無所起〕'이다.

그러므로 『도경(道經)』은 "도(道)가 처음 하나〔一〕를 내니 하나는 함이 없음〔無爲〕이다. 하나가 둘을 낸다."고 하니 둘〔二〕은 망녕된 마음이다.

하나를 알기 때문에 나뉘어 둘이 된다. 둘이 남〔二生〕이란 음양(陰陽)이니, 음양은 움직임과 고요함〔動靜〕이다. 양(陽)이므로 맑고 음(陰)이므로 흐리다. 그러므로 맑은 기운이 안으로 비어〔淸氣內虛〕 마음〔心〕이 되고, 흐린 기운이 밖에 엉기어〔濁氣外凝〕 물질〔色〕이 된다.

그러면 곧 마음 물질(nama-rupa) 두 법〔色心二法〕이 있게 된다. 마음〔心〕은 양(陽)에 응하고 양은 움직임에 응한다. 물질〔色〕은 음(陰)에 응하고 음은 고요함에 응한다. 고요함은 까마득히 빈 암컷〔玄牝: 至陰〕과 서로 통하니 하늘과 땅이 어울려 합하기 때문이다. 이를 '온갖 중생은 음양의 빈 기운〔陰陽虛氣〕을 받아난다'고 말한 바이다.2)

---

1) 본제허현품(本際虛玄品): 니르바나의 본바탕에 이름과 모습이 없음을 보임. 곧 진리인 지혜에 앎이 없고 지혜인 진리에 모습 없어 니르바나의 이름 없는 바탕이 비어 자취 없음을 보임.

2) 夫本際者 卽一切衆生無礙涅槃之性也 何謂忽有如是妄心及以種種顚倒者 但爲一念迷也 又此念者從一而起 又此一者從不思議起 不思議者卽無所起 故經云

이는 하나[一]를 말미암아 둘[二]을 내고 둘[二]이 셋[三]을 내고 셋이 곧 만법을 내는 것[三卽生萬法]이다. 이미 함이 없음을 좇아[緣無爲] 마음이 있고[有心], 다시 마음 있음을 인해[緣有心] 물질이 있는 것[有色]이다.

그러므로 경은 '갖가지 마음과 물질[種種心色]'이라고 한 것이다. 이 때문에 마음이 만 생각을 내고[心生萬慮] 물질이 만 실마리를 일으켜[色起萬端], 어울려 합하는 업의 원인[和合業因]이 드디어 삼계의 씨앗[三界種子]을 이루는 것이다.

대저 삼계(三界)가 있는 까닭은 마음을 집착해 바탕을 삼은 것이니, 참된 하나[眞一]에 미혹하기 때문이다. 곧 흐림과 욕됨이 있으면 그 망녕된 기운[妄氣]을 내고 망녕된 기운이 맑아지면 무색계(無色界)가 되니 마음[心]을 말한 것이다. 맑고 흐림이 드러나 색계(色界)가 되니 몸[身]이라 말한 것이다. 재를 흩어 더러워지면 욕계(欲界)가 되니 티끌경계[塵境]라 말한 것이다.

그러므로 경은 말씀한다.

"삼계가 허망하여 실답지 않아 오직 하나의 망녕된 마음[唯一妄心]이 변화한 것이다."

대저 안에 하나[一]가 나면 곧 밖에 함이 없음[無爲]이 있게 되고, 안에 둘[二]이 나면 곧 밖에 함 있음[有爲]이 있게 된다.(사유할 수 없는 법계에서 하나라는 생각을 내면 그 하나가 함이 없음이 되고 둘을 내면 함이 없음과 함이 있음이 분별됨) 안에 셋이 나면 곧 밖에 삼계(三界)가 있게 된다. 이미 안과 밖이 서로 응하면[內外相應] 드디어 갖가지 모든 법과 강가강 모래수 번뇌를 낸다.3)

道始生一 一爲無爲 一生二 二爲妄心 以知一故卽分爲二 二生陰陽 陰陽爲動靜也 以陽爲淸以陰爲濁 故淸氣內虛爲心 濁氣外凝爲色 卽有心色二法 心應於陽陽應於動 色應於陰陰應於靜 靜乃與玄牝相通 天地交合故 所謂一切衆生皆稟陰陽虛氣而生

3) 是以由一生二 二生三三卽生萬法也 旣緣無爲而有心 復緣有心而有色 故經云

만약 하나가 나지 않으면〔若一不生〕 곧 함 없음〔無爲〕이 없으니, 만약 어떤 사람이 '내가 함 없음을 증득했다'고 말하면 곧 이는 허망함이다. 안에서 둘이 나지 않으면 곧 함 있음〔有爲〕이 없으니 만약 어떤 사람이 '내가 함 있음을 증득했다'고 말하면 곧 허망함이다. 만약 셋이 나지 않으면 곧 삼계가 없으니 만약 어떤 사람이 '반드시 삼계가 있다'고 말하면 곧 이는 허망함이다.

그러므로 경은 말한다.

"있음을 있다 하면 곧 괴로움의 결과〔苦果〕이고 있음을 없다 하면 곧 니르바나〔涅槃〕이다. 모든 슈라바카의 사람은 함 없음 증득함을 취하나 오히려 남음 있음〔有餘〕이 있다. 나아가 열 지위의 보디사트바라도 다 '머무는 지위 무명〔住地無明〕의 미세한 장애〔微細障〕'4)가 있다."

그러므로 하나〔一〕는 함 없음〔無爲〕이 되고 둘〔二〕은 함 있음

種種心色 是以心生萬慮色起萬端 和合業因遂成三界種子

夫所以有三界者 爲以執心爲本 迷眞一故 卽有濁辱生其妄氣 妄氣澄清爲無色界 所謂心也 澄濁現爲色界 所謂身也 散滓穢爲欲界 所謂塵境也 故經云三界虛妄 不實 唯一妄心變化 夫內有一生卽外有無爲 內有二生卽外有有爲 內有三生卽 外有三界 旣內外相應遂生種種諸法 及恒沙煩惱也

4) 무명의 미세한 장애〔無明住地〕: 삼계의 모든 이성적 견해의 미혹〔見惑〕, 감성적 미혹〔思惑〕을 일으키는 뿌리가 되므로 근본무명(根本無明), 비롯 없는 무명〔無始無明〕이라 한다.

다섯 머묾〔五住〕은 견해의 미혹〔見惑〕이 한 머묾이고, 감성적 미혹〔思惑〕이 세 머묾이며, 근본 무명이 한 머묾이므로 합해 다섯 머묾이라 한다. 무명에서 일어난 견해의 미혹이 세 감성적 애착의 미혹을 이끌어 삼계의 나고 죽음에 머물게 하므로 다섯 머묾의 번뇌라 한다.

1. 온갖 견해의 미혹〔見一切住地〕이란 아는 뜻 뿌리〔意根〕가 법의 티끌을 마주해 온갖 삿된 견해를 내어 모든 감성적 애착〔思惑〕이 따라 일어나므로 이를 견혹(見惑)이라 하니, 견혹은 도 보는 지위〔見道位〕에서 다한다.

2. 감성적 미혹〔思惑〕은 셋이니 욕계 애착의 머묾〔欲愛住地〕, 색계 물질에 대한 애착의 머묾〔色愛住地〕, 무색계 존재에 대한 애착의 머묾〔有愛住地〕이다.

3. 이 모든 번뇌의 뿌리가 되는 무명을 무명이 머무는 지위〔無明住地〕라 한다.

〔有爲〕이 되며 셋〔三〕은 삼계(三界)가 된다.5)

함 없음이라 말한 것은 두 가지가 있으니, 첫째 사라짐을 증득하는 함 없음〔證滅無爲〕, 둘째 성품이 본래 함 없음〔性本無爲〕이다.

사라짐을 증득하는 함 없음은, 온갖 성인이 도를 닦아 장애를 끊고〔修道斷障〕, 한결같음 체달하는 것〔體如如〕을 말한다.

그러므로 경은 말한다.

"온갖 성현은 다 함이 없음으로 차별이 있다."

성품이 본래 함이 없음〔性本無爲〕이란 본래 법이 그러해〔本來法爾〕닦음이 아니고 증득함이 아니며, 사람이 합하는 바도 아니고〔非人所合〕법이 계합하는 것도 아니라〔非法所契〕, 사람과 법이 본래 공해〔人法本空〕'바탕이 깨끗한 진제〔體淨眞諦〕'인 것이다.

그러므로 경은 말한다.

"실상의 진리는 함 있음도 아니고 함 없음도 아니며, 이 언덕이 아니고 저 언덕이 아니며, 가운데 흐름도 아니다."6)

이는 함 있음이 아니기 때문에〔非有爲故〕닦아 배울 수 없고(함 있음에 다할 함 있음이 없으므로), 함 없음이 아니므로〔非無爲故〕곧 없애 증득할 수 없다(함 없음에 머물 함 없음이 없으므로). '만약 닦음이 있고 증득함이 있다'고 하면 '성품의 본래 함 없음〔性本無爲〕'이 아니다. 그러므로 경은 말한다.

"온갖 법은 나지 않음〔不生〕으로 실천의 마루〔宗〕를 삼는다."

---

5) 若一不生卽無無爲 若有人言我證無爲 卽是虛妄 若二不生卽無有爲 若有人言我證有爲 卽是虛妄 若三不生卽無三界 若有人言定有三界 卽是虛妄 是故 經云有有卽苦果 無有卽涅槃 諸聲聞人取證無爲 猶有有餘也 乃至十地菩薩 皆有住地無明微細障也 故以一爲無爲以二爲有爲 以三爲三界

6) 言無爲者有二種 一者證滅無爲 二者性本無爲 言證滅無爲者 所謂一切聖人修道斷障體如如也 故經云一切賢聖皆以無爲法 而有差別 性本無爲者 所謂本來法爾非修非證 非人所合非法所契 人法本空體淨眞諦 故經云實相之理非有爲非無爲 不此岸不彼岸 不中流

실천의 마루〔宗〕가 만약 나지 않음이라면 남 없음도 없다〔無無生〕. 남 없음도 나지 않는다면〔無生不生〕 증득할 수 없다. 왜 그런가? 만약 증득함이 있다면 곧 남이 있음이고, 만약 증득함이 없다면 남 없음이라 '본래의 크게 어두움〔本太冥〕'에 의지한다.7)

대저 나지 않음〔不生〕이란 곧 본바탕〔本際〕이다. 나오지 않고 없어지지 않아〔不出不沒〕 마치 허공이 견줄 수 없는 것과 같다. 다만 온갖 함이 있는 법은 허망하여 실답지 않다. 연의 거짓이 서로 의지하여〔緣假相依〕, 있음과 없음〔存亡〕이 있는 것이라 그 뿌리와 나아감을 사무치면, 본래 진실의 바탕에 돌아간다〔還本實際〕. 다만 온갖 중생은 바탕을 잃고서 밖으로 다투어 구하며 힘들게 닦아 익히나 오랜 칼파를 쌓아가도〔累劫〕 참됨을 깨닫지 못한다.

그러므로 근본을 가져다 끝을 구하니, 끝은 허망하여 참이 아니고〔末妄非眞〕, 끝을 가져다 근본을 구하니 근본은 헛되어 실답지 않다〔本虛非實〕.8)

대저 바탕이란 곧 합해 구하지 않으니〔本者卽不合求〕 왜 그런가? 바탕은 바탕을 구하지 않기〔本卽不求本〕 때문이니 비유하면 금(金)은 금(金)을 구하지 않음과 같다.

끝〔末〕은 곧 합해 닦지 못하니 왜 그런가? 허망함〔妄〕은 허망〔妄〕을 구하지 않기 때문이니 비유하면 진흙덩이가 금을 이루지 못함과 같다. 대저 몸과 마음의 법〔身心之法〕은 헛되고 거짓이라

---

7) 是以非有爲故 卽不可修學 非無爲故卽不可滅證 若有修有證者 非性本無爲也 故經云 一切法以不生爲宗 宗若不生卽無無生 無生不生不可爲證 何以故 若有 證卽有生 若無證卽無生 依本太冥

8) 夫不生者卽本際也 不出不沒猶如虛空無物可比 但一切有爲之法虛妄不實 緣假 相依而有存亡 窮其根趣還本實際 但一切衆生失本 外求竛竮 辛苦修習 累劫而 不悟眞 是以將本求末 末妄非眞 將末求本 本虛非實
〔근본과 끝이 모두 참이 아니라는 것은 진리와 사법, 진여와 나고 사라짐이 모두 공하여 얻을 것이 없되 근본과 끝이 서로 살림을 말함.〕

실답지 않은데 세속 사람이 많이들 몸과 마음을 닦아 도를 찾으니 그것은 저 진흙덩이로 금을 구하는 것과 같다.

만약 몸과 마음을 잡아 곧 도〔約身心卽是道〕라고 하면, 성인이 왜 '몸과 마음 떠나라'고 말하겠는가? 그러므로 도 아님〔非道〕을 알아야 한다.

만약 바탕의 참됨〔本眞〕이라도 또한 합해 닦을 수 없으니 왜 그런가? 두 법이 없기 때문이다. 대저 성인은 살아도 있지 않고〔生而不有〕, 죽어도 없지 않아〔死而不無〕, 망상으로 취하고 버리는 마음이 없으니 만 번 살고 만 번 죽어도 공정하여 사사로움이 없다〔公正無私〕고 말한 것이다. 법이 그렇게 스스로 그러하여〔法爾自然〕 그 가운데 내가 지음이 없는 것〔無我造〕이다.9)

다만 저 어리석은 범부는 망상으로 안에 미혹의 마음을 일으켜 갖가지 견해가 나므로 진실이 아니라 밝게 알지 못한다. 그러나 그 본바탕의 자기성품은 청정하고 미묘하여 깊고 깊어 바탕에 티끌 먼지〔塵垢〕가 없다. 이러므로 천 성인 만 어진 이〔千聖萬賢〕들이 갖가지로 말하니 다 이는 교화로 참이 참 아님〔眞非眞〕을 말하고 변화가 변화 아님〔化非化〕을 말한 것이다.

이는 본바탕〔本際〕에 이름 없어 이름 없음〔無名〕을 이름하고 본바탕에 모습 없어 모습 없음〔無相〕을 이름하는 것이다. 이름과 모습이 이미 서면〔名相已立〕 망녕된 미혹이 드디어 나서, 참인 하나의 진리〔眞一理〕는 가라앉고 '도의 마루가 되는 일〔道宗事〕'은 숨는다. 이 때문에 이름 없는 바탕〔無名之朴〕은 온갖 것에 통해 두

---

9) 夫本者卽不合求 何以故 本卽不求本也 譬如金不求金也 末卽不合修 何以故 妄不求妄也 譬如泥團不可成金也 夫身心之法虛假不實 俗人多以修身心而覓道者 同彼泥團而覓金也 若約身心卽是道者 聖人何故說離身心 故知非道也 若本眞者亦不合修 何以故 無二法也 夫聖人生而不有死而不無 無有妄想取捨之心 所謂萬生萬死公正無私 法爾自然中無我造

루하여〔通遍一切〕이름할 수 없고, 한정해 헤아릴 경계를 지나니 〔過限量界〕한 바탕에 둘이 없는 것〔一體無二〕이다.

그러므로 경은 말한다.

"벌여 있는 것들과 만 가지 모습이
한 법이 도장 찍은 것이다."

森羅及萬象　一法之所印

도장〔印〕은 곧 본바탕이다. 그러나 본바탕의 진리는 나도 없고 남도 없으며 같음도 없고 다름도 없어, 한 기를 싸서 머금어〔包含一氣〕만 가지 있음을 거두어 들어간다〔該入萬有〕.10)

만약 어떤 사람이 자기 성품이 청정하여 하나를 머금어 나서〔含一而生〕, 그 가운데 망상이 없으면 곧 성인이 된다. 그러나 진실의 바탕 가운데〔實際中〕에는 성인의 법이 없는 것〔無聖人法〕이다.

(성인의 법이 있다면) 마치 가는 티끌이 다름 있음을 허락하는 것과 같다.

다시 어떤 사람이 자기성품이 청정하여 하나를 머금어 나되 그 가운데 망상이 있어 스스로 삶이 흐리고 어지러우면 곧 범부가 된다. 그러나 진실한 바탕 가운데〔實際中〕는 또한 범부의 법이 없는 것〔無凡夫法〕이다. (범부의 법이 있다면) 마치 가는 티끌이 다름 있음을 허락하는 것과 같다.

그러므로 경은 말한다.

붇다의 성품은 평등하여

---

10) 但彼愚夫妄想內起惑心種種見生　故非眞實不能明了　然其本際自性淸淨　微妙甚深體無塵垢　是以千聖萬賢種種言論　皆是化說於眞非眞說化非化
是以本際無名名於無名　本際無相名於無相　名相旣立妄惑遂生　眞一理沈道宗事隱　是以無名之朴　通遍一切不可名目　過限量界一體無二　故經云森羅及萬象一法之所印　印卽本際也　然本際之理　無自無他非一非異　包含一氣該入萬有

넓고 커서 헤아릴 수 없다.

범부 성인이 둘이 아니라

온갖 것에 두렷이 가득하여

풀과 나무에 모두 갖추어져 있고

땅강아지 개미에게도 두루하다

佛性平等　廣大難量

凡聖不二　一切圓滿

咸備草木　周遍螻蟻

나아가 가는 티끌 머리털도, 하나를 머금어〔含一〕 있지 않음이 없다.[11]

그러므로 경은 말한다.

"또렷이 하나를 알 수 있으면 만 가지 일을 마친다〔了能知一 萬事畢也〕."

이는 온갖 중생이 다 하나인 수레〔一乘〕로 나기 때문이다. 그러므로 이를 하나인 수레〔一乘〕라 한다. 만약 미혹한다면 곧 다르지만 깨치므로 곧 하나인 것이다.

경은 말한다.

"앞생각이 곧 범부이지만 뒷생각이 곧 성인이다."

또 말한다.

"한 생각으로 온갖 법을 안다."

이는 하나가 곧 온갖 것이요 온갖 것이 곧 하나이기 때문이다. 그러므로 온갖 것이라 말하니 한 법의 공〔一法之功〕으로써 만 가지 모습을 이룬다〔成萬象〕.

---

11) 若復有人自性淸淨 含一而生中無妄想 卽爲聖人 然實際中亦無聖人法 如微塵許而有異也 若復有人自性淸淨 含一而生中有妄想 自體濁亂卽爲凡夫 然實際中亦無凡夫法 如微塵許而有異也 故經云 佛性平等 廣大難量 凡聖不二 一切圓滿 咸備草木 周遍螻蟻 乃至微塵毛髮 莫不含一而有

그러므로 경은 말한다.

"온갖 것이 만약 있다면,
마음 있어서 곧 미혹이요,
온갖 것이 만약 없다면
마음 없어서 시방에 두루한다."[12]

一切若有　有心卽迷
一切若無　無心卽遍十方

그러므로 참됨은 하나이나 만으로 차별되고 만으로 차별되나 참됨은 하나이다. 비유하면 바다가 솟구쳐 천 물결이나 천 물결이 곧 바다인 것과 같다. 그러므로 온갖 것이 다 하나라 다름이 없는 것과 같다. 대저 하나라 말한 것은 저 뜻 달리함[異情]을 마주한 것이다. 다름이 이미 다름이 아니라면 하나 또한 하나가 아니다.

하나도 아니고 다름도 아님[非一非異]을 짐짓 이름하여 참된 하나[眞一]라 한다. 대저 참된 하나란 이름과 글자로 말할 수 있는 것이 아니다. 이는 하나 아님[非一]으로 하나를 보기[見一] 때문이다.

만약 보는 바가 있으면 곧 둘이 있는 것이니 참된 하나라 이름할 수 없다. 또 하나를 안다고 이름할 수 없으니 만약 하나로 하나를 알면[若一知一] 곧 둘이 됨이라 이름하니 또한 하나라고 이름할 수 없다.[13]

만약 아는 바가 있으면[有所知] 있음이고, 앎이 없어도[無知]

---

12) 故經云了能知一萬事畢也 是以一切衆生皆一乘而生 故謂之一乘 若迷故卽異覺 故卽一 經云前念是凡後念是聖 又云一念知一切法也 是以一卽一切一切卽一 故言一切以一法之功以成萬象 故經云一切若有有心卽迷 一切若無無心卽遍十方

13) 故眞一萬差萬差眞一 譬如海湧千波千波卽海 故一切皆一無有異也 夫言一者對彼異情 異旣非異一亦非一 非一不一假號眞一 夫眞一者非名字所說也 是以非一見一 若有所見卽有二也 不名爲眞一 又不名爲知一 若一知一卽名爲二亦不名爲一

있음이라, 앎과 알지 못함〔知不知〕이 곧 둘〔二〕이 있음이다.

이러므로 큰 지혜는 앎이 없고〔大智無知〕 알지 못함도 없어서〔無不知〕, 불타듯 늘 아는 것〔熾然常知〕이다. 늘 알되 앎 없음〔常知無知〕을 안다〔知〕고 짐짓 이름하니 나〔我〕도 아니고 내 것〔所〕도 아니며 마음도 아니고 뜻도 아니다〔非心非意〕.

대저 함이 있는 셈법〔有爲數法〕은 곧 아는 바가 있음〔卽有所知〕이다. 만약 함이 없는 법이라면 마치 허공이 끝과 바탕이 없는 것 같아, 앎과 알지 못함이 없다〔無知不知〕.

대저 성인(聖人)이 아는 자〔知者〕라고 말한 까닭은 마음 있고 셈이 있으며 함이 있고 법이 있으므로〔有爲有法〕 알 수 있는 것이다. 앎이 없는 자〔無知者〕라고 말한 까닭은 마음이 없고 셈이 없으며 함이 없고 법이 없으므로〔無爲無法〕 알 수 없는 것이다.

만약 앎이 있어서, 앎 없음을 안다는 것〔知於無知者〕은 그런 곳이 없다. 비유하면 어떤 사람이 날이 다하도록 공(空)을 말해도〔說空〕 다만 사람〔人〕이 공을 말함이지, 공이 말함이 아닌 것〔非空說〕과 같다. 만약 저 앎으로써 앎 없음을 안다는 것도 또한 다시 이와 같다.14)

대저 성인이 어쩌다 '내가 아는 자〔我知者〕'라고 말하는 것은 다 미혹을 마주해 일을 잡아〔對迷約事〕 보인 것이니 병을 깨뜨리고〔破病〕 의심을 없애면〔除疑〕 실로 둘이 없는 것이 앎〔知〕과 앎 없음〔無知〕이다.

앎 없다〔無知〕고 말한 것은 저 어리석은 범부가 참된 하나〔眞

---

14) 若有所知卽有 無知有 知不知卽有二也 是以大智無知而無不知 熾然常知 常知無知假號爲知 非我非所非心非意 夫有爲數法卽有所知 若無爲法 猶如虛空無有涯際 卽無知不知

夫聖人所以言知者 爲有心有數有爲有法 故可知也 所以言無知者 爲無心無數無爲無法 故不可知也 若以有知知於無知者 無有是處 譬如有人終日說空 但人說空非空說也 若以彼知知無知者 亦復如是

一]를 알지 못하여 나[我]와 내 것[我所]을 집착하여 망녕되이 알 수 있음[能知]과 아는 바[所知]를 헤아리기 때문이다. 그러므로 앎 없음과 분별없음을 말한다. 그러면 저 어리석은 범부는 듣고서 곧 앎 없음[無知]을 배우니, 마치 어리석은 사람이 분별할 수 없는 것과 같다.

이러므로 성인(聖人)은 저 허망함을 인해서 곧 '여래는 밝고 밝게 알고 본다[如來了了知見]'고 말하니 알지 않음이 아닌 것[非不知]이다. 그러면 어리석은 범부는 듣고서 곧 앎 있음[有知]을 배운다.

앎 있음[有知]이 있다 함으로 말미암아, 곧 앎의 걸림[知礙]이 있게 되니 또한 헛된 앎[虛知]이라 이름하고 망녕된 앎[妄知]이라 이름한다. 이와 같이 아는 것은 더욱 도가 아니다[轉非道].

그러므로 경은 말한다.

"중생이 나쁜 스승[惡知識]을 가까이하면 나쁜 지견[惡知見]을 길게 한다."

왜 그런가? 저 모든 바깥 길들[諸外道]은 아직 오지 않은 것을 먼저 알고, 지나감을 뒤에 알며, 몸과 마음을 가운데 알아, 몸과 마음이 깨끗하지 않으므로 나고 죽음을 벗어나지 못한다.15)

대저 온갖 앎 없음[無知]을 배우는 자들은 다 앎 있음을 버리고 앎 없음을 배운다. 그러면 앎 없음이라는 것도 곧 앎이다[無知者卽是知也]. 그러나 앎은 스스로 느껴 앎이 아니다[自不覺知].

다시 앎 없음을 버리고 앎 있음을 배우는 자가 있다면 앎은 곧 느낌이 있음이다[知卽有覺]. 느낌이 있으므로 마음이 '만 가지 생각

---

15) 夫聖人所以或言我知者 皆是對迷約事 破病除疑實無二者 知無知也 所以說無知者 爲彼愚夫不了眞一 著我我所妄計能知所知 故說無知無分別 彼愚夫聞已卽學無知 猶如癡人不能分別 是以聖人因彼虛妄 卽言如來了了知見 非不知也 愚夫聞已卽學有知 由有有知卽有知礙 亦名虛知亦名妄知 如是之知轉非道也 故經云衆生親近惡知識長惡知見 何以故彼諸外道前知未來 後知過去 中知身心 身心不淨故不免生死

〔萬慮〕'을 내고 뜻이 '백 가지 사유〔百思〕'를 일으켜, 도로 괴로움을 떠나지 못한다.

저들의 앎은 두 견해〔二見〕이니 다 바탕 그대로 비어 융통하여 진리대로 그윽이 계합하지〔如理冥契〕 못한 것이다. 그래서 진실에 들어갈 수 없는 것이다.

대저 진실이란 앎과 앎 없음을 떠나니〔離知無知〕, 온갖 한정하는 헤아림을 지난다. 대저 봄이란 곧 방위가 있고〔見卽有方〕 들음은 곧 곳이 있으며〔聞卽有所〕 느낌〔覺〕은 마음〔心〕이 있고 앎〔知〕은 곧 헤아림〔量〕이 있다. 이는 본바탕〔本際〕에 방위가 없고〔無方〕 곳이 없으며〔無所〕 마음 없고 헤아림 없어서, 곧 보고 듣고 느껴 앎〔見聞覺知〕이 있지 않음을 알지 못한 것이다. 이런 까닭에 '참된 하나의 둘이 없음〔眞一無二〕'에서 같지 않음〔不同〕을 나타낸 것이다.16)

○ 어쩌다 다시 사람이 있어 붇다를 불러 붇다가 나타나고〔念佛佛現〕 상가를 불러 상가가 나타나면〔念僧僧現〕, 다만 저는 붇다 아니되 붇다 아님도 아님〔非佛非非佛〕으로 붇다를 나타내고〔現佛〕 나아가 상가 아니되 상가 아님도 아님〔非僧非非僧〕으로 상가를 나타낸 것〔現僧〕이다.

왜 그런가? 저의 부르는 마음〔彼念心〕이 바라서 나타나기 때문이다. 그러므로 스스로의 마음이 나타낸 것〔自心所現〕을 깨달아 알지 못하면, 성인의 일이 연으로 일어남〔聖事緣起〕은 하나같이 바깥 경계 때문에 차별이 있는 것이지만, 실로 붇다〔佛〕와 상가

---

16) 夫一切學無知者 皆棄有知而學無知 無知者卽是知也 然自不覺知 復有棄無知而學有知者 知卽有覺 有覺故心生萬慮 意起百思 還不離苦 彼知二見皆不能當體虛融如理冥契 遂不能入眞實也 夫眞實者離知無知 過一切限量也 夫見卽有方 聞卽有所 覺卽有心 知卽有量 不了本際無方無所無心無量 卽無有見聞覺知也 所以眞一無二 而現不同

[僧]에 다름이 있지 않다.

그러므로 경(經)은 말한다.

"저가 모든 붇다의 국토와 몸이 얼마 있음을 보지만 그 걸림 없는 지혜[無礙慧]에는 얼마의 있음이 없다. 비유하면 허공 가운데 환술사가 환술의 힘으로 갖가지 빛깔 모습을 변화해 지은 것과 같다."

저 허깨비 사람[幻人]이 어리석으므로 저 허공 가운데 먼저 이 일이 있다고 말하는 것이니 저 붇다와 상가를 불러 생각함[彼念佛僧]도 또한 다시 이와 같다. 공한 법 가운데서[於空法中] 생각하는 환술의 힘으로 갖가지 빛깔 모습을 지어 망상의 봄[妄想見]을 일으킨 것이다."

그러므로 경은 말한다.

마음은 교묘한 놀이꾼 같고
뜻은 놀이에 어울린 자 같네
다섯 앎이 벗들이 되고
망상은 놀이 보는 무리이네

心如工伎兒　意如和伎者
五識爲伴侶　妄想觀伎衆

이는 비유하면 어떤 사람이 큰 불림통 가[大冶邊]에서 스스로 모습의 틀을 만들어 모나고 둥글며 크고 작음이 스스로 맞아 저 금물이 나라는 틀[我模]에 흘러들어가기를 바라 꼴과 모습을 이룬 것이다. 그러니 곧 녹은 금이 꼴과 모습에 맡겨 이룬 것이다. 그것의 진실은 녹은 금[融金]이라 모습도 아니고 모습 아님도 아님[非像非非像]이 모습을 나타낸 것[現於像]이다.

저 붇다와 상가를 불러 생각함[念佛僧]도 또한 다시 이와 같다.17)

---

17) 或復有人念佛佛現 念僧僧現 但彼非佛非非佛 而現於佛 乃至非僧非非僧 而現於僧 何以故爲彼念心希望現 故不覺自心所現 聖事緣起一向爲外境界而有差

큰 지혜는 녹은 금이니 곧 여래의 법신〔如來法身〕을 비유한다. 틀의 모습은 중생이 바라 붇다 얻음을 비유한다. 그러므로 붇다를 불러 생각하여〔念佛〕 어울려 합하는 인연〔和合因緣〕으로 갖가지 몸의 모습을 일으키는 것이다. 그러니 저 법신(法身)은 모습이 아니고〔非相〕 모습 아님도 아니다〔非非相〕.

무엇을 모습 아님이라 하는가? 본래 정한 모습 없음이다. 무엇을 모습 아님도 아님이라 하는가? 연으로 일어나는 모든 모습〔緣起諸相〕이다.

그렇다면 저 법신은 드러남도 아니고〔非現〕 드러나지 않음도 아님이라〔非非現〕 성품〔性〕과 성품 없음〔無性〕을 떠나, 있음도 아니고 없음도 아니며〔非有非無〕, 마음이 없고 뜻이 없어 온갖 헤아림으로 잴 수 없다.

다만 저 범부는 마음을 따라 있으면 곧 붇다를 뵙는다는 생각을 내, 하나같이 저 마음 밖에 붇다가 있다〔心外有佛〕고 말해, 스스로의 마음이 어울려 합해 있음을 알지 못한다. 어떤 이가 하나같이 마음 밖에 붇다가 없다〔心外無佛〕 해도, 곧 바른 법을 비방함〔謗正法〕이 되는 것이다.18)

別 實非佛僧而有異也

故經云 彼見諸佛國土及以色身而有若干 其無礙慧無若干也 譬如幻師於虛空中 以幻術力化作種種色象 彼幻人癡故謂彼空中先有此事 彼念佛僧 亦復如是 於 空法中 以念術力 化作種種色相 起妄想見

故經云 心如工伎兒 意如和伎者 五識爲伴侶 妄想觀伎衆 譬如有人於大冶邊 自 作模樣方圓大小自稱願彼金汁流入我模以成形像 然則鎔金任成形像 其眞實融 金 非像非非像而現於像 彼念佛僧亦復如是

18) 大智 融金者 卽喩如來法身 模樣者 卽喩衆生希望得佛 故以念佛 和合因緣起 種種身相 然彼法身非相非非相 何謂非相 本無定相 何謂非非相 緣起諸相 然 則法身非現非非現 離性無性 非有非無 無心無意 不可以一切度量也 但彼凡夫 隨心而卽生見佛之想 一向謂彼心外有佛 不知自心和合而有 或有一向言心外 無佛卽爲謗正法也

그러므로 경은 말한다.

"성인의 경계는 있음도 아니고 없음도 아님[非有非無]마저 떠나 일컬어 헤아릴 수가 없다. 만약 있음과 없음을 집착하는 자[執著有無者]는 곧 두 가[二邊]라 또한 허망한 것이다. 왜 그런가? 망녕되이 두 견해를 내면 진리에 어긋나기 때문[乖眞理故]이다."

비유하면 어떤 사람이 금 그릇 곳간 가운데서 늘 금바탕만을 보고 뭇 모습을 보지 않으면 비록 뭇 모습을 보아도 또한 한 금인 것과 같다.

이미 모습에 미혹 되지 않으니 곧 분별을 떠나 늘 금바탕을 살펴 헛되이 그릇됨이 없다. 비유하면 저 참사람[眞人]도 또한 다시 이와 같아 늘 참된 하나[眞一]를 살펴 뭇 모습을 보지 않으면, 비록 뭇 모습을 보아도 또한 이 참된 하나이다.

망상을 멀리 떠나 뒤바뀜이 있지 않고 진실한 바탕[眞實際]에 머무르니 성인(聖人)이라 이름한다.

만약 다시 어떤 사람이 금그릇 곳간 가운데서 늘 뭇 모습을 보고 금바탕을 보지 않고 좋고 나쁨을 분별하여 갖가지 견해를 일으켜 금의 성품을 잃으면 곧 다툼의 따짐[諍論]이 있게 된다.

비유하면 저 어리석은 범부도 또한 다시 이와 같아, 늘 빛깔의 모습, 남녀의 잘나고 못남 갖가지 차별을 살펴, 본 성품[本性]에 미혹하고 마음의 모습[心相]을 집착한다. 그리하여 취하고 버리며 사랑하고 미워하며 갖가지 뒤바뀜을 일으켜, 나고 죽음에 흘러 떠돌며[流浪生死] 갖가지 몸을 받고 망상이 벌여 펼쳐져[妄想森羅] 참된 하나[眞一]를 숨기고 덮는다.19)

---

19) 故經云 聖境界離於非有非無 非所稱量 若執著有無者 卽是二邊亦是虛妄 何以故妄生二見乖眞理故 譬如有人於金器藏中 常觀於金體不觀衆相 雖觀衆相亦是一金 旣不爲相所惑 卽離分別 常觀金體無有虛謬 喩彼眞人亦復如是 常觀眞一不觀衆相 雖觀衆相亦是眞一 遠離妄想無有顚倒 住眞實際名曰聖人
　若復有人於金器藏中 常觀衆相不觀金體 分別善惡 起種種見 而失於金性 便有

이러므로 도를 생각하는 어진 이〔懷道君子〕, 통하여 밝게 이른 사람〔通明達人〕은 깊고 깊음을 살펴 뭇 모습을 멀리 떠난다. 그리하여 '참된 하나에 계합하여〔契合眞一〕 진리에 서로 응한다〔與理相應〕.' 대저 참된 하나란 말하기 어려워 비유를 잡아 펼치는 것이니 마쳐 다한 도의 마루〔究竟道宗〕는 말로 보일 수 없다.

대저 눈〔眼〕에 눈이라는 앎〔眼解〕을 지으면 곧 눈의 뒤바뀜을 내고, 눈에 눈 없는 앎〔無眼解〕을 지으면 눈 없는 뒤바뀜을 내니 모두 망상이다.

만약 눈 있음을 집착하는 자는 그 눈 없음에 미혹하니 눈 있음을 말미암아 곧 묘한 봄〔妙見〕을 통하지 못하는 것이다. 그러므로 경은 말한다.

"눈이 없고〔無眼〕 빛깔이 없어도〔無色〕 다시 미혹의 눈〔迷眼〕이 있다."

눈 없음을 짓는 자는 곧 그 참된 눈〔其眞眼〕을 잃으니 마치 눈 뜨고 눈먼 이〔生盲人〕가 빛깔을 가리지 못한 것과 같다.

그러므로 경은 말한다.

"비유하면 눈이 무너진 사람〔根敗之士〕이 다섯 욕망〔五欲〕에 다시 날카로울 수 없는 것과 같다."

모든 슈라바카의 사람들〔聲聞人〕도 또한 다시 이와 같다.[20]

오직 여래만이 참된 하늘눈〔眞天眼〕을 얻어 늘 사마디(samadhi)에 있으며〔常在三昧〕 모든 붇다의 국토를 다 보신다. 두 모습〔二

諍論 喩彼愚夫亦復如是 常觀色相男女好醜起種種差別 迷於本性執著心相 取捨愛憎起種種顚倒 流浪生死受種種身 妄想森羅隱覆眞一

20) 是以懷道君子通明達人 觀察甚深遠離群品 契合眞一與理相應 夫眞一難說 約喩以陳究竟道宗非言可示 夫眼作眼解卽生眼倒 眼作無眼解卽生無眼倒 俱是妄想 若執有眼者卽迷其無眼 由有眼故卽妙見不通 故經云無眼無色復有迷眼 作無眼者卽失其眞眼 如生盲人不能辨色 故經云譬如根敗之士其於五欲不能復利 諸聲聞人亦復如是

相]이 아니기 때문에 범부의 보는 바 있음과 같지 않고, 다 보기 때문에 슈라바카의 보는 바 없음과 같지 않다. 저 둘의 보는 것은 있음과 없음을 망녕되이 본다. 그러나 참된 하나인 가운데 바탕은 있고 없음이 아니다[眞一之中體非有無]. 다만 망상으로 헛되이 세워, 있고 없음을 얻는 것이다.

대저 성인이 "나는 밝고 밝게 본다[我了了見]."고 말하거나 때로 "보지 않는다[不見]"고 하거나 다만 병을 깨뜨리기[破病] 위하므로 봄[見]과 보지 않음[不見]을 말한 것이다.[21]

그러나 '참된 하나의 진리 가운데[眞一理中]'는 봄[見]과 보지 않음[不見]을 떠나니 한정해 헤아리는 경계를 지나고 범부 성인의 지위를 지난다. 그러므로 '밝고 밝게 볼 수 있음'이 허망한 것이 아니다. 이 때문에 물질법이 아니므로 몸의 눈[肉眼]으로 보는 바가 아니고, 증득하는 법이 아니므로 법의 눈[法眼]으로 보는 바가 아니다. 오직 붇다의 눈만이 청정하여[佛眼淸淨] 봄이 아니고 보지 않음도 아니라[非見非不見] 밝고 밝게 보니[了了而見], 사유하고 말할 수 없으며 가늠해 헤아릴 수 없다[不可測量].[22]

범부는 바른 씨앗 끊어진 가름[絶分]이고, 두 수레[二乘]는 겨자씨 같이 작은 수레[芥子]이고, (낮은) 보디사트바는 벌려져 있는 알곡[羅穀]이다. 그러므로 붇다의 성품[佛性] 볼 수 없음을 알라. 비록 그러함이 이와 같으므로 경은 말한다.

"붇다의 성품은 널리 두루하여 범부 성인을 묻지 않는다. 다만

---

21) 唯其如來得眞天眼　常在三昧悉見諸佛國土　不以二相故卽不同凡夫有所見也　悉能見故卽不同聲聞無所見也　彼二見者妄見有無　然眞一之中體非有無　但妄想虛立得有無也　夫聖人說言我了了見　或言不見者　但爲破病故說見不見也

22) 然眞一理中離見不見　過限量界度凡聖位　故能了了見非虛妄也　是以非色法故卽非肉眼所見　非證法故卽非法眼所見　唯有佛眼淸淨非見非不見　了了而見　不可思議不可測量

스스로의 몸 가운데서 참된 하나〔眞一〕를 체달해 알아야지 왜 밖에서 찾으려 하는가? 낮밤으로 깊이 사유하면 안의 마음에 스스로 증득한다."

그러므로 경은 말한다.

"몸의 실상〔身實相〕을 살피고 붇다를 살핌〔觀佛〕도 또한 그렇다."

대저 몸의 실상 살핌〔觀身實相〕이란 곧 한 모습〔一相〕이고 한 모습이란 공한 모습이다. 다만 공하여 모습 없으므로 곧 더러움도 아니고 깨끗함도 아니며, 범부도 아니고 성인도 아니며, 있음도 아니고 없음도 아니며, 삿됨도 아니고 바름도 아니다. 바탕성품이 늘 머물러〔體性常住〕 나지 않고 사라지지 않으니〔不生不滅〕 곧 본바탕〔本際〕이다.23)

○ 왜 여래의 법신〔如來法身〕은 눈 귀 코 혀 나아가 몸과 뜻까지 모든 아는 뿌리가 서로 쓰이는가〔諸根互用〕?

바탕이 참된 하나이기 때문이며 제한해 헤아릴 수 없고 나뉜 가름〔分劑〕이 없기 때문이다. 곧 법신은 비어 통해 온갖 것에 걸림 없는 것이다. 그런데 왜 범부의 눈 귀 모든 아는 뿌리들은 통하지 못하는가? 그래서 서로 쓰임〔互用〕이 없는 것은 망상 분별로, 영역이 막혀 떨어지고 모든 아는 뿌리와 정신이 헤아림이 있어, 나뉘어 갈라져 통하지 않기 때문에, 참된 하나의 진리가 미혹되어〔眞一理迷〕 드디어 서로 쓰임이 없게 되었다〔遂無互用〕.

그러므로 경은 말한다.

"범부는 모습 취하는 앎〔想識〕이 미혹되고 망녕되어 통하지 못하고, 아는 뿌리 아는 바 경계를 집착하여〔執著根塵〕 갖가지 분별

---

23) 凡夫絶分 二乘芥子 菩薩羅縠 故知佛性難可見也 雖然如是故 經云佛性普遍
　　無間凡聖 但自身中體會眞一 何用外覓 晝夜深思內心自證 故經云觀身實相觀
　　佛亦然 夫觀身實相者卽一相也 一相者卽空相也 但空無相故卽非垢非淨 非凡
　　非聖非有非無非邪非正 體性常住不生不滅卽本際也

이 있다."

이는 성인이란 참된 하나를 통달하여〔通達眞一〕 망녕된 마음으로 영역이 막힌 아는 뿌리와 티끌경계〔妄心界隔根塵〕가 없다는 것이다. 그러므로 같이 쓸 수 있어 마음의 헤아림이 없는 것이다.24)

대저 무엇을 참된 하나〔眞一〕라 하는가? 참됨은 다름이 없고 다름이 없으므로 만 가지 것〔萬物〕은 하나를 머금어 나서〔含一而生〕. 곧 저 만 가지 것 또한 하나가 되는 것이다. 왜 그런가? 본래 하나이기 때문이니 곧 둘이 없음이다. 비유하면 찬다나(chandana, 旃檀) 나무는 찬다나 가지를 내서 끝내 참죽나무〔椿木〕가 아님과 같다.

그러나 저 참된 하나〔眞一〕에는 갖가지 이름과 글자가 있고 비록 갖가지 이름과 글자가 있으나 끝내 한뜻〔一義〕에 같이한다. 때로 법성(法性) 법신(法身) 진여(眞如) 실제(實際) 허공(虛空) 불성(佛性) 열반(涅槃) 법계(法界)라 이름하고 나아가 본제(本際) 여래장(如來藏)에 이르기까지 헤아릴 수 없는 이름과 글자가 있으나 다 참된 하나의 다른 이름이라 같이 한뜻〔一義〕에서 난다.25)

▌ 평석자의 생각에 이 뒤의 글은 비록 『보장론』의 끝에 첨가되어 있는 글이나 『보장론』의 편제상 『보장론』의 저자 자신의 글이라 보기 어렵다. 아마 후대 『보장론』을 판각하면서 편집자가 품의 이름과 뜻〔名義〕을 정리해 논의 큰 뜻을 밝히고 논의 제목을

---

24) 何以如來法身眼耳鼻舌 乃至身意諸根互用者 爲體眞一也 以無限量無分劑故 卽法身虛通一切無礙 何以凡夫眼耳諸根不通逢無互用者 爲妄想分別界隔諸根 精神有量 分劑不通 眞一理迷逢無互用 故經云凡夫想識惑妄不通 執著根塵而有種種差別 是以聖人通達眞一 無有妄心界隔根塵 故能同用無有心量

25) 夫何謂眞一以眞無異 無異故萬物含一而生 卽彼萬物亦爲一也 何以故以本一故 卽無二也 譬如檀生檀枝終非椿木也 然彼眞一而有種種名字 雖有種種名字 終同一義 或名法性 法身 眞如 實際 虛空 佛性 涅槃 法界 乃至本際 如來藏 而有無量名字皆是眞一異名 同生一義

'보장론(寶藏論)'으로 붙인 것이 아닌가 생각한다.

○ 대개 앞의 세 품[前三品]이라는 것도 또한 다시 이와 같다.

대저 무엇을 널리 비추는 품[廣照品]이라 하는가? 지혜의 비춤이 널리 통하고 지혜의 해가 두렷이 비추어 사물의 이치를 싸 머금고 만가지 신령함에 비어 통함을 말한다. 그러므로 널리 비춤이라 한다.

무엇을 나뉘어 고요함의 품[離微品]이라 하는가? 성품이 진리를 거두어 그윽한 원천[玄源]을 마쳐 다하고, 진실한 바탕이 고요히 비어 본래 깨끗해 물들지 않으므로 나뉘어 고요함[離微]이라 한다.

무엇을 본바탕의 품[本際品]이라 하는가? 타고난 참됨의 묘한 진리라 바탕이 환해 닦음이 아니고[非修], 성품이 본래 비어 통해[性本虛通] 만가지 것을 머금어 들이므로 본바탕의 품이라 한다.

○ 그러므로 앞 세 품을 합하면 한뜻[一義]에 거두어들여져 씀을 넘이 마침이 없어서[出用無窮] '보배 곳간[寶藏]'이라 모아 이름한다.

이로써 벌여져 있는 모든 것의 뜻의 집[義府]을 밝히고, 앎과 사물의 뿌리가 되는 말미암음[識物之根由]을 논하니 크게 맑음[大淸]에 비어 통해, 묘한 진리에 그윽이 맞는다. 이를 두렷이 하면[圓之] 바탕이 참된 하나[眞一]에 합하고, 이를 깨쳐 알면[了之] 그윽이 깨쳐 현묘히 통한다[密悟玄通].

그러므로 법계의 한결같음[法界之如如]을 밝혀 '크나큰 도의 요점[大道之要]'을 나타낸 것이다.26)

---

26) 蓋前三品者亦復如是 夫何以名廣照品者 所謂智鑑寬通慧日圓照 包含物理虛洞
萬靈 故言廣照 何謂離微品者 所謂性該眞理究竟玄源 實際冲虛本淨非染 故曰
離微 何謂本際品者 所謂天眞妙理體瑩非修 性本虛通含收萬物 故言本際品也
是故合前三品 一義該收 出用無窮 總名寶藏 是以闡森羅之義府 論識物之根由
虛洞太淸 陰符妙理 圓之者體合眞一 了之者密悟玄通 故明法界之如如 顯大道
之要者也

Ⅱ. 불조통기(佛祖統紀)¹⁾ 삼대존자 전기

1. 천태선문 16조 보운존자 의통〔十六祖 寶雲尊者 義通〕

○ 고려 선사(高麗禪師)로 교관(敎觀)을 선양하고 사명(四明)과 자운
  (慈雲) 두 큰 제자를 기르다

  의통(義通)의 이름은 유원(惟遠)으로 고려국 사람이다. 족성은
윤(尹)씨로서 범상(梵相)이 보통과 달라 정수리에 살상투가 있었
고 눈썹털은 또렷이 돌아 펼치면 대여섯 마디가 되었다.
  어려서 귀산원(龜山院) 석종(釋宗)을 따라 스승 삼았다. 구족계를
얻은 뒤 화엄·기신을 배워 나라의 마루로 우러름〔國宗仰〕이 되었다.
  진(晋) 천복(天福) 때 중국으로 왔다.〔或說 漢周之際: 천복 끝 때 선
사의 나이 바야흐로 열여섯 일곱인데 바로 구족계를 받고 화엄을 배울 때 중국
에 왔으니 스물 뒤에 있어야 한다. 햇수로 미루어 보면 漢周의 때이어야 하니
지금 천복이라 말한 것은 그릇됨이 아닌가 한다.〕
  천태운거(天台雲居: 法眼宗의 祖師 天台德韶선사가 머물던 곳)에 이르
러 홀연히 계합해 깨침이 있었으나〔忽有契悟〕 나계(螺溪: 十五祖)

---

1) 불조통기(佛祖統紀): 지반(志磐) 지음. 천태선문에서 불심인(佛心印)의 전
  승을 왕조의 역사에서 왕조의 전통을 황제의 본기(本紀) 제후의 세가(世
  家) 인물의 열전(列傳)의 체계로 기술함을 따라, 붇다는 붇다의 본기〔佛本
  紀〕, 정통조사는 조사의 본기〔祖紀〕에 기술하고 방계의 법맥은 세가(世家)
  에 기술한 사서(史書). 처음 4권까지 샤카붇다의 본기〔佛本紀〕, 5권에서
  서천 24조의 본기〔西天二十四祖 祖紀〕를 쓰고, 6권과 7권에서 동토 구조
  기(東土九祖紀)를 서술하니, 곧 용수존자·북제선사·남악선사·천태선사·장안
  선사·법화선사·천궁선사·좌계선사·형계선사의 조사본기(祖師本紀)를 기술하
  였다. 8권에서 흥도·지행·정정·묘설·고론·정광·보운·사명존자까지 9조의 조
  사본기〔祖紀〕를 기술하고, 9권에서 조사방계의 세가(世家)를 기술하고 있
  다. 본서의 삼대존자의 전기에서 보운(寶雲)과 사명(四明)존자는 조사본기
  (祖師本紀)의 기록이고, 자운존자는 조사방계 세가의 기록이다.

를 뵙고, 한마음의 세 가지 살핌〔一心三觀〕을 듣고서는 찬탄해 말
했다.

"원돈의 배움이 이 법의 바퀴자국에서 다했도다〔圓頓之學 畢玆
轍矣〕."

마침내 남아 업을 받았다. 오래 되자 바탕을 갖춘 소리〔具體之
聲〕가 네 먼 곳〔四遠〕에 두루 미치어 들렸다.2)

하루는 같이 배우는 이들과 떠나며 말했다.

"나는 이 도로써 아직 듣지 못한 사람들을 이끌겠다. 반드시 어
버이의 나라〔父母之邦: 高麗〕를 좇으리라."

비로소 바랑을 묶어 동으로 내려와 사명(四明)의 길을 빌어 장
차 배에 오르려는데, 군수 태사 전유치가 법사가 왔다는 말을 듣
고 절하고 저의 공경을 이어, 심요(心要)를 묻고서는 다시 보살계
사(菩薩戒師)가 되기를 청하고 몸소 주고받는 예를 행했다.

출가와 재가의 무리들이 달려와 같이 공경함이 스승의 규범〔師
模〕이었다.

전공(錢公)이 굳이 붙들며 말했다.

"가심을 그치시든 그렇게 하시든 제자의 힘이 아닙니다. 만약 중
생을 이롭게 하신다고 말한다면 왜 꼭 계림(鷄林: 高麗)이십니까."

법사가 말했다.

"인연이 이미 그대와 합하니 사양한다고 내가 물리치지 못하오
〔辭不我却〕."

이로 인해 가심을 그만 두었다.

---

2) 十六祖寶雲尊者義通 字惟遠 高麗國 族姓尹氏(後唐明宗天成二年丁亥歲生)
梵相異常頂有肉髻 眉毫宛轉伸長五六寸 幼從龜山院釋宗爲師 受具之後學華嚴
起信 爲國宗仰 晉天福時來遊中國(師於天福末 方十六七 正受具學華嚴之時來
中國 應在二十後 以歷推之 當在漢周之際 今言天福恐誤) 至天台雲居(韶國師
所居) 忽有契悟 及謁螺溪聞一心三觀之旨 乃歎曰 圓頓之學畢玆轍矣 遂留受
業 久之具體之聲浹聞四遠

개보(開寶) 원년 운송 책임자〔漕使〕 고승휘(顧承徽)가 법사의 가르침을 몸소 자주 듣고 비로소 자기 집을 전교원(傳教院)으로 만들어 의통존자가 사시도록 청했다.3)

태평흥국 4년 법지(法智: 知禮)가 처음 존자를 따라 배웠다.〔존자의 나이 53이고, 법지는 나이 20였다.〕

6년 12월 제자 연덕(延德)이 서울〔京師〕을 찾아가, 절의 이름을 아뢰어 바라니 7년 4월 보운(寶雲)이라 이름을 내렸다.

옹희(雍熙) 원년 자운(慈雲)이 처음 존자를 따라 배웠다.〔존자의 나이 58이고, 자운은 나이 22였다.〕

존자가 교관을 펴 드날린 지〔敷揚教觀〕 거의 스무 해, 당에 올라 가르침의 업을 받은 자〔升堂受業者〕는 이루 기록할 수 없었다. 늘 사람들을 불러 고향 사람〔鄉人〕이라 하였는데, 그 까닭을 물으면 이렇게 말했다.

"나는 정토(淨土)로써 고향을 삼는다. 모든 사람들이 가서 날 것이니 다 내 고향 사람이다."4)

단공(端拱) 원년 10월 21일 오른 옆구리로 누워 돌아가시니〔右脅而化〕 다비한 날〔闍維之日〕에 사리가 뼈 가운데 가득했다.

문인들이 아육왕사(阿育王寺)의 서북쪽 모서리에 받들어 묻어드

---

3) 一日別同學曰 吾欲以此道導諸未聞 必從父母之邦 始乃括囊東下 假道四明將登海舶 郡守太師錢惟治(忠懿王俶之子) 聞師之來 加禮延屈咨問心要 復請爲菩薩戒師 親行授受之禮 道俗趨敬同仰師模 錢公固留之曰 或尼之 或使之(孟子 行或使之 止或尼之 尼語乙反) 非弟子之力也 如曰利生何必雞林乎(高麗別名) 師曰 緣旣汝合 辭不我卻 因止其行
   開寶元年(本朝太祖) 漕使顧承徽屢親師誨 始舍宅爲傳教院 請師居之

4) 太平興國四年 法智初從師學(師年五十三法智年二十) 六年十二月 弟子延德詣京師奏乞寺額 七年四月 賜額爲寶雲 雍熙元年 慈雲始從師學(師年五十八慈雲二十二) 師敷揚教觀幾二十年 升堂受業者不可勝紀 常呼人爲鄉人 有問其故曰吾以淨土爲故鄉 諸人皆當往生 皆吾鄉中之人也

렸으니 세속 나이 예순둘이시다.(아육왕사가 아직 선종의 절이 아닐 때 그
무리가 일찍이 보운존자를 청했는데 여러 스님들이 자주 강석을 세웠다. 보운이
이미 마쳤으나 그로 인해 이 땅에 유골을 묻은 것이다.)5)

치평 원년(治平元年) 남호(南湖)를 주지하던 법손 종정(宗正)이
쌓아 네모난 무덤〔方墳〕과 돌탑〔石塔〕을 만들고, 기록을 짓고 이
로써 표지하였다. (돌아가신 뒤 77년) 선화 7년(宣和七年, 휘종 때)
아육왕사를 주지하던 창월당(昌月堂)이, 땅이 묵고 탑이 무너져서
보운위사(寶雲威師)와 함께 뼈를 오석산(烏石山)으로 옮기니 그
뼈가 맑게 빛나 빛이 있었다. 살펴보니 맑고 맑게 구슬 울리는 소
리가 나고 사리의 다섯 빛이 뼈 위에 솟구치고 있었는데, 그 넘치
는 것을 잡아 얻는 이가 있었다.

그 뒤 주지한 이가 지겸(智謙)인데, 다시 돌탑에 새기어 오석암
(烏石菴) 가운데 기록하였다.(「조사를 떨치는 문집〔振祖集〕」돌탑의 기
록〔石塔記〕에 보인다.)6)

종효 석지〔曉石芝〕가 이렇게 기리어 말했다.

돌탑의 기록에 존자의 저술이 흩어져 전하지 않는다고 말하나
사명존자의 글과 기록을 살펴보면
일찍이 붓을 잡아 관경소기(觀經疏記)와
금광명경현의를 찬하는 풀이〔光明玄贊釋〕를 지었네.

---

5) 아육왕사(阿育王寺): 지금 중국 절강성 영파에 있다. 나중 아육왕사는 대
혜종고가 18년 적거를 마치고 이 아육왕사에 돌아온 뒤 선종의 절이 되었
고, 그 이전에는 보운의통이 머물러 교관을 전수했다.
6) 端拱元年十月二十一日 右脅而化 闍維之日舍利盈滿骨中 門人奉葬於阿育王寺
之西北隅(育王未爲禪時 其徒嘗請寶雲 諸師屢建講席 寶雲旣終 因葬骨於此
地) 壽六十二 治平元年(英宗) 主南湖法孫宗正 累爲方墳石塔作記以識之(後
七十七年) 宣和七年(徽宗) 主育王昌月堂 以地蕪塔壞 與寶雲威師 徙骨於烏
石山 其骨晶燦有光 考之琅琅其聲 舍利五色滋生骨上 有盈匊得之者 其後主者
智謙 重刊石塔記於烏石菴中(見振祖集石塔記)

대개 제자 사명이 그 뜻을 받아서

기(記)와 초(鈔) 여러 글에 썼으니 전함 없음 아니네.

찬석(贊釋) 한 부가 오히려 남아 있으나

다만 행을 넓히지 않았을 뿐이네.

나계존자(螺溪尊者: 15祖)가 교전을 거두어들여

떠나 간 구슬이 바다 밖에서 다시 돌아오니

보운존자의 두 법의 실마리가〔寶雲二紀: 四明, 慈雲〕

펼쳐 드날려 집안의 업에 맡김이 있게 되었네.

그리하여 세상에서 바야흐로 법지존자를 높여

교관을 중흥한 조사라 이름하는 것이니

이는 그에게 책을 짓고 말을 세워

조사의 도〔祖道〕를 열어 밝히고

산외(山外)의 치우침을 물리쳐〔觗排山外〕

도의 벼릿줄〔道統〕을 잇고 넓힌 공이 있기 때문이네.

그러므로 자운(慈雲)은 이렇게 기리어 말했다.

장안(章安)이 이미 가고

형계(荊溪) 또한 없음에

이 사람의 큰 스승을 내,

저 법을 이어 빛나게 하니

한 집의 큰 가르침이

이 세 선지식7)에 모아지네.

　章安旣往　荊溪亦亡

　誕此人師　紹彼耿光

---

7) 세 선지식〔三良〕: 자운이 찬탄한 세 선지식은 천태전적을 모으고 교관을
　잇고 선양한 나계(螺溪)·보운(寶雲)·사명(四明)의 세 선지식을 말한다.

一家大敎 鍾此三良

또 이 때문에 법지(法智)에 대해 이렇게 말했다.

한 집의 가르침의 전적은 비릉담연선사가
미처 기록하지 못한 것을 다 기록하고
네 가지 삼매8)는 사람들이 행하기 어려운 것인데
이를 모두 법지존자는 다 행하였도다.
이름과 말을 공경히 거두어 모아
참으로 존자에 관한 진실한 기록을 삼는다.9)

---

8) 네 가지 삼매〔四種三昧〕: 천태 마하지관이 경전에 의거해 제시한 네 가지
   수행방법.
   1. 일행삼매(一行三昧): 좌선삼매법. 늘 앉아서 사마디를 닦는다는 뜻으로
      상좌삼매(常坐三昧)라 한다. 대감혜능선사의 단어에서 이 삼매법을 적극
      적으로 해석하고 있다.
   2. 일상삼매(一相三昧): 염불의 방편으로 늘 다니면서 사마디를 닦는다는 뜻
      으로 상행삼매(常行三昧)라 한다. 본 조론의 주석자 자운준식 존자는 눕
      지 않고 앉지 않고 걸어 다니는 이 삼매법을 닦으며 고행하였다고 한다.
   3. 반행반좌삼매(半行半坐三昧): 법화경 독경과 좌선을 겸해 닦는 수행법. 천
      태선사가 스승 혜사선사에게 전수 받아 법화삼매(法華三昧)의 인가를 받은
      수행법이고, 후대 법안종(法眼宗) 영명연수선사가 일생 행했던 수행법.
   4. 비행비좌삼매(非行非坐三昧): 앉음도 아니고 다님도 아닌 삼매법으로 수
      행의 형식을 떠나 스스로의 뜻을 따라〔隨自意〕 살펴 지금 한생각에서 바
      로 사마디를 얻는 수행법. 대혜종고선사가 이 수행법을 적극적으로 해석
      하여 간화법(看話法)을 일반적인 수행법으로 제시하였다. 조동선(曹洞
      禪)의 묵조법(默照法)은 일행삼매법에 기반하고 있고, 대혜선의 간화법
      (看話法)은 수자의삼매(隨自意三昧)에 기반하고 있다.
9) 曉石芝曰 石塔記 謂師著述 逸而不傳 然考諸四明章記 則嘗秉筆爲觀經疏記 光明
   玄贊釋矣 蓋四明稟承其義 用之於記鈔諸文 非爲無傳 贊釋一部尚存 但不廣行耳
   螺溪網羅敎典 去珠復還 實雲二紀敷揚 家業有付 而世方尊法智爲中興者 以其
   有著書立言 開明祖道觝排山外 紹隆道統之功也(觝音抵觸也)
   故慈雲贊之曰 章安旣往 荊溪亦亡 誕此人師 紹彼耿光 一家大敎 鍾此三良
   又爲之辭曰 一家敎部 毘陵師所未記者 悉記之 四種三昧人所難行者悉行之 敬
   繹名言 誠爲實錄(繹音亦抽絲也)

2. 천태선문 17조 법지존자 지례〔十七祖 法智尊者 知禮〕

○ 산외(山外)의 치우침을 물리치고 교관을 중흥하다

지례(知禮)는 이름이 약언(約言)이고 사명의 김씨〔四明金氏〕이
다. 아버지가 뒤의 이을 후손이 나지 않음을 겪다가 부인 이씨와
같이 붇다께 기도하였다. 꿈에 신묘한 스님〔神僧〕이 어린 아이를
데리고 와 놓고 가면서 말했다.

"이 아이는 붇다의 아들 라훌라다."

이로 인해 아이를 배 태어나자 마침내 이로써 이름하였다.

신묘한 몸집〔神宇〕이 맑고 빼어나 뭇 아이들과 견줄 수 없었다.
일곱 살에 어머니가 돌아가시자 울음이 그치지 않았다.

아버지에게 아뢰어 출가(出家)를 구했다. 드디어 태평흥국사로
찾아가 홍선스님〔洪選師〕을 의지해 열다섯에 계를 갖추고〔具戒〕
오로지 율부(律部)를 탐구하였다.

태평흥국 4년에 보운존자〔寶雲: 16祖〕를 따라, 교관(敎觀)을
배웠다.

사흘〔三日〕 만에 수좌(首座)가 그에게 말했다.

"법계차제문(法界次第門)을 너는 받들어 지녀야 한다."

존자가 말했다.

"무엇을 법계(法界)라 합니까."

수좌가 말했다.

"크게 모습 모음의 법문〔大總相法門〕이 두렷이 융통하여 걸림
없음〔圓融無礙〕이 이것이다."

존자가 말했다.

"이미 두렷이 융통하여 걸림 없다〔圓融無礙〕면 어떻게 차제가
있습니까."

수좌가 대꾸하지 못했다.

한 달 있다가 스스로 심경(心經)을 강설하니 듣는 이들이 그 빠른 깨달음에 감복하였다.1)

5년 그 아버지의 꿈에, 존자가 보운존자의 앞[寶雲之前]에 무릎꿇자 보운께서 병의 물을 입에 부어주는 것을 보고서는, 이로부터 원돈의 뜻[圓頓之旨]을 한 번 받아 곧 깨달아 알았다[一受卽了].

6년, 늘 보운을 대신해 강설하였다.

옹희 원년 자운(慈雲)이 천태에서 와 비로소 보운의 문하에서 배우니, 존자가 자운(慈雲)을 도움 주는 벗[益友]으로 대했고, 뜻은 손발처럼 같이 했다.

단공(端拱) 원년 스승 보운존자가 귀적하였다[寶雲歸寂]. 존자가 다시 꿈에 보운의 머리를 꿰뚫고 왼쪽 팔을 꿰뚫고 가는 것을 보았다.

곧 스스로 이렇게 풀이해 말했다.

"장차 처음은 받아 익혀 유통함을 나타내고, 다음은 온갖 공덕의 씨앗 갖춘 지혜[一切種智]의 머리를 잡아지니고 세상에 교화 행함을 나타냄이다."[자운이 십불이문지요초(十不二門指要鈔)의 서문을 지으면서 법지 스스로의 풀이하는 말을 뽑아 쓴 것이다.]2)

순화(淳化) 2년 비로소 건부(乾符)에 주지하도록 청함을 받아

---

1) 十七祖法智尊者知禮 字約言 四明金氏(世傳所居在郡城白塔巷) 父經以枝嗣未生 與妻李氏禱於佛 夢神僧攜童子遺之曰 此佛子羅睺羅也 因而有娠 暨生遂以爲名(太祖受周禪 建隆元年庚申也) 神宇淸粹不與衆倫 七歲喪母號哭不絶 白父求出家 遂往依太平興國寺洪選師 十五具戒專探律部 太平興國四年(太宗)從寶雲敎觀(時年二十) 始三日 首座謂之曰 法界次第汝當奉持 師曰 何謂法界 座曰 大總相法門圓融無礙者是也 師曰 旣圓融無礙何有次第 座無對 居一月 自講心經聽者服其速悟

2) 五年其父夢師跪於寶雲之前 雲以瓶水注於口 自是圓頓之旨一受卽了 六年 常代寶雲講 雍熙元年 慈雲來自天台 始學於寶雲之門 師待以益友 義同手足 端拱元年 寶雲歸寂 師復夢貫寶雲之首 擐於左臂而行(擐音患亦貫也) 卽自解曰 將作初表受習流通 次表操持種智之首化行於世也(慈雲 撰指要鈔序 采用法智自解之說也)

네 해를 이어 지내니 여러 제자들이 말함을 따랐다.

지도(至道) 원년 사시는 곳이 서쪽으로 치우쳐서 집이 작아 배우는 무리들이 이르러 열만 차도 받아들이기 어려워, 마침내 성 동남쪽 모서리 보은원(保恩院)으로 옮겨 머물렀다.

2년 원주(院主) 현통(顯通)이, 집〔舍〕을 천태교법을 길이 강설해 '시방의 상가가 머물러 지니는 땅〔十方住持之地〕'으로 삼았다.

3년 보은원의 집이 무너져 허물어지니 동학(同學)인 이문(異聞)과 비로소, 절 경영〔經理〕을 논의하게 되었다. 이미 단구각원(丹丘覺圓)이 와서 공사〔役事〕를 맡았다.

함평(咸平) 3년 군(郡)이 크게 가물었다. 자운(慈雲)과 금광명경 참법〔光明懺〕을 같이 닦고, 비를 빌었으나〔祈雨〕 사흘토록 응함이 없었다.

한 손가락을 태워 붇다께 공양하자 참회법이 미처 마치기 전에 비가 크게 넘쳐흘렀다.〔자운의 행업기에 말했다. 사흘 가량 비 내리지 않아 스스로 손을 태우자 참으로 큰 비를 기약한 듯하였다. 태수 소〔太守蘇〕가 돌에 새겨 그 일을 기록하였다.〕3)

6년 일본국(日本國)에서 적조(寂照)를 보내, 원신(源信)법사가 물은 '스물일곱 조목'을 가지고 와 답해 풀이해주길 청했다.

경덕(景德) 원년 『십불이문지요초(十不二門指要鈔)』를 찬술하고, 별교진리의 진여〔別理眞如〕에 연 따름의 뜻이 있음〔有隨緣義〕을 이루어 세우니, 영가계제(永嘉繼齊 : 梵天昭師門人)가 '넘치는 뜻 가리킴〔指濫〕'을 세워 이렇게 따졌다.

---

3) 淳化二年 始受請主乾符 綿歷四載諸子說隨 至道元年 以所居西偏小院 學徒戾止 盈十莫容 遂徙居城東南隅保恩院 二年 院主顯通舍爲長講天台教法十方住持之地 三年 以院宇頹弊 與同學異聞始謀經理 旣而丹丘覺圓來任役事 咸平三年(眞宗) 郡大旱 與慈雲同修光明懺 祈雨約三日無應 當然一手供佛 懺未竟雨已大浹(慈雲行業記云 約三日不雨 自焚 如期果大雨 太守蘇 爲刻石爲記其事)

"변하지 않지만 연을 따름이 지금 천태가의 원교의 진리[圓敎之理]라면, 별교진리에 어찌 연 따름이 있겠는가."

존자가 이 스무 가지 물음[二十問]을 내리어, 그 폐단을 없앴다.

천태원영(天台元穎)이 다시 '따져 결단함[徵決]'을 세워, 계제법사의 답을 대신했다.

가화자현(嘉禾子玄)이 또한 '연 따름 반박함[隨緣撲]'을 세워 이로써 계제와 원영 두 스님을 도왔다.

그때 자리에서 인악(仁岳)법사가 있다가, 법지의 뜻[法智義]을 서술해 '열 가지 문으로 따짐을 꺾음[十門折難]'을 세워 세 스님의 설을 모두 깨뜨렸다.

사람들이 정각인악(淨覺仁岳)법사가 이설(異說) 막아낸 공이 많다고 말하였다.4)

4년 법지존자가 문인 본여(本如)5)를 회계(會稽)의 집사(什師)에 보내, 십의서(十義書) 가운데 '마음 살핌의 이백 물음[觀心二百問]'을 가지고 전당의 범천경소법사(梵天慶昭法師)의 장실[昭師室]에 가도록 했다. 처음 이 광명현의[光明玄]에는 넓고 줄인[廣略] 두 본이 있었는데 모두 세상에 행해졌다.

경덕(景德)의 해 앞에, 전당 오은사(晤恩師)가 '발휘기(發揮記)'를 지어 약본(略本)을 오로지 풀이했으니, 곧 열 가지 세 법[十種三法]으로 순전히 법성(法性)을 말하고, 반드시 다시 마음 살핌[觀心]을 세울 것이 없다 하였다.

---

4) 六年 日本國遣寂照 持源信法師問目二十七條請答釋 景德元年 撰十不二門指
要鈔 成立 別理眞如有隨緣義 永嘉繼齊立指濫以難之(梵天昭師門人) 謂不變
隨緣 是今家圓敎之理 別理豈有隨緣 師乃垂二十問以袪其蔽 天台元穎復立徵
決以代齊師之答 而嘉禾子玄亦立隨緣撲以助齊穎 時仁岳居座下述法智義 立十
門折難總破三師 人謂淨覺禦務之功居多

5) 본여(本如): 3년 절 경영을 돕다가 법지존자가 이름 부르는 한 소리에 홀
연히 깨치고 오도송을 지은 제자.

또 광본(廣本)에 이를 둔 것은 뒷사람들이 함부로 더한 것이라고 하였다.

자광(慈光)법사의 문인들인 봉선(奉先) 청령(淸靈) 광민(光敏)이 같이 '따지는 말 이십조목'을 지어 그 뜻을 도와 이루었다.

그때 보산선신〔寶山善信〕이 법지존자께 편지를 보내 이를 평해주도록 청했다.

법지존자는 이를 급히 사양해 말했다.

"대저 이 논의를 평함은 말로 따져 다툴 뿐만이 아니오. 하물며 두 공은 우리 종의 먼저 통달한 이들〔吾宗先達〕이라 그들은 따를 수 있을 뿐이오."

선신(善信)이 다시 청해 말했다.

"법의 북이 다투어 우니 무엇이 먼저고 무엇이 뒤이겠소."

존자는 이에 비로소 '종지 붙드는 글〔扶宗記〕'을 지었다. 그리하여 광본(廣本)의 '법에 부치어 마음 살핌의 뜻〔附法觀心之義〕'을 크게 밝혔다. 곧 '오은스님〔晤恩師〕은 마음 살핌〔觀心〕을 없애버린 것이니 이것은 가르침〔敎〕이 있으나 살핌〔觀〕이 없음〔有敎而無觀〕이다.'고 하였다.6)

---

6) 四年 遺門人本如會稽什師 持十義書觀心二百問 詣錢唐昭師室 初是光明玄有廣略二本 並行於世 景德前錢唐恩師 製發揮記專解略本 謂十種三法 純談法性不須更立觀心 廣本有之者後人擅加耳 慈光門人 奉先清靈光敏 共造難辭二十條 輔成其義 時寶山善信 致書法智請評之 (慈雲有寄石壁善信上人詩 有曾同結社之句 據此則知俱師寶雲) 師亟辭之曰 夫評是議非近於諍競 矧二公吾宗先達 其可率爾 信復請曰 法鼓競鳴何先何後 師於是始作扶宗記 大明廣本附法觀心之義 謂恩師之廢觀心 是爲有敎而無觀

〔산외(山外) 세 법사 비판: 지례존자에 의해 산외파(山外派)로 분류된 세 법사는 고산지원(孤山智圓), 자광오은(慈光晤恩), 범천경소(梵天慶昭)로서 세 법사는 교관에 치우침이 있어 비판되었지만, 사명지례보다 몇 대 앞선 고덕들이므로 함부로 비판해서는 안된다고 전제하고 다시 세 법사가 전지교관(傳持敎觀)의 가풍에서 편향이 있음을 말하고 있다.

세 법사는 모두 천태 14조 국청고론(國淸高論) 존자의 제자로서 모두 스승

범천소(梵天昭)법사와 고산원(孤山圓)법사는 모두 봉선(奉先)의 문하에서 배웠는데, '그릇됨을 가림〔辨訛〕'이라는 책을 저술하여 약본(略本)의 뜻을 도왔다. 그것은 곧 '살핌에는 사법과 진리가 있는데 지금 열 가지 법〔十法〕이, 비롯에서 마침까지 모두 하나의 법의 성품〔一法性〕으로 꿰뚫어져 있어 어찌 순전히 진리 살핌〔理觀〕을 밝힘이 아니겠는가'라 함이다.

법지존자가 '의혹 물음〔問疑〕'을 지어 이를 따져 말했으니 다음과 같다.

"만약 열 가지 법이 진리의 살핌이라면 현의의 글〔玄文〕 가운데 가장 높은 세 가지 삼매〔上三三昧〕에 응해야 하는데 약본에는 이미 경계 가림〔揀境〕이 없고, 또 진리의 살핌 행함〔行理觀〕을 잡아 보인 것도 아니다. 그러니 범천소법사〔昭法師〕는 도리어 '살핌은 있되 가르침이 없음〔有觀而無敎〕'을 이룬다."[7]

범천소법사가 다시 '의심에 답하는 책〔答疑書〕'을 지어 조용히 바꾸어 굴렸다.

그리하여 '현의의 글〔玄文〕이 곧장 마음의 성품〔心性〕 드러냄이라, 뜻이 진리 살핌과 같다'고 하였다.

의 인정을 받은 분들이다. 다만 달마선종이 주도하던 시대불교의 조류 속에 본래청정만을 관행의 요점으로 삼음으로 산가정전(山家正傳)으로부터 산외(山外)라 비판 받은 것이 아닌가 한다. 그래서 오은법사는 가르침이 있되 살핌이 없다〔有敎無觀〕 비판되고, 고산지원 법사는 오직 진리 살핌만을 밝혔다〔純明理觀〕고 비판되며, 범천경소법사는 살핌이 있되 가르침이 없다〔有觀無敎〕 비판된 것이다. 나중 명대 천태 중흥에 큰 공을 세운 유계전등(幽溪傳燈) 존자는 수능엄경원통소(首楞嚴經圓通疏)를 저술하면서 고산지원(孤山智圓), 천여유칙(天如惟則)의 견해를 받아, 자신의 능엄경 주석의 큰 줄기를 이루었다.〕

7) 有梵天昭孤山圓 皆奉先門學 述辨訛以助略本 謂觀有事理 今十法始終皆以一法性而貫之 豈非純明理觀 師作問疑徵之云 若謂十法是理觀者 應此玄文是上三三昧 略本旣無揀境 且非約行理觀 則知昭師反成有觀而無敎

법지존자가 다시 '따짐 꾸짖음[詰難]'을 지어 꾸중해 말했다.

"마음의 성품[心性]이라는 이름은 석첨(釋籤)[8]에서 인행[因]에 있음을 판정했소. 상인(上人)이 이미 열 가지 법으로, 결과로 주어진 사람[果人]의 증득한 바를 삼으니, 이는 곧 온전히 마음의 성품[心性]만을 곧장 드러냄이 아닌가요.

또 '열 가지 법에 이미 다섯 쌓임 가림[揀陰]을 듣지 못했다면 무슨 뜻으로 진리 살핌과 같다 하오."

소법사가 다시 '다섯 뜻[五義]'을 저술하여 말했다.

"지관(止觀)은 '마음 살핌 행함을 잡아 보임[約行觀心]'이라, 다섯 쌓임 등을 세워 경계를 세웠지만 법에 부치고 사법에 의탁하면 [附法託事] 다 다섯 쌓임 등을 세우지 않소.

그 뜻은 곧 '세운바 진리 살핌으로 하여금 사법의 본보기가 되게 하여 반드시 다섯 쌓임[五陰] 세우지 않음이다'라고 함이다."

(소법사가 세운 바는 이를 '행을 잡아 보임'이라 하나, 곧 경계 가림이 없는데도 이를 사법이라 한다. 분명히 하면 곧 집착함이 있음으로 진리를 삼은 것이니 나아가고 물러섬 두 가지를 모두 잃어 의지해 근거할 것이 없다. 이는 살핌도 없고 다시 가르침도 없음[無觀復無敎]이다.)

또 꾸짖음을 받은 뒤에는 마음의 성품[心性]이 원인 가운데 있음을 알고 가만히 바꾸어 '곧장 법성을 드러낸다[直顯法性]'고 말했다.[9]

---

8) 석첨(釋籤): 천태 9조 형계담연선사가 저술한 법화현의석첨(法華玄義釋籤)을 말하니, 천태선사 법화현의를 문구를 따라 풀이한 책이다. 형계선사는 천태 모든 저작에 해석서를 저술하여 형계선사를 천태기주(天台記主)라 한다. 석첨에 관행의 경계인 진리와 사법을 넓게 시술하였다.

9) 昭師復述答疑書 從容改轉 以爲玄文直顯心性義同理觀 師復作詰難責之云 心性之名釋籤定判在因 上人旣以十法是果人所證 則全非直顯心性 又十法旣不聞揀陰 將何義同理觀 昭師又述五義云
止觀約行觀心 乃立陰等爲境 附法託事皆不立陰 意謂令所立理觀 是事法之例 不須立陰(昭師所立 謂之約行 則無揀境 謂之事 決則有執爲理 進退兩失無所憑據 是爲無觀復無敎) 又被詰之後知心性在因 卻潛改云直顯法性

법지존자가 다시 '의혹 물음[問疑]'을 지어 꾸짖어 말했다.

"꾸중해 따짐은 본래 곧장 마음의 성품 드러냄[直顯心性]을 따져 물어, 순전히 진리 살핌만 밝힘[純明理觀]이다. 그런데 왜 사법의 살핌[事法之觀]을 가지고 이를 답하는가. 진리 살핌이란 이는 어찌 뜻이 다하고 헤아림이 다함 아님이겠는가."

이 편지는 이미 갔는데도 해가 지나도록 답하지 않았다. 법지존자는 거듭 '뒤집어 물음[覆問]'을 지어 재촉했다.

소사가 천천히 물음을 풀이하여 '십승의 묘한 진리[十乘妙理]'로 '살피는바 경계[所觀境]'를 삼으니, 법지존자가 다시 꾸짖어 말했다.

"본래 세 가지 장애[三障] 네 가지 마라[四魔]를 세워 경계를 삼았는데 지금 만약 십승의 묘한 진리[十乘妙理]로 살피는바 경계를 삼으면 곧 세 장애 네 마라로는 살피는 지혜를 삼는가."

스스로 발휘하여 물음을 풀이하게[釋問] 하였는데, 네 번 헤아림을 돌이키고 다섯 번 지게 되었는데 편지가 가고 답하기를 각기 다섯 번이었고 일곱 해를 이어 거쳤다.10)

이렇게 앞뒤를 모아 맺어 두 권의 책이 되도록 소법사를 배척하였다.

첫째는 살필 수 있는 지혜의 법을 알지 못한다 함[不解能觀法]이다.

둘째는 살피는 바 경계를 알지 못한다[不識所觀境]고 함이다.

---

10) 師復作問疑責之曰 詰難本徵直顯心性 純明理觀 何得將事法之觀答之 豈非義窮計盡耶 此書旣往逾年不答 師復作覆問以促之 昭師徐爲釋問 以十乘妙理爲所觀境 師復責之云 本立三障四魔爲境界 今若以十乘妙理爲所觀境 卽以三障四魔爲能觀智耶 自發揮至令釋問 四番轉計 五回墮負 往復各五 綿歷七載

〔십승(十乘)의 살핌과 살피는 바 경계: 『마하지관』에서 살피는 지혜는 열 가지 수레[乘]로 표현되고 살피는 경계는 열 가지 경계[十境]가 된다. 넓고 자세하게 부연되어 있으나, 살피는 지혜[能觀智]는 부사의경계를 살피는 [觀不思議境] 한 생각[一念]에 거두어지고, 살피는 바[所觀境]는 오온·십이처·십팔계의 진실[陰入界境]에 거두어진다. 부사의경계는 오온의 자기 진실이고 오온의 경계는 한 생각의 생각하는 바가 되므로 마하지관의 관행은 현전의 한 생각[現前一念: 能觀]으로 생각에 생각없는[於念無念] 생각의 진실[念眞實: 所觀] 살피는 것으로 요약될 수 있다.〕

셋째는 안과 밖의 두 경계를 나누지 못한다〔不分內外二境〕고 함
이다.

넷째는 사법과 진리 두 나아감을 밝히지 못한다〔不辨事理二造〕
고 함이다.

무릇 열 장의 글이 되니〔十章〕 이를 이름하여 '십의서(十義書)'
라 한다.

또 '이백 물음〔二百問〕'을 베풀어 이를 바르게 하였다.

그때 고산법사〔孤山智圓〕가 소법사의 자리 끝〔座端〕에 살았는데
'나집의 논함과 같아〔如什論〕' 답해 말할 수 없음을 살피고, 드디어
군수에게 말해서 뒤로는 '공(公)이 급히 편지 보냄이 없어 다시 답
하지 않도록 하였다.11)

대중(大中) 상부(祥符) 2년에 보은원(保恩院)을 다시 세워 이루었다.

공사를 일으켜서부터 지금 낙성까지 무릇 열 해였다. 통수(通
守) 석대(石待)가 물어서 이를 기록했다.

3년 군(郡)에서 조정에 아뢰어 주기를 빌어, 10월 나라에서 연
경(延慶)이라는 절 이름을 내렸다.

5년 이문(異聞)과 더불어 '경계하여 서원하는 글〔戒誓辭〕'을 지
어 이를 도제(徒弟)들에게 주어 정성을 세우게 했다.

그것을 간략히 하면 다음과 같다.

"내가 비로소 시방의 마음〔十方之心〕으로 이 머무는 곳을 받아서
고쳐 지어 여러 집들을 안치해 베풀게 됨에 미치니
원래 모여 배우는 이들을 위함이라
어찌 감히 스스로 사사로이 함이리오.

---

11) 乃總結前後 爲書二卷斥昭師 一不解能觀法二不識所觀境 三不分內外二境 四
不辨事理二造 凡十章 目爲十義書 又設爲二百問以質之 時孤山居昭師座端 觀
如什論辯不可 當遽白郡守 以來無公據發遣 令還不復致答

다만 우리 종에는 다섯 가지 덕[五德] 있는 이들이 있다.
이들에게 멀고 가까움을 가리지 않고 집을 주어 살게 하리니
뒤의 뒷사람들의 생각함도 모두 그렇지 않음이 없을 것이다.
다섯 가지 덕[五德]있는 이들이란 다음과 같다.

첫째 옛날 천태에서 배워서 좌선과 강설 겸해 섬기는 이,
둘째 깊이 살펴 생각이 넓고 깊어 들뜸과 거짓됨 멀리 하는 이,
셋째 계덕으로 이름이 높아 자기를 바르게 해 중생을 마주하는 이,
넷째 영화와 이름을 아주 멀리 하고 우리 도에 굽히지 않는 이,
다섯째 글과 말재간이 모두 아름다워 남을 이끌어줌에 빠른 이이다.

왜 인가. (좌선과 함께) 강설을 겸하면 곧 나의 당부함에 가까움이다.
들떠 거짓됨은 법 전함을 그릇되게 함이다.
계의 덕[戒德]은 교화의 도[化道]를 빛냄이다.
명예를 멀리함은 그 지극한 업을 굳건히 함이다.
이렇게 한 뒤에 말재간으로 뜻을 드날려 이끌어서 사람을 얻는
것이다.
다섯 가지 덕은 차라리 더함이 있게 하도록 해야 하니 설사 만
약 미치지 못하면 말재간을 버려라."12)

6년 2월 15일 '염불하고 계를 설해 베푸는 모임[念佛施戒會]'을

---

12) 大中祥符二年 重建保恩院成 自興役至今凡十載 通守石待問爲之記 三年乞郡
奏於朝 十月 賜額延慶 五年 與異聞作戒誓辭以授徒弟立誠 其略有曰
吾始以十方之心受玆住處 逮乎改創安施棟宇 元爲聚學何敢自私 但吾宗有五德
者 無擇邇退 吾將授以居之 後後之謀莫不咸然 五德者 一曰舊學天台勿事兼講
二曰研精覃思遠於浮僞 三曰戒德有聞正己待物 四曰克遠榮譽不屈吾道 五曰辭
辯兼美敏於將導
何哉 兼講則畔吾所囑 浮僞則誤於有傳 戒德則光乎化道 遠譽則固其至業 然後
辯以暢義 導以得人 五者寧使有加 設若不及去辯矣
[다섯 덕의 첫째 덕은 '강설 겸하기를 섬기지 않은 이[勿事兼講]'를 문장의
흐름상 곧 '좌선과 강설을 겸해 섬김[兼事禪講]'으로 바꾸었음.]

처음 세우고 몸소 소(疏)의 글을 지어, 권하는 뜻을 붙였다. 이 해로부터 이것으로 해마다 늘 하는 일을 삼았다.

7년 '융심해(融心解)'를 지어, '한마음의 세 가지 살핌〔一心三觀〕'을 밝히고, 네 가지 정토의 뜻〔四淨土之旨〕13)을 드러냈다.

천희(天禧) 원년 그 문도〔徒〕에 말했다.

반쪽 게를 위해 몸을 잊고
한 구절을 위해 불에 던졌다.
앞의 성인의 마음이
법을 위함은 이와 같았으니
나도 장차 몸을 버려
게으름을 경계하리라
그리하여 이문(異問)과 같이
열 뜻 같은 이들을 맺어
법화삼매참법을 닦아
세 해의 기한이 차면
이 몸을 불에 살라서
묘경(妙經)에 공양하리라

半偈亡軀　一句投火
聖人之心　爲法如是
吾將捐身　以警懈怠

---

13) 네 가지 정토〔四種淨土〕의 뜻: 네 가지 정토는 다음과 같다.
　1. 범부와 성인이 같이 머무는 땅〔凡聖同居土: 緣起〕
　2. 방편의 남음이 있는 땅〔方便有餘土: 空〕
　3. 실다운 과보의 땅〔實報土: 假〕
　4. 늘 고요한 빛의 땅〔常寂光土: 中〕
　이 네 정토는 인연으로 있는 마음〔因緣所生心〕이 곧 공하고〔空〕 거짓 있음이며〔假有〕 중도인 뜻〔中道義〕이 세계관적으로 전개되어 구성된 것이다.

乃與異聞　結十同志
修法華懺　三載期滿
將焚此身　以供妙經

(몸을 버려 고행함이 사람들의 비난함이 되어 열 스님의 이름은 안타깝게 기록을 잃었다.)14)

비서감 양억(楊億: 자는 대년(大年)인데 벼슬이 한림(翰林)에 이르렀고 나라에서 문공(文公)이라 호를 내렸다.)이 멀리서 도풍을 우러러 승상 구준(寇準)에게 아뢰어 자색가사[紫服] 내리도록 주청케 하고 다시 편지를 받들어 치하하였다. 그리고 참회법에 결사[結懺]하여 몸 버린다는 말을 듣고 편지를 보내 세상에 머무시길 이렇게 권해 청했다.

"바야흐로 천태교[台敎]가 다시 일어나려는 때를 맞아, 반드시 전해 지님을 의지해 세상의 좋은 이끌어주심이 되어주소서."

가고 오며 네 번을 오히려 앞의 말을 고집하였고 양공(楊公)이 군수 이이경과 천축자운(天竺慈雲: 遵式)에게 편지를 보내 그만두시길 같이 권하도록 하였다.

태수가 몸소 관료들을 거느리고, 세상에 머물러 설법하여 중생 이롭게 하길 권해 청했다.

또 가까운 결사대중에게 가만히 깨우쳐 늘 이런 뜻을 보살피도록 하고 자운(慈雲)의 회상에 모인 이들도 힘써 권해 말했다. 부마(駙馬) 이준욱이 또한 자주 편지해 어울려 권하였다.15)

---

14)　六年二月十五日 始建念佛施戒會 親爲疏文 以寓勸意 自此歲以爲常 七年撰
　　融心解 明一心三觀 顯四淨土之旨 天禧元年 謂其徒曰 半偈亡軀一句投火 聖
　　人之心 爲法如是 吾將捐身 以警懈怠 乃與異聞 結十同志 修法華懺三載期滿
　　將焚身以供妙經(遺身苦行人之所難 十僧之名惜乎失錄)
15)　祕書監楊億(字大年官至翰林諡文公) 遐仰道風 白丞相寇準奏賜紫服 復奉書
　　爲賀 及聞結懺遺身 乃致書勸請住世 謂方當台敎復興之時 正賴傳持爲世良導
　　往復數四尚執前言 楊公乃貽書郡守李夷庚及天竺慈雲俾同勸止 太守親率僚屬
　　勸請住世說法利生 且密戒鄰社常保護之 會慈雲東下力爲勸諫 而駙馬李遵勗

1166 · 부록

법지존자는 존자를 만류하는 공사(公私)의 뜻이 부지런하여 끝내 앞의 뜻을 꺾게 되었다.

그리하여 다시 열 스님을 묶어 대비참법(大悲懺法) 닦기를 세 해 동안 하여 깨끗한 원[素願]을 갚았다.

이해 '재앙 없애고 누르는 세 쓰임을 보이는 글[消伏三用章]'을 저술하여 고산법사의 천의초(闡義鈔)에 대답하였다.

성품의 악[性惡]이 바로 진리의 독[理毒]인 뜻을 알지 못하고 함윤(咸潤)이라는 이가 '의심점을 뽑음[籤疑]'이라는 책을 저술하니, '세 가지를 녹여 누름[三種消伏]'으로써 함께 '원교의 논[圓論]'을 잡아 보였다.

정각(淨覺)이 소(疏)의 뜻을 이끌어, 네 가르침[四敎: 藏通別圓]의 열 가지 법계[十法界]를 거치어 세 장애[三障]를 없앰으로 '의심 그침[止疑]'을 서술하여, 법지존자의 뜻을 붙들었다.

4년 부마 이준욱이 존자의 높은 행과 몸 버리려 함을 황제께 아뢰니, 황제가 그 아름다움을 찬탄해 그치지 않고, 법지대사(法智大師)의 이름을 특별히 내리고, 세상에 머물러 가르침 연설하도록 칙지를 내렸다.16)

이 해 서울[京師] 역경원(譯經院)에서 뜻을 증명해 검토하고 긴 줄의 글을 가려 바로 잡았다. 23인이 각기 시를 지어 붙여 존자의 도덕을 찬미하였다.

5년 황제가 존자의 도 행함이 부지런하고 지극함을 듣고, 내시

亦亟書交勸(尙太宗女魏國公主 諡文和公)

16) 師以公私意勤竟沮前志 乃復結十僧修大悲懺法三載以酬素願 是年述消伏三用章 對孤山闡義鈔 不知性惡是理毒義 有咸潤者述籤疑 以三種消伏俱約圓論 淨覺引疏義 歷四敎十法界以除三障 述止疑以扶師義 四年 駙馬李遵勗 奏師高行遺身 上嘉歎不已 特賜法智大師之號 宣旨住世演敎

[성품의 악[性惡]: 성품이 악을 갖추어[性具惡] 성인은 악 닦음[修惡]을 끊으나 진리의 독[理毒] 성품의 악[性惡]은 끊지 않음.]

유원청(兪源淸)을 절에 보내, 법화삼매참〔法華三昧懺〕을 사흘 닦아 나라를 위해 복을 빌도록 명했다.

원청(源淸)이 참법의 뜻〔懺法旨趣〕을 알고자 하므로 수참요지(修懺要旨)를 저술해주었다.

이 해 관음별행현기(觀音別行玄記) 관경소묘종초(觀經疏妙宗鈔)를 찬술해 다 이루었다.

그때 범천(梵天)의 문인 함윤(咸潤)이 '허물 가리킴〔指瑕〕'을 저술해, 이를 묘종(妙宗)이 아니라 하였다.17)

또 홀로 일어나는 물질〔獨頭之色〕은 삼천 법 갖추지 않는다〔不具三千法〕는 등의 뜻을 굳이 집착하니 이는 대개 범천소(梵天昭), 고산원(孤山圓)의 나머지 물결인 것이다.

정각(淨覺)이 '눈의 꺼풀 긁어냄〔抉膜〕'을 저술하여 '물질과 마음이 둘 아닌 뜻〔色心不二之旨〕'을 보이고, 또 다른 법사들이 마쳐 다한 지위〔究竟位〕에서, 살모사 전갈까지도 '여섯 지위의 다른 지위의 다름 그대로 진리와 같은 뜻〔六卽之義〕'18)에 미혹해 어두움을 평하였다.

하루는 정각(淨覺)과 광지(廣智)가 '마음 살핌〔觀心〕'과 '붇다 살핌〔觀佛〕'을 가리다, 법지존자께 가르쳐 보여 주기를 구했다. 존자가 이를 '마음을 잡아 붇다 살핌의 말〔約心觀佛之談〕'로 보였으니

---

17) 是年 京師譯經院證義簡長行肇 二十三人各寄聲詩贊美道德(待制晁說之作序 刻於石) 五年 上聞師爲道勤至 遣內侍兪源淸至寺 命修法華懺三日 爲國祈福 源淸欲知懺法旨趣 爲述修懺要旨 是歲撰觀音別行玄記 觀經疏 妙宗鈔 皆成 時梵天門人咸潤 述指瑕 以非妙宗

〔묘종(妙宗): 법화일승(法華一乘)의 중도의 종지.〕

〔관경소묘종초(觀經疏妙宗鈔): 천태선사가 법화일승중도의 뜻으로 풀이한 관무량수불경소〔觀無量壽佛經疏〕를 사명존자가 그 요점을 다시 정리한 저술.〕

〔참법(懺法): 천태에서 대비참·방등참·법화참은 실상참회(實相懺悔)의 행법으로 경전 독송과 좌선을 같이하여〔禪誦兼行〕 실상을 깨침으로 끝을 삼는 참회법.〕

18) 육즉의(六卽義): 여섯 지위의 차별〔理卽, 名字卽, 觀行卽, 相似卽, 分證卽, 究竟卽〕 그대로 진리와 다름없는 뜻을 보임.

곧 '마음 성품[心性]에 의거하여 저 의보와 정보를 살핌'이다.19)

정각이 말하지 않고 가버리니 이미 종지로 하는 바를 다 등진 것이다.

그리하여 '세 몸의 목숨의 크기를 풀이함[三身壽量解]'을 저술하여, 달리 따지는 글을 세우고 법지께 '앞의 초(鈔)를 바꾸어 고쳐 밖에 들리지 않게 하라'고 청하였다.

법지존자는 그 뒤 세상 다른 설의 걱정거리가 됨을 우려하여 요간(料簡) 열세 과목[十三科]을 더해 이를 물리쳤다.

정각은 그때 천축(天竺)에 있으면서 '열 가지 말리는 글[十諫書]'을 올렸으니 곧 '아버지에게 따져 다투는 아들이 있지만 몸이 의롭지 않음에 떨어지지 않는다'고 말함이다.

법지존자는 다시 '비방 풀어줌[解謗]'을 지어 보이니 곧 정각의 열 가지 말림[十諫]은 곧 '늘림과 줄임의 두 가지 비방[增減二謗]'을 이룬다고 함이다.

정각이 다시 '비방 설욕함[雪謗]'을 저술하니 곧 '방편과 진실[權實]을 그릇 써서, 빼어나고 못남을 가리고 있다 함'이다.

법지존자가 그때 병 가운데 있어서[在疾] 문인으로 하여금 읽게 하고 이 때문에 크게 탄식했다.

이미 돌아가심[歸寂]에 닥치어 다시 가려 밝히지 못했다.

---

19) 약심관불(約心觀佛): 마음[心]과 붇다[佛]의 관계에 대해서 정토종은 마음을 거두어서 붇다에 돌아간다[攝心歸佛] 말하고, 선종의 일부 치우친 선류는 붇다를 거두어서 마음에 돌아간다[攝佛歸心]고 말한다. 그러나 연기중도의 관점에서는 마음을 잡아 붇다를 살핀다[約心觀佛]고 말한다. 이 관점은 관무량수경에서 '이 마음이 붇다이고 이 마음이 붇다를 짓는다[是心是佛是心作佛].'고 한 가르침을 받은 것이니 살피는 바 붇다가 마음 안의 관념이라 해도 맞지 않고 마음 밖이라 해도 맞지 않음을 보인다. 마음과 붇다를 중도로 보는 이 관점은 선(禪)과 정토(淨土)의 일치를 주장하는 영명연수선사(永明延壽禪師), 천여유칙선사(天如惟則禪師), 우리불교 고려 백련결사[白蓮社]의 원묘요세선사(圓妙了世禪師)가 그 뜻을 이었으며, 사명존자가『관경묘종초』,『십불이문지요초(十不二門指要鈔)』에서 그 뜻을 자세히 하고 있다.

뒤에 희최(希最)가 있었는데 곧 광자(廣慈)의 제자이고 법지의 법손이다.

그가 '비방 평함[評謗]'을 저술하여 이를 밝혔다.

정각(淨覺)은 그때에도 오히려 병으로 여김이 없어서 이를 보고 말했다.

"사명의 설은 그것이 행을 이루는가[四明之說其遂行乎]."20)

천성(天聖) 원년 '금광명경현의[金光明玄義]에 이어서 남긴 글[光明玄續遺記]'을 찬술해 이루었고, 시험 삼아 휘장을 열어 42장으로 태선사(泰禪師)의 열 가지 물음[十問]에 답했다.

그때 천동응선사(天童凝禪師)가 편지를 보내, 지요초(指要鈔)에서 달마문하 세 사람[達磨門下三人]의 도 얻음의 얕고 깊음 가려 보인 것을 논하여, 편지가 가고 와서 그치지 않았다.

태수 임(太守林)이 법지존자로 하여금 그 말을 융통하도록 청하여, 존자가 마지못해 몇 마디 말로 간략히 바꾸었다.

3년 먼저 천희(天禧) 처음에 천하에 조칙하여 방생못을 세우도록 하니, 법지존자가 황제의 거룩한 교화[聖化]를 널리 드날리려고, 매년 '붇다께서 세간에 나신 날' 대중을 모아 법식을 지어 물고기와 새를 놓아 '산 숨 놓아주는 업[放生之業]'을 행했다.21)

---

20) 且固執獨頭之色 不具三千等義 蓋昭圓之餘波也 淨覺爲述抉膜以示色心不二之旨 且評他師昧於究竟蝮萬六卽之義 一日 淨覺與廣智辨觀心觀佛求決於師 師示以約心觀佛之談 謂據乎心性 觀彼依正 淨覺不說而去 旣而盡背所宗 述三身壽量解 并別立難辭 諭諳修前鈔不使外聞 師慮其爲後世異說之患 乃加料簡十三科以斥之 淨覺時在天竺 上十諫書 謂父有諍子 則身不陷於不義 師復作解謗 謂十諫乃成增減二謗

　　淨覺復述雪謗 謂錯用權實以判勝劣 師時在疾令門人讀之 爲之太息

　　旣逼歸寂遂不復辨 後有希最 卽廣慈之子法智之孫 述評謗以辨之 淨覺 時尚無恙 見之曰 四明之說其遂行乎(自師時在疾 以下一節 並預敍後事)

21) 天聖元年(仁宗初元) 撰光明玄續遺記成 試開幃四十二章 答泰禪師十問 時天童凝禪師貽書論指要鈔 揀示達磨門下三人得道淺深 往復不已 太守林請師融會其

이해 군(郡)에서 이 일을 들으니 추밀(樞密) 유균(劉筠)에 조칙하여 글을 지어 뒷사람에 보이게 하였다.

태수 증회가 절에 비를 세웠다.

일찍이 어떤 저녁 꿈에 가람신(伽藍神)이 말했다.

"다음날 상공(相公)이 이르고 나면 증공이 그 아들 공량(公亮)을 받아들여 절에 들게 하시오."

법지존자가 꿈에 어머니 되는 부인에게 사례해 말했다.

"뒤의 귀함이 감히 서로 잊지 못함이 되오."

공량(公亮)이 재상의 자리에 들어가자〔入相〕, 밭을 사들이고 집을 열어 해마다 그 무리들을 출가시켰다.

5년 '금광명경문구에 풀이하는 글〔光明文句記〕'을 지었으니 돌아가심에 닥치어 책을 끝내지 못했다. 그 뒤 문인 광지(廣智)가 '붇다 찬탄하는 한 품〔讚佛一品〕'을 이어 이를 이루었다.22)

6년 정월 초하루〔元日〕, 이레 기한의 광명참(光明懺)을 세워 귀적에 따르는〔順寂〕 기한을 삼고서 닷새에 이르자, 두 발 모아 맺고 앉아〔結跏趺坐〕 대중을 불러 법을 설해 마치고, 빨리 아미타바붇다〔阿彌陀佛〕 수백 소리를 부르고 문득 갔다.

세속 나이 예순 아홉이오, 법 나이는 쉰 넷이다.

2·7일 동안 감실을 드러내 놓았는데 얼굴 모습이 살아 있는 것 같았고 손톱과 털이 모두 자랐다. 혀뿌리는 무너지지 않고 연꽃과 같았다.

명도(明道) 2년 7월 신령한 뼈를 받들어 남쪽성 숭법원〔南城崇

說 師不得已略易數語(往復書 備在敎行錄 忠法師爲後序 略述其事) 三年 先是
天禧初詔天下立放生池 師欲廣揚聖化 每於佛生日集衆作法 縱魚鳥爲放生之業

22) 是年郡以事聞 敕樞密劉筠撰文以示後人 太守曾會立碑於寺(見敎行錄) 嘗一夕
夢伽藍神曰 翌日相公至 已而曾公領其子公亮入寺 師以夢告母夫人謝曰 後貴無
敢相忘(下二句 預敘後事 今敎行錄 有曾府捨莊田帖) 及公亮入相 乃買田闢屋
歲度其徒 五年製光明文句記 以迫歸寂不及終帙 其後門人廣智續讚佛一品以成之

法院]의 왼쪽에 탑을 세웠다.

법을 받아[禀法] 무리를 이끄는 이[領徒者]는 서른 사람이니 상현(尙賢) 본여(本如) 범진(梵臻) 즉전(則全) 혜재(慧才) 숭거(崇矩) 각종(覺琮) 등이다.

입실(入室)한 이는 480사람이요, 당에 오른 이[升堂]는 천 사람[千人]이다.

손수 입성(立誠) 등 70인을 출가시켰다.

법지존자는 함평(咸平) 2년부터 뒤에는 오로지 강설과 삼매참(三昧懺)만을 일삼아, 늘 앉아 눕지 않았으며[常坐不臥], 발은 도량 밖을 밟지 않았고[足無外涉] 사람 만나는 일[修謁]을 다 버렸다.

법화현의를 7편, 문구 8편, 지관 8편, 열반소 1편, 정명소 2편, 광명현의 10편, 별행현 7편, 관경소 7편을 강설하였고, 형계선사의 금강비(金剛錍) 지관의례(止觀義例) 지관대의(止觀大意) 십불이문(十不二門) 시종심요(始終心要) 등 강설함은 다시 셀 수 없었다.[23]

법화참 3·7일 기한 5번, 광명참 7일 기한 20번, 미타참 7일 기한 50번, 청관음참 77일 기한 8번, 대비참 3·7일 기한 10번을 닦았고, 열 스님을 묶어 3년 긴 기한으로 법화삼매(法華三昧)를 닦았고, 열 스님과 대비참(大悲懺)을 3년을 닦았으며, 세 손가락을 태워 붇다께 공양했다.

미타(彌陀) 관음(觀音) 세지(勢至) 보현(普賢)의 대비상과 천태조사상(天台祖師像) 20구를 조성했으며, 경전의 가르침을 찍어낸

---

23) 六年正月元日 建光明懺七日爲順寂之期 至五日結跏趺坐 召大衆說法畢 驟稱阿彌陀佛數百聲 奄然而逝 壽六十九 夏五十四 露龕二七日 顔貌如生爪髮俱長舌根不壞若蓮華然 明道二年七月 奉靈骨起塔 於南城崇法院之左 禀法領徒者三十人 尙賢 本如 梵臻 則全 慧才 崇矩 覺琮等 入室四百八十人 升堂千人手度立誠等七十人 師自咸平二年 後專務講懺 常坐不臥 足無外涉 修謁盡遣 講法華玄義七遍 文句八遍 止觀八遍 涅槃疏一遍 淨名疏二遍 光明玄義十遍 別行玄七遍 觀經疏七遍 金剛錍 止觀義例 大意 十不二門 始終心要等 不復計數

것이 일만 권을 채웠다.

지은 바로는 속유기(續遺記) 3권, 광명문구기(光明文句記) 6권, 묘종초(妙宗鈔) 3권, 별행현기(別行玄記) 4권, 지요초(指要鈔) 2권, 부종기(扶宗記) 2권, 십의서(十義書) 3권, 관심이백문(觀心二百問) 1권, 헐뜯음을 막는 책〔解謗書〕 3권, 금광명삼매의(金光明三昧儀), 대비참의(大悲懺儀), 수참요지(修懺要旨) 각 1권이 있다.

그 밖에 융심해(融心解), 마하지관의 수행법〔止觀義例〕에서 경계와 살피는 지혜〔止觀義例境觀〕, 기신융회장(起信融會章), 별리수연이십문(別理隨緣二十問), 소복삼용장(消伏三用章), 광명현 당체장문(光明玄 當體章問), 일본원신(日本源信)의 물음에 답해 풀이함, 양문공이 세 번 물음을 풀이함〔釋楊文公三問〕, 스승께 묻고 답함〔絳幃問答〕과 같음이 있다.24)

법지존자는 기신론(起信論)에 크게 깨쳐 들어감이 있었으므로 평시의 저술에 많이 의거하는 바가 있었다. 그래서 뒷사람들이 그 집의 편액을 기신(起信)이라 말했으니 잊지 않음을 보임이다.

처음 나라의 명을 받자 신조(神照)가 글로 치하하니 법지존자가 답해 말했다.

"세 가지 해탈의 방술을 적게 닦고도 이름을 이루면 조정의 선비로 이름 얻음이 될 것이다."

존자는 평소 황제의 은택을 입어 자색가사를 입게 되어도 부끄러워할 뿐 영화롭게 여김이 없었으니 어찌 치하해줌에 마음을 쓸 것인가.

---

24) 修法華懺三七期五遍 光明懺七日期二十遍 彌陀懺七日期五十遍 請觀音懺七七期八遍 大悲三七期十遍 結十僧修法華長期三年 十僧修大悲懺三年 然三指供佛 造彌陀觀音勢至普賢大悲天台祖師像二十軀 印寫教乘滿一萬卷 所著續遺記三卷 光明文句記六卷 妙宗鈔三卷 別行玄記四卷 指要鈔二卷 扶宗記二卷 十義書三卷 觀心二百問一卷 解謗書三卷 金光明三昧儀 大悲懺儀 修懺要旨各一卷 自餘如融心解 義例境觀 起信融會章 別理隨緣二十問 消伏三用章 光明玄當體章問 答釋日本源信問 釋楊文公三問 絳幃問答(並載敎行錄中)

'열 가지 둘 아닌 문[十不二門]의 요점을 뽑은 글[指要鈔]'이 처음 이루어지자 설두중현선사(雪竇重顯禪師)가 산을 나와 찾아와 [出山來訪] 사명존자의 '십불이문지요초'의 저술을 보고서[觀其書] 크게 기뻐해 칭찬하고서 재를 베풀어 축하하고[設齋致慶], 몸소 다방(茶榜)을 걸어 그 일을 갖추어 찬미하였다.25)

기리어 말한다.

"당조 끝 무렵이 되어 천하가 망하고 어지러워지자
천태의 전적이 바다 동쪽에 흘러 흩어져
그때에는 천태의 종지를 배우려는 이들은
화엄을 겸해 강설해야 말의 꾸밈을 돕게 되었다.
우리 송조 용흥(宋朝 龍興)의 때에 미쳐서도
이 도는 오히려 아직 어두웠는데
나계(螺溪)존자와 보운(寶雲)존자의 때에
남은 글이 다시 중국에 돌아와서
천태종지 강연함을 점점 듣게 되었지만
그런데도 굽은 견해의 수행자들이
익혀온 기운이 아직 옮기지 않으므로
오은(晤恩)과 청령(淸靈)은 앞에서처럼 화엄의 업을 겸하고
범천소(梵天昭)와 고산원(孤山圓)은 뒤에 논의를 달리했으며
계제(繼齊)와 함윤(咸潤)은 다른 종의 무리들과

---

25) 師於起信論大有悟入 故平時著述多所援據 後人扁其堂曰起信 示不忘也 初受命服 神照以書賀 師答之曰 三術寡修致名達朝彦 尋蒙帝澤令被紫服 有恥無榮 何勞致賀 指要初成 雪竇顯禪師出山來訪 觀其書大加欽讚 卽爲設齋致慶 親揭茶榜 具美其事云
〔설두산 중현선사(雪竇山 重顯禪師)가 사명산으로 지례존자를 찾아와 십불이문지요초 저술을 크게 경하했으니, 설두산과 사명산은 줄기가 서로 이어져 있는 한 산의 다른 이름이다.〕

밖에서 바른 관행 비방을 일삼았으며
정각(正覺)은 우리 가문이면서도 안에서 배반하니
모두들 묘종(妙宗)의 이 법문을 어지럽히고
조사의 도[祖道]를 막혀버리게 했도다.
사명법지존자는 높은 성인의 재질로
이 법 새로 일으킬 시대의 운세를 맞아
동으로 정벌하고 서로 무찔러서 가르침의 바다 다시 맑히니
그 공업의 성대함을 이루 생각할 수 있을까.26)

그러므로 다섯 쌓임을 세워 망념을 살핌[觀妄]과
별교 진리[別理]의 변하지 않되 연 따름[不變隨緣]이
마쳐 다함에서는 다르지 않아
땅벌레도 진리의 독[理毒]이고 성품의 악임[性惡]과
오직 물질[唯色]이고 오직 마음[唯心]인 뜻
마음을 살피고[觀心] 붇다를 살핀다[觀佛]는 말,
세 쌍으로 붇다의 몸을 논함과
곧 갖춤으로 경의 바탕을 논함과
열 가지 둘 아닌 문[十不二門]의 요점을 가리킴과
열 가지의 세 법[三法]으로 마음 살핌
이러한 법을 세워 실상을 가리고 방편을 가리며
닦음[修]을 말하고 성품[性]을 말했도다.27)

---

26) 贊曰
　　唐之末造天下喪亂 台宗典籍流散海東 當是時爲其學者 至有兼講 華嚴以資說飾
　　暨我宋龍興 此道尚晦 螺溪寶雲之際 遺文復還 雖講演稍聞 而曲見之士氣習未
　　移 故恩淸兼業於前 昭圓異議於後 齊潤以他黨而外務(侮同) 　淨覺以吾子而內
　　畔(叛同) 皆足以溷亂法門壅塞祖道(溷胡困反濁也) 四明法智 以上聖之才 當
　　中興之運(中竹仲反當也) 東征西伐再淸敎海 功業之盛 可得而思
27) 是以立陰觀妄 別理隨緣 究竟蛣蜣 理毒性惡 唯色唯心之旨 觀心觀佛之談 三
　　雙之論佛身 卽具之論經體 十不二門之指要 十種三法之觀心 判實判權 說修說性

장안존자〔章安: 灌頂禪師〕와 형계존자〔荊溪: 湛然禪師〕가
아직 나타낼 겨를이 없었던
모든 깊은 법문을 자세히 나타내 보여 주어
이로써 뭇 법의 영웅 그 채찍을 타고 끌어
여러 제자들에게 맡기어 부칠 계략을 삼았네.
형계로부터 아홉 조사〔九祖〕가 이백 년이 되었는데
법을 넓히고 도를 전함이 어느 때라고 없었겠는가.
그러나 뭇 바탕 갖추고 모아 크게 이루며
다른 법과 다른 실마리를 물리쳐서,
바른 법의 벼릿줄 융성케 함은
오직 법지존자 한 분일 뿐이로다.
그러므로 여러 조사 벌려 그 지위를 안배하지만
가운데 크게 일으킨 조사라고 일컬어 마땅하네.
이를 써서 뒤에 배우는 이들이 종지에 돌아가는 뜻을 보면
지금 절강의 동서에서 다 가르치는 자라고 부르는 이들이
사명(四明)의 도를 하나라도 따르지 않음이 없고
산외(山外)의 여러 법사들을 돌아보면
참으로 이미 떠들어 말하는 무리들이 없도다.
그렇다면 법의 운세 그 다함없는 묶음은
그것이 여기 사명존자에 있을 뿐이로다.28)

---

28) 凡章安荊溪未暇結顯 諸深法門悉表而出之 以爲駕御群雄之策 付託諸子之計
自荊溪而來 九世二百年矣 弘法傳道何世無之 備衆體而集大成 闢異端而隆正
統者 唯法智一師耳 是宜陪位列祖稱爲中興 用見後學歸宗之意 今淛河東西(淛
浙江也又音制見莊子) 號爲教黌者(音橫學舍) 莫不一遵四明之道 回視山外諸
師 固已無嚼類矣(嚼才笑反齧也 漢書項羽攻城 所過無嚼類 謂屠殺皆盡 無嚼
食之遺種也) 然則法運無窮之繫 其有在於是乎

3. 법보대사(法寶大師) 자운존자 준식(慈雲尊者 遵式)

○ 조론(肇論)을 주해하고 천태전적을 입장(入藏)하다

법사 준식(遵式)은 자(字)는 지백(知白)이고, 섭(葉)씨로 천태 영해(寧海) 사람이다.

어머니 왕씨가 관음(觀音)보살에게 아들을 빌어, 꿈에 아름다운 여인이 밝은 구슬을 주자, 구슬을 삼키고 스님을 낳았다.

난 지 일곱 달에 어머니를 따라 관음(觀音)의 이름을 부르고 차츰 자라자 형(兄)을 따라 장사〔賈〕하는 것을 좋아하지 않았다.

몰래 동산(東山)에 가서 의전(義全) 법사를 의지해 출가하였다.

의전(義全)이 앞의 꿈에 어떤 어린이가 불상의 머리 위에 걸터 앉은 것을 보았는데, 그러고 나자 자운(慈雲)이 이르렀다.[1]

나이 스물에 선림(禪林)에서 구족계를 받고, 이듬해 수초(守初) 스님께 율학(律學)을 배웠다.

이어서 국청사(國淸寺)에 가서 보현상(普賢像) 앞에서 한 손가락〔一指〕을 태우고 천태의 도〔天台之道〕 전할 것을 서원했다.

옹희(雍熙) 원년 사명(四明)에 와서 배우려는데(나이 22세) 길 가운데 꿈에 노승이 말했다.

"나는 문수화상(文殊和尙)이다."

그리고는 보운(寶雲: 義通尊者)을 보았는데 바로 꿈에 본 스님이었다.

얼굴을 북으로 하고 업(業)을 받았다.

얼마 되지 않아 지혜의 앎〔智解〕이 아주 빼어났다.

지자선사의 기일〔智者諱日〕에 정수리를 태워 아침에 되어서야 마쳤으며, 네 가지 삼매〔四三昧: 常坐, 常行, 半行半坐, 非行非坐三昧〕

---

1) 法師遵式 字知白 葉氏 天台寧海人 母王氏 乞男於觀音 夢美女以明珠與而呑
之 生七月能從母稱觀音名(太祖乾德元年癸亥歲生)稍長不樂隨兄爲賈 潛往東
山依義全師出家 全先夢有童子踞佛像之首 已而師至

에 힘써 행할 것을 서원했다.2)

단공(端拱) 원년(元年) 보운존자가 입적하자[寶雲入寂] 존자는 천태로 돌아왔다.

괴로운 배움[苦學] 때문에 병을 불러 피를 토하게 되었다.

'큰 자비 붇다의 방[大慈佛室]'에 굳세게 들어가, '죄업을 녹이는 다라니법[消伏呪法]'을 써서 스스로 다짐해 말했다.

'네 가르침에서 일어난 행[四教興行]'이 나에게 있다면 그 병이 나을 것이고, 그렇지 않다면 여기서 목숨을 마칠 것이다."

세 이렛날[三七日]이 되자 방안에서 이렇게 외치는 소리를 들었다. "준식이 오래지 않아 죽을 것이다."

법사는 더욱 게으르지 않고 다섯 이렛날[五七日]에 시체가 방에 가득한 것을 보았다.

대사가 이를 밟고 다니자 그 시체가 사라졌다.

일곱 이렛날[七七日]을 채우자 방에서 소리가 울렸다.

"시방의 모든 붇다가 너의 복과 목숨을 늘렸다."

그날 저녁 꿈에 한 거인이 금강공이[金剛杵]를 지니고 그 입을 저어주었다.

또 일찍이 관음(觀音)을 보았는데 대사의 입에 손을 드리워 벌레 몇 마리를 꺼냈다.

다시 손가락을 펴 입에 단이슬을 부어주자, 몸과 마음이 맑고 시원해져 묵은 병이 단박 나았다.

이미 정수리가 한마디 남짓 솟구치고, 손이 무릎을 내려가며 목소리가 큰 종소리 같았고 살결은 흰 옥 같았다.3)

---

2) 年二十(太宗太平七年癸未)往禪林受具戒 明年習律學於守初師 繼入國清 普賢像前爐一指 誓傳天台之道 雍熙元年 來學四明(年二十二)道中夢老僧謂曰 吾文殊和尚也 及見寶雲 正所夢僧卽北面受業 未幾智解秀出 智者諱日然頂終朝誓力行四三昧

3) 端拱元年 寶雲入寂 師乃反天台 以苦學感疾至於嘔血 毅然入大慈佛室 用消伏

순화(淳化) 원년 대중이 보운(寶雲)에 머물러, 법화·유마·열반·금광명경 설하기를 청하자 일찍이 잠깐 사이에 쉼이 없었다.

시(施) 씨의 집 새끼 밴 나귀가 날마다 자리 밑에 엎드려, 마치 법을 듣는 모습이었다.

이와 같이 40일을 그렇게 하다 새끼를 낳고서는 다시 오지 않았다.

일찍이 법지(法智) 존자를 가서 보았는데 문밖에 기침소리를 듣고, 시자를 불러 살펴보게 했다.

"마침 밖의 소리를 들었는데, 성인(聖人)이 그러신 것 같다."

시자가 얼른 나가보고 도로 대답해 말했다.

"자운(慈雲)께서 왔습니다."

법지가 크게 놀라 말했다.

"나의 형이 도로 오신 것이다[吾兄轉報矣]."

지도(至道) 2년 출가 재가 대중을 모아 정토의 업[淨業]을 오롯이 닦으며 '서방에 나기를 서원하는 글[誓生西方記]'를 지었다.

또 스스로 '관세음 그윽이 찬탄하기[觀音幽贊]'를 바라 조각장에게 명해 전단상(旃檀像)을 자신이 이마에 이고 있는 모습을 깎도록 하고, 열네 가지 서원[十四誓願]을 지어 그 배에 넣었다.

장인이 잘못하여 버들가지 쥐고 있는 곳을 꺾어버렸다.

대사가 크게 놀라 손으로 대자 아교칠 하지 않고도 붙었다.4)

呪法 自詛曰 若四教興行在我 則其疾有瘳 不爾則畢命於此 至三七日聞室中呼曰 遵式不久將死 師益不懈 五七日見死屍盈室 師踐之而行 其屍卽没 滿七七日室中聲曰 十方諸佛增汝福壽 其夕寐見一巨人 持金剛杵 以擬其口 又嘗親見觀音 垂手於師口引出數蟲 復舒指注甘露於口 身心淸涼宿疾頓愈 旣而頂高寸餘 手垂過膝 聲若鴻鍾 肌如白玉

4) 淳化元年(年二十八) 衆請居寶雲 講法華維摩涅槃光明 未嘗間歇 有施氏懷胎驢 日伏座下 若聽法狀 如是四旬 産已不復至 嘗往見法智 聞門外聲欬呼侍者曰 適聞外聲 有若聖人然 侍者亟出視 反報言 慈雲至 法智大驚曰 吾兄轉報矣 至道二年 結緇素專修淨業 作誓生西方記 又自幸觀音幽贊 命匠刻旃檀像及自身頂戴之相 撰十四誓願納其腹 工有誤折所執楊枝者 師大懼卽手接之(此像今

함정(咸正) 3년 사명(四明)이 크게 가물었다.

군의 사람들이 비 빌기[祈雨]를 청했다.

대사가 법지(法智) 이문(異聞)법사와 같이 대중을 이끌고 '관음을 청하는 삼매[請觀音三昧]'를 행해 그윽이 사흘을 기약했지만 비가 내리지 않아 그 몸을 태우려 하자, 기약한 듯 비가 크게 왔다.

태수 소위건(蘇爲建)이 비(碑)를 세워 신령함을 기술했다.

4년에 자계(慈溪) 대뇌산에 깃들어 살며 '관음을 청해 독의 해를 없애는 참회법의 의례[請觀音消伏毒害懺儀]'를 교정했다.

5년에 천태(天台)에 돌아와 동액사(東掖寺)를 맡아 머물렀지만, 따르는 무리들의 번거로움 때문에 서쪽 모서리에 정사(精舍)를 세워 대중을 거느리고 염불삼매(念佛三昧)를 닦았다.

흰 학의 묘[白鶴廟]가 있어서 주민들이 매우 신묘하게 모셨다.

대사가 신(神)에게 계(戒)를 주어 신에 올리는 제(祭)를 바꾸어 깨끗함을 행하는 재(齋)로 만들었다.

신과 주민[神與民]들이 다 그 분부를 들었다.

그리하여 야묘지(野廟誌)를 지어 이를 깨우쳤다.5)

상부(祥符) 4년 장구공(章呴公)이 여름 결제 시작하는 이 일을 맡아[領那事夏制之始] 대사를 경덕(景德)에 모셔 지관(止觀)을 강설케 하였다.

마치려 하는데 세 사문이 누더기를 펼치며 이르러서 우란분(盂蘭盆) 모임의 강설하는 자리에 참여하도록 청하고, 자리를 당기고는 홀연히 보이지 않았다.

在天竺懺殿)不膠漆而合

5) 咸正三年(眞宗)四明大旱 郡人請祈雨 師同法智異聞師 率衆行請觀音三昧 冥約三日不雨當焚其軀 如期雨大至 太守蘇爲建碑以述靈異 四年 寓慈溪大雷山治定請觀音消伏毒害懺儀 五年(師年四十 自淳化庚寅至咸平四年辛丑 凡十二年居四明)歸天台主東掖 以徒屬之繁 卽西隅益建精舍 率衆修念佛三昧 有白鶴廟居民甚神之 師與神授戒改祭爲齋 神與居民聽命 乃爲著野廟誌以戒之

도경(道經)에는 '황암(黃巖)에서 돼지〔豕〕가 앞에 달려와 엎드리면 그 오는 것이 도살장에서 달아난 것인 줄 미루어 알고서, 그 곧음을 상준다'고 했다.

묘희사(妙喜寺)에서 잘 사람을 기르므로 이를 도경에서 '좋은 사람의 돼지를 만남〔遇善夫豕〕'이라고 할 수 있다.

적산사(赤山寺)는 바다에 잇대 높았는데〔瀕海而高〕 대사가 급히 사람들에게 말했다.

"여기에 스투파(stupa: 塔)를 세워야 한다. 이 산의 꼭대기에 기이한 빛이 있어 그 가운데 일곱 층 부도의 도형이 있다. 그 빛이 바다 위 40리 주위를 비춘다."

모두 '고기잡이하는 이들의 통발'이라고 어떤 사람이 대사께 말하니, 대사가 미리 조짐이 있음을 기뻐하였다.

드디어 스투파(stupa)를 세우니 주민들이 교화를 받아 다시 고기잡이하지 않았다.

그때 동산(東山)에서 참회의 법회〔懺會〕를 맺었는데 하늘이 크게 가물었다.

대사가 석봉(石縫)에 육환장을 떨쳐 세우니〔卓錫〕 샘이 솟구쳐 올랐다(지금 石眼泉이다).[6]

7년에 항주의 소경제일(昭慶齊一)법사가 대중을 거느리고 설법을 청하였다.

처음 항주 사람들이 자주 서쪽으로 건너오길 청했으나 허락하지

---

6) 祥符四年 章邨公(得象)領那事 夏制之始 延師 入景德講止觀 垂畢有三沙門披納而至 請預盂蘭盆講席 揖其坐忽不見 道經黃巖有豕奔伏於前 推其來 乃逸於屠肆者 償其直而參於妙喜寺 名之曰遇善夫豕
赤山寺瀕海而高 師遽謂人曰 此宜建塔 先是山巔有異光 中有七層浮圖之形 光照海上周四十里 皆漁人之簺梁 或以語師 師喜其有先兆 遂建塔焉 於是居人感化不復爲漁 時東山結懺會 天大旱 師卓錫石縫 泉卽激涌(今石眼泉)

않았는데, 여기 이르러 그 뜻을 따르게 되었다.

대사는 일찍이 어머니 태에서 12년을 머물다 태를 나오는 꿈을 꾸었다. 항주에 들어오니 과연 그 숫자에 맞았다.

대사는 소경(昭慶)에 이르러 크게 강설을 떨쳤다.

항주의 세속사람들[杭俗]은 술과 안주로 장사 지냄[葬]에 함께 하는 것을 좋아하였다.

대사가 그들을 위해 불사(佛事)의 빼어남[勝]을 설해주니, 냄새 나는 채소[葷]들이 갑자기 변해 깨끗한 음식이 되었다.

이로 인해 술과 고기를 삼가는, 자비와 지혜의 법문[戒酒肉慈慧 法門]'을 지었다.

일찍이 밤에 물가에서 덩이밥을 보시하였는데, 고기잡이들이 이 렇게 뭇 귀신[衆鬼]이 말하는 것을 들었다.

"오늘밤은 눈이 많이 와 대사가 오지 않을 것이다."

한 귀신이 말했다.

"대사는 자비하신 분이라 반드시 나[我]를 꺼리지 않을 것이다." 잠자코 있다 대사가 등롱에 불을 밝히고 눈을 밟고 이르렀다.7)

8년에 소주 사람들이 군의 문서[群符]로 대사를 개원(開元)에서 강석을 세우도록 맞았다. 출가와 재가의 무리들이 다 모이자 다 냄새나는 채소와 술 먹지 않는 이들이니, 그 무렵 온 성안에 고기 잡이 술집이 술과 고기를 팔지 못했다.

관청의 감독이 세금을 매기지 못했다.

대사가 그 무리들을 하직하여 말했다.

"지자선사(智者禪師)께서 진왕(晉王)께 편지를 보냈는데 여섯

---

7) 七年 杭昭慶齊一 率衆致請 初杭人屢請西度未之許 至是始見從 師嘗夢居母胎 十二年 及出台入杭 果應其數 師至昭慶 大揚講說 杭俗好以酒肴會葬 師爲說 佛事之勝 卒變葷爲齋 因爲著戒酒肉慈慧法門 嘗夜施搏食於水濱 漁者聞衆鬼 曰 今夜雪甚 師不至矣 一鬼曰 師慈悲人必不忌我 須臾師籠燈踏雪而至

가지 한스러움[六恨]이 있다고 말씀했다.

그 하나는 법으로써 모아 대중을 움직이는데 방해하는 관리[妨官]가 사람들의 꺼리는 바가 됨이다.

나는 지금 덕이 엷으니 어찌 오래 머물 수 있겠는가."

드디어 갑자기 깨닫고 항주로 돌아왔다.

(지자선사(智者禪師)의 유서(遺書)에 말했다.

형계(荊溪)의 법이 대중을 모음[集衆]이 일 천이요, 선을 배우는 이들[學禪]은 삼 백일 것이다.

주의 관리[州司]가 놀라 이렇게 말할 것이다.

"나라의 법식에 어긋나니 어찌 대중을 모아 관리들을 괴롭힐 수 있겠는가. 그러므로 아침에 구름처럼 모여도 저녁에 비처럼 흩어질 것이다."

설사 좋은 싹이 있어도 늘고 자랄 수 없음이 이 다섯째 한스러움이다.")[8]

자사 설안(刺史薛顔)이 비로소 영산(靈山)에 대사가 머물도록 분부했다.

이곳은 곧 수(隋) 진관선사(眞觀禪師)가 지은 천축사(天竺寺)이다.

절의 서쪽에 진(陳) 때에 심은 노송[檜]이 있었다.

소굴의 도적이 불태워 겨우 마른 둥치만 남았다.

이 해 겨울에 가지와 잎이 다시 났다.

이로 인해 다시 우거진 노송[重榮檜]이라 이름하였다.

부(賦)와 시(詩)를 돌에 새겨 도량이 다시 세워지는 상서의 조짐으로 삼았다.

'정토에 가서 나는 예참의 의례[往生淨土懺儀]'를 교정하였다.

---

8) 八年蘇人 以郡符迓師於開元建講 緇素畢集不葷飲者 傾市邑 屠酤不售 官監有失課之言 師辭其徒曰 智者遺晉王書 有言六恨 其一謂以法集衆動衆妨官爲人所忌 余今德薄安可久留 遂幡然復杭(智者遺書云 荊溪法衆一千 學禪三百 州司惶慮 謂乖國式 豈可聚衆用惱官人 故朝同雲合 暮如雨散 設有善萌不獲增長 此五恨也)
[지자선사께서는 세간의 권력자가 바른 법의 옹호자가 되지 않고 도리어 법에 장애가 됨을 한스러워 한 것이리라.]

9년, 천태 승정 혜사(慧思)가 서울[京師]에 가서, 대사의 도를 성대히 칭송했다. 비로소 황제가 자줏빛 가사[紫服]를 내렸다.

3월, 천태군 사람들이 군의 문서[群符]로 석량수창(石梁壽昌)에 나아가 법화(法華) 강설해 주길 청했다.

8월, 동액(東掖)을 지나 10월 천축(天竺)에 다시 돌아왔다.9)

천희(天禧) 원년, 시랑(侍郞) 마량(馬亮)이 전당의 태수가 되어 정토업[淨業]을 아름답게 숭상해 대사께 나아가 도를 물었다.

대사는 그를 위해 정토행원법문(淨土行願法門)과 '정토에 난 분들의 간략한 전기[淨土略傳]'를 지었다.

직방 낭중(職方 郞中) 최육재(崔育才)가 '밥 베풂의 도[施食之道]'를 물었다. 대사는 그를 위해 '살피는 생각[觀想]' 한 편을 지었다.

3년, 승상(丞相) 왕문목공(王文穆公) 무항(撫抗)이 먼저 관료들을 이끌고 산중으로 대사를 찾아 법화 강설과 마음·붇다·중생[心佛衆生] 이 세 법이 같은 뜻 강설해주길 청했다.

말재간이 맑게 펼치니 관료들이 이 때문에 눈여겨보았다.

문목공이 대중을 마주해 탄식해 말했다.

"이 도는 아직 듣지 못한 것이고, 이 사람은 보지 못한 사람이다."

대사가 천태종교(天台宗敎)의 근본과 지말[本末]을 공(公)에게 갖추어 말했다.10)

---

9) 刺史薛顔 始以靈山命師居之 卽隋眞觀師所營天竺寺也 寺西有陳時所植檜 巢寇燎爐僅存枯槧 是年冬枝葉復生 因名重榮檜 賦詩刻石 以兆道場重建之瑞 治定往生淨土懺儀 九年 天台僧正慧思詣京師 因盛稱師之道 始賜紫服 三月 天台郡人 以郡符請赴石梁壽昌 講法華 八月過東掖 十月復歸天竺

10) 天禧元年 侍郞馬亮 守錢唐 雅尙淨業 造師問道 師爲撰淨土行願法門 淨土略傳 職方郞中崔育才 問施食之道 師爲觀想一篇(見金園集)三年 丞相王文穆公撫杭(名欽若相眞宗)首率僚屬訪師山中 請講法華及心佛衆生三法如義 才辯淸發 衣冠爲之屬目 公對衆嗟賞曰 此道未始聞 此人未始見也(別集中有講題)師以天台宗敎本末具陳於公

4년, 공(公, 文穆公)이 주청하여 천축(天竺)의 옛 이름을 내리고, 그 절을 복원하여 가르침[敎]을 행하도록 하였다.

그리고 황제가 몸소 절의 이름을 짓고 다시 진국부인(秦國夫人)에게 보시재물 육백만을 주어 대전(大殿)을 세우도록 했다.

공이 글을 보내 '천태의 교 세움[立敎]과 경의 뜻[經義旨] 풀이함'이 지금과 옛의 어느 누구와 빼어나고 못남을 견줄 수 있는가 물었다.

대사는 먼저 가르침을 세운 큰 뜻[立敎大義]을 답하고, 다음 '장자의 여러 아들을 위해 수레 끄는 글'을 보이고, 옛 뜻 가운데 하나 둘을 취해, 자은(慈恩)이 천태의 뜻[天台義] 깨뜨림11)을 지자선사의 바른 풀이와 마주해[對智者正釋] 옳고 그름을 결정하여, 옛과 지금의 여러 스님으로서 취할 사람이 없음을 보였다.

공(公: 文穆)이 글을 읽고 뜻을 알아 더욱 믿어 기뻐했다.

대사는 옛날 지자선사께서 천태강 위에서 '물고기의 목숨 보살피던 일[護生事]'을 공에게 말해 서호를 방생지(放生池)로 삼도록 나라에 주청하였다.

임금을 위해 축원을 올리게 했다. 뒤에 문목공이 응천부(應天府)의 원님이 되었다.

작은 병이 들어 꿈에 대사와 만나니 곧 병이 나았다.

글을 받들어 보내 그 일을 말하고 강령(江寧)의 원으로 옮겨 부임했다. 대사를 관아로 맞아 모셔 아침 저녁으로 법을 물었다.

한 번 머물면 석 달 씩이었는데, 그로 인해 '열 법계에 마음 살피는 그림의 주[十法界觀心圖注]'와 남악선사(南嶽禪師)의 심요게(心要偈)를 지어주었다.12)

---

11) 자은(慈恩)이 천태의 뜻 깨뜨림: 자은 규기의 뒤를 이른 무리들의 유식에 관한 주관주의적 풀이가 '유식(唯識)'이 곧 유색(唯色)'인 천태의 종지에 부합하지 못함을 말함.

12) 四年 公爲奏錫天竺舊名 復其寺爲敎 而親爲書額 復與秦國夫人施財六百萬以建大殿 公致書問天台立敎及解經義旨 與今古孰爲優劣 師先答立敎大義 次出

건원(乾元)의 해에 문목공이 그 도(道)를 임금에게 알려서 자운(慈雲)이라는 호(號)를 드렸다.

건흥(乾興) 원년 장의태후가 대사의 깊이 깨치어 정진하심에 대해 사신을 보내 백금 백냥을 보내 산중에 분부해 나라를 위해 참법(懺法) 행하도록 하였다.

대사가 이를 위해 금광명호국도량의(金光明護國道場儀)를 지어 바쳤다.

이로 인해 천태교(天台教)의 글을 대장(大藏)에 넣도록 주청했다.

일이 마쳐 행하기 전에 문목공이 돌아갔다.

천성(天聖) 원년 대신 양회고가 향을 내리어〔降香〕산에 들었다.

대사의 도덕(道德)을 공경하여 다시 주청하였다.

다음해 비로소 조칙을 얻어 장경에 넣고〔得旨入藏〕백금 백량을 내리고 천승(千僧)에게 공양하여 경하하였다.

대사가 교장수함목록(教藏隨函目錄)을 찬술하고, 여러 경의 글의 뜻〔文義〕을 간략히 서술하니 곧 현의(玄義)를 말한다.

현의에서 다섯 때를 거느려 밝히고〔統明五時〕여덟 가르침을 널리 밝혀 말하니〔廣辨八教〕, 여래 출세의 큰 뜻〔如來出世大意〕이 그 안에 있다.

문구(文句)란 곧 구절을 거느려 경의 글을 나누어 풀이한 것이다.13)

諸子索車之文 錄古義一二 及慈恩破天台義 對智者正釋 並決是非 以爲古今諸師無一可取 公覽文識義益加信喜(文見別集)師以智者昔於天台江上護生事白於公 因奏請西湖爲放生池 爲主上祝壽 後文穆尹應天府 因微疾夢與師會 疾卽除愈 遂奉書道其事 及移鎭江寧(昇用)迓師府會 朝夕問法 一留三月 因爲著十法界觀心圖注 南岳心要偈

13) 會乾元卽公以其道聞於上 乃賜慈雲之號 乾興元年 章懿太后(仁宗母華氏 錢塘人 其父仁德)以師熏修精進 遣使齎白金百兩 命於山中爲國行懺 師爲著金光明護國道爲靜上之 因奏天台教文 乞入大藏 事未行而公薨 天聖元年(仁宗)內臣楊懷古 降香入山 敬師道德復爲奏之 明年始得旨入藏 賜白金百兩 飯千僧以爲慶 師乃撰教藏隨函目錄 略述諸部文義 謂玄義 統明五時廣辨八教 出世大意

형계선사(荊溪禪師)에겐 각기 기(記)와 풀이[釋]가 있으니, 마치 오경(五經)에 바른 뜻[正義]이 있는 것과 같다.

지관(止觀)은 선정과 지혜[定慧]의 다른 이름이니, 법화의 행하는 글[法華行文]이다.

앞의 현의(玄義) 문구(文句)는 다 붇다의 세상 기틀에 맞게 이익 얻는 일을 밝히고 있고, 경에는 일에 맡기고 법에 부쳐 마음 살피는 글[託事附法 觀心之文]이 있으니, 부분의 바른 뜻은 아니다.

지금 지관(止觀)이 바로 지자선사[智者]께서 '자기 마음 가운데 행한 법문[己心中所行法門]'을 설한 것이니, 스스로 행하는 인과[自行因果]와 남을 교화함에 함과 하여지는 바[他化能所]가 갖춰지지 않음이 없다.

또 보문품(普門品)에 따로 번역된 중송[別譯重頌]을 더하니, 출가와 재가 다 이를 따라 외웠다.14)

천성(天聖) 4년 간의(諫議) 호칙(胡則)이 군(郡)의 태수가 되어 자주 산에 들어 도를 묻고 기꺼이 법요(法要)를 받았다.

그리고는 금을 시주해 산문(山門)의 곁채[廊宇]를 짓게 했다.

5년 중추 그믐날 저녁 계수나무 씨가 대전 앞의 뜰에 떨어지자, 대사가 그 씨를 받아 숲 아래에 뿌렸다.

그래서 계수나무 씨앗의 시[桂子之詩]를 지었다.

6년 정월 배우는 무리를 사명(四明)에 가도록 보내, 법지(法智)존자의 제(祭)를 지내게 하고, 제문(祭文)으로 애도하는 시를 지었다.

비로소 절 동쪽에 일관암(日觀菴: 정토의 열여섯 관[十六觀]을 닦는

蘊乎其中 文句者 謂以統句分節經文
14) 荊溪各有記釋 猶五經之有正義也(唐孔穎達爲五經作正義) 止觀者 定慧之異爲
卽法華之行門也 前玄義文句 皆明佛世當機得益之事 經有託事附法觀心之文
非部正意 今止觀正是智者說己心中所行法門 自行因果化他能所無不具焉 又於
普門品加別譯重頌 緇素皆遵誦之

암자)을 세우고 서방에 생각을 보내 '정토에 가서 나는 업〔往生之業〕'을 삼았다.

9년 정명경(淨名經)을 강설하고 그 문도들에게 홀연히 말했다.

"옛날 동액에서 이 경을 강설하는데 형계선사가 꿈에 나타나 이 경권을 주시었다. 방을 나와서 해가 이미 진 것을 보았다. 지금 내가 목숨 다해 이 강설을 마침이로다."

그로 인해 대중에게 작별의 말〔訣〕을 했다.

"나는 천태와 항주 두 절에 머무른 지 40년이지만 길게 시방(十方)을 써서 뜻을 삼았다.

지금 강석(講席)에 부치니 내 뜻을 따르라."

제자 조운(祖韻)에게 분부했다.

"너는 내 도량을 잇고 나의 향로와 털이〔鑪拂〕를 지니고, 맨 나중 붇다의 씨앗 끊는 사람〔斷佛種人〕이 되지 말라."

'세 가지 연 버리는 시〔謝三緣詩〕'를 지어 보내니, 무리에 속함을 버리고, 벗을 끊고, 붓과 벼루를 불태움이다.15)

이 해 8월에 동쪽 구역 초당으로 거처를 옮기고, 명도(明道) 원년 10월 8일에 병을 보였으나 의약을 쓰지 않고 오직 설법해서 따르는 무리들을 힘쓰게 하고, 10일 아미타상으로 그 마침을 증명하도록 청했다.

문인 상욕(尚欲)이 기도하자 관음께서 이르렀고, 대사는 향을 태워 상(像)을 보며 축원해 말했다.

---

15) 天聖四年 諫議胡則守郡 屢入山問道 欣領法要 爲施金造山門廊宇 五年中秋
月望之夕(望作望非)桂子降於殿庭 師取其實播種林下 乃作桂子之詩 六年正月
遣學徒往四明 致祭於法智 有祭文悼詩之作 始於寺東 建日觀菴 送想西方爲往
生之業 九年 講淨名經 忽謂其徒曰 昔在東掖講此經 夢荊溪授我經卷 及出室
視日已沒 今吾殆終此講乎 因與衆訣曰 我住台杭二寺 垂四十年 長用十方爲意
今付講席 宜從吾志 命弟子祖韻曰 汝當紹我道場 持此鑪拂 勿爲最後斷佛種人
遂作謝三緣詩 謂謝徒屬 絶賓友焚筆硯也

내가 지금 관세음을 살피니

앞때에 오지 않았고 뒷때에 가지 않네.

시방 모든 붇다와 같이

진실한 바탕에 같이 머무시네.

바라오니 이 실제에 머무시어

나의 이 한 줄기 향 받으소서.

我觀觀世音　前際不來　後際不去

十方諸佛　　同住實際

願住此實際　受我一炷之香

어떤 이가 그 돌아가는 곳을 물으니, '고요한 빛의 정토〔寂光淨 土〕'로 대답했다.

밤이 되자 문득 앉아서 갔다〔奄然坐逝〕.

대사는 일찍이 감실의 이름〔龕銘〕을 지어 '먼 걸상〔遐榻〕'이라 하였다. 염습하고 이레가 지났는데 모습이 살아있을 때 같았다.

세속 나이는 69세〔六十九〕이고 법의 나이는 50세〔五十〕였다.

가시던 날 저녁 산중의 사람들은 큰 별이 영축봉에 지며 붉은 빛이 환한 것을 보았다.

법을 받은 이〔稟法者〕는 문창(文昌) 등 25인〔二十五人〕이고, 문에 올라 배우는 이〔登門學者〕는 천의 숫자〔千數〕였다.

출가시킨 제자는 약허(若虛)의 무리 백 사람이 되었다.

다음 해 봄〔仲春〕 4일에 멀리 가시는 관을 받들어 절 동쪽 월계봉(月桂峯) 아래에 묻었으니, 그곳은 수(隋)대 진관선사〔天竺 眞 觀禪師: 天台智者禪師의 제자〕와 가까운 곳이기 때문이다.16)

---

16) 是年八月 徙居東領之草堂 明道元年十月八日示疾 不用醫藥 唯說法以勉徒衆 十日令請彌陀像以證其終 門人尚欲有禱 以觀音至 師炷香瞻像祝之曰 我觀觀 世音 前際不來後際不去 十方諸佛同住實際 願住此實際 受我一炷之香 或扣其 所歸 對以寂光淨土 至夜奄然坐逝 師嘗製龕銘曰遐榻 旣入斂越七日 形貌如生

대사는 어려서 문장〔詞翰〕을 잘했고 시인의 풍격〔詩人之風〕이
있었다.

그 시집을 채유(菜遺)라 하고, 영원(靈苑)이라 하며, 여러 가지
섞인 저술을 금원(金園)이라고 하고, 천축 별집(天竺別集)이라 하
는데, 다 세간에 행해지고 있다.

○ 어떤 고관이 능엄경(楞嚴經)을 주석해서 대사의 인가(印可)를
구했다.

대사가 물 끓듯 세차고 뜨겁게 말했다.

"합하(閤下)께서 마음을 붇다의 법에 둔 것은 참으로 드문 일입니
다. 지금 먼저 세 물음〔三問〕을 펴 보이겠으니, 만약 답이 이치에 맞
으면 유통하시고, 만약 맞지 않으면 이 불에 던져야〔付此火〕 합니다."

고관이 허락하자 대사가 말했다.

"1. 참되고 밝은 묘한 근원은 성품이 깨끗한 밝은 마음이라고
했으니, 어떻게 주석했는지 모르겠습니다.
〔眞精妙元性淨明心 不知如何注釋〕

2. 셋 넷 넷 셋이 뚜렷이 굴러 열둘〔十二〕이고, 흘러 변함이 세
번 겹쳐 하나는 열, 백은 천이라고 했으니, 무슨 뜻입니까.
〔三四 四三 完轉十二 流變三疊 一十百千 爲是何義〕.

3. 스물다섯 성인이 증득한 바가 두렷이 통해 이미 낮고 못함이
없다고 했는데, 문수는 왜 관음(觀音)만을 홀로 취했습니까.
〔二十五聖 所證圓通 旣云實無優劣 文殊何得 獨取觀音〕."

(옛 스님이 수의 겹쳐 구름을 주석해 말했다. 처음 하나가 변해 열이
되는 것은 삼세(三世)의 네 방위〔四方〕가 서로 열둘 이룸이고, 다음 열이

壽六十九 夏五十 逝之夕 山中人見大星殞於靈鷲峯紅光赫然 稟法者 文昌等二
十五人 登門學者以千數 度弟子 若虛輩垂百人 明年仲春四日 奉遷槁葬於寺東
月桂峯下 與隋觀法師爲之隣焉

변해 백이 되는 것은 삼세 네 방위가 서로 백 이십[百二十]을 이룸이고, 세 번 백이 변해 천이 되는 것은 삼세 네 방위가 천 이백을 이룸이다.

이는 한 아는 뿌리[一根]의 공덕의 수라 여섯 뿌리[六根]를 모으면 칠천 이백[七千二百]이 되는데, 눈·코·몸의 세 뿌리가 각기 사백이 이지러져 모자람을 빼면 실로 육천을 얻으니 여섯 아는 뿌리의 공덕[六根功德]이다. 하나가 변해 열이 되고 백이 되고 천이 됨이 세 번 열이 겹침이니 무릇 세 번은 그 수를 짜서 이룸이다.)

위의 세 물음에 대해 그 사람이 어쩔 줄 모르자 대사가 들어서 불에 던졌다.

이에 능엄 삼관(楞嚴三關)이 여기서 나오게 되었다.17)

---

17) 師幼善詞翰 有詩人之風 其詩集 曰采遺 曰靈苑 其雜著 曰金園 曰天竺別集 皆行於世

有貴官注楞嚴求師印可 師烹烈焰謂之曰 閣下留心佛法 誠爲希有 今先申三問 若答之契理 當爲流通 若其不合當付此火 官許之

師曰 眞精妙元性淨明心 不知如何注釋 三四四三宛轉十二 流變三疊一十百千 爲是何義

(昔師注者云 初變一爲十 以三世四方互成十二 次變十爲百 三世四方互成百二十 三變百爲千 三世四方互成千二百 是爲一根功德之數 總六根爲七千二百 除眼鼻身三根各虧四百 實得六千 爲六根功德也 一爲變生十百千爲三疊 凡三番織成其數)

二十五聖所證圓通 旣云實無優劣 文殊何得獨取觀音 其人罔措 師卽擧付火中 於是楞嚴三關自茲而出

[능엄삼관(楞嚴三關)과 관련하여 경의 원문을 살펴보면 다음과 같다.

아난다여 무엇을 중생세계라 하는가. 세계(世界)에서 세(世)는 옮겨 흐르는 것이요, 계(界)는 방위를 말함이다. 그대는 알아야한다.

동서남북, 동남·서남·동북·서북·위·아래가 영역[界]이 되고, 지나감·아직 오지 않음· 드러나 있음이 세(世)가 되니, 방위는 열[十]이요 흐르는 수는 셋[三]이다. 온갖 중생이 망녕됨을 짜서 서로 이루므로 몸 가운데서 바뀌어 옮겨 세계와 서로 거치는 것이다. 이 영역의 성품[界性]이 비록 시방(十方) 이지만 방위를 정해 밝힐 수 있는 것은 동서남북만을 가리킨다. 위아래는 위치가 없고, 가운데는 정해진 방위가 없다.

○ 인종(仁宗)이 대사가 올린 광명호국의(光明護國義)를 보고, 그 안에 '지극히 거룩한 황제 어진 왕의 자비가 끝없음에 이른다'는 글에 이르러, 책상을 어루만지면서 찬탄해 말했다.

　네 수가 반드시 밝아 세(世)와 서로 거치니 셋과 넷, 넷과 셋이 뚜렷이 굴러 열둘[十二]이 되고, 흘러 변해 세 번 겹치면 하나가 열이고, 열이 백이며, 백이 천이 된다. 비롯과 마침을 모아 거두면 여섯 아는 뿌리[六根] 가운데 각각 공덕이 천이백(千二百)이 있다.
　아난다여 그대는 다시 이 가운데서 낫고 못함을 정해보라.
　눈[眼]으로 보는 것은 뒤는 어둡고 앞은 밝아 앞은 온전히 밝고 뒤는 온전히 어두우며, 왼쪽 오른쪽은 곁이라 셋의 가름에 둘을 봄이다. 모아 논하면 짓는 공덕이 온전하지 않아 세 가름으로 공을 말하면 한 가름은 공덕이 없다. 눈은 오직 팔백 공덕[眼根八百功德]임을 알아야한다.
　귀[耳]로는 두루 들어서 시방에 빠트림이 없다. 움직이면 가깝고 먼 것이 있는 듯하나 고요하면 가와 끝이 없으니 귀는 천 이백[千二百] 공덕을 두렷이 가득 채운다.
　코[鼻]로 냄새 맡는 것은 나고 드는 숨에 통하니 나는 숨이 있고 드는 숨은 있으나 가운데 엇갈림은 빠뜨린다. 코 뿌리에는 세 가름의 하나를 빠뜨리니 코는 오직 팔백(八百) 공덕임을 알아야 한다.
　혀[舌]로 펴서 드날림은 세간과 출세간의 지혜를 다한다. 말은 방위의 나눔이 있으나 진리는 다함이 없다. 혀뿌리는 천이백 공덕[舌根千二百功德]을 두렷이 가득히 채움을 알아야 한다
　몸[身]의 느껴 닿음은 거스르고 따름을 알되 합하면 알고, 떨어지면 알지 못한다. 떨어지면 하나요 합하면 둘 모두라 몸뿌리를 살펴보면 세 가름에 하나를 빠뜨린다. 몸뿌리는 오직 팔백 공덕[身根八百功德]임을 알아야 한다.
　뜻 뿌리는 시방 삼세 온갖 세간법과 세간 벗어난 법을 말없이 받아들이되 오직 성인과 범부를 싸서 받아들여 그 가와 끝을 다하지 않음이 없다. 뜻 뿌리[意根]는 천이백[千二百] 공덕을 두렷이 채운다.
　아난다여, 그대는 지금 나고 죽는 탐욕의 흐름을 거슬러 흐름의 뿌리에 돌아가 사무쳐서 나지 않고 사라지지 않음[不生不滅]에 이르려 하니 반드시 이 여섯 받아쓰는 뿌리를 살펴야 한다. 곧 어느 것이 합하고 어느 것이 덜어지며 어는 것이 깊고 어느 것이 얕으며 어느 것이 두렷 통하며 어느 것이 두렷 통하지 않은 줄 살펴 알아야 한다.
　만약 여기에서 두렷 통한 뿌리를 깨쳐 저 비롯 없는 망녕된 업의 흐름 그 짜임을 거슬러, 두렷 통함[圓通]을 따르면 두렷 통하지 않은 뿌리와는 날과 칼파로 서로 곱절이 되리라.

"짐이 이분을 얻어 정치를 이루게 되었다."

급히 조칙을 내리도록 했는데, 이미 대사가 입적했다.

대사는 처음 출가해서도 군의 배우는 곳에서 여러 사람들이 대사의 뛰어난 재주를 사모하므로, 유가의 업[業儒] 힘써 돌이키도록 시를 써서 노적(盧積)에게 답했다.

내가 지금 여섯 맑고 두렷하고 밝은 바탕의 공덕의 수와 양을 갖추어 나타냈으니 이와 같음을 그대의 뜻따라 그 들어갈 곳을 자세히 가려라. 나는 밝혀서 그대가 더욱 나아가게 하리라.

아난다가 붇다께 말씀드렸다.

세존이시여 어떻게 흐름을 거슬러 한 문[一門]에 깊이 들어가 여섯 아는 뿌리[六根]를 한때에 청정하게 할 수 있습니까.]

[위 자운존자의 능엄삼관(楞嚴三關)과 관련하여 『능엄경』의 몇 게송을 세 관[三關]의 답으로 소개하면 다음과 같다.

깨침 바다의 성품 맑고 두렷하여
두렷이 맑은 깨침이 원래 묘하네
원래 밝음이 비추어 아는 바 내고
아는 바 서니 비추는 성품 없어지네
　覺海性澄圓　圓澄覺元妙
　元明照生所　所立照性亡

음성의 성품 움직이고 고요해
들음 가운데 있기도 하고 없기도 하네
소리 없음을 들음 없다고 하나
실로 들음에 성품 없음이 아니네
　音聲性動靜　聞中爲有無
　無聲號無聞　非實聞無性

들음을 돌이킴과 소리에서 벗어남
벗어날 수 있으면 무어라 이름 하리
한 뿌리가 이미 근원에 돌아가면
여섯 아는 뿌리 다 해탈 이루리
　旋聞與聲脫　能脫欲誰名
　一根旣返源　六根成解脫

보고 들음 허깨비 가림과 같고
삼계는 허공의 꽃과 같네

그 가운데 이런 구절이 있다.

참된 공이 과거장이요

큰 깨침이 벼슬자리네.

眞空是選場　大覺爲官位

들음 돌이켜 가림의 뿌리 없어지면
티끌경계 녹아 깨침이 두렷이 깨끗하리
　見聞如幻翳　三界若空花
　聞復翳根除　塵銷覺圓淨

비록 모든 뿌리 움직임을 보아도
반드시 한 기틀이 끄는 것이니
기틀 쉬어 고요함에 돌아가면
모든 허깨비 성품 없음을 이루리라
　雖見諸根動　要以一機抽
　息機歸寂然　諸幻成無性

그대들의 뒤바뀐 들음의 기틀 돌리라
들음을 돌이켜 자기 성품 들으면
성품이 위없는 도를 이루리니
두렷 통함은 실로 이와 같도다
　旋汝倒聞機　反聞聞自性
　性成無上道　圓通實如是

이것이 가는 티끌 수 붙다들의
한 길 니르바나의 문이네
지나간 모든 여래들께서도
이 문으로 이미 해탈 이루셨네
　此是微塵佛　一路涅槃門
　過去諸如來　斯門已成就

• 이 『능엄경』의 게송은 이근원통장(耳根圓通章)의 게송이다. 스물다섯 증득함
이 평등한데 왜 관음(觀音)보살은 이근원통을 들어 관행의 요점을 삼았는가.
여섯 아는 뿌리가 여섯 경계를 마주함에 삼세 시방, 일념 삼세(一念三世)의
열〔十〕이 세 번 겹침에 천(千)이 되어 세 아는 뿌리〔三根〕는 빠뜨리고 이지러
짐이 있으나, 혀의 뿌리〔舌根〕와 귀의 아는 뿌리〔耳根〕와 뜻의 아는 뿌리〔意
根〕는 천이백 공덕을 갖춘다. 그 가운데 능엄회상 관세음보살은 소리 들음〔聞
聲〕을 돌이켜 살펴 귀뿌리의 두렷이 통함〔耳根圓通〕을 깨치도록 가르치고, 남

이 구절을 사람들이 많이 외웠다.

늘 다니는 삼매〔常行三昧: 一相三昧〕는 90일을 한 기한으로 했는데, 길을 걷는 네 모서리에 쇠가 타는 숯〔鐵熾炭〕을 두어 피곤해지면 쇠에 손을 담그어 열 손가락에 세 손가락만 남았다.

그렇게 광명참전(光明懺殿)을 세우는 데 매일 한 서까래를 걸치고 한 기와를 덮으면서 대비주 일곱 편을 외워 거룩한 법이 가피함을 보이니 막아 무너뜨릴 수 없는 뜻이었다.

그러므로 건염(建炎)에 도적 떼들이 섶을 쌓아 태워도 그 집은 그대로였다. 방납 진통(方臘陳通)의 난에 이르러 세 번 도적의 불을 거쳤어도 다 태우지 못했다.

오늘에 이르도록 다른 나라에 서로 전해 '불 붙지 않는 절〔燒不著寺〕'이라 한다.

이것이 어찌 교문(教門)의 신묘한 자취〔神迹〕만을 나타냄이겠는가.

참으로 나라와 집〔國家〕을 빛내는 도(道)가 있는 것이다.

숭녕(崇寧) 3년 법보대사(法寶大師)라 이름을 드렸고, 소흥(紹興) 30년 참주선혜법사(懺主禪慧法師)라 특별히 이름을 드렸다.

스투파〔塔〕의 이름은 서광(瑞光)이라 한다.21)

악혜사선사의 수자의삼매(隨自意三昧)와 천태선사의 각의삼매(覺意三昧)는 여섯째 뜻의 앎〔六識〕으로, 아는 뜻 뿌리〔意根〕를 돌이켜 살펴 뜻뿌리가 공함을 깨쳐 사마디를 얻게 한다.〕

21) 仁宗聞師所進光明護國儀 至聖帝仁王慈臨無際之文 撫几歎曰 朕得此人足以致治 亟令宣召則已入寂矣 師始出家 郡校諸生 慕師才俊 勉回業儒 爲詩答盧積 中有眞空是選場大覺爲官位之句 人多誦之 常行三昧 以九十日爲期 於行道四隅置鐵熾炭 遇困倦則漬手於鐵 十指唯存其三 其建光明懺殿 每架一椽甃一甓 輒誦大悲呪七遍以示聖法加被 不可沮壞之意 故建炎虜寇 積薪以焚 其屋儼然 暨方臘陳通之亂 三經寇火皆不能熱 至今異國相傳 目爲燒不著寺 玆豈獨顯教門之神迹 誠有以彰國家之有道也
崇寧三年 賜號法寶大師 紹興三十年 特諡懺主禪慧法師 塔曰瑞光(行業曲記 修三昧記 天生諸集 宗源記)

肇論
조론

조론 발간 편집후기

　참으로 긴 세월이 흘렀다. 세속나이 30대말 『조론(肇論)』 강설을 위해 맨 처음 「물불천론(物不遷論)」을 펼쳐 든 뒤 수십 번의 봄 가을[春秋]이 지나 『조론』 번역을 마쳤다.

　40대에 「반야무지론(般若無知論)」을 번역하고, 50대에 「열반무명론(涅槃無名論)」을 번역한 뒤, 세속나이 칠순이 넘어 천태 자운준식존자(慈雲遵式尊者)의 『조론주(肇論註)』를 번역하였다. 그리고, 지난해 임인년 '부처님 오신 날 봉축법요'를 양평 도량에서 마치고 며칠이 안 되어 평석(評釋)의 글까지 탈고하고, 몇 달 전 체 원고의 증의(證義)와 윤문작업을 진행하였다.

　필자가 과거 20대말 강진 백련사(白蓮寺) 선방에서 당시 60대 선배스님들께 노스님의 존칭을 바치며 두터운 가죽장갑과 낫으로 가시나무를 베어 선방(禪房)에 2년 가까이 불을 때던 기억을 떠올리며, 내가 어느덧 70대 노승이라 생각하면 삶의 덧없는 흐름을 새삼 아프게 느끼지 않을 수 없다.

　많은 것이 지나갔고 많은 것이 변했다. 그러나 우리가 가르침의 종주로 받드는 승조성사는 매 때가 옮기되 옮기지 않으며[遷而不遷], 찰나 찰나가 완성의 때라고 가르친다. 어찌 덧없음의 흙바람에 절망하고 슬퍼하며 회한의 한숨을 쉴 것인가.

　강진 시절 오전 좌선정진이 끝나면 점심공양을 마치고 다산(茶山) 정약용선생이 적거(謫居)생활을 하던 초당으로 포행 하였다. 그때 초당 옆 정자에서 완도 쪽으로 펼쳐진 앞바다를 떠올리면 지금도 그 푸르른 바다 빛깔과 절 주위를 둘러싼 동백의 붉은 꽃이 눈앞에 선하다. 그 당시 백련사의 겨울 절 뜨락 겨울에도 따뜻한 날씨에 지지 않고 피어 있던 꽃들의 붉은빛을 견디지 못해 했던 노스님의 눈빛이 떠오른다. 당시 그 노스님보다 지금 내 나이가 10년을 훌쩍 지났다. 나는 그 뒤에도 겨울 동백과 바다 빛깔, 고려 백련결사(白蓮結社)를 꾸렸던 수행자들의 아름다운 가풍을 생각하며 자주 백련사(白蓮寺)를 찾았다. 출가 이후 반 백 년이 넘는 세월이 흘렀지만 백련사 선원의 2년 칩거 좌선(坐禪)이 출가생활 전체를 관통하는 정서적 뼈대를 이루고 있는 듯하다. 조론주에 자운준식의 주를 채택한 것도 아마 그 정서의 흐름이 크게 안받침 했으리라 생각한다. 이는 끝내 내 불교 안에서의 언교(言敎)를 세우는 마지막 작업이, 선의 종지[禪宗]를 토대로, 정토(淨土)와 법화(法華)의 길이 중심축이 되리라 미리 언약하는 듯하다.

조론이 회향되면 나는 『비말라키르티 수트라(Vimalakirti-sutra, 維摩經)』를 명대 유계전등존자(幽溪傳燈尊者)의 『유마경 무아소(維摩經無我疏)』에 의거해 해석하려한다. 나는 조론을 풀이하면서 유계의 유마경주가 최초 유마경주석서인 승조주와 천태소에 기반한 것을 확인하고, 조론의 다음 작업으로 유마경 번역과 해석작업으로 정했다. 그다음 인도에서 보디사트바야나[菩薩乘] 새로운 불교의 문을 열고 중국에서 천태선문의 관행과 교판의 근간이 된 나가르주나 보디사트바의 『중론송(中論頌)』을 해석하려 한다.

아마 두 불전의 해석 작업은 조론 발간 이후 1년여 기간 나의 문자반야(文字般若)의 불사가 되리라 본다. 숙세 업장이 두터운 박지범부가 세상을 받들어 섬길 수 있는 일이 무엇이 있을 건가. 문자반야행(文字般若行)을 통해 여래 세존(如來世尊)의 은혜 갚는 길이 세상 섬김의 일[奉塵刹]이 될 것이다.

조론 작업 내내 세간의 소용돌이는 어지럽고 시끄러웠다. 나라는 재작년 대선 정국의 아우성 소리와 그 뒤 여야 정치권의 다투는 소리로 시끄러웠고, 지구촌은 매일 들려오는 전쟁소식과 전 지구촌을 강타한 코로나 병고액란에 사바세계 중생 고제(苦諦)의 역사현실을 절감하지 않을 수 없었다. 이 혼돈의 시간 가운데 '천지개벽의 거센 바람으로 큰 산이 무너져도 늘 고요하다[旋嵐偃嶽而常靜]'는 승조성사의 뜻을 살피며 이 고난의 소용돌이를 버텨냈다.

세간의 물(物)이 흘러 옮기되 반야인 물의 진실은 옮기되 옮기지 않으니 반야와 니르바나로 표현된 역사구원의 힘이, 절망 앞에 무너지지 않을 새로운 희망의 미래를 우리 앞에 약속해 주고 있다.

여래 문자반야행의 밑 없는 배[無底船]가 이 험난한 세파에서 우리를 저 언덕에 건네줄 믿음이 되고 의지처가 될 것이다. 푼다리카법인 상무이사 원묵스님의 출판비 지원과 푼다리카출판사 기획위원 배동엽 거사님의 증의(證義), 법인 불교학술이사 오지연 박사의 편집의 공덕이, 이 『조론』 간행의 문자반야행에 큰 공덕의 밭을 갈았다.

이 『조론』 발간으로 10년 삶의 족쇄가 되어왔던 양평도량불사의 마무리가 이루어지고 이 땅과 이 세계에 화해평화의 역사가 펼쳐지길 기원한다.

불기 2567 계묘년 3월
조론 번역 및 평석 제자 학담 합장

성사 승조의 조론과 자운존자의 주해를 번역하고 평석한 대승선사(大乘禪師) 학담(鶴潭) 스님은 1970년 불심 도문화상(佛心道文和尙)을 은사로 원효의 근본도량 경주 분황사에서 출가하였다. 그 뒤 서울 봉익동 대각사에서 학업과 함께 용성조사(龍城祖師)의 일 세대 제자들인 동헌선사(東軒禪師) 동광선사(東侊禪師)로부터 몇 년의 선 수업을 거친 뒤 상원사·해인사·망월사·봉암사·백련사 등 제방선원에서 정진하였다. 20대에 이미 삼 년여 장좌불와의 수행을 감당하였으며, 20대 후반 법화경·아함경에서 중도의 지견을 밝혔다.

도서출판 큰수레를 통해 『육조법보단경』 등 30권에 이르는 많은 불전해석서를 발간하였으며, 2014년 한길사에서 『학담평석 아함경』 12책 20권의 방대한 해석서를 발간하였다. 2016년 사단법인 문화유산 가꾸기 푼다리카모임을 설립하여 이사장에 취임하고 우리 사회에 조화와 상생의 문화, 평화와 소통의 문화를 펼치고자 노력하고 있다.

肇조論론 -불교철학의 자기 넘어섬과 실현-
2023년 3월 15일 초판 1쇄 발행

원저자   성사 승조
주해자   자운준식 존자

옮기고 평석한 이   학담(鶴潭)
펴낸이   이경로(元默)
펴낸곳   도서출판 푼다리카

기획 배동엽 정범도 | 편집 오지연
홍보 박순옥 이지은 박복희
영업 김준호 김미숙 이동인
표지 선연 김형조 | 인쇄 신일프린팅
등록 2017년 3월 27일 제300-2017-41호
주소 (03113) 서울시 종로구 종로63마길 10
전화 02-764-3678 | 팩스 02-3673-5741 | 이메일 daeseungsa@hanmail.net
가격   50,000원
ISBN 979-11-960740-5-0 03220